Murmansk
SCHWEDEN
FINNLAND
Helsinki
Stockholm
Moskau
Ostsee
Berlin
Warschau
UdSSR
Stalingrad
Prag
SL.
Budapest
RUMÄNIEN
UNGARN
Agram
Bukarest
KROATIEN
SERB.
Schwarzes Meer
M
Sofia
AL.
BULGARIEN
Istanbul
IRAN
Ankara
TÜRKEI
GRIECHENL.
Athen
SYRIEN
IRAK
ZYPERN
Mittelmeer
KRETA

DIE KOLLABORATION

FRANZ W. SEIDLER

1939 - 1945

DIE KOLLABORATION

FRANZ W. SEIDLER

1939 - 1945

Mit 100 Abbildungen

HERBIG

Bildnachweis

Alle Abbildungen aus den Archiven der
Buchverlage Ullstein/Langen Müller, außer:
Bundesarchiv: S. 13, 14, 17 oben, 17 unten, 18, 19, 20, 26, 79, 114,
132, 155, 186, 193, 217, 247, 297, 298, 421, 518
Bilderdienst Süddeutscher Verlag: S. 23, 27, 33, 37, 46, 67,
84, 95, 105, 143, 177, 203, 213, 229, 234, 239, 267, 270,
273, 313, 323, 347, 401, 469, 499, 529, 537, 553
Fischer W.: S. 15, 127, 159, 197, 257, 352, 385, 411, 516, 541
The Kaplan/MacDonald Archives, London-Prag: S.11
Ullstein Bilderdienst: S. 9

Die Abbildungen auf dem Schutzumschlag
vorne zeigen (im Uhrzeigersinn):
Andrej Wlassow, Knut Hamsun, Léon Degrelle,
Henri Philippe Pétain und Mohammed Amin el-Husseini

Umschlaggestaltung: Marianne Specht, München
Herstellung und Satz: VerlagsService Dr. Helmut Neuberger
& Karl Schaumann GmbH, Heimstetten
Gesetzt aus der 10 Punkt Times
Druck: Josef C. Huber, Dießen
Binden: Großbuchbinderei Monheim
Printed in Germany 1995
ISBN 3-7766-1908-2

Inhalt

Einleitung

Lexikalischer Teil

Anhang

Vorwort

Dieses Buch beschäftigt sich nicht mit der Kollaboration als politischem Phänomen oder historischem Abschnitt, sondern mit einzelnen Personen, die während des Zweiten Weltkriegs die Zusammenarbeit mit Hitlerdeutschland suchten. Außer acht bleiben die originären Faschisten in den faschistischen Staaten Italien und Spanien. Ihr Zusammenwirken mit Deutschland hatte nicht den Charakter der Kollaboration. Wer jedoch in den neutralen Staaten, in den mit Deutschland verbündeten nicht-faschistischen Staaten, in den von der Wehrmacht besetzten Ländern oder gar in den Reihen der Alliierten die Politik des Deutschen Reiches förderte, fand Aufnahme in dieses Buch. Bei jeder Person, die erwähnt wird, soll untersucht werden, warum ihr Werdegang sie zur Akzeptanz des Nationalsozialismus führte, welche Motive sie leiteten, welchen Kollaborationsbeitrag sie leistete, und welche Ergebnisse ihre Zusammenarbeit mit Deutschland für sie persönlich und für ihr Land hatte.
Es gibt keine eindeutige Definition dessen, was man unter einem Kollaborateur zu verstehen hat. Der Ausdruck »collaboration« im Sinne einer »fortdauernden Zusammenarbeit mit dem Deutschen Reich« wurde am 30.10.1940 geprägt, als der französische Staatschef Marschall Pétain in einer Rundfunkansprache über seine Begegnung mit Hitler am 24.10.1940 in Montoire ausführte: »C'est dans l'honneur et pour maintenir l'unité française, une unité de dix siècles, dans le cadre d'une activité constructive du nouvel ordre européen, que j'entre aujourd'hui dans la voie de la collaboration. ... Cette politique est la mienne. ... C'est moi seul que l'histoire jugera.« (Ich beschreite heute den Weg der Kollaboration, um in Ehren die zehn Jahrhunderte alte Einheit Frankreichs aufrechtzuerhalten und aktiv an der Neuordnung Europas teilzunehmen. ... Es handelt sich um meine persönliche Politik. ... Ich allein werde sie vor der Geschichte verantworten.) Ab 1940 erfuhren die Bezeichnungen »Kollaboration« und »Kollaborateur« eine inflationäre Entwicklung. Sie blieben mehr als zehn Jahre lang politische Schlagwörter und wurden dann historische termini technici pejorativer Konnotation. Während des Zweiten Weltkriegs wurde der Begriff »Kollaborateur« noch ambivalent benutzt. Für die, die eine Zusammenarbeit mit Deutschland ablehnten, war er negativ belegt. Die, die sich für die deutsche Politik stark machten, sahen in dem Begriff einen Ehrennamen. Erst nach dem Zweiten Weltkrieg wurde jeder »Kollaborateur« ein ehrloser Lump. Der Ausdruck wurde wie »Nazi« ausschließlich als Schimpfwort gebraucht. Der wichtigste Grund für die Bedeutungsverengung soll angeführt werden: Die nationalen Widerstandsbewegungen, die an die Macht gekommen waren, benötigten zu ihrer Ehrenrettung ein unbestreitbares Feindbild. Sie bezogen ihre Legitimation aus dem Untergrundkampf gegen die Deutschen und deren Kollaborateure. Je größer die Zahl der Volksverräter unter diesen Leuten war, gegen die sie anzugehen hatten, desto größer war ihr Verdienst um die Rettung

des Vaterlandes. Da es ihnen in keinem Fall gelungen war, ohne Hilfe des alliierten Militärs mit den nationalsozialistischen Besatzern fertig zu werden, konnten sie sich wenigstens als Sieger über die Kollaborateure darstellen. Vergeltung und Rache bestimmten die Abrechnung bis in die fünfziger Jahre. Die feine Unterscheidung zwischen »Kollaboration mit Deutschland« und »Kollaboration mit den Faschisten«, auch »Kollaborationismus« genannt, blieb außer Betracht.

Das Buch stellt nur eine kleine Gruppe von Kollaborateuren vor. Vielleicht sind es nicht einmal die bekanntesten. Die Kriterien der Auswahl lassen sich nicht fest umreißen. Im wesentlichen handelt es sich um Männer und Frauen, deren Tätigkeit während des Zweiten Weltkriegs politische Auswirkungen für ihr Land hatte. Sie bewirkten Weichenstellungen. Sie hatten Einfluß auf die Meinungsbildung ihrer Völker.

Die aufgeführten Kollaborateure stammen aus allen soziologischen und beruflichen Schichten. Es handelt sich um Politiker, Militärs, Journalisten, Beamte, Künstler, Wissenschaftler und Geistliche. Die »schreibende Zunft« scheint überrepräsentiert. Das hat seinen Grund. Dem Staatsanwalt lag schwarz auf weiß vor, was die Journalisten und Schriftsteller gesagt hatten. Jeder konnte nachlesen, was in ihren Büchern und Zeitschriftenartikeln stand. Auf der anderen Seite fehlen die Großunternehmer und Fabrikherren, obwohl die wirtschaftliche Kooperation mit dem Deutschen Reich zu den wirkungsvollsten Formen der Kollaboration gehörte. Der Grund dafür liegt im wesentlichen darin, daß die wirtschaftliche Zusammenarbeit mit der Besatzungsmacht in fast allen befreiten Ländern nach dem Krieg außer Verfolgung gesetzt wurde, damit der Wiederaufbau der Volkswirtschaft keinen Schaden nehme. Die wirtschaftlichen Aspekte der Zusammenarbeit mit dem Deutschen Reich mußten damals auch hintangestellt werden, weil die Ausbeutung des Landes durch die deutsche Besatzungsmacht, auf die man aus politischen Gründen pochte, unglaubwürdig wurde, wenn herauskam, daß die Privatwirtschaft in der gleichen Zeit Profite gemacht hatte.

Keine Rolle bei der Auswahl der Kollaborateure spielte das Strafmaß, mit dem diese nach dem Krieg belegt wurden. Es handelt sich bei diesem Buch nicht um ein Kompendium derer, die am Galgen endeten. Unmittelbar nach der Befreiung wurden von den oft improvisierten Gerichten härtere Strafen ausgesprochen als wenige Monate später. Mancher Angeklagte wurde 1945 mit der Todesstrafe belegt, der zwei Jahre später mit einer Geldstrafe davongekommen wäre.

Unerwähnt bleiben kriminelle Kollaborateure wie Denunzianten, Spitzel und Zuträger der Gestapo, Polizisten im Dienst der Besatzungsmacht, die sich zu Folter und Mord hergaben, und Menschen, die persönliche Abrechnungen vornahmen, Rache übten oder für ihre Dienste bezahlt wurden. Auch die Geschichte der nationalen Widerstandsbewegungen verschweigt diese Sorte von Mitkämpfern in ihren Reihen.

München, im Sommer 1995 — Franz W. Seidler

Einleitung

I. Gründe für die Kollaboration

Mitte 1942 schien der Nationalsozialismus in Europa die Oberhand zu haben. Nach den Blitzkriegen gegen Polen, Norwegen, Frankreich, Jugoslawien, Griechenland und nach der Besetzung großer Teile des europäischen Rußland war Hitler scheinbar auf der Höhe seiner Macht. Am 23.6.1942 überschritt die Panzerarmee Afrika die Grenze nach Ägypten. Die deutschen U-Boote versenkten im ersten Halbjahr 1942 fast 3 Millionen BRT alliierten Schiffsraums. Der Luftraum über Deutschland wurde von der Luftwaffe verteidigt. Die besetzten Gebiete lieferten ein Maximum an Rohstoffen und Ausrüstungsgütern für die deutsche Kriegführung. Im Rußlandfeldzug wurde die Wehrmacht von den Streitkräften Italiens, Finnlands, Ungarns, Rumäniens, Kroatiens und der Slowakei unterstützt. Franco dankte mit der Entsendung einer Freiwilligendivision für die Unterstützung im Spanischen Bürgerkrieg. Die neutralen Länder Schweiz und Schweden waren eingekreist und dem deutschen Druck ausgeliefert. Aus den besetzten Gebieten und den neutralen Ländern meldeten sich Tausende freiwillig zur Wehrmacht und zur Waffen-SS, um am Kampf gegen den Bolschewismus teilzunehmen. Churchill, der allen Friedenswerbungen Hitlers widerstanden hatte, setzte alle seine Hoffnungen auf die Unterstützung der USA, die sich seit dem 7.12.1941 im Kriegszustand mit Deutschland befanden. Aber trotz der zwischen den angelsächsischen Mächten festgelegten Strategie »Germany first« engagierten sich die USA zu diesem Zeitpunkt militärisch ausschließlich gegen Japan.
Überall in Europa, auch in Großbritannien, im »Mutterland der Demokratie«, waren nach dem Ersten Weltkrieg faschistische Bewegungen entstanden. Zur Herrschaft gelangten sie vor dem Zweiten Weltkrieg nur in Deutschland, Italien und Spanien. Kroatien folgte 1941. In allen anderen mit Deutschland verbündeten Staaten blockten autoritäre Regierungen die Machtergreifung der radikalen Faschisten ab. In Ungarn und Rumänien gelang es diesen nur vorübergehend oder in der letzten Kriegsphase, an die Macht zu kommen.
Die Kollaboration mit dem Deutschen Reich während des Zweiten Weltkrieges beschränkte sich jedoch nicht auf die protofaschistischen Regierungen und auf die Mitglieder faschistischer Parteien. Die Zusammenarbeit mit Deutschland war allgemein. Selbst Intellektuelle, die den Nationalsozialismus entweder prinzipiell ablehnten oder für ihr Land für unbrauchbar hielten, kooperierten mit den Deutschen. Viele Feinde des Nationalsozialismus ließen sich bekehren. Die Motive der »Kollaborateure« für ihr neues Engagement waren vielfältig und von Land zu Land unterschiedlich.
1. Nach den militärischen Erfolgen der Wehrmacht schien der Nationalsozialismus die Ideologie der Zukunft zu sein. Der italienische Faschismus hatte wegen der politischen Fehlgriffe Mussolinis und der militärischen Mißerfolge viel vom

Glamour der dreißiger Jahre verloren. Obwohl Mussolini elf Jahre vor Hitler an die Macht gekommen war, spielte er im Zweiten Weltkrieg bestenfalls die Rolle eines Juniorpartners.

2. Bei der Revision des Versailler Vertrages, der Deutschland nach dem Ersten Weltkrieg aufoktroyiert worden war, hatte Hitler unerwartete Erfolge erzielt. Ohne Widerstand der Siegermächte erreichte er den Austritt aus dem Völkerbund, die Einführung der Wehrpflicht, die militärische Aufrüstung, die Besetzung des Rheinlands, die Eingliederung Österreichs und die Lösung der Sudetenfrage. Was er geschafft hatte, hatte Vorbildcharakter für alle Staaten, die wie Deutschland unter den Pariser Vorortverträgen des Jahres 1919 litten. Sie hofften, im Gefolge Deutschlands die Annullierung der für sie abträglichen Vertragsbestimmungen erreichen zu können. Unterstützung für ihre revisionistischen Ziele erwarteten sich insbesondere die Regierungen Ungarns und Bulgariens.

3. Nach dem Ersten Weltkrieg waren im Widerspruch zu dem vom amerikanischen Präsidenten Woodrow Wilson proklamierten »Selbstbestimmungsrecht der Völker« Staaten gegründet worden, in die andersvölkische Nationalitäten entgegen ihrem dezidierten Willen einbezogen wurden. In der Tschechoslowakei gab es slowakische, deutsche, ruthenische, ungarische und polnische Minderheiten. Jugoslawien war ein Vielvölkerstaat nicht nur aus Serben, Kroaten, Bosniern, Mazedonen, Albanern und Herzogewinern. Polen herrschte über deutsche und ukrainische Volksgruppen. In vielfältigen Repressionsprozessen versuchten alle drei Staaten, die Minderheiten in das Staatsvolk zu integrieren. Der

Begrüßung der deutschen Truppen durch die Bevölkerung beim Einmarsch in Kaunas am 26.6.1941

Zweite Weltkrieg bot allen, die bis dahin nicht die Autonomie oder Souveränität erreicht hatten, letztmals die Chance, an bestehende Nationalstaaten ihres Volkstums angegliedert oder gar selbständig zu werden. Die beiden deutsch-italienischen Schiedssprüche vom 2.11.1938 und 30.8.1940 verschafften den Ungarn Genugtuung. Das Münchner Abkommen vom 30.9.1938 löste die Sudetendeutschen aus dem tschechoslowakischen Staatsverband. Die Autonomie und Unabhängigkeit der Slowaken wurde von Deutschland gefördert und garantiert. Die Danziger und die Volksdeutschen in Polen erwarteten im September 1939 ihre Befreiung durch die Wehrmacht. Die sieben Millionen Ukrainer konnten nur nach einem deutschen Sieg über Polen und die Sowjetunion die Gründung eines eigenen Staates erhoffen. Litauen, Lettland und Estland erhofften sich die Wiederherstellung ihrer Souveränität von Deutschland.

4. Das demokratische System, mit dem viele Staaten nach dem Ersten Weltkrieg erstmals Bekanntschaft gemacht hatten, konnte die hohen Erwartungen der Völker nicht erfüllen. Die schönsten Projekte wurden in den Parlamenten zerredet und konnten, wenn überhaupt, nur als Kompromisse verwirklicht werden. Korruption war gang und gäbe. In Estland und Lettland wurde die demokratische Verfassung bereits in den dreißiger Jahren suspendiert. In den Niederlanden stellten 1933 insgesamt 52 Parteien Kandidaten für die Parlamentswahlen auf. Die Zersplitterung des bulgarischen Parteiwesens auf 20 Parteien im Jahre 1931 bereitete dort den Boden für die Putschisten. In Rumänien machte König Carol im Februar 1938 einen »Staatsstreich von oben«, weil die gegen das parlamentarische Regierungssystem aufbegehrenden Kreise seinen Thron gefährdeten. In Frankreich, Belgien, den Niederlanden, Dänemark und Norwegen litt die Demokratie unter den Folgen der Weltwirtschaftskrise. Die in allen Staaten erforderlichen Koalitionen zur Regierungsbildung inhibierten die nötigen Maßnahmen. So war es nicht verwunderlich, daß überall faschistische Parteiungen entstanden, die glaubhaft machten, daß autoritäre und korporative Regierungssysteme die Probleme besser meistern könnten. Angesichts der wirtschaftlichen Erfolge, die Hitler ab 1933 erzielte, schien sich das System der parlamentarischen Demokratie überlebt zu haben.

5. In allen Staaten Europas, besonders in Ostmitteleuropa, gab es nach dem Ersten Weltkrieg einen virulenten Antisemitismus. In den 25 Punkten der NSDAP wurde 1920 zum erstenmal der Antisemitismus ein politischer Programmpunkt. Damit konnten sich auch außerhalb Deutschlands viele identifizieren, die eine Vorherrschaft des Jüdischen in ihrer Gesellschaft zu erkennen glaubten oder im Wettbewerb mit Juden gescheitert waren. In den Ländern, in denen die Juden politisch unbedeutende Minderheiten darstellten wie in Frankreich und den Niederlanden entwickelte sich das jüdische Feindbild erst unter der Einwirkung der deutschen Besatzungsmacht.

6. Die Skandinavier, Niederländer, Flamen und Schweizer bekamen durch die nationalsozialistische Ideologie bestätigt, daß sie zur völkischen Elite der weißen Rasse gehörten. Nach der neuen Rassenlehre waren sie blutmäßig zu Großem berufen. Hitler konnte ihnen die Mitherrschaft über Europa in Aussicht stellen und von ihnen die Unterstützung seiner Lebensraumpläne im Osten erwarten, da sie davon mitprofitieren würden. Noch vor dem Beginn des Ruß-

Tschechische Ergebenheitskundgebung mit über 200 000 Teilnehmern auf dem Wenzelsplatz in Prag am 3.7.1942

landfeldzuges schlossen sich zahlreiche junge Männer dieser Völker freiwillig der Wehrmacht oder der Waffen-SS an.

7. Seit der Oktoberrevolution 1917 galt der Sowjetkommunismus in bürgerlichen Kreisen als die größte Gefahr Europas. Der Marxismus hatte den Untergang des Kapitalismus zu einem wissenschaftlichen Lehrsatz gemacht. In Moskau sprach die sowjetische Führung unverhohlen vom Streben nach Weltherrschaft. Die Komintern vereinigte die kommunistischen Parteien aller Länder zum »letzten Gefecht«. In Spanien und Frankreich waren Volksfrontregierungen an die Macht gekommen. Um ähnliche Entwicklungen in anderen Ländern abzublocken, veröffentlichte die freie Presse immer neue Berichte über die Greuel der sowjetischen Führung: Bürgerkrieg, Ermordung der Zarenfamilie, Umwandlung des Privatbesitzes in Kolchosen und Sowchosen unter Ausrottung der Kulaken, Säuberungen mit Schauprozessen und Morden, Untaten des NKWD und der GPU, Zwangsarbeitslager, Kirchenkampf usw. Viele West- und Nordeuropäer, die Angst vor dem Bolschewismus hatten, sahen im Nationalsozialismus die Antiideologie zum Sowjetkommunismus und würdigten Deutschland als Bollwerk gegen die Sowjetunion. Nirgendwo wurden die Kommunisten so konsequent verfolgt wie in Deutschland. Neben dem Judentum galt der Bolschewismus als ausgeprägtestes Feindbild der Deutschen. Wem der Schutz des Abendlandes und der westeuropäischen Kultur ein Herzensanliegen war, mußte in dieser Situation mit der einzigen Macht kooperieren, die der Ausbreitung der »roten Pest« Einhalt gebieten konnte. Die Deutschen gaben den Kollaborateuren die Möglichkeit, mit der Waffe in der Hand gegen den Feind aus dem Osten zu kämpfen. Auch der Arbeitseinsatz in der deutschen Rüstungsindustrie konnte als Beitrag zur Vernichtung des Kommunismus interpretiert werden. Die propagandistische, wirtschaftliche und militärische Kooperation mit Deutschland fand im gemeinsamen Feindbild eine überzeugende Begründung oder ein glaubwürdiges Alibi. In allen besetzten Gebieten erlebte die Kollaboration im Sommer 1941, als der deutsche Feldzug gegen die Sowjetunion begann, einen unerhörten Aufschwung. Sogar die slawische Bevölkerung Serbiens konnte zur Unterstützung der Besatzungsmacht motiviert werden.

8. Als am 22.6.1941 die Wehrmacht die Grenze zur Sowjetunion überschritt, zeigten sich Risse in der seit 24 Jahren von der sozialistschen Ideologie zusammengehaltenen Gesellschaft des Vielvölkerstaates. Die deutschen Siege über die Rote Armee ließen bei einigen Völkern die Erinnerung an ihre frühere Selbständigkeit wach werden. In den baltischen Staaten und in der Ukraine wurden die deutschen Truppen 1941 als Befreier begrüßt. Kaukasier, Turkmenen und Kosaken erklärten sich ein Jahr später zu Tausenden bereit, an deutscher Seite gegen die Rote Armee zu kämpfen, weil sie sich die Erlösung vom Bolschewismus und die Autonomie ihrer Völker erhofften. Sie konnten nicht wissen, daß die Reichsregierung mit ihnen etwas ganz anderes vorhatte.

9. Es gab zwar keine vom Führer des Deutschen Reiches gebilligten Pläne für die Neuordnung Europas nach dem Krieg, aber in vielen Reichsbehörden machte man sich Gedanken darüber. Am weitestreichenden waren die Überlegungen der SS für ein »Großgermanisches Reich«, das Europa von Spitzbergen bis zu den Alpen umfassen sollte. Welche Rolle darin die nichtgermanischen

Willkommensgruß für deutsche Soldaten in einem ukrainischen Dorf im Juni 1941

Völker, insbesondere die Franzosen, spielen sollten, war nirgendwo festgelegt. Auch über die Stellung der verbündeten Staaten Finnland, Ungarn, Rumänien, Slowakei und des dem Dreimächtepakt angehörenden Bulgarien gab es keine verläßlichen Aussagen. Die Völker, die sich an den Rand des zukünftigen Großgermanischen Reiches gedrängt fühlten, waren bestrebt, ihre Position durch wirtschaftliche Kooperation und militärische Hilfestellung zu verbessern. Je größer der Einsatz, desto besser die Stellung, glaubte man. In Frankreich, wo es mehrere faschistoide Bewegungen gab, verstanden viele nicht die abwartende Haltung der Vichy-Regierung. Sie warfen Pétain vor, durch seinen Attentismus die Chance einer bevorzugten Behandlung durch das siegreiche Deutschland nach dem Krieg zu verspielen. Umso intensiver bemühten sie sich, das Wohlwollen der Reichsführung durch vermehrte Kollaboration zu gewinnen.

10. Da das Deutsche Reich der Zukunft wirtschaftlich autark sein sollte, obwohl es außer Kohle und Kali keine Rohstoffe besaß, lag die Chance der rohstoffbesitzenden Staaten darin, den Reichsbehörden ihre wirtschaftliche Bedeutung klarzumachen und durch Lieferungen unter Beweis zu stellen. Bereits vor dem Krieg hatten vor allem die Länder des Balkans ihre Wirtschaft entsprechend den Gesetzen des Neuen Systems, das Hjalmar Schacht entworfen hatte, von Deutschland abhängig gemacht. Sie bekamen nach den Regeln des Clearinghandels vom Reich nur so viel, wie sie ins Reich lieferten. Steigende Forderungen des Deutschen Reiches während des Krieges führten zur Ausbeutung ihrer Rohstoffe. Die Abhängigkeit des Reiches von ihren natürlichen Ressourcen

zeigte den Ländern jedoch auch die Abhängigkeit des Deutschen Reiches von ihnen. Ihre Politiker nahmen sich vor, die wirtschaftlichen Zwänge Deutschlands bei der Neuordnung Europas zugunsten ihrer Völker ausnutzen.
11. Das Deutsche Reich hatte mit dem Friedensvertrag von Versailles alle Kolonien verloren. Sie wurden den Siegermächten vom Völkerbund als Mandate zur Verwaltung übergeben. Auf diese Weise vergrößerten insbesondere Großbritannien und Frankreich ihren Kolonialbesitz. Als der Zweite Weltkrieg ausbrach, erwarteten weite Kreise der gebildeten Schichten in den Kolonien bei einem deutschen Sieg die Befreiung von der britischen oder französischen Herrschaft. Alle Versuche, bereits während des Krieges das Kolonialjoch abzuschütteln, mißlangen. Die Achsenmächte konnten ihnen nicht helfen. Der irakische Aufstand wurde von den Briten niedergeschlagen. Die Aufrufe des Mufti Husseini an die Araber und des Chandra Bose an die Inder, sich gegen die Kolonialmacht zu erheben, hatten keine Wirkung. Sie trugen jedoch dazu bei, daß nach dem Zweiten Weltkrieg die Entkolonialisierung gegen die geschwächten Siegermächte eingeleitet werden konnte.

II. Die Formen der Kollaboration

In den von der deutschen Wehrmacht besetzten Gebieten hatte die Kollaboration die vielfältigsten Schattierungen. Obwohl die Wehrmacht ebensowenig wie 1945 die Alliierten auf deutschem Boden 1940 in Norwegen, Dänemark, Frankreich und den Beneluxstaaten als Befreier begrüßt wurden, wurde der Einmarsch der Sieger mit bewunderndem Erstaunen zur Kenntnis genommen. In die Enttäu-

Einzug des SS-Regiments »Der Führer« in Amsterdam am 20.5.1940

Freundschaftliches Einvernehmen zwischen jungen Däninnen und deutschen Soldaten bei der Besetzung des Landes am 9.4.1940

schung über das Versagen der eigenen Streitkräfte mischte sich eine gewisse Hochachtung vor dem Gegner, der in wenigen Tagen Blitzsiege errungen hatte. Die Flucht der nationalen Regierungen oder Königshäuser ins Exil wurde von großen Teilen der Bevölkerung nicht verstanden. Man fühlte sich im Stich gelassen. Als die deutschen Soldaten nach der Kapitulation kampflos in die größeren Orte einmarschierten, standen die Menschen bereits zu Tausenden an den Straßenrändern, um die Sieger zu sehen. Es gab Beifall, Hochrufe, Blumen und Händeschütteln auch an den Orten, die heute nichts davon wissen wollen. Die Diszipliniertheit der Besatzungstruppen tat ein übrigens, um das Wohlwollen der Zivilbevölkerung zu gewinnen und die propagandistischen Feindbilder vergessen zu lassen. Jeder Übergriff eines deutschen Soldaten gegen die Landesbevölkerung wurde von den Kriegsgerichten geahndet. Auf Diebstahl, Raub, Plünderung und Vergewaltigung standen hohe Strafen. Der Fraternisierung zwischen Besetzten und Besatzern standen keine Verbote entgegen. Zwischen den Soldaten und den jungen Frauen des Landes entwickelten sich vielfältige Beziehungen. Für die meisten Landeseinwohner ging das Leben nach dem Einmarsch der Deutschen weiter wie bisher. Die Schulen, Geschäfte, Fabriken, kirchlichen und öffentlichen Dienste blieben in Funktion. Die Bauern bestellten die Felder wie eh und je. Die Ernährungslage war trotz aller Ablieferungsverpflichtungen lange Zeit erträglich. Dem kleinen Mann gingen keine Vergnügungen ab: Sportveranstaltungen, Kinos und Theater gab es wie vor der Besetzung. In den Gasthäusern, Tavernen, Cafés, Bistros und Bars traf man sich wie bisher.

Ein erheblicher Teil der Bevölkerung wurde von dem geistigen Neuaufbruch mitgerissen, der nach der Niederlage einsetzte. Existierende und neue politische Parteiungen warben für eine Ordnung, in der unter Absage an den individualisierenden Liberalismus und das parlamentarische Modell der Vorkriegszeit autoritäre Strukturen für Ruhe und Ordnung, für Disziplin und Pflichterfüllung und für einen guten Platz des Volkes in dem neuen Europa, das zu entstehen schien, zu sorgen versprachen. Die Skandale der Vorkriegsregierungen, die Klassenkampfparolen der Vorkriegsparteien und die ungelösten wirtschaftlichen Probleme des Landes führten die Menschen, vor allem in Frankreich und Belgien, scharenweise in die Kollaborationsbewegungen, die den Anbruch einer neuen Zeit beschworen. Auf den Massenversammlungen, zu denen sie aufriefen, fanden sich Hunderttausende ein, die den neuen Idealen zujubelten: Führung durch Autorität statt parlamentarischer Kungelei, Antibolschewismus statt Volksfront, Volksgemeinschaft statt Egoismus, europäische Zusammenarbeit statt nationaler Erbfeindschaft, Heldentum statt Reichtum, Opferbereitschaft statt Raffgier. Natürlich mischten sich Opportunisten, denen es lediglich um Karriere, Macht und Einfluß ging, unter die Idealisten. Denunzianten sorgten dafür, daß persönliche und politische Feindschaften zu ihren Gunsten entschieden wurden. Aber die meisten Menschen wurden von den neuen Ideen bewegt.

Polizeiverbände aus Landeskindern deuteten an, daß sich die Besatzungsmacht nicht in die innere Ordnung des Landes einzumischen gedachte. Die Verfolgung der Juden blieb in weiten Strecken ihnen überlassen. Zum Einsatz gegen Partisanen und Widerstandsgruppen erhielten sie Fahrzeuge und Waffen. Von den nationalen Regierungen und den Kollaborationsparteien wurden sie als Kern einer zukünftigen Nationalarmee ausgegeben. Das verschaffte ihren Aufmärschen den Applaus der Zuschauer.

In jedem Land Europas hatte die Kollaboration andere Akzente. In *Norwegen* entsprang sie dem persönlichen Ehrgeiz einiger Politiker, die aus rassisch-völkischen Erwägungen ihrem Land einen guten Platz in dem von Deutschland dominierten Europa verschaffen wollten. *Dänemark* blieb nach der unblutigen Besetzung durch die Wehrmacht am 9.4.1940 eine parlamentarische Monarchie. Das Reich garantierte seine Unabhängigkeit. Während der ganzen Besatzungszeit galt Dänemark als das Land, wo Milch und Honig fließt. Die dänische Regierung war kooperationswillig wie ein verbündeter Staat. Sie erfüllte alle Lieferungswünsche der Deutschen. Nur in der Judenfrage sperrte sich der König gegen die deutschen Forderungen.

In *Frankreich* wurde die Kollaboration von den intellektuellen Schichten getragen. Wissenschaftler, Künstler, Journalisten und Schriftsteller bildeten die Phalanx. Das Kulturleben blühte. Paris blieb die begehrenswerteste Hauptstadt Europas. Der Rückzug der britischen Bündnistruppen aus Dünkirchen und die englischen Übergriffe auf Mers el-Kébir und Dakar machten auch der breiten Bevölkerung klar, daß Frankreich sich selbst überlassen war. Der Staatschef Marschall Pétain und sein Stellvertreter Pierre Laval versuchten, wenigsten im nicht besetzten Teil des Landes das Beste aus der Niederlage zu machen. Dazu waren sie auf die Zusammenarbeit mit den deutschen Dienststellen angewiesen. Die fairen Waffenstillstandsbedingungen ermöglichten eigene Initiativen. Die französische Industrie begrüßte die europaweite Verflechtung, die die weitere Kriegführung mit sich brachte und die nach dem Zweiten Weltkrieg zur Europäischen Wirtschaftsgemeinschaft führte.

Obwohl der *belgische* König beim Einmarsch der deutschen Truppen im Unterschied zu seiner Regierung nicht nach Großbritannien geflohen war, brach nach

Jubel der Bevölkerung bei der Parade der Miliçe française auf den Champs Elysés in Paris

Gelöbnis der männlichen Bevölkerung von Puy auf den Etat français vor dem Präfekturgebäude der Stadt am 19.3.1941 in Anwesenheit Pétains

Aufruf von Reichskommissar Seyß-Inquart zum Kampf aller germanischen Völker gegen den Bolschewismus auf einer Massenversammlung in Amsterdam am 27.6.1941

der Kapitulation das schwelende Nationalitätenproblem des Landes auf. Die französisch sprechenden Wallonen hatten in der Rexistenpartei eine eigene Kollaborationsbewegung, die sich bald die deutschen Sympathien erwarb. Die Flamen spalteten sich in eine Gruppe, die die Niederlage des Staates zur Erreichung der Gleichberechtigung mit den Wallonen ausnutzen wollte, und in eine Gruppe, die nach der Auflösung Belgiens zusammen mit den Niederländern und Friesen ein eigenes »Großdietsches Reich« Reich bilden wollten, das, wenn die Deutschen ihre Nachkriegspläne verwirklichen würden, ein Teil des vereinigten Europas werden sollte. Die freiwillige Arbeitsaufnahme in Deutschland oder die freiwillige Meldung zum Dienst in den deutschen Streitkräften wurde von allen Kollaborationsgruppierungen gefördert.

Während sich die *niederländische* Bevölkerung gegenüber der einzigen zugelassenen Kollaborationspartei eher reserviert verhielt, ließen die niederländischen Wirtschaftskreise keine Chance aus, mit den Deutschen ins Geschäft zu kommen. Es störte sie nicht, daß die Niederlande nach den deutschen Plänen in das Großgermanische Reich einbezogen werden sollte, das nach dem deutschen Sieg den Kern des Neuen Europas bilden sollte. Mehr als 25 000 Niederländer erklärten sich freiwillig zum Eintritt in die Waffen-SS bereit, die meisten, um das Abendland gegen den Bolschewismus zu verteidigen, nachdem der deutsche Blitzkrieg gegen die Rote Armee gescheitert war. Über die Fragestellung, ob die Niederländer ein eigenes Volk oder ein deutscher Stamm seien, stritten sich nur die Intellektuellen. Das Volk wollte den Krieg überleben.

Jugoslawien, ein künstliches Produkt des Ersten Weltkriegs, zerfiel nach dem Einmarsch der deutschen Truppen im April 1941. Die Gegensätze zwischen den

Jubel der kroatischen Bevölkerung beim Durchmarsch der deutschen Truppen durch Agram am 15.4.1941

einzelnen Völkern und Religionen zersprengten den Staat. Kroaten, Bosnier, Montenegriner, Slowenen, Mazedonier und Albaner waren froh, die Herrschaft der Serben loszuwerden, und die Katholiken und Muslime genossen die neuen Religionsrrechte. Deutschland und Italien sicherten sich Grenzgebiete. Kroatien wurde zwar ein souveräner Staat, blieb aber ein Satellit der Achsenmächte. Den Motor der Kollaboration mit Deutschland bildeten die 775 000 Volksdeutschen in ihren zerstreuten Siedlungsgebieten. Sie bekamen eigene Volkstumsrechte und versuchten, sich aus den mörderischen Kämpfen herauszuhalten, die zwischen den Balkanvölkern einsetzten. An den Massakern hatten sie keinen Anteil. Ab 1943 wurden sie jedoch in den Partisanenkrieg einbezogen, der die wirtschaftliche Ausbeutung des Landes und seine Funktion als Transitstrecke zum Erliegen brachte.
Die frühzeitige Kapitulation der *griechischen* Truppen am 21.4.1941 verhinderte größere Kriegsschäden. Die folgende Besatzungszeit war von drei Faktoren bestimmt. Zum einen vertiefte das Kondominion der Deutschen und Italiener auf dem Festland und die Besatzungspolitik der Bulgaren in Mazedonien die Abneigung der Griechen gegen die Italiener und den Haß gegen die Bulgaren. Zum zweiten blieb die Ernährung der Zivilbevölkerung im argen, weil die englischen Getreideimporte ausblieben und die Transportwege von Deutschland über den Balkan gefährdet waren. Zum dritten entwickelten sich eine kommunistische und eine royalistische Untergrundbewegung im Land, deren Kampf gegeneinander nach dem Zweiten Weltkrieg zum Bürgerkrieg explodierte. Die anerkennenswerten Bemühungen der deutschen Verwaltungsorgane, das Land zu befrieden, hatten nur teilweise Erfolg.

Besetzung der Stadt Saloniki durch die 2. Panzerdivision unter Generalleutnant Veiel am 10.4.1941

Der Vormarsch der deutschen Truppen in der *Sowjetunion* entwickelte sich anfangs nicht nur militärisch unerwartet erfolgreich, sondern konfrontierte die deutschen Soldaten in der Ukraine und in den baltischen Ländern mit einer neuen Rolle als »Befreier vom jüdisch-bolschewistischen Joch«. Drei Jahre lang feierte die ukrainische Kirche den 22. Juni als »Tag der Befreiung« unter starker Anteilnahme der Bevölkerung mit feierlichen Prozessionen. Litauer, Letten und Esten träumten von der Wiederherstellung ihrer Souveränität, die sie ein Jahr zuvor verloren hatten. Bei der Verfolgung der Juden fühlten sich diese Völker durch die Deutschen bestärkt. Erst die Zwangsmaßnahmen der deutschen Zivilverwaltungen, die diese Gebiete 1942 übernahmen, zeigte ihnen, daß die Reichspolitik etwas anderes mit ihnen vorhatte, als sie glaubten. In den Kaukasusgebieten wiederholte sich 1942 der freundliche Empfang der deutschen Truppen durch die Zivilbevölkerung. Kosaken, Armenier, Turkestaner, Kalmüken, Aserbaidschaner, Georgier und viele andere erwarteten die Befreiung ihrer Völker vom Bolschewismus durch die Deutschen. Im Laufe des Krieges stellten sich viele Angehörige dieser Völker für den bewaffneten Kampf auf deutscher Seite zur Verfügung. 300 000 Mann kämpften in deutscher Uniform als Ostlegionäre oder SS-Freiwillige gegen die Rote Armee oder die sowjetischen Partisanen und fast eine Million russischer Kriegsgefangener verfolgte das gleiche Ziel in der Funktion von »Hiwis« ohne Kombattantenstatus im Dienst der deutschen Frontdivisionen.

Der Stimmungsumschwung in der Bevölkerung der besetzten Gebiete gegen die Besatzungsmacht erfolgte schleichend und hatte viele Gründe. Dazu gehörten Zwangsrekrutierungen für den Arbeitseinsatz in Deutschland, die wirtschaftliche Ausbeutung des Landes, die Appelle der Exilpropaganda, die militärischen

Erfolge der Alliierten, der Druck der nationalen Widerstandsbewegungen und vieles mehr. So instinktiv, wie man sich nach dem Einmarsch der Deutschen für die Kollaboration entschieden hatte, übte man ab 1943 den Seitenwechsel. Als Stationen der Umorientierung kamen in Frage: Zurückhaltung bei persönlichen Äußerungen, Verleumdung der Deutschen, Ungehorsam, Amtsniederlegungen, Boykotte, Zuträgerdienste für die Widerstandsbewegungen, Verschwinden im Untergrund. Wer bis zuletzt auf den deutschen Sieg setzte, hatte die Folgen seiner Verbohrtheit zu tragen. Ihn traf die Rache der Sieger wie denjenigen, dessen Engagement in der Kollaboration einen Rückzug unmöglich machte.

III. Die Säuberungen nach dem Krieg

Im Prinzip wurde nach dem Zweiten Weltkrieg jeder als Kollaborateur verdächtigt, der keine Widerstandshandlungen nachweisen konnte. Zur Exkulpierung zogen die Beschuldigten häufig die kleinsten Vorfälle heran, die ihre antideutsche Einstellung beweisen sollten: Nichtbeachtung der Verdunklungsvorschriften, Schwarzschlachten und Schwarzbrennen, Horten von Nahrungsmitteln, Schwarzmarktgeschäfte, Teilnahme an religiösen Feiern, nicht genehmigter Wohnsitzwechsel, Erzählen von Naziwitzen, Krankfeiern udgl. Ehrenerklärungen nicht belasteter Freunde hatten einen hohen Stellenwert.
Auf der Suche nach Erklärungen, warum die deutsche Wehrmacht die unterworfenen Staaten 1939–1941 so schnell besiegt hatte, war man während der mehrjährigen Besatzungszeit dazu gekommen, die Schuld bei Verrätern, Spionen, Saboteuren, Überläufern und Angehörigen der Fünften Kolonne zu suchen. Wer im Verdacht stand, zu diesem Personenkreis zu gehören, wurde nach der Befreiung durch die alliierten Truppen aufgegriffen und inhaftiert, wenn es ihm gelungen war, bis dahin den Anschlägen der Widerstandsbewegung zu entkommen. Insofern waren die als »Säuberung« bezeichneten Geschehnisse der Nachkriegsmonate auch ein Akt der nationalen Exkulpation und der Rechtfertigung vor der Weltöffentlichkeit und gegenüber der nächsten Generation. Sie dienten der Erklärung des nationalen Versagens. In zweiter Linie richtete sich die Vergeltung gegen die, die nach der nationalen Niederlage mit den Besatzungskräften, aus welchen Gründen auch immer, zusammengearbeitet hatten. Je höher die Zahlen der Kollaborateure angesetzt wurden, desto leichter konnte erklärt werden, warum die Bevölkerung vor der Besatzungsmacht gekuscht hatte. Um den Amerikanern und Engländern, deren Land nicht von den Deutschen besetzt war, zu erklären, warum es in der Besatzungszeit zu keinen kollektiven Widerstandshandlungen gekommen war, diente der Hinweis auf die vielen Kollaborateure als brauchbare Schutzbehauptung. In den Säuberungen ließ sie sich scheinbar verifizieren. Auch den nationalen Widerstandsbewegungen kam es gelegen, wenn die Zahl der Kollaborateure groß war. Sie konnten ihre Leistungen in ein besseres Licht rücken, wenn sie nicht nur gegen die Besatzungsmacht zu kämpfen, sondern auch mit dem Widerstand von tausenden Kollaborateuren zu rechnen hatten. Das machte ihre Niederlagen erklärlich und stimulierte die nationalen Legenden von den Schwierigkeiten des Untergrundkampfes.

Die Suche nach den Sündenböcken für die nationale Schande dauerte jahrelang. In einigen der von den Deutschen besetzten Ländern forderte sie mehr Opfer als der Krieg.

Die Säuberungen begannen unmittelbar nach dem Abzug der Deutschen. Sie erfaßten jeden, der im Verdacht stand, irgendwas für die Besatzungsmacht getan zu haben. Der Kollaboration beschuldigt wurden auch die, die keine Stellung bezogen hatten. Die ersten Wochen nach der Befreiung waren eine Zeit der Rache und des Terrors, der Willkürakte und der Lynchjustiz. Oft erst nach Monaten kam die Verfolgung der Kollaborateure in rechtliche Bahnen. Bei den frühen Gerichten waren die Richter, Geschworenen und Schöffen meistens die Opfer von gestern und die befangenen Gegner derer, über die sie Recht sprechen sollten. Ihre Urteile waren mehr von der Moral bestimmt als vom Recht. Auch in den Lagern, Gefängnissen und Haftanstalten verfolgte der Haß der Sieger die Beschuldigten, Angeklagten und Verurteilten. Sie hatten häufig mehr zu leiden als die mit ihnen eingesperrten Schwarzhändler, Zuhälter und Gewaltverbrecher.

In allen westeuropäischen Ländern verfochten die Kommunisten am leidenschaftlichsten die Belange einer radikalen Säuberung. Erst als der kalte Krieg begann, zerbrach das Bündnis der Demokraten mit den Kommunisten aus der Zeit der Résistance. Das öffentliche politische Interesse verlagerte sich von der »braunen Diktatur« auf die »rote Diktatur«. Aber die Hoffnung der bisher verfolgten Kollaborateure, daß der Rechtsstaat sich mit gleicher Energie gegen die neue Gefahr des totalitären Kommunismus wenden würde wie bisher gegen den totalitären Faschismus, ging nur selten in Erfüllung. Zehn Jahre nach dem Zweiten Weltkrieg, als die Bundesrepublik Deutschland dem NATO-Bündnis zur Abwehr des sowjetischen Imperialismus beitrat, saßen noch mehrere hundert politische Häftlinge in französischen, niederländischen und belgischen Gefängnissen ein, unter ihnen auch ehemalige Freiwillige der Waffen-SS, die an deutscher Seite gegen die Sowjetunion gekämpft hatten. Die »Europäische Menschenrechtskonvention«, die von allen Mitglieder des Europarates am 4.11.1950 verabschiedet wurde, schloß die Kollaborateure ebenso wie die in Nürnberg verurteilten Kriegsverbrecher expressis verbis vom Verbot rückwirkender Strafgesetze aus. In der UdSSR wurde zu dieser Zeit allen Verurteilten, »die im Großen Vaterländischen Krieg 1941–1945 dem Feind gedient hatten«, mit der Verordnung vom 17.9.1955 das Strafmaß um die Hälfte ermäßigt, wenn sie zu mehr als zehn Jahren Freiheitsstrafe verurteilt worden waren. Alle anderen Gefangenen wurden freigelassen.

Frankreich

In Frankreich dauerte die épuration von September 1944 bis Ende 1949. Sie richtete sich nicht nur gegen die, die mit der Besatzungsmacht zusammengearbeitet hatten, sondern auch gegen Personen, die im Dienste der französischen Regierung in Vichy gestanden waren. Alle Gefolgsleute Pétains galten im Prinzip als Kollaborateure. Unmittelbar nach der Besetzung Südfrankreichs ließ de Gaulle 650 Pétain-Anhänger in Vichy und 1106 in Clermont-Ferrand gefangen setzen. Die Säuberung erfaßte, wenn man die Angehörigen der Opfer einbezieht, anderthalb Millionen. Bereits während der wilden Verfolgungen unmittelbar nach dem Abzug der deutschen Truppen kamen 10 519 Menschen zu Tode. Sie wurden ohne gerichtliches Verfahren erschlagen, erschossen, erhängt und ertränkt. Inoffizielle Schätzungen nennen weit höhere Zahlen als der Bericht des Pariser Justizministeriums vom 11.4.1952, von dem die Angaben stammen. Zu den drastischsten Auswüchsen der außergerichtlichen Abrechnungen gehörte es, Frauen kahlzuscheren, sie mit Hakenkreuzen zu bemalen und durch die Straßen zu treiben, wenn sie im Verdacht standen, zu deutschen Soldaten intime Beziehungen gepflegt zu haben. Die Franzosen nannten ihr Vergehen »collaboration horizontale«. Aufgrund von Standgerichtsurteilen wurden nach dem September 1944 1325 Personen von der Résistance zu Tode gebracht. In einem Fall genügten 20 Minuten, um 19 Menschen zum Tode zu verurteilen, und zehn weitere Minuten, um sie hinzurichten. Während der Besatzungszeit hatte die Untergrundbewegung etwa 5000 Kollaborateure ermordet, den Großteil in den letzten Wochen vor der Befreiung.

Verspottung einer kahlgeschorenen Pariserin im August 1944 wegen »horizontaler Kollaboration«

Die Gerichte, die nach der Befreiung Frankreichs zusammengestellt wurden, legten 160 287 Ermittlungsdossiers an. Etwa 45% der Verdächtigten kamen straflos davon, 25% wurden mit dem Entzug der Bürgerrechte bestraft und 24% erhielten Gefängnisstrafen. Bis 1949 waren es über 39 000 Gefängnisstrafen.
Die wirtschaftlichen Kollaborateure kamen glimpflich davon. Das Ministerium für Industrieproduktion legte zwar 2200 Dossiers an, aber nur Louis Renault, der Chef der gleichnamigen Automobilfirma, kam als einziger in Gefahr, zum Tode verurteilt zu werden. Er starb im Untersuchungsgefängnis. Etwa 200 Unternehmer mußten vorübergehend die Leitung ihrer Firmen abgeben. Mehr geschah nicht. Eine gründliche Säuberung der Wirtschaft ließ sich mit den Erfordernissen des Nachkriegsaufbaus nicht vereinbaren. Die Regierung wagte nicht, das Land seiner Wirtschaftselite zu berauben.
Umso rigoroser war die Säuberung im öffentlichen Dienst. Aus den Streitkräften wurden 3035 Offiziere ausgestoßen und 2635 entlassen. In den öffentlichen Verwaltungen und staatlichen Betrieben wurden 850 000 Personen mit Sanktionen belegt. 5000 Beamte wurden entlassen und 6000 durch Versetzungen bestraft. Franzosen, die in deutscher Uniform auf seiten der Wehrmacht oder der Waffen-SS gedient hatten, konnten sich einer Bestrafung entziehen, wenn sie sich zum mehrjährigen Kolonialdienst in Indochina verpflichteten.
Besonders leicht war die Beweisführung gegen die Kollaborateure, die sich in den Medien und in den Künsten zugunsten der Deutschen oder für Pétain festgelegt hatten. Ihre Zahl war sehr groß. Auch wenn es während der Säuberungen niemand wahrhaben wollte: Während der deutschen Besatzungszeit war das französische Kulturleben aufgeblüht. Die deutsche Propagandaabteilung übte keine Zensur aus. Gerhard Heller, der für litarische Fragen zuständig war, förderte alle Autoren, die nicht auf der von den französischen Verlagen als Maßnahme der Selbstzensur heraugegebenen »liste Otto« standen. Die Verantwortung für alle Publikationen trug der Herausgeber. Zwischen 1941 und 1944 erschienen in keinem Land der Welt mehr wissenschaftliche, literarische und künstlerische Publikationen als in Frankreich. Es waren allein 9348 Buchtitel. In den USA waren es 8320 und in Großbritannien 6705. Während der Besatzungszeit wurden in Frankreich 152 Spielfilme und 400 Dokumentarfilme gedreht. Albert Greven, der in der deutschen Propagandastaffel für das Filmwesen zuständig war, finanzierte die Dreharbeiten in vielen Fällen mit deutschem Geld. In den kollaborationistischen Zeitschriften publizierten alle, die in Frankreich Rang und Namen hatten. Damit stigmatisierten sie sich selbst. Denen, die man nach dem Krieg verurteilen wollte, konnte man den Sündenspiegel ihrer Aussagen in gedruckter Form vorhalten und mit Auszügen aus ihren Schriften ihre vaterlandsverräterischen Absichten nachweisen. Ihnen nützten keine Ausflüchte. Nur wer sich zur rechten Zeit in den Schoß der Résistance geflüchtet hatte oder irgendwelche Widerstandshandlungen nachweisen konnte, hatte eine Chance, ungeschoren davonzukommen. Bereits am 15.8.1944, neun Tage vor dem Einmarsch der Alliierten in Paris, wurde in Résistancekreisen eine Liste von Redakteuren, Verlegern und Autoren herumgereicht, die nach der Befreiung sofort zu verhaften seien.
Während der deutschen Besatzungszeit konnten die meisten bildenden Künstler

in Frankreich ihre Arbeit fortsetzen, auch die, die im Reich unter die Rubrik der »entarteten Kunst« gefallen wären. Die Bilderverbrennung vom 27.5.1941 in Paris war ein einmaliges Ereignis. Als Vorsitzender der »Front National des Arts« schickte Pablo Picasso am Kriegsende eine Namensliste von Künstlern an den Pariser Staatsanwalt, die bestraft werden müßten, weil sie im Dienst der Deutschen gestanden seien. Sie enthielt alle Künstler, die einer Einladung nach Deutschland nachgekommen waren. 23 Maler und Bildhauer wurden mit Arbeits- und Austellungsverboten bestraft. Die Höchststrafe von zwei Jahren Arbeitsverbot erhielt Charles Despiau. Einjährige Sanktionen wurden über André Derain, Maurice de Vlaminck, Kees van Dongen, Paul Belmondo und Othon Friesz verhängt.

Die Berufsgruppe, die am mildesten behandelt wurde, waren die Schauspieler. Die härteste Strafe erhielt der Regisseur Henri-Georges Clouzot, weil er für Continental Filme gedreht hatte, darunter »Le Courbeau« mit einer antifranzösischen Tendenz: zwei Jahre Arbeitsverbot. Serge Lifar, Ballettmeister an der Pariser Oper, erhielt ein Jahr Berufsverbot, weil er Hitler besucht und zustimmende Artikel über den Nationalsozialismus veröffentlicht hatte. Die Akten von Sascha Guitry, der während der Besatzungszeit zu Reichtum und Ansehen gekommen war, gingen verloren. Mistinguett kam mit einem Tadel davon und Maurice Chevalier und Danielle Darrieux blieben ungeschoren. Edith Piaf bekam trotz ihrer Deutschlandaufenthalte eine Ehrenerklärung des Untersuchungsausschusses.

Die Kirche führte die Reinigung ohne Publizität durch. De Gaulle forderte von der Kurie die Absetzung von elf Bischöfen. Der Vatikan enfernte nach langem Zögern vier Bischöfe und drei Apostolische Vikare aus ihren Ämtern, weil sie Marschall Pétain in besonderem Maße unterstützt und die Gläubigen zu Gehorsam gegenüber der staatlichen Macht ermahnt hatten. Die Kurie gab nach, um das Verhältnis zur französischen Nachkriegsregierung zu entkrampfen. Aber die französischen Kardinäle blieben unangetastet, auch Kardinal Suhard von Paris, der ein Hochamt für Pétain und die Totenmesse für Henriot gelesen hatte. Kardinal Baudrillart starb kurz vor der Libération und ersparte der Kirche die Schande der Anklage eines Kirchenfürsten. Zu den Geistlichen, die wegen Kollaboration zu Haftstrafen verurteilt wurden, gehörte der Generalvikar des Bischofs von Arras.

Die Kommunisten gebärdeten sich als die entschlossensten Vertreter einer radikalen Säuberung. Ihre Zeitung »Combat« war voll von immer neuen Anschuldigungen. Sie sahen in der Ausschaltung einer möglichst großen Zahl von Vertretern des Bürgertums die Chance, die Machtübernahme in Frankreich vorzubereiten. Je mehr Frauen und Männer der bürgerlichen Parteien als Vaterlandsverräter gebrandmarkt werden konnten, desto länger war der Schatten, der auf den Klassenfeind fiel.

Die gerichtliche Strafverfolgung der Kollaborateure basierte auf den Artikeln 75 bis 86 des französischen Strafgesetzbuches, die zum Teil am Vorabend des Krieges verschärft worden waren. Sie verboten Handlungen zum Nachteil der Verteidigung des Landes, die Zusammenarbeit mit dem Feind und Angriffe auf die äußere Sicherheit des Staates. Zu diesen Verbrechen zählte man nach dem Krieg

Von Mißhandlungen gezeichnete Mitglieder der Milice française vor ihren Zellen im Fort Montluc auf dem Weg zum Standgericht

auch Denunziationen. Wer sich darauf berief, während der Besatzungszeit lediglich Anordnungen vorgesetzter Dienststellen durchgeführt zu haben, wurde wegen »indignité nationale« (nationaler Würdelosigkeit) mit »dégradation nationale« (Verlust der bürgerlichen Rechte) bestraft. Der Begriff »indignité nationale« war in zwei Dekreten vom 26.8.1944 und 26.12.1944 formuliert worden. Wer deswegen bestraft wurde, verlor das Wahlrecht und die Fähigkeit zur Wahrnehmung öffentlicher Ämter, wurde aus dem öffentlichen Dienst und aus dem Militär entfernt und durfte keine Funktionen im Erziehungswesen, in der Presse und im Rechtswesen warnehmenen. Von der Führung wirtschaftlicher Unternehmungen war er ausgeschlossen. Im allgemeinen wurde das Privatvermögen eingezogen.

In Frankreich befaßten sich vier verschiedene Tribunale mit der Säuberung des Landes :

– Die »Cours de Justice«, die auf Wunsch von General de Gaulle am 26.6.1944 ins Leben gerufen worden waren, weil ihm die Militärgerichte zur Behandlung von Kollaborationsvergehen nicht ausreichten, bestanden aus einem Richter und vier Schöffen, die von den Befreiungskomitees in den Departements unter den Personen ausgesucht wurden, »die ihr Nationalgefühl unter Beweis gestellt« hatten. Von den Cours de Justice wurden bis Ende 1948 insgesamt 50 095 Verfahren durchgeführt. 8603 endeten mit Freisprüchen und 7037 mit Todesurteilen. 2777 Angeklagte wurden zu lebenslanger und 10 434 zu befristeter Zwangsarbeit verurteilt. Außerdem gab es 2173 Zuchthausstrafen und 23 816 Gefängnisstrafen.

– Die »Chambres Civiques«, die am 28.8.1944 eingerichtet wurden und den Courts de Justice angegliedert waren, hatten über Fälle von »nationaler Wür-

Der französische Staatschef Pétain im vierten Jahr seiner lebenslangen Haft im Gefängnis von Yeu

delosigkeit« zu urteilen. Die von ihnen als Strafe ausgesprochene »dégradation nationale« war nur vermeidbar, wenn die Angeklagten Widerstandshandlungen nachweisen konnten. Von den Chambres Civiques wurden bis zum 31.12.1948 insgesamt 48 476 Angeklagten die bürgerlichen Rechte abgesprochen (indignité nationale). 19 881 Beschuldigte wurden freigesprochen.

– Die »Tribunaux Militaires«, die Kriegsverbrechen zu bestrafen hatten, verurteilten überwiegend Angehörige der Besatzungsmacht. Aber auch Mitgliedern der französischen Miliz wurde der Prozeß gemacht, wenn sie Gefangene und Verwundete erschossen oder an Greueln gegen die Résistance beteiligt gewesen waren, die sich als kombattante Organisation betrachtete.

– Der »Haute-Cour de Justice« war der höchste französische Sondergerichtshof. Er bestand gemäß Erlaß vom 18.11.1944 aus drei Richtern und 24 Geschworenen, die von Abgeordneten der Verfassungsgebenden Nationalversammlung aus zwei Listen ausgewählt wurden. Von diesem Gericht wurden 108 Minister, Staatssekretäre, Generalsekretäre, Generaldelegierte, Generalkommissare und Generalgouverneure verurteilt, die den Regierungen zwischen Juni 1940 und August 1944 angehört hatten. Vor dem Haute Cours de Justice hatten sich auch das Staatsoberhaupt und der Regierungschef des nicht besetzten Frankreichs zu verantworten. Beide wurden zum Tode verurteilt, der 89jährige Pétain jedoch zu lebenslanger Haft begnadigt.

Keine der Freiheitsstrafen, die ausgesprochen wurden, wurde bis zum Schluß vollstreckt. 1951 wurden 1112 Gefangene amnestiert. Von den 29 401 Häftlingen vom März 1946 blieben im November 1951 nur 2939 übrig. 1980 gab es nur noch eine Handvoll Kollaborateure im Strafvollzug. Als letzter wurde 1994 der Geheimdienstchef der Miliz von Lyon, Paul Touvier, wegen der Erschießung von sieben Juden zu lebenslanger Haft verurteilt.

Die Kritik an der französischen Säuberung setzte bereits 1947 ein. Einer ihrer frühen Vertreter war Maurice Bardèche, der die Hinrichtung seines Schwagers Robert Brasillach als Justizmord aufklären wollte. Marcel Aymé unterstützte ihn mit seinem satirischen Roman »Uranus« (1948). Ab 1950 stellte Jean Pleyber die Übergriffe gegen die Kollaborateure chronikartig in der Monatszeitschrift »Ecrits de Paris« zusammen. Gleichzeitig wurden die Heldenlegenden der Résistance zerpflückt. Die Organistion »Union pour la restauration et la défense du service public« beschwerte sich in einem Memorandum an die Vereinten Nationen über die Vergewaltigung der Menschenrechte während der Nachkriegszeit und brachte, aufgrund von Aufzeichnungen der US-Armee, erstmals die Zahl von 112 000 Getöteten auf. 1959 gab de Gaulle zu, daß im Laufe der Säuberungen 9000 Personen ohne Gerichtsverfahren hingerichtet worden waren.

Norwegen

Bei der Säuberung in Norwegen spielte neben den verfassungsrechtlichen Erwägungen, ob die Todesstrafe verhängt werden dürfe, obwohl sie im geltenden Strafgesetzbuch aus dem Jahr 1902 nicht vorgesehen war, die Definition des politischen Status des Landes zwischen 1940 und 1945 die Hauptrolle. Wenn sich Norwegen in dieser Zeit im Kriegszustand mit Deutschland befand, waren alle Akte der Zusammenarbeit mit den Deutschen strafbar. Galt Norwegen jedoch

Begnadigung des norwegischen Kollaborateurs Finn Kaas unter der Bedingung, daß er im Militärlager Jorstadmoen schuldige Deutsche benennt

als besetztes Land, so mußte die Bevölkerung nach den Vorschriften der Haager Konvention den Anordnungen der Besatzungsmacht Folge leisten und die Verwaltung mit ihr zusammenarbeiten. Die norwegischen Gerichte entschieden sich in der Mehrzahl für die erste Variante, weil sie die härtere Bestrafung der Kollaborateure ermöglichte. Im zweiten Fall wäre die Kollaboration auf landesverräterische Handlungen beschränkt geblieben.

Die Verfolgung der Kollaborateure setzte unmittelbar nach der Kapitulation der deutschen Truppen aufgrund von vorbereiteten Listen ein. Da die Mitgliederkartei der Nasjonal Samling in die Hände der Widerstandsbewegung gefallen war, hatte man einen Rahmen für die zu Überprüfenden. Von den 92 805 Personen, die als Kollaborateure unter Anklage gestellt wurden, waren 55,2 Prozent Parteimitglieder. Die im öffentlichen Dienst Stehenden verloren ihre Posten, es sei denn, sie konnten nachweisen, der Heimatfront Informationen geliefert zu haben. Von den Mitgliedern der Nasjonal Samling wurden insgesamt 70 Millionen Kronen Entschädigung eingetrieben.

46 000 Norweger wurden von den Gerichten als Kollaborateure verurteilt. Über 30 Angeklagte wurde die Todesstrafe ausgesprochen. 37 150 Personen bekamen Gefängnisstrafen, 17 000 von ihnen im Umfang zwischen 1 und 5 Jahren. 25 180 Beschuldigte übernahmen eine freiwillige Strafe, um einen Prozeß zu vermeiden.

Die Gruppe von Kollaborateuren, die unverhältnismäßig hart bestraft wurde und die den Urteilen fassungslos gegenüberstand, waren die 7000 überlebenden norwegischen Freiwilligen, die in der Waffen-SS an der Ostfront gegen den Bol-

schewismus gekämpft hatten. Sie glaubten, im Sinne des norwegischen Volkes das Land, das Volkstum und das Christentum verteidigt zu haben. Nach dem Krieg sah die Medienöffentlichkeit in den SS-Veteranen eher eine Gefahr für die demokratische Zukunft des Landes. Als »Landsviskere« erhielten sie mindestens drei Jahre Gefängnis. Die bürgerlichen Ehrenrechte wurden ihnen aberkannt.
Der besondere Volkszorn galt auch in Norwegen den 50 000 Frauen, die mit deutschen Soldaten ein Liebesverhältnis hatten. Für Mütter, die Kinder von deutschen Soldaten hatten, wurden spezielle Lager eingerichtet. Sigrid Undset brandmarkte die 9000 Besatzungskinder als »Hurenkinder«; ihr wäre am liebsten gewesen, sie wären alle umgekommen.
Bei einem Land mit nur 3,3 Millionen Einwohnern war der Prozentsatz der der Kollaboration Beschuldigten mit insgesamt 92 000 Personen übermäßig groß. Von je 100 000 Einwohnern wurden 633 gerichtlich verfolgt. Das war der höchste Anteil in allen besetzten Ländern. Fememorde, Massaker und geheime Hinrichtungen fanden in Norwegen jedoch nicht statt. Ausschreitungen der Bevölkerung gegen Kollaborateure wurden bestraft.
Im Mai 1950 wurden die meisten Sondermaßnahmen gegen Kollaborateure und die Nebenstrafen der wegen Kollaboration Verurteilten, z. B. die Aberkennung des Stimmrechts und des Rechts zum Militärdienst, annulliert, sofern die Gefängnisstrafe nicht mehr als ein Jahr betragen hatte. Die zu Haftstrafen Verurteilten wurden in der Regel freigelassen, wenn sie die Hälfte der Strafe verbüßt hatten.

Niederlande

Für die zu erwartende Säuberung hatte die niederländische Exilregierung in London im Laufe des Krieges das Strafgesetz in mehreren Punkten abgeändert. Die Todesstrafe, die 1873 abgeschafft worden war, wurde für Landesverräter rückwirkend wieder eingeführt. Auch andere Gesetze traten rückwirkend in Kraft. Für viele Delikte wurden die Strafen verschärft.
In den Niederlanden begannen die Widerstandskämpfer unmittelbar nach dem Ende der Kampfhandlungen in den einzelnen Regionen mit der Verhaftung von Kollaborateuren. Später war dafür ein Sonderkommando der Polizei zuständig, und schließlich übernahmen die Militärbehörden die Aufgabe. Bei einer Bevölkerung von 10 Millionen war die Zahl von fast 200 000 Festgenommen ein beträchtlicher Prozentsatz. Die Hälfte wurde wieder auf freien Fuß gesetzt. Im Oktober 1945 zählte man noch 96 000 politische Gefangene, darunter fast 24 000 Frauen. Unter den Frauen waren viele Denunziantinnen, die mit ihrer Anzeige Leib und Leben anderer gefährdet hatten, aber auch Mädchen, die nur einmal mit einem deutschen Soldaten getanzt hatten. Da in vielen Familien beide Ehegatten verhaftet waren, gab es etwa 20 000 Kinder ohne Elternhaus. Bis zum Ende der Säuberung in den Niederlanden wurden 450 000 Fallakten angelegt, aus denen 200 000 Ermittlungsverfahren eingeleitet wurden.
Zur Aburteilung der Kollaborateure gab es in den Niederlanden neben der ordentlichen Gerichtsbarkeit besondere Kammern, in denen sich Laien, die fast ausschließlich aus dem Widerstand kamen, als Hilfsrichter gebärdeten. Ange-

klagte, die eines schweren Delikts beschuldigt wurden, z. B. eines Kriegsverbrechens oder eines Tötungsdelikts, wurden von einem »Sondergericht« (Bijzonder Gerechtshof) abgeurteilt. Die »Sondergerichte«, die bis 1950 arbeiteten, fällten 14 562 Urteile, darunter 200 Todesstrafen, von denen 38 vollstreckt wurden, mehr als 5000 Freiheitsstrafen von fünf Jahren bis lebenslänglich und etwas mehr als 6000 Gefängnisstrafen unter fünf Jahren. Wer wegen »illoyalen Verhaltens« angeklagt war – nach der Verordnung vom 17.9.1944 genügte dafür eine nationalsozialistische oder faschistische Gesinnung –, wurde von einem »Säuberungstribunal« abgeurteilt. Angeklagt werden konnte man auch wegen gemeinsamen Essens mit einem Deutschen, wegen des Hitlergrußes in der Öffentlichkeit, wegen eines Führerbildes im Hause, wegen des Abonnements einer Kollaborationszeitung und wegen der Beschimpfung alliierter Bomberpiloten als Mörder. Die Säuberungstribunale nahmen ihre Arbeit im Juli 1945 auf und sprachen bis September 1948, als die nicht erledigten Fälle von der ordentlichen Gerichtsbarkeit übernommen wurden, 49 920 Urteile aus, darunter 531 Urteile von zehn und mehr Jahren Gefängnis bzw. Zwangsarbeit, 1303 Urteile zwischen fünf und zehn Jahren, 28 151 zwischen ein und fünf Jahren und 5630 von einem Jahr Gefängnis. Die Nebenstrafen, die von den beiden Gerichten verhängt wurden, waren ungewöhnlich zahlreich. 127 000 Niederländer verloren zeitweise ihr Wahlrecht, 92 000 ihr Recht zum Waffendienst, 95 000 wurden von öffentlichen Ämtern ausgeschlossen und 60 000 büßten die Staatsangehörigkeit ein.
Die 25 000 niederländischen Freiwilligen, die als Soldaten der Wehrmacht oder Angehörige der Waffen-SS gedient hatten, galten anfangs als besonders üble Verbrecher. Die »Sondergerichte« verurteilten mehrere von ihnen zum Tode oder zu lebenslanger Haft, doch wurden die meisten Urteile in der Berufung abgemildert. Im Durchschnitt erhielten SS-Freiwillige acht bis zehn Jahre Gefängnis. Einige Tausend entgingen einer Verurteilung, weil sie sich freiwillig zur Unterdrückung der Entkolonialisierungsbewegung in Niederländisch-Indien zur Verfügung stellten.
Von den 380 000 Angehörigen des Öffentlichen Dienstes wurden 11 500 als Kollaborateure unehrenhaft und 6000 ehrenhaft entlassen. 6000 Beamte erhielten Disziplinarstrafen. Von den 950 Bürgermeistern mußten 509 ihr Amt aufgeben. Etwa 13 Prozent aller Polizeibeamten wurde entlassen.
Ungewöhnlich milde wurde die wirtschaftliche Kollaboration verurteilt, weil man die Zerrüttung des Wirtschaftsleben vermeiden wollte. Über die Profite, die niederländische Geschäftsleute bei den Deutschen erzielten, legte man den Mantel des Schweigens.
Im August 1946 wurde die Hälfte aller wegen Kollaboration verurteilten Häftlinge zum Entsetzen der niederländischen Widerstandsorganisationen freigelassen. Ihre Wiedereingliederung in die Gesellschaft wurde von der »Stiftung zur Überwachung politischer Delinquenten« auf privater Basis unterstützt.
Als 1949 ein Arzt, der mehrere Jahre inhaftiert gewesen war, eine Broschüre über die Zustände in den Gefängnissen und »Internierungslagern« veröffentlichte, wurden die unmenschlichen Verhältnisse bekannt, unter denen die verurteilten Kollaborateure gelebt hatten. Die Schikanen und Grausamkeiten des Bewachungspersonals hielten einem Vergleich mit denen in den deutschen Kon-

zentrationslagern stand. Die Opposition erzwang die Einsetzung eines parlamentarischen Untersuchungsausschusses zur Aufklärung der Mißstände. Das Ergebnis wurde der Öffentlichkeit vorenthalten.
Ein Herzensanliegen der niederländischen Nachkriegsregierungen war die Säuberung der Presse. Neue Lizenzen erhielten nur die Untergrundzeitungen des Widerstands. Alle Presseorgane, die über den 1.1.1943 hinaus erschienen waren, wurden eingestellt. Staatlich eingesetzte Säuberungskommissionen überprüften Journalisten und Verleger und sprachen langjährige Berufsverbote sowie die Enteignung von Druckereien aus. Der Journalist Max Blokzijl wurde wegen seiner von Radio Hilversum ausgestrahlten Kommentare zum Tode verurteilt.
Die Säuberungsausschüsse an den Universitäten überprüften 2500 Studenten und 120 Professoren. 600 Künstler mußten sich vor den sogenannten Ehrengerichten verantworten.

Belgien
In Belgien hießen die Kollaborateure nach dem Krieg »inciviques«. Kurz nach dem Einmarsch der Alliierten kam es zu ersten Fällen von Lynchjustiz. Nachdem die Behörden das Heft wieder in der Hand hatten, wurden mehr als 600 000 Dossiers gegen verdächtige Bürger angelegt. 57 000 Personen mußten sich gerichtlich verantworten. 23 584 wurden wegen »collaboration politique« und 31 831 wegen »aide militaire« verurteilt, der Rest wegen anderer politischer Vergehen. Zusätzlichen 20 652 Beschuldigten wurden die Bürgerrechte entzogen. Von den 1247 Todesurteilen wurden 242 vollstreckt, einige sogar öffentlich vor einer tausendköpfigen Menge. Unter den Hingerichteten befanden sich 105 Flamen, 122 Wallonen und 15 Bürger Brüssels. Unter den zu lebenslänglicher Zwangsarbeit Verurteilten waren 1022 Flamen und 817 Wallonen. Strafen zwischen 10 und 20 Jahren bekamen 3542 Flamen und 2491 Französischsprechende. Mit 596 Verurteilten pro 100 000 Einwohnern befand sich Belgien zusammen mit Luxemburg und Norwegen an der Spitze des Säuberungsfurors. Die Rivalität zwischen Flamen und Wallonen und die umstrittene Königsfrage verschärfte die Verfolgung. Wallonen beschuldigten Flamen und Flamen beschuldigten Wallonen der Treulosigkeit gegenüber dem König und des Verrats am belgischen Staat. Die Gerichte bemühten sich erfolglos um eine unterschiedslose Verfolgung von Kollaborateuren aus beiden Sprachgemeinschaften, um die nationale Einheit nicht zu gefährden. Der Sprachenstreit beeinträchtigte anschließend für lange Zeit das Gefühl der Zusammengehörigkeit.
Jeder Belgier, der nach dem Krieg eine Beschäftigung ausüben wollte, benötigte eine Bescheinigung über seine politische Unbescholtenheit. Die Aushändigung dieser »Persilscheine« hing oft vom Urteil eines Widerstandskämpfers ab, der von der Polizei über den Antragsteller befragt wurde.
28 000 belgische Unternehmer wurden beschuldigt, mit dem Feind kooperiert zu haben. Um wirtschaftlichen Schaden zu verhüten, wurde die Zahl der Anzuklagenden trotz der Proteste der Widerstandskämpferorganisationen auf 2000 beschränkt.
In den Lagern für »Inciviques«, in denen zwischen 10 000 und 15 000 Menschen für kürzere oder längere Zeit untergebracht waren, kam es zu zahlreichen Über-

Öffentliche Erschießung zum Tode verurteilter Rexisten in Belgien 1947

griffen der Wärter, deren Brutalität mit der der Aufseher in deutschen Konzentrationslagern verglichen wurde. Als die Grausamkeiten in der Öffentlichkeit bekannt wurden, begann man über den Sinn der Strafmaßnahmen nachzudenken und am Umerziehungserfolg längerer Internierungen zu zweifeln. Aber die Entlassungen folgten nur zögernd. 1956 saßen in den belgischen Gefängnissen noch 250 »Unbürger«. Nach ihrer Entlassung waren sie Menschen zweiter Klasse. Die wirtschaftliche Lage der Geächteten, die oftmals mit einem Berufsverbot belegt waren, blieb auch dann noch schlimm, als der Wirtschaftsaufschwung einsetzte. Die aus der Besatzungszeit stammenden Leidenschaften hielten an.

Luxemburg

In Luxemburg, das während des Krieges dem Gau Moselland zugeschlagen und dessen Männer nach der Einführung der Wehrpflicht zwangsweise in die deutsche Wehrmacht einberufen worden waren, gingen nach der ersten Befreiung im September 1944 die Wogen der Leidenschaft hoch. In dem kleinen Staat von etwa 270 000 Einwohnern wurden schätzungsweise 10 000 Personen verhaftet. Nach der Novelle zum Strafgesetzbuch, die die Großherzogin im Juli 1943 im Exil unterschrieben hatte, war die Todesstrafe für alle Luxemburger vorgesehen, die freiwillig mit der Waffe gegen das Großherzogtum und seine Verbündeten gekämpft oder den Feind freiwillig unterstützt hatten. Zuchthaus drohte denjenigen, die geholfen hatten, nationale Einrichtungen zu zerstören. Strafen von 10 bis 15 Jahren Gefängnis waren für Denunzianten vorgesehen. Da es vor dem Zweiten Weltkrieg in Luxemburg keine politische Bewegung mit faschistischer Tendenz gegeben hatte, konnten sich die von der Säuberung Betroffenen nicht auf althergebrachte politische Ansichten berufen.

Bevor die Stadt während der Ardennenoffensive vorübergehend von den Amerikanern geräumt wurde, richteten sich die spontanen Ausschreitungen gegen Landsleute, die sich im Krieg für Deutschland eingesetzt oder gar die Eingliederung des Landes in das Reich betrieben hatten. Die eigentliche Säuberung begann nach der zweiten Befreiung im Frühjahr 1945. Verhaftungen wurden auf bloßem Verdacht vorgenommen. In keinem anderen Land spielten Denunzianten eine so große Rolle wie in Luxemburg. Persönliche Feindschaften und Rivalitäten zwischen Nachbarn wurden mit Kollaborationsvorwürfen ausgetragen. Ende November 1945 befanden sich 4000 Luxemburger Kollaborateure im Gefängnis, von denen 1500 zur Zwangsarbeit eingesetzt waren. Zur Kennzeichnung trugen sie ein weißes Viereck am Ärmel. Von den 50 gerichtlichen Todesurteilen wurden vier vollstreckt, die anderen in lebenslanges oder zeitliches Zuchthaus umgewandelt. In den Gefängnissen und Lagern führten Übergriffe des Bewachungspersonals zu mehreren Selbstmorden. Andere Häftlinge gingen an Hunger, Kälte und den Folgen der körperlichen Mißhandlungen zugrunde. Besonders brutal handelten die Hilfsgendarmen, die sich aus den Kreisen des Widerstandes rekrutierten. Sie setzten die Gefangenen z. B. zur Räumung von Minenfeldern ein, ohne daß ihnen die Grundkenntnisse dafür beigebracht wurden. Bei solchen Einsätzen wurden 40 internierte Kollaborateure zerfetzt und 120 schwer verletzt. Die Kinder verhafteter Eltern wurden in Erziehungslagern untergebracht, wo die körperliche Züchtigung zum Reglement gehörte.
Während die Angehörigen des öffentlichen Dienstes ausnahmslos bestraft wurden, wenn sie bei der Durchführung ihrer Aufgaben während des Krieges den Deutschen zu Willen waren, setzten die zur Säuberung eingesetzten Sondertribunale die wirtschaftliche Kollaboration außer Verfolgung. Da dem sozialistischen Staatsrat und Chef der luxemburgischen Widerstandsbewegung, Albert Wingert, die Maßnahmen zu lasch erschienen, versuchte er, die Regierung zu stürzen. Die Aufdeckung seines Komplotts leitete das Ende der Säuberungen ein.

Dänemark
In Dänemark endete die Besatzungszeit am 4.5.1945 ohne Schießereien und Repressalien durch die Wehrmacht. In den darauf folgenden Wochen wurden ungefähr 20 000 Landsleute von der dänischen Widerstandsbewegung festgenommen, in der der Einfluß der Kommunisten vorherrschte. Am 1.6.1945 ratifizierte das Parlament das »Gesetz zur Ergänzung des Gesetzes über Hoch- und Landesverrat und nationale Untreue«. Es enthielt rückwirkende Verschärfungen einzelner Strafbestimmungen für Kollaborateure. Für die Zusammenarbeit mit dem Feind sah es eine Mindeststrafe von vier Jahren Gefängnis vor. Denunzianten konnten zum Tode verurteilt werden, selbst wenn ihre Handlungsweise keine Folgen gehabt hatte. Die Mitglieder der »Nationalsozialistischen Dänischen Arbeiterpartei« des Frits Clausen durften jedoch nicht verfolgt werden, weil diese Partei bereits vor dem Kriege rechtmäßig zugelassen war und während der Besatzungszeit keine Bevorzugung gegenüber den anderen Parteien des Landes erfahren hatte.
Insgesamt wurden in Dänemark 15 724 Verfahren eröffnet. 2375 Angeklagte erhielten weniger als ein Jahr Gefängnis, 3924 ein bis zwei Jahre, 4187 zwei bis

vier Jahre und 3641 mehr als vier Jahre. 62 Kollaborateure wurden zu lebenslanger Zwangsarbeit verurteilt. Von den 78 Todesurteilen wurden 46 vollstreckt. Als die Kommunistische Partei Dänemarks 1946 ihren Einfluß verlor, ebbte die Verfolgung der dänischen Kollaborateure ab. Viele Gefängnisstrafen wurden gemildert, z. B. auf zweieinhalb Jahre für Angehörige des »Frikorps Danmark«, die an der Ostfront gegen die Rote Armee gekämpft hatten. Da das Land jedoch bis 1948 deutsche Flüchtlinge aus Pommern, West- und Ostpreußen zur beherbergen hatte, blieben in Dänemark die antideutschen Gefühle wach, obwohl die Bevölkerung von Kriegswirren verschont geblieben war und unter der Besatzung weit weniger zu leiden hatte als alle anderen Nationen.

Schweiz

Nach dem Zweiten Weltkrieg gehörte die Schweiz zu den wenigen europäischen Ländern, deren Status und deren Grenzen unverändert blieben. Um den Vorwurf der Kollaboration mit dem Faschismus entgegenzutreten, entschloß sich auch der Schweizer Bundesrat nach dem Zweiten Weltkrieg zu Säuberungsmaßnahmen. Alle Deutschen, die während des Krieges eine nationalsozialistische Neigung an den Tag gelegt und dadurch ihre feindliche Einstellung zur Schweiz bewiesen hatten, mußten das Bundesgebiet kurzfristig verlassen. Die Ausschaffung nach Artikel 70 der schweizerischen Bundesverfassung erfaßte 5300 deutsche Zivilpersonen. Ein Bericht des Bundesrates vom Mai 1946 gab zu, daß es dabei zu Übergriffen kam. Während die Schweiz im Krieg ihr Asylrecht gegenüber Juden und politischen Flüchtlingen mit Einschränkungen korrekt praktiziert hatte, wurden nach dem Krieg prinzipiell keine politisch Verfolgten aufgenommen. So wurde z. B. der Frau Mussolinis und ihren Kindern die Einreise in die Schweiz verweigert. Nur gegenüber einzelnen Angehörigen der französischen Regierung in Vichy und gegenüber dem belgischen König Leopold III. zeigte sich die Schweizer Bundesregierung großzügig.

Zwischen 1945 und 1948 wurden 102 Schweizer vom Bundesgerichtshof wegen politischer Vergehen verurteilt. Den meisten wurde Landesverrat vorgeworfen. Nur drei Anklagen endeten mit Freisprüchen. Das häufigste Urteil lautete auf zeitliches Gefängnis. Der Forderung aus Schweizer Kreisen, die etwa 200 Persönlichkeiten anzuklagen, die im Oktober 1940 von der Bundesregierung eine die Achsenmächte begünstigende Politik gefordert hatten, wurde abgewiesen. Dagegen griff die Schweizer Justiz gegen diejenigen energisch durch, die freiwillig bei den deutschen Streitkräften gedient hatten. Es handelte sich um etwa 1300 junge Schweizer, die sich zum Kampf gegen den Kommunismus bereit gefunden hatten, die meisten in den Reihen der Waffen-SS. Sie wurden nach ihrer Heimkehr in die Schweiz vor Militärgerichte gestellt. Ihre Gefängnisstrafen waren höher als die, die nach dem Spanischen Bürgerkrieg über Schweizer verhängt worden waren, die in den Interbrigaden gedient hatten. Einer von ihnen wehrte sich mit den Worten: »Wen, um Gottes willen, verrät denn der schweizerische Freiwillige der Waffen-SS, wenn er vor Moskau die Kommunisten bekämpft? Den Bundesrat? Seine Heimatgemeinde? Oder den Pfarrer, der ihn konfirmierte?« Schweizer, die bei den alliierten Streitkräften unter den gleichen Bedingungen gedient hatten, gingen straffrei aus.

Im Unterschied zur Schweiz behandelte das Fürstentum Liechtenstein die 40 der 85 Waffen-SS-Freiwilligen, die aus dem Krieg zurückkehrten, mit Toleranz und Großmut. Niemand wurde bestraft, obwohl Liechtenstein, gemessen an seiner Bevölkerung, den größten Anteil aller europäischen Länder am Freiwilligenaufkommen hatte.

Großbritannien

In Großbritannien wurden 125 britische Staatsbürger wegen Kollaboration vor Gericht gestellt. 45 hatten als Freiwillige bei der Wehrmacht oder der Waffen-SS gedient. 42 arbeiteten für die deutsche Propaganda beim Reichsrundfunk, und 21 kooperierten mit den Deutschen auf andere Weise. 17 Verfahren wurden wegen Geringfügigkeit eingestellt. Die Bevölkerung der Kanalinseln Jersey, Guernsey, Alderney, Sark und Herm, die 1940 von den Deutschen besetzt wurden, blieb ungeschoren, obwohl alle offiziellen Stellen vier Jahre lang die Weisungen der Deutschen willig ausführten und der Besatzungsmacht uneingeschränkt zu Diensten standen. Die beiden Gouverneure der Kanalinseln wurden sogar in den Adelsstand erhoben.

Slowakei

Nach der Besetzung der Slowakei und des Protektorats Böhmen und Mähren durch die Rote Armee machte sich die tschechoslowakische Regierung, die aus dem Exil zurückgekommen war, sofort an die Ausmerzung der wirklichen und vermeintlichen Kollaborateure. Die Volksgerichtshöfe verhängten 234 Todesurteile. 293 Personen wurden zu lebenslangem Zuchthaus verurteilt. 19 888 Angeklagte bekamen Haftstrafen, die meisten von mehr als zehn Jahren. Dieser Säuberung folgte ab 1948 eine neue Verhaftungswelle. Jetzt wurden die bürgerlichen Politiker von den kommunistischen verfolgt. Auch der Kampf gegen die katholische Kirche begann. Allein in der Slowakei wurden 1111 katholische Schulen verstaatlicht. Die Vernichtungsorgien der Tschechen waren umso unverständlicher, als dem tschechischen Volk im Zweiten Weltkrieg als einzigem in Mittel- und Osteuropa die völkische, kulturelle und wirtschaftliche Substanz fast im ganzen Umfang erhalten blieb, wie beim Prozeß gegen Neurath vor dem Internationalen Militärtribunal in Nürnberg 1946 festgestellt wurde.

Ungarn

In Ungarn machte das offizielle Kriegsende am 20.1.1945 den Weg zur Verfolgung der faschistischen Organisationen frei. Die Mithilfe der ungarischen Behörden bei der Verfolgung, Verhaftung und Verurteilung von Kriegsverbrechern war im Waffenstillstandsabkommen festgeschrieben. Die aus der kommunistischen Widerstandsbewegung stammende »Ungarische Front«, die im Mai 1944 gegründet worden war, bildete zusammen mit anderen unbelasteten Parteien am 3.12.1945 die erste Nachkriegsregierung mit dem Namen »Ungarische Nationale Unabhängigkeitsfront«. Ihr Programm verlangte die Auflösung »sämtlicher faschistischer, volksfeindlicher, in deutschem Sold stehender Organisationen«, die Säuberung des Landes von »Pfeilkreuzlern, Landesverrätern

Prozeß gegen 15 Mitglieder der slowakischen Hlinka-Garde in Preßburg im April 1958

und anderen volksfeindlichen Elementen«, damit die »faschistische Seuche, der volksfeindliche Geist, der Rassen- und Völkerhaß« eliminiert werden könnten. Die Verfolgung der Kollaborateure gehörte von da an zum Grundkonsens der Koalitionsparteien.

Da Budapest erst am 13. Februar 1945 von der Roten Armee erobert wurde, fiel bis zu diesem Zeitpunkt den lokalen Komitees auf dem Land die wichtigste Rolle bei der politischen Abrechnung mit der Vergangenheit zu. Über das Wirken der von ihnen aufgestellten Volkstribunale gibt es keine Statistiken. Viele Racheurteile verbargen sich hinter den Gewalttätigkeiten der Roten Armee, die etwa 600 000 Menschen in die Sowjetunion verschleppte. Einzelne Tribunale ermunterten die Bevölkerung zu regelrechten Pogromen gegen Kollaborateure und Pfeilkreuzler.

Alle Volkstribunale in den Komitaten und in Budapest waren politische Laiengerichte. Unter dem Vorsitz eines selbst nicht stimmberechtigten Berufsrichters urteilten fünf Delegierte, die von den in der Unabhängigkeitsfront verbündeten Parteien entsandt wurden. Ab Mai 1945 durften auch die Gewerkschaften Laienrichter benennen. Die Anklage vertrat ein sogenannter »Volksanwalt«. Alle, die zur Machtergreifung der Pfeilkreuzler beigetragen hatten, galten als Kriegsverbrecher. Die Mitglieder faschistischer Parteien und die Beamten, die während des Krieges deutsche Anordnungen ausgeführt oder mit den von Horthy ernann-

ten Regierungen sympathisiert hatten, fielen in die Gruppe der »Volksfeinde«. Im Oktober 1945 wurden von den Amerikanern die nach Deutschland geflüchteten Mitglieder der Regierungen Sztójay und Szálasi, insgesamt fast 400 Personen, an Ungarn ausgeliefert. Die Schauprozesse gegen sie fanden zwischen November 1945 und März 1946 statt. Nach nur wenigen Verhandlungstagen wurden fünf ehemalige Ministerpräsidenten, zehn Minister, zwei Staatssekretäre und zwei führende Funktionäre der Pfeilkreuzler zum Tode verurteilt. Die justizielle Vergangenheitsbewältigung der Ungarn dauerte drei Jahre. Am 1.3.1948 waren 31 472 Prozesse abgeschlossen. Nur ein Drittel hatte mit einem Freispruch geendet. Von den 322 Todesurteilen wurden 146 vollstreckt und die anderen in lebenslängliche Freiheitsstrafen umgewandelt.
Das Gesetz VII/1946 »Zum strafrechtlichen Schutz der demokratischen Staatsordnung und Republik« diente der Kommunistischen Partei Ungarns unter Außerachtlassung rechtsstaatlicher Prinzipien nicht nur zur Ausrottung faschistoider Gruppen, sondern auch auch zur Verfolgung der politischen Gegner der sozialistischen Umwandlung Ungarns in den bürgerlichen Kreisen. Erst ab 1955, als das kommunistische System in Ungarn konsolidiert war, wurden die Volksgerichte schrittweise abgebaut.
Unter den von den Volksgerichten Verurteilten waren viele Ungarndeutsche. Die deutsche Minderheit umfaßte während des Krieges etwa 720 000 Personen. Sie wurden anhand der Volkstumskarteien identifiziert, deren Vernichtung am Kriegsende mißlungen war. Die deutsche Bevölkerungsgruppe stand unter der Kollektivanklage, als »Fünfte Kolonne Hitlers« die ungarische Unabhängigkeit untergraben zu haben. In den überwiegend von Deutschen bewohnten Dörfern wurden dreiköpfige »Kommissionen zur Überprüfung der nationalen Treue« eingerichtet. Wer vor ihnen nicht bestehen konnte, wurde enteignet und interniert. Nach dem Kollektivschuldprinzip wurde die Vertreibung aller für den Aufbau Ungarns entbehrlichen Deutschen aus Ungarn verfügt.

Jugoslawien

Nach dem Sieg der jugoslawischen Volksbefreiungsarmee kam es überall im Land zu summarischen Hinrichtungen. Betroffen waren vor allem die Kroaten und die Deutschen. Der besondere Zorn richtete sich gegen die Militärangehörigen. Der größte Massenmord an kroatischen Soldaten ging als »Tragödie von Bleiburg« in die Geschichte ein, wo am 15.5.1945 ein Großteil der kroatischen Verbände kapituliert hatte. In den darauf folgenden Tagen kam es zu regelrechten Metzeleien. Die Exekutionen nahmen Dimensionen an, die bis heute nicht überschaubar sind. Dem Massaker fielen zwischen 100 000 und 200 000 Mann zum Opfer. Nach der Auflösung Jugoslawiens 1990 fand man hunderte andere Massengräber, das größte bei Maribor, wo etwa 40 000 Menschen in Panzergräben verscharrt worden waren. Im Berggebiet der Gottschee soll ein noch größeres liegen. Ungezählte Menschen verschwanden in den Höhlen und Schluchten des Karst, deren Öffnungen durch Sprengungen verschlossen wurden. Eine weitere Methode zur »Reduzierung von Häftlingen« waren die sogenannten Todesmärsche. Die unmenschlichsten endeten in der Wojwodina, wo die Überlebenden in die Konzentrationslager kamen, die für die dort ansässigen

Donauschwaben eingerichtet worden waren. Der Vergeltungs- und Abrechnungsdrang der Serben äußerte sich im wüsten Morden gegen alle, die mit den Italienern, Deutschen, Bulgaren oder Kroaten zusammengearbeitet hatten. Die Angehörigen der vier Waffen-SS-Divisionen, die aus Bewohnern des Balkans aufgestellt worden waren, nämlich der 7. SS-Freiwilligengebirgsdivision ›Prinz Eugen‹, der 13. Waffengebirgsdivision der SS ›Handschar‹, der 21. Waffengebirgsdivision der SS ›Skanderbeg‹ und der 23. Waffengebirgsdivision der SS ›Kama‹ wurden einschließlich des deutschen Rahmenpersonals ohne gerichtliches Verfahren umgebracht. Neben den unkontrollierten Exekutionen war die Zahl der nach standrechtlichen Schnellverfahren verhängten Todesurteile unbedeutend.

Bei allen Maßnahmen hatte Tito die beabsichtigte Umwälzung der Staats- und Gesellschaftsordnung des Landes nach sozialistischem Vorbild vor Augen. Deshalb wurden in die Abrechnung mit den Faschisten sehr bald die bürgerlichen Führungsschichten und die ideologischen Gegner des kommunistischen Systems, z. B. die Geistlichen aller Konfessionen, einbezogen. In den Lagern trafen sie mit den Volksdeutschen zusammen, die den Status von rechtlosen Zwangsarbeitern hatten, da ihnen die Bürgerrechte bereits am 21.11.1944 durch ein Gesetz des Exekutivrates der Befreiungsarmee entzogen worden waren. Epidemien und unzureichende Versorgung führten zu ihrer Dezimierung, bis sie 1948 nach Deutschland vertrieben wurden.

Bereits 1945 gab es die ersten Schauprozesse. Unter dem Mantel einer Pseudolegalität wurde gegen den Ministerpräsidenten Mandić und die Minister Canki, Steinfl, Makanec und Budak verhandelt. Ende Juni 1945 wurden 45 Angeklagte zum Tode verurteilt und hingerichtet. Unter ihnen befanden sich der Bischof der deutschen evangelischen Kirche, der Metropolit der kroatischen orthodoxen Kirche und der Mufti von Zagreb. Im September 1945 wurden in Belgrad 34 kroatische Generäle und Offiziere angeklagt, von denen 17 zum Tode verurteilt wurden. Das wohl aufsehenerregendste Urteil wurde im Oktober 1946 gegen den katholischen Erzbischof Stepinac ausgesprochen, der zu 16 Jahre Zwangsarbeit verurteilt wurde.

Als die Abrechnung mit den Kriegsgegnern abgeschlossen war, konzentrierte sich Tito auf die Festigung seiner Macht. Da er im Westen und im Osten gleichermaßen respektiert wurde, entsprachen die Westmächte ebenso bereitwillig wie die Ostblockstaaten allen Auslieferungsbegehren der jugoslawischen Regierung für angebliche Kriegsverbrecher ohne Zögern. 1986 wurde der letzte Jugoslawe von den USA nach Belgrad überstellt.

Der Vorwurf der Kollaboration wurde in Jugoslawien weder gesetzlich noch rechtlich definiert. Er wurde nach dem allgemeinen Sprachgebrauch gehandhabt. Nach diesem Kriterium konnten einzelne Personen und ganze Gruppen kollektiv unter Anklage gestellt werden. Die Zugehörigkeit zu paramilitärischen Verbänden, die Mitgliedschaft in einem nationalen Kulturbund und in den Volksgruppenorganisationen galt von vornherein als kollaborationistisch. Die dreijährige Existenz des Unabhängigen Staates Kroatien belegte alle Kroaten mit einer Kollektivschuld. Das Feindbild »Ustascha« wurde aus ideologischen Gründen bis zum Zusammenbruch des jugoslawischen Staates gepflegt.

Wahrscheinlich kamen in Jugoslawien während des Zweiten Weltkriegs zwischen 1,7 und 2 Millionen Menschen ums Leben. Mit 661 000 Getöteten brachten die Kroaten die größten Opfer. Wieviele Menschen der Abrechnung nach dem Krieg zum Opfer fielen, liegt im dunkeln. Die Statistiken sprechen von 240 000 Kroaten, 100 000 Muslimen und 100 000 Angehörigen der deutschen Minderheit. Aber auch unter den Slowenen und Serben wüteten die Sieger. Keine Gnade fanden die Tschetniks und die Nedić-Verbände. Aus diesen Zahlen wird deutlich, daß der Abrechnungsterror im Nachkriegseuropa nirgendwo fürchterlicher gewütet hat als in Jugoslawien.
Kollaborateuren, deren man erst in späteren Jahren habhaft wurde, weil sie nach dem Krieg untertauchen konnten, wurde der Prozeß gemacht. Noch in den achtziger Jahren sprachen jugoslawische Gerichte Recht über Kollaborateure des Zweiten Weltkriegs.

Griechenland
Griechenland war der einzige besiegte und besetzte Staat, der nach dem Zweiten Weltkrieg keine politische Säuberung durchführte. Nach dem Abzug der deutschen Truppen wurde das Land in einen schrecklichen Bürgerkrieg verwickelt. Nur mit Hilfe britischer Truppen konnte verhindert werden, daß die Kommunisten die Macht im Land an sich rissen. Als die Auseinandersetzungen 1949 zu Ende gingen, war es für Maßnahmen gegen wirkliche und vermeintliche Kollaborateure zu spät. In der Zwischenzeit war dieses Feindbild verblaßt.

Sowjetunion
Nirgendwo fanden die Deutschen so viele kooperationswillige Verbündete wie auf dem Boden der Sowjetunion. Die Zahl der Kollaborateure aus den Völkerschaften der Sowjetunion betrug etwa drei Millionen. Die meisten nicht-russischen Kollaborateure setzten sich mit den Deutschen in der Hoffnung in Verbindung, mit ihrer Hilfe das russische Joch abzuschütteln und die Selbständigkeit und Freiheit für ihre Völker zu erreichen. Viele waren bereit, auf deutscher Seite gegen die Rote Armee zu kämpfen. Sie dienten in den »Hilfsmannschaften« zum Projektschutz, arbeiteten als »Hilfswillige« bei den deutschen Fronttruppen, kämpften als »Legionäre« gegen die Partisanen und durften schließlich eigene Waffengrenadierdivisionen im Rahmen der SS aufstellen. Etwa eine Million Männer kämpfte mit der Waffe in der Hand auf deutscher Seite. Nach dem Krieg zählten die sowjetischen Behörden auch die nach Deutschland verschleppten Zwangsarbeiter (Ostarbeiter) zu den Kollaborateuren. Die meisten wurden nach ihrer Repatriierung in speziellen Umschulungslagern auf den Sowjetkommunismus eingeschworen. Ihnen wurde verboten, von dem zu berichten, was sie im Westen gesehen hatten. Wer sich freiwillig zum Arbeitseinsatz in Deutschland gemeldet hatte, kam in ein Arbeitslager. Auch die Bauern, die in den von der Wehrmacht besetzten Gebieten ihre von den Kommunisten enteigneten Höfe zurückbekommen hatten, galten als Kollaborateure. Sie mußten ihren Besitz wieder den Kolchosen und Sowchosen übergeben und waren als Landarbeiter den Schikanen der Funktionäre ausgesetzt.
Die 20 000 Soldaten der 1. Division der Wlassow-Armee, die in Böhmen in ame-

rikanische Kriegsgefangenschaft gerieten, wurden am 12.5.1945 an die Rote Armee ausgeliefert. 8000 wurden an Ort und Stelle umgebracht. Die in die Sowjetunion Verbrachten verurteilten Schnellgerichte summarisch zu Zwangsarbeit zwischen 5 und 25 Jahren. Die 2. Division der Wlassow-Armee wurde Mitte Mai im Niemandsland zwischen den amerikanischen und sowjetischen Truppen von der Roten Armee in Südböhmen eingekesselt. Ihre Soldaten hatten das gleiche Schicksal wie die Angehörigen der 1. Division. In Plattling errichteten die Amerikaner ein Sammellager für Russen, die geflüchtet waren. Im Herbst 1945 lieferten sie die Widerstrebenden an die Sowjets aus. Im Sommer 1946 fanden vor dem Obersten Gerichtshof der UdSSR die Prozesse gegen die Generalität der Wlassow-Armee statt. Alle Angeklagten wurden des Landesverrats und der terroristischen Tätigkeit gegen die UdSSR für schuldig befunden und zum Tod durch den Strang verurteilt. Am 12.8.1946 wurden sie erhängt.

Die Bürger der Sowjetunion durften über das Ausmaß der Kollaboration nicht unterrichtet werden. Die Pessemitteilungen beschränkten sich auf knappe Angaben über die Verurteilten. Wesentlich umfangreicher waren die Meldungen über Prozesse, die bis in die achtziger Jahre vor sowjetischen Gerichten gegen Kollaborateure durchgeführt wurden, deren Zusammenarbeit mit dem Deutschen Reich erst später aufgedeckt wurde. Im März 1980 wurden sieben Weißrussen in Minsk, im September 1980 drei Ukrainer in Luzk und im Dezember 1980 vier Russen in Moskau zum Tode verurteilt.

Von den Völkerschaften der Sowjetunion, die im besonderen Maße mit den Deutschen kollaborierten, sollen zwei hervorgehoben werden: die Ukrainer und die Kosaken.

Die Ukrainer, die vielfach bereits in den Durchgangslagern für Kriegsgefangene der Roten Armee von den Deutschen mit Wachaufgaben beauftragt worden waren, zeigten sich besonders kooperationswillig. Viele beteiligten sich an den Judenpogromen. Die Zahl derer, die auf deutscher Seite in Arbeits- oder Ostbataillonen dienten, wird auf 350 000 geschätzt. Die SS stellte 1944 zwei galizische Waffengrenadierdivisionen auf.

Stalin erkannte die Unzuverlässigkeit der Ukrainer. Nach dem Krieg ergriff die Kremlführung rigorose Maßnahmen gegen sie. Um die Westgrenze gegen Polen zu sichern, wurden 300 000 Westukrainer aus dem Gebiet um Lemberg und Tarnopol an die Wolga oder nach Sibirien umgesiedelt. Etwa die Hälfte der von den Westmächten in Erfüllung der Jalta-Vereinbarungen zwangsweise zurückgeführten 350 000 Ukrainer wurde mit Zwangsarbeit bis zu 20 Jahren bestraft. Erst nach Stalins Tod wurden sie amnestiert und konnten in ihre Heimat zurückkehren. Von den 80 000 Angehörigen der ukrainischen Hilfspolizei und der kasernierten Polizeiformationen, die die Deutschen aufstellten, kamen etwa 50 000 in sowjetische Hände. Daß ihnen Kriegsverbrechen im Partisanenkampf und die Ermordung von Kommissaren der Roten Armee nachgewiesen werden konnten, mußten 30 000 mit dem Leben büßen. Die restlichen wurden zu Zwangsarbeit verurteilt. Für sie gab es keinen Straferlaß.

In keinem Teil der Sowjetunion hielt sich nach dem Krieg so lange eine militärische Widerstandsbewegung gegen den Stalinismus wie in den Wäldern der Ukraine. Die letzten Gruppen ergaben sich erst 1952.

Während die Aufstellung von militärischen Einheiten aus den nichtrussischen Völkern der UdSSR zur Unterstützung der Wehrmacht bei vielen höheren Offizieren und bei Hitler auf Ablehnung stieß, wurden die Kosaken als zuverlässige Verbündete akzeptiert. Helmuth von Pannwitz, seit September 1941 Referent im OKH beim »General der schnellen Truppen«, erhielt die Erlaubnis, kosakische Kampfverbände aufzustellen. Der Rückzug aus dem Kaukasus in der ersten Jahreshälfte 1943 zerstörte das Vorhaben, alle Kosaken zur Kollaboration zu erfassen. Am 21.4.1943 wurde die erste Kosakendivision aufgestellt. Im Laufe des Krieges entwickelte sich daraus ein Korps aus zwei Divisionen. Nach der deutschen Kapitulation richteten die Engländer für die in ihrem Bereich liegenden Kosakeneinheiten das Dreieck Klagenfurt-Sankt Veit-Feldkirchen als Sammelraum ein. Am 29.5.1945 wurden die Gefangenen unter dem Bruch von Zusagen einschließlich der Frauen und Kinder an die Sowjets ausgeliefert. Pannwitz wurde am 16.1.1947 mit fünf Kosakengeneralen im Ljubljanka-Gefängnis in Moskau hingerichtet. Um die drei bekanntesten Kosakenstämme auszurotten, wurden die Siedlungsgebiete am Don, am Kuban und am Terek auf Stalins Weisung aufgelöst und die Bevölkerung nach Sibirien umgesiedelt. Wieviele Menschen bei den Transporten ums Leben kamen, wird immer ein Geheimnis bleiben.

Literaturhinweise:

Paul Sérant: Die politischen Säuberungen in Westeuropa, Oldenburg u. a. 1966
Richard Petrow: The Bitter Years. The Invasion and Occupation of Denmark and Norway April 1940–May 1945, London u. a. 1975
Henry J. Mason: The Purge of the Dutch Quislings. Emergency Justice in the Netherlands, Den Haag 1952
Robert Aron: Histoire de la libération de la France, juin 1944-mai 1945, Paris 1959
Werner Brockdorff: Kollaboration oder Widerstand, München 1968
André Latreille: De Gaulle, la libération et l'église catholique, Paris 1978
Hans Werner Neulen: Eurofaschismus und der Zweite Weltkrieg. Europas verratene Söhne, München 1980
Herbert L. Lottman: The People's Anger. Justice and Revenge in Post-Liberation France, London 1986
Klaus-Dietmar Henke und Hans Woller (Hrsg.): Politische Säuberung in Europa. Die Abrechnung mit Faschismus und Kollaboration nach dem Zweiten Weltkrieg, München 1991

Lexikalischer Teil

A

Amery, John, geb. 14.3.1912, hingerichtet 18.12.1945 in London, britischer Nachrichtensprecher und Propagandist in deutschen Diensten 1942–1945

A. war der Sohn von Lord Leopold Charles Amery, der in den zwanziger Jahren Lord of the Admiralty und Colonial Secretary gewesen war und in der Regierung Churchill ab 10.5.1940 das Indienministerium leitete. Nach mehreren persönlichen Rückschlägen und beruflichen Mißgeschicken als Journalist fand er sich 1936–1939 im Spanischen Bürgerkrieg auf Francos Seite, zuerst als Kanonier und dann als Verbindungsmann zur Organisation »Cagoule«, die seit 1934 in Frankreich unter der Leitung von Eugène → Deloncle die antikommunistische Front anführte. Als der Zweite Weltkrieg ausbrach, blieb er trotz mehrerer Aufforderungen der britischen Botschaft zur Rückkehr nach England in Madrid und hielt die Verbindungen zwischen den spanischen Regierungsstellen und der französischen Rechten aufrecht. Nach der Kapitulation Frankreichs am 22.6.1940 begab er sich in den nicht besetzten Teil des Landes. Er stand dort unter polizeilicher Überwachung, weil er Verbindungen zum britischen Faschistenführer Oswald Mosley hatte, und durfte die Umgebung von Grenoble nicht verlassen. A. traf Jacques → Doriot und Marcel → Déat, die Philippe → Pétain, den Staatschef Frankreichs in Vichy, zu einer nationalen Revolution und zur Kollaboration mit Deutschland bewegen wollten. Um dem Nichtstun zu entfliehen, bot er seine Dienste den Italienern und den Finnen an, beide Male ohne Erfolg. Nur bei den Deutschen stieß er auf Interesse. Im Herbst 1942 wurde er mit seiner französischen Gefährtin nach Berlin gebracht und im Hotel Kaiserhof einquartiert. Seine Kontaktperson war Dr. Hesse aus Hitlers persönlichem Stab. Dieser besorgte ihm eine Stelle beim Reichsministerium für Volksaufklärung und Propaganda im englischsprachigen Dienst des Reichsrundfunks, wo William → Joyce das Ruder führte. Es dauerte nicht lange, bis es zu Rivalitäten zwischen beiden kam. Joyce fühlte sich zurückgesetzt, weil A. im ersten Hotel der Stadt wohnte und von den Deutschen hofiert wurde, während er eine bürgerliche Wohnung in Charlottenburg zugewiesen bekommen hatte. Die A. zur Verfügung stehenden Gelder überstiegen das Gehalt von Joyce um ein vielfaches. A.s Sendungen zeigten zwar große Wirkung in England, aber sie waren weniger bekannt als die von Joyce. Im Unterschied zu Joyce konzentrierte A. seine Attacken gegen die Sowjetunion. Er wies die Hörer darauf hin, mit wem sich die britische Regierung eingelassen hatte, um Deutschland niederzukämpfen. Er bedauerte den Bruderkrieg zwischen den germanischen Völkern Großbritanniens und Deutschlands und brachte den Engländern die deutsche Rassenlehre und damit verbunden den Antisemitismus nahe. Das Schlagwort vom »jüdischen Bolschewismus« floß in viele Sendungen ein. Das »Büro Concordia«, das Zersetzungsprogramme für russische Zielgruppen ausstrahlte, fand in A. einen ideenreichen Partner.
Mit der doppelten Protektion des Reichsaußenministers, Joachim von Ribbentrop, und des Reichsministers für Volksaufklärung und Propaganda, Joseph

Goebbels, sprach A. auf Massenversammlungen, die unter der Ankündigung »Ein Engländer spricht zu Ihnen« in Italien, Belgien und Frankreich durchgeführt wurden, und gab der örtlichen Presse Interviews über die britische Politik. Immer wieder wies er darauf hin, daß in Großbritannien 150 000 Menschen inhaftiert seien, weil sie eine andere politische Meinung verträten als Churchill. Er sprach auch im Internierungslager St. Denis, wo sich alle Briten befanden, die beim deutschen Einmarsch nicht mehr nach England zurückkehren konnten. 1943 warb A. in den Kriegsgefangenenlagern um Freiwillige für die »Legion of Saint George«, eine Truppe aus Briten, die nach den Vorstellungen des SS-Hauptamts zum Kampf gegen die Bolschewisten aufgestellt werden sollte, um zu demonstrieren, daß es sich beim Ostfeldzug um einen europäischen Krieg handelte. Es meldeten sich nur 46 Männer. Sie wurden bei der Propagandaabteilung der SS in Hildesheim eingesetzt.
Nachdem A. bei einem Bombenangriff auf Berlin im November 1943 sein Eigentum verloren hatte, zog er nach Paris. In Frankreich konzentrierte er sich auf die Werbung kollaborationswilliger Kriegsgefangener des Commonwealth für die Waffen-SS. Das SS-Hauptamt betrieb zu dieser Zeit die Aufstellung eines »British Free Corps«. Die Zahl der Rekrutierten blieb hinter allen Erwartungen zurück, so daß die Einheit nie zustande kam.
Als Mussolini Ende 1943 die Repubblica Sociale Italiana in Salò etablierte, wurde ihm A. als englischsprachiger Propagandist beigegeben. Am Kriegsende von italienischen Partisanen gefangengenommen, wurde er an die Engländer überstellt und von einem Mitglied der British Military Intelligence Force identifiziert. Der Prozeß wegen Hochverrats vor dem Gericht Old Bailey in London mußte mehrmals vertagt werden, weil man die Beweisaufnahme vervollständigen wollte. Die Verteidigung berief sich darauf, daß A. ein naturalisierter Spanier sei, der von keinem britischen Gericht verurteilt werden dürfe. Am 28.11.1945 begann die Verhandlung. Sie dauerte nur acht Minuten. Als A. gefragt wurde, ob er sich schuldig fühle, antwortete er statt mit dem erwarteten »not guilty« mit den Worten: »I insist on being hanged by the neck in three weeks' time«. Er wurde zum Tode verurteilt und eine Woche später hingerichtet.

Literaturhinweise:
John William Hall: The Trial of William Joyce, London 1946
Rebecca West: The Meaning of Treason, London 1949
Paul Sérant: Die politischen Säuberungen in Westeuropa, Oldenburg u. a. 1966
Werner Brockdorff: Kollaboration oder Widerstand, München u. a. 1968

ANTONESCU, ION, geb. 2.6.1882 in Pitesti, hingerichtet 1.6.1946 in Jilava, rumänischer Marschall, Ministerpräsident und Kondukator Rumäniens 1940–1944

A. stammte aus einer alten rumänischen Offiziersfamilie. Er erhielt seine Erziehung in Frankreich. Nach dem Besuch der Kriegsschule wurde A. 1904 Leutnant der Kavallerie. Schon im Ersten Weltkrieg konnte er als Chef der Operationsabteilung des rumänischen Generalstabs maßgebend Einfluß auf die militärischen Entscheidungen ausüben. Mit der Politik kam er als Militärattaché in London und Paris in Berührung. 1933 wurde er Chef des Generalstabs des rumänischen Heeres, legte dieses Amt jedoch bereits 1934 nieder, weil seine Erneuerungspläne für die Armee von König und Regierung nicht gebilligt wurden. Die folgenden Jahre verbrachte er als Divisionskommandeur in seiner Heimatstadt Pitesti. Auch in dieser Funktion glaubte er an »seinen geschichtlichen Rang und seine Berufung«.

Besuch Antonescus bei Hitler in München am 12.6.1941 (in der zweiten Reihe v.l.n.r.: Gesandter Schmidt als Dolmetscher, Generalfeldmarschall Keitel, Reichsaußenminister Ribbentrop

Bei den Wahlen vom 20.11. 1937 erhielt die amtierende »Liberale Partei« trotz eines Wahlbündnisses mit der »Rumänischen Front« nur knapp 38 Prozent der Stimmen. Da König Carol II. die Legionärsbewegung der »Eisernen Garde« des Corneliu → Codreanu, die unter dem Motto »Alles für ein Land« mit der »Nationalen Bauernpartei« und mit den Jungliberalen zusammenarbeitete, nicht an die Macht kommen lassen wollte, ernannte er am 27.12.1937 den Schriftsteller Octavian Goga, der mit seiner rechtsorientierten »Christlich Nationalen Partei« angetreten war, zum Ministerpräsidenten. In dieser Regierung wurde A. Kriegsminister. Doch schon am 10.2.1938 entließ der König Goga, weil dieser keine Mehrheit im Parlament hatte. Er erklärte die bisherige Verfassung für ungültig, verbot alle politischen Parteien und verkündete am 20.2.1938 eine neue Verfassung, die die Stellung des Königs stärkte und die Freiheits- und Bürgerrechte einschränkte. Kurz darauf errichtete er als nationale Einheitspartei die »Front der Nationalen Wiedergeburt«, deren Mitglieder militärisch organisiert waren. Bei der Kabinettsumbildung am 30.3.1938 schieden alle ehemaligen Liberalen und auch A. aus der Regierung aus. Wenige Wochen später sagte A. im Prozeß gegen Codreanu als dessen Entlastungszeuge aus und brandmarkte die unmenschlichen Haftbedingungen, unter denen die Mitglieder der Eisernen Garde gefangen gehalten wurden. Da sich die Legion der königlichen Diktatur nicht unterwarf, wurde Codreanu auf Befehl des Königs mit den Männern seines Führungsstabes im November 1938 »auf der Flucht« ermordet. Die Eiserne Garde schlug mit Attentaten gegen Anhänger Carols zurück. Als Sympathisant der Terroristen wurde A. am 9.6.1939 verhaftet und in einen Wald bei Sinaia verschleppt. Der

deutsche Gesandte Wilhelm Fabricius, der davon unterrichtet wurde, befürchtete, wenn A. umgebracht würde, ähnliche negative Auswirkungen auf das deutsch-rumänische Verhältnis wie nach der Ermordung Codreanus. Der Leiter des deutschen Wirtschaftsamtes in Bukarest, Gesandter Hermann Neubacher, ließ den Oberbürgermeister von Bukarest, General Dombrowski, wissen, daß ein »Unfall« A.s im deutschen Hauptquartier »einen sehr schlechten Eindruck machen« würde. Darauf wurde A. am 11.7.1940 freigelassen. Im Kloster Bistriz in Oltenien unter Hausarrest gestellt, durfte er Besuche empfangen. A. wußte, daß er der deutschen Vertretung in Bukarest sein Leben verdankte. Das Vertrauensverhältnis zwischen A. und den beiden Deutschen, die sich für ihn eingesetzt hatten, blieb im Zweiten Weltkrieg erhalten.
Seit der Weltwirtschaftskrise pflegte Rumänien enge wirtschaftliche Beziehungen zu Deutschland, das Agrarprodukte und Erdöl kaufte und Industrieprodukte lieferte. Am 23.3.1939 wurde mit Deutschland ein Wirtschaftsvertrag geschlossen, der die Produktion beider Länder aufeinander abstimmte. Deutschland lieferte fast 40% der rumänischen Importe und übernahm 32% der rumänischen Exporte. Am 27.5.1940 wurde der »Ölpakt« unterzeichnet, der Rumänien verpflichtete, die gesamte dem Staat zustehende Erdölmenge im Austausch für Warenlieferungen nach Deutschland zu exportieren.
So günstig sich die wirtschaftlichen Beziehungen zum Deutschen Reich entwickelten, so gefährlich waren für Rumänien als dem territorialen Nutznießer des Ersten Weltkriegs die Bestrebungen Hitlers zur Revision der Pariser Vorortverträge. Die rumänischen Anrainerstaaten Ungarn und Bulgarien schlossen sich den Revisionsbestrebungen des Dritten Reiches an. Nach dem Sieg Deutschlands über Frankreich legten Hitler und Mussolini im Zweiten Wiener Schiedsspruch am 30.8.1940 fest, daß Rumänien Nord-Siebenbürgen und das Székler-Land an Ungarn abzugeben hatte. Da Bessarabien und die Nord-Bukowina bereits Ende Juni an die Sowjetunion abgetreten worden waren und die Bulgaren die Süd-Dobrudscha verlangten, stimmte König Carol diesem Schiedsspruch zu, um die deutsche Garantie für Restrumänien zu erhalten. Diese Entscheidung führte zu einer Staatskrise. Deshalb ernannte der König am 4.9.1940 A. zum Ministerpräsidenten mit dem Titel »Conducatorul«. Er schien der einzige zu sein, der genügend Autorität hatte, um die empörte Bevölkerung zu beruhigen. Auch die Legionäre akzeptierten ihn. A. suspendierte die Verfassung und löste das Parlament auf. Er zwang den durch Mord und Terror belasteten König dazu, abzudanken und das Land zu verlassen. Carol verzichtete zugunsten seines Sohnes Michael auf den Thron. Der neue König bestätigte die Vollmachten A.s als »Conducatorul Statului Român« (Staatsführer Rumäniens). Zunächst regelte A. den geordneten Abzug der rumänischen Truppen aus den Ungarn, Bulgarien und der Sowjetunion zugesprochenen Gebieten. Aber sein außenpolitisches Ziel blieb die Wiedergewinnung der abgetretenen Gebiete, insbesondere Siebenbürgens. Seine Zusammenarbeit mit Deutschland war von diesem Interesse geleitet. Er wollte den Deutschen beweisen, daß Rumänien ein besserer und nützlicherer Bündnispartner war als Ungarn und aufgrund seiner wirtschaftlichen Bedeutung für Deutschland ein Recht auf die Rückgliederung der verlorenen Gebiete habe.

Um der Eisernen Garde entgegenzukommen, proklamierte A. am 14.9.1940 Rumänien zu einem »Nationallegionären Staat«. Der »Kapitan« der Legionärsbewegung, Horia → Sima, wurde Vizepräsient des Ministerrats, und vier weitere Legionäre erhielten Ministerposten. A. willigte ein, daß Sima die Kaderorganisation der Eisernen Garde zu einer Massenpartei ausbaute, die als Staatspartei fungierte. Als Vertreter einer konservativen Staatsauffassung begann sich A. jedoch bald an den revolutionären Ideen und Umtrieben der Eisernen Garde zu stören. Um eine zweite Machtstütze zu haben, pflegte A. die Beziehungen zum Militär. Als im November 1940 eine deutsche Militärmission mit Lehrtruppen von Heer und Luftwaffe im Land stationiert wurde und deutsche Flakverbände den Schutz des rumänischen Erdölgebiets übernahmen, sah A. ebenso wie der rumänische Generalstab darin eine Garantie, daß die staatliche Existenz Rumäniens gesichert war. Der Mißerfolg der Internationalen Donaukonferenz, die am 29.10.1940 in Bukarest zusammengetreten war, ließ die Rumänen ahnen, daß Deutschland eine militärische Lösung des deutsch-sowjetischen Konflikts in Betracht ziehen könnte, bei der Rumänien als südlicher Eckpfeiler einer Kriegsfront Belohnungen zu erwarten habe.

Von allen Regierungschefs der mit Deutschland verbündeten Staaten kam A. am häufigsten mit Hitler zu persönlichen Gesprächen zusammen. Während seines Aufenthalts in Berlin vom 21. bis 24.11.1940 unterzeichnete er den Dreimächtepakt und versuchte erstmals, eine Revision des Wiener Schiedsspruches zu erbitten. Nach dem Krieg sagte A., Hitler habe ihm das versprochen. Deshalb stimmte A. der Stationierung zusätzlicher deutscher Truppen in Rumänien zu. Doch bei allem Entgegenkommen war Rumänien kein Satellit Deutschlands. Mit führenden Kreisen widersetzte sich A. einer zu engen Bindung an das Reich, vor allem der Ausschöpfung der rumänischen Wirtschaftskraft.

Im Land nahmen die Spannungen zwischen A. und der Eisernen Garde zu, die nicht davor zurückschreckte, Politiker früherer Regierungen zu ermorden. In dieser kritischen Phase wurde die deutsche Gesandtschaft neu besetzt. Nachfolger von Fabricius wurde der SA-Obergruppenführer Manfred Freiherr von Killinger, dem man enge Beziehungen zu den Legionären unterstellte. Diese Parteinahme veranlaßte A., Hilter um ein weiteres Gespräch zu bitten. Am 14.1.41 wurde er auf dem Berghof empfangen. Hitler war zwar dagegen, daß A. den »Nationallegionären Staat« ohne die Vertreter der Eisernen Garde führte, beruhigte ihn jedoch über die Rolle Killingers. Hitler dachte nicht daran, die erfahrene Staatsführung Rumäniens durch Revolutionäre zu ersetzen. Als nach der Rückkehr A.s am 20.1.1941 der erwartete Aufstand der Eisernen Garde begann, gab Hitler trotz seiner Sympathien für die ideologische Position der Legionäre A. den Rat, ähnlich hart durchzugeifen, wie er selbst es im Juni 1934 beim Röhmputsch getan hatte. In wenigen Tagen gelang es der Armee, den Aufstand niederzuschlagen. Etwa 300 Legionäre flüchteten in das Deutsche Heim in Bukarest, von wo sie später in Militärzügen nach Deutschland gebracht wurden. Der »Nationallegionäre Staat« wurde am 15.2.1941 offiziell abgeschafft. Von nun an war Rumänien eine reine Militärdiktatur unter der Führung A.s. Die Regierung bestand überwiegend aus Generalen. Vizepräsident des Ministerrates und Außenminister wurde der vierzigjährige Universitätsdozent Mihai Antonescu, ein frankophiler Politiker mit Distanz zu Deutschland. Er war mit A. nicht verwandt. In einer Volksabstimmung wurde das neue Regime mit 2 Millionen gegen 3300 Stimmen sanktioniert. Die neue Politik A.s entsprach den deutschen Erwartungen: Alle Juden wurden aus der Armee entfernt, jüdisches Eigentum wurde eingezogen und ein »Romanisierungszentrum« geschaffen. Ende 1941 begann die Deportation der Juden in das von der UdSSR zurückeroberte Transnistrien.

Am 12.6.1941 wurde A. nach München gebeten. Dort informierte ihn Hitler über die deutschen Planungen für den bevorstehenden Rußlandfeldzug, an dem Rumänien auf deutscher Seite teilnehmen wollte. A. lernte den Generalobersten Ritter von Schobert kennen, der als Befehlshaber der 11. Armee im Rahmen der A. unterstellten Armeegruppe kämpfen sollte, und kam mit dem Feldmarschall von Rundstedt zusammen, dem als Befehlshaber des Südabschnitts der Ostfront die Armeegruppe A.s unterstellt sein sollte. A. ging davon aus, daß in dem Krieg Rumänien nicht nur Bessarabien und die Nord-Bukowina wiedererobern werde, sondern auch die 1919 an die Sowjetunion abgetretenen Gebiete, und das rumänische Staatsgebiet bis Odessa ausdehnen könne. Am 22.6.1941 proklamierten König Michael und A. den »heiligen Krieg« gegen die Sowjetunion. Bereits am 26.7.1941 waren die 1940 an die Sowjetunion abgetreten Gebiete zurückerobert. Die Region zwischen Dnjestr und Bug erhielt den Namen Transnistrien. Als Deutschlands wichtigster Verbündeter im Krieg gegen die UdSSR stellte Rumänien in der Folgezeit mit bis zu 30 Divisionen das stärkste nichtdeutsche Truppenkontingent. Die Eroberung der Krim war weitgehend sein Werk. Am 23.8.1941 wurde A. von König Michail zum »Marschall von Rumänien« ernannt. Ein Volksentscheid bestätigt Mitte November seine Politik. Am 25.11.1941 trat Rumänien dem Antkominternpakt bei. Obwohl Großbritannien Rumänien am 6.12.1941 den Krieg erklärte und A. auf Druck der Dreierpaktmächte am 12.12.1941 den Vereinigten Staaten den Krieg erklären mußte, äußerte er sich am 12.12.1941 wie folgt: »Ich bin der Verbündete des Reiches gegen Rußland. Ich bin neutral zwischen Großbritannien und Deutschland. Ich bin für die Amerikaner gegen die Japaner.«

Die militärischen Mißerfolge der 3. und 4. rumänische Armee bei Stalingrad im Winter 1942/43 schadeten dem Ruf A.s. Es gingen 18 Divisionen, d. h. zwei Drittel der an der Ostfront eingesetzten rumänischen Kräfte, verloren. Der rumänische Generalstab forderte die Rückführung der restlichen Truppen auf rumänischen Boden. Außenminister Mihai Antonescu suchte nach einer politischen Lösung für das Land. Er initiierte Gespräche mit den westlichen Alliierten in Ankara, Lissabon und Madrid. Sie scheiterten daran, daß Rumänien seine territorialen Eroberungen nicht preisgeben wollte und daß die Westalliierten keine Vereinbarungen hinter dem Rücken der UdSSR treffen wollten. Mit Bombenangriffen auf Bukarest verstärkten die Engländern jedoch den Druck auf die rumänische Staatsführung, direkte Verhandlungen mit den Sowjets aufzunehmen. Bei den Gesprächen in Kleßheim am 12. und 13.4.1943 verlangte Hitler von A. die Ablösung seines Außenministers, da dieser Verrat geübt habe. Die Argumente A.s für einen Friedensschluß mit dem Westen wies er brüsk zurück. A. beließ jedoch seinen Außenminister im Amt.

Den Glauben an Hitlers Führungsfähigkeit verlor A.vollends, als dieser den geordneten Rückzug der deutschen und rumänischen Divisionen von der Krim ablehnte. Bei dem Kleßheimer Treffen vom 26. bis 28.2.1944 sondierte Hitler die Haltung A.s für den Fall, daß eine deutsche Aktion gegen Ungarn erforderlich sein sollte. Um A. bei der Stange zu halten, sagte er zu, die Ansprüche Rumäniens auf Siebenbürgen zu unterstützen. Als A. bei der nächsten Besprechung am 23. und 24.3.1944 darauf zurück kam, lehnte Hitler die sofortige Annullierung des Zweiten Wiener Schiedsspruchs jedoch ab, weil er weder Mussolini noch den ungarischen Reichsverweser, Miklós von → Horthy, verprellen wollte. Anfang Mai 1944 schickte Hitler den stellvertretenden Leiter der wirtschaftspolitischen Abteilung des Auswärtigen Amtes, Carl Clodius, als Sondergesandten nach Bukarest, damit er in enger Fühlungnahme mit A. und dem königlichen Hof ein Abschwenken der Rumänen verhindern sollte. Die letzte Zusammenkunft zwischen Hitler und A. fand am 5.8.1944 im Führerhauptquartier in Ostpreußen statt. In der fünfstündigen Unterredung wollte A. wissen, welche Absichten das OKW im Südabschnitt der Ostfront verfolge, ob die deutsche Luftwaffe die rumänischen Erdölfelder zu schützen in der Lage sei und was geschehen werde, wenn die Türkei die Meerengen für die Alliierten öffne. Anstatt den Willen zur Einstellung der Kämpfe deutlich zu machen, ließ sich A. von Hitler einschüchtern und verabschiedete sich ohne konkrete Zusagen. Hitler gewann seinerseits den Eindruck, Rumänien werde an deutscher Seite bis zum Schluß weiterkämpfen.

Am 20.8.1944 erreichte die Rote Armee die rumänische Grenze. Am 23.8.1944 brach in Bukarest die Revolution aus. A. wurde vom Aktionsbündnis des »Nationaldemokratischen Blocks« gestürzt und während einer Audienz beim König verhaftet. Auf Weisung König Michaels stellte die Armee alle bewaffneten Handlungen gegen die Rote Armee ein. Die deutschen Truppen wurden aufgefordert, das Land zu verlassen. Als die deutsche Lutwaffe daraufhin Bukarest bombardierte, erklärte der König am 25.8.1944 den Krieg gegen Deutschland. Der rumänische Generalstab stellte der Roten Armee 15 Divisionen zur Seite. Bis zum Ende des Krieges hatten sie 150 000 Ausfälle zu beklagen.

Der Sturz A.s hatte zur Folge, daß der Balkan für die Rote Armee offen war und die deutschen Streitkräfte in eine unhaltbare Lage gerieten. Stalin verlieh König Michael dafür die höchste sowjetische Auszeichnung, den Siegesorden. A. kam in sowjetische Gefangenschaft. Nach der Auslieferung an die rumänischen Behörden wurde er vor ein Volkstribunal gestellt und zum Tode verurteilt. Er wurde noch am gleichen Tag hingerichtet.

Literaturhinweise:

Ion Gheorghe: Rumäniens Weg zum Satellitenstaat, Heidelberg 1952

Andreas Hillgruber: Hitler, König Carol und Marschall Antonescu. Die deutsch-rumänischen Beziehungen 1938–1944, Wiesbaden 1954

Nicholas M. Nagy-Talavera: The Green Shirts and the Others. A History of Fascism in Hungary and Rumania, Stanford 1970

Hans Werner Neulen: Europa und das Dritte Reich. Einigungsbestrebungen im deutschen Machtbereich 1939–1945, München 1987

Roman S. Viorel: Rumänien im Spannungsfeld der Großmächte 1878–1944, Offenbach 1989

ASTROUSKI, RADASLAV, geb. 1887 in Sapolje, Chef der weißrussischen Selbstverwaltung 1941–1944, Vorsitzender der »Belaruskaja Central'naja Rada« (BCR) 1944

Seit 1908 Agent der Ochrana, war A. in der Zarenzeit Leiter eines Gymnasiums. 1918 wurde er Erziehungsminister in Weißrußland und versuchte, im Rahmen der kulturellen Autonomie der Weißrussischen SSR das Schulwesen und die Pflege der weißrussischen Sprache zu fördern. Nach der Teilung des Landes zwischen Russen und Polen als Folge des Russisch-polnischen Krieges 1920–1921 blieb A. im Westteil. Er gehörte zu den Männern, die trotz aller Polonisierungsbestrebungen mit der Regierung in Warschau zusammenarbeiteten, weil sie das sowjetrussische System in der Weißrussischen SSR für noch schlechter hielten. Als die Rote Armee im September 1939 entsprechend den Vereinbarungen des Ribbentrop-Molotow-Paktes vom 23.8.1939 Polen bis zum Bug besetzte und die 1921 abgetretenen Landesteile Weißrußlands am 2.11.1939 wieder in die UdSSR eingegliedert wurden, floh A. nach Deutschland. Dort gehörte er zum »Weißrussischen Komitee«, das mit dem Leiter des Außenpolitischen Amtes der NSDAP, Alfred Rosenberg, zusammenarbeitete und mit deutscher Hilfe die Zeitung »Belaruski rabotnik« (Weißrussischer Arbeiter) herausgab. Die Anbiederung an das nationalsozialistische System war unverkennbar. Obwohl die Deutschen bei den Vorbereitungen des Rußlandfeldzuges die Idee einer weißrussischen Befreiungsarmee fallengelassen hatten, weil die nationalsozialistische Führung Weißrußland als »Land ohne eigene historische Tradition« ansah und es wie eine Kolonie verwalten wollte, wurden nach der Besetzung des Landes Kollaborateure zur Unterstützung der

Astrouski bei der Ehrung eines gefallenen weißrussischen Waffen-SS-Angehörigen

deutschen Verwaltung und zum Dienst in der regionalen Polizei gesucht. Bevorzugt wurden Verfolgte des stalinistischen Systems. Unter den Emigranten, die aus Deutschland nach Weißrußland zurückkehrten, war A. Er wurde mit der Leitung der landeseigenen Verwaltungen in Mogilev und Smolensk beauftragt. In dieser Funktion war er zuständig für die Versorgung der Zivilbevölkerung, für den Arbeitseinsatz im Dienste der Wehrmacht, für die Benutzbarkeit der Verkehrswege und für die Bebauung der landwirtschaftlichen Flächen. Wie alle Chefs der landeseigenen Verwaltungen zog er das jüdische Eigentum ein, sobald die Besitzer abtransportiert worden waren, und verteilte es an die aus dem Ausland kommenden Weißrussen. Zu seinen ersten Mißerfolgen gehörte die große Hungersnot im Winter 1941/42. Für die »Schutzmannschaften«, die in deutschem Auftrag Polizeifunktionen wahrnahmen, rekrutierte A. die Männer im wehrpflichtigen Alter. Unter der Aufsicht der deutschen Sicherheitspolizei arbeiteten sie als Ortspolizisten zur Aufrechterhaltung der öffentlichen Ordnung und der Arbeitsdisziplin, als kasernierte Sturmkompanien bei der Bekämpfung der Partisanen und als Angehörige der politischen Polizei und Kriminalpolizei in der Verbrechensbekämpfung. Die 1942 und 1943 zur Partisanenbekämpfung unter dem Befehl der SS aufgestellten Anti-Guerilla-Einheiten nannten sich »Ruskaja Narodnaja Armija« (RNA), von denen es schließlich 16 Bataillone gab.
Die Zusammenarbeit mit den Nationalkomitees der benachbarten Völker hielt sich in engen Grenzen. Im März 1942 veröffentlichte das Weißrussische Komitee zusammen mit den Exilukrainern eine Erklärung, gemeinsam gegen die Kommunisten vorzugehen.
Um die Kooperation der Weißrussen zu stimulieren, erlaubte der Reichsminister für die besetzten Ostgebiete, Alfred Rosenberg, am 3.6.1943 die Verteilung von Kolchosgrund an die Bauern. Die Aktion wurde in die Hände eines Vertrauensrates aus kollaborationswilligen und verläßlichen Weißrussen gelegt, der nach der Ermordung des Reichskommissars Kube am 22.9.1943 von seinem Nachfolger, SS-Gruppenführer Kurt von Gottberg, erstmals am 2.12.1943 einberufen wurde. Am 21.12.1943 verkündete Gottberg eine Amnestie für alle Partisanen, die sich ergaben. Er sorgte dafür, daß für die Frühjahrsaussaat ausreichend Saatgetreide gelagert wurde. Die Abgaben wurden reduziert und Prämien für besondere Leistungen ausgeschrieben. Anfang Januar 1944 forderte er A. auf, eine weißrussische Zentralbehörde zusammenzustellen und die Zivilverwaltung im Land in eigene Regie zu übernehmen. Am 22.1.1944 hatte A. die »Belaruskaja Centralnaja Rada« (BCR) aus 14 Mitgliedern zusammengestellt. Sie wurde offiziell zwar lediglich als beratendes Gremium anerkannt, erhielt jedoch weitreichende Zuständigkeiten im kulturellen und erzieherischen Bereich. Bei den regionalen deutschen Gebietskommissaren ernannte die BCR offizielle Berater. Sie gab Verordnungen im eigenen Namen heraus, so daß im Lande der Eindruck entstand, als handle es sich um eine nationale Regierung. Die gleichzeitig entstandene Landwehr »Kraevaja Abarona«, deren Angehörige die weißrussischen Farben weiß-rot-weiß auf ihren Mützen trugen, hielten die Nationalisten für den Nukleus einer zukünftigen weißrussischen Armee. Im März 1944 wurde ein nationales Verteidigungskomitee gegründet, das sofort 14 Jahrgänge zum Militär-

dienst aufrief. Aus den 100 000 Mann, die gemustert wurden, wurden 80 Bataillone aufgestellt. Da jedoch die Ausstattung mit Uniformen und Waffen durch die Deutschen auf sich warten ließ, floh ein großer Teil zu den Partisanen. Es ist unklar, wieviele auf deutscher Seite in die Kämpfe eingriffen.
Damit eine weißrussische Verfassung geschrieben werden könne, plante A. die Wahl einer verfassungsgebenden Versammlung. Da angesichts der näher rückenden Front die Zeit drängte, wurden die Delegierten in korporativen Wahlen bestimmt. Am 27.6.1944 kamen 1039 Delegierte in Minsk zusammen. In seiner Ansprache dankte A. den deutschen Soldaten, daß sie die Fesseln der Sklaverei von der weißrussischen Bevölkerung weggenommen hätten. Er gab die Öffnung einer Militärschule in Minsk bekannt, in der Weißrussen zum Kampf gegen die Partisanen ausgebildet werden sollten. Er berichtete, daß im Land vier Gymnasien geöffnet und 30 Lehrer zum Studium des deutschen Erziehungswesens ins Reich geschickt worden seien. Er freute sich über das neue Kulturleben im Lande. Er pries die Zeit der deutschen Besetzung als Aufschwung weißrussischen nationalen Lebens. Die Versammlung bestätigte die weißrussische Unabhängigkeitserklärung vom 25.3.1918 und annullierte alle Verträge mit der UdSSR und Polen. Die alte Verfassung wurde mit geringen Änderungen übernommen und das BCR als die einzige legitimierte Vertretung der Nation bestätigt. Die Ausschaltung der Juden aus dem öffentlichen Leben wurde begrüßt. Obwohl keine deutschen Vertreter anwesend waren, gab es keine Kritik an der Besatzungsmacht. Wenige Tage später setzte angesichts der näher rückenden Front die Flucht der Kollaborateure nach Deutschland ein. Die BCR wurde von den Deutschen im Juli 1944 aus Minsk evakuiert. Am 23.9.1944 loste sie sich auf.
Ende 1944 war sich A. mit allen im Exil in Berlin agierenden Nationalkomitees der nichtrussischen Völker der UdSSR einig, daß sie sich nicht dem russischen Nationalkomitee des Generals → Wlassow anschließen wollten, weil dieser großrussische Pläne betrieb. A. sagte dem Vertreter der Ukrainer, General → Schandruk, zu, die weißrussischen Einheiten seinem Kommando zu unterstellen und nicht dem Wlassows.
Drei Jahre nach dem Krieg, am 25.3.1948, wurde die BCR von A. wieder einberufen. Sie sollte als Exilregierung fungieren. Ihr Sitz war in Paris. Am 28.11. 1947 stimmte die Konferenz der weißrussischen Exilanten unter Leitung A.s der Verfassung einer »Nationalen Republik Weißrußland« zu. Bei der Staatsgründung 1990 spielte die Vorlage eine große Rolle. Sie sollte die Kontinuität des Staates dokumentieren.

Literaturhinweise:

Nicholas P. Vakar: Belorussia. The Making of a Nation, Cambridge, USA 1956

AYMÉ, MARCEL, geb. 29.3.1902 in Joigny (Yonne), gest. 14.10.1967 in Paris, französischer Romancier

A. wuchs im Jura auf. Dort kam seine väterliche Familie her. Nach seinem Militärdienst 1922–1923, den er im besetzten Deutschland leistete, zog er nach

Paris, um Medizin zu studieren. Er verdiente sich seinen Lebensunterhalt als Bankangestellter, Versicherungsvertreter und Journalist bei der Nachrichtenagentur »Radio-Journal«. Dann fing er an zu schriftstellern. Der Montmartre fesselte den Provinzler. Er gehörte bis zum Schluß zu den »Künstlern der butte«. Viele von ihnen waren Kriegsveteranen und verbanden wie er Patriotismus mit Pazifismus. Während einer Erkrankung schrieb er 1925 den ersten Roman mit dem Titel »Brulebois«. Sein literarischer Ruhm wurde jedoch durch den Roman »La jument verte« 1933 begründet, der ihm den Ruf eines obszönen Epikers in der Nachfolge von Rabelais einbrachte. Um historische Situationen literarisch zu bewältigen, durchsetzte A. realistische Schilderungen mit phantastischen Elementen. Dieses Stilmittel bot sich an, um komplexe historische Situationen zu bewältigen. Es gewährte dem Autor Schutz bei politisch heiklen Themen, weil er gesellschaftliche Konflikte als Zusammenstoß des Phantastischen mit der Realität kaschieren konnte. Aber die Literaturkritiker fanden an diesem Stilmittel keinen Gefallen.
Während der Zeit der deutschen Besatzung gehörte A. zu den anerkannten Literaten im Kreis der Kollaborateure. Er publizierte Kurzgeschichten und Fortsetzungsromane in »Je suis partout« und in »La Gerbe«, zu deren publizistischer Blüte er beitrug, und arbeitete für »Marianne« und »Les Nouveaux Temps«. Er war Mitglied der »Association des amis de Robert → Brasillach« und gehörte zur »droite buissonnière«, weil er sich mit der neuen Zeit arrangierte, obwohl er mit der faschistischen Ideologie nichts gemein hatte. Er opponierte sogar gegen den vorherrschenden Antisemitismus. Aber er bekämpfte wie alle Kollaborateure den linken Geist im Land, der Frankreich zugrunde gerichtet habe. Von allen seinen Werken sprach der Roman »Travelingue«, der ab September 1941 als Serie in »Je suis partout« erschien, die französische Rechte am meisten an. A. beschrieb darin den Niedergang einer mächtigen bürgerlichen Familie als Repräsentanten einer Bourgeoisie, die zum Widerstand gegen den Feind nicht imstande ist, weil ihr der Sinn für Recht und Ordnung und das Gemeinschaftsgefühl abhanden gekommen waren. Rettung kann nur vom persönlichen Engagement für eine große Idee kommen, das, von der Vernunft gesteuert, ohne politische Leidenschaft wirkt. Da sich jede Idee, unabhängig von der politischen Intention, ihre eigene Rechtfertigung schafft, muß der Mensch abwägen, ob es sich lohnt, für sie zu kämpfen. In seinem zynischsten Roman »Les chemins des écoliers«, der erst nach dem Krieg erschien, zeichnete A. ein Bild des Alltags im besetzten Paris. Indem er die konventionellen Werte ins Gegenteil verkehrte und die politischen Probleme als menschliche darstellte, konnte er die Realitäten des Lebens unter der Besatzungsmacht einfangen, ohne daß der politische Charakter der Schrift erkennbar wurde. Die Verdüsterung der Volksmoral und der Verlust der Orientierungswerte wurden z. B. in den Stromsperren offensichtlich, die Paris immer öfters in Nacht tauchten.
Mit seinen Bildern aus der Besatzungszeit erwies sich A. als Chronist, der die historischen Mythen, die von den Siegern propagiert wurden, akribisch zurechtrückte. Aber das soziale Gefüge Frankreichs war bereits kaputt, als die Deutschen kamen. Der liberale Humanismus der Dritten Republik war verblaßt. A. zeigte in seinen Romanen, daß alles menschliche Tun interpretierbar ist. Die

Absichten und Handlungen der Sieger und der Besiegten konnten so oder so gesehen werden. Als die Pariser unter den alliierten Luftangriffen stöhnten, begrüßte A. am 13.7.1944 in »La Gerbe« das Bombardement auf Paris, weil es die menschenunwürdigen Elendsquartiere der Vororte in Schutt und Asche legte.
Nach dem Zweiten Weltkrieg schwankte die Literaturkritik bei der Beurteilung A.s lange zwischen Anerkennung und Ablehnung. A. hatte zwar in den kollaborationistischen Zeitschriften veröffentlicht, aber er war weder ein Ideologe noch ein Hetzer. Auch seine Nachkriegsromane, z. B. »Le vin de Paris« (1947) und »Uranus« (1948), lebten noch von den Eindrücken der Besatzungszeit. A. meinte, es habe sich nicht viel geändert. Das Verbrechen überlebte die Befreiung in Form von Schwarzmarkt, Verdächtigung, Korruption und Hunger, und das Gute war so selten wie vorher.
A. gehörte zu den wenigen belasteten Literaten, die den Mut hatten, sich nach der Befreiung gegen die Auswüchse der Säuberung zur Wehr zu setzen. In seinem Roman »Le chemin des écoliers« beschrieb er die Folgen der politischen Fehden. Trotz seines »nestbeschmutzenden« Engagements für die Kollaborateure blieb er ungeschoren.

Literaturhinweise:
Henry Coston (Hrsg.): Dictionnaire de la politique française, Band 1, Paris 1967
Nicholas Hewitt: Marcel Aymé und die dunkle Nacht der Besatzung, in: Gerhard Hirschfeld und Patrick Marsh (Hrsg.): Kollaboration in Frankreich, Frankfurt 1991

B

BANDERA, STEFAN, geb. 1.1.1909 in Uhryniw Staryj (Kalusch), ermordet 15.10.1959 in München, Führer eines Flügels der »Organisation Ukrainischer Nationalisten« (OUN) 1940–1943 und 1945–1959

B.s Vater war Priester der griechisch-katholischen Kirche in Galizien, wo die ukrainische Sprache und das nationale Volkstum als Gegengewicht zum Polentum von der österreichisch-ungarischen Regierung gefördert wurden. Nach dem Untergang des Zarenreiches gelang im Februar 1918 auf russischem Territorium die Bildung einer selbständigen Ukrainischen Nationalen Republik (Ukrains'ka Narodna Respublyka). Die westukrainischen Gebiete schlossen sich ihr im November 1918 an, als die k.u.k. Monarchie zerfiel. Der Staat bestand jedoch nur ein paar Monate. Nach der Eroberung des ostukrainischen Territoriums durch die Rote Armee wurde dieses Gebiet als Ukrainische Sozialistische Sowjetrepublik in die UdSSR einbezogen. Die westukrainischen Gebiete wurden nach der Beendigung des Russisch-polnischen Krieges 1921 im Frieden von Riga den Polen zugesprochen. Weitere ukrainische Volksteile gab es in Rumänien und der Tschechoslowakischen Republik. Der Traum einer vereinigten ukrainischen Nation lebte jedoch weiter. Die »Ukrainische Militärische Organisation« (Ukrains'ka Vijs'kova Orhnizacija) UWO führte einen jahrzehntelangen Untergrundkrieg gegen die Polen und Russen. In ihrem Schatten bildeten sich zahlreiche geheime paramilitärische Jugendgruppen. Einer von ihnen schloß sich B. als Schüler der 4. Klasse des Gymnasiums in Stryj an. Als er nach dem Abitur 1927 das Studium an der Ukrainisch-Technischen-wirtschaftlichen Hochschule in Podiebrad (Tschechoslowakei) aufnehmen wollte, verweigerten ihm die polnischen Behörden die Ausreise. Diese Maßnahme paßte in die rigide »Polonisierungwelle«, während der bis zu 250 000 Ukrainer in polnischen Gefängnissen und Internierungslagern eingeschlossen wurden. Als B. 1928 die Erlaubnis zum Studium an der landwirtschaftlichen Fakultät der Technischen Hochschule in Lviv (Lemberg) erhielt, trat er der UWO bei. Er traf sich mit führenden Vertretern der ukrainischen Befreiungsbewegung zu konspirativen Planungen, z. B. mit dem Vorsitzenden der Landesexekutive der »Organisation Ukrainischer Nationalisten« (Orhanizacija Ukrains'kych Nacionalistiv) OUN, in der sich 1929 verschiedene nationalistische Gruppen zusammenfanden, Stephan Ochrymowytsch, mit dem Chef der Kampfgruppen der OUN, Stephan Lenkawskyj, und mit dem späteren Ministerpräsidenten der kurzlebigen ukrainischen Regierung von 1941, Jaroslaw → Stetzko.

1933 übernahm B. die Leitung der Landesexekutive der OUN für Galizien und Wolhynien. Unter seiner Führung erfolgte am 15.4.1934 das Attentat auf den polnischen Innenminister General Pieracki, der für mehrere Massaker an der ukrainischen Zivilbevölkerung verantwortlich gemacht wurde. Im Rahmen der polizeilichen Ermittlungen wurde B. verhaftet und Anfang des Jahres 1936 zum Tode verurteilt. Auf dem Gnadenwege wurde die Todesstrafe in lebenslängliche Haft umgewandelt. B. wurde im polnischen KZ Beresa Kartuska verwahrt.

Als 1938 in Rotterdam der Gründer und Vorsitzende der OUN, Oberst Ewhen Konowalez, einem Attentat zum Opfer fiel, übernahm sein langjähriger Mitarbeiter Andrij → Melnik die Führung der Organisation. Er setzte die moderate Linie seines Vorgängers fort, während B. eine härtere Gangart gegenüber den Polen und Sowjets befürwortete. Konteradmiral Canaris, Chef der Abwehrabteilung im Oberkommando der Wehrmacht, der mehrmals mit den Führern der ukrainischen Nationalbewegung zusammentraf, konnte ihre Vorstellungen nicht auf einen Nenner bringen und lehnte jegliche Hilfe ab. Als am 15.3.1939 die Karpatho-Ukraine ihre Unabhängigkeit von der Resttschechei erklärte, sahen viele Ukrainer darin den Beginn eines souveränen Staates aller Ukrainer, aber Hitler erlaubte, daß die Ungarn das Land besetzten. Nach dem Abschluß des Ribbentrop-Molotow-Pakts am 23.8.1939 schien die Wiedergewinnung der russisch-ukrainischen Gebiete aussichtslos. Auf sowjetischen Wunsch stellte die deutsche Seite jede Unterstützung für die OUN ein.

Mit der Niederlage Polens im September 1939 erhielt die OUN im polnischen Landesteil Auftrieb. Ihre Reihen füllten sich, als zahlreiche Mitglieder aus polnischen Gefängnissen und aus dem polnischen Konzentrationslager Beresa Kartuska freikamen. Unter ihnen war B. Er beschloß, das Einsatzgebiet der OUN auf den russisch kontrollierten Teil der Ukraine auszudehnen, zu dem auch das Gebiet um Lemberg gehörte, das Hitler an Stalin abgetreten hatte. Von der Abteilung II des Amtes Ausland Abwehr im Oberkommando der Wehrmacht, die unter Oberst Lahousen für psychologische Kriegführung und nationale Minderheiten zuständig war, erhielt die OUN die Erlaubnis, in den deutschen Kriegsgefangenenlagern für Polen zuverlässige westukrainische Soldaten aufzuspüren und für ihre Zwecke zu werben.

Es waren die jüngeren Vertreter in der OUN unter B., die sich gegen die prowestliche Orientierung der OUN unter → Melnik wandten und eine intensivere Kooperation mit dem Deutschen Reich anstrebten. Auf dem 2. Kongreß der Ukrainischen Nationalisten in Krakau spaltete sich die OUN am 10.2.1940 in einen radikalen Flügel unter B. und einen gemäßigten unter Andrij Melnik. Das Aktionsprogramm der OUN-B (Bandera-Flügel) verpflichtete die Anhänger zum Einsatz für die ukrainische Nation und zum Kampf gegen Kommunismus und Kapitalismus gleicherweise. Die OUN-B baute in den folgenden Monaten einen eigenen Geheimdienst auf und informierte die Weltöffentlichkeit über die sowjetische Strafpolitik gegen die Ukrainer in der UdSSR, beispielsweise die Unterdrückung des ukrainischen Schulwesens und der griechisch-katholischen Kirche. Als die Sowjetunion im Juli 1940 Bessarabien okkupierte, bezog die OUN-B auch die ukrainische Bevölkerung dieses ehemaligen rumänischen Landesteils in ihre Schutzmaßnahmen ein.

Obwohl die Reichsregierung im Gegensatz zum designierten Reichsminister für die besetzten Ostgebiete, Alfred Rosenberg, die OUN-B im Vergleich zur OUN-M (Melnik-Anhänger) für »zu nationalistisch und daher unbrauchbar« hielt, wurden beide Flügel der OUN in die Planungen des Unternehmens Barbarossa einbezogen. Sowohl B. als auch Melnik übermittelten Hitler Vorschläge für eine deutsch-ukrainische Zusammenarbeit. Die Abwehr II bildete ukrainische Freiwillige, getarnt als »Volksdeutsche«, zur Unterstützung der deutschen Kampfgruppen und für nachrichtendienstliche Tätigkeiten aus. Unmittelbar vor dem Ausbruch der Kämpfe stellte das Regiment Brandenburg zwei ukrainische Legionen auf, das Bataillon Nachtigall und das Bataillon Roland. B. sorgte dafür, daß überwiegend Freiwillige aus dem Raum Lemberg/Przemysl dazu herangezogen wurden, die er in der Hand hatte.

Unmittelbar nach dem Einmarsch der deutschen Truppen in die Sowjetunion am 22.6.1941 versuchten ukrainische Nationalisten, in den westrussischen Landesteilen, die noch nicht erobert waren, die politischen Gefangenen zu befreien. Das Unternehmen mißlang, und die Sowjets liquidierten fast 15 000 Ukrainer, bevor sie abzogen. Für viele deutsche Soldaten waren diese Leichenberge die erste Begegnung mit dem NKWD. Nachdem das Bataillon Nachtigall am 29.6.1941 in Lemberg einmarschiert war, richtete es angesichts der Toten seinerseits ein Massaker unter den zurückgebliebenen Sowjets an. Dabei wurden auch 500 Juden ermordet.

Am 30.6.1941 proklamierte Stetzko im Einvernehmen mit B., aber ohne Kenntnis der OUN-M, in Lemberg den »Unabhängigen Ukrainischen Staat«, der wie 1918 wieder die gesamte Ukraine umfassen sollte. Radio Lemberg verkündete die Proklamation. Als Regierungschef wurde Stetzko benannt. Der ukrainische Metropolit → Scheptytski identifizierte sich mit diesem Schritt und forderte die Bevölkerung zum Gehorsam auf. Diese Aktion, die ohne Absprache mit den deutschen Stellen durchgeführt wurde, durchkreuzte die ostpolitischen Pläne des Deutschen Reiches, auch wenn der Reichsminister für die besetzten Ostgebiete, Alfred Rosenberg, den Ukrainern wohlgesonnen war. Die Besatzungsmacht reagierte prompt. Die Mitglieder der selbsternannten ukrainischen Regierung wurden dem SD ausgeliefert, nach Berlin geschafft und schließlich in das KZ Sachsenhausen eingeliefert. Über tausend Angehörige der OUN wurden verhaftet, unter ihnen zwei Brüder B.s, die in Auschwitz den Tod fanden. Das Territorium der Ukraine wurde zerrissen. Die ukrainischen Gebiete um Przemysl, Lemberg und Tarnopol, d. h. das ehemalige Galizien, kamen zum Generalgouvernement Polen. Die restliche Ukraine wurde in ein Reichskommissariat umgewandelt und dem ostpreußischen Gauleiter Erich Koch unterstellt. Angesichts dieser Enttäuschung ging die OUN-B in den Untergrund und nahm den bewaffneten Kampf gegen die Deutschen auf.

Das erneute Scheitern der ukrainischen Nationalbewegung sorgte für Verbitterung unter den ukrainischen Intellektuellen, die den deutschen Truppen mit vielen Hoffnungen begegnet waren. Im Bataillon Nachtigall kam es zur Meuterei. Es wurde am 2.12.1941 aufgelöst und wie das Bataillon Roland in eine Schutzpolizeieinheit zum Dienst in Weißrußland umgewandelt. Der deutsche Berater, Oberleutnant Oberländer, versuchte zwar, Hitler von den Vorzügen nationaler ukrainischer Verbände zu überzeugen, aber dieser soll ihm geantwortet haben: »Davon verstehen Sie nichts, Rußland ist unser Afrika und die Russen sind unsere Neger.« Diese Meinung machte sich auch der Reichskommisar Koch zu eigen: »Die Haltung der Deutschen wird von der Tatsache diktiert, daß wir es mit einem in jeder Hinsicht minderwertigen Volk zu tun haben.«

B.s Staatsvorstellungen waren den faschistischen sehr ähnlich. Er erstrebte einen autoritären ukrainischen Nationalstaat, aus dem alle störenden Elemente vertrieben werden sollten: Juden, Polen, Russen, aber auch die Deutschen. Der extreme emotional gestützte Nationalismus wurde in den Eidesformeln deutlich, die B. zu Beginn des Rußlandfeldzugs für die OUN-Kämpfer formulierte: »Meine Ehre für den Ruhm der gefallenen Helden, für das heilige vergossene Blut, für die ukrainische Erde und die Majestät meiner ukrainischen Heimat. Ich schwöre, daß ich mit allen meinen Kräften und mit meinem Leben für einen freien und selbständigen ukrainischen Staat kämpfen werde. Von dem Weg der ukrainisch-nationalen Revolution kann mich niemand und gar nichts zurückhalten, weder Schwierigkeiten noch Tod. Jeden Befehl meines Führers werde ich ausführen«. Ein zweiter Schwur lautete: »Ich schwöre auf die Ukraine, daß ich alle Pflichten gegenüber der ukrainischen Regierung, welche mir durch die Organisation Ukrainischer Nationalisten unter Führung von Stefan Bandera auferlegt wurden, getreu und ehrlich ausführen werde. Ich werde mit meiner ganze Kraft und mit meinem Leben für die unabhängige ukrainische

Regierung eintreten und ihre Kraft und Ehre anstreben. Heil Ukraine, Heil den Helden«.

Angesichts der Ausbeutung des Landes durch Reichskommissar Koch bildete sich im Reichskommissariat Ukraine im Sommer 1942 eine bewaffnete Widerstandsbewegung als Ableger der OUN mit dem Namen »Ukrainische Aufständische Armee« (Ukrains'ka Povstans'ka Armija) UPA. Sie rekrutierte sich aus entwichenen Kriegsgefangenen, vor der Zwangsarbeiterverpflichtung Geflüchteten und den deutschen Vergeltungsmaßnahmen Entkommenen. Ihre Aktionen richteten sich gegen die deutschen Nachschubwege und dienten dem Schutz der ukrainischen Bevölkerung. Die UPA-Zeitung »Oborona Ukrajiny« (Verteidigung der Ukraine) offenbarte die Illusionen, die man sich von den Deutschen gemacht hatte: »Die Deutschen kamen in die Ukraine, um sie zu annektieren und die Bevölkerung zu vernichten. Wer denkt, daß die Deutschen den Krieg für die Überwindung der kommunistischen oder bürgerlich-kapitalistischen Welt führen, der irrt sich. Die Deutschen begannen den imperialistischen Krieg, um Osteuropa zu beherrschen.« 1943 hatte die UPA einen Umfang von 40 000 Mann und einige Teile des Landes unter ihrer Kontrolle. Die Zusammenarbeit mit den sowjetischen Partisanen lehnte sie ab. Gegen die polnische Bevölkerung ging sie mit solcher Brutalität vor, daß sie für eine prodeutsche Organisation gehalten wurde.

Unmittelbar nach der deutschen Niederlage bei Stalingrad knüpfte die deutsche militärische Führung erneut Kontakte zu den Ukrainern. Besonders im SS-Hauptamt versuchte man, die bisherigen Fehler zu korrigieren. Dort hatte die Einsicht Platz gegriffen, daß die UdSSR ohne die Mithilfe der unterdrückten Völker nicht zu besiegen war. Die Freiwilligen-Leitstelle im SS-Hauptamt unter dem SS-Obersturmbannführer → Riedweg erreichte am 28.4.1943 die Zustimmung Himmlers zur Aufstellung einer ukrainischen Division aus ukrainischen Freiwilligen des Generalgouvernements. Sie erhielt den Namen 14. Waffengrenadierdivision der SS (galiz. Nr. 1). Es meldeten sich 80 000 Bewerber. Die UPA förderte die Rekrutierung aus kriegsgefangenen Ukrainern, weil sie hoffte, davon zu profitieren, entweder durch Überläufer oder durch Informanten. Außerdem standen ihr die Gefahren einer Wiedereroberung der Ukraine durch die Rote Armee vor Augen. Deshalb war sie sogar einer regionalen Zusammenarbeit mit den deutschen Truppen nicht abgeneigt. Aber die Deutschen erkannten die Chancen einer unvoreingenommenen Kooperation mit der ukrainischen Nationalbewegung erst während der Rückzüge durch die Ukraine. Am 27.9.1944 wurde B. auf Betreiben der Amtsgruppe D des SS-Hauptamts aus dem KZ Sachsenhausen freigelassen, um die Ukrainer gegen Stalin zu mobilisieren. Am 5.10.1944 hatte er eine Unterredung mit Himmler, der nicht wußte, ob er die ukrainische oder die russische Karte ausspielen sollte. Um zu verhindern, daß die Ukrainer in die Russische Befreiungsarmee (Rossiskaja Osvoboditelnaja Armija) ROA rekrutiert wurden, die unter General → Wlassow aufgestellt wurde, billigten B. und Melnik, daß General Paul → Schandruk den Vorsitz in dem neu gebildeten »Ukrainischen Nationalkomitee« (Ukrains'ka Narodna Respubliyka) UNR übernahm. Obwohl sich nur ein paar ukrainische Intellektuelle dem von Wlassow gegründeten »Komitee zur Befreiung der russischen Völker« (Komitet Osvoboschdenija Narodov Rossij) KONR anschlossen, das am 14.11.1944

in Prag zusammentrat, hatte KONR bei den Werbungen in den Gefangenenlagern mehr Erfolg als die UNR-Vertreter. Etwa ein Drittel der ROA im Umfang von 300 000 Mann war ukrainischen Volkstums. Die 1. Division unter General → Buniatschenko bestand fast ganz aus Ukrainern. Schandruk erreichte lediglich einige Erleichterungen für ukrainische Ostarbeiter. Erst am 17.3.1945 durfte er seine erste Proklamation an das ukrainische Volk veröffentlichen. Zu diesem Zeitpunkt war die beabsichtigte Gründung einer Ukrainischen Republik ein bloßes propagandistisches Unternehmen.
Beim Rückzug der Wehrmacht aus der Ukraine führte B. längere Zeit mit seinen Leuten ein Eigenleben zwischen den zurückweichenden Deutschen und den vorrückenden Sowjets. Auch nach der Besetzung des Landes durch die Rote Armee beherrschte die UPA weite Gebiete bis über das Kriegsende hinaus. Im Februar 1946 boykottierte die Mehrheit der westukrainischen Bevölkerung die ersten Nachkriegswahlen zum Obersten Sowjet. Erst mittels Umsiedlungen gelang die »Befriedung« im polnisch-sowjetischen Grenzgebiet. B. schlug sich im Herbst 1946 über Österreich nach Bayern durch und ließ sich in München nieder. Zahlreiche UPA-Einheiten kämpften jedoch weiter. Die letzten wurden erst 1952 vernichtet. Vor 1948 galten sie in der UdSSR als »Banden aus ukrainisch-deutschen Nationalisten«, und nach dem Beginn des Kalten Kriegs nannte man sie »imperialistische Agenten im Auftrag der USA«. Allen ins Ausland geflüchteten Anführern der OUN und der UPA drohte die Rache des sowjetischen Geheimdienstes GPU.
1945 wurde in München die OUN als Exilorganisation neu gegründet. Den Vorsitz übernahm B. Zum dreiköpfigen Führungsgremium gehörten neben ihm Jaroslaw Stetzko und Roman Schuchewytsch, der Oberbefehlshaber der »Ukrainischen Aufständischen Armee« (UPA).
1948 wurde auch die »Rada« als ukrainisches Exilparlament zusammengestellt. Die OUN-B nahm daran nicht teil. B. beharrte auf dem Führerprinzip und lehnte demokratische Verfahren ab. Er zog es vor, mit den monarchistischen Kreisen zu kooperieren. Auch dem von den Amerikanern initiierten »Antibolschewistischen Block der Nationen« (ABN), der 1950 als Instrument des Kalten Krieges gegründet wurde, blieb er fern. Nach Stalins Tod 1953 ging es mit der nationalukrainischen Bewegung in Westeuropa bergab. Einige prominente Emigranten entschlossen sich sogar zur Rückkehr in die Sowjetunion.
Wegen seiner unbeugsamen nationalistischen Einstellung gehörte B., der sich in München unter falschem Namen niedergelassen hatte, zu den Hauptfeinden der UdSSR. Man unterstellte ihm, daß er die UPA aus dem Ausland steuere. Mit amerikanischer Unterstützung unterhielt er die Zeitung »Schljach Peremohy« (Weg des Sieges), in der er wie in anderen Publikationen zum Partisanenkrieg gegen die Kommunisten aufrief. Am bekanntesten wurde seine Proklamation »An das ukrainische Volk unter russisch-bolschewistischer Herrschaft«.
1952 verhaftete die Polizei den ersten Sowjetagenten, der den Auftrag hatte, B. zu beseitigen. Ein weiterer ging ihr 1958 ins Netz. Im März 1959 konnte ein tschechischer Staatsbürger bei dem Versuch gefangen werden, die drei Kinder B.s zu entführen. Ein halbes Jahr später fiel B. der gesteuerten Verfolgung zum Opfer. Am 15.10.1959 wurde er vor seiner Wohnung in der Kreittmayrstraße 7 in München, wo er unter dem Decknamen Popel lebte, tot aufgefunden. Es vergingen

zwei Jahre, bis der Beweis erbracht wurde, daß er einem Attentat des KGB zum Opfer gefallen war. B.s Mörder Staschynski stellte sich im Januar 1961 in Westberlin den amerikanischen Behörden, nachdem er sich in eine westdeutsche Agentin verliebt hatte, und berichtete über den Hergang. Ihm sei vom KGB eine Röhre mit einer gasförmigen Substanz ausgehändigt worden, die innerhalb von Sekunden zur Lähmung der Atmungsorgane und zum Erstickungstod führe und deren Spuren zehn Minuten später verschwunden seien. Den Mord habe er ausgeführt, als B. im Treppenhaus die Wohnungstür aufschließen wollte. Er habe B. seine Hilfe angeboten und ihm, als er sich umwandte, mittels einer Spritzpistole, die er unter einer Zeitung verborgen gehalten habe, das Gift ins Gesicht gespritzt. Die Amerikaner wollten den Mord an B. sofort propagandistisch gegen die Sowjetunion auswerten. Der deutsche Bundeskanzler Konrad Adenauer wollte jedoch die Sowjetunion nicht reizen. Mit der Rückendeckung der Bundesanwaltschaft gab er vor, nicht in das gegen Staschynski eröffnete Gerichtsverfahren eingreifen zu können. Bevor die amerikanische Stellen den Fall in der amerikanischen Presse hochspielen konnten, präsentierte das Presseamt beim Ministerpräsidenten der DDR am 13.10.1961 den angeblichen Agenten Stefan Lippolz vom westdeutschen Bundesnachrichtendienst (BND). Dieser behauptete, vom westdeutschen Abwehrdienst aufgefordert worden zu sein, B. zu beseitigen und zwar durch Vergiftung mit einem Pulver. Er habe die Tat aber nicht ausgeführt, sondern sei in die DDR geflohen. Wer den Mord dann verübt habe, sei ihm zwar nicht bekannt, aber mit großer Wahrscheinlichkeit sei der Auftrag wiederum vom BND ausgegangen.
Mit der Ermordung B.s erlebte die OUN letztmals internationale Beachtung. Sie organisierte zwischen dem 18.11. und 2.12.1961 zahlreiche Protestkundgebungen gegen die UdSSR und den KGB in Westeuropa und Amerika.
Nach der Abspaltung der Ukraine von der UdSSR 1990 stießen die nationalistischen Parteien auf der Suche nach Idolen und Helden auch auf B. In Tarnopol wurde die Leninstraße in den »Prospekt Stepan Bandera« umbenannt.

Literaturhinweise:
Roman Ilnytzkyj: Deutschland und die Ukraine 1934–1945, München 1956
Konowalez Petlura: Bandera – von Moskau ermordet, München 1962
Alain Guérin: Le général gris, Paris 1968
Werner Brockdorff: Kollaboration oder Widerstand in den besetzten Gebieten, Wels 1968
John A. Armstrong: Ukrainian Nationalism, Littleton 1980
Peter J. Potichnyj und Yevhen Shtendera (Hrsg.): Political Thought of the Ukrainian Underground 1943–1951, Edmonton 1986
Ukraine during World War II, hrsg. v. University of Alberta, Edmonton 1986

BANGERSKIS, RUDOLFS, geb. 21.7.1878 in Taurupe, gest. 25.2.1958 in Oldenburg, Generalinspekteur der »Lettischen SS-Freiwilligenlegion« 1943–1944, Präsident des »Lettischen Nationalkomitees« 1944–1945, SS-Gruppenführer und Generalleutnant der Waffen-SS

Als Sohn eines bäuerlichen Gesindepaares auf dem Hof Klemschke in der Gemeinde Mengele geboren, trat B. wegen fehlender Ausbildungsmöglichkeiten auf dem Land 1895 freiwillig in das Rigaer Unteroffizierbataillon der zaristischen Armee ein und absolvierte den zweijährigen Lehrgang mit Erfolg. 1899 glückte ihm die Aufnahme in die Kriegsschule, die er als Leutnant verließ. Nach militärischen Einsätzen in Plesgau, Omsk und Orla trat er 1912 in die Kriegsakademie Petersburg ein. Als die zaristische Armee am Beginn des Ersten Weltkriegs mobil machte, kehrte er in das Orlaer Infanterieregiment zurück und beteiligte sich als Kompanieführer an den Kämpfen der Galizienfront. Nach mehreren Stabsverwendungen wurde er 1917 Kommandeur des 17. Sibirien-Schützenregiments. Nach der Oktoberrevolution wurde er am 3.3.1918 aus der Armee entlassen. Als Arbeiter einer Konservenfabrik schloß sich B. in Jekaterinenburg den »weißen« Truppen zum Kampf gegen die Bolschewiken an. Er übernahm das Kommando über die 12. Uraldivision, die von den »Roten« bis zum Amur zurückgedrängt wurde. An der Grenze zur Mandschurei legte die Division die Waffen nieder. Im Juli 1920 reiste B. von Shanghai nach Europa und gründete in seiner Heimat eine berufliche Existenz als Müller. Im Februar 1924 zur lettischen Armee einberufen, bekam er das Kommando über die Kurländischen Division in Libau. 1925–1926 war B. für kurze Zeit lettischer Kriegsminister. Dann übernahm er für drei Jahre die Leitung der Kriegsakademie und für weitere drei Jahre den Befehl über verschiedene Divisionen des lettischen Heeres. 1937 wurde er altershalber entlassen.

Als Lettland am 21.7.1940 in die UdSSR einverleibt wurde, mußte B. in der Ziegelindustrie arbeiten, um seinen Lebensunterhalt zu verdienen. Von der Tscheka aufgespürt, floh er nach Kurland, wo er bei einem Landwirt unterkam. Nach der Besetzung Lettlands durch die deutschen Truppen im August 1941 kehrte B. nach Hause zurück und arbeitete als Bevollmächtigter der Ziegelindustrie im Rayon Kalnzelm. Ende 1941 kam er als Referent in die Generaldirektion der Justiz in Riga, die im Auftrag des Reichskommissars Ostland, Hinrich Lohse, die Neuordnung des lettischen Rechtswesens betrieb.

Am 19.3.1943 wurde B. als Fünfundsechzigjähriger mit dem Dienstgrad eines SS-Gruppenführers und Generalleutnants der Waffen-SS Inspekteur der »Lettischen SS-Freiwilligenlegion«, deren Aufstellung Hitler am 10.2.1943 genehmigt hatte, weil hochrangige Vertreter des lettischen Volkes gebeten hatten, am Kampf gegen den Bolschewismus beteiligt zu werden. Die 15. Waffengrenadierdivision der SS (lett. Nr. 1) wurde Ende 1943 im Verband der 16. Armee am Wolchow eingesetzt und bis zum Februar 1944 auf die Pantherstellung zurückgedrängt. Sie wurde mit der 19. Waffengrenadierdivision der SS (lett. Nr. 2), zum Lettischen VI. Armeekorps zusammengefaßt.

B. hatte keine Kommandogewalt. Seine Befugnisse erstreckten sich auf die Werbung, Rekrutierung und Betreuung der lettischen Soldaten bei den deutschen Streitkräften. Er bestand darauf, vor der Einberufung von Wehrpflichtigenjahrgängen erst die 15 000 Mann der Grenzschutzregimenter zu bewaffnen und in die »Lettische SS-Freiwilligenlegion« einzugliedern. Er bemühte sich darum, daß alle lettischen Soldaten vor dem Fronteinsatz entsprechend ausgebildet, eingekleidet und ausgerüstet wurden. Die hektischen und voreiligen Einsatzbefehle der deutschen Kommandostellen drängten ihm die Vermutung auf, die Deutschen wollten die lettischen Soldaten als Kanonenfutter verheizen. B. erreichte, daß als

Führer der lettischen Bataillone und Regimenter lettische Offiziere eingesetzt wurden, konnte aber nicht durchsetzen, daß auch der Divisionsstab aus Letten bestand. Aber die Kommandosprache war lettisch.
Hitler war von der Einsatzfreude der Letten beim Kampf um ihre Heimat beeindruckt. Er meinte, daß ein Volk, das so vortreffliche Kämpfer hervorbringe, nach dem Krieg »nicht im Schatten bleiben« könne. Himmler war überzeugt, daß die lettischen Legionäre den Weg »zu Lettland und seinem neuen Platz in Europa« ebneten.
Am 6.10.1943 bereitete B.in einer Rundfunkansprache die Letten auf die Mobiliserung der Jahrgänge 1915–1924 vor. Gedrängt von vaterländischen Intellektuellen, auch aus dem Exil, stimmte die lettische Generaldirektion in Riga dieser völkerrechtswidrigen Maßnahme zu und beauftragte B., der die Funktion eines lettischen Kriegsministers übernahm, mit der Durchführung. B. sagte zu, weil er die Rekrutierung nicht den Deutschen überlassen wollte. Unter Bezugnahme auf die lettische Unabhängigkeitserklärung 1920 wurde die Musterung der Wehrpflichtigen am 16.11.1943 angeordnet und die Einberufung in den darauffolgenden Wochen durchgeführt. Vor einer Versammlung aller lettischen Bürgermeister erklärte B. die Mobilisierung der lettischen Wehrpflichtigen als ersten Schritt auf dem Weg zur staatlichen Unabhängigkeit. Ohne die Bewährung bei der Verteidigung des Landes gegen die Rote Armee werde es keine lettische Armee in einem lettischen Staat geben. Der lettische Unabhängigkeitstag wurde am 18.11. 1943 seit vier Jahren zum erstenmal wieder festlich begangen.
Im Februar 1944 zog B. unter dem Druck der deutschen Dienststellen auch die Jahrgänge 1908–1914 ein. Aus ihnen wurden sechs »Grenzverteidigungsregimenter« aufgestellt, die sofort mit der Befestigung der lettischen Grenze begannen. 189 prominente Letten protestierten bei B. dagegen. Ihr Widerstand wurde von der Gestapo gebrochen.
Mitte 1944 umfaßte die »Lettische SS-Freiwilligenlegion« 87 500 Mann und war damit der größte nichtdeutsche Verband der Wehrmacht. Eine größere Anzahl Letten diente weiterhin beim Heer. Eine deutsche Division meldete, daß sie zu 47% aus Letten bestehe. Dazu kamen 23 000 lettische Hilfswillige in deutschen Einheiten, die während der Rückzugskämpfe häufig als Kämpfer in die Truppe integriert wurden. Unter diesen Umständen waren die Bemühungen B.s vergeblich, alle Letten in der »Lettischen SS-Freiwilligenlegion« zu sammeln und daraus einen lettischen Großverband zu bilden.

Am 12.6.1944 überbrachte der Chef des SS-Hauptamts, SS-Obergruppenführer Berger, anläßlich eines Gesprächs in Reval B. den Wunsch des Reichsführers-SS, jeden Monat einmal zu Besprechungen über die baltischen Einheiten zusammenzukommen. Es ist nicht bekannt, wie oft sich die beiden trafen. Am 15.7.1944 erhielt B. das Kriegsverdienstkreuz I. Klasse mit Schwertern.

Zusammen mit der 20. estnischen Waffengrenadierdivision der SS geriet die 19. Waffengrenadierdivision der SS (lett. 2) mit 40 000 Soldaten im Herbst 1944 in den Kurlandkessel. Um die Zivilbevölkerung für die Weiterführung des Kriegs zu gewinnen, wurde B. im November 1944 gestattet, unter seiner Führung eine provisorische Nationalregierung mit dem Namen »Lettisches Nationalkomitee« zu bilden, deren Präsident er war. Am 6.2.1945 erlaubte ihm der Oberbefehlshaber der Heeresgruppe Kurland, im besetzten Gebiet die Leitung der Zivilverwaltung zu übernehmen. Zur Verteilung der Verwaltungsämter berief B. 50 führende Persönlichkeiten des Landes für den 15.2.1945 nach Dresden. Da Dresden zwei Tage vorher von britischen Bombern völlig zerstört wurde, mußte die offizielle Zeremonie nach Potsdam verlegt werden. Am 20.2.1945 wurde B. dort von den Anwesenden zum Präsidenten Lettlands gewählt. Die Reichsregierung wurde aufgefordert, die Zustimmung zur Eingliederung Lettlands in die Sowjetunion zu widerrufen, Lettland als unabhängigen Staat in den Grenzen vor dem 17.6.1940 völkerrechtlich anzuerkennen, die neue lettische Regierung als einzige Vertretung des lettischen Volkes zu respektieren und ihr die Regierungsgewalt in allen nicht von der Roten Armee besetzten Landesteilen zu übertragen. In den Kurlandkessel zurückgekehrt, mußte B. jedoch erkennen, daß er weder Organisations- noch Verhandlungsfreiheiten hatte. Zu seiner Überwachung war der SS-Gruppenführer Behrends eingesetzt worden. Angesichts dieser Situation flog B. am 4.4.1945 nach Deutschland zurück.

Im März 1945 erreichte die 15. Waffengrenadierdivision der SS (lett. Nr. 1) nach verlustreichen Rückzügen die Oder. In 15 Tagen waren die Soldaten 600 km marschiert. 2500 Mann wurden per Schiff in den Kurlandkessel gebracht. Die Reste des Verbands kamen zur Auffrischung nach Mecklenburg. 8000 Mann stark, kämpfte die Division im April 1945 bei Neubrandenburg. Ein Bataillon wurde zur Verteidigung der Reichshauptstadt nach Berlin abgezweigt.

Der Waffenstillstand vom 8.5.1945 bedeutete das Ende aller Hoffnungen auf einen unabhängigen lettischen Staat. Statt nationalen Jubels warteten schwere Strafen auf die Angehörigen der »Lettischen SS-Freiwilligenlegion«. Sie waren nach sowjetischem Recht Deserteure und Landesverräter. Die 165 000 Letten, die mit den Deutschen während des Krieges auf die eine oder andere Weise kollaboriert hatten, wurden von sowjetischen Militärgerichten zur Rechenschaft gezogen, sofern es ihnen nicht gelang, in den Westen zu fliehen. Die militärischen Verdienste auf deutscher Seite schlugen ins Gegenteil um. Immerhin waren acht lettische Soldaten mit dem Ritterkreuz zum Eisernen Kreuz ausgezeichnet worden.

B. tauchte nach dem Krieg in den westlichen Besatzungszonen Deutschlands unter. Die Westalliierten verweigerten die Auslieferung von Angehörigen der baltischen Völker an die Sowjetunion, weil sie am Beginn des Zweiten Weltkriegs nicht Bürger der UdSSR gewesen waren. B. lebte in der Bundesrepublik Deutschland, bis er bei einem Verkehrsunfall in Oldenburg ums Leben kam.

Ein Faschist

Zum Tod von Maurice Bardèche

Der französische Literaturwissenschaftler Maurice Bardèche ist am vergangenen Donnerstag, neunzig Jahre alt, in seinem südfranzösischen Wohnort Canet-Plage gestorben. Bardèche war ein Autor von Rang, der sich offen zum Faschismus bekannte, was ihn zu einem in der Öffentlichkeit immer wieder diskutierten Fall machte. Geboren am 1. Oktober 1907 unweit von Bourges, besuchte er erst ein Pariser Elitegymnasium und anschließend die renommierte École normale supérieure, wo er als Literaturwissenschaftler promoviert wurde. Sein engster Freund wurde der literarisch hochbegabte Robert Brasillach, der als Lyriker, Romancier und Essayist schon bald sehr beachtet wurde.

Maurras und der „Action Française" nahestehend, wurde Brasillach von 1937 bis 1943 Chefredakteur einer deutschfreundlichen Wochenzeitung und wegen dieser intellektuellen Kollaboration im Februar 1945 in Paris hingerichtet. de Gaulle hatte die Erschießung trotz Bittschriften von Aragon, Mauriac, Anouilh, Claudel und Valéry angeordnet. Die Hinrichtung seines Schwagers, mit dem zusammen er eine erstklassige, insgesamt fünfmal aufgelegte „Histoire du cinéma" verfaßt hatte, wurde für Bardèche nun zu einem seiner Lebensthemen. Er gab die Werke Brasillachs heraus, verteidigte ihn bei jeder Gelegenheit und solidarisierte sich mit ihm über den Tod hinaus, indem er sich immer mehr in eine faschistische Haltung hineinsteigerte. Daß er unsprünglich unpolitisch gewesen und erst durch den Tod Brasillachs nachträglich zum Faschisten geworden sei – diese Selbstdarstellung haben seine Gegner allerdings immer angezweifelt.

Bardèche, der sich häufig antisemitisch äußerte und in den fünfziger Jahren, Seite an Seite mit dem englischen Naziführer Mosley, in der rechtsradikalen deutschen Zeitschrift „Nation Europa" schrieb, war dennoch ein bedeutender Literaturwissenschaftler, der sich ein unabhängiges Urteil bewahrte und beispielswei[se] … nographie über Céline sc… diesem Autor äußerte. S… Werk veröffentlichte Bar[dèche die] zweibändige Untersuch[ung] … Proust romancier", die mit … nen „Grand Prix de la cri[tique]" ausgezeichnet wurde. Bard[èche ist es als] erstem Autor gelungen, in d… Prousts eine chronologisch… bringen und einen schon s… samtentwurf der „Recherch…" … sen. In der französischen L… schaft, die der berühmten … graphie von Painter „Biogra…" … wirft, wird Bardèches Buch … grundlegend anerkannt.

FAZ – 3. VIII. 98

FULDA:

In den frühen Morgenstunden wird Ihnen die F.A.Z. zuverlässig in Fulda zugestellt.

Unsere Boten bringen Ihnen die F.A.Z. selbstverständlich auch in die Orte:

Bad Salzschlirf
Burghaun
Dipperz
Ebersburg
Ehrenberg
Eichenzell
Eiterfeld
Flieden
Gersfeld

Hofbieber
Hosenfeld
Hünfeld
Kalbach
Künzell
Neuhof
Nüsttal
Petersberg
Poppenhausen
Rasdorf
Tann

eme mit der Botenzustellung oder
Abonnement? Dann wenden Sie sich

ung
Zeitung

80-310

für Abonnements und Anzeigen

it Ihren Fragen direkt an die Frank-
e Zeitung wenden möchten, senden
unter der Nummer des F.A.Z.-Ver-
-2180 (erreichbar rund um die Uhr)
seren Abonnenten-Service an (mon-
n 6.00–20.00 Uhr, samstags und
)–12.00 Uhr). Sie erreichen uns zum

344677

Frankfurter Allgemeine
ZEITUNG FÜR DEUTSCHLAND

Literaturhinweise:
Seppo Myllyniemi: Die Neuordnung der baltischen Länder 1941–1944. Zum nationalsozialistischen Inhalt der Besatzungspolitik, Helsinki 1973
Visvaldis Mangulis: Latvia. In the Wars of the 20th Century, New York 1983
Eriks Jekabsons und Uldis Neiburg: Generalis Rudolfs Bangerskis, in: Viri 4/1995

BARDÈCHE, MAURICE, geb. 1.10.1907 in Dun-sur-Auron (Cher), 1995 in Paris lebend, französischer Wissenschaftler und Schriftsteller

Als Schüler des Lycée Louis-le-Grand lernte B., der Sohn eines Straßenmeisters mit republikanischen Ansichten, Robert → Brasillach kennen, mit dem ihn von da an eine lebenslange Freundschaft verband. 1934 heiratete er dessen Schwester. Nach dem Studium der Literaturwissenschaft an der Ecole Normale Supérieure 1928–1932 arbeitete B. als Balzac-Spezialist an der Sorbonne. Er veröffentlichte mehrere Artikel in der Zeitschrift »Je suis partout«, die faschistisches Gedankengut verbreitete, und erstellte zusammen mit Brasillach die Bücher »Histoire du Cinéma« und »Histoire de la guerre d'Espagne«. In dem ersten beschrieb er den jüdischen Einfluß auf den französischen Film, und im zweiten zeigte er den kommunistischen Hintergrund des Spanischen Bürgerkriegs auf. 1940 promovierte er mit einer Arbeit über den Schriftsteller Balzac und übernahm eine Assistenzprofessur im Institut für die Literatur des 19. Jahrhunderts. 1942 bekam er einen Lehrstuhl an der Universität Lille. Während der Besatzungszeit konzentrierte sich B. auf seine akademische Tätigkeit und enthielt sich markanter politischer Äußerungen. Die Arbeit seines Schwagers und Freundes Brasillach verfolgte er jedoch ebenso mit anerkennden Worten wie die seines Bruders Henri, der seit 25.4.1941 die »Librairie du livre allemand à Paris« führte.
Als Brasillach am 6.2.1945, am Jahrestag des Volksaufstands vom 6.2.1934, trotz zahlreicher Bitten aus Schriftstellerkreisen um Begnadigung hingerichtet wurde, widmete sich B. der Politik. Er wollte das Lebenswerk des Hingerichteten fortsetzen. Er gab seine Professur auf und veröffentlichte 1947 das Buch »Lettre à François Mauriac«, mit dem er als erster die üblen Vorgänge bei der der Befreiung folgenden Säuberung attackierte und deren scheinbar edlen Grundsätze zerpflückte. In wenigen Wochen waren 80 000 Exemplare verkauft. Mit diesem Buch begannen die schriftstellerischen Auseinandersetzungen um die Résistance in Frankreich und die Zweifel an ihren Legenden. 1948 übernahm B. die Leitung des Verlagshauses »Les sept couleurs«, die er bis 1978 behielt. 1948 erschien das Buch »Nuremberg ou la terre promise«, mit dem er die Verfahrensvorgänge beim Internationalen Militärtribunal gegen die deutschen Hauptkriegsverbrecher einer scharfen Kritik unterzog. Im Vorwort schrieb er: »Ich will nicht Deutschland verteidigen, ich will die Wahrheit verteidigen. Ich weiß allerdings nicht, ob die Wahrheit überhaupt existiert. ... Aber ich weiß, daß die Lüge existiert. Ich weiß, daß es eine vorsätzliche Entstellung der Tatsachen gibt. Denn seit vier Jahren leben wir in einer Geschichtsfälschung.« Das Buch brachte ihm eine Gefängnisstrafe von einen Jahr ein, die er jedoch nicht zu verbüßen brauchte. Mit zahlreichen Zeitschriftenpublikationen setzte sich B. in den

folgenden Jahren an die Spitze der neofaschistischen Bewegung in Frankreich. Sein besonderes Anliegen war der Kampf gegen die »demokratische Umerziehung« als ein Mittel der USA zur Beherrschung Europas. 1952 wurde er Vizepräsident des »Mouvement Social Européen« (Malmö Internationale), das für die Unabhängigkeit Europas und die Bewahrung der abendländischen Kultur eintrat. 1952–1982 redigierte er die Zeitschrift »Défense de l'Occident«, die das abendländische Gedankengut gegen die amerikanische Zivilisation verteidigte. In dem 1961 erschienenen Aufsatz »Qu'est-ce que le fascisme?« bekannte er sich als faschistischer Schriftsteller und verteidigte den Sozialfaschismus Mussolinis, wie er ab 1943 in der Republik von Salò deklariert wurde. Die Spielart des Faschismus, die er vertrat, nannte er »fascisme amélioré«. Auf den alten Traditionen aufbauend, sollte der korporative Gedanke als Gegengewicht gegen Liberalismus und Kapitalismus den neuen Gegebenheiten der postindustriellen Phase angepaßt werden. Er schloß sich dem historischen Revisionismus von Robert Faurisson und Paul Rassinier an und bezeichnete den Holocaust, wie er in den Medien dargestellt wurde, als Fälschung. Neben seinen politischen Schriften bewährte sich B. auch weiterhin als Litaturhistoriker. Seine Werke »Stendhal romancier« (1946), »Une lecture de Balzac« (1964) und »Marcel Proust romancier« (1971) wurden in wissenschaftlichen Kreisen anerkannt. 1971 wurde B. mit dem prix de la critique littéraire ausgezeichnet. Er gab die gesammelten Werke von Balzac, Flaubert und Brasillach heraus und veröffentlichte Biographien über → Céline (1986) und Léon Bloy (1989). 1993 erschienen seine Erinnerungen.

Literaturhinweise:
Maurice Bardèche: Nürnberg oder das gelobte Land, Zürich 1949
Paul Sérant: Le Romanticisme fasciste, Paris 1959
Joseph Algazy: La tentation néo-fasciste en France de 1944 à 1965, Paris 1984
Alice Yaeger Kaplan: Reproductions of Banalitiy. Fascism, Literature, and French Intellectual Life, Minneapolis 1986
Herbert R. Lottman: The People's Anger. Justice and Revenge in Post-Liberation France, London u. a. 1986

Bárdossy, László, geb. 10.12.1890 in Szombathely, hingerichtet 10.1. 1946 in Budapest, ungarischer Ministerpräsident und Außenminister 1941–1942

Nach der Beendigung des Jurastudiums begann B. seine Beamtenlaufbahn 1913 im Ministerium für Religionsangelegenheiten und Unterrichtswesen des ungarischen Landesteils der k.u.k. Monarchie. 1922 wurde er stellvertretender Leiter der Presseabteilung des ungarischen Außenministerium, deren Leitung er 1924 übernahm. Ab 1930 war B. Legationsrat bei der ungarischen Botschaft in London, ab 1934 Botschafter in Bukarest. Am 4.2.1941 wurde er vom Reichsverweser → Horthy zum Außenminister und am 3.4.1941 nach → Telekis Tod zum Ministerpräsidenten ernannt. Sein Versuch, angesichts der Frontenbildung in Europa trotz der ungarischen Demütigungen im Frieden von Trianon mit Großbritannien ins Gespräch zu kommen, wurde von der tschechischen Exilre-

Empfang von Bardossy im Führerbau in München am 24.3.1941

gierung unter Benesch vereitelt. Das Durchmarschrecht nach Rumänien, das er den deutschen Truppen zur Bereitstellung für den Balkankrieg erteilte, wurde von der britischen Regierung als unfreundlicher Akt ausgelegt. Sie drohte mit der Bombardierung Ungarns.

Auf Drängen Hitlers schloß B. am 27.2.1941 nolens volens einen ewigen Freundschaftsvertrag mit Jugoslawien, um der Belgrader Regierung den Beitritt zum Dreimächtepakt zu erleichtern. Am 21.3.1941 bat der deutsche Außenminister B. bei einer Begegnung in München, keine Gebietsansprüche an Jugoslawien zu artikulieren, um die Jugoslawen nicht zu verschrecken. Nach dem deutschen Einmarsch in Jugoslawien am 6.4.1941 hatte B. jedoch keine Bedenken, trotz des ewigen Freundschaftsvertrags mit Jugoslawien am 11.4.1941 in das Nachbarland einzudringen und die 1919 verlorene Batschka zu besetzen. Die für das Blutvergießen in Neusatz und Josefsdorf verantwortlichen Offiziere, die mit Hilfe von Erzherzog Albrecht aus Ungarn fliehen konnten, wurden auf seine Veranlassung hin nicht zur Verantwortung gezogen. Als B. vor Beginn des deutschen Feldzugs gegen die UdSSR erfuhr, daß Rumänien zehn Divisionen zur Verfügung stellte, stand er im Wettstreit mit dem Konkurrenten um die Gunst des Reiches. Aber erst nachdem Italien und die Slowakei an die UdSSR den Krieg erklärt hatten, und nachdem Kaschau von sowjetischen Flugzeugen bombardiert worden war, entschloß sich B. auf Drängen der ungarischen Militärs und auf Wunsch des Reichsverwesers am 27.6.1941 zu Vergeltungsmaßnahmen. Nach der Zustimmung des Parlaments zum Kriegseintritt konnte er der deutschen Reichsregierung mitteilen, daß sich Ungarn ebenso wie Rumänien im

Kriegszustand mit der UdSSR befand. Das britische Ultimatum, die Kriegshandlungen gegen die Sowjetunion einzustellen, wurde nicht beachtet, so daß ab 6.12.1941 der Kriegszustand zwischen Großbritannien und Ungarn bestand. Am 16.12.1941 erklärte B. im Gefolge Rumäniens und Bulgariens den Krieg an die Vereinigten Staaten, ohne das Parlament zu befragen. Er mußte die Ablehnung des Oberhauses fürchten.

Die ungarischen Truppen kämpften bis Oktober 1941 als Frontverbände an der Seite der Wehrmacht gegen die Rote Armee. Ab November wurden die beiden Brigaden und das mobile Korps als Sicherungsverbände gegen die Partisanen eingesetzt. Bei den Gesprächen mit Reichsaußenminister Ribbentrop und dem Chef des OKW, Generalfeldmarschall Wilhelm Keitel, im Januar 1942 gab B. seine Zustimmung zur Entsendung der 2. ungarischen Armee an die Ostfront.

Zu den innenpolitischen Maßnahmen, die B. in seiner Regierungszeit durchführte, gehörten die ersten antisemitischen Verordnungen. Die Rechtsverordnung XV/1941 untersagte Heiraten zwischen Juden und Christen. In Abänderung des Militärdienstgesetzes aus dem Jahre 1939 wurde Juden der Dienst in der Armee und in der Gendarmerie untersagt. Sobald sich Ungarn im Kriegszustand mit der UdSSR befand, wurde etwa die Hälfte der 30 000 ausländische Juden, die in den vorhergehenden Jahren nach Ungarn geflohen waren, ins Genralgouvernement Polen verbracht. Daß die Behandlung der Juden in Ungarn bis 1944 besser war als in jedem anderen Land des Dreimächtepakts, konnte B. nur gewährleisten, weil er das Drängen der Deutschen nach einer umfassenden Rassengesetzgebung mit Einzelschritten unterlief.

Am 7.3.1942 trat B. von seinem Amt zurück, weil er sich mit → Horthy nicht auf die Nominierung eines Stellvertreters und Nachfolgers für den Reichsverweser einigen konnte. Horthy bevorzugte seinen Sohn István als Nachfolger, während B. eine demokratische Lösung vorschlug.

Auch nach seinem Rücktritt blieb B. ein Freund der Deutschen. Am 22.3.1943 übernahm er den Vorsitz der »Christlichen Nationalliga«, die in Opposition sowohl zu den rechten Gruppierungen als auch zu den Sozialdemokraten stand. Im April 1944 scheiterten seine Bemühungen, sich mit den rechten Parteien zu einigen, am Widerstand der Pfeilkreuzler unter Ferenc → Szálasi. Im Herbst 1944 gehörte B. zu den Mitgliedern der »Nationalen Kommission«, die unter dem Ministerpräsidenten Döme → Sztójay die Funktionen der Legislative wahrnahm. Zu den Magenbeschwerden, mit denen B. sein ganzes Leben zu tun hatte, trat zu dieser Zeit eine Nierenerkrankung, die seinen Arbeitseinsatz hemmte und seine Lebensfreude herabsetzte.

Nach dem Krieg wurde B. von einem Volksgericht als Kriegsverbrecher zum Tode verurteilt. Seine patriotische Haltung, die im Kontrast zum Auftreten seiner Richter stand, verschuf ihm kurzfristig Sympathien im Volk. Er lehnte ein Gnadengesuch ab. Bevor er erschossen wurde, sagte er: »Gott befreie Ungarn von diesen Banditen!« Dieser Ausspruch wurde zu einem geflügelten Wort in Budapest.

In seinem Buch »October Fifteenth« gab der amerikanische Historiker Macartney folgendes Urteil über B. ab: »Impulsivität und Ungeduld bewogen ihn manchmal zu unüberlegten Entscheidungen, die, so scheint es, schlimme Folgen hatten. Aber alles, was er tat, tat er mit den besten Motiven und wurde auch mit Beifall von denen bedacht, die ihn später verleumdeten.«

Literaturhinweise:
C. A. Macartney: October Fifteenth. A History of Modern Hungary 1929–1945, 2 Bände, Edinburgh 1956 und 1957
Miklos Lackó: Arrow Cross Men, National Socialists, 1935–1944, Budapest 1969

BARNAUD, JACQUES, geb. 24.2.1893 in Antibes, gest. 15.4.1962 ebenda, französischer Synarchist, Chef des Ministerbüros im Ministerium für Industrieproduktion und Arbeit bei der Regierung in Vichy 1940–1942, Generalbeauftragter für die deutsch-französischen Wirtschaftsbeziehungen 1941–1942

Als Absolvent der Ecole Polytechnique trat B. 1913 in die französische Finanzverwaltung ein. 1926–1927 war er Direktor des »Mouvement des fonds«. 1927 machte ihn die Banque Worms et Cie. zu ihrem Generaldirektor und 1930 zum geschäftsführenden Teilhaber, was er bis 1940 blieb. 1937 gründete er die Zeitschrift »Les Nouveaux Cahiers«, die dem Meinungsaustausch zwischen Unternehmern, Ingenieuren, Wissenschaftlern und Gewerkschaftlern diente. Sie setzte sich für die wirtschaftliche Zusammenarbeit aller Schichten des Volkes ein und gestand dem Staat ein umfassendes Interventionsrecht in die Volkswirtschaft zu, um die Auswüchse des Kapitalismus zu begrenzen. B. war ein führendes Mitglied der Gruppe der Synarchisten, die den Technokraten die entscheidende Machtstellung im Staat zuschrieben, weil diese die Möglichkeiten und Folgen politischer Entscheidungen objektiver einzuschätzen in der Lage seien als die Politiker, denen z. B. die Solidität der Staatsfinanzierung als die Grundlage staatlicher Macht eine Nebensächlichkeit sei. Zur »Synarchie« gehörten auch Männer wie Pierre → Pucheu, Pascal Arrighi, Paul → Marion und Jacques → Benoist-Méchin.
Zu ihren Thesen standen die Synarchisten auch während der Besetzung Frankreichs durch die Deutschen im Dienst der Vichy-Regierung. Ab Juli 1940 versuchte B. als Chef des Ministerbüros im Ministerium für Industrieproduktion und Arbeit zusammen mit Jean → Bichelonne, eine Ministerialbürokratie aus Fachleuten aufzubauen, die in der Lage war, die französische Wirtschaft unter den neuen Bedingungen zu lenken und der Industrie die Voraussetzungen für ihre Weiterarbeit zu verschaffen, d. h. Finanzmittel, Rohstoffe, Zulieferungen und Absatz sicherzustellen. Zu den Besprechungen der Ressorts, die mit Wirtschaftsfragen zu tun hatten und die unter der Leitung des Finanzministers Ives Bouthillier regelmäßig zusammenkamen, wurde B. hinzugebeten. Er gehörte mit Jean Bichelonne, Pierre Laroque und Lafond zu den vier Experten, die innerhalb von 48 Stunden das Gesetz vom 16.8.1940 entwarfen, mit dem die staatlichen »Comités d'organisation« (CO) mit der Befugnis ausgestattet wurden, den Privatunternehmen Weisungen zu erteilen. Drei Wochen später rief der gleiche Kreis das »Office central de répartition des produits industriels« (OCRPI) ins Leben. Ab 23.2.1941 führte B. eineinhalb Jahre als »délégué-général du gouvernement français pour les relations économiques franco-allemandes« die einschlägigen Verhandlungen mit den Deutschen. Dem Unterstaatssekretär für

Wirtschaft und Finanzen der Regierung Darlan zugeordnet, sollte er die deutsch-französischen Wirtschaftsbeziehungen ordnen. Entscheidungsbefugnis hatte er keine. In der Gruppe der führenden jungen Technokraten, die die Vichy-Regierung aus geostrategischen und wirtschaftstechnischen Gründen zu einer intensiven Kollaboration mit Deutschland führen wollten, unterzeichnete er auch den »Plan pour un ordre nouveau en France«, der im April 1941 Hitler vorgelegt wurde und die Vorteile guter Wirtschaftsbeziehungen zu Frankreich aufzeigte. Wenn Frankreichs maritime Stärke und der Rückhalt seiner Kolonien genützt würden, könne das Deutsche Reich seine militärischen und politischen Ziele eher verwirklichen als alleine. Unter Bezug auf das Gespräch Hitlers mit → Pétain in Montoire am 24.10.1940 endete die Petition mit der Bitte um Vertrauen: »Nous prions le Führer de nous faire confiance.« Hitler ließ die Anregungen unberücksichtigt. Der deutsche Botschafter in Paris, Otto Abetz, meinte nach dem Krieg, Deutschland habe damit eine große Chance vertan.
B.s Bemühungen als Abgesandter der französischen Regierung konzentrierten sich bei den Wirtschaftsgesprächen der Folgezeit darauf, die übertriebenen Wirtschafts- und Finanzforderungen des Deutschen Reiches an das besiegte Frankreich zu mildern und mit der Wirtschafts- und Finanzkraft des Landes in Einklang zu bringen. Es gelang ihm zu verhindern, daß deutsche Konzerne französische Firmen in großem Stil übernahmen, und die französische Wirtschaftsautonomie während des ganzen Krieges aufrecht zu erhalten. Zu den wenigen Firmen, die eine deutsche Beteiligung dulden mußten, gehörte Francolor, von der 51Prozent der Aktien in die Hände der I.G. Farben fielen. Am 8.5.1941 vereinbarte B. mit den Deutschen die Verdoppelung der Aluminiumproduktion, wenn den französischen Firmen Bauxit aus Jugoslawien in entsprechender Menge zur Verfügung gestellt würde. Um die Reichsregierung zur Zurückhaltung zu bewegen und den Willen Frankreichs zur politischen Kollaboration zu bekunden, betrieb B. mit einer Petition am 2.4.1942 auch das Engagement Frankreichs auf dem Rüstungssektor im Krieg gegen die Sowjetunion. Er setzte sich für die Rückkehr von Pierre → Laval in das Amt des Ministerpräsidenten ein, die sich am 18.4.1942 realisierte, weil er von ihm mehr Entgegenkommen gegen Deutschland erhoffte.
Obwohl B. ein gläubiger Katholik war und seine Neigung zu den Engländern ausgeprägter war als die zu den Deutschen, arbeitete er mit dem Siegerstaat auch deshalb gerne zusammen, weil dort Männer waren, die seine synarchistischen Ideen teilten. Beide Seiten träumten von einem vereinigten europäischen Wirtschaftsraum. B. glaubte, bei der Neuordnung Europas nach einem deutschen Sieg das französische Wirtschaftspotential als entscheidendes Gewicht in die Waagschale werfen zu können. Mit solchen Überlegungen erwies er sich nicht nur als homo technicus, sondern als weitsichtiger homo politicus.
Als die deutschen Truppen im November 1942 die freie Zone Frankreichs besetzten, demissionierte er aus Protest gegen die unzureichenden Reaktionen Lavals gegen dieses Vorgehen. Er sah die wirtschaftliche Souveränität Frankreichs gefährdet.
Nach der Befreiung Frankreichs 1944 wurde B. zwar verhaftet, aber der Prozeß, der gegen ihn im Februar 1949 eröffnet werden sollte, wurde niedergeschlagen,

weil zu diesem Zeitpunkt die pauschale Abwertung der Politik der Vichy-Regierung durch den Haute Cour de Justice in Paris einer differenzierteren Beurteilung Platz gemacht hatte. Nach seiner Rehabilitation war er bis zu seinem Tod wieder Teilhaber und Geschäftsführer der Banque Worms et Cie.

Literaturhinweise:
Robert Aron: Le monde des affaires 1944–1953, in: Histoire de l'épuration, tome III, Bd. 1, Paris 1974
Gérard Brun: Technocrates et technocratie en France 1918–1945, Paris 1985
François-Georges Dreyfus: Histoire de Vichy, Paris 1990

BASSOMPIERRE, JEAN, geb. 23.10.1914 in Honfleur (Calvados), hingerichtet 21.4.1948 im Fort de Montrouge, Generalsekretär der »Légion des anciens combattants« 1940–1942, stellvertretender Kommandeur des »Service de l'Ordre Légionnaire« (SOL) 1942, Chef des Stabes der »Légion des Volontaires Français contre le bolchevisme« (LVF) 1943–1944, Generalinspektor der »Milice française« im besetzten Frankreich 1944, Führer der »Francs-Gardes« und der »Garde d'honneur« 1944–1945, Bataillonskommandeur der 33. Waffengrenadierdivision der SS ›Charlemagne‹ 1945, Hauptsturmführer der Waffen-SS

Bereits als Student im Quartier Latin engagierte sich B. politisch bei den Rechten. Er war eingeschriebenes Mitglied der »Jeunesses Patriotes« von Pierre Taittinger und pflegte Verbindungen zur »Action française« von Charles → Maurras und zur »Cagoule« von Eugène → Deloncle. Deloncle beauftragte ihn 1936, während seines Militärdienstes die kommunistischen Zellen seines Regimentes aufzudecken. Da er diese Aufgabe glänzend bewältigte, wurde er von Deloncle mit → Darnand bekannt gemacht. Er bekam die Eintrittsnummer 180 im »Comité secret d'action révolutionnaire« (CSAR), einer Gruppierung der »Cagoule«. Während des Feldzugs gegen Deutschland im Mai und Juni 1940 zeichnete er sich als Leutnant an der Alpenfront aus. Seine militärischen Leistungen wurden im Armeebefehl erwähnt. Als Frankreich am 22.6.1940 kapitulierte, schwor er seinen Kameraden Revanche für die Niederlage: »J'emploierai toute ma vie à préparer la revanche.« Sein Patriotismus erlebte jedoch Wandlungen.
Nach seiner Demobilisierung am 15.8.1940 wandte sich B. nach Nizza, wo er Darnand traf, der von → Pétain gerade zum Chef der »Légion française des anciens combattants« der Region Alpes-Maritime ernannt worden war und der ihn zum Generalsekretär der 7000 Mitglieder umfassenden Organisation machte. Im Januar 1942 begleitete B. Darnand nach Vichy, wo dieser von Pétain den Auftrag bekam, für das nicht besetzte Frankreich eine Hilfspolizei mit dem Namen »Service d'Ordre Légionnaire« (SOL) einzurichten. B. wurde stellvertretender Kommandeur. Er glaubte, in dieser Funktion für die Erneuerung Frankreichs am meisten leisten zu können. Eine Zeile im Lied der Legionäre verpflichtete die Mitglieder dazu: »Nous jurons de refaire la France.«
Bereits im Juli 1941 hatte sich B. für die Aufstellung der »Légion des Volontaires Français contre le bolchevisme« (LVF) zum Kampf an der Ostfront mit der deutschen Wehrmacht eingesetzt. 1942 organisierte er einen Werbefeldzug in

der nicht besetzten Zone Frankreichs. Darnand hatte ihm aufgrund seiner Beobachtungen in Polen erzählt, welches Schicksal Frankreich drohe, wenn es sich nicht an deutscher Seite engagiere. Die Existenz und die Ehre Frankreichs standen auf dem Spiel. Den gläubigen Katholiken B. hatten auch die Aufrufe des Kardinals → Baudrillart zum Kreuzzug gegen die »asiatischen Barbaren« beeindruckt. Im Dezember 1942 ging er als Kompanieführer an die Ostfront. Zu den zahlreichen französischen Kriegsauszeichnungen traten deutsche: das Eiserne Kreuz II. Klasse, das Kriegsverdienstkreuz und das Croix de Guerre Légionnaire. Im Dezember 1943 wurde B. Stabschef von Oberst → Puaud, der die Legion kommandierte. Im Februar 1944 rief ihn Darnand nach Frankreich zurück, wo ihn Laval zum Generalinspekteur der Miliz im ursprünglichen besetzten Frankreich machte. Im Aufrag der deutschen Besatzungsmacht bekämpfte er die Vorbereitungen der Résistance zur Unterstützung der alliierten Invasion.

Am 16.8.1944 zog sich B. mit seinen Milizionären nach Deutschland zurück. In Wildflecken kommandierte er die »Francs-Gardes«, eine Art Sondertruppe der Miliz aus 4000 Mann, die den Schutz der französischen Exilregierung übernahm, und in Sigmaringen die »Garde d'honneur« aus 500 Mann, die als Ehrenformation für den nicht mehr amtierenden Staatschef Pétain fungierte. Im Dezember 1944 trat er mit dem Rang eines Hauptsturmführers zur »Brigade France« über, die in Wildflecken ausgebildet wurde und aus der die 33. Waffengrenadierdivision der SS ›Charlemagne‹ entstand. Als Bataillons- und Regimentskommandeur kämpfte er im Februar 1945 an der Spitze seiner Milizionäre gegen die Rote Armee bei Hammerstein in Pommern. Die Division wurde unter großen Verlusten in zwei Teile getrennt. Bei Neustettin reorganisierte er die Reste der westlichen Gruppe und ergänzte sie mit Nachschub aus Wildflecken. Am 27.2.1945 wurde die Truppe bei Körlin aufgerieben. Die Reste führte B. nach Belgard. Am 17.3.1945 geriet er in russische Gefangenschaft. Er kam in ein rumänisches Kriegsgefangenenlager und wurde von dort nach Österreich transportiert. Die Amerikaner wiesen ihn nach Frankreich aus. In der Nähe von Salzburg floh er von seinem Transport. Quer durch Deutschland, über Belgien und Frankreich gelangte er nach Italien. Bei dem Versuch, zu Schiff nach Südamerika zu entkommen, wurde er bei der Ausfahrt aus dem Hafen Neapel festgenommen. In normalen Zeiten hätte ihn eine solche Odyssee zum Helden gemacht, aber in Frankreich, wohin er von Rom ausgeflogen wurde, interessierte man sich vorwiegend für seine Funktion in der Milice française. Vorgeworfen wurden ihm insbesondere zwei Polizeiunternehmungen gegen den Maquis, eine in der Nähe von Dijons und die andere in der Bretagne, obwohl B. an keiner von beiden teilgenommen hatte. Auch seine Rolle beim Mord an dem Minister der Dritten Republik, Georges Mandel, wurde untersucht. Es konnte nachgewiesen werden, daß er die Milizionäre, die mit seinem Transport beauftragt waren und die ihn am 7.7.1944 ermordeten, ausgesucht hatte. Das reichte für einen zusätzlichen Anklagepunkt. Ein weiterer Vorwurf betraf die Gefangenenmeuterei im Gefängnis La Santé in der Nacht vom 14. zum 15.7.1944, zu deren Niederschlagung B. 200 Milizionäre aufgeboten hatte. Obwohl es ihm gelungen war, die Gefangenen zur Aufgabe zu bewegen, wurde er für die folgenden Über-

griffe der Deutschen verantwortlich gemacht. Diese hatten zuerst die Erschießung von hundert Meuterern gefordert und dann auf Insistieren B.s ein Standgericht zusammentreten lassen, das 28 Häftlinge zum Tode verurteilte, die an Ort und Stelle erschossen wurden. Die Anklage warf B. vor, die Zahl der Hinzurichtenden nicht weiter nach unten gedrückt oder sich der Teilnahme an der Aktion verweigert zu haben. Durch seine Willfährigkeit sei er zum Erfüllungsgehilfen der Besatzungsmacht geworden.
Pater Bruckberger, der sich schon für Darnands Begnadigung eingesetzt hatte, scheiterte in seinen Bemühungen, B. vor dem Tod zu bewahren, obwohl er anführte, daß B.s Bruder 1945 auf der anderen Seite der Front für Frankreich gefallen war. Von der Presse lange vorverurteilt, wurde B. am 17.1.1948 mit der Todesstrafe belegt. Den Geschworenen rief B. zu, als er das Urteil vernahm: »L'homme que vous avez condamné n'est ni un criminel ni un traître.« Der Staatspräsident lehnte eine Begnadigung ab, obwohl sich die Petitionen zu Gunsten von B. häuften. Im März 1948 schloß er in der Zelle 52 des Gefängnisses in Fresnes seine autobiographischen Notizen ab, die später unter dem Titel »Frères ennemis« veröffentlicht wurden. Die Widmung lautetete folgendermaßen: »A mes camerades de combat, héros méconnus, tombés face aux Bolsheviks, pour la défense de la Foi et la grandeur de la Patrie.« Als er erschossen wurde, rief er »Que Dieu protège la France!«

Literaturhinweise:

Charles Ambroise Colin: Sacrifice de Bassompierre, Paris o. J.
Jean Bassompiere: Frères ennemis, Paris 1948
Bertram M. Gordon: Collaborationism in France during the Second World War, Ithaca u. a. 1980

BAUDRILLART, HENRI-MARIE ALFRED, geb. 6.1.1859 in Paris, gest. 19.5.1942 ebenda, Kardinal und Titularerzbischof, Rektor des Institut Catholique und Generalvikar des Erzbistums Paris, Mitglied der Académie Française, Ehrenprotektor der »Légion des Volontaires Français contre le bolchevisme« (LVF) 1941–1942

B. stammte aus einer Akademikerfamilie. Das Studium der Geschichte an der Ecole Normale Supérieure beendet er mit der agregé-Prüfung. Danach unterrichtete B. an verschiedenen Gymnasien. 1883 bekam er einen Lehrauftrag am Institut Catholique in Paris. Unter dem Einfluß des Rektors, Msgr. Maurice d'Hulst, trat er bei den Oratorianern ein und erhielt am 9.7.1893 die Priesterweihe. Nach der Promotion zum Dr.theol. lehrte er am Institut. 1907 wurde er in die Leitung der Hochschule aufgenommen. 1914 veröffentlichte er die Biographie seines Förderers Msgr. d'Hulst mit dem Untertitel »Un panorama de la conscience française de 1841–1896«. Während des Ersten Weltkriegs gründete er das »Comité catholique de propagande française à l'étranger«, das nach dem Krieg in »Comité catholique des amitiés françaises« umbenannt wurde. 1915 gab er die patriotische Tendenzschrift »La guerre allemande et le catholicisme« heraus, in der u. a. nachwies, wie effektiv die katholische Jugendbewegung in Frankreich ihre Mitglieder auf den Krieg vorbereitet hatte. Das beigefügte Album zeigte die von der deutschen Armee bei ihrem Vormarsch an Kirchenbauten verursachten Schäden. Das Buch steigerte in Frankreich den Haß gegen die Deutschen und forderte in Deutschland besonders die Katholiken heraus, die im Germania-Verlag eine Gegendarstellung herausgabgaben. B.s Einsatz für die französische Seite im Krieg wurde 1918 mit der Mitgliedschaft in der Académie Française und 1920 mit der Ernennung zum Ritter der Ehrenlegion belohnt. Nach dem Tod von Albert de Mun wurde B. 1918 Rektor des Institut Catholique. In dieser Funktion hatte er an der Wiederherstellung der diplomatischen Beziehungen Frankreichs zur Kurie 1921 großen Anteil. Für seinen Einsatz wurde er im gleichen Jahr mit der Würde des Titularbischofs von Himeria belohnt. Das Institut Catholique wuchs unter seiner Leitung zur angesehensten theologischen Ausbildungsstätte in Frankreich mit 118 Professoren und 3000 Studenten. Bei seinen zahlreichen Reisen ins Ausland setzte sich B. gleichermaßen für Frankreich und für den Katholizismus ein. Seine Rhetorik folgte dem Motto »Du beau langage à la vertu«. Seine eindrucksvollen Fastenpredigten in der Kathedrale Notre-Dame zum Thema »La vocation catholique de la France« führten 1928 zu seiner Ernennung zum Titularerzbischof. 1934 nahm er am Eucharistischen Kongreß in Buenos Aires teil. 1935 erhob ihn Papst Pius XI. zum Kardinal. Im gleichen Jahr wurde er Kommandant der Ehrenlegion. Mehrere Universitäten verliehen ihm Ehrendoktorate.

Nach der französischen Kapitulation am 22.6.1940 stellte sich B. hinter Marschall → Pétain und forderte die Katholiken des Landes zur Gefolgschaft auf: »Serrons-nous autour du chef et du père qui incarne aujourd'hui la France.« Es sei eine Gnade Gottes, daß Frankreich in der Stunde der Not einen solchen Führer habe. B. förderte die »Parti Populaire Français« des Jacques → Doriot und setzte sich für eine französische Einheitspartei zur vorbehaltlosen Unterstützung des Staatspräsidenten ein. Er befürwortete zur Erhaltung Frankreichs in dem neuen Europa die Zusammenarbeit mit Deutschland, obwohl einige seiner Veröffentlichungen auf der »liste Otto« standen, mit der sich die französischen Verleger einer Art Selbstzensur unterwarfen, um das Wohlwollen der Besatzungsmacht zu erhalten. Mehrere Artikel, in denen er zur Kollaboration riet, erschienen in »La Gerbe«.

Als im Juni 1941 der deutsch-sowjetische Krieg begann, überfiel B. die Angst vor der Bolschewisierung Europas. Er fürchtete den Sieg des atheistischen Kommunismus über das Christentum und den Untergang der abendländischen Kultur, wenn Hitlerdeutschland nicht in der Lage wäre, mit der Roten Armee fertig zu werden: »Le temps de la colère est enfin venu. Le monde chrétien et civilisé se dresse... J'affirme que le tombeau du Christ sera délivré.« Er unterstützte die Aufstellung der »Légion des Volontaires Français contre le bolchevisme« (LVF) und trat ihrem »Comité d'honneur« bei, dem auch Fernand de → Brinon, Abel → Bonnard, Claude Jean → Luchaire und Alphonse de → Chateaubriant angehörten. In der Waffenbrüderschaft mit Deutschland sah er »une sorte de fraternité renouvelée du Moyen Age chrétien«. Für Lucien → Rebatet stellte er die große Ausnahme im französischen Klerus dar, weil er Bekennermut zeigte: »Le haut clergé français forme, depuis trente années, l'une des plus remarquables collections de laquais et de chiens couchants, rampant avant le pouvoir, que puis-

se offrir l'histoire de la lâcheté humaine.« In den französischen Soldaten an der Seite der Deutschen im Osten sah B. Kreuzfahrer zur Verteidigung des christlichen Abendlands und zugleich Kämpfer für die Ehre Frankreichs: »Comme prêtre et comme Français, j'oserai dire que ces légionnaires se rangent parmi les meilleurs fils de France. Placée à la pointe du combat décisif, notre légion est l'illustration agissante de la France du Moyen Age, de notre France des cathédrales ressuscitées et, je le dis, parce que j'en suis sûr, que ces soldats contribuent à préparer la grande renaissance française. En vérité, cette légion constitue à sa manière une chevalerie nouvelle, ces légionnaires sont les croisés du XXe siècle, que leurs armes soient bénies!« B. gehörte zu den wenigen Geistlichen, die ausdrücklich Waffen segneten.
Als B. bald nach dem Auszug des ersten Kontingents der LVF starb, fiel den Würdenträgern der katholischen Kirche in Frankreich ein Stein vom Herzen, weil sie das Engagement des Kardinals als Belastung empfanden. Er hinterließ ein »Testament politique«, das mit einem Vorwort von Abel Bonnard herausgegeben wurde. Darin bekannte er sich zur Kollaboration mit Deutschland, weil die Zusammenarbeit der beiden Länder Frankreich zum Guten gereichen werde. Das Testament des Kardinals wurde von allen Seiten propagandistisch verwertet. Der Bischof von Le Mans, Georges Grente, der die Obsequien hielt, pries B. als einen aufrichtigen Patrioten und unermüdlichen Diener Frankreichs.

Literaturhinweise:
Dictionnaire de biographie française, Band 5, Paris 1951
Henry Coston (Hrsg.): Dictionnaire de la politique française, Band 1, Paris 1967
Henri Amouroux: La grande histoire des Français sous l'occupation, Band 3: les beaux jours des collabos juin 1941-juin 1942, Paris 1978
Yves Chiron: La grande guerre vue par le cardinal Baudrillart, in: Présent vom 26.11.1994

BENOIST-MÉCHIN, JACQUES, geb. 1.7.1901 in Paris, gest. 24.2.1983 in Paris, französischer Schriftsteller, Generalsekretär beim Ministerpräsidenten der Regierung in Vichy 1941–1942

B. wuchs in England und in der Schweiz auf, wo er seine Schulbildung erhielt. Er studierte an der Sorbonne. Während seines Wehrdienstes ab 1921 fungierte er als Dolmetscher bei der Internationalen Militärkontrollkommission in Oberschlesien, im Ruhrgebiet und in Memel. Anschließend arbeitete er für den Generalstab der französischen Rheinarmee. Nach seiner Entlassung schrieb er Artikel für die Zeitschrift »Quotidien«. 1924 ging er zum »International News Service«, dessen Leitung 1925–1927 in seinen Händen lag. Nach einer Amerikareise war er bis 1930 Chefredakteur von »L'Europe nouvelle«. Er berichtete unter anderem über den Völkerbund in Genf, wo er viele Männer der politischen Szene kennenlernte. 1930–1937 schrieb er die ersten Bände der »Histoire de l'Armée allemande« und Biographien über Alexander den Großen, Ibn Saud und T. H. Lawrence. Zusammen mit → Drieu La Rochelle trat er 1927 der »Parti Populaire Français« (PPF) des Jacques → Doriot bei. Als der Zweite Weltkrieg ausbrach, war B. als überzeugter Deutschenfreund und Bewunderer Hitlers bekannt, dessen Buch »Mein Kampf« er in Frankreich populär gemacht hatte.

Im Frankreichfeldzug geriet B. einen Tag vor der Kapitulation bei Orléans in deutsche Kriegsgefangenschaft, aus der er bereits am 25.6.1940 entlassen wurde. Im November 1940 von → Pétain zum Chef des diplomatischen Dienstes der französischen Kriegsgefangenen in Berlin ernannt, wechselte er schon im Februar 1941 auf den Posten des Generalsekretärs beim französischen Ministerpräsidenten (sécrétaire général adjoint à la vice-présidence) Darlan in Vichy. Mit der Pflege der französisch-deutschen Beziehungen beauftragt, wurde er im Juni 1941 zum Staatssekretär ernannt. Den Posten behielt er auch unter → Laval bis zum 27.9.1942. In dieser Funktion versuchte er, eine Annäherung zwischen den Kollaborationsvorstellungen der französischen Parteien und denen der Regierung in Vichy zu erreichen. Auf der einen Seite pflegte er die Anlehnung an das Deutsche Reich, ohne die das neue Europa nicht erstellt werden konnte, und auf der anderen Seite war er überzeugt von der Notwendigkeit, daß Frankreich ein totalitärer Staat werden müsse. Mit Paul → Marion und Pierre → Pucheu gehörte er zu den Unterzeichnern des »Plan pour un Ordre nouveau en France«, der in diesem Sinne argumentierte und im April 1941 über den deutschen Botschafter Abetz dem deutschen Führer und Reichskanzler vorgelegt wurde, allerdings ohne Resonnanz. B. versuchte die französische Regierung zu überzeugen, daß die Zusammenarbeit mit Deutschland, auch auf militärischem Gebiet, ohne Vorbehalte durchgeführt werden müsse, damit Frankreich als Partner des Reiches die territoriale Integrität des Empire français bewahren könne. Zur Annäherung zwischen Frankreich und Deutschland förderte er die Begegnung von Hitler und Darlan am 13.5.1941, deren Ergebnis die »Pariser Protokolle« waren, und begleitete den Regierungschef auf den Obersalzberg. Von der türkischen Regierung versuchte er das Durchmarschrecht von Hilfsverbänden nach Syrien zu erreichen, wo die französischen Mandatstruppen unter General Dentz nach dem Scheitern des Irakaufstands gegen die englischen und gaullistischen Streitkräfte kämpften. B. stand hinter dem Vertrag mit den Japanern vom 29.7.1941 zur gemeinsamen Verteidigung Indochinas, das den Japanern Stützpunkte im Land sicherte. Er war es, der nach dem Beginn des Rußlandfeldzugs dem deutschen Botschafter in Paris, Otto Abetz, Anfang Juli 1941 den Vorschlag machte, eine französische Freiwilligenbrigade zum Kampf gegen den Sowjetkommunismus aufzustellen, ein Schritt, bei dem ihm Pétain zunächst nicht folgte, um Frankreich nicht in den Krieg hineinziehen zu lassen. Nur im besetzten Frankreich erhielten die kollaborationistischen Parteien die Genehmigung, die »Légion des Volontaires Français contre le bolchevisme« (LVF) aufzustellen, die als 638. Infanterieregiment der Wehrmacht an der Ostfront eingesetzt wurde.

B. unterstützte die Entmachtung Darlans und die Wiedereinsetzung Lavals als Regierungschef am 17.4.1942, weil er sich von Laval »un gouvernement de salut public« erhoffte, wie er in einem Artikel der Zeitschrift »Le Petit Parisien« ausführte. Er drängte Laval zu einer engeren Zusammenarbeit mit dem Deutschen Reich. Von Pétain erlangte er Ende 1942 die Zustimmung zur Bildung einer »Légion tricolore« in französischen Uniformen und unter französischem Oberbefehl zum Kampf gegen den Kommunismus. Aber die deutsche Seite befürchtete eine französische Wiederbewaffnung und lehnte den Vorschlag ab. B.

unterstützte die Gruppe der Technokraten in der Regierung Vichy mit politischen Ratschlägen, weil sie wie er am Bau des neuen Europas interessiert waren. Er glaubte an die Notwendigkeit einer Revolution von oben durch die französischen Eliten, zu denen die Synarchisten um Jacques → Barnaud gehörten. Er bemühte sich um die Vertiefung der kulturellen Beziehungen zwischen Frankreich und Deutschland und organisierte im Auftrag des Erziehungsministers Abel → Bonnard vom 2.–31.8.1942 in der Orangerie in Paris eine Ausstellung der Werke Arno Brekers, um deutsche und französische Künstler zusammenzuführen.
Im September 1942 gab B. seine Regierungsämter auf, weil sich Laval in seinen Augen als ein »Produkt der dritten Republik« entpuppte. Insbesondere verurteilte er die politische Untätigkeit gegen die Gaullisten in den Ländern des französischen Empire. Er begann Jaques → Doriot zu favorisieren. Sein Abschied von Vichy wurde erleichtert, weil die Deutschen mit der Ablehnung der »Légion tricolore« ihr Desinteresse an einer engeren Zusammenarbeit mit den Franzosen dokumentierten.
In der Folgezeit schrieb B. seine Memoiren und fertigte Übersetzungen aus dem Deutschen und Englischen an. Mit Unverständnis registrierte er die Fehler der französischen Politik, z. B. die Verschickung französischer Arbeiter in das Reich, durch die die Résistance Auftrieb erhielt.
Am 29.5.1947 wurde B. der Prozeß wegen Landesverrats vor dem Obersten Staatsgerichtshof gemacht. Er dauerte 68 Sitzungen. B. gab zu Protokoll, daß er weder für noch gegen den Sieger gewesen sei, sondern lediglich mit den Deutschen wie vor dem Krieg zusammengearbeitet habe. In der 24-köpfigen Jury saßen zehn Kommunisten und sechs Sozialisten. Schon das erklärt, warum B. am 6.6.1947 zum Tode verurteilt wurde. Als er den Urteilsspruch vernahm, schrie er: »Das Ganze ist ein Lügengewebe, gerade so, als habe es überhaupt keinen Prozeß gegeben.« Seinem Anwalt schrieb er: »Ich habe in meinem Prozeß klargemacht, was unser Europakonzept war. Die Ereignisse haben gezeigt, daß die Geschichte eine andere Wendung genommen hätte, wenn die Deutschen rechtzeitig erkannt hätten, daß Frankreich ihnen eine konstruktive Lösung anbot, auf die man früher oder später in anderer Form wieder zurückkommen werde.« Das Urteil an B. wurde nicht vollstreckt, weil er zu lebenslanger Haft begnadigt wurde. 1953 aus dem Gefängnis entlassen, war B. in der Folgezeit schriftstellerisch tätig. Unter anderem veröffentlichte er eine Schilderung der militärischen Tragödie Frankreichs im Sommer 1940 unter dem Titel »Soixante jours qui ébranlèrent l'Occident«, auf deutsch »Der Himmel stürzt ein«. Als führendes Mitglied der »Union des Intellectuels Indépendants« und der »Union Réaliste« bemühte er sich als Mitglied der französischen Neuen Rechten um die Rehabilitierung der Vichy-Regierung.

Literaturhinweise:
Robert Aron: Histoire de l'épuration. Des prisons clandestines aux tribunaux d'exception septembre 1944 – juin 1949, Paris 1969
Jacques Benoist-Méchin: De la défaite au désastre, 2 Bände, Paris 1984
Gérard Loiseaux: La littérature de la défaite et de la collaboration, Paris 1984
François-Georges Dreyfus: Histoire de Vichy, Paris 1990

BICHELONNE, JEAN, geb. 24.12.1904 in Bordeaux, gest. 21.12.1944 in Hohenlychen, Minister für Industrieproduktion der französischen Regierung in Vichy 1942–1944

Unter bescheidenen Verhältnissen in Bordeaux geboren, zeigte sich B.s Intelligenz erstmals bei den Aufnahmeprüfungen für die Ecole Normale Supérieure und die Ecole Polytechnique, an der er das Studium 1923 mit den besten Noten beendete, die dort je erreicht wurden. Nach einigen Führungsfunktionen in der lothringischen Metallindustrie wurde er 1937 Direktor im Ministerium für öffentliche Dienste und Professor an der Ecole nationale des mines. Vom September 1939 bis zur französischen Kapitulation im Juni 1940 arbeitete er im Rüstungsministerium. Bereits als Generaldirektor der SNCF erwies sich B. als Repräsentant der neuen Technikergeneration, die von einer wirtschaftlichen und politischen Erneuerung Frankreichs aufgrund technischer Innovationen träumte. Der Physiker Jean-Frédéric Joliot überzeugte ihn z. B. von den Möglichkeiten der Atomspaltung und bewog ihn, im April 1940 aus Norwegen eine Ladung schweres Wasser nach Großbritannien in Sicherheit zu bringen, obwohl er sich später den Deutschen andiente. Als Mitglied der französischen Waffenstillstandskommission in Wiesbaden im Range eines Hauptmanns der Reserve war es das Bestreben von B., die Industrieproduktion in Frankreich aufrecht zu erhalten und die Exporte nach Deutschland in die französischen Zahlungsverpflichtungen einzubeziehen. Mit Befremden mußte er feststellen, daß zahlreiche französische Firmen während der Verhandlungen eigenmächtig Verträge mit deutschen Unternehmungen eingegangen waren, die den staatlichen Interessen entgegenliefen. Von Juli 1940 bis April 1942 war B. Generalsekretär im neu eingerichteten Ministerium für Industrieproduktion in Vichy. In dieser Funktion installierte er die erforderlichen Organisationen zur zentralen Wirtschaftslenkung. Ohne ihre Zustimmung durften französische Firmen keine Verträge mit anderen Firmen, auch nicht mit deutschen, schließen. Das zur Energieversorgung des Landes mit Holzgas nötige Abkommen mit den deutschen Patentinhabern wurde von ihm im April 1941 unter einheitlichen Konditionen für ganz Frankreich abgeschlossen. Die Maßnahmen zur zentralen Wirtschaftslenkung, die unter seiner Anleitung vor allem während der Regierungszeit Darlans durchgeführt wurden, nährten bei vielen Intellektuellen den Verdacht, eine Clique von Technokraten plane die Machtübernahme, um eine an den technischen und wirtschaftlichen Notwendigkeiten des Landes orientierte Kollaborationsregierung zu bilden. B. gehörte zu den Verfassern des »Plan d'un ordre nouveau en France«, der im Dezember 1940 dem deutschen Botschafter in Paris, Otto Abetz, zur Vorlage bei Hitler zugeleitet und in dem dem Reich die französische Zusammenarbeit beim Aufbau eines neuen Europas angeboten wurde. Mit den drei letzten Sätzen beschworen sie Hitler: »Nous voulons commencer cette tâche sans hésitation. Nous voulons sauver la France. Nous prions le Führer de nous faire confiance.« B. fesselte die Idee einer wirtschaftlichen Autarkie Europas, in dem es keine Zollgrenzen geben und in das Frankreich seine Flotte und seine Kolonien einbringen würde. Nach der Rückkehr → Lavals als Regierungschef am 18.4.1942 zum Minister für die industrielle Produktion ernannt, begann B. seine

Besichtigung eines deutschen Rüstungsbetriebs durch Bichelonne und Albert Speer

Vision einer vernünftigen Nachkriegswirtschaft zu verwirklichen. Einerseits suchte er die Zusammenarbeit mit dem Deutschen Reich, andererseits durfte er die Ausbeutung Frankreichs durch die Besatzungsmacht nicht tolerieren. Zu diesem Zweck wurde das Ministerium so umgebaut, daß jede industrielle Branche von einer Abteilung im Ministerium gelenkt und kontrolliert wurde. Ein »Conseil supérieur de l'économie industrielle et commerciale« aus Industrievertretern sollte zusammen mit dem Ministerium die französische Industrieproduktion maximieren, um die Bedürfnisse Deutschlands und Frankreichs befriedigen zu können. Ab Februar 1943 organisierte B. den »Service du travail obligatoire« (STO) nach nationalen Erfordernissen, um die relève von Arbeitern für die deutsche Industrie zu unterlaufen, und übernahm für einige Zeit die Leitung des »Commissariat général à la main-d'œuvre«. In einer Verhandlung mit dem deutschen Generalbevollmächtigten für den Arbeitseinsatz, Fritz Sauckel, am 6.8.1943 in Paris verweigerte er weitere Arbeiterrekrutierungen für die Rüstungsindustrie im Reich. Am 17.9.1943 schloß er mit Albert Speer, dem deutschen Reichsminister für Rüstung und Kriegsproduktion, eine Vereinbarung, daß ein Teil der deutschen Zivilproduktion in französische Fabriken, sogenannte S-Betriebe (Sperr-Betriebe), verlegt wurde, so daß Ende 1943 260 000 Facharbeiter in Frankreich für deutsche Zwecke beschäftigt wurden und zu Hause bleiben konnten. Da dieses Übereinkommen die Arbeitsproduktivität der Belegschaften erhöhte, war Speer von den Gedankengängen B.s beeindruckt. Beide Männer entdeckten ihre Wahlverwandtschaft. Speer schrieb nach dem Zweiten Weltkrieg in seinen Erinnerungen«: »Wir waren beide jung, wir glaubten, die Zukunft für uns zu ha-

ben, und beide versprachen wir uns daher, eines Tages die Fehler der gegenwärtig regierenden Weltkriegsgeneration zu vermeiden.« Beide waren überzeugt, daß in dem in der Zukunft zu errichtenden Wirtschaftsblock Europa die Staatsgrenzen eines Tages wegfallen würden.
Hitler billigte den »Handel« Speers mit B., weil durch die Verlagerung ziviler Produktionen aus dem Reich nach Frankreich in Deutschland Kapazitäten für die Rüstungsindustrie frei wurden. Das System wurde in den folgenden Monaten ausgebaut. Mitte 1944 arbeiteten bereits zwei Millionen Franzosen in französischen Betrieben für deutsche Zwecke, und rund eine Million, einschließlich der Kriegsgefangenen, arbeitete in Deutschland. Die Arbeiter in den französischen Sperrbetrieben waren vor dem Zugriff deutscher Dienststellen geschützt. Niemand durfte von dort requiriert werden.
Nach der erfolgreichen Landung der Westalliierten in der Normandie initiierte B. Anfang Juli 1944 zusammen mit Fernand de → Brinon, Abel → Bonnard und Marcel → Déat die »Déclaration commune sur la situation politique«, in der Laval zur Umbildung der Regierung, zur verstärkten Zusammenarbeit mit Deutschland und zur unbarmherigen Bekämpfung der Résistance aufgefordert wurde. Die französische Regierung sollte von Vichy nach Paris verlegt werden und von dort den Kampf gegen die Alliierten führen. Außer den oben Genannten unterzeichneten auch Jean→ Luchaire, Jacques→ Doriot, Guy Crouzet, Lucien → Rebatet und Alphonse de → Chateaubriant die Resolution, um zu zeigen, daß alle Führer der Kollaborationsbewegungen außer Joseph → Darnand ein und derselben Meinung waren. B. warnte Abetz, dem die Erklärung ebenfalls zugeleitet wurde, vor dem Zusammenbruch Europas, wenn die Deutschen keine entscheidenden Schritte unternähmen, um eine Kriegswende herbeizuführen. Die deutsche Diplomatie interpretierte die Déclaration jedoch anders, nämlich als das Bekenntnis, daß die Alliierten in Frankreich als Okkupanten und die Deutschen als Willkommene empfunden würden und daß zwischen der Regierung in Vichy und den kollaborationistischen Gruppierungen tiefe Meinungsverschiedenheiten bestünden, so daß eine neue Machtverteilung in Frankreich erforderlich sei. Angesichts der drohenden Entmachtung brachte Laval in der Ministerratssitzung vom 12.7.1944 seine Gegner im Kabinett jedoch dazu, ihre Unterschrift zu widerrufen und zu bestätigen, daß es in Frankreich keine andere Politik als die von → Pétain festgelegte und von ihm ausgeführte gebe. Damit war der Vorstoß B.s zu einer großen Kraftanstrengung der beiden Länder gegen die Alliierten gescheitert.
Im August 1944 folgte B. der Vichy-Regierung ins Exil nach Sigmaringen. Er teilte die Haltung Pétains und verweigerte dort wie der Staatschef jegliche politische Tätigkeit. Im Dezember 1944 starb er an einer Lungenembolie als Folge einer Knieoperation im SS-Krankenhaus Hohenlychen. Sein Freund Speer ließ ihn feierlich beerdigen. Von einem Verfahren gegen B. sah der Haute Cour de Justice laut Gerichtsbeschluß vom 5.9.1945 ab, obwohl das Beweismaterial bereits zusammengetragen war.
Nach dem Zweiten Weltkrieg führten die französischen Regierungen fast alle Reformen weiter, die B. begonnen hatte, um die Effizienz der französischen Wirtschaft zu erhalten. Sie erleichterten Frankreich den Weg in die Europäische Gemeinschaft.

Literaturhinweise:
Alan S. Milward: The New Order and the French Economy, Oxford 1970
Bertram M. Gordon: Collaborationism in France during the Second World War, Ithaca u. a. 1980
Gérard Brun: Technocrates et Technocratie en France 1918–1945, Paris 1985
François-Georges Dreyfus: Histoire de Vichy, Paris 1990

Blokzijl, Marius Hugh Louis Wilhelm, genannt Max, geb. 20.12. 1884 in Leeuwarden, hingerichtet 16.3.1946 in 's-Gravenhage, Leiter der Presseabteilung im »Department van Volksvoorlichting en Kunsten« (DVK) 1941–1944, stellvertretender Leiter der Hauptabteilung »Pers en Propaganda« der »Nationaal Socialistische Beweging« (NSB) 1941–1944

B. stammte aus einer Offiziersfamilie. Nach seinem HBS-Examen arbeitete er ab 1903 für die Amsterdamer Zeitung »Algemeen Handelsblad«. Mit Jean-Louis Pisuisse machte er große Reisen, über die er anschließend Berichte veröffentlichte, z. B. »Avonturen als straatmuzikant«. Während des Ersten Weltkriegs diente er bei einem Landwehrbataillon, zuletzt als Leutnant. Das letzte Kriegsjahr verbrachte er als Kriegskorrespondent an verschiedenen Fronten. Danach ging er für 22 Jahre als Auslandskorrespondent nach Berlin. Er übernahm den Vorsitz des »Nederlandsche Bond in Deutschland« und pflegte als Präsident des »Vereins der Ausländischen Presse zu Berlin« ab 1933 gute Beziehungen zum Reichsministerium für Volksaufklärung und Propaganda. Erst im November 1940 gab er seine Stelle beim »Algemeen Handelsblad« offiziell auf.
1935 trat B. als förderndes Mitglied der »Nationaal Socialistische Beweging« (NSB) → Musserts bei. In mehreren Artikeln in der Wochenschrift »De Waag«, die seit 1937 von der gleichnamigen Stiftung herausgegeben wurde, verbreitete er das Ideengut der NSB unter einem Pseudonym.
Nach der Besetzung der Niederlande durch die Wehrmacht im Mai 1940 bot ihm die AVRO an, Radiosprecher zu werden. Unter dem Titel »Ik was er zelf bij« verfaßte er eine Reihe von Reportagen, die bei den Deutschen den Eindruck erweckten, sie könnten ihm die Gleichschaltung der niederländischen Presse anvertrauen. B. lehnte ab. Seine neuen Sendereihen in Radio Hilversum hießen »Politieke weekpraatje« und »Brandende kwesties«. Die Niederländer begannen seine Sendungen zu lieben, weil sie ehrlich schienen. »De stem heeft een vertrouwde klank. Het is alsof de spreker rustig in de huiskamer zit te praten, aan tafel. Altijd is hij beschaafd. Nooit scheldt hij. Valt hij aan, dan heeft hij de beschikking over een vlijmscherp sarcasme: prijst hij, dan blijft zijn lof discreet. Hij heeft humor en geest. Hij is soms de ironische en lichtelijk bestraffende, maar toch altijd vriendelijke raadgever van de luisteraar.«
Im Juni 1941 übernahm B. die Presseabteilung im »Department van Volksvoorlichting en Kunsten« (DVK), das nach dem Muster des deutschen Reichsministeriums für Volksaufklärung und Propaganda gegründet worden war, und kurze Zeit später die Presseabteilung der NSB. 1942 wurde er stellvertretender Chef der Hauptabteilung »Pers en Propaganda« in der NSB-Zentrale. In diesen Positionen steuerte er die niederländische Presse während der Besatzungszeit und sorgte für die Besetzung der einschlägigen Schaltstellen im Sinne Musserts. Er

arbeitete eng mit dem Leiter der Presseabteilung beim Reichskommissar für die besetzten niederländischen Gebiete und dem Propagandaleiter der NSB, Ernst Voorhoeve, zusammen, der aus dem VERDINASO kam und 1941 auch Propagandachef des »Department van Volksvoorlichting en Kunsten« wurde. Beide verfolgten im Sinne Musserts die großdietsche Idee einer Vereinigung der Niederlande mit Flandern und lehnten die Eingliederung der Niederlande in das Deutsche Reich strikt ab.
B. erreichte in kurzer Zeit die Gleichschaltung des niederländischen Pressewesens und dirigierte die Journalisten mit seinen beinahe täglich neu herausgegebenen »Sprachregelungen« in die von der Besatzungsmacht und von der NSB gewünschte Richtung. Alle Text- und Bildveröffentlichungen unterlagen einer strengen Kontrolle. Selbst die Werbung wurde überwacht. Englische Ausdrücke waren verboten. Bilder von der Königsfamilie durften nicht gedruckt werden. Verstöße wurden mit Erscheinungsverboten oder Lizenzentzug geahndet. Da die Vorschriften, Hinweise und Sprachregelungen immer umfangreicher wurden, sah sich das Ministerium gezwungen, sie schließlich in Broschürenform herauszugeben. Die Neuorganisation der niederländischen Presse, die am 24.8.1940 mit der Gründung des Niederländischen Journalistenverbandes (Verbond van Nederlandse Journalisten) unter der Vormundschaft der NSB eingeleitet worden war, wurde von B. zu Ende geführt. Als Journalist konnte nur registriert werden, wer Anhänger der NSB und kein Jude war. Die bisherigen Standesorganisationen wie die katholischen Journalistenverbände oder der Niederländische Journalistenring wurden aufgelöst. Im Februar 1941 wurde B. auf Anordnung des für die Innenverwaltung beim Reichskommissar für die besetzten niederländischen Gebiete zuständigen Generalkommissars, Fritz Schmidt, Chefredakteur des »Standaard«. Er übernahm den Vorsitz der im August 1941 von Schmidt eingesetzten Kommission zur Presseorganisation (Commissie voor Persreorganisatie), die die Zahl regelmäßig erscheinender Zeitungen und Magazine innerhalb eines Jahres um mehr als zwei Drittel reduzierte. Von den 700 Tageszeitungen durften nur noch 184 erscheinen und von den 2000 Kirchenblättern nur noch 200.
Am bekanntesten wurde B. durch seine täglichen Radiosendungen in Form von »Plaudereien« im Sender Hilversum. Bis zum Ende des Krieges waren es etwa 800. Durch sie erwarb er sich im Volksmund den Ruf eines »niederländischen Goebbels«. Er verstand es, durch Halbwahrheiten Unsicherheit und Zweifel bei den nicht Deutschgesinnten zu wecken und galt bei den Exilholländern bald als Symbolfigur für den Verrat am niederländischen Volk. Er erklärte den Niederländern die Gründe für die Beschwernisse des Krieges und schob die Schuld auf die Alliierten. Zweifel am neuen Europa, das im Entstehen war, ließ er nicht zu. Ende Dezember 1941 fuhr B. zusammen mit Mussert, van → Geelkerken und anderen Würdenträgern der NSB zu einem Besuch der niederländischen Freiwilligenlegion nach Ostpreußen. Er ließ die niederländische Presse über die Truppe berichten, wagte es aber nicht, die Beschwerden, die er gehört hatte, in der Öffentlichkeit zu verbreiten. Über den Eid, den die Freiwilligen auf Hitler schwören mußten, war er verärgert. Er regte eine Eidesleistung aller NSB-Führungskräfte auf → Mussert an, die ohne Anwesenheit Deutscher als »niederländische De-

monstration« stattfinden sollte, und setzte durch, daß am 20.6.1942 3000 NSB-Funktionäre im Utrechter Stadion einen Treueeid auf Mussert ablegten.
B. gehörte mit Mussert und Voorhoeve zu den Vorkämpfern der großdietschen Idee. Sie lehnten jede Form von Angliederung der Niederlande an Deutschland ab. Mit sinkendem Kriegsglück der Deutschen wurde ihre Sprache immer deutlicher. In einer internen Besprechung in Den Haag vom 25.5.1942, von dem ein heimliches Protokoll der SS zugeleitet wurde, sprachen sie abträglich von der deutschen Kultur und bezweifelten, daß Deutschland Europa seinen Willen aufdrücken könne. Der Widerstand in allen besetzten Gebieten sei am Wachsen. Trotz aller Zweifel am deutschen Vorgehen behielt B. alle Funktionen bis zur Flucht nach Deutschland im September 1944 bei.
Am 11.9.1945 wurde B. vor dem Bijzonder Gerechtshof in Den Haag der Prozeß gemacht, ohne daß die Ermittlungen abgeschlossen waren. Die Anklage stützte sich im wesentlichen auf seine Radiosendungen. Da er zu den bekanntesten Kollaborateuren gehörte, wollte man dem Volk demonstrieren, wie schnell die niederländische Justiz auf Landesverrat reagierte. B. wurde zur Last gelegt, daß er durch seine Propagandamaßnahmen den geistigen Widerstand der Niederländer gegen die Besatzungsmacht gebrochen habe. Durch seine Zusammenarbeit mit den Deutschen habe er sich der Untreue gegen das niederländische Volk schuldig gemacht. Seine Propaganda habe viele Holländer verführt und ins Unglück gestürzt. B. verteidigte sich damit, daß er keine Propaganda für Deutschland gemacht habe, sondern nur für die nationalsozialistische Ideologie. Er konnte nachweisen, daß er der niederländischen Presse verboten hatte, über die in Deutschland gepflegte Reichsidee und das Großgermanische Reich zu schreiben. Die Revision gegen das Todesurteil vom 25.9.1945, die die Verteidiger einlegten, wurde am 5.12.1945 vom Kassationsgerichtshof verworfen. Das Gnadengesuch lehnte die Königin am 14.3.1946 ab. Zwei Tage später wurde B. als erster Kollaborateur hingerichtet.

Literaturhinweise:
L. de Jong: Het Koninkrijk der Nederlanden in de tweede Wereldoorlog 1939–1945, 14 Bände, 's-Gravenhage 1969 ff.
Gabriele Hoffmann: NS-Propaganda in den Niederlanden. Organisation und Lenkung der Publizistik unter deutscher Besatzung 1940–1945, München u. a. 1972
N. K. C. A. in't Veld (Hrsg.): De SS en Nederland. Documenten uit SS-Archieven 1935–1945, 2 Bände, 's-Gravenhage 1976
Michael Crone: Hilversum unter dem Hakenkreuz. Die Rundfunkpropaganda der Nationalsozialisten in den besetzten Niederlanden 1940–1945, München 1983
Gerhard Hirschfeld: Fremdherrschaft und Kollaboration, Stuttgart 1984
Koos Groen: Landverraad: de berechting van collaborateurs in Nederland, Amsterdam 1984

BONNARD, ABEL, geb. 19.12.1883 in Poitiers, gest. 3.5.1968 in Madrid, Schriftsteller, Mitglied der Académie Française, Erziehungsminister der französischen Regierung in Vichy 1942–1944

Als B. geboren wurde, war sein Vater Gefängnisdirektor in Vienne. In Marseille und Paris studierte er Philologie. Auf den folgenden Reisen, unter anderem nach Rom, entschloß er sich für eine literarische Laufbahn. Mit 22 bekam er den Na-

tionalpreis des französischen Unterrichtsministeriums für seinen Lyrikband »Les familiers«. Das Ergebnis einer Chinareise 1920–1921 war das Werk »En Chine«, in dem er den Kolonialismus verteidigte. Dafür erhielt er 1925 den Großen Literaturpreis der Académie Française. In dem Buch drückte er seine Bewunderung für die Briten aus, die die Überlegenheit des weißen Mannes im Fernen Osten unter Beweis stellten. Seine Absage an die Vermischung der Rassen fiel ebenso deutlich aus wie die an den Kommunismus. In der Zwischenkriegszeit gehörte B. zum Tout-Paris und verkehrte zunehmend in nationalen Kreisen. Ab 1925 arbeitete er an der Zeitschrift »Le Nouveau Siècle« mit, die als das offizielle Organ von George Valois faschistisches Gedankengut predigte. B. plädierte für ein vereinigtes Europa aus Völkern, die vom Mythos der parlamentarischen Demokratie und des Marxismus befreit sind und sich von der jüdischen Vorherrschaft gelöst haben. Als B. seine Essays »Eloge de l'ignorance« (1926), »L'amité« (1928) und »L'argent« (1928) veröffentlichte, gehörte er bereits zu den bekanntesten Dichtern Frankreichs. Am 16.5.1932 wurde er in die Académie Française aufgenommen. In den dreißiger Jahren verstärkte B. sein politisches Engagement. Seine Appelle richteten sich insbesondere an die französische Jugend. Er riet ihr, den Nationalstolz zu pflegen und sich für große Ideen einzusetzen. Zu diesen zählte er auch den Faschismus. 1935 befürwortete er ein Bündnis Frankreichs mit Italien. Die Sanktionen des Völkerbunds gegen Italien wegen des Abessinienkrieges lehnte er mit zahlreichen anderen Intellektuellen Frankreichs ab. Er gehörte zu den Unterzeichnern des »Manifeste pour la défense de l'Occident et de la paix en Europe«. Die Volksfrontregierung im eigenen Land bestätigte ihm, daß die parlamentarische Demokratie ein schädliches Regierungssystem sei, weil sie das nationale Bewußtsein unterdrücke und dem jüdischen Einfluß Raum gebe. Diese Ideen vertrat B. auch in dem Journal »Je suis partout«. Unter dem Eindruck des Spanischen Bürgerkrieges schrieb er 1936 das Vorwort für den Sammelband »L'éducation et l'idée de patrie«, in dem er das französische Erziehungssystem verurteilte und eine Nationalerziehung forderte. In der Broschüre »Les Modérés«, die im gleichen Jahr erschien, erwies er sich als Vertreter der Rechten. Insbesondere attackierte er die Wankelmütigkeit der Liberalen. In der Folgezeit löste er sich von der Deutschfeindlichkeit, die sein Vorbild Charles → Maurras

noch pflegte, vor allem nachdem er im Mai 1937 für »Le Journal« ein Gespräch mit Adolf Hitler geführt und die Bekanntschaft mit Otto Abetz, dem späteren deutschen Botschafter in Paris, gemacht hatte. Von den sozialen Fortschritten in Deutschland war er begeistert. Als Verfasser einer Biographie über Franz von Assisi übertrug er seine romantischen Vorstellungen vom Christentum auf den Nationalsozialismus als Heilslehre des 20. Jahrhunderts. Er sympathisierte mit der »Parti Populaire Français« (PPF) des Jaques → Doriot, ohne ihr beizutreten. Mit Pierre → Drieu La Rochelle, Robert → Brasillach und Paul → Chack beteiligte er sich an den »Cercles populaires françaises«, die sich zum Ziel gesetzt hatten, die Arbeiterschaft aus den Fängen des Marxismus zu befreien.
Nach der französischen Niederlage im Juni 1940 unterstützte B. die nationale Revolution und die neue Regierung in Vichy. Die Enttäuschung über den britischen Verrat war groß. In mehreren Artikeln versuchte B. zu zeigen, daß der britische Einfluß in Frankreich in den Vorkriegsjahren, besonders unter der Regierung Léon Blums, übermächtig geworden war. Den völkerrechtswidrigen Überfall auf Dakar deutete er als Beweis für das britische Vormachtstreben. De Gaulle, der zu den Engländern geflüchtet war, nannte er »le pis de tout les Français«. Die schlimmsten Vorwürfe richtete er an die Regierungen der Dritten Republik, die das Volk verdorben, die Jugend verführt und die geistige Elite zerstört hätten. Am 12.7.1940 war er der erste französische Schriftsteller, der die französische Geisteswelt aufforderte, sich für die neue Zeit zu engagieren. B.s Publikationsforum war die Zeitschrift »Le petit Parisien«, die ab 8.10.1940 in Paris erschien. Als im Februar 1941 »Je suis partout« wieder zugelassen war, unterstützte B. auch diese Zeitschrift mit seinen Artikeln. In dem Sammelband »A la recherche de la France«, den der Verlag Grasset herausgab, war er ebenfalls vertreten. Seine Formulierungen trafen ins Schwarze, z. B. »Le Français d'hier était trop souvent un homme d'envie, que le Français d'aujourd'hui soit un homme de désir...« Die Kollaborateure nannten ihn »notre Rivarol«. In den »Pensées dans l'action«, die in Deutschland als Glanzlicht französischer Dichtung herausgestellt wurden, setzte er sich für eine hierarchische Gesellschaft ein, die ohne die demagogischen Mittel der parlamentarischen Republik auskommt und die die traditionellen Werte Familie, Rasse und Nation pflegt. Ohne Disziplin und Ordnung sei die Auferstehung Frankreichs nicht zu erreichen. In der Zusammenarbeit mit Deutschland könne das Werk eher gelingen als alleine. »Nous vivrons dans une organisation de hiérarchie, animés par un esprit de fraternité.« Wie das nationalsozialistische Deutschland baute auch B. auf das Bauerntum als gesunde und tatkräftige Elite des französischen Volkes. Wegen seiner Verehrung für Deutschland meinten viele Franzosen, B. sei deutscher als die Deutschen.
Am 24.1.1941 wurde B. Mitglied des »Conseil national«, der als beratendes Gremium den Staatschef → Pétain unterstützte. In der »Groupe Collaboration«, die Alphonse de → Chateaubriant im Herbst 1940 gegründet hatte, war er Ehrenmitglied. Er ließ ihr Gelder aus öffentlichen Mitteln zukommen. Als im Juni 1941 der deutsche Feldzug gegen Rußland begann und in Frankreich die »Légion des Volontaires Français contre le bolchevisme« (LVF) aufgestellt wurde, trat B. dem Comité d'honneur bei. Im Herbst 1941 vertrat er zusammen mit Robert Brasillach, Pierre Drieux La Rochelle und Jacques Chardonne Frankreich beim

Internationalen Schriftstellerkongreß in Weimar. Am 18.4.1942 übernahm er auf Anraten des deutschen Botschafters in Paris, Otto Abetz, das Erziehungsministerium im Kabinett → Laval. Er förderte den Kulturaustausch mit Deutschland, um die Affinität der beiden Länder auf diesem Gebiet zu beweisen. Bei der Reform des französischen Studienwesens berücksichtigte er das deutsche Vorbild. Er forderte von allen Studenten vor dem Beginn des Studiums den Dienst im »Service du travail obligatoire« (STO). Dafür schaffte er das Eingangsexamen für alle Bewerber der facultés de lettres ab. Für die Mediziner verordnete er einen numerus clausus. Zu den neuen Lehrstühlen, die er an der Sorbonne einrichtete, gehörte einer für Rassenlehre und ein anderer für die Geschichte des Judentums. Während in Berlin der französische Pianist Alfred Cortot gefeiert wurde, eröffnete B. am 2.8.1942 in der Pariser Orangerie die Ausstellung mit Werken von Arno Breker, der als Schüler Maillols in Frankreich hohes Ansehen genoß. Zum 150. Todestag Mozarts waren zahlreiche französische Künstler, unter ihnen Arthur Honegger, Lucien → Rebatet und Dominique Sordet, zu Gast in Wien. Fast alle großen deutschen Dirigenten traten in Paris auf: Eugen Jochum, Clemens Krauss, Hans Knappertsbusch, Wilhelm Kempf und Werner Egk. Als Mitglied des »Comité d'épuration de la race française« billigte B. die Entmachtung und Vertreibung der Juden.

In der Überzeugung, daß Deutschland den Krieg gewinnen würde, unterzeichnete B. Anfang Juli 1944 zusammen mit Fernand de → Brinon, Marcel → Déat, Jean → Luchaire, Lucien Rebatet und Alphonse de Chateaubriant die »Déclaration commune sur la situation politique«, mit der gegenüber dem deutschen Botschafter Abetz die Untätigkeits Lavals beklagt und der gemeinsame Kampf aller Franzosen und Deutschen gegen die westalliierte Invasion und gegen die Résistance gefordert wurde. Zwar widerrief er am 12.7.1944 auf Drängen Lavals seine Unterschrift, aber die deutschen Stellen hatten gemerkt, daß sich gegen Laval eine starke rechtsradikale Opposition gebildet hatte. Ende August 1944 gehörte er zusammen mit Jean → Bichelonne, Fernand de Brinon, Joseph → Darnand, Marcel Déat und Paul → Marion zur Delegation, die mit Ribbentrop und Hitler über die Haltung Frankreichs beim gegenwärtigen Kriegszustand sprach und die die Erwählung von Jacques Doriot zum Nachfolger von Pierre Laval als Regierungschef zur Kenntnis nahm.

Vor der Besetzung von Paris durch die Alliierten im September 1944 flüchtete B. mit einem Auto der deutschen Botschaft nach Spanien. Am 5.7.1945 wurde er von einem französischen Gericht wegen Zusammenarbeit mit dem Feind in contumaciam zum Tode verurteilt. Sein Sitz in der Académie Française wurde ihm 1946 aberkannt. An seine Stelle rückte Jules Romains. 1958 kehrte B. nach Frankreich zurück und stellte sich dem Gericht, weil er sich angesichts des nahenden Todes vor seinem Volk rechtfertigen wollte. Im Prozeß vor dem Haute Cour de Justice im März 1960 bekräftigte er seine Haltung während des Krieges. Unter Bezugnahme auf die vielen französischen Denker der Vergangenheit, die in Deutschland einen Partner sahen und nicht einen Feind, legte er seine bleibenden Leistungen für das französische Bildungsleben dar und begründete sein Engagement für ein neues Europa, in dem Frankreich die ihm gebührende Rolle spielen sollte, sobald es im neuen Geist regeneriert sei: »La France que nous voulons faire, pacifique dans une Europe de paix, fraternelle dans une Europe de fraternité, puissante dans une Europe de puissance«. Angesichts der Uneinsichtigkeit des alten Herren wurde er in Übereinstimmung mit dem Antrag des Staatsanwalts zu zehn Jahren Verbannung verurteilt. Er ging nach Spanien zurück, wo er acht Jahre später starb, ohne französischen Boden wieder betreten zu haben.

Literaturhinweise:
Abel Bonnard: Témoignage, in: Ecrits de Paris, Mai 1960
Paul Sérant: Le Romanticisme fasciste, Paris 1960
Pascal Ory: Les collaborateurs 1940–1945, Paris 1976
Gérard Loiseaux: La littérature de la defaite et de la collaboration, Paris 1984

BORGINON, BENOÎT HENRI, genannt Hendrik, geb. 2.11.1890 in Pamel (Roosdaal), gest. 2.1.1985 in Brüssel, Fraktionsvorsitzender des »Vlaamsch Nationaal Verbond« (VNV) 1932–1939, Generalkommissar für die Neugliederung des Landes 1941–1944

B. entstammte einer bürgerlichen, katholischen Familie aus Brabant. Nach seiner humanistischen Ausbildung am Kleinen Seminar in Mechelen studierte er bis 1919 an der Universität Löwen Rechtswissenschaften und Philosophie. Wie viele Studenten kam er unter den Einfluß von Frans van Cauwelaert, der im Parlament als Vorkämpfer der flämischen Sache auftrat. Seinen Militärdienst leistete B. in der Universitätskompanie. Als der Erste Weltkrieg ausbrach, wurde er zwar eingezogen, aber nach dem Rückzug der belgischen Armee an die Yser im November 1914 aus gesundheitlichen Gründen entlassen. Bis 1916 lebte er in London, Cambridge und Oxford, wo er an verschiedenen Fakultäten studierte.
Bereits vor dem Krieg setzte sich B. als Student für das flämische Volkstum ein. Er veranstaltete, oft in Zusammenarbeit mit Staf de → Clercq, Vorträge und Seminare zur Förderung des Flamentums. Als er während des Krieges in London war, erstellte er eine Sondernummer des Studentenblattes »Ons Leven Hoogstudenten« zu dem Thema »Hoogstudenten op den Ijzer«, in der er die Probleme der flämischen Soldaten an der Yserfront offenlegte. Im August 1916 kehrte er auf eigenen Wunsch in das Frontgebiet zurück, wo er Kontakt zu den flämischen Studenten aufnahm, die dort kämpften. Er beteiligte sich an der »Frontbeweging«, die das Schicksal der flämischen Soldaten unter dem Kommando wallonischer Offiziere verbessern wollte, und wurde ein Mitglied der ge-

heimen Leitung unter Adiel Debeuckelaere. Im Oktober 1917 gab B. zusammen mit Filip de Pillecijn eine geheime Schrift heraus mit dem Titel »Vlaanderen's Dageraad aan den Ijzer«, in der der politische und religiöse Hintergrund der Bewegung beschrieben wurde. Nach dem Krieg gehörte sie zu den wegweisenden Publikationen der »Frontpartij«, die sich aus der Frontbewegung entwickelte. Die zentrale Forderung war die Selbstverwaltung für den flämischen Bevölkerungsteil des Landes. Obwohl er noch keine Zulassung als Anwalt hatte, trat B. Anfang 1918 als Verteidiger von vierzehn Soldaten auf, die wegen flämisch-nationalistischer Aktivitäten angeklagt waren. Dieser Prozeß erregte viel Aufsehen, nicht zuletzt wegen seines Plädoyers, in dem er nicht die vierzehn Angeklagten, sondern die vierzehn belgischen Minister in Le Havre als die wahren Schuldigen bezeichnete, weil sie in ihrer Engstirnigkeit die Soldaten zu ihren oppositionellen Handlungen getrieben hätten. Er warf ihnen gleichzeitig vor, mit ihrer Mißwirtschaft Belgien an den Rand des Abgrundes zu manövrieren. Unter seinem eigenen Namen und unter einem Pseudonym veröffentlichte er in »Ons Vaderland«, der Wochenzeitung der »Frontpartij«, und später in der gleichnamigen Tageszeitung von »Het Vlaamsche Front« scharf formulierte Beiträge zugunsten der flämischen Sache.
Nach dem Ersten Weltkrieg verfolgte B. die Autonomiebestrebungen der Flamen auf dem politischen Feld. Er war einer der Mitbegründer der »Frontpartij«, die als »Vlaamsche Front« gegen die wallonische Vorherrschaft im Lande ankämpfte. Die Regierung, die die Einheit des Staates gefährdet sah, wehrte sich. 1919 wurde B. erstmals verhaftet, weil er in Brüssel als Soldat in Uniform an einer Debatte für das Selbstbestimmungsrecht teilgenommen hatte. Im gleichen Jahr gründete B. mit einer Gruppe von überzeugten flämischen Kriegsveteranen den »Verbond der Vlaamse Oudstrijders« (VOS), dessen Vorsitz Jozef Verduyn übernahm. Am 17.9.1919 sprach er bei den Rodenbach-Feierlichkeiten in Roselare, wo das Denkmal des 1880 dort mit 24 Jahren gestorbenen ersten Vorkämpfers der flämischen Autonomie aufgestellt wurde. Bei dieser und ähnlichen Gelegenheiten profilierte sich B. als einer der Führer der flämischen Nationalbewegung. 1919–1921 vertrat er die »Frontpartij« als Abgeordneter im Parlament und war durch die Immunität vor den Zugriffen der Regierung geschützt. Als Anwalt in Brüssel verteidigte er mit Frans van Cauwelaert zahlreiche flämische Aktivisten vor Gericht, z. B. Lodewijk Dosfel, Wies → Moens und Bert d'Haese.
B. bemühte sich, die »Frontpartij« zur politischen Vertretung aller Flamen zu machen und die Streitigkeiten in den eigenen Reihen zu beenden. Er setzte sich für zwei Hauptziele ein: Selbstbestimmung und Christentum. Frans van Cauwelaert und Julius Hoste, die einer konfessionell ungebundenen flämischen Bewegung das Wort redeten, verhinderten jedoch die eindeutige Ausrichtung. Auf parlamentarischer Ebene versuchte B., mit den katholischen Minimalisten der »Christelijke Volkspartij« ins Gespräch zu kommen. Die Erfolglosigkeit seiner Bemühungen veranlaßte ihn, sein Mandat aufzugeben und 1923 auch aus dem Führungsgremium der »Frontpartij« auszutreten. Er fand einen neuen Partner im »Katholieke Vlaamsche Landsbond«, als er die Idee einer völkischen Zusammenarbeit von Flamen und Niederländern aufgriff. Bereits während seines Aufenthalts in London hatte er mit dem niederländischen Historiker Pieter Geyl, der

dort Korrespondent des »Nieuwe Rotterdamsche Courant« war, diesen Gedanken diskutiert. Im Februar 1925 veröffentlichte B. in der »Rechtskundig Tijdschrift« den Vorschlag, das Gerichtswesen in Flandern zu »niederlandisieren« und als erstes Flämisch als Gerichtssprache einzuführen. 1926 war er mit Frans → Daels dabei, als der Bau der Ysertore begonnen wurde, mit denen der Platz der jährlichen »bedevaart« zu den flämischen Heldengräbern des Ersten Weltkriegs gekrönt werden sollte. 1927 versuchte er zusammen mit Joris van → Severen und Herman van Puymbrouck einen Dachverband für alle flämischen Nationalisten zu errichten, damit die Anstrengungen zur Gründung eines freien Flanderns koordiniert werden könnten, das auf katholischer und agrarischer Basis den Gegensatz zur plutokratischen Geldmacht Walloniens bilden sollte. Als B. dem »Allgemeen Vlaamsch Nationaal Verbond« (AVNV) jedoch zur Einhaltung der demokratischen Spielregeln und van → Severen zu mehr gemeinschaftlichem Handeln bewegen wollte, gingen die Wege wieder auseinander.
1931 trat B. in die »Vlaamsch-Nationaale Volkspartij« (VNVP) ein, deren Vorsitzender Bert d'Haese und deren Sekretär Hendrik → Elias war und die später im »Vlaamsch Nationaal Verbond« (VNV) aufging, den Staf de → Clercq 1933 gründete. Nach der Fusion gehörte B. zum gemäßigten Flügel. Als Abgeordneter vertrat er 1932–1939 die Interessen von VNVP und VNV im Parlament, bis 1938 sogar als Fraktionsvorsitzender. 1939 wurde er in den Senat kooptiert. Die meisten Vorschläge der beiden Parteien zur Beilegung des Sprachenstreits in Belgien stammten aus seiner Feder. 1932 erreichte er die erste einschlägige Resolution des Parlaments, die 1935 nach langen Verhandlungen zur Anerkennung des Flämischen führten. 1935 kämpfte B. mit seiner Partei für die Kündigung der belgisch-französischen Militärkonvention vom 7.9.1920, die am 14.10.1936 erreicht wurde. Im Juni 1937 war er mit Frans → Daels und August → Borms einer der Unterzeichner des Aufrufes zur Gründung des »Vlaamsche Kinderzegen«, die den Kinderreichtum in flämischen Familien fördern sollte. 1938 setzte er sich für die proportionale Verteilung der öffentlichen Ämter unter den beiden Bevölkerungsgruppen Belgiens ein. Am 26.10.1938 beschwor er in einem Vortrag vor dem »Katholiek Vlaams Oud-Hoogstudenten Verbond« in Brüssel angesichts der internationalen Situation die Einheit Belgiens und die Zusammenarbeit mit den gleichfalls neutralen Niederlanden. Diese Rede stieß im VNV auf harte Kritik, wo der innerparteiliche Widerstand gegen B. gewachsen war, weil dieser für Demokatie und Parlamentarismus eintrat, während die Mehrheit einen autoritären Staat nach faschistischem Muster anstrebte. B. bevorzugte den Verbleib der Flamen im belgischen Staatsverband, während die Nationalsolidaristen von einem großdietschen Reich zusammen mit den Niederlanden träumten und andere den Anschluß an Deutschland herbeiwünschten. Da B. die flämischen Nationalbewegungen nicht auf eine gleiche Linie bringen konnte, lehnte er 1939 seine erneute Aufstellung als Kandidat des VNV ab.
Als die Wehrmacht im Mai 1940 in Belgien einmarschierte, sollte B. auf Bitten des Kultusministers Eugène Soudan in Frankreich die schulische Betreuung der Kinder belgischer Kriegsflüchtlinge organisieren. Bevor er sich entschieden hatte, waren die Fluchtwege blockiert. Nach der Besetzung Belgiens durch die Deutschen ermöglichte ihm das Belgische Rote Kreuz, am 21.7.1940 nach Süd-

frankreich zu reisen und mit der belgischen Regierung, die dort auf der Flucht war, Kontakt aufzunehmen. Bei dieser Gelegenheit brachte er die im Lager Le Vernet d'Ariège festgehaltenen flämischen Politiker nach Hause zurück. Sie wurden am 15.8.1940 in Antwerpen feierlich begrüßt.
Im Oktober 1941 beauftragte der Generalsekretär des Innenministeriums B. mit der Neuordnung der städtischen Zentren Brüssel, Antwerpen, Gent, Lüttich, Charleroi und Brügge. Er erhielt die Funktionsbezeichnung »commissaris-generaal voor de grote agglomeraties«. Die Gebietsreform war bereits vor dem Krieg diskutiert worden. B. erreichte eine Lösung, die auf Dauer angelegt war. Nach dem Krieg mußte er sich hierfür vor dem Kriegsgerichtshof in Brüssel verantworten. Man warf ihm vor, die Treue der Bürger gegenüber dem König und dem Staat erschüttert und vorsätzlich dem Feind zugearbeitet zu haben. B. verteidigte sich damit, daß er als Mitglied des belgischen Senats 1940 verpflichtet war, im Land zu bleiben. In seinem Werk als »commissaris-generaal voor de grote agglomeraties« konnte er nichts Verfassungswidriges erkennen. Er habe die Arbeit im Rahmen der belgischen Gesetzgebung durchgeführt und mit den Deutschen keine Kontakte gepflegt, die über protokollarische Notwendigkeiten hinausgingen. Sein Amt habe ihm die Möglichkeit gegeben, die Zerstörung des belgischen Staates zu verhindern. Trotzdem wurde B. zu 20 Jahren Zuchthaus und zehn Millionen Francs Schadensersatz verurteilt. Am 4.8.1949 freigelassen, wurde er einige Jahre später rehabilitiert. Er durfte in Antwerpen eine Anwaltskanzlei aufmachen und bekam die Zulassung für alle Gerichte der Stadt. Am politischen Leben nahm er nicht mehr teil, ermahnte die Flamen jedoch zur Mäßigung in ihren eskalierenden Streitigkeiten mit den Wallonen.

Literaturhinweise:
Arie Wolter Willemsen: Het Vlaams-Nationalisme. De geschiedenis van de jaren 1914–1940, Utrecht 1969
Encyclopedie van de Vlaamse Beweging, Band 1, Utrecht 1973

BORMS, AUGUST, geb. 14.4.1878 in Sint Niklaas, hingerichtet 12.4.1946 in Etterbeek, nationalflämischer Politiker, Mitglied des »Volksraad Vlaanderen« 1944–1945

Aus einer Arbeiterfamilie kommend, studierte B. in Löwen germanische Philologie. Während der Hauslehrertätigkeit in der Familie des Ministers Descamps promovierte er 1902. Nach einem Aufenthalt in Peru war er Lehrer in Gent, Mechelen und Antwerpen. Von dieser Zeit an engagierte er sich für die flämische Sache. Er setzte sich für die Umwandlung der Universität Gent in eine flämische Hochschule ein und initiierte 1912 die Arbeitsgemeinschaft »Pro Westlandia«, in der die ethnische und kulturelle Zusammengehörigkeit der belgischen Flamen und der Niederländer mit den Flamen Nordfrankreichs gepflegt wurde, obwohl diese »französisiert« waren. Während des Ersten Weltkriegs gehörte er zu den flämischen »Aktivisten«, die im Einflußbereich der deutschen Besatzungsmacht mit Schwerpunkt in Gent für eine Trennung der Flamen von den Wallonen eintraten und die Angliederung der flämischen Landesteile Belgiens an Deutschland befürworteten. Als Chefredakteur der »Vlaamsche Nieuws« machte er Propa-

ganda für seine Politik. Für die deutsche Flamenpolitik war er ein wichtiger Gesprächspartner zur Annexion Belgiens im Rahmen der sogenannten Siegfriedensüberlegungen. Im Oktober 1916 verfügte der deutsche Generalgouverneur von Bissing auf Drängen der Flamen die Umwandlung der Universität Gent in eine flämische Hochschule. Der »Raad van Vlaanderen«, der von dem am 4.2.1917 in Brüssel zusammengetretenen »Vlaams-nationale Landdag« aus vorwiegend radikalen Flamen zusammengestellt wurde, erreichte einen Monat später die deutsche Zustimmung für die Teilung Belgiens in eine wallonische und eine flämische Verwaltungseinheit mit den Hauptstädten Brüssel und Namur. Am 22.12.1917 erklärte er die Selbständigkeit Flanderns. Im Rat der Bevollmächtigten (Commissie van Gevolmachtigden), die sich als flämische Regierung empfand, übernahm B. das Ressort für Landwirtschaft und öffentliche Arbeiten. Nach dessen Auflösung durch die Deutschen übte B. ab 26.9.1918 die gleiche Funktion im Beirat des Generalgouverneurs aus. Während die meisten flämischen Aktivisten am Kriegsende nach Deutschland oder in die Niederlande flohen, ließ sich B. am 8.2.1919 arretieren. Das Brabanter Assisengericht verurteilte ihn am 9.9.1919 zum Tode. Die Strafe wurde unter Aberkennung aller Bürgerrechte in lebenslängliches Zuchthaus umgewandelt. Als ihm 1921 die Freilassung unter der Bedingung angeboten wurde, daß er sich aus der Politik heraushalte, lehnte B. die Begnadigung ab. Die belgische Regierung machte alle während des Ersten Weltkriegs zugunsten der Flamen durchgeführten Reformen rückgängig. Das verbitterte diesen Bevölkerungsteil. Seine politische Vertretung übernahm »Het Vlaamsche Front«, besser bekannt unter dem Namen »Frontpartij«, die 1919 von ehemaligen Soldaten gegründet wurde. Bereits bei den allgemeinen Wahlen von 1925 stellte sie B. einen sicheren Wahlkreis zur Verfügung. Seine Kandidatur wurde jedoch von den Behörden abgelehnt, weil er im Gefängnis saß und nicht im Besitz der bürgerlichen Ehrenrechte war. Als 1928 der liberale Abgeordnete Vos aus Antwerpen starb und eine Nachwahl notwendig wurde, verzichteten sowohl die Katholiken als auch die Sozialisten auf eigene Kandidaten und riefen ihre Anhänger zur Stimmenthaltung zugunsten B.s auf, der für die »Frontpartij« kandidierte, obwohl er immer noch in Haft saß und weder das passive noch das aktive Wahlrecht besaß. Obgleich die Wahl B.s (Bormsverkiezingen) erwartungsgemäß für ungültig erklärt wurde, zeigte der Wahlausgang vom 9.12.1928, daß die flämische Bevölkerung hinter ihm stand. Er hatte 83 000 Stimmen erhalten und sein

liberaler Gegenkandidat nur 44 000. Auf die Kommunisten entfielen 2000 Stimmen. 56 000 Wähler hatten sich der Stimme enthalten. Die Regierung war klug genug, B. darauf aus der Haft zu entlassen. Am 19.1.1929 wurde B. im Triumph in Antwerpen empfangen. Bei den regulären Wahlen im Mai 1929 verdoppelten die flämischen Nationalisten zwar ihren Stimmenanteil auf insgesamt 6%, aber ihr Einfluß sank, weil die »Katholieke Vlaamsche Volkspartij« (KVP) sich zum Repräsentanten ihrer politischen Forderungen machte: sprachliche Gleichberechtigung mit den Wallonen auf allen Gebieten und Niederlandisierung der Genter Universität. Erst 1936 machten die Flamen wieder von sich reden, als der »Vlaamsch Nationaal Blok«, ein Zusammenschluß aller flämischen Parteien, bei den Parlamentswahlen am 24.5.1936 erstmals 16 von 202 Sitzen erreichte, weil er wie die Rexbewegung des Léon → Degrelle eine Erneuerung der belgischen Gesellschaft in Anlehnung an faschistische Muster propagierte.
Wie viele Belgier war auch B. von den innen- und außenpolitischen Erfolgen Hitlers fasziniert, verurteilte jedoch die Juden- und Kirchenpolitik der Reichsregierung. Seit März 1933 redigierte er zusammen mit Adelfons Hendrickx die Zeitschrift »De Schelde« des »Vlaamsch Nationaal Verbond« (VNV), die 1936 dem Parteiblatt »Volk en Staat« Platz machte. Am 10.5.1940, als die deutschen Truppen in Belgien einmarschierten, wurde B. ins französische Militärgefängnis nach Orléans verschleppt. Nach der Befreiung durch die Deutschen war er am 11.7.1940 wieder in Brüssel. Im August 1940 traf B. mit dem Chef der deutschen Militärverwaltung, General von Falkenhausen, zusammen, um für eine Unterstützung des VNV zu werben. Obgleich in der von der Militärverwaltung herausgegebenen »Brüsseler Zeitung« über dieses Treffen berichtet wurde, war die Mission erfolglos. B. übernahm die Leitung des nach ihm benannten Fonds zur Milderung der Folgen des Ersten Weltkriegs und arbeitete mit dem »Volksbund für das Deutschtum im Ausland« (VDA) zusammen, zu dessen Kongreß er für den 25. und 26.10.1940 nach München eingeladen wurde.
1941 gehörte B. zu den Mitbegründern der Arbeitsgemeinschaft »Zannekin«, benannt nach einem flämischen Bauern, der 1328 in der Schlacht bei Mont Cassel gegen die Franzosen zu Tode kam. Sie beschäftigte sich mit der Einbeziehung des französischen »Südflanderns« in das geplante »Großdietsche Reich« bei der Neuordnung Europas. Zu ihren Vorschlägen gehörte die Einführung der flämischen Sprache in den Schulen der nordostfranzösischen Landesteile, die Gründung von flämischen Presseorganen und die Entlassung aller flämisch sprechenden Franzosen aus deutscher Kriegsgefangenschaft. Er betrieb Werbung für die flämische Legion bei der Wehrmacht, weil er darin einen wesentlichen Beitrag Flanderns zum deutschen Sieg und zur Erfüllung seiner politischen Visionen sah.
Nach der Flucht der belgischen Kollaborateure vor den anrückenden alliierten Truppen nach Deutschland schloß sich B. im September 1944 in Bad Pyrmont dem »Volksraad Vlaanderen« an, der als eine Art »Regierung Flandern« unter dem Landsleider → Wiele die flämischen Interessen vertrat. Die Hauptaufgabe bestand in der Werbung von Landsleuten für die Waffen-SS. Die »Vlaamsche Wachtbrigade«, die im besetzten Belgien den Schutz der Verkehrsverbindungen übernommen hatte und ebenfalls nach Deutschland zurückgeführt worden war,

wurde als ganzes in die Waffen-SS überführt. Es handelte sich um fast tausend Männer. In Wahn wurde die »Sturmbrigade Langemark« zur Wiedereroberung Belgiens im Rahmen der Ardennenoffensive neu zusammengestellt.
Im August 1945 arretiert, wurde B. einen Monat später der Prozeß gemacht. B. verteidigte sich damit, daß er mit seiner Politik die Zerstörung des belgischen Staates durch die Wallonen unter Léon Degrelle verhindert habe. Das Todesurteil vom 15.10.1945 gegen ihn wurde am 4.1.1946 in der Berufung vom Kriegsgerichtshof bestätigt. Als er erschossen wurde, mußte man den gebrochenen alten Mann auf einem Stuhl festbinden.
Für die Flamen wurde B. ein Märtyrer der Volksbewegung. Sie glaubten, mit ihm hätten die frankophilen Belgier lediglich eine flämische Symbolfigur beseitigen wollen.

Literaturhinweise:
Arie Wolter Willemsen: Het Vlaams-nationalisme. De geschiedenis van de jaren 1914–1940, Utrecht 1969
David Littlejohn: The Patriotic Traitors. A History of Collaboration in German-Occupied Europe 1940–1945, London 1972
Encyclopedie van de Vlaamse Beweging, Band 1, Utrecht 1974
Wilfried Wagner: Belgien in der deutschen Politik während des Zweiten Weltkrieges, Boppard am Rhein 1974

Bose, Subhas Chandra, geb. 1897 in Cuttak (Oressa), gest. 18.8.1945 in Taipeh, Führer der indischen Nationalbewegung in Deutschland 1941–1943 und Japan 1943–1945

Obwohl sein Vater Rechtsanwalt war, standen für ihn als neuntem von insgesamt 14 Kindern zur Ausbildung nur begrenzte Mittel zur Verfügung. Nach dem Besuch einer Missionsschule der Baptisten in Cuttak besuchte er das Ravenshaw College und ab 1913 das Presidence College der Universität Kalkutta, wo er zum bachelor of arts graduierte. Im Kadettenkorps der Universität bekam er eine vormilitärische Ausbildung. Zur Vorbereitung für die Beamtenlaufbahn des Indian Civil Service nahm B. das Studium an der Universität Cambridge in Großbritannien auf, kehrte jedoch nach eindreivierteljährigem Aufenthalt Mitte 1921 nach Indien zurück, um in seiner Heimat Bengalen gegen die britische Kolonialmacht zu kämpfen. Schon nach den ersten politischen Auftritten wurde er mit einem halben Jahr Gefängnis belegt. Er gehörte zu den Gründern der Tageszeitung »Forward«, die für Indien den Dominionstatus forderte. Großen Einfluß auf die jüngere Generation Bengalens hatten damals die Lehren des Soziologen Sarkar, dessen geopolitische Ideen denen Karl Haushofers in Deutschland ähnelten. Mit 27 Jahren wurde B. Bürgermeister (Chief Executive Officer) von Kalkutta, Präsident des Bezirkstags von Bengalen und Präsident des Allindischen Gewerkschaftskongresses. 1924–1927 verbrachte er wegen seiner antibritischen Aktionen im Gefängnis. Als Präsident des »Bengal Provincial Congress Committee« setzte er 1928 eine Resolution für die indische Selbständigkeit durch. Während seines Europaaufenthalts 1933–1936 besuchte B. mehrere europäische Hauptstädte, um Freunde für Indiens Freiheitskampf gegen Großbritannien zu gewinnen. Er führte Gespräche mit Mussolini in Rom, Benesch in Prag und De Valera in Dublin. In Berlin stieß er auf verschlossene Türen. In München schloß er Freundschaft mit Karl Haushofer. Am meisten beeindruckten ihn die sozialfaschistischen Ideen Mussolinis und seine straff organisierte Einheitspartei. Dieses Modell schien ihm auf Indien übertragbar. Von dem Vorhaben des Präsidiums der Kongreßpartei, der er angehörte, eine verfassunggebende Versammlung einzuberufen und die parlamentarische Demokratie für Indien festzuschreiben, hielt er nichts. Ohne die Diktatur einer Staatspartei glaubte er nicht an die Regierbarkeit des Landes. Im Unterschied zu Pandit Nehru war B. entschlossen, die Unabhängigkeit Indiens gegen den Widerstand Englands durchzusetzen. Sein politisches Glaubensbekenntnis veröffentlichte er 1935 in dem Buch »The Indian Struggle 1929–1934«. Als er 1938 und 1939 von der »Congress Democratic Party« mit Zustimmung Ghandis zum Präsidenten des »Indischen Nationalkongresses« gewählt wurde, plädierte er dafür, jede Notlage Englands zur Verbesserung der politischen Situation Indiens auszunutzen und sich auf dem Weg zur Unabhängigkeit jeder Hilfe zu bedienen, die sich anbot, auch die der Faschisten und der Japaner, die seit 1937 Krieg gegen China führten. Wegen dieser Haltung mußte B. kurz vor dem Ausbruch des Zweiten Weltkriegs im August 1939 von seinem Amt zurücktreten. Er verlegte seine Machtbasis nach Bengalen, um dort zusammen mit den Linkskräften der Kongreßpartei im »Forward Bloc« um die Macht zu kämpfen. In den innenpolitischen Zielen unterschied sich B. nur geringfügig von Gandhi und Nehru. Die wichtigsten Programmpunkte waren die wirtschaftliche Sanierung des Landes und die Aufhebung der sozialen Gegensätze im Volk. Aber außenpolitisch trennte sie die radikalen Methoden, die B. zur Befreiung Indiens vorschlug, z. B. die Verweigerung jeglicher Kooperation mit Großbritannien im Krieg. Gandhi und Nehru erhofften sich die Freiheit Indiens durch die Unterstützung der in Bedrängnis geratenen Kolonialmacht. Da der Indische Nationalkongreß keinen Einfluß auf militärische Entscheidungen, z. B. die Rekrutierung von Indern für die britische Armee, hatte und die Moslemliga die Einziehung mohammedanischer Soldaten sogar befürwortete, brauchte sich England bei Kriegsausbruch nicht um die Zustimmung der Kongreßpartei zu bemühen. Die Kriegserklärung Großbritanniens am 3.9.1939 an das Deutsche Reich galt für alle abhängigen Teile des Britischen Empire, auch für Indien. Verteidigungsangelegenheiten gehörten in den Zuständigkeitsbereich des britischen Vizekönigs Linlithgow, der lediglich die Meinung der beiden rivalisierenden Parteien – Kongreßpartei und Moslemliga – einholte. Von der Kongreßpartei erwartete er wegen der pazifistischen Grundhaltung Gandhis ohnedies keine Zustimmung. Die Moslems machten ihr Votum von der Gründung eines separaten Moslemstaates »Pakistan« abhängig.

Von den Briten am 2.7.1940 wegen seiner antibritischen Propaganda inhaftiert, ertrotzte sich B. durch einen Hungerstreik eine Haftunterbrechung, die er am 18.1.1941 zur Flucht nach Kabul nutzte. Dort trat er mit dem deutschen und italienischen Gesandten in Verbindung, nachdem ihm die Kontaktaufnahme mit der sowjetischen Vertretung mißlungen war. Mit einem italienischen Paß reiste er unter dem Namen Orlando Mazzotta nach Europa. Am 2.4.1941 traf er in Berlin ein. Dort waren die Planungen für den Angriff auf die Sowjetunion in vollem Gang. Sie sahen zwar Operationen gegen Afghanistan und den Irak vor, nicht je-

Besuch Boses bei Himmler an der Ostfront im Juli 1942

doch gegen Indien. B. legte dem Auswärtigen Amt ein Programm vor, wie durch die Unterstützung der indischen Freiheitsbewegung der Sturz der britischen Herrschaft in Indien erreicht werden könne. Es sah die Proklamation einer Regierung »Freies Indien«, die Garantie der Unabhängigkeit und Integrität des neues Staates, die Aufnahme der Rundfunkpropaganda für das indische Volk und die Aufstellung einer indischen Befreiungsarmee aus Indern unter den britischen Kriegsgefangenen in Deutschland und Italien vor. In Kabul sollte die Zentrale der Befreiungsbewegung eingerichtet werden. Obwohl er mit einem Empfang bei Hitler gerechnet hatte, kam B. am 29.4.1941 in Wien nur mit dem deutschen Reichsaußenminister Ribbentrop zusammen. Die für Ende Mai vorgesehene »Indienerklärung« der Achsenmächte, zu der Ribbentrop bereits seine Zustimmung gegeben hatte, wurde jedoch auf unbestimmte Zeit verschoben, nachdem der von den Achsenmächten nur halbherzig unterstützte Irakaufstand unter Raschid el → Gailani erfolglos geblieben war. Außerdem hoffte Hitler, England werde nach dem deutschen Sieg über die Sowjetunion endlich sein Friedensangebot annehmen. Den deutschen Angriff auf die Sowjetunion am 22.6.1941 nannte B. einen »tragischen Fehler«. Er hatte sich die Befreiung seines Landes in Zusammenarbeit mit Deutschland und der UdSSR erhofft.
B. mußte sich damit zufrieden geben, daß in Berlin statt einer indischen Exilregierung vorerst eine »Zentralstelle Freies Indien« eingerichtet wurde. Auch in Rom wurde ein Indienbüro (»Centro India«) geschaffen und mit dem indischen Emigranten Mohammed Iqbal Schedai besetzt. Schedai war Moslem. Im Gegensatz zum Deutschen Reich zeigte Italien lebhaftes Interesse für die indische Unabhängigkeitsbewegung. Schedai durfte täglich über den sogenannten Himalaya-Sender zum indischen Volk sprechen und wurde zum Ärger B.s in allen orientalischen Fragen vom italienischen Außenministerium konsultiert. Ähnlichen Einfluß konnte B. in Berlin nicht gewinnen. Da Schedai panislamische und panasiatische Ideen vertrat und die Pakistanpolitik der Moslemliga unterstützte,

wurde er zum größten Rivalen B.s. Um die Indienpolitik Deutschlands und Italiens zu koordinieren, wurde am 8. und 9. 12.1941 in Berlin eine Konferenz von Vertretern der beiden Außenministerien und der Streitkräfte unter Hinzuziehung B.s und Schedais abgehalten. Man beschloß, im Rahmen der Wehrmacht eine »Indische Legion« aus Kriegsgefangenen aufzustellen und die Rundfunkpropaganda durch gemeinsame Sprachregelungen zu vereinheitlichen. Da sich die italienische Armee sträubte, die in ihrer Hand befindlichen indischen Kriegsgefangenen auszuliefern, solange ihr die Wehrmacht nicht die arabischen Kriegsgefangenen für die Aufstellung der »Arabischen Legion« übergab, verzögerte sich die Gründung der »Indischen Legion«.

Die Japaner, die Indien zur großasiatischen Einflußsphäre zählten, hatten große Vorbehalte gegen B. Sie argumentierten, daß die Heraustellung eines einzelnen indischen Führers der britischen Politik in die Hände spielen könne und daß ohne gleichzeitige militärische Operationen politische Zersetzungsarbeit fruchtlos sei. Mit dieser Ansicht hemmten sie die Indienpolitik des Deutschen Reiches und Italiens und bauten gleichzeitig zwei indische Freiheitsbewegungen in ihrem Machtbereich auf. Die Kapitulation Singapurs am 15.2.1942 nahm B. jedoch mit deutscher Zustimmung zum Anlaß, seine Landsleute über den Sender »Azad Hind« (Freies Indien) am 19.2.1942 erstmals zur Erhebung gegen die britische Herrschaft aufzurufen. »Wir stehen an einer Kreuzung der Weltgeschichte, und ich erkläre hiermit im Namen aller freiheitsliebenden Inder, ... daß wir fortfahren werden, den britischen Imperialismus zu bekämpfen, bis Indien einmal sein Schicksal selbst lenken kann.« Die in der japanischen Einflußsphäre lebenden Inder begrüßten das Engagement B.s. Der Leiter des »Indian National Council« in Bangkok nahm Kontakt mit ihm auf. Die positiven Reaktionen verstärkten die Furcht der Japaner vor einem von Deutschland unterstütztem Führungsanspruch B.s über Indien. Sie machten der Reichsregierung klar, daß er von Japan nicht als Führer der in Asien lebenden Inder akzeptiert werde.

Die Rundfunkansprachen B.s. wurden jedoch fortgesetzt. Sie wurden von der indischen Bevölkerung als Beweis gewertet, daß das siegreiche Deutsche Reich die Unabhängigkeit Indiens garantieren werde. Vor allem in Bengalen fielen sie auf fruchtbaren Boden. Selbst sein Gegenspieler Gandhi war von B.s. propagandistischen Fähigkeiten beeindruckt. Daß alle Widerstandshandlungen gegen das britische Kolonialregime – Flugzettelaktionen, Steuerstreiks, Zerstörung von Staatsplantagen, Gefangenenbefreiungen, Verkehrsstörungen, Sabotageakte in der Rüstungsindustrie usw. –, die damals durchgeführt wurden, seinen Aufrufen zuzuschreiben waren, wie sich B. schmeichelte, ist jedoch unwahrscheinlich. Immerhin berichtete die deutsche Gesandtschaft in Kabul am 26.1.1943 dem Auswärtigen Amt von einer »Hochflut der spontanen politischen Massenaufstände und der unorganisierten Straßenaktionen« im Sommer 1942 in Indien.

Am 27.5.1942 versuchte B., Hitler bei der ersten und einzigen Begegnung mit ihm zu überzeugen, daß eine gemeinsame Indienerklärung Deutschlands, Italiens und Japans erforderlich sei, da Indien nicht allein auf Japan angewiesen sein möchte. Er bat um die moralische und diplomatische Unterstützung Hitlers für den indischen Freiheitskampf und um die Korrektur seiner negativen Äußerungen über die Inder in »Mein Kampf«. Hitler ließ sich zu keiner positiven Antwort herbei. Die gemeinsame Indienerklärung der Achsenmächte unterblieb. Weitergeführt wurde lediglich die Rundfunkpropaganda aus Berlin und Rom. B. erteilte Instruktionen zum bewaffneten Kampf gegen die Engländer und Aufrufe zur Desertion aus der Armee. Er nutzte die militärischen Fortschritte der Japaner für seine Zwecke aus. Nach der Eroberung Burmas kündigte er die japanische Invasion an und beschwor die Inder, die Kolonialfesseln abzustreifen. Der Aufstand »Quit India« im August 1942 gegen die britische Herrschaft schlug jedoch fehl, weil die Japaner nicht darauf vorbereitet waren, den Aufständischen zu Hilfe zu kommen. Der Operationsplan Nr. 21 zum Einmarsch in Indien war ausgesetzt worden.

In Berlin bereitete B. inzwischen alles zur Regierungsübernahme in Indien vor. »Azad Hind« übernahm den springenden Tiger als Symbol des Landes und schuf den Gruß »Jai Hind« (Es lebe Indien). B. teilte die »Zentralstelle Freies Indien« in eine zivile und eine militärische Sektion. Die Propaganda oblag der zivilen, wobei der Mangel an Fachleuten offensichtlich war. Die militärische Sektion kümmerte sich um den Aufbau der »Indischen Legion«, die am Kriegsende etwa 3700 Soldaten zählte.

Anfang 1943 folgte B. dem Rat Hitlers, seine Propagandatätigkeit für Indien vom japanisch besetzten Gebiet aus weiterzuführen. Die japanische Regierung zögerte lange, ihn in ihren Machtbereich aufzunehmen. Erst als sie die Unüberwindbarkeit des indischen Widerstands gegen eine japanische Vorherrschaft über Indien einsah, erlaubte sie die Einreise. Am 9.2.1943 brach B. von Bremen auf dem deutschen Unterseeboot U-180 zur Reise nach Ostasien auf. Am 23.4. traf das Boot mit dem japanischen U-Boot-Kreuzer I 29 am vereinbarten Ort zusammen. Am 6.5. legte I 29 in Sabang auf Sumatra an. Am 16.5. landete B. auf dem Flugplatz Tokio. Am 14.6. traf er mit dem japanischen Regierungschef Togo zusammen. Dieser teilte B. mit, daß Japan die indische Unabhängigkeitsbewegung vorbehaltlos unterstütze. Am 21.10.1943 proklamierte B. in Singapur die »Provisorische Regierung des Freien Indien«. Sie wurde von Deutschland, Italien und ihren Bündnispartnern anerkannt. Die Kriegserklärung an England und die USA war zwar nur eine symbolische Handlung, schuf B. jedoch eine unabhängigere Position unter den Achsenmächten. Bei der am 5.1.1944 in Tokio durchgeführten Großostasien-Konferenz, an der neben Togo auch die Regierungschefs von Mandschukuo, Philippinen, Burma und Thailand teilnahmen, war B. die beherrschende Persönlichkeit. Als erster Regierungssitz B.s wurde Imphal bestimmt, sobald die Stadt erobert sein würde. Die Gleichberechtigung der »Indian National Army« (INA), die B. aus Kriegsgefangenen, Überläufern und Freiwilligen aufbaute, mit der japanischen Armee wurde vertraglich festgelegt. Während in Europa der Aufbau der »Indischen Legion« stagnierte, gelang es B., die indische Nationalbewegung in Südostasien für die Aufstellung von indischen Streitkräften zur Befreiung des Landes zu mobilisieren. B. war sicher, daß es in Indien zu einem Aufstand kommen würde, sobald die japanischen Truppen die Grenze überschreiten würden. B.s Optimismus bewog das Kaiserliche Hauptquartier, am 7.1.1944 den Befehl zum Einmarsch des japanischen Heeres nach Indien zu geben. Die INA, deren Umfang etwa 50 000 Mann betrug, sollte als zweite Welle folgen. Wider Erwarten übte die japanische Offen-

sive keine Sogwirkung auf das indische Volk aus. Der von allen erwartete Aufstand blieb aus. Auch die Zahl der Deserteure hielt sich in Grenzen. Nicht einmal Imphal konnte erobert werden. Aus dem beabsichtigten »Marsch nach Delhi« wurde bald ein verlustreicher Rückzug. Es waren vornehmlich indische Truppenkontingente unter britischer Führung, vor denen sich die Japaner zurückziehen mußten. Am 8.7.1944 wurden alle japanischen Angriffsoperationen gegen Indien eingestellt. B.s Ansehen bei der japanischen Regierung sank auf null. Mit Mühe konnte er die Eigenständigkeit der INA und die diplomatische Anerkennung seiner provisorischen Regierung, deren Sitz in Rangun lag, aufrecht erhalten. Nach seinem Rücktritt am 18.7.1944 gestand ihm der japanische Premierminister Togo, daß die Vernachlässigung der indischen Frage durch die japanische Politik ein Fehler gewesen sei. Die Befreiung Indiens hätte ein vorrangiges Ziel sein müssen.
Am 4.5.1945 flüchtete B. mit seiner Regierung aus Rangun. Als die Amerikaner die zweite Atombombe über Nagasaki abwarfen, war B. in Singapur. Dort beschlossen die Mitglieder seiner Regierung, gemeinsam in die Sowjetunion zu fliehen. Auf dem Flug in die Mandschurei stürzte die Maschine am 18.8.1945 nach einer Zwischenlandung in Taipeh ab. B. erlitt so schwere Verbrennungen, daß er in der folgenden Nacht im Militärhospital starb. Selbst die Rückkehr seines Leichnams nach Indien blieb den Briten erspart, weil B. verbrannt und seine Asche in einem buddhistischen Tempel in Japan beigesetzt wurde. Sie fürchteten, B. würde zu einem Nationalhelden und Märtyrer werden, der die britisch-indischen Beziehungen stören könnte. Von seinen Anhängern wurde er weiterhin »Netaji« (Vorkämpfer) genannt. Nach der Unabhängigkeitserklärung Indiens vom 15.8.1947 errichteten sie in zahlreichen Städten Denkmäler für ihn. Der Gedenkstein in Kalkutta wurde 1965 vom damaligen Ministerpräsidenten Shastri enthüllt.

Literaturhinweise:
Reimund Schnabel: Tiger und Schakal. Deutsche Indienpolitik 1941–1943, Wien 1968
Bernd Martin: Deutschland und Japan im Zweiten Weltkrieg. Vom Angriff auf Pearl Harbor bis zur deutschen Kapitulation, Göttingen u. a. 1969
Maurice Bardèche u. a.: Etudes sur le Fascisme, Paris 1974
Milan Hauner: India in Axis Strategy. Germany, Japan, and Indian Nationalists in the Second World War, Stuttgart 1981
Johannes H. Voigt: Indien im Zweiten Weltkrieg, Stuttgart 1978
Mihir Bose: The Lost Hero. A Biography of Subhas Bose, New York 1982
Hari Hara Das: Subhas Chandra Bose and the Indian Movement, New Delhi 1983
Leonard A. Gordon: Brothers Against the Raj. A Biography of Indian Nationalists Sarat and Subhas Chandra Bose, New York 1990

BOUT DE L'AN, FRANCIS, geb. 1910, gest. im Oktober 1977, Generalsekretär der »Milice française« für Propaganda und Information 1944–1945

Als Professor für Geschichte und Erdkunde ließ sich B. 1932 zum Präsidenten der »Ligue d'Action Universitaire Républicaine et Socialiste« wählen, die die Interessen der Sozialisten im akademischen Bereich vertrat. Von der Volksfrontregierung Léon Blums enttäuscht, wandte er sich 1936 der Rechten zu. Als die

Deutschen im Juni 1941 den Krieg gegen die UdSSR begannen, gehörte er zu den ersten Freiwilligen der »Légion des Volontaires Français contre le bolchevisme« (LVF). Von der Ostfront zurückgekehrt, schloß sich B. der »Milice française« an, die Joseph → Darnand im Auftrag des französischen Staatschefs Marschall → Pétain in der nicht besetzten Zone des Landes aufgestellt hatte. Er gehörte zu den elf führenden Milizionären, die am 11.10.1943 in die Waffen-SS eintraten, um die Unterstützung Himmlers für die Bewaffnung der Miliz zu bekommen. Bereits am 20.10.1943 wurden die ersten Waffen geliefert. Als am 27.1.1944 der Aktionsradius der Milice française auf die besetzte Zone Frankreichs ausgedehnt wurde, kam die Zentrale nach Paris. Dort übernahm B. im Februar 1944 das Generalsekretariat für Propaganda und Information. Mit diesem Amt gehörte er zum Führungskreis der »Milice française«. Wegen seines Ideenreichtums war er bald neben Darnand die einflußreichste Person. Seine Gegner nannten ihn »Bout-de-Zan«. Die Idee, die Miliz als »élite révolutionnaire« darzustellen, kam von ihm. Der Milizzeitung »Combats« drückte er seinen persönlichen Stempel auf. Zweimal wöchentlich redigierte er die Texte für die Radiosendungen »La Milice française vous parle« und »La minute de la Milice«. Es gelang ihm, die Anmeldungen zur Miliz zu vervielfachen, als er sie als Kern einer zukünftigen französischen Nationalarmee ausgab. Das Motto der Miliz »Maréchal nous voilà« stempelte die Angehörigen zu Soldaten Pétains, des Siegers von Verdun. Unter den Freiwilligen waren außergewöhnlich viele Angehörige des französischen Adels. Als Elite in der Elite und als Lanzenspitze der Miliz fühlten sich die Angehörigen der »Franc-Garde«, die bis Mitte 1944 auf etwa 5000 Männer und Frauen anwuchs. Die Jungmilizionäre unter 18 Jahren waren in der »Avant-Garde« zusammengefaßt. Die Zeichen der Milizzugehörigkeit waren unterschiedlich: ein weißes Gamma auf einem blauem Kreis vor rotem Hintergrund für alle männlichen und weiblichen Milizionäre, ein weißes Gamma auf schwarzem Kreis für alle Angehörigen der »Franc-Garde« und ein weißes Gamma auf einem rotem Kreis für die Jugend der »Avant-Garde«.

Als Darnand Ende Juni 1944 Innenminister geworden war, fällte B. alle wesentlichen Entscheidungen, die die Miliz betrafen. Bei den Offizieren der Miliz war er zwar nicht beliebt, weil er keine militärische Vergangenheit hatte, kleinwüchsig und kurzsichtig war und sich zivil gab, aber seiner Überzeugungskraft und seinen rhetorischen Fähigkeiten hatten sie nichts entgegenzusetzen. Außerdem hielt Darnand zu ihm. B. diente ihm auch als Vermittler zu → Laval, mit dem B. ein besseres Verhältnis hatte als Darnand, weil er kollaborationistischer gesinnt war als dieser und Lavals bürgerliches Gehabe teilte.

Als die Westalliierten am 15.8.1944 in Südfrankreich landeten, organisiserte B. die Rückführung der Milizionäre und ihrer Angehörigen aus den bedrohten Gebieten. Jeder regionale Befehlshaber hatte einen Konvoi zusammenzustellen und die Familien der Milizionäre und das fahrbare Eigentum der Miliz mitzunehmen. Der Kampf gegen die Résistance sollte beim Rückzug weitergeführt werden. Der Schlußsatz des Räumungsbefehls lautete:« Vorwärts, französische Milizionäre, wir werden das Land befreien.« Nach dem Abzug der Regierung aus Vichy war es B.s Aufgabe, so viele Akten wie möglich zurückzuführen und vor allem die Unterlagen der Miliz in Sicherheit zu bringen. Es gelang B., in-

nerhalb von vier Tagen alle Schriftstücke, Geräte und Gelder der Miliz aus Vichy nach Nancy zu transportieren. Von dort ging die Flucht nach Sigmaringen. Auf Befehl Darnands requirierte er am 6.9.1944 300 Millionen Francs aus der Banque de France in Belfort für die Miliz, um von deutschen Zahlungen unabhängig zu sein. Das neue Generalsekretariat der Miliz richtete B. in Sigmaringen in der Karlstraße 3 in dem gleichen Gebäude ein, in dem Jean → Luchaire als Propagandaminister des »Comité gouvernementale française pour la défense des intérêts nationaux« residierte. Unter den Emigranten in Sigmaringen schwirrten die Gerüchte. Einige waren von B. gesäht. Die Wortgewandtheit des überlegenen Professors und die Visionen des Intellektuellen mit der Brille beeindruckten die nach der Flucht demoralisierten Milizionäre. B. setzte Ziele. Er betrieb die Aufstellung einer Kampfgruppe aus Milizionären zur Befreiung Frankreichs. Er stabilisierte das Regierungskomitee und verschaffte ihm die Achtung der Flüchtlinge. Nach dem Sieg wollte er die Milice française zur französischen Einheitspartei umwandeln. Als »Parti Nationale Révolutionnaire« sollte sie unter Abänderung des 21-Punkte-Programms eine autoritäre französische Republik errichten. Die Erklärung der Menschenrechte, die in den USA für die Vereinten Nationen ausgearbeitet worden war, sollte auch in dem neuen Staat gelten, in dem Volkssouveränität und Parlamentarismus in einer harmonischen Verbindung stehen würden. Auch einer Regierungskommission, ähnlich dem Konsulat zur Zeit Napoleons, war er nicht abgeneigt. Hauptgesprächspartner B.s bei dieen Gedankenspielen war Marcel → Déat.
Im Auftrag von B. bildeten die Chefs der Milizen auf dem Heuberg ein Bataillon von etwa 700 Soldaten in französischer Uniform, die als »clochards de la Milice« in die Geschichte eingingen, weil sie sich militärischen Musterungskategorien entzogen. 500 weitere Milizionäre blieben als Franc-Garde in Sigmaringen. Sie übten den Polizeidienst in der Stadt aus. 2500 wurden in Wildflecken SS-tauglich gemustert und traten in die »Brigade France« ein, die dann in die 33. Waffengrenadierdivision der SS ›Charlemagne‹ überführt wurde. Die Frauen und Kinder, die mit den Milizionären nach Deutschland gekommen waren, wurden als »Gäste des Reiches« in Lagern untergebracht und zur Arbeit verpflichtet. B. gelang es am Ende des Krieges, sich in Italien zu verstecken. Er starb dort 1977.

Literaturhinweise:

J. Delperrié de Bayac: Histoire de la Milice 1918–1945, Paris 1969
Bertram M. Gordon: Collaborationism in France during the Second World War, Ithaca u. a. 1980

BRASILLACH, ROBERT, geb. 31.3.1909 in Perpignan, hingerichtet 6.2.1945 im Fort Montrouge, französischer Schriftsteller, Redakteur der Zeitschrift »Je suis partout«

Als Sohn eines 1914 in Marokko gefallenen Kolonialoffiziers schlug B. nach dem Besuch der Ecole Normale Supérieure in den dreißiger Jahren die Karriere eines Dramaturgen, Schriftstellers und Theaterkritikers ein. 1931–1939 war er einer der wichtigsten Literaturkritiker der Zeitschriften »L'Action Française«,

»La Revue Universelle« und »Candide«. Von seinen fünf Romanen wurde »Comme le temps passe« (1937) am bekanntesten. In dieser Zeit festigte sich das politische Weltbild des Autors. Beeinflußt von den Gedankengängen des Gründers der »Action Française«, Charles → Maurras, und beeindruckt von der Kultur der Klassik, entdeckte er bei Aufenthalten in Deutschland, Italien und Spanien die Faszination des Faschismus. Die Reden Hitlers und Léon → Degrelles beeindruckten ihn ebenso wie der Nürnberger Parteitag, an dem er 1937 teilnahm. Sein Bericht darüber unter dem Titel »Cent heures chez Hitler« ist eine Zusammenfassung seiner Weltanschauung: Juden, Marxisten und Parlamentarier wollen den Untergang Frankreichs. Rettung ist nur vom faschistischen System zu erwarten, von der Revolte junger Eliten gegen die verbrauchten und korrupten Liberaldemokraten und die Vertreter des Materialismus. Die »bétise démocratique« müsse ein Ende haben. NS-Deutschland sei die Antithese zur verhaßten Dritten Republik, vor allem zur verderblichen Volksfrontregierung unter Léon Blum.

Von der antideutschen Haltung der Action Française enttäuscht, übernahm B. im Juni 1937 die Chefredaktion der Zeitschrift »Je suis partout«, die sich als »instrument de propagande nationale et de rénovation sociale« ausgab. Seine Macht als Kritiker setzte B. hemmungslos für diese Ziele ein. Weil der den sozialistischen Ideen zuneigende Schriftsteller André Malraux ihnen nicht entsprach, fiel das Urteil B.s über das Werk vernichtend aus. B.s Pamphlete gegen die »mainmise judéo-démocratique« erregten Aufsehen. Seine Reisebeschreibungen enthielten ein enthusiastisches Deutschlandbild. Hitler erschien nicht nur als das Oberhaupt eines starken Staates, sondern auch als Reformator und Missionar, d. h. als das Gegenbild der verhaßten demokratischen Politiker. Nur auf kulturellem Gebiet sei ein Vergleich mit Deutschland noch möglich. Ansonsten sei Frankreich ein Land des Niedergangs, »une société moribonde«. In den Büchern »Les Cadets de l'Alcazar« (1936) und »L'Histoire de la Guerre d'Espagne« (1939) machte sich B. die Anliegen Francos zu eigen. Sein Sieg symbolisierte für B. die politische und moralische Niederlage der Volksfrontidee, der Dritten Republik und des Parlamentarismus. 1936 nannte er das Jahr der Wende: In Spanien begann der Siegeszug Francos zur Errichtung des dritten faschistischen Staates, in Italien beendete Mussolini den Äthiopienkrieg, und in Deutschland feierte Hitler das Weltfest der Olympischen Spiele.

Trotz der beschämenden Lage Frankreichs glaubte B., daß sein Land die konservativen Traditionen in einen gesamteuropäischen Faschismus einbringen könne, zu denen die Absage an den Kulturmaterialismus, der Haß gegen kosmopolitische Gedankengänge und die Abneigung gegen das jüdische Spekulantentum gehörten. B. interpretierte den Faschismus auch als eine neue ästhetische Konzeption. Er bewunderte Mussolini und Hitler, weil sie Mythen zum Leben erweckten, wie den des Imperium Romanum oder den der Walpurgisnacht, der germanischen Sonnenwende und der Walhalla.

Die positiven Wirkungen auf die Jugend erkannte er in der Begeisterung für die nationalen Traditionen und in der Einsatzbereitschaft für das System. »Le fascisme, c'est la jeunesse.« In Belgien bewunderte er Léon Degrelle in seiner jungenhaften Pose. Der »homo fascista«, den dieser repräsentierte, war für B. die

Leitfigur des Jahrhunderts. Von ihm erwartete er die Erlösung des Proletariats aus den Fängen der Bourgeoisie und aus den Hirngespinsten des Marxismus. Die marxistische Demagogie entlarvend, den Sirenentönen von Liberalismus und Demokratie abhold, glaubte er an die Solidarisierungsfunktion der nationalen Volksgemeinschaft.

Als Leutnant der französischen Streitkräfte geriet B. 1940 in deutsche Gefangenschaft. Die Niederlage seines Landes war für ihn der Beweis, wie schnell ein gesundes Volk mit einem dekadenten fertig werden kann. Die Franzosen müßten den Deutschen ähnlich werden, wenn sie in der europäischen Politik eine Rolle spielen wollten. Aufgrund offizieller Interventionen wurde B. im Februar 1941 entlassen, um in Vichy Generalkommissar für das französische Filmwesen zu werden. Zusammen mit seinem Schwager Maurice → Bardèche publizierte B. die »Histoire du cinéma«, in der er den Franzosen zeigte, wie groß der jüdische Einfluß auf das Filmleben war. Unter den Medien, die bei der Umerziehung der Franzosen und zur Regeneration Frankreichs im Sinne der »révolution nationale«, die der französische Staatschefs → Pétain in Vichy propagierte, eine Rolle spielen sollten, zählte er den Film zu den wichtigsten Instrumenten. Am 7.2.1941 übernahm B. wieder den Posten des Chefredakteurs von »Je suis partout«. Unter der Mitarbeit der geistigen Elite Frankreichs und vieler Angehöriger der »Parti Populaire Français« (PPF) von Jacques → Doriot wurde das vierzehntägig erscheinende Blatt mit einer Auflage von 300 000 Exemplaren zum wichtigsten Organ der Pariser Kollaboration. Auf der Suche nach dem »homo fascista« machte sich B. zum Verteidiger der Nationalrevolution und zum Visionär eines neuen Europas. Auf Einladung des Reichsministers für Volksaufklärung und Propaganda, Joseph Goebbels, und des deutschen Botschafters in Paris, Otto Abetz, machte B. mehrere Reisen nach Deutschland. Um den Kreuzzug gegen den Bolschewismus unterstützen zu können, hielt er sich sogar an der Ostfront auf. Beunruhigt über die zunehmende Einflußnahme der Deutschen auf seine Zeitschrift und nach Meinungsverschiedenheiten mit dem Verlagsdirektor Charles Lesca, verließ er im Herbst 1943 mit einigen Mitarbeitern die Redaktion. Er trat in den Verwaltungsrat der germanophilen Buchhandlung »Rive gauche« ein und schrieb fortan nur noch für die »Révolution Nationale«, das Parteiblatt des »Mouvement Social Révolutionnaire« (MSR). B.s letzter Roman »Six heures à perdre« erschien im Frühjahr 1944 in Fortsetzungen in der politisch-literarischen Wochenschrift »La Révolution Nationale«. Es handelt sich um ein politisches Traktat in Erzählform über das Frankreich des Jahres 1943 und schildert, was ein französischer Kriegsgefangener während eines sechswöchigen Aufenthalts in Paris im November 1943 in der Begegnung mit einer jungen Frau erlebt, die das heruntergekommene Land symbolisiert. B. gehörte zu den Fördermitgliedern der »Cercles Pétain«, die die französischen Kriegsgefangenen in Deutschland zu Gehorsam gegenüber dem Staatschef und zur Kollaboration aufforderten.

Als die Alliierten 1944 auf Paris zumarschierten, lehnte er ab, sich mit den anderen Kollaborateuren nach Deutschland zu begeben. Im Gefängnis von Fresnes wartete er auf seinen Prozeß und schrieb sein politisches Vermächtnis, das nach dem Krieg als »Lettre à un soldat de la classe soixante« erschien, ein fiktiver Brief an einen vierjährigen Jungen, der unter deutscher und amerikanischer Besatzung aufwächst und 1960 wehrpflichtig wird. Darin träumt B. von einer kommenden europäischen Neuordnung ähnlich der, für die er kämpfte. Als Voraussetzung für die Realisierung der Utopie nannte er die Niederringung des Kommunismus. Er setzte seine Hoffnung auf die Deutschen, deren Stärke, die sie selbst im Untergang bewiesen, er bewundernswert fand. Selbst in den Schluchten der von den Alliierten in Brand gelegten Städte und während der Rückzüge aus den besetzten Ländern zeigten sie eine heroische Haltung. »Toutes ces vertus, il est impossible qu'elles soient perdues à jamais. Elles font partie du trésor commun de notre civilistion.« (Diese Tugenden werden nie verloren gehen. Sie gehören zu den verbindenden Kostbarkeiten unserer Zivilisation.)

Am 19.1.1945 wurde B. vom Cour de Justice in Paris nach nur einer einzigen Sitzung wegen geistigen Landesverrats (trahison intellectuel) zum Tode verurteilt. Es wurden keine Zeugen gehört. Als ein Zuhörer das Todesurteil mit den Worten »C'est une honte!« kommentierte, antwortete ihm B.: »C'est un honneur!« Trotz der Gnadengesuche von 55 namhaften französischen Intellektuellen, unter ihnen Paul Claudel, Jean Anouilh, Paul Valéry, Sidonie-Gabrièle Colette, Jean Cocteau. Albert Camus und François Mauriac, lehnte General de Gaulle eine Begnadigung ab. Auch die Aufschiebung der Hinrichtung, bis der Prozeß gegen Pétain zu Ende sei, glaubte er angesichts des Drucks der Straße nicht verantworten zu können. Als B. am Hinrichtungstag die Fußfesseln gelöst wurden, übergab er seinem Beichtvater die letzten Gedichte und einen Umschlag mit der Aufschrift »La mort en face«. Sein letzter Wunsch galt der Versöhnung der Franzosen untereinander. Er hatte ihn in der Dichtung »Testament d'un condamné« formuliert, von dem eine Strophe allen Gefangenen in Fresnes geläufig war: »Pour vous, les frères de la guerre, / Les compagnons des barbelés / Fidèles dans toutes misères / Vous le savez mieux que personne, / J'ai voulu garder ma patrie / du sang versé, et je vous donne / ce sang gardé, ô mes amis.« Jacques Isorni, der B. verteidigt hatte, und Maurice Bardèche, sein Freund und Schwager, nannten die Hinrichtung einen skandalösen Justizirrtum. Mauriac schrieb in »Le Figaro«, daß man einen denkenden Mann nicht um seinen Kopf bringen dürfe, nur weil er falsch gedacht habe. 1948 formierte sich in Lausanne die »Association des Amis de Robert Brasillach«, die ab Juni 1954 die »Cahiers des Amis des Robert Brasillach« zu seiner Ehrenrettung herausgab und seine politische und literarische Rehabilitation betrieb.

Literaturhinweise:
Jacques Isorni: Le Procès de Robert Brasillach, Paris 1946
Jean E. Scammon: Robert Brasillach. His Novels and Poetry, Diss. Kansas University 1959
Paul Sérant: Le Romanticisme fasciste, Paris 1959
William R. Tucker: Politics and Aesthetics. The Fascism of Robert Brasillach, in: The Western Political Quarterly 12/1962
Robert Brasillach: Notre avant-guerre. Une géneration dans l'orage. Mémoires, Paris 1973
Pascal Ory: Les collaborateurs 1940–1945, Paris 1976
Karl Kohut (Hrsg.): Literatur der Résistance und Kollaboration in Frankreich, Wiesbaden u. a. 1982
Gérard Loiseaux: La littérature de la défaite et de la collaboration, Paris 1984
Margarete Zimmermann: NS-Deutschland als politische Antithese. Robert Brasillach und die antidemokratischen Intellekturellen, in: Jürgen Sieß (Hrsg.): Widerstand, Flucht, Kollaboration. Literarische Intelligenz und Politik in Frankreich, Frankfurt 1984
Pierre Assouline: L'épuration des intellectuels, Brüssel 1985
Alice Yaeger Kaplan: Reproductions of Banality. Fascism, Literature, and French Intellectual Life, Minneapolis 1986
P. D. Tame: La Mystique du fascisme dans l'œuvre de Robert Brasillach, Paris 1986
Marie-Luce Monferran Parker: Robert Brasillach. Maître de l'évasion, Paris 1988

BRINON, FERNAND DE, geb. 16.8.1885 in Libourne (Gironde), hingerichtet 15.4.1947 im Fort Montrouge, französischer Schriftsteller, Vertreter der Vichy-Regierung beim deutschen Botschafter in Paris 1940–1944, Minister ohne Geschäftsbereich 1942–1944

Nach dem Studium der Politikwissenschaft und der Jurisprudenz entschloß sich der Sohn des Marquis Robert de Brinon für die schriftstellerische Laufbahn. Er erntete seine ersten Meriten 1909 im »Journal des Débats«. Unmittelbar vor dem Ausbruch des Ersten Weltkriegs aus der Türkei zurückgekehrt, diente er im französischen Heer, zuletzt in der Presseabteilung des Kriegsministeriums. 1920–1932 war er Chefredakteur des »Journal des Débats«. Bei seinen Reisen nach Deutschland erkannte er die Sinnlosigkeit der französischen Reparationspolitik, bekämpfte die Besetzung des Ruhrgebiets und plädierte für die deutsch-französische Freundschaft. Er begleitete den Linksrepublikaner André Tardieu auf mehreren Konferenzen und lernte Stresemann und Brüning schätzen. Als Leiter des politischen Auslandsdienstes der Zeitschrift »L'Information« 1932–1939 vertiefte B. seine Bindungen zu Deutschland. Er war es, der am 19.11.1933 das erste Interview eines französischen Journalisten mit dem Reichskanzler Adolf Hitler in »Le Matin« veröffentlichen konnte. Zusammen mit Otto Abetz, einem Vertreter der deutsch-französischen Jugendbewegung, gründete er, unterstützt von Georges → Scapini, Jean Gay und Henri Pichot und den Frontkämpferverbänden beider Länder, 1935 die »Deutsch-französische Gesellschaft« (Comité France-Allemagne), die die Verbreitung seines im Vorjahr erschienenen Buches »France-Allemagne 1918–1934« förderte, in dem er für Europa eine schlimme Zukunft sah, wenn die beiden Völker nicht zusammenwüchsen. Das Münchner Abkommen vom 30.9.1938 interpretierte er als ersten Erfolg der friedensstiftenden Arbeit der »Deutsch-französischen Gesellschaft«. Aus den Händen von Ministerpräsident Daladier nahm er die Rosette

Gespräch Brinons mit Ribbentrop in London nach Abschluß des deutsch-englischen Flottenabkommens vom 18.6.1935

der Ehrenlegion entgegen. Am 15.3.1939 verließ B. die Zeitschift »L'Information« wegen Meinungsverschiedenheiten mit dem Herausgeber.

Als der Zweite Weltkrieg ausbrach, befand sich B. in den Pyrenäen, wo er an einem nie vollendeten Werk mit dem Titel »Le Pacte à Quatre« arbeitete. Nach dem Waffenstillstand vom 22.6.1940 gehörte B. zu den Männern, die im Auftrag von Pierre → Laval Kontakt zu Otto Abetz aufnahmen, der am 3.8.1940 deutscher Botschafter in Paris wurde. Nach der Entlassung Lavals als erster Kabinettschef der französischen Regierung in Vichy am 13.12.1940 beauftragte ihn → Pétain unter Verleihung des Titels »Délégué général du gouvernement français dans les territoires occupés« im Range eines Botschafters, die Verbindung zu den Gebieten nördlich der Demarkationslinie aufrechtzuerhalten, eine Aufgabe, die er bis zur Beendigung der Okkupation wahrnahm. Am 27.11.1942 erhielt er den Rang eines Staatssekretärs, was ihm die Teilnahme an den Ministerratssitzungen in Vichy erlaubte. Das Amt gewährte ihm eine Schlüsselrolle in allen deutsch-französischen Angelegenheiten, weil er in dauerndem Kontakt zu den Besatzungsbehörden stand und die Verbindung zu den Kollaborateuren der besetzten Zone wahrnahm. Er machte sich häufig zu ihrem Sprecher in Vichy und interpretierte die attentistische Politik Pétains zu ihren Gunsten. Die meisten Führer der französischen Kollaborationsbewegungen zog er in sein Fahrwasser. Er nahm an allen kulturellen französisch-deutschen Veranstaltungen teil und organisierte Besichtigungsreisen für französische Intellektuelle nach Deutschland. Er erläuterte der Regierung in Vichy die militärischen Anordnungen der Besatzungsmacht, z. B. die Aufforderung zu Geiselstellungen und die Grenzsicherungsmaßnahmen zwischen der zone occupée und der zone non-occupée. Aus Vichy brachte er die Nachrichten nach Paris, die ihm aufgetragen wurden, z. B. den Glückwunsch zum Sieg über die britischen Landungstruppen bei Dieppe am 19.8.1942. B. war ein Gründungsmitglied der »Légion des Volontaires Français contre le bolchevisme« (LVF) und übernahm den Vorsitz im Präsidium. Aber es gelang ihm nicht, die französische Regierung zur aktiven Unterstützung der Truppe zu bewegen. Erst am 11.2.1943 setzte er durch, daß Laval wenigstens den »öffentlichen Nutzen« der LVF anerkannte. Das mangelnde Engagement der französischen Regierung für die LVF war einer der Gründe, warum B. die Bestrebungen der Rechtsparteien unterstützte, Laval durch einen aktiveren Politiker aus ihren Reihen abzulösen. In einem Memorandum vom 17.5.1943, das ohne Wissen Lavals von B. über den Reichsminister für Volksaufklärung und Propaganda, Joseph Goebbels, dem Führer des Deutschen Reiches vorgelegt wurde, bedauerte er die Inaktivität der Vichy-Regierung. Frankreich habe durch seine zögernde Haltung die »nationale Revolution« verspielt, die der Staatschef angekündigt hatte. Die persönlichen Antipathien zwischen Pétain und Laval lähmten die deutsch-französische Zusammenarbeit. Ohne die Sammlung derer, die zur ehrlichen Kooperation mit Deutschland bereit seien, werde das Land seine Chancen beim Aufbau Europas versäumen. Zusammen mit Abel → Bonnard, Marcel → Déat und Jean → Bichelonne gehörte B. zu den Verfassern der »Déclaration commune sur la situation politique« vom 5.7.1944, in der er in Übereinstimmung mit anderen Unterzeichnern wie Jean → Luchaire, Jacques → Doriot, Lucien → Rebatet und Alphonse de → Chateaubriant die Untätigkeit der Regierung Laval beklagte und das gemeinsame Vorgehen aller kollaborationistischen Richtungen mit den Deutschen gegen die Westalliierten und die Résistance forderte. Auf Drängen Lavals in der Ministerratssitzung vom 12.7.1944 widerrief B. zwar seine Unterschrift, aber die Deutschen hatten zur Kenntnis genommen, daß es auf der rechten Seite eine starke Opposition gegen Laval gab.

Am 16.8.1944 verließ B. mit seiner jüdischen Frau, die zur »ehrenamtlichen Arierin« erklärt worden war, Vichy in Richtung Deutschland. Am 31.8.1944 und 1.9.1944 beteiligte er sich zusammen mit Marcel Déat, Jacques Doriot, Joseph → Darnand und Paul → Marion an den Gesprächen mit Ribbentrop und Hitler in Steinort und im Führerhauptquartier, um die Lage zu klären, die nach der Amtsuntätigkeit Pétains und Lavals entstanden war. Er unterstützte Ribbentrops Bemühungen, eine Kommission zusammenzustellen, die unter seiner Leitung die französischen Interessen wahrnehmen sollte, solange es keine amtierende Regierung gab und solange der als Regierungschef vorgesehene Jacques Doriot nicht die Anerkennung Pétains gefunden hatte. Nach Sigmaringen zurückgekehrt, versuchte er vergebens, Pétain von der Notwendigkeit einer Exilregierung zu überzeugen. Der Chef de l'état blieb bei seiner Weigerung, auf deutschem Boden in irgendeiner Weise amtlich tätig zu werden oder irgendeine Nachfolgeregelung zu treffen. Also übernahm ohne seine Zustimmung am 1.10.1944 die »Commission gouvernementale française pour la défense des intérêts nationaux«, der Marcel Déat, Jacques Darnand, Jean Luchaire und General Bridoux angehörten, unter B.s Leitung die Regierungsgeschäfte. Ihre vordringlichste Aufgaber war, die französischen Nationalinteressen bei den deutschen Dienst-

stellen zu vertreten und die zwei Millionen Franzosen, die sich zu dieser Zeit im Reichsgebiet als »Français d'Allemagne« aufhielten, zu betreuen. Sprachorgane der Regierungskommission waren die Zeitung »La France« und der Radiosender »Ici la France«.
Als die Westalliierten den Oberrhein überschritten, flüchtete B. aus Sigmaringen. Von den Schweizern an der Grenze aufgehalten und vom Tiroler Gauleiter Hofer aus dem Operationsgebiet verwiesen, stellte er sich am 8.5.1945 in Bayern den Amerikanern. In Lindau wurde er den Franzosen übergeben. Ein offener Lastwagen schaffte ihn nach Fresnes. Er verbrachte, auch wegen zwei schwerer Operationen, fast zwei Jahre im Gefängnis, bevor ihm der Prozeß gemacht wurde. In dieser Zeit schrieb er seine Memoiren. Wegen der ungenügenden Ermittlungen entband B. seine Verteidiger von ihren Pflichten und entschloß sich zu schweigen. Der einzige Zeuge, der zu seinen Gunsten aussagte, war Otto Abetz. Ungeachtet der offensichtlichen Verfahrensfehler wurde B. am 6.3.1947 zum Tode verurteilt. Staatspräsident Auriol lehnte eine Begnadigung ab. Bevor B. erschossen wurde, gab er zu verstehen: »L'avenir me donnera raison.«
Abel Bonnard nannte B. »un animal des ténèbres, très secret, très muet et très dangereux«, und Pascal Ory bezeichnete ihn nach dem Krieg als den wesentlichen »Tout-Paris collaborateur«.

Literaturhinweise:
Fernand de Brinon: Mémoires, Paris 1949
Henry Coston (Hrsg.): Dictionnaire de la pol
Pascal Ory: Les collaborateurs 1940–1945, P
Henry Rousso: La collaboration, Paris 1987

Corinna Franz: Fernand de Brinon und die deutsch-französischen Beziehungen 1918–1945. Pariser historische Studien, Band 54. Bouvier Verlag, Bonn 2000. 41[illegible] Seiten, 98, Mark.

BRUNETON, GASTON, geb. 15.7.1882 in Niederbronn (Elsaß), Generalkommissar für die Sozialbetreuung der französischen Arbeiter in Deutschland 1942–1945

Als B. geboren wurde, gehörte das Elsaß zu Deutschland. Nach dem Ersten Weltkrieg, in dem B. im deutschen Heer diente, und nach der Abtretung des Landes an Frankreich als Folge des Versailler Vertrags gründete B. eine metallverarbeitende Fabrik. Wenige Wochen nach der französischen Kapitulation vom 22.6.1940 wurden Elsaß und Lothringen gegen den Protest der französischen Regierung in Vichy dem Reich angegliedert. Das Elsaß kam zum Gau Baden. B. bemühte sich um staatliche Aufträge für seine Fabrik und machte sie zu einem Rüstungsbetrieb für die Luftwaffe. Als die französische Regierung in Vichy am 29.10.1941 eine »Direction du travail« für die Franzosen auf deutschem Gebiet einrichtete, bot sie B. das Amt an. Im Vertrauen auf die Kollaborationszusage, die → Pétain am 24.10.1940 in Montoire gegenüber Hitler abgegeben hatte, übernahm B. die Aufgaben. Er glaubte, in dieser Funktion die deutsch-französische Versöhnung zu fördern. Er führte Gespräche mit allen zuständigen deutschen Dienststellen über die Arbeitsbedingungen, die Verpflegung, die Unterkünfte, die Versicherungsfragen und die Hinterbliebenenfürsorge für die französischen Arbeiter, die freiwillig zum Arbeitseinsatz nach Deutschland gingen. Um ihre soziale Betreuung zu gewährleisten und die Arbeitsmoral aufrecht zu erhalten, schlug er der Regierung in Vichy und der deutschen Regierung die Gründung einer Organisation vor. Die Details waren in einer Vorlage an den Generalsekretär beim Ministerpräsidenten der französischen Regierung in Vichy, Jacques → Benoist-Méchin, enthalten. Aber erst im März 1942, als die Nachfrage nach französischen Arbeitskräften aus Deutschland kulminierte, sah man im Kabinett Darlan die Notwendigkeit einer solchen Dienststelle ein. Am 6.4.1942 wurde B. Chef des »Service de la main-d'œuvre française en Allemagne«. Für dieses Amt war er nicht nur als sozialdenkender Arbeitgeber befähigt, sondern auch wegen seines Glaubens an eine Zusammenarbeit aller Europäer für den Sieg über den Bolschewismus.

Von da an spielte B. eine große Rolle im Kreis der Kollaborateure. B. nahm an zahlreichen Veranstaltungen teil, die von ihnen organisiert wurden. Er war an der Gründung des »Cercle europée̋n du Centre français de collaboration économique et culturelle europeénne« am 14.7.1942 beteiligt. In einer Rede beschrieb er die französischen Arbeiter in Deutschland als die »Vorarbeiter eines geeinigten Europas«. Er forderte die französischen Arbeitgeber auf, sich um ihre nach Deutschland delegierten Arbeiter zu kümmern. Er bat die französische Bevölkerung, die Verbindung zu ihnen aufrecht zu erhalten. Aber seine Appelle fruchteten wenig. Es genügte den meisten Franzosen zu wissen, daß die in Deutschland Arbeitenden von der »Deutschen Arbeitsfront« (DAF) betreut wurden. Von den Zurücksetzungen am Arbeitsplatz und von der gemeinschaftszerstörenden Wühlarbeit der verschiedenen Kollaborationsrichtungen wollte man nichts wissen. Deshalb setzte B. durch, daß zehn Tage vor dem Gesetz über die Einführung des »Service du travail obligatoire« (STO) am 6.2.1943 das »Commissariat à la main-d'œuvre française en Allemagne« errichtet wurde, das seinen Sitz in Berlin nahm. Ab 1.1.1944 änderte es seinen Namen in »Commissariat général à l'action sociale pour les travailleurs français en Allemagne« (Generalkommissariat der französischen Arbeiterschaft in Deutschland). In Berlin hatte auch die »Délégation ouvrière française« (DOF) ihren Sitz, die die Arbeitsbedingungen in beiden Ländern harmonisieren sollte.

B. warb in Frankreich für den freiwilligen Arbeitseinsatz im Reich, weil die Arbeiter dort eine historische Mission für Europa wahrzunehmen hätten. Sie könnten die deutsch-französische Zusammenarbeit vor Ort besiegeln. Als der deutsche Bevollmächtigte für den Arbeitseinsatz, Fritz Sauckel, von der französischen Regierung die Gestellung von monatlich 173 000 Facharbeitern für die deutsche Rüstungsindustrie anforderte, unterstützte B. die Werbung. Er rief die Franzosen auf, sich zahlreich zur relève zu melden, damit sie zu den Soldaten der Arbeit, den Pionieren Europas, den Verteidigern des Abendlandes gehörten. Die nach Deutschland Entsandten sollten sich nicht als Opfer des Nazismus fühlen, sondern als Vorkämpfer der europäischen Idee. Sie wurden aufgefordert, gut zu arbeiten und alles zu unterlassen, was als Sabotage ausgelegt werden könnte. → Laval unterstützte die Tätigkeit B.s aus zwei Gründen. Zum einen wollte er die Betreuung der französischen Arbeiter nicht in die Hände der rechtsextremen Kollaborateure gelangen lassen, und zum anderen sorgte B. für die Erfüllung der von Deutschland gestellten Quoten. Das verschaffte B. zwei Gesichter. Auf der einen Seite war er der »Vater der Arbeiter«, auf der anderen Sei-

te ein Propagandist der deutschen Wünsche und der Gehilfe Lavals bei seiner Erfüllungspolitik. Obwohl B. keine Funktion bei Rekrutierung, Musterung und Transport der Arbeiter nach Deutschland innehatte, weil das eine Angelegenheit des Ministeriums für Arbeit und Industrieproduktion war, wurde er in der Öffentlichkeit zu einem Hauptverantwortlichen für die Zwangsarbeit gemacht.
Auf sich allein gestellt, nahm B. zum Wohle der französischen Arbeiter den Kampf gegen die deutsche Bürokratie auf. Es gelang ihm, das Mißtrauen der DAF zu zerstreuen, die lange Zeit den Zutritt seiner Mitarbeiter zu den Fabriken und den Arbeitslagern, in denen es Franzosen gab, verweigerte. Am 5.5.1943 unterstellte sich die DOF der DAF, die garantierte, die Ausstattung der Lager für französische Arbeiter dem Niveau der deutschen anzugleichen. Der Sozialdienst der DOF bekam das Recht, sich um die in Deutschland lebenden Arbeiterinnen, die Mütter wurden, zu kümmern, und erreichte im Mai 1944, daß französische Kindergärten eingerichtet wurden. Der juristische Dienst der DOF kümmerte sich um Rechtsfragen und der Jugenddienst um die 65 000 Jugendlichen unter 18 Jahren, für die spezielle »chantiers de jeunesse« in Deutschland eingerichtet wurden. Der Kulturdienst versorgte die in Deutschland Arbeitenden mit französischer Literatur, mit Sportgeräten, Schallplatten und organisierte die Betreuung durch reisende Kulturgruppen. Das war ganz im Sinne der Deutschen, die auf diese Weise die Sorge für die Franzosen los waren und vor Sabotageakten dieser Gruppe keine Angst zu haben brauchten. Trotzdem wurde fast ein Drittel der 300 Delegierten der DOF festgenommen, angeblich, weil sie sich um Dinge kümmerten, die sie nichts angingen. Mindestens zehn wurden wegen Spionage hingerichtet.
Große Probleme hatte B. mit den Arbeitern, die in Frankreich auf Urlaub waren und nicht mehr an ihre Arbeitsplätze zurückkehrten. Um eine generelle Urlaubssperre für Franzosen zu vermeiden, bat B. am 28.6.1943 den Ministerpräsidenten Laval, Gegenmaßnahmen zu ergreifen. Als schließlich bis zu 90% der Urlauber zu Hause blieben und die deutschen Dienststellen B. dafür verantwortlich machten, forderte er Joseph → Darnand am 17.1.1944 auf, die Milice française zu beauftragen, solche Leute einzufangen und nach Deutschland zurückzusenden.
Als Pétain nach Deutschland verschleppt wurde, wünschte er, daß B. seine Arbeit weiterführe. Mit dieser Rückendeckung forderte B. alle Arbeiter in Deutschland auf, weiter ihre Pflicht zu tun. Am 29.9.1944 empfing Pétain B. in Sigmaringen. Obwohl er keine Amtsgeschäfte mehr wahrnahm, beauftragte er ihn in einem Gespräch unter vier Augen, die französische Arbeiterschaft davon abzuhalten, im Sinne der Aufforderung des SHAEF-Oberfehlshabers General Eisenhower Sabotageakte zu begehen. Bei der Erfüllung seiner moralischen Pflichten und sozialen Aufgaben solle er politischen Implikationen aus dem Weg gehen. Der Chef de l'Etat erinnerte B. daran, wie er 1917 mit sozialen Maßnahmen und moralischen Appellen die Meuterei im französischen Heer gemeistert habe. So gerüstet, konnte B. Ende 1944 die Einmischungsversuche des neuen Arbeitsministers Marcel → Déat, der in Sigmaringen saß, in die Belange der DOF abwehren.
Ab September 1944 bestand die Hauptaufgabe der DOF darin, für die französischen Flüchtlinge im Reichsgebiet Arbeit zu finden. Viele von ihnen waren An-

gehörige der Milice française. In Sigmaringen wurde eine Arbeitsvermittlungsstelle für sie eingerichtet. Zur Jahreswende 1944/45 hatte B. für eine Million französische Arbeiter auf deutschem Boden Sorge zu tragen. Er war fest davon überzeugt, daß mit ihrer Hilfe Frankreich wiedererobert werden könne und sie binnen kurzem nach Hause zurückkehren würden. Der Rekrutierung für die Waffen-SS unter den französischen Arbeitern setzte B. keinen Widerstand entgegen. Im Februar 1945 unterstellte sich B. dem »Comité de la libération«, das Jacques → Doriot auf der Mainau eingerichtet hatte.
Nach dem Krieg wurde B. wegen Kollaboration zu viereinhalb Jahren Gefängnis verurteilt. Ihm kam das Gesetz vom 19.4.1948 zugute, das den Gerichten Zurückhaltung im Strafmaß empfahl.

Literaturhinweise:
Jacques Desmarest: La politique de la main-d'œuvre en France, Paris 1946
Michèle Cotta: La collaboration 1940–1944, Paris 1964
Robert O. Paxton: Vichy France. Old Guard and New Order 1940–1944, New York 1982
Henry Rousso: La collaboration, Paris 1987

BUCARD, MARCEL, geb. 7.12. 1895 in Saint-Clair-sur-Epte (Seine-et-Oise), hingerichtet am 19.3.1946 in Châtillon, Führer der »Parti Franciste« 1933–1943

Der Sohn eines Dorfmetzgers wollte eigentlich Priester werden, aber der Erste Weltkrieg unterbrach seine Seminarausbildung. Als hochdekorierter, dreimal verwundeter Soldat, zuletzt mit dem Dienstgrad Hauptmann, wurde er von Clémenceau dem Hochkommissar im Rheinland zur Dienstleistung zugeteilt. Nach seiner Entlassung aus der Armee 1923 nahm er an den Parlamentswahlen 1924 als Kandidat der »Union Nationale et Républicaine« teil. Als er das Mandat verfehlte, entwickelte er sich zum Agitator der extremen Rechten, bei der er die Solidarität des Schützengrabens und den Frontgeist des Ersten Weltkriegs wiederzufinden glaubte. Er beteiligte sich an der Gründung der »Légion des anciens combattants« und war Mitglied der von Georges Valois ins Leben gerufenen Bewegung »Le Faisceau«, für deren Propaganda er verantwortlich zeichnete. 1928 trennte er sich von Valois und redigierte eine Zeit lang die Zeitschrift »L'Ami du Peuple« des Parfümfabrikanten François Coty, der an der Gründung des Frontkämpferbundes »Croix de Feu«

beteiligt war. 1929 veröffentlichte er »Chez les morts« und im darauffolgenden Jahr »Paroles d'un combattant«. Nach dem Zerwürfnis mit Coty schwärmte B. zusammen mit Gustave Hervé in dessen Zeitschrift »La Victoire« von einer nationalen und sozialistischen Ordnung in einem autoritären christlichen Staat. Am 11.11.1933 gründete er zur Verwirklichung dieser Ziele seine eigene Bewegung »Parti Socialiste Nationale Franciste«, die kurz danach in »Parti Unitaire Français« (PUF) umbenannt wurde und schließlich »Parti Franciste« hieß. Ihr Propagandablatt war »Le Franciste«. Die »Parti Franciste« orientierte sich zwar am italienischen Faschismus und übernahm seine nationalen und syndikalistischen Elemente, wollte aber einen »fachisme à la française« mit stärkeren antimarxistischen, antijüdischen und antifreimaurerischen Elementen. B. verfaßte die Propagandaschriften »Le Francisme« und »L'Empire juif«. Darin wurden Kapitalismus und Kommunismus als »un monstre à deux têtes« dargestellt. Die Mitglieder des Francismus trugen blaue Hemden, blaue Krawatten und Baskenmützen. B. beteiligte sich am Weltkongreß der faschistischen Bewegungen, der vom 16. bis 17.12.1934 in Montreux stattfand, und an der »Ständigen Kommission für die Einheit des Faschismus«, die unter dem von ihm vorgeschlagenen Motto »L'union des fascismes fera la paix du monde« im September 1935 in Montreux eingerichtet wurde. Im Sommer des gleichen Jahres besuchte er Mussolini in Rom. Wegen eines Artikels in der Zeitschrift »Le Nouveau Siècle« erhielt B. eine halbjährige Gefängnisstrafe. Die »Parti Franciste« wurde im Juni 1936 von der Volksfrontregierung verboten, weil sie von Italien finanziert werde. Die von B. im November 1938 gegründete »Parti unitaire français d'action socialiste et nationale«, die Geld aus Deutschland bekam, erlitt im Mai 1939 wegen ihres militanten Antisemitismus und ihrer prodeutschen Propaganda das gleiche Schicksal.

Zu Beginn des Zweiten Weltkriegs wurde B. mobilisert. Während des deutschen Angriffs im Mai 1940 führte er seine Einheit von Belfort zur Internierung in die Schweiz. Nach seiner Entlassung Anfang 1941 wiederbelebte er seine Partei unter dem alten Namen »Parti Franciste«. Ihre Ziele legte er wie folgt dar: »De la collaboration, oui, nous en sommes profondément et sincèrement partisans, mais, je l'ai dit et je le répète, une collaboration debout, et non pas à genoux.« Mit deutscher Förderung veröffentlichte er ab Juni 1941 wieder die Zeitschrift »Le Franciste«. Obwohl der deutsche Botschafter in Paris, Otto Abetz, diese Publikation finanziell förderte, war seine Haltung gegenüber der Partei eher ablehnend, aber als eine von mehreren Kollaborationsparteien brauchte er sie für sein politisches Spiel um die Vielfalt der Kollaborationsströmungen. Auch die Beziehungen zu den Wehrmachtbehörden blieben kühl, weil die Propaganda-Staffel in Paris öfters drohte, die Papierlieferungen für »Le Franciste« einzustellen, wenn die Zeitung zensurwürdige Passagen veröffentlichte. Die entgegenkommendste Unterstützung fand B. bei der SS. Sie schätzte die Militanz der Francisten. Wegen seiner Verbindungen zur SS wurde B. von den anderen Kollaborationsbewegungen gefürchtet. Ihre Versammlungen wurden häufig von den Francisten gestört oder gesprengt. Bei der Gründung der »Légion des Volontaires Français contre le bolchevisme« (LVF) spielte B. eine wesentliche Rolle und beteiligte sich 1943 auch an der »Front Révolutionnaire National«, die

Marcel → Déat zur Zusammenfassung aller kollaborationistischen Bewegungen gründen wollte. Das Unternehmen scheiterte am Widerstand des Führers der »Parti Populaire Français« (PPF), Jacques → Doriot.
Trotz der guten Verbindungen zur SS und trotz seiner rüden Propagandamethoden gelang es B. nicht, die »Parti Franciste« zu einer tragenden Organisation zu machen. Sie blieb eine marginale Vereinigung von Kleinbürgern, paramilitärisch organisiert, deren Mitgliederzahl 10 000 nicht überstieg, unter ihnen allerdings viele Veteranen des Ersten Weltkriegs. Außer B. spielten nur Paul Guiraud, der Sohn des Chefredakteurs von »La Croix«, der sich als Theoretiker des französischen Faschismus gebärdete, und Maurice Maurer, der als Propagandachef die rassistischen und antisemitischen Theorien verbreitete, eine Rolle in der Partei. Die Kampfgruppe der Francisten, die »Chemises bleues«, wurden von Rainsart geführt und arbeiteten mit der deutschen Polizei bei der Jagd nach Résistance-Angehörigen zusammen. B. unterstützte → Laval bei der Rekrutierung von französischen Arbeitern zum Austausch gegen französische Kriegsgefangene. Er interpretierte die Aktion als Beweis für die Solidarität in der französischen Volksgemeinschaft, als Schritt für den Aufbau des neuen Europa und als Tat zur Bekämpfung des Bolschewismus: »c'est le premier acte de foi que la France fait dans cette guerre idéologique, de l'ordre contre désordre, de la libération du prolétariat de l'asservissement judéo-bolchevik«. Die meisten Francisten meldeten sich jedoch lieber zum Schutzkommando der Organisation Todt beim Bau des Atlantikwalls oder zum Nationalsozialistischen Kraftfahrkorps (NSKK) oder, wenn sie angenommen wurden, zur Waffen-SS als zum Fabrikdienst in Deutschland. Der Gesundheitszustand verbot B., sich selbst aktiv zu engagieren. Er pflegte die Zusammenarbeit mit dem deutschen Sicherheitsdienst und mit der Abwehr. Im »Commissariat général aux questions juives« (CGQJ) beteiligte er sich an der Verfolgung der französischen Juden und an der Verteilung jüdischen Besitztums an französische Bürger. In Nizza veranstaltete er 1941 und 1942 mit Geldern des CGQJ antisemitische Ausstellungen, die viel Volk anzogen.
Der Sturz Mussolinis am 25.7.1943 war ein harter Schlag für die Francisten, die im italienischen Faschismus ein Vorbild der Partei gesehen hatten. Der Verlust des Vorkriegsförderers war für Laval Grund genug, B. bei der Regierungsumbildung Ende Dezember 1943 im Unterschied zu Joseph → Darnand, Marcel → Déat und Philippe → Henriot leer ausgehen zu lassen. Die Rückschläge des Jahres 1943 führten zu einer schleichenden Auflösung der Partei. Viele Waffenfähige, die sich nicht an die Deutschen verdingen wollten, traten in die »Milice française« ein, ein Teil schloß sich der PPF des Jacques Doriot an und der Rest zog sich angesichts der deutschen Niederlagen aus dem politischen Leben zurück.
B. erwartete mit einem harten Kern seiner Partei ungeduldig auf die Invasion der Westalliierten in Frankreich, damit sich die deutsch-französische Waffenbrüderschaft in der Verteidigung französischen Bodens gegen die angelsächsischen Räuber bewähren könne: »... j'aimerais mieux mourir en combattant aux cotés des Allemands, même vaincus, que de vivre sous le joug des nos maîtres d'hiers, réinstallés pars les Anglais et les Américains sur le territoire national.« Nach ei-

ner Schießerei mit französischen Polizisten wurde B. am 7.7.1944 festgenommen, mußte jedoch auf Veranlassung des deutschen Botschafters in Paris, Otto Abetz, wenige Tage später freigelassen werden. Mit den deutschen Truppen zog sich B. über Reims und Straßburg nach Sigmaringen zurück, wo er für seine Anhänger das »Bulletin d'information franciste« herausgab. Einige von ihnen ließen sich als Partisanen jenseits der alliierten Linien absetzen. Die anderen schlossen sich dem »Comité de Libération« an, das unter Doriot alle Kollaborateure auf deutschem Boden vereinigte, bis dieser am 22.2.1945 starb.
Beim Einmarsch der Alliierten in Süddeutschland gelang B. die Flucht nach Italien. Das Angebot Déats, sich mit ihm zu verstecken, lehnte er ab. In einem Hotel bei Meran wurde er am 25.5.1945 gefangengesetzt. Die Verhandlung vor dem Cour de Justice de la Seine in Paris wegen Landesverrats spottete jeder Beschreibung und endete am 21.2.1946 mit dem Todesurteil, das am 19.3.1946 durch Erschießen vollstreckt wurde. Auf dem Weg in den Tod sang er das Lied: »Je suis chrétien, voilà ma gloire«.

Literaturhinweise:

Henry Coston (Hrsg.): Dictionnaire de la politique française, Band 1, Paris 1967
Alain Deniel: Bucard et le Francisme, Paris 1979
Bertram M. Gordon: Collaborationism in France during the Second World War, London u. a. 1980
Paul J. Kingston: Anti-Semitism in France during the 1930s. Organisations, Personalities and Propaganda, Hull 1983

BUDAK, MILE, geb. am 30.8.1889 bei Gračac, hingerichtet 7.6.1945 in Zagreb, kroatischer Minister für Unterricht und Religion 1941, Außenminister Kroatiens 1943

Nach dem Studium der Rechtswissenschaften widmete sich B. der Journalistik und Schriftstellerei. Von ihm stammt die Theorie, daß die Kroaten keine Slawen, sondern Goten und deshalb germanischen Ursprungs seien. Sein Buch »Revolutionäres Blut« baute auf dem Sozialdarwinismus auf und plädierte für den Haß als politisches Mittel im Völkerkampf. Ende der 20er Jahre begann er sich in die Politik einzumischen. Er wurde Mitglied der rechtsextremistischen Frank-Partei. 1932 war er das Opfer einer polizeilichen Vergeltungsmaßnahme und wurde für tot auf der Straße liegen gelassen. Nachdem er gerettet und wiederhergestellt war, lebte er einige Jahre in Italien und in Deutschland und wurde in die terroristischen Aktivitäten seines Landsmannes → Pavelić einbezogen. Er pflegte Kontakte zum deutschen militärischen Nachrichtendienst und war eine bekannte Person im Außenpolitischen Amt der NSDAP, das unter der Leitung von Alfred Rosenberg an Nachrichten aus dem Ausland interessiert war. 1939 kehrte B. nach Jugoslawien zurück und gab die nationalistische kroatische Zeitung »Hrvatski Narod« heraus. Er verweigerte sich den Werbungen der Bauernpartei Mačeks und wurde 1940 im Zusammenhang mit einem Bombenattentat verhaftet. Während seiner Haftzeit beging seine Frau Selbstmord. Als im April 1941 Ante Pavelić seine Regierung zusammenstellte, wurde B. Religions- und Unterrichtsminister. Zugleich wurde ihm die Propaganda für den neuen Staat

Rede Budaks vor Regierungsmitgliedern und dem Diplomatischen Korps zum Jahrestag des kroatisch-italienischen Vertrags vom 18.5.1941

Kroatien übertragen. In beiden Funktionen hatte er für die Reinheit des Kroatentums und der kroatischen Staatsidee zu sorgen. In dem Maße, wie er die katholische Kirche förderte, bekämpfte er die Orthodoxie. Um die in Kroatien lebenden orthodoxen Christen vom Belgrader Metropoliten unabhängig zu machen, berief er ein orthodoxes Oberhaupt für die Gläubigen auf kroatischem Boden. Der Franzsikanerorden, dessen Mitglieder sich in besonderem Maße für die kroatische Sache engagierten, hatte die besondere Zuneigung B.s. Dem nationalen Fanatismus der Ustaschaanhänger galt seine volle Sympathie. Er zeichnete verantwortlich für viele Greuel gegenüber den 1,9 Millionen Serben, die in Kroatien lebten. In seiner politischen Naivität glaubte B. anfangs, die kroatischen Belange seien bei den Italienern besser aufgehoben als bei den Deutschen. Erst nach der Besetzung Dalmatiens und Sloweniens durch italienische Truppen und die Übernahme der vollziehenden Gewalt durch das Commando Supremo gingen ihm die Augen auf. Von da an lehnte er den italienischen Faschismus ab und bekannte sich zum Modell des Nationalsozialismus.

Als sich B. wegen seiner politischen Intoleranz zu einer innen- und außenpolitischen Belastung der kroatischen Regierung entwickelte, machte ihn Pavelić im Oktober 1941 zum kroatischen Gesandten in Berlin. Er löste Branko Benzon ab, der sich als Fehlbesetzung erwiesen hatte, weil seine Versuche, einen Keil zwischen die Achsenmächte zu treiben, bei den Deutschen Unruhe auslösten. B. gelang es, die deutsch-kroatischen Freundschaft zu pflegen. Im April 1943 wurde er nach Zagreb zurückberufen, um das Außenministerium aus den Händen von Mladen Lorković zu übernehmen. Obwohl ihn nach dem Regierungswechsel im

Oktober 1943 auch der neue Regierungschef Nikola → Mandić in dieser Funktion behalten wollte, demissionierte B. Sein Nachfolger wurde Stjepan Perić. Aus Furcht vor der Rache der Tito-Partisanen flüchtete B. am 7.5.1945 mit einem Treck aus Ministerialbeamten nach Klagenfurt. Dort geriet er in die Hände der Briten, die ihn am 18.5.1945, zusammen mit anderen kroatischen Flüchtlingen, an Jugoslawien auslieferten. In Zagreb stand er vor einem Volksgericht. Das Todesurteil gegen ihn wurde im Morgengrauen des 7.6.1945 vollstreckt. Zugleich mit ihm starben der Ministerpräsident Mandić, der Justizminister, der Kriegsminister und der Erziehungsminister.

Literaturhinweise:

Ladislaus Hory und Martin Broszat: Der kroatische Ustascha-Staat 1941–1945, Stuttgart 1964

Ivo Omrcanin. Dramatis personae and finis of the Independent State of Croatia in American and British Documents, Bryn Mawr 1983

BÜELER, HEINRICH, geb. 12.12.1901 in Cochin (Indien), gest. 19.5.1985 in Düsseldorf, Mitarbeiter der »Germanischen Leitstelle« des SS-Hauptamtes 1942–1943, SS-Sonderführer in der »Brigade France« und der 33. Waffengrenadierdivision der SS ›Charlemagne‹ 1944–1945

Der Vater leitete eine Niederlassung der Firma Volkart in Indien, als B. geboren wurde. Er wuchs im kolonialen Milieu auf. Auf dem Gymnasium in Winterthur beschäftigte sich B. mit dem Marxismus, weil er nach einer Erklärung für das soziale Unrecht in der Welt suchte. 1920 wurde er Mitglied der Kommunistischen Jugend der Schweiz und leitete die örtliche Kindergruppe. Nach dem Studium der Rechtswissenschaften an der Universität Zürich und an der Sorbonne, das er 1925 mit dem Doktorexamen abschloß, arbeitete B. zuerst am Bezirksgericht Horgen im Kanton Zürich als Auditor und dann in Genf als Substitut und in Zürich als Sozius in einer Rechtsanwaltskanzlei. Nachdem er das Staatsexamen zur Ausübung des Rechtsanwaltsberufes abgelegt hatte, war er von 1929–1935 als Rechtskonsulent bei einer Versicherungsgesellschaft beschäftigt. 1935 eröffnete er eine eigene Anwaltskanzlei in Zürich.
Nach einer Deutschlandreise 1923, bei der er mit dem nationalsozialistischen Gedankengut bekannt wurde, verließ B. die Schweizer Kommunistische Partei. Im Nationalsozialismus fand er die erstrebte Verbindung von Volksgemeinschaft und sozialer Gerechtigkeit. Im Sommer 1931 gehörte er zu den Gründern des »Bundes nationalsozialistischer Eidgenossen«. Er machte sich einen Namen als Verteidiger von Schweizer Nationalsozialisten in politischen Prozessen. Am 1.6.1936 hob er zusammen mit Ernst → Hofmann und Heinrich Wechlin die »Eidgenössische Soziale Arbeiter-Partei« (ESAP) aus der Taufe, mit der er nach deutschem Vorbild die Arbeiterschaft erreichen wollte, um sie vom marxistischen Irrweg abzubringen. Ende Juli 1940 mitunterzeichnete B. den »Aufruf an das Schweizervolk«, der an die Freunde der »Nationalen Bewegung der Schweiz« (NBS) gerichtet war. Darin wurden die Wiederherstellung freundlicher Beziehungen zum Deutschen Reich, der Austritt der Schweiz aus dem Völkerbund, der Abbruch der diplomatischen Beziehungen zu Großbritannien und

die Wiederzulassung der »Neuen Basler Zeitung« als Organ der Schweizer nationalen Bewegung gefordert.
Im Frühjahr 1941 gründete B. im Einvernehmen mit dem Chef des SS-Hauptamtes, SS-Gruppenführer Berger, und seines als Stabschef die Germanische Freiwilligen-Leitstelle führenden Landsmannes Franz → Riedweg einen Sportbund als Betreuungseinrichtung für die Familien der Schweizer Waffen-SS-Freiwilligen. Die zentrale Anlaufstelle war die »Schweizerische Sportschule« in Kilchberg. Unter der Beschuldigung, sich gegen das Demokratieschutzgesetz und das Unabhängigkeitsgesetz des Landes vergangen zu haben, wurde B. am 10.6.1941 verhaftet. Gegen eine Kaution von 20 000 Schweizer Franken auf freien Fuß gesetzt, flüchtete er am 21.11.1941 zusammen mit vier anderen Vertretern der schweizerischen Erneuerungsbewegung illegal in das Reich. Es handelte sich um Max Leo → Keller, leitendes Mitglied der NBS, Heinrich Wechlin, ehemaliger Chefredakteur des »Berner Tagblattes«, Leutnant Maag, Ausbilder im Sportbund, und Herrn Schlatter, Mitglied des Sportbunds. Die Kaution hatte der Schweizer Industrielle Arnold Mettler hinterlegt, dessen Sohn in der Waffen-SS diente. Die Flucht wurde in Zusammenarbeit mit dem SS-Reichssicherheitshauptamt durch den Chef des SS-Hauptamtes, SS-Gruppenführer Berger, bewerkstelligt. Das gegen B. in der Schweiz eingeleitete Militärstrafverfahren endete im Februar 1942 mit einer sechsmonatigen Gefängnisstrafe in contumaciam. Zu dieser Zeit arbeitete B. nach einer zweimonatigen Schulung im SS-Ausbildungslager Sennheim bereits in der Germanischen Leitstelle des SS-Hauptamtes mit dem vorläufigen Dienstgrad eines SS-Untersturmführers. Er war zuständig für die Versorgung der germanischen Freiwilligen der Waffen-SS mit schöngeistiger Literatur und Informationsmaterial. Zu seinen Aufgaben gehörte auch die Betreuung der aus der deutschsprachigen Schweiz kommenden Waffen-SS-Freiwilligen, die in der Regel aus dem Zug sprangen, sobald dieser bei Schaffhausen durch deutsches Gebiet fuhr, und sich von dort zur Sammelstelle im Stuttgarter Panoramaheim begaben. Wegen der in der zweiten Jahreshälfte 1941 einsetzenden Verfolgung der Nationalsozialisten in der Schweiz stieg die Zahl der Flüchtlinge. Im Panoramaheim Stuttgart meldeten sich allein im Dezember 1941 54 schweizerische Staatsangehörige. 15 von ihnen waren Waffen-SS-tauglich, die anderen wurden als Facharbeiter dem deutschen Arbeitsmarkt zugeführt. Anfang 1942 befanden sich bei der Waffen-SS 150 Schweizer und 20 Liechtensteiner. Rund 100 Schweizer Kriegsfreiwillige waren beim Ersatzbataillon in Stralsund. Bis Ende 1941 waren acht Schweizer als Angehörige der Waffen-SS gefallen, darunter der Sohn Arnold Mettlers, der B.s Flucht aus der Schweiz ermöglicht hatte.
Da Berger und B. mit weiteren Schweizer Flüchtlingen rechneten, erwogen sie, einen schweizerischen Waffen-SS-Verband bzw. eine schweizerische Waffen-SS-Legion aufzustellen. Sie argumentierten dafür unter Volkstumsgesichtspunkten und sahen darin »eine Ehrenrettung für das Alemannentum der Schweiz«. Zur Werbung und Erfassung dienten die deutschen Konsulate in der Schweiz. In Stuttgart wurde eine von Schweizern geleitete Zentralstelle eingerichtet, die mit dem Amt VI des SS-Hauptamtes und dem Amt VI des SS-Sicherheitshauptamtes in enger Verbindung stand. Zu ihren Aufgaben gehörte die

Erstellung einer Kartei der deutschfreundlichen und deutschfeindlichen Personen in der Schweiz, die Arbeitsvermittlung für ausgewanderte Schweizer und die Betreuung der Kriegsfreiwilligen in der Waffen-SS und ihrer Angehörigen zu Hause. Der im SS-Hauptamt zuständige Referent war B.

Zur Gründung einer eigenen schweizerischen Waffen-SS-Einheit kam es nicht. Die meisten eidgenössischen Freiwilligen wurden dem III. (germanischen) SS-Panzerkorps zugeteilt. Sie hatten eigene Zug- und Kompanieführer, die teilweise schon in der Schweizer Miliz die Offizierausbildung abgeschlossen hatten. Aber für die Gründung eines Regiments war die Zahl der Bewerber zu gering.

Am 26.5.1943 erwarb B. die deutsche Staatsbürgerschaft, weil ihn die eidgenössische Staatszugehörigkeit am Kampf gegen den Bolschewismus behinderte. Ihm war unverständlich, wie sein bisheriges Vaterland diese europäische Bedrohung ignorieren konnte. Von Oktober 1943 bis März 1944 besuchte er die SS-Junkerschule Tölz, um SS-Führer zu werden. Dann folgten ein paar Monate im SS-Ausbildungslager Sennheim, wo er wegen seiner guten Sprachkenntnisse die Ausbildung der französischen Freiwilligen übernahm. Ab September 1944 diente B. als SS-Sonderführer bei der »Brigade France« und der aus ihr entstehenden 33. Waffengrenadierdivision der SS ›Charlemagne‹. Er versuchte, die Motivation der französischen Freiwilligen dadurch zu stimulieren, daß er ihnen das Konzept einer Europaföderation vermittelte, in der Frankreich als souveräner Staat nur die Außen- und Verteidigungspolitik an Berlin abzugeben habe. Damit begab er sich weit außerhalb der Vorstellungen der Reichsführung. In Pommern erlebte B. im März 1945 die Katastrophe von Belgard, als die Rote Armee zur unteren Oder vorstieß. 300 Überlebende erreichten Kolberg. Mit ihnen nahm B. an der Verteidigung der Stadt teil, bis die Zivilisten und Verwundeten, etwa 70 000 Personen, im Hafen eingeschifft waren. Am 18.3.1945 brachte ein Zerstörer der Kriegsmarine die letzten 50 Mann der Division, unter ihnen B., nach Swinemünde.

B. geriet im April 1945 in amerikanische Gefangenschaft. Die Amerikaner ließen ihn als Schweizer Bürger frei, so daß er zu Fuß nach Süddeutschland wandern konnte. Im Württembergischen wurde er von den Franzosen ertappt, die ihn als Dolmetscher in einem Kriegsgefangenenlager für deutsche Soldaten einsetzten. Nach seiner Freilassung marschierte er in Richtung Schweizer Grenze. Die Grenzpolizei verweigerte ihm die Einreise, weil er am 23.4.1945 ausgebürgert worden sei. Diesen Beschluß der schweizerischen Regierung empfand B. bis an sein Lebensende als Schmach. B. verdingte sich bei der französischen Standortkommandantur Ehingen als Dolmetscher, bis die französische Sûreté seine Vergangenheit aufdeckte und ihn ins Internierungslager Balingen brachte. Er arbeitete im Steinbruch, bis ihn die Frau des Lagerleiters als Deutschlehrer anforderte. Ende Oktober 1946 entschloß sich B., zu seiner Familie in die Schweiz zurückzukehren. In der Untersuchungshaft wurde er mit dem Vorwurf konfrontiert, von Himmler nach der Besetzung der Schweiz als Polizeichef vorgesehen gewesen zu sein. Im Dezember 1947 fällte das Bundesstrafgericht das Urteil gegen ihn, gegen Riedweg und 17 Mitangeklagte, für die meisten in contumaciam. B. bekam zwölf Jahre Zuchthaus. Er wurde in das Gefängnis Regensdorf gebracht. 1954 vorzeitig entlassen, ließ er sich in Düsseldorf nieder und übernahm die Stelle eines Justitiars der Commerzbank. Als er sich altershalber zur Ruhe setzte, ließ er sich in unmittelbarer Nähe der Schweizer Grenze nieder.

Literaturhinweise:
Alice Meyer: Anpassung oder Widerstand. Die Schweiz zur Zeit des deutschen Nationalsozialismus, Frauenfeld 1966
Jürg Fink: Die Schweiz aus der Sicht des Dritten Reiches 1933–1945, Zürich 1985
Linus Reichlin: Kriegsverbrecher Wipf, Eugen. Schweizer in der Waffen-SS, in deutschen Fabriken und an den Schreibtischen des Dritten Reiches, Zürich 1994

BUNIATSCHENKO, SERGEJ KUSMITSCH, geb. 5.10.1902 in Korovjakovka (Charkow), hingerichtet 2.8.1946 in Moskau, Generalmajor, Divisionskommandeur der »Russischen Befreiungsarmee« (ROA) 1945

B. war ein Bauernsohn aus der Gegend von Charkow. 1919 wurde er Mitglied der Kommunistischen Partei. Seine Offizierslaufbahn begann er in der Roten Armee. Er absolvierte eine dreijährige Generalstabsausbildung und wurde 1939 Kommandeur der Fernost-Division in Wladiwostock. Da er als Kommandeur der 389. Schützendivision den Befehl zur Zerstörung der Eisenbahnlinie Izerskaja-Ossetinskaja zu früh gegeben und dadurch den Einsatz eines Panzerzuges verhindert hatte, verurteilte ihn Stalin am 5.9.1942 zum Tode. Nach seiner Begnadigung lief er zu den Deutschen über, als er in seiner Funktion als Chef des Stabes bei Marschall Timoschenko die Gelegenheit hatte, ein Flugzeug in die Hand zu bekommen. Zur Vergeltung wurde seine Familie zum Tode verurteilt.
B. erklärte sich bereit, auf deutscher Seite gegen den Bolschewismus zu kämpfen und seine Energie zum Sturz Stalins einzusetzen. Nach einer mehrmonatigen Einweisung im Lager Dabendorf wurde B. 1943 als Stabsoffizier beim Kommandeur der Osttruppen zbV 721 im Bereich der Heeresgruppe Süd, Generalmajor Graf zu Stolberg, verwendet. Er war für den Einsatz der Freiwilligenbataillone aus den nichtrussischen Völkern der UdSSR gegen die Partisanen zuständig. B. erfüllte alle Aufgaben zur Zufriedenheit der Vorgesetzten. Einen durchschlagenden militärischen Erfolg erwartete er jedoch nur von der Einbeziehung auch der russischen Freiwilligen aus den Kriegsgefangenenlagern in die Osttruppen und in der Bildung einer großen Befreiungsarmee aus allen Völkern der UdSSR. Im Oktober 1943 wurde die meisten Ostlegionen nach Frankreich zur Verteidigung des Atlantikwalls verlegt, weil ihnen die Wehrmachtführung nicht traute. B. wurde der 136. Infanteriedivision zugeordnet. Im Juni 1944 führte B. ein Osttruppenregiment an der Invasionsfront in Frankreich.
Unter Beförderung zum Generalmajor übernahm B. am 11.11.1944 das Kommando über die 1. Division der »Russischen Befreiungsarmee« (ROA) des Generals → Wlassow, die auf dem Heuberg bei Münsingen zusammengestellt wurde. Nachdem sie am 10.2.1945 mit einer Parade vor Wlassow offiziell in Dienst gestellt worden war, wurde sie am 2.3.1945 an die Ostfront verlegt. Bei Frankfurt an der Oder sollte sie als Bewährungsprobe den sowjetischen Angriff abfangen. B. witterte den selbstmörderischen Charakter des beabsichtigten Einsatzes. Trotzdem begann er nach Rücksprache mit Wlassow die Operation. Nach

zwei vergeblichen Versuchen, den russischen Brückenkopf Erlenhof einzudrücken, weigerte sich B. angesichts der hohen Verluste, weitere Befehle vom Oberbefehlshaber der 9. Armee, General Busse, anzunehmen, und zog mit seinem Verband eigenmächtig nach Böhmen, um sich mit der 2. Division der ROA zu vereinigen. Er war auch nicht bereit, sich der Heeresgruppe Mitte zu unterstellen, die von Generalfeldmarschall Schörner befehligt wurde. Im Gegenteil. Am 6.5.1945 griff er auf seiten der Tschechen in den Prager Aufstand gegen die deutsche Besatzung ein, weil er den Führern des Aufstands Glauben schenkte, die seinen Männern Asyl in der Tschechoslowakei versprachen. Als die Rote Armee vor Prag erschien, sah sich B. getäuscht. Er setzte den Marsch in Richtung Budweis fort, um seine Division in amerikanische Gefangenschaft zu führen. Am 10.5.1945 mußten alle Einheiten der ROA die Waffen niederlegen. Als am nächsten Tag die Demarkationslinie zwischen den Amerikanern und Russen nach Westen verlegt wurde, gehörte das Gebiet, in dem sich die Division aufhielt, zum russischen Besatzungsbereich. Am 12.5.1945 entband B. seine Soldaten von ihrem Eid und legte ihnen nahe, in kleinen Gruppen nach Westen zu fliehen. Er selbst begleitete Wlassow zu Verhandlungen beim Armeeoberkommando der Amerikaner. Auf dem Weg dorthin wurde der Konvoi von Offizieren der Roten Armee angehalten. Wlassow und B. wurden festgenommen.
B. wurde zusammen mit den anderen Generalen der ROA vor einem Moskauer Militärgericht des Landesverrates und der Agententätigkeit für den deutschen Spionagedienst angeklagt. Er bekannte sich schuldig und wurde einen Tag nach der Urteilsverkündung gemeinsam mit den anderen zum Tode Verurteilten gehängt.

Literaturhinweise:
Gerald Reitlinger: Ein Haus auf Sand gebaut, Hamburg 1962
Jürgen Thorwald: Die Illusion. Rotarmisten in Hitlers Heeren, Zürich 1974
Joachim Hoffmann: Die Geschichte der Wlassow-Armee, Freiburg 1984
Sergej Fröhlich: General Wlassow. Russen zwischen Stalin und Hitler, Köln 1987
Catherine Andreyev: Vlasov and the Russian Liberation Movement. Soviet reality and émigré theories, Cambridge u. a. 1987

BURRI, FRANZ, geb. 26.10.1901 in Entlebuch, gest. 24.7.1987 in Wangen, Leiter der »Internationalen Presse-Agentur« 1935–1944, Mitbegründer des »Bundes der Schweizer in Großdeutschland« (BSG) 1940 und der »Nationalsozialistischen Bewegung in der Schweiz« (NSBidS) 1941, Führer des »Nationalsozialistischen Schweizerbundes« (NSSB) 1941–1944

Nach dem frühen Tod des Vaters wuchs B. in einer Erziehungsanstalt auf, später kam er wegen eines Lungenleidens in ein Sanatorium. Nach dem Ersten Weltkrieg wanderte er nach Österreich aus und trat dem Orden der Schulbrüder in Strebersdorf bei Wien bei, wo er Präfekt des Lehrlingsheims wurde. 1921 fand er eine Anstellung als Buchhalter und übernahm die Vertretung der schweizerischen Fremdenverkehrszentrale in Graz. Er war Mitbegründer des Steirischen Schriftstellerverbands und Mitglied des Vorstands. Als Herausgeber der »Mitteleuropäischen Korrespondenz« wurde B. 1932 Generalsekretär des »Zentralverbandes öster-

reichischer Zeitungsverleger« in Wien und Schriftleiter der Wochenzeitung »Wienerwald-Rundschau«. Anfang 1933 schloß sich B. der nationalsozialistischen Bewegung an. Deshalb wurde er am 5.4.1934 aus Österreich ausgewiesen.
B. siedelte sich zunächst in Luzern an, wo er die antiösterreichische »Internationale Presse-Agentur« (IPA) herausgab, die mit deutschen Geldern arbeitete und den Anschluß Österreichs ans Reich propagierte. B.s Publikationen wurden von den deutschen Stellen unterstützt, weil seine Meinung als »Stimme aus der neutralen Schweiz« ausgelegt werden konnte. Alle von B. redigierten Nachrichtenblätter waren deutschnational, antiklerikal, juden- und freimaurerfeindlich. Als nach der Eingliederung Österreichs in das Deutsche Reich die Schweizer Regierung per Bundesratsbeschluß vom 14.4.1938 die Herausgabe und den Vertrieb sämtlicher Nachrichten- und Informationsblätter sowie aller künftigen Ersatzblätter der Agentur B. in der Schweiz verbot, zog B. nach Wien und gab die IPA dort heraus. Jetzt wandten sich die Beiträge ebenso deutlich gegen die Schweiz wie vorher gegen Österreich. Sie plädierten für den Anschluß der Schweiz an das Deutsche Reich und desavouierten die Schweizer Demokratie, indem sie alle Skandale und Mißstände des Landes veröffentlichten, die ihm bekannt wurden. Für die illegale Verbreitung der von der IPA redigierten »Eidgenössischen Korrespondenz« in der Schweiz sorgten die Mitglieder der von Ernst → Leonhardt geleiteten »Schweizerischen Gesellschaft der Freunde einer autoritären Demokratie« (SGAD). 1940 verlegte B. den Sitz der IPA nach Budapest, um sich den Anschein der Unabhängigkeit von den Reichsbehörden zu geben, obgleich die IPA weiterhin finanziell vom Auswärtigen Amt in Berlin getragen wurde.
1940 initiierte B. die Gründung des »Bundes der Schweizer in Großdeutschland« (BSG), dessen Leitung Otto Alfred Lienhard im Sommer 1941 übernahm. B. vermittelte die Kontakte zu den deutschen Amts- und Parteistellen. Als Schulungsredner fungierte Ernst Leonhardt, der bereits 1937 auf Bitten B.s im »Schweizerischen Komitee gegen Freimaurerei« mitgewirkt hatte, in dem B. die Pressearbeit machte. Leonhardt veranlaßte seine ins Reich geflüchteten Anhänger zum Beitritt in den BSG. Das Mitgliedsbuch des BSG enthielt das Bekenntnis »zur nationalsozialistischen Weltanschauung und zu Adolf Hitler«. Finanziert wurde der BSG vom SS-Hauptamt und vom Reichsministerium für Volksaufklärung und Propaganda. Die Kontrolle lag beim SS-Hauptamt, das über die Arbeit der Vereinigung regelmäßige Rechenschaftsberichte verlangte. Offizielles Presseorgan des BSG waren die »Nationalen Hefte«, die Hans → Oehler herausgab. Der BSG verstand sich als eine Vereinigung zur Eingliederung der Schweiz in das Deutsche Reich. Hauptaktionsfeld war der militärische und politische Nachrichtendienst. Die Zusammenarbeit zwischen BSG und SGAD verschaffte B. Einfluß auf die geistige Führung beider Gruppierungen. Obwohl die Art und Weise, wie die Schweiz zu Deutschland kommen sollte, nach einer Weisung der Bundesleitung von den Mitgliedern nicht diskutiert werden durfte, weil sich Hitler in dieser Sache alle Entscheidungen vorbehielt, legte B. dem Auswärtigen Amt in Berlin seine Vorstellungen schriftlich vor. Er plädierte für einen größeren diplomatischen und militärischen Druck auf die Schweizer Regierung, der den Staatsstreich der Nationalsozialisten im Inneren vorbereiten sollte. Diese sollten den Anschluß an das Reich proklamieren, sobald der Armee-

stab, die Führung der Bundespolizei und die Bundesanwaltschaft, gegebenenfalls mit deutscher Hilfe, lahmgelegt seien.
Auf Anregung der deutschen Seite fand am 10.10.1940 unter der Leitung von Klaus Hügel aus dem Reichsministerium für Volksaufklärung und Propaganda eine »Einigungskonferenz« der zerstrittenen Schweizer Frontisten in München statt. Neben Max Leo → Keller, Hans Oehler und Benno Schäppi nahmen Ernst Leonhardt als Vertreter der SGAD und B. für den BSG daran teil. Die Einigung scheiterte, weil sich B. und Keller um die Führungsposition in der »Nationalen Bewegung der Schweiz« stritten, die als Dachverband vorgesehen war. Sowohl die SGAD als auch die »Nationale Gemeinschaft« von Karl → Meyer verweigerten schließlich die Mitarbeit.
Als am 8.11.1940 die SGAD zusammen mit allen anderen völkischen Organisationen in der Schweiz verboten wurde, gründeten B. und Leonhardt im Frühjahr 1941 die »Nationalsozialistische Bewegung in der Schweiz« (NSBidS) als Auffangbecken. Die Propagandaschriften, die aus dem Reich eingeschleust wurden, priesen den autoritären Führerstaat als beste Staatsform und die Volksgemeinschaft als beste gesellschaftliche Organisationsform. Aber die Anhängerschaft der nationalfaschistischen Bewegungen in der Schweiz verlief sich.
Führungsrivalitäten im BSG führten am 24.8.1941 auf einer Konferenz in Stuttgart zur Abspaltung des »Nationalsozialistischen Schweizerbunds« (NSSB). Die programmatischen Unterschiede waren gering. Während der BSG der Schweiz nach der Eingliederung ins Reich eine gewisse Eigenständigkeit erhalten wollte, betrieb der NSSB die Einverleibung der Schweiz in das Reich in Form eines Reichsgaus. Das »Bekenntnis und Programm«, wie die politischen Grundsätze des NSSB genannt wurden, führten dazu aus: »Es gibt keine schweizerische Nation...Wir gehören zur Substanz des deutschen Volkes. Wir wollen nicht, daß unser Land, daß unsere Heimat, das allemannische Land der Eidgenossen, nur eine Art Anhängsel des Deutschen Reiches ist.« Nominell lag die Leitung des neuen Verbandes in den Händen von Eduard Mange, faktisch nahm sie B. wahr. Zum Führungskreis gehörten neben B. und Mange auch Ernst Leonhardt und Emil Reiffer. Leonhardt, der für das Organisations- und Schulungswesen verantwortlich war und als Propagandaredner auftrat, wurde am 15.1.1944 wegen der Kontroversen mit B. über den Kurs des Verbandes aus dem NSSB ausgeschlossen. In seiner Eigenschaft als »Bundesführer« gab B. die »Informationen des NSSB« heraus. Der NSSB zählte auf seinem Höhepunkt etwa 2400 Mitglieder.
Um sich bei einer Neuordnung der Schweiz nach dem deutschen Endsieg eine politische Führungsposition zu sichern, attackierte B. die demokratischen Prinzipien der Schweiz in zahlreichen Flugblättern und offenen Briefen. Er beschuldigte die Berner Bundesregierung, daß sie die Meinungsfreiheit nur den Marxisten und Demokraten zugestehe und nicht den nationalen Erneuerern. Bestärkt durch die deutschen Siege, forderte er die Einbeziehung von Männern der Frontenbewegung in die Regierung. 1941 verlangte er eine Verfassungsänderung, die Auflösung des Parlaments, die Verstaatlichung des Nachrichtenwesens und die Einsetzung eines Schweizer Führers, der die Gleichschaltung der Schweizer Gesellschaft durchführen sollte. Den Schweizer General Guisan nannte er einen »Verbrecher und Landesverräter«.

Nach dem Beginn des deutschen Rußlandfeldzugs im Juni 1941 planten Leonhardt, Reiffer und B. die Aufstellung einer schweizerischen Freiwilligentruppe zum Kampf gegen den Bolschewismus. Obwohl sich Hitler und der deutsche Außenminister Ribbentrop gegen eine »Schweizer Legion« aussprachen, startete B. mit der Rückendeckung des Chefs der Deutschland-Abteilung im Auswärtigen Amt, Unterstaatssekretär Martin Luther, und des Leiters der »Germanischen Freiwilligen-Leitstelle« im SS-Hauptamt, SS-Sturmbannführer Franz → Riedweg, im August 1941 mit Hilfe illegal in die Schweiz eingeführter Schriften eine Werbekampagne für ein Freiwilligenkorps unter der militärischen und organisatorischen Leitung von Major a. D. Ernst Leonhardt. Zusammen mit den Schweizern, die sich in Deutschland aufhielten, dienten 1941 etwa 200 Wehrfähige in den deutschen Streitkräften. 1943 waren es 563 und 1944 stieg ihre Zahl auf 617. Die Bewerberzahlen waren jeweils doppelt so hoch.
Am 28.4.1942 wurden B. und Leonhardt wegen des Angriffes auf die Unabhängigkeit der Eidgenossenschaft, der Gründung einer rechtswidrigen Vereinigung, der wiederholten Beschimpfung des Generals des Schweizer Bundesheeres und der Anwerbung zum fremden Militärdienst sowie wegen Zuwiderhandlung gegen die Demokratieschutzverordnung von einem Schweizer Gericht in contumaciam zu je fünf Jahren Zuchthaus und zehn Jahren Ehrverlust verurteilt. Daraufhin beantragte B. die deutsche Staatsangehörigkeit. Als Deutscher konnte er in die NSDAP eintreten und nach einer kurzen Einarbeitungszeit in der Gauamtsleitung Niederdonau zum Gauamtsleiter befördert werden. Er behielt die Schweizer Staatsbürgerschaft neben der deutschen.
Seine neue Funktion benutzte B., um im Interesse des NSSB seine Verbindungen zu den wichtigsten Dienststellen des Reiches auszubauen. Dazu gehörten das Auswärtige Amt, das SS-Reichssicherheitshauptamt, das SS-Hauptamt, das Reichsministerium für Volksaufklärung und Propaganda und der SD. Er arbeitete mit dem »Alemannischen Arbeitskreis« des Klaus Hügel in Stuttgart zusammen. Das Auswärtige Amt unterstützte seine Arbeit jeden Monat mit 1000 Reichsmark. Der Chef des SS-Reichssicherheitshauptamts, SS-Obergruppenführer Kaltenbrunner, akzeptierte zwar seinen »Drei-Etappen-Plan« für den Anschluß der Schweiz an das Großdeutsche Reich – 1. Reorganisation aller nationalsozialistischen Gefolgsleute im Land, 2. Machtergreifung durch die Bewegung, 3. Eingliederung der Eidgenossenschaft mit Ausnahme der rätoromanischen Gebiete –, aber die Anerkennung der »illegalen Kampfgruppen mit ihrem SS-Charakter« in der Schweiz erreichte er nicht, weil man am Wahrheitsgehalt seiner Darstellungen zweifelte. Das SS-Hauptamt beschrieb ihn als »Mann von starker Aktivität, aber auch ausgesprochen kleinem Format«. Bei der SS versprach man sich mehr von Alfred → Zander.
1942 gelang es dem Schweizer Bundesrat auf diplomatischem Weg, das Verbot der IPA in Ungarn zu erwirken, so daß B. die Agentur nach Zagreb verlegen mußte. Nach Ermittlungen gegen insgesamt 147 Personen, die der landesverräterischen Tätigkeit verdächtigt wurden, nahm die Schweizer Polizei im Januar 1942 weitere Mitglieder der frontistischen Bewegung fest. Die meisten gehörten zur Luzerner Gruppe. Im Mai 1943 begann der Prozeß gegen 53 Angeklagte. Auch gegen B. wurde erneut Anklage erhoben. Die Öffentlichkeit war nicht zugelas-

sen. Am 11.7.1943 wurden 32 Schuldsprüche gefällt, in den meisten Fällen wegen Angriffs auf die Unabhängigkeit der Eidgenossenschaft bzw. Beihilfe dazu. B. bekam sechs Monate Haft. Da er gegen die Sicherheit und Unabhängigkeit des Landes verstoßen hatte, wurde er gemäß einem Beschluß des Bundesrates vom 18.5.1943 ausgebürgert.
Als Max Leo Keller 1944 mit deutscher Unterstützung den »Bund der Schweizer Nationalsozialisten« gründete, in dem BSG und NSSB aufgingen, war B. politisch entmachtet.
Am 10.12.1945 wurde B. bei dem Versuch, von Österreich in die amerikanisch besetzte Zone Deutschlands zu fliehen, von der US Militärpolizei aufgegriffen und am 31.5.1946 den schweizerischen Behörden in St. Margarethen übergeben. Er gehörte zu den 41 Angeklagten, gegen die am 20.4.1948 der Prozeß eröffnet wurde. Mit dem Schuldspruch vom 7.5.1948 erhielt B. wegen Angriffs auf die Unabhängigkeit der Eidgenossenschaft, Vorschubleistens zu politischem Nachrichtendienst, Vorschubleistens zur Anwerbung für fremden Militärdienst sowie Beschimpfens einer Militärperson die Höchststrafe von 20 Jahren Zuchthaus und 15 Jahren Landesverweisung.

Literaturhinweise:
Walter Wolf: Faschismus in der Schweiz. Die Geschichte der Frontenbewegungen in der deutschen Schweiz 1930–1945, Zürich 1969
Werner Rings: Schweiz im Krieg 1933–1945. Ein Bericht, Zürich 1974
Walter Rüthemann: Volksbund und SGAD. Nationalsozialistische Schweizerische Arbeiterpartei. Schweizerische Gesellschaft der Freunde einer autoritären Demokratie. Ein Beitrag zur Geschichte der politischen Erneuerungsbewegungen in der Schweiz 1933–1944, Diss. Zürich 1979

C

CALLEWAERT, JULES LAURENTIUS, geb. 4.2.1886 in Torhout, gest. 25.11.1964 in Gent, Mitglied des Dominikanerordens, flämischer Schriftsteller

Nach seinem Noviziat in La Sarte 1905–1906 studierte C. 1907–1912 Philosophie und Theologie in Löwen. Wie schon während seiner Schulzeit engagierte er sich in der nach dem 1880 verstorbenen flämischen Dichter benannten »Rodenbachse Studentenbeweging«, die Kleinseminare zur Schulung flämischer Nationalisten in Roselare abhielt, und in der »Thomasgenootschap«, die den katholischen Charakter Flanderns betonte. Unter den Pseudonymen Pauwel van Groenendael und Houtlander veröffentlichte er in dieser Zeit neben religiösen Traktaten viele patriotische Schriften. Am bekanntesten wurde »En Vlaanderen voor Christus«. Schließlich übernahm er die Redaktion der Zeitschrift »Hoogeschoolleven«. Nach seinem Studium arbeitete C. zwei Jahre in Ostende für seinen Orden. Seine besondere Neigung galt der »Thomasgenootschap«, in deren Rahmen er Exerzitien und Ferienwochen durchführte, bei denen der flämische Volkscharakter betont wurde. Als die deutschen Truppen im Oktober 1914 nach dem Bruch der belgischen Neutralität den größeren Teil Belgiens besetzten, ging C. nach Großbritannien, wo er von Msgr. De Wachter als Geistlicher in einem Flüchtlingslager eingesetzt wurde. Von England aus veröffentlichte er pazifistische Artikel in »De Belgische Standaard« und in »Ons Vaderland«, die weder bei den Frontsoldaten noch bei den Katholiken Anklang fanden. Auf größere Zustimmung fielen seine Ausführungen zugunsten der flämischen Sache in Zeitschriften wie »Ons Geloof«, »Hooger Leven«, »Ons Volk« und »Ontwaakt«. Seine Beiträge in »De Stem uit België« wurden vor allem von den flämischen Flüchtlingen im Ausland geschätzt.

Nach seiner Rückkehr in die Heimat am 6.2.1919 wurde C. in Belgien zu einem viel gefragten Prediger. Daß er den Mut hatte, als Zeuge der Verteidigung im Brabanter Hochverratsprozeß gegen August → Borms aufzutreten, verschaffte ihm die Sympathie weiter Bevölkerungskreise. C. weigerte sich, die Politik der »Katholieke Vlaamsche Volkspartij« (KVP) in der Öffentlichkeit zu unterstützen. Damit zog er sich das Mißfallen der kirchlichen Obrigkeit zu. Als am 20.5.1920 in »Ons Vaderland« unter der Überschrift »Mechelen en Vlaanderen« über ein Verhör berichtet wurde, dem C. wegen seiner politischen Aktivitäten unterzogen worden war, wurde er für ein Jahr zum Kirchendienst nach Irland geschickt. Seine Verbannung dauerte vom 16.6.1920 bis 6.6.1921. Als er danach nach Gent zurückkehrte, galt er als Märtyrer der flämischen Sache. Sein Priesteramt nahm er mit politischem Akzent wahr. Reibungen mit anderen Geistlichen, mit seinen Vorgesetzten und mit der belgischen Obrigkeit konnten nicht ausbleiben. Im Streit zwischen den flämischen Studenten und der Katholischen Universität in Löwen in den Jahren 1924 und 1925 mischte sich C. aus dem Hintergrund zugunsten der Studenten ein.

1922–1927 war C. Chefredakteur der Zeitschrift »Onze Jeugd«, die von der St. Thomasgenossenschaft in Löwen herausgegeben wurde. Er setzte sich ein für eine Jugenderziehung auf flämischer und katholischer Grundlage. Während er als Prediger von der Kanzel politische Zurückhaltung üben mußte, konnte er in dieser Zeitschrift seine nationalistisch-flämische Gesinnung zum Ausdruck bringen. Aber eine aktive politische Rolle wollte er nicht spielen. Ende 1938 wurde er von seinem Orden nach Antwerpen geschickt, kam jedoch im Oktober 1940 wieder nach Gent zurück.

C. hatte Kontakt zur Leitung des VNV und hegte Sympathien für Staf de → Clercq als Führer und als Mensch. Er versuchte den Chef des VNV zu überzeugen, daß er das Schicksal Flanderns nicht von einem deutschen Sieg abhängig machen solle. Ein freies Flandern in einem freien Belgien schien ihm die beste Lösung zu sein, unter der Voraussetzung, daß der Klerikalismus und die unwürdige Parteipolitik der Vorkriegszeit ausgemerzt würden. Im April 1943 machte C. den Nachfolger de Clercqs im Amt des Parteivorsitzenden, Hendrik → Elias, darauf aufmerksam, daß die Deutschen mit den Flamen ein übles Spiel trieben, weil sie keine Aussagen über die Nachkriegszeit machten. Außerdem sei der Nationalsozialismus nicht mit dem flämischen Katholizismus zu vereinbaren. Er forderte Elias auf, die flämische Jugend nicht weiter für deutsche Interessen zu opfern, auch wenn bei einem Ende der Rekrutierungen für die Waffen-SS die Führung des VNV das deutsche Wohlwollen verliere.

Nach dem Abzug der deutschen Besatzungsmacht fand man C. am 20.4.1945 in seiner Klosterzelle in Antwerpen. Während die Anklageschrift gegen ihn fertiggestellt wurde, schrieb er sein Tagebuch aus der Zeit des Zweiten Weltkriegs ins reine. Er machte sich Sorgen um die Zukunft der Kirche und um das Schicksal Flanderns. Am 11.4.1947 wurde C. im Berufungsverfahren zu 12 Monaten Gefängnis verurteilt. Am 23.10.1948 wurde er mit der Auflage entlassen, Belgien zu verlassen. Von November 1948 bis März 1950 lebte er in Neggio. Nach Gent zurückgekehrt, erlitt er am 7.12.1961 einen Schlaganfall. Er starb drei Jahre später in der Klinik St. Denis-Westrem.

Literaturhinweise:
David Littlejohn: The Patriotic Traitors. A History of Collaboration in German-Occupied Europe 1940–1945, London 1972
Encyclopedie van de Vlaamse Beweging, Band 1, Utrecht 1973

CANKOV, ALEKSANDUR, geb. 29.6.1879 in Orjachovo, gest. 17.7.1959 in Buenos Aires, Chef der bulgarischen Exilregierung 1944

Nach dem Besuch des Gymnasiums in Ruse studierte C. 1900–1904 Jura an der Universität Sofia. An den Hochschulen in München, Berlin und Breslau spezialisierte er sich anschließend auf Staatsrecht und Wirtschaftswissenschaften. Seine akademische Karriere begann 1911. Bis 1916 war er Privatdozent, dann Professor für politische Ökonomie an der Universität in Sofia, zu deren Rektor er 1919/20 gewählt wurde. Seit 1900 korrespondierendes Mitglied der Bulgarischen Akademie der Wissenschaften, wurde er im Dezember 1935 als Vollmitglied aufgenommen.

1922 übernahm C. die Leitung der rechtskonservativen Sammlungsbewegung »Volkseintracht« (Naroden Sgovor), die im Bunde mit der geheimen Militär-Liga am 9.6.1923 die Regierung des Bauernpolitikers Stambolijski zu Fall brachte. Als neuer Ministerpräsident und Minister für Volksbildung stützte sich C. auf die am 10.8.1923 gebildete »Demokratische Eintracht« (Demokratičeski Sgovor), ein Bündnis der »Volkseintracht« mit der »Vereinigten National-Progressiven Partei«, der »Demokratischen Partei« und der »Radikalen Partei«. Zar Boris lenkte den Mißmut des Volkes angesichts der schwierigen wirtschaftlichen Verhältnisse auf den Ministerpräsidenten und drängte ihn 1926 zum Rücktritt. C. wurde mit dem Amt des Präsidenten der Nationalversammlung abgefunden. Den Zerfall der »Demokratischen Eintracht« versuchte er mit der Gründung der »National-Sozialen Bewegung« (Nacionalno-socialno dviženie) aufzuhalten. Sie orientierte sich an dem Muster der deutschen NSDAP. Bereits bei den Kommunalwahlen im Januar 1934 gewann sie 11,5 Prozent der Stimmen. Die Machtübernahme wurde durch den Staatsstreich der Obristen vom 19.5.1934 verhindert, die für ein Jahr ein Militärkabinett zusammenstellten. Den politischen Einfluß C.s durch seine Internierung auszuschalten wagten die Putschisten jedoch nicht, weil er als Wissenschaftler zu bekannt war. Seine Versuche, die »National-Soziale Bewegung« mit Hilfe einer ständestaatlich orientierten Verfassung wieder in die politische Diskussion und an die Macht zu bringen, mißlangen jedoch. Als im Herbst 1936 ein Putschversuch mißglückte, verfiel die Bewegung

sehr rasch. Der Zar übernahm die Macht. Er setzte die von den Militärs eingeführte autoritäre Herrschaft fort. Hofschranzen und persönliche Ratgeber hatten mehr Bedeutung als Parteiführer. Aus ihren Kreisen wählte Boris die Ministerpräsidenten und Minister. Während des Zweiten Weltkriegs war → Filov der Mann seines Vertrauens.
Der Abschluß des Ribbentrop-Molotow-Pakts vom 23.8.1939, an dessen Zustandekommen die bulgarische Diplomatie einen Anteil hatte, mißfiel C., weil er den westlichen Einfluß in Bulgarien zurückdrängte und Bulgarien russischen Erpressungsversuchen aussetzte. Nach dem Beginn des Rußlandfeldzugs am 22.6. 1941 war C. in Deutschland persona grata, obwohl er in seinem Land als Freimaurer bekannt war. Das Kabinett Filov entsprach zwar den deutschen Forderungen, die internationalen Gesellschaften zu eliminieren, aber insgeheim bestanden die Logen weiter, denen auch fast alle Führer der »National-Sozialen Bewegung« angehörten. C. wartete darauf, daß die Deutschen die Geduld mit den monarchistischen Zirkeln verlieren würden. Dann hoffte er, werde seine Stunde kommen.
Erst nachdem Bulgarien auf sowjetischen Druck am 5.9.1944 an Deutschland den Krieg erklärt hatte, durfte C. in Österreich unter deutscher Aufsicht eine national-bulgarische Exilregierung bilden. Er erklärte sich damit einverstanden, alle erreichbaren Bulgaren in einem Waffen-SS-Verband zu sammeln und gegen die Rote Armee einzusetzen. Das Vorhaben ließ sich wegen des nahen Kriegsendes nicht mehr verwirklichen.
Am Ende des Zweiten Weltkrieges ergab sich C. den Amerikanern und wurde in Kitzbühel interniert. Von dort emigrierte er nach Argentinien, wo er starb.
Wegen Kollaboration mit den Deutschen verurteilte ihn in Sofia ein Volksgericht in contumaciam zum Tode.

Literaturhinweise:
Marshall Lee Miller: Bulgaria during the Second World War, Stanford 1975
Hans-Joachim Hoppe: Bulgarien – Hitlers eigenwilliger Verbündeter, Stuttgart 1979

CÉLINE, Pseudonym für Destouches, Louis Ferdinand Auguste, geb. 27.5.1894 in Asnière, gest. 1.7.1961 in Meudon, französischer Romancier

Als Sohn eines Versicherungsangestellten geboren, nach dem Volksschulbesuch für eine kaufmännische Laufbahn vorgesehen, ging C. 1908 zu Sprachstudien nach Deutschland und ein Jahr später nach England. 1912 verpflichtete er sich für drei Jahre zum Dienst in der Armee. Kriegsversehrter des Ersten Weltkriegs, Firmenvertreter in Kamerun, Student der Medizin und ab 1924 Arzt, medizinischer Beauftragter und Fachgutachter des Völkerbunds, weitgereister Bonvivant und Armenarzt, schuf der aus seinem Erleben dichtende Schriftsteller C. ein Romanwerk, das Bewunderer aus allen Lagern anzog. Die Ablehnung des Krieges machte ihn bei den Linken sympathisch, seine Ausfälligkeit gegen Demokraten und Juden für die Rechten akzeptabel. Er wird als konservativer Revolutionär gedeutet, der keine Politik im Sinn gehabt habe, aber als politischer Schriftsteller rechte Themen aufgriff, wenn sie seinen Mythos vom gesellschaftlichen Zerfall stützten. Er war Rebell aus Instinkt. Seine Faszination gegenüber zerstörerischen Vor-

gängen und seine Abscheu vor Disziplin und Gesetz hätten ihn eigentlich immun machen sollen gegen die Ordnungsprinzipien, die ab 1933 in Deutschland gepflegt und ab 1940 von den französischen Rechtsparteien vertreten wurden. Sein aggressiver Antisemitismus – die Juden sind an allem schuld – findet sich bereits in Briefen des Jahres 1916 und wurde nicht vom Nationalsozialismus stimuliert, aber er paßte in die Besatzungszeit. Die Romane »Voyage au bout de la nuit« (1932) und »Mort à crédit« (1936), ein Schocker mit den Leitmotiven Haß, Grausamkeit und Vergewaltigung, zeigten, wie brutal die kleinen Leute, die er als Arzt in den Pariser Vororten kennenlernte, behandelt werden. Sie waren eine Anklage gegen die inhumane neue Zivilisation. In seinem Buch »Mea culpa«, das 1936 nach einer Rußlandreise geschrieben wurde, machte C. deutlich, daß die gesellschaftlichen Verhältnisse durch kein wie auch immer geartetes politisches System verbessert werden können. In der UdSSR habe der Sieg des Kommunismus die historische Überlebenschance für alle Zyniker, Halsabschneider und Sadisten erhöht. Der russische Kommunismus offenbare den totalen Bankrott jeglicher Ethik. Alle Reformer, Weltverbesserer und Humanisten seien in Wirklichkeit Heuchler. Die negative Weltvision des Autors mit seinem Haß auf eine Politik, die Besserung predigt, aber Verschlechterung bringt, steuerte auf das totale Weltchaos zu. In dem Buch »Bagatelles pour un massacre« (1938) ließ C. seinem Antisemitismus freien Lauf. Es ist nur vor dem Hintergrund persönlicher Erlebnisse zu verstehen. 1937 hatte C. seine Stellung an der Klinik von Clichy, wo er seit 1929 angestellt war, und seine Beratertätigkeit für ein pharmazeutisches Labor verloren. Beide Kündigungen führte er auf jüdische Intrigen zurück. Von da an diente das Wirken der Juden als pseudo-historischer Beleg für seine anarchischen Theorien. Für Korruption, Prostitution, Arbeitslosigkeit und alle Formen menschlichen Elends machte er die Juden verantwortlich. Ihre Überrepräsentanz in den Schaltstellen der Macht sei der Grund für den gesellschaftlichen Niedergang der Welt. Auch an allen Kriegen der Neuzeit seien sie schuld. In den halluzinatorischen Katastrophenvisionen des Dichters spielte das internationale Judentum eine Schlüsselrolle. In dem Buch »L'Ecole des cadavres« (1939) begründete C. seine Ansicht, daß Frankreichs Untergang kein Verlust für die Menschheit sein werde, damit, daß sich die Franzosen der jüdischen Diktatur nicht widersetzt und alle Chancen zur Rassenauslese vertan hätten. Deutschland dagegen werde diesem Schicksal entgehen, weil die Deutschen das nordische Ariertum pflegten. Hilfe für den kleinen und entrechteten Mann in Frankreich sei nur von dort zu erwarten. Hitler zeige, wie man ein Volk zu Selbstbewußtsein und Nationalstolz führe. Nur seine Ideen könnten Frankreich vor dem Abgrund retten: »Moi, je veux qu'on fasse une alliance avec l'Allemagne, et tout de suite, et pas une petite. ... Union franco-allemande! Armée franco-allemande!« In dem Theaterstück »L'Eglise« verarbeitete C. seine Beobachtungen beim Völkerbund in Genf. Das Wesen der Organisation sei Ignoranz und Eitelkeit. Sie tauge zu nichts. Politische Impulse seien von ihr nicht zu erwarten.

Obwohl C. 70% kriegsbeschädigt war, meldete er sich beim Beginn des Zweiten Weltkriegs freiwillig zum Dienst in der Handelsmarine. Er wurde als Schiffsarzt an Bord der »Shella« eingesetzt, einem Handelsschiff, das später von der Kriegsmarine übernommen und, nachdem es mit einem britischen Schiff kollidiert war, stillgelegt wurde. Ein weiteres Angebot der Reederei lehnte er ab. In dem Pamphlet »Les beaux draps« (1941) drückte er seine Genugtuung über die französische Niederlage im Juni 1940 aus. Das Buch trug die Widmung »La corde des pendus«. Er war gespannt auf die zu erwartenden Massenhinrichtungen. Nach dem Waffenstillstand träumte C. von einer deutsch-französischen Entente, in der das französische Volk überleben könnte. Aber in den vier Jahren, in denen Frankreich eine Lernzeit unter deutscher Besatzung hatte, verspielte das Land die Chance zur Wiedergeburt, weil es die Kollaboration nur halbherzig praktizierte. Nicht einmal die verfluchte Parteienvielfalt konnte es überwinden. C. kam sich vor wie ein Rufer in der Wüste. Er erstrebte die Einheitspartei, die »Partei der sozialistischen Arier«, in der alle nationaldenkenden nichtjüdischen Franzosen zusammengefaßt werden sollten.

Während der Besatzungszeit standen C. alle Türen offen. Er pflegte Kontakte zu allen wichtigen Personen, gleich ob Deutsche oder Franzosen. Er erreichte zahlreiche persönliche Vergünstigen und nahm an den meisten politischen Demonstrationen und Versammlungen zugunsten der Kollaboration teil. Er trat keiner Bewegung selbst bei, aber er unterstützte die »Parti Populaire Français« (PPF) des Jacques → Doriot und die »Légion des Volontaires Français contre le bolchevisme« (LVF) in Reden und Leserbriefen wegen ihrer antisemitischen und antikommunistischen Ziele. Die Ausstellung »Le Juif et la France« im Palais Berlitz kommentierte er: »Je constate là encore, hélas, la carence effroyable d'intelligence et de solidarité aryenne.«

Bereits im Juni 1944 floh C. mit seiner zweiten Frau in das Exil nach Deutschland. Er zog nach Sigmaringen, als sich die Vichy-Regierung dort befand. Das Leben am Ort beschrieb er in dem 1957 erschienenen Buch »D'un château à l'autre«. Im Hohenzollernschloß lebten die verfeindeten Kollaborateursgruppen Tür an Tür zusammen mit der französischen Regierung, die sich außer Amt fühlte, und dem deutschen Botschaftsstab, der keine Funktion hatte.

Am Kriegsende schlug sich C. nach Dänemark durch. Dort verbrachte er einige Jahre in Gefängnissen und Krankenhäusern. Die französischen Auslieferungsbegehren wurden von der dänischen Regierung abgelehnt. Als Landesverräter verurteilt, aber 1950 amnestiert, kehrte C. 1951 nach Frankreich zurück. Die letzten Jahre seines Lebens verbrachte er als Armenarzt in Meudon. Sein literarischer Ruf wuchs durch zusätzliche Veröffentlichungen: »Féerie pour une autre fois« (1954), »Nord« (1960) und »Rigodon« (posthum 1969). In allen Büchern verarbeitete er seine Erfahrungen aus dem Zweiten Weltkrieg und drückte seine subversive Freude am Untergang der westlichen Zivilisation aus. In der Literaturgeschichte gilt er als letzter Nachfolger Emile Prousts.

Literaturhinweise:

Marc Hanrez: Céline, Paris 1961
David Hayman: Louis-Ferdinand Céline, New York 1965
Pascal Ory: Les collaborateurs 1940–1945, Paris 1976
Karl Kohut (Hrsg.): Literatur der Résistance und Kollaboration in Frankreich, Wiesbaden u. a. 1982
Paul J. Kingston: Anti-Semitism in France during the 1930s. Organisations, Personalities and Propaganda, Hull 1983
Jacqueline Morand-Deviller: Louis-Ferdinand Céline und die Politik, in: Jürgen Sieß (Hrsg.): Widerstand, Flucht, Kollaboration. Literarische Intelligenz und Politik in Frankreich, Frankfurt u. a. 1984
Gérard Loiseaux: La littérature de la défaite et de la collaboration, Paris 1984
Colin Nettelbeck: Céline, in: Gerhard Hirschfeld und Patrick Marsh (Hrsg.): Kollaboration in Frankreich, Frankfurt 1991

CHACK, PAUL ANDRÉ, geb.12.2.1876 in Paris, hingerichtet 9.1.1945 im Fort Montrouge, französischer Marineoffizier und Historiker

Als Sohn eines irischen Landadeligen und einer Sängerin besuchte Ch. ab 1892 die Ecole navale und fuhr nach Beendigung seiner Ausbildung zum Marineoffizier zur See. Die Kriegsmarine war die patriotischste aller französischen Waffengattungen. Das bedingungslose Eintreten für die »grande nation« gehörte zum Ehrenkodex der Marineangehörigen. Die französische Kriegsgeschichte wurde als eine Serie von Siegen der Marine dargestellt. Ohne sie hätte es kein Kolonialreich gegeben. Die Erfolge der britischen Flotte gehörten zu den Ärgernissen der französischen Seeoffiziere. Trafalgar war ihr Trauma.
Im Ersten Weltkrieg erhielt Ch. hohe Auszeichnungen. 1918 war er Kommandeur der Ehrenlegion und Träger des Croix de Guerre. 1921 wurde er Chef des historischen Dienstes der französischen Marine. Er verfaßte mehrere Abhandlungen zur Marinegeschichte, z. B. »On se bat sur mer«, »Pavillon haut« und »Branlebas de combat«. Seine Artikel erschienen in »La Revue de France«, »Gringoire« und »La Revue de Paris«. Die »Association des écrivains combattants« machte ihn zu ihrem Präsidenten. Seine Studien führten ihn zu der Erkenntnis, daß die Briten in allen Kriegen die Kastanien durch ihre Verbündeten aus dem Feuer holen ließen. Der Zweite Weltkrieg schien ihm ein weiteres Beispiel dafür zu bieten. Als die Briten 1940 bei Dünkirchen fluchtartig den besiegten Bündnispartner im Stich ließen und am 3.7.1940 die im Hafen von Mers el-Kébir bei Oran liegende französische Flotte überfielen und vier Großschiffe versenkten und 1300 Marinesoldaten töteten, entschloß sich Ch. zur Kollaboration mit den Deutschen gegen das »tückische Albion«. Ab Juli 1941 publizierte er prodeutsche Artikel in der Wochenzeitung »Aujourd'hui«.
Das zweite Motiv für seine Zusammenarbeit mit den Deutschen war der in der französischen Kriegsmarine gepflegte Antikommunismus. Der deutsche Ruß-

Chack während seines Prozesses vor dem Cour de Justice in Paris

landfeldzug erschien ihm als Kreuzzug gegen den Bolschewismus. Er unterstützte die »Légion des Volontaires Français contre le bolchevisme« (VLF), gründete das »Comité d'action antibolchevique«, dessen Präsident er wurde, und beteiligte sich an der »Front Révolutionnaire National«. Im Juni 1942 organisierte er in Paris die Ausstellung »Le Bolchevisme contre l'Europe«. Bei einer Versammlung im Salle Wagram bedankte er sich bei der Besatzungsmacht für die Unterstützung: »Les autorités occupantes nous ont apporté leurs puissants concours.«

Als Soldat leistete Ch. dem Marschall → Pétain, dem chef de l'Etat in Vichy, unbedingten Gehorsam. Er folgte seiner Politik, wie er sie nach dem Treffen mit Hitler in Montoire am 24.10.1940 festgelegt hatte. Um die Kollaboration zu fördern, bekämpfte er die Résistance ohne Erbarmen. In einem Artikel in »Le Petit Parisien« forderte er die Franzosen auf, geplante Anschläge gegen deutsche Soldaten zu melden. Nach dem Scheitern der englischen Invasion vom 26.8.1942 bei Dieppe war Ch. überzeugt, daß die Westalliierten nie auf französischem Boden Fuß fassen würden. Es werde ein Europa ohne die Angelsachsen geben, in dem Frankreich große Aufgaben haben werde. In der Zeitung »Aujourd'hui« vom 23.12.1942 beschrieb er die Möglichkeiten der französischen Marine in der Zukunft: »Nous reverrons un jour notre pays doté d'une marine matériellement forte, moralement digne de ses traditions et prête à tous les grands devoirs. Elle sera un élément de puissance indispensable à l'Europe unie en un bloc sans fêlure dont la France sera le bastion occidental. Notre flotte et notre aviation maritimes seront les sentinelles de l'Atlantique.« Er war überzeugt, daß in dem vereinigten Europa Frankreich an der Seite Deutschlands die maritime Rolle übernehmen werde.

Nach der Befreiung von Paris wurde Ch. zusammen mit Sacha Guitry inhaftiert. Im Unterschied zu Guitry verurteilte ihn der Cour de Justice am 18.12.1944 zum Tode. Der Staatsanwalt warf ihm vor, daß er als ehemaliger Marineoffizier sein Vaterland verraten habe.

Literaturhinweise:
Robert Aron: Histoire de l'épuration. De l'indulgence aux massacres. Novembre 1942 – septembre 1944, Paris 1967
Pascal Ory: Les collaborateurs 1940–1945, Paris 1976

CHATEAUBRIANT, ALPHONSE DE, geb. 25.3.1877 in Rennes, gest. 2.5.1951 in Kitzbühel, französischer Schriftsteller

Ch. wuchs auf Schloß La Motte in der Vendée auf. Das eintönige Leben eines Landadeligen veranlaßte ihn zu den ersten schriftstellerischen Versuchen, die ab 1906 in »La Revue de Paris« und in der »La Revue bleue« erschienen. 1911 erhielt er den Prix Goncourt für seinen Roman »Monsieur des Lourdines«. Als gläubiger Katholik, westfranzösischer Regionalist und Aristokrat war er eine Ausnahme unter den Preisträgern. Seine Weltkriegserlebnisse, die er in »Lettres des années de guerre 1914–1918« schilderte, bekehrten ihn zum Pazifisten. Zu den Romanen der folgenden Jahre gehörten »La Brière« und »La meute«. Ch. hatte sein literarisches Lebenswerk bereits abgeschlossen, als er sich Mitte der dreißiger Jahre für die Politik zu interessieren begann. Nach Deutschlandreisen im Frühjahr 1935 und im Herbst 1936 verfaßte er unter dem Titel »La gerbe de forces« aufgrund eines vierzehnmonatigen Aufenthalts in Deutschland einen Bericht über das Dritte Reich, der 1938 in deutscher Übersetzung als »Geballte Kraft. Ein französischer Dichter erlebt das neue Deutschland« erschien. Ohne der Massensuggestion des nationalsozialistischen Zeremoniells zu erliegen, und ohne ideologisches Beiwerk schilderte Ch. in dem Buch die Lebenswirklichkeit der kleinen Leute in Deutschland. Hitler, aus der Hölle des Ersten Weltkriegs hervorgegangen, erscheint als ein Werkzeug Gottes. Als religiöser und politischer Führer habe er in seinem Land eine Revolution bewirkt, die den elementaren Bedürfnissen der Menschen nach Ordnung, Gemeinschaftsbewußtsein und Patriotismus entgegenkam. Weil er die innerstaatlichen Machtkämpfe und parteipolitischen Querelen überwand, den sozialen Frieden herstellte und das Engagement aller Bürger für das Volk weckte, sei seine Revolution eine Art christlicher Wiedergeburt und eine Verheißung für andere Länder. In Deutschland sei alles beseitigt, was Frankreich noch schwäche: rechthaberischer Intellektualismus, internationaler Kommunismus, streitbarer Liberalismus und egoistischer Individualismus. Auch für das dekadente Frankreich gebe es eine nationalsozialistische Zukunft. Die Erneuerung des verkommenen Landes der Aufklärung und der Glaubenslosigkeit werde einsetzen, sobald die Menschen dem Voltairianismus und Jakobinismus abschwören und die christlichen und vaterländischen Werte, also Nächsten- und Vaterlandsliebe, pflegen würden. So könne Frankreich dem nie verstandenen, starken Nachbarn im Osten ähnlich werden. »Von der Reinheit, in der sich der Aufschwung des Geistes und der Kräfte im germanischen Element vollziehen wird, hängen heute die Geschicke der Welt ab.« Ch.s Bewunderung für das nationalsozialistische Deutschland ist ohne seinen Haß auf die Dritte Republik nicht verständlich. Selbst für die französischen Rechtsintellektuellen war das Buch zu deutschfreundlich. Man kritisierte es als »Abdankung des Verstandes« und nannte es von »zutiefst empörender Naivität«. Insbesondere die Elogen auf Hitler fand man degoutant: »Seine Augen haben die tiefe Bläue des Königssees.« Besonders abwertend rezensierte Robert → Brasillach das Buch. Er fühlte sich von Ch. in der Gunst Hitlers, der den Autor am 2.9.1938 auf dem Obersalzberg empfing, ausmanövriert. In Deutschland wurde Ch. mit diesem Werk einer breiten Öffentlichkeit bekannt. Die Gauleiter luden ihn zu Vorträgen ein. Der Reichsminister für Volksaufklärung und Propaganda, Joseph Goebbels, der Reichsaußenminister Joachim Ribbentrop und der Leiter des Außenpolitischen Amtes der NSDAP, Alfred Rosenberg, trafen sich mit ihm.

Nach der französischen Niederlage gründete Ch. die politisch-literarische Wochenzeitung »La Gerbe«, die vom 10.7.1940 bis zum Einmarsch der Westalliierten in Paris erschien und in der zahlreiche bekannte Schriftsteller publizierten. Die erste Nummer enthielt ein Interview mit dem Marschall → Pétain, in dem der Staatschef seine Auffassung von Kollaboration als Netzwerk komplementärer Aktivitäten darlegte. Unter den vielen kollaborationistischen Zeitschriften vertrat »La Gerbe« am deutlichsten die Meinung, daß Frankreich dem Deutschen Reich im Kampf gegen Großbritannien und die Sowjetunion behilflich sein müsse, die, von Churchill zusammengeführt, einen Krieg zur Vernichtung der europäischen Kultur führten: »Vous êtes le Diable, Monsieur Churchill! Acte du diable: vous avez appelé à vous le bolchevisme universel.« Ch. übernahm die Leitung der »Groupe Collaboration«, die am 24.9.1940 auf Initiative des deutschen Botschafters in Paris, Otto Abetz, mit dem Namen »Groupement des énergies françaises pour l'unité continentale« gegründet wurde und, obwohl einige Quellen von Zahlen zwischen 100 000 und 200 000 sprechen, etwa 10 000 ordentliche Mitglieder hatte, darunter viele Intellektuelle. An Europa orientiert, betrieben sie, von starkem antimaterialistischem Ethos beseelt, den moralischen Wiederaufbau des Landes unter Betonung der kuturellen Leistungen Frankreichs und seiner jahrhundertealten Verbindungen zu Deutschland. Sie hatten keine politischen Machtbestrebungen, obwohl sie das Programm der NSDAP bejahten. Von Deutschland erwarteten sie sich den Schutz des abendländischen Kulturgutes und Partnerschaft auf kulturellem Gebiet. Der Kulturaustausch unter der Ägide der

»Groupe Collaboration« blühte. Finanzielle Unterstützung kam aus Vichy und aus Berlin. Die Jugendvereinigung »Jeunes de l'Europe Nouvelle« (JEN) wurde von Jacques Schweizer, 1928–1945 Richter am Pariser Appellationsgerichtshof, geführt. Ch. gehörte auch dem Comité d'honneur der »Légion des Volontaires Français contre le bolchevisme« (LVF) an, das sich um die Freiwilligenwerbung kümmerte. In seinen Zeitschriftenartikeln und Radiosendungen sprühte Ch. vor Begeisterung über die Möglichkeiten der deutsch-französischen Partnerschaft. Von Hitler sprach er als dem Propheten der Zukunft. Er verglich ihn mit dem Reiter in Dürers Holzschnitt »Die Apokalypse«. Von der Vorsehung erwählt, habe er die Aufgabe, das Böse in der Welt zu überwinden. Als am 28.2.1943 die Organisation »Front Révolutionnaire National« gegründet wurde, die neben dem Kampf gegen den Kommunismus die Versöhnung aller Bevölkerungsschichten Frankreichs und den Aufbau eines neuen Europa zum Programm erhob, empfand er die Ernennung zum Vorsitzenden als eine große Ehre.
Ch. unterzeichnete am 3.7.1944 die »Déclaration commune sur la situation politique«, in der vier Minister die Regierung → Laval aufforderten, sich stärker an der Seite Deutschlands zu engagieren, den Regierungssitz nach Paris zu verlegen und die Regierung mit Vertretern der Rechtsparteien zu erweitern. In Deutschland wußte man ihr Engagement zu würdigen, auch wenn es Laval gelang, das Papier zu annullieren.
Mit der Masse der Kollaborateure floh Ch. im August 1944 nach Sigmaringen. Am Ende des Krieges gehörte er auf der Insel Mainau zum Kreis der → Doriot-Anhänger. Er gebärdete sich als Druide, der den Auftrag habe, den Endsieg auf der Place de la Défense in Paris vorzubereiten, der vor einer Kolossalstatue Karls des Großen mit einer Ode an das erneuerte Europa gefeiert werden würde. Er lebte in einer Phantasiewelt, in der Hitler als Heiland fungierte. Bis zuletzt hoffte er auf den Sieg des »Erlösers«.
Am Kriegsende gelang es Ch., sich unter falschem Namen in Tirol zu verbergen. Der Haute Cour de Justice in Paris verurteilte ihn am 25.10.1948 in Abwesenheit zum Tode. Ch. starb in Kitzbühel, ohne Frankreich wiedergesehen zu haben. In den letzten Lebensjahren beschäftigte er sich mit spiritualistischen Problemen und orientalischen Kulten. Veröffentlichungen darüber erschienen unter seinem Decknamen »Wolf« auch in Frankreich. Seine früheren Werke standen auf dem Index der französischen Schriftstellervereinigung.

Literaturhinweise:
Paul Sérant: Le Romanticisme fasciste, Paris 1960
Pascal Ory: Les collaborateurs 1940–1945, Paris 1976
Karl Kohut (Hrsg.): Literatur der Résistance und Kollaboration in Frankreich, Wiesbaden u. a. 1982

CHOMUTOW, GEORGIJ EFIMOWITSCH, geb. 1916 in Tschernigov, hingerichtet 1947 in Weißrußland, russischer Propagandist im Dienst der Wehrmacht, Mitglied des »Nacionalno Trudowoi Sojus« (NTS) 1941–1945

Ch. war Oberleutnant in einem technischen Bataillon der Roten Armee, als er 1941 in deutsche Gefangenschaft geriet. Er wurde nach Wustrow gesandt, wo

das Reichsministerium für die besetzten Ostgebiete russische Propagandaoffiziere und Zivilbeamte ausbildete. 1942 wurde Ch., der inzwischen Mitglied der »Nationalen Arbeitsunion« NTS (Nacionalno Trudowoi Sojus) geworden war, in Minsk eingesetzt. Er erwies sich als überzeugter Antibolschewist und effektiver Propagandist. In den Deutschen sah er jedoch nur vorübergehende Partner im Kampf gegen den Stalinismus. Er war überzeugt, daß sich das russische Volk von der deutschen Oberhoheit freimachen werde, wenn der Krieg zu Ende sei.
Im Oktober 1943 wurde Ch. als Mitglied der Propagandaabteilung des Reichsministeriums für die besetzten Ostgebiete Verbindungsoffizier zu → Kaminski, als dieser nach der Evakuierung des Verwaltungsbezirks Lokot mit der »Russischen Befreiungsarmee« (RONA) nach Weißrußland kam und dort die Befriedung der Rayons Lepel, Chaschniki und Uschatschi übernahm. Er gewann das Vertrauen Kaminskis und übernahm die Führung der »Russischen Nationalsozialistischen Partei«, die Kaminski in Lokot gegründet hatte, um seine Herrschaft politisch zu untermauern. Ch. knüpfte die Verbindungen zwischen Kaminski und dem NTS, den er für den Motor zur nationalen Befreiung Rußlands hielt. In Lepel erschienen zahlreiche NTS-Schriften unter dem Namen der Partei, die von Ch. stammten. Auch in der vom Reichsministerium für die besetzten Ostgebiete herausgegebenen Zeitschrift »Nowoje Russkoje Slowo« (Neues russisches Wort) veröffentlichte Ch. seine Ansichten. Die werbewirksamste Versprechung in allen Publikationen war, daß nach der nationalen Revolution jeder Bauer privates Ackerland übereignet bekommen werde. In ganz Weißrußland baute Ch. NTS-Ortsverbände auf. Dort sammelten sich die kollaborationistischen Kreise. Im Zentralkomitee des NTS in Minsk war Ch. die führende Figur. Er leitete die Gesamtpropaganda und sorgte dafür, daß möglichst viele NTS-Mitglieder in der Kaminski-Brigade als politische Kommissare eingesetzt wurden und daß die wichtigen Funktionen der »Russischen Nationalsozialistischen Partei« in die Hände von NTS-Leuten kamen. Die antijüdische Einstellung des NTS wurde gedämpft, weil in der Kaminski-Brigade auch Juden dienten. Besondere Förderung erhielt Ch. von Eberhard Taubert, dem Leiter der Ostsektion im Reichsministerium für Volksaufklärung und Propaganda. Taubert verschaffte ihm die Möglichkeit, im Sender Vineta zu sprechen. Wahrscheinlich ist es Ch. zu verdanken, daß sich Taubert 1944 für Kaminski und gegen → Wlassow als Chef einer russischen Befreiungsarmee aussprach.
Einer der verläßlichsten Mitarbeiter Ch.s im NTS war Michail Oktan, der Herausgeber der Zeitung »Retsch« (Ansprache). Unter der Aufsicht der Heeresgruppe Mitte hatte er in Orel die »Liga zum Kampf gegen den Bolschewismus« gegründet, eine Konkurrenzorganisation zur »Russischen Nationalsozialistischen Partei« Kaminskis. Nach der Räumung von Orel durch die Deutschen schuf sich Oktan ein neues Herrschaftsgebiet in Bobruisk. Als die Stadt von der Roten Armee erobert wurde, verloren sich seine Spuren.
Im Februar 1944 ernannte Ch. den Universitätsprofessor Soschalski aus Moskau, der sich den Deutschen zur Kollaboration in dem Glauben angeboten hatte, auf diese Weise der Befreiung Rußlands vom Kommunismus dienen zu können, zum Führer der »Russischen Nationalsozialistischen Partei« der Region Minsk. Durch die Vermittlung von Kaminski stellte ihm die Gestapo Propagan-

damaterial und Vervielfältigungsmöglichkeiten zur Verfügung. Es gelang ihm, eine Reihe bekannter Personen zur Mitarbeit zu gewinnen. Als Minsk von den Deutschen geräumt wurde, blieb er in der Stadt zurück, weil er sowohl von den Deutschen als auch von der eigenen Partei enttäuscht war. Im Gegensatz zu → Astrouski wünschte Soschalski die Aufrechterhaltung der territorialen Souveränität des Russischen Reiches in den Grenzen der UdSSR und sprach sich gegen die Selbständigkeitsbestrebungen einzelner Völker der Sowjetunion aus. Als die Streitigkeiten über diese Frage im NTS überhand nahmen, verhaftete die Gestapo mehrere Funktionäre. Die meisten wurden wieder freigelassen, weil sie für die Propagandaarbeit unentbehrlich waren und für die Gespräche mit den Exilrussen zur Bildung nationaler Komitees gebraucht wurden. In der Wlassow-Armee war der NTS durch die Generale Truchin und Meandrow vertreten.
Beim Abzug der deutschen Truppen aus Weißrußland ließ der NTS in der Hoffnung auf eine baldige Wiedereroberung des Landes eine Gruppe von Männern für die Untergrundarbeit zurück. Zu ihnen gehörte Ch. Bis 1946 veröffentlichte er mehrere Aufrufe an die Soldaten der Roten Armee und forderte sie auf, zu den Partisanen zu desertieren, die sich in den Wäldern Weißrußlands aufhielten. Gerüchteweise wurde er 1946 aufgegriffen und 1947 erschossen.

Literaturhinweise:

Alexander Dallin: The Kaminsky Brigade 1941–1944. A Case Study of German Military Exploitation of Soviet Disaffection, Air University Alabama 1952

CLAUSEN, FRITS, geb. 12.11.1893 in Åbenrå, gest. 5.12.1947 in Kopenhagen, Führer der »Danmarks National Socialistiske Arbejder Parti« (DNSAP) 1933–1944

Nach dem Besuch des Gymnasiums in Schleswig studierte C. Medizin an der Universität Heidelberg. Zu Beginn des Ersten Weltkriegs mobilisiert, kämpfte er im Reichsheer bis zu seiner Gefangennahme im Herbst 1915 an der russischen Front. Nach seiner Entlassung aus der Gefangenschaft schloß er das Medizinstudium 1923 ab und eröffnete eine Praxis in Boverup. Er beteiligte sich am gesellschaftlichen Leben der an Dänemark abgetrete-

nen Provinz Süd-Jütland und gehörte bis 1931 der konservativen »Folkeparti« an. 1931 schloß er sich der ein Jahr zuvor gegründeten »Danmarks National Socialistiske Arbejder Parti« (DNSAP) an, deren Führung er im Juli 1933 übernahm. Bei den Parlamentswahlen 1935 erhielt die Partei 16 257 Stimmen, was nicht einmal für einen Sitz ausreichte.
C. gliederte die Partei in 17 Distrikte (Sysseler) mit den Untergliederungen nach Hundertschaften (Herred) und Abteilungen (Afdelingen). Das Parteiabzeichen war das weiße Hakenkreuz auf rotem Grund. Die Parteihymne war eine fast wörtliche Übersetzung des Horst-Wessel-Liedes. Die Parteimiliz trug den Namen »Sports Afdeling« oder »Storm Afdeling«, deren Abkürzung wie im Deutschen SA lautete. Ihre Mitglieder trugen braune Uniformen mit Schaftstiefeln. 1942 betrug ihr Umfang 2514 Mann. Seit 1934 hatte die Partei eine eigene Jugendorganisation mit dem Namen »National Socialistiske Ungdom« (NSU). An ihrer Spitze stand Christian Frederik von → Schalburg. Sein Nachfolger war Hans Jensen. Das Parteiprogramm der DNSAP übernahm ganze Abschnitte aus dem 25-Punkte-Programm der NSDAP. Antisemitische oder antikirchliche Aussagen waren jedoch nicht enthalten. Die wichtigsten Punkte lauteten: Neuaufbau des dänischen Volkes auf nordischer Kultur- und Rassengrundlage; Förderung des Bauernstandes; Sicherung des Rechts auf Arbeit und gerechte Entlohnung; verbesserte Sozialfürsorge für Alte und Invaliden, Volkspensionen; Unterordnung der Wirtschaft unter den völkischen Bedarf; Sicherung des Grundeigentums gegen Spekulanten; Beseitigung der marxistischen Klassenteilung; Ablösung der parlamentarischen Staatsform durch eine persönlich verantwortliche Staatsleitung mit fachlichen Selbstverwaltungsorganen in beratender Funktion; Vorrang des Gemeinnutzes vor dem Eigennutz; positives Christentum; aktive Wehrpolitik. Die Partei gab die Zeitungen »Faedrelandet« und »National-Socialisten« heraus. Die Auflage stieg nie über 10 000 Exemplare. Der Parteigruß lautete »Dansk Front«.
Neben der DNSAP gab es in Dänemark mehr als ein Dutzend weitere nationalsozialistische Parteiungen, ein Zeichen für die Führungsschwäche C.s. 1941 gründete C. das erste Lager des »Landarbejdstjenesten« nach dem Vorbild des deutschen Reichsarbeitsdienstes in Gudumholm auf Jütland. Die Planungen beliefen sich auf 30 000 Männer und ebensoviele Frauen zwischen 17 und 25 Jahren. Sie wurden in grüne Uniformen eingekleidet. Das »Frikorps Danmark«, das zum Kampf gegen den Bolschewismus aufgestellt wurde, hatte keinen direkten Bezug zur DNSAP.
C. verstand sich als dänischer Vertreter der NSDAP. Obwohl er im Dezember 1934 am internationalen faschistischen Kongreß in Montreux teilnahm, entwickelte er keine eigenständigen Gedanken über die Rolle Dänemarks in einem faschistischen Europa. Bei den Parlamentswahlen 1939 wuchs die Stimmenzahl für die DNSAP auf 31 000, so daß die Partei drei Abgeordnete stellte. Einer von ihnen war C. Insgesamt gesehen, stimmten nur 2 % der Dänen für die DNSAP. Die demokratische Machtübernahme durch die DNSAP rückte in weite Ferne.
Umsomehr begrüßte C. den kampflosen Einmarsch der deutschen Truppen in Dänemark am 9.4.1940. Obwohl er schon länger über den in Berlin ansässigen dänischen Ingenieur Mortensen in Kontakt zum Reichssicherheitshauptamt stand, bekam er von der Besatzungsmacht keine führende Rolle zugewiesen. Die

deutschen diplomatischen Vertreter in Kopenhagen, Gesandter Cecil von Renthe-Fink, und sein Nachfolger, Reichsbevollmächtigter Werner Best, sprachen sich ebenso dagegen aus wie der Befehlshaber der deutschen Truppen in Dänemark, Generalmajor Hermann Hanneken. Die dänische Regierung hatte die Stationierung deutscher Truppen zwar »erlaubt«, Dänemark blieb aber völkerrechtlich ein souveräner Staat. C. wurde empfohlen, seine Kräfte für die Umwandlung der DNSAP zu einer Massenorganisation einzusetzen. Dafür erhielt C. 600 000 Kronen aus der deutschen Staatskasse. Für den Propagandafeldzug formulierte C. das Parteiprogramm neu. Die zusätzlichen Kernpunkte lauteten: Auflösung der Parteien, Besetzung der Schlüsselpositionen in den Gewerkschaften, enge Wirtschaftsbeziehungen zu Deutschland, Erziehung und Ertüchtigung der dänischen Jugend. C. hoffte auf die Unterstützung durch das konservative Offizierkorps und durch die Bauernpartei, als er nach dem Vorbild Hitlers als Übergangslösung eine national-konservative Regierung unter General With vorschlug, in der die dänischen Nationalsozialisten nur das Innen- und Kriegsministerium beanspruchten. Da König Christian X. die DNSAP ablehnte und C. nicht in der Lage war, den Nationalsozialismus in Dänemark populär zu machen, scheiterten alle Pläne einer Machtübernahme. Es gelang nicht einmal die Vereinigung der faschistischen Gruppierungen im Land. Um die Sicherheit der deutschen Truppen in Dänemark nicht zu gefährden und um eine Regierungskrise zu vermeiden, distanzierte sich das deutsche Auswärtige Amt von C.s Vorhaben. Auch Himmler, mit dem sich C. am 16.2.1941 in Kopenhagen traf, versagte der geplanten Machtübernahme seine Unterstützung.

Nach dem Beginn des Rußlandfeldzugs übernahm die DNSAP die Werbung für ein »Frikorps Danmark« zur Unterstützung der Wehrmacht. Da dieser militärische Einsatz in der Öffentlichkeit als Parteiauftrag erschien, wurden viele Freiwillige abgeschreckt, die zwar gegen den Kommunismus kämpfen, aber nichts mit den Nazis zu tun haben wollten. Viele junge Dänen meldeten sich lieber bei der finnischen Armee. Von der dänischen Regierung wurden alle aktiven Soldaten und Offiziere, die als Freiwillige gegen den Bolschewismus kämpfen wollten, »außer Nummer gesetzt«, d. h. ohne Pensionsanspruch aus der dänischen Armee entlassen. Bis zum Ende des Krieges meldeten sich etwa 6000 Dänen zum Dienst in den deuschen Streitkräften. Das erste Bataillon des dänischen Freikorps war am 19.7.1941 aufgestellt. Die Führung übernahm der Oberstleutnant Christian Poul → Kryssing. Am Wolchow verdienten sich die Dänen die Anerkennung der deutschen militärischen Führung.

Als am 1.2.1942 eine norwegische Regierung unter → Quisling gebildet wurde, trug sich C. mit dem Gedanken, durch eine Revolution die Macht in Dänemark zu übernehmen. Um sich der »marxistisch-jüdischen Kreise« im Land erwehren zu können, die angeblich vom Justizministerium geschützt würden, wollte er die dänischen Freiwilligen, die auf Urlaub waren, im Lande behalten. Nur unter dem Druck der deutschen Dienststellen ließ er von diesen Plänen ab, nachdem am 26.4.1942 ein Demonstrationszug der DNSAP mit dänischen Angehörigen der Waffen-SS in Kopenhagen gescheitert war.

Im September 1942 wurden die 650 Mann des »Frikorps Danmark«, die auf Urlaub waren, unter Führung des Kommandeurs, SS-Sturmbannführer Knut Børge

→ Martinsen, eingesetzt, um die Werbungsaktionen der Germanischen Freiwilligen-Leitstelle zu unterstützen. C. stellte sie auf einer öffentlichen Versammlung in Kopenhagen den 6000 Anwesenden als »Symbol der siegenden Jugend auf dem Marsch in die neue Zeit« vor und verglich die Ausbreitung des Nationalsozialismus in Europa mit der Reformationsbewegung Luthers. Die Aktion gab auch der DNSAP Auftrieb. Die Telegrammkrise vom 26.9.1942, die durch die unhöfliche Antwort Christians X. auf Hitlers Glückwunschtelegramm zu seinem Geburtstag ausgelöst wurde, bot C. die Gelegenheit, eine Regierungsumbildung mit mindestens einem Mitglied der DNSAP zu fordern. Aber die dänische Regierung ließ sich darauf nicht ein. Die Reichstagswahlen vom 23.3.1943 zeigten, daß die DNSAP trotz massiver Unterstützung von deutscher Seite nach wie vor nur eine Splitterpartei war. Bei einer Wahlbeteiligung von über 90 % erhielt sie nur 43 000 Stimmen und drei Mandate im Parlament. Die Sozialdemokraten blieben mit 66 Sitzen die stärkste Partei. Damit verlor C. den Anspruch, das dänische Volk zu repräsentieren. Die deutschen Dienststellen zogen ihre Hand von ihm. Mit dem SS-Gruppenführer Werner Best, der ab November 1942 als Reichsbevollmächtigter die deutschen Interessen in Kopenhagen wahrnahm, überwog in der folgenden Zeit der Einfluß der SS. Mit ihrer Unterstützung gründete der SS-Sturmbannführer Martinsen als Konkurrenzorganisation zur DNSAP das »Frikorps Schalburg«, dem sich viele jüngere Mitglieder der DNSAP anschlossen. Es glich der Allgemeinen SS im Reich. Die Unterorganisation »Dansk Folke-Vaern« hatte eher Parteicharakter, während die Sturmtruppe des Freikorps »Landstormen« hieß und etwa 700 Mann umfaßte, die zur Bekämpfung der dänischen Widerstandsbewegung eingesetzt wurden.

Am 11.11.1943 trat C. als SS-Sturmbannführer und Oberstabsarzt in die Waffen-SS ein, um seinen durch persönliche Eskapaden beschädigten Leumund wieder herzustellen. Er tat Dienst im SS-Reservelazarett Minsk. Dort erwies er sich als chronischer Alkoholiker. Als er das weibliche Dienstpersonal belästigte, wurde er auf Anordnung Himmlers zu einer Entziehungskur ins SS-Lazarett Würzburg geschickt. Bis zu seiner Entlassung aus der Waffen-SS am 30.4.1944 war C. als Lehrer für weltanschauliche Schulung im SS-Ausbildungslager Sennheim im Elsaß beschäftigt. Am 5.5.1944 erklärte er seinen Rücktritt als Parteiführer der DNSAP. Nach der deutschen Kapitulation im Mai 1945 wurde C. in Kopenhagen inhaftiert. Nachdem das dänische Parlament die Todesstrafe wieder eingeführt hatte, damit man außergewöhnliche Fälle von Kollaboration entsprechend bestrafen könne, wurde die Anklage gegen C. erhoben. C. entging der Todesstrafe, weil er in der Untersuchungshaft einem Herzinfarkt erlag. Von den 14 Todesurteilen, die über Kollaborateure verhängt wurden, wurden sieben vollstreckt.

Literaturhinweise:
A. Steenberg: Dänemark im 2. Weltkrieg, Kopenhagen 1950
Henning Poulsen: Besaettelsesmagten og de danske Nazister, Kopenhagen 1970
Erich Thomsen: Deutsche Besatzungspolitik in Dänemark 1940–1945, Düsseldorf 1971
Richard Petrow: The Bitter Years. The Invasion of Denmark and Norway; April 1940 – May 1945, New York 1974
Dansk Biografisk Leksikon, Band 3, Kopenhagen 1979
Siegfried Matlok: Dänemark in Hitlers Hand, Husum 1988

Clercq, Jeroom Gustaaf de, genannt Staf, geb. 16.9.1884 in Everbeck, gest. 22.10.1942 in Gent, belgischer Abgeordneter und flämischer Nationalistenführer, Vorsitzender des »Vlaamsch Nationaal Verbond« (VNV) 1933–1942

C. war wie sein Vater von Beruf Lehrer und meldete sich 1914 als Kriegsfreiwilliger. Ab 1919 war er Abgeordneter der von Soldaten unmittelbar nach dem Ersten Weltkrieg gegründeten »Frontpartij«. Er gehörte zu den Organisatoren der jährlichen »Ijzerbedevaarten« zu den Gräbern der an der Yser gefallenen Flamen, mit denen die Opfer der Flamen für den belgischen Staat gewürdigt werden sollten. Infolge eines formalen Fehlers beim Einreichen des Wahlvorschlages 1932 verlor C. sein Mandat und beschäftigte sich daraufhin mit dem Aufbau einer neuen nationalflämischen Partei, mit der er wie van → Severen die politische Einigung der Flamen erreichen wollte. Zusammen mit Hendrik → Elias, dem Führer der Genter »Vlaamsch-Nationale Volkspartij« (VNVP), gründete er am 7.10.1933 den »Vlaamsch Nationaal Verbond« (VNV) als flämische Einheitspartei. Unter der Propagandaleitung von Reimond → Tollenaere entwickelte sich der VNV sehr schnell zur wichtigsten politischen Vertretung der Flamen im Kampf um die Autonomie.
Im VNV gab es mehrere gegensätzliche Strömungen: zentralistische und föderalistische, belgische und dietsche, autoritäre und demokratische, parlamentarische und korporative. Das einigende Element war das flämische Volkstum. Unzufrieden mit dem belgischen Staat, glaubte man, daß mit der Vernichtung des bankrotten liberalen und sozialistischen Systems Klassenunterdrückung und Großkapitalismus verschwinden würden. Besonders angesprochen wurde die flämische Mittelschicht, die sich im belgischen Staat benachteiligt fühlte. Die volkstumsbetonte antimarxistische und antikapitalistische Zielsetzung zeigte die inhaltliche Affinität der Bewegung zum Faschismus, die Uniformierung der Parteimitglieder, der Hou-Zee-Gruß mit der ausgestreckten rechten Hand, und das Führerprinzip die formale. Die orangefarbene Parteifahne enthielt einen weißen Kreis mit einem blauen Dreieck, das das Delta von Schelde, Maas und Rhein symbolisierte. Als Organisationen der Partei entstanden der »Vlaamsch Nationaal Vrouwenverbond« (VNVV), der »Algemeen Vlaamsch Nationaal Jeugdverbond« (AVNJ), das »Vlaamsch Nationaal Syndikaat« (VNS) und andere. Den Schutz der Parteiveranstaltungen übernahm die »Grijze Brigade«. Die Parteizeitung hieß »Strijd«. Das innenpolitische Nahziel war die sprachliche und kulturelle Gleichberechtigung der Flamen in Belgien, wie sie auch von den belgischen Ministern der katholischen Partei angestrebt wurde, von diesen allerdings, um dem flämischen Separatismus die Stoßkraft zu nehmen. Das Fernziel war die Gründung eines flämischen großdietschen Staates aus den Niederlanden, den flämischen Teilen Belgiens und den in Nordfrankreich lebenden »Südflamen«. Dabei hoffte C. auf die Unterstützung durch die deutsche Regierung. Aus außenpolitischen Rücksichten beschränkte sich diese jedoch auf verbale Sympathiebekundungen. Sie wollte den Eindruck vermeiden, daß sich das Reich in die Nationalitätenproblematik Belgiens einmischte, obwohl sie entsprechend der Orientierung des wallonischen Bevölkerungsteils an Frankreich die Annäherung des flämischen an Deutschland grundsätzlich begrüßte. Grund-

lage für die deutsche Politik gegenüber den Flamen waren die Einschätzungen des deutschen Gesandten Lerchenfeld in Brüssel, der am 1.6.1933 vor dem flämischen Radikalismus warnte und auf die unkalkulierbare Entwicklung der Volksbewegung verwies. Obgleich die Deutschen dementsprechend von einer systematischen Unterstützung der Flamen absahen, wurden dem VNV zur Finanzierung der in Antwerpen erscheinenden Zeitschrift »De Schelde« (ab 15.11.1936 »Volk en Staat«) monatlich 200 Reichsmark überwiesen. Insgesamt zeigte sich das Reichsministerium für Volksaufklärung und Propaganda an der belgischen Nationalitätenfrage desinteressiert. Das Buch »Flämische Bewegung, europäisches Problem oder innerbelgische Frage?«, das der Belgienreferent Kurt Bährens 1935 in Berlin herausbrachte, wurde in Brüssel als offiziöse deutsche Verlautbarung angesehen.

Bei den Parlamentswahlen des Jahres 1936 schloß sich der VNV mit der »Frontpartij« zum »Vlaamsch Nationaal Blok« zusammen und bekam mit einer der Rex-Partei des Léon → Degrelle entsprechenden Wahlkampftaktik 168 000 Stimmen, d. h. 16 Parlamentssitze von 202. Dieser Erfolg und der bei den Provinzialwahlen, wo man 44 Gemeinderäte stellte, beruhte jedoch mehr auf dem Vertrauensverlust der demokratischen Parteien als auf den Parteiprogrammen von VNV und »Frontpartij«.

Bei der von Degrelle in Brüssel 1937 provozierten Nachwahl für das Parlament verbanden sich Rex und VNV zu einem Zweckbündnis, das eine Kampfansage an den Liberalismus und Sozialismus darstellte und die Lösung der Nationalitätenfrage auf der Basis eines autoritären Föderativstaates vorsah. Für den VNV bedeutete das Zusammengehen mit Rex, daß er in die antidemokratische Bewegung hineingezogen wurde und das »großdietsche« Konzept preisgeben mußte. Die programmatischen Verrenkungen führten zu innerparteilichen Richtungskämpfen, die das Ansehen der Bewegung minderten. Das erleichterte den traditionellen demokratischen Parteien in den Jahren 1938 und 1939, die Mehrheit der flämischen Bevölkerung an sich zu binden und die separatistischen Bewegungen zu schwächen.

Als Vorsitzender des VNV ließ C. jedoch die Hoffnung auf die Unterstützung des Reiches für die flämische Nationalbewegung nicht fallen und interpretierte den Anschluß Österreichs und das Münchner Abkommen als Solidarisierung Hitlers mit den deutschen Minderheiten im Ausland, zu denen er auch die Flamen zählte. Er hatte kein Verständnis für Hitlers Werben um gute Beziehungen zu Frankreich und beobachtete die Juden- und Kirchenverfolgungen im Reich mit Mißfallen. Als sein Gegenspieler im VNV, der gemäßigte Abgeordnete Hendrik → Borginon, im Oktober 1938 gegen das Münchner Abkommen auftrat und angesichts der wachsenden Kriegsgefahr die Zusammenarbeit der beiden neutralen Staaten Belgien und Niederlande empfahl, wurde das von deutscher Seite als Kursschwenkung des VNV gewertet. Zwar wurde Borginon im November 1938 veranlaßt, den Fraktionsvorsitz niederzulegen, aber seine Vorhaltungen zeigten Wirkung. Nach der Einverleibung Böhmens und Mährens ins Reich im März 1939 vollzog der VNV die Abwendung vom prodeutschen Kurs und orientierte sich zunehmend am belgischen Staatsgedanken. So erlebte der VNV vor dem Beginn des Zweiten Weltkriegs eine »Redemokratisierung«. Er konzen-

trierte sich programmatisch auf die Sprachenfrage im Land. Bei den Parlamentswahlen 1939 konnte der »Vlaamsch Nationaal Blok« im Gegensatz zu Rex sein Wahlergebnis von 1936 verbessern und 17 Mandate in der Kammer und 12 im Senat gewinnen. Zur Entspannung der Nationalitätenfrage in Belgien trugen auch die Zugeständnisse der Katholischen Partei und der Sozialistischen Partei an die Flamen bei. Trotz der neuen Politik des VNV ließ die belgische Regierung die Zeitschrift »Volk en Staat« am 18.1.1940 einstellen, weil sie einen negativen Einfluß auf die Bevölkerung und die Streitkräfte ausübte. Die Auflagenhöhe betrug etwa 8000.

Als die deutschen Truppen im Mai 1940 Belgien besetzten, ließ sich der programmatische Kurswechsel des VNV nicht mehr rückgängig machen. Obwohl die Partei nicht den deutschen Vorstellungen von einer Kollaborationspartei entsprach, durfte sie weiterbestehen, nachdem C. eine Richtungsänderung zugesagt hatte. Ab 13.6.1940 konnte auch die Zeitung »Volk en Staat« wieder erscheinen. Das neue Parteiprogramm des VNV vom 10.11.1940 setzte neue Akzente. Es forderte die Trennung der Flamen von den Wallonen und die Vereinigung mit den Niederländern. Es bekräftigte die Feindschaft der Flamen gegenüber den Franzosen und Engländern. Aber es vernachlässigte den großgermanischen Gedanken. Von einer Gemeinschaft der Flamen mit den Deutschen war nirgendwo die Rede. Allerdings bekannte sich C. am 10.11.1940 in einer Kundgebung öffentlich zu Hitler: »België was onze vijand. Duitsland is onze vijand niet. Wij hebben vertrouwen in de Führer. Wij twijfeln niet aan dat, wat hij doen zal, goed gedaan zal zijn.«

Im August 1940 stellte der VNV eine »Zwarte Brigade« in schwarzen Uniformen als Leibwache für C. auf, die ein Jahr später nach der Vereinigung mit dem »dietsche Militanten Orde« den Namen »Dietsche Militie-Zwarte Brigade« erhielt. Das Kommando hatte Reimond Tollenaere, bis er im August 1941 als Freiwilliger zur Waffen-SS ging. Am 1.5.1941 entstand die »Vlaamsche Wacht« im Umfang von 14 Bataillonen aus arbeitslosen ehemaligen Soldaten. Sie hatte den Auftrag, die wichtigsten Produktions- und Lagerstätten des Landes zu bewachen. C. förderte die Werbung für die flämische Abteilung des Nationalsozialistischen Kraftfahrkorps (NSKK), das im Rahmen der Organisation Todt (OT) eingesetzt wurde. Die Schlüsselpositionen der Verwaltung im flämischen

Landesteil Belgiens besetzte C. mit seinen Anhängern. 53 Prozent aller Bürgermeister kamen aus den Reihen des VNV. Drei Mitglieder der unter der deutschen Militärverwaltung arbeitenden belgischen Regierungskommission waren Männer seines Vertrauens: Jozef Custers für Wiederaufbau, Adelfons Hendrickx für Justiz und Piet Meeuwissen für Landwirtschaft. Die »Algemeen SS-Vlaanderen«, die auf Wunsch Himmlers im September 1940 unter der Führung von René → Lagrou im Rahmen der »Germaansche SS« gegründet wurde und die bis zum 1.11.1942 auf sechs Standarten wuchs, stand C. skeptisch gegenüber, obwohl ihr zahlreiche Parteimitglieder angehörten. Er fürchtete, daß sie statt des großdietschen Gedankens großdeutsche Absichten pflegen könnte. Insgesamt hatte der VNV auf seinem Höhepunkt 1941 etwa 60 000 Mitglieder.
Um seinem Konkurrenten um die deutsche Gunst, Jef van de → Wiele, nicht das Feld zu überlassen, beteiligte sich C. an der Werbung für die »Legioen Vlaanderen«, die als Verband der Waffen-SS im Sommer 1941 aufgestellt wurde. Bei einer Kundgebung im Brüsseler Stadion bekannte er sich verbal zum großgermanischen Gedanken, obwohl er in seinem Herzen großdietsch dachte. Er erklärte: »Meer dan ooit is het geboden, in het licht van onze Germaanse lotsverbondenheid, in Germaanse trouw en met al de middelen waarover wij beschikken, de zeegepraal der Duitse wapenen te bevorderen.« Anfang Juli waren genügend Meldungen für die Legion vorhanden. Ihre Angehörigen trugen die Uniform der Waffen-SS, auf dem Kragenspiegel jedoch statt der SS-Runen das Sonnenrad. Die Legionsfahne war nicht die Parteifahne des VNV, sondern das Banner mit dem flämischen Löwen. Am 6.8.1941 verabschiedete C. zusammen mit de Wiele das erste Kontingent von 1150 Mann auf dem Weg zur Ausbildung nach Radom im besetzten Polen. Unter ihnen befand sich der Propagandaleiter des VNV, Reimond Tollenaere.
Obwohl er zusagte, monatlich hundert Flamen für die Waffen-SS zu werben, stieß C. bei der SS-Führung auf Mißtrauen. Im Oktober 1941 bestätigte der Chef des SS-Hauptamtes, SS-Gruppenführer Gottlob Berger, dem Chef der Militärverwaltung in Belgien und Nordfrankreich, SS-Brigadeführer Eggert Reeder, daß der VNV eine flämisch-nationalistische Partei großdietscher Prägung sei und vor dem »großgermanischen Reichsgedanken« Angst habe. Eine Zusammenarbeit von SS und VNV sei daher nicht möglich. Lediglich bei den »jungen Elementen« des VNV sei langfristig eine Umstimmung möglich.
Als nach den Kämpfen der Flämischen Legion vor Leningrad die ersten Urlauber nach Belgien zurückkehrten, erfuhr C. von den Mißständen in der Einheit. Er protestierte gegen die unwürdige Behandlung der Freiwilligen durch die deutschen Offiziere, die er als Geringschätzung des flämischen Volkes interpretierte. Er verlangte Maßnahmen zur Behebung der Mißstände. Die Ergebnislosigkeit seines Protests erlebte er nicht mehr. Bevor er als gläubiger Katholik in einem Genter Krankenhaus an Leberkrebs starb, bestimmte er seinen Stellvertreter → Elias zum Nachfolger.
Sein Grab in der Heide von Kester, wo der VNV seine Jahresversammlungen (Landdagen) abhielt, wurde nach dem Krieg geschändet. Heute liegt C. im Kirchhof von Leerbeek begraben.
Nach dem Zweiten Weltkrieg kam das Gerücht auf, C. sei ein V-Mann der deut-

schen Abwehr gewesen. Es stützte sich auf einen Tagebucheintrag des Chefs der deutschen Abwehr II, Oberst Erwin Lahousen, und einen Bericht des deutschen Militärbefehlshabers Belgien und Nordfrankreich vom 31.7.1940. Danach soll die Miliz des VNV als Arm der deutschen Abwehr der Wehrmacht beim Einmarsch in Belgien behilflich gewesen sein und den Defätismus unter den flämischen Soldaten der belgischen Armee geschürt haben. Einen einwandfreien Nachweis dafür gibt es nicht.

Literaturhinweise:

Paul Delandsheere und Alphonse Ooms: La Belgique sous les Nazis, 4 Bände, Brüssel 1947
Jean Stengers: Belgium, in: Hans Rogger und Eugen Weber (Hrsg.): The European Right. A Historical Profile, Berkeley u. a. 1965
Wilfried Wagner: Belgien in der deutschen Politik während des Zweiten Weltkrieges, Boppard am Rhein 1974
Ronald Henry Chertok: Belgian Fascism, Diss. Washington University 1975
Erhard Forndran, Frank Golczewski, Dieter Riesenberger (Hrsg.): Innen- und Außenpolitik unter nationalsozialistischer Bedrohung, Opladen 1977
Peter Klefisch: Das Dritte Reich und Belgien 1933–1939, Frankfurt u. a. 1988
Wolfgang Schumann, Ludwig Nestler (Hrsg.): Europa unterm Hakenkreuz. Die faschistische Okkupationsbewegung in Belgien, Luxemburg und den Niederlanden (1940-45), Berlin 1990

CODREANU, CORNELIU ZELEA, geb. 13.9.1899 in Jassy, ermordet 30.11.1938 im Wald von Tinacabeni bei Bukarest, rumänischer nationalistischer Politiker, Gründer und Führer der »Eisernen Garde« 1933–1938

In einem religiösen und nationalistischen Elternhaus deutscher Abstammung in der Bukowina als ältestes von sieben Kindern geboren, besuchte C. ab 1910 die Militärschule Manastiréa-Déalului und anschließend die Infanterieschule in Botoschani. 1919 begann er das Jurastudium an der Universität Jassy. Seine Auffassungen von Führertum, Arbeit, Disziplin und Religion wurden wesentlich von seinem Lehrer Alexandru C. Cuza geprägt. C. entwickelte sich zum missionarischen Mystiker und fanatischen Nationalisten. Sein Motto lautete: »Gottes Feinde sind Rumäniens Feinde und Rumäniens Feinde sind meine Feinde.« Bereits als Student organisierte er antisemitische Aktionen. 1919 gründete er die antikommunistische Arbeiterpartei »Nationaler und christlicher Sozialismus« und 1922 den nationalistischen, antisemitischen »Verband christlicher Studenten«, der durch Streiks den Lehrbetrieb an den rumänischen Universitäten lahmlegte, um den jüdischen Einfluß zurückzudrängen. C. setzte 1922 sein Jurastudium in Berlin und Jena fort und promovierte in Grenoble zum Dr. jur. Nach Bukarest zurückgekehrt, gründete er zusammen mit seinem Lehrer Cuza die »Liga zur nationalen christlichen Verteidigung« (LANC), in der sich die Gegner der Verleihung voller staatsbürgerlicher Rechte an die rumänischen Juden zusammenschlossen. Hauptgegner war die »Liberale Partei« mit ihrer toleranten Judenpolitik. Nach einem mißglückten Attentat gegen liberale und jüdische Politiker stand er zusammen mit anderen Beschuldigten vor einem Geschworenengericht. C. wurde freigesprochen. Auch das Attentat gegen den Polizeipräfekten von Jassy, dessen Polizei Studenten erschossen hatte, endete 1925 mit einem Freispruch, weil einige Richter LANC-Angehörige waren.

1926 verließ C. die Liga, weil er den individuellen Terror als Mittel politischer Auseinandersetzungen nicht länger praktizieren wollte. Zur nationalen Erneuerung des Rumänentums und zur »Erlösung des rumänischen Volkes« gründete er am 24.6.1927 die »Legion des Erzengels Michael«, deren »Kapitan« er war. Während der Untersuchungshaft im Jahre 1923 soll ihn der Erzengel Michael in einer Vision dazu aufgefordert haben. Vor diesem mystischen Hintergrund in der Tradition rumänischen Gottesglaubens wollte C. durch die Vermittlung von christlicher Leistungsethik, durch die Förderung von Freundschaft und Brüderlichkeit, mit dem Anspruch von Selbstaufopferung und Disziplin die rumänische Jugend dem verderblichen Einfluß der herrschenden politischen Parteien entziehen. Geheimnisumwitterte Riten und ein Kameradschaftsgeist bis zur Selbstaufopferung machten die Legion attraktiv.

Der Mythos des Opfertodes in der Nachfolge Christi drückte sich in Liedtexten aus wie den folgenden: »Du bist geboren, um zu sterben, um jung zu sterben, wenn du nicht siegst.« Äußeres Zeichen der verschworenen Gemeinschaft war das grüne Uniformhemd und ihr Symbol das weiße Kreuz. Die kleinste Gruppe der hierarchisch gegliederten Organisation hieß »Nest« und bestand aus drei bis dreizehn Mitgliedern. 1937 gab es 34 000 Nester im Land. Die flexible Organisationsform ermöglichte rasche Reaktionen auf unerwartete Ereignisse vor Ort. Zu den Aufmärschen und Demonstrationen gehörten Priester mit Ikonen und Fahnen. Die Sympathisanten trugen die Nationaltracht. Das politische Programm kam erst ein paar Jahre später: nationale Größe, Volkssolidarität, Hilfe für die Armen, Ausmerzung von Kommunismus und jüdischem Kapitalismus. Der Schwerpunkt lag auf der Innenpolitik. Das Ziel war ein nationaler Sozialismus wie in Deutschland. Die Bauern und Arbeiter erhofften sich von C. die Verbesserung ihrer Lebensbedingungen. Der Antisemitismus entsprach rumänischen Traditionen. Er hatte wirtschaftliche und religiöse Wurzeln. Ohne die Beseitigung der Juden schien weder die Reinheit der orthodoxen

Religion noch die wirtschaftliche Prosperität des Landes möglich. Die Parallelen zum Nationalsozialismus der Deutschen waren deutlich: gleiche Feindbilder, ähnliche Leitbilder, gleiche Kampfmethoden. Kontakte zu dem von Rosenberg geführten Außenpolitischen Amt der NSDAP gab es ab 1937. Außenpolitisch setzte sich C. für ein Bündnis Rumäniens mit Italien und dem Deutschen Reich ein.

1933 gründete C. die »Eiserne Garde« als eine politische Partei, um seinen Einfluß auf eine breitere Basis zu stellen. Sie war weniger elitär als die »Legion des Erzengels Michael« und breitete sich besonders in den ländlichen Bezirken aus, wo der religiöse Mystizismus des Parteiführers die Massen faszinierte. 1935 wurden fünf Legionäre in das Landesparlament gewählt. 1937 gewann die »Eiserne Garde« mit 15,6 Prozent der Stimmen 66 Mandate im Parlament. Die Liberalen, die um den sicher geglaubten Wahlsieg gebracht worden waren, ermunterten König Carol II. im Februar 1938 zur Errichtung der Diktatur. Die Parteien wurden aufgelöst. Im Mai 1938 wurde C. in einem Hochverratsprozeß u. a. wegen der Verbindung zu ausländischen politischen Organisationen – gemeint waren die NSDAP und die PFI – trotz unzureichender Beweise zu zehn Jahren Zwangsarbeit verurteilt. Tausende von Legionären wurden eingesperrt, Tausende flohen in die Wälder. Die Organisationsstruktur blieb jedoch erhalten. Zahlreiche Aktionen zeigten der Regierung, daß die Legion trotz der Verhaftung des Kapitan weiterlebte. Deshalb ließ der Innenminister Calinescu auf Befehl des Königs C. während der Verlegung in ein anderes Gefängnis ermorden. Nach offizieller Darstellung wurde er auf der Flucht erschossen. Hitler tobte, als er von dem Mord erfuhr, und die deutsch rumänischen Beziehungen verschlechterten sich, als er in Rumänien der Mitwisserschaft bezichtigt wurde. König Carol erweckte den Eindruck, als habe er Hitler bei seinem Besuch am 24.11.1938 über das Vorhaben orientiert. Am 21.9.1939 erschossen Mitglieder der Eisernen Garde den Innenminister Calinescu auf offener Straße und verkündeten nach der Erstürmung des Sendegebäudes im Rundfunk: »Der Mord am Kapitan ist gerächt.« Daraufhin wurden im ganzen Land wahllos etwa 300 Legionäre erschossen oder aufgehängt. Die folgende Mythenbildung über sie und C. erleichterte die Arbeit von → Antonescu und → Sima, als im September 1940 der »Nationallegionäre Staat« gegründet wurde.

Ende November 1940 stürmte ein Kommando der Legion das Gefängnis Jilava, in dessen Hof C. und seine 13 Mitgefangenen, die »Decemviri«, nach der Ermordung verscharrt worden waren. Am 30.11.1940 wurden die Leichen in einem feierlichen Staatsakt zusammen mit den »Nicadori«, die am 29.12.1933 den Ministerpräsidenten Duca erschossen hatten, in Bukarest gefeiert. Im Trauerzug befanden sich der Reichsjugendführer Baldur von Schirach in Vertretung Hitlers, der Leiter der Auslandsorganisation der NSDAP, Gauleiter Bohle, und Marschall Antonescu, der bei dieser Gelegenheit zum letztenmal das grüne Hemd der Eisernen Garde trug.

Die von den Gardisten beantragte Heiligsprechung C.s wurde von der orthodoxen Kirche mit dem Hinweis abgelehnt, daß die Kanonisierung erst nach Jahrhunderten möglich sein werde. Man träumte auch davon, für Rumänien eine neue Hauptstadt mit dem Namen Codreni zu bauen.

Literaturhinweise:
Hans Rogger und Eugen Weber: The European Right. A Historical Profile, Berkeley u. a. 1965
Paul Guiraud: Codréanu et la Garde de fer, Rio de Janeiro 1966
Carlo Sburlati: Codranu il capitano, Rom 1970
Nicholas M. Nagy-Talavera: The Green Shirts and the Others. A History of Fascism in Hungary and Rumania, Stanford 1970
S. U. Larsen u. a. (Hsg.): Who were the Fascists. Social Roots of European Fascism, Oslo u. a. 1980
Ewald Hibbeln: Codreanu und die Eiserne Garde, Siegen 1984

COSTANTINI, DOMINIQUE, genannt Pierre, geb. 16.2.1889 in Sartène (Korsika), gest. 30.6.1986 in Prunelli di Fiumorbo (Korsika), Führer der »Ligue française d'épuration, d'entr'aide sociale et de collaboration européenne« 1941–1944, Mitbegründer des »Mouvement Social Européen« 1942

Die Schönheiten seines Geburtslandes und dessen Nationalheld Napoleon veranlaßten C. in der Jugend zu Gedichten über seine Heimat. Während des Ersten Weltkrieges machte er sich als Kriegsheld einen Namen. Er wurde viermal namentlich erwähnt, mit der Medaille militaire ausgezeichnet und zum chevalier de la Légion d'Honneur ernannt. Bei einem Flugzeugabsturz wurde er schwer verwundet. Nach dem Krieg arbeitete er in einer Autofabrik. Obwohl er zu hundert Prozent invalide war, nahm er an dem Autorennen Beirut–Peking teil. Er schrieb ein Buch mit dem Titel »La grande pensée de Bonaparte«, in dem er Napoleon als den Vorkämpfer für ein vereintes Europa und für die deutsch-französische Partnerschaft darstellte. C. fühlte sich der Tradition seines großen Vorbilds verpflichtet. Aufgrund seiner Kriegserlebnisse und seiner Verwundung glaubte er sich berechtigt, bei seinen Reisen durch Europa, vor allem in Deutschland, im Namen der französischen Kriegsgeneration eine engere Zusammenarbeit zwischen Frankreich und Deutschland zu fordern. Er war bestürzt, daß keine der beiden Regierungen den Weg der Versöhnung konsequent einschlug.
Als der Zweite Weltkrieg begann, meldete sich C. trotz seiner Invalidität als Freiwilliger und wurde 1940 Kommandant des Flugplatzes Coulommiers. Die französische Niederlage schob er den Briten in die Schuhe, die den Bündnispartner im Stich gelassen hatten. Nach dem Überfall auf Mers-el-Kébir im Juli 1940 forderte er die Kriegserklärung Frankreichs an Großbritannien. Ein Plakat aus seiner Hand, auf dem der unbekannte Soldat den Juden und Freimaurern aus dem Grab drohte, hatte folgenden Text: »Je déclare la guerre à l'Angleterre. Il s'agit de la France. Il s'agit de l'Europe. Il n'est plus permit d'attendre.« Ein anderes trug den Schriftzug »Assez«. Am 6.3.1941 gründete C. die »Ligue française d'épuration, d'entr'aide sociale et de collaboration européenne« und gab die Wochenzeitung »L'Appel« heraus, die von den Deutschen mit monatlich 50 000 frs subventioniert wurde. Die Liga hatte nur etwa 2000 Mitglieder. Außerhalb von Paris wirkte sie vor allem in den Départements Marne und Côte d'Or. Im nicht besetzten Frankreich war sie nicht präsent.
Mit Jacques → Doriot, Marcel → Déat und Eugène → Deloncle verfaßte C. am

18.7.1941 den ersten Aufruf zur Gründung der »Légion des Volontaires Français contre le bolchevisme« (LVF) und gehörte in der Folgezeit ihrem Führungsgremium an. Seine Hoffnung, unter den 30 000 Franzosen, die nach Ansicht von Botschafter Abetz an der Seite der deutschen Wehrmacht kämpfen sollten, würde auch eine Fliegergruppe sein, erfüllte sich nicht. Auf einer Massenversammlung im Vélodrome d'hiver in Paris am 18.7.1941 warben die Führer der kollaborationistischen Parteien um Freiwillige. C.s Rede erhielt viel Beifall, weil er seinen Aufruf zum Dienst in der LVF mit Invektiven gegen die Juden spickte.

Am 2.9.1941 unterzeichnete C. einen Aktionspakt mit Jacques Doriot, dem Führer der »Parti Populaire Français« (PPF), aber ebensowenig wie Marcel Déat als Chef des »Rassemblement National Populaire« (RNP), Eugène Deloncle als Führer des »Mouvement Social Révolutionnaire« (MSR), Marcel → Bucard von der »Parti Franciste«, Pierre Clementi als Vorsitzender der »Parti Français National-Collectiviste«, Jean Boissel von der »Front franc«, Alphonse de → Chateaubriant von der »Groupe Collaboration« und Jacques Schweizer als Führer der »Jeunes de l'Europe Nouvelle« war C. zur Preisgabe seiner Organisation und zur Bildung einer französischen Einheitspartei nach dem Muster der NSDAP bereit, vor allem nicht unter der alleinigen Führerschaft Doriots. → Laval benutzte die »Ligue Française« als Gegengewicht gegen den wachsenden Einfluß Doriots, obwohl er die Zusammenarbeit C.s mit der Gestapo und der SS mißbilligte. Sie erwies sich, finanziell unterstützt mit Regierungsgeldern, unter den französischen Rechtsparteien als einzige Stütze des Ministerpräsidenten. Der letzte Parteikongreß der »Ligue Française« fand im November 1942 in Paris statt. Sie war eine große Huldigung an → Pétain. C.s Reputation war zu dieser Zeit immerhin noch so groß, daß 8000 Zuhörer kamen. Bald darauf schloß sich die »Ligue française« mit der PPF zusammen.

C. beteiligte sich an der Kampagne gegen die Freimaurer, die 1941 im »Bulletin d'informations antimaçonniques« eröffnet wurde. Ihnen wurde Verrat an Frankreich vorgeworfen. C. schlug vor, alle Freimaurer entsprechend dem Judenstern mit einer Armbinde zu stigmatisieren. Um die Franzosen für das neue Europa unter deutscher Führung, für das die LVF kämpfte, zu begeistern, gründete C. 1942 zusammen mit Paul Riche das »Mouvement Social Européen«, dessen Zeitschrift »Au Pilori« die antisemitische Kampagne in Frankreich anführte. Die Vereinigung kämpfte für ein vereintes Europa. Die ersten Schritte sollten wirtschaftlicher Art sein.

Nach der Befreiung Frankreichs wurde C. 1945 festgenommen, aber aufgrund der gerichtlichen Untersuchungen wieder in Freiheit gesetzt, weil man ihn für geistig unzurechnungsfähig hielt. Er zog sich nach Korsika zurück und widmete die letzten Lebensjahre Studien über Napoleon. Er starb in einer psychiatrischen Klinik.

Literaturhinweise:

Michèle Cotta: La collaboration 1940–1944, Paris 1964

Pascal Ory: Les collaborateurs 1940–1945, Paris 1976

Paul J. Kingston: Anti-Semitism in France during the 1930s: Organisations, Personalities and Propaganda, Hull 1983

D

DAELS, FRANS, geb. 7.1.1882 in Antwerpen, gest. 22.12.1974 in Gent, stellvertretender Vorsitzender des »Vlaamsch Nationaal Verbond« (VNV) 1940–1943

In einer französisch sprechenden Antwerpener Familie geboren, studierte D. Medizin an den Universitäten Löwen und Gent. 1907–1910 arbeitete er als Assistent von Prof. Bumm an der Berliner Frauenklinik der Charité. Aus dieser Zeit stammt seine Germanophilie. 1911 wurde D. Professor an der Medizinischen Fakultät der Universität Gent. In dieser Funktion organisierte er die erste Beratungsstelle für Mütter und Säuglinge. 1911 gründete er einen Berufsverband für Hebammen. Im Ersten Weltkrieg diente D. vier Jahre lang freiwillig als Militärarzt auf seiten der Entente. Zusammen mit Cyriel → Verschaeve war D. einer der Initiatoren der »Frontbeweging«, die sich in den Kämpfen an der Yser um die von den französisch sprechenden Offizieren diskriminierten Flamen kümmerte. Nach dem Krieg beschwor D. die Zusammenarbeit aller Flamen gegen die wallonische Vorherrschaft. Er organisierte zahlreiche Gedenkfahrten an die Gräber der gefallenen Flamen an der Yser, um damit gegen den Vorrang des Französischen im Land zu protestieren, und beteiligte sich an der »Heldenhulde«, die auf den Grabsteinen der gefallenen Flamen die Buchstaben »AVV-VVK« (Alles voor Vlaanderen – Vlaanderen voor Kristus) anbrachte. Er finanzierte das »Secretariaat van de Katholieke Vlaamsche Hoogstudenten« (SKVH), das gegen die Verwahrlosung der Sitten unter der Herrschaft der liberalen Wallonen ankämpfte. 1930 wurde D. Vorsitzender der flämischen Hochschulkommission. 1934 gründete er zusammen mit anderen katholischen Intellektuellen die Organisation »Nieuw Vlaanderen«, die eine Wochenzeitschrift gleichen Namens herausgab. Ihr politisches Ziel war die Umwandlung Belgiens in einen Bundesstaat und die Autonomie des flämischen Landesteils einschließlich Brüssels. Er unterstützte die Zusammenfassung aller nationalflämischen Organisationen »tot de gemeenschappelijke verdediging van het Vlaamsche volksbestaan en het opbouwen van een christelijke en volksche orde in Vlaanderen« und organisierte den »Congres der Vlaamsche Concentratie« am 19.7.1936 in Leiden.

Nach der Besetzung Belgiens durch die Wehrmacht bot D. im Juli 1940 der Oberfeldkommandantur Gent seine Mitarbeit an. Seine Hilfsaktionen in Ostflandern wurden bei der Gründung der »Winterhulp« in die Organisation einbezogen. Im Sepember 1940 trat D. dem Führungskreis des »Vlaamsch Nationaal Verbond« bei. Die Wallfahrten an die Yser führte er auch im Krieg durch, um die Erinnerung an die flämischen Helden aufrechtzuerhalten. Bei den Besatzungsbehörden engagierte er sich für die bevorzugte Beschäftigung von Flamen im öffentlichen Dienst und für die Freilassung der flämischen Kriegsgefangenen. Obwohl er Mitglied des VNV war, betrieb er im Sinne des ehemaligen »Verbond van dietsche Nationalsolidaristen« (VERDINASO), den Joris van → Severen 1931 ins Leben gerufen hatte, den Anschluß des wallonischen Landesteils Belgiens an Frankreich und die Zusammenfassung der Holländer und Flamen in einem »Dietschen Reich« an der Seite des Großdeutschen Reiches. Im April 1941 organisierte er den Kongreß des »Dietsch Studentenverbond«, der anschließend von den Deutschen verboten wurde, weil er Ziele verfolgte, die nicht im Einklang mit der deutschen Politik standen. Am 4.5.1942 trat D. aus der »Duitsch-Vlaamsche Arbeidsgemeenschap« (DEVLAG) aus, die von Jef van de → Wiele 1936 als kulturelle Organisation ins Leben gerufen worden war, weil die Einigungsversuche zwischen de → Clercq und van de Wiele im März 1942 scheiterten. D. wollte den wachsenden Einfluß der SS in der DEVLAG nicht tolerieren und konnte sich mit dem großgermanischen Gedanken, der dort vertreten wurde, nicht anfreunden. Bei der deutsch-flämischen Kulturwoche vom 26.–29.6.1941 war er letztmals als Redner der DEVLAG aufgetreten.

Von der Neuordnung Europas nach dem Krieg erwartete D. die Schaffung eines Großniederländischen Reiches in Gleichberechtigung zum Deutschen Reich. Um sich dessen würdig zu zeigen, sollten die Flamen und Niederländer einen angemessenen Beitrag im Kampf gegen den Bolschewismus leisten. Die Yser-Gedenkfahrt 1941 benutzte D. zur Werbung für die »Flämische Legion« der Waffen-SS. Aus den Ärzten, die bei ihm studiert hatten, rekrutierte er das medizinische Korps der Legion. Das erste Kontingent verließ Brüssel am 6.8.1941. Für die zurückkehrenden Verwundeten richtete D. spezielle Lazarette ein. Nach soviel Einsatz nahm er mit Empörung die diskriminierende Behandlung der Rekruten während ihrer Ausbildung zur Kenntnis. Er protestierte dagegen, daß ihnen verboten wurde, flämische Lieder zu singen, daß es keinen einzigen flämischen Offizier und nur wenige einheimische Unteroffiziere gab und daß keine Militärgeistlichen zugelassen wurden. Er machte den VNV dafür verantwortlich, daß vor der Aufstellung der Legion keine entsprechenden Abmachungen getroffen worden waren. Als die ersten Meldungen über die Opfer der flämischen Legion in Belgien eintrafen, versuchte er die Gefallenen an der Ostfront in den Kult für die Gefallenen an der Yser zu integrieren. Beide Kategorien sollten als Helden der flämischen Nation in die Geschichte eingehen. Im Juli 1942 beschwor er anläßlich der Gründung der Frauensektion des VNV in einer Broschüre die Solidarität aller flämischen Mütter und Ehefrauen mit den Frauen der anderen germanischen Völker, die das gleiche Opfer brächten. Bei der Ysergedenkfahrt 1943 hielt D. eine panegyrische Totenrede auf den an der Ostfront gefallenen VNV-Propagandisten → Tollenaere.

Am 4.9.1943 verließ D. den VNV. In einem langen Brief an → Elias begründete er seinen Austritt damit, daß die Deutschen die Abmachungen mit dem VNV nicht hielten und daß die Partei seine Arbeit im »Komitee für die Yser-Gedenkfahrten« und in der »Gesellschaft für den Fortschritt der Wissenschaft« behindere. Seinen Sitz im Direktorium des VNV übernahm sein Sohn, der Leiter der nationalsozialistischen Jugend in Flandern. Lediglich die Präsidentschaft über das Werk »Mutter und Kind« des VNV behielt D.
Am Ende des Zweiten Weltkriegs zog sich D. angesichts der drohenden Bestrafung in die Schweiz zurück. Ende Juni 1946 wurde er in Abwesenheit zum Tode verurteilt. Ein Versuch der Zeitschrift »Het Volk« Anfang 1952, die katholische Regierung zu einem Gnadenakt für D. zu veranlassen, scheiterte am Protest der ehemaligen Kombattanten und Anhänger der Résistance. Erst 1959 durfte er nach Hause zurückkehren. Vor seinem Tod veröffentlichte er noch ein paar Bücher über kulturelle und moralische Fragen.

Literaturhinweise:
Arie Wolter Willemsen: Het Vlaams-Nationalisme. De geschiedenis van de jaren 1914–1940, Utrecht 1969
M. Boey: Zo leefde, zo sprak prof. Dr. Frans Daels, Leiden 1972
Encyclopedie van de Vlaamse Beweging, Band 1, Utrecht 1973

DANKERS, OSKARS, geb. 14.3.1883 in Lielauce, gest. 11.4.1965 in Grand Rapids (USA), General, Generaldirektor der lettischen Zivilverwaltung 1942–1944

Als pensionierter General der lettischen Armee, der sich während seines aktiven Dienstes nicht am politischen Leben beteiligt hatte, kam D. zusammen mit 50 000 Baltendeutschen nach der Annexion der baltischen Länder durch die Sowjetunion im Rahmen der sogenannten »Nachaussiedlung« im Januar 1941 nach Deutschland. Als sich die Beziehungen zwischen dem Deutschen Reich und der UdSSR nach dem Besuch Molotows am 12. und 13.11.1940 in Berlin verschlechterten, setzte sich Alfred Rosenberg, der Leiter des Außenpolitischen Amtes der NSDAP, mit dem Pensionär und Landsmann in Verbindung, um ihn als Vertrauensmann für lettische Angelegenheiten zu werben. In Konkurrenz zu D. gewann das Amt Ausland/Abwehr des OKW den ehemaligen lettischen Militärattaché Oberst Plesner und den lettischen Oberstleutnant Deglavs für sich und beauftragte die beiden Offiziere, unmittelbar nach der Eroberung Rigas einen lettischen Vertrauensrat zu bilden. In der Hoffnung, daß die Deutschen die Selbständigkeit der baltischen Staaten wiederherstellen würden, sagten alle zu. Nach der Eroberung Rigas am 1.7.1941 stellte sich jedoch heraus, daß die deutschen Dienststellen andere Weisungen hatten. Die nach staatlicher Selbständigkeit drängenden lettischen Gruppierungen erhielten keine Vollmachten. Deglavs erschoß sich, als ihm klar wurde, daß die von der Besatzungsverwaltung in Lettland eingeleitete Entwicklung nicht zur Souveränität Lettlands führen würde. Plesner erkrankte und schied aus. Die von Gustavs Celmins geführten »Donnerkreuzler« und die Anhänger des letzten lettischen Ministerpräsidenten Karlis Ulmanis kämpften gegen die Aufstellung von D. als Vertrauensmann. Erst am 21.8. 1941 gelang es dem Leiter der Abteilung für Sonderfragen im Reichsministerium für die besetzten Ostgebiete, Peter Kleist, nach längeren Verhandlungen mit den verschiedenen Kollaborationsgruppen, D. als Leiter der vorgesehenen lettischen Zivilverwaltung durchzusetzen. Bei späteren Neuregelungen sollte er als Schlüsselfigur fungieren und bis dahin als »Generaldirektor« die Personalangelegenheiten in der lettischen Verwaltung bearbeiten. Er bekam drei Sekretäre beigeordnet: Dr. Sanders, Oberstleutnant Freimanis und den zu den Donnerkreuzlern gehörenden Anderson. D. war auf Zusammenarbeit mit dem deutschen Generalkommissar für Lettland, Otto Drechsler, dem früheren Bürgermeister von Lübeck, angewiesen, der dem Reichskommissar Ostland, Hinrich Lohse, unterstand. Bei dem Zuständigkeitsgerangel der folgenden Monate erwies sich D. als schwacher Mann. Drechsler behinderte seine Tätigkeit, wo er konnte. D. konnte sich nur in wenigen Personalentscheidungen durchsetzen. Um Drechslers Wohlwollen zu gewinnen, ernannte er im November 1941 den ehemaligen lettischen Finanzminister Alfreds Valdmanis zum Direktor der Justizverwaltung, obwohl er von der ablehnenden Haltung der Sicherheitspolizei und Kleists informiert war. Opposition gegen jeglichen Machtzuwachs der landeseigenen Verwaltung kam aus dem Reichsministerium für die besetzten Ostgebiete und aus deutschen Wirtschaftskreisen, wo man sich beklagte, daß das Land, das der deutsche Soldat mit seinem Blut erobert habe, an die Letten verschenkt werde. Das Ostministerium beharrte auf einem Sonderstatus für Riga. An die Spitze der Stadt wurde ein deutscher Bürgermeister gestellt, und auf lange Sicht wollte der Reichsminister für die besetzten Ostgebiete, Alfred Rosenberg, seine Geburtsstadt zu einer Art »Freistadt« umwandeln. Nur die deutsche Militärverwaltung war mit D. einverstanden. Da er für Ruhe und Ordnung im Land sorgte, entschlossen sich der Generalkommissar für Lettland und der Reichsminister für die besetzten Ostgebiete zur Anerkennung der landeseigenen Verwaltung. Im Februar 1942 wurden die einheimischen leitenden Generaldirektoren in allen drei baltischen Ländern in ihren Ämtern bestätigt: in Estland Hjalmar → Mäe, in Lettland D. und in Litauen Petras Kubiliunas. Gleichzeitig endete die Militärverwaltung in den Gebieten. Die Verhandlungssprache mit den deutschen Dienststellen war das Deutsche. Innerhalb der landeseigenen Verwaltungen waren Deutsch und die einheimische Sprache gleichberechtigt. Die Nachricht vom Einsetzen einer landeseigenen Verwaltung wurde am 19.3.1942 in der lettischen Presse veröffentlicht, obwohl die Durchführungsbestimmungen noch nicht erarbeitet waren. Nur der deutsche Generalkommissar wußte, wie gering die Befugnisse der sechs Direktoren waren, die in Riga unter dem Vorsitz von D. amtierten. Wegen der fehlenden Koordination im Ostministerium ging die Einheitlichkeit der Verwaltung in den baltischen Ländern unter den nach Selbständigkeit strebenden Generalkommissaren bald verloren.

Als der deutsche Sieg über die Sowjetunion auf sich warten ließ, wurde die Stellung auch der landeseigenen Verwaltung unter D. in Riga immer schwieriger. Die SS-Dienststellen im Land rissen eine Kompetenz nach der anderen an sich und umgingen den deutschen Generalkommissar ebenso wie die landeseigene Verwaltung. Am 3.11.1942 forderte der SS- und Polizeiführer in Lettland, Walter Schröder, von D. die Aufstellung einer lettischen Freiwilligenlegion. D. entgegnete, daß ohne politische und wirtschaftliche Zugeständnisse an das Generaldirektorium keine Freiwilligenmeldungen zu erwarten seien. Er hob die tiefe Enttäuschung der Bevölkerung über die andauernde deutsche Besatzung hervor und stellte die Frage, ob die Deutschen als Befreier oder als Eroberer ins Land gekommen seien. Er unterstrich den Wunsch der Letten nach wirklicher Autonomie und langfristig nach der Wiederherstellung der staatlichen Unabhängigkeit Lettlands. Wenn Lettland souverän sei, würde die Regierung mit Deutschland einen Garantie- und Schutzvertrag nach dem Muster der Slowakei abschließen und seine Truppen unter deutschem Oberbefehl in den Krieg gegen die Sowjetunion entsenden. Eine Denkschrift des Direktors der landeseigenen Justizverwaltung, Alfreds Valdmanis, mit dem Titel »Das lettische Problem« an den Reichskommissar Lohse stellte die gleichen Forderungen. Er sagte die Aufstellung einer 100 000 Mann starken lettischen Armee innerhalb von drei Monaten nach der Autonomieerklärung Lettlands zu. Auf einer gemeinsamen Konferenz des deutschen Generalkommissariats und der lettischen landeseigenen Verwaltung Ende Januar 1943 drohten die Direktoren mit ihrem Rücktritt, wenn ihre Kompetenzen nicht erweitert würden.

Um die lettische Selbstverwaltung vor vollendete Tatsachen zu stellen, gründete Himmler am 12.1.1943 die Lettische Legion und gliederte die vier im Rahmen der 2. SS-Brigade kämpfenden lettischen Schutzbataillone in sie ein. Die Zustimmung D.s hielt er nicht für erforderlich, da diese Umorganisation eine polizeiliche Angelegenheit in deutscher Zuständigkeit sei. Weitergehende Mobilmachungspläne waren jedoch ohne die Selbstverwaltungsorgane nicht möglich. Da die landeseigene Verwaltung ohne die Wiederherstellung der lettischen Selbständigkeit eine Mobilisierung von lettischen Wehrpflichtigen für völkerrechtswidrig hielt, betrieben die deutschen Dienststellen die Einberufung der wehrfähigen Männer zum Arbeitsdienst. Das war möglich, weil der Reichsminister für die besetzten Ostgebiete bereits am 19.12.1941 die allgemeine Arbeitspflicht für alle Bewohner seines Bereichs zwischen 18 und 25 Jahren dekretiert hatte.

Unter dem Druck der SS rief der Reichskommissar Lohse am 24.2.1943 unter dem Motto »Mit Adolf Hitler zum Sieg, zu den Waffen, an die Arbeit!« alle zwischen 1919 und 1924 geborenen Männer zur Musterung auf. Die Maßnahme wurde der Bevölkerung durch einzelne Zugeständnisse wie die Rückgabe von Privateigentum und die Angleichung des Lohn- und Preisniveaus an deutsche Verhältnisse schmackhaft gemacht. Die Gemusterten sollten zwischen dem Dienst mit der Waffe und der Arbeit in der Rüstungsindustrie wählen können. Die Absicht des Reichskommissars Lohse, die widerspenstigen Letten in der Generaldirektion auszutauschen, wurde aufgegeben, als klar wurde, daß mit der Amtsenthebung von D. die lettische Kollaboration zusammenbrechen würde. Die Entwürfe für eine größere Autonomie Lettlands, die im Reichsministerium für die besetzten Ostgebiete ausgearbeitet wurden, um die Letten für die deutsche Sache zu gewinnen, stießen auf den Widerstand des Reichskommissars Ostland, der seine Kompetenzen gefährdet sah. Auch Hitler sprach sich dagegen aus. Nur Himmler unterstützte Rosenberg in dieser Frage, weil er die Einberufung lettischer Wehrpflichtiger für die Waffen-SS anstrebte. Nach einem Besuch in Lettland im September 1943 forderte er die Verstärkung der Lettischen Legion auf 8000 Mann. Das SS-Ersatzkommando Ostland hatte die Musterungsstäbe zu stellen.

Die Jahrgänge 1919 bis 1923 wurden zur Nachuntersuchung geladen. Die Musterungen begannen am 4.10.1943 ohne Mitwirkung der landeseigenen Verwaltung. Bei einer Besprechung im Führerhauptquartier am 16.11.1943 legte Hitler den Personalumfang der Lettischen Legion auf 20 000 Mann fest. Dieser Umfang war ohne die Einberufung der Jahrgänge 1915–1918 und des Jahrgangs 1924 nicht zu erreichen. Die landeseigene Verwaltung machte ihre Mitwirkung davon abhängig, daß die neu aufzustellenden Einheiten in Lettland verwendet werden und daß die Polizei, die bisher von der SS geführt wurde, der landeseigenen Verwaltung unterstellt würde. Dies wurde vom Reichskommissar Ostland abgelehnt, der gleiche Bedingungen in allen drei baltischen Länder anstrebte. Nur in Anbetracht des Vorrückens der Roten Armee an die estnische Landesgrenze erklärte sich das lettische Generaldirektorium ohne Zusagen der deutschen Seite mit der vorgesehenen Musterung und den Einberufungen einverstanden. Die »Deutsche Zeitung im Ostland« gab am 17.11.1943 bekannt, daß D. gemäß dem Auftrag des Generalkommissars die 1915–1924 geborenen Männer zum Dienst in der Lettischen Legion einberufen werde. Die landeseigene Verwaltung bemühte sich, in der Öffentlichkeit den Eindruck zu erwecken, als seien diese Einberufungen der erste Akt einer neu entstehenden nationalstaatlichen Souveränität. In diesem Sinne äußerte sich D. auch in einer Rede am 18.11.1943, dem Nationalfeiertag Lettlands: »Wir wollen unsere Soldatenpflicht getreu erfüllen im festen Glauben an ein freies Lettland in der Gemeinschaft der Völker«. Die Musterungen waren im Februar 1944 abgeschlossen. Die neuen Rekruten wurden in sechs Grenzverteidigungs-Regimenter eingeteilt und für Befestigungsarbeiten an die Landesgrenze gesandt. Als 189 prominente Letten im März 1944 schriftlich gegen die Einberufung von Letten in nichtlettische Streitkräfte protestierten, weil dies gegen das Völkerrecht verstoße, schritt die Gestapo ein und führte Verhaftungen durch. Parallel zur Einberufung der neuen Jahrgänge wurde die Zusammenfassung der lettischen SS-und Polizeieinheiten in Divisionen verwirklicht. Es entstanden die 15. Waffengrenadierdivision der SS (lettisch Nr. 1) und die 19. Waffengrenadierdivision der SS (lettisch Nr. 2). Mitte 1944 standen fast 60 000 Letten unter Waffen. Die Angehörigen der lettischen Selbstverwaltung hofften, daß diese Männer nach dem Krieg den Kern der nationalen Armee bilden würden.

Ende 1944 brach der Verwaltungsapparat des Reichskommissariats Ostland zusammen. Alfred Rosenberg als der zuständige Reichsminister wurde trotz wiederholter Versuche nicht mehr bei Hitler vorgelassen. Seine Machtbefugnisse übernahm Himmler. Die SS organisierte die Mobilisierung der Bevölkerung und die Rekrutierung der wehrfähigen männlichen Bevölkerung zum Dienst in der Waffen-SS. Himmler stützte sich auf eine angebliche Führerweisung, die ihn zur Mobilisierung der Esten und Letten »bis zum letzten Mann« ermächtigte. Gegen das Zugeständnis, daß das Deutsche Reich Lettland nicht länger als Teil der Sowjetunion betrachte, rief D. am 4.2.1945 die Jahrgänge 1906–1914 zur Musterung auf und betrieb die Aufstellung einer provisorischen Regierung für Lettland. Sie sollte am 15.2.1945 in Dresden vorgestellt werden. Da zwei Tage vorher die Stadt von alliierten Bomben völlig zerstört wurde, wurde der Staatsakt nach Potsdam verlegt. Dort wurde am 20.2.1945 das »Lettische Nationalkomitee« unter der Präsidentschaft von Rudolfis → Bangerskis ausgerufen. Die Mitglieder des

Nationalkomitees, zu denen D. gehörte, flogen anschließend in den von den deutschen Truppen gehaltenen Kurlandkessel, um die Zivilverwaltung im eingeschlossenen Gebiet zu organisieren. Der SS-Gruppenführer und Generalleutnant der Polizei Hermann Behrends machte ihnen jedoch an Ort und Stelle deutlich, daß er sie nicht als eine Art lettischer Regierung anerkennen werde und daß sie unter seiner Aufsicht stünden. Auch die deutsche Militärverwaltung war nicht bereit, Kompetenzen abzugeben. Voll von Frust und Ohnmacht kehrte D. am 4.4.1945 nach Deutschland zurück. Nach zweijähriger Internierung in einem Lager für Displaced Persons wanderte D. 1947 in die USA aus. Fast erblindet, veröffentlichte er 1965 das Buch »Die Geschichte soll urteilen«. Nach seinem Tod erschienen 1973 die Lebenserinnerungen.

Literaturhinweise:
Boris Meissner: Die baltischen Nationen Estland Lettland Litauen, Köln 1990
Romuald J. Misiunas und Rein Taagepera: The Baltic States. Years of Dependence 1940–1980, London 1983
Visvaldis Mangulis: Latvia. In the Wars of the 20th Century, New York 1983

DARNAND, AIMÉ JOSEPH AUGUSTE, geb. 19.3.1897 in Coligny (Ain), hingerichtet am 10.10.1945 in Châtillon, Chef der »Milice française« 1943–1945, Innenminister der französischen Regierung in Vichy 1944–1945

D. war eines von sieben Kindern eines Eisenbahners. Er hatte die Schreinerlehre noch nicht beendet, als der Erste Weltkrieg ausbrach. 1915 trat er als Freiwilliger in die Armee ein. Er zeichnete sich durch besonders kühne und kampfentscheidende Unternehmungen aus, so daß ihn der Präsident der Republik, Raymond Poincaré, nach dem Krieg neben dem Ministerpräsidenten Georges Clémenceau und dem Marschall Ferdinand Foch als einen der drei »artisans de la victoire« zum Ritter der Ehrenlegion machte. 1921 verließ er die Armee, da man ihm die Beförderung zum Offizier verweigerte. Er gründete in Nizza ein Transportunternehmen, das er bis 1942 leitete. Als Mitglied der »Action française« seit der Gründung der Ortsgruppe Nizza war er bis 1928 für die »Camelots du Roi« und die »Anciens Combattants« verantwortlich. Nach dem Austritt aus der »Action française« 1930 schloß er sich der Organisation »Croix de Feu« und dem »Comité Secret d'Action Révolutionnaire« an, das als »Cagoule« berüchtigt wurde. Die militanten Aktionen, die er für sie organisierte, brachten ihm mehrere Haftstrafen ein. 1936 trat er der »Parti Populaire Français« (PPF) von Jacques → Doriot bei.
Trotz seiner Abneigung, sich für die Dritte Republik einzusetzen, diente D. ab Februar 1940 in der Maginot-Linie so umsichtig, daß er zum Offizier der Ehrenlegion ernannt wurde. Von den Deutschen gefangengenommen, gelang es ihm im Juni 1940, aus dem Kriegsgefangenenlager Pithiviers zu fliehen, was ihm die Aufmerksamkeit der französischen Medien sicherte. Nach der Kapitulation leitete er im Einverständnis mit → Pétain die »Légion française des anciens combattants« in Südfrankreich, die sich der Besetzung französischer Gebiete durch die Italiener widersetzen sollte. Die Eidesformel begann mit dem

Darnand und sein Stab am Ende einer Massenversammlung im Pariser Trocadero im Juli 1944

Satz: »Je jure de continuer à servir la France avec honneur dans la paix comme je l'ai servie sous les armes.« Nach der Zusammenkunft Pétains und Hitlers in Montoire am 24.10.1940 folgte er dem Staatspäsidenten auf dem Weg zur Kollaboration mit Deutschland. Alles, was er machte, glaubte er im Sinne des chefs de l'Etat für Frankreich zu tun. In zahlreichen persönlichen Begegnungen mit dem Marschall fühlte er sich in seiner Arbeit bestätigt. Am 23.1.1941 berief ihn Pétain in das »Conseil national«, das die Funktion eines beratenden Verfassungsorgans hatte. Im Sommer 1941 gründete D. den »Service d'ordre légionnaire« (SOL), eine paramilitärische Organisation, die von der Vichy-Regierung im Januar 1942 als »Ordnungsmacht« im nicht besetzten Teil des Landes anerkannt wurde. Im Juli 1942 besuchte er zusammen mit Jacques Doriot die »Légion des Volontaires Français contre le bolchevisme« (LVF), die sich zu dieser Zeit zur Wiederauffrischung in Polen befand. Er trat ihrem »Comité d'honneur« bei und leistete den Treueid auf Hitler. Er handelte im Vertrauen auf den politischen Weitblick des von ihm verehrten chef de l'Etat, als er am 31.1.1943 die Führung der neu gegründeten »Milice française« übernahm, um sie zur Aufrechterhaltung der Ordnung gegen die Untergrundbewegung in der nicht besetzten Zone einzusetzen. Dabei scheute er sich nicht vor der Zusammenarbeit mit den deutschen Geheim- und Polizeidienststellen, die bei der Besetzung Südfrankreichs im November 1942 ins Land gekommen waren. Die SOL wurde in die Milizorganisation einbezogen. Im Gegensatz zu → Laval, der in der Miliz ein politisches Mittel zu seiner Machterhaltung sah und an der effektiven Ausrüstung der Milizionäre kein Interesse hatte, interpretierte D. die »Milice française« als die neue Elite Frankreichs mit dem Auftrag, an der Seite Deutschlands die Prinzipien der nationalen Revolution zu verteidigen, die Pétain ver-

kündet hatte. Das Glaubensbekenntnis der Milizionäre war in einundzwanzig Punkten festgelegt: Zu ihnen gehörten Gemeinschaftssinn, Disziplin, Gehorsam, Vaterlandsliebe, Treue, Rassenstolz, Christentum. Auf ihrem Höhepunkt umfaßte die Miliz 30 000 Mann. Die Zeitschrift »Combats« entwickelte unter Bezug auf die nationalen Vorbilder Proudhon, Drumont, Jeanne d'Arc, Sorel und Saint-Just die Ideologie der Miliz. Sie erhielt Beiträge von Philippe → Henriot, Paul → Marion, Abel → Bonnard und anderen exponierten Kollaborateuren. Die Milizionäre schworen kniend folgenden Eid: »Je m'engage sur l'honneur à servir la France, au sacrifice même de ma vie. Je jure de consacrer toutes mes forces à faire triompher l'idéal révolutionnaire de la Milice française dont j'accepte librement la discipline.« Von der SOL übernahm die Miliz die Hymne »Chant des cohortes«. Das Signet der Miliz war ein weißes Gamma auf einem blauen Kreis vor rotem Hintergrund. Die zentrale Ausbildungsstätte für Milizoffiziere befand sich auf Schloß Saint-Martin-d'Uriage bei Grenoble. Die Elite in der Elite stellten die Angehörigen der »Franc Garde« dar, die, in Kohorten aufgeteilt und kaserniert waren und eine intensive politische Schulung und militärische Ausbildung erhielten. 1944 wurde für die unter Achtzehnjährigen die »Avant-Garde« unter Jean-Marcel Renault gegründet, der zuvor in der nichtbesetzten Zone eine auf Pétain ausgerichtete Jugendorganisation geführt hatte.
Zusammen mit Marcel → Déat und Jean → Luchaire verfaßte D. am 17.9.1943 den »Plan du redressement français«, in dem ein starkes und einiges Frankreich gefordert wurde, das an der Seite Deutschlands gegen den Bolschewismus für ein neues Europa kämpfen könne, und in dem die Regierung Laval als saumselig und entscheidungsscheu dargestellt wurde. Die deutschen Behörden anerkannten die Kritik. Aufgrund dieses Manifests faßten jetzt auch die politischen Kreise Deutschlands Vertrauen zu D., wie vorher schon die SS, die ihn als Mitglied des Lenkungsgremiums der LVF im August 1943 zum SS-Sturmbannführer ernannt hatte, was der Rekrutierung von Milizionären recht förderlich war. Am 6.11.1943 forderte D. in einem Artikel in »Combats« seine Männer auf, zusammen mit ihm in die LVF oder die Waffen-SS einzutreten: »L'Europe est en danger. La France est menacée de perdre son indépendance. Notre civilisation serait asservie par le judaisme triomphant ou détruite par le bolchevisme.« SS-Gruppenführer und Generalleutnant der Polizei Carl Albrecht Oberg, Höherer SS- und Polizeiführer im Bereich des Militärbefehlshabers in Frankreich, verhinderte, daß D. ein Kommando an der Ostfront übernahm, weil er als Führer der Miliz in Frankreich den deutschen Interessen besser diente. Er sorgte dafür, daß die »Milice française« im Oktober 1943 Waffen aus den Beständen der SS erhielt, so daß sie effektiver gegen die Résistance eingesetzt werden konnte, die bereits mehrere Attentate gegen Milizionäre durchgeführt hatte. Die allgemeine Ausrüstung kam aus Lagern der ehemaligen französischen Armee.
Auf Druck der deutschen Behörden, denen die Opposition gegen die Regierung in Vichy zurecht kam, mußte Laval D. am 30.12.1943 zum Generalsekretär für öffentliche Ordnung (secrétaire général au maintien de l'ordre) und am 13.6.1944 zum Innenminister (secrétaire d'Etat à l'Intérieur) ernennen. In beiden Funktionen unterstanden ihm alle bewaffneten Ordnungskräfte in ganz Frankreich, denn im Januar 1944 dehnte sich die »Milice française« mit deut-

scher Zustimmung auch auf das besetzte Nordfrankreich aus. Am 20.1.1944 erhielt die Miliz mit den Cours martiales eigene Gerichte, die, besetzt mit drei Richtern, auch Todesurteile aussprechen konnten. In dieser Zeit entwickelte sich die Miliz zu einer Gefahr für die Résistance. Nach der Aufstellung der »Groupes mobiles de réserve« (GMR) gelang es ihr, zahlreiche Widerstandsnester, Stützpunkte und Depots des Maquis auszuheben, z. B. in den Glières in Savoyen. Nach der Landung der Westalliierten konzentrierte sie ihren Einsatz auf den Schutz des deutschen Nachschubs vor den Angriffen der Résistance.

Als die militärische Situation in Frankreich im August 1944 kritisch wurde, zog sich D. mit etwa 6000 Milizionären über Belfort nach Deutschland zurück. Unterwegs requirierte er Gelder der Banque de France in Höhe von 300 Millionen frs und schuf damit den legendären »Trésor de la Milice«, mit dem er von den Deutschen finanziell unabhängig werden wollte. D. nahm an den Gesprächen teil, die die führenden Kollaborateure Jacques Doriot, Marcel Déat, Fernand de → Brinon und Paul Marion mit Ribbentrop am 31.8.1944 und Hitler am 1.9.1944 führten, um die Situation nach der »Amtsniederlegung« Pétains zu klären. Brinon sollte den Versuch machen, Pétains Zustimmung zur Regierungsübernahme durch Doriot zu erreichen, und D. sagte zu, die Miliz nach der Wiedereroberung Frankreichs im bisherigen Sinne weiter zu führen, obwohl ihr Pétain wegen der rigorosen Maßnahmen gegen die eigenen Landsleute mit einem Schreiben vom 6.8.1944 seine Gunst entzogen hatte. Da Pétain die Kooperation verweigerte, bildete D. in Sigmaringen mit Marcel Déat, Fernand de Brinon und Jean Luchaire die »Commission gouvernementale française pour la défense des intérêts nationaux«, die angesichts der Untätigkeit Pétains und Lavals die Regierungsgeschäfte führte.

D.s Bemühungen, aus den Männern der »Milice française« eine eigene Kampfgruppe aufzustellen und zusammen mit der Division Wallonie unter Léon → Degrelle ein »Korps West« der Waffen-SS zu bilden, scheiterten am SS-Hauptamt und an Degrelle, der seine Burgundpläne gefährdet sah. Von D.s Männern bekamen 2000 ein Arbeitsverhältnis in Deutschland, 500 wurden in die »Franc-Garde« übernommen und sorgten für Ordnung in Sigmaringen, etwa 700 wurden als »clochards de la milice« auf den Heuberg gebracht, und 2500 kamen als Waffen-SS-Taugliche im April 1945 in die 33. Waffengrenadierdivision der SS ›Charlemagne‹. D. erhielt den Auftrag, an der Spitze von 500 ehemaligen Milizionären am Comer See gegen die italienischen Partisanen zu kämpfen. In Tirano versprachen ihm die Partisanen freies Geleit an die Schweizer Grenze, wenn er sich ergebe. Die Schweizer Behörden verweigerten ihm jedoch das Asyl, so daß er am 25.6.1945 von englischen Soldaten gefangengenommen wurde, obwohl er sich als Mönch verkleidet hatte. In Mailand wurde er den Franzosen übergeben. Um sich mildernde Umstände zu verschaffen, zeigte D., wo die Gelder versteckt waren, die die Miliz requiriert hatte.

Nach dreimonatiger Untersuchungshaft in Fresnes wurde D. am 3.10.1945 vor dem Haute Cour de Justice in Paris der Prozeß gemacht. D. weigerte sich, sich zu verteidigen, und übernahm die Verantwortung für alle Befehle der Miliz. Er bat, seine Untergebenen zu schonen. Sieben Stunden nach Beginn des Verfahrens wurde das Todesurteil ausgesprochen. Von der Todeszelle in Fresnes aus bat

D. de Gaulle in einem Schreiben um Pardon für seine Männer, die als gute Franzosen nur aus Treue und Gehorsam schuldig geworden seien: »Je viens vous affirmer en soldat, combattant de l'avant dans les deux guerres, que ces hommes dans leur très grande majorité sont d'authentiques Français, avec toutes les qualités premiéres de leur race, et animés d'un patriotisme allant jusqu'à l'ultime sacrifice...Ils n'ont commis que l'erreur d'être fidèles à un soldat et ils ont été à peu près les seuls à ne pas trahir leur serment, à ne pas abandonner une cause perdue.« Ein Gnadengesuch für sich lehnte er ab. Am Vorabend seiner Hinrichtung schrieb er sein Vermächtnis an die Angehörigen der Miliz. Er teilte ihnen mit, daß er die Verantwortung für alle Taten der Miliz übernommen habe, und verwahrte sich gegen den Vorwurf, die Miliz habe eine antinationale Politik betrieben. Sein Schreiben endete mit einem Bekenntnis an die Einheit der französischen Nation: » Au moment de mourir j'ai le droit d'espérer que dans un proche avenir, tous les Français oubliant leurs discordes de la vieille se retrouveront unis autour du même drapeau. Je n'ai jamais eu d'autre ambition que de servir la grandeur de la France, l'unité de la France.« Am 10.10.1945 stand er im Fort de Châtillon vor dem Hinrichtungspeloton. Er sang drei Zeilen des Liedes der Miliz, bevor ihn die Kugeln trafen: »A genoux nous fîmes le serment, / Miliciens, de mourir en chantant, / S'il le faut pour la nouvelle France«. Seine Leiche wurde auf dem »Carré des suppliciés« in Châtillon vergraben. An der Überführung seiner Gebeine auf den Friedhof von Batignolles am 7.4.1959 nahmen viele seiner ehemaligen Freunde und Feinde teil.
Von den Führern der Miliz wurden nach D. hingerichtet: Marcel Gombert, Max Knipping, Jean → Bassompierre, Raymond Clémoz, Georges Radici, Joseph Lécussan, Raoul Dagostini, Robert Franc, Di Constanzo, Roger Poisson. Der amerikanische Historiker Bertram Gordon erkannte in D. den Prototypen des faschistischen Plebejers. Wie wenige Kollaborateure besaß er alle Eigenschaften des »homo fascista«, wie ihn → Brasillach charakterisierte: »le courage, la discipline, l'esprit de sacrifice, l'énergie, vertus qu'on exige des soldats au combat«.

Literaturhinweise:

Jacques Delperrié de Bayac: Histoire de la Milice, Paris 1969
Robert Aron: Histoire de l'épuration. Des prisons clandestines aux tribunaux d'exception septembre 1944-juin 1949, Paris 1969
Pascal Ory: Les collaborateurs 1940–1945, Paris 1976
Bertram Gordon: Un soldat du fascisme: l'évolution politique de Joseph Darnand, in: Revue d'histoire de la deuxième guerre mondiale, Oktober 1977
Bertram M. Gordon: Collaborationism in France during the Second World War, Ithaca u. a. 1980

DÉAT, MARCEL, geb. 7.3.1894 in Guérigny (Nièvre), gest. 5.1.1955 in San Vito bei Turin, Vorsitzender des »Rassemblement National Populaire« (RNP) 1941–1945, Arbeitsminister der französischen Regierung in Vichy 1944–1945

Als Sohn eines Marineverwaltungsbeamten lernte D. auf dem lycée Henry IV in Paris die Theorien der französischen Frühsozialisten kennen, in denen er die Überwindung des Gegensatzes von Idealismus und Materialismus und die Ein-

heit von Denken und Handeln zu finden glaubte. 1914, als er das Studium der Philosophie an der Ecole Normale Supérieure gerade begonnen hatte, trat er der »Section Française de l'Internationale Ouvrière« (SFIO) bei. Bevor er jedoch irgendwelche Aktivitäten entfalten konnte, begann der Erste Weltkrieg, und D. wurde zum Militär einberufen. Vom einfachen Soldaten arbeitete er sich zum Hauptmann hoch. Er erhielt mehrere Tapferkeitsauszeichnungen und das Kreuz der Ehrenlegion. In einigen Schriften, die er während seiner Militärdienstzeit verfaßte, machte er sich für die Weiterführung des Krieges stark. In seiner 1919 erschienen Schrift »Cadavres et maximes. Philosophie d'un revenant« verarbeitete er seine persönlichen Kriegserlebnisse. Als prägend hob er die Geborgenheit der militärischen Gemeinschaft zum Überleben der Kriegsschrecken hervor.

Unmittelbar nach dem Kriegsende nahm D. sein Studium an der Ecole Normale Supérieure wieder auf, wo er Vorsitzender der »Fédération des Etudiants Socialistes« wurde. Besonders intensiv beschäftigte er sich mit der Soziologie Durkheims. Durkheims Modell eines Staates, der in Anpassung an die wirtschaftlichen Notwendigkeiten einer Industriegesellschaft die Wirtschaft behutsam lenkt, fesselte ihn besonders. Um eine »soziale Demokratie« zuwegezubringen, die Durkheim als »Metiokratie« bezeichnete, mußte der Staat zuallererst den Grundsatz »Chancengleichheit für alle, aber Entlohnung nach Leistung« durchsetzen. Der sozialen Desintegration war durch die Förderung berufsständischer Organisationen und Korporationen zu begegnen. Bis zum Ende seines Lebens kämpfte D. für die drei Begriffe Antikapitalismus, Staatsdirigismus, Korporatismus.

Nach dem Abschluß seines Philosophiestudiums 1921 arbeitete D. zwei Jahre lang als Bibliothekar am »Centre de documentation sociale« in Paris. 1923 wurde er Gymnasiallehrer in Reims. Parallel zu seiner beruflichen Tätigkeit widmete er sich der Politik. Zwar verfehlte er 1924 ein Mandat der sozialistischen Einheitspartei SFIO bei den Wahlen zur Nationalversammlung, zog aber 1925 in den Stadtrat von Reims ein und rückte 1926 als Abgeordneter des Departments Marne ins Parlament nach. 1928 wurde er Fraktionssekretär, und 1932 gewann er die Wahlen im Wahlkreis Charonne gegen den kommunistischen Spitzenkandidaten Jacques Duclos. Als Sprecher des rechten Parteiflügels der SFIO versuchte er, die Parteiführung für einen reformistischen Kurs zu gewinnen. Seine Thesen veröffentlichte D. 1931 in der Schrift »Perspectives socialistes«. Er wandte sich vom Marxismus ab, weil er glaubte, daß sich das Wesen des Kapitalismus verändert habe und die starren Regeln der marxistischen Lehre diese Wandlungen ignorierten. Der deterministische Marxismus habe abgewirtschaftet, denn aus dem Wirtschafts- und Industriekapitalismus der Mitte des 19. Jahrhunderts habe sich der moderne Finanzkapitalismus entwickelt, in dem nicht mehr Besitz, sondern Geld Macht verlieh. Außerdem habe die Spezialisierung auf dem Arbeitsmarkt dem Proletariat die revolutionäre Potenz genommen. Wolle man den Sozialismus retten, so müsse seine Basis auf alle antikapitalistischen Kräfte, das heißt auch auf den Mittelstand, ausgeweitet werden. Die gemeinsame Front der Arbeiterschaft und des Mittelstandes gegen den Finanzkapitalismus müsse eine »Revolution von oben«, d. h. von seiten der Regierung, erzwingen, zunächst mit dem Ziel der Vergesellschaftung der Macht durch Wirtschaftskontrolle, dann mit dem Ziel einer Vergesellschaftung des Gewinns und zuletzt mit dem Ziel einer Vergesellschaftung des Kapitals. Eine korporative Staatsverfassung müsse sicherstellen, daß die Machtverteilung erhalten bleibe. Eigentum, das der Volksgemeinschaft nicht schade, müsse der Staat schützen. Nichts dürfe geschehen, was das »soziale Gleichgewicht« störe. Die neosozialistischen Theorien D.s (droite néo-socialisme) stießen auf heftige Kritik in der SFIO. Am 5.11.1933 wurde D. mit seinen Gesinnungsgenossen aus der Partei ausgeschlossen. Sie thematisierten von nun an ohne Rücksicht auf Parteiinteressen die Krise der sozialistischen Doktrin und propagierten erstmals die Annäherung des Sozialismus an den Faschismus. Die Vorgänge im nationalsozialistischen Deutschland schienen ihnen das enorme Sozialpotential der Industriegesellschaft und die Vorteile eines starken Staates zu bestätigen. Dort hatte der Mittelstand seine führende Rolle begriffen und sich mit der Sozialpolitik der NSDAP identifiziert. Ohne autoritäre Staatsführung und ohne die Mobilisierung des Mittelstandes gegen den Kapitalismus sei auch in Frankreich die politische, wirtschafliche und soziale Krise nicht zu überwinden. In seinem Aufsatz »Socialisme ou Fachisme« stellte D. seine Form des Neosozialismus zur Rettung des Landes vor Kapitalismus und Faschismus vor: Die Grundwerte der Demokratie und des Nationalismus sollten bewahrt werden und gleichzeitig die Methoden des Nationalsozialismus zur Erlangung des sozialen Friedens angewandt werden. Diese Schrift brachte ihm den Vorwurf ein, ein Kryptofaschist zu sein. Der Versuch D.s, mit der Gründung der »Parti Socialiste de France« (PSDF) seine neosozialistische Politik umzusetzen, scheiterte. Die Staatskrise von 1934 verhinderte die erwarteten Übertritte aus der SFIO. Der Erfolg blieb auch aus, weil er sich bei der Organisation der PSDF in einigen Punkten an der NSDAP orientierte. Was die Politik Hitlers betraf, distanzierte sich D. zwar von den antisemitischen Maßnahmen und dem ausufernden Nationalismus, aber er hatte Verständnis für die expansionistischen Bestrebungen Deutschlands, weil die ökonomische Situation eine Erweiterung des nationalen Territoriums notwendig erscheinen ließ. Die Lage wäre entspannter, wenn eine ökonomische Kooperation aller europäischen Staaten die wechselseitigen Versorgung mit Rohstoffen sicherstellen würde.

1936 war D. sechs Monate lang Luftfahrtminister im Übergangskabinett Sarraut. Obwohl er in dieser Funktion die Effizienz der französischen Flugzeugproduktion zur Abschreckung Deutschlands erhöhte, schlug er im Kabinett vor, den expansionistischen Bestrebungen Deutschlands mit dem Angebot ökonomischer Kooperation zu begegnen. Er kritisierte den französisch-sowjetischen Vertrag vom 2.5.1935, forderte die Neutralität Frankreichs im Spanischen Bürgerkrieg und sprach sich gegen militärische Gegenmaßnahmen aus, als Deutschland das Rheinland besetzte. Militärische Aktionen hielt er erst für erforderlich, wenn französisches Territorium angegriffen würde. Er begrüßte das Münchner Abkommen vom 30.9.1938 und wandte sich scharf gegen jede Form von Intervention.

Nachdem D. 1936 bei den Parlamentswahlen im 20. Arrondissement von seinem kommunistischen Gegenkandidaten geschlagen worden war, lehrte er Philosophie an der Ecole Normale Supérieure in Saint-Cloud, schrieb Artikel für die Zeitschriften »L'Œuvre«, »La République« und »La Tribune de France« und übernahm das Sekretariat der »Union Socialiste et Républicaine«, einer neuen Partei, die die nichtmarxistischen Sozialisten zusammenführen wollte. Im April 1939 wurde D. wieder ins Parlament gewählt.

Am 4.5.1939 veröffentlichte D. in der Tageszeitung »L'Œuvre« den bekannten Aufsatz »Faut-il mourir pour Dantzig?« (Sterben für Danzig?), in dem er von den Polen Konzessionen gegenüber Deutschland forderte und sich gegen eine militärische Intervention zugunsten Polens aussprach, weil die französischen Bauern kein Interesse hätten, sich für die Polaken (Poldèves) zu schlagen. Die Angliederung Danzigs an das Reich schien ihm einen europäischen Krieg nicht wert. Die Haltung D.s wurde auch von den zum linken Lager gehörenden Politikern geteilt.

Nach der französischen Kapitulation gegenüber Deutschland am 22.6.1940 versammelte der mehrmalige französische Ministerpräsident Pierre → Laval im Auftrag des Marschalls → Pétain beide Kammern der Nationalversammlung in Vichy, um die Verfassung von 1875 außer Kraft setzen und die Mehrzahl der parlamentarischen Vollmachten auf den Staatspräsidenten übertragen zu lassen. Diese Vorstellungen gefielen D. Von einer starken Exekutive erhoffte er sich Maßnahmen in seinem Sinne. Deshalb erklärte er sich bereit, für die Intentionen Lavals zu werben. Unmittelbar nach dem 10.7.1940 begann D. mit den Vorbereitungen für eine nationale Einheitspartei zur Unterstützung der Politik Pétains. Das Parteiprogramm, das er vorlegte, fand jedoch weder die Zustimmung der konservativen Kreise um Pétain noch die der Linkssozialisten. Es sah nämlich eine staatlich kontrollierte Geld- und Preispolitik, eine Einheitsgewerkschaft und die innenpolitische Orientierung an den italienischen Faschismus vor. Die französische Wirtschaft sollte in ein gesamteuropäisches Wirtschaftssystem einbezogen werden. Die für den Krieg Verantwortlichen sollten bestraft, die Freimaurerorganisationen aufgelöst und ein Judenstatut erlassen werden. D. war empört über die »intrigants sans mandat« und die »mauvais serviteurs«, die als Berater Pétains dagegen waren.

Als politischer Direktor der in Clermont-Ferrand erscheinenden Tageszeitung »L'Œuvre« verbreitete D. von Anfang Juli 1940 bis zum September 1944 seine Ansichten in den wöchentlichen Leitartikeln.

Am 20. und 21.8.1940 erläuterte D. in der deutschen Botschaft in Paris seine Pläne für die nationale Revolution Frankreichs. Er fand bei den Deutschen mehr Zustimmung als bei der Vichy-Regierung. Mit deutscher Rückendeckung verfaßte er in der Folgezeit mehrere gezielte Artikel gegen die reaktionären Berater Pétains. Laval tolerierte die Pressekampagne, weil er die kollaborationistischen Absichten D.s teilte. Als Laval im Dezember 1940 auf Befehl Pétains sein Amt einbüßte, verlor D. seinen Schutzpatron. Einen Tag später wurde er von der französischen Polizei verhaftet. Erst auf die Intervention des deutschen Botschafters in Paris, Otto Abetz, kam er wieder frei. D. und Laval einigten sich, den Deutschen Unterstützung zu signalisieren und in diesem Sinne verstärkten Druck auf die Vichy-Regierung auszuüben, in der Admiral Darlan als Kabinettschef die Weichen stellte.

Am 1.2.1941 gründete D. das »Rassemblement National Populaire« (RNP) als offizielle Einheitspartei Frankreichs und stellte sich als primus inter pares in einem Fünferdirektorium an die Spitze. Die bereits bestehende hierarchisch gegliederte und paramilitärisch orientierte Organisation »Mouvement Social pour la Révolution Nationale« (MSR), die sich unter dem Motto »aime et sers« gegen Juden, Kommunisten und Freimaurer verschworen hatte, trat dem RNP unter Beibehaltung ihrer Autonomie bei. Kleinere Gliederungen wie die »Parti franciste«, die »Légion Nationale Populaire«, die »Jeunesse Nationale Populaire« und die »Amicale Nationale Populaire des Familles des Prisonniers« folgten. Die Leitbegriffe des RNP hießen »révolution« und »collaboration«. Das Symbol der Partei war die geschlossene Faust mit den drei Fackeln in den Farben der Trikolore. Das Hufeisen symbolisierte die Landwirtschaft, das Handwerk und die Industrie. Auf ihrem Höhepunkt hatte die Partei etwa 20 000 Mitglieder. Generalsekretär war Georges Albertini. Das Parteiprogramm wurde in der Zeitung »L'Œuvre« erläutert, die wie keine andere für Laval eintrat. Die außenpolitischen Vorstellungen zielten auf die Eingliederung Frankreichs in einen europäischen Staatenbund ab. Innenpolitisch wurde eine starke Staatsautorität postuliert. Unter staatlicher Lenkung sollte die Wirtschaftspolitik den sozialen Frieden gewährleisten und den Lebensstandard der Bevölkerung heben. Das war ohne die Beseitigung des Proletariats und des Privatkapitalismus nicht möglich. »Je veux l'ordre nouveau orienté vers le Beau / Je le veux développant le coeur et le cerveau, / Je veux la Société prodigue et généreuse / Pour que l'Humanité vive confiante et heureuse.« Neben den neosozialistischen Forderungen standen auch völkische, z. B. Schutz und Säuberung der französischen Rasse und eine Jugenderziehung zur Pflege des Nationalbewußtseins und der körperlichen Ertüchtigung. Die antisemitische Ausrichtung des RNP zeigte sich u. a. darin, daß sich die Parteibüros allesamt in beschlagnahmten jüdischen Gebäuden befanden. Die Erreichung seiner Ziele versprach sich D. von einer vertrauensvollen deutsch-französischen Kollaboration, an deren Ende nach dem Krieg ein partnerschaftliches Nebeneinander Deutschlands und Frankreichs stehen würde.

Zu den Geldgebern des RNP gehörten fast alle französischen Unternehmer, die Wirtschaftsbeziehungen zum Deutschen Reich pflegten. Zu den bedeutenderen zählte der Begründer des Kosmetikkonzerns L'Oréal, Eugène Schueller. Zum

Dank für die Unterstützung, die ihm »L'Œuvre« zuteil werden ließ, brachte auch Laval Gelder aus der Regierungskasse bei.
Ende April 1941 kam es zu den ersten innerparteilichen Spannungen zwischen den Führern des RNP und des MSR. Beide Organisationen befürchteten, jeweils von der anderen unterwandert zu werden. In der Tat waren Mitte 1941 die politischen Schlüsselpositionen des RNP in der Hand von MSR-Mitgliedern. Der Chef des MSR, Eugène → Deloncle, forcierte die Umformung des RNP im Sinne seiner radikaleren Vorstellungen. Er setzte sich zum Beispiel viel energischer für die Aufstellung der »Légion des Volontaires Français contre le bolchevisme« (LVF) zur Unterstützung Deutschlands im Rußlandfeldzug ein als D. Während der Verabschiedung des ersten Kontingents der französischen Freiwilligen an die Ostfront fand am 27.8.1941 in Versailles ein Attentat gegen Laval statt, bei dem D. eine lebensgefährliche Bauchverletzung erlitt. Während seines Krankenhausaufenthalts kam es zum offenen Konflikt zwischen den rivalisierenden Kräften im RNP. Um D. auszumanövrieren, verschob Deloncle seine Abreise mit der LVF nach Rußland. Zum offenen Bruch kam es, als D. wieder gesund war. Deloncle mußte den RNP verlassen.
Als Laval am 18.4.1942 wieder Regierungschef in Vichy wurde und zusätzlich das Innen-, Außen- und Informationsministerium übernahm, stellte er D. die Förderung des RNP mit staatlichen Mitteln in Aussicht. Dafür forderte er von D. die propagandistische Unterstützung seiner Regierung. Angesichts des schwindenden Ansehens des RNP in der Öffentlichkeit dachte D. an die Bildung einer neuen Einheitspartei. Im September 1942 gründete er die »Front Révolutionnaire National«. Abgesehen davon, daß die französischen Parteiführer jeder Einigung abhold waren, durchkreuzte D. damit auch die Interessen der deutschen Botschaft, die einer einheitlichen Willensbildung in Frankreich nichts abgewinnen konnte.
Nach dem Einmarsch der deutschen Truppen in Südfrankreich als Folge der alliierten Landung in Marokko am 8.11.1942 verengte sich der politische Handlungsspielraum der Vichy-Regierung. Während Laval dazu überging, mit Zugeständnissen an Deutschland zu geizen, praktizierte D. den engen politischen Schulterschluß mit dem Reich so lange, bis er erkannte, daß die Bereitschaft zur Kollaboration in Frankreich von Woche zu Woche abnahm. Ab Frühjahr 1943 häuften sich die Attentate der Résistance auf Mitglieder der Kollaborationsparteien. Er selbst entging am 9.3.1943 nur knapp dem Tod. Nach dem Vorbild der »Milice française«, die Laval im Januar 1943 zum Schutz der Regierung und zur Gewährleistung der öffentlichen Ordnung gegründet hatte, schufen sich die einzelnen Kollaborationsparteien parteieigene Milizen, um sich vor Übergriffen der Widerstandsbewegung zu schützen. Von der deutschen Botschaft in Paris wurde D. zu dem Versuch angeregt, für alle gebildeten Parteimilizen einen gemeinsamen Generalstab zu bilden. Damit durchkreuzte D. Lavals Absicht, die zunächst im Süden des Landes gegründete »Milice française« in den Norden auszudehnen und die dort dominierenden politischen Parteien zu entmachten.
Trotz aller militärischen Rückschläge der Wehrmacht setzte D. bis zuletzt auf den Sieg des Deutschen Reiches. Er führte seine Propagandatätigkeit zugunsten einer deutsch-französischen Zusammenarbeit unbeeindruckt fort. Im September

1943 schickte er mit Joseph → Darnand und Philippe → Henriot einen »Plan zur französichen Wiederaufrichtung« (Plan du redressement français) an Laval und an die deutsche Botschaft. Darin wurde die attentistische Haltung der Vichy-Regierung kritisiert und die mangelnde Kooperation der Franzosen getadelt. Angesichts der immer unverhohlener agierenden Widerstandsbewegung sei diese Einstellung verwerflich. Die Unterzeichner forderten die Beteiligung der Führer der Kollaborationsparteien an der Regierung. Dem »Plan du redressement français« lag der Entwurf für einen deutsch-französischen Pakt auf der Grundlage partnerschaftlicher Beziehungen bei. Obwohl die Vorschläge mehreren Berliner Regierungsstellen zu Gesicht kamen, konnte sich weder die französische noch die deutsche Regierung dafür erwärmen. Erst Anfang Dezember 1943 wurde Pétain von Reichaußenminister Ribbentrop zu einer Kabinettsumbildung gedrängt, um die französisch-deutschen Beziehungen zu verbessern. Den deutschen Vorschlägen entsprechend, berief Laval Joseph Darnand zum Generalsekretär für die innere Sicherheit, Philippe Henriot zum Staatssekretär für Propaganda und D. zum Arbeitsminister mit der Zuständigkeit für soziale Fragen. D. erhielt seine Ernennungsurkunde erst im März 1944, weil sich Pétain gegen den überzeugten Kollaborateur sträubte. Laval wollte die politischen Einflußmöglichkeiten D.s so weit wie möglich einschränken, z. B. indem er D. untersagte, seine Leitartikel in »L'Œuvre« unter seinem Namen erscheinen zu lassen, solange er Minister sei. Ihn ärgerte vor allem, daß D. sich weigerte, sein Amt in Vichy auszuüben. Er blieb in Paris und nahm an keiner Ministerratssitzung teil. Im Kabinett ließ er sich durch seinen Vertrauten Georges Albertini vertreten. Da die Alliierten drei Monate später in der Normandie landeten und von diesem Zeitpunkt an die Vichy-Regierung nur noch eine Statistenrolle neben den deutschen Besatzungsbehörden spielte, blieb die Ernennung D.s zum Minister ohne Auswirkungen auf das deutsch-französische Verhältnis. Die 273 000 Arbeiter, die als Monatskontingente von März bis Mai 1944 nach Deutschland geschickt werden sollten, blieben zum größten Teil im Land, obwohl der deutsche Generalbevollmächtigte für den Arbeitseinsatz, Fritz Sauckel, von D. die Einhaltung der Verpflichtungen persönlich anforderte und D. die Franzosen im Rundfunk am 7.4.1944 zu diesem Opfer mit dem Argument aufforderte, die russischen Horden müßten vor dem Einfall in Europa abgehalten werden. Die Jugendlichen bewahrte D. vor der Arbeitsverpflichtung in Deutschland, indem er mit dem »Service National de Jeunesse« (SNJ) einen zweijährigen Arbeitsdienst schuf, der zur Hälfte in Frankreich und zur anderen Hälfte in Deutschland zu absolvieren war. Bei einer Besprechung auf dem Obersalzberg wies ihn Hitler zwar am 28.5.1944 an, den Aufenthalt in den französischen Lagern »auf ein Mindesmaß zu beschränken« und die Arbeitsdienstangehörigen möglichst früh zum Einsatz nach Deutschland zu schicken, aber die Rekrutierung zum NSJ brach nach der Landung der Alliierten ohnedies zusammen.

Mehr als die Sachaufgaben beschäftigten D. die amtsinternen Auseinandersetzungen mit Laval, der jegliche Kompetenzerweiterung des Arbeitsministers über das schriftlich Fixierte hinaus zu verhindern suchte. Die Streitigkeiten endeten in persönlichen Beleidigungen. Als Philippe Henriot am 28.6.1944 von Mitgliedern der Widerstandsbewegung ermordet wurde und damit die Lebensgefahr für alle Mitglieder der Vichy-Regierung deutlich wurde, fanden sich die kollaborationswilligen Politiker zu einer gemeinsamen Erklärung an die deutsche Botschaft und an Laval zusammen. Am 5.7.1944 unterschrieben Jean → Bichelonne, Abel → Bonnard, Fernand de → Brinon und D. die »Déclaration commune sur la situation politique«, in der sie von der französischen Regierung mehr Engagement für die deutsche Sache forderten. D. setzte durch, daß auch die Forderung erhoben wurde, alle Regierungsstellen nach Paris zurückzuverlagern. Da jedoch der deutsche Botschafter in Anbetracht der innen- und außenpolitischen Situation diesem Vorschlag die Unterstützung verweigerte, gelang es Laval, alle Unterzeichner bis auf D. dazu zu bringen, Ihre Unterschrift zurückzuziehen.

Angesichts der vermehrten Attentate der Résistance gegen Mitglieder der Kollaborationsparteien und wegen der militärischen Erfolge der Alliierten in Nordfrankreich richtete D. Anfang August 1944 in der Nähe von Paris ein Aufnahmelager für RNP-Flüchtlinge aus dem ganzen Land ein. Am 12.8.1944 begannen die Vorbereitungen zur Übersiedlung nach Nancy. Am 17.8.1944 verließ der erste Zug die Hauptstadt. Ende August 1944 erhielt D. zusammen mit anderen kollaborationistischen Parteiführern eine Einladung in das Führerhauptquartier nach Rastenburg. Am 31.8.1944 trafen Jacques → Doriot, Fernand de Brinon und Paul → Marion mit Ribbentrop und am 1.9.1944 mit Hitler zusammen, um eine neue Nationalregierung zusammenzustellen, da sich Pétain und Laval weigerten, ihre Funktionen im Sigmaringer Exil weiterzuführen. In der Hoffnung, er werde zum Regierungschef berufen, forderte D. die anwesenden Parteiführer zu besonderen Kraftanstrengungen im Kampf gegen den Bolschewismus auf, damit Frankreich dabei sei, wenn eines Tages »ein einiges Europa seine eigene Sache gegen die antieuropäischen Interessen schützen« werde. Hitlers Wahl fiel jedoch auf Doriot.

Auf der Rückreise nach Frankreich erfuhr D., daß die RNP-Mitglieder wegen der drohenden Einnahme der Stadt durch die Alliierten Nancy fluchtartig verlassen hatten und auf dem Weg nach Baden-Baden waren, wo sie am 5.9.1944 eintrafen. Zum neuen Sitz des RNP bestimmte D. Sigmaringen, weil dort die »Commission gouvernementale française pour la défense des intérêts nationaux« unter der Leitung von de Brinon seine Anwesenheit verlangte. In dieser Schattenregierung baute D. eine neue Ministerialverwaltung für sein Ressort auf und gründete eine französische Schule für die geflüchteten Kinder und ein Zentrum für Sportstudien. Die Haupttätigkeit der Mitglieder des RNP und seines Ministeriums bestand ab Oktober 1944 darin, Vorträge vor französischen Arbeitern in deutschen Städten zu halten, um das Gedankengut der Partei zu verbreiten.

Als die Alliierten im April 1945 zum Bodensee vorstießen, stellte D., der bis dahin immer noch an einen Sieg der Deutschen geglaubt hatte, einen Konvoi aus seinen Anhängern zusammen und flüchtete nach Feldkirch. Von dort machte er sich mit einer kleineren Gruppe auf den Weg über Landeck zur italienischen Grenze. In Naturns setzte er mit seiner Frau Hélène die Flucht alleine fort. Zu Fuß gelangten beide nach Bozen. In Mailand gelang es dem Paar, falsche Papiere zu erhalten. Das Vorhaben, mit einem Schiff nach Spanien überzusetzen, scheiterte. Unter falschen Namen versteckten sich D. und seine Frau 22 Monate lang in Genua. Am 20.6.1945 las er in der Zeitung, daß ihn in Paris der Haute Cour de Justice am Vortag wegen Zusammenarbeit mit dem Feind in Abwesenheit zum Tode verurteilt hatte. Am 21.4.1947 übersiedelten D. und seine Frau unter dem Decknamen Leroux nach Turin. Frau D. fand Aufnahme im Istituto Giovanni d'Arco, und D. kam im benachbarten Franziskanerkonvent unter. D. gab Privatunterricht in Französisch und schrieb seine Memoiren. Sie waren 1949 fertig. 1954 erkrankte D. an Tuberkulose. Er kam bis zu seinem Tod im Hospital der Salesianer unter, wo er zum Katholizismus übertrat.

Literaturhinweise:
Claude Varennes (Pseud. für Georges Albertini): Le destin de Marcel Déat, Paris 1948
Reinhold Brender: Marcel Déat und das Rassemblement National Populaire. Studien zur Geschichte der faschistischen Kollaboration in Frankreich, Freiburg 1987
Reinhard Schwarzer: Vom Sozialisten zum Kollaborateur. Idee und politische Wirklichkeit bei Marcel Déat, Pfaffenweiler 1987
Reinhold Brender: Kollaboration in Frankreich im Zweiten Weltkrieg. Marcel Déat und das Rassemblement National Populaire, München 1992

DEGRELLE, LÉON MARIE IGNACE, geb. 15.6.1906 in Bouillon, gest. 1.4.1994 in Malaga, Vorsitzender der belgischen Rexpartei 1936–1945, Kommandeur der SS-Sturmbrigade Wallonien und der 28. SS-Freiwilligengrenadierdivision Wallonien 1944–1945, Obersturmbannführer der Waffen-SS

Als eines von acht Kindern eines Bierbrauers und frankophilen belgischen Abgeordneten der Provinz Luxemburg in Bouillon geboren, studierte D. nach dem Besuch des Jesuitenkollegs in Namur ab 1925 an der Katholischen Universität Löwen zuerst Philosophie und Literatur, dann Jura und Politische Wissenschaften. Wegen seiner auffallenden Redebegabung wählten ihn die Kommilitonen zum Vorsitzenden des katholischen Studentenbundes »Action Catholique de la Jeunesse Belge«. D. knüpfte Kontakte zum Löwener Verlagshaus »Rex« (Christus König), das das kulturpolitische Programm der »Action française« herausgab, die Charles → Maurras zur Wiederherstellung der Monarchie in Frankreich gegründet hatte. In der »Union Catholique Belge«, die als politische Partei die Interessen der Katholiken vertrat, nannten sich D. und seine Freunde von da an »Rexisten«. Wegen ihrer aggressiven Agitationsweise machten sie innerhalb und außerhalb der Partei von sich reden. Obwohl D. seine Sympathien für Mussolini nicht verleugnete, lehnte er die Organisation seiner Gefolgsleute nach faschistischem Vorbild ab. 1930 übernahm er die Öffentlichkeitsarbeit der »Action Catholique« in Belgien und die Leitung des Verlagshauses Rex. Die von ihm redigierten Wochenblätter »Rex«, »Vlan« und »Sorées« wurden seine Propagandaorgane. Schrittweise ersetzte er die katholische Kulturpolitik durch tagespolitische Themen. Im Oktober 1935 begann er eine Kampagne gegen führende katholische Politiker. Er beschuldigte sie der Ämterpatronage, der Korruption und der Bereicherung auf Staatskosten. Seine wachsende Popularität auch außerhalb der katholisch-konservativen Kreise veranlaßte ihn, seine Attacken auf die liberalen und sozialistischen Politiker auszudehnen. Ihnen warf er vor,

die Industrialisierung mit allen negativen Folgen in Kauf zu nehmen, um die Zahl ihrer Anhänger zu vermehren und neue Geldquellen zu erschließen.
Im Wahlkampf für die Parlamentswahlen vom 24.5.1936 kämpften die Rexisten unter ihrem Vorsitzenden D. gegen die herrschenden Parteien – Sozialisten, Katholiken und Liberale – um die nationale Erneuerung des Landes. D. hielt aggressive Wahlreden in überfüllten Massenveranstaltungen, in denen immer wieder die Forderung nach dem »Großen Reinemachen« laut wurde. Die Veranstaltungen lebten von seinen Selbstinszenierungen, von seinem Auftreten und von seiner Sprache. Vom italienischen Faschismus übernahm er die Idee der starken Führerpersönlichkeit und die antiliberalen, antikapitalistischen, antiparlamentarischen und antibolschewistischen Schlagworte. Er operierte mit einem neuen Moralbegriff, der einer veränderten Gesellschaftsform zugrundegelegt werden sollte, in der die alten Führungseliten nichts zu suchen hätten. Die Macht im Staat müsse jungen, leistungsstarken und zukunftsorientierten Politikern zufallen. Er nutzte die wachsende Unzufriedenheit der Wallonen mit der politischen Führung des Landes aus und kritisierte die Verfilzung von Politik und Kirche mit dem Kapital. Die Partei präsentierte sich polemisch-katholisch und sprach besonders die jüngere Generation an, die einen neuen, vom christlichen Geist erfüllten und nach moralischen Grundsätzen geführten Staat verlangte. D. war ein erfolgreicher Propagandist, weil er es verstand, die negativen Punkte der anderen mit seinen positiven Zielen zu vergleichen. Er und seine Anhänger fühlten sich als die moralische Elite des Landes in ihrem Kampf gegen die korrupten, freimaurerischen und von den Banken gesteuerten alten Politiker. Er forderte die Auflösung des Militärbündnisses mit dem volksfrontregierten Frankreich, das im Mai 1935 mit dem bolschewistischen Rußland einen Beistandspakt geschlossen hatte. Das belgische Regierungssystem beschrieb D. als »dictature des pourris«.
Als die Rexpartei am 24.5.1936 11% aller Stimmen erhielt und auf Anhieb 21 der 202 Sitze im belgischen Parlament und zwölf Senatorensitze für sich gewann, interpretierten die übrigen Parteien den Vorgang als eine Herausforderung an die parlamentarische Demokratie. D. wurde als Faschist gebrandmarkt. Er hatte nichts dagegen. Aus seinen Sympathien für Italien machte D. kein Hehl. Er war mehrmals Gast bei Mussolini. Von Rom erhielt er monatlich 250 000 Franken für seine Parteipropaganda. Als ihm die belgischen staatlichen Rundfunkgesellschaften keine Redezeit einräumten, sprach er zu den Belgiern über Radio Turin. Am 26.9.1936 schloß D. in Berlin Freundschaft mit Otto Abetz, der nach der Niederlage Frankreichs 1940 deutscher Botschafter in Paris werden sollte, und sprach mit Reichsaußenminister Ribbentrop, der ihn mit Hitler bekannt machte. Er bekam 250 000 RM ausgehändigt. Am 9.10.1936 traf er in Köln mit Goebbels zusammen. Bei dem Gespräch ging es um den für den 25.10.1936 nach dem Vorbild von Mussolinis Marsch auf Rom vorgesehenen »Marsch auf Brüssel«, zu dem 250 000 Menschen erwartet wurden. Er wurde jedoch von der belgischen Regierung mit Auflagen so gestört, daß er wirkungslos blieb.
In der Folgezeit konzentrierte D. seine Parteipropaganda auf sozialpolitische Fragen. Die neuen Themen waren Familienförderung, Arbeitsproduktivität, die Stellung der Frauen, Schaffung neuer Arbeitsplätze und Verbesserung des Lebensstandards. Militarismus und Antisemitismus spielten keine Rolle. Da der

»Vlaamsch Nationaal Verbond« (VNV) unter Staf de → Clercq ähnliche Ziele verfolgte, bot sich eine Allianz mit ihm an, obwohl die Rexpartei damit in die Querelen über die Zweistaatlichkeit Belgiens hineingezogen wurde. Am 8.10.1936 beschlossen beide Parteien, gemeinsam für einen autoritären und korporativen Volksstaat zu kämpfen.

Im März 1937 erzwang D. mit der Mandatsniederlegung eines rexistischen Abgeordneten der Stadt Brüssel eine Nachwahl für das Parlament. Er kandidierte selbst. Die Wahl sollte eine Art Volksentscheid werden. Die christliche, sozialistische und liberale Partei einigten sich jedoch auf einen unschlagbaren Gegenkandidaten: den Ministerpräsidenten Van Zeeland. Da sich die katholische Geistlichkeit ebenso wie die Presse des Landes gegen D. als Exponenten des Faschismus stellte, unterlag er. Er erhielt nur 20% der abgegebenen Stimmen. Danach setzte der Verfall der Partei ein. Bei den Parlamentswahlen am 2.4.1939 gaben nur vier Prozent der Stimmberechtigten »Rex« ihre Stimme. Von den 21 Abgeordneten blieben nur vier übrig und von den acht Senatoren nur einer. Ein politisches Comeback schien aussichtslos. Als D. Anfang Februar 1940 die deutsche Botschaft in Brüssel um eine finanzielle Unterstützung für eine neue Zeitschrift mit dem Namen »Journal de Bruxelles« bat, bekam er eine Abfuhr.

Beim Beginn der Kriegshandlungen mit Deutschland wurde D. am 10.5.1940 wie viele andere Oppositionspolitiker ungeachtet seiner parlamentarischen Immunität von der belgischen Polizei verhaftet. Er wurde durch 22 Gefängnisse geschleppt, bis man ihn, ausgeliefert an die Franzosen, nach Lille in das Hauptquartier der französischen Geheimpolizei brachte. Auch nach der Kapitulation Frankreichs blieb er Gefangener. Erst auf Druck von Abetz kam er frei. Bei einem Treffen in Paris beschlossen D. und Hendrik de → Man, Vorsitzender der »Belgische Werkliedenpartij«, die Zusammenarbeit zwischen Sozialisten und Rexisten zur Erneuerung Belgiens. Dazu wollte er Hitlers Zustimmung auf dessen Rückfahrt von seinen Gesprächen mit Franco und → Pétain Ende Oktober 1940 erreichen. Als Hitler jedoch von dem geplanten Angriff der Italiener auf Griechenland hörte, sagte er die Begegnung ab und reiste nach Italien.

In Belgien reagierte die Bevölkerung auf die Niederlage gegenüber den Deutschen mit der Verdammung der nach London geflüchteten Regierung und mit Anerkennung für König → Leopold III., der gegen deren Willen am 28.5.1940 einen Waffenstillstand abgeschlossen hatte. Da in Belgien alle Parteien verboten wurden, mußten die Rexisten ebenso wie der »Vlaamsch Nationaal Verbond« bei der Militärregierung die Zulassung beantragen. Dies gelang mit dem Argument, daß sie in Übereinstimmung mit der faschistischen Ideologie in Opposition zum Parlamentarismus gestanden seien. Darüber hinaus bekam D. auch eine Lizenz für die Zeitung »Pays Réel« und die Erlaubnis, der Rexbewegung eine paramilitärische Selbstschutzorganisation, die »Garde Wallonne«, anzufügen. Sie umfaßte schließlich 4000 schwarz gekleidete Kämpfer.

Für den deutschen Botschafter in Paris, Otto Abetz, verfaßte D. im Oktober 1940 eine umfangreiche Denkschrift, in der er seine Vorstellungen über das Belgien der Zukunft niederlegte. Er forderte die Wahrung der »geistigen Persönlichkeit« des Volkes. Die deutsche Militärverwaltung solle sich auf polizeiliche Aufgaben beschränken und den beiden erlaubten politischen Kräften – im wallonischen

Landesteil »Rex« und im flämischen Landesteil der VNV – die politische Erziehung der Bevölkerung überlassen. Die »Garde Wallonne« sei in der Lage, zusammen mit der Polizei die öffentliche Ordnung aufrecht zu erhalten. Die alten Parteien, die Hochfinanz und die politische Macht der Kirche müßten ausgeschaltet werden. Nach dem Krieg solle sich Deutschland auf die Kontrolle der Außengrenzen des neuen Europa konzentrieren und die Innenpolitik den Ländern überlassen. Das Belgien der Zukunft sollte unter Einschluß niederländischer Provinzen und französischer Landesteile so groß werden wie das Burgund Karls des Kühnen im 15. Jahrhundert und von Amsterdam bis nach Dijon reichen. Entsprechend den Burgundern der Nibelungensage sollten die französisch sprechenden Germanen dieser Gebiete der germanische Vorposten nach Westen sein. »Par le sang, nous appartenons à la germanité. Par le sol, nous appartenons à la germanité...Il ne peut donc être question pour nous d'une collaboration extérieure. Nous ne pouvons collaborer avec le peuple germanique, puisque nous sommes du monde germanique.« Mit Blut und Boden gehöre sein Volk zu Deutschland, schrieb er. Aber die Besatzungsbehörden in Belgien hatten andere Pläne. Sie betrieben die Angliederung Flanderns an das Reich.
Der Rußlandfeldzug ab 22.6.1941 bot D. nochmals eine Chance, sich bei den Deutschen zu profilieren. Fast gleichzeitig mit der Aufstellung der »Legion Flandern« für die Waffen-SS aus flämischen Freiwilligen betrieb D. die Werbung für eine wallonische Legion im Rahmen der Wehrmacht. Am 8.8.1941 verließen die ersten 800 Freiwilligen Brüssel zur Ausbildung nach Meseritz. D. war unter ihnen. Im November 1941 nahm die »Wallonische Legion« am deutschen Vormarsch von Dnjepopetrowsk nach Tscherbinowka (Dschenzinskoje) teil, wo sie ihr Winterquartier bezog. Im Frühjahr 1942 kämpften sich die Wallonen im Rahmen der 97. leichten Infanteriedivision, die am 6.7.1942 zur 97. Jägerdivision umbenannt wurde, den Weg nach Rostow frei. Im Sommer 1942 zog die Division im Verband der 17. Armee in den Kaukasus. In 32 Tagen legten die Soldaten 800 km zu Fuß zurück. Am 15.10.1942 erreichten sie den Fluß Pchich. Weihnachten 1942 wurde der wallonische Verband zur Auffrischung in die Heimat gebracht. Auf dem Truppenübungsplatz Meseritz kamen 2000 neue Freiwillige dazu, so daß Regimentsstärke erreicht war.
Die Anregung, die Wallonen wie die Flamen in die Waffen-SS einzubeziehen, kam vom Kommandeur der 5. SS-Panzerdivision Wiking, SS-Gruppenführer Felix Steiner. D. begrüßte die Idee, weil nach seinen Erfahrungen die politische Zukunft Europas nicht von der Wehrmacht, sondern von der SS gestaltet werden würde. Um seinen Einfluß zu demonstrieren, sprach er Anfang Januar 1943 im Brüsseler Sportpalast vor einem jubelndem Publikum über die Erfahrungen im »sowjetischen Paradies der Werktätigen« und warb Freiwillige für die Legion. Am 31.1.1943 redete er dann im Berliner Sportpalast zu belgischen und französischen Arbeitern über Stalingrad und warb trotz dieser Niederlage für den deutschen Sieg. Dieser Einsatz zeitigte politische Früchte. Nach einem persönlichen Gespräch mit dem Reichsführer-SS Himmler wurden die Bedingungen für die Übernahme der »Legion Wallonien« vom Heer in die Waffen-SS festgelegt: gleiche Ausrüstung wie die Deutschen, Kennzeichnung der Uniform mit dem wallonischen Wappen, Französisch als Kommandosprache, wallonische Offi-

ziere und Unteroffiziere statt deutschem Rahmenpersonal, katholische Militärgeistliche für jedes Bataillon. In Opposition zu den flämischen Reichsplänen erreichte D., daß Hitler bis auf weiteres keine Festlegungen über das Schicksal Belgiens für die Zeit nach dem Krieg treffen wollte. Die Idee eines neuen Burgunds zwischen Somme und Rhein nach den Vorgaben der Nibelungensage schien dem Wagneranhänger Hitler zu gefallen.

Im Mai 1943 wurde die »Wallonische Legion« als 5. Panzergrenadierbrigade (Sturmbrigade) in die Waffen-SS überführt. Nach der Verbandsausbildung auf dem Truppenübungsplatz Wildflecken kam das Regiment unter Führung des SS-Sturmbannführers Lucien Lippert im November 1943 zur 5. SS-Panzerdivision Wiking nach Korsun in die Ukraine. D. wurde dem Divisionsstab von SS-Gruppenführer Herbert Gille zugeteilt. Im Februar 1944 übernahm er nach dem Tod Lipperts das Kommando über die Sturmbrigade und sprengte mit ihr den Kessel von Tscherkassy. 44 000 Soldaten entzogen sich dem sowjetischen Einschließungsring. Unter ihnen waren nur 632 Wallonen der 5. Sturmbrigade, die vier Monate zuvor in einer Stärke von 2000 Mann an die Ostfront transportiert worden war. D. wurde in das Führerhauptquartier nach Rastenburg geflogen, wo er am 20.2.1944 zusammen mit den übrigen Kommandeuren der bei Tscherkassy eingeschlossen gewesenen Truppenteile von Hitler das Ritterkreuz verliehen bekam. Beim Abschied sagte Hitler zu D: »Wenn ich einen Sohn hätte, wünschte ich, daß er so wäre wie Sie.« Dieses Wort öffnete D. in Zukunft alle Türen im Reich und in den besetzten Gebieten. Hitler sah D. für das Kommando des geplanten Waffen-SS-Korps »Westen« vor, das alle französischen, flämischen, wallonischen und spanischen Waffen-SS-Einheiten vereinigen sollte. Unter dem Jubel von hunderttausenden Landsleuten zog am 2.4.1944 die »SS-Sturmbrigade Wallonien« durch Brüssel. D. nahm mit dem Rang eines SS-Sturmbannführers die Parade ab. 150 Soldaten aus dem Kessel von Tscherkassy waren mit dem Eisernen Kreuz ausgezeichnet worden. Im Palais de Chaillot sprach D. ein paar Tage später zu mehreren tausend Franzosen über die Zukunft Europas. Von der Vichy-Regierung verlangte er mehr Engagement für den europäischen Feldzug gegen den Bolschewismus.

Im Mai 1944 wurde die SS-Sturmbrigade Wallonien auf dem Truppenübungsplatz Debica mit 800 Freiwilligen aufgefüllt. Sie wurden im Rahmen des III. (germanischen) SS-Panzerkorps unter dem Befehl von SS-Obergruppenführer Felix Steiner im Baltikum eingesetzt. D. führte sie in den Rückzugskämpfen an der Narwa. Im Herbst 1944 erhielt er aus den Händen Hitlers weitere militärische Auszeichnungen, darunter die goldene Nahkampfspange, die höchste Infanterieauszeichnung, und als erster Ausländer das Eichenlaub zum Ritterkreuz, weil er den Durchbruch der Roten Armee bei Dorpat verhindert hatte. Am Ende des Zweiten Weltkriegs trug D. 22 deutsche Kriegsauszeichnungen.

Trotz des wachsenden Ruhms D.s ging es in Belgien mit der Rexpartei bergab. Sie wurde in seiner Abwesenheit von Victor Mattys geführt. Schon im Winter 1942/43 traten viele Mitglieder aus. Die Attentate gegen Rex-Mitglieder nahmen mit dem Erstarken der Résistance zu. Bis zum August 1944 fielen ihnen insgesamt 740 Rexisten zum Opfer. Zu diesem Zeitpunkt waren fast 200 000 Belgier nach Deutschland geflohen, unter ihnen viele Rexisten.

Verleihung des Ritterkreuzes an Degrelle in Anwesenheit der Generale Gille und Lieb am 20.2.1944

Persönlich litt D., der auch als SS-Führer ein gläubiger Katholik geblieben war, darunter, daß er aus der katholischen Kirche ausgestoßen wurde. Als ihm am 25.7.1944 in der Kirche von Buillen (Bouillon) der Pfarrer die Kommunion verweigerte, weil er die Waffen-SS-Uniform trug, kam es zu einer angeblichen Hostienschändung, die zur Exkommunikation führte.
Im Sommer 1944 wurde aus den Resten der SS-Sturmbrigade Wallonien und neuen Freiwilligen in Gronau die 28. SS-Freiwilligengrenadierdivision Wallonien gebildet. Ihre Stärke betrug 8000 Mann. Am 16.9.1944 befahl der Reichsführer-SS, die nationalen faschistischen Bewegungen aller von deutschen Truppen besetzten Gebiete in den Abwehrkampf gegen die Alliierten einzubeziehen. D. rief die Rexisten auf, an der Verteidigung ihres Vaterlandes teilzunehmen. Die wehrdienstfähigen wurden in die 28. SS-Freiwilligengrenadierdivision Wallonien gedrängt, und für die nicht wehrdiensttauglichen gründete D. am 6.12.1944 den »Wallonischen Arbeitsdienst«. Nach der Befreiung Belgiens durch die Westalliierten verurteilte deshalb ein Brüsseler Militärgericht D. am 27.12.1944 wegen der Organisation von Banden im Dienste des Feindes in Abwesenheit zum Tode. Am 10.11.1944 verwarf Hitler alle Pläne, aus Flandern und Wallonien zwei Reichsgaue zu bilden, und billigte den Entwurf des Auswärtigen Amtes, nach dem Krieg ein »Komitat Flandern-Wallonien« zu errichten. Am 23.11.1944 unterzeichnete D. ein geheimes Abkommen, nach dem er »Volksführer« in Wallonien werden sollte, sobald das Land von den Westalliierten befreit sein würde. Während der Ardennenoffensive hielt sich D. in Steinbach in den Ardennen auf,

um den deutschen Truppen auf dem Fuß folgen zu können. Am 4.12.1944 erklärte er: »Je veux me trouver dans le premier char qui fera son entrée dans Bruxelles.«

Am 27.1.1945 erhielt D. den Befehl, die Ausbildung seiner Division abzubrechen und den Vormarsch der Roten Armee zur Oder stoppen zu helfen. Mit drei Bataillonen und drei Kompanien nahmen die Wallonen unter Führung des zum SS-Obersturmbannführer beförderten D. an den Kämpfen bei Stargard teil. Nur 625 Mann überlebten die 32 Tage dauernden Kämpfe. Vor Brüssow und nordwestlich von Prenzlau versuchten die Reste der 28. SS-Freiwilligengrenadierdivision Wallonien zwischen dem 20. und 25.4.1945 letztmals, der Roten Armee den Weg nach Berlin zu versperren. Dann begann der Rückzug in Richtung Lübeck, wo Himmler angeblich mit den Engländern über einen Waffenstillstand verhandelte. Am 2.5.1945 traf D. Himmler in Malente und bekam von ihm den Rat, die Reste seiner Division in Dänemark zum Kampf gegen die Rote Armee zusammen mit den Westalliierten zu sammeln. Dort angekommen, mußte er vor den anrückenden Engländern nach Norwegen flüchten. Mit dem Flugzeug, das Albert Speer für → Quisling bereitgestellt hatte, flüchtete er am 8.5.1945 nach Spanien. Ein belgisches Sondergericht verurteilte ihn zum Tode. Alle Versuche der Alliierten, die spanische Regierung zur Auslieferung D.s zu bewegen, scheiterten. Auch die Anklage vor den Vereinten Nationen, daß Spanien »die Sicherheit der Siegernationen gefährde«, führte zu nichts. D. fand Unterschlupf in einem Dominikanerkloster. 1955 tauchte er wieder in der Öffentlichkeit auf. In seinen Erinnerungen, die in diesem Jahre erschienen, verteidigte er sein Verhalten während des Krieges. Die Teilnahme der wallonischen Freiwilligen am Rußlandfeldzug habe dem Ziel gedient, den Belgiern »bei den Deutschen nach deren Sieg ein wirksames Mitspracherecht zu verschaffen«. Er wehrte sich dagegen, ein Kriegsverbrecher zu sein. Er kündigte seine Rückkehr nach Belgien an, wenn er sich dort frei verteidigen könne und wenn der Prozeß gegen ihn im Rundfunk übertragen würde. Die belgische Regierung lehnte die Wiederaufnahme des Gerichtsverfahrens ab. Nach der Adoption durch eine spanische Adelige war D. unter dem Namen León José Ramirez Reina spanischer Staatsbürger. Bis zu seinem Lebensende wurde er nicht müde, seinen Einsatz auf deutscher Seite im Zweiten Weltkrieg zu rechtfertigen. Er veröffentlichte 15 Bücher. In seinem letzten, 1990 herausgegebenen, mit dem Titel »Denn der Haß stirbt« schrieb er: »Die Geschichte wägt die Verdienste der Menschen. Über alle irdischen Unvollkommenheiten hinweg hatten wir unsere Jugend rückhaltlos geopfert. Wir hatten für Europa, seinen Glauben und seine Kultur gekämpft. In Aufrichtigkeit und Opferbereitschaft waren wir bis zum Ende treu geblieben. Früher oder später müssen Europa und die Welt die Gerechtigkeit unserer Sache und die Reinheit unserer Hingabe anerkennen. Denn der Haß stirbt... Aber alles Große ist ewig.«

Literaturhinweise:

H. Rogger und E. Weber: The European Right. A Historical Profile, Berkeley u. a. 1965

David Littlejohn: The Patriotic Traitors. A History of Collaboration in German-Occupied Europe 1940-45, London 1972

Wilfried Wagner: Belgien in der deutschen Politik während des Zweiten Weltkrieges, Boppard am Rhein 1974
Ronald Henry Chertok: Belgian Fascism, Diss. Washington University 1975
Louise Narvaez: Degrelle m'a dit, Brüssel 1977
Pierre-Henri Laurent: Belgian Rexism and Léon Degrelle, in: George L. Mosse (Hrsg.): International Fascism. New Thoughts and New Approaches, London u. a. 1979
Saint-Loup (Pseud. für Marc Augier): Les S.S. de la Toison d'Or. Flamands et Wallons au combat 1941–1945, Paris 1987
Peter Klefisch: Das Dritte Reich und Belgien 1933–1939, Frankfurt 1988
Léon Degrelle: Denn der Haß stirbt. Erinnerungen eines Europäers, München 1992

DELONCLE, EUGÈNE, geb. 20.6.1890 in Brest, ermordet 7.1.1944 in Paris, Gründer des »Comité secret d'action révolutionnaire« (Cagoule) 1934, Führer des »Mouvement Social Révolutionnaire« (MSR) 1940–1944, Mitbegründer des »Rassemblement National Populaire« (RNP) 1941

Als Sohn eines Offiziers studierte D. nach dem Kriegsdienst bei der Feldartillerie trotz einer Verwundung ab 1919 an der Ecole Polytechnique, wo er als Schiffskonstrukteur zum Diplomingenieur graduiert wurde. Dann arbeitete er bei verschiedenen Firmen, bis er 1937 Präsident der »Caisse hypothécaire maritime et fluviale« wurde. 1934–1936 war er Mitglied der »Action française« von Charles → Maurras. Er trat aus, weil ihm die Gesellschaft zu konservativ und zu wenig aggressiv war (»trop peu combatif«). Auch die »Camelots du roi« genügten seinen Anforderungen nicht. 1936 gründete er eine eigene Geheimorganisation mit dem Namen »Comité secret d'action révolutionnaire« (CSAR), die unter dem Namen »Cagoule« bekannt wurde, eine terroristische Bewegung auf der äußersten Rechten zum Kampf gegen Kommunismus, Judentum und Freimaurertum zum Wohl der Nation. Im November 1937 wurde er des Komplotts gegen die Republik beschuldigt und inhaftiert. Erst zu Beginn des Krieges kam er frei.
Nach der französischen Niederlage gegen Deutschland gründete D. am 1.9.1940 zusammen mit Jean → Fontenoy, Eugène Schueller und anderen das »Mouvement Social Révolutionnaire« (MSR) als eine von mehreren nationalen Parteien. Parteizeichen war das Schwert in der Faust mit dem Motto »Aime et sers« als Symbol dafür, daß das Schlimmste von Frankreich nur mit Gewalt abgewendet werden könne. Die Zukunft der französischen Nation sah er in einem nationalsozialistischen Europa unter deutscher Führung, in dem die einzelnen Nationalitäten ihr eigenes Leben führen könnten: »La nation reste l'unité de base, la cellule élémentaire du monde nouveau. La nation, c'est la communauté titulaire à l'abri de laquelle un peuple issu du même sang, vivant sur le même sol, parlant la même langue, pénétré d'un même idéal, assure un libre développement à sa vie propre, et donne la mesure du son génie original. Elle sera socialiste, cette Europe, parce que les progrès de la technique moderne ont créé des sommes de richesse dont la production disciplinée permet au plus humble travailleur de participer largement au bien-être général. Elle sera raciste enfin, cette nouvelle Europe, parce que l'anarchie économique et la division politique n'ont jamais servi que les intérêts d'une seule caste: celle des Juifs, celle des banquiers internationaux dont la guerre est la principal source de profits. ... Il faut

refaire la Nation, redonner aux Français le goût de leur pays, le goût de l'effort, le goût du travail, le goût du courage. C'est cela notre premier but: construire une communauté nationale vivante, nombreuse et pleine de confiance en elle-même.« Die Bewegung wurde schnell wegen ihrer kollaborationistischen Aktivitäten und wegen ihres militanten Antisemitismus im Lande bekannt. Sie war z. B. in der Nacht vom 2. zum 3.10.1941 für die Anschläge auf Pariser Synagogen verantwortlich. Die Mitgliederzahl der Partei, die nur in der besetzten Zone Frankreichs zugelassen war, lag mit 20 000 weit unter der der »Cagoule«, die auf ihrem Höhepunkt 170 000 Mitglieder hatte. Während sich das MSR des Wohlwollens der SS-Behörden in Paris erfreute, wurde es von den Wehrmachtdienststellen und den politischen Behörden abgelehnt.

Um alle nationalen französischen Kräfte zusammenzufassen und die von → Pétain erwartete »nationale Revolution« zu gestalten, gründete D. zusammen mit Marcel → Déat im Februar 1941 das »Rassemblement National Populaire« (RNP). Er gliederte die MSR in das RNP ein und war eines der fünf Direktoriumsmitglieder, die die Partei führten. Sein Versuch, die Kontrolle über die Partei in seine Hand zu bekommen, scheiterte an Déat. Gegen dessen Rat engagierte er sich in die Werbungsaktionen für die »Légion des Volontaires Français contre le bolchevisme« (LVF), die im Juli 1941 auf Initiative von D. gegründet worden war und deren Zentralkomitee er als Präsident leitete. Déat sah in der LVF mehr ein politisches Instrument → Lavals und nicht so sehr eine militärische Formation zur Hilfeleistung für die Deutschen an der Ostfront. Als bei der Verabschiedung des ersten Freiwilligenkontingents in Versailles am 27.8.1941 ein Attentat auf Laval verübt wurde, bei dem Déat schwer verwundet wurde, erschien D. als Drahtzieher. Im Oktober 1941 erfolgte der Bruch zwischen beiden Männern. Am 14.5.1942 wurde D. von einigen Führungsmitgliedern auch aus der MSR hinausgedrängt, weil er eine Verbindung mit der »Cagoule« eingehen wollte. Auch die Redaktion der von ihm gegründeten Wochenzeitung »La Révolution nationale« mußte er aufgeben. Die weiteren Aktionen D.s blieben undurchsichtig. Auf der einen Seite tat er sich mit dem Sicherheitsdienst der SS und den deutschen Geheimorganisationen zusammen und auf der anderen knüpfte er Beziehungen zu Admiral Darlan in Nordafrika. Als dieser nach der Landung der Amerikaner in Marokko zu den Westalliierten überlief, wurde D. vorübergehend vom SD gefangengesetzt. 1943 reiste D. im Auftrag von Männern des deutschen Widerstands mit der Billigung von Admiral Canaris nach Madrid, um mit dem englischen Botschafter Samuel Hoare über Friedensmöglichkeiten zu sprechen, falls es gelinge, Hitler zu entmachten. Diese Aktionen wurden von seinem Sohn an die Gestapo verraten. D. wurde im November 1943 verhaftet, aber bald darauf wieder freigelassen. Als er bei seiner zweiten Verhaftung zwei Monate später zur Waffe griff, wurde er erschossen.

Literaturhinweise:

Michèle Cotta: La collaboration 1940–1944, Paris 1964
Philippe Bourdrel: La Cagoule. 30 ans de complots, Paris 1970
Pascal Ory: Les collaborateurs 1940–1945, Paris 1976
Bertram M. Gordon: Collaborationism in France during the Second World War, London u. a. 1980

DELVO, EDGAR, geb. 20.6.1905 in Gent, 1995 in Brüssel lebend, Propagandaleiter des »Vlaamsch Nationaal Verbond« (VNV) 1942–1945, Leiter der »Unie van Hand- en Geestesarbeiders« 1942–1944, Mitglied der »Landsleiding Vlaanderen« 1944–1945

D. studierte an der Universität Gent Pädagogik und Sozialökonomie. Mit 23 Jahren wurde er bei der »Centrale voor Arbeidersopvoeding« angestellt, deren Generalsekretär er 1932 wurde. Er übernahm die neosozialistischen Thesen von Hendrik de → Man. 1939 wandte er sich gegen die franzosenfreundliche Politik der belgischen Regierung und setzte sich im Sinne König → Leopolds III. für eine strikte Handhabung der Neutralität ein. Er schrieb das Manifest »Vrede door Neutraliteit«.
Nach der deutschen Besetzung Belgiens im Mai 1940 gehörte D. als Schulungsleiter zum Führungskreis des »Vlaamsch Nationaal Verbond« (VNV). 1941 wollte er der Waffen-SS beitreten, aber auf Wunsch von Staf de → Clercq blieb er in Belgien und übernahm die Aufgaben des Propagandaleiters der Partei aus den Händen von Reimond → Tollenaere. Seine Solidarität mit den Ostfrontfreiwilligen zeigte er als Vorsitzender des Versorgungskomitees, das sich um die Familienangehörigen kümmerte und deren finanzielle Angelegenheiten klärte.
1942 wurde D. Leiter der »Unie van Hand- en Geestesarbeiders«, die 1940 von Hendrik de Man als Einheitsgewerkschaft im Sinne der »Deutschen Arbeitsfront« gegründet und ausgerichtet worden war. Die politische Neutralität, die Hendrik de Man durchsetzen wollte, konnte D. nicht aufrecht erhalten. Unter dem Druck der Besatzungsmacht führte er die belgischen Arbeiter zur Kollaboration mit den Deutschen. Er stellte ihnen den nationalen Sozialismus als die Wertordnung der Arbeiterschaft in der Zukunft vor, dessen erste Aufgabe die Ausrottung des liberalistischen Individualismus sei, der in den nichtmarxistischen Gewerkschaften gezüchtet worden sei, und der als zweite Aufgabe den Klassenkampfgedanken verschwinden lassen müsse, der von den Marxisten gepflegt worden sei. Parteipolitik habe in der »Unie van Hand- en Geestesarbeiders« nichts zu suchen. In der Zeitschrift »Arbeid en Volk« veröffentlichte D. seine Pläne für die Arbeiterschaft und seine neosozialistischen Thesen. 1943 schloß er der Arbeiterunion nach deutschem Vorbild die Organisation »Arbeid en Vreugde« an, um die Arbeiter für gute Leistungen belohnen zu können. Im Oktober 1943 nahm er am »Europäischen Arbeiterkongreß« teil, den die »Deutsche Arbeitsfront« in Berlin veranstaltete. Die Arbeitervertreter aller besetzten Gebiete brachten ihre Probleme vor. Sie wurden aufgefordert, das Reich in seinem Existenzkampf gegen Bolschewismus und Plutokratie zu unterstützen, weil erst nach dem Endsieg die neue soziale Ordnung Platz greifen könne, an der alle interessiert seien. D. pflegte den Traum von der Neuordnung Europas durch Deutschland bis zum Schluß. Er glaubte an die Lebensfähigkeit von Volksstaaten, die auf der Solidarität der Werktätigen gegründet sind. Seine Vision beschrieb er in dem Buch »Sociale collaboratie. Pleidooi voor een volksnationale sociale politiek«, das er begann, nachdem er im April 1944 vom Sozialwissenschaftlichen Kongreß in Bad Salzbrunn zurückgekehrt war. Das Manuskript war im Juli 1944 fertig. Das Buch erschien erst 1975. D. wollte mit dieser Schrift abseits aller ideologi-

schen Positionen klarmachen, daß nicht die syndikalistischen Bestrebungen und nicht die marxistischen Klassenkämpfe, sondern die Solidargemeinschaft des Volkes den Arbeitern eine glückliche Zukunft verspreche. Alle seine Gedanken kreisten um den »opbouw van een volksnationale socialistische maatschappijvorm«. Eine soziale Ordnung, die auf Individualismus und Egoismus aufbaue, sei ebenso arbeiterfeindlich wie eine nach Klassenkämpfen entstehende Diktatur des Proletariats. Die »organische Volksgemeinschaft«, für die er sich einsetzte, verlange das soziale Engagement des einzelnen, der Gruppe und des Volkes. Sie verbürge den Europäern eine lebenswerte Zukunft. »Een volk, dat Europa dient, dient meteen zichzelf.« Die neue Wertordnung werde von Begriffen wie Volksverbundenheit, hierarchischer Ordnung, persönlicher Verantwortlichkeit, Dienst am Volk und Kameradschaft bestimmt werden. D. schrieb als Idealist in dem festen Glauben, daß der soziale Fortschritt nicht von Ideologien geschaffen wird, sondern von den gemeinsamen Anstrengungen solidarischer Völker.
Nach der Flucht vor den herannahenden westalliierten Truppen im September 1944 übernahm er in der »Landsleiding Vlaanderen« auf deutschem Boden das Amt des Bevollmächtigten für sozialökonomische Angelegenheiten. In dieser Funktion kümmerte er sich vor allem um die Betreuung der im Reich arbeitenden Flamen und ihre Versorgung mit ermunterndem Propagandamaterial.
Nach dem Zweiten Weltkrieg wurde D. von einem belgischen Kriegsgericht zum Tode verurteilt. Nach der Revision des Urteils blieb er mehr als 30 Jahre in Haft.

Literaturhinweise:
Edgar Delvo: Sociale collaboratie. Pleidooi voor een volksnationale sociale politiek, Antwerpen u. a. 1975

DORIOT, JACQUES, geb. 26.9.1898 in Bresles (Oise), gest. 22.2.1945 in Mengen, Führer der »Parti Populaire Français« (PPF) 1936–1944, Sturmbannführer in der »Légion des Volontaires Français contre le bolchevisme« (LVF) 1942, designierter Ministerpräsident Frankreichs 1945

D. wurde als Sohn eines Dorfschmieds geboren. 1915 verließ er sein Elternhaus. In Saint-Denis absolvierte er eine Ausbildung als Werkzeugmacher, wurde Mitglied der Metallarbeitergewerkschaft und trat in die Jugendorganisation der Sozialistischen Partei SFIO ein. Die Mitglieder der Ortsgruppe sprachen sich 1914 gegen die patriotische Welle in Frankreich aus und bildeten als Verfechter von Pazifismus und Antimilitarismus während des Ersten Weltkriegs eine radikale Minderheit in der Partei. 1917 wurde D. zum Militär einberufen und kämpfte am Chemin des Dames und in Lothringen. Nach dem Waffenstillstand mit den Mittelmächten diente er als Soldat der Orientarmee in Ungarn, Fiume und Albanien. Nach der dreijährigen Dienstzeit zog er 1920 nach Saint-Denis zurück, wo er sich der Politik verschrieb. Im November 1920 wurde D. auf dem Nationalkongreß der französischen Jungsozialisten in Paris zum Mitglied des Direktoriums der neu gegründeten Kommunistischen Jugend Frankreichs gewählt. Ende Juni 1921 besuchte er erstmals die Sowjetunion. 1923 nahm er am III. Internationalen Jugendkongreß in Moskau teil und machte anschließend eine

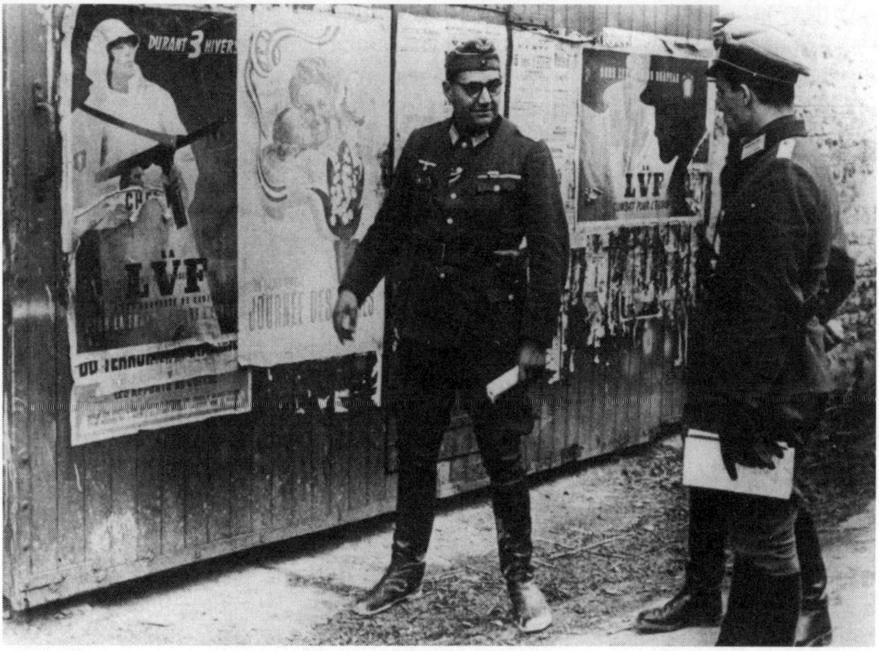

Doriot als Oberleutnant der LVF bei einem Besuch in der Normandie im Juli 1944

sechsmonatige Propagandareise durch das Land. Während seiner Abwesenheit verurteilte ihn ein französisches Gericht zu zwölf Monaten Haft, weil er die Ruhrpolitik und die Marokkopolitik des Ministerpräsidenten Poincaré angegriffen und im Falle eines neuen Krieges einen Generalstreik angekündigt hatte. Die Haftbedingungen in der Santé ermöglichten es ihm jedoch, seine politischen Funktionen von dort aus wahrzunehmen und Artikel für die Zeitschrift »Avant-Garde« zu schreiben. Unter dem Pseudonym Guyot wurde er 1923 zum Generalsekretär der »Jeunesse communiste« bestellt. In seiner Schrift »L'armée et la défense du capitalisme« unterstrich er 1924 seinen bedingungslosen Antimilitarismus. Als Mitglied des Präsidiums des Komintern in Moskau kam D. 1924 ins Zentralkomitee der »Parti Communiste Français«. Die Wahl zum Abgeordneten von St. Denis am 9.5.1925 zwang die Regierung, D. aus der Haft zu entlassen. In der Nationalversammlung wurde D. zum Starredner der politischen Linken, dessen provokative Ausführungen zahlreiche Krawalle auslösten. Lenins Tod und die dadurch entfesselten Nachfolgekämpfe schlugen auch in der Kommunistischen Partei Frankreichs hohe Wellen. Zwar wurden auch hier die alten Führungskader ausgeschaltet, aber es gelang D. nicht, den freigewordenen Posten des Parteisekretärs zu besetzen. Ende 1926 reiste D. erneut nach Moskau und von dort zusammen mit einer internationalen Arbeiterdelegation nach China, um kommunistische Propaganda zu betreiben. Dabei kamen ihm die ersten Zweifel. Nach seiner Rückkehr im Juni 1927 bemerkte D., daß die Zahl seiner Anhänger abgenommen hatte, was seine Stellung in der Partei schwächte. Weil er in absentia zu 13 Monaten Gefängnis verurteilt worden war,

hob das Parlament seine Abgeordnetenimmunität auf, so daß er eingesperrt werden konnte. Zwar erwirkte er schon im November seine vorzeitige Entlassung, doch blieb er auch in den folgenden Jahren nicht von Strafverfolgungen verschont. Als 1927/28 den französischen Kommunisten von Moskau ein radikaler Linkskurs aufgezwungen wurde, ging D. in die Opposition. Während eines UdSSR-Aufenthalts 1930 versuchte man vergeblich, ihn von seinem nationalfranzösischen Kurs abzubringen. 1930 wurde er Stadtrat und 1931 Bürgermeister in Saint-Denis. Mit diesem Rückhalt wagte er den offenen Konflikt und empfahl seiner Partei die Zusammenarbeit mit den Sozialisten, d. h. die »Öffnung nach rechts«, und die Aufkündigung der Zusammenarbeit Frankreichs mit der UdSSR. Obwohl er am 6.4.1934 erneut zum Bürgermeister von Saint-Denis gewählt wurde, schloß ihn die Partei am 27.6.1934 aus.
Bis 1936 hatte D. keine klare politische Konzeption. Seine Versuche, die Splittergruppen zwischen den Kommunisten und den Sozialisten zu sammeln, brachten ihn schrittweise auf einen antimarxistischen Kurs. 1936 war seine antisozialistische Haltung dann so ausgeprägt, daß er nach den Parlamentswahlen, bei denen er nur knapp einen Sitz bekam, beschloß, eine eigene Partei zu gründen. Am 20.6.1936 kündigte er die »Parti Populaire Français« (PPF) an. Acht Tage später wurde die erste Versammlung im Rathaus von Saint-Denis abgehalten. Der Zeitpunkt der Parteigründung war außerordentlich günstig: Die Volksfrontregierung hatte, von Schwäche und Uneinigkeit gezeichnet, das Vertrauen weiter Bevölkerungskreise verloren. Von vielen wurde eine politische Erneuerung des Landes für unabdingbar gehalten. Deshalb war die PPF zunächst außerordentlich erfolgreich. Es konnten viele ehemalige Kommunisten und Mitglieder der verbotenen paramilitärischen Ligen gewonnen werden. Von der rechten Seite strömten visionäre Techniker, sozial engagierte Utopisten und frustrierte Nationaldenkende dazu. Ende 1936 gab es bereits ein großmaschiges Netz von Sektionen und Dienststellen in und um Paris. Weitere Zentren der Parteiarbeit waren in Marseilles, Cannes und Toulon sowie in Algerien.
Die PPF war eine demokratisch-disziplinierte Partei. D. war der unumstrittene autoritäre Führer, der einzige mit politischer Erfahrung, der die Kommunisten mit den Mitteln der Kommunisten bekämpfen konnte. Er vergab die Parteiämter. Er zensierte die Parteipresse. Von den Mitgliedern forderte er absoluten Gehorsam. Das war notwendig, da sich in der PPF sowohl extrem linke als auch extrem rechte Gruppierungen befanden. Alle PPF-Veranstaltungen zeigten das gleiche Zeremoniell: auf der Tribüne das Achteck mit dem Parteizeichen, den faschistischen Gruß, die PPF-Fahne in den Farben der Tricolore, die parteieigene Hymne »Libère toi! France, libère toi! ... Ecoute Doriot qui t'appelle«. Dazu kamen die überlebensgroßen Bilder des Parteiführers, eine Übernahme aus dem kommunistischen Ritual. Im Unterschied zur NSDAP wandte sich die PPF in viel stärkerem Maß an den Verstand der Zuhörer. D. wollte durch Argumente überzeugen. Die Parteizeitung »L'Emancipation nationale«, die eine Auflage von 200 000 Exemplaren erreichte, wurde bis 1938 von Pierre → Drieu La Rochelle und Paul → Marion mit anspruchsvollen Artikeln beliefert, obwohl 65% der Parteimitglieder aus der Arbeiterschicht kamen. Das täglich erscheinende

Abendblatt der Partei unter den Chefredakteuren Paul Marion und Camille Fégy hieß »La Liberté«. Ab 1937 gab es Jugendverbände, Sport-, Pionier- und Studentengruppen und Frauensektionen. Der »Service d'ordre« aus Männern in blauen Hemden wurde später in »Gardes françaises« umbenannt. Die finanzielle Unterstützung der Partei kam aus Unternehmerkreisen, besonders von den acht Pariser Großbanken, von den französischen Stahlkonzernen und von den Arbeitgeberverbänden. Zuwendungen vom italienischen Staat sind nachgewiesen. Mitte 1937 hatte die PPF etwa 200 000 Mitglieder und war damit die größte präfaschistische Partei Frankreichs.
Das Parteiprogramm, an dem Drieu La Rochelle wesentlichen Anteil hatte, enthielt folgende Ziele zur Gesundung Frankreichs: Ökonomische und soziale Reformen, Stärkung der Exekutive, korporative Volksvertretung mit zentraler Wirtschaftslenkung, Unabhängigkeit der Staatsorgane von den Finanzmächten, Sicherung der Wirtschaftsbetriebe, Verbesserung des Wirtschaftaustauschs mit den Kolonien, Stärkung der Selbstverwaltung, Förderung der französischen Rasse, Wahrnehmung der außenpolitischen Interessen Frankreichs im Sinne der Friedenssicherung. Obwohl dieses Programm auch für den Mittelstand attraktiv sein mußte, stagnierte die PPF trotz des vielversprechenden Anfangs. Offensichtlich versperrte die Herkunft D.s aus der Kommunistischen Partei vielen Bürgern den Weg zur PPF. Als D. das Problem erkannte, begann er mit Vorbereitungen zur Gründung einer Einheitsfront aus allen rechtsstehenden antikommunistischen Gruppierungen gegen den linken Block. Die Volksfrontregierung Blum sah die Gefahr und leitete unter dem Vorwand angeblicher Unregelmäßigkeiten ein Amtsenthebungsverfahren gegen den Bürgermeister von Saint-Denis ein. Am 25.5.1937 wurde D. vom Innenminister aus seinen kommunalen Funktionen entfernt. Diese Maßnahme hatte zur Folge, daß eine Zahl bekannter Kommunisten zur PPF übertrat, z. B.. Georges → Suarez und Alfred Fabre-Luce. Sein Mandat als Abgeordneter der »Parti Communiste Français« gab D. im Juni 1937 aus freien Stücken zurück.
Die außenpolitische Orientierung D.s war gekennzeichnet durch seine Kritik am Vertragswerk von Versailles und die Abneigung gegen die UdSSR. Den Sieg Francos und der Phalange in Spanien feierte er als historisches Ereignis. Seine Haltung zu Deutschland war widersprüchlich. Auf der einen Seite faszinierten ihn Hitlers Antibolschewismus und Friedenspropaganda, auf der anderen erkannte er, daß von Hitlers imperialistischen Thesen eine Bedrohung für Europa ausging.
Um die Gefahr eines europäischen Krieges zu bannen, wollte er das Reich in eine gemeinsame Außenpolitik mit Frankreich einbinden und ihm Südchina als koloniales Betätigungsfeld anbieten. Als 1938 wegen der Sudetenfrage die Kriegsgefahr wuchs, zerriß die innere Einheit der PPF: Während sich ein Teil einer französischen Intervention zugunsten der Tschechoslowakei verweigerte, darunter D. selbst, forderte der finanzkräftige großindustrielle Flügel einen Kriegskurs. Wegen dieser Streitfrage verließen Ende 1938 zahlreiche prominente Parteimitglieder die PPF. In der Folge wurde der Parteikurs betont antikapitalistisch, ganz im Sinne des traditionellen Syndikalismus und des italienischen Faschismus. Das Ziel war ein moderner, totalitärer und korporativer

Staat, eine Volksgemeinschaft, in der alle Schichten ohne Gruppenegoismus für das bonum commune zusammenarbeiteten.
Als D. im September 1939 zum Militärdienst eingezogen wurde, ließen die Aktivitäten der Partei nach. Bei der Machtübernahme → Pétains nach dem deutschen Sieg im Juni 1940 war kaum etwas von der anfänglich so vielversprechenden Partei übrig. Mit den Resten inszenierte D. in Vichy Straßenkrawalle, um sich als politische Kraft in Erinnerung zu bringen. Ab Oktober 1940 erschien die parteiamtliche Tageszeitung »Le Cri du peuple«. In einem Dreißig-Punkte-Plan wandte sich D. gegen das parlamentarische System, gegen Juden und Freimaurer und forderte einen totalitären Staat, der zusammen mit Deutschland das neue Europa aufbauen solle. Die Politiker der Dritten Republik, die die französische Katastrophe verursacht hatten, sollten zur Rechenschaft gezogen werden. Obwohl diese Punkte nicht dem Kurs der Vichy-Regierung zuwiderliefen, bekam D. kein Regierungsamt. Auf Veranlassung Pétains erhielt D. jedoch ab Januar 1941 einen Sitz im »Conseil National«, dem beratenden Gremium des Staatsoberhauptes, das das aufgelöste Parlament ersetzen sollte.
Ebenso wie sein Kontrahent → Déat bemühte sich D. in den folgenden Monaten um den Aufbau einer Einheitspartei nach deutschem Muster. Die deutsche Seite verweigerte jedoch die erforderliche Unterstützung. Nachdem sich der deutsche Botschafter in Paris, Otto Abetz, für das Kollaborationskonzept → Lavals entschlossen hatte, war eine Vielzahl von französischen Rechtsparteien der deutschen Politik dienlicher. Die offizielle Anerkennung der PPF durch die Deutschen ließ bis Ende 1941 auf sich warten, obwohl D. in der Kollaboration mit dem Sieger den einzigen Weg sah, Frankreich aus der Niederlage herauszuführen. 1941 veröffentlichte D. seine Bekenntnisschrift »Je suis un homme du Maréchal«. Sie bestätigte seinen Glauben an die Führungsrolle Pétains, die er in allen Ansprachen bekräftigte: »...aujourd'hui nous avons le vainqeur de Verdun qui marche dans la même direction que nous. Alors, nous nous alignons derrière lui pour la France et pour la plus grande Europe.« Als am 22.6.1941 der deutsche Rußlandfeldzug begann und das Pseudobündnis zwischen Nationalsozialisten und Kommunisten zerbrochen war, konnte D. den Antikommunismus der PPF ausspielen. Er drängte die Regierung Pétain zum Abbruch der diplomatischen Beziehungen zur UdSSR, der am 30.6.1941 vollzogen wurde.
In der nicht besetzten Zone, wo die PPF nicht zugelassen war, agierte sie unter dem Decknamen »Mouvement Populaire Français«. Die Mindestgröße einer Gruppe (main) betrug fünf Mann. In Nordafrika war die getarnte PPF verhältnismäßig stark.
D. lehnte kompromißlos den Zusammenschluß mit den anderen Rechtsparteien Frankreichs ab. Den Weg zur Einheitspartei sah er ausschließlich im Anschluß der anderen an die PPF. Er wollte als Führer aller Kollaborationswilligen die politische Macht aus den Händen Lavals übernehmen. Sein persönlicher Einsatz galt ausschließlich der PPF, von der glaubte, daß sie die einzige Partei Frankreichs sein werde, die von den Deutschen im neuen Europa zugelassen werden würde und die die staatliche Souveränität des Landes bewahren könne.
D. gehörte zu denen, die dafür warben, daß sich Frankreich am Krieg gegen die

Sowjetunion beteiligen sollte. An der Aufstellung der »Légion des Volontaires Français contre le bolchevisme« (LVF), in die bis Juli 1944 mehr als 16 000 Mann aufgenommen wurden, hatte er maßgeblichen Anteil. Am 4.9.1941 zog er demonstrativ mit dem ersten Freiwilligenkontingent an die Ostfront. Ende des Jahres kehrte er nach Frankreich zurück, um für die Rekrutierung neuer Freiwilliger zu werben. Sein Einsatz machte ihn in der besetzten Zone zum bekanntesten Kollaborateur. In der zone non-occupée durfte er nicht auftreten, weil die Vichy-Regierung die LVF als eine private Angelegenheit der Kollaborationsparteien ansah. Am 22.2.1942 begab er sich für einen weiteren Monat zur LVF nach Rußland und baute dort ein Netz seiner Anhänger auf.
Als Laval am 18.4.1942 auf deutschen Druck den Admiral Darlan als Regierungschef in Vichy ablöste, war D. sicher, ein Regierungsamt zu bekommen. Da er leer ausging, attackierte er den Ministerpräsidenten in aller Öffentlichkeit so heftig, daß die Deutschen einschreiten mußten. Auf Weisung Hitlers sandte Ribbentrop am 21.9.1942 eine entsprechende Weisung an D. Die Deutschen waren weniger daran interessiert, ihm und der PPF eine politische Chance zu geben, als beide beim eigenen Taktieren gegen Laval als Druckmittel zu verwenden. D. bekam immer wieder die Möglichkeit, seine Präsenz und die Macht der PPF zu demonstrieren, durfte jedoch zu keiner Zeit die bestehenden Machtverhältnisse in Frankreich bedrohen. Je mehr Fesseln ihm von der politischen Seite angelegt wurden, desto näher rückte D. zur SS. Die Zusammenarbeit von PPF und SS wuchs. Lavals Gegenzug bestand darin, daß er zahlreiche PPF-Anhänger auf die Listen derer setzte, die zur Arbeitsleistung nach Deutschland gehen mußten. Als Ende Januar 1943 die »Milice française« gegründet wurde, wurden Teile der paramilitärischen Formationen der Rechtsparteien, auch der PPF, einbezogen, so daß D.s Macht noch einmal geschmälert wurde. Darauf begab sich der PPF-Chef im März 1943 für ein weiteres Jahr zur LVF nach Rußland. Er verdiente sich das Eiserne Kreuz I. Klasse. Die Führung der Partei übernahm während seiner Abwesenheit ein auf seine Person vereidigtes Direktorium. Die Mitgliederzahl war zu dieser Zeit auf etwa 25 000 gesunken.
Mit der alliierten Landung in Nordafrika und der deutschen Niederlage in Stalingrad schlug das politische Klima in Frankreich um. Die kollaborationswilligen Kräfte verloren an Boden. Auch viele PPF-Mitglieder wandten sich von der Partei ab. Nur in Nordafrika schlugen sich die PPF-Anhänger in der »Phalange Africaine« ein halbes Jahr gegen die alliierten und freifranzösischen Truppen, bis die letzten deutschen Streitkräfte im Juni 1943 kapitulierten. Es gelang ihnen für kurze Zeit, in Tunesien einen faschistischen Modellstaat zu errichten, in dem sie die Medien und die Verwaltung beherrschten. Negative Auswirkungen auf die PPF in Frankreich hatten auch die Konskriptionen der Regierung in Vichy zur Arbeitsverpflichtung nach Deutschland, der sich viele durch die Flucht in den Untergrund entzogen. Attentate der Résistance auf Kollaborateure trugen ihren Teil dazu bei, die Mitgliedschaft in der PPF zu verleiden. Von der Ostfront aus versuchte D., seine Anhänger aus dem sich entwickelnden Bürgerkrieg herauszuhalten. Als sich dies als Illusion erwies, verstärkte er die Verbindungen zur deutschen Abwehr. Mit gegenseitiger Unterstützung gelangen wirkungsvolle Schläge gegen die französische Widerstandsbewegung. Am

1.7.1944 überstellte D. seine uniformierten Einheiten, die »Gardes Françaises«, offiziell dem deutschen SD.
Als sich die alliierten Truppen Paris näherten, setzte sich die dort versammelte PPF-Prominenz am 17.8.1944 nach Osten ab, nachdem man sich um eine möglichst vollständige Vernichtung der Parteiakten bemüht hatte. Die Zeitung »Cri du Peuple« erschien an diesem Tage zum letzten Male. D. erwirkte von Gauleiter Bürckel die Unterbringung der PPF-Mitglieder und ihrer Angehörigen in der Westmark. Über Bürckel erhielt D. Zugang zu den höheren Regierungsstellen des Reiches. Zusammen mit Bürckel reiste er Ende des Monats in das Führerhauptquartier nach Ostpreußen. Da sich Hitler und Ribbentrop zu dieser Zeit mit der Umbildung der französischen Regierung befaßten, gelang es ihm, sich in den Gesprächen, die er, Fernand de → Brinon, Marcel Déat, Joseph → Darnand und Paul Marion am 30.8.1944 mit Ribbentrop und am 1.9.1944 mit Hitler führten, als Favorit für das Amt des Regierungschefs durchzusetzen. Er sollte Laval ablösen, sobald Pétain seine Zustimmung zur Regierungsumbildung gäbe. D.s Vorschlag, die Propaganda des neuen »gouvernement révolutionnaire« unter seiner Führung auf die zwei Schlagworte »Antibolschewismus« und »Integrität Frankreichs« abzustellen, fand bei Ribbentrop wenig Anklang, weil die Einordnung Frankreichs in das neue Europa Deutschlands Sache sei. Da sich Pétain weigerte, als Staatschef irgendwelche Maßnahmen zu treffen, solange er auf deutschem Boden sei, blieb D. im Wartestand. In die Streitigkeiten der französischen Pseudoregierung, die unter dem Namen »Commission gouvernementale française pour la défense des intérêts nationaux« in Sigmaringen amtierte, mischte er sich nicht ein. Sein Hauptquartier lag bis zum 6.1.1945 in Bad Mergentheim. Dann verlegte er es auf die Insel Mainau im Bodensee. Mit der Gründung eines »Comité français de la libération nationale« hoffte er, die Sammlung aller verbliebenen Kollaborateure zu erreichen. In seiner Zeitung »Petit Parisien«, die auch im besetzten Frankreich gelesen wurde, rief er zum Boykott der Wehrpflicht auf, die de Gaulle verkündet hatte. Die PPF setzte Agenten jenseits der Frontlinie ab, um Nachrichten zu sammeln und zu verbreiten. Im Vergleich zu den theoretisierenden Gruppen in Sigmaringen verdiente sich D. mit seinen Aktivitäten das Vertrauen, das Hitler in ihn gesetzt hatte. Als sich D. am 22.2. 1945 mit Marcel Déat und Joseph Darnard zu einem Versöhnungsgespräch in Mengen treffen wollte, um seine Widersacher in seine Pläne einzubinden, wurde sein Auto unterwegs von Tieffliegern beschossen und D. tödlich verletzt. Vier Tage später wurde er mit großem Pomp in Anwesenheit deutscher und französischer Würdenträger auf dem Friedhof Mengen beigesetzt.

Literaturhinweise:

Gilbert D. Allardyce: Die politische Wandlung des Jacques Doriot, in: Internationaler Faschismus 1920–1945, München 1966
Dieter Wolf: Die Doriot-Bewegung. Ein Beitrag zur Geschichte des französischen Faschismus, Stuttgart 1967
Bertram M. Gordon: Collaborationism in France during the Second World War, Ithaca u. a. 1980
Jean-Paul Brunet: Jacques Doriot. Du communisme au fascisme, Paris 1986
Philippe Burrin: La dérive fasciste, Doriot, Déat, Bergery, 1933–1945, Paris 1986

DRIEU LA ROCHELLE, PIERRE-EUGÈNE, geb. 3.1.1893 in Paris, Selbstmord 15.3.1945 in Paris, französischer eurofaschistischer Schriftsteller

Als Sproß einer großbürgerlichen Juristenfamilie mit monarchistischer Tradition machte D., nachdem er an der Ecole des Sciences Politiques gescheitert war, den Ersten Weltkrieg vom Anfang bis zum Ende mit, zuletzt als Unteroffizier. Nach dem Krieg glaubte er an die friedenserhaltende Wirkung des Völkerbunds und befürwortete einen Ausgleich zwischen Frankreich und Deutschland. Er hatte Schwierigkeiten, für seine Gedichtsammlung »Plainte contre l'inconnu« eine Publikationserlaubnis zu bekommen, weil er darin dem deutschen Feind die Hand bot. Er sympathisierte mit der »Action française« des Charles → Maurras, obwohl ihm die antideutsche Einstellung mißfiel. Seine Herkunft aus reichem Haus und zwei geschiedene Ehen mit wohlhabenden Frauen ermöglichten ihm die finanzielle Unabhängigkeit, die er für sein literarisches Schaffen brauchte. Er lebte in Luxus. Den Glauben, daß alles käuflich ist, verlor er bis an sein Lebensende nicht. Im Kreise von Paul Eluard, André Breton und Louis Aragon entwickelte er sich zum Lyriker und Mitarbeiter der Zeitschrift »Nouvelle Revue Française« (NRF). Er verachtetete die dekadente Kulturwelt, der er eigentlich selbst angehörte. In einer Serie von Romanen beschrieb er den Niedergang des französischen Großbürgertums in der Zwischenkriegszeit: »L'homme couvert de femmes« (1926), »La comédie de Charleroi« (1937), »Rêveuse bourgeoise« (1937). Die Aufnahme in die Ehrenlegion lehnte er 1930 ab, weil er sich von seinem Kampf gegen die bürgerliche Gesellschaft der Dritten Republik nicht abbringen lassen wollte, die sich bei der Niederschlagung des Aufstands am 6.2.1934 als volksfeindlich und machtbesessen decouvrierte. Auf der Suche nach neuen Gesellschaftsmodellen zwischen Kommunismus und Kapitalismus stieß er zuerst auf den italienischen Faschismus und dann auf das Deutsche Reich Adolf Hitlers. Zusammen mit Bertrand de Jouvenel lernte er 1934 auf seinen Reisen durch Deutschland die Ideologie des Nationalsozialismus, den Kult des Regimes und die Volksbegeisterung für Hitler kennen, die er als Grundlagen einer nationalen Regeneration interpretierte. Ihn fesselte das ästhetische Gewand des Nationalsozialismus mehr als der Inhalt der Lehre. Von da an war es sein Ziel, die deutschen Verhältnisse auf Frankreich zu übertragen. Die Begegnung mit Otto Abetz im Rahmen der deutsch-französischen Jugendbewegung spornte ihn an. 1936 trat er der »Parti Populaire

Français« (PPF) bei und setzte seine Hoffnungen auf Jacques → Doriot, dessen autorisierter Biograph und Vorkämpfer für Antikapitalismus, Antisemitismus und Antikommunismus er im Parteiblatt »L'Emancipation nationale« wurde. 1937 erschien sein Buch »Avec Doriot«. Die Politiker der Dritten Republik hielt er für korrupt und unfähig. In den Monarchisten sah er »reaktionäre Cliquen, die vom Kapital besoldet, den Parlamentariern und Journalisten der alten Rechten applaudieren«. Die Sozialisten lehnte er als machtbesessene Menschenverächter ab, und die Liberalen hielt er für käuflich. Er rechtfertigte seinen Beitritt zur PPF damit, daß der einzelne ohne Gruppenbindung isoliert und politisch ohnmächtig sei. Freiheit war für ihn die Kraft, die man in der Bindung an eine Gemeinschaft erfährt. Als er 1938 merkte, daß die PPF die Machterweiterung des Deutschen Reiches in Österreich und der Tschechoslowakei tolerierte und die nationalen Belange Frankreichs vernachlässigte, verließ er die Partei zusammen mit Bertrand de Jouvenel, Paul → Marion und Pierre → Pucheu. In dem 1939 erschienenen Roman »Gilles«, seinem magnum opus, beschrieb D., wie er sich einen französischen Faschismus vorstellte. Der Held des Romans, ein Frontsoldat des Ersten Weltkriegs, findet seine Erfüllung im Kampf auf seiten der Faschisten im Spanischen Bürgerkrieg, weil er dort im Unterschied zum Weltkrieg sein Leben für ein Ideal, nämlich die faschistischen Grundwerte, einsetzen kann. Weil dieses Thema auch von Georges Bernanos, André Malraux und Louis Aragon aufgegriffen wurde, setzte sich D. in seinen Literaturkritiken enthusiastisch für sie ein, obwohl sie politische Feinde waren.
Für die französische Niederlage im Juni 1940 machte D. die Kapitalisten, die Kommunisten, die Juden und die Freimaurer verantwortlich, die den nationalen Selbstbehauptungswillen zerstört hätten. Er begrüßte die Machtübernahme → Pétains im nicht besetzten Teil Frankreichs und setzte sich mit Begeisterung für die von Pétain verkündete »révolution nationale« zur Stärkung des Staates ein. Er forderte die Franzosen auf, ihren Nationalstolz zu pflegen: »Tout nationalisme vague est une défense capitaliste«. Er befürwortete den Gedanken einer französischen Einheitspartei, wie er von Marcel → Déat und Gaston Bergery entworfen wurde. Eine Zeit lang glaubte er an die Wiederherstellung der Großmachtstellung Frankreichs. Erst sein Umgang mit dem deutschen Botschafter in Paris, Otto Abetz, bewirkte, daß er diesen Gedanken zugunsten der Idee von einem neuen Europa aufgab und sich zu einem der deutschfreundlichsten Intellektuellen in den besetzten Gebieten entwickelte. Die deutsche Vorherrschaft in Europa war ihm lieber als die britische. »Point de fédération sans hégémonie. L'égalité n'existe pas. Une hégémonie declarée vaut mieux qu'une hégémonie dissimulée.« Deutschland hatte gegenüber Großbritannien den Vorteil, daß es keine auswärtigen Besitzungen hatte und sich auf Europa konzentrierte und daß seine Ideologie sozialistisch und nicht wie die britische kapitalistisch war. In der Halbmonatszeitschrift »Le Fait«, für die auch andere französische Intellektuelle wie Bertrand de Jouvenel, Achille Dauphin-Meunier, Marie de Roux und Jacques Saint-Germain Artikel lieferten, beschrieb er den deutschen Nationalsozialisten, den »homme hitlérien«, als Vorbildfigur für den französischen Staatsbürger. Er billigte das Heldische und Gewaltsame, das der neue »type d'homme qui rejette la culture et qui rêve de donner au monde une discipline physique aux

effets radicaux, ... un homme qui ne croit que dans les actes« als Schöpfer einer männlichen Ordnung repräsentierte. Im Dezember 1940 übernahm er die Leitung der Zeitschrift »Nouvelle Revue Française« (NRF) im Verlag Gallimard, die seit Juni 1940 nicht mehr erschienen war, und machte sie zum Sprachrohr eines neuen Europa unter deutscher Führung. Sowohl was das Führungssystem anging, als auch was die imperialistischen Bestrebungen betraf, glaubte D., Hitler mit Napoleon vergleichen zu können. Hitler war für ihn der europäische Messias, die große Hoffnung des europäischen Sozialismus. Um die NRF versammelte D. die gesamte kollaborationistische Intelligenz Frankreichs: Abel → Bonnard, André Fabre-Luce, Ramon Fernandez, Bernard → Faÿ, Lucien Combelle und andere. Bis zum Juni 1943 erschienen 31 Nummern unter seiner Direktion.
1940–1943 war D. Mitglied der »Groupe Collaboration«, die von Alphonse de → Chateaubriant und Jacques Schweizer betrieben wurde. Im Oktober 1941 konnte er zusammen mit Abel Bonnard, Robert → Brasillach und vier anderen französischen Schriftstellern auf Einladung der deutschen Botschaft in Paris die Kulturstätten des Reiches bewundern. Im November 1941 nahm er am Europäischen Schriftstellerkongreß in Weimar teil. Der Artikel »L'Allemagne européenne«, der folgte, war eine Hymne an den neuen deutschen Menschen, den er dort gesehen hatte.
Die Verfolgung der Juden in Frankreich fand seine Zustimmung, obwohl auch seine erste Frau darunter fiel. Er bezeichnete das Judenprogramm Hitlers sogar als »mérite éternelle«. Es rette Frankreich und Europa vor dem jüdischen Würgegriff. Um die Schattenseiten der deutschen Herrschaft in Europa kummerte er sich nicht.
Nach der Landung der Amerikaner in Marokko am 8.11.1942 und der Schlacht von Stalingrad kamen bei D. die ersten Zweifel auf, ob Deutschland siegen werde und ob der Faschismus in Frankreich verwirklicht werden könne. Den Glauben an ein besseres neues Europa, von dem er noch in seiner 1944 erschienenen Schrift »Le Français d'Europe« schwärmte, verlor er bis zuletzt nicht. Nach und nach zog er sich von allen Veranwortlichkeiten zurück, zuallererst von der Leitung der NRF. Ab April 1943 veröffentlichte er seine Artikel im Wochenblatt »Révolution Nationale«, dessen Schriftleitung Lucien Combelle innehatte. Angesichts der Invasion der Westalliierten in der Normandie bedauerte D., daß die Westalliierten für Stalin die Kastanien aus dem Feuer holten und Europa dem Bolschewismus auslieferten. Der 1944 geschriebene Roman »Les chiens de paille« war sein literarischer Versuch, in einer sich auflösenden Welt einen Standort zu finden. Die Hauptfigur des Buches, ein alter, zahnloser, desillusionierter Anarcho, betrachtet die Auseinandersetzungen zwischen den rivalisierenden Gruppen gegen Ende der Besatzungszeit mit stoischem Gleichmut.
Nach dem Einmarsch der Alliierten in Paris verbarg sich D. einige Monate und beging dann Selbstmord, um der Farce eines Schauprozesses zu entgehen. In dem Buch »Récit secret«, das nach seinem Tode veröffentlicht wurde, beschrieb er die ausweglose Situation der französischen Intellektuellen, die sich auf seiten des Deutschen Reiches engagiert hatten. In der Hoffnung, daß das neue Europa, für das er eingetreten war, eines Tages zustande kommen würde, gab er zu, daß

er das Spiel, in das er sich eingelassen habe, verloren habe, weil der Partner zu dumm gewesen sei: »Oui, je suis un traître. Oui, j'ai été d'intelligence avec l'ennemi. J'ai apporté l'intelligence française à l'ennemi. Ce n'est pas ma faute si cet ennemi n'a pas été intelligent ... Je ne suis pas qu'un Français, je suis un Européen. Vous aussi vous l'êtes, sans le savoir ou le sachant. Mais nous avons joué, j'ai perdu. Je réclame la mort.«
Zwanzig Jahre nach dem Zweiten Weltkrieg setzte in Frankreich und Italien eine Renaissance des Dichters ein. Ein Teil der Leser wurde von seinem Bekenntnis zum Sozialismus und zu Europa angezogen, ein anderer von seiner Sprache. Sein Grab in Neuilly wurde für viele zu einer Wallfahrtsstätte.

Literaturhinweise:

Pierre Drieu la Rochelle: Récit secret suivi du Journal 1944–1945 et d'Exorde, Paris 1961
Pol Vandromme: Pierre Drieu la Rochelle, Torino 1965
Robert Soucy: Le fascisme de Drieu la Rochelle, in: Révue d'histoire de la deuxième guerre mondiale Nr. 66, April 1967
Alfred Pfeil: Die französische Kriegsgeneration und der Faschismus. Pierre Drieu la Rochelle als politischer Schriftsteller, Diss. Marburg 1968
Pierre Andreu und Frédéric Grovert: Drieu la Rochelle, Paris 1979
Robert Soucy: Fascist Intellectual: Drieu la Rochelle, Los Angeles 1979
Karl Kohut (Hrsg.): Literatur der Résistance und Kollaboration in Frankreich, Wiesbaden u. a. 1982
Gérard Loiseaux: La littérature de la défaite et de la collaboration, Paris 1984

Durčanský, Ferdinand, geb. 18.12.1906 in Rajec, gest. 15.3. 1974 in München, slowakischer Außenminister 1939–1940, stellvertretender Ministerpräsident 1940–1944

Als Sohn eines Rechtsanwalts geboren, erhielt D. nach dem Besuch des Gymnasiums in Nitra eine umfassende juristische Ausbildung an mehreren europäischen Hochschulen. 1936–1938 war er Assistent an der juristischen Fakultät der Universität Preßburg. Obwohl er sich bis 1927 des Ungarischen als Umgangssprache bediente, wurde D. unter dem Einfluß → Tukas ein aktives Mitglied der »Slowakischen Volkspartei« (SVP) und übernahm nach der Verurteilung seines Mentors 1929 zusammen mit Sidor die Führung der Nachwuchsorganisation. Den geistigen Mittelpunkt dieses Kreises bildete die von seinem Bruder seit 1933 herausgegebene und von ihm redigierte Zeitschrift »Nastup«. Nach ihr nannten sich die jungen Parteimitglieder »Nastupisten«. Der neu entdeckte slowakische Nationalismus ließ D. früher als die anderen die volle Souveränität der Slowakei und deren politische Ausrichtung nach nationalsozialistischem Vorbild fordern. Seine Germanophilie hatte jedoch ebenso wie die Polonophilie Sidors realistische Gründe. Er erwartete finanzielle Förderung aus Deutschland. Dazu kam ein gewisser Opportunismus. D. hielt so lange mit allen politischen Kreisen Fühlung, bis er sich auf die Seite der stärkeren schlagen konnte.

Als die Tschechoslowakei am 16.5.1935 ein Militärbündnis mit der UdSSR abschloß, setzte D. auf dem Parteitag der SVP eine antikommunistische Resolution durch, in der die Zusammenarbeit mit allen antibolschewistischen Kräften im Land gefordert wurde. Die Nastupisten verlangten den Beitritt der Tschechoslowakei zum Antikominternpakt, den Deutschland und Japan am 25.11.1936 abgeschlossen hatten. Als D. offen die Idee eines souveränen, totalitären slowakischen Staates nach deutschem Muster propagierte, wurde die Zeitschrift »Nastup« im Oktober 1937 verboten. Darauf breiteten sich, ausgehend von der Preßburger Universität, Unruhen über das ganze Land aus. Anfang Juni 1938 billigte die Parteiführung der SVP das von D. entworfene »Gesetz über die Revision der Verfassungsurkunde der Slowakei« und drängte 20 Jahre nach dem Pittsburger Abkommen auf die Verwirklichung der Autonomiezusage. Da die Prager Regierung diesen Bestrebungen kein Gehör schenkte, befreundeten sich die Nastupisten mit der Idee eines souveränen totalitären Staates nach dem Muster des Deutschen Reiches. In der Zusammenarbeit mit der »Sudetendeutschen Partei« sahen sie eine Möglichkeit, die Tschechoslowakische Republik zu schwächen und die Aufmerksamkeit Hitlers auf die Slowakei zu lenken.

Bei den Autonomieverhandlungen mit der tschechischen Zentralregierung im Oktober 1938 vertrat D. die radikale Linie. Obwohl Prag einen slowakischen Landtag, eine slowakische Landessregierung, slowakische Gerichte, Slowakisch als Amtssprache und von Slowaken besetzte Ämter zusagte, arbeitete D. auf eine Trennung von den Tschechen hin. In der Übergangsregierung des autonomen Teilstaates Slowakei übernahm D. ab Oktober 1938 den Posten des Justizministers und stellvertretenden Ministerpräsidenten, bis er am 3.12.1938 von → Tiso auf das bedeutungslose Ministerium für Verkehr, Post und öffentliche Arbeiten abgedrängt wurde. Die Meinungsverschiedenheiten über die Zukunft der Slowakei in den Reihen der SVP und in der Regierung lähmten eine konstruktive Regierungsarbeit. Als die Slowakei nach dem Ersten Wiener Schiedsspruch vom 29.10.1938 einen Teil der Südslowakei mit 860 000 Einwohnern, davon 276 000 Slowaken, an Ungarn abgeben mußte, bekamen die radikalen Kräfte Auftrieb.

Am 25.2.1939 fuhr D. zu Wirtschaftsverhandlungen nach Deutschland. Göring und Ribbentrop drängten auf die Loslösung der Slowakei von der Rumpftschechei, die nach dem Münchner Abkommen vom 30.9.1938 übriggeblieben war. Am 4.3.1939 erläuterte D. im Ministerrat die deutsche Haltung und empfahl die sofortige Ausrufung der slowakischen Souveränität und die Unterstellung des Landes unter deutschen Schutz. Die von der Prager Regierung geforderte Loyalitätserklärung der Landesregierung und die damit verbundene Unterordnung unter die Zentralgewalt lehnte das Kabinett ab. Der diesem Schritt folgenden Amtsenthebung Tisos und der Verhaftung der Regierungsmitglieder

und führender Hlinka-Gardisten auf Anordnung des tschechoslowakischen Staatspräsidenten Hacha konnte sich D. durch die Flucht nach Wien entziehen. Tiso wurde unter Hausarrest gestellt. Über die Slowakei wurde der Ausnahmezustand verhängt. Als die tschechische Zentralregierung am 12.3.1939 eine neue slowakische Landesregierung zusammenstellte, forderte D. über den Reichssender Wien die Souveränität der Slowakei. Am 13.3.1939 reiste er mit Tiso nach Berlin. Beide Politiker wurden am Abend von Hitler empfangen, der seine Enttäuschung über die Entwicklung in der Slowakei ausdrückte. Er versprach den Bestand einer selbständigen Slowakei zu garantieren, wenn die Regierung die Souveränitätserklärung sofort veröffentlichen würde, andernfalls werde das Land von ungarischen Truppen besetzt werden. Auch Ribbentrop drängte auf eine verbindliche Zusage über die Ausrufung der slowakischen Selbständigkeit. In der Nacht vom 13. zum 14.3.1939 unterzeichneten Tiso und D. ein vorbereitetes »Schutztelegramm«, in dem dem Führer des Deutschen Reiches mitgeteilt wurde, daß »heute das souveräne slowakische Volk das unerträgliche tschechische Joch abgeschüttelt hat und, dem Willen der überwältigenden Mehrheit folgend, die Unabhängigkeit unseres Staates proklamiert worden ist«. Nach der Rückkehr nach Preßburg forderte Tiso den slowakischen Landtag auf, die Unabhängigkeitserklärung zu verabschieden. Er selbst verlas den Text am Abend des 15.3.1939 im Rundfunk. Gleichzeitig bat er die deutsche Regierung um den Schutz des neuen Staates. Den von D. bevorzugten Terminus »Garantie« hielt er für zu schwach. Tiso entschied sich für den von der deutschen Seite geprägten Ausdruck »Schutzfreundschaft«.
In der Regierung der selbständigen »Republik Slowakei« mit der Hauptstadt Preßburg übernahm D. das Außenministerium. Nach der Wahl Tisos zum Staatspräsidenten und der Bildung des Kabinetts Tuka erhielt er am 26.10.1939 auch das Innenministerium. Er glaubte, die Slowakei zur »Drehscheibe Europas« ausbauen und sich im Sog des südosteuropäischen Neutralismus der Umklammerung durch das Reich entziehen zu können, indem er die Kontakte zu den 27 Staaten, die sein Land diplomatisch anerkannt hatten, intensivierte. Gegen die im »Vertraulichen Protokoll über die wirtschaftliche und finanzielle Zusammenarbeit zwischen dem Deutschen Reich und der Slowakei« vom 23.3.1939 vereinbarten Hilfen Deutschlands zum Nachteil des Landes wehrte er sich mit allen Tricks eines gelernten Juristen. Er scheute sich nicht, mit den tschechophilen und jüdischen Kreisen im Land zusammenzuarbeiten, wenn es der Kreditwürdigkeit der Slowakei diente. Um diesem Kurs entgegenzusteuern, entsandte die deutsche Regierung auf den Rat des deutschen Volksgruppenführers Karmasin deutsche Berater in alle Verwaltungs- und Wirtschaftszweige des Landes. Als das slowakische Kabinett im Dezember 1939 die in der Verfassung vorgesehene Ständeordnung einführen wollte, intervenierte das Reich, weil die geistigen Grundlagen dieser Veränderung »gegen die vom Reich vertretenen Grundprinzipien des staatlichen Lebens gerichtet« seien. Die wirtschaftlich begründete Resistenz D.s in Judenangelegenheiten, die auch Adolf Eichmann bei seinem Besuch Ende Oktober 1939 nicht durchbrechen konnte, veranlaßte die Reichsregierung, sich am 30.1.1940 im »Wehrwirtschaftsvertrag« die gesamte Rüstungsindustrie des Lande mit 26 Großbetrieben der Verfügungsgewalt der

Wehrmacht zu unterstellen. Am 28.7.1940 begleiteten D., Tuka und der Leiter des Propagandaamtes und Chef der Hlinka-Garde, Alexander → Mach, den Staatspräsidenten Tiso zu einer Unterredung mit Hitler nach Salzburg. Dort forderte Hitler von Tiso die sofortige Entlassung D.s, weil ihm geheime Verbindungen nach Großbritannien nachgewiesen worden seien. Darauf übernahm Tuka das Außenministerium. Mach wurde Innenminister. D. blieb jedoch bis zum 5.9.1944 stellvertretender Ministerpräsident des Landes ohne Geschäftsbereich. Nach der deutschen Besetzung der Slowakei im August 1944 lehnte D. das Angebot Tisos ab, Generalsekretär der Hlinka-Partei zu werden. Seine Hauptaufgabe sah er darin, in den von der Roten Armee besetzten Teilen des Landes Widerstandszentren aufzubauen.

Nach dem Krieg floh D. über Österreich, die Schweiz und Rom nach Argentinien. Ein Volksgericht in Preßburg veurteilte ihn im April 1947 in absentia zum Tode. 1952 zog D. nach München, um von dort aus gegen die kommunistische Prager Herrschaft in seinem Land zu kämpfen. Seine Aufsätze erschienen in den Zeitschriften »Politische Studien«, »Nation Europa« und in der »Zeitschrift für Geopolitik«. Er übernahm den Vorsitz im »Slowakischen Aktionskomitee«, das im Untergrund gegen die Tschechoslowakische Volksrepublik agierte. Als Präsident des »Antibolschewistischen Blocks der Nationen« steuerte er die von den USA finanzierte Propaganda gegen den kommunistischen Ostblock.

Literaturhinweise:

Karl Bosl (Hrsg.): Handbuch der Geschichte der böhmischen Länder, Bd. 4: Der tschechoslowakische Staat im Zeitalter der modernen Massendemokatie und Diktatur, Stuttgart 1970

Victor Mamatey und Radomír Luza (Hrsg.): Geschichte der Tschechoslowakischen Republik 1918–1948, Wien u. a. 1980

E

ELIAS, HENDRIK JOZEF, geb. 12.6.1902 in Machelen (Brabant), gest. 2.2.1973 in Ukkel bei Brüssel, flämischer Nationalist, Bürgermeister von Gent 1940–1944, Führer des »Vlaamsch Nationaal Verbond« (VNV) 1942–1944

Als E. Schüler am bischöflichen Kolleg in Vilvoorde war, verlor sein Vater wegen flämischer Umtriebe seine Stelle bei der Post. Nach dem Studium der Geschichte und Philosophie in Löwen, Paris und Bonn promovierte er zum Dr. phil. Danach war er eine Zeitlang Lehrer am Athenäum in Brügge. 1926 bekam er ein Stipendium zum Studium in Rom. 1929 schloß er das Jurastudium in Gent mit der Promotion zum Dr. jur. ab. Da er in der wissenschaftlichen Laufbahn nicht Fuß fassen konnte, ließ er sich 1931 als Anwalt in Gent nieder.

Zusammen mit dem Architekten Beeckman gründete E. 1929 die »Vlaamsch Nationaale Volks-Partij« (VNVP), die das gescheiterte Projekt des »Algemeen Vlaamsch Nationaal Verbond« (AVNV) von van → Severen ersetzen sollte. 1930 wurde er Generalsekretär der Partei und zog 1932 als ihr Vertreter ins Par-

lament ein. Zur theoretischen Begründung des flämischen Nationalismus verfaßte E. die Studie »Onze wording tot natie«. Er orientierte sich zwar primär an der »Action française«, die Charles → Maurras zur sittlichen Erneuerung Frankreichs gegründet hatte, berücksichtigte aber auch faschistische Ordnungsprinzipien, wie sie in Italien verwirklicht waren. Ähnliche Ausführungen erschienen in den Wochenblättern »Vlaanderen« und »Jong Dietschland«. Sie blieben ohne Auswirkungen, weil die VNVP zerfiel, bevor sie in den politischen Kampf eingreifen konnte. Im Interesse der flämischen Einheit schloß sich E. ebenso wie → Borginon dem erfolgreicheren Staf de → Clercq an, der 1933 aus allen flämischen Gruppierungen den »Vlaamsch Nationaal Verbond« (VNV) zusammenfügte. E. wurde gouwleider von Ostflandern.
1934 legte E. eine Abhandlung mit dem Titel »De Dietsche Volksstaat« vor, mit der er weitere theoretische Vorgaben für die flämische Nationalbewegung liefern wollte. Das erstrebte »Großniederland« aus allen flämisch und niederländisch sprechenden Volksteilen an der Kanalküste sollte geschaffen werden, sobald eine internationale Krise, z. B. ein Krieg, die Voraussetzungen schaffen würde. Dieses »großniederländische« oder »großdietsche« Programm wurde vom VNV akzeptiert, bis Borginon als Fraktionsvorsitzender des VNV im belgischen Parlament 1938 eine Kursänderung durchsetzte. Ab 1939 vertrat der VNV unter Abkehr von der großdietschen Idee den Erhalt des belgischen Zweivölkerstaates, weil die Gleichberechtigung der Flamen mit den Wallonen faktisch erreicht und die Auflösung Belgiens deshalb überflüssig sei. E. unterstützte diese politische Kehrtwendung des VNV und hoffte, daß die belgische Neutralität von den europäischen Mächten respektiert werde. Diese staatserhaltende Ansicht war der Grund, daß er im Unterschied zu vielen flämischen Parlamentariern nicht arrestiert wurde, als die deutschen Truppen am 10.5.1940 in Belgien einmarschierten. Am 14.5.1940 trug er den Beschluß des VNV mit: »geen tweede activisme« zur Abspaltung Flanderns wie im Ersten Weltkrieg.
Da der zuständige Generalsekretär im Innenministerium E. die Zustimmung zur Wahl als Bürgermeister von Gent verweigerte, wurde E. am 30.12.1940 von der deutschen Militärverwaltung in das Amt eingesetzt, obwohl er nicht zu den eifrigen Kollaborateuren gehörte. Er galt als exzellenter Verwaltungsfachmann, als treuer Anhänger des VNV, aber als erbitterter Gegner der Anschlußbewegungen. Deshalb wollte die SS verhindern, daß er die Nachfolge von de Clercq als Führer des VNV antrat. Sie fürchtete, er könne die »Algemeene SS Vlaanderen« behindern und der »Deutsch-Flämischen Arbeitsgemeinschaft« (DEVLAG), die die Vereinigung Flanderns mit dem Deutschen Reich betrieb, Steine in den Weg legen. Im Gegensatz zu den Auffassungen E.s plante der stellvertretende Vorsitzende der DEVLAG, SS-Obergruppenführer Gottlob Berger, einen Reichsgau Flandern zu gründen und den Reichskommissar von Norwegen, Josef Terboven, als Gauleiter einzusetzen.
Nach dem Tod de Clercqs am 22.10.1942 wurden die deutschen Behörden vor vollendete Tatsachen gestellt, weil E. bereits in der gleichen Nacht vom Parteirat des VNV zum Vorsitzenden ernannt worden war. Die Militärverwaltung in Brüssel wußte, daß sie es mit E. noch schwerer haben würde als mit de

Clercq. Die SS sah in ihm einen Feind. E. lehnte die Germanisierung Belgiens ebenso ab wie die Eingliederung des ganzen Landes oder einzelner Teile in das Deutsche Reich und wollte sich bestenfalls mit einem Europäischen Bundesstaat aus gleichberechtigten Nationen zufriedengeben. Als Leiter des VNV verfolgte er eine attentistische Linie. Bei einer Rede in Brügge sagte E. im Februar 1943: »Wir fordern unseren Platz in der germanischen Gemeinschaft als ein autonomes Volk, das von seinen eigenen Führern geleitet wird«. Im März des gleichen Jahres unterstrich er seine autonomistische Haltung: »Wir sind keine Deutschen, sondern Flamen, also Niederländer«. E. projektierte das zukünftige Europa als eine Art Völkerbund aus gleichberechtigten Partnerländern, von denen Flandern eines sein würde. Brüssel betrachtete er als Hauptstadt Flanderns, war jedoch bereit, dem wallonischen Bevölkerungsteil sprachliche und kulturelle Autonomie einzuräumen.

Die deutschen Werbeaktionen für die Flämische Legion der Waffen-SS konterkarierte er, indem er den Eintritt in das »Nationalsozialistische Kraftfahrkorps« (NSKK), in die »Organisation Todt« (OT), in den »Reichsarbeitsdienst« (RAD) und in die Kriegsmarine und Luftwaffe als gleichwertige Alternativen anbot. Am 7.3.1943 protestierte E. dagegen, daß die flämischen Legionäre in der Waffen-SS am Gebrauch ihrer Sprache und am Singen ihrer Lieder gehindert würden. Er verdächtigte Himmler, die Entnationalisierung der Flamen zu betreiben. Die Achtung ihrer völkischen und kulturellen Eigenart sah er als eine Voraussetzung für die Kollaboration im Sinne der nationalsozialistischen Einheit der germanischen Völker an. In einem Bericht an Himmler nannte SS-Obergruppenführer Berger, der als Chef des SS-Hauptamts für die Erweiterung der Waffen-SS durch Ausländer zuständig war, E. »unseren erbittertsten Feind« und einen »Lugenbeutel«. Er vertrete die Ansichten einer »gewissen intellektuellen Schicht«, mit der nicht im Sinne der Schutzstaffel zu verhandeln sei.

Um die flämische Jugend dem großdietschen Kurs des VNV zu entziehen, gründete die deutsche Militärverwaltung in Brüssel im Sommer 1943 in Konkurrenz zur »Nationaal-Socialistische Jeugd Vlaanderen« (NSJV), der Jugendorganisation des VNV, die »Hitlerjeugd Vlaanderen«. Sie vereinigte die Kinder der in Belgien lebenden Deutschen mit denen der kollaborationswilligen Flamen. Dar-

auf nannte E. seine Jugendorganisation in »Dietsche Blauwvoetvendels« (DBV) und »Dietsche Meisjesscharen« (DMS) um. Um sich vom Kollaborationismus des Jef van de → Wiele abzusetzen, erklärte E. am 17.10.1943 die gleichzeitige Mitgliedschaft im VNV und in der DEVLAG für unvereinbar.
Am 28.2.1944 wurde E. zusammen mit de Wiele in den Sonderzug Himmlers zitiert. Nachdem beide ihre Beschwerden und Pläne vorgetragen hatten, entschied sich Himmler für die großgermanische Konzeption de Wieles. Die Forderungen, die E. stellte, waren unannehmbar: Zulassung des VNV als einzige Partei in Flandern, d. h. Auflösung der DEVLAG, Anerkennung der Flamen als Volk, Verzicht auf die Angliederung Flanderns ans Reich. Am 12.7.1944 beschloß Hitler nach Beratung mit Himmler, Keitel und Bormann, in Belgien anstelle der bisherigen Militärverwaltung eine Zivilverwaltung einzurichten. Der Gauleiter von Köln-Aachen sollte Reichskommissar werden. Hitler befahl ihm die Zusammenarbeit mit de Wiele.
Bevor der VNV seine Arbeit einstellen mußte, flüchteten die belgischen Kollaborateure Hals über Kopf nach Deutschland, weil eine Falschmeldung von Radio BBC die Eroberung von Breda verbreitete. Auch E. hatte Gent verlassen. Im September 1944 teilte er den deutschen Dienststellen offiziell mit, daß er seine politische Arbeit als Führer des VNV einstelle. Ins Reichssicherheitshauptamt nach Berlin zitiert, wurde er vor die Alternative gestellt, mit der neuen »Vlaamsche Landsleiding« unter Wiele auf Schloß Waldeck-Pyrmont zusammenzuarbeiten oder inhaftiert zu werden. Da er bei seiner Haltung blieb, brachte man ihn am 9.1.1945 ins Kleine Walsertal. Im Ifenhotel in Hirschegg bei Oberstdorf traf er eine Reihe anderer Internierter, unter ihnen André François-Poncet und Francesco Nitti.
Nach der deutschen Kapitulation wurde E. nach mehreren Lageraufenthalten im Oktober 1945 nach Belgien zurückgebracht. Obwohl ihn ein Gericht bereits am 26.3.1945 in Abwesenheit zum Tode verurteilt hatte, wurde ihm im April 1947 erneut der Prozeß vor dem Kriegsgericht in Gent gemacht. Die am 14.5.1947 erneut ausgesprochene Todesstrafe wurde am 2.4.1951 in lebenslängliche Haft umgewandelt, aus der E. 1959 aus gesundheitlichen Gründen vorzeitig entlassen wurde. Im Gefängnis hatte D. eine viel beachtete Geistesgeschichte des flämischen Volkes geschrieben. 1969 publizierte er sein letztes Werk »Vijfentwintig jaar Vlaamse Beweging 1914–1939«.

Literaturhinweise:
Hendrik Elias: Vijfentwintig jaar Vlaamse Beweging 1914–1939, Antwerpen 1969
Arie Wolter Willemsen: Het Vlaams-Nationalisme. De geschiedenis van de jaren 1914–1940, Utrecht 1969
David Littlejohn: The Patriotic Traitors. A History of Collaboration in German-Occupied Europe 1940–1945, London 1972
Wilfried Wagner: Belgien in der deutschen Politik während des Zweiten Weltkrieges, Boppard am Rhein 1974
Ronald Henry Chertok: Belgian Fascism, Diss. Washington University 1975
Jacques Willequet: La Belgique sous la botte. Résistances et collaborations 1940-45, Paris 1986
Peter Klefisch: Das Dritte Reich und Belgien 1933–1939, Frankfurt u. a. 1988

F

FAUZI AL-KAUKI (FAWZI EL-QAWUQJI), geb. 1894 in Tripoli (Libanon), gest. in Beirut, arabischer Freischarführer

Während des Ersten Weltkrieges war F. Offizier in den osmanischen Streitkräften und wurde mit dem deutschen Eisernen Kreuz I. Klasse ausgezeichnet. Noch während des Krieges schlug er sich auf die arabische Seite und trat nach dem Krieg in die syrische Armee ein. Er schloß sich 1925 den Aufständischen an und floh nach dem Scheitern des Unternehmens nach Saudisch Arabien. Ein französisches Gericht verurteilte ihn in Abwesenheit zum Tode. Zur Unterstützung der arabischen Einwohner gegen die jüdische Immigration und die britische Mandatsmacht in Palästina bildete der Mufti von Jerusalem, Mohammed Amin el → Husseini, mit Freiwilligen aus Mesopotamien und Syrien eine Guerillatruppe, zu deren Führung er F. aus Saudisch Arabien kommen ließ. Als im Oktober 1936 die Kämpfe aufhörten, weil die Peel-Kommission einen Teilungsvorschlag gemacht hatte, über den beraten werden sollte, begab sich F. in den Irak, wo er auf englisches Verlangen in Kirkuk interniert wurde. Beim Ausbruch des Irakaufstands am 2.5.1941 gegen die Briten stellte er sich der Regierung → Gailani zur Verfügung und wurde gegen den Widerstand Husseinis zum Hauptmann in der irakischen Armee ernannt und mit der Führung eines Freiwilligenverbandes beauftragt, der das Wüstengebiet westlich des Euphrat überwachen und den englischen Nachschub aus Palästina und Transjordanien verhindern sollte. In seiner Einheit befanden sich mehrere hundert Freiwillige aus den arabischen Nachbarländern des Irak. Am 7.5.1941 verließ er mit 14 maschinengewehrbestückten Lastwagen und zwei motorisierten Infanteriekolonnen Bagdad, um die Straße von Amman nach Rutba an der Grenze zu sperren. Inzwischen hatten die britischen Truppen jedoch die Grenze bereits überschritten und die Pumpstation H 3 westlich von Rutba eingenommen. F. bekam nunmehr den Auftrag, die Eroberung von Rutba zu verhindern. Um seine Absicht zu tarnen, marschierte er an die saudische Grenze und näherte sich der Stadt von

Süden. Dort waren ihm die britischen Streitkräfte jedoch zuvorgekommen. Es gelang ihm nur vorübergehend, die Stadt in Besitz zu nehmen, in die die Briten am 8.5.1941 einmarschiert waren. Darauf bezog F. neue Stellungen westlich von Ramadi, um den Vormarsch der englischen Einheiten nach Habbaniya aufzuhalten. Unterstützung bekam er von den Stämmen der westlichen Wüste, die überwiegend zur Regierung Gailani hielten. Außerdem wurde seine Einheit durch eine halbe Gebirgsbatterie, drei Panzer und ein reguläres Infanteriebataillon verstärkt. Die Straße nach Ramadi wurde unpassierbar gemacht, indem F. am 14.5.1941 die Deiche eines Kanals öffnen ließ, der den Euphrat mit dem Habbaniya-See verband. Trotz all dieser Maßnahmen konnten die Engländer durchbrechen und über Habbanya nach Bagdad ziehen. Nach dem Bekanntwerden des Waffenstillstands zog sich F. nach Norden zurück, um mit den deutschen Kräften, die er im Raum Mossul vermutete, Verbindung aufzunehmen. Entgegen den Befehlen der neuen Regierung, den Kampf einzustellen und nach Bagdad zurückzukehren, zerstörte er mit der Unterstützung syrischer Freiwilliger die auf seinem Weg liegenden Pumpstationen H 1 und T 1 mit den dazugehörigen Wasserstellen. Anfang Juni erreichte er die syrische Grenze am Euphrat. Dort versuchte er vergeblich, zu den deutschen Stäben Kontakt aufzunehmen, die zur Unterstützung des Irakaufstands eingeflogen worden waren.
Als die Briten Syrien angriffen, stellte er sich auf die Seite der französischen Levante-Armee. Am 12.7.1941 zog sich sein arabischer Freiwilligenverband mit der französischen Grenzgarnison nach Dair az-Zawr zurück. Der französische Oberbefehlshaber Generals Dentz gab ihm die Vollmacht, eine arabische Territorialstreitmacht aus britischen Deserteuren aufzustellen. Weil diese ausblieben, mißlang ihm die Rückeroberung des syrisch-irakischen Grenzpostens Abu Kamal und die Besetzung von Palmyra. Bei dem Vorstoß wurde F. schwer verwundet. Aus dem Lazarett in Aleppo, in das er eingeliefert worden war, ließ ihn der deutsche Sondergesandte in Syrien, Rudolf Rahn, nach Berlin bringen, wo ihn Professor Sauerbruch erfolgreich operierte.
Nach seiner Gesundung wurde F. gebeten, mit dem Sonderstab Felmy bei der Aufstellung der »Deutsch-Arabischen Lehrabteilung« in Sunion zusammenzuarbeiten. F. sperrte sich, weil er auf die Ausreise seiner in die Türkei geflüchteten Anhänger wartete und mit ihnen eine eigene Einheit bilden wollte. Die Türkei gab sie jedoch nicht frei. Der Versuch, über ihm bekannte Scheichs neue Soldaten anzuwerben, schlug fehl.
Obwohl F. aus der Vernachlässigung der Iraker durch die Achsenmächte während ihres Aufstands den Schluß zog, daß die Deutschen kein richtiges Bild von der Lage der Araber hätten, den »seelischen Zustand der arabischen Kreise« verkennten und sich nicht um die Meinung der einflußreichen arabischen Männer kümmerten, ließ er sich von der deutschen Propaganda für die arabischen Völker vereinnahmen. Er forderte seine Landsleute auf, statt der englischen Sendungen die deutschen aus Berlin und Athen zu hören, weil sie die Wahrheit sagten, und gegen die Kolonialmächte vorzugehen. »Ich werde mit arabischen und deutschen Truppen kommen, um Euch zu helfen.« Er wandte sich gegen die Propagierung eines arabischen Staatenbundes, weil sich dieser nicht verwirklichen lasse. Wegen seiner Sachkenntnis wurde F. am 27.11.1941

mit der Leitung der Propaganda aus Athen beauftragt. Er erhielt den Rang eines Majors.
Nach der UN-Resolution über die Teilung Palästinas 1947 wurde F. von der Arabischen Liga zum Kommandeur der arabischen Befreiungsarmee ernannt. Im März 1948 errichtete er sein Hauptquartier in Jaba. In stetigem Konflikt mit dem Oberkommando in Damaskus, das seine militärischen Operationen behinderte, gelang es ihm nicht, Jaffa und Jerusalem zu halten und die Errichtung des jüdischen Staates zu verhindern. Nach dem Feldzug lebte F. bis zu seinem Tod in Beirut als Privatmann.

Literaturhinweise:
Fauzi al-Qawuqji: Memoirs, in: Journal of Palestine Studies 1948, Band I, No. 4 und Band II, No. 1
Lukasz Hirszowicz: The Third Reich an the Arab East, London u. a. 1966
Bernd Philipp Schröder: Deutschland und der Mittlere Osten im Zweiten Weltkrieg, Göttingen u. a. 1975

FAŸ, BERNARD, geb. 3.4.1893 in Paris, gest. 1970 in Paris, Leitendes Mitglied des »Rassemblement National Populaire« (RNP) 1940–1944, Direktor der Bibliothèque Nationale in Paris 1940–1944

Mit fünf Jahren erkrankte F. an Gelenktuberkulose. Er besuchte trotzdem das Lycée Condorcet und studierte anschließend Literaturwissenschaft an der Sorbonne. Obwohl er untauglich gemustert war, engagierte er sich während des Ersten Weltkriegs im Sanitätsdienst bei den französischen Truppen. 1919 nahm er seine Studien wieder auf. Er promovierte in Paris und machte den Master of Arts an der Harvard Universität. 1923–1933 war er Professor an der Universität in Clermond-Ferrand und 1933–1945 am Collège de France. Zwischen 1919 und 1939 unternahm er zehn Studienreisen in die Vereinigten Staaten.
Nach der französischen Niederlage gegen Deutschland im Juni 1940 schloß sich F. der Kollaboration an, die Staatschef → Pétain als Programm seiner Regierung verkündet hatte. Als Marcel → Déat und Eugène → Deloncle im Januar 1941 den Versuch zur Gründung einer nationalfranzösischen Einheitspartei machten, beteiligte sich F. an der Propaganda für das »Rassemblement National Populaire« (RNP). Seine Artikel erschienen in vielen französischen Zeitschriften, z. B. »Le Correspondant«, »Candide«, »Le Figaro«, »La Revue de Paris«. Von seinen 20 Buchpublikationen behandelten die meisten historische Themen, z. B. »Benjamin Franklin« (1931), »Washington« (1932), »La Grande Révolution« (1959), »L'Aventure coloniale« (1962).
Unmittelbar nach der französischen Kapitulation am 22.6.1940 übernahm F. die Leitung der französischen Nationalbibliothek in Paris. Während der deutschen Besatzungszeit stellte er sich an die Spitze des Kampfes gegen das Freimaurertum. 1941–1944 gab er die Monatsschrift »Les documents maçonnique« heraus, in der er viele unbekannte Unterlagen, die er in der Bibliothèque Nationale vorfand, veröffentlichte. In den Akten glaubte er die Theorie von der Weltverschwörung des Freimaurertums bestätigt zu finden. Den Lesern vermochte er die Gefahren der Geheimlogen klarzumachen. Er wies nach, daß Frankreich seit

dem ersten Kaiserreich aus dem freimaurerischen Untergrund gesteuert worden sei. Die Friedensschlüsse nach dem Ersten Weltkrieg nannte er »Freimaurerverträge«, weil sie, von den Logen manipuliert, den Kern für den Zweiten Weltkrieg legten, der im Interesse der freimaurerischen Plutokraten vom Zaun gebrochen worden sei. Die amerikanische Finanzwirtschaft als die mächtigste Organisation des Freimaurertums der Gegenwart gefährde den Frieden im 20. Jahrhundert mindestens so sehr wie das Judentum oder der Kommunismus.
Den in Frankreich seit Dünkirchen verbreiteten Englandhaß führte F. auf die Unehrlichkeit der britischen Politik zurück. Deren freimaurerischen Grundsätze führten dazu, daß sie ihre Freunde skrupellos im Stich lasse, wenn es das nationale Interesse verlange. F. stellte England, die Mutter der parlamentarischen Demokratie, als »Babylon der Plutokratie« dar und brachte damit den Parlamentarismus als eine Manipulationsmethode der Freimaurer in Verruf. Als ähnlich verwerflich charakterisierte er die Tätigkeit des britischen Geheimdienstes, den er »la cavalerie de Saint-Georges« nannte. In den Geheimdiensten aller Länder glaubte F. die Hand der Freimaurerlogen zu finden.
Am 13.8.1940 verbot die Vichy-Regierung alle Geheimgesellschaften. Im Februar 1941 erloschen die letzten Freimaurerorden. Pierre → Pucheu veröffentlichte von August bis September 1941 im »Journal officiel« die Namen der führenden Freimaurer. Die Gesamtzahl wurde mit 60 000 angegeben. In der rue cadet in Paris richtete F. im Auftrag der französischen Regierung eine Dienststelle zur Liquidation der Freimaurerlogen ein. Das »Centre d'action et du documentation anti-maçonnique« unter Henri Coston in der rue Puteaux und die deutsche Dienststelle in der avenue Foch arbeiteten mit ihm zusammen. Mit Hilfe einer speziellen Polizeitruppe requirierten F. und Coston die freimaurerischen Kultgegenstände aus den Logen und gaben die Gebäude für neue Verwendungen frei. Die Zeitschrift »Au Pilori« veröffentlichte die Namenslisten, die ihr von F. und Costot zur Verfügung gestellt wurden. Die französische Öffentlichkeit schien mit der Auflösung der Logen einverstanden zu sein, weil ihr von der Propaganda klar gemacht wurde, daß die Armut im Lande von der Ausbeutung durch die Freimaurer und Juden komme.
Die Ausstellung, die F. im Petit Palais in Paris über das Freimaurerwesen veranstaltete, war deshalb auch ein großer Publikumserfolg. F. erklärte mit eindrucksvollen Schautafeln und Exponaten, welche Macht die Geheimgesellschaften ausgeübt hatten. Er zeigte nicht nur die Riten und Symbole der Freimaurer, sondern auch die Verzweigungen der einzelnen Logen im Land und in der Welt. In einer Broschüre konnte man für 40 Sous die schädlichsten Freimaurer Frankreichs kennenlernen. Die Besatzungsbehörden waren voll des Lobes über die Ausstellung. Insbesondere beeindruckte sie, wie F. es verstand, die Verbindungen zwischen dem Freimaurertum und dem Judentum aufzuzeigen. Mit der Abneigung gegen die eine Seite förderte er den Haß gegen die andere. Aufgrund dieser Ausstellung und der kenntnisreichen Publikationen galt F. während der Besatzungszeit als einer der großen Historiker der französichen Rechten. Die Regierung in Vichy überhäufte ihn mit Ehrungen. Der deutsche Botschafter in Paris, Otto Abetz, finanzierte seine Arbeiten.
Während der gesamten Besatzungszeit pflegte F. das Feindbild der Freimaure-

rei. Die Urheber der wachsenden Gegnerschaft gegen das autoritäre Regime Pétains in Frankreich machte er in den französischen Geheimlogen aus, die aus dem Untergrund weiter alles bekämpften, was sich ihrem Einfluß entzog. Überzeugt davon, daß diese Behauptung stimmte, schlug Pierre → Costantini vor, die Freimaurer in der Öffentlichkeit mit einem Kennzeichen zu versehen und sie so zu diskriminieren wie die Juden, die seit 29.5.1942 einen gelben Stern auf ihrer linken Brust zu tragen hatten. Dann würden die Menschen sehen, daß es mehr Freimaurer gebe, als sie ahnten.
Nach der Entlassung aus dem Gefängnis fristete F. sein Leben als freier Schriftsteller. Seine Bücher, die zum Teil in den USA erschienen, kreisten um drei Themen: Zweiter Weltkrieg, USA, katholische Kirche. Zu den bekanntesten gehörten »The American Experiment« (1969), eine Kritik des amerikanischen Regierungssystems, »La guerre des trois fous, Hitler, Staline, Roosevelt« (1969), und »L'Eglise de Judas?«, ein Aufruf zur Erneuerung der Kirche.

Literaturhinweise:
Henry Coston (Hrsg.): Dictionnaire de la politique française, Band 1, Paris 1967
Les Francs-maçons, in: Historia, hors série 30, Paris 1973
David Pryce-Jones: Paris in the Third Reich. A History of the German Occupation 1940–1944, London 1981
Robert O. Paxton: Vichy France. Old Guard and New Order 1940–1944, New York 1982
François-Georges Dreyfus: Histoire de Vichy, Paris 1990

FELDMEIJER, JOHAN HENDRIKUS, genannt Henk, geb. 30.11. 1910 in Assen, gef. 22.2.1945 bei Raalte, Führungsmitglied der »Nationaal Socialistische Beweging« (NSB) 1932–1945, Chef der »Nederlandsche SS« 1940–1942 und der »Germaansche SS in Nederland« 1942–1944

Der Sohn eines Berufsunteroffiziers studierte nach dem Abitur 1928–1935 Naturwissenschaften an der Universität Groningen. 1930–1931 erfüllte er seine Wehrpflicht bei der Flaktruppe und wurde Leutnant der Reserve. 1932 trat er in die von → Mussert ein Jahr zuvor gegründete »Nationaal Socialistische Beweging« (NSB) ein. Die Politik nahm ihn so in Anspruch, daß er sein Studium abbrach und Parteifunktionär wurde. Obwohl er wegen seines Engagements bald zum Führungskreis der NSB gehörte, wurde er von Mussert wegen seines Umgangs mit G. J. van Duyl, dessen »Nederlandsche Volkspartij« sich 1937 vom NSB abspaltete, aus dem Hauptquartier in Utrecht verbannt. 1935 wurde ihm wegen seiner politischen Betätigung der militärische Dienstgrad aberkannt. Mit der Unterstützung → Rosts van Tonningen stieß F. 1939 wegen seiner Kontakte zum Reichsführer-SS Himmler wieder in den inneren Kreis der Partei vor. Daß er wegen Unterschlagung und Diebstahl rechtskräftig verurteilt war, beeinträchtigte seine Parteikarriere nicht. Im Sommer 1939 wurde F. mit der Bildung der »Mussertgarde«, die sich aus 18- bis 25jährigen Männern zusammensetzte, beauftragt. Sie war nach dem Vorbild der deutschen SS aufgebaut und stand trotz ihres Namens unter dem ausschließlichen Einfluß Rosts van Tonningen, der wie F. bereits vor dem Zweiten Weltkrieg enge Beziehungen zu Himmler pflegte.

F. repräsentierte die völkische Richtung in den Niederlanden, deren Mitglieder den Anschluß an das Deutsche Reich anstrebten. Da er zur gefürchteten Fünften Kolonne gehörte, wurde er vor Beginn des deutschen Westfeldzugs im Mai 1940 ins Internierungslager Ooltgensplaat verbracht und von dort nach Nordfrankreich verschleppt. Obwohl er bereits einige Wochen später wieder frei war, brachte ihm und Rost van Tonningen diese kurze Internierungszeit die Hochschätzung Himmlers ein. Nach der Besetzung der Niederlande durch die Wehrmacht fand F. besondere Unterstützung bei dem für das Sicherheitswesen beim Reichskommissar für die besetzten niederländischen Gebiete zuständigen Generalkommissar, SS-Brigadeführer Hanns Albin Rauter. Als Mussert Anfang September 1940 nach längerem Zögern die Einwilligung zum Aufbau der »Nederlandsche SS« als Teil der Germanischen SS gab, wurde F. am 17.9.1940 ihr Kommandant. Sein Hauptquartier lag in Utrecht. Formal war die »Nederlandsche SS« wie der »Nationale Jeugdstorm« und die »Nationaal-Socialistische Vrouwen Organisatie« eine Untergliederung der NSB, aber faktisch operierte sie weitgehend unabhängig als Teil der Germanischen SS, die von Himmler und nicht von Mussert geführt wurde. Der NSB-Gruß »Hou Zee« wurde bei ihnen durch »Heil Hitler« ersetzt. Der Reichsführer-SS verlangte von F.: »Er soll nicht nur engste Führung halten, sondern die Aufstellung mit unserer Hilfe und nach unseren Richtlinien vornehmen.« F. enttäuschte Himmler nicht. Er entwickelte die »Nederlandsche SS« zu einem wichtigen Propaganda- und Herrschaftsinstrument und nahm damit wesentlichen Einfluß auf die politische Gestaltung der besetzten Niederlande. Sie bildete die radikale Alternative zum gemäßigten Faschismus Musserts. Aber ihre Attraktivität im Land war nicht groß. Im August 1944 hatte sie knapp 4000 aktive Mitglieder und ebenso viele fördernde Mitglieder. Von großem Gewinn für Deutschland war jedoch ihr Einsatz bei der Rekrutierung von Freiwilligen für die Waffen-SS. Bis zum Ende des Krieges dienten etwa 25 000 Niederländer in den Verbänden der Waffen-SS, von denen ca. 40 % aus der NSB kamen.

Wegen der Eigenmächtigkeiten der »Nederlandsche SS« kam es zu Spannungen mit der Führungsspitze der NSB um Mussert, besonders zum Propagandaleiter Ernst Voorhoeve, der als ehemaliger Führer der niederländischen VERDINASO die großdietschen Ambitionen Musserts förderte und die großgermanischen Ideen in der »Nederlandsche SS« mißbilligte. Gegen den Willen Musserts erlaubte F. auch Nichtmitgliedern der NSB die Zugehörigkeit zur SS. Besonders

störend empfand man, daß es F. und Rost van Tonningen gelang, die führenden Köpfe der »Nederlandsch Arbeidsfront«, des »Nederlandsche Arbeidsdienst«, der »Boerenfront« und der »Winterhulp Nederlande« für die SS zu werben oder wichtige Positionen mit Männern ihres Vertrauens zu besetzen. Es war nur ein kleiner Trost für Mussert, daß die niederländischen Bauern und Arbeiter sich nicht in dem Maß der Waffen-SS anschlossen, wie F. es erhoffte.
Nach dem Frankreichfeldzug meldete sich F. als Freiwilliger zum Dienst in der Waffen-SS, um seinen persönlichen Beitrag für das Germanische Reich zu leisten. Im März 1941 wurde er zur SS-Flak-Ersatzabteilung Arolsen einberufen und durfte bei der Leibstandarte Adolf Hitler am Balkanfeldzug teilnehmen. Unterstützt von Rauter, plädierte F. gegen den Willen Musserts dafür, die niederländischen Waffen-SS-Männer auf die Person Hitlers zu vereidigen. F. setzte sich durch. Im Beisein Musserts und Himmlers wurden am 17.5.1942 600 Freiwillige, unter ihnen F., mit folgender Schwurformel in die Waffen-SS aufgenommen: »Ich schwöre dir, Adolf Hitler, als germanischem Führer Treue und Tapferkeit! Ich gelobe dir und den von dir bestimmten Vorgesetzten Gehorsamkeit bis in den Tod! So wahr mir Gott helfe!« Von Himmler erhielt F. an diesem Tag handschriftlich beste Segenswünsche übermittelt. Anschließend diente er zusammen mit seinen Gesinnungsfreunden Petrus Johannes → Kooymans, der den Dienstgrad Oberscharführer erreichte und später Landespolizeipräsident von Limburg und Brabant wurde, und Johannes Tjapko Simon van Efferen, der zum Hauptsturmführer der Waffen-SS befördert wurde und später eine Einheit der »Nederlandsche Landwacht« führte, als Unterscharführer bei der 5. SS-Panzerdivision ›Wiking‹ am Terek an der Ostfront. Am 16.11.1942 bat Rauter den Reichsführer-SS um die Freistellung der drei oben genannten Holländer vom Frontdienst, da sie zu Hause benötigt würden. F. sei weltanschaulich allen anderen SS-Führern »turmhoch überlegen«. Himmler entsprach der Bitte und beförderte F. am 27.2.1943 zum Untersturmführer der Reserve bei der Waffen-SS und gleichzeitig zum Standartenführer der Germanischen SS. Zu Hause angekommen, stellte F. zusammen mit → Zondervan aus Mitgliedern der »Weer Afdeeling« und aus anderen »germanisch denkenden Landsleuten« die »Nederlandsche Landwacht« als neue Polizeitruppe auf. Sie diente der Bewachung kriegswichtiger Einrichtungen, wurde aber bald zum Kampf gegen den niederländischen Widerstand mobilisiert. F. führte mit ihr das Unternehmen »Silbertanne« durch. Das waren Vergeltungsmaßnahmen für die Attentate niederländischer Widerstandskommandos an Angehörigen des NSB. Im Herbst 1943 umfaßte die Landwacht (Beroepslandwachters) etwa 1300 Mann. Zu ihnen stießen etwa 9000 Mann Hulplandwachters, wenn sie aufgerufen wurden. F. war unter dem Generalinspekteur → Geelkerken einer der beiden »Inspekteure« der Landwacht.
Ein wichtiges Machtinstrument F.s waren 1943 die Zeitungen »Storm« und »Hammer«, in denen er alle Versuche Musserts, eine nationale niederländische Politik zu machen, konterkarierte. Wie Himmler und Rost van Tonningen wünschte F., daß in den Niederlanden keine andere Politik gemacht werde als im Reich und daß die Niederlande nach dem Krieg ein Teil des Großgermanischen Reiches werden würden. Von Rauter erhielt er den Auftrag, möglichst viele Männer aus der »Nederlandsche Landwacht« und der »Germaansche SS in Ne-

derland« für den »Landstorm Nederland« zu rekrutieren, dessen drei Regimenter zur militärischen Verteidigung des Landes unter der Führung der SS ausgebildet wurden.

Am 20.4.1944 wurde F. zum Obersturmführer der Waffen-SS ernannt. Am 26.11. 1944 beantragte er bei Himmler, die Führung der SS-Freiwilligenbrigade ›Landstorm Nederland‹ zu übernehmen, die die »Festung Holland« gegen die Westalliierten mitverteidigte. Himmler ernannte F. zwar zum Hauptsturmführer der Waffen-SS, lehnte aber eine Änderung der Befehlsverhältnisse ab.

Am 22.2.1945 wurde F. auf dem Weg zur 34. SS-Freiwilligendivision ›Landstorm Nederland‹, die an der Maas eingesetzt war, in seinem Auto von einem Jabo angegriffen und getötet. Die Begräbnisfeier fand am 26.2.1945 unter Anwesenheit der deutschen NS-Prominenz im Schloßpark Het Loo statt, bevor F. auf dem Heldenfriedhof Still in Groningen begraben wurde. Himmler telegraphierte an Rauter: »Über den Tod Feldmeijers sehr bedrückt. Übermitteln Sie seiner Frau meine herzliche Anteilnahme. Herrn Mussert keine Anteilnahme aussprechen. Er hat nie verstanden, was er an Feldmeijer hatte.« Den Vorschlag Rauters, der 1. Standarte der »Germaansche SS in Nederland« den Ehrennamen »Henk Feldmeijer« zu geben, lehnte er jedoch ab. Nachfolger F.s als Führer der »Germaansche SS in Nederland« wurde der SS-Hauptsturmführer → Jansonius.

Literaturhinweise:
Werner Warmbrunn: The Dutch under German Occupation, London 1963
L. de Jong: Het Koninkrijk der Nederlanden in de tweede Wereldoorlog 1939–1945, 14 Bände, 's-Gravenhage 1969 ff.
Gerhard Hirschfeld: Fremdherrschaft und Kollaboration, Stuttgart 1984

FEYTER, KAREL DE, geb. 7.4.1890 in Nukerke, hingerichtet 25.9.1945 in Saint Gilles (Brüssel), Generalsekretär des »Verbond der Vlaamse Oud-Strijders« (VOS) 1929–1944, Gründer der »Vlaamsche Wacht« 1941

Die politische Tätigkeit begann F. als Vorstandsmitglied des »Verbond der Vlaamse Oud-Strijders« (VOS), der im August 1919 unter Jozef Verduyn gegründet worden war, um die Interessen der flämischen Weltkriegsteilnehmer in der Öffentlichkeit zu vertreten. Mitte 1920 gehörten ihm bereits 20 000 Veteranen an. Wegen seiner antimilitaristischen Propaganda kam der Verband in den Ruf, unter den Flamen die Wehrdienstverweigerung zu schüren. Mit Plakaten und Flugblättern setzte sich der VOS für friedenserhaltende Maßnahmen ein. 1929 wurde F. Generalsekretär des VOS mit Sitz in Brüssel. Zu dieser Zeit umfaßte der Verband 500 Ortsgruppen. Zusammen mit dem Vorsitzenden Germain Lefever führte er mehrere Demonstrationen gegen die militärische Zusammenarbeit Belgiens mit Frankreich durch, die sich aus der belgisch-französischen Militärkonvention vom 7.9.1920 ergab. Diesen Pakt bekämpfte F. als »bloedaccoord«. Seine Appelle an eine selbständige und von Frankreich unabhängige Außenpolitik fanden auch bei vielen Frankophonen Anklang. F. stellte die pazifistische und neutralistische Politik des VOS unter das Motto: »Liever een ongemilitariseerd België dan een gemilitariseerd Vlaanderen.« 1931 sammelte der VOS mehr als 100 000 Unterschriften für die Abrüstung Belgiens. König →

Leopold III., der 1934 den Thron bestieg, machte sich die Argumente des VOS zu eigen. Als er am 14.10.1936 das Militärbündnis mit Frankreich aufkündigte, sah F. darin einen Erfolg seiner Organisation. 1935 war er an der Gründung der »Staten-Generaal der Oudstrijders« beteiligt und setzte eine allgemeine Amnestie für verurteilte flämische Patrioten durch. Der König empfing die an der Aktion Beteiligten 1937 zu einer offiziellen Audienz. Das Wochenblatt des VOS wurde unter der Leitung von F. zu einer gehaltvollen Zeitung, die auch außerhalb der Veteranenkreise gelesen wurde.

Als in Belgien die Diskussion um die umstrittene Kapitulation König Leopolds III. vom 28.5.1940 einsetzte, stellte sich F. bedingungslos hinter die Entscheidung des Monarchen. Am 30.5.1940 sandte er im Namen des VOS ein Schreiben an den König, in dem er den Monarchen aufforderte, in dem zu erwartenden neuen Europa unter Deutschlands Führung für Belgien das Maß an Unabhängigkeit zu sichern, das für die Entfaltung der flämischen Kultur nötig sei. Im Juli des gleichen Jahres sprach F. mit Henri de → Man über die politische Zukunft des Landes. Möglicherweise unter dem Einfluß beider Männer wagte Leopold III. am 19.11.1940, Hitler auf dem Obersalzberg zu besuchen.

Als im Mai 1941 unter Mitwirkung F.s die »Vlaamsche Wacht« als eine territoriale Wachtruppe zum Schutz der Industrieanlagen des Landes gegen Terroranschläge eingerichtet wurde, betraute man den VOS mit der Rekrutierung. Die Freiwilligen fanden sich zahlreich unter freigelassenen Kriegsgefangenen und den gedienten Arbeitslosen, so daß in kurzer Zeit 14 Bataillone zusammenkamen. Der Werbeerfolg veranlaßte die deutsche Militärverwaltung, die Schulung der Angehörigen der »Vlaamsche Wacht« selbst durchzuführen, bevor sie ihnen Waffen aushändigten. Über die Einmischung der Deutschen verärgert, distanzierte sich F. von dieser Angelegenheit.

Nach dem Zweiten Weltkrieg wurde F. zum Tode verurteilt, weil ihm die Aufstellung der »Vlaamsche Wacht« zur Last gelegt wurde.

Literaturhinweise:
Encyclopedie van de Vlaamse Beweging, Band 1, Utrecht 1973

FILOV, BOGDAN DIMITROV, geb. 28.3.1883 in Stara Zagora, hingerichtet am 1.2.1945 in Sofia, bulgarischer Ministerpräsident 1940–1943, Vorsitzender des Regentschaftsrates 1943–1944

Nach dem Studium der klassischen Philologie in Freiburg im Breisgau, Bonn, Rom und Paris wurde F. Professor für Archäologie an der Universität Sofia. 1920 übertrug man ihm die Leitung des Bulgarischen Archäologischen Instituts. 1929 wurde er Mitglied der Bulgarischen Akademie der Wissenschaften und 1937–1944 ihr Vorsitzender. Aufgrund seiner kunstgeschichtlichen Publikationen nahm ihn auch die Bayerische Akademie der Wissenschaften auf. In der Regierung Kjoseivanov (1935–1940) hatte er das Amt des Erziehungsministers inne. Am 16.2.1940 wurde F. von Zar Boris zum Ministerpräsidenten ernannt, um das Mißtrauen Berlins gegen die bulgarische Politik zu zerstreuen. F. war ein Vertreter der germanophilen Kreise in der bulgarischen Hauptstadt. Die alte

Waffenbrüderschaft des Ersten Weltkriegs, die Wahlverwandtschaft der »Preußen des Balkans« mit den Deutschen und der Haß auf die Sieger des Jahres 1918 legten die politische Annäherung der beiden Staaten nahe. Den Abschluß des sogenannten Hitler-Stalin-Paktes vom 23.8.1939 würdigte er während seines Aufenthalts in Deutschland Ende August positiv, während die Regierung in Sofia sich offizieller Stellungnahmen enthielt. Die deutschen Kriegsmateriallieferungen, die »mit ganz besonderem, ausnahmsweisem Entgegenkommen« durchgeführt wurden, wurden ab Winter 1939/40 verstärkt. Der Industriegüterexport verlief in geregelten Bahnen. Etwa 65% des Außenhandels wickelte Bulgarien mit dem Reich ab. Die englische Konkurrenz wurde abgehalten. Obwohl F. in seiner Regierungserklärung die Fortsetzung der bulgarischen Neutralitätspolitik zur Erhaltung des Friedens auf dem Balkan versprochen hatte, bemächtigte sich Bulgarien im Rahmen des 2. Wiener Schiedsspruchs durch den Vertrag von Craiova vom 7.9.1940 der Süddobrudscha und zeigte damit eine wachsende Abhängigkeit von den Achsenmächten. Im November 1940 initiierte F. nach dem Muster der Nürnberger Gesetze Maßnahmen gegen die bulgarischen Juden. Die Deportation von 20 000 aus der Hauptstadt in die Provinz abgeschobenen Juden unterblieb nur wegen des Widerstandes des Zaren Boris. In der Öffentlichkeit stieß das »Gesetz zum Schutz der Nation« auf Unverständnis, da die Juden, insgesamt etwa 50 000, bisher nicht durch exponierte berufliche Stellungen Anlaß für antisemitische Maßnahmen gegeben hatten. Das bulgarische Feindbild waren die Türken und Griechen. Die im gleichen Gesetz enthaltene Anprangerung des Freimaurertums durch die offizielle bulgarische Politik wirkte peinlich, da mehrere Kabinettsmitglieder einschließlich des Ministerpräsidenten Logen angehörten. Die bis Ende 1940 verlangte Selbstauflösung aller Freimaurerlogen fand nie statt. Der deutsche Sicherheitsdienst wußte das.

Die Bemühungen F.s um eine ausgewogene Außenpolitik ließen sich nicht lange durchhalten. Zwar lehnte er im Oktober 1940 Mussolinis Angebot, sich am Krieg gegen Griechenland zu beteiligen, aus Angst vor der türkischen Reaktion und im November 1940 das Angebot Molotows zu einem Beistandspakt ab, aber wenig später schlug er sich auf die deutsche Seite. Um deutsche Truppen zum Krieg gegen Griechenland auf bulgarischem Boden stationieren zu dürfen, versprachen Hitler und Ribbentrop dem bulgarischen Premier am 4.1.1941 den Zugang zur Ägäis. Nach mehrfachen Unterredungen mit Hitler unterzeichnete F. am 1.3.1941 den Dreimächtepakt, um dem am folgenden Tag beginnenden Durchmarsch deutscher Truppen eine vertragliche Grundlage zu geben. Darauf brach Großbritannien die diplomatischen Beziehungen ab. Wenige Tage nach dem Beginn des Krieges gegen Jugoslawien und Griechenland besetzten bulgarische Truppen Ostmazedonien in Jugoslawien und thrakische Landstriche in Griechenland. Ein Grenzstreifen von 2800 qkm an der türkischen Grenze blieb ausgespart. Neubulgarien schien geboren. Um Fakten für das Kriegsende zu schaffen, befahl F. die Bulgarisierung der besetzten Gebiete. Die Einwanderung wurde forciert. In zwei Jahren kamen 122 000 Bulgaren in die neuen Gebiete. Im September 1941 ließ F. einen Aufstand der Griechen, die sich dagegen wehrten, niederschlagen. Etwa 5000 Personen wurden liquidiert. Im Juni 1942 erließ F. ein Gesetz, das die grie-

Filov in Begleitung von Reichsaußenminister Ribbentrop auf dem Bahnhof Salzburg

chischen und jugoslawischen Einwohner zur Option für die bulgarische Staatsbürgerschaft oder zur Auswanderung aus den besetzten Gebieten zwang. Auf deutschen Druck mußte es Ende des Jahres ausgesetzt werden, weil die Flüchtlingsströme nicht zu bewältigen waren. Die bulgarischen Versuche, sich in den Besitz der Stadt Saloniki zu setzen, wurden gleichfalls von den Deutschen zum Scheitern gebracht. Wegen der eklatanten bulgarischen Übergriffe wandte sich sowohl der deutsche Militärbefehlshaber Südgriechenland, General der Flieger Speidel, als auch der Bevollmächtigte des Reiches für Griechenland, Gesandter Günther Altenburg, an ihre vorgesetzten Dienststellen mit der Bitte um Einschreiten. Als die Bulgaren im Juli 1943 wegen des Abzugs deutscher Truppen das Gebiet zwischen Axios und Vardar besetzten durften, bekamen die Partisanenbewegungen solchen Auftrieb, daß die Deutschen eingreifen mußten.

Am 28.11.1941 unterzeichnete F. den Antikominternpakt, ohne daß die diplomatischen Beziehungen zur Sowjetunion abgebrochen wurden. Am Ostfeldzug nahmen keine bulgarischen Verbände teil. Nach der Ermordung mehrerer bulgarischer Politiker, unter ihnen General Lukov, der den Kriegseintritt befürwortet hatte, ging die Regierung gegen die kommunistische Untergrundorganisation und gegen die Juden im Land vor. Ab Herbst 1942 mußten alle Juden wie in Deutschland einen gelben Davidstern tragen. Ihre Beschäftigung war Einschränkungen unterworfen. Zur Bekämpfung der kommunistischen Partisanen wurde im Januar 1943 die »Staatsgendarmerie« gegründet und mit schweren Waffen ausgerüstet.

Die schlechte Stimmung in der Bevölkerung versuchte F. im Sommer 1943 durch die Gründung eines »Bulgarischen Nationalverbandes« als Ersatz für die 1935

verbotenen Parteien aufzufangen. Als Zar Boris am 28.8.1943 starb, übernahm F. den Vorsitz im Regentschaftsrat für den minderjährigen Zarensohn Simeon II. Sein Nachfolger als Ministerpräsident wurde der bisherige Handelsminister Dobri Božilov. Die Kontakte zu Hitler pflegte weiterhin F. selbst. Als die Regierung nach der Kapitulation Rumäniens mit den Westmächten Frieden schließen wollte, ohne die Russen einzubeziehen, sah die UdSSR darin ein Komplott der Bulgaren mit den kapitalistischen Westmächten und erklärte am 5.9.1944 den Krieg. Obwohl schon tags darauf die Bulgaren eine Kriegserklärung an Deutschland herausgaben und F. der Armee jeden Widerstand gegen die Rote Armee verbot, marschierte diese am 9.9.1944 als Sieger in Sofia ein. Ein Staatsstreich entmachtete den Regentschaftsrat. Die am 9.9.1944 unter Kimon Georgiev aufgestellte Regierung der »Vaterländischen Front« bekräftigte die Kriegserklärung an Deutschland. 130 000 bulgarische Soldaten marschierten mit der Roten Armee durch Jugoslawien und Ungarn nach Österreich. 30 000 kamen um.
Die Mitglieder der Regierung F. wurden in die Sowjetunion verbracht und dort verhört. Dann wurden sie den bulgarischen Volksgerichten zur Aburteilung übergeben. Die Massenhinrichtung am 2.2.1945 umfaßte neben F. zwei Dutzend Minister und 68 Parlamentsabgeordnete.

Literaturhinweise:
Hans-Joachim Hoppe: Bulgarien – Hitlers eigenwilliger Verbündeter, Stuttgart 1979
Stephane Groueff: Crown of Thorns, Lanham u. a. 1987

Fischer, Theodor, geb. 16.6.1895 in Zürich, gest. 16.7.1957 in Zollikon (Zürich), Führer des »Bundes Nationalsozialistischer Eidgenossen« (BNSE) 1931–1935

Der überzeugte Hitleranhänger F. war ein aus Deutschland in die Schweiz eingewanderter Architekt. 1931 gründete er den »Bund Nationalsozialistischer Eidgenossen« (BNSE), der auch unter dem Namen »Nationalsozialistische Eidgenössische Arbeiterpartei« (NSEAP) firmierte. Als Kampfblatt der Bewegung gab H. die Schrift »Der Eidgenosse«, geschmückt mit einem Hakenkreuz auf der Titelseite, heraus. Die Attraktivität des BNSE blieb gering. F. kommentierte den mangelnden Zulauf in der »Neuen Schweizer Rundschau« 1933 mit den Worten: »Ende 1931 ließen wir die erste Folge unseres Kampfblattes ›Der Eidgenosse‹ in Form eines Aufrufes erscheinen, in der Hoffnung, im schweizerischen Blätterwald einen Widerhall zu finden; aber nichts rührte sich. Zu Tausenden verteilten wir unseren Aufruf, und zwar auf alle möglichen Arten: der Erfolg war gleich null. Am 16. Juli 1932 meldete sich unsere Bewegung beim hohen Bundesrat an mit dem bescheidenen Erfolg, daß wir endlich einmal in der gesamten Presse erwähnt wurden. Dann aber wurde es wieder still um uns.«
Zu den Grundprinzipien des BNSE gehörten Antisemitismus und Antiparlamentarismus. Im Gegensatz zur »Neuen Front« war er völlig unakademisch, und im Unterschied zur »Nationalen Front« war er germanophil. Am 14.5.1933 sprach F. beim Ersten Gautag der »Katholischen Front« in St. Gallen und dokumentierte damit die Affinität der beiden Vereinigungen.
Als Hitler am 31.7.1932 als Redner in Radolfzell auftrat, wo etwa 5000 schwei-

zerische Zuhörer anwesend waren, ergriff F. das Wort, um seine Bewegung bekannt zu machen. Er schrieb darüber: »Sofort erkannte ich, daß ich diese nie wiederkehrende Gelegenheit propagandistisch ausnutzen mußte, um endlich Auftrieb zu bekommen. Dabei war es mir höchst gleichgültig, wie die Presse mein Auftreten aufnehmen würde, wenn nur geschrieben würde.« In seinem Redebeitrag bekannte er sich zur NSDAP und zu Hitler, den »Führer der hehren Freiheitsbewegung des germanischen und deutschen Volkes«. Ob die Schweiz, die sich rassisch und seelisch mit Deutschland identifiziere, fortbestehen werde, sei vom Sieg des Nationalsozialismus in Deutschland abhängig. F. forderte die Eidgenossen auf, an dem gemeinsamen Schicksalskampf um die Erhaltung der deutschen Art und Seele teilzunehmen. Nur in geschlossenen Reihen sei »dem volkszersetzenden Liberalismus, Marxismus und Bolschewismus eine kraftvolle aufbauende Idee entgegenzuwerfen«. Auf einer Kundgebung in Freiburg/Breisgau, an der F. teilnahm, setzte er die Huldigung für Hitler fort: »Deutsche, seid stets dankbar, daß uns eine Mutter jenen deutschen Helden Adolf Hitler geboren hat, der uns alle aus unserer großen Seelennot befreien wird!«

Der »Zukunftsstaat«, den F. anstrebte, sollte die »germanisch-nationalsozialistische Demokratie« unter autoritärer Führung sein. Vom Parlamentarismus hielt er nichts. In »Der Eidgenosse« schrieb er: »Es ist ein Verbrechen, ein System wie das der parlamentarischen Demokratie zu schützen.« Die Schweiz bezeichnete er als Vasallenstaat Frankreichs unter jüdischem Protektorat.

Die wenigen Ortsgruppen des BNSE lösten sich zum größten Teil bereits 1933 auf. Die Luzerner Ortsgruppe unter Wolf Wirz trat geschlossen zur »Nationalen Front« über, gefolgt von Teilen der Zürcher, Berner und Aargauer Sektion. 1934 stellte »Der Eidgenosse« sein Erscheinen ein. Aus diesem Jahr stammt der Schlachtruf F.s: »Arier aller Länder vereinigt Euch!« Der öffentliche Protest gegen F.s Äußerung war groß. In der Presse wurde er diskreditiert. Sein Versuch, dagegen gerichtlich vorzugehen, endete mit einem Freispruch seiner Gegner. Auch der Hauptschriftsteller des »Eidgenossen«, Wolf Wirz, der den Pangermanismus propagierte und sich dafür den Vorwurf des Landesverrats einhandelte, scheiterte vor Gericht. Ebenso wie → Zander war F. in die Affäre um die »Protokolle der Weisen von Zion« verwickelt. Wegen der Verbreitung dieses judenfeindlichen Traktats wurde F. 1935 nach der Verabschiedung eines entsprechenden Gesetzes gerichtlich belangt. Die formelle Anklage lautete auf den Verkauf von Schundliteratur. Sie war von zwei israelitischen Institutionen angestrengt worden. Ziel des Berner Prozesses war es, den aufkommenden Antisemitismus in der Schweiz einzudämmen. Die Fälschung wurde gerichtlich bestätigt und F. in erster Instanz zu einer Geldbuße verurteilt. Er mußte die Kosten des aufwendigen Verfahrens tragen.

1935 liquidierte F. seine Bewegung und trat mit den übrig gebliebenen Mitgliedern zum »Volksbund« Ernst → Leonhardts über, der sich von da an »Nationalsozialistische Schweizerische Arbeiterpartei« (NSSAP) nannte.

Literaturhinweise:

Alice Meyer: Anpassung oder Widerstand. Die Schweiz zur Zeit des deutschen Nationalsozialismus, Frauenfeld 1966

Beat Glaus: Die Nationale Front. Eine Schweizer faschistische Bewegung 1930–1940, Zürich u. a. 1969
Walter Wolf: Faschismus in der Schweiz. Die Geschichte der Frontenbewegungen in der deutschen Schweiz 1930–1945, Zürich 1969
Walter Rüthemann: Volksbund und SGAD. Nationalsozialistische Schweizerische Arbeiterpartei. Schweizerische Gesellschaft der Freunde einer autoritären Demokratie. Ein Beitrag zur Geschichte der politischen Erneuerungsbewegungen in der Schweiz 1933–1944, Diss. Zürich 1979

FONTENOY JEAN, geb. 21.3.1899 in Fontainbleau (Seine-et-Marne), gefallen im April 1945 in Berlin, französischer Journalist und Schriftsteller, Führungsmitglied des »Rassemblement National Populaire« (RNP) 1938–1941, Mitbegründer des »Mouvement Sociale Révolutionnaire« (MSR) 1941, Freiwilliger der »Légion des Volontaires Français contre le bolchevisme« 1941–1945

Nach dem Besuch der Ecole des langues orientales arbeitete F. als Journalist. Er war Mitglied der Kommunistischen Partei. Als Korrespondent der Agentur Havas in Moskau und China gründete er das »Journal de Shangai«. Als er 1936 von der Regierung Léon Blum nach Paris zurückbeordert wurde, war er so vom Kommunismus desillusioniert, daß er die Partei verließ und sich der der »Parti Populaire Français« (PPF) anschloß, die Jacques → Doriot im gleichen Jahr gegründet hatte. Schon beim 2. Kongreß der Partei wurde er 1938 Mitglied des Nationalrats. F. war Mitarbeiter der Parteizeitung »L'Emancipation nationale« und der Tageszeitung »La Liberté«. 1938 war er kurzzeitig Direktor der Presseagentur Fournier. Seine polemischen antikommunistischen und antijüdischen Artikel erschienen in »Je suis partout« und »L'Insurgé«. In seinen Erlebnisberichten »L'Ecole du renégat (1936), »Cloud, ou le communiste à la page« (1937) und »Changäi secret« (1938) präsentierte er sich als romantischer Vagabund. 1939 nahm er als Freiwilliger auf finnischer Seite am Winterkrieg gegen die Sowjetunion teil, von wo er im Frühjahr 1940 mit Erfrierungen nach Hause zurückkehrte.
Nach der französischen Kapitulation stellte sich F. am 8.7.1940 der Regierung in Vichy zur Verfügung. Er zählte zu den »nouveaux messieurs«, die sich dem neuen Staat andienten. In Paris gab er die Wochenzeitschrift »La vie nationale« heraus, die sich als »organe d'émancipation populaire française« ausgab und im Parteigebäude der PPF, 10, rue des pyramides, untergebracht war. Er stellte zahlreiche inoffizielle Kontakte zwischen dem deutschen Botschafter in Paris, Otto Abetz, und dem französischen Regierungschef in Vichy, Pierre → Laval, her. Beide Politiker waren ihm persönlich verbunden. Von den drei Journalisten, die sich um ein guten Verhältnis zwischen Laval und Abetz bemühten, nämlich Jean → Luchaire, Fernand de → Brinon und F., war er der einzige, der keinen persönlichen Vorteil aus seinem Engagement zog. Nach der Rückkehr Doriots nach Paris wurde F.s Zeitung »La vie nationale« eingestellt. Die Zusammenarbeit fand ein abruptes Ende, weil Doriot fürchtete, die von F. bewirkte Allianz zwischen Abetz und Laval könnte seiner Partei abträglich sein.
Nach dem Zerwürfnis mit Doriot gründete F. Ende 1940 zusammen mit Eugène → Deloncle das »Mouvement Sociale Revolutionnaire« (MSR), dessen Propa-

ganda er übernahm, und die »Agence française d'information de presse« (AFIP), die an die französischen Zeitungen der besetzten Zone die Nachrichten des »Deutschen Nachrichtenbüros« (DNB) weitergab. Zum Ärger Doriots gab F. neben den Parteischriften »Rassemblement« und »Révolution nationale« die Zeitschrift »Lectures 40« heraus, die vierzehntägig erschien und für die sogar der Parteisponsor Eugène Schueller, Magnat von L'Oréal parfums, eine Artikelserie schrieb. Zusammen mit Vanor, Deloncle, → Déat und Goy war F. ab Februar 1941 eines der fünf Mitglieder des Direktoriums des RNP. Bereits im Herbst 1941 verließ er gleichzeitig mit Deloncle die Partei, in der Marcel Déat den Ton angab. Ein dreiviertel Jahr lang war er Direktor der Zeitschrift »La Révolution nationale«. Er veröffentlichte einige Berichte über die »Légion des Volontaires Français contre le bolchevisme« von der Ostfront. Als er ausschied, schrieb Lucien Combelle am 27.6.1942 den Nachruf »Adieu à Jean Fontenoy«. Während der deutschen Besatzungszeit überquerte F. häufig illegal die Grenze zwischen der zone libre und der zone occupée mit diversen Aufträgen. Er war als Trinker und Morphinist bekannt und wurde von seinen Feinden als »gangster intellectuel« bezeichnet, während ihn seine Freunde einen »mediéval chevalier« nannten. Nach dem Tod seiner Frau, der bekannten Schauspielerin Madelaine Charnaux, unternahm er zwei Selbstmordversuche. Über die Aufgaben, die F. nach seinem Weggang von der Redaktion der Zeitschift »La Révolution nationale« ab Mitte 1942 in Deutschland wahrnahm, ist nichts bekannt. Man vermutet, daß er in Berlin die Interessen der LVF wahrnahm und ihr schließlich beitrat. Im Dezember 1943 kam er als Generaldirektor des »Office Français d'Infomation« nach Paris zurück. 1944 schrieb er mehrere Artikel für »Combats«, die Zeitschrift der »Milice française«. Nach der Flucht nach Deutschland vor den westalliierten Truppen trat er in die 33. Waffengrenadierdivision der SS ›Charlemagne‹ ein und fiel in den letzten Tagen des Krieges bei den Straßenkämpfen in Berlin.

Literaturhinweise:
Pascal Ory: Les collaborateurs 1940–1945, Paris 1976
Bertram M. Gordon: Collaborationism in France during the Second World War, Ithaca u. a. 1980
Saint-Loup (Pseud. für Marc Augier): Les volontaires, Paris 1986

FRANÇOIS, JOZEF ALFONS MARIE, genannt Jef, geb. 22.5.1901 in Gent, 1995 in Gent lebend, Leiter des »Verbond van Dietsche Nationaalsolidaristen« (VERDINASO) 1941, Freiwilliger der »Vlaamsche Legioen« 1941, Obersturmführer der Waffen-SS

F. war Seemann. Im Ersten Weltkrieg schloß er sich der Gruppe »Jong Vlaanderen« an, die unter der Leitung von Jan Wannyn in Gent für die Anerkennung der flämischen Sprache und für die Autonomie Flanderns kämpften. 1919–1929 war er Mitglied der »Frontpartij«, die nach dem Ersten Weltkrieg unter der Leitung von Hendrik → Borginon, Adiel Debeuckelaere und Hermann van Puymbrouck gegründet worden war, um im Parlament für die Gleichberechtigung der Flamen mit den Wallonen zu kämpfen. Anschließend wurde er Sekretär des

»Vlaamsch National Verbond« (VNV), den Wies → Moens nach seiner Wahlniederlage in Gent 1929 gründete. 1932 überführten sie ihre Partei, die außerhalb von Gent-Eeklo und Dendermonde unbekannt war, in den ein Jahr zuvor von Joris van → Severen gegründeten »Verbond van Dietsche Nationaalsolidaristen« (VERDINASO), wo F. das Kommando über die VERDINASO-Miliz »Dinaso Militanten-Orde« erhielt, die aus Studenten, Arbeitern und Bauern bestand und für die Errichtung des »Dietschen Reiches«, d. h. den Zusammenschluß von Flamen und Niederländern unter Preisgabe des belgischen Staatsverbands, eintrat. Vorbild war das Reich Karls des Kühnen im 15. Jahrhundert, das sich damals bis nach Dijon erstreckte. Im Mai 1938 übernahm er die Redaktion der Ordenszeitschrift »Recht en Trouw« und begründete mit Wies → Moens die Parteizeitung »De Vlag«.
1941 wurde F. zum Nachfolger von Emiel Thiers bestimmt, der nach der Ermordung von van Severen den Verband ein Jahr lang geleitet hatte. Am 5.5.1941 unterzeichnete F. im Namen von VERDINASO das Fusionsabkommen mit dem »Vlaamsch Nationaal Verbond«, den Staf de → Clercq als flämische Einheitspartei 1933 ins Leben gerufen hatte. Er übernahm das Kommando über die vereinigten Milizen. Als sich in den folgenden Wochen zahlreiche Milizionäre freiwillig zum Dienst in der Waffen-SS meldeten, entschloß sich F. als ihr Führer im August 1941 ebenfalls zum Beitritt in die »Vlaamsche Legioen«, um an der Ostfront für die Sache Europas zu kämpfen. Die Legion kam im Rahmen der 11. SS-Freiwilligenpanzergrenadierdivision Nordland zum Einsatz. Ende 1943 wechselte F. als SS-Obersturmführer zur SS-Freiwilligensturmbrigade Langemark, die am Kriegsende zur 27. SS-Freiwilligengrenadierdivision Langemark umgewandelt wurde, obwohl sie die Brigadestärke nur wenig überschritt.
Als F. nach dem Zweiten Weltkrieg aus der Gefangenschaft nach Belgien zurückkehrte, wurde er vor Gericht gestellt und als Landesverräter zum Tode verurteilt. Das Urteil wurde nicht vollstreckt, so daß er 1952 unter Auflagen aus der Haft entlassen werden konnte. In den folgenden Jahren organisierte er die Treffen der ehemaligen flämischen Waffen-SS-Angehörigen und veröffentlichte mehrere Artikel in ihrer Zeitschrift »Berkenkruis«. Außerdem betätigte er sich im »Vlaams Militanten Ordre« auf der rechten Seite des belgischen Vereinsspektrums.

Literaturhinweise:
Arie Wolter Willemsen: Het Vlaams-Nationalisme. De geschiedenis van den jaren 1914–1940, Utrecht 1969
Encyclopedie van de Vlaamse Beweging, Band 1, Utrecht 1973
Saint-Loup (Pseud. für Marc Augier): Le SS de la Toison d'Or, Paris 1975

FRASHERI, MEHDI BEY, geb. 15.2.1872 in Frasheri, gest. 25.5.1963 in Rom, albanischer Ministerpräsident 1935–1936, Vorsitzender des albanischen Staatsrates 1943–1944

F. entstammte einer reichen Gutsbesitzersfamilie in der Umgebung von Konitsa, deren Vorfahren in der osmanischen Geschichte eine große Rolle gespielt hatten. Sein Vater war 1879 von griechischen Nationalisten ermordet worden. Nach dem Besuch der höheren Mittelschule in Bitolj in Mazedonien, des Gymnasiums in Janina und des Lyzeums von Monastir studierte F. bis 1897 in Istanbul Politik und Staatswissenschaften. In der Folgezeit bekleidete er verschiedene Posten in der osmanischen Provinzialverwaltung, z. B. als Unterpräfekt in mehreren Provinzen der europäischen Türkei und als Sandschak-Präfekt in Samsun. 1911 wurde er Bey von Jerusalem und Gouverneur von Palästina, 1912 Unterkommissar der Türkei in Ägypten. Nach der albanischen Unabhängigkeitserklärung 1912 übernahm F. den Posten eines Präfekten von Berat. Als Fürst Wilhelm zu Wied im September 1914 Albanien verließ, begab sich F., der vor dem Ersten Weltkrieg als Vertreter der albanischen Regierung bei der Internationalen Kontrollkommission für Albanien gearbeitet hatte, zu seinem Vetter nach Lausanne. 1915 wollte er über Italien nach Albanien zurückkehren, wurde aber in Bari an der Ausreise gehindert. Die Kriegsjahre verbrachte er in Demetrio Corone in Kalabrien. Nach dem Ende des Ersten Weltkrieges gehörte F. zu den politischen Gruppen, die eine stärkere Anlehnung Albaniens an Italien befürworteten. Als albanischer Außenminister vertrat er das Land bei den Pariser Friedenskonferenzen nach dem Ersten Weltkrieg. 1921 ernannte ihn der Regentschaftsrat zum albanischen Innenminister. 1923 war er Mitglied der internationalen Kommission, die die Grenzen Albaniens gegenüber Jugoslawien und Griechenland festlegte. 1926–1929 vertrat F. Albanien beim Völkerbund in Genf. Er trat für die Teilung Palästinas in eine jüdische und eine arabische Zone ein und plädierte für die Aufnahme Deutschlands in den Völkerbund. 1929–1935 fungierte er mit Unterbrechungen als Vorsitzender des Staatsrats in Tirana. Am 21.10.1935 vom König zum albanischen Ministerpräsidenten berufen, wurde er wegen seiner liberalen Politik und seiner Zurückhaltung gegenüber den innenpolitischen Gegnern am 7.11.1936 abberufen. Während der einjährigen Regierungstätigkeit war es ihm immerhin gelungen, eine Reihe fortschrittlicher Programme durchzusetzen: Verwaltungsreform, Gendarmerieumbildung, Budgetsanierung, Kontrolle des Außenhandels, Presse- und Koalitionsfreiheit. In einem Abkommen mit Italien vom 19.3.1936 wurde die wirtschaftliche Zusammenarbeit intensiviert. Der seit drei Jahren schwelende Schulkonflikt mit Griechen und Katholiken wurde beendet. Mit Hafen-, Straßen- und Brückenbauten bekämpfte er die Arbeitslosigkeit.

Als die Italiener im April 1939 Albanien besetzten, war F. ohne politisches Amt. Nachdem die italienischen Truppen und Beamten im September 1943 nach dem Wechsel auf die Seite der Alliierten das Land verlassen hatten und deutsche Truppen nachrückten, erklärte sich F. am 20.10.1943 bereit, den Vorsitz des vierköpfigen albanischen Regentschaftsrates zu übernehmen. Er betrieb die Einsetzung einer albanischen Regierung unter Mitrovica und förderte die Aufstellung einer albanischen Verteidigungsarmee gegen die Partisanen. Während Innenminister Deva, gegen den am 3.2.1944 ein kommunistisches Attentat fehlschlug, eine deutschfreundliche Linie vertrat, warf F. den Deutschen vor, ihre Versprechungen nicht zu halten. Weder stünden den Zahlungen der Albaner für die Wehrmacht in Höhe von 60 Millionen albanischen Franken entsprechende wirtschaftliche Gegenleistungen gegenüber, noch seien die Deutschen in der Lage, das Staatsterritorium gegen die Partisanen abzuschirmen. Zwischen den ver-

schiedenen antikommunistischen Gesinnungsgruppen konnte F. kein Einvernehmen herstellen, so daß die Partisanenbewegung immer größeren Einfluß bekam. Das Abkommen, das F. mit dem deutschen Sonderbevollmächtigten für den Südosten, Gesandter Hermann Neubacher, über die »relative Neutralität« Albaniens aushandelte, blieb ohne Wirkung. Die Aufstellung einer albanischen Truppe mit der Bezeichnung 21.Waffengebirgsdivision der SS ›Skanderbeg‹ ab April 1944 wurde sechs Monate später aufgegeben, weil die Einberufenen nach der Einkleidung über die Berge verschwanden und die Waffen mitnahmen. Am 17.11.1944 räumten die letzten deutschen Soldaten Tirana.
Nach der kommunistischen Machtergreifung verließ F. Albanien und lebte bis zu seinem Tod in Italien. In der Emigration befaßte er sich wie in der amtslosen Zeit 1939–1943 vorwiegend mit historischen Themen. Unter anderem schrieb er eine Geschichte Albaniens.

Literaturhinweise:
Biographisches Lexikon zur Geschichte Südosteuropas, Band 1, München 1974
Hans Werner Neulen: An deutscher Seite. Internationale Freiwillige von Wehrmacht und Waffen-SS, München 1985

FUGLESANG, ROLF JÖRGEN,

geb. 31.1.1909 in Drammen, gest. 25.11.1988 in Oslo, Generalsekretär der »Nasjonal Samling« ab 1934, Leiter des Sekretariats des norwegischen Staatsrates 1940–1942, Parteiminister 1942, Minister für Kultur und Volksaufklärung 1942–1945

Unter dem Eindruck einer Wahlkampfrede → Quislings am 24.10. 1932 in der Konservativen Studentenvereinigung schloß sich der Jurastudent F. der »Nasjonal Samling« (NS) an. Nach seinem Examen übernahm er 1934 den Posten des Generalsekretärs der Partei. In dieser Funktion konnte er seine Berufskenntnisse als Prozeßbevollmächtigter von Parteimitgliedern einbringen. Der 1935 in der Partei heiß diskutierten Judenfrage stand er gleichgültig gegenüber. Er sah keinen Grund, den deutschen Antisemitismus zu übernehmen, da es in Norwegen kein jüdisches Bevölkerungsproblem gab. Intensivere Kontakte der NS zur deutschen NSDAP hielt er um der Selbständigkeit der NS willen für überflüssig. Auf dem Nürnberger Parteitag 1934 übermittelte er eine entsprechende Botschaft der Parteiführung. Nach der Wahlniederlage der NS im Oktober 1936 wurde F. Gau-

leiter in Oslo. Er hatte damit die beiden wichtigsten Organisationsämter der NS in der Hand und erstrebte eine zentrale Ausrichtung aller Parteidienststellen zur Durchsetzung der absoluten Führerstellung Quislings. Darauf verließ sein erklärter Gegner Johan Berhard Hjort, der als Stellvertreter Quislings und als Führer des Rikshird zur Erstarkung der NS eine Dezentralisierung der Parteileitung gefordert hatte, mit 300 weiteren Mitgliedern am 8.2.1937 die NS. Da die Partei in großen finanziellen Nöten war und ihre hauptberuflichen Funktionäre nicht bezahlen konnte, mußte F. im Nebenerwerb Konfektverkäufer werden. Als sich die Partei 1939 erholt hatte, wurde F. von Quisling nach Schweden geschickt, um den Kontakt zu den dortigen faschistischen Gruppen, insbesondere zur »Svensk Socialistisk Samling« des Sven Olof → Lindholm, zu verstärken. Die Annäherungsversuche der skandinavischen Rechtsparteien wurden von deutscher Seite mit Interesse beobachtet. Im August 1939 verbrachte eine Delegation der NS unter der Leitung F.s eine Woche im NSDAP-Schulungszentrum in Berlin.
Nach der norwegischen Kapitulation gegenüber den deutschen Truppen am 9.6.1940 wurde F. vom deutschen Reichsstatthalter in Norwegen, Joseph Terboven, am 25.9.1940 mit der Leitung des Sekretariats des norwegischen Staatsrates (kommissarisk riksråd), der als Verwaltungsorgan ministerielle Funktionen wahrnahm, beauftragt. Er nahm die Aufgaben zwei Jahre bis 25.10.1942 wahr. Am 1.2.1942, als Quisling von den Deutschen zum Regierungschef des Landes ernannt wurde, übernahm F. das Amt des »Parteiministers«, um Quisling in der Parteileitung zu entlasten und seine Führungsansprüche durchzusetzen. F. hatte in allen Gremien der NS Anhänger, besonders im Jugendverband NSFU und im Rikshird. Nach dem Tod → Lundes übernahm er Ende 1942 das Ministerium für Kultur- und Volksaufklärung (Kultur- og Folkeopplysningsdepartement), das er bis zum Kriegsende leitete. Im Einvernehmen mit → Hagelin bemühte er sich, gegenüber den deutschen Besatzern die norwegischen Interessen soweit wie möglich zu vertreten. Er verweigerte z. B. den Abtansport prähistorischer Denkmäler aus Norwegen nach Deutschland und verwehrte deutschen Kapitalgebern den Zugriff auf den norwegischen Rundfunk. Den ersten norwegischen Kulturrat berief er im August 1943 nur widerwillig ein, weil er fürchtete, das Gremium könne gegenüber den deutschen Wünschen zu willfährig sein. Obwohl er in der Partei und bei Quisling eine feste Stellung hatte, setzte er sich nicht für Hagelin ein, als dieser 1944 entmachtet wurde.
Am 2.10.1945 wurde F. vor dem Oberlandesgericht in Eidsiva wegen Hochverrats angeklagt. Das Urteil vom 29.6.1946 lautete auf lebenslange Zwangsarbeit, Verlust der Bürgerrechte auf 10 Jahre und Beschlagnahme von 160 000 Norwegischen Kronen.

Literaturhinweise:
Odd Melsom: Fra kirke- og kulturkampen under okkupasjonen, Oslo 1980
Knut Heidar: Norske politiske fakta, Oslo u. a. 1983
Peter F. Schmitt: Widerstand zwischen den Zeilen? Faschistische Okkupation und Presselenkung in Norwegen 1940 bis 1945, Köln 1985
Öystein Sorensen: Hitler eller Quisling, Cappelen 1989
Hans Fredrik Dahl: Vidkun Quisling – en förer blir til, Oslo 1991
Hans Fredrik Dahl: Vidkun Quisling – en förer for fall, Oslo 1992

G

EL-GAILANI, RASCHID ALI, geb. 1893 in Bagdad, gest. 28.8.1965 in Beirut, irakischer Politiker, Ministerpräsident des Irak 1940 und 1941, arabischer Propagandist in Berlin und Rom 1941–1945

G. stammte aus einer alten und angesehenen Familie des Irak. Nach dem Jurastudium schaltete er sich als Rechtsanwalt in die Politik seines Landes ein, um es zu einem modernen und souveränen Staat zu machen. Im Frieden von Sèvres mit der Türkei am 10.8.1920 war nach dem Ersten Weltkrieg das britische Mandatsgebiet Irak geschaffen worden, dessen Grenzen erst nach jahrelangen Auseinandersetzungen mit den Anrainern festgelegt werden konnten. Nach der Verfassung vom 10.7.1924 war der Irak eine konstitutionelle Monarchie. Mit der Aufnahme in den Völkerbund am 3.10.1932 wurde er zu einem scheinbar souveränen Staat, dessen Bindungen an die Mandatsmacht durch Staatsverträge geregelt waren. Deshalb brauchte die Regierung in Bagdad 1939 der britischen Kriegserklärung an Deutschland nicht zu folgen; sie unterbrach lediglich die diplomatischen Beziehungen. Die Abhängigkeiten des Irak von Großbritannien zeigten sich vor allem auf wirtschaftlichem Gebiet, insbesondere in der Ölproduktion. Der Irak wurde mit 20 Prozent der Fördereinnahmen abgespeist.
Nachdem sich G. auch durch juristische Facharbeiten einen Namen gemacht hatte, wurde er als Richter an den Obersten irakischen Gerichtshof berufen und 1924 kurzfristig Justizminister. Er setzte die mesopotamische Staatsbürgerschaft durch. Als Mitbegründer der »Nationalen Volkspartei« und als Deputierter von Bagdad wurde er Präsident des ersten gewählten Parlaments des Irak. Im November 1926 übernahm er das Innenministerium. Aus Protest gegen das britisch-irakische Bündnis vom 20.12.1928 trat er zurück und brachte damit das Kabinett zu Fall.
Die Gegner der Mandatspolitik und der Monarchie sammelten sich in der 1930 konstituierten »Vaterländischen Bruderschaft«, deren Führung G. 1937 gleichzeitig mit dem Vorsitz der Ikha-Partei übernahm. Er entwickelte sie zu einem politischen Forum junger Intellektueller, die den arabischen Nationalismus pflegten und zur Revision der Verträge mit Großbritannien, zur Ablösung der Fremdbestimmung und zur Einheit der Nationen des arabischen Raums entschlossen waren. Hilfe erhofften sie nach dem Vorbild Saudisch Arabiens bei den faschistischen Staaten. Auf Einladung der in Bagdad arbeitenden Dienststelle der Auslandsorganisation der NSDAP nahm eine Abordnung der »Vaterländischen Bruderschaft« am »Reichsparteitag Großdeutschland« 1938 in Nürnberg teil.
Am 31.3.1940 wurde G. Ministerpräsident des Irak. Er weigerte sich, der britischen Aufforderung nachzukommen, die diplomatischen Beziehungen zu Italien abzubrechen, als dieses am 10.6.1940 in den Krieg eintrat. Die französische Niederlage im Juni 1940 förderte in vielen englischen und französischen Kolonien und Mandaten, nicht nur im Irak, die Hoffnung auf Befreiung. In Bagdad konstituierte sich ein »Komitee für die Zusammenarbeit zwischen den arabischen Ländern« aus führenden Persönlichkeiten der arabischen Welt unter dem Vorsitz

Begrüßung Raschids el-Gailani durch Hitler und Ribbentrop am 19.7.1942 im Führerhauptquartier Wolfschanze

des aus Jerusalem geflüchteten Mufti → Husseini. Im Juni und Juli 1940 verhandelten G. und Husseini mit dem italienischen Gesandten Gabrielli, um die Haltung der Achsenmächte zu den Selbständigkeitsbestrebungen im Mittleren Osten zu erkunden. Der vom Komitee nach Berlin entsandte Usman Kamal Haddad erreichte am 18.10.1940 eine deutsche Sympathiebekundung für den arabischen Nationalismus, die bei ihrer Verbreitung im Orient eine große propagandistische Wirkung erzielte und den Widerstand gegen die koloniale Bevormundung anstachelte. Daraufhin wurde die Regierung G. von Großbritannien ultimativ aufgefordert, alle Kontakte zu den Achsenmächten abzubrechen. Als sie sich darauf nicht einließ, folgten die Sanktionen auf dem Fuß: Abberufung des britischen Botschafters, Sperrung aller Guthaben des irakischen Staates bei englischen Banken, Stornierung der laufenden Rüstungsgeschäfte, Ausfuhrbeschränkungen im zivilen Handel. Von Churchill angestiftet, empfahl der amerikanische Präsident Roosevelt G. zurückzutreten. Als er sich weigerte, verließen mehrere Minister unter angloamerikanischem Druck das Kabinett. Am 30.1. 1941 forderte das irakische Parlament die Demission der gesamten Regierung. Da ein Bürgerkrieg mit britischer Intervention drohte, trat G. zurück und stellte sich im Hauptquartier der 4. Division in Diwaniya unter den Schutz des mit ihm befreundeten Kommandeurs. Im Februar 1941 sandte Roosevelt den Oberst William J. Donovan nach Bagdad, damit er gemeinsam mit den Engländern Unruhen im Land schüren sollte, die den Briten Anlaß zum Eingreifen gäben. Es sollte vor allem verhindert werden, daß der mesopotamische Transitweg für die Briten gesperrt würde. Am 28.2.1941 beschloß eine Gruppe nationaler irakischer Offiziere im Haus des Mufti Husseini in Bagdad, die amtierende englandfreundliche Regierung unter Taha al-Hashimi zu stürzen. Am 1.4.1941 wurde die Armee in Alarmbereitschaft versetzt und der Ausnahmezustand über das Land verhängt. Angesichts des drohenden Militärputsches erklärte die Regierung ihren Rücktritt, so daß G. eine »Provisorische Regierung der Nationalen Verteidigung« zusammenstellen konnte. Da der Regent mit Hilfe der amerikanischen Botschaft am 1.4.1941 nach Basra in die britische Obhut geflohen war, veranlaßte G. seine Abberufung durch das Parlament und die Einsetzung des haschemitischen Prinzen Sharif ash-Sharaf an seiner Stelle.

Am 2.4.1941 forderte der britische Außenminister Eden in Kairo ultimativ den Abbruch der Beziehungen des Irak zu Italien und das Einverständnis zur Stationierung britischer Truppen im Lande. G. wies die Forderungen zurück. Obwohl sich nach dem irakisch-britischen Staatsvertrag nicht mehr als 3000 britischen Soldaten gleichzeitig im Irak aufhalten durften, gingen am 18.4.1941 in Basra 7000 Mann einer indischen Division von Bord. Ihnen folgten am Tag darauf motorisierte Verbände. Von den britischen Aktionen völlig überrascht, konnte G. keine adäquaten Gegenmaßnahmen einleiten. Er appellierte an Deutschland und Italien um Hilfe und versuchte, den Ausbruch offener Feindseligkeiten hinauszuzögern. In Kenntnis des italienische Geheimcodes waren die Briten über das Hilfegesuch informiert und begannen am 2.5.1941 die militärischen Operationen. Der Umfang der irakischen Nationalarmee aus fünf Divisionen des Heeres und der Luftwaffe mit 56 Flugzeugen betrug etwa 50 000 Mann. Die Briten setzten 14 000 Mann aus Transjordanien und von Basra aus ein. Sie wurden von 252 Kampfflugzeugen unterstützt.

Obwohl sich die arabischen Nationalisten besonders um Deutschlands Unterstützung für ihre Unabhängigkeitsbestrebungen bemühten, war das Auswärtige Amt in Berlin mit Rücksicht auf Italien nicht bereit, diesem Begehren unmittelbar zu entsprechen. Ein Runderlaß des Reichsaußenministeriums vom 20.8. 1940 an alle deutschen Auslandsposten hatte den italienischen Primat bei der Neuordnung im arabischen Raum festgelegt: »Deutschland verfolgt im Mittelmeerraum, dessen südlicher und östlicher Teil von der arabischen Welt gebildet wird, keine politischen Interessen. Es wird daher Italien bei der politischen Neugestaltung des arabischen Raumes die Vorhand lassen. Es kommt also in den arabischen Gebieten, zu denen die arabische Halbinsel, Ägypten, Palästina, Transjordanien, Syrien, Libanon und der Irak zu rechnen sind, weder ein politischer deutscher Führungsanspruch noch die Teilung der Führung mit Italien in Frage.« Die Sympathieerklärung, die die Reichsregierung am 4.12.1940 über den Rundfunk in arabischer Sprache verbreiten ließ, war deshalb sehr allgemein gehalten. Erst am 11.3.1941, sechs Tage nach der Regierungsübernahme G.s, beantwortete das Auswärtige Amt einen Brief Husseinis vom 20.1.1941, in dem für die Vorbereitung des Kampfes gegen England um Waffenlieferungen und Finanzhilfen gebeten wurde. Am 9.4.1941 erhielt G. den Rat, den bewaffneten Widerstand gegen England aufzunehmen, wenn das Kräfteverhältnis Aussicht auf Erfolg verspreche. Als die Briten in Basra an Land gegangen waren, ließ die deutsche Führung am 27.4.1941 G. wissen, daß sie Vorbereitungen treffe, um dem Irak finanziell zu helfen, und einen Weg suche, Waffen und Munition zu liefern. Am 28.4.1941 verlangte G. drei Millionen irakische Dinare, und der irakische Generalstab forderte die Achsenmächte auf, die britischen Truppenansammlungen im Raum von Basra und die britischen Schiffseinheiten im Persischen Golf zu bombardieren. Dazu stünden ihnen die Flugplätze von Mossul, Bagdad und Mikdadi zur Verfügung, wo Treibstoff für mindestens vier Monate vorhanden sei. Als die britischen Streitkräfte am 2.5.1941 die Feindseligkeiten eröffneten, wandte sich G. an Hitler mit der Bitte um sofortige Unterstützung. Unter Wiederaufnahme der diplomatischen Beziehungen reiste der deutsche Botschafter Fritz Grobba am 6.5.1941 nach Bagdad, um der irakischen Regierung 5 Millionen Reichsmark zu überbringen. Die großen Entfernungen verhinderten eine rasche militärische Hilfe der Achsenmächte. Zwar gab der Ministerpräsident der französischen Regierung in Vichy, François Darlan, dem deutschen Botschafter in Paris, Otto Abetz, am 5.5.1941 die Zustimmung zum Verkauf der in Syrien lagernden französischen Waffenbestände an die irakische Armee und zur Benutzung französischer Flugplätze in Syrien, doch die ersten von insgesamt 24 deutschen Flugzeugen aus Griechenland trafen nach Zwischenlandungen in Damaskus und Palmyra erst am 15.5.1941 in Mossul ein. Es dauerte eine weitere Woche, bis Hitler am 23.5.1941 mit der »Weisung Nr. 30« eine deutsche Militärmission unter dem General der Flieger Felmy beauftragte, »die irakische Wehrmacht zu beraten und zu unterstützen« und mit einem Minimum an eigenen Kräften so viele britische Kräfte wie möglich im Irak zu binden, um die deutsch-italienischen Operationen in Nordafrika zu entlasten. Obwohl am 21. und 26.5.1941 noch einige italienische Flugzeuge in Mossul landeten, kam die Unterstützung zu spät. Nachdem ihnen die Euphratbrücke bei Falluja unzerstört in die Hände gefallen war, erreichten die britischen Streitkräfte am 29.5.1941 die Außenbezirke der irakischen Hauptstadt. Am 30.5.1941 floh G. in den Iran. Nach dem schnellen Zusammenbruch des Irakaufstands entschloß sich die englische Regierung, auch Syrien zu besetzen, um die britische Position im Nahen Osten zu festigen. G. wurde in Abwesenheit zum Tode verurteilt.

Als die alliierten Truppen im August 1941 unter dem Vorwand, die deutsche Agententätigkeit zu unterbinden, in den Iran einmarschierten, mußte G. das Land verlassen. Mit einem türkischen Visum reiste er nach Istanbul und wurde von dort am 21.11.1941 nach Berlin geflogen, wo sich vierzehn Tage vorher auch Husseini, aus Rom kommend, eingefunden hatte. Als »Sonderbeauftragter für Angelegenheiten Arabiens« wurde der Gesandte Grobba zur Betreuung der arabischen Politiker abgestellt. Im Dezember 1941 war G. mehrmals bei Ribbentrop, der ihm die Anerkennung als Ministerpräsident schriftlich bestätigte, die Souveränität des Irak anerkannte und einen deutsch-irakischen Wirtschaftsvertrag vorschlug, der nach der Wiedereroberung des Landes in Kaft treten sollte. Er sah vor, die irakische Währung von der Pfundbasis auf die Markbasis umzustellen und Deutschland die Erdölförderung im Land zu überlassen. Als Gegenleistung wollte Deutschland die haschemitischen Herrscherhäuser in Amman und Bagdad entmachten und Kuwait dem Irak zusprechen. Im Februar 1942 traf G. in Rom mit König Viktor Emanuel, Mussolini und dem italienischen Außenminister Graf Ciano zusammen und erreichte dort die gleichen Zusagen.

Sein größter Feind war Husseini, der mit allen Tricks gegen den politischen Führungsanspruch G.s im arabischen Raum kämpfte. Die Streitigkeiten der beiden störten die Arbeit des Sonderstabs F. unter General der Flieger Felmy, der in Griechenland die von Hitler am 12.1.1942 genehmigte »Deutsch-Arabische Lehrabteilung« als Nukleus einer Befreiungsarmee für die arabischen Länder aufstellte. G. wünschte hierfür ein Militärabkommen mit dem Deutschen Reich und den Einsatz des Verbands im Irak. Husseini strebte einen Verband unter arabischer Führung und mit arabischen Abzeichen zur Befreiung Nordafrikas an. Seinen Plänen stimmte am 7.4.1942 das Commando Supremo zu und begann mit der Aufstellung einer »Arabischen Legion« aus nordafrikanischen Kriegsgefangenen. Der Gesandte Grobba, der G.in seinem Bemühen, den Anspruch des Mufti auf alleinige Führerschaft in allen arabischen Angelegenheiten abzuwehren, unterstützte, wurde auf Betreiben Husseinis zwar abgelöst, aber die »Deutsch-Arabische Lehrabteilung« wurde dem Einfluß des Mufti entzogen, als sie im August 1942 an die Ostfront verlegt wurde. Der geplante Einsatz im Südkaukasus fand nicht statt, weil Tiflis nicht erobert werden konnte, von wo G. mit seinen Truppen nach Bagdad einmarschieren wollte.
Als im Juni 1943 das deutsche Afrikakorps in Tunis kapitulierte, gab es kein arabisches Land mehr im Einflußgebiet der Achsenmächte. Bis zum Ende des Krieges beschäftigte sich G. mit der Propaganda für die arabische Bevölkerung. Der arabische Sender stand in Athen.
Am Ende des Zweiten Weltkriegs wollte G. in die Schweiz fliehen, wurde aber an der Grenze zurückgewiesen. Mitte Juli 1945 gelang ihm die Flucht von Marseille nach Beirut. Von dort gelangte er über Damaskus nach Riad, wo ihm König Ibn Saud politisches Asyl gewährte. Nach der irakischen Revolution am 14.7.1958 kehrte er nach Bagdad zurück und versuchte, die panarabische Bewegung zu organisieren. Im Dezember 1958 unter dem Verdacht, die Stämme des Landes gegen die Regierung Kassem aufgehetzt zu haben, gefangengesetzt, wurde er zwar am 14.7.1961 entlassen, aber bis zu seinem Tod gelang es ihm nicht mehr, an der arabischen Politik teilzuhaben.

Literaturhinweise:
Heinz Tillmann: Deutschlands Araberpolitik im Zweiten Weltkrieg, Ost-Berlin 1965
Lukasz Hirszowicz: The Third Reich and the Arab East, London u. a. 1966
Fritz Grobba: Männer und Mächte im Orient. 25 Jahre diplomatischer Tätigkeit im Orient, Göttingen u. a. 1967
Bernd Philipp Schröder: Deutschland und der Mittlere Osten im Zweiten Weltkrieg, Göttingen u. a. 1975

GAJDA, RADOLA, ursprünglich Geidl, Rudolf, geb. 14.2.1892 in Cattano, gest. 15.4.1948 in Prag, Führer der »Nationalen Faschistengemeinde« in der Tschechoslowakei 1927–1939

Als Sohn eines Unteroffiziers der österreichisch-ungarischen Armee in Albanien geboren, kam G. zu keinem regulären Schulabschluß. Im Ersten Weltkrieg war er zunächst Mitglied der k.u.k. Sanitätstruppe in Cattano. 1915 lief er zu den Serben über. Auf ihrer Seite diente er in der montenegrinischen Miliz. Als diese ka-

pitulierte, floh er nach Albanien. Ab 1916 kämpfte er in Rußland bei der 1. Serbischen Division. 1917 schloß er sich der Tschechischen Legion als Stabskapitän an. 1918 wurde er zum Generalmajor befördert und übernahm das Kommando über die 2. Tschechische Division in Sibirien. Im Russischen Bürgerkrieg war er Ende 1918 auf seiten der Weißen Chef des Stabes der Koltschak-Armee. Nach seiner vorzeitigen Rückkehr in die neu gegründete Tschechoslowakei engagierte er sich mit französischer Unterstützung in den Aufbau der nationalen Streitkräfte. Nachdem er ab November 1920 an einem Schulungslehrgang an der Ecole de guerre in Paris teilgenommen hatte, wurde er 1921 Kommandeur der 11. Infanteriedivision in Kaschau und 1924 erster Vertreter des Chefs des Generalstabs der tschechoslowakischen Streitkräfte. Von der Leitung des Generalstabs, die er im März 1926 übernommen hatte, wurde er bereits nach vier Monaten am 2.7.1926 entbunden, als die Regierung von seinen Plänen für einen Militärputsch während des Kongresses zum vierjahrigen Bestehen der Turnerbundes »Sokol« erfuhr. Als darüber hinaus seine Verbindungen zum sowjetischen Geheimdienst bekannt wurden, wurde G. degradiert und aus der Armee ausgeschlossen. 1927 übernahm er die Führung der »Národní obec fašistická« (Nationale Faschistengemeinde) NOF, die er 1925 mitgegründet hatte. Es handelte sich um eine nationale, nach italienischen Prinzipien organisierte Bewegung. 1929–1931 war G. Abgeordneter dieser Partei im Prager Parlament. Wegen Schmähung von Verfassungsorganen wurde ihm 1931 sein Mandat aberkannt und er unter Verlust des passiven Wahlrechts zu einer Gefängnisstrafe verurteilt. Mitte der dreißiger Jahre gehörte G. eine Zeitlang der »Nationalfront« des Professors František Maresch an.

Die Schwäche der Tschechei nach dem Münchner Abkommen bot der NOF die Möglichkeit zur Machtergreifung. Um dem zu begegnen, erhielt G. am 13.3. 1939 gegen das Versprechen, nichts gegen die tschechische Regierung zu unternehmen, seinen militärischen Rang zurück. Trotzdem war G. am 13.3.1939 dabei, als die Führer der faschistischen Gruppen bei einem geheimen Treffen ihre Staatsstreichpläne besprachen. Am darauffolgenden Tag verlangten Demonstranten in Prag die Regierungsübernahme G.s. Gleichzeitig forderte die »Vlajka« unter → Rys-Rozsévac von Staatspräsident Hacha, an der Regierung beteiligt zu werden. Während der Abwesenheit Hachas in Berlin am 14.3.1939 bat G. die deutsche Gesandtschaft in Prag um die Zustimmung zur Regierungsübernahme und rief die Studentenschaft auf, sein Vorhaben zu unterstützen. Am 15.3.1939 ließ er über Rundfunk und Presse einen Aufruf an »Český národní výbor« (CNV), ein Zusammenschluß aller nationalfaschistischen Gruppen, wählte G. zum Vorsitzenden. Auf der Regierungsliste, die er zusammenstellte, gehörten alle Minister bis auf zwei der NOF oder der Vlajka an. Die Flüsterpropaganda verkündete, G. sei von Hitler zum Führer des tschechischen Volkes bestimmt worden. Am Nachmittag des 15.3.1939 rief G. über den Rundfunk die tschechische Bevölkerung zur Zusammenarbeit mit den Deutschen im neu gegründeten Protektorat Böhmen und Mähren auf. Der CNV sorgte beim Einmarsch der Deutschen für Ruhe und Ordnung. Der Prager Stadtkommandant, General von der Gablentz, bedankte sich bei G. dafür. Zur Enttäuschung G.s beließ der Oberkommandierende der Besatzungstruppen, General Blaskowitz, im Einvernehmen mit dem Staatspräsidenten Hacha die Regierungsgewalt in den Händen des seit 1.12.1938 amtierenden Ministerpräsidenten Rudolf Beran. Hacha erklärte, G. habe nicht sein Vertrauen. Als Vorsitzender des CNV wurde er jedoch am gleichen Tag von Hacha empfangen, um ihn für die Bildung einer tschechischen Einheitspartei zu gewinnen, in der die Politiker der Vergangenheit keine Rolle spielen sollten. Am 21.3.1939 berief Hacha statt des Parlaments unter dem Namen »Národní souručenství« (NS) einen 50 Personen umfassenden Ausschuß, in dem auch die Faschisten vertreten waren. Alle Parteien schickten ihre zweite Garnitur, so daß auch G. wegblieb. Der am 18.3.1939 zum Reichsprotektor in Böhmen und Mähren bestimmte Konstantin Freiherr von Neurath billigte die neue Protektoratsregierung unter Ministerpräsident Alois Elias, obwohl ihr überhaupt kein Faschist angehörte. Die Bewerbung G.s als Innenminister hatte er abgelehnt. Auch seine Bitte, den NS um 20 Faschisten zu erweitern, schlug er ab. Am 30.3.1939 warnte das Auswärtige Amt in einem Rundbrief, von dem Namen der »Nationale Faschistengemeinde« zu schließen, es handle sich bei der NOF um eine weltanschaulich dem Nationalsozialismus verwandte Partei. G. wurde darin als »ein reiner Opportunist« und »moralisch minderwertig« bezeichnet. Die Protestdemonstrationen, die G. am 25. und 26.5.1939 gegen die Regierung Elias im ganzen Land organisierte, erwiesen sich als unwirksam. Es mißlang G. auch, sich mit nazifreundlichen Vorschlägen lieb Kind zu machen, wie die Lösung der Judenfrage auf rassischer Grundlage entsprechend den Nürnberger Gesetzen, den Aufbau einer geheimen Staatspolizei nach deutschem Vorbild, die Revision der Bodenreform und die Entfernung der Freimaurer aus der Regierung.

Obwohl Hacha am 27.6.1939 den Faschisten sieben Sitze im CNV einräumte, zerfiel die »Nationale Faschistengemeinde« in den folgenden Monaten wegen persönlicher Querelen in immer kleinere Splittergruppen von bestenfalls regionaler Bedeutung. Auf der äußersten Rechten übernahm die Vlajka unter Rys-Rozsévac ihre politische Funktion. G. verpflichtete sich gegenüber Neurath und Hacha, aus der NOF auszutreten und aus dem politischen Leben des Protektorats auszuscheiden, wenn die Regierung seine immensen Privatschulden bezahlte. Er hielt Wort. Als ihn eine Abordnung der Partei zu Beginn des Rußlandfeldzugs im Juni 1941 bat, wieder die Leitung der NOF zu übernehmen, lehnte er ab. Nur die tschechische Exilregierung in London hatte Angst, G. kön-

ne eines Tages mit Hilfe der Deutschen Nachfolger von Ministerpräsident Elias werden, zu dem Benesch einen guten Kontakt hatte.
Nach dem Krieg wurde G. von einem Volksgerichtshof abgeurteilt.

Literaturhinweise:
Gerburg Thunig-Nittner: Die tschechoslowakische Legion in Rußland. Ihre Geschichte und Bedeutung bei der Entstehung der 1. Tschechoslowakischen Republik, Wiesbaden 1970
Peter F. Sugar (Hrsg.): Native Fascism in the Successor States 1918–1945, Santa Barbara 1971
Vojtech Mastny: The Czechs under Nazi Rule. The Failure of National Resistance, 1939–1942, New York u. a. 1971
Detlef Brandes: Die Tschechen unter deutschem Protektorat, 2 Bände, München u. a. 1969 und 1975
Victor S. Mamatey und Radomír Luza (Hrsg.): Geschichte der Tschechoslowakischen Republik 1918–1948, Wien u. a. 1980

GEELKERKEN, CORNELIS VAN, geb. 19.3.1901 in Sint Jans Molenbeek (Brüssel), gest. 29.3.1979 ebenda, stellvertretender Leiter der »Nationaal Socialistische Beweging« (NSB) in den Niederlanden 1931–1945, Leiter des »Nationale Jeugdstorm« 1940–1945, Generalinspekteur der »Landwacht« 1943–1945, SS-Oberführer

G. stammte aus einer kleinbürgerlichen Familie und fing 1916 als Gemeindeschreiber in Zeist an. Während seiner Tätigkeit als Kanzlist am Landgericht in Utrecht war G. 1925 im »Centrum Groot-Nederlandse« aktiv und pflegte die Kontakte zu → Mussert, der zur gleichen Zeit leitender Ingenieur im Provinciale Waterstaat (Provinzwasserbauamt) der Stadt war. Beide arbeiteten 1925–1927 im Nationalen Aktionskomitee (Verbond van Actualisten), dessen Sekretär G. war, gegen den Kanalbau nach Antwerpen durch niederländisches Gebiet. Nachdem G. in mehreren rechtsradikalen Gruppierungen hospitiert hatte, entschloß er sich, zusammen mit Mussert am 14.12.1931 die »Nationaal Socialistische Beweging« (NSB) zur Opposition gegen die Regierung in Den Haag zu gründen und sie nach dem Vorbild der NSDAP zu organisieren. G. war das Parteimitglied Nr. 2. Die niederländische Regierung wehrte sich: Am 30.1.1933 erließ sie das sogenannte Militärverbot, welches die Unvereinbarkeit von Militärdienst und Eintritt in eine paramilitärische Organisation wie die »Weerafdeeling« (WA) der NSB dekretierte. Es folgte ein allgemeines Uniformverbot, welches in einigen Gemeinden noch durch ein Kolportageverbot (Propagandaverbot) verschärft wurde. Am 28.12.1933 wurde das bisher nur für kommunistische und anarchistische Bewegungen bestehende Beamtenverbot auch auf die NSB und die anderen Rechtsgruppierungen ausgedehnt. Ebenso wie Mussert mußte G. zum 1.5.1934 den Staatsdienst quittieren. Für entlassene Beamte wurde ein Parteiunterstützungsfond eingerichtet. Sie galten als Märtyrer der Bewegung. Alle Verbote blieben bis zur Besetzung des Landes durch die deutschen Truppen im Mai 1940 in Kraft.
Am Wahlerfolg der NSB bei den Provinzialratswahlen im April 1935 hatte G. großen Anteil. Seine Rhetorik verschaffte ihm den Spitznamen »Kees de Pra-

ter«. In den Wahlveranstaltungen zeigte er den Zuhörern auf, was die Partei vorhatte: eine nationale Volksgemeinschaft zu erstellen, in der alle in Solidarität und mit Engagement dem nationalen Wohl dienen. 300 000 Niederländer gaben ihr die Stimme, so daß 44 der 535 Sitze in den Landtagen an die NSB fielen. Das Grundsatzprogramm der NSB war Musserts Werk, aber G. war für die Organisation der Partei zuständig. Er leitete das Sekretariat in Utrecht, beaufsichtigte die angeschlossenen Verbände und übernahm selbst die Leitung des »Nationale Jeugdstorm« mit dem Titel »Hoofdstormer« bis zu dessen Auflösung durch die Regierung im September 1938. Auch der Wahlkampf gehörte zu seinen Aufgaben. Von dem Wahlerfolg beflügelt, bemühte sich G. um eine Audienz bei Hitler und knüpfte über den deutschen Gesandten in den Niederlanden, Graf Zech, Verbindungen zur NSDAP.

Erst drei Monate nach der Besetzung der Niederlande durch die Deutschen kam es am 16.8.1940 zum ersten Gespräch der NSB-Führung mit dem deutschen Reichskommissar für die besetzten niederländischen Gebiete, Arthur Seyß-Inquart. Es ging um den Vorschlag der NSB, einen aus NSB-Leuten zusammengesetzten Staatsrat unter Vorsitz Musserts mit Regierungsverantwortung und den Befugnissen eines Regenten einzusetzen. Nach dem Debakel der Regierung → Quisling in Norwegen lehnte die Reichsregierung den Plan ab. Am 18.8.1940 begann in Lunteren eine drei Tage dauernde Klausurtagung der Führungsspitze des NSB, an der G. in seiner Funktion als Stellvertreter des Leiters der NSB teilnahm. Die innerparteilichen Kritiker, z. B. Musserts und G.s schärfster Konkurrent, → Rost van Tonningen, wurden nicht eingeladen. Die Sitzung diente der Vorbereitung auf das geplante Gespräch Musserts mit Hitler und sollte die Ziele und Vorstellungen der NSB unter der deutschen Besatzung festschreiben.

Am 4.9.1940 war G. zusammen mit Rost van Tonningen am Dienstsitz des Reichskommissars in Den Haag Zeuge des Treuegelöbnisses Musserts gegenüber dem Führer des Großdeutschen Reiches. Von Hitler »hypnotisiert«, wie G. bemerkte, wiederholte es Mussert am 23.9.1940 in Anwesenheit von Reichsleiter Bormann, Reichsminister Dr. Lammers, Reichskommissar Seyß-Inquart und dessen Generalkommissar für die inneren Angelegenheiten, Fritz Schmidt, während seines Berlinbesuchs, bei dem er von G. begleitet wurde. Während der Audienz bei Hitler erhielten die Niederländer die Versicherung, »daß der Reichskommissar in den Niederlanden die Aufgabe habe, den Weg für eine Machtübernahme Musserts zu ebnen«. An den aktuellen Machtverhältnissen im Land änderte die Zusage nichts. Die vollziehende Gewalt blieb in den Händen des Reichskommissars. Erst als ihn Hitler am 3.10.1942 zum »Führer des niederländischen Volkes« ernannte, durfte Mussert ein »Staatspolitisches Sekretariat« als Schattenkabinett zur Beratung des Reichskommissars und der Besatzungsbehörden einrichten. In diesem Gremium übernahm G. das Amt des Innen- und Polizeiministers (Gemachtigde van den Leider voor Binnenlandsche Zaken en Nationale Veiligheid).

G.s Stellung als Stellvertreter Musserts war in der NSB auch unter der deutschen Besatzung unumstritten. Er war gleichzeitig Leiter des »Nationale Jeugdstorm«, der Jugendorganisation der NSB, die 1942 etwa 12 000 Kinder und Jugendliche umfaßte. Zum 10. Jahrestag der NSB übernahm er 1941 die Herausgabe der Par-

teizeitung »Volk en Vaderland«. Am 9.11.1943 beauftragte ihn Mussert, mit dem Titel »Generalinspekteur« zu verhindern, daß die aus der »Weer Afdeeling« entstandene »Nederlandsche Landwacht« unter der Führung von → Feldmeijer und → Zondervan im Umfang von fast 10 000 Mann dem Einfluß der Partei entzogen wurde. Ihre Aufgaben wurden von den verschiedenen Interessenten unterschiedlich definiert. Seyß-Inquart bezeichnete sie als NSB-Organisation zur Landesverteidigung, Mussert nannte sie eine Selbstschutzorganisation der Partei, und der Generalkommissar für das Sicherheitswesen beim Reichskommissar, Hanns Albin Rauter, sah in ihr eine Hilfstruppe der Ordnungspolizei im Kampf gegen die niederländische Widerstandsbewegung. Er setzte durch, daß der Polizeichef → Schrieke oberster Vorgesetzter wurde. Durch die Teilnahme an Polizeiaktionen geriet die Landwacht in wenigen Monaten gegen den Willen G.s in den Einflußberech des SD und der SS. In der niederländischen Öffentlichkeit und in der NSB wurde G. für verantwortlich gemacht. Auch die Beteiligung der Landwacht an der Zusammentreibung und Verhaftung der Juden und bei der Auswahl von 5000 studentischen Geiseln als Vergeltung für die Attentate auf → Seyffardt und andere niederländische Kollaborateure gingen zu seinen Lasten, obwohl er keinen der Befehle unterschrieben hatte. Mussert bezichtigte G. der Unfähigkeit, als er sah, wie ihm seine »Parteitruppe« entglitt. Ende 1944 forderte er G. auf, seine Funktion als Generalinspekteur der »Nederlandsche Landwacht« niederzulegen, weil er nicht einmal einschritt, als sie in eine militärische Kampfgruppe umgewandelt werden sollte. Als sich G. weigerte, schloß ihn Mussert aus der NSB aus und enthob ihn aller Funktionen, die er innehatte. Es war ein Beweis für den Machtverfall Musserts, daß ihn Rauter in eigener Machtvollkommenheit wieder in sein Amt einsetzen konnte und ihn von Himmler zum »Landwacht-Oberführer« ernennen ließ. In den letzten Kriegstagen erneuerte Mussert zwar die Entmachtung G.s, aber in Wirklichkeit hatter er das Spiel verloren. Erst im April 1945 wurde die Ohnmacht G.s offensichtlich, als sich mehrere hundert Mann weigerten, im »Landstorm Nederland« Dienst zu tun. Die Auflösungserscheinungen waren unübersehbar.
Nach Kriegsende wurde G. verhaftet und 1947 zu lebenslänglicher Haft verurteilt. 1950 kam es aufgrund einer von ihm eingelegten Revision zu einer neuen Verhandlung vor dem Sondergerichtshof in Amsterdam. G. kannte keine Schuldgefühle. Ein Psychiater, der ihn vor der Gerichtsverhandlung untersuchte, erklärte ihn für schuldunfähig. Trotzdem wurde G. am 25.10.1950 erneut zu lebenslanger Gefängnisstrafe verurteilt. Eine weitere Revision wurde 1951 abgelehnt. 1959 wurde G. aufgrund einer Amnestie freigelassen.
Der jüngere Bruder G.s, der der Waffen-SS angehört hatte, wurde 1947 zu vier Jahren »Sozialarbeit« in einer Rijkswerkinrichting verurteilt.

Literaturhinweise:
Cornelis van Geelkerken: Voor Volk en Vaderland, Utrecht 1943
Werner Warmbrunner: The Dutch under German Occupation 1940–1945, London 1963
Konrad Kwiet: Reichskommissariat Niederlande, Stuttgart 1968
L. de Jong: Het Koninkrijk der Nederlanden in de tweede Wereldoorlog 1939–1945, 14 Bände, 's-Gravenhage 1969 ff.
Biografisch Woordenboek van Nederland, Band 1, 's-Gravenhage 1979

Gerhard Hirschfeld: Fremdherrschaft und Kollaboration. Die Niederlande unter deutscher Besetzung 1940–1945, Stuttgart 1984
Koos Groen: Landverraad: de berechting van collaborateurs in Nederland, Amsterdam 1984

Geer, Jonkheer Dirk Jan de, geb. 14.12.1870 in Groningen, gest. 27.11.1960 in Soest, niederländischer Ministerpräsident 1926–1929 und 1939–1940, Mitglied der »Nederlandsche Unie« 1940–1941

Als Sohn eines Predikanten ging G. in Groningen, Rotterdam und Arnheim zur Schule. Nach dem Studium der Jurisprudenz übernahm er bis 1909 die Hauptschriftleitung des christlich-historischen Tageblatts »De Nederlander«. Ab 1901 war er Mitglied des Gemeinderates von Rotterdam und ab 1907 gehörte er der 2. Kammer als Abgeordneter der »Christelijk-Historische Unie« (CHU) an. 1921 wurde er Bürgermeister von Arnheim, und 1921 übernahm er für zwei Jahre das Finanzministerium im Kabinett van Karnebeck. Nach den Wahlen vom Juli 1925 war G. Minister des Innern im Kabinett Colijn bis zu dessen Rücktritt im November 1925. Nach der Regierungskrise übernahm G. im März 1926 das Amt des Ministerpräsidenten und das Finanzressort. Nach seinem Rücktritt im Juli 1929 wurde er vom neuen Regierungschef Ruys van Beerenbrouck als Finanzminister bestellt. In dieser Position war er bis 1933 tätig. Darnach gehörte er dem Kabinett als Staatsminister ohne Geschäftsbereich an. Daß G. mit nur kurzen Unterbrechungen Regierungsmitglied war, erklärt sich daraus, daß die Niederlande zwischen den beiden Weltkriegen von Koalitionen aus den drei konfessionellen Parteien »Roomsch-Katholieke Staats-Partij« (RKSP), »Anti-Revolutionaire Partij« (ARP) und »Christelijk-Historische Unie« (CHU) geführt wurde und G. als Vorsitzender der protestantischen CHU ein Zugriffsrecht auf Posten hatte. Als kurz vor dem Ausbruch des Zweiten Weltkriegs eine große nationale Koalitionsregierung aus den konfessionellen und liberalen Parteien und aus Sozialdemokraten gebildet wurde, übernahm G. wiederum das Amt des Ministerspräsidenten.

Bereits in den zwanziger Jahren gab es in den Niederlanden mehrere faschistische und staatsautoritäre Gruppen, die gegen Parlamentarismus, Liberalismus und Sozialdemokratie angingen und jede Art von staatlicher Sozialpolitik als Unterstützung von Faulheit ablehnten. Sie erstrebten einen autoritären Staat, in dem die Solidarität der arbeitenden Bevölkerung die Grundlage der Volksgemeinschaft bildete und Spekulantentum keinen Platz hatte. Die Regierungsstabilität und die ökonomische Prosperität im Land gaben in den zwanziger Jahren keinen Anlaß, gegen diese Splittergruppen vorzugehen. Erst als → Mussert und → Geelkerken 1931 die »Nationaal Socialistische Beweging« (NSB) gründeten, setzte sich die Regierung mit Verboten zur Wehr.

Da die Niederlande ein neutraler Staat waren, glaubte G. das Land aus dem drohenden Konflikt heraushalten zu können, der sich zwischen Deutschland einerseits und Frankreich und Großbritannien andererseits andeutete und der nach dem 1.9.1939 Wirklichkeit wurde. Am 5.11.1939 wurde er erstmals über die Gefahr informiert, die dem Land bei dem angeblich für den 12.11.1939 geplanten Angriff der Wehrmacht gegen Frankreich drohte: die »friedliche Besetzung« durch deutsche Truppen. Deshalb traf sich am folgenden Tag der Ministerrat unter dem Vorsitz der Königin Wilhelmina mit dem Oberbefehlshaber der Streitkräfte, General Reynders, um Maßnahmen gegen eine deutsche Invasion zu beraten und die Folgen einer Besetzung des Landes zu besprechen. Die Regierung beschloß, die traditionelle Neutralitätspolitik fortzusetzen. Trotzdem wurden vor Beginn des deutschen Angriffs auf Frankreich am 10.5.1940 neben vier Kommunisten 10 000 vermeintliche und tatsächliche Angehörige der deutschen Fünften Kolonne verhaftet. Am 13.5.1940 verließ die Königin Wilhelmina zusammen mit dem regierenden Kabinett unter G. das Land und bevollmächtigte die Generalsekretäre in den Ministerien, die Amtsgeschäfte weiterzuführen. Die Exilregierung ließ sich in London nieder. Nachdem die niederländischen Streitkräfte angesichts der deutschen Übermacht am 15.5.1940 kapituliert hatten, suchte G. von London aus die Verständigung mit den Deutschen. Am 20.5.1940 forderte er das niederländische Volk über Radio BBC auf, Ruhe zu bewahren, und wies die Verwaltung an, mit den Deutschen zusammenzuarbeiten. Als er dem Kabinett vorschlug, mit Deutschland in Verhandlungen einzutreten, verlor G. das Vertrauen der Königin. Im September 1940 mußte er dem Professor P. S. Gerbrandy als Ministerpräsident weichen, von dem die Königin sicher war, daß er eine antideutsche Politik im Sinne Churchills verfolgen werde. G. mußte auch das Finanzressort abgeben. Am 7.2.1941 kehrte er unter dem Vorwand, nach Niederländisch-Indien zu fahren, in seine Heimat zurück. Radio BBC nannte ihn einen Deserteur. Bis zu ihrem Verbot im Dezember 1941 war er in der »Nederlandsche Unie« tätig, einer im Sommer 1940 aufgekommenen überparteilichen Volksbewegung, die folgende Ziele verfolgte: Anerkennung der Führung Deutschlands in Europa; wirtschaftliche Zusammenarbeit mit dem Deutschen Reich; Reform des niederländischens Staatssystems; Erhaltung des Kolonialreiches.

Im April 1942 wurde vom Reichskommissar für die besetzten niederländischen Gebiete, Arthur Seyß-Inquart, eine von G. verfaßte Broschüre mit dem Titel »Die Synthese im Krieg« (De synthese in de oorlog) in 20 000 Exemplaren herausgegeben und auszugsweise in der Presse veröffentlicht. Der Autor trat darin für einen Friedensschluß in Europa unter Anerkennung der vom nationalsozialistischen Deutschland inzwischen geschaffenen Gegebenheiten und für eine enge niederländisch-deutsche Zusammenarbeit ein, selbst wenn ihr gewisse Souveränitätsrechte seines Landes zum Opfer fielen. Weder bei der Bevölkerung im Land noch bei den Exilanten stieß dieser Appell auf Verständnis. Die in den Niederlanden mittlerweile vorherrschende Meinung war: »Wij willen onszelf zijn en blijven«. (Wir wollen selbständig sein und bleiben). Die niederländische Königin ließ G. aus London wissen, daß sie ihn wegen dieser Publikation zur Rechenschaft ziehen werde.

Die Ausführungen dieses Buches dienten nach dem Krieg als Grundlage für eine Anklage gegen G. wegen Kollaboration. Im Mai 1947 wurde er wegen Zusammenarbeit mit den deutschen Besatzungsbehörden zu einem Jahr Gefängnis mit dreijähriger Bewährung verurteilt. In dieser Zeit stand er unter Hausarrest. Im Revisionsverfahren bestätigte der Kassationshof in Den Haag am 29.10.1947 das Urteil, erließ allerdings die Geldbuße von 2000 Gulden. G. verlor den Titel

»Staatsminister«. Alle Orden und Ehrenzeichen wurden ihm aberkannt. Die letzten Lebensjahre verbrachte er mit der Suche nach einer Rechtfertigung.

Literaturhinweise:
Werner Warmbrunn: The Dutch under German Occupation 1940–1945, London 1963
Konrad Kwiet: Reichskommissariat Niederlande, Stuttgart 1968
L. de Jong: Het Koninkrijk der Nederlanden in de tweede Wereldoorlog 1939–1945, 14 Bände, 's-Gravenhage 1969 ff.
Gerhard Hirschfeld: Fremdherrschaft und Kollaboration. Die Niederlande unter deutscher Besatzung 1940–1945, Stuttgart 1984
Koos Groen: Landverraad: de berechting van collaborateurs in Nederland, Antwerpen 1984
Biografisch Woordenboek van Nederland, Band 3, 's-Gravenhage 1989

GENECHTEN, ROBERT VAN, geb. 25.10.1895 in Antwerpen, Selbstmord 13.12.1945 in Den Haag, Schulungsleiter der »Nationaal Socialistische Beweging« (NSB) 1938–1943, Generalstaatsanwalt und Landespolizeidirektor in Den Haag 1940–1943

Von Geburt Belgier, erhielt G. 1930 die niederländische Staatsbürgerschaft. Er stammte aus einer katholischen Lehrerfamilie und studierte während des Ersten Weltkriegs Rechtswissenschaft an der Universität Gent, die von der deutschen Besatzungsmacht in ein flämisches Wissenschaftszentrum umgewandelt wurde. Er gehörte zu den flämischen Aktivisten, die in Zusammenarbeit mit den Deutschen die französischen Professoren vertrieben. Um Verfolgungen zu entgehen, flüchtete er 1918 in die Niederlande und studierte in Utrecht weiter. 1920 verurteilte ihn der Assisenhof in Antwerpen zu acht Jahren Gefängnis in contumaciam. Nach dem Examen ließ sich G. in Utrecht als Anwalt nieder. 1927 promovierte er zum Dr. jur. und wurde ein Jahr später Privatdozent für die Theorie der Finanzwissenschaften an der Universität Utrecht. Während seines Exils im Nachbarland verfocht G. die Sache der Flamen mit Publikationen wie »Wat willen de Vlamingen?« (1925), »De slechte oneindigheid van het Vlaamsche belgicisme« (1926) oder »Vlaanderens economische ontwikkeling na den oorlog« (1928).
1934 trat G. der »Nationaal Socialistische Beweging« (NSB) → Musserts bei. 1936 wurde er Redakteur der NSB-Zeitung »Nieuw Nederland, maandblad voor economie, staatskunde en cultuur«, die er ab 1938 alleine herausgab. Aus seinen zahlreichen Artikeln sprach Mißtrauen gegen Rationalismus und Humanismus gleicherweise. 1938 wurde er Schulungsleiter der NSB. In seiner im gleichen Jahr erschienenen Schrift »Dietsche verbondenheit« entpuppte er sich als konsequenter Antisemit. Als der deutsche Einmarsch in den Niederlanden am 10.5.1940 begann, wurde G. folgerichtig als potentielles Mitglied der Fünften Kolonne fünf Tage im Gefängnis Hoorn eingesperrt.
Nach der Besetzung der Niederlande durch die Wehrmacht warteten viele Ämter auf G. Im November 1940 übernahm er auf Weisung Musserts die Leitung der »Nationaal-Socialistische Studentenfront«, in der nach der Auflösung aller studentischen Verbindungen die Studenten der niederländischen Hochschulen gleichgeschaltet waren. Er setzte sich zur Aufgabe, die Universität Leiden, an der er den Lehrstuhl für staatliche Finanzwissenschaft übernahm, in ein Zentrum

nationalsozialistischer Lehre umzuwandeln. Nach dem Vorbild der »Nationalpolitischen Erziehungsanstalten« in Deutschländ wollte G. in den Niederlanden ähnliche Schulen als Kaderschmiede für die NSB einrichten. Aber abgesehen davon wünschte er die Erhaltung des niederländischen Erziehungssystem. Als Bevollmächtigter für Unterricht, Kunst und Wissenschaften in der NSB-Zentrale und als Vorsitzender der »Opvoedersgilde«, der Erziehergemeinschaft der NSB, hatte G. von Mussert die Aufgabe gestellt bekommen, einerseits die Lehrerschaft für den Nationalsozialismus zu gewinnen und andererseits das niederländische Schulwesen zu erhalten. Das eine mißlang, das andere gelang.
Im September 1940 ernannte der Reichskommissar für die besetzten niederländischen Gebiete, Arthur Seyß-Inquart, G. zum Generalstaatsanwalt am Haager Gerichtshof und beim »Vredesgerechtshof«, der für Revisionen zuständig war, mit dem Recht, abgeschlossene Prozesse neu aufzurollen. Damit wurde in den Niederlanden eine Anpassung an das deutsche Gesetz zur Änderung des Strafgesetzbuches vom 28.6.1935 nachvollzogen. Bei der Verfolgung von Niederländern, die vor der deutschen Besetzung der NSB geschadet hatten, zeigte sich G. besonders eifrig. Die Überstellung von niederländischen Straftätern an den deutschen SD versuchte er so weit wie möglich zu vermeiden.
Gleichzeitig mit seinen staatsanwaltlichen Ämtern wurde G. die Leitung der Landespolizeidirektion Den Haag anvertraut. Als er jedoch erfuhr, daß zum 1.3.1943 mit einer Polizei-Reorganisationsverordnung durch → Schrieke das Polizeiwesen in den Niederlanden zentralisiert werden sollte, trat er im Januar 1943 von seinen beiden richterlichen Ämtern zurück. Er wollte mit diesem Schritt auch seiner drohenden Entmachtung zuvorzukommen, die von den Deutschen betrieben wurde, weil er sich gegen Verwendung der Ordnungspolizei für politische Zwecke sträubte, die Geiselnahme für ermordete NSB-Mitglieder ablehnte, die Werbung für die Waffen-SS behinderte und die Eidesleistung auf die Person Hitlers verweigerte.
Nach seinem Rücktritt als Generalstaatsanwalt ging es mit G. bergab. Er hatte zwar die Zustimmung Musserts, in einer neuen Verwendung als staatlicher Provinzkommissar die Leitung von Zuid-Holland mit Sitz in Utrecht zu übernehmen, aber die Deutschen verweigerten ihre Zustimmung. Als Mussert G. anstelle von Jan van Dam als »Secretaris-generaal van opvoeding, wetenschap en cultuurbescherming« mit der Zuständigkeit für Unterricht, Wissenschaften und Kunst in sein »Kabinett« einbeziehen wollte, erhoben die Deutschen Einspruch, weil er Musserts Ideen von einem großdietschen Reich unter Einschluß der Flamen und Friesen teilte und von einer Angliederung der Niederlande an das Reich nichts wissen wollte. Auch seine Vorhaben, beim Aufbau der »Nationalpolitischen Erziehungsanstalt« in Valkenburg (Südlimburg) und der »Reichsschule für Mädel« in Heijthuizen bei Roermond und bei der »Nederlandsche Instelling voor Volksche Opvoeding« (NIVO) niederländische Personal- und Spracheninteressen zu vertreten, machten die Deutschen zuschanden. Es war bekannt, daß G. dagegen kämpfte, daß das Deutsche in diesen Einrichtungen alleinige Unterrichtssprache war und niederländische Lehrkräfte zugunsten deutscher zurückgedrängt wurden. Den Vorschlag des Generalkommissars für politische Angelegenheiten beim Reichskommissar für die besetzten niederländischen Gebiete,

Fritz Schmidt, G. als »starken Mann« in Flandern einzusetzen, weil er ein Fachmann für die flämische Kultur sei, lehnte Himmler persönlich mit der Begründung ab, daß G. »ein typischer Anhänger Musserts« sei. Auch mit dem Vorschlag, ein »Rijksinstitut voor Nederlandsche taal en volkskultuur« einzurichten, konnte sich G. nicht durchsetzen. Der deutsche Generalkommissar für das Sicherheitswesen beim Reichskommissar für die besetzten niederländischen Gebiete, SS-Obergruppenführer Hanns Albin Rauter, mutmaßte, daß es dem »Germanischen Forschungsinstitut« Konkurrenz machen wolle, das im Januar 1943 in Den Haag eingerichtet worden war, um niederländische Probleme im germanischen Zusammenhang zu bearbeiten.
Im Unterschied zu führenden Mitgliedern der NSB wie → Rost van Tonningen und Henrik → Feldmeijer lehnte G. eine Beteiligung von Niederländern an der Waffen-SS ab, um sie von großgermanischer Indoktrination fernzuhalten. Die »Nederlandsche SS« bezeichnete er als »einen Haufen Idioten«, die nach der deutschen Pfeife tanzten. Eigentlich sei es eine Aufgabe der Schulungsleiter der NSB, sich gegen diese unniederländische Organisation zu wenden. Das vom »Nederlandsch Verbond voor Sibbekunde« empfohlene Buch »Bloed en mythe als levenswet« von Pieter Emile Keuchenius verwarf er als unwissenschaftliches Machwerk und lehnte es als Unterlage für die Parteischulung ab. Mit solchen Einstellungen verscherzte sich G. das Wohlwollen der Besatzungsmacht, insbesondere das der SS-Führung.
Im April 1943 unternahm G. zwei Selbstmordversuche. Im Mai 1943 trat er von allen seinen NSB-Funktionen zurück. Himmler legte Wert darauf, daß sein Nachfolger für Erziehung, Kunst und Wissenschaften in der NSB-Zentrale ein Vertreter des großgermanischen Reichsgedankens sein müsse und setzte dafür den SS-Untersturmführer → Nachenius durch. Im August 1943 übernahm G. den Lehrstuhl für Strafrecht an der geschlossenen Leidener Universität.
Nach dem Zweiten Weltkrieg wurde G. vom Bijzonder Gerechtshof am 17.10. 1945 zum Tode verurteilt. Während der Kassationsgerichtshof über seine Berufung beriet, beging er im Gefängnis Selbstmord. In einem Abschiedsbrief bereute er seine Taten: »Het is alsof ik uit een droom ontwaakt ben.«

Literaturhinweise:
Konrad Kwiet: Reichskommissariat Niederlande, Stuttgart 1968
L. De Jong: Het Koninkrijk der Nederlanden in de tweede Wereldoorlog 1939–1945, 14 Bände, 's-Gravenhage 1969 ff.
N. K. C. A. in't Veld (Hrsg.): De SS en Nederland. Documenten uit SS-Archieven 1933–1945, 2 Bände, 's-Gravenhage 1976
Gerhard Hirschfeld: Fremdherrschaft und Kollaboration. Die Niederlande unter deutscher Besatzung 1940–1945, Stuttgart 1984

GOEDEWAAGEN, TOBIE, geb. 15.3.1895 in Amsterdam, gest. 4.1.1980 in Den Haag, Leiter des niederländischen »Departments van Volksvoorlichting en Kunsten« 1940–1943

Der Sohn eines Bankdirektors in Amsterdam studierte anfangs in Utrecht Kunstgeschichte und Niederländische Literaturwissenschaft, wechselte dann aber zur

Philosophie. 1923 promovierte er zum Dr. phil. G. war ein fruchtbarer Fachschriftsteller. Ab 1925 lehrte er Philosophie an der Utrechter Universität, zunächst als Privatdozent, ab 1932 als Professor. Die intensive Beschäftigung mit der deutschen Romantik, insbesondere mit dem Philosophen Friedrich Hegel, führte ihn zur nationalsozialistischen Ideologie. Ab 1938 war er Mitarbeiter der Zeitung »De Waag«, deren Chefredakteur er nach der Besetzung der Niederlande durch die Deutschen wurde. Bereits vor dem Krieg setzte er sich für eine Neuordnung des niederländischen Pressewesens ein und plädierte für die Errichtung einer Pressekammer unter staatlicher Aufsicht. Nach der Besetzung der Niederlande erreichte er sein Ziel. Am 6.6.1940 konstituierte sich unter dem Protektorat des deutschen Reichskommissars für die besetzten niederländischen Gebiete, Arthur Seyß-Inquart, der »Raad van Voorlichting voor de Nederlandse Pers« (RvV), der sich zur Aufgabe setzte, die Presse korporativ zu gliedern, im völkischen Sinne zu leiten und für eine »neue europäische Gemeinschaft« unter deutscher Führung zu werben. Allen Juden und anderen für unzuverlässig gehaltenen Journalisten wurde die Aufnahme verweigert, was ihr berufliches Aus bedeutete. G., der erst zu dieser Zeit in die »Nationaal Socialistische Beweging« (NSB) Musserts eintrat, übernahm auf Drängen des Generalkommissars für innere Angelegenheiten beim Reichskommissar, Hauptdienstleiter Fritz Schmidt, im November 1940 die Leitung des neugegründeten Ministeriums für Volksaufklärung und Kunst (Department van Volksvoorlichting en Kunsten). Zu seinem Aufgabenbereich gehörte die Lenkung des nichtwissenschaftlichen Schriftums, der Musik, der bildenden Künste, der Architektur, des Kunsthandwerks und des Ausstellungswesens. Ihm hatten die Niederländer, insbesondere die Amsterdamer, zu verdanken, daß auch während des Krieges das Musik- und Theaterleben blühte. Er verbesserte die Sozialleistungen für Künstler in einem Maße, das vor dem Krieg undenkbar gewesen wäre. Sein wichtigster Mitarbeiter wurde Max → Blokzijl, der die Pressearbeit übernahm. Um sich über die Arbeitsweise des deutschen Reichsministeriums für Volksaufklärung und Propaganda zu informieren, verbrachte er längere Zeit in Berlin. Was dort geschah, erschien ihm vorbildlich. 1941 wurde er an die Universität Leiden berufen und zum Präsidenten der Niederländischen Kulturkammer (Nederlandsche Cultuurkamer) gewählt, die nach deutschem Vorbild die Gleichschaltung des kulturellen Lebens in den Niederlanden anstrebte. Nach dem Willen der Besatzungsmacht sollte er vertrauensvoll mit dem »Nederlandsche Kultuurraad« zusammenarbeiten, der als Vereinigung niederländischer Kulturschaffender am 11.2.1942 gegründet wurde. Am 24.1.1941 wurde G. zusammen mit Mussert von Reichsminister für Volksaufklärung und Propaganda, Joseph Goebbels, empfangen, der zu einem Besuch in die Niederlande kam, um die Wirksamkeit der niederländischen Kulturpropaganda zu überprüfen. Am 29.8.1941 traf er Goebbels noch einmal während seines Aufenthalts bei der Reichskulturkammer in Berlin. In beiden Fällen lobte Goebbels die Arbeit G.s., obwohl die von ihm binnen eines Jahres zugesagte Nazifizierung der niederländischen Bevölkerung nicht erreicht wurde.

Im Januar 1942 trat G. in die »Nederlandsche SS« ein, die der Allgemeinen SS im Reich entsprach und ab November 1942 »Germansche SS en Nederlande«

hieß. Wachsende Konflikte mit dem deutschen Generalkommissar Fritz Schmidt, der immer deutlicher die Interessen der NSDAP durchsetzen wollte, und mit Mussert, dem Leider der NSB, führten dazu, daß G. im Januar 1943 von allen seinen Ämtern zurücktrat.

Im September 1944 flüchtete G. zusammen mit der Führungsriege der NSB nach Deutschland, als die Besetzung des Landes durch die Westalliierten drohte, obwohl er seit eineinhalb Jahren keine politischen Funktionen wahrgenommen hatte. Nach dem Krieg wurde er zu zwölf Jahren Gefängnis verurteilt.

Literaturhinweise:

L. de Jong: Het Koninkrijk der Nederlanden in de tweede Wereldoorlog 1939–1945, 14 Bände, 's-Gravenhage 1969 ff.

Gabriele Hoffmann: NS-Propaganda in den Niederlanden. Organisation und Lenkung der Publizistik unter deutscher Besatzung 1940–1945, München u. a. 1972

N. K. C. A. in't Veld (Hrsg.): De SS en Nederland. Documenten uit SS-Archieven 1935–1945, 2 Bände, 's-Gravenhage 1976

GÖMBÖS, GYULA, geb. 26.12.1886 in Murga, gest. 6.10.1936 in München, ungarischer Ministerpräsident 1932–1936

Sohn eines ungarischen Landschullehrers und einer deutschen Mutter, erlebte der Berufsoffizier G. das Ende des Ersten Weltkriegs als Hauptmann im Generalstab der k.u.k. Armee. Als in Budapest die Revolution ausbrach, ging er nach Wien. Er beteiligte sich an der Bildung des »Antibolschewistischen Komitees« und gründete das Wochenblatt »Magyar Futár« (Ungarischer Kurier). Er war Anhänger und enger Vertrauter von Miklós von → Horthy, des Kriegsministers in der Regierung Károlyi und späteren Reichsverwesers. Seine politische Laufbahn begann Anfang 1919, als er zum Präsidenten der ungarischen Nationalschutzvereinigung MOVE, (Magyar Orszagos Vedérö Egyesület), einer rechtsradikalen und nationalistischen Offiziersvereinigung, gewählt wurde. Auch in der antifreimaurerischen Geheimbewegung EKSZ wirkte er aktiv mit. Von den Ententemächten aus Szegedin ausgewiesen, vertrat er die Regierung Horthy ab Juli 1919 in Wien. Für die Partei der Kleinbauern gewann er 1920 ein Mandat im Budapester Parlament. Bei den Restaurationsversuchen König Karls spielte G. an der Seite Horthys eine wesentliche Rolle mit seinem Eintreten für die freie Königswahl. An der Niederschlagung des Putschversuches gegen den König im Oktober 1921 war er beteiligt. Als 1922 die »Einigkeitspartei« (Egységes Párt) entstand, wurde er ihr geschäftsführender Vizepräsident. Er übernahm die Leitung des Wahlkampfes 1922. Im Sommer 1923 verließ er die Partei und gründete die »Ungarische Nationale Unabhängigkeitspartei«, eine rassistische magyarische Bewegung, deren Hauptfeinde das Judentum und der Marxismus waren. Als Vorsitzender der »Partei der rassischen Verteidigung« (Fajvédö Párt) veranstaltete er 1925 in Budapest den »Antisemitischen Weltkongreß« und nahm Kontakt mit dem Führer der NSDAP in Bayern, Adolf Hitler, auf. 1928 löste er unerwartet seine Partei auf und trat wieder in die Einigkeitspartei ein, weil ihm Istvan Bethlen den Posten des Staatssekretärs im Kriegsministerium versprach. Am 10.10.1929 wurde er Kriegsminister. In dieser Funktion förder-

Vorbeimarsch der Ehrenkompanie an Gömbös nach der Kranzniederlegung im Berliner Ehrenmal am 30.9.1935

te er die nationalistischen Offiziere aus der Revolutionszeit nach dem Ersten Weltkrieg. Zum zehnjährigen Regentschaftsjubiläum Horthys ernannte er sich im März 1930 zum Generalleutnant. Mit Unterstützung der Großgrundbesitzer und des Militärs wurde er am 1.10.1932 ungarischer Ministerpräsident. Mit ihm kam der dem Reichsverweser nahestehende Offizierskreis, die Gruppe Szegedin, an die Macht. In seiner Regierungserklärung versprach er, die ungarische Nation »neue Wege« zu führen, und verlangte Selbstdisziplin, Selbstbewußtsein und Pflichterfüllung von den Staatsbürgern. Das aus 95 Punkten bestehende »Nationale Arbeitsprogramm«, das G. entwickelte, ließ die Anhänger der Bodenreform an die Verwirklichung ihrer Pläne glauben. Er definierte Ungarn als »selbstzweckorientierten Nationalstaat« und sich selbst als »Führer und Baumeister der neuen Generation«, die die »Erweckung der ungarischehn Nationalseele« bewirken werde. Der Regierungspartei gab er den neuen Namen »Partei der nationalen Einheit« (Nemzeti Egység Pártja) und gründete 1935 das »Nationale Arbeitszentrum«, um die Gewerkschaften zu verdrängen und die Arbeiterschaft zum nationalen Denken zu führen. Das Kriegsentschädigungsgesetz, das er vom Parlament verabschieden ließ, brachte ihm die Unterstützung der Kriegsinvaliden ein. Um den ungarischen Nationalstolz zu fördern, wurde der heilige Stefan per Gesetz zum Nationalhelden erklärt. Im Gegensatz zu seinen wirtschaftlichen Ankündigungen, nach denen er die Landwirtschaft sanieren wollte, stützte er die Großbauern und Großgrundbesitzer durch die Reform des Fideikommißrechts, durch Tilgungsstreckung und das Ansiedlungsgesetz. Alle Staatsämter wurden mit Vertretern der Clique von Szegedin besetzt. Bei den Parlamentswahlen 1935 gewann er für die regierende Einigkeitspartei 170 Mandate, d. h. zwei Drittel aller Sitze, so daß er für alle Gesetzesvorhaben eine Mehrheit hatte.

Außenpolitisch wollte G. Ungarn den Platz sichern, der ihm kraft seiner Vergangenheit, seiner geographischen Lage und seiner geschichtlichen Mission zukam. Die Revision des Vertrags von Trianon wurde erstmals zum offiziellen Regierungsprogramm erhoben und der Schutz der ungarischen Minderheiten im Ausland zur nationalen Aufgabe erklärt. Unterstützung erhoffte sich G. beim faschistischen Italien und beim nationalsozialistischen Deutschland. Mitte November 1932 besuchte er Mussolini in Rom und wurde vom Papst zu einer Privataudienz empfangen. Als erster ausländischer Regierungschef macht er im Juni 1933 seine Aufwartung bei Hitler. Göring hielt sich öfters bei ihm in Ungarn auf. Am 17.3.1934 unterschrieb G. die Römischen Protokolle, mit denen sich Italien, Ungarn und Österreich gegen die Kleine Entente absichern wollten. Mit Polen kam es zu einem Kulturabkommen. Wegen des Attentats auf den jugoslawischen König Alexander und den französischen Außenminister Barthou im Oktober 1934 in Marseille, an dessen Vorbereitung G. aktiv beteiligt war, geriet Ungarn in eine außenpolitische Krise, die nur mit Unterstützung Italiens beim Völkerbund beigelegt werden konnte. Horthy hielt zu G. Mit seiner Zustimmung löste G.das Parlament auf. Der Terror, der die Wahlen 1935 kennzeichnete, vertiefte die Abneigung des Volkes gegen seine Regierung.

Während eines Besuchs in Berlin am 30.9.1935 verpflichtete sich G. in einer geheimen Absprache mit Göring, innerhalb von zwei Jahren in Ungarn ein autoritäres Regime in Anlehnung an Deutschland zu errichten. Als Gegenleistung wurde ihm das Burgenland in Aussicht gestellt, wenn die Angliederung Österreichs an Deutschland gelingen sollte.

1936 entfremdeten sich Horthy und G. Die Landreform, der Antisemitismus, seine eigene Beförderung zum General und die schroffe Behandlung hoher Militärs durch G. in seiner Funktion als Kriegsminister machten Horthy glauben, daß G. zu selbständig sei. Am 1.9.1936 ernannte er einen neuen geschäftsführenden Ministerpräsidenten, als sich G. wegen eines Nierenleidens in ein Sanatorium nach Deutschland begab, wo er einen Monat später starb. Daß er im Widerspruch zum ungarischen Protokoll kein Staatsbegräbnis erhielt, wurde von seinen deutschen Freunden nicht verstanden. Das nach seinem Tode in Budapest errichtete Denkmal wurde am 6.10.1944 von ungarischen Widerstandskämpfern gesprengt. Für sie galt G. als Symbolfigur des Engagements Ungarns für die faschistische Politik.

Literaturhinweise:
1932–1935. Drei Jahre Regierung Gömbös, Budapest 1935

Carlile A. Macartney: October Fifteenth. A History of Modern Hungary 1929–1945, 2 Bände, Edinburg 1956 und 1957

Pritz Pál: Magyarország külpolitikája Gömbös Gyula miniszterelnöksége idején 1932–1936, Budapest 1982

H

HAGELIN, ALBERT VILJAM, geb. 24.4.1882 in Bergen, hingerichtet 25.5.1946 in Oslo, norwegischer Innenminister 1940–1945

H. war der Sohn einer schwedischen Jüdin und eines norwegischen Goldschmieds. Er erhielt eine musikalische Ausbildung in Deutschland. Nach einigen Auftritten als Sänger merkte er, daß er keine Karriereaussichten hatte. Deshalb studierte er Architektur an der Technischen Hochschule in Dresden. 1917 leitete er eine deutsche Nahrungsmittel-Einkaufsgesellschaft in Schweden. Nach dem Ersten Weltkrieg machte er ein Vermögen als Inhaber einer Kaffeeimportfirma in Deutschland. Mit einer Deutschen verheiratet, knüpfte er in den zwanziger Jahren in Dresden die ersten politischen Fäden zur NSDAP. Über seine Verwandschaft in Bergen und Ålesund hatte er auch Verbindungen zu höchsten norwegischen Stellen. In der »Nasjonal Samling« (NS) war er als reicher Norweger im Ausland bekannt. 1936 traf er erstmals mit → Quisling zusammen, der ihn zum Eintritt in die NS bewog. Nachdem die Versuche, Quisling mit leitenden Beamten des Auswärtigen Amtes und des Reichsministeriums für Volksaufklärung und Propaganda in Verbindung zu bringen, gescheitert waren, machte H. ihn während eines Besuches in Deutschland mit dem Leiter der Nordeuropaabteilung in Rosenbergs »Außenpolitischen Amt der NSDAP«, Hans-Wilhelm Scheidt, bekannt. Im September 1938 erreichte er, daß das Parteiorgan der NS »Fritt Folk« auch in Deutschland vertrieben werden durfte. Im Mai 1939 nahm H. Kontakt mit Göring auf und bat ihn um 6,5 Millionen RM, damit das Blatt zu einer modernen Tageszeitung umgestaltet werden könne. Er bekam 200 000 RM. Um die Deutschen für die inneren Angelegenheiten Norwegens und für die NS zu interessieren, beschwor er die Gefahr einer »Einkreisung« Deutschlands von britischer und sowjetischer Seite. Beide Seiten seien bestrebt, Norwegen als Basis für einen Angriff gegen Deutschland zu gewinnen. Es sei in deutschem Interesse, die nationale Bewegung in Norwegen zu unterstützen und mit ihrer Hilfe den Einkreisungsring zu sprengen. Außerdem eigne sich Norwegen als Ausgangsbasis für einen eventuellen Angriff auf England.

Vom 7. bis 24.6.1939 machte Quisling eine Reise durch Deutschland. H.s Kontakte zu den höchsten Regierungsstellen erwiesen sich als so hilfreich, daß ihn Quisling hinfort in seiner Nähe haben wollte. Bei seiner nächsten Reise nach Deutschland vom 10. bis 20.12.1939 schmiedeten beide Pläne für einen politischen Umsturz in Norwegen. Der Oberbefehlshaber der deutschen Kriegsmarine, Großadmiral Raeder, vermittelte ihnen am 13.12.1939 ein Gespräch mit Hitler, der allerdings von Quislings gewaltsamer Machtergreifung nichts wissen wollte. Am 14.12.1939 waren Quisling und H. nochmals bei Hitler, um ihn über die innenpolitische Situation in Norwegen zu informieren. Ohne ihr Wissen befahl der Führer an diesem Tag dem Generalstab des Heeres, die militärischen Möglichkeiten einer Besetzung Norwegens zu eruieren. Am 18.12.1939 gab Hitler Quisling und H. bei einem weiteren Gespräch zu verstehen, daß er die Neutralität Norwegens zu erhalten wünsche und daß er unter allen Umtänden den

Zugriff Englands auf den Hafen Narvik und die damit verbundene Kontrolle über die schwedischen Eisenerzexporte verhindern wolle. Es ist ungeklärt, ob für den Fall eines deutschen Eingreifens Einzelheiten besprochen wurden, z. B. die Stellung von Dolmetschern und Ortskundigen, polizeiliche Vorsorgemaßnahmen für die zu erwartende feindselige Haltung der Norweger, die mögliche Reaktion König Haakons VII., Finanzfragen und Geheimhaltungmaßnahmen. Als der Finnisch-sowjetische Winterkrieges am 13.3.1940 beendet wurde, war deutlich, daß die Briten nicht bereit waren, die Neutralität der skandinavischen Länder zu respektieren. Am 26.3.1940 warnte H. die deutsche Regierung erneut auf das eindringlichste vor einer britischen Aktion gegen Norwegen.
Am Morgen des Tages der deutschen Invasion am 9.4.1940 beriet H. mit Quisling über die zu ergreifenden Maßnahmen. Am Abend gab Quisling im Rundfunk die Übernahme der Regierungsgewalt durch die NS bekannt. Da die norwegische Regierung und der Storting 1940 ohne Neuwahlen über die verfassungsgemäße Dauer hinaus im Amt geblieben waren, hatten Quisling und H. bei ihrem Staatsstreich zwar das Recht auf ihrer Seite, aber es fehlte die Zustimmung des Königs zur neuen Regierung. H. sollte Minister für Handel und Versorgung werden.
Am 11.4.1940 schickte Quisling H. nach Berlin, wo er am 13.4.1940 Gespräche mit dem Reichsminister des Äußeren, Joachim von Ribbentrop, mit dem Leiter des Außenpolitischen Amtes der NSDAP, Alfred Rosenberg, und mit Hitler führte, in denen er die politische Lage in Norwegen beschönigte, um die Zustimmung der Reichsregierung zur Regierung Quisling zu bekommen. Seine Bemühungen waren vergebens, weil sich sowohl die Wehrmacht wie das Auswärtige Amt aufgrund der Berichte aus Norwegen für die Kontinuität der legitimen Regierung aussprachen. Am 14.4.1940 wurde Quisling von den Deutschen gedrängt, sein Amt niederzulegen. Am 15.4.1940 trat ein Regentschaftsrat unter I. E. Christensen an seine Stelle.
Am 25.9.1940 ernannte der deutsche Reichskommissar in Norwegen, Josef Terboven, H. zum Innenminister im norwegischen Staatsrat (kommissarisk riksråd), der die Regierungsgeschäfte führte. H. hatte die Absicht, in Verwirklichung des Parteiprogramms der NS eine korporative Gesellschaftsordnung durchzusetzen, die die Gleichschaltung der Gewerkschaften, des öffentlichen Dienstes und der Berufskörperschaften zur Voraussetzung hatte. Seine Gleichschaltungsversuche scheiterten jedoch bereits an den Beamten, die sich sträubten, in die NS einzutreten. Absetzungen nicht linientreuer Beamter und Stellenbesetzungen mit NS-Funktionären lähmten die Verwaltung. In den Kommunen konzentrierte H. alle Macht in den Händen der von ihm eingesetzten Ortsvorsteher.
Ab Herbst 1942 resignierte H. Sein Einfluß in der NS ließ nach, und Quisling suchte sich andere Berater. Von Quislings Plan, daß H. Regierungschef werden würde, sobald er Staatsoberhaupt sei, war keine Rede mehr. Mit Terboven vermehrten sich die Auseinandersetzungen, weil H. seine Entscheidungen ohne Rücksicht auf die deutschen Wünsche fällte. H. mißfiel die pangermanische Politik, die Quisling vertrat, und die wirtschaftliche Ausbeutung Norwegens, die Terboven betrieb. Er mußte zwar am 22.2.1943 das Gesetz über den nationalen Arbeitseinsatz erlassen, das alle Männer und Frauen nach gewissen Kriterien zur

Arbeitsleistung verpflichtete, aber in den Parteiversammlungen sprach er sich immer deutlicher für den Vorrang der nationalen Interessen des Landes aus, den er z. B. beim Straßen- und Eisenbahnbau gewährleistet sah. Er trat für die größtmögliche Unabhängigkeit der norwegischen Behörden von den deutschen ein und beschwor Quisling, das Land nicht zu einem Satelliten Deutschlands werden zu lassen. Am 2.8.1943 hielt H. eine patriotische Ansprache, daß er nicht länger hinnehmen wolle, daß die Interessen des norwegischen Volkes vergewaltigt würden. In Überschätzung seiner Macht wollte er die Zusammenarbeit mit Terboven und dessen Stellvertreter, Regierungspräsident Koch, davon abhängig machen, daß sie die Kompetenzen des Riksråd erweiterten und sich zur Selbständigkeit Norwegens bekannten. Alle Versuche in diese Richtung schlugen fehl. Obwohl er einen Rücktritt als Minister erwog, fand H. keinen Weg aus seiner politischen Verquickung mit der NS. Er boykottierte zwar Quislings Weisung, die Finnmark angesichts des drohenden Einmarsches der Roten Armee nach dem deutschen Rückzug zu evakuieren, aber zum direkten Widerstand konnte er sich nicht entschließen. Am 8.11.1944 wurde er wegen seines passiven Widerstandes aus allen Ämtern entlassen. In der Öffentlichkeit wurde ein Steuerbetrug als Entlassungsgrund angegeben.
Nach seiner Verhaftung am 8.5.1945 wurde H. vor Gericht gestellt. Das Urteil vom 3.5.1946 lautete auf Todesstrafe.

Literaturhinweise:
Dietrich Loock: Quisling, Rosenberg und Terboven, Stuttgart 1970
Knut Heidar: Norske politiske fakta, Oslo u. a. 1983
Öystein Sörensen: Hitler eller Quisling, Cappelen 1989
Hans Fredrik Dahl: Vidkun Quisling – en fører for fall, Oslo 1992

HAMSUN, KNUT, geb. 4.8.1859 in Lom (Gulbrandsdal), gest. 19.2.1952 in Nörholm, norwegischer Schriftsteller und Nobelpreisträger

H.s Vater war der Schneider Pedersen, der mit seiner Familie 1863 nach Hamsund auf der Insel Hamaröy in Nordland zog, wo H. aufwuchs und wonach er sich später nannte. H. hatte eine harte Kindheit. Mit neun Jahren wurde er zum Arbeiten zu einem Onkel geschickt, bei dem er fünf Jahre blieb. Danach schlug er sich als Laufbursche, Schuhflicker und Dockarbeiter durchs Leben. Zwischen 1883 und 1888 war er mehrmals in Nordamerika. Mit 25 sandte er unter dem Pseudonym Knut Hamsund einen Artikel über Mark Twain an die Zeitschrift »Ny Illustreret Tridente«. Der Setzer vergaß das d am Schluß des Namens, so daß er sich fortan Knut Hamsun nannte. Der große Durchbruch als Schriftsteller kam jedoch erst mit dem Roman »Hunger« 1888.
Mit 49 Jahren heiratete H. Marie Anderson, mit der er vier Kinder hatte und die das bäuerliche Leben in Nordland mit ihm teilte. Dorthin zog er sich 1908 zurück. Die Lektüre der Werke Nietzsches machte ihn mißtrauisch gegen den Kult des industriellen und wissenschaftlichen Fortschritts und gegen die städtische Zivilisation. Mit der Hochschätzung des Landlebens entwickelte sich seine Affinität zur Ideologie des Nationalsozialismus. Boden, Arbeit, Aussaat und Ernte, die Probleme der bäuerlichen Existenz, waren der Inhalt seiner Werke. Er

verachtete die Produkte der Industrie. Als Vorreiter der Industrialisierung war England in seinen Augen für die sozialen Verwerfungen der Zeit, insbesondere für die Landflucht und die Verstädterung, verantwortlich. Bereits im Ersten Weltkrieg vertrat H. die deutsche Position, während drei Viertel der Norweger für die englische Seite eintraten.

Knut Hamsun und seine Familie im Haus Nörholm bei Grimstad

1918 kaufte H. das Gut Nörholm bei Grimstad in Südnorwegen, das er im Laufe der Jahre zu einem Musterbetrieb machte. 1920 erhielt er den Literaturnobelpreis für seinen Roman »Segen der Erde«, einen Lobgesang auf das Bauertum. 1934 nahm er in Weimar die »Goethemedaille für Kunst und Wissenschaft« entgegen, mit der seit 1932, dem 100. Todestag Goethes, außergewöhnliche Verdienste um die deutsche Kultur gewürdigt wurden.

1935 betrat H. die politische Bühne. Ganz im Sinne der Nationalsozialisten griff er den Friedensnobelpreisträger Carl von Ossietzky an. Er bewunderte den »festen Charakter und unbeugsamen Willen« Vidkun → Quislings und pflegte zu mehreren Mitgliedern der »Nasjonal Samling« (NS) persönliche Beziehungen, obwohl er selbst nie Parteimitglied war. Aber bei den Wahlen 1936 machte er für Quisling Propaganda.

H.s besonderer Haß galt den Briten. England war für ihn ein Staat, der »wie eine Ratte auf dem Schweinefleisch« vom Naturreichtum seiner Kolonien lebte. Die Schuld an der Einbeziehung Norwegens in den Krieg im April 1940 wies er den Briten zu, die wie im Ersten Weltkrieg um Deutschland einen Blockadering legen wollten. Zehn Tage nach der deutschen Invasion forderte er seine Leser auf, nicht den Widerstandsaufrufen des norwegischen Parlamentssprechers Carl Hambro, der nach Schweden geflohen war, zu folgen, weil dieser jüdischer Abstammung sei. Die Flucht der Regierung mit dem König nach Großbritannien empfand er als Schande. »Sie gab den Befehl zur Mobilmachung und machte sich aus dem Staube.« Die norwegischen Streitkräfte forderte er am 4.5.1940 auf, die Waffen niederzulegen: »Als die Engländer in den Jössingfjord eindrangen und unsere Selbständigkeit verletzten, habt ihr nichts getan, auch dann nicht, als die Engländer unsere Küsten verminten, um uns in den Krieg hineinzuziehen. Aber als die Deutschen Norwegen besetzten, um zu verhindern, daß der Krieg in unser Land getragen werde, habt ihr für unseren entlaufenen König und sein Privatkabinett Stellung genommen ... Norweger! Werft die Gewehre fort und geht wieder nach Hause. Die Deutschen kämpfen für uns alle und brechen jetzt Englands Tyrannei über uns und unsere Nachbarn.« Dieser Appell brachte große Teile der Bevölkerung gegen ihn auf. Viele verbrannten seine Bücher. Noch unverständlicher fanden die Norweger sein Eintreten für eine nationale Regierung unter Quisling. Dieses Plädoyer mißfiel auch dem deutschen Reichkommissar, Josef Terboven, der ansonsten in H. einen Wegbereiter des Nationalsozialismus sah. Als H. im Winter 1941/42 bei ihm die Entlassung seines verhafteten Freundes Ronald Fangen erbat, mußte er sich bereit erklären, nichts zu tun, was der Besatzungmacht schade. Seine Parteinahme für Deutschland zeigte sich in Aufsätzen, in denen er Stalin, Churchill und vor allem Roosevelt, »einen Juden im jüdischen Sold, den führenden Geist in Amerikas Krieg für das Gold und die Judenmacht«, angriff. H. glaubte an die Zukunft der germanischen Völker und träumte von »einer gemeinsamen reichen und blühenden Kulturperiode ..., die auf einer germanischen Lebensanschauung in Norwegen und im ganzen Norden beruht«. Am 15.12.1941 setzte er sich mit einem Aufruf unter der Überschrift »Ehret die Jugend« für die Aufstellung einer norwegischen Legion ein, die an der Seite der Wehrmacht gegen den Bolschewismus kämpfen sollte: »Die Jugend ist es, die zum Schlachtfeld eilt und die Ehre unseres Volkes wiederherstellt. Die Jugend ist es, die den Ruf hört und ihr Leben für die Zukunft Norwegens einsetzt.«

H. warnte seine Landsleute vor dem Widerstand gegen die deutsche Besatzungsmacht, weil das zu unnötigen Opfern führe und nur den Briten zugute käme. Im April 1943 starben bei einer Schießerei in Telavay zwei Gestapomänner. Als Vergeltung ordnete Terboven an, daß dreizehn Männer des Dorfes hingerichtet und 300 Häuser sowie alle Fischerboote gesprengt würden. H. setzte sich öffentlich für ihre Begnadigung ein. In einem Artikel vom 13.2.1943 bedauerte er den Tod der vielen Männer, die sich für Englands Sieg hinrichten ließen. Er nannte sie »verblendete Opfer«.

Am 19.5.1943 besuchte H. den Reichsminister für Volksaufklärung und Propaganda, Joseph Goebbels, in Berlin. Beide waren voneinander angetan. Goebbels ließ H.s Werke in einer Neuauflage von 100 000 Stück auf den deutschen Markt bringen, und H. schickte Goebbels zum Dank seine Nobelpreismedaille. Als Ehrengast besuchte H. im Juni 1943 den Journalistenkongreß in Wien und legte ein Bekenntnis zu Deutschland ab. Zwei Tage später traf H. Hitler auf dem Obersalzberg. Bei der Unterredung kam es zu einen Eklat. H. forderte die Ablösung Terbovens: »Die Handlungsweise des Reichskommissars paßt uns nicht! Seine Preußerei ist für uns unerträglich. Und dann die Hinrichtungen! Wir können nicht länger.« Mit einem Monolog versuchte Hitler diesen Punkt zu umgehen, doch der schwerhörige Besucher verstand ihn nicht und wiederholte seine Forderung. Schließlich versprach Hitler, Terboven nach dem Krieg abzuberufen und brach die Unterhaltung ab. Als H. daraufhin in Tränen ausbrach, bat Hitler den Dolmetscher, den Gast zu beruhigen. Der Pressechef Otto Dietrich schrieb später in seinen Buch »Zwölf Jahre mit Hitler«: »Als der alte Herr gegangen war, gab Hitler seiner Empörung unbehelligt Ausdruck. Es vergingen Tage, bis er die Aussprache verdaut hatte.«

Trotz seines Mißerfolgs bei Hitler trat H. weiterhin für die deutschen Belange in Norwegen ein. Über den Rundfunk forderte er z. B. alle norwegischen Seeleute in englischen Diensten auf, nach Norwegen zurückzukehren. Nach der westalliierten Landung in Frankreich am 6.6.1944 verfaßte er für »Aftenposten« einen kurzen Kommentar mit der Überschrift: »Deutschland hält die Rettung in der Hand«. Danach hörte die Öffentlichkeit fast ein Jahr lang nichts mehr von H., bis er einen Tag vor der deutschen Kapitulation einen hymnischen Nachruf auf Adolf Hitler veröffentlichte, der am 30.4.1945 Selbstmord verübt hatte: »Ich bin es nicht wert, meine Stimme zur Ehrung Hitlers zu erheben. ... Er war ein Kämpfer, ein Kämpfer für die Menschheit und ein Verkünder der Botschaft vom Recht für alle Völker. Er war ein Reformator von höchstem Rang, und sein historisches Schicksal war es, in einer Zeit beispielloser Rohheit wirken zu müssen, der er schließlich zum Opfer fiel. So müssen die Mitteleuropäer Hitler sehen. Wir jedoch, seine Anhänger, verneigen unser Haupt vor seiner sterblichen Hülle.« Als er gefragt wurde, wie er so etwas schreiben konnte, meinte er: aus Ritterlichkeit in einer Zeit der Wendehälse.

Wie viele Schriftsteller seiner Zeit von Friedrich Nietzsche geprägt, glaubte H., daß Neues erst entstehen könne, wenn die alten Normen zerstört seien. Ohne Apokalypse gebe es keine bessere Welt. Auch im destruktiven Wirken Hitlers glaubte H. den Beginn einer neuen Gesellschaft mit neuen Wertvorstellungen erkennen zu können.

Drei Wochen nach Kriegsende wurden H. und seine Frau verhaftet. Der Dichter kam am 14.6.1945 in ein Krankenhaus in Grindstad. Bei den Vernehmungen stand H. zu seiner Sympathie für Deutschland. Den Vorwurf des Landesverrats wies er zurück. Trotzdem wurde sein Gut Nörholm vom norwegischen Staat eingezogen. Am 5.10.1945 wies man ihn in eine psychiatrische Klinik ein, um seinen Geisteszustand zu überprüfen. Das empfand H. als besondere Schmach: »Ich für mein Teil hätte zehnmal lieber in einem gewöhnlichen Gefängnis in Ketten gelegen, als mich damit peinigen zu lassen, mit mehr oder weniger gemütskranken Menschen zusammen in einer psychiatrischen Klinik zu leben.« Um H. entmündigen zu können, ließ sich der ihn betreuende Arzt Prof. Langfeldt von H.s Ehefrau Intimes aus ihrer Ehe erzählen. Sie charakterisierte ihn als einen tyrannischen, labilen und eifersüchtigen Mann. Als H. erkannte, daß man ihn aufgrund dieser Aussagen für geisteskrank erklären wollte, distanzierte er sich von seiner Frau und wies vier Jahre lang ihre Besuche zurück.

Im Dezember 1947 kam es zur Gerichtsverhandlung wegen seiner politischen Haltung während des Zweiten Weltkriegs. In seiner Verteidigungsrede erklärte H., daß es ihm in erster Linie um die Rettung norwegischen Lebens gegangen sei, als er für die deutsche Sache eintrat. Vom Vorwurf, Nationalsozialist gewesen zu sein, wurde H. zwar freigesprochen, aber wegen Landesverrats wurde er zu einer Geldstrafe von 425 000 norwegischen Kronen verurteilt. Weil er angeblich »an bleibend geschwächten Seelenkräften« litt, kam er in die Epidemieabteilung des Krankenhauses von Grindstad. Dort verarbeitete H. das Gerichtsverfahren in dem Buch »Auf überwachsenen Pfaden«, das 1951 erschien. Es bewies, daß er weit davon entfernt war, ein Geisteskranker zu sein.

Zu den Ausländern, die mißbilligten, wie die Norweger mit ihrem größten lebenden Schriftsteller umgingen, gehörte der russische Außenminister Molotow. Die literarischen Werke H.s wurden nach dem Zweiten Weltkrieg in Norwegen indiziert. Wenige kümmerten sich um ihn, als er 90 Jahre alt wurde. Eine Aus-

nahme war der Schwede Sven → Hedin, der ihm in aller Öffentlichkeit gratulierte. H.s Sohn Tore, der als Freiwilliger in der Waffen-SS gekämpft hatte, veröffentlichte 1952 Erinnerungen an seinen Vater mit vielen dokumentarischen Auszügen, die das verfälschte Bild H.s korrigieren sollten. Der Titel lautete »Knut Hamsun – min far«.
1978 machte sich der dänische Schriftsteller Thorkild Hansen in einem achthundert Seiten langen Buch »Processen mod Hamsun« über das norwegische Justizsystem lustig. Das war der Anfang der Rehabilitation. Die einfachste Formel hieß: H. hat die Deutschen geliebt, weil er die Engländer haßte. In den neunziger Jahren besannen sich die Norweger wieder ihres großen Sohnes, dessen sie sich vierzig Jahre lang geschämt hatten. In Hamaröy, dem einstigen Wohnsitz des Dichters, finden jedes Jahr »Hamsuntage« statt, an denen sogar das Königspaar teilnahm.

Literaturhinweise:
Knut Hamsun: Auf überwachsenen Pfaden, München 1959
Sten Sparre Nilson: Knut Hamsun und die Politik, Villingen 1964
Thorkild Hansen: Der Hamsun-Prozeß, Hamburg 1979
Harald Naess: Der Fall Hamsun, in: Reinhold Grimm und Jost Hermand (Hrsg.): Faschismus und Avantgarde, Königstein 1980
Tore Hamsun: Mein Vater Knut Hamsun, München 1993

HEDIN, SVEN, geb. 19.2.1865 in Hidingsta (Närke), gest. 25.11.1952 in Stockholm, schwedischer Geograph und Schriftsteller

Als Nachfahre eines alten Bauerngeschlechts wurde H. in einem Weiler in der mittelschwedischen Provinz Närke geboren. Sein Vater war Architekt und seine Mutter die Tochter des Reichsbankdirektors und Reichstagsabgeordneten Christian Gissel Berlin. Nach dem Abitur übernahm er die Stelle eines Hauslehrers in der Familie eines schwedischen Ingenieurs, der auf den Ölfeldern am Kaspischen Meer beschäftigt war. Dort lernte er Russisch, Tatarisch und Persisch. Über seine erste 3000 km lange Reise zu Pferd nach Basra und Bagdad veröffentlichte er 1887 sein erstes Buch. Nach Hause zurückgekehrt, studierte er in Stockholm und Uppsala Geologie, Mineralogie, Kristallographie und Zoologie. Nach einem kurzen Studienaufenthalt an der Universität Berlin reiste er im April 1890 mit einer schwedischen Delegation zum Schah nach Persien. Von Teheran aus zog er nach Samarkand und Taschkent. 1892 schloß er sein Studium mit dem Doktorgrad in Halle ab. Zu diesem Zeitpunkt hatte er bereits drei Bücher geschrieben und ein viertes übersetzt. 1893–1897 unternahm er seine erste Expedition nach Zentralasien, erforschte den Pamir, durchquerte die Wüste Takla-Makan und reiste nach Tibet. 1898 traf H. mit dem englischen Afrikareisenden Henry Morton Stanley in London zusammen und hatte mehrere Begegnungen mit Franz Joseph I., Kaiser und König von Österreich-Ungarn, in Wien. 1899 bis 1902 unternahm H. eine 2000 Kilometer lange Flußfahrt auf dem Tarim in Zentralasien. Der Versuch, nach Lhasa vorzudringen, scheiterte. 1905 wurde H. Mitglied der Königlichen Schwedischen Akademie der Wissenschaften. Er lehnte es ab, sich in den Reichstag wählen zu lassen. Nach der Aufhebung der Personalunion von Schweden und Norwegen am 7.6.1905 äußerte er seine Furcht, daß sich Rußland den freien Zugang zum Meer, den es im Krieg gegen Japan 1904/05 nicht erreicht hatte, über Skandinavien beschaffen würde. 1905–1909 fand die dritte Expedition nach Zentralasien statt. H. überquerte achtmal den Transhimalaja und erforschte das Quellgebiet des Indus und des Brahmaputra. 1910 fand die Eifersuchtsfehde zwischen Strindberg und H. statt, in der beide ihre Abneigung gegeneinander deutlich machten. Um die Verteidigung Schwedens in dem heraufziehenden Krieg zu gewährleisten, stellte sich H. an die Spitze des »Schwedischen Panzerkreuzer-Vereins«, der 17 Millionen Kronen für die Flottenrüstung sammelte. Mit dieser Aktion stieg H. zum Repräsentanten der vaterländischen Nationalbewegung auf, der sich vor allem die Sozialdemokraten widersetzten. Im Kampf mit ihnen entwickelte sich H. zu einem Mann der Rechten und zum schwedischen Nationalhelden.

In den ersten beiden Jahren des Ersten Weltkrieges betätigte sich H. als Kriegsberichterstatter auf der deutschen Seite. Er hatte vor, seinen Landsleuten mit einer umfassenden Beschreibung der deutschen Kriegsführung ein Beispiel für die Wehrhaftigkeit eines Volkes zu geben. In seinen Vorstellungen waren die Deutschen die Vorkämpfer des Germanentums. Mit Kaiser Wilhelm II. und mit den Generalen der Obersten Heeresleitung traf er mehrmals zusammen. Er übernahm deren Sicht der Dinge. Seine Reportagen erschienen in Deutschland unter dem Titel »Ein Volk in Waffen«. 1916 berichtete H. von der türkischen Front. Die Niederlage des Deutschen Reiches 1918 konnte H. nicht verstehen. Er suchte wie viele die Schuld bei der parlamentarischen Linken. 1926 besuchte er Wilhelm II. in seinem Exil in Doorn und Hindenburg in seiner Privatwohnung in Berlin, um mit ihnen über die Dolchstoßlegende zu sprechen. In Schweden hielt man seine politischen Ansichten über Deutschlands jüngste Geschichte für naiv. 1923 machte H. eine Weltreise, die ihn auch durch die UdSSR führte, wo er die Umwälzungen des kommunistischen Systems kennenlernte, die ihn in seinem Buch »Von Peking nach Moskau« zu der unpopulären Aussage veranlaßten, daß sich im Sowjetreich eine friedliebende Weltmacht entwickelte. Die letzte Expedition von H. fand 1926–1935 statt. Im Auftrag der deutschen Lufthansa erkundete er die Flugmöglichkeiten nach Fernost und prüfte für die chinesische Regierung die Trassenführung für eine Straße nach Sinkiang.

In Peking erfuhr H., daß Hitler am 30.1.1933 an die Macht gekommen war. Nach Hause zurückgekehrt, beschäftigte er sich mit den Auswirkungen der nationalsozialistischen Ideologie auf das Land. Er kam zu der Überzeugung, daß für Deutschland, Europa und die Welt eine neue Heilszeit angebrochen sei. Von Oktober 1935 bis April 1936 machte er eine Vortragsreise durch Deutschland, um seine Schulden zurückzahlen zu können und auch um die Meinung der Menschen kennenzulernen. Am ersten Tag wurde er von Hitler empfangen. Er sprach in 91 deutschen Städten. Während der Olympiade in Berlin richtete er einen feierlichen Appell an die Jugend der Welt, »im Glauben an Gott und die eigene Stärke für gegenseitiges Vertrauen, Wahrheit und Frieden zwischen allen Völkern der Erde zu kämpfen«, und rief den Anwesenden zu: »Verbreitet euch über den Erdball als Herolde im Dienst des Guten!«. 1937 verfaßte er eine Laudatio auf das neue Regime unter dem Titel »Tyskland och Världsfreden« (Deutsch-

Begrüßung Hedins durch Hitler bei den Olympischen Spielen 1936 in Anwesenheit des Präsidenten des Deutschen Olympischen Komitees, Staatssekretär a. D. Lewald (Mitte)

land und der Weltfrieden). In diesem Bericht einer Reise durch Deutschland, dessen erster Satz lautet: »Der Nationalsozialismus hat Deutschland vor dem politischen und moralischen Niedergang gerettet«, beschrieb er die Veränderungen, die Hitler in Deutschland innerhalb von drei Jahren bewirkt hatte. Er nahm die Volk-ohne-Raum-These auf und begründete Deutschlands Notwendigkeit, Lebensraum zu gewinnen. Er lobte Hitlers Wirtschaftspolitik und fand sogar in seiner Rassenpolitik positive Elemente: Reinheit der Rasse, Bekämpfung der Erbkrankheiten, Begünstigung der Mutterschaft. Vorbehalte hatte er in der Presse- und Wissenschaftspolitik und in der Judenfrage. Da er sich weigerte, diese dem Regime abträglichen Äußerungen zu korrigieren, durfte das Buch in Deutschland nicht erscheinen.
Am 16.10.1939 wurde H. von Hitler empfangen. Im Mittelpunkt des Gesprächs stand die Bedrohung Finnlands durch die UdSSR. Dem Optimismus des Führers über den Kriegsverlauf begegnete H. mit der Warnung vor einem Kriegseintritt der USA auf der Seite Großbritanniens. Anfang März 1940 hielt sich H. erneut zu politischen Gesprächen in Berlin auf, um Deutschlands Haltung in der finnischen Frage zu erfahren. Wie alle Gesprächspartner H.s wich auch Hitler beim Empfang am 4.3.1940 einer Stellungnahme aus. H. berichtete darüber nach dem Krieg in seinem Buch »Ohne Auftrag in Berlin«. Am 5.12.1940 wurde H. nach einer Vortragsreise erneut von Hitler empfangen. Der Führer deutete ihm an, daß er Finnlands und Schwedens Unabhängigkeit bei einem eventuellen Krieg gegen die UdSSR schützen werde. Nach dem Beginn des deutschen Rußlandfeld-

zugs am 22.6.1941 gab H. der Presse folgende Stellungnahme bekannt: »Der Bolschewismus muß ausgerottet werden... Es ist eine unabweisliche Pflicht aller Völker der Erde, sich von dieser Bedrohung zu befreien. Für Propheten vom Schlage eines Lenin, Trotzkij, Kamenew, Zinowjew, Stalin und anderer hat die abendländische Kultur keinen Bedarf.«

In seinem 1942 erschienen Buch »Amerika im Kampf der Kontinente« machte H. den amerikanischen Präsidenten Roosevelt als Hauptverantwortlichen für den Weltkrieg aus. Die letzten Sätze der vernichtenden Anklage und Abrechnung lauteten: »Roosevelt redete von der Demokratie und verriet sie ohne Unterlaß. Er schmähte die, die um des Friedens und der Aufrechterhaltung der amerikanischen Lebensform willen ihn zur Umkehr mahnten, als undemokratisch und unamerikanisch. Er machte die Demokratie zu einem Zerrbild statt zu einem Vorbild. Er sprach von der Redefreiheit und verbot denen, die nicht seiner Meinung waren, den Mund. Er sprach von Glaubensfreiheit und schloß ein Bündnis mit dem Bolschewismus ... Er sprach von der Freiheit von Furcht vor künftigen Kriegen und bereitete den Krieg nicht nur für sein eigenes Volk vor, sondern für die Welt, indem er die, die ohne seine Hilfe vielleicht bereit gewesen wären, sich mit den Achsenmächten zu einigen, zum Widerstand gegen sie aufhetzte und so Millionen in den Tod trieb. Dieser Krieg wird in die Geschichte eingehen als der Krieg des Präsidenten Roosevelt.«

Um die antideutsche Propaganda in der schwedischen Presse zu konterkarieren, unterstützte H. die Gründung der Tageszeitung »Dagsposten«, die am 3.12.1941 erstmals in Stockholm erschien. In vielen Artikeln rechtfertigte er die deutsche Politik. Die Vernichtungslager hielt er für »Auswirkungen einer gemeinen angelsächsischen und jüdischen Propaganda«. Am 24. und 25.1.1944 vertrat er in einem Artikel mit der Überschrift »Die gegenwärtige Weltlage« die Meinung, daß die Bolschewisierung der Menschheit das russische Kriegsziel sei. Die Unterstützung der Roten Armee durch die Westmächte sei das Sinnloseste in diesem Krieg. Deutschland sei »die einzige Macht, die nicht nur Europa, sondern die ganze Menschheit vor dem größten Unheil und der furchtbarsten Erniedrigung bewahren« könne. Am 15.6.1944 wandte er sich in einem anderen Artikel gegen den Terror des alliierten Bombenkriegs in Deutschland: »Wenn man bedenkt, daß dieses gigantische Aufgebot an Soldaten und Material zum vornehmsten Ziel hat, die Deutschen zu vernichten, jenes Volk, das nebst den Engländern vor allem die Vereinigten Staaten aufgebaut und Amerika nie bedroht hat, da verwandelt sich unsere Bewunderung in Zweifel und Verwirrung.« H. blieb bis Kriegsende überzeugt, die Niederlage Deutschlands werde der Anfang vom Ende des abendländischen Europas sein. 1949 rechtfertigte er seinen Einsatz für den Nationalsozialismus in dem Buch »Ohne Auftrag in Berlin«. Noch zu diesem Zeitpunkt war seine Bewunderung für die Repräsentanten des Dritten Reiches ungebrochen.

Nach dem Zweiten Weltkrieg konzentrierte sich H. auf wissenschaftliche und literarische Arbeiten. Nur in wenigen Zeitungsartikeln nahm er zu politischen Vorgängen Stellung. Er nannte es ein Kriegsverbrechen besonderer Art, daß die Siegermächte alles taten, um Deutschland im Herzen Europa zu vernichten. Am 30.12.1948 forderte er in »Dagsposten« die »Wiederaufrichtung Deutschlands in seinen alten Grenzen, die Wiederherstellung seiner Souveränität und Gleichberechtigung, die Beseitigung seiner Fesseln«. Wegen seiner Hochschätzung Deutschlands wurde H. nach dem Zweiten Weltkrieg heftig beschimpft, weniger in der nationalen Presse als in der internationalen, vor allem in der amerikanischen. Die Rache der westlichen Welt interpretierte er 1949 auf seine Weise: »Ein scheußlicher Verfall von Verstand und Moral greift überall um sich. Und die ganze Welt verwandelt sich in ein Tollhaus. Die Politik, die von den Westmächten betrieben wird, führt zu Europas Untergang, zum Untergang der Welt und ihrer Kultur ... Man hegt in den westlichen Ländern eine tödliche Furcht vor einem Wiederauferstehen Deutschlands. Deshalb muß Deutschland niedergehalten und, wenn möglich, ausgelöscht werden. Doch das wird niemals glücken. Die germanische Rasse kann nicht ausgerottet werden. Ihre Zeit kommt noch; und wenn erst einmal die Macht des Bolschewismus gebrochen ist, erhält auch Deutschland seine Chance.«

Die letzten Lebensjahre verbrachte H. in Stockholm. Er machte keine Auslandsreise mehr. Im Mittelpunkt seiner Arbeiten standen die Ergebnisse der großen Chinaexpedition 1927–1935. Sie sollten 60 Bände umfassen, von denen bis zu seinem Tod 38 Bände erschienen. Gleichzeitig veröffentlichte er fünf literarische Werke. Als H. starb, besaß er elf Ehrendoktorhüte. Dreimal hatte er den Ruf auf einen Universitätslehrstuhl ausgeschlagen. Seine Veröffentlichungen umfaßten mehr als hundert dickleibige Bände.

H. starb im selben Jahr wie Knut → Hamsun, dessen Deutschtümelei ihn gleichfalls zu einem Aussätzigen der westlichen Welt gemacht hatte.

Literaturhinweise:

Rütger Essén: Sven Hedin. Ein großes Leben, Leoni 1959
Ake Thulstrup: Med lock och pock. Tyska försök att paverka svensk opinion, Stockholm 1962
Eric Wennerholm: Sven Hedin, Wiesbaden 1978
Detlef Brennecke: Sven Hedin mit Selbstzeugnissen und Bilddokumenten, Reinbek 1991

HENNE, ROLF, geb. 7.10.1901 in Schaffhausen, gest. 25.7.1966 in Küßnacht, Gauführer der »Neuen Front« 1932–1933, Landesleiter der »Nationalen Front« (NF) 1934–1938, Mitbegründer der »Nationalen Bewegung der Schweiz« (NBS) 1940

Der Sohn eines angesehenen Schaffhausener Arztes und Verwandten von C.G. Jung studierte Rechtswissenschaften in Zürich und Heidelberg und ließ sich nach einem mehrmonatigen Aufenthalt in den USA in seiner Heimatstadt als Advokat nieder. Im August 1934 löste er sein Sozietätsverhältnis mit dem Rechtsanwalt Dr. Labhart, um sich ganz der Politik widmen zu können. Aus wohlhabenden Verhältnissen stammend, setzte H. das Vermögen seiner Familie für seine nationalpolitischen Ziele ein.

H. gründete 1930 zusammen mit Robert → Tobler die »Neue Front«. An der Formulierung der Statuten vom 30.10.1930 hatte er erheblichen Anteil. Mit Hans Vonwyl, Robert Tobler, Paul Lang und Hans → Oehler gehörte er zum Führungskreis der Bewegung. 1934 schrieb H. über die Gründung: »Es war nicht eine ›Partei‹, die sich auf Grund von Statuten und einem schön hergerichteten Programm gebildet hatte, sondern ein fest geschlossener Freundschaftsbund, in welchem jeder einzelne Kamerad nur von dem einen leidenschaftlichen Gedanken erfüllt war: Gemeinsam mit den Andern einen Weg aus den Nöten der Gegenwart heraus zu finden. Wir waren uns bewußt, daß nur der unbedingte Einsatz für die als richtig erkannte Idee uns hoffen lassen konnte, siegreich gegen die Mächte der Vergangenheit anzukämpfen. Daher zog jeder in seiner Art einen Strich unter das bisherige Leben, um sich mit ganzer Kraft für die Aufgaben einzusetzen, die seiner harrten.« Er gab auch über die Motive Auskunft, die ihn mit seinen Freunden zur Gründung der »Neuen Front« veranlaßten: »Als ich vor fünf Jahren in Neuyork arbeitete, erfaßte mich plötzlich das erschütternde Erlebnis unserer heutigen mechanischen und materialistischen Welt, die hier in Amerika ihre höchste Ausprägung fand. Mein ganzes Streben ging seither dahin, diesen Hauch geistigen Todes von unserem Lande fernzuhalten und den neu erwachten Ideen von bodenbedingter Volksgemeinschaft und des Dienstes an einem höheren Ganzen zum Durchbruch zu verhelfen.« Bevor H. im Herbst 1932 in Schaffhausen einen neuen Gau der »Neuen Front« gründete, arbeitete er einige Monate unter Robert Tobler in der Landesleitung der »Neuen Front« in Zürich mit. Im zweiten Halbjahr 1932 war er für die Rubrik »Ereignisse im Ausland« in den »Schweizer Monatsheften« verantwortlich. H. veröffentlichte regelmäßig in dieser Zeitschrift wie auch im Nachfolgeblatt »Nationale Hefte«. 1933 unternahm H. eine dreimonatige politische Studienreise durch Deutschland. Unter dem Eindruck des Erlebten schrieb er den Aufsatz »Vom Standort der jungen Generation«. Den Geist des Aufbruchs, den er im Deutschen Reich gesehen hatte, wünschte er sich für ganz Europa. Er hoffte, daß die »notwendige konservative Revolution« einen »Strukturwandel des europäischen Bewußtseins von ungeahntem Ausmaß« herbeiführen und der Freigeist und der Materialismus der Neuzeit in sein positives Gegenteil umschlagen werde. Wie in Deutschland könne auch in der Schweiz der Stimmungsumschwung nur von der jungen Generation ausgehen. Den Träger der neuen Gesellschaft sah H. im »Arbeiter der Faust und Stirn«. Er werde die Herrschaft der Spekulanten und Kapitalisten ablösen. Die Neutralität der Schweiz machte H. für die Lähmung jeglicher Entschlußkraft im Lande verantwortlich, nicht nur der politischen. »Mehr und mehr erscheint das Danebenstehen als notwendiges Übel, als moralische Schuld, die nur dadurch gesühnt werden kann, daß unbedingter Einsatz überall dort stattfindet, wo unter den Klängen der Friedensfanfaren und der Völkerversöhnung die Gerechtigkeit mit den Füßen getreten wird.« Weiter heißt es in dem Aufsatz: »Wir lieben unser Land, seine Berge, seine Wälder, seine Seen und seine Menschen mit der ganzen Glut unseres Herzens. Gerade deshalb aber halten wir die Augen offen. Und weil wir gesehen haben, daß unserer Heimat Gefahr droht, wenn sie starr an überalterten Formen und Vorstellungen festhält, wollen wir den Schritt ins Neuland wagen. Wir wollen die alten Gegensätze, die sinnlos geworden sind, überwinden, einen neuen Bund aller Schaffenden aufrichten, zu einer neuen ›Eid-Genossenschaft‹ zusammentreten.« H. stellte die »Neue Front« als eine nationale Bewegung mit europäischen Zielen dar. Er träumte von einer »europäischen Völkergemeinschaft« mit einer »faschistischen Geisteshaltung«. Er schrieb: »Faschismus ist nicht gleichbedeutend mit Chauvinismus,

Nationalismus nicht gleichbedeutend mit Krieg. Der Faschismus in allen seinen Schattierungen als Ausdruck innerer Kraft und Haltung eines Volkes verhindert keineswegs die Anerkennung der Existenzberechtigung anderer Völker. Er garantiert sie im Gegenteil, da sein Organisationsprinzip in ungleich höherem Maße wie jedes andere die in einem Volke wirkenden irrationalen Kräfte diszipliniert und nach innen und außen gebändigt in Erscheinung treten läßt.«

Am Zusammenschluß der »Neuen Front« mit der »Nationalen Front« (NF) im Mai 1933 beteiligte sich die »Neue Front« Schaffhausen nicht, blieb jedoch über ihren Gauleiter in die NF eingebunden. H. wurde am 4.2. 1934 zum Landesleiter des neuen Verbandes gewählt. Er übte das Amt bis zu seinem Ausscheiden am 23.1.1938 aus. Ab Mai 1934 war er gleichzeitig Präsident der neugegründeten Genossenschaft »Nationaler Front-Verlag«, in dem die Propagandaschriften der NF veröffentlicht wurden und die Zeitung »Die Front« herausgegeben wurde, die seit dem 3.4.1934 täglich erschien. In einer politischen Schriftenreihe und in der Broschüre »Eidgenössischer Sozialismus« gab H. sein Bekenntnis zur nationalsozialistischen Weltanschauung bekannt: »Je bessere Eidgenossen wir zu sein bestreben, desto bessere Nationalsozialisten sind wir.« Zwischen Frontismus und Christentum sah H. keinen Gegensatz. Im Christentum mußte Christus erst die alten Tafeln zerschlagen, »um ein neues Reich im Geistigen zu begründen.« Dagegen war der marxistische Sozialismus mit dem »eidgenössischen Sozialismus« nicht vereinbar. »Der Eidgenössische Sozialismus ist der Sozialismus des Schweizervolkes. Er wächst aus dem Schweizerboden heraus und beansprucht nur für das Schweizervolk Gültigkeit.« Er trage die positiven Eigenschaften des Schweizervolkes: Geradheit, Festigkeit, Bodenständigkeit, Aufmerksamkeit, Hilfsbereitschaft und Schlichtheit. Über das frontistische Geschichtsbild schrieb H. 1936 in »Die Front«: »Es ist der ewige Blutstrom des Volkes, der durch die vergangenen, die gegenwärtigen und die kommenden Geschlechter hindurchrauscht und alle Erbanlagen, die guten ebenso wie die schlechten, in sich trägt. ...Dieses geheimnisvolle Walten einer inneren Kraft, die sich in unendlichen Variationen immer wieder zu verwirklichen sucht, ist in den Mittelpunkt zu stellen, und es sind alle Taten unserer Vorfahren, sowohl diejenigen der Einzelnen als auch diejenigen des Gesamtvolkes als Ausdruck der im Inneren waltenden Kraft anzusehen und zu beschreiben.« Mit dieser Aussage distanzierte sich H. sowohl vom »Mittelmäßigkeitskult« des Demokratismus als auch vom gemeinschaftszerstörenden liberalistischen Egoismus.

Die innere Konsolidierung der NF und der Ausbau der Parteipropaganda durch Presseveröffentlichungen und große Parteiveranstaltungen gehörten zu den Verdiensten H.s. Während seiner Amtszeit gab es zahlreiche Personalveränderungen, z. B. der Austritt von Alfred → Zander und Ernst Biedermann und der Eintritt von Ernst Brandenberger und Jakob → Schaffner. Mit der »Initiative zur Totalrevision der Bundesverfassung« bemühte sich H. vergebens, die Schweizer Demokratie zu einer autoritären Demokratie umzukrempeln. Ebesowenig Erfolg hatte H. in seinem Bestreben, alle schweizerischen Erneuerungsbewegungen zusammenzufassen. Was ihm gelang, war lediglich die Verbindung zur welschen »Union Nationale«.

Die Entwicklung in Deutschland wurde von H. aufmerksam beobachtet, weil sie in ihrem Vorbildcharakter propagandistisch ausgewertet wurde. Als Hitler am 30.6.1934 den sogenannten Röhmputsch niederschlug, war H. allerdings fassungslos. »Kein Mensch wird uns mangelndes Verständnis für die deutschen Verhältnisse oder seichte Humanitätsduselei vorwerfen. Mit umso größerem Rechte dürfen wir erklären, daß das, was am 30. Juni in Deutschland geschehen ist, unserm Rechtsempfinden ins Gesicht schlägt. ... Unserm angestammten Gerechtigkeitsgefühl widerspricht es, wenn Dutzende von Männern, die doch immerhin Köpfe waren und etwas geleistet haben, um eines angeblichen Verbrechens willen, dessen Charakter auch heute noch nicht eindeutig bekanntgegeben worden ist, erschossen werden, ohne daß ihnen auch nur die Möglichkeit einer Verteidigung gegeben wird. Unser gesundes schweizerisches Rechtsempfinden bäumt sich gegen diese Art von Exekution auf.« Auf die Haltung der NF zur nationalsozialistischen Politik hatte dieser Vorfall jedoch keine Auswirkungen. Als das Saarland nach der Volksabstimmung vom 13.1.1935 zum Reich zurückkehrte, war auch die NF-Presse voll des Jubels.

Ab 1935 entwickelte sich die NF zu einer gewalttätigen rechtsradikalen Bewegung. Das zeigte sich erstmals bei der Aufführung des in NF-Kreisen als semitisches Hetzstück bezeichneten Dramas »Professor Mannheimer« am 24.11. 1934 in Zürich. Im Zusammenhang mit den Krawallen wurde H. von der Schweizer Polizei vorübergehend verhaftet.

1935 bereitete H. die Partei auf die verschiedenen Abstimmungen vor, die anstanden. Dazu gehörten die Wehrvorlage und die sogenannte Kriseninitiative, die Zürcher Kantonsratswahlen und die Nationalratswahlen. Das »Bundesgesetz zum Schutz der öffentlichen Ordnung«, das sich nicht zuletzt gegen die paramilitärischen Unterorganisationen der NF richtete, wurde besonders heftig bekämpft.

1936 änderte sich die Organisationsform der NF. Für das Kundgebungswesen richtete H. ein eigenes Nachrichtenressort in der Landeszentrale ein. Dazu kam eine politische Abteilung, ein Pressedienst sowie eine Presse- und Arbeitsdienststelle. Die Rechtsabteilung wurde eingerichtet, um die Rechtsfälle der NF zu bearbeiten, die sich aus der Propagandaarbeit ergaben, und die Buch- und Materialabteilung, die später in »Buchhandlung der NF« umgewandelt wurde und für die Verbreitung des Propagandamaterials sorgte.

1936 erhielt die NF auch eine neue Satzung und ein neues Programm. Es wurden Frauen zugelassen. Als paramilitärische Schutztruppe wurde neben dem »Auszug« der »Harst« mit einem »Landesharstführer« an der Spitze aufgestellt. Der Arierparagraph verschwand zwar aus den Statuten, aber man nahm weiterhin Abstand von der Aufnahme von »Juden und Abkömmlingen anderer schwer assimilierbarer Rassen«. Symbolgeladene Gautage und Landsgemeinden, bei der die paramilitärische Parteiorganisation demonstriert wurde, dienten der Festigung der Partei. 1937 veranstaltete H. z. B. den »Marsch auf Bern« und die »Fahnenweihe auf dem Rütli«. In der Nacht vom 31.7. zum 1.8.1937 wurden die Männer des »Auszugs« und des »Harst« auf dem Rütli vereidigt. Der Fahnenschwur lautete: »Ich werde über das Banner wachen. Wenn das Banner fällt, so ergreife ich es, ich will es emporheben, auf daß es flattere im Winde. Wenn ich verwundet bin, so werde ich es einem Kameraden geben. Ich schwöre, es niemals zu verlassen, am Tage nicht und nicht bei Nacht, in der Freude nicht und nicht in der Verzweiflung, im Glücke nicht und nicht im Unglück, ja selbst im Tode nicht.«
Ein Herzensanliegen H.s war die Förderung der schweizerisch-deutschen Kulturverbundenheit. Er unterstützte jede Art von Kulturaustausch. Nach der Revision der Pariser Vorortverträge, die nach dem Ersten Weltkrieg mit Deutschland, Österreich, Ungarn, Bulgarien und der Türkei geschlossen wurden, erhoffte er sich ein friedliches Europa auf nationalistischer Basis. Die Nation sollte die »natürliche organische Einheit« des Kontinents sein. Den Anschluß der Schweiz an das Deutsche Reich lehnte er ab, weil in der gesamteuropäischen Schicksalsgemeinschaft der Zukunft jede Form von Imperialismus untersagt sein müsse, die das »Selbstbestimmungsrecht der Völker« verletze. »Kraft ihrer geopolitischen Lage, ihrer ethnographischen Zusammensetzung und ihrer politischen Tradition ist die Schweiz in hervorragendem Maße dazu berufen, den spezifisch europäischen Gedanken zu verkörpern.« Auf der anderen Seite gelte es, wegen der Übereinstimmung der alteidgenössischen Volksgemeinschaftsidee und des Nationalsozialismus »die Einspannung der Schweiz in einen gegen Deutschland gerichteten französisch-bolschewistischen Mächteblock zu verhindern«.
Nach der Ermordung des deutschen Landesgruppenleiters der NSDAP, Wilhelm Gustloff, durch den jüdischen Studenten Frankfurter am 4.2.1936 beteiligte sich die NF an der antisemitischen Propaganda der Fronten. H.s »Forderungen an den Bundesrat« enthielten Sätze wie »Hinaus mit den Emigranten, sie haben unser Gastrecht verscherzt. Sofortige Sperre der Grenzen für jüdische Einwanderer.« Er zeigte auf, daß Deutschland ein Opfer der jüdischen Hetzkampagne geworden sei, die vom nationalen Sozialismus, wie er in Deutschland praktiziert werde, die Gesundung Europas befürchte. Bei einer Rede in der Zürcher Stadthalle sagte H. am 12.11.1937 vor NF-Angehörigen: »Im Europa von morgen werden nur innerlich starke und gesunde Völker ihre Existenz behaupten können. So sehr wir uns daher staatspolitisch zum Grundsatz der Neutralität bekennen, so eindeutig müssen wir uns weltanschaulich auf den Boden jener Ideen stellen, welche allein den Völkern Kraft und Gesundheit zu bringen vermögen. ... Und wir haben nur den einen Wunsch, nämlich, daß es uns vergönnt sei, den Tag zu erleben, wo der alte, bodenständige eidgenössische Geist wieder Gestalt annimmt, mit schwerem Schritt von den Bergen herniedersteigt und mit eisernem Besen alles Kranke und

Faule aus der Eidgenossenschaft herausfegt. An jenem Tage wird es sich zeigen, daß die Achse [Deutschland und Italien] uns nicht zum Verderben, sondern im Gegenteil zum Ansporn für ein neues Leben geworden ist.«

Als die NF wegen ihrer nationalsozialistischen Thesen in der romanischen Schweiz immer mehr Mitglieder einbüßte, unterstellte H. 1937 diese Sektionen zunächst der »Union Nationale« und später, im »Abkommen Henne-Oltramare«, der »Lega Nazionale Ticinese«. Im Gegenzug verpflichtete sich Oltramare, die Zusammenarbeit mit der NF zu intensivieren und die NF-Fahne zu übernehmen. H. ging es hierbei um den Schulterschluß der nationalen Kräfte der Schweiz, der auch von Robert Tobler begrüßt wurde.

Im Januar 1938 dankte H. von der Landesleitung der NF ab mit der Begründung, er könne für das Weiterführen des von ihm »als richtig und notwendig erachteten Kampfes nicht mehr die genügende Unterstützung derjenigen« finden, ohne die er die Verantwortung nicht tragen könne. Als man seinen nationalsozialistischen Kurs für den Niedergang der NF verantwortlich machte, verließ er die Partei. Unter dem Nachfolger Robert Tobler fand dann eine ideologische Neuorientierung in der NF statt.

Im Juni 1940 war H. maßgeblich an der Gründung der »Nationalsozialistischen Bewegung der Schweiz« (NBS) als Sammelbecken der verschiedenen Fronten beteiligt. Er engagierte sich bei der »Eidgenössischen Sammlung« und redigierte ab 1942 die »Nationalen Hefte«.

Nach dem Zweiten Weltkrieg leitete H. die Presseagentur »Argus der Presse«.

Literaturhinweise:

Rolf Henne: Die Rolle der Schweiz im kommenden Europa, Zürich 1936

Beat Glaus: Die Nationale Front. Eine Schweizer faschistische Bewegung 1930–1940, Zürich u. a. 1969

Walter Wolf: Faschismus in der Schweiz. Die Geschichte der Frontenbewegungen in der deutschen Schweiz 1930–1945, Zürich 1969

Walter Rüthemann: Volksbund und SGAD. Nationalsozialistische Schweizerische Arbeiterpartei. Schweizerische Gesellschaft der Freunde einer autoritären Demokratie. Ein Beitrag zur Geschichte der politischen Erneuerungsbewegungen in der Schweiz 1933–1944, Diss. Zürich 1979

Henriot, Philippe, geb. 7.1.1889 in Reims, ermordet 28.6.1944 in Paris, Schriftsteller, Minister für Information und Propaganda der französischen Regierung in Vichy 1944

Als Sohn eines Infanterieoffiziers wuchs H. in einer konservativen katholischen Atmosphäre auf. Nach dem Studium der klassischen Literatur an der Sorbonne und der Theologie am Institut Catholique in Paris erhielt er 1909 eine Anstellung als Religions- und Sprachlehrer in Sainte-Foy-la-Grande (Gironde), wo er bis 1925 blieb. Seine Liebe galt dem Landleben, insbesondere dem Weinbau. Er veröffentlichte eine Reihe von Gedichten und widmete sich in steigendem Maß religiösen Themen in der katholischen Presse des Landes. 1925 trat er der »Fédération Nationale Catholique« bei, einer konfessionellen politischen Organisation zum Kampf um Kirchenrechte und -freiheiten, deren Wortführer er bald wurde. 1932–1936 vertrat er als Abgeordneter von Bordeaux die »Fédération Republi-

caine de France« in der Nationalversammlung. Er galt als einer der gewandtesten Redner. Seine rhetorischen Fähigkeiten verschafften ihm Neider und Bewunderer. Die Feinde der französischen Nation sah er in den Juden und den Kommunisten, die er mit Polemik überschüttete. Nach der Auflösung der Ligen »Action française«, »Jeunesses Patriotes« und »Croix de Feu« durch die Volksfrontregierung unter Léon Blum unterstützte H. die »Parti National Populaire« von Pierre Taittinger, deren Vizepräsident er wurde. Von den Gefahren überzeugt, die dem Katholizismus durch den Kommunismus drohten, entwickelte er während des Spanischen Bürgerkriegs mehr und mehr faschistische Neigungen, die durch seine Hochachtung vor den Aufbauleistungen des deutschen Nachbarn gesteigert wurden. Seine Ansichten veröffentlichte er in den Zeitschriften »Gringoire« und »Je suis partout«. Zusammen mit André Tardieu agitierte er vor dem Zweiten Weltkrieg gegen die Dritte Republik. Im Gegensatz zu vielen katholischen Kreisen bejahte er das Münchner Abkommen vom 30.9.1938 als eine friedenserhaltende Maßnahme. 1939 befürwortete er die friedliche Regelung der Danzigfrage und lehnte die Beistandsgarantie der französischen Regierung für Polen vom 31.3.1939 als leichtfertige Versprechung ab.

Nach der Niederlage Frankreichs im Juni 1940 erhoffte sich H. die ersehnte »révolution nationale«, eine Erneuerung der französischen Gesellschaft in der Abwendung von Kapitalismus, Kommunismus und Liberalismus. Im nicht besetzten Frankreich veröffentlichte er seine Bekenntnisse zur Politik des französischen Staatschefs in der Zeitschrift »Gringoire«. Beeindruckt von seinem kämpferischen Elan, beauftragte → Pétain H. mit der Propaganda für sein Regierungssystem. Bis Mitte 1941 konzenrierte sich H. auf innenpolitische Fragen. Die Kollaboration mit Deutschland trat erst nach dem deutschen Angriff gegen die Sowjetunion im Juni 1941 in den Vordergrund. H. interpretierte diesen Feldzug als christlich-abendländischen Kreuzzug gegen den atheistischen Bolschewismus. Von diesem Zeitpunkt an unterstützte er vorbehaltlos die deutsche Politik. Als politischer Kommentator von »Radio Vichy« machte er der Bevölkerung deutlich, daß es bei diesem Krieg um die Erhaltung der christlichen Werte ging. Die Franzosen verstanden ihn, weil er auch komplexe Themen klar darstellen konnte. Zusammen mit Jean → Hérold-Paquis war er die bekannteste Stimme der Kollaboration in Frankreich. 94% aller Franzosen hörten seine Sen-

dungen. Wenn er im Radio sprach, waren die Straßen leergefegt. Er stellte die französische Kollaboration als Korrektur eines Fehlers aus dem Jahr 1917 dar, weil damals die bolschewistische Revolution in Rußland nicht in ihrer Gefährlichkeit erkannt wurde, und die Leute verstanden ihn. Er erläuterte den sowjetischen Plan, ganz Europa zu beherrschen, in so plausibler Weise, daß sich niemand seiner Argumentation entziehen konnte. Aus seiner Vision von der bolschewistischen Weltverschwörung bezogen die Franzosen ihr Zukunftstrauma. Der Kommunismus erschien ihnen als die Hauptgefahr des 20. Jahrhunderts. Überzeugt von seiner Wirkung auf die französischen Zuhörer, griff H. bald auch andere Themen auf, die er ebenso meisterhaft darstellte. Er vermittelte das Feindbild des plutokratischen Juden, des kapitalistischen Amerikaners und des weltweit wühlenden Freimaurers ebenso gut wie das des stalinhörigen Engländers. Als die deutschen Truppen im November 1942 Südfrankreich besetzten, um einer Landung der Alliierten zuvorzukommen, rechtfertigte H. den Verbleib Pétains im Amt mit so einleuchtenden Argumenten, daß selbst die Gegner sprachlos waren. Um des Bestands der »grande nation« willen hätten alle Opfer zu bringen, nicht nur der chef de l'Etat.
Neben seinen Rundfunksendungen schrieb H. zahlreiche Beiträge für die Kollaborationsorgane »Gringoire« und »Je suis partout«. 1943 trat er der »Milice française« bei, in der viele überzeugte Katholiken dienten, denen er den Beitritt als Christenpflicht zum Schutz der nationalen und christlichen Werte gegen die kommunistisch beherrschte, glaubenlose und unpatriotische Résistance empfahl. In der schwarzen Uniform des Milizionärs hielt H. in ganz Frankreich hitzige Vorträge vor einem großen Publikum. Sein Vortragsstil und sein dialektisches Geschick trugen ihm auch die zähneknirschende Bewunderung seiner Gegner ein. Bei dem großen Kollaborateurstreffen in Paris am 19.12.1943, bei dem 20 000 Gleichgesinnte zusammenkamen, machte er einen so überzeugenden Eindruck auf den Höheren SS- und Polizeiführer beim Oberbefehlshaber West, Gruppenführer und Generalleutnant der Polizei Oberg, daß dieser → Laval nahelegte, H. das Informationsministerium anzuvertrauen. Zur gleichen Zeit wie → Darnand wurde H. am 7.1.1944 gegen den Willen Pétains anstelle von Paul → Marion als Minister für Information und Propaganda (secrétaire d'Etat à l'information et à la propagande) in das Kabinett aufgenommen. Von da an war seine Stimme zweimal täglich im Radio zu hören. Seiner außergewöhnlichen Redegewandtheit und intellektuellen Dialektik gelang es, der französischen Bevölkerung die deutschen Anliegen so nahezubringen, daß sie sie als die eigenen empfanden. Er machte klar, daß die alliierten Bomberpiloten Kriegsverbrecher, daß Juden und Freimauer die Drahtzieher des Krieges, daß Engländer und Amerikaner die Helfershelfer der Bolschewisten und die Anhänger der Résistance terroristische Mordbrüder und Vaterlandsverräter seien. Er leugnete weder die politischen Erfolge de Gaulles noch die militärischen Erfolge der Alliierten, aber er deutete alles als Gefahr für Frankreich. Nach der Landung der Westalliierten auf französischem Boden am 6.6.1944 machte er den Krieg zur Existenzfrage Frankreichs, weil die Engländer und Amerikaner lediglich den Einzug des Bolschewismus vorbereiteten. Wer sie unterstütze, sei ein Helfershelfer Stalins. Deshalb solle die Bevölkerung jede Hilfe für sie und für die Widerstandsbewe-

gung vermeiden. Da jede Aktion der Résistance eine Gegenaktion der Deutschen oder der Milice française hervorrufe, sei jeder gefährdet, der für die Widerstandsbewegung eine Hand rühre: »Nous relevons le gant lancé par un bolchevisme qui se croyait déjà sûr de l'impunité et de triomphe. Et nous jetons à notre tour aux terroristes et à leurs complices le mot farouche...: Pour un oeil, les deux yeux; pour un dent, toute la gueule.« Hinter allen Aktionen gegen die Deutschen sah H. die Fratze Moskaus.

Die Milice française unter dem Kommando Darnands stellte H. den Franzosen als eine Truppe zum Schutz der Nation und zur Garantie der zukünftigen Souveränität Frankreichs vor. Ihre Aktionen gegen die Résistance dienten der Befriedung des Landes und der Bekämpfung einer von außen gesteuerten Untergrundbewegung. Die Erfolge wurden entsprechend gewürdigt. Die Detailinformationen bezog er aus den »renseignements généraux« der Präfekturen, die er geschickt auswertete. Außerdem verherrlichte H. die Miliz als eine Organisation französischer Disziplin und Ordnung im Gegensatz zur Résistance, in der er eine Horde von Banditen, Mördern und Feiglingen sah: »Assassins d'enfants, affameurs d'enfants, telle est la noble profession qu'au nom de leur patriotisme ont choisie les gens du maquis.« Mit Interviews aus beiden Lagern unterstrich H. die Beweiskraft seiner Sendungen. Als im April 1944 der Aufstand der Résistance in den Glières in Savoyen von der Miliz niedergeschlagen worden war, macht H. daraus einen Erfolg für die Vichy-Regierung. Er veranlaßte Pétain am 26.4.1944 zu einer großangelegten Rede, in der der Staatschef die gemeinen Verbrechen der Résistance an friedliebenden Landbewohnern und an Frauen und Kindern schilderte und die Gefahr eines Bürgerkriegs beschwor, wenn die Résistance nicht stillhalte. Mit ihrer Verurteilung als vaterlandsschädigende, kriminelle Organisation kappte Pétain die letzten Beziehungen, die noch zwischen der Vichy-Regierung und einzelnen Widerstandsgruppen bestanden. In der gleichen Rede dankte Pétain entsprechend dem Manuskript, das ihm H. vorgelegt hatte, Deutschland für die Verteidigung des Kontinents und der französischen Kultur vor dem Bolschewismus. Diese Rede fand bei den Deutschen großen Anklang und stieß in den Kreisen der Résistance und ihrer Sympathisanten auf empörte Ablehnung. Für H. war sie ein propagandistischer Triumpf. Wichtiger waren ihm jedoch das Vertrauen, das ihm Pétain von jetzt an entgegenbrachte, und die Abhängigkeit, die sich zwischen beiden entwickelte.

De Gaulle erkannte die propagandistische Überzeugungskraft H.s. In den französischsprachigen Sendungen von Radio BBC wurde H. immer unflätiger beschimpft: »Agent de l'Allemagne, délateur des Français, complice de la Gestapo, si avec cela vous n'avez assassiné personne, c'est que vous êtes trop lâche pour faire le travail vous-même, vous le faites faire.« H.s Einfluß war so groß, daß die Résistance ein Mordkommando auf ihn ansetzte, das ihn am 28.6.1944 vor den Augen seiner Frau erschoß. Der Anschlag gelang, weil H. an diesem Abend seinen Bewacher vor dem Schlafengehen nach Hause geschickt hatte und die Concierge des Hauses getäuscht wurde. H. wurde im Informationsministerium in der rue de Solférino, wo der Mord geschehen war, aufgebahrt. Tausende Pariser verabschiedeten sich von ihm. Kardinal Suhard hielt die Trauerfeier in Notre-Dame. In ganz Paris wurden Plakate mit dem Bild des Ermordeten und mit den Worten geklebt: »Il disait la verité. Ils l'ont tué.« Als Folge des Mordes eskalierte der Bürgerkrieg in Frankreich. Am 7.7.1944 wurde Georges Mandel von Milizionären getötet, die H.s Tod rächen wollten. Den Mord an H. nahmen auch einige Kollaborateure zum Anlaß, Laval wegen seiner Zurückhaltung bei der Unterstützung Deutschlands zu tadeln und ein größeres militärisches Engagement Frankreichs zugunsten des Deutschen Reiches zu verlangen. Zu denen, die die »Déclaration sur la situation politique« vom 5.7.1944 unterschrieben, gehörten die Kabinettskollegen Marcel → Déat, Fernand de → Brinon und Jean → Luchaire.

Literaturhinweise:
Maurice-Yvan Sicard: Histoire de la collaboration, Paris 1964
Bertram M. Gordon: Collaborationism in France during the Second World War, New York u. a. 1980
Gerhard Hirschfeld und Patrick Marsh (Hrsg.): Kollaboration in Frankreich. Politik, Wirtschaft und Kultur während der nationalsozialistischen Besatzung 1940–1944, Frankfurt 1991

HERMANS, CORNELIUS EDOUARD, genannt Ward, geb. 6.2.1897 in Turnhout, gest. 22.11.1992 in Deurne (Antwerpen), flämischer Dichter, Mitglied der »Duitsch-Vlaamsche Arbeidsgemeenschap« (DEVLAG) 1940–1941, Mitbegründer der »Algemeene Schutscharen Vlaanderen« 1940, Mitarbeiter des »Volkspolitischen Amtes« der NSDAP 1941–1945

H. nahm als Freiwilliger von August 1915 bis Mai 1918 am Ersten Weltkrieg teil. Angesichts der Mißstände an der Yser-Front engagierte er sich wie Hendrik → Borginon und Frans → Daels in der sogenannten »Frontbeweging« für die flämischen Soldaten, die von den wallonischen Unteroffizieren und Offizieren geschunden wurden. Für das Soldatenblatt »Ons Vaderland« schrieb er einige einschlägige Artikel, in denen er die Zustände schilderte. Deswegen wurde er im Juli 1918 »wegen zweifelhafter patriotischer Gesinnung« von einem Militärgericht bestraft, obwohl sich König Albert für ihn einsetzte. Im Juli 1919 aufgrund von Interpellationen aus Kreisen der Frontkämpfer rehabilitiert, begann er noch in der Uniform eines Soldaten eine vehemente Kampagne für die Gleichberechtigung der Flamen. Auf zahlreichen Treffen des »Verbond der Vlaamse Oudstrijders« (VOS) erwies er sich als mitreißender Redner und ungestümer Diskussionsteilnehmer. Er trat der »Frontpartij« bei und arbeitete als Journalist bei »Ons Vaderland«, »De Schelde«, »Vlaanderen«, »Jong Dietschland« und »De Noorderklok«. Während seiner Studienzeit in Löwen ab 1923 veröffentlichte er seine Essays und philosophischen Abhandlungen mit Vorliebe in »Het Vlaamsche Land«. Er beteiligte sich an der von Thomas van der Schelden geleiteten Polemik über Nationalismus und Kapitalismus und publizierte in »De Schelde« einen Appell an die »Katholieke Vlaamsche Nationalisten«, sich an der Verwirklichung des »godsvrede«, d. h. der Anerkennung der Katholizität Flanderns, am Aufbau eines katholischen Ständestaates in Flandern und an der Gründung einer katholischen Erneuerungsbewegung zu beteiligen. In der Erkenntnis, daß die innerbelgischen Konflikte um das Selbstbestimmungsrecht auch eine internationale Dimension hatten, befaßte sich H. mit der Literatur über internationale Politik und Diplomatie. Als belesener Experte schrieb er zahlreiche politische

Essays und Dokumentationen zum Thema. Beim Studium der Quellen und der Literatur geriet H. unter den Einfluß Oswald Spenglers. Doktrinär in seinen Ausführungen, fühlte sich H. mit den militanten Kreisen der »Frontpartij« mehr verbunden als mit den pazifistischen Mitgliedern des VOS.
1927 gründete H. in Mechelen das Streitblatt »De Klauwaert« und bildete zusammen mit dem Industriellen Marcel de Ridder eine neue Partei mit dem Namen »Mechels Vlaamsch Nationaal Verbond«. Im gleichen Jahr veröffentlichte er die Schrift »Avondland-Idee en Vlaanderen«, in der er das Versagen des Pazifismus beschrieb und eine ökonomische Weltkrise voraussagte, die zum Krieg führen werde. Diese Veröffentlichung brachte ihm die Verurteilung durch den VOS ein, der sich in seinen Friedensbestrebungen desavouiert sah.
Im Mai des Jahres 1929 wurde H. Abgeordneter des »Mechels Vlaamsch Nationaal Verbond« für den Wahlkreis Mechelen-Lier. Im Parlament machte er durch Besonderheiten von sich reden. Er weigerte sich, die Eidesformel zu sprechen, weil er darin ein Bekenntnis zum belgischen Staat sah. Eine Rede, die er anläßlich der Jahrhundertfeier Belgiens in der Kammer hielt, wurde aus dem Protokoll gestrichen, weil sie voller Beschimpfungen war. Im Juli 1931 geriet H. mit Kardinal Van Roey aneinander, als er in »De Schelde« dessen Hirtenbrief scharf kritisierte, der von allen Katholiken Gehorsam gegen den belgischen Staat einforderte. Als H. seinen Standpunkt, daß Belgien und die Kirche keine Organisationen seien, denen man treu zu dienen habe, nicht widerrief, wurde er vom Empfang der Sakramente ausgeschlossen. Nur unter dem Druck seiner politischen Freunde beendete H. den Konflikt. Im November 1931 unterschrieb H. den Gesetzesvorschlag von Herman Vos zur Föderalisierung Flanderns im belgischen Staat und widerrief seine Zustimmung wenig später wegen persönlicher Querelen. 1932 wurde er aus der Gemeinschaft der flämischen Abgeordneten ausgeschlossen, weil er nicht bereit war, seine Beziehungen zum »Verbond van Dinaso-Corporaties« (VDL) aufzugeben, der in Anlehnung an den »Algemeen Chistelijk Werksverbond« einen korporativen autoritären Staat anstrebte.
Als H. bei den Parlamentswahlen 1932 kein Mandat bekam, löste er den »Mechels Vlaamsch Nationaal Verbond« auf und schloß sich im Mai 1933 mit der Mehrzahl der Mitglieder dem »Verbond van Dietsche Nationaalsolidaristen« (VERDINASO) an, den van → Severen im Oktober 1931 gegründet hatte. Schon nach ein paar Monaten verließ er die Organisation, als van Severen die großburgundische Konzeption des »Dietsche Rijk« als »nieuwe marschrichting« festlegte.
Ab August 1935 arbeitete H. für den »Vlaamsch Nationaal Verbond« des Staf de → Clercq als fester Mitarbeiter in der Zeitung »Volk en Staat«. Gleichzeitig war er Korrespondent für verschiedene deutsche, niederländische und indonesische Zeitungen. Seine Bücher »Het boek der stoute Waarheden. West-Europeesche Perspektiven« (1935) und »Jodendom en communisme zonder masker. Nog stoute waarheden« (1936) erregten wegen ihres militanten Antisemitismus und ihrer nationalsozialistischen Tendenz großes Aufsehen. Manche Äußerungen waren beispiellos in der Literatur dieser Zeit. Mit dem Bekenntnis zum Nationalsozialismus überwand H. den Kulturpessimismus, den ihm das Studium der Werke Oswald Spenglers vermittelt hatte. Er glaubte, daß Berlin das Zentrum eines geeinten europäischen Kontinents werden würde und daß Deutschland der

Verteidigungswall des Abendlandes gegen den aus der UdSSR drohenden Kommunismus sei. Von Hitler erwartete er das Heil Europas, weil er als erster mit der Ausschaltung des jüdisch-kapitalistischen Einflusses begonnen habe.
1939 wieder als Abgeordneter in die Kammer gewählt, wurde H. im Mai 1940 trotz seiner Immunität auf Weisung der belgischen Regierung inhaftiert und nach Frankreich deportiert, als die Besetzung Belgiens durch die Wehrmacht drohte. Nach der Befreiung durch die Deutschen trat er im Oktober 1940 aus dem VNV aus und wurde Mitglied der »Duitsch-Vlaamsche Arbeidsgemeenschap« (DEVLAG), die 1935 von Jef van de → Wiele gegründet worden war und den Anschluß Flanderns an das Deutsche Reich propagierte. Er gehörte zu den Gründern der »Algemeene Schutscharen Vlaanderen«, die im Oktober 1942 in die »Germaansche SS Vlaanderen« übernommen wurden. Die Mitglieder trugen die schwarze Uniform der Allgemeinen SS. Ihre Zeitschrift war der »SS-Man«, die von H. redigiert wurde.
Nach Konflikten mit der deutschen Militärverwaltung übersiedelte H. 1941 nach Berlin, wo er als Referent beim »Volkspolitischen Amt« der NSDAP die propagandistische Betreuung der Flamen im Reich übernahm. Seine Sendungen wurden von Radio Bremen ausgestrahlt und waren auch in Flandern zu hören. Sein Ansehen bei den Deutschen war so groß, daß er mit der Unterstützung von Hitlers Stellvertreter Rudolf Heß erreichte, daß zusätzlich zu der zwischen Hitler und König → Leopold III. vereinbarten Freigabe von deutschgesinnten Kriegsgefangenen der belgischen Armee weitere 30 000 Flamen nach Hause entlassen wurden.
Das Kriegsende erlebte H. in Berlin. Nach der Übernahme der Westsektoren durch die Westalliierten wurde H. von den Engländern verhaftet und an Belgien ausgeliefert. Da er in Abwesenheit bereits zum Tode verurteilt worden war, mußte, wenn das Urteil nicht vollstreckt werden sollte, eine neue kriegsgerichtliche Verhandlung stattfinden. Das neue Urteil lautete auf lebenslange Haft. Außerdem hatte H. eine hohe Geldstrafe zu zahlen. 1955 wurde er vorzeitig entlassen. Trotz des offiziellen Schreibverbots veröffentlichte er in den folgenden Jahren Lyrik und Prosa in erheblichem Umfang. Da H. als Politiker verfemt war, blieb sein literarisches Werk unbeachtet. In den siebziger Jahren kritisierten die Medien sein Engagement im rechtsradikalen »Vlaams Militanten Orde«.

Literaturhinweise:
Arie Wolter Willemsen: Het Vlaams-Nationalisme. De geschiedenis van de jaren 1914–1940, Utrecht 1969
David Littlejohn: The Patriotic Traitors. A History of Collaboration in German-Occupied Europe 1940–1945, London 1972
Encyclopedie van de Vlaamse Beweging, Band 1, Utrecht 1973

HÉROLD-PAQUIS, JEAN, geb. 4.2.1912 in Arches (Vosges), hingerichtet 11.10.1945 im Fort Montrouge, Propagandist der französischen Regierung in Vichy 1941–1942, Parteiredner der »Parti Populaire Français« (PPF) 1942–1945

H. verlor seine Eltern bereits im Kindesalter. Die Erziehung des Waisen übernahm eine religiöse Institution. Die ersten jounalistischen Sporen verdiente er

sich bei lothringischen Lokalblättern wie »L'Intransigeant«, »Express de l'Est« und »Eclaireur de l'Est«. In Paris studierte er Erziehungswissenschaften an der Sorbonne. Es gelang ihm, in zahlreichen katholischen Zeitungen und Zeitschriften Artikel unterzubringen. Er wurde Mitglied der »Action française« und sympathisierte mit den »Jeunesses Patriotes« von Pierre Tattinger. In der katholischen Zeitschrift »Choisir« kritisierte er das französische Radioprogramm. Vorübergehend arbeitete er auch bei einer Versicherungsgesellschaft. 1937 nahm er auf der Seite der Franco-Truppen am Spanischen Bürgerkrieg teil. Als er 1937 verwundet wurde, war er bereits Korporal. In der Öffentlichkeit wurde er bekannt, als er von April 1938 bis März 1939 über Radio Saragossa in der französischen Stunde für den Franco-Faschismus warb und gegen die französische Volksfrontregierung wetterte, die die Interbrigaden mit Waffen ausstattete. Er gehörte zu den markanten Befürwortern des neuen Regimes. Der von ihm gegründete Verein »Amis Français de Radio-Saragosse« brachte es auf 18 000 Mitglieder. In Madrid lernte H. nach dem Krieg den Marschall → Pétain kennen, der als Botschafter beim Caudillo akkreditiert war. Nach seiner Rückkehr nach Paris wurde H. im Dezember 1939 in die französische Armee eingezogen und zum Panzerabwehrartilleristen ausgebildet. Der deutsche Westfeldzug war jedoch im Juni 1940 zu Ende, bevor er eingesetzt wurde.
Nach seiner Demobilisierung wollte H. nach Spanien zurückkehren, wurde aber von der Presseagentur Inter-France angeworben, die seit 1937 die nationalfranzösische Presse belieferte. Seine guten Beziehungen zu Pétain verschafften ihm 1941 das Amt des Propagandabeauftragten der Vichy-Regierung für die Region Hautes Alpes. In einem mehrwöchigen Kurs an der »Ecole des Cadres de la Propagande« wurde er auf seine Aufgaben vorbereitet. Ende 1941 kehrte er nach Paris zurück, wo er ein paar Wochen später als Redakteur die Kriegsberichterstattung im »Radio-Journal de Paris« übernahm. Offiziell durfte er zwar nur die Informationen verwerten, die ihm das Deutsche Nachrichtenbüro lieferte, aber sein Freund Dr. Rasch von der Propaganda-Staffel gab ihm zusätzliche Hinweise, die er einbauen konnte. Im Mittelpunkt seiner Berichterstattung standen der deutsche Rußlandfeldzug und die Decouvrierung des Bolschewismus als unmenschliche Ideologie. Sein besonderer Haß galt jedoch den Engländern. Großbritannien wurde von ihm als Drahtzieher des Krieges und als Verräter an der abendländischen Gemeinschaft ausgemacht. Bekannt wurde sein Slogan, den er wie Cato immer wieder wiederholte: »Pour que la France vive, l'Angleterre, comme Carthage, doit être détruite.« Zusammen mit Philippe → Henriot war H. für das französische Volk die wichtigste Stimme der Kollaboration. Die Leute hörten ihm gerne zu. Seine griffigen Formulierungen blieben im Gedächtnis. Sein Propagandatalent zeigte sich in der Verwendung von Spott und Satire. Auch seine jugendliche Frische trug zu den Erfolgen bei. Während seiner Rundfunktätigkeit veröffentlichte er zahlreiche Artikel in »Le Cri du peuple« und »La Gerbe«, in denen er ebenfalls zum Zusammengehen mit Deutschland aufrief. In den Abhandlungen dieser Organe wurde besonders deutlich, mit welchen Erwartungen er auf das neue Europa hoffte, das aus dem Krieg hervorgehen werde. Bis zuletzt warnte er die Franzosen vor der »roten Revolution«, mit der es kein Europa geben werde, in dem Frankreich eine Rol-

le spielen könne. Auch als sich die deutsche Niederlage abzeichnete, glaubte er noch an den Sieg der guten Sache nach dem Willen Gottes. Die Legende von den deutschen Wunderwaffen, die die Wende bringen sollten, vermochte er nicht zu durchschauen. Mit der Sendereihe »Avertissements sans frais« bekämpfte er die Gaullisten und die Résistance. Sie war seine Antwort auf die französischsprachigen Sendungen des BBC. 1944 entkam er nur knapp einem Attentat der Résistance, bei dem zwei seiner Mitarbeiterinnen schwer verletzt wurden.

1943 trat H. wie viele Katholiken aus religiösen Motiven der »Milice française« bei. Bei einem Treffen in Tours am 21.3.1944 beschwor er die deutsch-französische Zusammenarbeit, mit der die Vernichtung des Abendlandes durch die Bolschewisten nach dem Verrat der Briten verhindert werden könne, und forderte die Katholiken des Landes auf, sich für die gute Seite zu engagieren. Er erinnerte an die Greuel der Volksfront während des spanischen Bürgerkriegs: »Les catholiques devraient pourtant se souvenir de l'affaire d'Espagne es se souvenir qu'ils n'ont rien à attendre de ceux qui masturbaient les curés et déterraient les cadavres des nonnes sans doute pour leur faire prendre l'air.« In seinem letzten Artikel in »La Gerbe« schrieb er 14 Tage vor dem Einmarsch der Westalliierten in Paris: »Depuis quattre ans, les Français sont divisés, dans l'ensemble, en deux camps: les uns veulent une France européenne et pour cela une réconciliation franco-allemande, que l'on pousse même assez facilement jusqu'à l'alliance; les autres veulent une France anglo-américaine, et pour cela une guerre étrangère, toutes les deux baptisées ›liberation‹, et ce qui permet d'excuser les massacres stratégiques et les batailles à domicile.« Er beharrte bis zuletzt darauf, auf der richtigen Seite zu stehen. »Je suis un partisan qui porte une chemise bleue. Cette chemise bleue, comme la chemise kaki du milicien, est une cible offerte.«

Als Mitglied der »Parti Populaire Français« (PPF) seit 1942, für die er zahlreiche Wahlreden landauf landab hielt, und des Ehrenkomitees der »Légion des Volontaires Français contre le bolchevisme« (LVF) flüchtete er im August 1944 nach Deutschland. Das Redaktionskomitee von »Je suis partout« zog mit ihm. Nach einem kurzen Aufenthalt in Baden-Baden und Landau beim Stab → Doriots übernahm er die Leitung von »Radio-Patrie«, des Rundfunks der PPF in Bad Mergentheim. Sein Versuch, am 2.5.1945 von Meran mit einer deutschen Stuka-Maschine nach Barcelona zu fliegen, um dort die Internierung weiterer Mitglieder der PPF vorzubereiten, mißlang. Am 15.5.1945 flüchtete er mit seiner Frau in die Schweiz, wurde jedoch am 7.7.1945 an die französischen Behörden ausgeliefert. Am 17.9.1945 vom Cour de Justice de la Seine wegen Landesverrats zum Tode verurteilt, wurde er am 11.10.1945 zusammen mit zwei anderen Todeskandidaten erschossen. Er trug das blaue Hemd der PPF und starb mit den Worten »Vive la France quand même!«.

Literaturhinweise:

Jean Hérold-Paquis: Mémoires des illusions! 15 août 1944–1945, Paris 1948
Maurice-Yvan Sicard: Histoire de la collaboration, Paris 1964
J. Goueffon: La guerre des ondes: le cas de Jean Hérold-Paquis, in: Revue d'histoire de la deuxième guerre mondiale, Oktober 1977

HOFMANN, ERNST, geb. 6.5.1912 in Zürich, gest. 22.10.1986 in Steinmaur, Führer der »Eidgenössischen Sozialen Arbeiter-Partei« (ESAP) 1936–1940, Mitglied des Führungskreises der »Nationalen Bewegung der Schweiz« (NBS) 1940

H. war von Beruf Elektromonteur. Zusammen mit Heinrich Wechlin und Heinrich → Büeler gründete er am 1.6.1936 die »Eidgenössische Soziale Arbeiter-Partei« (ESAP) als eine Abspaltung von der 1930 von Hans Vonwyl, Ernst → Leonhardt, Robert → Tobler, Hans → Oehler und anderen gegründeten »Nationalen Front« (NF). Sie pflegte Kontakte zum »Volksbund«, der bereits im Oktober 1933 aus Teilen der »Nationalen Front« entstanden war. Während die erste Absplitterung die Substanz der Partei berührt hatte, blieb die Neugründung der ESAP ohne Auswirkungen auf die NF.
Was die Zahl der Mitglieder anbetrifft, war die ESAP ohne Bedeutung. Aber um H. entspann sich in der Folgezeit ein regelrechter Führerkult, obwohl er im August 1939 in einem Presseprozeß in Schaffhausen als »ein minderwertiges Individuum, arbeitsscheu, aufbrausend, anmaßend und brutal« bezeichnet wurde. Er bewunderte Hitler und erstrebte in der Schweiz Verhältnisse wie in Deutschland. Dazu hoffte er auf die Unterstützung des deutschen Führers und Reichskanzlers. Zum Propagandalied der ESAP deklarierte er folgenden Text: »Durchs Schweizerland marschieren wir, / Für unsre Freiheit kämpfen wir, / Die rote Front – KPS – schlagt sie entzwei / ESAP marschiert. Achtung, Straße frei.« Hinter der ESAP standen einige Schweizer Industrieunternehmen, die die Partei mit etwa 70 000 Franken finanzierten. Ideologisch orientierte sich die ESAP an der NSDAP. Im Vordergrund stand die Propagierung eines »sozialen Nationalismus«. Außenpolitisch wurden Rom und Berlin als gleichwertige Zentren anerkannt. Ihren »staatsgefährdenden Charakter« zeigte die ESAP mit ihren Animositäten gegen den welschen Bevölkerungsteil der Schweiz. Eine Eingabe der »Zürcher Jugend« an den Bundesrat verlangte im Oktober 1938 das Verbot der Partei. Am 25.11. 1938 wurde lediglich das Publikationsorgan der ESAP verboten, nicht jedoch die Partei selbst.
Ende Juni 1940 unterzeichnete H. zusammen mit anderen nationalen Schweizern den »Aufruf an das Schweizervolk«, der die Freunde der »Nationalen Bewegung der Schweiz« (NBS) aufforderte, sich für die Wiederherstellung freundschaftlicher Beziehungen zum Reich einzusetzen und für den Austritt der Schweiz aus dem Völkerbund und den Abbruch der diplomatischen Beziehungen zu England einzutreten. Außerdem wurde die Wiederzulassung der im Dezember 1939 verbotenen »Neuen Basler Zeitung« als Organ der NBS und die Rückkehr der Justiz zu einer unparteiischen Rechtsprechung gefordert.
Um die NBS als Sprecher der nationalen Kräfte in der Schweiz zu legitimieren und ihr Ansehen in der Bevölkerung zu heben, wurde das Zusammentreffen des Schweizer Bundespräsidenten Pilet-Golaz mit Jakob → Schaffner, Leo → Keller und H. am 10.9.1940 publizistisch ausgewertet. Das Ereignis war so sensationell, daß auch der deutsche Reichsrundfunk die Nachricht verbreitete. Das offizielle Schweizer Komuniqué sah in der anderthalbstündigen Unterredung immerhin »einen ersten Schritt zur Befriedung der politischen Verhältnisse der

Schweiz«. Der Bundespräsident mußte sich allerdings vorwerfen lassen, eine Partei zu fördern, die sowohl der demokratischen Ordnung als auch der Unabhängigkeit der Schweiz entgegenarbeite. H. bezeichnete die Besprechung als ein »Vorpostengefecht«, dem weitere Gefechte folgen würden, die eines Tages den »Einsturz bringen« würden. Von dritter Seite wurde H. als »geborener Sturmtruppenführer« bezeichnet, der bei der Arbeiterschaft Erfolg habe und in der Lage sei, »die Gewerkschaften zu zerschlagen«.

Am 10.10.1940 nahm H. an dem Treffen teil, das Klaus Hügel vom Reichsministerium für Volksaufklärung und Propaganda mit den Führern der Schweizer Fronten in München veranstaltete. In Anwesenheit von Vertretern des Auswärtigen Amtes und des SS-Reichssicherheitshauptamts wurde die Strategie der nationalen Bewegungen in der Schweiz besprochen und ihr Zusammenschluß in der NBS beschlossen. Zusammen mit Alfred → Zander vom »Bund treuer Eidgenossen« (BTE) verfaßte H. anschließend einen offenen Brief an seine Anhänger, in dem der Beitritt der ESAP und des BTE zur NBS bekanntgegeben wurde. Mit Wirkung vom 20.10.1940 verschwand die ESAP aus dem öffentlichen Leben der Schweiz. H. gehörte neben Max Leo → Keller und Rolf → Henne von der ehemaligen »Nationalen Front«, Heinrich Wechlin von der ehemaligen ESAP, Hans → Oehler und Alfred → Zander vom ehemaligen »Bund Treuer Eidgenossen« sowie dem Dichter Jakob → Schaffner zum neuen Führerkreis der NBS. In der dreiköpfigen Führungsspitze war er zuständig für »politische Aktionen und Propaganda«. Die NBS traf alle Vorbereitungen, um nach einem Sieg des Deutschen Reiches den »Anschluß der Schweiz an die europäischen Verhältnisse« zu erleichtern. Die Affinitäten zwischen den Organisationsstatuten der NBS und dem Parteiprogramm der NSDAP waren augenfällig. Aber das Auftreten der NBS-Mitglieder in der Schweiz war demokratisch und gesetzeskonform, auch wenn sie von den Geldern aus Deutschland abhängig waren und ihre Weisungen von dort bekamen. Den Bundesratsbeschluß vom 10.11.1940, der die NBS kaum einen Monat nach der Fusion verbot, konnten die etwa 2000 Mitglieder deshalb nicht verstehen.

Literaturhinweise:

Alice Meyer: Anpassung oder Widerstand. Die Schweiz zur Zeit des deutschen Nationalsozialismus, Frauenfeld 1966

Beat Glaus: Die Nationale Front. Eine Schweizer faschistische Bewegung 1930–1940, Zürich u. a. 1969

Walter Wolf: Faschismus in der Schweiz. Die Geschichte der Frontenbewegungen in der deutschen Schweiz 1930–1945, Zürich 1969

Gerhart Waeger: Die Sündenböcke der Schweiz. Die zweihundert im Urteil der geschichtlichen Dokumente 1940-46, Freiburg 1971

Werner Rings: Schweiz im Krieg 1933–1945. Ein Bericht, Zürich 1974

Walter Rüthemann: Volksbund und SGAD. Nationalsozialistische Schweizerische Arbeiterpartei. Schweizerische Gesellschaft der Freunde einer autoritären Demokratie. Ein Beitrag zur Geschichte der politischen Erneuerungsbewegungen in der Schweiz 1933–1944, Diss. Zürich 1979

HORTHY, MIKLÓS VON, geb. 18.6.1868 in Kenderes, Ungarn, gest. 9.2.1957 in Estoril, Admiral der k.u.k. Kriegsmarine, ungarischer Reichsverweser 1920–1944

Als fünftes von neun Kindern eines Gutsbesitzers im Komitat Szolnok besuchte H. das Gymnasium in Sopron. Dort lernte er die deutsche Sprache, deren Beherrschung in der Österreich-Ungarischen Doppelmonarchie Voraussetzung für eine Karriere in Militär und Verwaltung war. Mit 14 Jahren wurde er an der Seekadettenschule der k.u.k. Kriegsmarine in Fiume aufgenommen. Als Fähnrich und später als Adjutant des Chefs des Marinetechnischen Komitees nahm er an zahlreichen Seefahrten und Auslandsreisen teil. Danach war er Kommandant eines Schulschiffes. 1909 wurde er als Korvettenkapitän persönlicher Flügeladjutant des Kaisers Franz Joseph I. In dieser Funktion, die er fünf Jahre lang wahrnahm, gewann er Einblicke in die Reichspolitik und in die höfische Gesellschaft und lernte den Kaiser als persönliches Vorbild für sein ganzes Leben schätzen. Im Ersten Weltkrieg übernahm er mehrere Marinefunktionen. Als der Krieg zu Ende ging, war er Flottenkommandant im Range eines Vizeadmirals.
Am 31.10.1918 wurde in Ungarn und am 12.11.1918 in Österreich die Republik proklamiert. Im März 1919 übernahmen die Arbeiter- und Bauernräte die Macht in Budapest. Gegen sie formierte sich eine gegenrevolutionäre Bewegung in Szeged. Der konservative Graf Károlyi bildete ein Kabinett, in dem H. den Posten des Kriegsministers übernahm. Als im August 1919 die ungarische Räterepublik zusammenbrach, zog H. als Oberbefehlshaber der »Nationalen Armee« in Budapest ein.

Besuch des ungarischen Reichsverwesers Miklós von Horthy im Führerhauptquartier Wolfschanze am 11.9.1941

Nach dem Sieg der Kleinlandwirtepartei bei den Parlamentswahlen im Februar 1920 annullierte die Nationalversammlung den republikanischen Status des Landes und bestimmte, daß bis zu dem Zeitpunkt, an dem man sich auf einen neuen König geeinigt habe, ein Reichsverweser den Staat leiten solle. H. übernahm dieses Amt am 1.3.1920. Er übte es 24 Jahre aus. Zweimal mußte er die Rückkehr der Habsburger auf den Thron verhüten. Den Vorschlag aristokratischer Kreise, sich zum König von Ungarn krönen zu lassen, lehnte H. ab. Aber die Institution eines »Kronrates« behielt er bei.

Der Friedensvertrag von Trianon, mit dem der Erste Weltkrieg abgeschlossen wurde, nahm den Ungarn zwei Drittel des Staatsgebietes ab. Die abgetrennten Landstriche fielen an Rumänien, Jugoslawien und die Tschechoslowakei. Reparationen erschwerten die wirtschaftliche Lage. Nur mit Hilfe ausländischer Anleihen konnte Ungarn in den 20er Jahren überleben. Doch große Teile der Bevölkerung, vor allem die landlosen Bauern und das anwachsende Industrieproletariat, litten angesichts der feudalen Strukturen des Landes große Not. 1926 erhielt Ungarn ein Oberhaus. Es sollte demokratische Entwicklungen abbremsen und den konservativ-feudalen Charakter des Landes absichern.

Aufgrund seiner beruflichen Prägungen glaubte H. an den Wert historischer Traditionen. Das Vorbild Kaiser Franz Josephs I. vor Augen, hielt er nur den zur Führung eines Landes berufen, der Patriot, Christ und Adeliger war. Der internationale Sozialismus war für ihn eine jüdische Irrlehre. Jeder Ungar habe die moralische Pflicht, den Bolschewismus wie eine Ausgeburt des Teufels zu bekämpfen. Als die Siegermächte 1927 die militärische Kontrolle über das Land aufgaben, wurde Ungarn souverän. Von allen umgebenden Staaten außer Österreich bedrängt, stieß die ungarische Regierung auf der Suche nach außenpolitischen Verbündeten auf Mussolini, der durch einen Freundschaftsvertrag mit Ungarn Einfluß im Donauraum gewinnen wollte. Die Kontakte zu Deutschland waren vorwiegend wirtschaftlicher Art. Die Zusammenarbeit mit Italien und Österreich manifestierte sich im März 1934 in den »Römischen Protokollen«, mit denen die Kleine Entente in Schach gehalten werden sollte. Im November 1936 machte H. einen Staatsbesuch in Italien, der im Mai 1937 von König Viktor Emanuel III. erwidert wurde.

Am 22.8.1936 besuchte H. zum erstenmal den deutschen Führer und Reichskanzler Adolf Hitler auf dem Obersalzberg. Beide Gesprächspartner waren sich einig in ihrem militanten Antibolschewismus und in ihrem Bestreben, die Pariser Vorortverträge möglichst schnell zu revidieren, zuerst gegenüber der Tschechoslowakei. Hitler informierte H. über die deutsch-italienische Annäherung und nahm H.s Rat zur Kenntnis, Deutschland solle Einvernehmen mit Großbritannien suchen. Für die 740 000 Personen umfassende deutsche Minderheit in Ungarn erbat Hitler das Recht, sich völkisch zu organisieren und ihr Deutschtum öffentlich bekennen zu können.

Um die innere Ruhe zu gewährleisten, ergriff die ungarische Regierung 1937 Maßnahmen gegen Rechtsradikale und Kommunisten. Die »Partei des Nationalen Willens« wurde aufgelöst und ihr Führer Ferenc → Szálasi inhaftiert. Doch als sich die rechtsradikalen Parteien in der »Ungarischen Nationalsozialistischen Partei«, den späteren »Pfeilkreuzlern« zusammenschlossen und H. als den

bestmöglichen Staatschef hinstellten, entspannte sich das Verhältnis zwischen der Regierung und den Rechten, nicht jedoch das zu den Linken. Eine Verfassungsänderung machte H. zum »Regenten«. Er war unabsetzbar und konnte ohne Zustimmung des Parlaments nicht abdanken. Von seinen verfassungsmäßigen Rechten machte H. kaum Gebrauch. Von ihm ist kein einziges Veto gegen Beschlüsse des Parlaments oder der Regierung bekannt. Er ernannte und entließ fünf Ministerpräsidenten in Übereinstimmung mit der Mehrheit des Parlaments und warnte die Regierungschefs vor einer leichtfertigen Auflösung des Parlaments, obwohl er ihnen die Vollmacht dazu übertrug. Wert legte er nur auf seine Rechte als »oberster Kriegsherr« des Landes.
Im Februar 1938 besuchte H. Polen, dem er freundschaftlich verbunden war. Die Idee einer »horizontalen Achse« wurde erwogen, in der Italien, Jugoslawien, Ungarn und Polen außenpolitisch zusammenarbeiten sollten, um ein Gegengewicht gegen die Vormachtbestrebungen Deutschlands zu bilden. Nach dem »Anschluß« Österreichs im März 1938 gab H. diesen Plan auf.
Im August 1938 lud Hitler H. zu einem Freundschaftsbesuch nach Kiel ein, um ihn als Bundesgenossen für den geplanten Krieg gegen die Tschechoslowakei zu gewinnen. H. lehnte eine militärische Intervention ab und warnte Hitler vor einem Weltkrieg, der daraus entstehen könnte und der mit Deutschlands Niederlage enden würde. Für ihn kam nur eine friedliche Revision der Pariser Vorortverträge in Frage. Im Münchner Abkommen vom 30.9.1938 ließen die Signatarmächte Ungarns Ansprüche auf tschechoslowakisches Gebiet unberücksichtigt. Erst der mit italienischer Hilfe zustandegekommene Erste Wiener Schiedsspruch erfüllte am 2.11.1938 mit der Zuweisung südslowakischer Gebiete mit über einer Million Einwohner einen Teil der ungarischen Hoffnungen. Im März 1939 besetzte Ungarn auf eigene Faust den ruthenischen Landesteil der Resttschechei. Hitler war damit einverstanden, weil die ungarische Regierung dem Antikominternpakt beitrat, Mandschukuo als souveränen Staat anerkannte und aus dem Völkerbund austrat. Auf deutschen Druck stimmte das Parlament im Mai 1939 einem neuen »Judengesetz« zu, aufgrund dessen 60 000 jüdische Beschäftigte bis zum Jahresende entlassen werden mußten.
Am 1.9.1939 begann der deutsche Angriff auf Polen. Die ungarische Regierung lehnte es ab, deutsche Truppen durch Ungarn marschieren zu lassen. Sie bevorzugte wie Italien den Status der »bewaffneten Neutralität«. Gleichzeitig meldete sie jedoch Ansprüche auf das rumänische Siebenbürgen an. Ministerpräsident → Teleki schlug Bukarests Angebot eines Nichtangriffspakts aus und führte die Teilmobilmachung durch. Da Hitler aber vor einem Angriff warnte, unterließ Ungarn weitere Maßnahmen. Am 30.8.1940 erhielt es im Zweiten Wiener Schiedsspruch die Hälfte Siebenbürgens mit 2,5 Millionen Einwohnern zurück. Als Gegenleistung erwartete Deutschland weitere Zugeständnisse an die deutsche Minderheit im Land und den Beitritt Ungarns zum Dreimächtepakt. Am 5.9.1940 marschierte H. an der Spitze der Truppen in Siebenbürgen ein. Die rumänischen Streitkräfte hatten sich zurückgezogen.
Zu dem für April 1941 geplanten Griechenlandfeldzug wollte Hitler ein Armeekorps der Wehrmacht nach Südungarn verlegen. Als nach dem Sturz der deutschfreundlichen jugoslawischen Regierung die Kriegsplanungen auf Jugoslawien

ausgedehnt wurden, bot er den Ungarn für ihre Unterstützung im Feldzug gegen Jugoslawien die Befriedigung sämtlicher Revisionsansprüche in Jugoslawien und einen Zugang zur Adria an. Im Gegensatz zu seinem Ministerpräsidenten → Teleki stimmte H. dem Durchmarsch der deutschen Truppen prinzipiell zu, obwohl Großbritannien in diesem Fall mit dem Abbruch der diplomatischen Beziehungen drohte. Am 6.4.1941 begann der deutsche Angriff gegen Jugoslawien. Es wurden keine Forderungen an Ungarn gestellt, aber die deutsche Seite zeigte sich erfreut, als ungarische Truppen am 10.4.1941 nach der Proklamation des Unabhängigen Staates Kroatien die Batschka »zum Schutz der Landsleute« besetzten. Trotz der deutschen Ermunterungen überschritten sie die Donau jedoch erst, als Jugoslawien kapituliert hatte. Am 24.4.1941 erlaubte Hitler dem ungarischen Reichsverweser bei einem Besuch auf dem Obersalzberg auch die Einverleibung des Baranya-Dreiecks und des Mur-Gebietes. Weitere territoriale Erwerbungen versprach sich H. von der ungarischen Beteiligung am geplanten Rußlandfeldzug: das restliche Siebenbürgen (Transsylvanien) von Rumänien und den Banat von Jugoslawien. Aber Hitler war zu keinen weiteren Zugeständnissen vor der Niederringung der Sowjetunion bereit. Als H. am 22.6.1941 durch Hitler vom Kriegsausbruch informiert wurde, dankte er dem Führer, weil dieser Krieg die Russen vom Joch der Bolschewiken befreien werde. Eine Beteiligung lehnte der Ministerrat wegen der »rumänischen Gefahr« ab. Allerdings wurden die diplomatischen Beziehungen zur Sowjetunion abgebrochen. Als jedoch am 26.6.1941 Kaschau von sowjetischen Flugzeugen bombardiert wurde, trat Ungarn in den Krieg ein. Der militärische Einsatz war jedoch zunächst begrenzt und betrug im Januar 1942 nur zwei Brigaden als Besatzungstruppen in der Ukraine. Da Ungarn nicht alle Truppen vom russischen Boden zurückzog, wie es Großbritannien forderte, herrschte zwischen Ungarn und Großbritannien ab 7.12.1941 der Kriegszustand. Unter deutschem Druck brach Ungarn am 11.12.1941 die Beziehungen zu den USA ab, nachdem Deutschland ihnen den Krieg erklärt hatte. Nach den deutschen Rückschlägen im Winter 1941/42 stiegen die wirtschaftlichen und militärischen Forderungen des Reiches an Ungarn. Die entsprechenden Vereinbarungen traf der deutsche Reichsaußenminister Ribbentrop bei seinem Besuch in Budapest vom 6. bis 10.1.1942. Mit dem Datum des Abreisetags schrieb H. an Hitler, daß die deutsche Seite Ungarn nicht überbelasten dürfe, weil es sonst seine Funktionen auf dem Balkan nicht mehr wahrnehmen könne. Am Krieg gegen die Sowjetunion werde sich das Land nach Kräften beteiligen: »Heute ist es zweifellos das größte Interesse der ganzen Welt, daß der Bolschewismus zerschlagen werde, denn es ist ausgeschlossen, daß die Menschheit zu einem ruhigen, glücklichen Leben kommt, solange diese Pest die Welt beunruhigen kann.« Für den Sommer 1942 verlangte Hitler Ungarns Totalmobilmachung. H. stellte 17 Divisionen zur Verfügung: 200 000 Mann Fronttruppen und 50 000 Mann Besatzungstruppen. Unter ihnen war H.s Sohn István, der stellvertretende Regent. Er stürzte am 20.8.1942 mit dem Flugzeug ab.

Im März 1942 berief H. Miklós von Kállay zum neuen Ministerpräsidenten und zum Leiter des Außenministeriums. Mit Hilfe seiner guten Beziehungen zu den Westmächten hoffte H. Ungarns Handlungsfreiheit zurückgewinnen und das Land aus dem Krieg herauslösen zu können. Am 16.4.1943 traf sich H. mit Hitler auf

Schloß Kleßheim. Hitler griff Kállay an und lehnte dessen Plan eines »Blocks der Balkanstaaten« für die Zeit nach dem Krieg entschieden ab. Er tadelte die ungarische Judenpolitik und das mangelnde militärische Engagement. Mit Wissen von H. führte Kállay im Sommer 1943 geheime Verhandlungen mit den Westmächten über einen Separatfrieden, erhielt aber keine Zusagen für die territoriale Integrität des Staates und die Anerkennung der herrschenden Regierung. Die Ungarn wurden auf Gespräche mit der Sowjetunion verwiesen. Auch nach dem Abfall Italiens vom Achsenbündnis löste sich die ungarische Regierung nicht aus ihrer Abhängigkeit vom Reich. Man setzte die Hoffnungen auf eine Landung der Westalliierten auf dem Balkan. Wegen der Verbindungen zum Westen wurde Ungarn für Deutschland zunehmend zu einem unsicheren Bündnispartner. Das »Unternehmen Margarethe«, die militärische Besetzung Ungarns, wurde vorbereitet. Die Bitte H.s, die restlichen ungarischen Divisionen von der Ostfront abziehen und zur Verteidigung der eigenen Grenzen einsetzen zu dürfen, lehnte Hitler bei der letzten Begegnung mit H. am 18.3.1944 in Kleßheim ab. Er verlangte die Vermehrung der ungarischen Fronttruppen auf 300 000 Mann. Hitler, der über das Doppelspiel Kállays informiert war, beschuldigte die Ungarn des Verrats und drohte mit der Besetzung des Landes durch deutsche Truppen. In dieser Situation versprach H., die Regierung Kállay durch ein prodeutsches Kabinett zu ersetzen und das Bündnis mit Deutschland aufrechtzuerhalten. Von einer Abdankung sah er ab, weil er Ungarn nicht den Pfeilkreuzlern → Szálasis überlassen wollte. Zum Nachfolger Kállays bestimmte er Döme → Sztójay. Dem Einmarsch der Wehrmacht in Ungarn am 19.3.1944 setzte er ebensowenig Widerstand entgegen wie der wirtschaftlichen Ausbeutung des Landes, die folgte. Die deutsch-ungarische Waffenbrüderschaft wurde aufrechterhalten. Um Deutschland zu besänftigen, sagte der neue Ministerpräsident Sztójay die »Endlösung der Judenfrage« in Ungarn zu. Von den Oberhäuptern der christlichen Kirchen und den Gesandten der neutralen Staaten gedrängt, untersagte H. jedoch bereits im Juni 1944 die Verbringung weiterer ungarischer Juden in die Vernichtungslager und zog zum Schutz der 200 000 Budapester Juden Honvédtruppen in der Stadt zusammen.

Im August 1944 zwang H. Sztójay zur Demission und ernannte seinen Vertrauensmann Lakatos zum Ministerpräsidenten. Um dem Vormarsch der Roten Armee aus Rumänien, das am 28.8.1944 kapituliert hatte, nach Siebenbürgen zu begegnen, erklärte H. am 6.9.1944 den Rumänen den Krieg und bat Hitler um die Unterstützung durch fünf deutsche Divisionen. Obwohl dem Wunsch entsprochen wurde, entschloß sich H. zu direkten Verhandlungen mit der sowjetischen Regierung. Mit seiner Vollmacht unterzeichnete eine ungarische Delegation am 11.10.1944 in Moskau ein provisorisches Waffenstillstandsabkommen. Darin verpflichtete sich Ungarn, dem Deutschen Reich den Krieg zu erklären. Noch vor H.s Radioansprache am 15.10.1944, in der er die Vereinbarungen bekannt geben wollte, entführte die Gestapo seinen Sohn Miklós. Deshalb befahl H. der Armee, keine Aktionen gegen die Wehrmacht vorzunehmen. Am 16.10.1944 besetzten Waffen-SS-Einheiten die königliche Burg in Budapest und nahmen H. gefangen. Er entsprach dem Wunsch der Deutschen, Szálasi als Ministerpräsidenten einzusetzen, weil das Leben seines einzigen Kindes auf dem Spiel stand. Dann demissionierte er als Staatsoberhaupt.

H. wurde mit seiner Familie im Schloß Hirschberg bei Weilheim in Oberbayern interniert. Nach der Besetzung Bayerns duch die US-Armee wurde er inhaftiert, aber nicht unter Anklage gestellt. Ein Auslieferungsgesuch Titos wurde abgelehnt. Da die ungarische Regierung auf einen Prozeß gegen H. verzichtete, wurde er im Dezember 1945 freigelassen. Beim Internationalen Militärtribunal gegen die Hauptkriegsverbrecher trat H. als Zeuge der Anklage auf. 1948 zog er mit seiner Frau und seinem Sohn Miklós, der von den Amerikanern aus einem deutschen KZ befreit worden war, von Weilheim, wo er als Privatmann gelebt hatte, nach Portugal. Dort starb er 1957 kurz nach der Niederschlagung des ungarischen Volksaufstandes, dessen Verlauf er hoffnungsvoll verfolgt hatte. Entsprechend seinem testamentarischen Wunsch holten die Ungarn nach dem Zerfall des Ostblocks seine Leiche im September 1993 in seinen Geburtsort Kenderes zurück.

Literaturhinweise:

Miklós von Horthy: Ein Leben für Ungarn, Bonn 1953
Carlile A. Macartney: October Fifteenth. A History of Modern Hungary 1929–1945, 2 Bände, Edinburgh 1956 und 1957
Miklós Szinai und László Szúcs (Hrsg.): The Confidential Papers of Admiral Horthy, Budapest 1965
Nicholas M. Nagy-Talavera: The Green Shirts and the Others. A History of Fascism in Hungary and Rumania, Stanford 1970
Mario D. Fenyo: Hitler, Horthy, and Hungary. German-Hungarian Relations, 1941–1944, New Haven u. a. 1972
Peter Gosztony: Miklós von Horthy. Admiral und Reichsverweser, Göttingen u. a. 1973
Margit Szöllösi-Janze: Die Pfeilkreuzler in Ungarn. Historischer Kontext, Entwicklung und Herrschaft, München 1989

HUBAY, KÁLMÁN, geb. 3.4.1892 in Jászapáti, hingerichtet 26.6.1946 in Budapest, Vorsitzender und stellvertretender Vorsitzender der Pfeilkreuzlerpartei 1939–1942, Kultusminister der Regierung Szálazi 1944

Als Absolvent der Akademie der Rechte in Miskolc arbeitete H. zwischen 1919 und 1933 als Journalist und Redakteur. Auf Wunsch des Ministerpräsidenten → Gömbös übernahm er 1933 die Redaktion des rechtsgerichteten Blattes »Függetlenség« (Unabhängigkeit). Später gehörte er zu den Mitbegründern der regierungsfreundlichen Zeitung »Esti Ujság« (Abendblatt). Als er nach dem Tod von Gömbös seine Patronage verlor, schloß er sich 1937 der hungaristischen Bewegung von Ferenc → Szálasi an. Er machte sich verdient durch die Zusammenführung der kleineren rechten Splittergruppen in die »Ungarische Nationalsozialistische Partei« (Hungaristenbewegung) und durch die Beschaffung finanzieller Unterstützung aus Deutschland. 1938 wurde er Parlamentsabgeordneter. Als → Imrédy nach seinem Regierungsantritt als Ministerpräsident den Beamten und Militärangehörigen die Mitgliedschaft in politischen Parteien verbot, schmolz die Hungaristenbewegung zu einem Häuflein zusammen. Während der Verfolgung der Partei durch → Teleki ab Februar 1939 und während der Gefängniszeit Szálasis leitete H. die Pfeilkreuzlerpartei, die an die Stelle der Hungaristen getreten war. Bei den Parlamentswahlen im Mai 1939 erzielte er einen großen Erfolg: Die Partei gewann 31 Sitze. Insgesamt verfügten die Rechten über 49 Mandate. Gelder

aus Deutschland spielten eine Rolle bei dem Sieg. Obwohl er die Partei in den Verdacht brachte, fremden Interessen zu dienen, wurde H. 1940 offiziell zum stellvertretenden Vorsitzenden gewählt. Wegen der Verteilung landesverräterischer Flugblätter kam er im März 1940 für drei Monate ins Gefängnis. Meinungsverschiedenheiten über finanzielle Fragen führten 1942 zum Ausschluß aus der Partei. Im Oktober 1944, als die Pfeilkreuzler die Regierungsgeschäfte übernahmen, vertraute ihm Szálasi jedoch das Kultusministerium an.
Die Erinnerungen, die H. in der Untersuchungshaft nach dem Krieg schrieb, sind verlorengegangen. Auf ihn wartete das Todesurteil.

Literaturhinweise:

Carlile A. Macartney: October Fifteenth. A History of Modern Hungary 1929–1945, 2 Bände, Edinburgh 1956 und 1957

EL-HUSSEINI, MOHAMMED AMIN (HAJJ AMIN EL-HUSEINI), geb. 1897 in Jerusalem, gest. 4.7.1974 in Beirut, Mufti von Jerusalem, palästinensisch-arabischer Nationalist

H. entstammte einer der führenden arabischen Familien Palästinas, die, gestützt auf Großgrundbesitz, seit Generationen politischen Einfluß ausübten. Bereits Anfang des 17. Jahrhunderts war ein Mitglied seines Klans Mufti von Jerusalem. Auch sein Großvater, Vater und Bruder übten dieses Amt aus. Vor dem Ersten Weltkrieg war H. zweieinhalb Jahre Schüler des Scheichs Muhammed Raschid Rida in Kairo, der in religiös-politischen Kreisen als arabischer Reformer hoch angesehen war. Während des Ersten Weltkrieges diente H. als Offizier der türkischen Armee in Smyrna. Obwohl er nach dem Krieg vorübergehend für die Briten arbeitete, entwickelt er sich ab 1920 zu einem radikalen Verteidiger der arabischen Sache. Eine Amnestie ermöglichte ihm die Rückkehr von Transjordanien nach Jerusalem. Die Rivalität der Klans ausnutzend, konnte er sich 1920 in einer dubiosen Wahl zum Mufti von Jerusalem machen. 1922 wurde er Präsident des Hohen Moslemischen Rats. Mit diesen beiden Ämtern war H. der einflußreichste Araber in Palästina. 1931 initiierte er eine Islamische Weltkonferenz in Jerusalem, zu der 130 Delegierte aus 22 Ländern kamen. Sein Hauptanliegen war die Begrenzung der jüdischen Einwanderung. Damit kam er der englischen Politik in die Quere. Von April bis Oktober 1936 leitete er den Generalstreik gegen das wachsende Einsickern deutscher Juden in Palästina, wo bereits 400 000 Juden lebten. Im April 1936 bildeten alle arabischen Parteien in seltener Einigkeit ein Oberstes Arabisches Komitee, das später unter dem Namen »Arab High Committee« (AHC) bekannt wurde. Sein Präsident war H. Den Peel-Plan, der Galiläa und die Ebene Sharon als Siedlungsgebiet der Juden auswies, beanworteten die Palästinenser mit einem offenen Aufstand. Über den deutschen Generalkonsul in Jerusalem bat H. am 16.7.1936 die nationalsozialistische Führung um Hilfe. Da die Reichsregierung weder die deutschen Exportmöglichkeiten nach Palästina noch die Auswanderung der Juden ins Heilige Land gefährden wollte, verzichtete sie auf eine Parteinahme. Am 17.7.1937 entzog sich H. der Verhaftung durch die Briten mit der Flucht in den inneren Moscheebezirk des Felsendoms, dessen Boden die Mandatsmacht nicht zu entwei-

hen wagte. Da Ibn-Saud, König von Saudisch-Arabien, nicht bereit war, den palästinensischen Arabern militärisch zu Hilfe zu kommen, floh H. in den Libanon, von wo er Terroranschläge in Palästina organisierte. Von Deutschland erhielt er finanzielle Unterstützung. Im Vertrauen auf die innerarabische Solidarität und deutsche Hilfe lehnte er 1939 das britische »White Paper« ab, das die Einstellung der jüdischen Einwanderung nach fünf Jahren und die Gründung eines palästinensischen Staates innerhalb von zehn Jahren vorsah.
Am 13.10.1939 floh H. von Beirut nach Bagdad, weil das Kriegsbündnis der libanesischen Mandatsmacht Frankreich mit England sein Verbleiben im Land unmöglich machte. In Bagdad konnte H. seine prodeutsche Haltung offen zeigen. Er gründete das »Komitee für die Zusammenarbeit zwischen den arabischen Ländern«, dem führende Persönlichkeiten des Irak, Syriens, Palästinas und Saudisch-Arabiens angehörten. In einem Schreiben vom 21.6.1940, das über den deutschen Botschafter in der Türkei nach Berlin weitergeleitet wurde, erklärte H. seine Bereitschaft, eine aktive Rolle an der Seite der Achsenmächte zu übernehmen, wenn diese die völlige Befreiung und nationale Einheit der Araber unterstützten. Er erwartete vor allem von der italienischen Regierung, zu deren Einflußbereich die arabischen Länder gehörten, eine Sympathieerklärung für den arabischen Nationalismus. Im August 1940 reiste sein Sekretär zu Besprechungen mit dem Auswärtigen Amt nach Berlin. Er überbrachte den Entwurf einer Souveränitäts- und Garantieerklärung für die arabischen Länder nach ihrer Befreiung und eines Geheimabkommens mit dem Irak. Deutschland wollte zu diesem Zeitpunkt eine offene Stellungnahme vermeiden und speiste ihn am 18.10.1940 mit einer allgemein gehaltenen Sympathieerklärung ab. In einem Runderlaß informierte das Auswärtige Amt seine Auslandsvertretungen, daß Deutschland im Orient keine politischen Ziele verfolge, aber seine wirtschaftlichen Verbindungen aufrecht erhalten wolle. Im Februar 1941 sagte H. dem Führer des Deutschen Reiches die arabische Bereitschaft zu, am Kampf gegen den gemeinsamen Feind, »das perfide Albion«, teilzunehmen und die englisch-jüdische Koalition zu Fall zu bringen. In dem Antwortschreiben vom 8.4.1941 formulierte Staatssekretär Ernst von Weizsäcker: »Deutschland, das niemals arabische Gebiete in seinen Besitz gehabt hat, hat keine territorialen Ziele im arabischen Raum. Es ist der Ansicht, daß die Araber, ein altes Kulturvolk, ... durchaus in der Lage sind, sich selbst zu regieren. Deutschland erkennt daher die volle Unabhängigkeit der arabischen Staaten, oder wo sie noch nicht erreicht ist, den Anspruch darauf an, sie zu erringen.« Er stellte finanzielle Hilfen und die Lieferung von Kriegsmaterial in Aussicht. Trotz dieser Zusagen war das Deutsche Reich nicht in der Lage, beim »Irak-Aufstand«, den Raschid Ali → Gailani im Mai 1941 inszenierte, erfolgreich zu intervenieren. Zwar rief H. am 9.5.1941 den heiligen Krieg gegen Großbritannien aus, aber er mußte am 29.5.1941 nach Teheran fliehen, weil die Engländer Bagdad besetzten. Als die Briten und Russen am 25.8.1941 in den Iran einmarschierten, zerflossen seine Hoffnungen auf einen schnellen Vorstoß der Achse in den Nahen Osten. Die Italiener schmuggelten H. nach Italien. Am 27.10.1941 wurde er in Rom von Mussolini empfangen. Der Duce sagte zu, daß die Achsenmächte den arabischen Ländern unter britischer Herrschaft »jede denkbare Unterstützung in ihrem Kampf für ihre Befreiung gewähren werden«. Am 6.11.1941

traf H. in Berlin ein. Er forderte die Reichsregierung auf, zusammen mit Italien eine Unabhängigkeits- und Souveränitätserklärung für die arabischen Länder abzugeben. Am 28.11.1941 empfing Hitler den Mufti in Gegenwart von Reichsaußenminister Ribbentrop. Hitler beschränkte das Gespräch auf die gemeinsame Haltung der Araber und Deutschen im Kampf gegen die Juden. Aus Rücksichtnahme auf die Regierung → Pétain in Frankreich war er nicht bereit, die vom Mufti gewünschte Erklärung über ein freies Arabien zu geben, bevor die deutschen Armeen den Südausgang Kaukasiens erreicht hätten. Außerdem glaubte er nicht an die Kampfkraft der Araber bei einer Auseinandersetzung mit den Kolonialmächten und den Juden. Er setzte auf Gailani, der in seiner Funktion als Ministerpräsident des Irak im Dezember 1941 mehrmals von Ribbentrop im Auswärtigen Amt empfangen wurde. H. hoffte vergeblich auf eine Anerkennung als Führer Groß-Arabiens, das die Länder Syrien, Libanon, Transjordanien, Palästina und Irak umfassen sollte. Um Gailani zu überspielen, ernannte er sich selbst zum »Großmufti« und entwickelte die Fiktion einer arabischen Geheimorganisation unter seiner Führung, die alle nationalen Bewegungen im arabischen Raum steuere. In der Folgezeit traf er mehrmals mit dem Chef des militärischen Geheimdienstes im Oberkommando der Wehrmacht, Admiral Wilhelm Canaris, und dem Beauftragten des Auswärtigen Amtes für den Nahen Osten, Botschafter Fritz Grobba, zusammen. Die persönlichen Eifersüchteleien zwischen H. und Gailani und ihre Versuche, die Achsenmächte gegeneinander auszuspielen, verhinderten einen gemeinsamen Aufruf Italiens und Deutschlands an die Araber bis zum 2.11.1944. Am 18.4.1942 erhielten H. und Gailani lediglich gleichlautende geheime Absichtserklärungen der deutschen und italienischen Regierung, daß sie die Unabhängigkeitsbestrebungen der arabischen Völker unter britischer Herrschaft grundsätzlich zu unterstützen bereit seien.

Im Januar 1942 akzeptierte Hitler den Vorschlag des Mufti, eine »Arabische Legion« zur Befreiung der arabischen Länder zu gründen. In Kap Sunion entstand eine »Deutsch-Arabische Lehrabteilung« (DAL). Da die Achsenmächte mit Rücksicht auf die französische Regierung in Vichy keine Araber aus den französischen Kolonien dafür rekrutieren wollten, blieb der Umfang auf eine Kompanie beschränkt. Die meisten waren britische Kriegsgefangene. Sie wurden dem Sonderstab F unter dem General der Flieger Felmy zur Verfügung gestellt und sollten zur Befreiung des Irak eingesetzt werden, sobald die deutschen Truppen das Kaukasusgebiet erobert hätten. Ihre Verwendung mußte unterbleiben, als sich die Heeresgruppe A nach der Niederlage bei Stalingrad aus diesen Gebieten zurückzog. Tiflis, wo das Hauptquartier des Mufti und Gailanis eingerichtet, die irakische Regierung unter Gailani proklamiert und ein Manifest über die Ziele der Achse für die arabische Welt herausgegeben werden sollte, wurde nie erobert. In Konkurrenz zu Gailani betrieb H., unterstützt von den Italienern, ab April 1942 den Aufbau einer »Arabischen Legion« für den Krieg in Nordafrika. Der Rückzug des deutschen Afrikakorps machte die Pläne zunichte. Nach der Niederlage der Achsenmächte in Tunesien im Juni 1943 gab es kein einziges arabisches Land mehr in der Einflußsphäre der Achsenmächte. H. mußte seine Aktivitäten auf die Propaganda für Arabien und die Organisation muslemischer Militäreinheiten beschränken. Seine Versuche, auch die indischen Muselmanen einzubeziehen, wurden vom Auswärtigen Amt abgeblockt. Für die deutsche Indienpropaganda war Chandra → Bose zuständig. Trotzdem wurde H. Schirmherr des »Islamischen Zentral-Instituts zu Berlin e.V.«, das am 18.12.1942 gegründet wurde. An der Feierstunde im »Haus der Flieger« nahm auch der Reichsminister für Volksaufklärung und Propaganda, Joseph Goebbels, teil. In seiner Ansprache gab sich H. als Führer von 400 Millionen Arabern und als Todfeind der Juden, Engländer und Bolschewiken aus. Außer dem Feindbild habe der Islam mit dem Nationalsozialismus die Prinzipien von Ordnung, Disziplin, Gemeinschaft und Gehorsam gemeinsam. Das Bündnis der beiden Weltanschauungen sei deshalb ganz natürlich. Während seines Aufenthalts in Berlin konnte H. auf großem Fuß leben. Er wohnte in einer Villa in Zehlendorf. Das Auswärtige Amt zahlte monatlich 90 000 Reichsmark. Auch sein Stab aus 60 Arabern wurde vom Auswärtigen Amt finanziert. Ohne Geld tat H. nichts. Allein vom SS-Reichssicherheitshauptamt erhielt er für seine arabischen Agenten einen halben Zentner Gold und 50 000 Dollar. Die Spannungen zwischen SS und Auswärtigem Amt nutzte er geschickt zu seinem Vorteil aus.

Nachdem Frankreichs nordafrikanische Besitzungen von den Engländern und Amerikanern erobert worden waren, drängte H. im Sommer 1943 den deutschen Außenminister unter Hinweis auf die japanische Indienerklärung zu der lange verschobenen Unabhängigkeitserklärung für die arabischen Länder und forderte die Achsenmächte auf, gegen die »jüdisch-nationale Heimstätte in Palästina« Front zu machen. H. empfahl mehrfach Bombenangriffe auf Tel Aviv und Jerusalem, »um das palästinensische Judentum zu treffen und mit diesen Angriffen in der arabischen Welt eine propagandistische Wirkung zu erzielen«. Sein Haß gegen die Juden kannte kein Erbarmen: »Kill the Jews wherever you find them. This pleases God, history and religion.« Er empfahl, die Juden in Polen zu konzentrieren, um ihre Flucht nach Palästina zu unterbinden. Er versuchte alles in seiner Macht Stehende, um die Auswanderung der Balkanjuden nach Palästina zu verhindern. Keine seiner Anregungen wurde von der Reichsregierung aufgegriffen.

Am 10.2.1943 erlaubte Hitler die Aufstellung einer muselmanischen Division der Waffen-SS auf dem Balkan, um im Partisanenkrieg gegen Tito die Oberhand zu gewinnen. Zur weltanschaulich-geistigen Erziehung und Betreuung der mohammedanischen Bosnier, die man rekrutierte, wurden die Ratschläge des Mufti eingeholt. Man einigte sich auf folgende Grundsätze: Völkisch-rassisch gesehen, zählen die Bosnier zur germanischen Welt, weltanschaulich-geistig zur arabischen. Die aufzustellende Division soll die geistige Verbindung zwischen dem Islam und dem Nationalsozialismus dokumentieren. Die Schulung der Freiwilligen baut auf den Gemeinsamkeiten der beiden Ideologien auf: Monotheismus, Gehorsam und Disziplin, Kampfideale, Gemeinschaftsbewußtsein, Familie und Nachwuchs, Antisemitismus, Hochschätzung der Arbeit. H. setzte seine ganze Autorität bei der Werbung für diesen Verband ein. Dazu hielt er sich vom 30.3.1943 bis 11.4.1943 in Kroatien auf. Bis zum 19.4.1943 meldeten sich über 20 000 Freiwillige zum Dienst auf deutscher Seite. Als die Tätigkeit von Imamen in den Bataillonen genehmigt und die Beachtung der religiösen Speisevorschriften vom SS-Hauptamt, das für die Rekrutierung zuständig war, zugesagt,

Besuch el-Husseinis bei der 13. Waffengebirgsdivision der SS ›Handschar‹ im Januar 1944

ja sogar die Gründung einer Mullah-Schule in Dresden genehmigt worden war, schlossen sich viele einflußreiche muselmanische Persönlichkeiten des Balkans der Werbung an. Nach dem Abschluß der Ausbildung in Südfrankreich wurde die Division nach Neuhammer in Schlesien verlegt, wo die einzelnen Einheiten im November 1943 vom Mufti und von Himmler besichtigt wurden. Bei dieser Gelegenheit erhielt der Verband den Namen 13. Waffengebirgsdivision der SS ›Handschar‹. Im Winter 1943/44 nahm er am Unternehmen »Kugelblitz« zur Säuberung Ostbosniens von den Partisanen teil. Der Divisionsstab lag in Brčko. Himmler schätzte den Einfluß des Muftis auf die mohammedanischen Freiwilligen als »überragend« ein.
Als Churchill am 28.9.1944 im Unterhaus die Aufstellung einer jüdischen Brigade bekanntgab, forderte H. in Deutschland die Aufstellung eines arabischen Verbandes, dessen Gründung am 2.11.1944, dem Jahrestag der Balfour-Deklaration, mit dem Namen »Arabische Brigade« bekanntgegeben wurde. Zur Aufstellung kam es nicht mehr. Mehr Erfolg hatte die SS mit der Organisation von zwei weiteren moslemischen Verbänden unter den Namen 21. Waffengebirgsdivision der SS ›Skanderbeg‹ (alban. Nr.1) und 23. Waffengebirgsdivision der SS ›Kama‹ (kroat. Nr. 2) auf dem Balkan.
Einen Tag vor der bedingungslosen Kapitulation des Deutschen Reiches floh H. nach Bern, wo ihn die Schweizer Behörden den Franzosen übergaben, die ihn nach Paris brachten. Um die Nachkriegspolitik gegenüber den arabischen Ländern nicht zu gefährden, sah Großbritannien von einem Auslieferungsantrag ab. Beim Prozeß des Internationalen Militärtribunals gegen die Hauptkriegsverbre-

cher in Nürnberg durften Beweisstücke, die den Mufti belasteten, nicht verwendet werden. Mit Erleichterung nahmen die Alliierten zur Kenntnis, daß Jugoslawien sein Auslieferungsbegehren, angeblich auf Wunsch der Arabischen Liga, zurücknahm und den Mufti von der Liste der Kriegsverbrecher strich. Als im November 1945 das AHC wieder ins Leben gerufen wurde, wurde der Platz des Präsidenten für H. freigehalten. Im Mai 1946 flog H. mit falschem Paß in einer amerikanischen Militärmaschine nach Kairo. Mit Billigung der Arabischen Liga konnte er von dort aus das Palestine Higher Executive, wie sich das AHC vorübergehend nannte, leiten. Im Oktober 1947 verlegte er sein Hauptquartier in den Libanon. Die Jewish Agency lehnte Verhandlungen mit ihm ab, weil er Hitler bei der Vernichtung der Juden geholfen habe. Nach der Niederlage der arabischen Armeen gegen den am 15.5.1948 gegründeten Staat Israel bildete das AHC am 22.9.1948 eine gesamtpalästinensische Regierung in Gaza, als dessen Präsident der Großmufti vorgesehen war. Die Regierungsübernahme wurde von palästinensischen Gruppen verhindert, die Abdullah zum König eines »Vereinigten Palästinas und Transjordaniens« ausriefen. Als am 20.12.1948 ein neuer Mufti von Jerusalem ernannt wurde, hatte H. alle Schlüsselpositionen verloren. Seine Verbindungen zur fanatischen Moslembruderschaft und die innerarabischen Auseinandersetzungen schmälerten seine Reputation. 1959 verlegte er sein Hauptquartier von Kairo in den Libanon. Im Dezember 1964 präsidierte er zwar über den 6. Islamischen Weltkongreß, aber sein Einfluß sank. Seine Kollaboration mit den Deutschen diente seinen Gegnern dazu, ihn auszuschalten. An der Gründung der »Palestine Liberation Organisation« (PLO) im Juni 1964 war er nicht mehr beteiligt. Den Palästinensern in den Flüchtlingslagern der Nachbarländer Israels war die feudalistisch-religiöse Politik H.s nicht mehr zu vermitteln. Sie orientierten sich an neuen revolutionären Werten. Im März 1967 besuchte H. nach dreißigjährigem Exil zum letztenmal Jerusalem.

Literaturhinweise:

Heinz Tillmann: Deutschlands Araberpolitik im Zweiten Weltkrieg, Ost-Berlin 1965
Joseph Schechtmann: The Mufti and the Fuehrer, London 1965
Lukasz Hirszowicz: The Third Reich and the Arab East, London u. a. 1966
Fritz Grobba: Männer und Mächte im Orient. 25 Jahre diplomatischer Tätigkeit im Orient, Göttingen u. a. 1967
Bernd Philipp Schröder: Deutschland und der Mittlere Osten im Zweiten Weltkrieg, Göttingen u. a. 1975
Anthony R. De Luca: Der Großmufti in Berlin. The Politics of Collaboration, in: International Journal of Middle East Studies 10/1979
Taysir Jbara: Palestinian Leader Hajj Amin al-Husayni Mufti of Jerusalem, Princeton 1985
Klaus Gensicke: Der Mufti von Jerusalem, Amin el-Husseini, und die Nationalsozialisten, Frankfurt u. a. 1988

HVOSLEF, RAGNVALD, geb. 19.9.1872 in Oslo, gest. 7.8.1944 ebenda, Leiter der »Nasjonal Samlings Inspeksjons Avdeling« 1943–1945, Polizeipräsident von Kirkenes 1943–1944

H. stammte von dänischen Ahnen. Er erbte den Hof Tandberg in Norderhov mit großem Waldbesitz. Vor diesem wirtschaftlichen Hintergrund beschloß er, Offi-

zier zu werden. Auf der Kriegsschule lernte er Frederik → Prytz kennen, mit dem ihn eine lebenslange Freundschaft verband. Das gemeinsame Interesse an der Waldpflege und der Holzverwertung gab ihnen die Möglichkeit zu häufigem Erfahrungsaustausch. Zur gleichen Zeit, als Prytz Handelsattaché in Petersburg war, war H. Militärattaché in Washington. Als beide wieder von ihren Auslandsverwendungen zurückkehrten, organisierten sie Zusammenkünfte nationaldenkender Norweger in der Hafrfjordsgate, wo Prytz wohnte. Der gemeinsame Feind stand links. Von seinem eigenen Hof aus leitete H. die freiwillige Militärorganisation »Samfundsvern«, die militärisch vorgebildete Freiwillige gegen Streiks und revolutionäre Umwälzungsversuche der Sozialisten rekrutierte. 1929 erhielt sie den Status einer Hilfspolizei. 1931 stellte H. die Organisation mangels Mittel ein und gab den Weg frei für die Nachfolgeorganisation »Leidang«.
H. stand als Major der Reserve außerhalb der norwegischen Armee, als er mit den ehemaligen Offizierskameraden → Quisling und Prytz 1931 die nationalpolitische Organisation »Nordiske Folkereisning« zur Durchsetzung einer autoritären ständischen Staatsverfassung und im März 1933 die »Nasjonal Samling« (NS) als rechtskonservative nationale Partei gründete.
Nach längerer Trennung bekam H. von Quisling im August 1939 in einem Osloer Theatercafé das Angebot, in einer nationalen Regierung mitzuarbeiten, um den Niedergang Norwegens aufzuhalten. Als Quisling am Abend des deutschen Invasionstages am 9.4.1940 die neue Regierung unter seiner Leitung ausrief, befand sich H. in Finnland, um nach der Beendigung des Finnisch-russischen Winterkrieges die Demobilisierung der norwegischen Freiwilligen zu bewerkstelligen. Er wurde von Quisling telegraphisch nach Hause beordert, um das Amt des Verteidigungsministers zu übernehmen. H. lehnte das Angebot telegraphisch ab. Für Quisling war die Absage ein Schock. Er konnte nicht verstehen, daß einer aus der Kerngruppe der Hafrfjordsgate, ein Mitgründer sowohl der »Nordiske Folkereisning« als auch der »Nasjonal Samling«, der ihm fast zehn Jahre gefolgt war, den Ernst der Lage nicht verstand.
Wie viele Mitglieder der »Nasjonal Samling« ignorierte H. auch den Befehl des Parteiführers, die Mobilmachung abzubrechen und den Widerstand gegen die Deutschen aufzugeben. Er meldete sich wie Jonas Lie, mit dem er am 20.4.1940 in Drevsjo zusammentraf, sofort nach seiner Rückkehr nach Norwegen bei seiner Truppe und nahm bis Mai 1940 in Südnorwegen aktiv am Kampf gegen die Wehrmacht teil. Erst nach der Kapitulation Norwegens am 9.6.1940 nahm H. seine alten Beziehungen zu Quisling wieder auf, der zu dieser Zeit von den Deutschen entmachtet und mit Abrüstungsfragen beschäftigt war. Er erhielt den Auftrag, für die NS eine Abwehrorganisation aufzubauen. Sie bekam den Namen »Nasjonal Samlings Inspeksjons Avdeling«. Ihre Aufgabe bestand darin, die Stimmung in der Bevölkerung zu erforschen und den Parteiführer über die internen Verhältnisse in der Partei zu informieren. H. war bis zu seinem Tod Leiter der Organisation.
Im Januar 1943 wurde H. Polizeipräsident von Kirkenes. Er behielt das Amt bis zur Räumung Nordnorwegens durch die Deutschen infolge der finnischen Kapitulation am 19.9.1944.

Literaturhinweise:
Hans-Dietrich Loock: Quisling, Rosenberg und Terboven, Stuttgart 1970
Öystein Sorensen: Hitler eller Quisling, Cappelen 1989
Sverre Rodder: Min aere er troskap, Oslo 1990
Hans Fredrik Dahl: Vidkun Quisling – en förer blir til, Oslo 1991
Hans Fredrik Dahl: Vidkun Quisling – en förer for fall, Oslo 1992

I

IMRÉDY, BÉLA, geb. 29.12.1891 in Budapest, hingerichtet 28.2.1946 ebenda, ungarischer Finanzminister 1932–1936 und Ministerpräsident 1938–1939, Führer der »Partei der ungarischen Erneuerung« 1940–1944, Wirtschaftsminister der Regierung Szálasi 1944

Nach seinem Jurastudium war I. 1919–1921 in der Finanzverwaltung beschäftigt. Ab 1921 Sekretär und ab 1924 Generalsekretär des Verbands der Sparkassen und Bankgesellschaften, ab 1926 stellvertretender Direktor und ab 1929 Direktor der Ungarischen Nationalbank, nahm I. an den wichtigsten internationalen Wirtschaftskonferenzen der zwanziger Jahre teil. In der Regierung → Gömbös war er vom 1.10.1932 bis 6.1.1935 Finanzminister. Nach der Demission des Kabinetts Gömbös ernannte ihn der Reichsverweser → Horthy zum Präsidenten der Nationalbank. Am 14.5.1938 wurde I. Ministerpräsident. Am 18.7.1938 fuhr er nach Rom, um Mussolini um Unterstützung zu bitten, falls bei der Lösung der tschechoslowakischen Frage Jugoslawien gegen Ungarn vorgehen sollte. Die Reise war erfolglos. Im August 1938 begleitete er Horthy zu Hitler nach Kiel. Es kam zu Meinungsverschiedenheiten über das geplante Vorgehen gegen die ČSR. Die Ungarn lehnten den deutschen Wunsch ab, sich militärisch zu beteiligen, und warnten vor einem neuen Weltkrieg. Trotzdem bekam Ungarn beim Ersten Wiener Schiedsspruch vom 2.11.1938 die mehrheitlich von Ungarn bewohnten Teile der Slowakei zugesprochen. I. war enttäuscht von den Franzosen und Briten, die sich aus ihrer Verantwortung für die durch die Pariser Vorortverträge nach dem Ersten Weltkrieg geschaffene Situation in Ostmitteleuropa hinausstahlen. Deshalb betrieb er nach dem Münchner Abkommen vom 30.9.1938 eine prodeutsche Politik. Überzeugt von der Schwäche der Demokratien gegenüber den autoritär geführten Staaten war er bereit, Ungarn nach dem Muster der faschistischen Staaten zu gestalten. Er initiierte den Erlaß des ersten Judengesetzes und die Ausarbeitung des zweiten. Er setzte die Einschränkung der Pressefreiheit durch und gründete am 6.1.1939 die rechtsgerichtete Organisation »Ungarisches Leben« (Magyar Elet Mozgalom) zur Rückbesinnung auf die traditionellen Werte des Magyarentums. Mit dem Beitritt zum Antikominternpakt am 13.1.1939 schloß er sich dem Kampf gegen den atheistischen und materialistischen Kommunismus an. I. genehmigte den »Volksbund der Deutschen in Ungarn« als nationale Organisation und führte die Wehrpficht mit einem dreijährigen Wehrdienst für alle männlichen Ungarn ein. Mit einer Landreform versuchte er, das bäuerliche Element im Magyarentum zu stärken.

Am 16.2.1939 wurde I. mit der Begründung, daß seine Abstammung nicht rein arisch sei, von der konservativen Opposition zum Rücktritt gezwungen. Trotzdem blieb er weiterhin einer der Führer der Rechten. Im März 1940 forderte er → Teleki zu einer engeren Zusammenarbeit mit Deutschland auf. Im Oktober 1940 gründete er die »Partei der ungarischen Erneuerung« (Magyar Megújulás Pártja), die mit der »Ungarischen Nationalsozialistischen Partei« ein Bündnis schloß. Er versöhnte sich mit → Szálasi, den er während seiner Ministerpräsidentschaft ins Gefängnis gebracht hatte. Dem ungarischen Beitritt zum Dreimächtepakt vom 20.11.1940 stimmte er im Auswärtigen Ausschuß des Parlaments zu, und den ungarisch-jugoslawischen Freundschaftspakt vom 12.12.1940 lehnte er wie alle ungarischen Patrioten entschieden ab. Während der Regierungszeit Kállays vom März 1942 bis Juli 1943 entwickelte er sich zum Führer der Opposition. Dem deutschen Auswärtigen Amt vermittelte er über den deutschen Botschafter Veesenmeyer wertvolle Informationen zur ungarischen Politik, unter anderem über die Kontaktaufnahme der Regierung zu den Westmächten.

Als die deutsche Wehrmacht am 19.3.1944 Ungarn besetzte, sollte I. trotz seiner jüdischen Herkunft als Nachfolger Kállays Ministerpräsident werden. Da Horthy dazu seine Einwilligung verweigerte, wurde er lediglich Wirtschaftsminister in der Regierung → Sztójay. Zu seinen Aufgaben gehörten die Verhandlungen mit den deutschen Behörden über die Besatzungskosten und die ungarischen Wirtschaftslieferungen. Dem deutschen Druck hatte er nichts entgegenzusetzen. Die Regierungsvereinbarung vom 2.6.1944 unterstellte die ungarische Wirtschaft mehr oder weniger den deutschen Erfordernissen. Am 7.8.1944 trat I. zusammen mit zwei anderen Ministern seiner Partei von seinem Regierungsamt zurück, um gegen die Konfiszierung jüdischer Industriewerke durch die SS und die Brutalitäten bei der Judendeportation zu protestieren. Im Herbst 1944 nahm er als Vertreter seiner Partei und als Führer des »Kameradschaftsbundes der Ostfrontkämpfer« an der Arbeit des von den Pfeilkreuzlern beherrschten Parlaments teil. Im Frühjahr 1945 verließ er Ungarn. Von den Alliierten an die ungarische Regierung ausgeliefert, wurde er im November 1945 in einem Volksgerichtsverfahren zum Tode verurteilt. Im Gefängnis erarbeitete er Pläne zur Stabilisierung der ungarischen Nachkriegswährung, die später vom kommunistischen Ministerpräsidenten Mátyás Rákosi in die Wirklichkeit umgesetzt wurden.

Literaturhinweise:
Carlile A. Macartney: October Fifteenth. A History of Modern Hungary 1929–1945, 2 Bände, Edinburgh 1956 und 1957
Miklos Lackó: Arrow Cross Men, National Socialists, 1935–1944, Budapest 1969
Nicholas Nagy-Talavera: The Green Shirts and Others. A History of Fascism in Hungaria and Rumania, Stanford 1970

J

JANSONIUS, JAN LOUIS, geb. 21.8.1908 in Appingedam, Chef des Stabes der »Nederlandsche SS« 1941–1942 und der »Germaansche SS in Nederland« 1942–1944, Stabschef der »Nederlandsche Landwacht« 1943–1944, Schulungsleiter der »Nationaal Socialistische Beweging« (NSB) 1943–1945, SS-Hauptsturmführer

Vor dem Zweiten Weltkrieg arbeitete J. in einer Versicherungsgesellschaft. 1933 trat er in die »Nationaal Socialistische Beweging« (NSB) ein, die → Mussert zwei Jahre zuvor gegründet hatte. 1937 verließ er die Partei wieder. Nach der Besetzung der Niederlande durch die Wehrmacht im Mai 1940 trat J. unter dem Eindruck der deutschen Siege im September 1940 in die »Nederlandsche SS« ein, die Henk → Feldmeijer als Teil der Germanischen SS gegründet hatte. Nachdem er eine Zeitlang die »Standarte Westland« erfolgreich geführt hatte, wurde er im September 1941 im Range eines Hauptsturmführers Stabschef der »Nederlandsche SS«. Sein Dienstsitz war das Hauptquartier in Utrecht. Sein Vorgesetzter war der Gründer und Leiter der »Nederlandsche SS«, Henk Feldmeijer. Während dessen Abwesenheiten an der Ostfront führte er die Organisation selbständig. J. versuchte vergeblich das Auseinanderdriften von NSB und SS zu verhindern, während Feldmeijer in Anlehnung an die Intentionen der deutschen SS-Führung die Lösung der »Nederlandsche SS« von der NSB betrieb, z. B. durch die Aufnahme einflußreicher Niederländer, die nicht Parteimitglieder waren. Am 1.11.1942 nahm J. in Vertretung → Musserts die Namensänderung der »Nederlandsche SS« in »Germaansche SS in Nederland« vor. Mit der Umbenennung hatte sich Mussert einer Forderung des Generalkommissars für das Sicherheitswesen beim Reichskommissar für die besetzten niederländischen Gebiete, Hanns Albin Rauter, gebeugt, der im Auftrag Himmlers die Einbeziehung der niederländischen SS-Angehörigen in den Kreis der germanischen SS-Männer gefordert hatte, um sie aus der nationalen Isolation zu befreien und dem Einfluß der NSB zu entziehen. Im November 1943 wurde J., der sich in seiner Funktion als Stabschef der niederländischen SS besonders um die ideologische Schulung verdient gemacht hatte, auf Druck Rauters auch Schulungsleiter der NSB. Er hatte in der NSB-Zentrale die Richtlinienkompetenz für ideologische Fragen. Mit dieser Stellenbesetzung bekam die SS Einfluß auf die geistige Ausrichtung der NSB-Mitglieder. Die Politik der NSB beeinflußte Feldmeijer im Sinne der SS, der neben → Geelkerken Schulungsleiter für praktische Angelegenheiten, z. B. Rednerausbildung und Volkspropaganda, war. Gleichzeitig mit

seiner Berufung in die NSB-Zentrale übernahm J. das Amt des Stabschefs der »Nederlandsche Landwacht«, die → Zondervan im Frühjahr 1943 aus der »Weer Afdeeling« der NSB gebildet hatte. Er behielt das Kommando bis 8.10. 1944. Er hatte Mühe, die Zügellosigkeiten der Landwachtangehörigen bei ihren Einsätzen zu unterbinden. Sein Verbot, Beschlagnahmungen von Lebensmitteln bei Haussuchungen vorzunehmen, blieb wirkungslos.
Am 22.2.1945 wurde das Auto, in dem J. zusammen mit Feldmeijer nach Groningen fuhr, von einem Jagdbomber angegriffen. Während Feldmeijer tödlich verwundet wurde, kam J. unverletzt davon. Er übernahm die Führung der Reste der »Germaansche SS in Nederland«. Die meisten Männer dienten zu diesem Zeitpunkt in anderen Organisationen, vor allem im »Landstorm Nederland«.

Literaturhinweise:
L. de Jong: Het Koninkrijk der Nederlanden in de tweede Wereldoorlog 1939–1945, 14 Bände, 's-Gravenhage 1969 ff.
N. K. C. A. in't Veld (Hrsg.): De SS en Nederland. Documenten uit SS-Archieven 1935–1945, 2 Bände, 's-Gravenhage 1976

JOYCE, WILLIAM BROOKE, geb. 24.4.1906 in Brooklyn (New York), hingerichtet 3.1.1946 in Wandsworth, englischer Propagandist in deutschen Diensten 1939–1945

Der Vater wurde 1894 als Einwanderer aus Irland in den USA eingebürgert. 1909 kehrte er als wohlhabender Baumeister aus New York nach Irland zurück. In den Grafschaften Galway und Mayo erwarb er sich ein Vermögen, u. a. als Betreiber der Pferdebahn in der Stadt Galway. Mitten im katholischen Irland gehörte er zu den königstreuen Iren, die aus Liebe zu England mit den Briten gegen die eigenen Landsleute agitierten. Schon als 15jähriger Schüler eines Jesuitenkollegs unterstützte J. die britischen Hilfspolizisten bei der Jagd nach irischen Patrioten. Auch beim Osteraufstand 1916 stand J. auf britischer Seite. Nach der Proklamation des irischen Freistaates am 6.12.1922 wurde der Familiensitz von Sinn Fein-Anhängern niedergebrannt. J. übersiedelte mit seiner Familie nach England. Die Entschädigungsanträge wurden abgelehnt. Obwohl J. dafür kein Verständnis hatte, blieb er der englischen Sache treu und bewarb sich für die Offizierslaufbahn im britischen Heer. In seinem Bewerbungsschreiben sprach er von seiner Treue zur Krone und von seiner innigen Liebe zu Großbritannien. Als J. abgewiesen wurde, studierte er 1923–1927 Geschichte, Psychologie und englische Literatur am Birkbeck College. 1923 wandte er sich der Politik zu. Bei den »British Fascists« fand er eine Heimat. Die Straßenkämpfe und Saalschlachten hinterließen Spuren in seinem Gesicht. Ein Nasenbeinbruch brachte ihm den näselnden Tonfall ein, der später zu seinem Merkmal werden sollte. Nach einem Interludium bei der Konservativen Partei trat er 1933 der »British Union of Fascists« bei. Als Vertreter von Sir Oswald Mosley und als Director of Propaganda praktizierte er seine rhetorischen Fähigkeiten. Seine Erfolge machten ihn glauben, daß er zum politischen Führer berufen sei. Er hielt Mosley für unfähig, die Partei zum Erfolg zu führen, aber er mußte erkennen, daß er als Bürgerlicher gegen den Adeligen keine Chance hatte, sich durchzusetzen. Mosleys Faschismus war von Mussolini geprägt, während J. immer stärker zu Hitler neigte und einen radikalen Antisemitismus predigte. Den äußeren Grund für den Bruch zwischen beiden lieferten 1937 Geldfragen. J. gründete eine eigene Partei, die »British National Socialist League«, und redigierte das Parteiblatt »The Helmsman«. Seine Partei vertrat »die nationalsozialistische Weltanschauung in Reinkultur«. Wegen seiner Agitation wurde J. zweimal verhaftet. Kurz vor Ausbruch des Zweiten Weltkriegs, als bereits alle britischen Häfen gesperrt waren, gelang es ihm, das Land unbemerkt zu verlassen. Er hielt England nicht für wert, verteidigt zu werden. Die »heldische Erscheinung Hitlers« und der »Genius Goethes und Wagners« zogen ihn auf die andere Seite. Er wollte »mitkämpfen ... in dem heiligen Kampf um die Befreiung der Welt von der Tyrannei der Plutokraten und des Judentums«. In Berlin fand er eine Anstellung im Reichsministerium für Volksaufklärung und Propaganda. Als Ansager im englischen Rundfunkdienst durfte er bereits nach kurzer Zeit eigene Texte schreiben. Für seine tägliche Sendung »Germany calling« erhielt er die meisten Informationen von der deutschen Abwehr und die besten von der deutschen Botschaft in Dublin. Er machte den Hörern weis, daß es in Großbritannien eine große deutsche Fünfte Kolonne gab. Mit Verblüffung hörten sie, in welcher englischen Kleinstadt die Kirchenuhr um eine viertel Stunde nachging und wo gerade Straßenbauarbeiten begonnen hatten. Er gab vor, fast alles zu wissen, und traf wie kein anderer die britische Mentalität. Seine Kommentare wurden von Millionen Zuhörern mit Spannung erwartet. Sein Ziel war, die Briten zu verunsichern, zu demoralisieren und auf lange Sicht das parlamentarische System Großbritanniens durch einen faschistischen Volksstaat zu ersetzen.

Als John → Amery in Berlin eintraf, mußte J. vorübergehend ins zweite Glied treten. Die Deutschen hielten längere Zeit mehr von Amery als von ihm. Die Engländer dagegen hörten seine Sendungen lieber als die von Amery. In die pikanten Einzelheiten über das Privatleben der britischen Politiker mischte er Anklagen gegen Churchill. Seine näselnde Stimme und sein upper class accent bezauberten die Zuhörer, ganz abgesehen von dem, was er sagte. Da man seinen wirklichen Namen nicht kannte, nannte man ihn »Lord Haw Haw«, seit der Daily Express vom 14.9.1939 seine Stimme als »the haw-haw, dammit-get-out-of-my-way-variety« beschrieben hatte.

Am 26.9.1940 wurde J. deutscher Staatsbürger. Im gleichen Jahr veröffentlichte er in den Niederlanden sein Buch »Twilight over England«, das zwei Jahre später in Deutschland unter dem Titel »Dämmerung über England« erschien. Es gab auch eine schwedische Ausgabe. Auf mehr als 200 Seiten verurteilte er die Kriegspolitik Chamberlains und Churchills als Vergewaltigung der englischen Nation im Dienst des Judentums und legte ein Bekenntnis zu Hitler als dem Retter Deutschlands vor der »internationalen Mammonsherrschaft« ab. Er hoffte, daß England nach dem Krieg »den Weg zu einem nationalen Sozialismus finden und auf ihm in Freundschaft mit dem deutschen Bruder dem Ziel der Vervollkommnung alles menschlichen Daseins zuschreiten« werde.

Im Juni 1942 wurde J. Chefkommentator des englischen Dienstes des Reichsrundfunks. Seine Warnungen vor dem Bolschewismus beherrschten von da an die Sendungen. Als der Atlantikwall von den westalliierten Invasionstruppen im Sommer 1944 durchbrochen war, setzte J. auf die zu erwartenden deutschen Vergeltungswaffen. Das Attentat auf Hitler am 20.7.1944 interpretierte er als Militärputsch von Offizieren, die bisher mit Verrat und Boykott den Siegeszug Deutschlands verhindert hatten. Er verstand es, alle deutschen Niederlagen in Erfolge umzuinterpretieren. Trotzdem wurde die Sendung »Views of the News«, die er ohne Zensur allein moderierte, in Großbritannien immer unglaubwürdiger. J. glaubte noch an den deutschen Sieg, als die Rote Armee die deutsche Ostgrenze erreichte und die Amerikaner Aachen besetzten. Er dachte nicht daran, das sinkende Boot zu verlassen. Am 1.9.1944 wurde J. mit dem Kriegsverdienstkreuz 1. Klasse ausgezeichnet. Der Orden stimulierte ihn, bis zum Schluß durchzuhalten, obwohl er spätestens im Winter 1944/45 der deutschen Niederlage ins Auge sah.

Er warnte seine Zuhörer vor den Folgen des Krieges für Großbritannien, das sich leichtfertig mit der Sowjetunion eingelassen habe, und prophezeite das Ende des British Empire. Seine letzte Sendung aus Hamburg am 30.4.1945 schloß mit den Sätzen: »Britain's victories are barren; they leave her poor, they leave the people hungry; they leave her bereft of the markets and the wealth that she possessed six years ago. But above all, they leave her with an immensely greater problem than she had then. We are nearing the end of one phase in Europe's history, but the next will be no happier. It will be grimmer, harder, and perhaps bloodier. And now I ask you earnestly, can Britain survive? I am profoundly convinced that without German help she cannot.« (Die Siege Großbritanniens sind umsonst. Das Land bleibt arm, die Leute werden hungern. Die Märkte und der Reichtum, die Großbritannien vor sechs Jahren besaß, sind weg. Es bleiben mehr Probleme übrig als vorher. Eine Phase der europäischen Geschichte geht zu Ende, aber die nächste wird nicht besser sein. An dieser Stelle frage ich meine Hörer: Wird Großbritannien weiterleben? Ohne deutsche Hilfe, glaube ich, nein.)

Das Kriegsende erlebte J. mit seiner Frau in einem Wald an der dänischen Grenze mit einem Ausweis auf den Namen Wilhelm Hansen. Er, der großen Wert auf ein gepflegtes Äußeres gelegt hatte, floh aus dem dürftigen Unterschlupf, sooft es ging. Als er eines Tages ohne zwingenden Grund zwei englische Offiziere ansprach, erkannten diese ihn an der Stimme. Bei der Festnahme wurde er verwundet. Im Lazarett diktierte J. dem Vernehmungsoffizier seine Rechtfertigung. Er habe sich zum Nationalsozialismus bekannt, weil dieser Ideologie die Zukunft gehöre, weil die Politik der britischen Regierung zur Auflösung des Britischen Empire führen mußte und weil das kapitalistische Wirtschaftssystem nicht den Erfordernissen der Zeit entspreche. Er glaube, daß der Nationalsozialismus eines Tages vom britischen Volk akzeptiert werden würde. Danzig war in seinen Augen keinen Krieg zwischen Deutschland und Großbritannien wert. »As by the reason of my opinions I was not conscientiously disposed to fight for Britain against Germany, I decided to leave the country since I did not wish to play the part of a conscientious objector, and since I supposed that in Germany I should have the opportunity to express and propagate views the expression of which would be forbidden in Britain during the time of war.« (Da ich aufgrund meiner Ansichten nicht mit gutem Gewissen für England gegen Deutschland kämpfen konnte, beschloß ich, das Land zu verlassen, denn ich wollte auch nicht die Rolle des Kriegsdienstverweigerers aus Gewissensgründen spielen, und ich nahm an, daß ich in Deutschland die Gelegenheit haben würde, Auffassungen auszusprechen und zu propagieren, die während des Krieges in England verboten sein würden.) Deshalb habe er sich um die deutsche Staatsbürgerschaft bemüht. Nachdem Rußland und die Vereinigten Staaten in den Krieg eingetreten seien, habe er erkennen müssen, daß die deutsch-englische Verständigung die einzige Möglichkeit war, das Ende des britischen Weltreichs zu verhindern. Der Preis, der am Ende für die amerikanische und russische Hilfe gezahlt werden müsse, werde höher sein als der Preis, der bei einer Einigung mit Deutschland infrage gekommen wäre. Das Urteil der Geschichte über die Zukunft Großbritanniens werde auch das Urteil über seine Haltung sein.

Die englische Staatsanwaltschaft ignorierte solche Argumente. Am 17.9.1945 stand J. als Angeklagter vor dem Central Criminal Court Old Bailey. Die Anklage wegen Hochverrats gründete auf ein Gesetz aus dem Jahre 1351, wonach ein Mann, »der gegen unseren Herrn, den König, Krieg führt oder innerhalb des Reiches oder außerhalb desselben des Königs Feinden hilft und Unterstützung leistet, des Verrats schuldig ist«. Als die Verteidiger beweisen konnten, daß J. amerikanischer Staatsbürger sei, wurde zur Anklage ein Präzedenzfall aus dem Jahre 1608 herangezogen, wonach ein Mann dem König Gehorsam schuldet, solange er unter dessen Schutz steht. Da J. einen britischen Paß besessen habe, sei er der britischen Krone Treue schuldig, auch wenn er sich außerhalb des britischen Empire aufhalte. J. beteiligte sich nicht an seiner Verteidigung. Das Urteil lautete Tod durch den Strang. Vom 10. bis 13.12.1945 wurde über seine Berufung an das House of Lords verhandelt. Sie wurde von den vier Lordrichtern am 18.12.1945 verworfen. Hunderte von Petitionen zu seinen Gunsten gingen bei Gericht ein. Er starb ohne Reue. »I am proud to die for my ideals and I am sorry for the sons of Britain who have died without knowing why.« Seinen letzten Brief unterzeichnete er mit einem dreifachen »Sieg Heil!« Viele Briten sahen in seiner Hinrichtung einen ungerechtfertigten Racheakt. Alle Experten waren davon überzeugt, daß er ein Jahr später nicht zum Tod verurteilt worden wäre.

Als »Twilight over England« in den USA 1982 als ein prophetisches Werk neu herausgegeben wurde, enthielt das Vorwort folgende Zeilen: »His life will forever remain sacred to us for he unselfishly gave it in the defence of White Christian civilisation. He fought the powers of darkness for he was brave.«

Literaturhinweise:
William Joyce: Dämmerung über England, Berlin 1942
John William Hall: The Trial of William Joyce, London 1946
Rebecca West: The Meaning of Treason, London 1949
Werner Brockdorff: Kollaboration oder Widerstand, München u. a. 1968
Margret Boveri: Der Verrat im 20. Jahrhundert, Hamburg 1976
Francis Selwyn: Hitler's Englishman. The Crime of ›Lord Haw-Haw‹, London 1987

K

KAJUM KHAN, WELI, geb. 1905 in Buchara (Usbekistan), Vorsitzender des »Nationalturkestanischen Einheitskomitees« (NTEK) 1942–1945

Im Alter von 22 Jahren wurde K. von der Regierung der Usbekischen SSR als Stipendiat zum Studium nach Deutschland geschickt. Er kehrte nicht mehr nach Hause zurück. Nach dem Abschluß des Landwirtschaftsstudium immatrikulierte er sich an der Berliner Hochschule für Politik. Ab Mitte der dreißiger Jahre erhielt er von Georg Leibbrandt, dem Reichsamtsleiter im Außenpolitischen Amt der NSDAP, wissenschaftliche Aufträge. Er sammelte z. B. Informationen über die Umstrukturierung der sowjetischen Landwirtschaft unter Stalin und versah sie mit Kommentaren. Außer K. erfreuten sich nur wenige Angehörige der sowjetischen Orientvölker einer derartigen Förderung durch diese Parteibehörde, obwohl Alfred Rosenberg, der Leiter des Außenpolitischen Amtes, schon damals die Loslösung der nichtrussischen Völkerschaften von der UdSSR anstrebte, um den Bolschewismus zu vernichten.
Obwohl K. zu Beginn seiner politischen Laufbahn in seiner Heimat unbekannt war, weil er im Exil lebte, machte er sich schon in den ersten Wochen des Rußlandfeldzugs einen Namen, als er gegen die schlechte Behandlung der turkestanischen Kriegsgefangenen in den deutschen Lagern protestierte. Er beteiligte sich an den Kommissionen, die unter der Leitung von Professor Gerhard Mende vom Reichsministerium für besetzten Ostgebiete die Turkestaner für die Freiwilligenbataillone zum Kampf gegen die Rote Armee an der Seite der Wehrmacht auswählten. Auf diese Weise wuchs K. in die führende Rolle hinein, die er bei der Befreiung der Turkestaner von der sowjetischen Oberhoheit spielen wollte. Ohne Widerspruch von irgendeiner Seite legte er sich den Titel »Khan« zu. Er fühlte sich als Nachfolger von Tschokajew, der der letzte Präsident der Nationalen Provisorischen Regierung in Kokand (Usbekistan) gewesen und im Dezember 1941 gestorben war.
Mit dem Wohlwollen Rosenbergs stieg K. zum Führer der turkestanischen Nationalisten auf. Im Reichsministerium für die besetzten Ostgebiete fand er die besondere Unterstützung Mendes in seinen Bestrebungen, die turkestanischen Völker zur Einheit und zur Selbständigkeit zu führen. Seine privilegierte Stellung unter den Vertretern der nichtrussischen Nationen und unter den orientalischen Emigranten ergab sich aus der Tatsache, daß er als erster ein Nationalko-

mitee zusammenstellen durfte. Die Pläne hierzu reiften Anfang 1942 in langen Gesprächen mit Mende. K. erhielt die Erlaubnis, eine »Turkestanische Mittelstelle« zu gründen, aus der im August 1942 das »Nationalturkestanische Einheitskomitee« (NTEK) entstand. Es setzte sich fast ausschließlich aus ehemaligen Soldaten der Roten Armee zusammen und erhob den Anspruch, alle fünf Völker Zentralasiens zu vertreten: die Usbeken, Kasachen, Tadschiken, Kirgisen und Turkmenen. Das Reichsministerium für die besetzten Ostgebiete unterstützte es finanziell.
Ende April 1942 organisierte der ehemalige deutsche Botschafter in Moskau, Graf von der Schulenburg, im Berliner Hotel Adlon ein Treffen diverser Emigranten der UdSSR, um die separatistischen Bestrebungen zu koordinieren. Das Treffen erhielt den Spitznamen »Adloniade«. Während der Besprechungen zeigte sich die führende Rolle K.s. Sie wurde dadurch dokumentiert, daß er einen Dienstwagen, eine Dienstwohnung und einen Diplomatenpaß bekam.
Die Begünstigung des NTEK war auch auf die geographische Lage des Landes zurückzuführen. Am südlichen Rand der UdSSR gelegen, störten seine Autonomiebestrebungen die deutschen Lebensraumpläne nicht. Außerdem verfolgte das NTEK eine extrem antirussische Linie, die für die anderen Nationalitäten vorbildlich war. Sein Publikationsorgan war die Zeitschrift »Nationales Turkestan«, die mit Unterstützung des Reichsmininisteriums für die besetzten Ostgebiete herausgegeben wurde. Sie begann mit einer Auflage von 15 000 Stück und erreichte bis zum Ende des Krieges 80 000 Stück.
Trotz der straffen Organisation des NTEK und seiner Funktion als eine Art Exilkabinett gab es diverse Spannungen unter den Turkestanern, die auf K.s autokratischen Führungsstil und auf Stammesrivalitäten zurückzuführen waren, zumal K. die Usbeken gegenüber den Kasachen und Kirgisen bevorzugte. Bei der Berufung des Tatarischen Komitees sorgte K. für die Einsetzung von Safi-Almaz, den er für eine schwache Persönlichkeit und somit für einen ungefährlichen Gegenspieler hielt. Eine Gruppe von Turkestanern, die ein Gegenkomitee zum NTEK K.s. unter Leitung von Sulajmanow aufstellen wollte, plante im März 1944 sogar ein Attentat auf K. Der Legionär, der K. in Berlin liquidieren sollte, stieß jedoch ins Leere, da K. gerade in Paris war. Es gelang K., diese und weitere Putschversuche im NTEK zu ersticken. Sechs Aufrührer, unter ihnen Sulajmanow, ließ er hinrichten. Da K. mehrere politische Gegner aus seinen Reihen bei den Deutschen denunzierte, regte sich 1944 Widerstand gegen ihn in der Freiwilligen-Leitstelle des SS-Hauptamtes, die mit den Denunzierten zusammenarbeitete. Es gelang ihm jedoch, das Wohlwollen von SS-Obergruppenführer Gottlob Berger, des Chefs des SS-Hauptamtes, zu erlangen, der ihm auch gegen seinen Gegenspieler Karis Kantabay den Rücken stärkte. Ein Aktenvermerk beschreibt K.s Position folgendermaßen: »Der gesamte deutsche Machtapparat wurde K. zur Verfügung gestellt, um seine Position zu festigen. K. erhielt volle Handlungsfreiheit und Vertrauen; auf seinen Wunsch wurden ihm unbequeme Personen ausgeschaltet oder beseitigt.«
K.s politische Einstellung stand in der Tradition früherer sozialrevolutionärer turkestanischer Nationalisten. Seiner Meinung nach war der Kampf der Turkestaner gegen die Rote Armee ein kolonialer Befreiungskampf und zugleich ein

Kampf gegen Imperialisten und Kapitalisten. In dieser Beziehung konnte er Hitler als den »Führer der freiheitsliebenden Völker« bezeichnen.
Vom 8. bis 10.6.1944 fand in Wien ein Nationalkongreß der Turkestaner statt, zu dem K.s größter Gegenspieler, der SS-Obersturmbannführer Mayer-Mader, der 1941 im Auftrag des Amts Ausland Abwehr II der Wehrmacht turkestanische Freiwillige gesammelt hatte und Ende 1943 das 1. Ostmuselmanische Regiment im Rahmen der SS aufstellte, nicht zugelassen wurde, um die Einheit der Turkestaner nicht zu gefährden. Ein Telegramm Hitlers bewies den 573 Delegierten, daß K. das Wohlwollen der Reichsführung hatte. Sie stellten dem NTEK unter K.s Vorsitz eine aus 70 Personen bestehende »Turkestanische Nationalversammlung« zur Seite, um seinen Vertretungsanspruch zu untermauern.
Als in der Freiwilligen-Leitstelle Ost des SS-Hauptamts Mitte 1944 die Idee einer turkestanischen SS-Division aufkam, griff K. den Gedanken auf. Er sah in einem turkestanischen militärischen Verband die Möglichkeit, seine Landsleute, die bisher auf verschiedene Wehrmachteinheiten verteilt waren, zu sammeln und eine nationale Streitmacht zur Unterstützung der Politik des NTEK zu bekommen. Als sich jedoch herausstellte, daß die Mehrheit der Legionäre beim Heer Kirgisen und Kasachen waren, die seiner Politik feindlich gegenüberstanden, ließ seine Begeisterung nach. Die Verhandlungen mit dem General der Freiwilligenverbände, Ernst Köstring, und mit seinem Chef des Stabes, Oberstleutnant Voelkel, konnten deshalb zu keinem Ergebnis führen, obwohl bis zu diesem Zeitpunkt mehr als 90 Feldbataillone aus den turkestanischen Völkerschaften aufgestellt worden waren. Mit den Männern, die in den Bau-, Nachschub- und Arbeitsbataillonen eingesetzt waren, betrug der turkestanische Anteil an der Wehrmacht etwa 170 000 Mann. Es werden auch Zahlen bis 250 000 genannt. Himmlers Befehl vom 14.7.1944, in Ungarn ein »Osttürkisches (muselmanisches) Korps« aus allen erfaßbaren Turkestanern als Dienststelle des SS-Hauptamts »für die laufende politisch-propagandistische Ausrichtung der osttürkischen Einheiten« aufzustellen, erregte das Mißfallen von K., zumal es unter die Leitung von Harun el-Raschid gestellt werden sollte, der als ehemaliger Mitarbeiter Enver Paschas Verbindungsmann zwischen dem Reichssicherheitshauptamt und dem Großmufti el → Husseini war. Ebenso wie diese Konkurrenz fürchtete K. die Bestrebungen des russischen Generals Wlassow als Vorsitzenden des »Komitees zur Befreiung der russischen Völker« (KONR). Am 13.10.1944 machte K. den Reichsführer-SS Himmler in einem Schreiben darauf aufmerksam, daß Wlassow nur für die Russen sprechen könne, da die Turkestaner seine großrussischen Intentionen nicht teilten. Himmler mißfiel die Störung seiner Pläne für die Aufstellung einer »Russischen Befreiungsarmee«. Bei Rosenberg stieß K. auf mehr Verständnis. In ihrer Haltung gegen den russischen Imperialismus waren die beiden sich einig. Da Wlassow weiterhin Freiwillige aus allen Teilen der Sowjetunion rekrutierte, versuchte ihn K. bei den Deutschen zu verleumden. Er bestach z. B. einen Kirgisen mit 7000 RM, damit er einen Turkestaner unter Wlassows Mitarbeitern als Bolschewisten enttarnte. Er forderte die nichtrussischen Nationalvertretungen auf, Wlassows »Komitee zur Befreiung der russischen Völker« (KONR) zu boykottieren. Gemeinsam mit → Kedia warnte er die schwankenden Krim- und Wolgatataren, sich mit Wlassow einzulassen. Unter dem Druck des

Auswärtigen Amtes mußten sich K. und Kedia jedoch zu einem Gespräch mit Wlassow bereitfinden. Das Treffen endete ohne Ergebnis, weil Wlassow nicht bereit war, über ihre Ängste vor einer russischen Vorherrschaft zu reden. Am 18.11.1944 versammelten sich Vertreter der Völker des Kaukasus, Turkestans, der Krim, Weißrußlands und der Ukraine, um ihren Willen zur Befreiung von der russischen Herrschaft und zum Aufbau nationaler Staaten deutlich zu machen. Nur wenn Deutschland die Freiheit ihrer Völker anerkenne, wollten sie mit Wlassow zusammenarbeiten. Es war die Krönung des Werkes, als die Reichsregierung am 18.3.1945 die Unabhängigkeit Turkestans und am 24.3.1945 das NTEK als »Nationale Provisorische Regierung von Turkestan« offiziell anerkannte. Die turkestanischen Legionen erhielten den Status einer »Nationalen Armee Turkestans«. Nachdem etwa 70 000 Turkestaner gefallen waren, umfaßte sie noch rund 110 000 Mann, allerdings verstreut an allen Fronten. Nachdem diese Vorbedingungen erfüllt waren, trat K. im April 1945 mit vier anderen Turkestanern dem KONR bei und etablierte dort einen »Turkestanischen Rat«.
Nach dem Zweiten Weltkrieg übernahm K., der eine Zeit lang von den Engländern festgehalten wurde, die Führung eines der beiden sich im Westen neu konstituierenden turkestanischen Komitees. Auch das Blatt »Nationales Turkestan« wurde wieder herausgeben. K. wurde Mitglied des »Pariser Blocks«, der sich 1953 als Sammelbecken von Altemigranten konstituierte und einige Zeit wie die Konkurrenzorganisation »Koordinationszentrum des antibolschewistischen Kampfes« (KZAB) von den Amerikanern finanziell unterstützt wurde. Als die Rivalitäten zwischen den Exilgruppen zunahmen und die Zahl der Mitglieder sank, setzten die Zahlungen aus.

Literaturhinweise:
Alexander Dallin: Deutsche Herrschaft in Rußland 1941–1945, Düsseldorf 1958
Patrick von zur Mühlen: Zwischen Hakenkreuz und Sowjetstern. Der Nationalismus der sowjetischen Orientvölker im Zweiten Weltkrieg, Düsseldorf 1971
Jürgen Thorwald: Die Illusion. Rotarmisten in Hitlers Heeren, Zürich 1984
Joachim Hoffmann: Kaukasien 1942/43. Das deutsche Heer und die Orientvölker der Sowjetunion, Freiburg 1991

KAMINSKI, BRONISLAW WLADISLAWOWITSCH, geb. 16.6.1899 bei Witebsk, hingerichtet am 19. oder 20.8.1944 in Litzmannstadt, Führer der »Russischen Volksbefreiungsarmee« (RONA) 1942–1944, Brigadeführer der Waffen-SS

K.s polnischer Vater war mit einer Volksdeutschen verheiratet und lebte in verhältnismäßig guten Umständen bis 1917 auf seinem Gut in der Nähe von Witebsk. K. genoß eine gute Erziehung. Er sprach russisch, polnisch und deutsch. Nach dem Studium der Chemie in Leningrad arbeitete er als Chemieingenieur in der Farbenindustrie. Als Mitglied der Bucharingruppe wurde er 1935 zu zehn Jahren Zwangsarbeit verurteilt, weil er sich gegen die stalinistische Agrarordnung aufgelehnt hatte. Nach fünfjähriger Verbannung im Gulag Nischni-Tagirsk im Ural wurde er 1940 in Lokot zwangsangesiedelt. Dort arbeitete er als Ingenieur in einer Schnapsbrennerei. Bevor die deutschen Truppen im Sommer 1941 das Brjansker Gebiet eroberten, schickte K. seine Frau mit den abziehenden Rot-

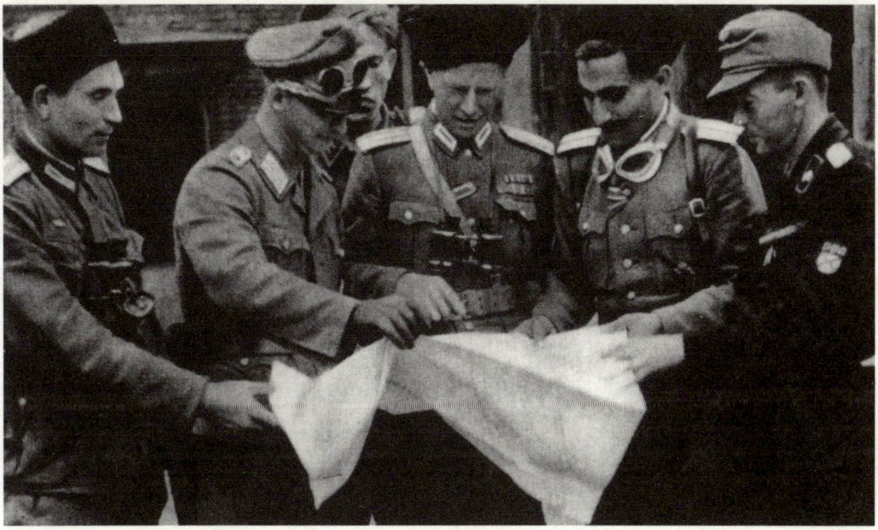

Lagebeurteilung Kaminskis (Mitte) mit seinem Stab

armisten nach dem Osten. Er selbst stellte sich nach dem Einmarsch der Deutschen dem Bürgermeister von Lokot, Voskoboinikov, zur Verfügung, der im Auftrag der 2. Panzerarmee die Verwaltung des Rayons übernahm. Als dieser am 7.1.1942 von sowjetischen Partisanen getötet wurde, übernahm K. seine Funktionen. Da er wie sein Vorgänger im Rayon für Ruhe und Ordnung sorgte, war ihm das Wohlwollen der Heeresgruppe Mitte sicher, die in ihrem Rücken keine Schwierigkeiten und ihren Nachschub gesichert haben wollte. K. lieferte der Truppe pünktlich und verläßlich die Nahrungsmittel, die sie anforderte. Der Selbstverwaltungsbezirk Lokot, der schließlich acht Rayons und 1,7 Millionen Einwohner umfaßte, galt als mustergültig. Bis auf je einen Verbindungsoffizier zur Wehrmacht und SS waren keine deutschen Kräfte zur Gewährleistung der Ordnung erforderlich. In den Augen der Bewohner erschien K. trotz aller Besatzungslasten, die sie zu tragen hatten, als von den Deutschen unabhängiger Verwaltungschef. Wegen der guten Zusammenarbeit mit K. verzichteten die Deutschen auf die Rekrutierung von Zwangsarbeitern im Distrikt und ermäßigten sogar die Ablieferungsquoten zu Lasten benachbarter Rayons. Als die Partisanentätigkeit 1942 in Lokot zunahm, erhielt K. von der Wehrmacht Waffen, um eine eigene Polizei aufstellen zu können. Er durfte sogar in den Gefangenenlagern des Distrikts Soldaten der Roten Armee zum Eintritt in seine Polizeistreitkräfte werben. Zuzug erhielt er auch von Rotarmisten, die sich beim Vormarsch der Deutschen mit ihren Ausrüstungen in den Sümpfen und Wäldern um Brjansk versteckt hatten. Als ihre Zahl fünftausend überstieg und sie sich im Kampf mit den Partisanen bewährten, sprachen die Deutschen von der »Sturmbrigade Kaminski« in ihren Diensten. Da die deutschen Truppen durch die Sturmbrigade von vielen unangenehmen Einsätzen entlastet wurden, ließen die Wehrmachtdienststellen K. viele Freiheiten. Man hatte nichts dagegen, daß er seine Einheit

»Russkaja Oswoboditelnaja Narodnaja Armija« (RONA), d. h. »Russische Volksbefreiungsarmee«, nannte. Zum RONA-Symbol wählte er ein schwarzes Georgskreuz auf weißem Grund. K. selbst nahm den Rang eines Obersten und später eines Brigadegenerals an, obwohl er keine militärische Ausbildung vorweisen konnte. 1943 bestand die Brigade aus drei Regimentern. Durch die Eingliederung von Kriegsgefangenen, Partisanenüberläufern und rekrutierten Landeskindern vergrößerte sich die Truppe bis Ende 1943 auf 10 000 Mann. Alle trugen russische Uniformen und Dienstgradabzeichen. Die politische Propaganda in der Brigade organisierte K. nach dem Muster der Roten Armee. In jeder Kompanie gab es einen Politkommissar. Er war für die Loyalität der Soldaten gegenüber dem Kommandeur verantwortlich.

In Zusammenarbeit mit den deutschen Streitkräften und mit der Unterstützung ostvölkischer Legionen erzielte K. erstaunliche Erfolge bei der Partisanenbekämpfung. Die RONA beteiligte sich zwischen Mai und Juli 1943 an mehreren deutschen »Bandenbekämpfungsaktionen«, z. B. »Freischütz«, »Zigeunerbaron«, »Tannhäuser« und »Seydlitz«. Ihre Soldaten waren wegen ihrer Grausamkeit gefürchtet. Sie erpreßten Aussagen mit Folter und mordeten mitleidlos alle, die im Verdacht standen, mit den Partisanen zusammenzuarbeiten. Bei seinen Truppen war K. beliebt, weil er ihnen kaum Zügel anlegte. Das Kriegsvölkerrecht war ihm unbekannt. Er erlaubte Plünderungen und Vergewaltigungen. Beförderungen und Degradierungen handhabte er nach Gutdünken.

Nach einer Unterredung mit General Schmidt, dem Oberbefehlshaber der 2. Panzerarmee, gründete K. nach dem Muster der NSDAP in Deutschland als Ersatz für die verschwundene KPdSU eine »Russische Nationalsozialistische Partei«, um die Bevölkerung politisch zusammenzuführen und seine Macht zu stabilisieren. Sie blieb jedoch als lokale Organisation auf den Distrikt Lokot beschränkt, solange sich K. dort aufhielt. Um die Parteiideologie kümmerte sich K. gar nicht. Ihn interessierte mehr seine militärische Machtstellung. Er fühlte sich zu allererst als Condottiere.

Nach der Niederlage im Kursker Bogen räumten die Deutschen Ende Juli 1943 die Stadt Orel. Mit der Rücknahme der Front kam der Distrikt Lokot unter das direkte Kommando der Heeresgruppe Mitte. Im August 1943 wurden die ersten Rayons evakuiert. K.s Brigade wurde zur Verteidigung der Pantherlinie nach Weißrußland zurückgezogen. Mit den 6000 Mann, über die K. zu dieser Zeit verfügte, zogen 25 000 Zivilisten nach Westen. Am 1.10.1943 übernahm K. einen neuen Selbstverwaltungsbezirk, der aus den drei weißrussischen Rayons Lepel, Chaschniki und Uschatschi bestand. Alle drei Bezirke galten als »stark bandenverseucht«. Hier befand sich das Hauptquartier der weißrussischen Partisanenbewegung. Die Bevölkerung, die sich mit den Partisanen arrangiert hatte, verhielt sich feindlich. Die 3. Panzerarmee, in deren Bereich K. wirkte, erwartete von ihm zuvörderst die Säuberung des Gebietes von Banditen. Dazu reichten seine Kräfte jedoch nicht aus. Es gab hohe Verluste. Mehrere Gruppen seiner Brigade liefen zu den Partisanen über. Im September 1943 kam es sogar zu einer Meuterei gegen K. Nach ihrer Niederschlagung ließ K. die Rädelsführer hinrichten. Verzweifelt und mit wechselndem Erfolg wehrte sich K. mit seinen Soldaten gegen die von der Roten Armee verstärkten Partisanen. Im Januar 1944

wurden seine Verdienste mit dem Eisernen Kreuz I. Klasse und mit der Tapferkeitsmedaille für Ostvölker gewürdigt. Im Februar 1944 versuchten die Deutschen, in mehreren Einsätzen der Partisanen in Weißrußland Herr zu werden. K.s Einheiten beteiligten sich an allen Aktionen. Am erfolgreichsten war das Unternehmen »Frühlingsfest« vom 16.4. bis 12.5.1944 im Raum Uschatschi. Trotzdem nahm der sowjetische Druck zu. Im Juni und Juli 1944 befahlen die Deutschen die Evakuierung der Kaminski-Zivilisten aus dem Gebiet. Ihre neue Heimat sollte Diatlovo im westlichen Weißrußland sein. Befreit von zivilen Verwaltungszwängen und von der Verantwortung für die Frauen und Kinder, war K. jetzt ein begehrter Partner für die mit der »Bandenbekämpfung« beauftragten SS-Dienststellen. SS-Gruppenführer von Gottberg, der Reichskommissar für Weißrußland, unterstellte K. seinem Kommando. Die feldgrauen SS-Uniformen, die die Männer jetzt bekamen, trugen weiterhin das Ärmelzeichen RONA. Auf die Disziplin und Moral der Truppe hatte die Einbeziehung in die Waffen-SS keine Auswirkungen. Daß sich K. so bereitwillig in den Dienst der SS stellte, weckte jedoch bei vielen seiner Männer das Mißtrauen gegen ihn. Einige hielten ihn für einen Verräter an den russischen Idealen.
Noch vor dem Zusammenbruch der Heeresgruppe Mitte 1944 verließ K. mit seinen drei Regimentern im Umfang von etwa 9500 Soldaten und den mehr als 20 000 Zivilisten in seinem Gefolge russischen Boden. Als neuer Einsatzort wurde das Gebiet von Sokov, östlich von Warschau, im Generalgouvernement bestimmt. So wie die Kaminski-Leute flohen tausende Weißrussen, Kosaken und Kaukasier vor der Roten Armee nach Westen. Von allen ausländischen Einheiten auf der Flucht benahmen sich die Soldaten K.s am schlechtesten. Sie plünderten und raubten, was sie bekamen. Da man im SS-Führungshauptamt annahm, daß der Hauptgrund für die Disziplinlosigkeiten bei den im Gefolge der Division zurückflutenden Frauen und Kindern lag, sollten alle Zivilisten nach Ungarn verbracht werden, während die Soldaten auf einem deutschen Truppenübungsplatz »aufgefrischt« werden sollten. Obwohl die ungarische Regierung die Aufnahme dieser »Horde von russischen Wilden« ablehnte, begann die SS mit dem Abtransport der Zivilisten. Die Bitte K.s, einen Teil der Soldaten zu ihrem Schutz mit nach Ungarn zu senden, wurde abgelehnt. Die Übersiedlung scheiterte schließlich, als durch den slowakischen Aufstand im September 1944 alle Bahnlinien unterbrochen wurden. Als neuer Sammelplatz wurde Pommern bestimmt. Auf dem Truppenübungsplatz Neuhammer bei Sagan sollte mit den Männern der RONA die 29. Waffengrenadierdivision der SS (russ.Nr. 1) gebildet werden. K. wurde von Himmler am 1.8.1944 zum Brigadeführer der SS ernannt und mit der Führung der Division beauftragt. Die Ausbildung hatte gerade begonnen, als am 1.8.1944 der Warschauer Aufstand ausbrach. Zu den SS-Verbänden, die zur Niederkämpfung des Aufstandes zusammengezogen wurden, gehörte neben turkistanischen Einheiten und der Brigade Dirlewanger auch ein Regiment der 29. Waffengrenadierdivision der SS unter dem Befehl von Oberst Frolov. Seine völkerrechtswidrigen Untaten empörten sogar den mit der Niederschlagung des Aufstandes beauftragten SS-Obergruppenführer Erich von dem Bach-Zelewski. Es gab keinen deutschen Verbindungsoffizier bei der Einheit, der mäßigend wirken konnte. Das Regiment hinterließ eine Spur von Raub, Plünderung, Diebstahl,

Vergewaltigung und Mord. Die meisten Russen lernten in Warschau zum erstenmal den Reichtum einer zivilisierten westlichen Stadt kennen. Nach den Plünderungen kehrten sie mit Uhren, Schmuck und Goldzähnen zurück. K. schritt gegen die Übergriffe seiner Untergebenen nicht ein, obwohl er sich in der Nähe aufhielt. Noch vor Beendigung der Kämpfe wurde K. am 19.8.1944 abberufen, angeblich um über das Schicksal seines Gefolges, das inzwischen Stettin erreicht hatte, zu beraten, in Wirklichkeit, um ihn zur Rechenschaft zu ziehen. Er verteidigte das Verhalten seiner Männer damit, daß ihnen vor dem Einsatz von den deutschen Stellen »freie Hand« gegeben worden war. In der Beute sah er eine kleine Kompensation für den Verlust ihrer Heimat. Als Hitler durch den Chef des Wehrmachtführungsstabes, Generaloberst Alfred Jodl, von den völker- und menschenrechtswidrigen Grausamkeiten der Kaminski-Soldaten erfuhr, befahl er die Auflösung des ganzen Verbandes. Mit der Nummer 29 wurde bereits im Herbst 1944 die neue italienische Waffen-Grenadierdivision der SS bezeichnet.
Über das Ende K.s gibt es zahlreiche Versionen. Eine besagt, er sei von polnischen Partisanen getötet worden. Eine andere meint, daß K. auf der Flucht von Deutschen erschossen worden sei. Die wahrscheinlichste ist, daß K. bei dem Abtransport von Beutegut aus Warschau aufgegriffen, auf Weisung von Bach-Zelewski von einem SS-Gericht formell zum Tode verurteilt und der Gestapo in Litzmannstadt übergeben wurde. Dort sei er in der Todeszelle erschossen worden. Mit ihm endete einer der unsympathischsten Opportunisten im Dienste des Deutschen Reiches, dessen Terrormaßnahmen zwar der deutschen Besatzungsmacht bei der Partisanenbekämpfung vorübergehend von Nutzen waren, was jedoch bei weitem den Schaden nicht ausgleichen konnte, den seine Soldateska in deutscher Uniform überall dort anrichtete, wo sie erschien.
Die Division in Neuhammer nahm den Tod des Kommandeurs ohne große Bewegung zur Kenntnis. Sie entging der Demobilisierung, weil 8000 Mann im September 1944 von einer Vorausabteilung → Wlassows in die »Russische Befreiungsarmee« (ROA) übernommen wurden. Da sie völlig verwahrlost waren und in Neuhammer wie die Zigeuner hausten, wurden sie mit ihren 12 Panzern T34 und 2 KV-Tanks nach Feldstetten bei Ulm zur Ausbildung und dann nach Münsingen verlegt, wo General → Buniatschenko die 1. Division der ROA aufstellte. Die Offiziere erhielten die Ränge wieder, die ihnen zustanden. Aus manchem Oberstleutnant wurde ein Oberleutnant und aus manchem Major ein Feldwebel. Die 78 übriggebliebenen wirklichen Offiziere wurden auf alle Einheiten der 600. Grenadier-Division, wie Buniatschenkos Verband genannt wurde, aufgeteilt. Nach ihrem mißglückten Einsatz bei Prag in den letzten Tagen des Krieges kamen die meisten nach Plattling in amerikanische Gefangenschaft, von wo sie einige Monate später an die Sowjets ausgeliefert wurden. Die meisten endeten in sibirischen Arbeitslagern.

Literaturhinweise:

Alexander Dallin: The Kaminski Brigade: 1941–1944. A Case Study of German Military Exploitation of Sowjet Disaffection, Air University Alabama 1952
Die Brigade Kaminskis. Die abenteuerlichste Truppe des zweiten Weltkrieges, in: Der Freiwillige 8/1964
Rolf Michaelis: Die russische Volksbefreiungsarmee RONA 1941–1944, Erlangen 1992

KEDIA (KHEDIA), MICHAEL, geb. 31.3.1902 in Zougdidi (Georgien), gest. 16.8.1954 in Genf, Vorsitzender des »Kaukasischen Nationalrates« 1944–1945

K., der nach dem Ersten Weltkrieg als Emigrant in Paris lebte, hatte sich als versierter Vertreter georgischer Interessen und als antirussisch eingestellter Nationalist in verschiedenen deutschen Abwehrkreisen einen Namen gemacht, als er zu Beginn des Rußlandfeldzugs 1941 nach Berlin kam und seine guten Kontakte zur Wehrmacht und zur SS ausspielte, um für die georgische Sache zu werben. Die politische Arbeit begann 1942, als die deutschen Truppen in den Kaukasus vorstießen und von der Bevölkerung als Befreier vom sowjetischen Joch begrüßt wurden. Bis zum Frühjahr 1943 stellte General Oskar Ritter von Niedermayer, Professor für Wehrgeographie und Geopolitik und ausgewiesener Rußlandkenner, aus kaukasischen und turkestanischen Freiwilligen die 162. Infanteriedivision (turk) auf. Weitere turkvölkische Freiwillige dienten in den zahlreichen Ostbataillonen oder als Hilfswillige bei der Truppe. Nach der Rückeroberung des Kaukasus durch die Rote Armee lag die politische Vertretung der Kaukasusvölker bei den verschiedenen Komitees, die sich in Berlin gebildet hatten. Ihre Führer waren vielfach miteinander verfeindet und befehdeten sich zum Nachteil ihrer Völker. Die vier kaukasischen Komitees für Georgien, Nordkaukasien, Armenien und Aserbaidschan, die auch als »kaukasisches Kleeblatt« bezeichnet wurden, hielten sich enger an den deutschen Schirmherrn als die anderen. Ihr Sprecher war K. Er verfaßte diverse Protestschreiben an deutsche Dienststellen gegen die undifferenzierte Behandlung der Kriegsgefangenen der Roten Armee und verlangte, daß das Deutsche Reich die Separatisten als »gleichwertige Partner und Verbündete« anerkennen müsse. Solange dies nicht der Fall sei, »lehnen wir jede Verantwortung vor unseren Völkern oder vor Deutschland ab«. Am 6.10.1943 schickte er im Namen der kaukasischen Komitees ein Ultimatum an den Reichsminister für die besetzten Ostgebiete, Alfred Rosenberg, in dem er die offizielle Anerkennung der vier kaukasischen Nationalkomitees entsprechend dem »Nationalturkestanischen Einheitskomitee« unter → Kajum Khan forderte, damit die konkurrierenden Gruppen ausgeschaltet und der Kampf gegen die Bolschewisten effektiver organisiert werden könne. Zu einer Zusammenarbeit mit den Russen im Kampf gegen den Stalinismus erklärten sich die kaukasischen Vertreter nur unter der Bedingung bereit, daß die Deutschen die Führung übernähmen. → Wlassows Bemühungen um eine »Russische Befreiungsarmee« (ROA) lehnten sie ab, weil sie den großrussischen Imperialismus fürchteten. Als das »Komitee zur Befreiung der Völker Rußlands« (KONR) gegründet wurde, schickten die kaukasischen Komitees ein Memorandum an Rosenberg, von dem Durchschläge an Himmler und Ribbentrop gingen: »Es wäre ein furchtbarer Fehler, wenn Deutschland mit der Durchführung dieses Experiments den Eindruck hervorrufen sollte, daß das großrussische Reich Stalins durch ein ähnliches unter Wlassow ersetzt würde; denn wir sind überzeugt, daß Rußland – gleichgültig ob unter Stalin oder Wlassow – immer ein Gegner Deutschlands sein wird, wohingegen die nichtrussischen Völker natürliche und vom Schicksal bestimmte Verbündete Deutschlands sind.« Unterzeichner dieses Schreibens waren K. für die Georgier, Dzhamalian für die Armenier, Alibekow für die Aserbeidschaner und

Kantemir für die Nordkaukasier. Auf ein KONR-Manifest, in dem die Einheit aller russischen Völker proklamiert wurde, antwortete K. mit einem Protestschreiben des Inhalts, General Wlassow solle »seine Tätigkeit auf Rußland beschränken, Rußland im ethnographischen Sinne des Wortes verstanden«. Von den kaukasischen Komitees wurde Wlassow lediglich als Partner im Kampf gegen den Bolschewismus anerkannt, aber nicht als Führer, dem man sich zu unterstellen habe. Sie verlangten von ihm, die Souveränität der Kaukasusvölker sofort und von vornherein anzuerkennen. Auch auf das Kommando über ihre nationalen militärischen Einheiten wollten die Führer der kaukasischen Völker nicht verzichten. Weil diese Haltung die Rekrutierung für die ROA schwächte, beorderte der Chef des SS-Reichssicherheitshauptamtes, der Sicherheitspolizei und des SD, SS-Obergruppenführer Kaltenbrunner, K. zu einem Treffen mit Wlassow. Das Gespräch sollte auch der Zusammenstellung einer »Befreiungsregierung« für Rußland dienen. K. lehnte ab, sich daran zu beteiligen, da er Wlassow für einen Imperialisten hielt und nicht den sowjetischen Imperialisten Stalin gegen einen anderen austauschen wollte. Er soll den Tatbestand folgendermaßen formuliert haben: »Stalin im Gesicht ist mir lieber als Wlassow im Hintern.«
Mit Hilfe des Chefs des SS-Hauptamtes, SS-Gruppenführer Gottlob Berger, gründete K. im Oktober 1944 den »Kaukasischen Nationalrat« als Führungsorgan der Kaukasusvölker. Dieses Gremium gestand Wlassow in einer Erklärung vom 17.10.1944 lediglich zu, daß kaukasische Offiziere in dem von ihm geplanten »Antibolschewistischen Kampfkomitee« mitarbeiten würden. Aber alle politischen Belange sollten in der Zuständigkeit der einzelnen Nationalkomitees bleiben.
Am 18.11.1944 trafen sich mehrere Vertreter der von Rußland unterdrückten Völker und beschlossen »Grundlagen der Zusammenarbeit«. Die Georgier, vertreten von K., die Turkestaner, vertreten von Kajum Khan, die Tataren, Armenier, Georgier, Ukrainer und Weißrussen verpflichteten sich zur gegenseitigen Unterstützung und zur solidarischen Vertretung ihrer Interessen nach außen. Damit hatten sie ein Gegengewicht gegen KONR geschaffen.
Wie die meisten Vertreter der nichtrussischen Nationalkomitees war K. kein Anhänger des NS-Regimes, aber er kollaborierte, weil er sich von den Deutschen die Befreiung seines Landes erhoffte. Die nationalsozialistische Ideologie lag ihm fern. Mit dem Kampf gegen die Juden war er überhaupt nicht einverstanden. Durch seine Kontakte zur deutschen Abwehr und zum SD gelang es K., etwa 80 in Paris lebende georgische Juden zu retten, als in Frankreich die Judenverfolgung einsetzte. Auch einigen französischen Juden vermittelte er falsche Papiere mit georgischen Namen.
An der Aktion »Mainz I« des deutschen SD, nach der mit Hilfe der Türkei georgische Partisanen ins Land eingeschleust werden sollten, um einen Volksaufstand zu organisieren, war K. nur in der Planungsphase beteiligt. Als die Türkei am 23.2.1945 in den Krieg gegen das untergehende Deutsche Reich eintrat, entstand für die Angehörigen der Turk- und Kaukasusvölker, die traditionell mit der Türkei sympathisierten, eine neue Lage. Die kaukasischen Komitees beeilten sich, gegenüber SS-Obergruppenführer Berger zu erklären, »daß die Türkei, die immer freundschaftlich dem Reich gegenüber eingestellt gewesen ist und ihre

Neutralität bis zum letzten Augenblick bewiesen hat, nur unter dem Druck der Alliierten Deutschland den Krieg erklären mußte«.
Zur Genugtuung K.s bekamen die kaukasischen Nationalkomitees am 17.3.1945 die Anerkennung des Auswärtigen Amtes als offizielle Vertretungen ihrer Völker beim Deutschen Reich. K. konnte für die Georgier sprechen. Aber zu diesem Zeitpunkt wußte er, daß Deutschland am Rande des Untergangs stand. Er hatte bereits Kontakte zu den Westalliierten aufgenommen, um zu erreichen, daß nur die Georgier in die Sowjetunion repatriiert würden, die den Wunsch danach äußerten. Seine Bemühungen blieben jedoch erfolglos, weil sich die Westalliierten in Jalta zur Auslieferung aller sowjetischen Staatsbürger verpflichtet hatten.

Literaturhinweise:
Patrick von zur Mühlen: Zwischen Hakenkreuz und Sowjetstern. Der Nationalismus der sowjetischen Orientvölker im Zweiten Weltkrieg, Düsseldorf 1971
Jürgen Thorwald: Die Illusion. Rotarmisten in Hitlers Heeren, Zürich 1974
Alexander Dallin: Deutsche Herrschaft in Rußland 1941-45, Düsseldorf 1980

KELLER, MAX LEO, geb. 22.8.1897 in Zürich, gest. 13.2.1956 in Birmensdorf (Zürich), Führer der »Nationalen Bewegung der Schweiz« (NBS) 1940, Gründer des »Bundes der Schweizer Nationalsozialisten« 1944

Seine politische Tätigkeit begann K. während des Studiums an der Technischen Hochschule Zürich, das er mit dem Diplom und der Promotion zum Dr. rer. pol. abschloß. Er trat dort dem »Volksbund für die Unabhängigkeit der Schweiz« bei, der nach dem Ersten Weltkrieg gegen das Völkerbundsengagement der Schweiz ankämpfte und die Diskriminierungen des Versailler Vertrags für Deutschland durch freundschaftliche Beziehungen zu den durch Kultur, Wirtschaft und Geschichte verbundenen Deutschen zu mildern versuchte. Nach dem Studium arbeitete K. im Amt für die Einführung neuer Industrien des Kantons Bern mit Sitz in Biel, dessen Leitung er schließlich übernahm. 1938 mußte er diese Stelle jedoch wegen seiner Mitgliedschaft in der »Nationalen Front« (NF) aufgeben, in deren Führungsrat er für Wirtschaftsfragen zuständig war. Bei der »Neuen Basler Zeitung«, die ein viertel Jahr nach dem Ausbruch des Zweiten Weltkriegs im Dezember 1939 wegen ihrer deutsch-nationalistischen Ausrichtung verboten wurde, hatte K. den Vorsitz im Verwaltungsrat. Die berufliche Aufmerksamkeit galt seiner Ein- und Ausfuhrfirma in Zürich und Lugano mit dem Namen »EPRO AG«, deren Prokurist Othmar Maag war.
Seit der Machtübernahme der Nationalsozialisten in Deutschland stand K. in Kontakt mit den deutschen Dienststellen in Bern und Zürich. Bei seinen Reisen nach Deutschland traf er einige Male mit dem Stellvertreter Hitlers, Rudolf Heß, zusammen.
Im Juni 1940 gründete K. im Einvernehmen mit den deutschen Regierungs- und Parteidienststellen die »Nationale Bewegung der Schweiz« (NBS), die in kurzer Zeit auf fast 3000 Mitglieder anwuchs und als Sammelbecken für die verschiedenen Fronten in der Schweiz gedacht war. Neben K. gehörten Rolf → Henne, Mitglied der verbotenen »Nationalen Front«, Ernst → Hofmann und Heinrich Wechlin von der 1936 gegründeten »Eidgenössischen Sozialen Arbei-

ter-Partei« und Hans → Oehler sowie Alfred → Zander vom 1938 gegründeten »Bund treuer Eidgenossen Nationalsozialistischer Weltanschauung« dem Führerkreis der NBS an. Das politische Ziel der NBS war die Errichtung eines autoritären Führerstaates nach deutschem Vorbild, weil die Masse der Staatsbürger weder unmittelbar noch mittelbar, d. h. über Volksvertreter, zu regieren imstande sei. Nach dem Sieg Deutschlands werde die Schweiz gezwungen sein, sich in die neue europäische Ordnung einzufügen. Im Vertrauen auf einen deutschen Erfolg verlangte die NBS von der Schweizer Regierung die Herstellung freundschaftlicher Beziehungen zu den Achsenmächten, den Austritt aus dem Völkerbund und den Abbruch der diplomatischen Beziehungen zu England.
Das Organisationsstatut der NBS war fast bis auf das Wort identisch mit dem 25-Punkte-Programm der NSDAP. Dennoch präsentierte sich die Bewegung der Schweizer Öffentlichkeit als demokratische Vereinigung. Nur gegenüber Deutschland kehrte man die nationalsozialistisch-antiparlamentarischen Positionen heraus. Das Ansehen der NBS im Deutschen Reich war größer als deren Bedeutung in der Schweiz. Hitler hielt K. für den »maßgebenden Mann« der schweizerischen Erneuerungsbewegung.
Um das Ansehen der NBS zu stärken, bemühte man sich um einen Empfang beim Schweizer Bundespräsidenten Pilet-Golaz, der am 10.9.1940 zustandekam. K., Ernst Hofmann und Jakob → Schaffner verdeutlichten gegenüber dem Staatsoberhaupt ihre Positionen und erreichten sein wohlwollendes Verständnis. Der Bundespräsident soll die später dementierte Aussage gemacht haben: »Unser Volk ist vergiftet worden. Es ist krank, schwer krank.« Schuld daran sei die Presse. Zwei Tage später erschien das offizielle Kommuniqué: »Am 10. September empfing Herr Bundespräsident Pilet-Golaz die bevollmächtigten Vertreter der Nationalen Bewegung der Schweiz, Ernst Hofmann und Dr. Max Leo Keller, in offizieller Audienz. Der Unterredung wohnte auch der Dichter Jakob Schaffner bei. Die Vertreter der Nationalen Bewegung der Schweiz unterrichteten den Bundespräsidenten über deren politische Zielgebung als Trägerin des neuen politischen und sozialen Gedankens. Die Unterredung, welche anderthalb Stunden dauerte, stellt einen ersten Schritt zur Befriedung der politischen Verhältnisse der Schweiz dar.« Der Wortlaut löste im Parlament und in der Presse Empörung aus. In Deutschland wollte man nicht Öl in die Flammen gießen. Eine vertrauliche Weisung des Reichsministeriums für Volksaufklärung und Propaganda an die deutsche Presse befahl, »von der Neuorientierung der Schweiz auf den autoritären Kurs hin keine Notiz zu nehmen«. Vier Tage nach der ersten Besprechung empfing der Schweizer Bundespräsident K. heimlich in seiner Privatwohnung. Bei dieser Zusammenkunft informierte ihn K. von seinem bevorstehenden Treffen mit Rudolf Heß in Deutschland und bot an, eine Botschaft an den Stellvertreter Hitlers mitzunehmen. Nach eigenen Aussagen soll der Bundespräsident eingewilligt haben, daß K. sich privat bei Heß für eine Verbesserung der Beziehungen zwischen dem Reich und der Schweiz einsetze. Die Öffentlichkeit erfuhr erst nach dem Krieg von diesem Auftrag, den K. bei seinem Deutschlandaufenthalt vom 18.9. bis 11.10.1940 ausführte. K. wurde von Rudolf Heß empfangen und erreichte, daß er als Chef der Schweizer Nationalsozialisten anerkannt wurde. Heß versprach zudem, daß von deutscher Seite kei-

ne Entscheidungen bezüglich der Schweiz getroffen würden, ohne vorher seine Meinung einzuholen.
Am 10.10.1940 wurden die Führer der Schweizer Fronten nach München eingeladen, um mit Vertretern des Auswärtigen Amtes und des SS-Reichssicherheitshauptamtes das Schicksal der nationalen Bewegung in der Schweiz zu besprechen. Bei dieser Konferenz, an der unter der Leitung von Klaus Hügel vom Reichsministerium für Volksaufklärung und Propaganda neben K. vier weitere Schweizer Frontistenführer teilnahmen, wurde die NBS als einzige frontistische Bewegung in der Schweiz legitimiert und ihr die Unterstützung des Reiches zugesagt. K. wurde als alleiniger Führer bestätigt. Die Mitgliederlisten der NBS wurden in einem Tresor des SS-Reichssicherheitshauptamtes hinterlegt. Die geplante Eingliederung der frontistischen Bewegungen der Schweiz in die NBS als der »alleinigen Trägerin des neuen nationalen und sozialen Gedankens des Landes« mißlang jedoch, weil sowohl die »Schweizerische Gesellschaft der Freunde einer autoritären Demokratie« von Ernst → Leonhardt und Frank → Burri als auch die »Nationale Gemeinschaft« von Karl → Meyer den Zusammenschluß ablehnten. Trotzdem wurde die Organisation der NBS verfeinert: Die Leitung gliederte sich in die »Führung«, den »Führerkreis« und den »Führerrat«. Die dreiköpfige Führung wurde vom Führerkreis gewählt. Sie bestand aus Enst Hofmann (Politische Aktionen und Propaganda), Alfred Zander (weltanschauliche Schulung) und K. (Organisation und Wirtschaft).
Die vom Schweizer Bundespräsidenten angebahnte Annäherung zwischen der Schweizer Regierung und der NBS stieß in der Schweizer Öffentlichkeit auf Ablehnung. Man warnte Pilet-Golaz davor, eine antidemokratische Bewegung zu legitimieren. Als die Nachrichten vom Treffen der Frontenführer in München am 10.10.1940 eintrafen, hatte die Schweizer Regierung einen Anlaß, sich zu rehabilitieren. Am 19.11.1940 verbot sie die nationalfaschistischen Bewegungen in der Schweiz gemäß Artikel 5 des Bundesratsbeschlusses vom 5.12.1938 betreffend Maßnahmen gegen staatsgefährliche Umtriebe und zum Schutze der Demokratie. Als Begründung diente das Organisationsstatut der NBS, das die Abhängigkeit der Bewegung von der NSDAP deutlich mache. Die Gründung einer Nachfolgeorganisation wurde bei Strafe verboten. Mehrere NBS-Mitglieder fanden Unterschlupf bei der EPRO-AG von K., die zu diesem Zweck durch die Firma Maag & Co., Winterthur, erweitert wurde. Demonstrativ lud der deutsche Gesandte in Bern daraufhin den Führerkreis der NBS zu sich ein. Es wurde beschlossen, die verbotene Organisation illegal unter verschiedenen Tarnnamen weiterzuführen, damit sie beim Einmarsch der deutschen Truppen in der Schweiz aktionsfähig seien. Zur Erhaltung der Kader wurde in Kilchberg die »Schweizerische Sportschule« mit Filialen in mehreren Städten gegründet. Sie stand in direkter Verbindung mit Heinrich → Büeler im Amt VI des SS-Hauptamtes in Berlin. Obwohl auch in Deutschland frontistische Ersatzgruppen fortbestanden, stagnierte die schweizerische völkische Bewegung. Die Anhängerschaft zerstreute sich. Lediglich die »Eidgenössische Sammlung« des Robert → Tobler lebte weiter. In einer Denkschrift vom Januar 1942 warf K. Tobler vor, im Dienst der Schweizer Polizei die NBS sabotiert zu haben.
Am 10.6.1941 wurde K. im Rahmen von 260 Hausdurchsuchungen zusammen

mit 120 Schweizer Frontisten verhaftet. Ihm drohte ein Verfahren wegen staatsfeindlicher Umtriebe nach Artikel 86 des Schweizer Militärstrafgesetzbuches mit einer Mindeststrafe von drei Jahren Zuchthaus. Da ein Industrieller aus St. Gallen, dessen Sohn bei der Waffen-SS diente, die Kautionen für die fünf prominentesten Untersuchungsgefangenen übernahm, kam K. frei. Er entzog sich dem Prozeß, indem er nach Deutschland floh. K. und die vier mit ihm geflüchteten Frontisten wurden in der Schweiz zu insgesamt 43 Jahren Zuchthaus verurteilt. Dieses harte Urteil löste eine Fluchtwelle nach Deutschland aus. Etwa 1360 Anhänger der Fronten gingen über die grüne Grenze.
K. übernahm die Leitung eines Betriebes der Hermann-Göring-Werke in Berlin. Sein Anliegen blieb die Zusammenführung der zerstrittenen Schweizer Bünde im deutschen Exil. Aber erst 1944 erreichte er mit der Gründung des »Bundes der Schweizer Nationalsozialisten« sein Ziel. Er selbst übernahm die Leitung und wurde von den deutschen Stellen in Berlin als Führer aller Schweizer auf deutschem Boden anerkannt.
Nach dem Zweiten Weltkrieg wurde K. in der Schweiz wegen Landesverrats zu 14 Jahren Zuchthaus verurteilt.

Literaturhinweise:
Alice Meyer: Anpassung oder Widerstand. Die Schweiz zur Zeit des deutschen Nationalsozialismus, Frauenfeld 1966
Beat Glaus: Die Nationale Front. Eine Schweizer faschistische Bewegung 1930–1940, Zürich u. a. 1969
Walter Wolf: Faschismus in der Schweiz. Die Geschichte der Frontenbewegungen in der Deutschen Schweiz 1930–1945, Zürich 1969
Werner Rings: Schweiz im Krieg 1933–1945. Ein Bericht, Zürich 1974
Horst Zimmermann: Die Schweiz und Großdeutschland. Das Verhältnis zwischen der Eidgenossenschaft, Österreich und Deutschland 1933–1945, München 1980

Kononow, Iwan Nikititsch, geb. 1900 in Novo-Nikolajevskaja, gest. in Australien, Generalmajor, Chef des Stabes des XV. Kosakenkorps der Wehrmacht

Als Sohn eines Kosakenhetmans geboren, der von den Bolschewisten getötet wurde, trat K. 1920 in die Rote Armee ein. Er wurde 1927 Mitglied der KPdSU und besuchte 1935–1938 die Militärakademie Frunse. Für seine Leistungen im Russisch-finnischen Winterkrieg 1939/40 erhielt er den Orden »Roter Stern«. Am 22.8.1941 lief K. im Mittelabschnitt der Ostfront mit dem ganzen 436. Schützenregiment, das er befehligte, zu den Deutschen über, weil er den Niedergang des stalinistischen Systems beschleunigen wollte. Der geschlossene Übertritt einer Einheit dieser Größenordnung war einzigartig. K. bot an, auf deutscher Seite gegen die Rote Armee zu kämpfen. Auf Fürsprache des Majors von Kraewel erlaubte ihm General Graf Schenckendorff, Kommandant des XXXV. Armeekorps, aus eigener Machtvollkommenheit, eine Schwadron aus kosakischen Überläufern und Gefangenen zu bilden. Bereits am 19.9.1941 stand das neue Kosakenregiment mit 77 Offizieren und 1799 Mann. Es wurde vom Oberkommando des Heeres als »120. Donkosaken-Regiment« genehmigt. K.s Soldaten verpflichteten sich mit pathetischen Eiden zur Unterstützung der Wehrmacht bei der

Niederringung des Sowjetsystems und zur Befreiung ihres Landes. Sie verstanden sich als »Kreuzfahrer« mit dem Ziel, »die russische und kosakische Erde von dem übelsten Feind der Menschheit, dem Kommunismus, zu befreien«. Mit Flugblättern und über Lautsprecher forderte K. die Angehörigen der Roten Armee auf der anderen Seite der Frontlinie zum Überlaufen auf. Ohne politische Rückendeckung für seine Aussagen versprach er ihnen die Abschaffung der Kollektivwirtschaft und die Freiheit der Arbeit, des Eigentums und der Rede. 1943 wurde das Regiment in »600. Donkosaken-Bataillon« umbenannt, obwohl es inzwischen 3000 Mann stark war, weil russische Einheiten nach dem Willen der Wehrmachtführung nur noch in Bataillonsstärke aufgestellt werden durften. K.s Traum von einer Befreiungsarmee hatte sich zerschlagen. Aber K. bekam die Erlaubnis, eine Panzerabteilung aufzustellen, die als »17. Kosaken-Panzerbataillon« der 3. Armee unterstellt wurde. Im Frühjahr 1943 dienten zahlreiche Kosakenabteilungen in der deutschen Wehrmacht: zwei Donkosakenregimenter, zwei Kubankosakenregimenter, ein Regiment aus Terekkosaken, ein Regiment aus sibirischen Kosaken und ein gemischtes Reserveregiment. Auch als die meisten kosakischen Offiziere durch deutsche ersetzt wurden, konnte K. in seinem Regiment das Kommando behalten und deutsches Rahmenpersonal auf wenige Positionen beschränken. Seine Reiter wurden insbesondere zur Sicherung von Straßen und Eisenbahnlinien eingesetzt. In Mogilew bekam K.s Verband 1943 den Besuch von General → Wlassow, der wie K. den Gedanken an eine russische Befreiungsarmee pflegte und für die Idee des Kampfes aller Völker der UdSSR gegen Stalin warb.

Als die meisten Ostbataillone im Frühjahr 1944 wegen angeblicher Unzuverlässigkeit zur Verteidigung des Atlantikwalls nach Frankreich geschickt wurden, blieben die Kosaken in der Mehrzahl an der Ostfront. Von der Heeresgruppe Mitte kommend, stieß K. im Juni 1944 in Mielau zur Kavalleriedivision des Generals von Pannwitz, der vom Oberkommando des Heeres die Erlaubnis bekommen hatte, die verstreuten Kosakeneinheiten zu sammeln. Im Rahmen des XV. Kosakenkorps zog K. unter seinem Befehl als Kommandeur der Plastunbrigade (Schützenbrigade) zum Partisanenkampf nach Jugowlawien. Um besseren Nachschub zu erhalten, unterstellte sich der gesamte Verband Ende 1944 nominell der Waffen-SS. Nachdem General von Pannwitz am 29.3.1945 in Verovitiza von den Kosakendelegierten zum Feld-Ataman gewählt und K. zum Chef des

Stabes bestimmt worden war, reiste K. nach Berlin und besprach am 31.3.1945 mit Wlassow die Möglichkeiten einer Einbeziehung der Kosaken in die »Russische Befreiungsarmee« (ROA). Himmler genehmigte die Unterstellung jedoch erst am 28.4.1945. In den letzten Kriegstagen befand sich K. bei der 2. Division der ROA, um die Zusammenarbeit mit ihr zu beraten. Auf der Rückkehr zu den im Raum Judenburg versammelten Kosaken geriet er in amerikanische Gefangenschaft. Nach dem Krieg wanderte K. nach Australien aus.

Literaturhinweise:
Gerald Reitlinger: Ein Haus auf Sand gebaut, Hamburg 1962
Philip Longworth: Die Kosaken, Wiesbaden 1971
Jürgen Thorwald: Die Illusion. Rotarmisten in Hitlers Heeren, Zürich 1984

Kooymans, Petrus Johannes, geb. 1.10.1906 in Dreumel, Polizeipräsident von Eindhoven und Landespolizeipräsident von Brabant und Limburg 1943–1944, SS-Hauptsturmführer

Als die deutschen Truppen die Niederlande im Mai 1940 besetzten, war K. Polizeiinspektor. Er trat im August 1940 in die »Nationaal Socialistische Beweging« (NSB) → Musserts ein und übernahm die Führung des Banns Venlo der »Weer Afdeeling« (WA), die als Schutztruppe der NSB fungierte. Zugleich arbeitete er als Polizeiagent. Im Februar 1941 wurde er in die »Nederlandsche SS« übernommen. Am 30.4.1942 wies der Generalkommissar für das Sicherheitswesen beim Reichskommissar für die besetzten niederländischen Gebiete, der Höhere SS- und Polizeiführer Hanns Albin Rauter, Himmler auf die Verwendbarkeit K.s zur Beobachtung Musserts hin, mit dessen politischen Zielen die SS nicht einverstanden war. Nach einer gemeinsamen Reise mit Mussert nach Nordbrabant berichtete K. am 1.6.1942 erstmals über die Vorbehalte Musserts gegenüber der SS und dessen Verdacht, in der »Nederlandsche SS« befänden sich mehr Kommunisten als Nationalsozialisten. Obwohl K. Kommandant einer SS-Polizeistandarte im Range eines Hauptsturmführers werden sollte, meldete er sich als Freiwilliger zum Dienst in der Waffen-SS. Nach seiner Ausbildung hielt er sich als SS-Schütze einige Zeit bei der 5. SS-Panzerdivision ›Wiking‹ an der Ostfront auf und wurde mit → Feldmeijer und van Efferen am 27.2.1943 zu Himmler befohlen, weil Rauter für sie eine Verwendung in der Heimat hatte. Der Reichsführer-SS zeichnete K. mit dem Eisernen Kreuz II. Klasse und dem Verwundetenabzeichen aus und beförderte ihn vom SS-Oberscharführer zum SS-Hauptsturmführer bei der Germanischen SS. Bei der Waffen-SS behielt er den Dienstgrad SS-Oberscharführer der Reserve. Himmler war damit einverstanden, daß Rauter ihn am 10.4.1943 im Range eines SS-Hauptsturmführers und Obersten der Staatspolizei zum Polizeipräsidenten von Eindhoven und gleichzeitig zum Landespolizeipräsidenten von Brabant und Limburg bestimmte und ihn mit der Bekämpfung »asozialer Elemente«, d. h. der Widerstandskreise, beauftragte. K. gehörte zu den Polizeipräsidenten, denen von Rauter auch politische Aufgaben übertragen wurden, die den Polizeiführern, die nicht bei der SS waren, vorenthalten wurden.

Am 1.9.1943 wurde K. Nachfolger von Leo Jakobus Broersen, der im April 1941

von Rauter mit der Reorganisation der niederländischen Polizei beauftragt worden war und nach der Erledigung des Auftrags am 1.3.1943 zum Stabschef des Generaldirektors der Polizei → Schrieke ernannt worden war. Da Broersen als Freiwilliger zur Waffen-SS ging, wurde das Amt frei. Der Stab der zentralen Polizeidirektion nahm seinen Sitz in Nijmegen.
Obwohl K. als Vater von sieben Kindern einer SS-Musterfamilie angehörte, stolperte er bald nach der Übernahme seines Amtes über eine Frauenaffäre. Im Januar 1944 wurde er strafweise an die Ostfront versetzt. Dort nahm er an den verlustreichen Rückzugskämpfen des III. (germanischen) Panzerkorps im Regiment Nordland teil. Seiner Begeisterung für Hitler taten die Erlebnisse keinen Abbruch. Von der Narwafront schrieb er einen Tag nach dem Attentat auf Hitler im Namen der niederländischen Freiwilligen einen Brief, in dem er seine Erschütterung über den feigen Mordversuch zum Ausdruck brachte und dem Führer Treue bis zum Endsieg schwor. Wenig später geriet K. in russische Gefangenschaft.
Nach seiner Entlassung aus der Kriegsgefangenschaft kehrte K. nicht in die Niederlande zurück, sondern ließ sich in der Bundesrepublik Deutschland nieder.

Literaturhinweise:
N. K. C. A. in't Veld (Hrsg.): De SS en Nederland. Documenten uit SS-Archieven 1935–1945, 2 Bände, 's-Gravenhage 1976
Gerhard Hirschfeld: Fremdherrschaft und Kollaboration. Die Niederlande unter deutscher Besetzung 1940–1945, Stuttgart 1984

KRASNOW, PJOTR NIKOLAJEWITSCH, geb. 22.9.1869 in St. Petersburg, hingerichtet 17.1.1947 in Moskau, zaristischer General, Ataman der Donkosaken, Führer des »Zentralen Kosakenbüros« und der »Leitstelle für die Kosakenheere« in Berlin

Aus einer alten Kosakenfamilie stammend, diente K. nach seiner Offiziersausbildung zwanzig Jahre lang im Leibgarde-Atamanenregiment des russischen Zaren. Dann war er vier Jahre lang Lehrer an der Offizierreitschule. 1910–1913 kommandierte er das 1. Sibirische Kosakenregiment. Als Kommandeur des 10. Donkosakenregiments stand er beim Ausbruch des Ersten Weltkriegs an der österreichischen Grenze. Im Juli 1915 übernahm er die 2. Kosakendivision. Am 6.10.1917 rief ihn Kerenski zum Schutz der Provisorischen Regierung vor den Bolschewiken nach St. Petersburg. Der Vormarsch seines Verbandes in die Hauptstadt mißlang. K. wurde verhaftet. Trotzki entließ ihn auf Ehrenwort. K., der die Kosaken als Bewahrer der Zarenherrschaft ansah, mußte nun erkennen, daß die Monarchie nicht zu retten war.
Am 18.5.1918 wählte ihn der »Krug für die Rettung des Dongebietes« zum Ataman, d. h. zum militärischen und zivilen Anführer der Donkosaken. Er erhielt die diktatorischen Befugnisse, die er verlangte. Bis zum Sommer 1918 stellte er eine Armee von 40 000 Mann auf. Ihr Zeichen war ein weißes statt des roten Bandes der Bolschewiken auf der Mütze. Mit der Behauptung, es habe seit 1570 einen unabhängigen Kosakenstaat am Don gegeben, erreichte er die Anerkennung der Mittelmächte. Von den Deutschen bekam er Waffen und Getreide für den Kampf gegen die Bolschewiken und zur Errichtung eines Kosakenstaates. Es ge-

lang ihm in wenigen Wochen, alle Bolschewiken zu vertreiben oder in Massenhinrichtungen zu liquidieren. Seine autokratischen Allüren und grausamen Vorgehensweisen weckten jedoch den Widerstand im eigenen Volk. Ein neuer Krug diskutierte im August 1918 eine neue Verfassung, die seine Macht einschränken sollte. Den einen mißfiel die durch die Waffen- und Munitionslieferungen hervorgerufene Abhängigkeit von Deutschland, den anderen die gewaltsamen Getreide- und Vieheintreibungen. K. wies die Kritik als idealistische Einstellung zurück und war nicht bereit abzutreten. Obwohl seine Truppen im Kampf gegen die Bolschewiken erfolgreich waren, übergab er das Kommando der Donarmee schließlich an General Denikin. Vom Vorsitz des Krug trat er im Februar 1919 zurück, da er ihn für von Bolschewisten durchsetzt hielt. Im September 1919 kämpfte er in der Armee des Generals Judenitsch in Estland. Nach der Auflösung der Armee emigrierte er nach Deutschland.
In der Zeit zwischen den Weltkriegen wurde K. als Schriftsteller bekannt. Sein kennzeichnendstes Werk war »Vom Zarenadler zur roten Fahne 1894–1921«, das 1921 in russischer und 1922 in deutscher Sprache erschien.
Im Zweiten Weltkrieg betrieb K., der nie sowjetischer Bürger war, die Errichtung eines autonomen Kosakenstaates unter deutschem Protektorat. Er verstand die Kosaken als eigenes Volk und war nicht gewillt, es der großrussischen Herrschaft unterzuordnen. Dieses politische Leitziel bekräftigte er noch 1944 in den »Essays über den Don«. Seine Verbindungen zu Hitler und anderen Vertretern des Dritten Reiches erwiesen sich als förderlich. Obwohl er kein Nationalsozialist war, befürwortete er die Kollaboration der Kosaken mit Deutschland und anerkannte Hitlers europäische Führerrolle. Seine Loyalität bekräftigte er in einem Gespräch am 1.11.1944 mit Rosenberg: »Ich habe dem Zaren Nikolaus II. den Treueid geleistet und habe ihn bis zum Tod des Zaren gehalten. Nun habe ich dem Führer Adolf Hitler Treue gelobt und werde auch diesen Eid bis zum Siege oder bis zu Hitlers oder meinem Tode halten«.
K. unterstützte die kosakische Nationalpartei in Prag, die Hitler als den »höchsten Diktator der kosakischen Nation« betrachtete. In Berlin leitete er das »Zentrale Kosakenbüro«. In dieser Funktion versuchte er, den deutschen Rassenideologen klarzumachen, daß die Kosaken als Nachfahren der Ostgoten dinarischer Abstammung und deshalb mit den Germanen verwandt seien. In seiner Kosakenromantik war Hitler den Argumenten nicht abgeneigt. Er genehmigte schon Ende 1941 die Aufstellung von Kosakeneinheiten zum Kampf gegen den Bolschewismus auf deutscher Seite. Die Kubankosaken erhielten 1942 sogar eine gewisse Autonomie im Reichskommissariat Ukraine. 1943 wurde K.s Amt zur »Leitstelle der Kosakenheere« umgewandelt. Am 21.4.1943 erlaubte Hitler die Aufstellung eines Kosakenverbandes aus Emigranten, Kriegsgefangenen, Überläufern und freiwilligen Nichtgedienten. Im September 1943 war die Ausbildung der ersten Kosaken-Kavalleriedivision auf dem Truppenübungsplatz Mielau in Ostpreußen abgeschlossen. Am 17.9.1943 nahm K. die Parade ab. Der Verband wurde zur Bekämpfung der Tito-Partisanen nach Jugoslawien verlegt und konnte sich zur Enttäuschung der Soldaten nicht gegen die Rote Armee bewähren. Ihre Aufgabe im besetzten Jugoslawien war der Schutz der Bahnlinie von Belgrad nach Agram.

Als die Deutsche Wehrmacht die Gebiete an Don, Kuban und Terek, die sie im Juli 1942 erobert hatte, ein halbes Jahr später räumte, floh die Zivilbevölkerung in riesigen Trecks nach Westen. Ihre Wanderung dauerte fast zwei Jahre. Eine vom Reichsminister für die besetzten Ostgebiete, Alfred Rosenberg, und vom Chef des Oberkommandos der Wehrmacht, Generalfeldmeldmarschall Wilhelm Keitel, am 10.11.1943 unterzeichnete »Deklaration der Reichsregierung an das Kosaken-Volk« versprach ihnen zwar die Unverletzlichkeit ihres Landes und die Achtung ihrer alten Volksrechte, aber zu diesem Zeitpunkt war die Rückkehr in ihre Heimat eine Illusion geworden. Deshalb sagte das Dokument auch zu, sie »unter dem Schutz des Führers mit Boden und mit allem Nötigen für ihre Selbständigkeit« auszustatten, wenn sie nicht mehr zurückkönnten.
Die erste Heimstatt sollten die flüchtenden Kosaken in Weißrußland finden. K. schloß mit dem Höheren SS- und Polizeiführer Kurt von Gottberg am 13.4.1944 eine entsprechende Vereinbarung. Als die Rote Armee auch diesen Gebieten näher kam, mußten die Kosakentrecks unter der Betreuung eines Flüchtlingskommissars aus dem Reichsministerium für die besetzten Ostgebiete erneut nach Westen fliehen. In der Ostpreußen-Schutzstellung waren sie aus militärischen Gründen unerwünscht und in Alt-Ostpreußen aus völkischen Gesichtspunkten.
Im Herbst 1944 wurden die Kosakenverbände des Heeres der Waffen-SS unterstellt. Es handelte sich um fast 40 000 Mann. Sie bildeten das XIV. SS-Kosaken-Kavalleriekorps. Zu dieser Zeit wandten sich bereits viele Anhänger von K. ab. Der alte Mann konnte die jungen Leute nicht motivieren, für die deutsche Sache weiterzukämpfen, weil sie im Unterschied zur älteren Generation seine Leistungen für ihr Volk nicht kannten. Viele fanden in → Wlassow einen neuen Führer, obwohl dieser ein neues Großrußland anstrebte, in dem die Kosaken keine Selbständigkeit haben würden.
Im Winter 1944/45 versammelten sich die Kosaken in Friaul. Der Höhere SS- und Polizeiführer des Adriatischen Küstenlandes, Odilo Globocnik, hatte ihnen ein Siedlungsgebiet angeboten. Zwischen Tolmezzo, Udine und Görz sollte beiderseits des Tagliamento ein neuer Kosakenstaat entstehen. Die Zivilisten wurden in 50 Eisenbahnzügen dorthin gebracht. Der Kosakenstab in Tolmezzo umfaßte etwa 2800 Offiziere und 35 Generäle. Obwohl K. das Amt des Ataman der Donkosaken an den General Domanow, einen ehemaligen Major der Roten Armee, abgegeben hatte, faßten die Flüchtlinge bei seinem Erscheinen Mut. In der Schrift »Das Land der Kosaken« versuchte er seine Landsleute dazu zu bringen, die zugewiesenen Gebiete als neue Heimat zu akzeptieren. Im Unterschied zu den Ukrainern beschlossen die Kosaken am 25.3.1945 auf einer Versammlung in Virovitica, ihre militärischen Einheiten in die »Russische Befreiungsarmee« (ROA) des Generals → Wlassow einzugliedern. Obwohl K. Wlassow beschuldigte, »Rußland an die Juden« verkauft zu haben und »im Herzen ein Bolschewist« geblieben zu sein, trug er die Entscheidung mit. Eine Zeitlang war K. sogar als Ersatzmann für Wlassow im Gespräch.
Als sich die britischen Truppen Ende April 1945 Venetien näherten, berief K. einen Kriegsrat, der beschloß, nicht gegen die Briten zu kämpfen, sondern sich über die Grenze nach Österreich zurückzuziehen, da nur die Sowjetunion der Feind der Kosaken sei. Am 4.5.1945 kam der Konvoi in Lienz an. Er umfaßte 15 000

Männer, 4000 Frauen und 2500 Kinder. Alle fühlten sich bei den Engländern in Sicherheit. Die aus Kroatien flüchtenden Kosaken gaben sich den Briten am 13.5.1945 zwischen Klagenfurt und St. Veit gefangen. In verräterischer Weise wurden die entwaffneten Soldaten am 29.5.1945 bei Judenburg an die Sowjets ausgeliefert. Die Zivilisten wurden am 31.5.1945 übergeben. Viele zogen den Selbstmord der Auslieferung vor.
Alle Kosakengeneräle, die von den Briten überstellt wurden oder unmittelbar in die Hände der Roten Armee fielen, kamen vor Gericht. K. wurde vom Obersten Gericht in Moskau wegen Agitation gegen die Sowjetunion im Auftrag des deutschen Nachrichtendienstes angeklagt und zum Tod durch den Strang verurteilt.

Literaturhinweise:
Philip Longworth: Die Kosaken. Legende und Geschichte, Wiesbaden 1971
Nicholas Bethell: Das letzte Geheimnis. Die Auslieferung russischer Flüchtlinge an die Sowjetunion durch die Alliierten 1944-47, Frankfurt 1975
Joachim Hoffmann: Die Geschichte der Wlassow-Armee, Freiburg 1984
Samuel J. Newland: Cossacks in the German Army 1941-45, London 1991

KRATZENBERG, DAMIAN, geb. 5.11.1878 in Clerf (Luxemburg), hingerichtet 11.10.1946 in Luxemburg, Vorsitzender der »Luxemburger Gesellschaft für deutsche Literatur und Kunst« (GEDELIT) 1935–1944, Führer der »Volksdeutschen Bewegung« (VdB) 1940–1944

K. besuchte das Diekircher Gymnasium und studierte an den Universitäten Lille, Paris und Berlin Philologie. Nach dem Examen arbeitete er als Gymnasialprofessor für Deutsch und Griechisch in Diekirch, Echternach und Luxemburg. Seine Liebe zur deutschen Literatur übertrug sich auf das deutsche Volk. 1907 trat er dem »Volksbildungsverein« bei, in dem ein linker Antiklerikalismus gepflegt wurde und dessen Präsident er 1922–1934 war. 1912–1935 war K. Mitglied der »Association générale des étudiants luxembourgeois«, des luxemburgischen Akademikervereins. 1930–1938 gehörte er der linksgerichteten »Liberalen Partei« an.
Für K. waren die Luxemburger Deutschstämmige und nicht Franzosen. Er selbst betonte stets seine deutsche Volkszugehörigkeit, obwohl er die Unabhängigkeit des Großherzogtums nicht angetastet wissen wollte. Ein entsprechendes Manifest unterzeichnete er noch 1940 zusammen mit mehreren anderen Professoren. In Hitlers Machtergreifung sah er anfangs eine deutsche Tragödie. 1934 beschrieb er sein Verhältnis zum neuen nationalsozialistischen Deutschland als das eines Freundes zum Freund, über den ein Unglück hereingebrochen ist und dem man in dieser Situation die Treue halten müsse und ihn nicht, wie die übrige Welt, verurteilen dürfe. Seiner Liebe zu Deutschland taten die politischen Umstände keinen Abbruch. Der deutschen Kultur könne kein politisches System etwas anhaben, meinte er. Im Laufe der Jahre fing K. an, das nationalsozialistische Regime in Deutschland zu tolerieren, weil es die fremden Einflüsse von der deutschen Kultur abhielt. Schließlich anerkannte er das Führerprinzip und hielt die Einschränkung politischer Freiheitsrechte zum Zweck der Bündelung der nationalen Kräfte für richtig. Diesem Meinungsumschwung entsprach K.s Hal-

tung in der »Luxemburger Gesellschaft für deutsche Literatur und Kunst« (GEDELIT), die 1934 als Gegenstück zur »Alliance française« gegründet worden war und die er seit 1935 leitete. Um die Vorbehalte der luxemburgischen Bevölkerung gegen die Organisation abzubauen, wollte er das Stimmrecht in der Organiation auf Luxemburger beschränken. Als der Antrag scheiterte, strukturierte er den Vorstands so um, daß nur noch Luxemburger statt wie zuvor vorwiegend Deutsche darin Sitz und Stimme hatten.

1936 erhielt K. wegen seines Engagements für die Verbreitung deutscher Kultur in Luxemburg die »Goethemedaille für Kunst und Wissenschaft« verliehen, mit der seit 1932, dem hundertsten Todestag Goethes, außergewöhnliche fachliche Verdienste um die deutsche Kultur gewürdigt wurden. Diese Ehrung war von einschneidender Bedeutung für sein weiteres Verhalten zu Deutschland. Zur kulturellen Verbundenheit mit Deutschland trat nun seine Dankbarkeit gegenüber der deutschen Führung. Er ließ Hitler über den luxemburgischen Gesandten ausrichten, er sei der »edelste Mensch« und der »stärkste Hort für die Zukunft Europas«.

1938 verstärkte die GEDELIT die Werbung an den höheren Schulen des Landes. Dem nationalsozialsitischen »Sturmtrupp Lützelburg«, der aus Schülern und Studenten entstand, gewährte K. Unterkunft in den Räumen der GEDELIT. Seine Zeitung »Luxemburger Schau« bekannte sich vorbehaltlos zum Nationalsozialismus. Im Mai 1938 legte der Prozeß gegen einen Schüler K.s, der während der luxemburgischen Unabhängigkeitsfeier einen Feuerwerkskörper explodieren ließ, offen, daß sich K. samstags mit seinen Schülern traf und und sie im nationalsozialistischen Sinn schulte. Viele waren inzwischen Mitglieder der Hitlerjugend geworden. »Die neue Zeit« nutzte das Vorkommnis, um K. öffentlich zu beschuldigen, daß er die GEDELIT für nationalsozialistischer Propaganda mißbrauche und seinen pädagogischen Sorgfaltspflichten nicht nachkomme. K. strengte einen Prozeß gegen den Verfasser dieser Vorwürfe, den Journalisten Emile Marx, an und erreichte seine gerichtliche Rehabilitation. Dennoch blieb von da an sein Ruf als Pädagoge beschädigt.

Im Mai 1939 hielt K. einen Vortrag vor der »Gilde« in Köln, in dem er die Zugehörigkeit der Luxemburger zur germanischen Rasse betonte und die historische und sprachliche Zusammengehörigkeit zu Deutschland bewies. Da wenige Wochen zuvor die Resttschechei von Deutschland als »Protektorat Böhmen und

Mähren« annektiert worden war, konnten seine Ausführungen als Einverständniserklärung zum Anschluß Luxemburgs ans Reich ausgelegt werden. Der luxemburgische Erziehungsminister Margue drohte K. mit der Entfernung aus dem öffentlichen Dienst, sollte er solche Äußerungen wiederholen. Die Regierung nahm den Vorfall zum Anlaß für eine Verordnung, die Staatsbeamten politische Stellungnahmen im Ausland nur nach vorheriger Genehmigung erlaubte. Nach der Besetzung Luxemburgs durch deutsche Truppen am 10.5.1940 wandelte sich die GEDELIT zu einer politischen Organisation im Dienste des Nationalsozialismus. Neben dem Vorsitz in der GEDELIT übernahm K. auch die Führung der »Volksdeutschen Bewegung« (VdB), die am 17.5.1940 gegründet worden war und den Anschluß Luxemburgs an Deutschland propagierte. In diesem Amt war K. dem Gauleiter Moselland, Gustav Simon, unterstellt. Für viele Landsleute war das die Bestätigung dafür, daß K. bereits vor dem Einmarsch der Deutschen mit den Nationalsozialisten paktiert hatte. Am 6.7.1940 veröffentlichte die VdB folgenden Aufruf: »Luxemburger, höre die Stimme des Blutes! Sie sagt dir, daß du nach Rasse und Spache ein Deutscher bist. Luxemburgertum in allen Ehren! Denn wahres Luxemburgertum ist reines Deutschtum.« Als Landesleiter der VdB hatte K. alle »Umsiedlungsfälle« zu überwachen. Ohne seine Zustimmung durfte niemand ausgewiesen und niemand angesiedelt werden. Dem Zuzug von Südtirolern, die nach der Option Italien verließen, stand er wohlwollend gegenüber. 1138 luxemburgische Familien mußten das Land verlassen. Im Laufe des Krieges schlossen sich unerwartet viele Luxemburger dem VdB an und trugen die Nadel, die von den Einheimischen »de Roff« genannt wurde. Der Hitlergruß wurde üblich. Im November 1941 überführte K. 600 in Frankreich lebende Luxemburger in einem feierlichen Akt im Festsaal des Palais d'Orsay in Paris in die Auslandsorganisation der NSDAP. Am 30.8.1942 wurde in Luxemburg die Wehrpflicht eingeführt. Es dienten über 10 000 Luxemburger in der Wehrmacht und über 2000 in der Waffen-SS.
Als sich die Westalliierten der Reichsgrenze näherten, floh K. am 1.9.1944 nach Trier und von dort weiter über Koblenz nach Weißenburg. Durch einen Brief an seine Tochter machte er nach dem Krieg auf sein Versteck aufmerksam und wurde festgenommen. Nach einem viertägigen Prozeß vor einem luxemburgischen Gericht wurde K. am 1.8.1946 zum Tode durch Erschießen verurteilt.

Literaturhinweise:
Emile Krier: Deutsche Kultur- und Volkstumspolitik 1933–1940 in Luxemburg, Diss. Bonn 1975
Paul Dostert: Luxemburg zwischen Selbstbehauptung und nationaler Selbstaufgabe. Die deutsche Besatzungspolitik und die Volksdeutsche Bewegung 1940–1945, Diss. Freiburg 1984

KREJČÍ, JAROSLAV, geb. 27.6.1892 in Křemenetz, gest. nach Oktober 1955 in Leopoldov, tschechischer Ministerpräsident der Protektoratsregierung Böhmen und Mähren 1942–1945

Nach dem Studium der Jurisprudenz an der Prager Karls-Universität und der Promotion zum Dr. jur. 1916 trat K. nach der Gründung der »Tschechoslowakischen

Republik« 1918 in den Staatsdienst ein. Er brachte es als Verwaltungsbeamter bis zum Ministerialrat. Ab 1928 redigierte er die Zeitschrift »Moderní stát«. Er schrieb zahlreiche Artikel über verfassungsrechtliche Themen. In der »Regierung der Nationalen Einheit«, die nach der Abtretung der sudetendeutschen Gebiete an das Deutsche Reich unter dem Ministerpräsidenten Rudolf Beran am 1.12.1938 die Geschäfte in der Rumpf-Tschechoslowakei übernahm, war K. Handelsminister. In der Protektoratsregierung von Ministerpräsident Alois Elias vom 15.3.1939 übernahm er das Justizministerium. Ab 3.2.1940 fungierte er auch als stellvertretender Ministerpräsident. Die Durchführungsbestimmungen für die aufsehenerregende Anordnung des Reichsprotektors, daß angesichts der Überbesetzung des tschechischen Beamtenapparats alle ehemaligen Legionäre mit 45 Jahren in Pension geschickt werden sollten, wurden im Justizministerium erarbeitet, jedoch nicht von K. unterschrieben.

Nach dem Tode von Ministerpräsident Elias übernahm K. am 19.1.1942 das Amt des Regierungschefs und des Justizministers. Da sein Textvorschlag für die Regierungserklärung nicht die Zustimmung des stellvertretenden Reichsprotektors, SS-Obergruppenführer Reinhard Heydrich, fand, übernahm er den Entwurf, den ihm → Moravec mit Billigung Heydrichs zuspielte. Darin wurde dem tschechischen Volk auf kurze Sicht die Arbeitsdienstpflicht angekündigt und auf lange Sicht mit der Evakuierung gedroht, wenn es sich nicht stärker für die deutschen Belange einsetze.

Am 23.5.1942 gab der Reichsprotektor für Böhmen und Mähren die Errichtung der »Reichsauftragsverwaltung« bekannt. Sie verringerte die Zahl der tschechischen Ministerien und verteilte die Kompetenzen neu. Kabinettssitzungen waren überflüssig, weil der Reichsprotektor mit jedem Minister gesondert verkehrte, um eine einheitliche tschechische Meinungsbildung zu verhindern. Alle Schlüsselstellungen in der Verwaltung, d. h. alle Präsidial- und Sektionsschefs, kamen in deutsche Hände. Die deutschen Oberlandräte kontrollierten die nachgeordneten tschechischen Instanzen. Insgesamt arbeiteten 350 000 tschechische Verwaltungsbeamte unter der Aufsicht von 738 Deutschen. Mit diesen Maßnahmen sollte das »fortschreitende Hineinwachsen des Protektorats in das Reich« gefördert und deutsches Personal für die Verwaltung der militärisch besetzten Gebiete in Europa frei gemacht werden. Böhmen und Mähren waren auf dem Weg vom Reichsprotektorat zum Reichsgau.

Die tschechische Bevölkerung des Protektorats lehnte die Regierung K. als williges Werkzeug des Reichsprotektors zur Germanisierung des Landes ab. Sie mißbilligte die von K. zugelassenen Eingriffe in die tschechische Autonomie. Man fürchtete, K. werde auch die Heranziehung der Tschechen zum Dienst in der Wehrmacht, zumindest in Arbeitsbataillonen, akzeptieren.
Um die tschechische Bevölkerung botmäßig zu machen, ließ der Staatssekretär beim Reichsprotektor für Böhmen und Mähren, Karl Hermann Frank, im September 1942 die Angehörigen von tschechischen Emigranten internieren, um sie als Geiseln zur Verfügung zu haben. Im April 1943 befanden sich 1244 Personen im Internierungslager Svatoborice. Immerhin erreichten K. und der Gesandte der Protektoratsregierung in Berlin, František Chvalkovský, daß keine Tschechen in die Vernichtungslager geschickt wurden. Anfang 1943 schlugen K. und sein Propagandachef Moravec dem Reichsprotektor vor, die 6500 Mann starke tschechische Regierungstruppe an der Seite der Wehrmacht einzusetzen und im Gegenzug tschechische Häftlinge zu amnestieren. Der Anregung wurde aber erst Ende Mai 1944 entsprochen, als 5000 Angehörige der Regierungstruppe zu Sicherungsaufgaben nach Norditalien verlegt wurden.
Am 15.3.1944 wurde K. von Hitler im Führerhauptquartier empfangen. Er erfuhr, daß die Lösung der tschechischen Frage Generationen in Anspruch nehmen werde. K.s vorrangige Aufgabe sei die Entpolitisierung des tschechischen Volkstums und die Hinführung der Tschechen zum Deutschen Reich. Von einem Wehrdienst der Tschechen wollte Hitler nichts wissen. Er fürchtete Verrat und Meuterei. Deshalb konnte K. der Bevölkerung noch im März 1945 versichern, daß sie keinen Kriegseinsatz zu befürchten habe. Auf diese Weise retteten die Tschechen als einziges mitteleuropäisches Volk ihre Bevölkerungsstruktur ohne männliche Verluste über den Zweiten Weltkrieg hinweg.
Am 19.1.1945 wurde K. nach dreijähriger Amtszeit als Ministerpräsident durch Innenminister Bienert abgelöst. Er blieb jedoch Kabinettsmitglied.
Zu Beginn des tschechischen Aufstandes am 5.5.1945 versuchte die Protektoratsregierung, die Ereignisse in ihrem Sinne zu lenken. Vier Minister, darunter K., erklärten in einem Memorandum offiziell das Ende des Protektorats Böhmen und Mähren und das Wiedererstehen der tschechoslowakischen Republik. Der amtierende Regierungschef Bienert sollte nach der Befreiung das Amt des Staatspräsidenten übernehmen. Die Erklärung konnte jedoch nicht verbreitet werden, da kein Rundfunksender zur Verfügung stand. Als Prag von der Roten Armee besetzt war, übernahm die von den Sowjetrussen in Kaschau gebildete Regierung die Staatsgewalt, ohne auf die tschechischen Wünsche Rücksicht zu nehmen.
1946 wurde K. zu lebenslänglicher Haft verurteilt, in der er zehn Jahre später starb.

Literaturhinweise:

Vojtech Mastny: The Czechs under Nazi Rule. The Failure of National Resistance, 1939–1942, New York u. a. 1971
Detlef Brandes: Die Tschechen unter deutschem Protektorat, 2 Bände, München u. a. 1969 und 1975

KRYSSING, CHRISTIAN POUL, geb. 7.7.1891 in Kolding, gest. 19.7.1976 in Haderslev, dänischer Oberstleutnant, Kommandeur des »Frikorps Danmark« 1941–1942, SS-Brigadeführer und Generalmajor der Waffen-SS

Aus einer Offiziersfamilie stammend, schlug K. die militärische Laufbahn ein. Schon mit 16 Jahren war er Premierleutnant. 1913 wurde er Hauptmann beim 5. Artillerie-Regiment, 1927 Batteriechef in Hadersleben und 1934 unter Beförderung zum Oberstleutnant Kommandeur des 5. Artillerieregiments in Holbaek, wo er die Besetzung Dänemarks durch die deutschen Truppen am 9.4.1940 erlebte. Wegen seiner Verdienste für die dänische Armee wurde er vom dänischen König zum Ritter des Danebrogordens geschlagen.
K. bekannte sich lange vor dem Zweiten Weltkrieg zur »Danmarks National Socialistiske Arbejder Parti« von Frits → Clausen, weil das Parteiprogramm seiner antikommunistischen Grundeinstellung und seiner extrem konservativen Haltung entgegenkam. Während des Russisch-finnischen Winterkriegs vom Oktober 1939 bis zum März 1940 knüpfte er Kontakte zur Wehrmacht. Nach der Kapitulation Dänemarks am 9.4.1940 war er bereit, mit den deutschen Besatzungsbehörden zusammenzuarbeiten. Als der Chef des SS-Hauptamtes, SS-Gruppenführer Gottlob Berger, und der deutsche Bevollmächtigte für Dänemark, Gesandter Cecil von Renthe-Fink, nach dem Beginn des Rußlandfeldzugs die Dänen zum Kampf gegen den Bolschewismus aufriefen und eine dänische Legion aufstellten, erklärte sich K. bereit, das Kommando zu übernehmen. Der dänische König und die dänische Regierung erteilten ihre Einwilligung. K. wurde offiziell aus der dänischen Armee entlassen und gab seine Planstelle auf. Im Rundfunk erklärte er seine Entscheidung so: »Der Krieg gegen den Bolschewismus ist ein Kreuzzug gegen das Vaterland der Gottlosigkeit, gegen die moderne barbarische Gefahr. ... Es gilt nun, die Freiheit unseres Volkes, die Zukunft unseres Vaterlandes, ja es gilt, die Ehre unseres ›gamle Danmark‹ zu verteidigen.«
Am 3.7.1941 wurde K. zum Kommandeur des neu aufgestellten »Frikorps Danmark« ernannt. Es war eine Einheit der Waffen-SS. K. erhielt den Rang eines SS-Obersturmbannführers. Bei der Vereidigung am 5.7.1941 sprach er zu den Freiwilligen: »Männer Dänemarks! Mit der Erlaubnis der Regierung habe ich das Kommando über das Freikorps Danmark angenommen. Dieses Korps wird gegen den bolschewistischen Weltfeind, der die Sicherheit des Nordens schon verschiedene Male bedrohte, für den Frieden und für das Leben in unserem Heimatland kämpfen.« Die Werbemaßnahmen unterstützte er mit folgendem Appell: »Dänische Männer! Ich fordere Euch auf, in das Freikorps einzutreten, um gegen den Bolschewismus zu kämpfen! Für die Ehre Dänemarks, für die Freiheit unseres Volkes und für die Zukunft in unserem Land haben wir uns vereinigt mit den Bruderarmeen der Nationen, die wie wir den Kampf gegen die Gefährdung Europas und letztendlich für ihr Heimatland führen.«
Die ersten 480 Freiwilligen des »Frikorps Danmark« waren wie K. ehemalige Angehörige der dänischen Armee. Ende 1941 befanden sich 1164 Dänen im Ausbildungslager in Hamburg-Langenhorn. Unter ihnen waren auch kampferfahrene Angehörige des SS-Regiments Nordland, die schon früher zur Waffen-SS gegangen waren. Die Ausrüstung des Freikorps wurde unter Bezug auf den Anti-

kominternpakt, dem Dänemark am 25.11.1940 beigetreten war, von der dänischen Armee gestellt. An der Seite von K. führte der SS-Sturmbannführer Thor Jørgensen die Ausbildung durch. Da Himmler mit den Ausbildungsfortschritten und dem nationalsozialistischen Geist des »Frikorps Danmark« unzufrieden war, strebte er eine Ablösung K.s an. Er beauftragte den SS-Obergruppenführer und General der Polizei Friedrich-Wilhelm Krüger mit der Untersuchung der Sache. Krüger stellte fest, daß die Führung und die Moral der Truppe schlecht seien, daß es Reibereien zwischen den Anhängern der NS-Ideologie und ihren Feinden unter den Mannschaften gebe und daß die Koordination mit den deutschen Ausbildern mangelhaft sei. Als Artillerieoffizier sei K. zudem für die Führung eines Infanteriebataillons ungeeignet. Über diese Vorwürfe war K. ebenso ungehalten wie über die Einsetzung eines deutschen Chefs des Stabes anstelle von Kapitän Thor Jørgensen, der statt dessen zur SS-Junkerschule nach Tölz kommandiert wurde. K. versuchte, über Renthe-Fink auf die Gefahren einer Nationalsozialisierung des Freikorps aufmerksam zu machen, konnte aber seine Ablösung durch → Schalburg am 8.2.1942 nicht verhindern. Im März 1942 wurde K. zur 5. SS-Panzerdivision ›Wiking‹ an die Ostfront versetzt, wo er bald wegen Krankheit ausfiel. Nach seiner Gesundung oblag ihm die Aufstellung neuer germanischer Panzereinheiten für die Waffen-SS. In dieser Funktion wurde er mit Wirkung vom 1.8.1943 als erster Ausländer zum SS-Brigadeführer und Generalmajor der Waffen-SS befördert. Als Korpsartillerieführer leitete er beim III. (germanischen) Panzerkorps im Nordabschnitt der Ostfront eine Zeit lang eine Kampfgruppe von 9000 Mann.
Am Ende des Zweiten Weltkriegs kam K. in britische Gefangenschaft. An Dänemark ausgeliefert, wurde er entgegen allen Versprechungen im Krieg als Kollaborateur zu fünf Jahren Gefängnis verurteilt. Nach der Verbüßung seiner Strafe zog sich K. nach Nordschleswig zurück, wo er mit seiner Frau, die als Leiterin eines großen Feldlazaretts bei Reval schwer verwundet worden war, in aller Abgeschiedenheit lebte. Die beiden Söhne waren als Waffen-SS-Führer im Zweiten Weltkrieg gefallen.

Literaturhinweise:
Henning Poulsen: Besaettelsesmagten og de danske Nazister, Kopenhagen 1970
Erich Thomsen: Deutsche Besatzungspolitik in Dänemark 1940–1945, Düsseldorf 1971
David Littlejohn: The Patriotic Traitors. A History of Collaboration in German-Occupied Europe 1940–1945, London 1972
David Littlejohn: Foreign Legions of the Third Reich, Band 1, San José 1979
Dansk Biografisk Leksikon, Band 8, Kopenhagen 1981
Bernd Wegner: Hitlers politische Soldaten. Die Waffen-SS 1933–1945, Paderborn 1982

KUBIJOVYTSCH, WOLODYMIR, geb. 23.11.1900 in Novyj Sacz, gest. 2.11.1985 in Paris, Vorsitzender des »Ukrainischen Nationalkomitees« (UCC) 1939–1945

1919–1923 studierte K. an der Jagiellonischen Universität in Krakau die Fächer Geographie, Geologie und Geschichte. 1928–1939 lehrte er an der Universität, an der er studiert hatte, Geographie und Ethnologie. Im Mai 1931 wurde er Mitglied der Schewtschenko-Gesellschaft der Wissenschaften in Lemberg.

Nach der Niederlage Polens gegen die Wehrmacht im September 1939 bekam K. den Vorsitz des »Ukrainischen Zentralkomitees« UCC in Krakau angeboten. Er benutzte dieses Amt zur Interessenvertretung der Ukrainer gegenüber der Besatzungsmacht. Es war von Vorteil, daß die Ukrainer in den Augen der Deutschen wertvoller, arbeitsamer und williger waren als die Polen. Der Generalgouverneur Hans Frank protegierte sie gegenüber den Polen. Wenn er keine Deutschen zur Verfügung hatte, bevorzugte er Ukrainer für alle Dienste. Bei der Besetzung von Verwaltungsposten wurden sie gegenüber den Polen protegiert. Ihrer Religionsausübung wurde nichts in den Weg gelegt, weil die griechisch-katholischen Priester sich im Unterschied zu den polnischen Klerikern mehr um die Seelsorge kümmerten als um die Politik. Als Vorsitzender des UCC vermied K. die Konfrontation mit den deutschen Behörden. Er suchte den Kompromiß. In Verhandlungen mit dem Generalgouverneur Frank erreichte er z. B. die Beschäftigung der Ukrainer im Land und bewahrte sie vor der Zwangsverschickung ins Reich als Ostarbeiter. Diejenigen, die schon in Deutschland waren, bekamen einige Vergünstigen gegenüber den anderen Ostarbeitern, z. B. durften sie außerhalb der Lager wohnen. K. konzentrierte die ukrainische Bevölkerung in den Städten, wo es Volksschulen, Bürgerschulen (Mittelschulen) und Gymnasien für sie gab. Es gelang ihm, das ukrainische Kulturleben zu pflegen und Bibliotheken, Theater und Sportstätten zu gründen. 1940 erreichte er bei der tschechischen Protektoratsregierung, daß mit Genehmigung des Reichsprotektors in Böhmen und Mähren die »Freie Ukrainische Universität« in Prag ihren Betrieb wieder aufnehmen durfte. Er selbst übernahm eine Professur. Die Polizei im ukrainischen Teil des Generalgouvernements bestand fast ausschließlich aus Ukrainern. Die ukrainische Miliz hatte einen großen Anteil an den Judenpogromen in der südlichen Ukraine, wohin die Ungarn auch die 11 000 ruthenischen Juden abschoben, und an der Vertreibung der polnischen Partisanen aus den Karpaten. Auch der Werkschutz und der Arbeitsdienst waren in ukrainischen Händen.

Als der Krieg gegen die Sowjetunion begann, hoffte K. auf die Wiedervereinigung mit den ukrainischen Brüdern in der UdSSR. In einem Aufruf an alle Ukrainer im Generalgouvernement schrieb er: »Unsere Herzen sind erfüllt von Dankbarkeit gegenüber dem Allmächtigen, daß er so gnädig war, uns diesen glücklichen Augenblick erleben zu lassen. ... In diesem freudigen geschichtlichen Moment richten sich unsere Gefühle auf die unbesiegbaren deutschen Soldaten, die in ihren geschichtlich einmaligen Kämpfen um die neue Ordnung Europas mit ihrem Blut auch unsere Befreiung aus dem Kerker der Völker erkauft haben.« In einem Telegramm an den Generalgouverneur Frank bedankte er sich für die »erfolgreiche Unterstützung« der ukrainischen Bevölkerung. Die Enttäuschung war groß, als aus den russischen Gebieten der Ukraine das Reichskommissariat Ukraine unter dem Gauleiter Erich Koch gebildet wurde und nur der nach dem Ribbentrop-Molotow-Abkommen vom 23.8.1939 an die UdSSR abgetreten Teil an das Generalgouvenement angegliedert wurde.

Da die Galizier während der polnischen Oberhoheit 1919–1939 unter den polnischen Unterdrückungsmaßnahmen besonders gelitten hatten, waren sie angesichts des deutschen Wohlwollens von allen Ukrainern des Generalgouvernements am

kooperativsten. Die Brutalitäten des Reichskommissars Koch in der Zentralukraine waren ihnen ebenso fremd wie die Diskriminierungen der Südukrainer in den der rumänischen Verwaltung unterstellten Landesteilen mit dem neuen Namen Transnistrien oder die zwangsweise Heranziehung zu militärischen Hilfsdiensten wie im Gebiet von Charkow, das unter deutscher Militärverwaltung stand. K. pflegte die Gunst, die ihm der Generalgouverneur Frank entgegenbrachte. Die »Organisation Ukrainischer Nationalisten« (OUN) unterstützte seine Bemühungen um die ukrainischen Belange. Je schwieriger die Lage für die Deutschen wurde, desto offener durfte sie arbeiten. Im Unterschied zum Reichskommissariat Ukraine hatte sie im Generalgouvernement keinen Anlaß zu Attentaten und Überfällen auf deutsche Einrichtungen. Sie galt eher als eine Stütze der Besatzungsmacht.
Als sowjetische Partisanen im Juli 1943 bis in die Karpaten vordrangen, wurden sie von den OUN-Verbänden und von deutschen Truppen gemeinsam vertrieben. Wegen der Kooperation des ukrainischen Bevölkerungsteils konnte sich K. erlauben, bei Frank gegen die Exekutionen von Ukrainern zu protestieren: »Kaum sind die Judenverfolgungen vorbei, beginnt die Verfolgung der Ukrainer.«
Nach der Niederlage von Stalingrad im Januar 1943 griff die Reichsführung die Überlegungen des Reichsministers für die besetzten Ostgebiete, Alfred Rosenberg, und zahlreicher Militärs auf, die Völkerschaften der UdSSR stärker in den Kampf gegen den Bolschewismus einzubinden. Der Gouverneur von Galizien, SS-Gruppenführer Otto Wächter, trat im Februar 1943 an K. mit dem Wunsch heran, eine ukrainische Division aufzustellen, die im Verband der Wehrmacht gegen die Rote Armee kämpfen sollte. Die Meinung im UCC war gespalten. Die einen lehnten jede militärische Kollaboration mit den Deutschen ab, solange die Zustimmung zur Gründung eines souveränen Staates Ukraine ausblieb, und die anderen sahen in den Deutschen das kleinere Übel im Vergleich mit den Russen. Den Auschlag gab die Überlegung, daß eine modern ausgerüstete ukrainische Division der Grundstock einer ukrainischen Nationalarmee sein würde, mit der man der Eigenstaatlichkeit Nachdruck verleihen können würde. Am 8.3.1943 wurde dem Generalgouveneur Frank die Zustimmung des UCC offiziell mitgeteilt. Da Hitler nichts dagegen hatte, gab Himmler am 28.3.1943 den Aufstellungsbefehl heraus. Dem Aufruf des UCC zur Meldung von Freiwilligen folgten bis zum Juni 1943 mehr als 82 000 Mann. 13 000 wurden ausgewählt. Sie bildeten die 14. Waffengrenadierdivision der SS (galiz. Nr. 1). Die Bezeichnung »ukrainisch« durfte nicht benutzt werden. In Erinnerung an die Zugehörigkeit Galiziens zur k.u.k. Monarchie hieß sie »galizisch«. Da Himmler von Hitler die Aufstellungsbefugnis für ausländische Kampfverbände bekommen hatte, dienten die Ukrainer als Soldaten der Waffen-SS in Uniformen der Waffen-SS mit einem hellblauen Schild mit dem ukrainischen Löwen und drei Kronen in gelber Farbe als Kokarde. K. war als Vorsitzender des »Militärrats« vorgesehen, der sich um die Familien der Freiwilligen kümmern und die Seelsorge der Soldaten sicherstellen sollte. Der Metropolit → Scheptycky erklärte sich bereit, Geistliche zu nominieren. Nach der Ausbildung in Pustkow bei Debica und Neuhammer in Schlesien wurde die Division im Juni 1944 erstmals bei Brody gegen die Rote Armee eingesetzt. Die dreiwöchige Schlacht überlebten nur etwa 3000 Mann. Auf dem Truppenübungsplatz

Abfahrt ukrainischer Freiwilliger für die 14. Waffengrenadierdivision der SS (galiz. Nr. 1) aus Lemberg am 18.7.1943

Neuhammer aufgefrischt, wurde die Division schon im Oktober 1944 zur Niederschlagung des slowakischen Aufstands in den Kampf geworfen. Im Januar 1945 kam sie zum Partisaneneinsatz nach Slowenien. Ende April 1945, wenige Tage vor der deutschen Kapitulation, wechselte die 14. Waffengrenadierdivision der SS (galiz. Nr. 1) ihren Namen. Sie wurde in »1. Division der Ukrainischen Nationalarmee« umbenannt und durfte neben den Eid auf Hitler auch einen Eid auf die Ukraine schwören. An die Stelle des galizischen Löwen als nationales Abzeichen trat der ukrainische Dreizack. In Gewaltmärschen löste sich die Divison von der Ostfront und kapitulierte bei Spittal gegenüber den Engländern.
Am Kriegsende dienten neben den Angehörigen der ukrainischen Division 200 000 Ukrainer als sogenannte »Hilfswillige« in fast allen deutschen Truppenteilen. Die meisten von ihnen waren Kriegsgefangene der Roten Armee, die sich den Deutschen zur Verfügung gestellt hatten, um dem Hungertod zu entgehen.
Nach dem Zweiten Weltkrieg gehörte K. zu den Männern, die die »Ukrainische Freie Universität« in Prag wiedererrichteten. 1947–1949 und 1952–1953 war er Dekan der Philosophischen Fakultät. Im März 1947 übernahm K. das Sekretariat der im Exil neu gegründeten »Schewtschenko-Gesellschaft der Wissenschaften in Europa«. 1952 bis zu seinem Tod war er deren Präsident.
K. verfaßte etwa 80 Monographien, darunter viele über die Ukraine. Sein Lebenswerk war die »Enzyklopedija Ukrainoznavstva« (Enzyklopädie der Ukrainekunde), die in ukrainisch und englisch erschien.

Literaturhinweise:

John A. Armstrong: Ukrainian Nationalism, New York 1955
Natalija Vasylenko-Polonska: Geschichte der Ukraine, München 1988
Orest Subtelny: Ukraine. A History, Toronto u. a. 1989

L

Lagrou, René, geb. 15.4.1904 in Luitkerke (Blankenberge), gest. 1.4.1969 in Barcelona, Mitbegründer der »Algemeene Schutscharen Vlaanderen« 1940, Mitglied des »Volksraad Vlaanderen« 1944–1945

Nach dem Studium der Rechtswissenschaften in Löwen und Gent ließ sich L. in Antwerpen als Anwalt nieder. Bereits während seines Studiums war er aktiv in der flämischen Bewegung. Als junger Advokat schloß er sich der »Kristelijke Vlaamsche Volkspartij« (KVV) an, die mit der »Frontpartij« der ehemaligen Weltkriegsteilnehmer eng zusammenarbeitete. 1929 übernahm er zusammen mit Albert Pil und Dries van Rompaey die Parteispitze. Da das Wahlbündnis mit dem »Mechels Vlaamsch Nationaal Verbond« des Ward → Hermans erfolglos blieb, bemühte sich L. um eine Einigung mit dem »Katholiek Vlaamsch Nationaal Verbond« (KVNV), indem er mit Jeroom Leuridan von der Zweigstelle Westflandern und mit Robrecht de Smet von der Parteiführung über eine gemeinsame politische Linie zur Verbesserung der flämischen Situation verhandelte. Obwohl es wegen des größer werdenden Einflusses von Joris van → Severen zu keinen Ergebnissen kam, erwies sich L. bei den Gesprächen als nationalbewußter Vertreter der flämischen Belange. Nach der Gründung des »Vlaamsch Nationaal Verbond« (VNV) durch Staf de → Clercq am 7.10.1933 löste sich seine Partei auf. L. schloß sich wie viele Mitglieder der KVV dem VNV an.

Als am 10.5.1940 der Einmarsch der Wehrmacht in Belgien begann, wurde L. mit hunderten anderen Angehörigen der präsumptiven Fünften Kolonne der Deutschen verhaftet und in ein französisches Straflager deportiert. Von der Wehrmacht befreit, kehrte er am 10.7.1940 nach Antwerpen zurück. Zusammen mit Jan → Timmermans, Antoon Samyn, Adriaan Martens und Walter Bouchéry, die das gleiche Schicksal erlitten hatten, stiftete er die »Vereniging der weggevoerden van 1940«. Die Mitglieder waren sich einig in ihrem Haß auf den belgischen Staat, der ihnen das angetan hatte, und auf den französischen Staat, der Belgien in seine Abhängigkeit gebracht hatte. Die meisten entschieden sich wie L. für die Kollaboration mit der deutschen Besatzungsmacht. 1940 gründete er mit Ward Hermans die Allgemeine SS in Flandern mit dem Namen »Algemeene Schutscharen Vlaanderen«, die 1942 in die »Germanische SS« übernommen und dem deutschen Kommando unterstellt wurden. Gleichzeitig schloß er sich der »Duitsch-Vlaamsche Arbeidsgemeenschap« (DEVLAG) des Jef van de → Wiele an, die den Anschluß Flanderns an das Deutsche Reich betrieb. Nach der Flucht der Kollaborateure vor den anrückenden alliierten Truppen nach Deutschland beteiligte er sich an der flämischen Landesleitung, die Wiele unter dem Namen »Volksraad Vlaanderen« auf Schloß Waldeck-Pyrmont zusammenstellte.

Nach der deutschen Kapitulation am 8.5.1945 wurde L. an der schweizerisch-französischen Grenze verhaftet und in ein französisches Lager gebracht, aus dem ihm die Flucht über die Pyrenäen nach Spanien gelang. Dort lebte er zwei Jahre als Internierter im Lager Miranda. Anschließend wanderte L. nach Argentinien aus und engagierte sich für die Sammlung der Flamen, die wie er nach Südamerika entkommen waren. Nach dem Sturz von Präsident Perón war er gezwungen, nach Brasilien auszuwandern. Anfang 1969 kehrte er nach Spanien zurück, wo er noch im selben Jahr verstarb.

Literaturhinweise:
David Littlejohn: The Patriotic Traitors. A History of Collaboration in German-Occupied Europe 1940–1945, London 1972
Encyclopedie van de Vlaamse Beweging, Band 1, Utrecht 1973

LARSEN, GUNNAR, geb. 10.1.1902 in Frederiksborg, gest. 1.2.1973 in Irland, dänischer Verkehrsminister 1940–1942, Minister für öffentliche Arbeiten 1942–1945

Nach dem Besuch des örtlichen Gymnasiums studierte L. ab 1920 Ingenieurwissenschaften. 1926 ging er als Chemieingenieur an das Massachusetts Institute of Technology. In New York arbeitete er anschließend bis 1932 bei der Firma F. L. Smidth & Co. Nach Kopenhagen zurückgekehrt, stieg er bald in die Direktion der Firma Burmeister & Wain auf. 1938 wurde er Mitglied des Aufsichtsrates.
Wegen seiner Auslandserfahrungen und seiner Sprachkenntnisse wurde L. nach der Besetzung Dänemarks durch die Deutschen am 9.4.1940 vom britischen Nachrichtendienst angeworben, für den er bis Kriegsende arbeitete. Über den dänischen Nationalisten und Parlamentsabgeordneten Knud Hojgaard fand er Eingang in die Politik. Obwohl er parteiungebunden blieb, machte er sich wegen seiner technischen und industriewirtschaftlichen Kompetenz bald einen Namen als politischer Berater.
Da der dänische König parteilose Spitzenkräfte als Regierungsmitglieder bevorzugte, um parteipolitischen Proporzstreitigkeiten aus dem Weg zu gehen, übernahm L. auf Drängen von Ministerpräsident Stauning am 6.7.1940 das Verkehrsressort. Mit dieser Berufung umging Stauning die Forderung der »Danmarks National Socialistiske Arbejder Parti« (DNSAP) von Frits → Clausen, an der Regierung beteiligt zu werden. Mit drei unpolitischen Ministern konnte er die Bedenken der deutschen Gesandtschaft gegen die Regierungsumbildung zerstreuen: Erik → Scavenius als Außenminister, Harald Petersen als Justizminister und L. als Verkehrsminister. L. galt bei den Deutschen bald als kompetenter Verhandlungspartner und wurde hoch geschätzt. Er blieb bis zum Kriegsende Mitglied des Kabinetts. Wie Staunings Nachfolger Scavenius setzte er sich bei aller Deutschfreundlichkeit für die Erhaltung der Souveränität seines Landes ein. Mehr als andere berücksichtigte er jedoch seine persönlichen wirtschaftlichen Interessen, wann immer er konnte.
Die Regierungserklärung vom 8.7.1940 erweckte bei der deutschen Reichsregierung den Eindruck, daß sich Dänemark am Aufbau des europäischen Großraumes unter deutscher Führung beteiligen werde. Am 9.7.1940 wurde in den dänischen und norwegischen Zeitungen die Bereitwilligkeit Dänemarks zur Zusammenarbeit mit Deutschland bekräftigt. Nachdem das dänische Kabinett einer Wirtschaftsunion mit Deutschland prinzipiell zugestimmt hatte, wurden die Besprechungen über die Einzelfragen aufgenommen. Bei der ersten Konferenz am

25.7.1940 waren auf deutscher Seite Reichsaußenminister Ribbentrop, Botschafter Ritter und Ministerialdirektor Wiehl, Leiter der wirtschaftspolitischen Abteilung im Auswärtigen Amt, anwesend. Die weiteren Verhandlungen führte Botschafter Ritter alleine. Die dänische Delegation verhandelte unter Leitung von L. Ihr gehörten Nationalbankpräsident Bramsnaes, Handelsausschußvorsitzender Sthyr, Warendirektoratschef Korst sowie Abteilungsleiter Wassard und Kontorchef Sveinbjörnsson vom Außenministerium an. Die dänische Seite stellte drei Forderungen auf: Erhaltung der politischen Selbständigkeit des Landes, Beibehaltung der dänischen Krone als Landeswährung, Gewährleistung des Lebensstandards der Dänen auf dem Vorkriegsstand. Den deutschen »Entwurf zu einer Rahmenübereinkunft«, der ihnen am 4.8.1940 in Berlin vorgelegt wurde, lehnten die Dänen ab, weil er die dänische Währung gefährdete. Weder mit freundlichen Worten noch mit Drohungen konnte Ritter die Dänen zum Nachgeben bewegen. Bei ihrer Abreise setzte er ihnen eine Frist bis zum 15.8.1940. Trotz des negativen Verlaufs der Verhandlungen bezeichnete die »Dänische Stimme« im Londoner Rundfunk L. als willfährigen Knecht der Deutschen. Heimlich in Umlauf gebrachte Flugblätter informierten die dänische Bevölkerung über die 8-Punkte-Forderung der Deutschen: 1. Dänisch-deutsche Wirtschaftsgemeinschaft; 2. Dänisch-deutsche Zollunion; 3. Währungsunion mit Einführung der Reichsmark; 4. Gleichstellung deutscher und dänischer Staatsbürger; 5. Einführung einer neuen Verfassung; 6. Federführung des Reiches bei allen politischen und handelspolitischen Verhandlungen Dänemarks mit dem Ausland; 7. Kündigung aller dänischen Handelsverträge; 8. Unkündbarkeit des deutsch-dänischen Vertragswerks.
Im Kabinett wurden die deutschen Vorschläge kontrovers diskutiert. Stauning, Scavenius und L. waren für die Annahme, Handelsminister Christmas Möller, Kirchenminister Fibiger und Unterrichtsminister Jørgensen dagegen. Die Regierung beschloß zahlreiche Änderungswünsche, die am 15.8.1940 von L. in Berlin vorgelegt wurden. Die deutsche Seite reagierte mit einem Ultimatum bis zum 25.8.1940. Bevor L. am 23.8.1940 den Deutschen die dänische Ablehnung erläuterte, hatte er die Rückendeckung des Königs eingeholt, der in einer Wirtschaftsunion mit Deutschland das Ende der Monarchie sah.
Angesichts der gescheiterten Verhandlungen und der Verärgerung der Deutschen verlangten die dänischen Nationalsozialisten eine Beteiligung an der Regierung. L. warnte die deutsche Seite, auf Clausen zu setzen, weil es dann zu Zusammenstößen zwischen DNSAP-Angehörigen und der Bevölkerung kommen werde. Er stellte jedoch eine Regierungsumbildung in Aussicht. Am 17.10.1940 erwog L. bei einem konspirativen Treffen mit → Clausen im Haus von Knud Sthyr eine Ablösung des Kabinetts Stauning durch ein Übergangskabinett unter Führung von Prinz Axel, in dem Clausens Partei zwei Ministersessel bekommen sollte. Der Sturz Staunings sollte durch seinen Rücktritt und den von Scavenius erreicht werden. Clausen wollte eine Garantie dafür, daß die DNSAP nach der Regierungsumbildung volle Handlungsfreiheit im Land erhalten würde. Die hoffnungvollen Ansätze machte Clausen selbst zunichte, als er am 25.10.1940 dem noch amtierenden Ministerpräsidenten Stauning vorwarf, bei der Besetzung Dänemarks durch die Deutschen nicht im dänischen Interesse gehandelt zu haben. Als der deutsche Gesandte Renthe-Fink daraufhin eine Ehrenerklärung

für den Ministerpräsidenten abgab, waren die Chancen der DNSAP vorbei. Am 20.12.1940 riet das deutsche Auswärtige Amt den Dänen lediglich, ein unpolitisches Fachkabinett zusammenzustellen, um die politische Polarisierung der Bevölkerung zu vermeiden. Da sich die Lage jedoch bald beruhigte, gaben sich die Deutschen am 3.1.1941 mit einer Regierungsumbildung des Kabinetts Stauning zufrieden.

Unmittelbar nach den ersten Erfolgen der Wehrmacht im Rußlandfeldzug stellte die deutsche Regierung den Dänen eine Beteiligung beim Aufbau und bei der Besiedlung der eroberten Gebiete im Osten in Aussicht. Die dänische Regierung erklärte sich zur Abstellung von Arbeitern und zu Materiallieferungen bereit und forderte die Geschäftswelt zum privaten Engagement auf. Im Oktober 1941 insistierte Renthe-Fink auf einer offiziellen Beteiligung der Regierung an dem Programm. So entstanden unter der Leitung des Kontorchefs Wilhelmsen im dänischen Außenministerium Pläne für die Errichtung einer» dänischen Kolonie« im Baltikum. L. bemühte sich, auch im eigenen Interesse, bei den Deutschen um Konzessionen für die Ausbeutung von Bodenschätzen und für die forst- und landwirtschaftschaftliche Nutzung und gründete auf Vorschlag von Scavenius einen Ausschuß von interessierten Industriellen und Geschäftsleuten als Verhandlungspartner der Deutschen, dem er vorstand. Ende Oktober 1941 kam L. in Berlin mit dem Reichsminister für die besetzten Ostgebiete, Alfred Rosenberg, zusammen, um die dänischen Ostlandpläne zu diskutieren und seiner eigenen Firma besondere Privilegien zu sichern. Der Reichsminister für Rüstung und Kriegsproduktion, Fritz Todt, war ihm behilflich, das von den Schweden und Dänen vor dem Krieg finanzierte estnische Zementwerk Port Kaunda, an dessen Aufbau sich sein Konzern beteiligt hatte, wieder für die dänischen Geldgeber zurückzugewinnen. Am 18.4.1942 folgte L. einer Einladung Rosenbergs ins Baltikum. Dabei kam es zu Kompetenzrivalitäten zwischen dem Auswärtigen Amt und dem Ostministerium über die Zuständigkeit für den Ausschuß dänischer Industrieller und Geschäftsleute, der von L. geführt wurde. Am 2.6.1942 erklärte ihn Scavenius zu einem offiziellen Gremium Dänemarks, so daß L. auch in diesen privatwirtschaftlichen Fragen mit dem deutschen Auswärtigen Amt verhandeln konnte.

Als im November 1942 Scavenius vom dänischen König zum Ministerpräsidenten ernannt wurde, blieb L. als Minister für öffentliche Arbeiten im Kabinett. Sein Einfluß wuchs wegen seiner persönlichen Beziehungen zu Scavenius.

1943 ließ das dänische Engagement für das Ostland nach. Der neue Reichsbevollmächtigte Werner Best bremste die Initiativen, weil die dänischen Arbeitskräfte im Land und in Deutschland gebraucht wurden. Obwohl L. seine privaten wirtschaftlichen Interessen betroffen sah, fügte er sich um seines guten Verhältnisses zu Best in die Gegebenheiten. Am 18.12.1943 stellte Staatssekretär Steengracht vom deutschen Auswärtigen Amt die Fortsetzung der dänischen Investitionen für die Zeit nach dem Krieg in Aussicht.

Nach dem Zweiten Weltkrieg mußte sich L. vor dem dänischen Reichsgericht wegen seiner Tätigkeit während der deutschen Besatzungszeit verantworten. Da er beweisen konnte, daß er seit April 1940 dem britischen Geheimdienst Informationen zukommen ließ, wurde er freigesprochen.

Literaturhinweise:
Henning Poulsen: Besaettelsesmagten og de danske Nazister, Kopenhagen 1970
Erich Thomsen: Deutsche Besatzungspolitik in Dänemark 1940–1945, Düsseldorf 1971
Dansk Biografisk Leksikon, Band 8, Kopenhagen 1981
Siegfried Matlok: Dänemark in Hitlers Hand, Husum 1988
Gustav Meissner: Dänemark unterm Hakenkreuz, Berlin 1990

LAVAL, PIERRE, geb. 28.6.1883 in Châteldon (Puy-de-Dôme), hingerichtet 15.10.1945 in Paris, mehrfacher französischer Ministerpräsident, Kabinettschef der französischen Regierung in Vichy 1940 und 1942–1944

Als jüngster der drei Söhne eines Kaufmanns in der Auvergne mußte L. mit zwölf Jahren die Schule verlassen, um im elterlichen Betrieb mitzuarbeiten. Gegen den Willen seines Vaters entschloß er sich, das Abitur zu machen und zu studieren. Er besuchte die Gymnasien in Moulin und Bayonne, wo er 1902 das Abitur ablegte. Ohne finanzielle Unterstützung von zu Hause begann er das Studium der Naturwissenschaften in Lyon, um Lehrer zu werden. Dort hatten die syndikalistischen Thesen von Georges Sorel Einfluß auf L.s politische Haltung. Seinen Unterhalt verdiente er als Hilfslehrer. Um seinen Wehrdienst abzuleisten, zunächst im 105. Infanterieregiment in Riom, darauf im 92. Infanterieregiment in Clermont-Ferrand, mußte L. sein Studium unterbrechen. Wegen eines Venenleidens wurde er vorzeitig entlassen, was ihn ein paar Jahre später von der Teilnahme am Ersten Weltkrieg entband. Die Abschlußprüfungen legte er in Paris ab. Während des nachfolgenden Jurastudiums, das er 1909 mit der Promotion abschloß, entdeckte L. sein Interesse für die Politik. Seit 1903 Mitglied der Sozialistischen Partei SFIO, verteidigte er als Anwalt ihre Anhänger und Organisationen in mehreren Prozessen. Er lernte, seine Thesen in eindringlicher Weise vorzutragen; seine Gedanken in schriftlicher Form niederzulegen fiel ihm schwerer.

1914 gelang L. der Einzug als sozialistischer Abgeordneter ins Parlament. Ohne defaitistisch zu sein, kehrte er dort seine pazifistische Gesinnung heraus und kritisierte die Kriegspolitik des Ministerpräsidenten Poincaré. 1919 protestierte er zusammen mit 52 Sozialisten gegen die Pariser Vorortverträge, mit denen der Erste Weltkrieg abgeschlossen wurde. Vor allem in der Demütigung Deutschlands durch den Versailler Vertrag sah er den Grund für neue Kriege. Als sich die Sozialistische Partei 1920 in einen kommunistischen Flügel unter Gilles Cachin und einen gemäßigten Flügel unter Léon Blum aufspaltete, trat L. aus der Partei aus und präsentierte sich fortan als unabhängiger Sozialist mit dem Bemühen, Frieden und Freiheit für Frankreich und Arbeit und Brot für die Arbeiterschaft zu erhalten. Am 9.5.1923 wurde L. zum Bürgermeister von Aubervilliers gewählt, wo er einige Immobilien erworben hatte. Er behielt dieses Amt bis 1944. Mitte der zwanziger Jahre entwickelte sich L. zu einem Politiker der Rechten. Deshalb bekam er im April 1925 das Bauministerium im Kabinet Painlevé. Im Dezember des gleichen Jahres wurde L. Unterstaatssekretär von Aristide Briand und im März 1926 Justizminister. Unter Briands Einfluß festigte sich bei L. die Überzeugung, daß Europa über Staatsverträge zusammenwachsen müsse. Nachdem das Kabinett Briand im Juli 1926 demissioniert hatte, wurde L. im Januar

1927 Senator des Departements Seine. Von März bis Dezember 1930 übernahm L. das Arbeitsministerium im Kabinett Tardieu.
Im Januar 1931 bildete L. erstmals sein eigenes Kabinett. Als Ministerpräsident nahm er auch die Geschäfte des Innenministeriums wahr. Zu seinem Außenminister ernannte er Briand. Wegen der Kurzlebigkeit seiner Regierung konnte L. keine weitreichenden Reformen durchführen. In der Zeit von 1931 bis 1936 war L. dreimal Regierungschef und übernahm siebenmal ein Ministerium. L. gehörte damit zu den bedeutendsten Politikern der Dritten Republik. Im Unterschied zu den meisten von ihnen hielt er nicht viel von politischen Formeln wie »nationales Prestige« oder »moralische Größe«, sondern erstrebte konkrete Maßnahmen. In seinem persönlichen Verhalten zeigte er sich als Opportunist. Er kalkulierte die parlamentarischen Mehrheiten und manipulierte die öffentliche Meinung zu seinen Gunsten. Als parteiloser Politiker war er keiner Parteidisziplin unterworfen und an kein Parteiprogramm gebunden. Er konnte sich jeder Situation anpassen.
1931 veröffentlichte L. ein Programm gegen die drohende Wirtschaftskrise in Frankreich, das zahlreiche Sparmaßnahmen im Staatshaushalt vorsah, die von den Bürgern begrüßt wurden. Von da an galt er als Symbolfigur für politische und ökonomische Stabilität. Das Magazin »Time« ernannte ihn zum »Man of the Year«. Aus nationalem Interesse lehnte L. die Bitte der deutschen Regierung um einen Aufschub der Reparationszahlungen ab. Zwei Begegnungen mit Reichskanzler Brüning im Juli und September 1931 erbrachten lediglich die Zusage einer engeren wirtschaftlichen Kooperation. Als am 17.2.1932 sein Kabinett von der Regierung Tardieu abgelöst wurde, bekam L. das Amt des Arbeitsministers. 1934 wurde L. Außenminister in der Nachfolge des ermordeten Louis Barthou. Um den Revisionismus der Hitlerregierung in Deutschland zu ersticken, bemühte er sich um die Wiederbelebung der antideutschen Allianzen. Obwohl das internationale Ansehen Frankreichs durch die blutige Niederschlagung des Pariser Volksaufstands im Februar 1934 beschädigt war, erreichte er Einvernehmen mit Italien, das über die Österreichpolitik Hitlers beunruhigt war. Mit der Sowjetunion schloß er am 2.5.1935 einen Pakt zur gegenseitigen Unterstützung bei einer deutschen Aggression. Gleichzeitig versuchte er in der Nachfolge Briands, Deutschland auf dem Verhandlungsweg für eine friedliche Politik zu gewinnen. Dazu gehörte auch die klaglose Rückgabe des Saargebietes nach der Volksbefragung vom 13.1.1935 und die Tolerierung der deutschen Aufrüstungsmaßnahmen und der Einführung der Wehrpflicht.
Zwischen 1936 und 1940 hatte L. kein Regierungsamt. Er war lediglich Mitglied des Senats. Die Besetzung des Rheinlandes, die Eingliederung Österreichs und der Sudetengebiete und die deutsch-polnischen Verhandlungen mußte er aus einflußloser Position ansehen. Spätestens Anfang 1939 war L. überzeugt, daß Frankreich einer nationalen Katastrophe zusteuere, wenn nicht wie in Deutschland ein starker Mann die Staatszügel in die Hand nähme. Als sich die französische Niederlage gegen Deutschland im Juni 1940 abzeichnete, betrieb er die Ernennung des Marschalls → Pétain zum Regierungschef. In seinem Schatten glaubte er selbst wieder an die Macht kommen zu können. Zwar sprach sich Pétain bereits am 16.6.1940 dafür aus, L. in das Amt des Außenministers zu be-

rufen, aber der Oberbefehlshaber der französischen Streitkräfte, General Weygand, war dagegen. Er unterstellte L. Opportunismus gegenüber den Deutschen. L. wurde am 23.6.1940 lediglich Minister ohne Geschäftsbereich.

Sowohl an der Gründung des Etat français nach der französischen Niederlage gegen Deutschland am 22.6.1940 als auch an der Wahl der neuen Hauptstadt Vichy im nicht besetzten Teil des Landes hatte L. erheblichen Anteil. Sein Gutshof in Châteldon lag nur wenige Kilometer entfernt. Er überredete die Abgeordneten und Senatoren, die vom 1. bis 10.7.1940 über eine neue Verfassung berieten, die Dritte Republik aufzulösen. Mit 569 gegen 80 Stimmen bei 17 Enthaltungen billigte die Nationalversammlung die Verfassung eines autoritären Staates unter der Leitung von Marschall Pétain als chef de l'Etat. L. wurde am 12.7.1940 sein Stellvertreter und Kabinettschef (président du conseil) und leitete auch das Außenministerium. Er war der designierte Nachfolger des Staatschefs. Seine antibritische Haltung, stimuliert durch den englischen Angriff vom 3.7.1940 auf die französische Flotte in Mers el-Kébir, empfand Pétain jedoch bald als Belastung, weil die offene Feindschaft zwischen Vichy und London die französischen Kolonien gefährdete. L. hingegen glaubte an den baldigen deutschen Sieg, der die Okkupation Frankreichs beenden werde. Auf diese Situation hin wollte er die Politik ausrichten. Eine Zeitlang konnte er über seinen Schwiegersohn und über René de Chambrun, den persönlichen Freund Pétains, den Staatschef in diesem Sinne beeinflussen.

Am 22.10.1940 traf L. erstmals Hitler, um mit ihm die bevorstehende Unterredung mit Pétain vorzubereiten. Hitler hörte mit Genugtuung, daß L. die französische Kriegserklärung an Deutschland ein Verbrechen nannte und für eine deutsch-französische Zusammenarbeit plädierte, aber er machte L. klar, daß Frankreich die Kosten für den Deutschland aufgezwungenen Krieg mittragen müsse. Eine Enschädigung sei in den Kolonien möglich. Dem Gedanken einer deutsch-französische Zusammenarbeit könne erst nähergetreten werden, wenn Großbritannien besiegt sei. Bis dahin könne Frankreich zeigen, auf welcher Seite es stehe. L. versuchte, die Zweifel Hitlers an der Vertragstreue Frankreichs auszuräumen. Da die Stimmungslage in seinem Land bezüglich Deutschland aber wesentlich von der Aushandlung eines für beide Seiten annehmbaren Friedensvertrages abhängig sei, bat er um baldige Vorschläge hierfür. Als Hitler davon zum gegenwärtigen Zeitpunkt nichts wissen wollte, will ihm L. ins Gesicht gesagt haben: »Sie sind der Stärkere. Wir werden alles über uns ergehen lassen und erleiden. Aber weil das ein Gesetz der Natur ist, werden wir eines Tages revoltieren. Sie haben uns geschlagen und wir haben Sie in der Vergangenheit geschlagen. Wenn Sie uns demütigen wollen, dann wird zu einem Zeitpunkt, den ich nicht kenne, das Drama zwischen uns wieder von vorne anfangen.« Das Gespräch zwischen Hitler und Pétain am 24.10.1940 in Montoire behandelte die gleichen Themen noch einmal. Es erbrachte nicht die von Hitler gewünschte Teilnahme Frankreichs am Krieg gegen England. Aber Pétain erklärte sich zur nichtmilitärischen Kollaboration bereit. Am 30.10.1940 gab er in einer Radioansprache den neuen Kurs bekannt. Bei den folgenden deutsch-französischen Verhandlungen erreichte L. die Freilassung von 150 000 Kriegsgefangenen, die Lockerung der Demarkationslinie zwischen dem besetzten und dem unbesetzten

Laval bei der Ankunft des ersten Kriegsgefangenentransports aus Deutschland am 10.11.1942

Teil Frankreichs, die Herabsetzung der Besatzungskosten und eine Neugliederung der Verwaltung. Das alles war null und nichtig, als völlig unerwartet für die deutschen Stellen L. am 13.12.1940 von Pétain seines Amtes enthoben wurde. Über die Hintergründe dieser Entlassung gibt es eine Vielzahl von Vermutungen: die Furcht Pétains vor dem Machtzuwachs seines Stellvertreters, der ihm persönlich nie sympathisch war; L.s Großzügigkeit gegenüber den Besatzungsbehörden; L.s Abneigung gegen die von Pétain proklamierte »nationale Revolution« zur Erneuerung des französischen Volkes; L.s Opposition gegen einige Berater Pétains; die Ablehnung der reaktionären Ideen von Charles → Maurras; L.s Ausrichtung der Vichy-Politik auf die vier Essentials: Schutz und Kontrolle der französischen Flotte, Aufrechterhaltung der Souveränität Frankreichs in den Kolonien, Befehlsgewalt über die im Waffenstillstandsabkommen zuerkannte 100 000 Mann Armee und die administrative Souveränität in der nicht besetzten Zone, mit denen er ausreichenden Spielraum zur Aushandlung von erleichterten Okkupationsbedingungen und zugunsten der Rückkehr der französischen Kriegsgefangenen aus Deutschland zu haben glaubte. L. mißbilligte außerdem die geheimen Beziehungen Pétains zur britischen Regierung, in denen dieser zugesichert hatte, sich an keiner Aggression gegen das Inselreich und seine Besitzungen zu beteiligen, wenn England den Bestand des französischen Kolonialreichs garantiere. Möglicherweise handelte es sich aber auch nur um eine Palastrevolution der Entourage Pétains gegen den widerspenstigen Partner. Die

Entlassung L.s fand einen Tag vor der Überführung des Sarges von Napoleons Sohn aus Wien in den Pariser Invalidendom statt, die L. als besonderes Zeichen des deutschen Wohlwollens gegen Frankreich interpretierte. Am 13.12.1940 wurde L. von der französischen Polizei verhaftet und nach Châteldon gebracht, wo man ihn und seine Familie bis auf weiteres unter Hausarrest stellte. Neuer stellvertretender Ministerpräsident und Kabinettschef wurde Admiral François Darlan. Auf deutschem Druck wurde L.s Arrest am 16.12.1940 aufgehoben. Das Angebot Pétains, zwei unbedeutende Ministerien im Kabinett Darlan zu übernehmen, lehnte L. ab. Bis zu seiner Wiederberufung als Ministerpräsident am 17.4.1942 betätigte sich L. in der Anti-Vichy-Front, die den in dieser Zeit praktizierten Attentismus heftig kritisierte, weil er das deutsche Wohlwollen verspielte. Insbesondere kooperierte er mit Marcel → Déat. Am 27.8.1941 wurde auf beide ein Attentat durchgeführt, als sie in Versailles die ersten Freiwilligen der »Légion des Volontaires Français contre le bolchevisme« (LVF) verabschiedeten.
Als L. am 18.4.1942 auf deutschem Wunsch nach Vichy zurückkehrte und neben dem Amt des Ministerpräsidenten das Außen-, Innen- und Informationsministerium übernahm, hatte sich der englisch-deutsche Krieg zu einem Weltkrieg entwickelt. Deutschland war auf die Unterstützung Frankreichs angewiesen. Es brauchte insbesondere französische Facharbeiter in der Rüstungsindustrie. L. bemühte sich, den deutschen Wünschen gegen Erleichterungen für die Bevölkerung im geteilten Frankreich und zugunsten der französischen Kriegsgefangenen zu entsprechen. Seine Politik bewegte sich zwischen den Vorstellungen der Attentisten (Pétain, Darlan, Maurras) und denen der Kollaborateure (Déat, → Doriot). Er war bestrebt, fortan die politische Richtung selbst zu bestimmen und den Staatschef sowie die anderen Regierungsmitglieder politisch auszuschalten. Er blieb erfolglos, weil die deutschen Forderungen immer größer wurden und ohne Entbehrungen für die Franzosen nicht zu realisieren waren. Die Versorgungslage verschlechterte sich. Die Résistance bekam Zulauf. Der Widerstand gegen L.s Politik wuchs. Nach der Besetzung Restfrankreichs durch deutsche Truppen im November 1942 war die Souveränität Vichy-Frankreichs praktisch beendet. Eine militärische Allianz mit Deutschland kam zu diesem Zeitpunkt weder für Pétain noch für L. in Frage. Sie waren nicht einmal bereit, die LVF offiziell anzuerkennen.
Am 10.11.1942 stellte Hitler L. bei einem Treffen in München vor die Wahl, »entweder die endgültige und klare Anlehnung an die Achse« hinzunehmen oder das Kolonialreich zu verlieren. L. erklärte, daß die Verteidigung der Kolonien nur möglich sei, wenn die Rüstungsbeschränkungen des Waffenstillstands aufgehoben würden. Dazu war Hitler nicht bereit. Bei einem weiteren Treffen am 29.4.1943 auf dem Obersalzberg tadelte Hitler L. wegen der mangelnden Bereitschaft Frankreichs, Deutschland im Kampf gegen den Sowjetkommunismus zu unterstützen. Es sei für ihn unbegreiflich, wie ein besiegtes Land vom Sieger für jede Leistung eine Gegenleistung fordern könne. Er anerkannte zwar L.s Bemühungen um eine Verständigung, drohte aber gleichzeitig mit der Auswechslung der derzeitigen Führung Frankreichs durch deutschfreundliche Parteipolitiker der Rechten.
Angesichts der geschwundenen Popularität L.s versuchte Pétain im April 1943 erneut, L. zu entmachten. Diesmal intervenierte Hitler persönlich zugunsten L.s,

der am ehesten in der Lage schien, die Erwartungen Deutschlands zu realisieren. Ein weiterer Versuch, L. loszuwerden, scheiterte im Dezember 1943 am Widerstand des deutschen Außenministers, der an der Fortführung der inneren Befriedung Frankreichs interessiert war. L. hatte im Januar 1943 die »Milice française« im Umfang von 10 000 Mann ins Leben gerufen, die von Joseph → Darnand militärisch und von ihm politisch geleitet wurde. Sie sollte die Widerstandsgruppen kontrollieren und die Regierungsfähigkeit Vichys garantieren.
Die Rivalitäten zwischen den einzelnen Kollaborationsparteien von Marcel Déat, Jacques Doriot, Marcel → Bucard und Jean → Luchaire sicherten L.s Machtstellung. An der Fusion zu einer Einheitspartei war L. deshalb nicht interessiert. Als jedoch der »Plan du redressement national français«, den Déat und Darnand am 17.9.1943 unterzeichnet hatten, von L. mehr Engagement für ein einiges und starkes Frankreich forderte, das an der Seite Deutschlands gegen den Bolschewismus für ein neues Europa kämpfen müsse, konnte er nicht mehr verhindern, daß rechtsradikale Kollaborateure wie Marcel Déat, Philippe → Henriot und Joseph Darnand auf deutschen Druck im Januar 1944 in den Ministerrat kamen. Darnand bekam das Innenministerium, Henriot das Propganda- und Informationsministerium und Déat das Arbeitsministerium.
Ab 1944 schwächten auch die bürgerkriegsähnlichen Auseinandersetzungen zwischen der Résistance und der »Milice française« die Machtstellung L.s. Als die westalliierten Truppen nach ihrer Landung auf französischem Boden im Juni 1944 erfolgreich vorrückten, forderte die Regierung die Bevölkerung zwar auf, Ruhe zu bewahren, aber die militanten Organisationen der Kollaborateure beachteten die Weisung ebensowenig wie die Résistance und die Miliz. Der Versuch der rechten Kollaborateure, L. mit der Pétain am 10.7.1944 übergebenen »Déclaration sur la situation politique«, in der die Umbildung der Regierung, die Unterdrückung der Résistance und die Verlegung des Regierungssitzes nach Paris verlangt wurden, zu mehr Engagement zu bewegen, scheiterte, weil die deutsche Seite sich nicht damit identifizierte. In einem letzten vergeblichen Versuch, seine Regierung zu stabilisieren, wollte sich L. von der faktisch nicht mehr existenten Nationalversammlung durch Vermittlung des früheren Ministerpräsidenten Herriot als legitimer Sprecher Frankreichs bestätigen lassen. Der deutsche Sicherheitsdienst verhinderte ein Manöver, das wie in Italien zum Frontwechsel Frankreichs führen konnte.
Am 17.8.1944 wurde L. von Vichy nach Sigmaringen deportiert. Am 22.8.1944 gab er bekannt, daß er außerhalb Frankreichs seine Regierungsfunkionen nicht mehr ausüben werde. Am 25.8.1944 lehnte er im Führerhauptquartier die erwünschte offizielle Demission ab. Bereits am 20.10.1944 verurteilte ihn ein französisches Gericht in Marseille in absentia zum Tode. Zu dieser Zeit war L. in deutschem Gewahrsam in Wielfingen. Obgleich er sich gegen weitere Verschleppungen verwahrte, brachte man ihn nach Wangen und von dort nach Italien, wo er bis zum Frühjahr 1945 festgehalten wurde. Kurz vor Kriegsende in Bozen entlassen, reiste er mit seiner Frau in Richtung Schweizer Grenze. Die Schweiz lehnte sein Asylbegehren jedoch ab. Irgendwie gelang es ihm, einen deutschen Luftwaffenoffizier zu überreden, ihn nach Spanien auszufliegen. Nach seinem Eintreffen in Barcelona am 2.5.1945 zusammen mit seiner Frau

und zwei ehemaligen Kollaborateuren wurde er auf Anordnung Francos in Monjuich bei Barcelona interniert. Dort verfolgte er die internationale Diskussion um seine Person. Es herrschte Uneinigkeit darüber, wegen welcher Verstöße L. angeklagt werden sollte, ob er ein Kriegsverbrecher war oder nicht, ob seine Fall von nationaler oder internationaler Bedeutung war oder ob er als politisch Verfolgter in Spanien Asyl bekommen könne. Anfang Juni 1945 erklärte L. von sich aus, er wolle Pétains Beispiel folgen und sich den französischen Behörden stellen. Ende Juni ließ die spanische Regierung verlauten, daß L. im Lande bleiben dürfe. Als jedoch Mitte Juli das spanische Außenministerium neu besetzt wurde, wurde die Entscheidung revidiert und L.s Auslieferung beschlossen. Mit der gleichen Maschine, die ihn drei Monate vorher ins Land gebracht hatte, wurde er am 30.7.1945 nach Horsching bei Linz in Österreich ausgeflogen, wo die U.S. Air Force das Ehepaar in Empfang nahm und den französischen Dienststellen in der Nähe von Innsbruck überstellte. Von dort ging es über Le Bourget, wo L. festgenommen wurde, ins Untersuchungsgefängnis nach Fresnes.
Am 16.8.1945 wurde die Beweisaufnahme eröffnet. Um die peinliche Sache vor den Parlamentswahlen am 21.10.1945 abzuschließen, begann der Prozeß vor dem Haut Cour de Justice am 4.10.1945, ohne daß die Beweisaufnahme abgeschlossen war. Darauf legten die beiden Verteidiger ihr Mandat nieder. L. entschloß sich, die Verteidigung selbst zu übernehmen. Er hatte sich während seiner dreimonatigen Haftzeit in Spanien darauf vorbereitet. Er brillierte rhetorisch und verstand es gleich zu Anfang, das Gericht lächerlich zu machen. Von seiten der Geschworenen schlug ihm blanker Haß entgegen. Nach dem dritten Prozeßtag weigerte sich L. wegen der Verstöße gegen die Strafprozeßordnung, weiter an der Verhandlung teilzunehmen. An dieser Haltung änderte weder die wohlwollende Anfrage des Justizministers etwas noch die Intervention de Gaulles. Nach fünf Prozeßtagen ohne Angeklagten wurde L. zum Tode verurteilt. Trotz der Verfahrensfehler weigerte sich de Gaulle, einen neuen Prozeß anzuordnen. Auch das Gnadengesuch lehnte er ab. Die Hinrichtung sollte am Morgen des 15.10.1945 stattfinden. Als man L. aus der Zelle holen wollte, stellten die Gefängniswärter fest, daß er eine Ampulle Zyanid geschluckt hatte. Nach drei Stunden intensiver medizinischer Behandlung war L. außer Lebensgefahr. Er wurde neu eingekleidet und nach der Absolution durch einen Geistlichen zur Hinrichtung in den Gefängnishof geführt, da er nicht mehr transportfähig war. Da er kaum stehen konnte, bot man ihm einen Stuhl an. L. lehnte ab: »Un président du Conseil de France meurt debout.« Bevor er an den Pfahl gebunden wurde, sprach er den anwesenden Generalstaatsanwalt und den Gerichtsvorsitzenden an, die seinen Prozeß geführt hatten: »On vous a fait faire une bien triste besogne, mais je ne vous veux pas.« Er starb mit dem patriotischen Ruf: »Vive la France!« L. war der einzige Ministerpräsident in der französischen Geschichte, der hingerichtet wurde, und der einzige Vichy-Politiker, den man nicht begnadigte.
In den beiden Briefen, die man nach seinem versuchten Selbstmord in der Zelle fand, protestierte er gegen das rechtswidrig zustande gekommene Urteil, vor allem gegen das Verhalten de Gaulles: »Je n'accepte pas la sentence, je n'accepte pas la souillure d'une exécution puisqu'il s'agit d'un meurtre.« Er wollte sich töten wie die Römer, um den Soldaten des Exekutionskommandos einen Mord

zu ersparen. »Je ne veux pas que les soldats soient complices d'un assassinat judiciaire.«
Der Historiker Hoggan nannte die Hinrichtung L.s eines der größten Justizverbrechen der Geschichte. L.s Familie bemühte sich jahrzehntelang vergeblich, das Urteil zu revidieren.

Literaturhinweise:
Pierre Tissier: I Worked with Laval, London u. a. 1942
David Thomson: Two Frenchmen, Pierre Laval and Charles de Gaulle, London 1951
Hubert Cole: Laval. A Biography, London u. a. 1963
Michèle Cotta: La collaboration, Paris 1964
Michael Jasperson: Laval and the Nazis. A Study of Franco-German Relations, Ann Arbor 1969
Robert Aron: Histoire de l'épuration. Des prisons clandestines aux tribunaux d'exception septembre 1944 – juin 1949, Paris 1969
Milton Dank: The French against the French. Collaboration and Resistance, Philadelphia u. a. 1974
Henri Amouroux: La grande histoire des Français sous l'occupation, 9 Bände, Paris 1976 ff.
Fred Kupfermann: Laval 1883–1945, Paris 1987

LEONHARDT, ERNST, geb. 25.9.1885 in Tennessee (USA), gest. 26.3.1945 in Frankfurt a. M., Landesführer der »Neuen Front« 1934, Mitbegründer und Führer des schweizerischen »Volksbund« (VB) 1933–1937, Leiter der »Nationalsozialistischen Schweizerischen Arbeiter Partei« (NSSAP) 1937–1938, Mitbegründer der »Schweizerischen Gesellschaft der Freunde einer autoritären Demokratie« (SGAD) 1938 und des »Bundes der Schweizer in Großdeutschland« (BSG) 1941

Nach dem Besuch der Volksschule und des Handelszweigs der Realschule in Basel absolvierte L. eine kaufmännische Lehre und die Handelsschule. 1914–1918 diente er im Basellandschäftler Bataillon 52, zuletzt als Major. Im Zivilleben arbeitete er sich bis zum Prokuristen hinauf.
Im November 1932 schloß sich L. der »Nationalen Front« (NF) an, die am 20.10.1930 von dem Studenten Hans Vonwyl gegründet worden war und von deren Patriotismus er sich angezogen fühlte. Sie kämpfte für die Existenzsicherung und die politische und kulturelle Unabhängigkeit der Schweizer. Vonwyl knüpfte Kontakte zu den nationaldenkenden Gruppen in Österreich und Deutschland. Im November 1931 gründete er die Zeitschrift »Der Eiserne Besen«, die von Alfred → Zander redigiert und am 25.8.1933 durch »Die Front« ersetzt wurde. Beide Publikationen wollten Mißstände in der Schweiz aufdecken und eine nationale Ideologie verbreiten, die mit den Stichworten Antisemitismus, Antimarxismus, Antikapitalismus und Antiliberalismus umrissen werden kann. Das Ziel war eine klassenübergreifende Schweizergemeinschaft. Anfang 1933 bekannten sich etwa 600 Anhänger zur NF. Die Zahl der Sympathisanten ging in die Tausende.
Ab 1933 trat L. als Parteiredner der NF auf. Im Mai 1933 wurde er zum Gauführer der Kantone Basel-Stadt, Basel-Land, Solothurn und Bern ernannt und gehörte damit zur NF-Führung. Im Herbst 1933 scheiterte der Versuch, bei den

Nationalratswahlen ins Parlament zu kommen. Die Führungsrivalitäten in der NF trugen zum Mißerfolg ebenso mit bei wie die in dieser Zeit erschienenen »Frontbriefe«, die sich später als Fälschungen erwiesen. In ihnen wurden L. Verbindungen zur NSDAP, insbesondere zum Herausgeber der Zeitschrift »Der Stürmer«, Julius Streicher, und Spitzeltätigkeit für Deutschland vorgeworfen. Die Auseinandersetzungen führten im Oktober 1933 zu einer Spaltung der NF. Zusammen mit Hans Bossard, Emil Sonderegger und Werner Ursprung bildete L. den »Volksbund« (VB) als »Kampfgemeinschaft für schweizerische nationale und soziale Erneuerung« mit der Zeitschrift »Volksbund«. Die Zahl der Mitglieder stieg auf über tausend. Im Vorstand war L. für die innere Organisation und das Personalwesen, d. h. auch für die Ernennung der Funktionäre, zuständig. Alle Ortsgruppen mit mindestens zehn Mitgliedern eines Kantons bildeten einen Gau. Zum Schutz der VB-Veranstaltungen wurde eine etwa 45-köpfige »Sportabteilung« eingerichtet, die mit Gummiknüppeln bewaffnet war und sich als Parteielite empfand. Wegen seiner Tätigkeit für den VB wurde L. 1934 aus dem Militär entfernt. Er verlor seinen Reservistenstatus.
Das Programm des VB ähnelte dem der NF. Der VB verstand sich als Kampfgemeinschaft gegen Klassenkampf, »Volkszersplitterung durch Parteien und Interessensgruppen«, gegen »Zersetzung durch internationale Parteien und Mächte«, gegen den Kapitalismus und den Wirtschaftsliberalismus, gegen Bolschewismus und Judentum und gegen Parteienstaat und Parlamentarismus. Er setzte sich für einen »gewerkständisch organisierten Volksstaat« ein, dessen Regierung »mit weitgehenden Rechten und größter Verantwortlichkeit« ausgestattet sein sollte. Vorrangige Ziele waren die Abschaffung des Parlamentarismus und die Wiedereinsetzung des Volkes als oberster Souverän. Die angestrebte volksbündische Wirtschaft sollte eine Entlohnung nach Leistung und Fähigkeit sicherstellen und würdige Arbeitsbedingungen für die Arbeiter schaffen. Börsen- und Bodenspekulation sollten verboten, eine staatliche Bankenkontrolle eingeführt und das Aktienrecht revidiert werden. Die Industrie sollte sich auf die Inlandsbedarfsdeckung konzentrieren. Warenhäuser sollten eingeschränkt und die Juden unter Fremdenrecht gestellt werden. Die »allgemeinschädliche Überfremdung« der Schweiz sollte mit allen Mitteln verhindert werden. Die geistige Verwandtschaft zu den 25 Punkten der NSDAP war unverkennbar.
In der ersten Ausgabe der Zeitschrift »Volksbund«, die am 26.10.1933 in 3000 Exemplaren erschien, schrieb L. eine »Proklamation an das Schweizervolk«, in der er, ohne Absprache mit dem Vorstand, das Schweizersystem anprangerte: die Ausbeutung der Arbeiterschaft, die Abhängigkeit der Parlamentarier von Industrie und Großkapital, das Wirken von Bolschewismus und Freimaurertum, die Hetzkampagne der Presse gegen Italien und Deutschland. In jeder Nummer gab es die Rubrik »Außenpolitische Rundschau«, die von Emil Sonderegger redigiert wurde. Sie verfolgte den Kampf zwischen der arisch-nationalen und der judo-marxistischen Kulturfront in Italien und Deutschland.
Am 25.2.1934 spaltete sich der VB wegen der schweizerischen Verfassungsreform. Die prorevisionistische Gruppe mit Bossard, Füllemann und Sonderegger nannte sich fortan »Volksfront«. L. lehnte die Revision ab, weil die Verfassung zur Erlangung der VB-Ziele ausreiche. Trotzdem gab sich der VB eine neue Sat-

zung, um sich von der »Volksfront« abzugrenzen. Sie unterschied sich kaum von den alten Statuten. Bekräftigt wurde, daß sich der VB nicht als politische Partei verstand, sondern als eine nationale Bewegung zur »geistigen und politischen Erneuerung der schweizerischen Volksgemeinschaft«. Die Organisation beruhte auf dem Führerprinzip. L. war »Landesführer«. Er entschied über die Neuaufnahme von Mitgliedern. Es wurden nur »Schweizerbürger und Bürgerinnen arischer Abstammung« akzeptiert. Sie mußten folgendes Gelübde ablegen: »Ich, eidgenössischer Nationalsozialist, Mitglied des Volksbundes, bekenne mich zu unseren Kampfzielen; ich schwöre (gelobe) Treue bis in den Tod: der Fahne, dem Volksbund und dem Vaterland. Ich gelobe Treue und Disziplin meinem Führer. So wahr mir Gott helfe.« Die Parole lautete: »Ein Nationalsozialist fragt nicht und schweigt«. Ab 1935 gab es grüne Mitgliederkarten mit Hakenkreuz. Nach dem geschlossenen Beitritt der »Nationalsozialistischen Eidgenossen« mit Theodor → Fischer nannte sich der VB ab 10.1.1937 »Nationalsozialistische Schweizerische Arbeiter-Partei« (NSSAP). Die Affinität zur NSDAP dokumentierte sich von da an nicht mehr nur im Programm, sondern auch im Namen und in der Fahne: Die »alteidgenössische Fahne« wurde durch ein weißes Hakenkreuz auf rotem Grund ergänzt. Die »Sportabteilung« des »Volksbundes« wurde in »Saalschutz« (SS) umbenannt. Sie war etwa 50 Mann stark. An die Stelle der Zeitschrift »Volksbund« kam »Der Angriff« mit dem Untertitel »Kampfblatt gegen internationales Judentum, Freimaurerei, Hochfinanz, Marxismus und die unverantwortliche politische Partei-Demokratie, für eine gesunde soziale Volksdemokratie«.

Während der VB 1934 etwa 600 Aktivmitglieder hatte, sank die Mitgliederzahl im NSSAP bis zum Beginn des Zweiten Weltkriegs auf 400, obwohl arbeitslosen Schweizern bei einer Mitgliedschaft die Anstellung im Baseler Badischen Bahnhof in Aussicht gestellt wurde. Der Versuch des Schriftstellers Carl Albert Loosli, nachzuweisen, daß die NSSAP von Deutschland finanziert werde, schlug zwar fehl, aber daß Gelder vom »Antisemitischen Weltdienst« in Erfurt verwendet wurden, konnte die NSSAP nicht widerlegen. Ob Mitglieder der NSSAP nachrichtendienstlich für Deutschland tätig waren und dafür Geld bekamen, konnte nicht bewiesen werden.

Bei den Versammlungen der NSSAP, für die mit tausenden Flugblättern geworben wurde, trat fast ausschließlich L. als Redner auf. Sie verliefen selten ungestört. Die häufigsten Tumulte wurden von den Sozialdemokraten ausgelöst, die den gleichen Personenkreis umwarben wie die NSSAP.

Am 27.5.1938 verbot der Schweizer Bundesrat die Verbreitung von staatsgefährdendem Propagandamaterial, zu dem die von der NSSAP verteilten Schriften gehörten. Im Juli 1938 untersagte er das Tragen von Parteiuniformen sowie die Verwendung von Hoheits- und Parteizeichen ausländischer Herkunft, so daß die NSSAP das Hakenkreuz nicht mehr zeigen durfte. In Basel-Stadt, Zürich und St. Gallen verbot die Polizei den Verkauf der Zeitung »Der Angriff«. Ende Oktober 1938 wurden alle öffentlichen Veranstaltungen der NSSAP von der Schweizer Regierung untersagt. Am 10.11.1938 mußte die Parteizeitung eingestellt werden. Um einem Verbot zuvorzukommen, löste L. die NSSAP am 10.12.1938 auf. Zwei Tage später gründete er eine neue Organisation mit dem Namen »Schweizerische Gesellschaft der Freunde einer autoritären Demokratie« (SGAD). Sie

war noch deutlicher eine politische Kampforganisation als der VB oder die NSSAP, weil sie offen für einen nationalsozialistischen Führerstaat nach deutschem Vorbild eintrat. Zur Irreführung der Behörden gab sie sich aber eine gemäßigte Satzung. Auch Nichtarier durften beitreten. Die Zugehörigkeit zu anderen politischen Gruppierungen war erlaubt. L. überließ den Vorsitz bis Juni 1940 Wilhelm Engler. Dessen Nachfolger wurde Gottlieb Wierer. Die Mitglieder der neuen Gesellschaft waren überwiegend ehemalige VB- und NSSAP-Mitglieder. Die Schweizer Behörden ermittelten entsprechend der Demokratieschutzverordnung vom 5.12.1938, ob es sich bei der SGAD um eine politische Kampforganisation gegen den Bestand der Schweiz handelte, und stellten fest, daß die Mitgliederlisten und die Ausweise in einer Codesprache geschrieben waren, die von Außenstehenden nicht entziffert werden konnte, und daß im Schriftverkehr Decknamen verwendet wurden. Die Buchhaltung wurde in Lörrach auf deutschem Boden geführt, wo die Kontakadresse der Gesellschaft war. Die Mitgliederversammlungen fanden im Badischen statt. Das Propagandamaterial kam über den Baseler Badischen Bahnhof mit der Deutschen Reichsbahn über die Grenze. Es handelte sich sehr oft um Auswertungen von Gerüchten, mit denen das Schweizervolk in seiner Haltung gegenüber der Regierung irritiert werden sollte. Der Führerstaat wurde zu Lasten der parlamantarischen Demokratie propagiert.
Im März 1939 verließ L. die Schweiz und nahm seinen Wohnsitz in Frankfurt am Main. Er verdiente sich sein Geld als Mitarbeiter im »Antisemitischen Weltdienst« und als Vertreter einer Magdeburger Sackfabrik. Ob er auch vom SD bezahlt wurde, ist ungeklärt. L. leitete weiterhin die SGAD organisatorisch. Die ideologische Arbeit lag in den Händen von Franz → Burri, dessen »Internationale Presseagentur« von Deutschland unterstützt wurde. Nach der Niederlage Frankreichs im Juni 1940 veröffentlichte L. eine Schrift mit dem warnenden Titel »Schweizervolk! Deine Schicksalstunde ist gekommen! Was soll nun werden?«, in der er den Rücktritt der Berner Regierung verlangte, weil sie »unmißverständlich die Karte der Westmächte gespielt« habe. Er drohte: »Es wird in Zukunft nur noch eine freie, nationalsozialistische Schweiz geben, oder es wird keine Schweiz mehr geben«.
Kurz nach dem Beginn des Rußlandfeldzugs forderte L. den Schweizer Bundesrat in einem offenen Brief auf, sich am Kampf gegen den Bolschewismus zu beteiligen, denn es handle sich um einen Krieg für Europa. Eigentlich sollte die Hälfte des Schweizerheeres dazu mobilisiert werden, aber zumindest müßten die Schweizer die Möglichkeit erhalten, straflos als Freiwillige auf deutscher Seite zu kämpfen.
Im Juni 1940 gründete L. zusammen mit Franz Burri und Otto Alfred Lienhard in Stuttgart den »Bund der Schweizer in Großdeutschland« (BSG). In einem Rundschreiben erklärten sie, der Bund sehe in Adolf Hitler nicht nur den Führer aller Germanen, sondern auch den Mann, »der die ganze europäische Schicksalsgemeinschaft einer großen und segensreichen Zukunft zuführen« werde. Die Mitglieder des BSG sahen sich als Soldaten des Führers. Ihre Hauptaufgabe bestand darin, für den Eintritt von Schweizern in die Waffen-SS zu werben.
Am 28.4.1942 wurden L. und Burri von einem Schweizer Gericht wegen Angriffs auf die Unabhängigkeit der Schweiz, Gründung einer rechtswidrigen Ver-

bindung, Anwerbung für fremden Militärdienst sowie wegen Zuwiderhandlung gegen die Demokratieschutzverordnung in contumaciam zu fünf Jahren Zuchthaus und zehn Jahren Ehrverlust verurteilt.
Trotz zahlreicher Polizeiaktionen gelang es den Schweizer Behörden erst Anfang 1943, die geheimen Strukturen der SGAD aufzudecken und die Verantwortlichen in der Schweiz zu verhaften. In dem Prozeß, der gegen sie im Mai 1943 unter Ausschluß der Öffentlichkeit eingeleitet wurde, wurde auch gegen L. erneut Anklage erhoben. Am 11.7.1943 bestrafte ihn das Gericht mit sechs Monaten Haft wegen Beihilfe zum Angriff gegen die Unabhängigkeit der Eidgenossenschaft. In Übereinstimmung mit dem Beschluß des Bundesrates vom 18.5.1943 wurde er ausgebürgert, weil er die Sicherheit der Schweiz gefährdete.
Im März 1945 kam L. bei einem Bombenangriff auf Frankfurt ums Leben.

Literaturhinweise:
Alice Meyer: Anpassung oder Widerstand. Die Schweiz zur Zeit des deutschen Nationalsozialismus, Frauenfeld 1965
Beat Glaus: Die Nationale Front. Eine Schweizer faschistische Bewegung 1930–1940, Köln 1969
Walter Wolf: Faschismus in der Schweiz. Die Geschichte der Frontbewegungen in der deutschen Schweiz 1930–1945, Zürich 1969
Walter Rüthemann: Volksbund und SGAD. Nationalsozialistische Schweizerische Arbeiterpartei. Schweizerische Gesellschaft der Freunde einer autoritären Demokratie. Ein Beitrag zur Geschichte der politischen Erneuerungsbewegungen in der Schweiz 1933–1944, Diss. Zürich 1979

Leopold III. von Sachsen-Coburg-Gotha, geb. 3.11.1901 in Brüssel, gest. 25.9.1983 ebenda, König der Belgier 1934–1951

Als ältester Sohn des belgischen Königs Albert I. übernahm L. nach dem Tod seines Vaters als Ehemann der schwedischen Prinzessin Astrid am 17.2.1934 die Regentschaft in Belgien.
Der Thronwechsel war überschattet von dem Sprachenstreit zwischen Wallonen und Flamen, von den ökonomischen Folgen der Weltwirtschaftskrise und von der politischen Orientierung des Landes zwischen Frankreich und Deutschland. Da die katholisch-liberale Regierung unter Ministerpräsident Georges Theunis die Wirtschaftskrise nicht bewältigen konnte, bildete L. 1935 eine neue Regierung unter Paul van Zeeland. Als im November 1935 das von den Militärs unter dem Eindruck der deutschen Wiederaufrüstung und des passiven Verhaltens von England und Frankreich entworfene Programm zur nationalen Verteidigung im Parlament scheiterte, setzte L. am 25.3.1936 eine Kommission ein, um die militärische Situation des Landes zu analysieren. In 37 Beratungen entstand ein Maßnahmenkatalog zur Verteidigung des Landes und zur Verbesserung der Ausrüstung des Heeres. Da die Flamen drohten, alle militärischen Maßnahmen, die in Verbindung mit Frankreich stünden, zu blockieren, blieb die Situation ungeklärt.
Nach den Erfolgen der Rexisten und des Vlaamsch Nationaal Verbond (VNV) bei den Maiwahlen 1936 bewirkte L. die Umgliederung des Kabinetts, um die Regierung von allen Verdächtigungen zu befreien. Léon → Degrelles Mißerfolg

bei der Nachwahl in Brüssel ein Jahr später war auch das Resultat des energischen königlichen Vorgehens.

Am 14.10.1936 stellte L. dem Kabinett angesichts der wachsenden Kriegsgefahr in Europa seine militär- und außenpolitischen Pläne vor. Priorität bei allen Entscheidungen sollte die Unversehrtheit des belgischen Territoriums haben, dessen Schutz die belgischen Streitkräfte wahrzunehmen hätten. Angesichts der deutschen Aufrüstung könne eine Verbesserung der Armee nicht hinausgeschoben werden. Die neuen Formen der Kriegführung, besonders im Bereich der Luftwaffe, verlangten entsprechende Maßnahmen, damit jeder Gegner vor der Verletzung des belgischen Territoriums abgeschreckt werde. Kein Nachbarstaat sollte durch die Schwäche der belgischen Truppen ermutigt werden, belgischen Boden für eine Aggression zu benutzen. Aber eine Aufrüstung wie in Deutschland und Frankreich könne sich Belgien nicht leisten. Sollte das Land bei einem feindlichen Angriff auf sich selbst gestellt sein, müßten Verwüstungen wie im Ersten Weltkrieg unbedingt vermieden werden. Die friedenserhaltende Funktion Belgiens bestehe auch darin, andere Staaten, die das gleiche Ziel verfolgten, zu unterstützen. Von einer Bündnispolitik sollte Belgien ebenso absehen wie von jeder Parteinahme bei einem europäischen Konflikt, weil sonst seine internationale Position gefährdet und innenpolitische Auseinandersetzungen provoziert würden. Um das Land aus den Konflikten der Nachbarstaaten herauszuhalten, plädierte L. für eine ausschließlich auf Belgien konzentrierte Politik nach dem Vorbild der Niederlande und der Schweiz. Für einen solchen »Unabhängigkeitskurs«, auf den er die belgische Politik festlegte, glaubte er die Bevölkerung über alle Sprachgrenzen hinweg gewinnen zu können. Die Außenpolitik sei an der Sicherheit des Landes zu orientieren. Die belgische Regierung akzeptierte L.s Programm. Bis zum 24.4.1937 wurden die Beziehungen zu Frankreich und England auf eine neue Basis gestellt: Beide Länder erklärten sich bereit, Belgien im Falle eines feindlichen Angriffs zu unterstützen, und entließen das Land gleichzeitig aus den Verpflichtungen des Locarno-Vertrags vom 1.12.1925.

Als sich 1938 eine innenpolitische Krise abzeichnete, plädierte L. für Neuwahlen, damit Belgien angesichts der äußeren Bedrohung eine handlungsfähige Regierung besäße. In einem offenen Brief forderte er den Ministerpräsidenten Pierlot auf, Einigkeit zwischen den Parteien zu erzielen. Gemeinsam mit der niederländischen Königin unternahm er Vermittlungsversuche, um den Beginn des drohenden Weltkriegs zu vermeiden.

Die Eingriffe des belgischen Königs in die Politik seines Landes wurden in Deutschland positiv aufgenommen. Im Oktober 1937 erhielt Belgien die Versicherung, daß seine Neutralität respektiert und das Reich im Falle eines Angriffs auf belgischer Seite stehen werde.

Beim Kriegsausbruch im September 1939 blieb Belgien erwartungsgemäß neutral. Noch am 17.4.1940 sprach sich das Parlament mit 131 zu 3 Stimmen für den bisherigen Unabhängigkeitskurs aus, obwohl auf militärischer Ebene bereits feste Vereinbarungen mit Frankreich getroffen waren, über die der König als Oberbefehlshaber der Armee nicht uninformiert bleiben konnte. Deshalb war seine Empörung über den deutschen Einmarsch am 10.5.1940 unecht. Nach der Niederlage der Franzosen bei Sedan am 13.5.1940 sprach L. erstmals mit dem Kabi-

Leopold III. mit seinem Bruder Prinz Karl und seinem Sohn Baudouin bei einer Gedenkfeier zum Ende des Ersten Weltkriegs im November 1939 in Brüssel

nett über die Konsequenzen einer Kapitulation. Die Minister lehnten die Niederlegung der Waffen ab, solange die Existenz Belgiens nicht gefährdet sei. Nach einer Aussprache L.s mit vier Ministern am 20.5.1940 verlangten diese in einem Memorandum im Falle einer belgischen Niederlage die Flucht des Königs zusammen mit den Ministern in das französische Exil. Von dort sollte der Krieg fortgesetzt werden. In weiteren Gesprächen zwischen dem 21. und 24.5.1940 warfen die Minister L. vor, die Alliierten zwar zu Hilfe gerufen zu haben, um die Eigenständigkeit Belgiens zu erhalten, nunmehr aber ihren Einsatz zunichte zu machen und die Hilfsbereitschaft Englands und Frankreichs übel zu lohnen. Da der Vormarsch der deutschen Truppen nicht gestoppt werden konnte und die von den Alliierten zugesagten Hilfeleistungen ausblieben, erwog der König einen Waffenstillstand. Am 24.5.1940 benachrichtigten die Minister L. telefonisch von ihrem Entschluß, in das französische Exil zu flüchten. Bei einer letzten Besprechung am Tag danach in Schloß Wijnendael in der Nähe von Brügge erklärte L. den anwesenden Regierungsmitgliedern, daß er aus moralischen und emotionalen Gründen nicht außer Landes gehen werde. Als Oberbefehlshaber der Armee könne er weder desertieren noch die Weiterführung des Kampfes verantworten. In dem noch nicht besetzten Teil Belgiens seien hunderttausende Flüchtlinge gefährdet. Auch die alliierten Truppen würden binnen kurzem zur Kapitulation gezwungen sein. Da er unter der deutschen Besatzung eine neue Regierung bilden müsse, würden die jetzigen Minister ihres Amtes enthoben werden. Um den drohenden Bruch zwischen König und Regierung abzuwenden, erwogen die Minister, in Belgien zu bleiben. L. erklärte sich bereit, sie in diesem Fall als Berater zu akzeptieren, weil ihre Anwesenheit für die Einheit des Landes in moralischer Hinsicht günstig sei. Er stellte es jedoch jedem frei, gemäß seinem Gewissen zu entscheiden. Mit der Begründung, daß bei einem solchen Verfahren die grundsätzlichen politischen Unstimmigkeiten nicht aus dem Wege geräumt wären, entschlossen sich die Minister für das Exil. Damit war der Bruch zwischen Regierung und Monarch vollzogen. Ein Regierungsdekret, das im Anschluß an die Aussprache veröffentlicht wurde, entzog dem König alle Regierungsfunktionen in einem von Feinden besetzten Land. Am 25.5.1940 teilte L. dem britischen König Georg VI. brieflich mit, daß er kapitulieren und im Land bleiben werde, um seinem Volk während der deutschen Besetzung beizu-

stehen. Am 26. und 27.5.1940 informierte L. die britische und die französische Regierung über die bevorstehende Kapitulation der belgischen Streitkräfte.
Die Kapitulation wurde vom König am 28.5.1940 ohne die Zustimmung und gegen den Willen der Regierung ausgesprochen. L. befahl der Truppe, die Waffen bedingungslos niederzulegen und sich als Kriegsgefangene zu betrachten. An den britischen und französischen Abwehrmaßnahmen gegen einen deutschen Angriff werde sich die belgische Armee nicht weiter beteiligen. Obgleich ihm von seinen Ministern zur Flucht geraten worden sei, wolle er an der Seite seiner Landsleute bleiben. Er verstehe es als seine Pflicht, ihr Schicksal zu teilen. Der letzte königliche Tagesbefehl an die Truppe vom 28.5.1940 enthielt den Satz »Je ne vous quitte pas dans l'infortune qui nous accable et je tiens à veiller sur votre sort et celui de vos familles.«
Die Kapitulation war der erste Beschluß, den L. ohne Regierung traf. Seine Rechtsgültigkeit wurde vom Exilkabinett angefochten, weil er ohne Zustimmung der Regierung zustande kam. Da er nicht nur die Niederlegung der Waffen bewirkte, sondern auch die politische Unterwerfung unter den Willen der Besatzungsmacht, habe L. seine Kompetenzen überschritten. Die Regierungsmitglieder glaubten nicht an die Aussichtslosigkeit des Kampfes gegen die Deutschen und warfen dem König Feigheit und Defätismus vor. In einer »Notsitzung« in Limoges sprachen die versammelten belgischen Parlamentarier am 31.5.1940 dem König die legale und moralische Kompetenz ab, die Regentschaft weiterzuführen. Außenminister Paul-Henri Spaak nannte die Argumente des Königs »verrückt, dumm, sogar verbrecherisch«. L. war dagegen überzeugt, daß ein alliierter Sieg, sollte er möglich sein, bestenfalls um den Preis eines zehn Jahre oder länger dauernden Krieges möglich wäre, dessen Belastungen er dem belgischen Volk ersparen wollte. Möglicherweise handelte er unter dem Einfluß seines politischen Beraters Henri de → Man, der das Ende des Parlamentarismus gekommen sah und den König als Symbol der Einheit Belgiens in die von Deutschland bestimmte neue Ära führen wollte.
In Frankreich und England wurde die eigenmächtige Entscheidung des belgischen Monarchen für eine bedingungslose Kapitulation als treuloser Verrat bezeichnet. L. wurde für die Niederlage der britischen Expeditionsarmee und ihren Rückzug nach Dünkirchen verantwortlich gemacht, weil er ihre linke Flanke geöffnet habe. Die englische Presse gebrauchte für ihn den Ausdruck »traitor king«. Auch in Frankreich gab es Kreise, die die Schuld an der Niederlage dem belgischen König in die Schuhe schoben. Sein Namen wurde von der Liste der Ehrenlegion gestrichen.
Am 2.6.1940 versuchte L. im Rahmen der Zusendung diplomatischer Unterlagen an seine Minister, seinen Schritt zu rechtfertigen. L. betonte, daß er keinerlei Vereinbarungen mit den Deutschen getroffen habe. Sein Verbleib im Lande sollte den moralischen Zusammenbruch im Militär verhindern und die bestmögliche Behandlung der Soldaten durch die Sieger sicherstellen. Ein beigefügtes Rechtsgutachten bestätigte, daß L. lediglich den Befehl ausgegeben habe, die Waffen niederzulegen, also nur auf militärischer und nicht auf politischer Ebene gehandelt habe. Hierfür sei keine Gegenzeichnung durch seine Minister erforderlich gewesen. L. habe daher weder einen Eid gebrochen, noch mit dem

Feind zusammengearbeitet. Seine Tätigkeit sei die eines militärischen Oberbefehlshabers gewesen, der nach Rücksprache mit den zuständigen Generälen eine Kapitulation beschloß, weil die zu erwartenden Verluste eine Weiterführung der Kampfhandlungen nicht ratsam erscheinen ließen. Sowohl das Militär als auch die Zivilbevölkerung stehe hinter dieser Entscheidung. Um zu verhindern, daß sich der Feind die Auseinandersetzungen zwischen dem König und der Regierung zunutze mache, sei es im Interesse der Wiederherstellung einer nationalen Einheit, wenn die Regierung von ihren Vorwürfen ablasse. Erst Ende Oktober reiste die belgische Regierung aus dem nicht besetzten Frankreich nach London, um als Exilregierung zu fungieren.

Während seines selbstgewählten Hausarrests auf Schloß Laeken machte L. keinen Gebrauch von seinen verfassungsmäßigen Rechten. Als Kriegsgefangenem war ihm das ohnedies untersagt. Obwohl die Masse der belgischen Bevölkerung zufrieden war, daß ihr durch die Kapitulation die Verwüstungen des Ersten Weltkriegs erspart blieben, regte sich auch im Land Kritik am Vorgehen des Königs. Einige sahen in der Kapitulation sogar eine verdeckte Geste der Unterwerfung gegenüber Deutschland. In diesen Kreisen wurde jeder Schritt des Königs kritisch beobachtet. Daß er den Präsidenten des Deutschen Roten Kreuzes empfing, wurde ebenso auf sein Schuldkonto gesetzt wie sein Besuch bei Hitler in Berchtesgaden am 19.11.1940. L. fuhr auf den Obersalzberg, um sich für die Freilassung der belgischen Gefangenen und die Verbesserung der Lebensbedingungen für die belgische Zivilbevölkerung einzusetzen. Obwohl er nicht vorhatte, mit Hitler über politische Angelegenheiten zu sprechen, wollte er doch von ihm die Unabhängigkeit Belgiens bestätigt bekommen. Hitler dachte jedoch nicht daran, sich über die Zukunft der kleinen Staaten, die England als Glacis auf dem Kontinent dienten, festzulegen. Was die belgische Ernährungslage und die Kriegsgefangenen betreffe, müßten die Belgier ausbaden, was ihnen die belgische Regierung einbrockte, als sie gemeinsam mit der französischen den Krieg gegen Deutschland vorbereitete. Immerhin versprach Hitler, daß die deutschgesinnten Kriegsgefangenen nach Hause zurückkehren dürften und daß er die Mitglieder der königlichen Dynastie schonen werde. Die Unterredung endete mit beidseitiger Verstimmung. Hitler soll geäußert haben: »Noch ein Monarch mehr, den ich nach dem Krieg loswerden muß.« Trotzdem interpretierten die Gegner L.s die Reise als Zeichen der Kollaborationsbereitschaft. Der König habe seine Kompetenzen überschritten, weil er mit dem Führer politische Probleme erörtert habe. Von dem Gespräch zwischen L. und Hitler liegen eine deutsche und eine belgische Aufzeichnung vor. Keine ist absolut glaubwürdig. Unklar ist auch, auf wessen Initiative das Treffen zustande kam. Nach L.s Darstellung hat Hitler um die Zusammenkunft ersucht; L.s Gegner behaupteten, daß L. seine Schwester Marie-José aus dem italienischen Königshaus veranlaßt habe, dieses Treffen zu arrangieren. Hitler bereute später, daß er L. nicht wie einen Kriegsgefangenen behandelt habe. Er nannte ihn »einen schlauen Fuchs«. Aber er hielt Wort. Bis März 1941 wurde mehr als die Hälfte der 166 000 belgischen Soldaten aus den Kriegsgefangenenlagern entlassen, vor allem Flamen.

Zu seinem 52. Geburtstag erhielt Hitler am 20.4.1941 ein Glückwunschtelegramm von L. Nach dem Krieg konnte nicht schlüssig nachgewiesen werden, ob

es vom König persönlich abgeschickt wurde oder von einem Mitglied seines Hofstaats. Zum Vorwurf wurden L. auch die zahlreichen Reisen in die deutsche Ostmark gemacht, die er als internierter Monarch während des Krieges durchführen durfte. L. behauptete, es habe sich um Zahnarztbesuche gehandelt, während ihm seine Gegner Kontakte zu dem Nationalsozialisten Graf Kuehn nachwiesen. Auf besonderes Unverständnis stieß seine unstandesgemäße Heirat mit der um viele Jahre jüngeren Marie Liliane Baels am 11.9.1941. Daß der König in einer derart kritischen Situation seines Landes seinen privaten Vergnügen nachging, gab vielen zu denken. Durfte ein Kriegsgefangener, als der er sich ausgab, überhaupt heiraten? Zeigte die Zustimmung der Rexpartei zu diesem Schritt nicht, daß der König ein heimlicher Förderer der Rexisten war? Je heftiger dies von königlicher Seite dementiert wurde, desto mehr Glauben schenkte man Degrelle, der damit Werbung betrieb.
Als L. sich in einem Brief an Hitler über die Behandlung der 290 000 belgischen Arbeiter in Deutschland, von denen etwa 150 000 freiwillig gekommen waren, beschwerte, antwortete ihm Hitler am 18.2.1943 zornig: Der König habe wohl über die milde Form seiner Kriegsgefangenschaft vergessen, was er tun dürfe. Es sei die Pflicht der Belgier, sich mit allen Kräften dafür einzusetzen, daß der Kommunismus von Europa ferngehalten werde. Wenn er noch einmal einen solchen Brief schreibe, müsse für ihn eine andere Form der Gefangenschaft außerhalb Belgiens gefunden werden. Mit dem verfälschten Bild vor Augen, das die alliierte Propaganda von ihm zeichnete, verfaßte L. im Januar 1944 sein politisches Testament. Darin steht der Satz: »Es ist zu befürchten, daß das Ende der Feindseligkeiten von öffentlicher Rachsucht begleitet sein wird und von zahllosen Fällen, in denen öffentliche und private Ressentiments ausgetragen werden.« Obwohl die militärische Situation des Deutschen Reiches 1944 immer desolater wurde, lehnte L. am 10.5.1944 das Angebot aus Widerstandskreisen ab, sich an die Spitze der Résistance zu stellen oder mit ihrer Hilfe nach London zu fliehen. Um sich vor den Alliierten zu rehabilitieren, zog er die erwartete Verbringung in ein deutsches Kriegsgefangenenlager vor.
Als am 3.9.1944 die Westalliierten Brüssel besetzten, befand sich L. zusammen mit den wichtigsten belgischen Kollaborateuren in Deutschland. Am 7.6.1944 wurde er mit seiner Familie aus Laeken weggebracht, angeblich um ihn vor den alliierten Bombardierungen in Sicherheit zu bringen. Ob L. freiwillig ins Exil nach Hirchstein bei Dresden ging, ob er gegen die Verbringung protestierte oder ob er zur Abreise gezwungen wurde, gehörte zu den Streitpunkten nach dem Krieg. Unklar ist auch, wer den Befehl zum Abtransport gab. Als sich L. bei Hitler über die Art der Unterbringung beschwerte, fragte dieser, wer die Überführung des Königs veranlaßt habe. Ihm wurde Himmlers Namen genannt. Nach dem Krieg fand sich jedoch auch eine ominöse Aufzeichnung von einem Gespräch, in dem L. darlegte, warum er es vorziehen wollte, nach Deutschland zu flüchten, statt in Belgien zu bleiben. Als die Rote Armee Sachsen bedrohte, wurde L. im Salzkammergut interniert.
Die belgische Regierung, die am 3.9.1944 in das befreite Brüssel einzog, machte Stimmung gegen den König. Am 20.9.1945 bestimmte das Parlament Prinz Karl zum Regenten. Angesichts der innenpolitischen Auseinandersetzungen um

seine Person kehrte L. nicht nach Belgien zurück, sondern übersiedelte in die Schweiz, um dort das Urteil des belgischen Volkes über sein Verhalten während des Krieges und über das Schicksal der Monarchie abzuwarten. Erst nach dem Volksentscheid vom 12.3.1950, bei dem sich die Mehrheit der Belgier für die Erhaltung der Monarchie aussprach, kehrte L. am 22.7.1950 nach Brüssel zurück. Daß 72% der Flamen für ihn gestimmt hatten, war ein Zeichen des Verständnisses, das diese Volksgruppe für seine Situation im Krieg aufbrachte. Nach der Rückkehr des Königs kam es in Brüssel zu bürgerkriegsähnlichen Ausschreitungen. Da L. von der liberalen und sozialistischen Seite keine Unterstützung bekam, übergab er zehn Tage nach seiner Rückkehr seinem Sohn Baudouin die Regierungsgeschäfte. Am 1.8.1951, als dieser 21 Jahre alt wurde, dankte er ab. Aus der Sicht des Königs waren alle Kollaborationsvorwürfe gegen ihn haltlos. Mit der Kapitulation habe er ein sinnloses Blutvergießen und eine unnötige Verwüstung des Landes verhindert. Mit seinem mißglückten Besuch bei Hitler im November 1940 habe er lediglich dem belgischen Volk Erleichterungen verschaffen wollen. Seinen Fehler sah L. darin, daß er den deutschen Nationalsozialismus und italienischen Faschismus für stark genug gehalten hatte, Europa neu zu ordnen und die Bolschewisierung des Abendlandes zu verhindern. Er hatte gehofft, daß Italien in Nordafrika und Deutschland in Rußland ihr aggressives Potential abbauen und die Länder Westeuropas in Ruhe lassen würden.
In seinem politischen Testament fand L. verständnisvolle Worte für die Lage der Flamen. Er bedauerte die lange Periode von Ungleichheit und Ungerechtigkeit, die sie durchmachen mußten, und beklagte das Unverständnis des Parlaments und die Trägheit der Regierungen bei der Erfüllung der gerechtfertigten flämischen Forderungen. Er hoffte, daß sich Brüssel bei allen Gegensätzen zwischen Wallonen und Flamen zu einer Hauptstadt mit »doppelter kultureller Ausstrahlung« entwickeln werde.

Literaturhinweise:
G. H. Dumont: Leopold III, Brüssel 1946
Joseph P. Kennedy und James M. Landis: The Surrender of King Leopold, New York 1950
Jane Kathryn Miller: Belgian Foreign Policy between two Wars 1919–1940, New York 1951
Hans Rogger und Eugen Weber (Hrsg.): The European Right. A Historical Profile, Berkeley u. a. 1965
Jacques Pirenne: Dossier du roi Leopold III, Luxemburg 1971
David Littlejohn: The Patriotic Traitors. A History of Collaboration in German-Occupied Europe 1940–1945, London 1972
Wilfried Wagner: Belgien in der deutschen Politik während des Zweiten Weltkrieges, Boppard am Rhein 1974
Margret Boveri: Der Verrat im 20. Jahrhundert, Reinbek 1976

LIE, JONAS, geb. 31.12.1899 in Oslo, Selbstmord 11.5.1945 in Skallum (Baerum), norwegischer Polizeiminister 1940–1945, Kommandeur der »Germanske SS Norge« 1942–1944, SS-Sturmbannführer

L. war der Enkel des norwegischen Dichters Jonas Lie und der Sohn der Schriftstellerin und Journalistin Kathrine Lie und des Begründers der Bibliothèque

Nordique in Paris und Mitbegründers der Norwegischen Schriftstellervereinigung Erik Lie. Er empfand seinen Namen zeitlebens als große Last und die Erwartungshaltung der Umwelt als erdrückend.
Die Jugend verbrachte L. in Paris. Nach der Rückkehr der Familie nach Norwegen 1905 lebte er im Hvalstad-Tal in Asker, dem »Tal der Künstler«, wo er gesellschaftlichen Umgang mit vielen bekannten literarischen Größen pflegte. Im Ersten Weltkrieg verfolgte er mit seinem Vater auf einer Wandkarte den Kriegsverlauf. Im Gegensatz zu seinen Mitschülern hegte er große Sympathien für Deutschland. 1917 legte er das Abitur an der angesehenen Ragna Nielsens-Schule in Kristiania ab und ging anschließend als Kriegskorrespondent nach Deutschland. Von August bis November 1917 war er an der Ostfront in Riga. Weihnachten 1917 stellte er in Berlin fest, daß das von der Außenwelt abgeschnittene Deutsche Reich einen weiteren Winter nicht überstehen werde. Deshalb hoffte er auf einen baldigen Sieg der Mittelmächte. Nach dem Frieden von Brest-Litowsk ging er im März 1918 nach Saarbrücken, um die deutsche Frühjahrsoffensive zu verfolgen. Die folgende Niederlage des »großen germanischen Mutterlandes« ging ihm nahe. Zu seinem Entsetzen akzeptierte Deutschland die Waffenstillstandsbedingungen der Ententemächte. Er beklagte den Verfall der Moral im deutschen Heer, wo »die Pflichterfüllung« den »Drang nach vorwärts« ersetzt habe. Mit Bestürzung nahm er zur Kenntnis, daß »der letzte große Kaiser von Gottes Gnaden«, Wilhelm II., abdankte, weil »die Kleinen und Vielen« es so wollten. Er empfand Schuld, nicht für den Sieg der richtigen Sache mitgekämpft zu haben. Die kommunistischen Aufstände in den deutschen Städten gaben ihm zu denken. Er fürchtete den Sieg des Sozialismus. Das Berlin, das er zu Weihnachten 1918 wiederbesuchte, zeigte sich ihm als fremde Stadt: Verlotterte Rotgardisten verunsicherten die Bürger, und Plünderungen waren an der Tagesordnung, bis der Einmarsch der Frontsoldaten am 11.1.1919 dem Chaos ein Ende bereitete.
Im Sommer 1919 legte L. das Examen an der Kriegsschule ab. Aber unter dem Einfluß seiner Familie beendete er seine militärische Laufbahn, bevor sie begonnen hatte. Er nahm das Studium der Rechtswissenschaften an der Universität Kristiania auf. Nach dem Examen arbeitete er als Rechtskandidat in der Kanzlei eines Anwalts am Obersten Gericht. Ende 1924 übernahm er eine Kanzlei in Holmestrand, 1930 bekam er die Stelle des Polizeibevollmächtigten von Bergen und 1932 wurde er zum stellvertretenden Kommandeur der Staatspolizei ernannt, die zur Unterdrückung von Streiks und Straßenkämpfen nach deutschem Vorbild aufgestellt worden war. L. beschäftigte sich mit Fragen der Polizeitaktik und erarbeitete neue Einsatzformen bei gewalttätigen Demonstrationen. Er plädierte dafür, Gewalttätigkeiten im Keim zu ersticken. 1937 wurde die Staatspolizei in eine Einsatzpolizei umfunktioniert und L. zu ihrem Chef ernannt.
Da man nach den Reichstagswahlen vom 5.3.1933 in Deutschland große Unruhen erwartete, machte L. eine Studienreise nach Berlin, um die Vorsorgemaßnahmen der Polizeikräfte in Augenschein zu nehmen. Dabei hörte L. erstmals Hitler reden. Die neue Ordnung in Deutschland beeindruckte ihn so, daß er zu Hause der »Nasjonal Samling« (NS) beitrat. 1935 verließ er die Partei wieder, ohne je mit → Quisling zusammengekommen zu sein.

Die Volksabstimmung im Saarland am 13.1.1935 verfolgte L. mit zwei weiteren norwegischen Polizeioffizieren im Auftrag des Völkerbundes als Wahlbeobachter. Bis die Deutschen die Verwaltung an der Saar übernahmen, fungierte er als kommissarischer Polizeichef in Saarbrücken. Von April bis Juni 1938 war er Mitglied einer internationalen Delegation bei der Volksabstimmung in der Provinz Hatay zwischen der Türkei und Syrien. Die Intrigen der Franzosen machten ihn zu einem Feind ihres Großmachtstrebens.

Als der in Norwegen im Exil lebende russische Politiker Leo Trotzki wegen angeblicher politischer Umtriebe im September 1936 unter Bewachung gestellt wurde, hatte L. die Aufgabe, ihn und seine Frau auf dem Hof Sundby in Hurum im Oslofjord von der Umwelt abzuriegeln. L. war beeindruckt von der Verteidigungsrede, die Trotzki vor Gericht hielt. Am 19.12.1936 wurde der Revolutionär nach Mexiko abgeschoben. L. begleitete ihn auf seiner Fahrt an Bord des Lastbootes »Ruth«. Die Seereise inspirierte L. zu seinem Kriminalroman »Ein Hai folgt dem Boot«. Nach der Übergabe Trotzkis an die mexikanischen Behörden machte L. eine Studienreise durch mehrere Großstädte der USA. Beim FBI studierte er die Methoden der Verbrechensbekämpfung, die dort gepflegt wurden. Auf der Heimreise übersetzte er das Buch seines amerikanischen Kollegen Melvin Purvis »Hart auf hart. Vom Kampf gegen Amerikas Banditen« ins Norwegische.

Als am 9.4.1940 die deutsche Invasion in Norwegen begann, hielt sich L. in Nordnorwegen auf. Aufgebracht über die Meldung, Quisling habe ihn zum Mi-

Jonas Lie und Heinrich Himmler

nister ernannt, wollte er am Kampf gegen die deutschen Eindringlinge teilnehmen. Mit zwei Begleitern, beladen mit schweren Munitionskisten, gelangte er nach einem Skimarsch über mehrere hundert Kilometer durch Schweden bis kurz vor die norwegische Grenze, wo die schwedische Polizei die Waffen beschlagnahmte. Gegenüber schwedischen Zeitungen und dem norwegischen Gesandten in Stockholm machte er deutlich, daß die Benennung zum Minister durch Quisling ohne sein Wissen geschehen war: »Ich habe nie mit ihm zu tun gehabt. Ich hörte die Meldung über Rundfunk in Finnmark. Was kann ein Mann tun, wenn er derart beleidigt wird? Das ist ein Unrecht, das nie wieder gutgemacht werden kann.« Auf dem weiteren Weg zurück nach Norwegen traf er am 20.4.1940 in Drevsjo mit Ragnvald → Hvoslef zusammen, der von seiner Ernennung zum Verteidigungsminister durch Quisling ebensowenig begeistert war wie L. Am 21.4.1940 meldete er sich in Lillehammer beim Oberkommando des norwegischen Heeres zum Dienst. Seine Beinverletzung verhinderte allerdings einen direkten Kampfeinsatz. Nach dem Abzug der britischen Truppen ergab er sich am 1.5.1940 den Deutschen.

Dem Journalisten Axel Kielland sagte L. am 6.5.1940 in einem Interview, als er auf seine Ministerernennung durch Quisling angesprochen wurde, voller Empörung: »Wart nur, bis ich den Banditen in die Finger kriege!... Quisling, das Schwein, setzt mich auf seine verdammte Liste! Ich habe nie etwas gesagt, geschrieben oder gedacht, was dem Hanswursten das Recht gibt, sich einzubilden, daß ich an seiner Regierung teilnehmen werde.«

Am 30.5.1940 ernannte der deutsche Reichskommissar für Norwegen, Josef Terboven, L., den er seit 1935 kannte, zum »Polizeiinspektor für besondere Aufgaben« im Justizdepartment. In dieser Funktion bekam L. Einblick in die politischen Akten der norwegischen Polizei und konnte zahlreiche deutsche Forderungen nach Bestrafung von Norwegern umgehen.

Trotz des Drängens von → Riisnæs, anläßlich der offiziellen Amtsantrittsfeierlichkeiten Terbovens am 1.6.1940 mit ihm der NS beizutreten, verweigerte sich L. einer Zusammenarbeit mit Quisling. Erst als Terboven ihn dazu drängte, weil er ihn so bald wie möglich anstelle von Quisling zum Parteichef machen wolle, überwand L. seine Bedenken. Am 16.9.1940 wurde er Parteimitglied. Das war die Voraussetzung, daß er am 25.9.1940 Polizeiminister im Staatsrat (kommissarisk riksråd) werden konnte, der unter der Aufsicht des Reichskommissars die Regierungsgeschäfte führte. Dieses Amt nahm L. bis zum Kriegsende wahr. Um die Polizei politisch einheitlich auszurichten, drängte er die Polizisten zum Eintritt in die NS. Die Alternative zum Parteieintritt war der Verlust des Arbeitsplatzes.

Im Laufe des Jahres 1941 wurde die norwegische Polizei nach deutschem Muster umstrukturiert. In der folgenden Zeit bestand sie aus zwei Hauptabteilungen, nämlich der Ordnungspolizei und der Sicherheitspolizei. Die Sicherheitspolizei gliederte sich in Kriminalpolizei und Staatspolizei; die Grenzpolizei unterstand der Staatspolizei. Chef der Ordnungspolizei wurde Egil Olbjoern, Chef der Sicherheitspolizei wurde Oliver → Möystad, und Chef der Staatspolizei wurde Karl Alfred → Marthinsen, den L. bereits von früher kannte. Der enge persönliche Kontakt L.s zu Marthinsen führte später zur Ablösung von Möystad.

Allen Sparten der Polizei verbot L., sich in die Angelegenheiten der NS einzumischen. Auf der anderen Seite sollten sie den Rikshird bei allen seinen Maßnahmen, auch bei Festnahmen, unterstützen.
Im April 1941 nahm L. die Gelegenheit wahr, die deutschen Truppen auf dem Balkanfeldzug in Jugoslawien und Griechenland zu begleiten. Er brachte das Eiserne Kreuz II. Klasse mit. Die Erlebnisse inspirierten ihn zu seinem Buch »Over Balkans syv blåner«, das der Propaganda für die Freiwilligenmeldung zur Waffen-SS diente. Am 21.6.1942 übernahm L. im Rang eines SS-Sturmbannführers die Leitung der »Germanske SS Norge«, die der Allgemeinen SS in Deutschland entsprach. Von Oktober 1942 bis Februar 1943 stand L. als Angehöriger der Waffen-SS im Einsatz an der Ostfront. Viele Polizeiangehörige folgten ihm.
Die Beziehungen zwischen L. und Quisling blieben gespannt, weil L. die offensichtliche Gunst Terbovens hatte, während Quisling → Hagelin protegierte.
Mit dem Beschluß des Ministerrats vom 29.4.1945, daß auf norwegischem Boden keine Kampfhandlungen stattfinden drüften, weil das Land neutral sei, war L. nicht einverstanden. Er wollte auch einen Bürgerkrieg riskieren. Noch am 30.4.1945 eröffnete er in Oslo die Ausstellung »Norwegen ruft«, in der die Leistungen der norwegischen SS-Freiwilligen herausgestellt wurden, mit denen er die Auseinandersetzung wagen wollte.
Nach der deutschen Kapitulation nahm sich L. bei der Verteidigung des Hofes Skallum gegen die Heimatfront zusammen mit Rogstad das Leben, während sich Riisnæs den Belagerern ergab.
Nach dem Krieg wurde das schriftstellerische Werk L.s in Norwegen unterdrückt. Zu den bekanntesten Werken gehörten »Die Jungen von der Westbahn. Einer von ihnen« (1924), »Die letzte ihres Geschlechts. Bericht über Orla Wolff« (1925) und »Max Mauser. Der Diamant des Todes. Bericht über Orlow« (1932).

Literaturhinweise:
Dietrich Loock: Quisling, Rosenberg und Terboven, Stuttgart 1970
Nils Johan Ringdal: Gal mann til rett tid, Oslo 1989
Öystein Sorensen: Hitler eller Quisling, Cappelen 1989
Sverre Rodder: Min ære er troskap, Oslo 1990
Hans Fredrik Dahl: Vidkun Quisling – en förer for fall, Oslo 1992

LINDHOLM, SVEN OLOF, geb. 8.2.1903 in Jönköping, 1995 in Stockholm lebend, Gründer der »Nationalsocialistiska Arbetarparti« (NSAP) 1933 und der »Svensk Socialistisk Samling« (SSS) 1938

In der schwedischen Armee, in die er 1923 nach dem Besuch der Realschule eingetreten war, brachte es L. bis zu seiner Entlassung 1930 zum Feldwebel der Artillerietruppe. Während seiner Stationierung in Östermalm las er 1926 in den Zeitungen vom Aufschwung des Faschismus auf dem Kontinent. Er setzte sich mit dem Antisemiten Prof. Elof Eriksson in Verbindung, der als Redakteur der Zeitung »Nationen« nordische Rassenlehre pflegte und für die Erhaltung des reinen Bauerntums eintrat. Da bei L. jedoch der nationalsoziale Gedanken im Vorder-

grund stand, schloß er sich der »Sveriges Fascistiska Kamporganization« von Konrad Otto Hallgren an und übernahm die Propagandaaufgaben der Partei. Anfangs herrschte das Muster des italienischen Faschismus vor. Nach dem Besuch des Nürnberger Parteitags 1929 wandte sich L. unter dem Eindruck des Erlebten jedoch dem deutschen Nationalsozialismus zu. 1930 gelang ihm zur Freude der deutschen Freunde die Verschmelzung seiner Partei mit der »Nationalsocialistiska Bonde- och Arbetarparti«, die der Tierarzt Birger Furugard 1924 gegründet hatte. Die neue Partei nannte sich »Nysvenska Nationalsocialistiska Förbundet«. Die Leitung übernahm Furugard, der seit 1923 Verbindungen zur NSDAP in Deutschland pflegte und insbesondere von Himmler protegiert wurde. L. redigierte die Parteizeitungen »Nationalsocialisten« und »Var Kamp«. Die Parteizentrale war in Göteborg. Bei den Reichstagswahlen im September 1932 erhielt die Partei jedoch nur 15 000 Stimmen. Das reichte nicht für ein Mandat aus, aber Himmler gratulierte und versprach finanzielle Hilfen.
Die Eifersüchteleien zwischen Furugard und L., der im November 1932 gleichfalls persönlichen Kontakt zu Hitler aufgenommen hatte, belasteten die Partei. L. ärgerte sich über den Alkoholkonsum Furugards und den bürgerlich-konservativen Charakter, den er der Partei gab. L. wollte die Partei zu einer revolutionären antikapitalistischen Bewegung umwandeln. Da ihm das mißlang, gründete er Anfang 1933 seine eigene Partei, die »Nationalsocialistiska Arbetarparti« (NSAP) und organisierte sie nach dem Vorbild der NSDAP. Als ihre Ziele nannte er die Verstaatlichung der Banken, die Erhaltung der kleinen Einzelhändler, die Ausschaltung der Kommunisten aus allen führenden Stellungen und den Kampf gegen den Völkerbund als Instrumentarium der nationalen Erschlaffung. Er glaubte an die Stärke des schwedischen Volkes, wenn man es zum gemeinschaftlichen Handeln bringen könnte. Trotzdem bekam er bei den Reichstagswahlen 1936 nur 17 483 Stimmen. Daraufhin setzte L. den propagandistischen Hebel bei der Jugend an und gründete eine Reihe von Jugendorganisationen, z. B. »Nordisk Ungdom« und »Nordiska Skolungdomsförbundet«. Um den Nationalstolz der Schweden anzuregen, tauschte er das Parteisymbol des Hakenkreuzes gegen die Wasa-Garbe (Vasakärve) aus, als er 1938 den Parteinamen in »Svensk Socialistisk Samling« (SSS) abänderte. Auch die braunen Uniformen, die an die NSDAP erinnerten, wurden abgelegt, und der faschistische Gruß »kamp-hell«, der bisher üblich war, wurde untersagt. Trotzdem blieb die Partei in ihrer Ideologie und ihrer Struktur streng nationalsozialistisch. Sie kämpfte für die Rettung des Arbeiters aus den Klauen des Kommunismus, für eine kontrollierte Staatswirtschaft und für die Eingliederung der Schweden in die germanische Rassengemeinschaft. Das nationalsozialistische Deutschland war das große Vorbild. Zur Sicherung von Parteiveranstaltungen gründete L. nach dem Muster der NSDAP »Schutzabteilungen« (Skyddsavdelningar), die nach einem Verbot durch die Regierung in »Aktionsgruppen« (Aktionsgrupper) umbenannt wurden. Die faschistische Gewerkschaftsorganisation »Svensk Socialistisk Industriarbetareförbund« zählte 1939 nur 12 lokale Gruppen. 1938 legte L. dem König eine von 26 500 Bürgern unterschriebene Petition vor, die den Austritt des Landes aus dem Völkerbund forderte. Es ist bekannt, daß die Partei nicht nur von schwedischen Industriellen, sondern auch von Deutschland unterstützt wurde. Zum Aufbau ei-

nes eigenen Verlags lieferte die NSDAP eine Rotationspresse. Als Parteizeitungen wurden »Den Svenske«, »Stormfacklan« und »Nationell Socialism« aufgekauft.

Die Chancen der SSS wuchsen in den dreißiger Jahren. Ihr Antisemitismus breitete sich in der Bevölkerung aus. Die Arbeitslosigkeit bewog auch Arbeiter, die bisher der Kommunistischen Partei angehört hatten, zum Beitritt. Die nationalsozialistischen Publikationen fanden Absatz. In Stockholm, Uppsala und Lund kam es 1939 zu Demonstrationen gegen die »judeinvasion« und »främlingsinvasion« aus Deutschland. Im Sommer 1939 beschlossen die faschistischen Parteien Norwegens, Dänemarks und Schwedens die Zusammenarbeit zur Erhaltung des nordischen Volkstums im Sinne der deutschen Rassenlehre. Die prodeutsche Einstellung weiter Bevölkerungskreise änderte sich erst, als der Zweite Weltkrieg ausbrach, insbesondere nach der Besetzung Norwegens und Dänemarks durch die Wehrmacht.

1939 bis 1942 diente L. als Feldwebelleutnant im Heer. In dieser Funktion warb er mehrere Schweden zum freiwilligen Eintritt in die deutsche Waffen-SS. Obwohl er dafür mit einer Haftstrafe belegt wurde, setzte er seine Propaganda für die deutsche Seite fort. Er forderte das Verbot jeglicher jüdischer Einwanderung in Schweden und verlangte Maßnahmen zur Rassenhygiene. 1942 legte er dem König den Beitritt Schwedens zum Antikominternpakt nahe, damit das Land wenigstens ein Zeichen seiner Solidarität mit den Verteidigern des Abendlands gegen den Bolschewismus setze. Da L.s Ideen im Volk ohne große Wirkung blieben, ließ ihn die Regierung gewähren. 1944 erhielt seine Partei bei den Reichstagswahlen nur 4204 Stimmen. Die meisten Sympathisanten hatte L. in der schwedischen Armee. Die 69 höheren Offiziere, die der 1937 gegründeten »Schwedisch-Deutschen Gesellschaft« (Riksföreningen Sverige-Tyskland) angehörten, hielten die Hand über ihn. Auch mehrere angesehene Gelehrte identifizierten sich mit der Ideologie der SSS, z. B. der Geograph Sven → Hedin, der Botanikprofessor Bengt Lidforss und der Leiter des Staatlichen Instituts für Abstammungslehre in Uppsala, Professor Herman Lundborg.

In einem Brief an Himmler im August 1942 machte sich L. Gedanken über das Großgermanische Reich, das im Entstehen war. Er forderte die Selbständigkeit Schwedens in dem geplanten Staatenbund und die Beibehaltung seiner Verfassung. Die Antwort, die er von Walter Schellenberg, dem Leiter des SS-Auslandsnachrichtendienstes, im Auftrag Himmlers erhielt, war sehr unbestimmt. Das deutsche Hauptinteresse galt der Rekrutierung von Freiwilligen.

Im März 1941 spaltete sich von der Partei L.s die Organisation »Bruna Gardet« (Braune Garde) ab, die den Einmarsch der Wehrmacht in Schweden vorbereiten wollte. Ihr Leiter, Albert Engström, wurde 1944 wegen Vorbereitung zum Staatsverrat zu fünf Jahren Gefängnis verurteilt. Im Unterschied zu Engström hielt sich L. von allen Unternehmungen zurück, die gegen die schwedische Souveränität und gegen die Monarchie gerichtet waren.
1950 legte L. seine Parteiämter nieder, predigte aber weiterhin in schwedischen Jugendgruppen seine nationalsozialistischen Anschauungen. In den siebziger Jahren war er Mitglied der pazifistischen »Vietnambewegung«.

Literaturhinweise:
Ake Thulstrup: Med lock och pock. Tyska försök att paverka svensk opinion 1933–1945, Stockholm 1962
Sven Olof Lindholm: Döm ingen okänd, Stockholm 1968
Eric Wärenstam: Fascismen och nazismen i Severige 1920–1940, Stockholm 1970
Olga W. Tschernischewa: Faschistische Strömungen und Organisationen in Schweden bis zum Ende des zweiten Weltkrieges, in: Nordeuropa-Studien 7/1974

LJOTIĆ, DIMITRI, geb. 12.8.1891 in Belgrad, gest. 23.4.1945 in Slowenien, Führer der »Jugoslawischen Nationalbewegung« (ZBOR) in Serbien 1941–1945

Als Sohn eines serbischen Diplomaten studierte L. nach dem Schulbesuch ab 1909 an der Universität Belgrad Jurisprudenz. Auf der Suche nach einer religiösen Orientierung geriet er unter den Einfluß der Lehren Tolstois. In dem Bemühen, die anarchistischen Prinzipien des russischen Philosophen zu realisieren, lehnte er alle gesellschaftlichen Bindungen ab, vernachlässigte die Konventionen, lebte vegetarisch und sah aus wie ein Lump. Beim Ausbruch des Balkankriegs 1912 lehnte er den Wehrdienst ab. Er arbeitete statt dessen in einem Cholerаspital. Als der Balkankrieg zu Ende war, sandte ihn König Peter I. von Serbien nach Paris, damit er dort seine Studien fortsetze. In Paris widmete sich L. insbesondere der Religionsphilosophie. Blaise Pascal wurde sein Lieblingsautor. Auch mit dem Werk von Charles → Maurras beschäftigte er sich eingehend. Während seiner Studien verstärkten sich seine Zweifel an Tolstois Interpretation des Christentums. Als der Erste Weltkrieg ausbrach, war er bereits überzeugt, daß die Verteidigung des Vaterlandes eine gute Tat ist. Er diente als Unteroffizier, später als Nachrichtenoffizier im serbischen Heer. Als Vorgesetzter von Soldaten merkte L., daß ohne Autorität keine menschliche Gesellschaft möglich ist. Die Gebete des Franz von Assisi beeindruckten ihn so, daß er zu Weihnachten 1917 erstmals wieder an den christlichen Sakramenten teilnahm. Im Sep-

tember 1918 wurde L. verwundet. Bis zur Demobilisierung im Juni 1920 blieb er bei seinem Regiment in Bak, um die Besetzung der dalmatinischen Küste durch die Italiener zu verhindern.
Nach seiner Entlassung aus der Armee eröffnete L. eine Anwaltskanzlei in Smederewo. Daneben widmete er sich der Bildung landwirtschaftlicher Kooperativen zur Förderung des selbständigen Kleinbauerntums. Eine Zeitlang war er sogar Vorsitzender der »Union jugoslawischer Kooperativen«. Aus den sozialphilosophischen Ausführungen Emil Dürkheims hatte er gelernt, daß die Zusammenarbeit von gesellschaftlichen Gruppen zu einem korporativen Staat führen könne und daß Individualrechte nachrangig seien gegenüber Gemeinschaftsansprüchen. In seiner moralisierenden Art wollte er dem Staat, den er anstrebte, den augustinischen Leitsatz zugrunde legen: »In necessariis unitas; in variis libertas; in omnia caritas«. Daran sollte sich das Erziehungswesen orientieren. Angesichts der Parteienzersplitterung und Korruption im neu errichteten Königreich Jugoslawien fühlte sich L. moralisch verpflichtet, Änderungen zu bewirken. In dem Wissen, daß Theorien tot sind, wenn sie nicht umgesetzt werden, entschloß er sich, politisch tätig zu werden. Bis 1926 war er Mitglied der »Radikalen Partei«, die in Wirklichkeit eine gemäßigte konservative Partei war. Als vehementer Befürworter der Dezentralisation und der regionalen Autonomie wurde er 1927 in das Regionalparlament der Donauprovinz gewählt. Im Februar 1931 wurde er gebeten, das Justizministerium in Belgrad zu übernehmen. Da er das Parteiensystem für obsolet hielt, schlug er eine neue Wahlverfassung vor, nach der die Bevölkerung ohne Einflußnahme der Parteien ihre Kandidaten wählen sollte. Das ging König Alexander II. zu weit. Nach nur sieben Monaten mußte L. sein Ministeramt aufgeben.
L. klagte in fast allen öffentlichen Auftritten über den moralischen Niedergang Europas. Ohne die Rückkehr zu den christlichen Grundsätzen sah er den Untergang des Abendlandes kommen. Die größte Schuld an der Entwicklung schrieb er dem marxistischen Sozialismus zu, weil er gegen Gott, gegen den Geist und gegen die Nation stehe. Auf den marxistischen Säulen Atheismus, Materialismus und Internationalismus lasse sich keine gesunde Gesellschaft aufbauen. Den Sozialismus nannte er »Programm der Zerstörung«. Als Gegenbewegung gegen den Sozialismus entwickelte sich aus vielen kleinen Zirkeln bis Ende 1934 die »Jugoslawische Nationalbewegung« (ZBOR), deren erster Führer L. wurde. Sie war den Ideen des Franzosen → Maurras verpflichtet und kämpfte für einen hierarchischen Staat, frei von Juden, Kommunisten und Freimaurern, mit einer korporativen Wirtschaft zum Wohle der Mehrheit des Volkes. Die Mitglieder der Organisation fühlten sich als die politische Elite des Landes. Das Führerprinzip galt unangefochten. Das staatspolitische Ziel von ZBOR bestand in der Durchsetzung der nationalen Interessen Jugoslawiens, d. h. der Errichtung der serbischen Hegemonie auf dem Balkan unter Einverleibung Bulgariens. Der Zulauf zu dieser neuen Bewegung beunruhigte die zahlreichen jugoslawischen Parteien. Sie setzten im Parlament Maßnahmen gegen die ZBOR-Mitglieder durch, z. B. die Benachteiligung im öffentlichen Dienst und die Beaufsichtigung durch die Polizei. Wegen offenkundiger Wahlbehinderungen konnte sich ZBOR bei den Parlamentswahlen 1935 und 1938 nicht entfalten. Sie bekam keinen Sitz

im Parlament. Weil L. im Unterschied zu allen damaligen Politikern ein praktizierender Christ war, steckte man ihn sogar eine Zeitlang in eine Irrenanstalt. Nach seiner Entlassung suchte L. Bündnispartner im Ausland. Er verstärkte die vorhandenen Kontakte zur NSDAP, insbesondere zu Alfred Rosenberg, den Leiter des Außenpolitischen Amtes der NSDAP. Über eine Export-Import-Firma wurde ZBOR von dort finanziell unterstützt. Als Kurier fungierte ein gewisser Dragić, der sich später als der Jude Diamantstein entpuppte.

Wie alle Faschisten auf dem Kontinent wetterte L. gegen Korruption, Parteiensumpf, Judentum und Kommunismus, obwohl er sich dagegen wehrte, wenn ZBOR als faschistische Bewegung eingestuft wurde. Die Ähnlichkeiten führte er auf das gleiche Feindbild zurück. ZBOR kämpfte wie die faschistischen Parteien gegen Kommunismus, Parlamentarismus und Kapitalismus für staatliche und wirtschaftliche Stabilität, für eine Volksgemeinschaft ohne Klassen und für die serbische Nation. Gegen eine Abtrennung der kroatischen Landesteile von Jugoslawien hatte er nichts einzuwenden, weil dadurch das Gewicht der serbischen Bevölkerungsteile im Staat stieg. Als den wichtigsten Unterschied zwischen ZBOR und den faschistischen Parteien des Auslands bezeichnete er die Beziehung zur christlichen Relgion. ZBOR war eine Bewegung christlich-orthodoxer Prägung.

Dem jugoslawischen König Alexander II. und nach dessen Ermordnung dem Prinzregenten Paul empfahl L. strikte Neutralität auf der internationalen Bühne. Er warnte insbesondere vor der Abhängigkeit von Frankreich und Deutschland. Als die Westmächte mit der Sowjetunion im April 1939 Bündnisverhandlungen begannen, plädierte L. für ein temporäres Zusammengehen von Stalin und Hitler, wie es am 23.8.1939 der Ribbentrop-Molotow-Pakt herbeiführte. Er mißbilligte die einseitigen Bindungen seines Landes durch Wirtschaftsverträge mit dem Deutschen Reich und lehnte den Beitritt zum Dreimächtepakt ab, den Prinzregent Paul am 25.3.1941 unterzeichnete. Als am 6.4.1941 der Balkanfeldzug begann und die Wehrmacht in Jugoslawien einmarschierte, kämpfte L. als Regimentskommandeur in der jugoslawischen Armee. Die Niederlage sah er angesichts des schlechten Ausbildungsstands der Truppe kommen.

Bei der Zerstückelung des Landes nach der jugoslawischen Niederlage waren die Deutschen bereit, den Serben in Restjugoslawien eine beschränkte Autonomie zuzugestehen. L. formulierte die rechtlichen Rahmenbedingungen. Er forderte die Aufrechterhaltung der serbischen Verwaltung, des serbischen Rechtswesens und die Freiheit der serbisch-orthodoxen Kirche. Am 29.4.1941 akzeptierten die deutschen Dienststellen die Konditionen. In der serbischen kommissarischen Regierung, die daraufhin gebildet wurde, amtierten auch zwei ZBOR-Mitglieder. L. lehnte eine Mitarbeit ab.

Nach dem Einmarsch der deutschen Truppen in die Sowjetunion am 22.6.1941 entstand in Jugoslawien eine kommunistische Partisanenbewegung gegen die Besatzungsmächte. Ihr Wirkungskreis erstreckte sich auch auf serbisches Gebiet. Als Hitler angesichts der unentschlossenen Haltung der serbischen Regierung mit der Auflösung der serbischen Autonomie drohte, wurde L. von seinen Parteifreunden gebeten, die politische Führung zu übernehmen. Er lehnte das Ansinnen kategorisch ab und schlug Milan → Nedić als Regierungschef vor. L.

überzeugte ihn, daß es seine nationale Pflicht sei, sich dieser Aufgabe zu widmen, und versprach ihm seine Unterstützung. Zur Bekämpfung der Tito-Partisanen stellte Nedić das »Serbische Freiwilligenkorps« (SFK) auf, das sich zum großen Teil aus Mitgliedern von ZBOR rekrutierte. L. förderte die Rekrutierung. Die Mitglieder der ZBOR-Bewegung hatten viele Ähnlichkeiten mit der Eisernen Garde in Rumänien. Es handelte sich um nationalgesinnte junge Leute, überwiegend Studenten, die neben einem religiösen Mystizismus antiliberale, antisemitische, ständestaatliche und antikommunistische Ideen vertraten. Der Kampf gegen Tito entsprach ihrer Ideologie. Die Soldaten des SFK trugen die Uniform der königlich jugoslawischen Armee. Ihre Fahnen hatten die Aufschrift »Im Glauben zu Gott für König und Vaterland«. Ihr Eid galt dem »serbischen Volk und Vaterland«. Das alles war dem Höheren SS- und Polizeiführer beim Militärbefehlshaber in Serbien, SS-Gruppenführer und Generalleutnant der Polizei August Meyszner, ein Dorn im Auge. Er berichtete dem Reichsführer-SS. Bei der Kontroverse zwischen Himmler und dem OKW, die daraus entstand, versprach Keitel am 15.5.1943 die baldige Auflösung von ZBOR. Aber da die Partisanenbewegung in den folgenden Monaten anschwoll, war das SFK zur Verteidigung des Landes unabdingbar. Die Auflösung unterblieb. L. konnte sich sogar erlauben, die deutsche Balkanpolitik in einem 26seitigen Memorandum zu tadeln. Er geißelte die Untermenschenpolitik im Osten und forderte eine konstruktive Europapolitik unter Einbeziehung des Südostens. Ende Mai 1944 gelang es dem SFK, den Tito-Partisanen den Übergang über die Drina zu verwehren. Daraufhin erlaubte der deutsche Militärbefehlshaber Südost die Aufstockung des Verbands auf 13 842 Mann in fünf Regimentern. Das Kommando hatte der deutschfreundliche ehemalige k.u.k. Offizier Musicki. Als sich der Krieg dem Ende näherte, schlug L. vor, daß sich die serbischen Verbände nach Slowenien und Istrien zurückziehen, um von dort aus die Entscheidungsschlacht mit den Kommunisten zu führen. Bevor die Einzelheiten festgelegt werden konnten, starb L. auf dem Weg zu einer Konferenz mit serbischen Nationalisten und Kirchenführern bei einem Autounfall.
Die Rache der Tito-Partisanen an den SFK-Soldaten war hart. Nur wenige überlebten. Drei Regimenter, die in englische Kriegsgefangenschaft geraten waren, wurden an die Jugoslawen ausgeliefert. 3000 Mann wurden auf der Stelle massakriert.

Literaturhinweise:
Peter F. Sugar (Hrsg.): Native Fascism in the Successor States 1918–1945, Santa Barbara 1971
Dimitri Ljotić: Light of Truth, Birmingham 1984

LOGOTHETÓPOULOS, KONSTANTINOS, geb. 1.8.1878 in Nauplia, gest. 3.1.1961 in Athen, griechischer Ministerpräsident 1942–1943

Als Sohn eines wohlhabenden Kaufmanns studierte L. in München Medizin und legte dort das Staatsexamen ab. An der 2. Frauenklinik war er Assistenzarzt, bis er 1922 einen Ruf als Professor für Gynäkologie an die Universität Athen erhielt. Ab 1933 war er Chefarzt des dortigen Evangelismus-Krankenhauses und

Rektor der Universität. Im gleichen Jahr nahm ihn die Deutsche Akademie der Wissenschaften in ihren Kreis auf. L. war mit einer deutschen Frau verheiratet.

Nach dem Balkanfeldzug der Wehrmacht und der Kapitulation Griechenlands am 21.4.1941 glaubte L. seinem Volk am meisten zu nützen, wenn er politische Verantwortung übernahm. Er stellte sich dem General → Tsolákoglou zur Verfügung, als dieser das erste griechische Kabinett bildete, und übernahm das Ministerium für Soziales und für Unterricht. Als Tsolákoglou demissionierte, wurde er am 2.12.1942 für vier Monate als dessen Nachfolger griechischer Ministerpräsident. Er übernahm das Amt nicht, um Karriere zu machen, sondern weil er glaubte, aufgrund seiner Beziehungen zu Deutschland dem griechischen Volk bessere Lebensbedingungen verschaffen zu können. Die anregendste Persönlichkeit in seinem Kabinett war der Theologieprofessor Louvaris, der auf Drängen des Athener Erzbischofs Damaskinos das Kultusressort übernahm. Als Louvaris nach dem Krieg als Kollaborateur vor Gericht stand, weigerte sich Damaskinos, für ihn ein gutes Wort einzulegen.

Als L. die Regierungsgeschäfte übernahm, kämpften die deutschen Truppen vor Stalingrad die kriegsentscheidende Schlacht. L. sah im Rußlandfeldzug einen Krieg für Europa gegen den Bolschewismus, der auch in Griechenland Anhänger hatte. In seiner Regierungserklärung warnte L. vor dem Lockruf der Linken zum falschen Engagement, der von den »Menschen der Finsternis komme, den gewissenlosen Unruhestiftern, den Kommunisten«. Er griff die deutsche Propaganda auf, daß sich die Briten an die Sowjets verkauft hätten, und begründete damit seine Unterstützung für die Küstenbefestigung, die von den Achsenmächten gegen eine englische Landung in Griechenland erstellt wurde.

Seine besondere Aufmerksamkeit widmete L. der Verbesserung der Ernährungslage für die griechische Bevölkerung. Zusammen mit dem deutschen Wirtschaftsbeauftragten, Gesandter Hermann Neubacher, gründete L. die Firma Degriges, um den Warenaustausch mit Deutschland und Italien in geordnete Bahnen zu lenken. Unter Aufrechterhaltung des fiktiven Kurses von 60 Drachmen für eine Reichsmark sollte sie die echten Wertrelationen der Waren durchsetzen und den Schwarzhandel austrocknen. Der Überpreis sollte zur Deckung der Besatzungskosten und zur Stützung der griechischen Exportpreise verwendet werden. Wegen seines aufrechten und mutigen Verhaltens im Interesse seines Volkes machte sich L. bei den Deutschen und Italienern bald unbeliebt. Seine nationalistischen Aufrufe anläßlich des Neujahrstages 1943 und des Nationalfeiertages am 25.3.1943 beschleunigten seine Absetzung ebenso wie seine Kritik am diskriminierenden Verhalten der Besatzungsmächte. Angesichts der wachsenden Nahrungsmittelknappheit und des akuten Wassermangels im Lande beschwerte er sich z. B. über das mangelnde Fingerspitzengefühl und die Verschwendungssucht der deutschen Besatzungstruppen, die von Autowaschen in Dürreperioden, von öffentlichen Festmahlzeiten und von Hamsterkäufen mit Besatzungsgeld nicht ablassen wollten. Obwohl der deutsche Personalumfang 60 000 Mann nicht überschritt, machten ihr Herrenmenschengehabe und ihre Requirierungen bei der griechischen Zivilbevölkerung böses Blut. L. meinte, »diese Deutschen seien nicht das Volk, das er bei seinem Studium im Reich kennengelernt« habe. Schlimmer noch als die Deutschen hausten die Italiener und Bulgaren, die große Landesteile besetzt hielten und denen man wegen ihrer annektionistischen Aspirationen mißtraute. Die Ohnmacht L.s gegen ihre Übergriffe verstärkte die Abneigung der griechischen Bevölkerung gegen ihren Ministerpräsidenten. Man empfand ihn schließlich als untragbaren politischen Laien, der vor den Besatzern kapitulierte. Seine Mißerfolge waren offensichtlich. Die von ihm versuchte Neuorganisierung der korrumpierten griechischen Polizei scheiterte an der Gegnerschaft der Italiener, die mit den Beamten gute Geschäfte machten. Es gelang ihm nicht, etwas gegen die nationalsozialistische Judenpolitik zu erreichen, obwohl er die orthodoxe Kirche hinter sich hatte. Auch als die Sterblichkeit unter den jüdischen Zwangsarbeitern auf 12% stieg, blieben seine Hinweise auf die Haager Landkriegsordnung und seine Forderungen nach einer angemessenen Bezahlung für sie ohne Resonanz. Am 18.3.1943 protestierte L. erfolglos gegen die Deportation der Juden aus Saloniki. Er argumentierte, daß die Durchführung der Nürnberger Gesetze auf griechischem Boden gegen das Völkerrecht verstoße und die Autorität der griechischen Regierung beeinträchtige. Er warnte, daß viele Juden in die Berge flüchteten, wo sie die Widerstandsbewegungen unterstützten. Auch seine Bemühungen um eine Verringerung der Besatzungskosten stießen bei den Italienern und Deutschen auf taube Ohren.

Um die deutsche Bevölkerung über die Besatzungspolitik in Griechenland aufzuklären, schickte L. seine Frau zu einer Vortragsreise ins Reich. Ihre kritischen Ausführungen trugen zu seiner Entmachtung bei.

Die einzige Stütze während seiner Amtszeit fand L. im Gesandten Günther Altenburg, den Bevollmächtigten des Reiches für Griechenland. Auf Bitten von L. verhinderte dieser z. B., daß die Italiener in das Nachfolgekabinett einen Führer der koutsovlachischen Separatisten einschleusen konnten. Gegen die von dem deutschen Generalbevollmächtigten für den Arbeitseinsatz, Fritz Sauckel, geplante Einführung der allgemeinen Arbeitspflicht für die griechische Zivilbevölkerung, bei Bedarf auch im Reichsgebiet, protestierte L. mit Altenburgs Hilfe erfolgreich. Die Aufregung, die durch die Planungen ausgelöst wurde, beruhigte sich erst, als L. öffentlich versichern durfte, ein zwangsweiser Auslandseinsatz stehe außer Frage. Einige Erfolge erzielte L. auch durch Maßnahmen, die er in den ihm fachlich nahestehenden Ministerien auf den Gebieten Erziehung, Soziales und Gesundheit durchsetzen konnte.

Die Besatzungsmächte behandelten L. als Übergangskandidaten und suchten unmittelbar nach seiner Vereidigung einen neuen Kandidaten. Die Italiener setzten auf den Vizepremier und Innenminister Gotsamanis, der bei den Griechen als »korrupter Stiefellecker« galt. Seine Opposition gegen L. erschwerte die Regierungsarbeit erheblich. Bei den Italienern erfreute er sich großer Beliebtheit, weil er viele Reformpläne des Ministerpräsidenten durchkreuzte. Da die Deutschen sowohl Gotsamanis als auch den italienischen Kompromißvorschlag ablehnten, die Regierungsgeschäfte einem italienischen Hohen Kommissar zu übertragen, einigten sich beide Mächte Ende März 1943 auf → Rallis als neuen Regierungschef.

Bevor der letzte deutsche Festlandverband am 2.11.1944 griechischen Boden verließ, war L. mit anderen Kollaborateuren in das Reich geflüchtet. In der Ostmark gründete er eine Exilregierung, die jedoch keinerlei Bedeutung hatte.

Literaturhinweise:
Heinz Richter: Griechenland zwischen Revolution und Konterrevolution 1936–1946, Frankfurt 1973
Christopher M. Woodhouse: Apple of Discord. A Survey of Recent Greek Politics in their International Setting, Reston 1985
Hagen Fleischer: Im Kreuzschatten der Mächte. Griechenland 1941–1944, Frankfurt u. a. 1986
Rainer Eckert: Vom ›Fall Marita‹ zur ›wirtschatlichen Sonderaktion‹. Die deutsche Besatzungspolitik in Griechenland vom 6. April 1941 bis zur Kriegswende im Februar/März 1943, Frankfurt u. a. 1992

Luchaire, Jean, geb. 21.7.1901 in Siena, hingerichtet 22.2.1946 im Fort de Châtillon, französischer Journalist, Präsident der »Corporation Nationale de la Presse Française« 1942–1944, Propagandachef der »Commission gouvernementale française pour la defense des intérêts nationaux« 1944–1945

Nach dem Schulbesuch in Florenz kam L., Sohn des Direktors des dortigen Institut Français, 1919 nach Paris, um Literaturwissenschaft und Jura zu studieren. Bereits mit zwölf Jahren hatte er seine erste Zeitschrift gegründet, »Les Jeunes Auteurs«, und mit 14 leitete er die »Ligue latine de la Jeunesse«. 1918 gehörte er zum Autorenkreis der radikalen Pariser Tageszeitung »L'Ere Nouvelle«. Nach dem Ersten Weltkrieg schrieb er Artikel über außenpolitische Themen für »Le Matin«, »Le Petit Parisien« und »L'Homme Libre«. 1927 wurde er Generalsekretär der radikalen Tageszeitung »La Volonté«, in der die Nachkriegsverträge als friedensfeindliche Maßnahmen dargestellt wurden, und trat der »Fédération des Jeunesses laïques et républicaines« bei. 1927 gründete er die Monatszeitschrift »Notre Temps«, die den Pazifismus und den Europagedanken Briands mittrug und die er mit der finanziellen Unterstützung des Quai d'Orsay zu einem Wochenblatt umwandelte. 1930 lernte er bei einem Jugendtreffen in Deutschland Otto Abetz kennen, mit dem ihm bald eine herzliche Freundschaft verband. Zusammen organisierten sie 1932 und 1933 den Zweiten und Dritten deutsch-französischen Jugendkongreß und initiierten einen lebhaften Kulturaustausch zwischen Frankreich und Deutschland, insbesondere für Jugendliche. Unter dem Einfluß von Abetz, der seinem Freund zahlreiche Abonnenten und einige Sponsoren vermittelte, wurde die deutschfreundliche Linie von »Notre Temps« immer deutlicher. Trotzdem fühlte sich L. als linkssozialistischer Pazifist. Er unterstützte die Volksfrontregierung von Léon Blum. Als er jedoch dem Münchner Abkommen vom 30.9.1938 seine Zustimmung gab, zog er sich die Feindschaft aller französischen Antifaschisten zu. Er scheute sich in der Folgezeit nicht, die guten Seiten des Faschismus und des Nationalsozialismus darzustellen.
L., der im Juli 1934 Paris aus gesundheitlichen Gründen verlassen mußte, kehrte im März 1940 in die Hauptstadt zurück, als Frankreich auf den deutschen Angriff wartete. Mit der finanziellen Unterstützung des französischen Informationsministeriums ließ er die Zeitschrift »Notre Temps«, die seit Juli 1939 nicht mehr auf dem Markt war, wieder erscheinen. Als die Wehrmacht in Frankreich

einmarschierte, floh er. Die französische Niederlage im Juni 1940 erlebte er an der spanischen Grenze.
Nach der französischen Kapitulation vom 22.6.1940 begab sich L. nach Vichy. Er vermittelte die ersten Kontakte zwischen dem neuen deutschen Botschafter in Paris, Otto Abetz, und dem Kabinettschef der französischen Regierung in Vichy, Pierre → Laval. Im Auftrag beider versuchte er, die Angriffe der kollaborationistischen Presse gegen Vichy zu konterkarieren. Die Medien, die er dazu benutzte, waren »Le Matin«, dessen Chefredakteur er kurzzeitig war, und ab November 1940 »Les Nouveaux Temps«, eine täglich erscheinende Abendzeitung, die vom französischen Industriellen Marcel Boussac mitfinanziert wurde. Sie wandte sich besonders an die französische Geschäftswelt und die französische Intelligenz und stellte das Konkurrenzblatt zu »Le Temps« dar, die seit 1829 die Tageszeitung des französischen Großbürgertums war.
In Paris war L. während der Besatzungszeit einer der Mittelpunkte des gesellschaftlichen Lebens. Er verkörperte das Tout-Paris jener Jahre und warb bei Diners und auf Partys für die Kollaboration mit Deutschland. 1941 verschaffte ihm Abetz den Vorsitz in der »Association de la Presse Parisienne«. 1942 wurde er Präsident der »Corporation Nationale de la Presse Française«. Dazu kamen mehrere Aufgaben in anderen Pressegremien. Mit seinen vielen Funktionen und als Herausgeber einer der wichtigsten Kollaborationszeitungen stand L. an der Spitze der französischsprachigen Propaganda in Frankreich. Bei der deutschen Presse-Staffel in Paris, die für die Presseaufsicht zuständig war, ging er ein und aus. Über die Agentur »Inter France« erreichte er 180 Periodika. Er war der Prototyp der »nouveaux messieurs«, wie man damals die neue kollaborationswillige Intelligenz in Frankreich bezeichnete. Als einflußreicher Manager konnte L. viele seiner Vertrauten in wichtigen Posten des Staates und der Medien unterbringen. Man sprach von ihnen als der »gang Luchaire«. Als im Herbst 1941 ein »Comité d'honneur« zur Förderung der Freiwilligenrekrutierung für die »Légion des Volontaires Français contre le bolchevisme« (LVF) aus französischen Prominenten zusammengestellt wurde, gehörte L. dazu.
L.s Kollaboration mit den Deutschen hatte opportunistische und politische Gründe. Das »rapprochement franco-allemand« war ihm nach der jahrelangen Zusammenarbeit mit Abetz ein Herzensanliegen. Aber L. wußte aus seiner Arbeit mit der französischen Presse auch privaten Nutzen zu ziehen. Er kam zu Wohlstand. Zu den Führern der Kollaborationsparteien hatte L. ein distanziertes Verhältnis. Insbesondere die Beziehungen zu Jacques → Doriot, den Chef der »Parti Populaire Français« (PPF), waren gespannt. Beide versuchten, einander bei → Pétain auszustechen. Als L. am 22.7.1943 zusammen mit Marcel → Déat und Joseph → Darnand den »Plan du redressement national français« unterschrieb, mit dem vom chef de l'Etat die Einsetzung einer Einparteienregierung zur Intensivierung der deutschfreundlichen Politik im gemeinsamen Kampf gegen den Bolschewismus erreicht werden sollte, verfolgte er den Nebenzweck, Doriot auszumanövrieren. Da Pétain mit der Einberufung der Nationalversammlung drohte, um sich von ihr seine Rechte als Staatsoberhaupt und Regierungschef bestätigen zu lassen, unterblieb die Regierungsumbildung, aber die Deutschen erkannten, daß sie in ihm und seinen Gesinnungsgenossen Bündnispartner gegen Laval hatten.

Beim Rückzug der Deutschen aus Paris floh L. mit seiner Frau und seinen drei Töchtern nach Sigmaringen. Dort übte er die Funktion des Informationsministers (commissaire à l'information) in der »Commission gouvernementale française pour la defense des intérêts nationaux« aus, das nach der Amtsniederlegung Pétains die Regierungsgeschäfte wahrnahm. L. leitete die Zeitung »La France« und den Radiosender »Ici la France«. Zwar gelang ihm beim Einmarsch der Westalliierten in Deutschland die Flucht nach Meran, aber dort wurde er erkannt und aufgegriffen. Obwohl er von Geburt Italiener war, wurde er in Nizza an die Franzosen ausgeliefert. Am 5.7.1945 kam er in Paris an. Der Cour de Justice de la Seine benötigte zwei Tage, um ihn am 21.1.1946 zum Tode zu verurteilen. Als er zur Exekution abgeholt wurde, beschimpften die Gefängnisinsassen das Begleitkommando mit den Rufen: »Assassins! Assassins! Salauds!« und hämmerten als Zeichen der Solidarität mit L. mit den Fäusten an die Zellentüren.

Literaturhinweise:
Corinne Luchaire: Ma drôle de vie, Paris 1949
Otto Abetz: Das offene Problem, Köln 1951
Henry Coston (Hrsg.): Dictionnaire de la politique française, Band 1, Paris 1967
Claude Lévy: Jean Luchaire et les Nouveaux Temps, Paris 1974
Bertram M. Gordon: Collaborationism in France during the Second World War, Ithaca u. a. 1980

LUNDE, GULBRAND OSCAR JOHAN, geb. 14.9.1901 in Fana bei Bergen, gest. 25.10.1942 in Åndalsnes, norwegischer Minister für Kultur und Volksaufklärung 1940–1942

L. stammte aus dem alten Geschlecht der Lunde im Ådal, deren Stammbaum väterlicherseits in aufsteigender Linie zwölf Generationen zurückverfolgt werden konnte. Mit 17 schloß L. die Kathedralschule in Bergen mit dem Abitur ab und arbeitete danach ein Jahr lang als Praktikant bei der Firma Laksevåg Maschinen- und Eisenschiffsbau. Sein Chemiestudium absolvierte er an der Technischen Hochschule Zürich und an der Universität Freiburg im Breisgau unter dem Nobelpreisträger Heinrich Wieland, bei dem er 1925 mit einer Abhandlung über die Gallensäurereihe promovierte. Nach seiner Rückkehr nach Norwegen arbeitete er als Assistent am Mineralogischen Institut der Universität Oslo. Mit einem Stipendium führte er grundlegende Arbeiten über natürliche Jodvorkommen und deren Bedeutung für Stoffwechsel- und Kropferkrankungen aus. Die Ergebnisse erweckten großes Aufsehen in wissenschaftlichen Kreisen. Er hielt Vorlesungen über Mikrochemie und Physikalische Chemie. 1929 wurde L. Direktor des Laboratoriums der Hermetikkindustriens in Stavanger. Das nach seinen Plänen erbaute Institut erlangte Weltruf aufgrund der Forschungsergebnisse zur Kristallstruktur. L. veröffentlichte auch grundlegende Arbeiten über die Konservierung von Lebensmitteln mit politischen Auswirkungen. Besessen von dem Willen, neue Arbeitsmöglichkeiten zu schaffen, die Lebensumstände der Fischer zu verbessern und zusätzliche Absatzmöglichkeiten für die Produkte der Landwirtschaft und des Gartenbaus zu finden, mit denen die Autarkie des Landes abgesichert werden konnte, intensivierte er seine Forschungen in der Lebensmit-

telchemie. Auch wegen seiner Arbeiten zur Vitaminforschung wurde G. weltbekannt. 1940 erschien im Julius Springer Verlag in Berlin das Buch »Vitamine in frischen und konservierten Nahrungsmitteln«.
L. erhielt eine Fülle wissenschaftlicher Ehrungen. 1938 wurde er in die Norwegische Akademie der Wissenschaften aufgenommen und 1940 zum Mitglied der Deutschen Akademie in München gewählt.
Eine Rede → Quislings im Storting am 7.4.1932 weckte L.s Interesse für diesen Politiker. Er gehörte zu den ersten Mitgliedern der »Nasjonal Samling« (NS), die Quisling mit einigen Freunden im Mai 1933 ins Leben rief. Nach der Gründung mehrerer Ortsgruppen der NS in Stavanger und Rogaland wurde L. Kreisleiter (fylkesförer). Im Wahlkampf 1933 hielt er politische Reden in Rogaland und West-Agder. Er entwickelte sich zu einem der besten Parteiredner der NS. Die Kommunalwahlen 1934 waren ein großer Erfolg für ihn. Die NS konnte die Stimmen des Vorjahres auf zwölf Prozent verdoppeln. Im Stadtrat von Stavanger stellte sie acht Mitglieder. L. führte die Fraktion.
Das größte politische Anliegen L.s war der Kampf gegen den Marxismus. Seine Auseinandersetzungen mit den örtlichen Sozialisten focht er im Haus des Volkes in Stavanger aus. Er bezichtigte sie des Betrugs an den Arbeitern. Als Mitglied des Stadtrats nahm er sich der Arbeitslosen an und kämpfte erbittert gegen das Befangenheitsgesetz und die Heimatbestimmungen, die den Arbeitslosen mittelalterliche Fesseln anlegten. Mit seiner Aktion für bessere Wohnungen für die Arbeitslosen wurde L. in Stavanger ein Volksheld.
1935 machte Quisling, der von L.s politischen Fähigkeiten überzeugt war, ihm das Angebot, Propagandachef der NS zu werden. L., der als Wissenschaftler und Firmendirektor eine ausfüllende und verantwortungsvolle Stellung bekleidete, weigerte sich zuerst, die Aufgabe zu übernehmen, da er meinte, seine knappe Freizeit werde für eine solche Arbeit nicht ausreichen, aber auf Drängen Quislings nahm er das Amt an. In seinem Sommerurlaub 1935 führte er Parteiveranstaltungen in Nordland, Troms und Finnmark durch, und 1936 reiste er durch Sogn und Fjordane, Möre und Romsdal und Nord- und Süd-Tröndelag. Überall wurden seine Reden mit großer Begeisterung aufgenommen, und die Leute scheuten keinen Weg, um ihn zu hören. Zusätzlich zu den Hunderten von Vorträgen veröffentlichte er zahlreiche politische Artikel in der Presse. Er schrieb auch eine Reihe vielbeachteter politischer Schriften und Broschüren, unter anderem mit Titeln wie »Das Gift des Marxismus«, »Nordnorwegen für Norwegen«, »Norwegens Recht auf Grönland«, »Für Norwegens Fischer« und »Vidkun Quisling«.
Als Quisling nach der deutschen Invasion in Norwegen am 9.4.1940 eine Regierungsmannschaft zusammenstellte, bestimmte er L. zum Sozialminister. Das Kabinett konnte wegen des deutschen Einspruchs nicht wirksam werden. Am 25.9.1940 ernannte der deutsche Reichskommissars in Norwegen, Josef Terboven, L. zum Leiter des Ministeriums für Kultur und Volksaufklärung (Kultur- og Folkeopplysningsdepartement) im Staatsrat (kommissarisk riksråd), der unter deutscher Aufsicht die Regierungsgeschäfte in Norwegen führte. In dieser Funktion förderte L. das norwegische Kulturleben unter dem neuen Aspekt der Volkskultur. Der Drang, im Volksleben das typisch Norwegische ausfindig zu machen

und zu pflegen, war die treibende Kraft seiner Maßnahmen. Bei jeder sich bietenden Gelegenheit wies er auf die großen Kulturleistungen seines Volkes hin und setzte sich für die Anliegen der nationalen Kunst ein. Er betonte das reiche Erbe der Vorväter und regte zahlreiche Projekte auf allen Ebenen der nationalen Kultur an. Im Dezember 1940 traf L. mit dem deutschen Reichsminister für Volksaufklärung und Propaganda, Joseph Goebbels, in Oslo zusammen. Goebbels nannte L. nach dem Treffen »energisch und intelligent. Das beste Pferd im Stall«.

Weniger Erfolg hatte L. bei der Gleichschaltung der Medien. Es gelang ihm nicht, eine zentrale Presseorganisation durchzusetzen und die Steuerung der Zeitungen zu perfektionieren. Obwohl die Parteizeitung »Fritts Folks« die auflagenstärkste Tageszeitung des Landes war, richteten sich viele Regionalzeitungen nicht nach ihr aus. Zur Nachrichtensteuerung gründete das Deutsche Nachrichten-Büro (DNB) zusammen mit dem Norsk Telegram Byra (NTB) eine norwegisch registrierte Gesellschaft namens »Pressenyheter A/S« und übernahm im Laufe des Krieges 445 von 637 Aktienanteilen.

Seinem fruchtbaren Wirken für die norwegische Kultur setzte der Tod ein Ende. L. kam mit seiner Frau bei einem Fährunfall ums Leben. Am 31.10.1942 wurde er unter großer Anteilnahme der Bevölkerung mit einem Trauergottesdienst in der Osloer Dreifaltigkeitskirche geehrt. Seine Nachfolge im Ministeramt übernahm Jörgen → Fuglesang.

Literaturhinweise:
Gulbrand Lunde: Kampen om Norge, Oslo 1941
Hans-Dietrich Loock: Quisling, Rosenberg und Terboven, Stuttgart 1970
Odd Melsom: Fra kirke- og kulturkampen under okkupasjonen, Oslo 1980
Knut Heidar: Norske politiske fakta, Oslo u. a. 1983
Peter F. Schmitt: Widerstand zwischen den Zeilen? Faschistische Okkupation und Presselenkung in Norwegen 1940 bis 1945, Köln 1985
Öystein Sorensen: Hitler eller Quisling, Cappelen 1989
Hans Fredrik Dahl: Vidkun Quisling – en förer blir til, Oslo 1991
Hans Fredrik Dahl: Vidkun Quisling – en förer for fall, Oslo 1992

M

MACH, ALEXANDER, geb. 11.10.1902 in Polarikovo, gest. 15.10.1980 in Preßburg, Führer der »Hlinka-Garde« 1939–1940, slowakischer Innenminister 1940–1945

M. wurde in der Slowakei erstmals bekannt, als er als junges Mitglied der »Slowakischen Volkspartei« (SVP) die Parteiblätter »Slovak« und »Slovenska Pravda« redigierte. Seit 1924 gehörte er dem Politischen Komitee der Partei an. In den dreißiger Jahren zählte er zusammen mit → Durčanský zu den sogenannten »Nastupisten« in der SVP, die sich um den Herausgeber der Zeitschrift »Nastup« (Antritt), Voijtech → Tuka, scharten und angesichts der unerfüllten Autonomiewünsche der Slowaken in der Tschechoslowakischen Republik die Eigenständigkeit des slowakischen Volkstums pflegten. Der »christliche Nationalismus« der Slowaken gegenüber dem »freimaurerischen Tschechentum« wurde nach dem Abschluß des sowjetisch-tschechoslowakischen Abkommens vom 16.5. 1935 zum Kampfruf der Nastupisten. Die Prager Regierung wurde beschuldigt, die Zusagen des Pittsburger Abkommens vom 31.5.1918 nicht einzuhalten, in dem dem slowakischen Bevölkerungsteil weitgehende Rechte zugesagt worden waren. Als Redakteur der »Slovenska Pravda« nutzte M. seine Möglichkeiten zur Propagierung der slowakischen Wünsche. In der Nummer vom 6.6.1938 schlug er die Gründung einer Kampfgruppe für die SVP vor, die wenig später als »Hlinka-Garde« unter dem Kommando von Sidor aufgestellt wurde. Beeindruckt vom wirtschaftlichen und außenpolitischen Aufstieg des Deutschen Reiches unter Hitler und beeinflußt vom nationalsozialistischen Gedankengut, entwickelte M. schließlich den Wunsch nach einer souveränen Slowakei an der Seite des Deutschen Reiches. Am 19.8.1938 leitete die SVP dem Prager Abgeordnetenhaus einen Autonomieentwurf zu. Nach dem Münchner Abkommen vom 30.9.1938, das die Abtretung der sudetendeutschen Gebiete an das Reich festlegte, forderten die slowakischen Parteien im Silleiner Abkommen vom 6.10.1938 das Parlament auf, den Autonomiewünschen umgehend zu entsprechen. Bereits am nächsten Tag wurde dem Rechnung getragen. Chef des autonomen Landesteils Slowakei wurde der Prälat Joseph → Tiso, der die Propaganda M. anvertraute. M. begnügte sich nicht mit dem Erreichten, sondern erstrebte die völlige Selbständigkeit der Slowakei. Da diese Zielsetzung im Sinne der deutschen Reichsregierung war, konnte M. mit der finanziellen Unterstützung von dort rechnen. Mitte Oktober 1938 baten drei slowakische Politiker, unter ihnen M., im Rahmen von Wirtschaftsverhandlungen in Berlin, den Reichsmarschall Hermann Göring um seine Hilfe auf dem Weg zur Unabhängigkeit. Im Dezember 1938 verhandelten Tuka und M. mit Vertretern der ruthenischen Landesregierung über die mögliche Eingliederung der Gebiete in eine selbständige Slowakei. Als Propagandachef und als stellvertretender Kommandeur der Hlinka-Garde boykottierte M. die Bemühungen der slowakischen Landesregierung unter Tiso um gute Beziehungen zu Prag. Mit den Unterlagen des Reichsministeriums für Volksaufklärung und Propaganda agitierte er gegen das Benesch-Regime in Prag, das angeblich von Marxisten, Freimaurern und Juden gesteuert werde. Er stimulierte die Entwicklung eines slowakischen Nationalgefühls in allen Schichten der Bevölkerung und versuchte, sein Konzept von einem autoritären Staat publik zu machen. Dazu setzte er Presse, Rundfunk, Film und Schriftum ein. Eine radikale Zensur unterdrückte andere Stimmen und brachte die politische Opposition zum Verstummen. Patriotische Veranstaltungen und volkstümliche Aufklärungsaktionen sollten die Bevölkerung für seine Ideen gewinnen. Entsprechend dem Silleiner Manifest vom 6.10.1938 erklärte M. insbesondere der »marxistisch-jüdischen Ideologie der Zerstörung und Gewalt« den Kampf. Nach seinen Vorstellungen sollten die Juden nur entsprechend ihrem Bevölkerungsanteil gehobene Stellungen einnehmen und am Wirtschaftsleben beteiligt werden dürfen.

Am 18.12.1938 fanden nach einem propagandistischen Trommelfeuer M.s die

ersten slowakischen Landtagswahlen statt. Die SVP erhielt 48 von 63 Abgeordnetensitzen. Diese Mehrheit garantierte M. den Erfolg weitergehender Forderungen an Prag. Die deutschen und ruthenischen Minderheiten im Land billigten das Vorgehen M.s, zumal durch die am 30.1.1939 gegründete »Deutsch-Slowakische Gesellschaft«, in der M. neben Tuka und Durčanský den Ton angab, die politische Mitwirkung der Karpatendeutschen gesichert war. Die vom Prager Ministerpräsidenten Beran geforderte Loyalitätserklärung lehnte die Landesregierung im Wissen um die deutsche Unterstützung ab. In der »Slovenska Pravda« stellte M. am 7.3.1939 fest: »Die Slowakei ist sich bewußt, daß das entscheidende Wort und die Macht über das Schicksal Mitteleuropas unser großer deutscher Nachbar hat, zu dem wir die besten Beziehungen unterhalten. Die Slowakei hat nichts von Deutschland zu befürchten, sondern kann die aktive Hilfe und Unterstützung der slowakischen Unabhängigkeit im politischen und ideologischen Sinn getrost erwarten.«
Um die drohende Souveränitätserklärung der Slowakei zu verhindern, setzte der tschechoslowakische Staatspräsident Hacha am 9.3.1939 die slowakische Landesregierung ab und verkündete den Ausnahmezustand. Zusammen mit anderen slowakischen Politikern wurde M. verhaftet und nach Mähren deportiert. Der nach Wien entkommene Minister Durčanský bat Hitler am 11.3.1939, sich für die Freilassung der slowakischen Häftlinge einzusetzen. Als M. am 13.3.1939 freikam, erklärte er den Vertretern der Auslandspresse, daß die Proklamation des souveränen slowakischen Staates in wenigen Stunden zu erwarten sei. Er rief zu einer großen Kundgebung auf dem Preßburger Freiheitsplatz auf. Wegen des Einschreitens der Polizei gegen die Demonstranten blieb das Ereignis aus. Während der slowakische Landtag am 14.3.1939 die Souveränitätserklärung vorbereitete, übernahm M. den Oberbefehl über die Hlinka-Garde. Am 15.3.1939 legte Hacha das Schicksal der Tschechoslowakei in Hitlers Hände. Damit stand der Unabhängigkeit der Slowakei nichts mehr im Wege.
Nach der Proklamation der selbständigen Slowakei gehörte M., der als Propagandachef kein Ministeramt bekleidete, zu den einflußreichsten Männern im Land. Gegen den von von Tiso, Tuka und Durčanský erbetenen Schutzvertrag mit dem Deutschen Reich, der am 18.3.1939 in Wien unterzeichnet wurde, wehrte er sich M. vergeblich. Er sah in ihm eine Einschränkung der eben erreichten Souveränität. Aber seine Propagandaaufgaben führte er ganz im deutschen Sinne durch: Hitlers Führerrolle auf dem Kontinent, Tisos Qualitäten als Staatsmann, das deutsch-slowakische Bündnis, die Judenpolitik und die großzügige Behandlung der Volksdeutschen standen im Mittelpunkt. Am 25.5.1940 bezeichnete M. Hitler als »Finger Gottes«, der den Slowaken die Richtung zeige. Viele katholische Priester machten ihren Gemeinden klar, daß Hitler ein Werkzeug der göttlichen Vorsehung sei, weil er sie vom freimaurerischen Prager Gesindel befreit habe.
Am 21.5.1940 setzte Tiso M. als Führer der Hlinka-Garde ab, um die Organisation in die Botmäßigkeit der Partei zurückzuführen. In Deutschland sah man darin eine Schwächung des prodeutschen Flügels der SVP. Am 29.7.1940 forderte der deutsche Reichsaußenminister Ribbentrop von Tiso während einer Besprechung in Salzburg, M. die Führung der Hlinka-Garde zurückzugeben und ihn

Ansprache des slowakischen Propagandachefs Mach während der Freiheitskundgebung in Preßburg am 14.3.1939

gleichzeitig zum slowakischen Innenminister zu ernennen. Außerdem sollte Tuka anstelle von Durčanský Außenminister werden. Erst nachdem Tiso seine Zusage gegeben hatte, empfing Hitler die slowakische Delegation. Er warnte sie davor, als Slawen mit der slawischen Vormacht Rußland zu kooperieren, um eine eigenständige Außenpolitik zu demonstrieren, wie es Durčanský plante. Hitler machte den Anwesenden klar, daß die Slowakei ein deutscher Satellit sei.
Nach seiner Ernennung zum Innenminister am 29.7.1940 gehörte die Judenpolitik in die Zuständigkeit M.s. Nach deutschem Vorbild wurden die Juden zuerst in Arbeitslagern und Ghettos konzentriert und ab 1942 in die Vernichtungslager gebracht. Der Widerstand in der Bevölkerung wurde durch eine gezielte Propaganda gebrochen, die die Juden als slowakische Volksschädlinge darstellte. Insgesamt wurden 68 000 slowakische Juden umgebracht. Die Hlinka-Garde beteiligte sich auf Befehl M.s an den Deportationen, die von der Polizei durchgeführt wurden. Um die Judenverfolgung zu stoppen, mußte Tiso M. mit dem Entzug von Gendarmerie und Polizei aus M.s Kompetenzbereich drohen. Die Hlinka-Garde wurde durch Einberufungen zum slowakischen Heer abgebaut, um M. dieses Machtinstrument zu entziehen.
Vor der heranrückenden Roten Armee floh M. mit den anderen Kabinettsmitgliedern am 5.4.1945 nach Wien. Im November 1945 wurden alle in ihrer Gewalt befindlichen prominenten Slowaken von den Amerikanern an die neue tschechoslowakische Regierung in Prag ausgeliefert. Wegen der Meinungsverschiedenheiten zwischen Kommunisten und Demokraten über die Behandlung

der Kollaborateure begann der Prozeß gegen sie erst im Dezember 1946. M. wurde zu 30 Jahren Gefängnis verurteilt. Im Prager Frühling 1968 bekam er seine Freiheit und wurde nach dessen Ende unter Hausarrest gestellt.

Literaturhinweise:
Jörg K. Hoensch: Die Slowakei und Hitlers Ostpolitik. Hlinkas slowakische Volkspartei zwischen Autonomie und Separation 1938/1939, Köln u. a. 1965
Victor S. Mamatey und Radomír Luza (Hrsg.): Geschichte der Tschechoslowakischen Republik 1918–1948, Wien u. a. 1980

MÄE, HJALMAR, geb. 24.1.1901 in Tuhala (Harjumaa), gest. 10.4.1978 in Graz, estnischer Landesdirektor 1940–1944

Nach dem Besuch des Gymnasiums in Reval studierte M. in Wien, Berlin und Innsbruck Physik und anschließend in Wien und Graz Jura. 1927 promovierte er an der Universität Graz in kosmischer Physik. Als Gymnasiallehrer in Reval stieß er in den zwanziger Jahren zur Politik. In Nomme, wo er ein Gymnasium leitete, war er 1929–1934 Stadtrat. 1929 wurde er einer der Führer des estnischen »Freiheitskämpferbundes«, der nach nationalsozialistischem Vorbild organisiert war und Anfang der dreißiger Jahre unter der Führung des Generals Anders Larka und des Rechtsanwalts Artur Sirk mit dem Kampf gegen Parteienwesen, Marxismus und Judentum begann. Seine Anhänger kamen aus allen Schichten des Volkes, vorwiegend aus der Mittelklasse, den Arbeitslosen und den Landarbeitern. Gute Beziehungen bestanden zu der »Nationalsozialistischen Reformbewegung« der deutschen Minderheit. Ein Putschversuch im Dezember 1935, der fehlschlug, brachte M. eine mehrjährige Haftstrafe ein, aus der er erst durch eine Amnestie 1938 befreit wurde. In den folgenden Jahren leitete er die Exportfirma Mäe & Co. In dieser Zeit stand M. in Verbindung mit Peter Kleist vom »Büro Ribbentrop«, mit dem er Pläne für eine Machtübernahme in Estland besprach. Für diesen Fall war eine gemeinsame Verteidigungs- und Außenpolitik mit Deutschland sowie eine Zoll- und Währungsunion vorgesehen.
Nach der Besetzung der baltischen Staaten durch die Sowjetunion im Sommer 1940 wanderte M. nach Deutschland aus und übernahm die deutsche Staatsbürgerschaft. Ende Mai 1941 war er bei der Gründung des »Estnischen Befreiungskomitees« in Helsinki dabei, das die Selbständigkeit des estnischen Volkes mit Hilfe befreundeter Staaten bewerkstelligen wollte. Er wurde zum Vorsitzenden gewählt und richtete einen Hilferuf an Hitler als den »Beschützer der kleinen Völker«. Dem Auswärtigen Amt versprach er, das estnische Volk unter Berücksichtigung gesamteuropäischer Gesichtspunkte innerhalb eines halben Jahres nach der Befreiung vom Bolschewismus zur Freundschaft mit Deutschland zu erziehen. Das gemeinsame Fronterlebnis mit deutschen Soldaten hielt er für einen wichtigen Schritt dazu. Gegen eine teilweise Besiedlung Estlands mit Deutschen hatte er nichts einzuwenden, wenn Gebietserweiterungen auf Kosten der Sowjetunion vorgenommen würden. Während das Auswärtige Amt M. als estnischen Repräsentanten akzeptierte, nahm die SS zu Oskar Angelus, einem hohen Beamten des früheren estnischen Innenministeriums, und zu Alfred Wendt, der im estnischen Wirtschaftsministerium gearbeitet hatte, Verbindung

auf. Anfang August 1941, nach der Eroberung Lettlands durch deutsche Truppen, wurden alle drei nach Riga entsandt, um die Neuordnung Estlands nach der Befreiung vorzubereiten. Am 15.9.1941 wurden auf Anordnung des Befehlshabers Rückwärtiges Heeresgebiet Nord, General von Roques, die Aufgaben wie folgt verteilt: M. war zuständig für Personalfragen, Propaganda, Kultur, Unterricht sowie Gerichtswesen, Oskar Angelus für Innere Angelegenheiten, Alfred Wendt für Wirtschaft, Finanzen und Transport, O. Leesment für Soziale Fragen, Arbeit und Gesundheitswesen sowie H. Sass für Landwirtschaft. Als »Direktoren« bekamen sie das Recht, die erforderlichen Beamten einzustellen und alle Maßnahmen zum Aufbau des Landes zu ergreifen. Ihre Aufgaben sollten sie zwar grundsätzlich im Rahmen der bisherigen Gesetze und Vorschriften wahrnehmen, sie durften jedoch auch neue Verordnungen mit Gesetzeskraft erlassen. In Deutschland war man mit M., der die Leitung des Landesdirektoriums übernahm, sehr zufrieden, weil er effektiv in deutschem Sinne arbeitete. Man ließ ihn in dem Glauben, daß die estnische Zivilverwaltung der erste Schritt zur Selbständigkeit des Landes sei. Über die Stellung, die Estland einmal in einem Europa unter deutscher Führung einnehmen sollte, war man sich in Berlin nicht im klaren, so daß man seine dahingehenden Fragen dilatorisch behandelte. Die rassische Verwandtschaft des Volkes mit den Finnen ließ jedoch eine Diskriminierung ensprechend der der slawischen Völker nicht zu. Der Generalkommissar für Estland, SA-Obergruppenführer Karl Litzmann, der ab 5.12. 1941 nach den Weisungen des Reichskommissars Ostland, Hinrich Lohse, arbeitete, fand sich mit den Gegebenheiten ab, die vor seinem Eintreffen geschaffen worden waren. Im Verkehr mit ihm verwendeten die Landesdirektoren, an deren Spitze M. stand, die deutsche Sprache, während sonst deutsch und estnisch gleichberechtigt waren.

Widerstand gegen M.s Bestrebungen, die Selbstverwaltung auszubauen, erhob sich vor allem in deutschen Wirtschaftskreisen. Dort verfolgte man eigene Interessen und protestierte, daß ein Land, das der deutsche Soldat mit seinem Blut erobert hatte, an die Esten verschenkt werde. Sie setzten durch, daß 1942 dem Wirtschaftsdirektor Dr. Wendt ein Geschäftsbereich nach dem andern entzogen und in deutsche Hände gelegt wurde. Gegen weitere deutsche Eingriffe wehrte sich M., indem er mit dem Chef der deutschen Sicherheitspolizei in Estland zusammenarbeitete. Mit seiner Hilfe erreichte er, daß die bisher dem Direktor des Innern formell unterstellten estnischen Polizeikräfte ihm direkt zugeordnet wurden. Von ihm erfuhr er, daß alle deutschen Behörden vor der SS Angst hatten. Je mehr sich M. auf den SD stützte, desto mehr verschlechterte sich sein Verhältnis zu den deutschen Zivilverwaltungsbehörden. Auch das eigene Volk wurde mißtrauisch.

Ende 1941 gründete M. eine der Hitlerjugend (HJ) entsprechende Organisation mit dem Namen »Eesti Noured«, deren Aufgabe nach der von ihm verfaßten Satzung darin bestand, »die Jugend auf eine positive Weise dazu zu erziehen, sich an der Festigung der Kampf- und Schicksalsgemeinschaft Deutschlands und Estlands zu beteiligen«. Im Januar 1942 wurde für die Jugendlichen beiderlei Geschlechts im Alter von 17–20 Jahren ein »Freiwilliger Arbeitsdienst« eingerichtet, der in Deutschland absolviert werden sollte. Damit verband sich die

Hoffnung, daß die Einberufenen »als politische Soldaten zurückkommen, die ihr Volk für das neue Zeitalter vorbereiten«. War das eine Jahr Arbeitsdienst auch dazu bestimmt, die allmähliche Eindeutschung der rassisch ausgewählten Freiwilligen vorzubereiten? Für die erste Aktion wurden 950 Personen ausgewählt, zum Großteil Abiturienten. Die meisten Männer traten am Ende ihrer Arbeitsdienstzeit in die »Estnische Legion« ein, um auf deutscher Seite gegen die Rote Armee zu kämpfen.

Die Erlaubnis zur Gründung einer estnischen Freiwilligenlegion gab Hitler im August 1942. Den Aufstellungsbefehl unterzeichnete er am 1.10.1942. Der estnischen Bevölkerung wurde die Genehmigung bereits im August 1942 von Generalkommissar Litzmann bekanntgegeben. Die estnische Legion sollte im Rahmen der Waffen-SS dienen. Da der Kommandeur jedoch ein deutscher Offizier sein sollte, die Kommandosprache deutsch war und die Legion auch außerhalb der Landesgrenzen eingesetzt werden konnte, blieben die Freiwilligenmeldungen aus. Im Frühjahr 1943 waren erst 1300 Mann zusammengekommen, die meisten Angehörige der landeseigenen Grenzschutzmannschaften. Um die Legion voll zu bekommen, gab Himmler bei einer Reise nach Reval im September 1943 M. zu verstehen, daß für Estland ein weitgehender Autonomiestatus vorgesehen sei, dessen Entwurf Hitler vorliege. Als Gegendienst erwarte der Führer »als Zeichen des guten Willens« die Einführung der allgemeinen Wehrpflicht. Da Hitler bei einer Besprechung im Führerhauptquartier am 17.11.1943 die estnischen Autonomiepläne verwarf und vor dem Kriegsende nicht einmal eine kulturelle Autonomie zugestehen wollte, mußte die vorgesehene Proklamation unterbleiben. Obwohl er seine Zusagen an M. nicht halten konnte, forderte Himmler die Verstärkung der »Estnischen SS-Freiwilligenlegion« um 6000 Mann. Unter dem Druck des Generalkommissars rief M. trotz vieler rechtlicher Bedenken unter Hinweis auf entsprechende Gesetze aus der Zeit der estnischen Selbständigkeit die Jahrgänge 1925 und 1926 zu den Waffen. Die praktische Durchführung der Mobilisierung übernahm der Oberst Soodla als Inspekteur der Legion, während die Musterungen vom SS-Ersatzkommando Ostland durchgeführt wurden. Im November 1943 befahl Hitler die Rekrutierung von weiteren 10 000 Esten.

Anfang 1944 war vorauszusehen, daß das Baltikum wieder Operationsgebiet werden würde. Nach der Sprengung des Ringes um Leningrad stieß die Rote Armee bis zur Pantherlinie Narwa-Peipussee vor. Wegen der Nähe der Front befahl der Oberbefehlshaber der Heeresgruppe Nord, Generaloberst Model, die Schließung der höheren Schulen in Estland und die Evakuierung der Universität Dorpat. Litzmann plante ihre Überführung nach Königsberg. Er erwartete eine erziehende Wirkung der deutschen Kultur auf die estnischen Professoren und Studenten. Da der Umzug nicht zustande kam, veranlaßte er im März 1944 die Verteilung der Universitätsangehörigen auf die Universitäten im Reichsgebiet, soweit Stipendien vorhanden waren.

Nach dem Ausbau der Pantherlinie begann für die Esten die Verteidigung ihres Vaterlandes. Unter der Bedingung, daß alle estnischen Einheiten an den Landesgrenzen eingesetzt und ordentlich ausgerüstet würden, erklärte sich M. zur Generalmobilmachung bereit. Am 7.2.1944 rief er die Bevölkerung zur totalen

Kriegsführung auf. Er erwartete dafür die Übertragung größerer Selbstverwaltungsrechte an das Generaldirektorium, die Wiedereröffnung der höheren Lehranstalten, die Gründung eines Direktoriums für Landesverteidigung und die Aussetzung aller Evakuierungsmaßnahmen. Als die Deutschen den estnischen Wünschen nicht nachkamen, nahm M. Verbindung mit den Emigrantenkreisen in Finnland und Schweden auf, auch zu den Esten, die in dem von den Finnen 1943 aufgestellten estnischen Freiwilligenregiment dienten.
Gleichzeitig mit der Einberufung der wehrpflichtigen Esten erfolgte die Umwandlung der »Estnischen SS-Freiwilligenlegion« in die 20. Waffengrenadierdivision der SS (estnisch Nr. 1). Von den im Februar 1944 Gemusterten wurden 38 000 Mann einberufen, mit denen sieben neue Regimenter gebildet wurden. Während die Grenzschutzregimenter unter estnischem Befehl operierten, stand die 20. Waffengrenadierdivision der SS (estnisch Nr. 1) unter einem deutschen Kommandeur. Auch der Divisonsstab war mit Deutschen besetzt. Nur in den Regimentern kommandierten einheimische Offiziere. Bewaffnung und Bekleidung waren sehr mangelhaft. Insgesamt standen Mitte 1944 mehr als 50 000 Esten unter Waffen. Das Direktorium sah in ihnen den Kern einer nationalen Armee.
Mitte 1944 brach der Verwaltungsapparat des Reichskommissariats Ostland zusammen. Die bestimmende Macht in allen baltischen Ländern war die SS. Himmler forderte die Mobilisierung aller kriegsverwendungsfähigen Jahrgänge ohne Rücksicht auf die kriegswirtschaftlichen Folgen. Dazu kam es nicht mehr. Am 13.7.1944 eroberte die Rote Armee Wilna. Die Narwalinie wurde am 15.9.1944 durchbrochen. Reval fiel am 21.9.1944.
Zusammen mit etwa 90 000 Esten flüchtete M. nach Deutschland. Er widersetzte sich der Einberufung der waffenfähigen Männer unter ihnen, solange die Reichsregierung die förmliche Anerkennung des Direktoriums als estnische Regierung verweigerte. Im Europaamt des SS-Hauptamtes, wo man die unnachgiebige Politik des Auswärtigen Amtes und des Ostministeriums ablehnte, plädierte man für die Aufstellung eines estnischen Nationalkomitees »im Zeichen der jungen estnischen Frontgeneration und eindeutig auf deutscher Linie liegenden estnischen jüngeren Politiker«, zu denen M. nicht gehörte. Als Vertreter der Waffen-SS in diesem Gremium wurde der Ritterkreuzträger SS-Obersturmbannführer Riipalu, Regimentskommandeur in der 20. Waffengrenadierdivision der SS (estnisch Nr. 1), vorgeschlagen. Durch die Zusammenarbeit mit der deutschen Zivilverwaltung in seinem Ansehen geschädigt, sei M. für die geflohenen Esten kein geeigneter Repräsentant eines freien Estland, das zuerst mit Hilfe der einzuberufenden waffenfähigen jungen Esten wiedererobert werden müsse. Die Reichsregierung weigerte sich jedoch, Estland als souveränen Staat anzuerkennen, wie es die estnischen Vertreter am 2.11.1944 gegenüber Vertretern des Ostministeriums und des SS-Hauptamts verlangten.
Die estnischen Waffen-SS-Angehörigen kämpften im Januar 1945 in Schlesien. Nach dem Rückzug ins Reichsprotektorat Böhmen und Mähren legten sie am 8.5.1945 gegenüber der Roten Armee die Waffen nieder.
M. geriet bei der deutschen Kapitulation in die Hände der Amerikaner. Nach der Entlassung aus den Internierungslagern Moosburg, Darmstadt und Ludwigsburg

ging er 1947 nach Österreich, das seine zweite Heimat wurde. 1948–1954 arbeitete er als Journalist. 1954 wurde er als Angestellter in die steirische Landesverwaltung übernommen, der er bis zu seiner Pensionierung 1970 angehörte. In dieser Zeit beriet er die Regierungen Österreichs und der Bundesrepublik Deutschland in Ostfragen. Er setzte den Kampf gegen den Kommunismus fort, den er bei der Besetzung seines Landes 1940 aufgenommen hatte. In zahlreichen Vorträgen und Artikeln ermunterte er die Bürger im Westen zu Mut und Selbstvertrauen in der Auseinandersetzung mit dem Bolschewismus. Er glaubte, daß die Befreiung seiner Heimat eines Tages mit Hilfe der Deutschen erreicht werden würde. Seinen Nachlaß vermachte er der Universität Salzburg.

Literaturhinweise:
Boris Meissner (Hrsg.): Die baltischen Nationen Estland Lettland Litauen, Köln 1990
Alvin Isberg: Zu den Bedingungen des Befreiers. Kollaboration und Freiheitsstreben in dem von Deutschland besetzten Estland 1941 bis 1944, Stockholm 1992

MAN, HENDRIK DE, geb. 17.11. 1885 in Antwerpen, gest. 20.6.1953 in Murten (Schweiz), mehrfacher belgischer Minister, Vorsitzender der »Unie van de Hand- en Geestarbeiders« 1940–1941, Berater König Leopolds III.

M. war das erste von drei Kindern einer wohlhabenden bürgerlichen Familie in Antwerpen. Sein Vater leitete eine Reederei. Um seinem Sohn einen Platz in einem exklusiven Kavallerieregiment zu sichern – ihm selbst war die militärische Laufbahn aus gesundheitlichen Gründen versagt geblieben –, vermittelte er M. eine Erziehung, die auf Disziplin beruhte und die moralischen Werte betonte, die seinen aristokratischen Vorstellungen entsprach. Das weckte in dem Jungen den Willen zum Widerstand, der in letzter Konsequenz die völlige Lösung vom Elternhaus zur Folge hatte. In Abwendung von den von der Familie gepflegten bürgerlichen Wertvorstellungen bekannte sich M. zum Sozialismus. 1902 trat er anläßlich eines Streiks der Antwerpener Dockarbeiter in die »Belgische Werkliedenpartij« (Belgische Arbeiterpartei) BWP ein. Als die führenden Parteimitglieder wegen des Streiks inhaftiert wurden, übernahm M. die Leitung des verwaisten Ortsverbandes und wurde in dieser Funktion automatisch Mitglied des Generalrates der »Socialistische Jonge Wachten«.
M.s schriftliche Äußerungen in den Jahren 1903/04 beweisen seine antibürgerliche und antiparlamentarische Einstellung. Er glaubte, daß das soziale Kräfte-

verhältnis nur ohne Parlament zugunsten der Arbeiterschaft verschoben werden könne. Es finden sich auch anarchistische Ansätze in seinen Schriften.
Während seiner Studienjahre in Gent setzte sich M. intensiv mit der marxistischen Theorie auseinander. Gleichzeitig engagierte er sich in der flämischen Nationalbewegung, die sich, ausgehend von der kulturellen Eigenart der Flamen, zunehmend politisch artikulierte. Die separatistischen Forderungen der flämischen Extremisten lehnte M. jedoch ab, weil er als Sozialist weltbürgerlich dachte. Als er wegen sozialistischer Agitation von der Universität Gent relegiert wurde, war der Bruch mit seinem Elternhaus endgültig.
Im Auftrag der Parteizeitung »Le Peuple« reiste M. 1905 nach Deutschland, um über den Parteitag der SPD in Jena zu berichten. Da er dort mit den radikalen Sprechern wie Rosa Luxemburg und Karl Liebknecht sympathisierte, fand er eine Anstellung in der Redaktion der »Leipziger Volkszeitung«. In seinen Beiträgen verurteilte er die revisionistischen Tendenzen der BWP, die in der Zusammenarbeit mit den Liberalen ihre sozialistischen Grundsätze verleugne. Er kritisierte auch die schlechte Organisation der Gewerkschaftsbewegung in Belgien, mit der revolutionäre Aktionen undurchführbar seien. Er verlangte eine Theoriedebatte, die die Sozialisten zu ihren marxistischen Grundpositionen zurückführen sollte, und eine stärkere ideologische Schulung der Parteimitglieder.
In Leipzig beendete M. 1909 sein Studium in den Fächern Volkswirtschaft, Geschichte und Völkerpsychologie mit einer Dissertation zum Thema »Das Genter Tuchgewerbe im Mittelalter«. Im Anschluß daran zog er für einige Monate nach England. In London schloß er sich der »Socialist Democratic Federation« an. Über seine Erfahrungen in England berichtete er 1910 unter dem Titel »Sozialistische Reisebriefe« in der »Leipziger Volkszeitung«.
Nach fünfjähriger Abwesenheit kehrte M. 1910 wieder nach Belgien zurück. Er nahm das Angebot des belgischen Parteivorsitzenden Emil Vandervelde zur Leitung der neu eingerichteten »Centrale voor Arbeidersopvoeding« (Arbeiterbildungszentrale) CAO an, die sich die Schulung der Arbeiter in der marxistischen Theorie zum Ziel gesetzt hatte. Dem linken Parteiflügel bot sich in dem Institut eine neue Plattform zur Verbreitung seiner Thesen. 1912 führte M.s radikale Einstellung zu einer innerparteilichen Auseinandersetzung, in deren Verlauf er des Verrats von Parteiinteressen bezichtigt und gemaßregelt wurde. Seine Stellung bei der CAO durfte er jedoch behalten.
Der Zusammenbruch der internationalen sozialistischen Solidarität am Beginn des Ersten Weltkriegs war für M. ein politischer Schock. Ohne seine pazifistischen Positionen in Frage zu stellen, meldete er sich nach dem Übertritt der Deutschen über die belgische Grenze am 4.8.1914 als Freiwilliger in das belgische Heer. Drei Jahre diente M. als Stoßtruppführer und als Verbindungsoffizier zu den britischen Truppen in Flandern. Im Mai 1917 reiste er in der Funktion eines Militärattachés zusammen mit dem sozialistischen Parteichef Vandervelde im Rahmen einer belgischen Regierungsabordnung nach Rußland, um eine Analyse der Kerenski-Revolution und der innenpolitischen Situation des Zarenreichs anzufertigen. Ein Jahr später besuchte er im Auftrag der BWP die USA, um das dortige Wirtschaftssystem auf dessen Brauchbarkeit für einen Wiederaufbau Belgiens nach dem Kriegsende zu überprüfen. So negativ er den Bol-

schewismus in Rußland einschätzte, so begeistert kehrte er aus Amerika zurück. Beeindruckt von den demokratischen Werten und der wirtschaftlichen und sozialen Dynamik im Lande, ersehnte er die Orientierung Europas an den USA. 1919 bekam M. einen Lehrauftrag für Sozialpsychologie an der Universität des Staates Washington. Vom vormals idealisierten politischen System der USA durch genauere Analyse enttäuscht, kehrte er 1920 gern nach Belgien zurück, als ihm Vandervelde die Leitung der neugegründeten Arbeiterhochschule »Ecole Ouvrière Supérieure« (EOS) in Brüssel anbot. Dort sollte die während des Krieges abgebrochene Bildungsarbeit der Arbeiter mit dem Schwerpunkt auf der Ausbildung eines politischen Nachwuchskaders wieder aufgenommen werden.
Die Situation im Nachkriegsdeutschland erfüllte M. mit Sorge. Als er 1922 bei einem Vortrag in Köln den Versailler Friedensvertrag kritisierte und die Rolle Belgiens als politisch unverantwortlich bezeichnete, gab es eine erneute innerparteiliche Kampagne gegen ihn. Daraufhin trat M. von der Leitung der EOS zurück und zog sich als Privatgelehrter nach Eberstadt bei Darmstadt zurück. 1923 war M. an der Gründung der Sozialistischen Arbeiterinternationale in Frankfurt beteiligt. In der Folgezeit widmete er sich der politischen Grundsatzdiskussion in der deutschen Sozialdemokratie. In diesem Zusammenhang veröffentlichte er 1925 sein theoretisches Hauptwerk »Psychologie des Sozialismus«, in dem er sich von den marxistischen Positionen löste und eine neue Sozialismustheorie entwarf, in der die Psychologie die gleiche Rolle spielte wie die Ökonomie bei Marx. Obwohl die praktische Umsetzung ausblieb, verfolgte er seine Gedanken weiter.
Wegen eines Krankheitsfalls zog M. 1927 mit seiner Familie nach Flims in Graubünden. Nach seiner Rückkehr im September 1929 bekam er an der Universität Frankfurt/M. einen Lehrauftrag für »Soziologie mit besonderer Hervorhebung der Sozialpsychologie und Sozialpädagogik«. Dort galt er als Revisionist. Mit einer regen Vortragstätigkeit auf dem Land verstärkte er die Kontakte zur SPD. Er schloß sich dem Kreis der »Jungen Rechten« an. Die ab 1930 erscheinenden »Neuen Blätter für den Sozialismus« gaben ihm die Möglichkeit, für seine Thesen zu werben.
Als die NSDAP 1930 bei den Reichstagswahlen so erfolgreich abschnitt, begann M., das Erscheinungsbild der Nationalsozialisten sozialpsychologisch zu analysieren. Er erkannte, daß besonders die von der Verproletarisierung bedrohten Wählerschichten den Nationalsozialismus als politische Alternative begrüßten. M. konstruierte einen Zusammenhang zwischen »gesellschaftlichen Minderwertigkeitsgefühlen« und »kompensatorischen Ausgleichsvorstellungen«. Für M. war der Erfolg der NSDAP eine Konsequenz aus dem Versagen der Arbeiterbewegung. Er glaubte, daß das antikapitalistische Konzept des Sozialismus das weitere Anwachsen der NSDAP verhindern könne, wenn die positiven Programmpunkte des Nationalsozialismus von der sozialdemokratischen Politik übernommen würden. Obgleich M. mit dem Faschismus in der Kritik des Parlamentarismus übereinstimmte, wollte er an den Grundpfeilern der Demokratie nicht rütteln. In dem Stimmungsumschwung der Bevölkerung sah er auch den Ausdruck eines Bedürfnisses nach Führerpersönlichkeiten. Da M. in seiner

Wahlanalyse die sozialpsychologischen Aspekte überbetonte, blieb sein antifaschistisches Konzept wirkungslos.
1932 machte M. den Vorschlag, eine Einheitsfront von KPD und SPD gegen den Nationalsozialismus zu bilden. Die Arbeiterklasse sollte das Bollwerk gegen die drohenden politischen Veränderungen werden. Diese Anregung fand in den eigenen Reihen nur wenig Zuspruch und trug ihm heftige Kritik in der sozialdemokratischen und kommunistischen Presse ein.
Nach der nationalsozialistischen Machtergreifung im Januar 1933 folgte M. der Bitte Vanderveldes, ihn bei den Reformen der BWP in Belgien zu unterstützen und den Kampf gegen den Nationalsozialismus von dort zu führen. In der Funktion eines wissenschaftlichen Beraters der Belgischen Nationalbank bekam er die Möglichkeit, die Partei über den Zustand der belgischen Wirtschaft auf dem laufenden zu halten. Von Vandervelde mit dem Aufbau einer sozialwissenschaftlichen Forschungsstelle beauftragt, knüpfte er Kontakte zur Universität Brüssel, die für ihn Ende 1933 eine Professur für Sozialpsychologie einrichtete. Belgien befand sich 1933 auf dem Höhepunkt der Weltwirtschaftskrise. Die Bevölkerung bangte um ihre Ersparnisse. Die Nationalitätenfrage war ungelöst. Das parlamentarische System litt unter den häufigen Regierungsumbildungen. Von der allgemeinen Vertrauenskrise in der Politik war auch die BWP als zweitstärkste Partei der Zwischenkriegszeit betroffen. Wegen des rapiden Mitgliederschwundes hatte sie bereits 1931 ein Krisenprogramm verabschiedet, dessentwegen sich unter Paul-Henri Spaak eine innerparteiliche Opposition bildete, die schnell an Einfluß gewann. Die Sozialwissenschaftliche Forschungsstelle unter M. wurde beauftragt, einen Weg aus der Staatskrise vorzuschlagen. Der im Oktober 1933 von ihm vorgelegte »Plan van de Arbeid« sah vor, ohne Beeinträchtigung der demokratischen Prinzipien das parlamentarische System zu modifizieren und effizienter zu gestalten. Obwohl dieses Konzept wegen der allgemeinen Voreingenommenheit gegen den Sozialismus nicht realisiert werden konnte, wurde M. aufgrund dieser Arbeit mit Spaaks Unterstützung zum stellvertretenden Vorsitzenden der BWP gewählt. Seine Tätigkeit beschränkte sich 1934 jedoch auf die Propagierung des »Plans der Arbeit«. Als die Regierung im November 1934 zurücktrat, schaltete sich M. in die neuen Koalitionsverhandlungen mit den Christdemokraten und den Liberalen ein, um seinen »Plan der Arbeit« zu verwirklichen. Die Sozialdemokraten, die ein Drittel der Parlamentsabgeordneten stellten, erhielten zwar vier Kabinettsposten in der Regierung van Zeeland, darunter das Ministerium für Transport und Verkehr unter Spaak und das neugeschaffene Ministerium für öffentliche Arbeitsbeschaffung und wirtschaftlichen Wiederaufbau unter M., aber da sowohl das Wirtschaftsministerium als auch das Finanzministerium anderweitig vergeben wurden, wurde der »Plan der Arbeit« auf ein bloßes Konjunkturprogramm reduziert, das schließlich auch noch im Parlament scheiterte. Dennoch gelang es dem »Kabinett der nationalen Einheit« 1935, die Wirtschaftskrise zu beheben, das Fluchtkapital zurückzuholen und die Arbeitslosenquote zu senken.
Trotz der wirtschaftlichen Konsolidierung Belgiens konnten bei den vorverlegten Parlamentswahlen im Mai 1936 die Rexpartei unter → Degrelle und der »Vlaamsch Nationaal Verbond« (VNV) unter Staf de → Clercq einen großen

Wahlerfolg verzeichnen. Sie erreichten zusammen 18% der Wählerstimmen. Bei der Neubildung der Regierung verschob sich das Gewicht in der Koalition zugunsten der BWP, so daß M. das Finanzministerium übernehmen konnte.
Im gemeinsamen Kampf gegen die Rexpartei wurden die Streitpunkte in der Koalition weitestgehend unterdrückt, aber im Frühjahr 1937 kamen finanzielle Unregelmäßigkeiten des Premierministers van Zeeland zutage. M., der als Finanzminister mit der Untersuchung betraut war, versuchte vergebens, ihn zu entlasten. Nach dem Rücktritt van Zeelands beauftragte der König M. mit einer Regierungsumbildung. Seine Finanzpläne zur Sanierung des Staates stießen jedoch Anfang 1938 auf allgemeine Ablehnung, so daß er sein Amt niederlegte. Im folgenden »Kriegskabinett« wurde M. Minister ohne Geschäftsbereich und übernahm verschiedene diplomatische Missionen im Auftrag des Königs. Er begrüßte das Münchner Abkommen vom 30.9.1938 als eine Maßnahme zur Kriegsverhinderung und lobte die französische und britische Regierung in dem gleichen Maße, wie er sie verdammte, als sie Ende April 1939 der polnischen Regierung eine Blankogarantie ausstellten. Ihre Kriegserklärung an Deutschland am 3.9.1939 hielt er für einen verhängnisvollen Fehler. Als Minister ohne Portefeuille kümmerte er sich nach der Mobilisierung der belgischen Truppen vor allem um Betreuungsmaßnahmen. Im Januar 1940 trat er von seinem Ministeramt und dem stellvertretenden Parteivorsitz zurück. König → Leopold III. holte ihn als persönlichen Berater und Flügeladjutanten zu sich. M. bestärkte den König in seinen Überlegungen, gegenüber den Deutschen zu kapitulieren, als die zugesagte französische und britische Hilfe ausblieb.
Nach der Besetzung Belgiens durch die Wehrmacht empfahl M. dem König, sich mit den Deutschen zu arrangieren. Gespräche, die er mit deutschen Offizieren führte, ließen ihn glauben, daß das möglich sei. Da er im Sieg des Nationalsozialismus eine Chance sah, Kapitalismus und Unternehmerbürgertum zugunsten einer neuen Sozial- und Wirtschaftsordnung zu überwinden, rief er die belgische Arbeiterschaft auf, den Dialog mit den Besatzungsbehörden zu beginnen, sobald nach der Auflösung der Parteien eine nationale Einheitsfront gebildet sei. Das Manifest war ein Fehlschlag. Die Militärbehörden verboten den Nachdruck.
Den militärischen Siegeszug der Deutschen begründete M. mit der ideologischen Überlegenheit des Nationalsozialismus über die parlamentarische Demokratie. In engem Kontakt mit den deutschen Stellen betrieb er die Zusammenfassung der Arbeiterschaft auf parteilicher und gewerkschaftlicher Ebene. Er löste die belgische Arbeiterpartei BWP auf, deren Vorsitzender er nach dem Tod Vanderveldes im Mai 1939 geworden war, und rief am 28.6.1940 zur Gründung einer neuen Bewegung auf nationalsozialistischer Grundlage auf. Im November 1940 erreichte er von den deutschen Behörden die Zulassung der »Union des travailleurs manuels et intellectuels« (UTMI)/ »Unie van de Hand- en Geestarbeiders«, aber da weder die Rückkehr aller belgischen Kriegsgefangenen zu erreichen war, noch soziale Veränderungen zugunsten der Arbeiterschaft durchsetzbar waren, stieß der Kollaborationskurs M.s bei den Arbeitern auf wenig Gegenliebe. Zudem betrieb die Exil-BWP aus London heftige Gegenpropaganda gegen die vereinheitlichenden Tendenzen M.s. im Sinne der »Deutschen Arbeitsfront«. Nach der Auflösung der beiden großen Gewerkschaften, der sozia-

listischen »Confédération Générale des Travailleurs de Belgique« und der katholischen »Confédération des Syndicats Chrétiens« sank die Mitgliederzahl derer, die sich für die UTMI interessierten, von einer Million auf 109 000, obwohl den Arbeitern eine achtprozentige Lohnerhöhung zugestanden worden war. Im französisch sprechenden Landesteil waren es 17 000 und im flämischen 92 000. Damit war im Sommer 1941 der Versuch M.s, in Belgien eine Einheitsgewerkschaft nach deutschem Muster aufzubauen, gescheitert. Die »Unie van de Hand- en Geestarbeiders« kam unter deutsche Kontrolle. Ihr Vorsitzender wurde Edgar → Delvo. M. wurde mit einem Redeverbot belegt, weil er die Zusammenarbeit Belgiens mit Deutschland nur im europäischen Rahmen für möglich hielt: »On ne fait pas de révolution sous l'occupation, nous voulons collaborer avec l'Allemagne, mais après la guerre. Alors seulement il pourra être question de collaboration européenne, on ne peut pas refaire la Belgique sans faire l'Europe, ni faire l'Europe sans faire l'Allemagne.« Im September 1941 verlor M. auch seine Professur an der Universität Brüssel, weil er sich gegen die deutsche Einmischung in akademische Angelegenheiten gewandt hatte. Seine Möglichkeiten, Einfluß auf die studentische Jugend auszuüben, war damit ebenso zu Ende wie sein Versuch, die Arbeiterschaft für die Zusammenarbeit mit Deutschland zu gewinnen. Lediglich am Hof des belgischen Königs Leopold III. konnte er sich im Sinne seiner Ideen Gehör verschaffen.

Der Spaltung seines Volkes in Kollaborateure und militante Widerständler stand M., der Völkerhaß nie gekannt hatte und den Krieg verabscheute, hilflos gegenüber. In Résistancekreisen galt er als »Agent Hitlers«. Die Kollaborateure sahen in ihm einen linken Sozialisten.

Im November 1941 zog sich M. mit Zustimmung seines Förderers Otto Abetz, des deutschen Botschafters in Paris, der ihm einen Paß verschaffte, in die Savoyer Hochalpen zurück, wo er die nächsten drei Jahre fern der Öffentlichkeit mit schriftstellerischer Tätigkeit verbrachte. 1942 wollte er eine Abhandlung über den europäischen Sozialismus im Nachkriegseuropa veröffentlichen, aber das Buch mit dem Titel »Réflexions sur la paix« wurde in Belgien von der Besatzungsmacht verboten. Darin sinniert er über eine europäische Nachkriegsordnung aus mehreren Wirtschaftsregionen, die in einem Zollverein zusammengefaßt sind. Die wichtigsten Wirtschaftszweige, z. B. Öl, Kohle und Stahl, sollten internationalisiert werden. Das vereinigte Europa sollte föderalistisch organisiert und in der Lage sein, Kriege zu verhüten.

Als die Partisanenkämpfe in Savoyen zunahmen, setzte sich M. im August 1944 in die Schweiz ab. Seine Bemühungen um die für die Einreise nach Belgien erforderlichen Papiere schlugen fehl, weil niemand für seine Sicherheit garantieren wollte. Da ihn die Schweizer Behörden als politischen Flüchtling anerkannten, blieb er im Land. Er zog nach Bern und heiratete ein drittes Mal.

Am 12.9.1946 verurteilte ein belgisches Militärgericht M. unter Mißachtung rechtsstaatlicher Verfahrensprinzipien wegen »Förderung der Absichten des Feindes« in Abwesenheit zu zwanzig Jahren Zwangsarbeit, zu einer hohen Geldstrafe und zur Aberkennung sämtlicher Beamtenrechte und öffentlicher Titel. In einem offenen Brief an den belgischen König Leopold III. bat M. im November 1946 um seine Rehabilitierung. Die Anschuldigung des Landesverrats sei durch

nichts gerechtfertigt. Er erhielt nie eine Antwort. Das Berufungsverfahren scheiterte, weil M. keinen Zugang zu den Akten bekam. Darauf wandte sich M. an die Öffentlichkeit. Er publizierte seine Petition an den Senat und veröffentlichte seine Lebenserinnerungen »Gegen den Strom«, um internationale Solidarität zu erreichen. Weil er als politisch Verurteilter in der Internierung nichts publizieren durfte, wurde sein Buch eingezogen und M. zu einer hohen Geldstrafe verurteilt, die er nicht bezahlen konnte. In der Folgezeit geriet er in Vergessenheit und verarmte.
M. starb als gebrochener Mann bei einem Verkehrsunfall in der Nähe des Murtensees. Das Auto, in dem M. und seine Frau saßen, wurde an einem Bahnübergang vom Zug erfaßt.

Literaturhinweise:
Hendrik de Man: Gegen den Strom, Stuttgart 1953
Mieke Claeys-Van Haegendoren: Hendrik de Man. Een Biografie, Antwerpen u. a. 1972
Wilfried Wagner: Belgien in der deutschen Politik während des Zweiten Weltkrieges, Boppard am Rhein 1974
Jacques Willequet: La Belgique sous la botte. Résistances et collaborations 1940-45, Paris 1986
Kersten Oschmann: Über Hendrik de Man. Marxismus, Plansozialismus und Kollaboration. Ein Grenzgänger in der Zwischenkriegszeit, Diss. Freiburg 1987

MARÉCHAL-VAN DEN BERGHE, MARIA-ODILE, geb. 4.11.1881 in Steenhuize-Wijnhuize, gest. 18.2.1956 in Eeklo, Leiterin des »Vlaamsch Nationaal Vrouwenbond« 1940–1945

Nach der Heirat mit Josse Maréchal wohnte M. in Brügge. Als ihr Mann starb, engagierte sie sich wie vor ihrer Ehe wieder in der Politik. Bereits nach dem Ersten Weltkrieg war sie eine bekannte Persönlichkeit in der »Frontpartij« in Brügge gewesen, die von Frans → Daels, Hendrik → Borginon und anderen flämischen Weltkriegsbeteiligten 1919 gegründet worden war. Später war M. im »Katholiek Vlaamsch Nationaal Verbond«, dem katholischen Zweig des »Vlaamsch National Verbond« (VNV), tätig. 1921–1926 saß sie als Kandidatin der »Vrije Kristen Demokraten«, die auch unter dem Namen »Fonteynisten« liefen, im Gemeinderat von Brügge. 1929–1936 war sie als Abgeordnete der »Katholieke Vlaamsche Volkspartij« (KVV) Mitglied im westflämischen Provinzrat, und 1936 wurde sie in den Senat gewählt. Sie war die zweite Frau, die vor dem Zweiten Weltkrieg Mitglied des Senats war. Dort konzentrierte sie sich auf die Wahrnehmung der flämischen Interessen auf sozialem und kulturellem Gebiet: Jugendarbeitslosigkeit, Heimarbeit, Gesundheitswesen, Pensions- und Rentenfragen, Urlaubsregelungen usw. Sie war eine der großen Frauenrechtlerinnen Belgiens und setzte sich für die aktive Mitarbeit der Frauen in der Politik auf allen Ebenen ein.
Während des Zweiten Weltkrieges übernahm M. die Leitung des »Vlaamsch Nationaal Vrouwenverbond« (VNVV), der am 9.3.1930 errichtet worden war, weil sich der »Vlaamsche Landsbond voor Roomsch-Katholieke Vrouwen en Meisjes« weigerte, den Frauenbund von Mol wegen seiner politischen Ausrichtung bei sich aufzunehmen. Als bei der Landesversammlung am 26.9.1940 die

langjährige Vorsitzende M. Gravez-Hagen ablehnte, alle flämischen Frauenverbände zu verschmelzen, wurde M. von Staf de → Clercq mit der Führung des VNVV beauftragt, der zur Frauenorganisation des »Vlaamsch Nationaal Verbond« (VNV) umgestaltet werden sollte. Die neue Zielsetzung wurde folgendermaßen umschrieben: »Bewustmaking van ons volk en vorming onzer Vlaamsche vrouwen volgens de niewe levensbeschouwing van het nationaal socialisme«. Die Monatszeitung »Vrouw en Volk«, die bis Juli 1944 erschien, verbreitete die neue Weltanschauung unter den Mitgliedern. Das Sozialwerk, mit dem der VNVV beauftragt wurde, umfaßte Kinderhilfe, Winterhilfe und Armenfürsorge. Bei den Heimabenden wurden flämische Volkskunst und heimisches Liedgut gepflegt und die Propaganda des VNV vermittelt. Bei allen öffentlichen Auftritten des VNV waren Gruppen des VNVV dabei. Am 14.6.1942 gründete M. die »Jonge Vrouwenafdeeling« (JVA), in der junge Frauen auf Ehe und Mutterschaft vorbereitet werden sollten.
Nach dem Krieg wurde M. in Abwesenheit zum Tode verurteilt. Sie lebte einige Zeit untergetaucht, wanderte dann in die Schweiz aus und wohnte nach ihrer Amnestierung bis zu ihrem Tode bei der Familie ihres Sohnes in Eeklo.

Literaturhinweise:
Hendrik Elias: Vijfentwintig jaar Vlaamse Beweging 1914–1939, Antwerpen 1969
Encyclopedie van de Vlaamse Beweging, Band 1, Utrecht 1973

Marion, Paul Jules André, geb. 27.6.1899 in Asnières (Hautes-de-Seine), gest. 1.3.1954 in Paris, Minister für Information und Propaganda der französischen Regierung in Vichy 1940–1944

M. stammte aus einem nationalistischen Elternhaus. Sein Vater arbeitete in einem Rechtsanwaltsbüro. Im Januar 1918 wurde er zum Militär eingezogen und als Sergeant 1921 entlassen. Anschließend studierte er Philosophie an der Sorbonne. 1922 trat er in die »Parti Communiste Français« (PCF) ein und übernahm die Parteipropaganda in der Pariser Region. Weil er bei der Zusammenstellung und Schulung neuer Agitprop-Kader so erfolgreich war, wurde er 1924 Lehrer an der Propagandaschule der Partei in Bobigny. 1926 ins Zentralkomitee der PCF gewählt, übernahm er die Herausgabe der Zeitung »L'Humanité«. Nach einem zweijährigen Aufenthalt in Moskau 1927–1929, wo er in der Propagandaabteilung des Komintern arbeitete, brach er mit dem Kommunismus. Seine Eindrücke beschrieb er in dem Buch »Les deux Russies«, das 1930 auf den Markt kam. In der Folgezeit schrieb er für die pazifistische Presse der Radikalsozialisten, z. B. die Zeitschrift »Notre Temps«, die Jean → Luchaire 1927 gegründet hatte, für die Zeitschrift der Neosozialisten »La Vie socialiste« und für »L'Homme nouveau«, das Organ der sogenannten Nonkonformisten. Nachdem er 1936 als Kandidat der »Union Socialiste Républicaine« in Belleville kein Mandat bekommen hatte, trat er in die »Parti Populaire Français« (PPF) ein und wurde von Jacques → Doriot mit der Leitung der Zeitschrift »L'Emancipation nationale« beauftragt, die sich später »La Liberté« nannte. Seine erfolgreiche Tätigkeit brachte ihm die Ernennung zum Generalsekretär für Propagandaaufgaben der PPF ein. M. hatte Anteil daran, daß sich die Partei zu einer faschistischen Bewegung wandelte und 1938 fast 300 000 Mitglieder erreichte. Nach dem Münchener Abkommen vom 30.9.1938, mit dem die sudetendeutschen Gebiete der Tschechoslowakei an das Deutsche Reich angegliedert wurden, gehörte M. mit → Drieu La Rochelle, → Pucheu und → Benoist-Méchin zu den acht Mitgliedern der Parteiführung, die die PPF verließen, weil der deutliche Protest Doriots ausblieb. M. glaubte, daß der Vertrag Frankreich politisch unglaubwürdig mache und der »grande nation« schade. Die Hauptschuld wies M. den Briten zu, deren appeasement-Politik das Abkommen herbeigeführt habe. In den folgenden Monaten entwickelte sich M. als Verfasser von Pamphleten, Flugzetteln und Zeitschiftenartikeln zugunsten eines starken und autoritär regierten Frankreichs zu einem Experten für die Techniken der Massenmanipulation. Er träumte von dem »grand dessein« für sein Land, das auf den Pfeilern Antisemitismus, Englandfeindlichkeit und Deutschlandfreundlichkeit fußte. Die Erneuerung Frankreichs müsse mit der Formung eines neuen Menschentyps ähnlich dem des homo fascista bei den Nationalsozialisten in Deutschland beginnen. Die moralische Gesundung der Franzosen könne nur gelingen, wenn an die Stelle von Alkohol, Tabak, Sex und anderen verweichlichenden Lustbarkeiten wie in Deutschland Sport, Volkstanz, Wandern und Zelten träten.

Nach der französischen Niederlage im Krieg gegen Deutschland wurde M. im Februar 1941 aus der Kriegsgefangenschaft entlassen und stellte seine propagadistischen Fähigkeiten im August 1941 dem Kabinettschef der französischen Regierung in Vichy, Admiral Darlan, zur Verfügung. Dem deutschen Botschafter in Paris, Otto Abetz, empfahl er sich als früherer Anhänger Briands und als Förderer der deutsch-französischen Zusammenarbeit in der Vorkriegszeit. Zusammen mit Benoist-Méchin und Pucheu unterzeichnete er im April 1941 den »Plan pour un ordre nouveau en France«, der über Abetz in die Hände Hitlers gelangte. Mit diesem Papier versuchten die Verfasser, die Vichy-Regierung zur vorbehaltlosen Kollaboration mit Deutschland zu drängen und Frankreich zu einem verläßlichen Partner des Reiches zu machen, damit es im neuen Europa eine angemessene Stellung haben könne. M. zentralisierte die Medien der nicht besetzten Zone Frankreichs und setzte sie zur Meinungsbildung der Gesellschaft in seinem Sinne ein: »Certains prétendent encore que chaque individu peut se faire lui-même une opinion sur les événements en cours. C'est une présomption ridicule.« Er förderte die »Légion des anciens combattants« als Vorkämpfer der »révolution nationale«, die der Staatschef → Pétain ausgerufen hatte, und als Truppe einer zu bildenden französischen Einheitspartei, ähnlich der Funktion, die die SS für die NSDAP hatte. Er erklärte den Franzosen die Politik der Annäherung an Deutschland, die Darlan betrieb. M. behielt das Amt auch, als → Laval am 18.4.1942 Regierungschef wurde, obwohl Pétain den alten Kommunisten lieber losgeworden wäre. Sein Mißtrauen schien gerechtfertigt zu sein, als M. im Dezember 1942 einige Meinungsäußerungen des Staatschefs über die »chefs indignes d'Afriques« verbreitete, die dem Ansehen Pétains in Nordafrika schadeten. M. förderte die Rekrutierung von Franzosen für die »Légion des Volontaires Français contre le bolchevisme« (LVF) und übernahm das Präsidium der »Association des amis de la Waffen-SS«. Im Januar 1944, als → Henriot sein Nachfolger wurde, blieb M. als Minister ohne Geschäftsbereich im Kabinett.

Im August 1944 folgte M. Pétain nach Belfort, wohin der Staatschef gegen seinen Willen von den Deutschen angesichts des Vormarsches der Westalliierten gebracht wurde. Ende des Monats gehörte er mit de → Brinon, → Darnand, → Déat und Doriot zu den fünf Franzosen, die einer Einladung der deutschen Regierung ins Führerhauptquartier nach Ostpreußen folgten, wo ihnen Ribbentrop und Hitler erklärten, daß die deutschen Rückschläge nur vorübergehender Natur seien und daß neue Waffen für den Endsieg bereitstünden. Hitler forderte sie auf, der Amtsniederlegung Pétains mit einer neuen Regierung zu begegnen, an deren Spitze er Doriot sehen wollte. Um diese Regierung zu legitimieren, sollte Pétains Zustimmung eingeholt werden. M., der dazu ausersehen war, die neue Regierungspropaganda zu leiten, lehnte ab, da Pétain jegliche Zuständigkeitsveränderung untersagt hatte. Wie Pétain und Laval sah M. angesichts des bevorstehenden Endes von jeder weiteren politischen Betätigung ab. In Sigmaringen hatte er den Spitznamen »Paul de la lune«.
Als die Amerikaner den Rhein überquerten, floh M. nach Tirol, weil ihm die Schweiz kein Asyl gewährte. Am 12.7.1945 stellte er sich den Alliierten. Nach seiner Inhaftierung in Fresnes wurde ihm der Prozeß gemacht. Das Urteil, das am 14.12.1948 ausgesprochen wurde, lautete auf zehn Jahre Zuchthaus. Im Juli 1951 fiel er unter eine Amnestie des französischen Staatspräsidenten. Die letzten drei Lebensjahre verbrachte er in Paris.

Literaturhinweise:
William R. Tucker: Politics and Aesthetics. The Fascism of Robert Brasillach, in: Western Political Quarterly 12/1962
Philippe Amaury: Les deux première expériences d'un ›ministère de l'information‹ en France, Paris 1969
G. M. Thomas: The Political Career and Ideas of Paul Marion, Diss Oxford University 1970

MARTHINSEN, KARL ALFRED, geb. 25.10.1896 in Tromsö, ermordet 8.2.1945 in Oslo, Chef der norwegischen Staatspolizei 1941–1944, Leiter des »Rikshird« 1944

M. war Hauptmann im Varanger Bataillon des norwegischen Heeres, als der Zweite Weltkrieg ausbrach. Während des Finnisch-russischen Winterkriegs 1939/40 arbeitete er als Sicherheitsoffizier zusammen mit Jonas → Lie in Ost-Finnmark. Er entwickelte gute Kontakte zum finnischen Nachrichtendienst und informierte die Finnen über Landsleute, die für die Russen arbeiteten. Lie, der

seit 1933 Mitglied der »Nasjonal Samling« (NS) war, warb ihn für die Partei. Nach der Besetzung Norwegens durch die Wehrmacht im Frühjahr 1940 gehörte M. zu den Offizieren, die sich nach der Auflösung des norwegischen Heeres in den Polizeidienst übernehmen ließen. Am 20.9.1940 trat er seinen Dienst an. Von Lie ins Polizeiministerium berufen, nahm er als »Inspektor für besondere Aufgaben« die Funktionen wahr, die Lie verwaltet hatte, bevor er zum Polizeiminister ernannt wurde. Im Oktober 1940 holte Lie die Zustimmung des deutschen Reichskommissars, Josef Terboven, für die Umorganisation der norwegischen Polizei nach deutschem Muster ein. Im Laufe des Jahres 1941 entstanden die beiden Hauptabteilungen »Ordnungspolizei« und »Sicherheitspolizei«. Zur Sicherheitspolizei gehörten die Kriminalpolizei und die Staatspolizei. Im März 1941 übergab Lie seinem Bekannten M. die Leitung der Staatspolizei. Sein Vorgesetzter war der Leiter der Sicherheitspolizei, Oliver → Möystad. Ausschließlich aus Norwegern bestehend, erhielt die Staatspolizei des öfteren Aufträge vom deutschen SD, mit dem sie bei der Bekämpfung der norwegischen Heimatfront zusammenarbeitete. In der Widerstandsbewegung war M. als eines der gefährlichsten und skrupellosesten Werkzeuge der Deutschen gefürchtet. Der Einrichtung einer besonderen Grenzpolizei als Unterabteilung der Staatspolizei gab Lie im Herbst 1941 seine Zustimmung, so daß diese mit Beginn des Jahres 1942 unter M. ihren Dienst aufnehmen konnte. Sie überwachte die Häfen des Landes und die Grenze zu Schweden, um Flüchtlingen den Weg ins neutrale Ausland oder nach Großbritannien zu verbauen.
Möystad und M. waren die gefürchtetsten Polizeifunktionäre Norwegens. Kompetenzstreitigkeiten zwischen den beiden führten im Juli 1943 zu einer Beschwerde Möystads beim Führer der NS, Vidkun → Quisling. Möystad beklagte sich, von M. übergangen und bei wichtigen Entscheidungen ausgeschaltet zu werden. Selbst von bedeutenden Aktionen der Staatspolizei werde er nicht informiert. Möystad bat Quisling, M. zur Einhaltung des Dienstweges anzuhalten. Wider Erwarten entschied Quisling gegen Möystad. Er setzte ihn als Leiter der Sicherheitspolizei ab und übergab das Amt an M. Mit Möystad glaubt er einen unangenehmen Kritker loszuwerden, der vor zu großer Abhängigkeit von Deutschland warnte. In der Doppelfunktion als Leiter der Sicherheitspolizei und der Staatspolizei war M. hinfort der mächtigste Norweger im Land. Um seine Mitarbeiter in allen Polizeidiensten ideologisch festzulegen, verlangte er von ihnen, Mitglieder der NS zu werden. Er erwartete von ihnen ein besonderes Engagement für die Partei. Wer sich dazu nicht bereit fand, konnte als Freiwilliger zur Waffen-SS gehen oder wurde entlassen, wenn er eine führende Funktion hatte.
Um den Widerstand gegen das am 22.2.1943 erlassene Gesetz über die Pflicht zum allgemeinen nationalen Arbeitseinsatz in der norwegischen Bevölkerung zu brechen, befahl M. am 9.8.1943 dem Polizeioffizier Gunnar Eilifsen, fünf junge Mädchen, die sich der Einberufung zum Arbeitsdienst widersetzen, zu verhaften. Als Eilifsen sich weigerte, diesen Auftrag auszuführen, wurde er von der Staatspolizei festgenommen. Terboven wies die zuständigen norwegischen Minister Lie und → Riisnæs am 13.8.1943 an, Eilifsen binnen zweier Tage zum Tode zu verurteilen, ansonsten werde der Delinquent vor ein deutsches Gericht gestellt. Am 14.8.1943 erließ Quisling eine Verordnung, die es möglich machte, für Be-

fehlsverweigerung die Todesstrafe zu verhängen. Als Mitglied des zu diesem Zwecke neu eingerichteten »Polizeisondergerichts«, das am 15.8.1943 in den Sälen des Obersten Gerichts zusammenkam, plädierte M. für das Todesurteil und überredete einen Mitrichter zum selben Votum. Gleichzeitig mit der Hinrichtung Eilifsens am 16.8.1943 ließ M. 500 Polizisten verhaften, die sich mit dem Verurteilten solidarisiert hatten, um von den anderen Befehlstreue zu erzwingen.
Am 1.1.1944 erhielt M. den Titel eines Generalmajors der Polizei, und am 30.3.1944 wurde er von Quisling zusätzlich zu seinen Polizeiaufgaben mit der Leitung des Rikshird beauftragt. Die Ämterverschmelzung sollte die Zusammenarbeit zwischen Rikshird und Polizei intensivieren, die in dieser Phase des Krieges zur Bekämpfung der Heimatfront immer wichtiger wurde.
Im Herbst 1944 veranlaßte M. in Lies Abwesenheit eine groß angelegte Säuberung der Polizei und der NS. Selbst in den oberen Stufen der Hierarchie ließ er Verhaftungen vornehmen, was ihm weiteren Spielraum in seinem Kampf um die Macht verschaffte. Als Lie Anfang 1945 bei den Deutschen in Ungnade fiel, sollte M. sein Nachfolger als Polizeiminister werden. Aber am Morgen des 8.2.1945 fand man ihn ermordet in seinem Auto. Als Vergeltungsmaßnahme ließen die Deutschen 29 Geiseln hinrichten. Die Ermordung M.s durch Angehörige der norwegischen Heimatfront sollte verhindern, daß er die verschiedenen paramilitärischen Einheiten der NS, vor allem den Rikshird, in der letzten Phase des Krieges zusammen mit Polizeieinheiten gegen die Widerstandsbewegung einsetzte.
M. war ein kleiner und hagerer Mann, »charmant bis fast zum Dämonischen«. Er führte seit seiner Kindheit ein genügsames, beinahe puritanisches Leben und war deshalb unbestechlich. Sein Fanatismus verleitete ihn zu Härten und Grausamkeiten.

Literaturhinweise:
Nils Johan Ringdal: Mellom barken og veden, Oslo 1987
Oddvar Hoidal: Quisling – en studie i landssvik, Oslo 1988
Magne Skodvin: Krig og okkupasjon 1939–1945, Oslo 1990
Sverre Rodder: Min ære er troskap, Oslo 1990
Hans Fredrik Dahl: Vidkun Quisling – en förer for fall, Oslo 1992

Martinsen, Knut Børge, geb.30.11.1905 in Sandved (Harslev), gest. 25.6.1949 in Kopenhagen, Kommandeur des »Frikorps Danmark« 1942, Führer des »Schalburg-Korps« 1943–1945, Obersturmbannführer der Waffen-SS

M. schlug nach seiner Schulbildung die militärische Laufbahn ein. 1933 wurde er Leutnant 2. Klasse. 1937 schickte ihn der dänische Generalstab zur Beobachtung des Bürgerkriegs nach Spanien. Nach seiner Rückkehr wurde er zum Kapitänleutnant befördert und bekam eine Stelle im Dänischen Kriegsministerium. Da die Besetzung Dänemarks durch die Deutschen am 9.4.1940 ohne Einfluß auf das dänische Heer blieb, konnte M. am Generalstabslehrgang des Jahres 1940/41 teinehmen. Seine antikommunistische Einstellung, die sich während seines Aufenthalts in Spanien verstärkt hatte, führte ihn am 26.6.1940 zum Eintritt in die »Danmarks National Socialistiske Arbejder Parti« (DNSAP) des Frits → Clausen. Ihn beeindruckte die militärische Disziplin der deutschen Truppen im Land, insbesondere jedoch die ideologische Ausrichtung der SS-Verfügungstruppe, der späteren Waffen-SS, die sich als rassische Elitetruppe des nationalsozialistischen Staates gerierte. Die Zugehörigkeit der Dänen zur rassischen Auslese imponierte ihm. Noch vor dem Beginn des deutschen Ostfeldzugs meldete er sich am 15.5.1941 freiwillig zum Dienst in der Waffen-SS und ließ sich aus dem dänischen Militär entlassen. Er gehörte dem SS-Regiment Germania an und wurde schließlich in das »Frikorps Danmark« übernommen, das nach dem deutschen Einmarsch in die Sowjetunion als dänischer Beitrag zum Schutz Europas vor dem Bolschewismus aufgestellt wurde.

Als der Kommandeur des dänischen Freikorps, SS-Obersturmbannführer von → Schalburg, am 2.6.1942 am Kessel von Demjansk fiel, übernahm M. als sein Stellvertreter das Kommando. In den harten Kämpfen zwischen Mai und August 1942 büßte das Freikorps 78% seines Bestands ein. Während des anschließenden vierwöchigen Heimaturlaubs schlug den Überlebenden die Ablehnung ihrer Landsleute entgegen. Sie hatten kein Verständnis für das Söldnertum in fremdem Dienst. Trotzdem strömten neue Freiwillige dazu. Der Verabschiedung des »Frikorps Danmark« in Kopenhagen vor dem Abtransport an die Ostfront am 13.10.1942 wohnten jedoch auch dänische Honoratioren bei. Neben dem Befehlshaber der deutschen Truppen in Dänemark, General von Hanneken, waren der der Befehlshaber des dänischen Heeres, Generalleutnant Ebbe Gørtz, der Führer der DNSAP, Frits Clausen, und der Staatssekretär im dänischen Außenministerium, Nils Svenningsen, anwesend. Das gab dem Zeremoniell einen offiziellen Anstrich. In seinem Bericht an Himmler lobte SS-Brigadeführer Paul Kanstein am 16.10.1942 den Kommandeur des Freikorps M., dem es gelungen sei, die Spannungen zwischen der dänischen Bevölkerung und den Angehörigen des Freikorps abzubauen. Dagegen habe sich die Feindschaft zu → Clausen vertieft, weil M. das »Frikorps Danmark« als selbständige, von der Partei unabhängige Truppe betrachte.

Während des Einsatzes an der Ostfront wurde das »Frikorps Danmark« unter dem Kommando von M. erneut dezimiert. Als M. am 1.12.1942 abberufen wurde, waren von den 702 Angehörigen nur noch 222 kampffähig. Etwa die Hälfte wurde nach einem Aufenthalt auf dem Truppenübungsplatz Grafenwöhr in kleinen Gruppen nach Hause geschickt. Das »Frikorps Danmark« wurde am 6.5.1943 offiziell aufgelöst.

Die neue Aufgabe, die M. bekam, war die Führung einer speziellen deutschfreundlichen Polizeitruppe in Dänemark. Nach den Plänen des Chefs des SS-Hauptamtes, SS-Gruppenführer Gottlob Berger, und des Reichsbevollmächtigten für Dänemark, Werner Best, sollten die nationaldenkenden, antikommunistischen Dänen in einer überparteilichen Truppe gesammelt werden, die den Namen »Schalburg-Korps« bekam. Trotz des Widerstands des Führers der DNSAP und der Bedenken des deutschen Reichsaußenministeriums wurde diese Truppe am 2.2.1943 feierlich dem Kommando von M. unterstellt, der vierzehn Tage später zum SS-Obersturmbannführer ernannt wurde. M. konnte monatlich über 800 000 Kronen aus Deutschland verfügen. Die neue Machtposition M.s führte zu neuerlichen Rivalitäten mit Clausen, der keinen Einfluß auf die Truppe hatte.

Das Schalburg-Korps war eine bewaffnete Kampftruppe von etwa 1000 überwiegend kasernierten Männern zur Aufrechterhaltung der Ordnung im Land. Sie

stand in Konkurrenz zur dänischen Polizei. Da sie auch den Schutz von Industrieanlagen gegen Attentate der Widerstandsbewegung übernahm, standen hinter ihr kapitalkräftige Förderer, die von den deutschen Besatzungsaufträgen profitierten. Im Laufe der Zeit wurde das Schalburg-Korps ein Sammelbecken von mit der DNSAP-Führung Unzufriedenen. Da es an der eigenen personellen Verstärkung interessiert war, beteiligte es sich nicht an der Werbung und Rekrutierung von Freiwilligen für die Waffen-SS. Auf dem Truppenübungsplatz Grafenwöhr wartete die Truppe im April 1943 vergebens auf neue Rekruten aus Dänemark. Nach der Auflösung des »Frikorps Danmark« wurden die übrig gebliebenen dänischen Waffen-SS-Angehörigen am 6.5.1943 in das 1. SS-Grenadierregiment eingegliedert.
In Dänemark bekam das Schalburg-Korps bald den Ruf einer Terrortruppe. Die Bevölkerung sprach von »Schalburg-Tagen«, wenn die Männer auszogen, um gegen Widerstandskämpfer, Saboteure, Agenten und Defätisten vorzugehen. Als die Deutschen, um M. zu mäßigen, den ehemaligen Leutnant der dänischen Luftwaffe, Paul Sommer, zu seinem Stellvertreter ernannten, verließ M. aus Verärgerung die pangermanische Linie der SS, die er bisher vertreten hatte, und entwickelte sich zum dänischen Nationalisten. Er lehnte jegliche Form von Unterstellung seines Landes unter das Deutsche Reich ab und forderte die Beibehaltung des dänischen Nationalstaats auf rassischer Basis. Die Popularität M.s machte zwar die von Himmler geplante Absetzung unmöglich, aber am 30.9.1943 wurde innerhalb des Schalburg-Korps eine neue Formation unter Sommer gegründet, deren Aufgabe der politische Kampf gegen Terror und Sabotage sein sollte. Um sich als unbeschränkter Führer des Schalburg-Korps zu erweisen, steigerte M. zum Entsetzen der Dänen und zum Mißfallen der Deutschen den innenpolitischen Terror. Trotz der Abmachung mit Best, prominente Sozialdemokraten aus Rücksicht auf die Stimmung der Arbeiterschaft nicht anzutasten, ließ M. den sozialdemokatischen Lektor Ibsen ermorden. Die Unruhen, die dadurch ausgelöst wurden, veranlaßten den Chef des SS-Hauptamtes, Gottlob Berger, Himmler am 28.11.1944 die Ablösung M.s von seinem Kommando zu empfehlen. Er beschuldigte M. der Alkoholabhängigkeit und des lockeren Umgangs mit den Ehefrauen von Kameraden, die als Angehörige der Waffen-SS an der Front kämpften, schob aber die Hauptverantwortung für das Geschehene dem Reichsbevollmächtigten Best und dem SS-Gruppenführer Pancke zu, die das Schalburg-Korps durch hohe Geldzuwendungen korrumpiert hätten. Der Versuch von SS-Obersturmführer Torgils, des Adjutanten M.s, seinen Chef zu entlasten, indem er die Aktionen des Schalburg-Korps der Gestapo in die Schuhe schob, verschlechterten lediglich die Position M.s. Den Vorschlag Bergers, sich mit einer Frontverwendung den kriegsgerichtlichen Ermittlungen zu entziehen, lehnte M. ab. Er wollte im Land bleiben. Als M. schließlich auch noch den Liebhaber seiner Frau, den Schalburg-Korps-Angehörigen Baron von Eggert, im Keller der deutschen Sicherheitspolizei in Kopenhagen erschoß, stimmte Himmler am 3.12.1944 dem Antrag der Gestapo zu, M. aller Ämter zu entheben und für die Dauer des Krieges in »Ehrenhaft« zu nehmen. Das Schalburg-Korps wurde am 1.1.1945 aufgelöst.
Nach Kriegsende wurde M. der Prozeß wegen Kollaboration, Mord und Landesverrats gemacht. Nachdem die Todesstrafe wieder eingeführt und am

1.6.1945 das »Gesetz zur Ergänzung des Gesetzes über Hoch- und Landesverrat und nationale Untreue« rückwirkend in Kraft gesetzt war, konnte M. zum Tode verurteilt werden. Von den 78 Todesurteilen, die dänische Gerichte gegen Kollaborateure aussprachen, wurden 46 vollstreckt.

Literaturhinweise:

Hennig Poulsen: Besaettelsesmagten og de danske Nazister, Kopenhagen 1970
David Littlejohn: The Patriotic Traitors. A History of Collaboration in German-Occupied Europe 1940–1945, London 1972
Dansk Bografisk Leksikon, Band 9, Kopenhagen 1981
Werner Best: Dänemark in Hitlers Hand, Husum 1988

Maurras, Charles Marie Photius, geb. 20.4.1868 in Martigues (Bouches-du-Rhône), gest. 16.11.1952 in Saint-Symphorien (Tours), französischer Schriftsteller, Mitglied der Académie Française, Führer der »Action française« 1899–1944

Der Vater von M. war ein liberal denkender Steuereintreiber. Das katholische Gymnasium in Aix-en-Provence verließ M. als Agnostiker, obwohl einer seiner Philosophielehrer der spätere Bischof von Fréjus war. Schwerhörigkeit erschwerte ihm den Kontakt zu anderen Menschen. Seit 1885 mit seiner Mutter in Paris, führte M. das Leben eines literarischen Bohemiens. Er machte sich einen Namen als Literaturkritiker und gründete die »Ecole Romane«, die den klassizistischen Stil anstelle des romantischen protegierte. Sein latenter Antisemitismus brach während der Dreyfus-Affäre durch, in der er zusammen mit Auguste Maurice Barrès in den Zeitschriften »Cocarde« und »Le Soleil« die Versuche der Juden und Freimaurer bekämpfte, die französische Armee zu unterwühlen und die Nation gegenüber dem drohenden Pangermanismus schutzlos zu machen. Als überzeugter Monarchist lehnte M. die »Ligue de la Patrie« als zu konservativ ab und gründete 1899 mit Henri Vaugeois und Maurice Pujo die »Action française« als eine revolutionäre Bewegung zur Wiederherstellung des Kaisertums anstelle der korrupten und zur Verteidigung des Empire français unfähigen republikanischen Regierungen. Die Tageszeitung der Bewegung trug ab 1908 den gleichen Namen. Sie entwickelte sich zum Sprachrohr der französischen Nationalisten. M. lehnte den Zentralstaat zugunsten eines föderalistischen Dezentralismus ebenso ab wie den Parlamentarismus als eine entscheidungsunfähige und zu faulen Kompromissen neigende Institution. Unter dem Einfluß von Auguste Comte, Anatole France und Arthur Schopenhauer schrieb M. 1900 das Buch »Enquête sur la monarchie«, in dem er ebenso wie in mehreren Artikeln in der Zeitschrift »La Gazette de France« seine Ideen vertrat. Romantik, Anarchismus, Parlamentarismus, Republikanismus wurden als Ausflüsse einer Pseudodemokratie zu Lasten der Ordnungsprinzipien Monarchie, Christentum und Militär verdammt. In »L'avenir de l'intelligence« (1905) befehdete er den Kapitalismus, in »La politique réligieuse« und »Mes idées politiques« bekämpfte er die Slogans der Französischen Revolution, Freiheit, Gleichheit und Brüderlichkeit, als Lügengespinste der Aufklärung und stellte den Kult des Individualismus und Narzismus, den der Liberalismus entfesselt hatte, als gemeinschaftszerstörende Prinzipien dar. Die ewige Ordnung, die

sich in Begiffen wie Wahrheit, Vaterland und Zusammengehörigkeit spiegelt, werde durch die Feinde Frankreichs im Innern – Demokraten, Juden, Freimaurer – und von außen – Protestanten, Engländer, Deutsche – gefährdet. M. glaubte an die Herrschaft des Geistes durch eine neue Aristokratie, die unter Ablehnung von Pazifismus und gleichmacherischem Humanismus die gesellschaftliche Harmonie in der Wiederherstellung traditioneller Werte gewahrleisten könne. Gewaltanwendung zur Erreichung dieser Ziele dürfe nicht ausgeschlosssen werden. Die »Camelots du roi«, die Kampforganisation der Action française, schreckten vor Terror nicht zurück. M.s Diktum »politique d'abord« sollte die Handlungsmaxime seiner Anhänger werden. 1912 wurde M. zu acht Monaten Gefängnis verurteilt, weil er zur Durchsetzung seiner Ideen mit Terrorakten drohte, und ab Oktober 1936 saß er ein halbes Jahr im Gefängnis La Santé, weil er den französischen Kammerabgeordneten Attentate ankündigte. Obwohl M. die katholische Kirche als einzige Internationale gegenüber den sozialistischen Ansprüchen auf weltweite Genossenschaft verteidigte, wurde M. 1926 als Agnostiker exkommuniziert. Seine Werke kamen auf den Index, und die Lektüre der Zeitung »L'Action française« wurde den Katholiken Frankreichs untersagt. Viele seiner Mitkämpfer distanzierten sich von ihm. Auch die jüngere Generation der »Action française«, z. B. → Brasillach und → Rebatet, wandte sich von ihm ab. Sogar die Sozialreformer unter Georges Valois zogen sich zurück. 1936 löste die Volksfrontregierung die »Action française« auf, ließ jedoch die Zeitung weiter bestehen.

M.s besonderer Haß richtete sich in den zwanziger und dreißiger Jahren gegen Deutschland, in dem der Protestantismus herrsche und wo man auf Rache für die Niederlage von 1918 sinne. Die auf Versöhnung ausgerichtete Außenpolitik Briands lehnte er strikt ab. In Hitler sah er den Fahnenträger eines getarnten demokratischen Regimes ohne Adel. Das Münchner Abkommen begrüßte er jedoch, weil es Frankreich vor einem Engagement für die tschechische Sache bewahrte. Seine Vorurteile gegen Deutschland faßte M. 1937 in dem Buch »Devant l'Allemagne éternelle« zusammen. Er warnte vor dem großen Krieg mit Deutschland, den er für unvermeidlich hielt. Mehr Sympathie als dem deutschen Nationalsozialismus brachte M. dem italienischen Faschismus entgegen, weil dieser es verstand, den korporativen Gedanken durch »Zusammenschluß mit Zustimmung« zu realisieren, ohne auf demokratische Methoden zurückzugreifen.

Nach der französischen Niederlage 1940 hatte M. nur noch geringen Einfluß. Die meisten Angehörigen der »Camelots du roi« schlossen sich den Kampforganisationen der Kollaborationsparteien oder der Milice française an. Die Mitglieder der Action française sahen ihr Vorbild in → Pétain, der ihren Vorstellungen von einem elitären Staatsführer sehr nahe kam. Obwohl auch M. anerkannte, daß Pétain Frankreich aus dem Sumpf der Dritten Republik gerettet hatte, pflegte er keine Kontakte zur Regierung des neuen »Etat français«. Mit dem Justizminister Raphael Alibert hatte er allerdings bis Januar 1941 einen Vertrauten in der Nähe des Staatschefs.

Die Zeitschrift »L'Action française« erschien bis 24.8.1944 weiter in Lyon. Darin trat M. für eine »positive Kollaboration« mit den Deutschen zur Verwirklichung des Dezentralismus, zur Erhaltung der Agrarstruktur und zur Förderung geistigen Elitetums gegen Industrialisierung, Angelsachsentum und Résistance ein. Das Schicksal der französischen Juden war ihm gleichgültig, die Gerichtsverfahren in Riom gegen die führenden Politiker der Dritten Republik begrüßte er. 1942 erschien sein Buch »De la colère à la justice. Reflexions sur un désastre« und im Jahr darauf »Pour un reveil français«. In »La seule France, chronique des jours d'épreuve« griff er de Gaulle an, der Frankreich an die Briten ausliefere, ohne eine Garantie zu haben, daß sie etwas zurückgeben würden. Die Soldaten der Armee »France Libre« bezeichnete er als »les volontaires de l'Empire juif universel«. An den Europaträumen der französischen Rechtsparteien hatte M. keinen Anteil. Er blieb bis zum Schluß ein französischer Patriot voller Sorge um Einheit und Größe Frankreichs. »Je ne suis pas un Européen, je suis Français.«

Nach der Befreiung Frankreichs durch die Westalliierten wurde M. gefangen gesetzt. Zusammen mit dem stellvertretenden Vorsitzenden der Action française, Maurice Pujo, wurde ihm in Lyon der Prozeß gemacht, obwohl de Gaulle seinen Intimfeind lieber in Paris vor Gericht gesehen hätte als in der Provinz. Die Anklage lautete auf Zusammenarbeit mit dem Feind. Der Staatsanwalt beschuldigte ihn, sein Ansehen zur Judenhetze, zum Antigaullismus und zur Beschimpfung der Alliierten mißbraucht zu haben. Der Dichter Paul Claudel brachte vor, daß M. seine Widerstandstätigkeit an die Deutschen verraten habe. Trotz seiner geistvollen Verteidigung wurde M. am 27.1.1945 zu lebenslanger Haft verurteilt. Er verlor die staatsbürgerlichen Rechte, aber er blieb Mitglied der Académie Française, in die er 1938 gewählt worden war. M. kommentierte das Urteil, mit dem auch die »Action française« erlosch, als einen Racheakt von Dreyfus. Die Gefängniszeit bis zu seiner Entlassung 1952 nutzte M. für schriftstellerische Arbeiten. Zu den wichtigsten politischen Abhandlungen gehörten »Pour un jeune français« (1949) und »Œuvres capitales« (1952). Die letzten Monate seines Lebens verbrachte M. in einem Krankenhaus in Tours.

→ Rebatet nannte M. einen Katholiken ohne Glauben, einen Terroristen ohne Killer und einen Royalisten ohne König, kurz gesagt einen Illusionisten.

Literaturhinweise:

Edward R. Tannenbaum: The Action Française. Die-hard Reactionaries in the Twentieth-Century France, New York u. a. 1962

Colette Capitan Peter: Charles Maurras et l'idéologie d'Action française, Paris 1972

Eric Vatré: Charles Maurras, un itinéraire spirituel, Paris 1978

Paus Mazgaj: The Action Française and Revolutionary Syndicalism, Chapel Hill 1979

Gérard Loiseaux: La littérature de la défaite et de la collaboration, Paris 1984

Mayol de Lupé, Jean Comte de, geb. 21.1.1873 in Lupé, gest. 28.6.1955 in Versailles, päpstlicher Hausprälat ehrenhalber mit dem Titel Monsignore, Generalfeldkaplan der französischen Fremdenlegion, Feldgeistlicher der »Légion des Volontaires Français contre le bolchevisme« (LVF) 1941–1944 und der 33. Waffengrenadierdivision der SS ›Charlemagne‹ 1944–1945, Sturmbannführer der Waffen-SS

M. entstammte einer traditionsreichen, royalistisch gesinnten französischen Grafenfamilie, die lebhaft am zeitgenössischen politischen und kirchlichen Leben in Paris Anteil nahm. Über seine Mutter, eine Gräfin aus dem neapolitanischen Geschlecht der Caracciolo, besaß M., der sich gerne auch als »Giovanni Caracciolo« auswies, engen Kontakt zur römischen Kurie. Nachdem er mit 16 Jahren bei den Oblaten des hl. Franz von Sales eingetreten war und als Mitglied des Ordens seine Studien bei den Jesuiten absolviert hatte, empfing er 1900 in Paris die Prieserweihe als Benediktiner. Nach der Vertreibung seines Ordens aus Frankreich ließ sich M. 1907 von den Ordensgelübden entbinden und wechselte in die Dienste von mehreren Kardinälen in Rom, was eine bleibende Verbindung zur Kurie begründete. In der Folgezeit zunächst Hofkaplan des Hauses Bourbon, stellte sich M. im Ersten Weltkrieg der französischen Armee als Feldgeistlicher zur Verfügung und geriet als solcher in deutsche Gefangenschaft. Nicht zuletzt die ihm hier widerfahrene gute Behandlung scheint das Deutschlandbild des späteren Hauptmanns der französischen Armee, Ritters der Ehrenlegion und Generalfeldkaplans der Fremdenlegion nachhaltig geprägt zu haben. M., der neben seiner Muttersprache auch italienisch, deutsch und englisch sprach, verewigte sich schriftstellerisch mit den autobiographisch geprägten Büchern »Oriflamme des Saint Louis« und »Histoire de la maison de Mayol«. Persönliche Freundschaft verband ihn mit vielen einflußreichen Persönlichkeiten aus Staat und Kirche, z. B. mit dem Finanzminister Joseph Cailloux, dessen kirchliche Eheschließung er in vertraulicher Mission auf Weisung von Papst Pius XII. in die Wege leitete.

Nach dem Sieg Deutschlands über Frankreich im Juni 1940 sah man M. häufig in den Pariser Salons, die der deutsche Botschafter Otto Abetz besuchte, und auf den Einladungen, die dieser gab. Er gehörte zum Tout-Paris jener Tage. Als im Juni 1941 der Krieg gegen Rußland begann, erklärte sich der überzeugte Antikommunist auf Drängen deutscher und französischer Freunde bereit, die »Légion des Volontaires Français contre le bolchevisme« (LVF) als Feldgeistlicher an die Ostfront zu begleiten, obwohl er schon 68 Jahre alt war. Er gehörte bereits dem ersten Kontingent an, das am 4.9.1941 zum Truppenübungsplatz Debica in Polen aufbrach, wo die Freiwilligen ausgebildet wurden. Vor der Vereidigung am 5.10.1941 hielt er einen feierlichen Feldgottesdient. Als er die Hostie zur Kommunion hob, flehte er den Segen Gottes auf die angetretenen Freiwilligen als Verteidiger der christlichen Kultur herab: »Dieu protégera les défenseurs de la civilisation chrétienne.« M. folgte der Truppe in allen Gefechten an der Ostfront und teilte trotz seines hohen Alters bis zum Kriegsende alle Entbehrungen mit seinen Kameraden. 1943 hatte er bei zwei Verwundungen insgesamt 16 militärische Auszeichnungen, französische und deutsche, darunter das Eiserne Kreuz I. Klasse. Sein Porträt prangte auf der Titelseite der Oktobernummer 1943 der Zeitschrift »Signal«, die in mehreren Sprachen für die ausländischen Angehörigen von Wehrmacht und SS herausgegeben wurde. Mit den Resten der LVF wurde M. 1944 in die Waffen-SS übernommen, als die »Brigade France« und später die 33. Waffengrenadierdivision der SS ›Charlemagne‹ zusammengestellt wurden. Er interpretierte die Waffenbrüderschaft der Legionäre als Dienst an Europa in Treue zum Führer des Deutschen Reiches, der dem Ansturm der asiatischen Horden trotzte. Er war überzeugt, an einem Kreuzzug zur Vernichtung des atheistischen Bolschewismus und zur Rettung des Abendlandes teilzunehmen. In Hitler sah er den einzigen, der die europäische Kultur vor den roten Horden retten könne. In vielen Predigten nannte er Hitler und den Heiligen Vater in einem Atemzug. Beide hätten einen Anspruch auf Vertrauen und Gehorsam.

Zum Kampfgeist und zur Disziplin der Truppe trug M. erheblich bei. Angesichts der heterogenen politischen Ausrichtung der Legionäre waren die Kommandeure auf seine Hilfe angewiesen. Besonders große Schwierigkeiten machten die Anhänger der »Parti Populaire Français« (PPF), weil → Doriot selbst zeitweise in der Legion diente. Um die Politik aus der Truppe herauszuhalten, schlug M. vor, die französischen Rechtsparteien von der Werbung auszuschließen. Männer wie Jean → Fontenoy und Pierre → Costantini hätten in der LVF nichts zu suchen. Kritik übte M. auch am deutschen Rahmenpersonal, das wenig Einfühlungsvermögen in den französischen Nationalcharakter und wenig Verständnis für die Lebensweise der Franzosen aufbrachte.

Als M. am 12.11.1944 auf dem Truppenübungsplatz Wildflecken vor der Vereidigung der zur Waffen-SS stoßenden Franzosen aus der »Milice française«, dem »Nationalsozialistischen Kraftfahrkorps« (NSKK) und der »Organisation Todt« (OT) einen Gottesdienst hielt, legte er ein Bekenntnis zum militanten Nationalsozialismus ab. Die SS interpretierte er als Werkzeug Gottes im Kampf gegen das Reich des Bösen im Osten. Er predigte: »J'étais national-socialiste bien avant Adolf Hitler ... Au Christ souffrant le national-socialisme oppose le Christ combattant ... La Waffen-SS accomplit contre le bolchevisme l'œuvre de Dieu ... A l'Est, vous allez participer au combat contre le Mal.« Seine Zuversicht, daß Gott den atheistischen Bolschewismus besiegen werde, verließ ihn bis zum Kriegsende nicht. Noch im Januar 1945, wenige Wochen vor dem Untergang der 33. Waffengrenadierdivision der SS ›Charlemagne‹, ermunterte er die Soldaten: »Jamais je n'ai été si certain de la victoire finale, et c'est normal car, par son héroisme, l'Allemagne a mérité sa gloire!«

Die Einwirkung M.s auf die Kampfmoral der Truppe wurden von der deutschen SS-Führung für so positiv gehalten, daß der 33. Waffengrenadierdivision der SS ›Charlemagne‹ außer M. weitere Militärgeistliche beigegeben wurden. Unter ihnen waren Pfarrer Brevet, ein Neffe → Darnands, und Pfarrer Lara aus der Kohorte Dijon der »Milice française«.
M.s gute Beziehungen zum Oberkommando der Wehrmacht und zum SS-Hauptamt machten es möglich, daß er nicht das blau-weiß-rote Schild der französischen Republik am Ärmel zu tragen brauchte, die er ebenso haßte wie die kommunistische Sowjetrepublik, sondern die Lilien der Bourbonen. Die entsprechende Fahne hatte er in seinem Gepäck, damit man, wenn er umkäme, seinen Sarg damit bedecken konnte.
Obwohl sich M. am Kriegsende in einem Kloster versteckte, machte ihn der französische Geheimdienst ausfindig. Der Cour de Justice de Versailles verurteilte den Zweiundsiebzigjährigen am 13.5.1947 zu 20 Jahren Zwangsarbeit. Im Juni 1951 wurde er wegen seines schlechten Gesundheitszustands vorzeitig aus der Haft entlassen. Er starb in einem Benediktinerkloster. Die Obsequien fanden in der Dorfkirche von Lupé statt, wo er beerdigt ist.

Literaturhinweise:
Saint-Loup (Pseud. für Marc Augier): Les volontaires, Paris 1963
Jean Mabire: La division Charlemagne, Paris 1974
Pierre de Pringet: Die Kollaboration. Untersuchung eines Fehlschlags, Tübingen 1981
Hans Werner Neulen: An deutscher Seite. Internationale Freiwillige von Wehrmacht und Waffen-SS, München 1985
René Bail: Les croix de Monseigneur de Mayol de Lupé, Paris 1994

MELNIK, ANDRIJ, geb. 1890 in Jakubova Volja (Galizien), gest. 1.11.1964 in Köln, Oberst, Vorsitzender der »Organisation Ukrainischer Nationalisten« (OUN) 1938–1944, Vorsitzender des »Ukrainischen Nationalausschusses« 1944

In Ostgalizien geboren, engagierte sich M. bereits in jungen Jahren für die ukrainische Sache, z. B. als Vorsitzender der katholischen Jugendorganisation »Orlyk«. Nachdem er 1912 seine Ingenieurausbildung in Wien abgeschlossen hatte, trat er in die Offizierslaufbahn der k.u.k. Armee ein. Nach dem Ersten Weltkrieg, in dem er wegen seiner galanten Umgangsformen »Lord Melnik« genannt wurde, begann in seiner Heimat eine Zeit des Umbruchs. Die mit deutscher Hilfe gebildete reaktionäre Regierung unter Paul → Skoropadski mußte am 14.12.1918 die Macht an ein Direktorium übergeben. In diesem Gremium war man sich uneins über die weitere Politik. Die Sitsch-Strelitzen, ein Freikorps, das sich überwiegend aus ehemaligen galizischen Kriegsgefangenen zusammensetzte und von General Konovalec und seinem Chef des Stabes, Oberst M., kommandiert wurde, waren der Grundstock der »Ukrainischen Militärischen Organisation« (Ukrains'ka Vijs'kova Organisatsija) UWO. Sie strebten eine Militärdiktatur unter dem Triumvirat Petljura, Konovalec und M. zur Erhaltung der ukrainischen Souveränität an. Die Befürworter einer republikanischen Verfassung im Direktorium mußten sich beugen. Die ukrainische Bevölkerung wurde nicht befragt. Trotz der starken Worte der ukrainischen militärischen Führer

konnte die Rote Armee 1919 große Teile der Ostukraine kampflos besetzen. Als sie in Kiew einmarschierte, gingen M. und Konovalec ins Exil. 1924 einigten sich die verschiedenen Richtungen der ukrainischen Emigranten in Prag, gemeinsam für die Wiedererstehung der selbständigen Ukraine einzutreten. Sie unterstützten die nationalistischen Verbände und Organisationen, die an den Schulen und Universitäten im polnischen und sowjetischen Landesteil der Ukraine enstanden. Unter dem Vorsitz von Konovalec fand im November 1929 in Berlin die »1. Konferenz der ukrainischen Nationalisten« statt. Die Delegierten gründeten als Führungsgreminum den »Provid Ukrains'kych Nacionalistiv« (PUN), bei dessen erster Zusammenkunft in Wien vom 29.1. bis 3.2.1929 auf Initiative von Konowalec die »Organisation Ukrainischer Nationalisten« (Organisacija Ukrains'kych Nacionalistiv) OUN gegründet wurde. Ihr offizielles Presseorgan war die Monatszeitschrift »Rosbudova Naciji« (Aufbau der Nation). Sie wurde in Prag herausgegeben und in der Ukraine illegal verbreitet.
Schon in den zwanziger Jahren nützten M. und Konovalec die Kontakte, die ihnen Richard Jaryi, ein Kavalleriekamerad aus der k.u.k. Zeit und der kurzlebigen ukrainischen Armee, bei den Dienststellen der Abwehr in der Reichswehr verschaffte, um Informationen aus der UdSSR zu bekommen. Trotz der guten Beziehungen der Reichswehr zur Roten Armee wurde Berlin zur Zentrale der Exilukrainer. Als Hitler an die Regierung kam, paßte sich die OUN der antisowjetischen Politik der Reichsregierung an.
Nach der Ermordnung von Konovalec übernahm M. 1938 die Leitung der OUN. Er war zu dieser Zeit Verwalter des Waldbesitzes der griechisch-katholischen Kirche unter ihrem Metropoliten → Scheptycki mit Sitz in Lemberg, der seinen ganzen Einfluß zur Wahl M.s einsetzte, weil er mit seiner Hilfe die antiklerikalen Tendenzen in der OUN zurückzudrängen hoffte. Da M. die Jugendbewegung der griechisch-katholischen Kirche in Polen leitete, hofften die Ukrainer, die Unterdrückungen durch die Polen würden enden, während die Polen ihrerseits annahmen, die UWO werde ihre Untergrundtätigkeit einstellen, wenn M. Vorsitzender der OUN sei.
Als Führer der OUN leitete M. den »Rat der ukrainischen Nationalisten« (PUN), das achtköpfige Führungsgremium der OUN. In der ersten Sitzung machte M. den Mitgliedern klar, daß die Politik von Konovalec fortgesetzt werde. Das Ziel bleibe die Einigung aller Ukrainer, die jetzt als Minderheiten in der Sowjetunion, Polen, Tschechoslowakei und Rumänien lebten, in einer freien Ukraine. Die PUN-Mitglieder hätten eine Verantwortung vor der Geschichte, gegenüber den zukünftigen Generationen ihres Volkes, und vor Gott. Am wichtigsten sei die Sorge um die Nation.
Um die Beziehungen zur Reichsregierung, die dabei war, ihre antisowjetische Politik zu revidieren, nicht zu sehr zu belasten, ließ M. den 2. Kongreß der OUN im August 1939 in Rom stattfinden. Die Meinungsverschiedenheiten über Grundsatzfragen deuteten eine Spaltung der Organisation an. Die im Exil lebenden älteren Mitglieder scharten sich um M., der die ukrainische Frage auf diplomatischem Wege lösen wollte, während die im Untergrund Tätigen sich für den radikalen Kurs → Banderas aussprachen, der wegen eines Terrorakts in einem polnischen Konzentrationslager einsaß. Nach seiner Befreiung im Septem-

ber 1939 übernahm er die Führung des radikalen Flügels der OUN. Er war irritiert über die Zusammenarbeit des Deutschen Reiches mit der Sowjetunion seit dem Ribbentrop-Molotow-Pakt vom 23.8.1939, weil er alle Hoffnungen auf Deutschland setzte. Umso dringender schien ihm die Untergrundarbeit in der Sowjetunion zu sein, vor allem nachdem sie die ukrainischen Gebiete Polens besetzt hatte. Zu solchen Maßnahmen wollte sich M. nicht entschließen. Die formale Spaltung der OUN in einen gemäßigten Flügel (OUN-M) unter M. und einen radikalen Flügel (OUN-B) unter Bandera wurde von den Anhängern Banderas am 10.2.1940 in Krakau beschlossen. Dieses Krakauer Treffen bezeichneten sie als 2. Kongreß der OUN, um deutlich zu machen, daß sie die Beschlüsse des unter M. abgehaltenen Kongresses in Rom nicht anerkannten. Die beiden OUN-Fraktionen befehdeten sich heftig. Bandera warf M. vor allem vor, mit dem Metropoliten der griechisch-katholischen Kirche, Andreas Graf Scheptycky, auf eine friedliche Lösung der ukrainischen Frage zu warten und den Untergrundkampf in der UdSSR zu boykottieren.
M. war nicht im Lemberg, als → Stetzko dort am 30.6.1941 hinter dem Rücken der Deutschen den »Unabhängigen Staat Ukraine« ausrief. Bis die Deutschen Gegenmaßnahmen ergriffen, vergingen 14 Tage. Um sich die Zügel nicht aus der Hand nehmen zu lassen, bat M. am 6.7.1941 in einem Brief, der vom Amt Ausland Abwehr der Wehrmacht an Hitler weitergeleitet wurde, die Ukrainer als offizielle Verbündete anzuerkennen: »Wir ersuchen um die Erlaubnis, Schulter an Schulter mit den europäischen Legionen und mit unserem Befreier, der Deutschen Wehrmacht, marschieren zu dürfen, und bitten, eine ukrainische Militärformation aufstellen zu dürfen.« Hitler konnte sich jedoch lediglich dazu entschließen, den Ukrainern in den von der Wehrmacht eroberten Gebieten regionale polizeiliche und lokale administrative Aufgaben zu überlassen. Vom Metropoliten Scheptycky erhielt M. eine am 7.7.1941 geschriebene Aufforderung, den Streit mit Bandera zu beenden und Stetzko als Vertreter beider OUN-Flügel und als Ministerpräsidenten der Ukraine anzuerkennen. Bevor M. dazu Stellung nehmen konnte, verhafteten die Deutschen die Führungsspitze der OUN-B und internierten Bandera und Stetzko bis 1944 als Sonderhäftlinge im Konzentrationslager Sachsenhausen, als sie sich weigerten, die Staatsgründung zu widerrufen. Seines Konkurrenten ledig, konnte sich M. mit Teilen seiner Organisation vorübergehend in der von den Deutschen besetzten Ukraine etablieren und die örtlichen Verwaltungen mit eigenen Anhängern besetzen. Zum Bürgermeister in Kiew machte er seinen Freund Ohlobyn. In Shitomir durfte die Zeitung »Ukrainske Slovo« (Ukrainisches Wort) erscheinen.
Zusammen mit dem Metropoliten Scheptycky bot M. am 17.1.1942 Hitler trotz aller bisherigen Rückschläge und trotz der Ausbeutung des ukrainischen Volkes unter dem Terrorregime des Reichskommissars Koch erneut die Zusammenarbeit an, wenn sie im Einklang mit Gottes Gesetz stehe. Sie schrieben: Nach der bevorstehenden Niederlage der UdSSR möchte die Ukraine einen Platz in dem entstehenden Neuen Europa haben. Die bisherige deutsche Politik stehe diesen Bemühungen jedoch entgegen: Verbot der Teilnahme am bewaffneten Kampf gegen den Kommunismus, keine Entlassung von Ukrainern aus den Kriegsgefangenenlagern, Eingliederung Galiziens in das Generalgouvernement, Übergabe der

Südukraine mit Odessa in die Verwaltung Rumäniens, Schließung von Schulen und wissenschaftlichen Einrichtungen, Pressezensur, keine Wiederherstellung des Privateigentum, Verbot der Tätigkeit des Ukrainischen Nationalrates. Deutschland sei dabei, die Fehler des Versailler Vertrags zu wiederholen. Der Brief schloß mit der Bitte, die staatliche Existenz der Ukraine zu dokumentieren. Eine Antwort erhielten die Unterzeichner nicht. Im Gegenteil: Im Frühjahr 1942 wurden die Aktivitäten der Anhänger M.s in den ostukrainischen Gebieten vom Befehlshaber der Sicherheitspolizei und des SD in Kiew gestoppt und die führenden Männer nach Lemberg zurückgeschickt, das zu dieser Zeit wieder zum Generalgouvernement Polen gehörte. Die Teilnahme von M.s Anhängern an den Maßnahmen der Einsatzgruppen gegen die Juden wurde untersagt, als sie von M. mißbraucht wurde, um eine eigene Organisation namens »Prosvita« (Aufklärung) in der Ostukraine zu errichten. Alle ukrainischen Zeitungen, auch »Ukrainske Slovo«, mußten ihr Erscheinen einstellen. Die OUN in Charkow, die von eingewanderten Ukrainern aus der Westukraine getragen und von Dolmetschern der deutschen Dienststellen unterstützt wurde, konnte nur noch im Untergrund weiterarbeiten. Sie suchte den Kontakt zur ukrainischen Kirchenorganisation, um das gläubige Volk zu erreichen, bis die Deutschen auch dem einen Riegel vorschoben.

Angesichts der abweisenden Haltung der deutschen Dienststellen suchte M. 1943 Kontakte zu den Exilukrainern in den alliierten Ländern. Der Vertreter in Finnland erhielt z. B. den Auftrag, die Finnen zur Aufstellung einer ukrainischen Legion zu bewegen. Als nach dem Sturz Mussolinis in Italien Akten darüber gefunden wurden, wurde M. am 26.1.1944 verhaftet. Am 17.10.1944 wurde er wieder freigelassen, weil der Vormarsch der Roten Armee es den Deutschen geraten scheinen ließ, erneut die Kooperation mit ihm zu suchen. Insbesondere dachte man an die Bildung eines ukrainischen Nationalausschusses. Unter deutschem Druck wurde ein Treffen aller nationalen Führer bewerkstelligt. In Anwesenheit von SS-Obersturmbannführer Dr. Fritz Arlt vom SS-Hauptamt besprach M. mit Bandera und Lewitzki die Möglichkeiten einer deutsch-ukrainischen Zusammenarbeit für den Raum Galizien. Es gab keine Übereinstimmung. Ein zweites Gespräch scheiterte an der unversöhnlichen Haltung Banderas, der ein Zusammengehen mit M. ablehnte und auf eine politische Erklärung der Reichsregierung zugunsten der Ukraine drängte. Einigkeit bestand nur darin, daß die Ukrainer nicht in der »Russischen Befreiungsarmee« (ROA) des Generals → Wlassow dienen wollten. Beide Führer der Ukrainer konnten jedoch nicht verhindern, daß sich unter den Mitgliedern des »Komitees zur Befreiung der Völker Rußlands« (KONR) auch Ukrainer befanden, die mit Wlassow zusammenarbeiten wollten, und daß ein Drittel der »Russischen Befreiungsarmee« (ROA) aus Ukrainern bestand, die in den Kriegsgefangenenlagern angeworben wurden.

Als Ende 1944 die ganze Ukraine von der Roten Armee besetzt war, begannen sowohl die Anhänger Banderas als auch die M.s den Untergrundkrieg gegen die Sowjetunion. Es vergingen mehr als drei Jahre, bis in den wiedereroberten Gebieten der Ukraine Ruhe einkehrte.

Am Ende des Zweiten Weltkriegs zog sich M. nach Luxemburg zurück. Da die Franzosen die Hand über ihn hielten, wurde er nicht an die UdSSR ausgeliefert.

Seine letzten Lebensjahre verbrachte er in Frankreich. Im Prozeß gegen den Mörder Banderas 1962 wurde bekannt, daß der KGB M. wegen seines hohen Alters für ungefährlich hielt. In der Tat betätigte sich M. nach dem Zweiten Weltkrieg kaum noch politisch.

Literaturhinweise:
John A. Armstrong: Ukrainian Nationalism, New York 1955
Roman Ilnytzkyj: Deutschland und die Ukraine 1934–1945, München 1956
Danylo Tschajkowskyi: Stephan Bandera. Sein Leben und Kampf, in: Russischer Kolonialismus in der Ukraine, hrsg. v. Ukrainischer Verlag, München 1962
Dmytro Schtykalo: Der Begründer der revolutionären Freiheitsbewegung, in: Von Moskau ermordet, hrsg. v. Ukrainischer Verlag, München 1962
Jaroslaw Stetzko: Die Weltgefahr unserer Zeit, München 1980
Natalija Vasylenko-Polonska: Geschichte der Ukraine, München 1988
Frank Golczewski: Geschichte der Ukraine, Göttingen 1993

MENEMENCIOGLU NUMAN RIFAT, geb. im März 1892 in Bagdad, gest. 15.2.1958 in Ankara, türkischer Außenminister 1942–1944

Als zweiter Sohn von Refet Pascha geboren, der die Provinz Menemen in der ersten türkischen Nationalversammlug vertrat, erhielt M. seine Schulbildung im Sankt Josefs-Kolleg, das von französischen Jesuiten unterhalten wurde. Nach dem Studium der Jurisprudenz in Lausanne trat er 1914 in den diplomatischen Dienst des Osmanischen Reiches ein. Nach mehreren Auslandsverwendungen im Dienste der Türkei wurde er 1933 Generalsekretär des Außenministeriums. In dieser Funktion bestimmte er fast ein Jahrzehnt die türkische Außenpolitik. Ihm glückten die letzten Schritte der türkischen Revisionspolitik mit dem Meerengenvertrag von Montreux im Juli 1936 und der Angliederung von Hatay im Juni 1939. Er war erfolgreich, weil die Weltmächte mehr mit der deutschen Revisionspolitik befaßt waren als mit der türkischen. Durch die Besetzung des Rheinlands im April 1936 und der Annexion der Resttschechei im März 1939 erleichterte Hitler den Türken die Durchführung ihrer Pläne. M. empfand Dankbarkeit gegen Hitler, daß er im Schatten der deutschen Aktionen handeln konnte. Erst ab April 1939 wuchs sein Mißtrauen gegen den Imperialismus der Achsenmächte. Das Eindringen Italiens auf den Balkan mit der Übernahme Albaniens als italienisches Protektorat ließ M. an eine konzertierte Aktion der Achsenmächte glauben. M. riet dem türkische Außenminister Tevfik Rüstü Aras zur politischen Annäherung an Großbritannien und Frankreich unter Beibehaltung der wirtschaftlichen Bindungen an das Reich. Die britische und französische Beistandserklärung war ihm willkommen.
M.'s Außenpolitik war von der Sorge um die Erhaltung der türkischen Handlungsfreiheit nach allen Seiten bestimmt. Dem deutschen Gesandten in Ankara, Franz von Papen, schenkte er reinen Wein ein: »Das Ziel unserer Außenpolitik ist der Schutz der Selbstbestimmung. Im Falle eines Krieges wäre es mit unserer Selbstbestimmung aus, und mein Land hätte nichts davon.« An anderer Stelle teilte er Papen mit: »Wir sind Egoisten und kämpfen ausschließlich für uns.« Mit einem Besuch des Reichswirtschaftsminister Hjalmar Schacht wurde 1936 die deutsch-türkischen Handelsbeziehungen in vertragliche Bahnen gelenkt. Im

Juli 1938 reiste M. nach Deutschland, wo er in den Wirtschaftsgesprächen die mit England abgeschlossenen Handelsverträge zur Erpressung der Deutschen ausnutzte. Trotz des englisch-türkischen Kreditabkommens vom 27.5.1938 über 16 Millionen Pfund, von denen 6 Millionen für Militärausrüstung und 10 Millionen für den Kapitalmarkt bestimmt waren, erhöhte er die Chromlieferungen an Deutschland von 15 000 Tonnen auf 100 000 Tonnen pro Jahr. Im Januar 1939 unterzeichnete er mit den Deutschen ein Kreditabkommen über 150 Millionen Reichsmark und ein Investitionsprogramm im Umfang von 60 Millionen Reichsmark für landwirtschaftschaftliche Maschinen, Kraftwerke, fahrendes Material, Handelsschiffe und Rüstungsmaterial. Am 18.3.1939 gab M. bekannt, daß der Balkan als »entité géographique économique« dem Reich zur wirtschaftlichen Versorgung zur Verfügung stehe. Der Ribbentrop-Molotow-Pakt vom 23.8.1939 belastete die deutsch-türkischen Beziehungen, obwohl den Türken das im Vertrag bekundete deutsche Desinteresse am Balkan nicht bekannt war, und veranlaßte die Türkei, die Bindungen an Großbritannien und Frankreich zu intensivieren. Nach dem Ausbruch des Zweiten Weltkriegs suchte M. die Balance zwischen den kriegführenden Mächten. Den Verkauf von Chrom an Großbritannien macht er im Handelsvertrag vom 8.1.1940 von der Abnahme weiterer Exportgüter abhängig. Mit den Deutschen schloß er am 25.7.1940 einen entsprechenden Handelsvertrag. Große Angst hatte M. in den ersten eineinhalb Kriegsjahren davor, daß nach der Erschöpfung des alliierten und deutschen Militärs die UdSSR die Hegemonialmacht in Europa werden könnte.

Am 28.3.1941 teilte von Papen M. mit, daß sich Hitler für eine türkeifreundliche Politik zu Lasten der Beziehungen zur Sowjetunion entschieden habe. Alle deutschen Maßnahmen auf dem Balkan würden die türkische Unabhängigkeit nicht beeinträchtigen. »Das türkische Denken muß den Verdacht loswerden, daß wir beabsichtigen, die Türkei über Rumänien, Bulgarien und Griechenland einzukreisen.« In der richtigen Erwägung, daß die Achsenpartner kein Interesse daran haben konnten, die UdSSR durch die Meerengen ins Mittelmeer eindringen zu lassen, antwortete M.: »Wir halten unsere Verträge, auch die mit Großbritannien, und Herr von Papen könne von der Türkei keine wohlwollende Neutralität erwarten. Solche politische Akrobatik erscheint mir schwer zu verwirklichen.« Er sei zwar immer für ein starkes Deutschland in Zentraleuropa gewesen, aber einseitige Bindungen wolle er nicht eingehen. Vor die Entscheidung gestellt, Bündnisangebote beider Seiten abzulehnen oder auf beide Seiten einzugehen, entschloß sich M. für die Stützung der türkischen Neutralitätspolitik durch ein raffiniertes System von Verbindungen mit beiden Seiten. Indem das Land von beiden Seiten abhängig wurde, war es unabhängig. Deshalb konnte M. die deutschen Bitten um den Transit von Hilfslieferungen für die irakische Aufstandsbewegung unter Raschid el → Gailani ebenso ablehnen wie die britischen Angebote, zum Schutz der Türkei Flugzeuge auf türkischen Flughäfen zu stationieren. Der Freundschaftsvertrag, den er am 18.6.1941, wenige Tage vor dem deutschen Angriff auf die Sowjetunion, mit Deutschland abschloß, verpflichtete die Türkei zu nichts.

M. praktizierte seine pragmatische Außenpolitik unter der Bezeichnung »aktive Neutralität«. In Übereinstimmung mit Staatspräsident Inönü, in dessen Händen die wirkliche Macht lag, stieß er im Land auf keine Opposition. Die führende

Zeitung des Landes »Ulus« unterstützte die Regierungspolitik in jeder Phase. Die beiden Parteien im türkischen Parlament, bei denen M. hohes Ansehen genoß, begrüßten seine Ernennung zum Außenminister im Juli 1942. M. führte die Politik weiter, die er bisher als Generalsekretär gesteuert hatte. Im Kabinett galt er, mit dem Wohlwollen Inönüs, als anerkannter primus inter pares. Selbst der neue Premierminister Saracoglu stand in seinem Schatten. M.s persönliche Beziehungen zu von Papen bewirkten, daß er trotz seiner Neutralitätspolitik einen deutschlandfreundlichen Kurs verfolgte. Der britische Außenminister Anthony Eden war überzeugt, daß M. die deutsche Seite unterstütze. Der Druck, den die Briten ausübten, um die Türkei zum Eintritt in den Weltkrieg auf ihrer Seite zu bewegen, förderte seine Anlehnung an Deutschland. Obwohl er die militärischen und wirtschaftlichen Erfolge Deutschlands bewunderte, ließ er sich aber von den Deutschen nicht für ihre Interessen einspannen. An den Spekulationen über die von Hitler proklamierte Neuordnung Europas wollte er sich nicht beteiligen. Er beharrte auf der uneingeschränkten Souveränität der Türkei.
Bei der praktischen Handhabung der Neutralitätsbestimmungen des Haager Abkommens aus dem Jahr 1907 schienen die Deutschen Vorteile zu haben. Als Kriterien dafür galten die Chromfrage und die panturanische Bewegung. M. versprach im September 1941 seinem deutschen Verhandlungspartner Clodius, nach dem Ablauf des Vertrages mit den Briten 1943 90 000 Tonnen Chrom zu liefern und 1944 gegen die Lieferung von Militärausrüstung 45 000 Tonnen an Deutschland abzugeben. Als die Deutschen 1942 die turkestanischen Gebiete der UdSSR erreichten, erwachte das türkische Interesse an der mohammedanischen und turksprachigen Bevölkerung. Eine Einflußnahme ließ sich nur mit Deutschland verwirklichen. Das war der Köder, mit dem Deutschland die Türkei in den Krieg gegen die Sowjetunion hineinziehen wollte. Herr von Papen ermunterte M. zum Zugreifen. Zwei türkische Generäle wurden vom deutschen Generalstab an die Ostfront eingeladen. Nur die Abneigung Inönüs gegen vorschnelle Festlegungen verhinderte, daß ihre positiven Berichte politische Auswirkungen hatten.
Die Forderung der Casablanca-Konferenz vom 20.1.1943 nach einer bedingungslosen Kapitulation des Deutschen Reiches weckte bei M. die Furcht, daß die UdSSR nach dem Krieg das mitteleuropäische Vakuum ausfüllen könnten. Er konnte sich nicht vorstellen, daß es ohne Deutschland ein Mächtegleichgewicht in Europa geben könne. Den Westalliierten warf er vor, mit dieser Forderung den Krieg in die Länge zu ziehen. Er verdächtigte die Engländer, mit den Sowjets geheime Absprachen über die Türkei getroffen zu haben. Umsomehr widerstand er dem Drängen der Briten, in den Krieg einzutreten. Warum sollte sich die Türkei ihr eigenes Grab schaufeln? Während der Besprechungen in Kairo vom 5. bis 7.11.1943 konnte Eden M. nicht dazu überreden, britische Flugzeuge auf türkischem Boden zu stationieren oder irgendwelche Festlegungen für die Zeit nach dem Krieg zu treffen. Lediglich die Waffenlieferungen im Rahmen des Leih- und Pachtvertrags der USA waren willkommen. Mit ihnen wollte sich die Türkei auf einen möglichen Kriegseintritt vorbereiten, falls die Westalliierten die zweite Front auf dem Balkan eröffnen würden, oder für militärische Auseinandersetzungen mit der siegreichen Sowjetunion nach dem Krieg rüsten. Um M. unter Druck zu setzen, stoppten die Briten am 1.3.1944 alle Rüstungslieferungen.

Bei der Evakuierung der Krim im Mai 1944 öffnete die Türkei die Meerengen für deutsche und rumänische Transportschiffe. Da dieses Entgegenkommen zu heftigen Protesten Großbritanniens führte, entschloß sich Inönü, den von den Engländern für einen Deutschenfreund gehaltenen Außenminister zu entlassen. Das Foreign Office warf M. sogar vor, in deutschen Diensten zu stehen. Am 15.6.1944 verließ M. das Außenministerium. Die Entlassung war eine good will-Geste an die Alliierten. In der türkischen Presse wurde der Amtswechsel damit begründet, daß M. mit den neuen Entwicklungen nicht Schritt halten konnte. Statt der bisherigen Balancepolitik sei eine Annäherung an die Alliierten zugunsten der Erhaltung des türkischen Staates erforderlich. Nach dem Weggang von M. hatte es die britische Politik leichter, den Bruch der Türkei von Deutschland zu betreiben, auch wenn Stalin gar nicht daran interessiert war, die Türkei auf alliierter Seite in den Krieg hineinzuziehen, weil das seine Handlungsfreiheit in der Meerengenfrage beeinträchtigte.
Um die Abwendung von Deutschland zu demonstrieren, wurde als erstes der panturanischen Bewegung im Land ein Ende gemacht. Inönü nannte den Panturanismus eine für das Land gefährliche ideologische Fehlentwicklung. Nihat Adsiz, ein prominenter Turanist, wurde am 9.5.1944 vor Gericht gestellt. Er erhielt eine Gefängnisstrafe von 10 Jahren. Ein neuer Prozeß gegen drei panturanische Nationalisten begann am 7.9.1944.
Am 2.8.1944 brach die Türkei die diplomatischen Beziehungen zu Deutschland ab. Als sie am 15.1.1945 die Meerengen entgegen den Bestimmungen des Vertrags von Montreux für alliierte Kriegsschiffe öffnete, war M. bereits drei Monate Botschafter der Türkei bei der Regierung de Gaulle in Paris. Um sich den Weg in die Vereinten Nationen nicht zu versperren, mußte Inönü am 23.2.1945 an Deutschland den Krieg erklären.
M. blieb zwölf Jahre in Paris. Er führte die Verhandlungen über den Beitritt der Türkei zu NATO. 1956 ging er in Pension. Seine Memoiren mit dem Titel »Les Détroits vus de la Mediteranée: aperçus, études, souvenirs« wurden bisher nicht veröffentlicht.

Literaturhinweise:
Lothar Krecker: Deutschland und die Türkei im zweiten Weltkrieg, Frankfurt 1964
Edward Weisband: Turkish Foreign Policy 1943–1945. Small State Policy and Great Power Politics, Princeton 1973
Metin Tamhoc: Warrior diplomats, University of Utah 1976
Selim Deringil: Turkish Foreign Policy during the Second World War: an ›active neutrality‹, Cambridge u. a. 1989

MEYER, KARL, geb. 18.9.1898 in Olten, Gründer der schweizerischen »Neuen Front« in Schaffhausen 1932, Führer der »Nationalen Gemeinschaft« 1940–1943

M. war Reallehrer im Schweizerischen Schuldienst. Während des Wehrdienstes zum Feldwebel avanciert, war er als Präsident des Unteroffiziersvereins und Instruktor des Kadettenkorps in Schweizer Militärkreisen eine bekannte Person, als er 1932 die Ortsgruppe Schaffhausen der »Neuen Front« gründete. 1934

übernahm er die Leitung der Reste der »Neuen Front« in der Gesamtschweiz, soweit sie nicht in die »Nationale Front« (NF) übergegangen waren, aus den Händen von Rolf → Henne, der die Landesleitung der NF übernahm. M. war ein exzellenter Redner. Seine zynischen und hetzerischen Bemerkungen bei den Versammlungen brachten ihm eine Reihe von Beleidigungsprozessen ein. Die demagogische Art seines Vortrags weckte andererseits »die Heiterkeit und Sympathie der Zuhörer«. Die »Neue Front« kämpfte wie alle anderen Fronten gegen die drohende Volksfront der Linken, den zerstörenden Liberalismus und Kapitalismus und für eine starke schweizerische Volksgemeinschaft in Anlehnung an das faschistische Italien und das nationalsozialistische Deutschland. Nach der Machtergreifung der Nationalsozialisten stellte er Verbindungen ins Reich her, die ihm die Unterstützung für seine politische Arbeit sicherten. Bei der Abwehr der Wehrmacht war er unter dem Decknamen »Wotan« bekannt. Bei einer Rede im badischen Singen griff M. am 12.6.1934 erstmals die Eidgenossenschaft auch im Ausland an. In der Schweiz wurden ihm Nestbeschmutzung und Landesverrat vorgeworfen. Der Bundesrat sprach ihm eine öffentliche Mißbilligung aus.
Zusammen mit Benno Schaeppi und weiteren Frontisten nahm M. im September 1936 am Reichsparteitag der NSDAP in Nürnberg teil. Gleichzeitig veröffentlichte er sein persönliches Bekenntnis unter dem Titel: »Jawohl, Faschismus«. Darin schrieb er: »Insofern der Kampf gegen Korruption, für Sauberkeit, gegen zerfahrene Zauderpolitik und Mißwirtschaft, für klare Führung und rasche Entscheidungen, gegen den Parteienstaat, für einen wahren Volksstaat, gegen kapitalistische und marxistische Willkür, für soziale Gerechtigkeit und Ehre, kurz: gegen den Zustand der Auflösung und Zersetzung für eine starke und wohlgeordnete Volksgemeinschaft, gleichbedeutend ist mit Faschismus, sind wir auch Faschisten!« Er geißelte den liberalistischen Egoismus der Schweizerbürger und plädierte für eine Volksgemeinschaft nach deutschem Vorbild: »Nichts für sich, alles für die andern. Vor dem Gesamtinteresse des Volkes tritt das Geschick des Einzelnen zurück. Das Volk ist ewig, der Einzelne nur eine vorübergehende Erscheinung, die dem Ganzen dienstbar zu sein hat.«
Wegen der bewährten Kooperation der Neuen Front mit der NF war M. bestürzt, als Tobler 1938 den neuen Kurs der NF verkündete, der zu mehr Distanz zum Deutschen Reich riet.
1940–1943 war M. Führer der »Nationalen Gemeinschaft«, die wie die anderen frontistischen Bewegungen einen autoritären Staat anstelle der Schweizer Demokratie anstrebte. In dieser Zeit theoretisierte M. über die Form eines neuen Europa unter deutscher Vorherrschaft. Er erwartete das Ende der Kleinstaaterei. Nach der Niederlage Frankreichs sagte er am 25.10.1940 bei einer Rede in Zürich: »Wer die Absicht hat, in Europa zu zertrümmern, aufzureißen, auseinanderzuwerfen, kleinlich-egoistische Angelegenheiten und Ziele in den Vordergrund zu schieben, wer das unternimmt, ist ein Feind Europas! Wer das tut, der muß von Europa bis aufs Messer bekämpft werden... Jede Nation, die es sich zum Ziel setzt, die innereuropäischen Verhältnisse im Sinne der Zertrümmerung und Auseinanderreißung zu beeinflussen, ist aufs allerschärfste abzulehnen.«
Nachdem M. mehrfach öffentliche Drohungen gegen seine Gegner ausgespro-

chen hatte, verhängte der Bundesrat am 9.6.1941 ein Redeverbot über ihn. Dies galt sowohl für öffentliche wie auch geschlossene Veranstaltungen und betraf alle politischen, wirtschaftlichen und militärischen Angelegenheiten des In- und Auslandes.
Im Februar 1943 wurde M. aus dem Schuldienst entlassen. Grundlage hierfür war ein Gesetz aus dem Jahre 1938, das die Zugehörigkeit zur NF und eine gleichzeitige Anstellung im Staatsdienst für nicht vereinbar erklärte. Von der Anwendung des Gesetzes auf M. hatte man lange Zeit abgesehen, weil seine Unterrichtspraxis nicht frontistisch geprägt war. Aber Intrigen im Lehrerkollegium gebrauchten diesen Vorwand für seine Entlassung.

Literaturhinweise:
Beat Glaus: Die Nationale Front. Eine Schweizer Faschistische Bewegung 1930–1940, Köln 1969
Walter Wolf: Faschismus in der Schweiz. Die Geschichte der Frontbewegungen in der deutschen Schweiz, 1930–1945, Zürich 1969
Walter Rüthemann: Volksbund und SGAD. Nationalsozialistische Schweizerische Arbeiterpartei. Schweizerische Gesellschaft der Freunde einer autoritären Demokratie. Ein Beitrag zur Geschichte der politischen Erneuerungsbewegungen in der Schweiz 1933–1944, Diss. Zürich 1979

AL-MISRI, AZIZ ALI, geb. 1879, gest. 1959, arabischer Nationalist, Chef des Generalstabs der ägyptischen Armee 1936–1940

M. gehörte zu den wenigen Arabern, die vor dem Ersten Weltkrieg im Kreis der jungtürkischen Offiziere eine führende Stelle einnahmen. Wie die meisten türkischen Militärs hatte er eine offene Vorliebe für Deutschland. Er gehörte dem Stab des aus dem Irak stammenden Mahmud Shawkat an, der von 1913 bis zu seiner Ermordung mehrere Monate Großwesir war. Am Sturz des osmanischen Sultans in Istanbul 1909 hatte M. wesentlichen Anteil.
Unter den arabischen Offizieren bildeten sich nach der Revolution mehrere geheime Organisationen, an denen M. von Anbeginn führend beteiligt war. 1911 erhielt er ein Kommando in Tripolitanien. 1913 stellte er sich als Major an die Spitze einer Gruppe arabischer Offiziere, die um die Jahreswende 1913/14 den »Bund der Übereinkunft« bildeten. Ihr Ziel war die Loslösung der arabischen Gebiete vom Osmanischen Reich. Im Februar 1914 wurde er deswegen verhaftet und in Konstantinopel Ende März 1914 wegen Hochverrats zum Tode verurteilt. Sein Bekanntheitsgrad war inzwischen jedoch so groß, daß das Urteil in Syrien und in Ägypten Protestkundgebungen auslöste. An seiner schließlichen Begnadigung und Freilassung hatte auch die britische Regierung Anteil, die in den arabischen Separatisten zukünftige Bündnispartner sah. Unter den Offizieren, die zugunsten von M. bei der britischen Vertretung vorsprachen, befand sich auch Nuri as-Said, der später mehrfach Ministerpräsident und Außenminister des Irak war. Der türkisch-arabische Gegensatz in den Streitkräften gab den Engländern die Möglichkeit, sich in die innenpolitischen Verhältnisse der Türkei einzumischen und die Kampfkraft der zu den Mittelmächten gehörenden Türkei zu untergraben. M. gehörte zu den arabischen Kontaktpersonen der Briten. Ohne Vorabgarantien für die Unabhängigkeit, zu denen

seine Verhandlungspartner nicht befugt waren, lehnte er jedes Engagement für die britische Sache ab.
Als die Briten und Franzosen nach dem Ersten Weltkrieg die dem Osmanischen Reich abgenommenen arabischen Provinzen unter sich verteilten, sah M. seine Befürchtungen bestätigt. In den Mandaten sah er kaschierte Kolonien. In dieser Zeit entwickelte sich M. zu einem Gegner der Siegermächte. 1922 war er in Deutschland und lernte die Auswirkungen des Versailler Vertrags kennen. Nach anschließenden Reisen durch Syrien, Mesopotamien und Persien kehrte er 1923 nach Ägypten zurück. Dort entpuppte er sich, erstmals in der Öffentlichkeit, als energischer Vertreter der ägyptischen Souveränität und des arabischen Nationalismus. Anfang der dreißiger Jahre trat er als Leiter einer Polizeischule in den ägyptischen Staatsdienst. Er konspirierte mit verschiedenen nationalistischen und antibritischen Kreisen, z. B. mit der »Muslim-Bruderschaft« und der »Jungägyptischen Bewegung« des Ahmad Hussain, der Jugendorganisation der Wafd-Partei, deren Mitglieder wegen ihrer grünen Kluft auch »Grünhemden« genannt wurden. Auch der spätere ägyptische Ministerpräsident Gamal Abd al-Nasser gehörte dazu. 1936 war Hussain mit politischen Freunden Gast des Reichsparteitags in Nürnberg. Über M. erhielt die Gruppe anschließend Geldzuwendungen aus Berlin. Auch zum Mufti von Jerusalem, Mohammed Amin el- → Husseini, bestanden Beziehungen.
Obwohl seit 1922 formal unabhängig, stand Ägypten unter britischer Bevormundung. England wollte die Militärstützpunkte in der Suezkanal-Zone und den Hafen Alexandria nicht verlieren. Ausschreitungen der Bevölkerung dienten dazu, als Besatzungsmacht aufzutreten und Sühnemaßnahmen zu verhängen. Die antibritische Opposition lebte im Untergrund. 1935/36 begleitete M. den Kronprinzen Faruk auf seiner Reise durch Europa. Nach seiner Ernennung zum König am 28.4.1936 setzte Faruk M. als Generalstabschef der ägyptischen Armee ein, die einen Umfang von 40 000 Mann hatte. Das empfand die englische Regierung, der M.s antibritische Haltung seit längerem ein Dorn im Auge war, als Affront. In dieser einflußreichen militärischen Funktion vermittelte M. dem ägyptischen Offizierkorps die nationale Gesinnung und die sozialreformerischen Intentionen, die er selbst vertrat. Die deutsche Wehrmacht wurde als Vorbild hingestellt. M. reiste mehrmals nach Deutschland, zuletzt im August 1938. Dort pflegte er besonders enge Beziehungen zu Admiral Wilhelm Canaris, Chef der Abwehrabteilung des Kriegsministeriums und ab März 1938 des Oberkommandos der Wehrmacht. Mitte 1939 kam der britische Geheimdienst den Beziehungen der Grünhemden zu Deutschland auf die Spur. Nach der Ausweisung von Major Fiedler, der in Ägypten das Amt Ausland/Abwehr des OKW vertrat, hielt Canaris die Verbindung zu M. über Budapest.
Als Ägypten am 4.9.1939 auf britischen Druck die diplomatischen Beziehungen zum Deutschen Reich abbrechen mußte, weigerte sich König Faruk, von M. beeinflußt, Deutschland den Krieg zu erklären. Obwohl M. Anfang Januar 1940 auf den Posten eines Heeresinspekteurs abgeschoben wurde, blieb sein Einfluß auf die Regierung erhalten, bis diese am 29.6.1940 auf englischen Druck hin abtreten mußte. Faruks und M.s nationalistische Überzeugung und Befreiungshoffnung erhielt Auftrieb durch die britischen Niederlagen gegen Deutschland

und die Erklärung Mussolinis, keine Angriffsabsichten gegen Ägypten zu hegen. Als Churchill am 20.11.1940 das ägyptische Militärgebiet von Marsa Matruh besetzen und die ägyptische Armee entwaffnen ließ, erwog M. den Aufstand. Aber den Ägyptern fehlte Treibstoff, und die von den Briten gelieferten Geschütze hatten keine Verschlußstücke.

Anfang 1941 setzte sich M. mit dem deutschen Gesandten Hentig in Teheran in Verbindung, der im Einvernehmen mit dem Mufti el-Husseini die arabischen Nationalbewegungen unterstützte. Da die deutsche Kriegführung im Mittelmeer und Nordafrika auf politische Informationen und meteorologische Daten aus Ägypten angewiesen war, wurde den Widerstandskreisen um M. ein Funkgerät zur Verfügung gestellt. Um der drohenden Verhaftung vorzubeugen, ging M. im April 1941 nach Bagdad und versuchte von dort aus, Berlin zur finanziellen Unterstützung einer nationalen Erhebung der Ägypter gegen Großbritannien zu bewegen. Nach der Niederschlagung des Irak-Aufstandes durch die Briten im Juni 1941 mußte er jedoch nach Ägypten zurückkehren. In Kairo pflegte M. enge Kontakte zum späteren ägypischen Ministerpräsidenten Anwar as-Sadat, der als einziger aus der Gruppe der »Freien Offiziere« in der Stadt stationiert war und die Umsturzvorbereitungen der Muslim-Bruderschaft mit den Operationen der Streitkräfte koordinieren sollte. Aus der Niederlage → Gailanis im Irak hatte M. gelernt, daß eine Erhebung gegen die britische Besatzungsmacht in Ägypten erst Sinn machte, wenn die Truppen der Achsenmächte das Nildelta und den Suezkanal bedrohten.

Da M. von den Briten steckbrieflich gesucht wurde, beabsichtigte die deutsche Abwehr, ihn mit einem Flugzeug aus Ägypten abzuholen. Zwei Versuche Anfang Juni 1941 schlugen fehl. Es gelang den Engländern, M. zu fangen. Er wurde jedoch wieder aus der Haft entlassen, als die militärischen Erfolge der Briten in Libyen im November und Dezember 1941 eine großzügigere Behandlung Ägyptens zuließen. Während der Offensive im Januar 1942 versuchte Generaloberst Rommel, Oberbefehlshaber des Afrikakorps, noch einmal, Kontakt zu den Widerstandskreisen in der ägyptischen Hauptstadt herzustellen. Die beiden dazu nach Kairo gesandten deutschen Agenten wurden jedoch verhaftet. Bei ihrer Befragung belasteten sie Anwar as-Sadat, M. und einige andere Offiziere, die wenig später gleichfalls verhaftet wurden. Ein britisches Militärgericht stieß Sadat aus der ägyptischen Armee aus und ließ ihn in ein Konzentrationslager schaffen, unweit dessen auch M. interniert war. Die ägyptische Widerstandsbewegung plante zwar die Befreiung der beiden Offiziere, konnte sie jedoch nicht durchführen. Nach der britischen Offensive vom Oktober 1942 stand fest, daß ein Zusammenwirken mit den Achsenmächten unmöglich geworden war. Anwar as-Sadat gelang es, im Oktober 1943 aus dem Internierungslager auszubrechen, aber M. mußte bis zum Ende des Krieges in der Internierung bleiben.

Literaturhinweise:

Bernd Philipp Schröder: Deutschland und der Mittlere Osten im Zweiten Weltkrieg, Göttingen u. a. 1975

George E. Kirk: Kurze Geschichte des Nahen Ostens. Von Mohammed bis Nasser, Wiesbaden 1958

MOENS, WIES, geb. 28.1.1898 in Sint Gillis (Dendermonde), gest. 5.2.1982 in Geleen (Limburg), flämischer Dichter, Mitbegründer des »Algemeen Vlaamsch Nationaal Verbond« (AVNV) 1928 und des »Verbond van Dietsche Nationaalsolidaristen« (VERDINASO) 1931

Der Sohn eines Bäckers studierte nach dem Besuch des Humanistischen Gymnasiums im Bischofskolleg seiner Geburtsstadt deutsche Philologie an der Universität Gent. Als Mitglied der flämischen katholischen Studentenbewegung konnte er seine rhetorischen Fähigkeiten und sein Engagement für das Flamentum unter Beweis stellen. Seine ersten Gedichte erschienen in der Zeitschrift »Aula«. Er setzte sich für die Anerkennung der flämischen Volkssprache ein und förderte die aktivistischen Bemühungen um das flämische Volkstum durch die Gründung von Volksbibliotheken mit flämisschsprachiger Literatur. Am 13.12.1918 wurde M. erstmals verhaftet und am 10.12.1920 zu vier Jahren Gefängnis verurteilt, weil er die Gleichstellung der Flamen mit den Wallonen forderte und damit die innere Ordnung des belgischen Staates gefährdete. In der Haft entwickelte sich M. zum Volksdichter. Es erschienen der Prosaband »Celbrieven« (1920) und die Gedichtbände »De Boodschap« (1920) und »De Tocht« (1921). Seine Botschaft bestand in der Ankündigung einer neuen Welt, in der soziale Gerechtigkeit und Bruderliebe herrschen. M. fühlte sich als Nachfahre des Franz von Assisi und des Savonarola. Als er im März 1921 begnadigt wurde, war er durch seine Beiträge in den Zeitschriften »Ruimte«, »Ter Waarheid« und »Ons Vaderland« ein bekannter Künstler, vor allem in katholischen Kreisen. Er kam seiner Wehrpflicht nach und war nach seiner Rückkehr ins bürgerliche Leben 1922–1925 Sekretär und Leiter der Organisation »Het Vlaamsche Volkstooneel«, die die Förderung der flämischen Sprache, Literatur und Volkskultur zur Aufgabe hatte, und Korrespondent der Tageszeitung »De Tijd«. Auf seinen Vortragsreisen erwies M. sich als einer der wirkungsvollsten Propagandisten der flämischen Sache. Er veröffentlichte religiöse Lyrik in barockem Ton und entwickelte sich zum Exponenten des niederländischen Expressionismus. Um seine politischen und dichterischen Vorstellungen besser verwirklichen zu können, gründete er 1923 sein eigenes Monatsblatt »Pogen«, das bis 1925 bestand.
Ab 1926 widmete sich M. der Politik. Als im Mai 1928 von Joris van → Severen, Hendrik → Borginon, Staf de → Clercq und Bert d'Haese der »Algemeen Vlaamsch Nationaal Verbond« (AVNV) gegründet wurde, um die Flamen in einer großniederländischen Gemeinschaft zusammenzuführen, übernahm M. das Sekretariat. 1929 stand er auf dem ersten Listenplatz als Kandidat für das Parlament im Wahlkreis Gent-Eeklo. Er wurde ebensowenig gewählt wie sein Freund Joris van Severen. 1931 schritten sie mit Ward → Hermans zur Gründung einer eigenen politischen Formation. Es entstand der »Verbond van Dietsche Nationaalsolidaristen« (VERDINASO). M. übernahm die Propaganda- und Schulungsaufgaben. Der erste Landeskongreß fand 1932 in Roselare statt. Das Ziel von VERDINASO war die Gründung eines großniederländischen Reiches auf korporativer Grundlage für Flamen und Niederländer. Als van Severen 1934 seine Kehrtwendung zur Erhaltung des belgischen Staates als »nieuwe marsrichting« ausgab, zog sich M. aus dem VERDINASO zurück und verkündete in den nächsten Jahren seine groß-

niederländischen Ideen als Privatperson. Dazu gründete er das Monatsblatt »Dietbrand«, das 1933–1940 erschien, und schrieb als freier Mitarbeiter für die Wochenzeitung »Jong Dietschland«. In »Het Vierkant« (1938) zeigte sich M. als ein streitbarer Dichter von hoher Wortkraft, der in bildreichen Gedichten die Botschaft der Treue verkündigte. Sein Essayband »De doden leven« erschien 1938.
Die Besetzung Belgiens durch die Wehrmacht im Mai 1940 inspirierte M. zu seinem Buch »Dertig Dagen Oorlog«. Er wurde Direktor des niederländischen Programms des Senders Brüssel und engagierte sich besonders für die Jugenderziehung im nationalistischen Sinn. Seine Auffassungen über die flämische Literatur verteidigte er in der Zeitschrift »Nederlandsche Letterkunde« vom völkischen Aspekt. Am großdietschen Gedanken hielt er zum Ärger der Besatzungsbehörden fest. Im letzten Kriegsjahr zog sich M. aus seinen politischen Verpflichtungen zurück und schrieb das autobiographische Gedicht »Het Spoor«, ein Rückblick auf sein bisheriges Leben. Bei der Befreiung durch die Westalliierten wurden sein Haus auf dem Putberg geplündert, seine Frau vertrieben und sein Vater mit dem Tod bedroht. M. lebte drei Jahre im Untergrund in Flandern. Wegen seiner kollaborationistischen Tätigkeit am Sender Brüssel wurde er zum Tode verurteilt. Mit Hilfe von Freunden gelangte M. 1947 in die Niederlande, die sich weigerten, ihn an Belgien auszuliefern. Er lebte in Heerlen als Buchhändler und in Geleen als Lehrer für niederländische Literatur an der Karmelitenschule und als Direktor der Volkshochschule Carmel. Seine letzten Dichtwerke hießen »De Verslagene« (1963) und »Ad Vesperas« (1967). In seine Heimat Flandern kehrte er nicht mehr zurück. Mit seinen Freunden dort verkehrte er nur brieflich. Ab 1979 lebte er im Altersheim.

Literaturhinweise:
Arthur de Bruyne: Wies Moens, o. O. 1958
Encyclopedie van de Vlaamse Beweging, Band 2, Amsterdam 1975
Nationaal Biografisch Woordenboek, Band 14, Brüssel 1992

MORAVEC, EMANUEL, geb. 17.4.1893 in Prag, hingerichtet 5.5.1945 ebenda, Leiter des Amtes für Volksaufklärung der tschechischen Regierung im Protektorat Böhmen und Mähren 1941–1945, Unterrichtsminister 1942–1945

Auf der Höheren Gewerbeschule in Prag bestand M. 1912 die Maturaprüfung. 1914 wurde er in die k.u.k. Armee einberufen und kam 1915 als Leutnant in russische Gefangenschaft. 1916 meldete er sich für die Serbische Freiwilligendivision und nahm am Feldzug gegen Bulgarien in der Dobrudscha teil. Im März 1917 wechselte er als Kommandant einer Maschinengewehrkompanie zur 2. Tschechoslowakischen Division und nahm bis August 1918 an den Auseinandersetzungen zwischen den Weißen und den Roten in Sibirien teil. Im März 1919 ging er als Mitglied der alliierten Rüstungskommission nach Wladiwostok und wurde ein halbes Jahr später Kommandant der Russkij-Inseln vor dem Hafen. Im April 1920 trat er die Heimreise über Japan, Amerika und Italien an. Zu Hause setzte er seine militärische Karriere in der Armee des neu gegründeten tschechoslowakischen Staates fort. Nach dem Besuch der Kriegsschule in Prag wurde er 1923 Generalstabsoffizier im Landesmilitärkommando Prag. Nach dreijährigem Truppendienst

als Bataillonskommandeur kam er 1931 als Lehrer für Kriegsgeschichte und Kriegstheorie an die Prager Kriegsschule. Die gleichen Fächer lehrte er ab 1935 an der tschechischen Technischen Hochschule in Prag. 1936 übernahm er als Oberst das 28. Infanterieregiment. Der ruhmlose Untergang der Tschechoslowakei durch das Münchner Abkommen vom 30.9. 1938 und die Kapitulation des tschechischen Staatspräsidenten Hacha in Berlin am 15.3.1939 war für M. der Beweis, daß die Deutschen den Tschechen und die Germanen den Slawen überlegen seien. Seiner Meinung nach wäre es das beste für sein Volk, wenn die Tschechen zu »tschechischsprechenden Germanen« mutierten.
Nach der Errichtung des Protektorats Böhmen und Mähren im März 1939 stellte sich M. dem Wehrmachtbevollmächtigten beim Reichsprotektor zur Verfügung und wurde ab Januar 1940 als Militärpropagandist geschult und eingesetzt. Er verfaßte Wochenberichte über das Kriegsgeschehen, die von den meisten Protektoratszeitungen übernommen wurden. Ab Mai 1940 sprach er zweimal wöchentlich im Prager Rundfunk. M. plädierte für einen Zusammenschluß Böhmens und Mährens mit dem Reich und für die Eingliederung der Tschechen in Deutschland. Er empfahl seinen Landsleuten, sich für die deutsche Sache zu engagieren. Dann würde ihnen nichts passieren. Die Redakteure der tschechischen Zeitungen und Zeitschriften forderte er zur Kollaboration auf. Mit ihnen wollte er die Umorientierung des tschechischen politischen Denkens vom westlichen Demokratismus zum Nationalsozialismus erreichen. Er stützte sich auf die im Protektorat lebendige Erinnerung an die Traditionen des Heiligen Römischen Reiches Deutscher Nation und der Österreichisch-Ungarischen Doppelmonarchie, in der das Tschechentum eine große Rolle gespielt hatte. Die Akzentuierung des Reichsgedankens als Gegengewicht zum tschechischen Nationalismus der Zwischenkriegszeit verschaffte ihm viele Sympathisanten. Für junge Journalisten, die erst nach 1918 groß geworden waren und die Traditionen der Zeit vor dem Ersten Weltkrieg nicht kannten, organisierte er Reisen an die Front und durch Deutschland, die in der Regel mit einem Empfang beim Reichsminister für Volksaufklärung und Propaganda, Joseph Goebbels, endeten. Ihnen sollte die Unüberwindbarkeit des siegreichen Deutschland vor Augen geführt werden. Sein Vorhaben, die kollaborationsbereiten Politiker und Journalisten in einer Organisation zusammenzufassen, scheiterte jedoch.
M.s propagadistische Begabung war unbestritten. Die Protektoratsregierung an-

erkannte seinen Einfluß auf die Volksmeinung. Die Wehrmacht bediente sich seiner für Propagandakampagnen. Im Dezember 1940 brachte er 72 000 tschechische Kinder in einem Wettbewerb dazu, Geschichten über freundliche deutsche Soldaten zu schreiben. Auch noch zu einer Zeit, in der militärische Mißerfolge in Erfolge umgedeutet werden mußten, war M. ein wichtiger Mann für die Imagewerbung der Wehrmacht im Protektorat. Bei den tschechischen Aktivisten, die sich für eine deutsch-tschechische Kollaboration auf lange Sicht entschlossen hatten, galt M. als Leitfigur. In den tschechischen Widerstandskreisen war er einer der verhaßtetsten Männer. Zu ihrem Leidwesen war er unbestechlich, weil er überzeugt war von dem, was er verkündete.
Bei der Regierungsumbildung im Oktober 1941 übernahm M. das neugeschaffene » Amt für Volksaufklärung«, das dem Ministerpräsidenten Alois Elias unmittelbar unterstand. Weil er als »konsequenter Verteidiger eines Anschlusses an das Reich« galt, hatte Staatspräsident Hacha Bedenken gegen ihn. Aber der amtierende Reichsprotektor, SS-Gruppenführer Heydrich, setzte nicht nur die Bestallung M.s mit dem Amt für Volksaufklärung durch, sondern erreichte im Januar 1942 auch seine Ernennung zum Unterrichtsminister. Am 13.1.1942 unterschrieb Hacha die Ernennungsurkunde. Als nach dem Tode von Elias Jaroslav → Krejčí am 19.1.1942 Ministerpräsidenten der tschechischen Regierung im Reichsprotektorat wurde, formulierte M. in Absprache mit Heydrich die Regierungserklärung. Sie sollte den Tschechen ihre riskante Situation vor Augen führen. Es wurde die friedliche Evakuierung der tschechischen Bevölkerung aus dem böhmisch-mährischen Kessel ähnlich der der Südtiroler aus Italien nicht ausgeschlossen, wenn ihr Engagement für die deutsche Sache nicht besser würde. Außerdem wurde ihr die Einführung der Arbeitsdienstpflicht angedroht. Im Frühjahr 1942 übernahm M. die Führung des Kuratoriums für Jugenderziehung (Kuratorium provýchovu mládiče) für die zehn- bis achtzehnjährigen Tschechen. Am 29.5.1942 gab er die ersten Ausführungsbestimmungen heraus. Für die Achtzehnjährigen sollte ein zwölfmonatiger Arbeitsdienst folgen.
Am 27.5.1942 fand das Attentat auf Heydrich statt. Unmittelbar danach erhielt M. von Staatssekretär Karl Hermann Frank den Auftrag, die tschechische Bevölkerung zur Mithilfe bei der Suche nach den Tätern zu bewegen. Um gleichzeitig die Solidarität der Tschechen mit den Deutschen zu fördern, führte M. in den Betrieben Versammlungen mit wirkungsvollen Rednern durch und aktivierte die Beamtenschaft durch Aufrufe. Bis zum 18.6.1942 wurden in vielen Städten des Protektorats Massenkundgebungen gegen die tschechische Exilregierung in London durchgeführt, die als Anstifter des Attentats an den Pranger gestellt wurde. Am 9.6.1942 zitierte Hitler die Protektoratsregierung zu sich, um ihr die Konsequenzen des Mordes für die tschechische Bevölkerung zu verdeutlichen. Er drohte, die Aussiedlung der Tschechen aus Böhmen und Mähren zu beschleunigen, wenn ihre Bereitschaft zur Zusammenarbeit keine Ergebnisse zeige. Während Krejčí und seine Minister von Hitler gemaßregelt wurden, hielt sich M. bei Goebbels auf, um über die Kampagne zur Ergreifung der Attentäter zu berichten. Nach der Rückkehr nach Prag drohte M. in einer Rundfunkansprache: »Wehe dem tschechischen Volk, wenn die Verbrecher nicht gefaßt werden... Ich habe in Berlin erkannt, wie ernst die Zeit ist und daß sie für

das tschechische Volk bis zur verzweifelten Schicksalhaftigkeit herangereift ist.« Am 12.6.1942 machte er in einer Versammlung in Brünn den »Erzfeind des Volkes«, den Chef der tschechischen Exilregierung in London, Eduard Benesch, für das Unheil verantwortlich, das über die Tschechen kommen würde, wenn die Verbrecher nicht gefunden würden. Darauf gingen tausende Hinweise aus der Bevölkerung ein. Sechs Tage später wich die Angst von den Menschen, weil das Attentat aufgeklärt war.

Im September 1942 betrieb M. die Auflösung des an die Stelle des Parlaments gesetzten vielköpfigen Gremiums »Národní souručenstvi« (NS) und des tschechischen Nationalrats ČNR, weil sie keine der Versöhnung von Deutschen und Tschechen förderliche Arbeit geleistet hätten. An ihre Stelle sollten eine »Tschechische Kulturgemeinschaft« und ein »Nationaler Kulturrat« treten, mit deren Hilfe M. die böhmische Kultur im Reich bekannt machen wollte, um die Verbundenheit und Ähnlichkeit mit der deutschen Kultur zu zeigen. In seiner Funktion als Unterrichtsminister paßte M. die Lehrpläne der Schulen an die politischen Gegebenheiten an. Die meisten Veränderungen gab es im Fach Geschichte. Die Erziehung zum Reichsgedanken wurde zum Unterrichtsprinzip in allen Fächern erhoben. Das entsprechende Lehrmaterial wurde neu ausgearbeitet und an die Schulen verteilt. Trotz aller Bemühungen gelang es M. nicht, die tschechische Jugend an das Reich zu binden. Der Widerstand der Eltern war zu groß.

M. war der Vertrauensmann Karl Hermann Franks, der am 20.3.1943 Staatsminister für das Reichsprotektorat wurde. Er bekam von Frank ein Grundstück geschenkt und eine Wohnung für seine dritte Frau eingerichtet. Zusätzlich zu seinem Ministergehalt erhielt er monatlich 3000 RM aus Franks politischem Verfügungsfonds. Er durfte mit einer Arbeiterdelegation in die von deutschen Truppen besetzten Teile der Sowjetunion fahren, um die Mißstände des sozialistischen Systems kennenzulernen und seine Erlebnisse propagandistisch auszuwerten.

Die Deutschen hofften, M. würde eines Tages Nachfolger des siebzigzigjährigen Staatspräsidenten Hacha werden. Zur Zufriedenheit der tschechischen Bevölkerung und zum Mißfallen der deutschen Protekoratsbehörden sah das politische Testament des Staatspräsidenten vom September 1943 Krejčí für das Amt vor.

Im Februar 1944 griff Frank einen Vorschlag von M. auf, den dieser ein Jahr zuvor vergeblich gemacht hatte, um eine Amnestie für tschechische Häftlinge anläßlich des 10. Jahrestages der nationalsozialistischen Machtergreifung vorzubereiten: den Einsatz der tschechischen Regierungstruppe zur Verteidigung des Reiches. Ende Mai 1944 wurden 5000 der 6500 Mann starken Regierungstruppe für Sicherungsaufgaben nach Norditalien verlegt. Damit aus dieser Verwendung keinerlei Anspruch zugunsten des tschechischen Volkes abgeleitet werden konnte, sollten die Männer jedoch nicht zur direkten Partisanenbekämpfung eingesetzt werden, sondern nur zum Schutz von Anlagen.

Im März 1945 fand ein weiterer Vorschlag von M. das Gefallen des Reichsprotektors: 100 »rassisch einwandfreie« Jugendliche wurden in der »Freiwilligen St. Wenzels Rotte« gesammelt, damit sie nach einer intensiven nationalsoziali-

stischen Schulung und vormilitärischen Ausbildung eines Tages der Waffen-SS zur Verfügung gestellt werden könnten.
Am 28.4.1945 meldete sich M. zum letztenmal im Sender Prag zu Wort. Er warnte die tschechische Bevölkerung vor einem Aufstand, der den Krieg bestenfalls um zwei bis drei Tage verkürzen könne, dafür aber vielleicht 200 000 Tote kosten würde. Die tschechische Regierung brauche Ruhe im Land, wenn sie bei den kommenden politischen Umwälzungen zu Wort kommen wolle. In der Nacht vom 1. zum 2. Mai schloß sich Frank den Ausführungen M.s an: Die Tschechen sollten sich hüten, in letzter Stunde Gegenmaßnahmen der Deutschen zu provozieren. Alle Protektoratsangehörigen sollten vielmehr daran interessiert sein, daß möglichst weite Gebiete Böhmen und Mährens von den westalliierten Truppen besetzt würden und nicht von der Roten Armee. Beide Aufrufe hinderten die Tschechen nicht daran, am 5.5.1945 mit den Morden an den Deutschen zu beginnen.

Literaturhinweise:
Vojtech Mastny: The Czechs under Nazi Rule. The Failure of National Resistance, 1939–1942, New York u. a. 1971
Detlef Brandes: Die Tschechen unter deutschem Protektorat, 2 Bände, München u. a. 1969 und 1975

MÖYSTAD, OLIVER, geb. 15.6.1892 in Elverum, gest. 28.6.1956 ebenda, Chef der norwegischen Sicherheitspolizei 1941–1943, Leiter des »Rikshird« 1942–1944

M. studierte an der Technischen Hochschule in Dresden Bauingenieurwesen und besuchte ein Jahr lang die Offiziersschule des norwegischen Heeres. Im Hauptberuf war er Landwirt und Waldbesitzer. Mit seinem Eintritt 1933 gehörte M. zu den frühen Mitgliedern der »Nasjonal Samling« (NS), die → Quisling und → Prytz im Mai dieses Jahres gründeten. Er identifizierte sich mit den nationalen, sozialen und rassischen Zielen der Partei und veröffentlichte mehrere Zeitungsartikel zur Erläuterung der Parteiziele. In der »Hedemark Fylkesavis«, deren Redaktion er im Juni 1935 übernahm, schrieb er in der ersten Nummer, daß die Zeitung den Kampf gegen die »Verjudung« des norwegischen Volkes aufnehmen werde.
Nach der Besetzung Norwegens durch die deutschen Truppen wurde M. im Sommer 1940 im Gau Hedmark Führer des »Rikshird« , einer der deutschen SA entsprechenden Organisation der NS, deren Kampforganisation sich »K.O.« nannte. Im Frühjahr 1941 übernahm er das Kommando über das 2. Hirdregiment, das die Gaue Hedmark und Oppland umfaßte. Er machte es zur Mustertruppe im Land.
Am 1.11.1941 wurde M. von Quisling zum Leiter der norwegischen Sicherheitspolizei ernannt, obwohl er über keinerlei Polizeierfahrungen verfügte. Mit der Übertragung dieses Amtes an M. hoffte Quisling, die Reibereien und Kompetenzstreitigkeiten zwischen Polizei und Rikshird zu beenden, die zu Lasten der Partei gingen. M. legte fest, daß sich der Rikshird als eine Parteiorganisation um Parteiaufgaben zu kümmern habe, z. B. als Saalpolizei bei Versammlungen,

und nicht als Hilfspolizei eingesetzt werden dürfe. Dagegen wehrte sich die Osloer Ortsgruppe. die sich ihre bisherigen hilfspolizeilichen Rechte nicht nehmen lassen wollte. Um sich in allen Ortsgruppen des Rikshird durchsetzen zu können, ließ sich M. am 12.1.1942 von Quisling zum obersten Hirdführer ernennen. Obwohl M. sowohl in der Partei als auch im Rikshird ein großes Ansehen hatte, hielten die Streitigkeiten mit dem Osloer Hirdverband an, weil dessen Mitglieder revolutionärer waren als die Söhne des Ostertales, die M. bisher geführt hatte. Erst nach einigen Monaten gelang es ihm, die Gemüter zu beruhigen.

Als Chef der Sicherheitspolizei war M. auf die Zusammenarbeit mit den Abteilungsleitern der Kriminalpolizei und der Staatspolizei angewiesen. So gut die Kooperation mit dem in Berlin ausgebildeten Kripo-Fachmann Jorgen Wiemyhr war, so renitent zeigte sich der Leiter der Staatspolizei, Karl Alfred → Marthinsen. Obwohl M. der oberste Parteifunktionär in der norwegischen Polizei war, umging ihn Marthinsen, wo er konnte. Marthinsen hatte eine Abneigung gegen den Rikshird, dessen Leiter M. war, und bemühte sich im Gegensatz zu M., möglichst viele Polizeibeamte für den Dienst in der Waffen-SS zu interessieren, was M. als eine Schwächung der norwegischen Polizei und der norwegischen Nationalinteressen ablehnte. Es gelang M., Quisling und Prytz die Schwierigkeiten klarzumachen, mit denen die norwegische Polizei wegen der Eingriffe der »Germanske SS Norge« in ihrem Bereich zu tun hatte, und ihn von den Gefahren für die Unbhängigkeit des Landes zu überzeugen, wenn nach dem Krieg das Germanische Reich nach den Vorstellungen der SS gegründet würde.

Als Marthinsen den Befehl gab, für jeden geflüchteten Norweger ein Familienmitglied als Geisel zu nehmen, erhob sich nicht nur in der Bevölkerung ein Sturm der Entrüstung. Auch M. stellte sich gegen Marthinsen. Im Juli 1943 übergab er Quisling eine Dokumentation über die Angelegenheit. Dieser reagierte auf die Klage völlig unerwartet mit der Amtsenthebung M.s. Zur Genugtuung der SS-Dienststellen ernannte er Marthinsen zum Chef der Sicherheitspolizei. Am 30.3.1944 verlor M. auch sein Amt als Leiter des Rikshird an Marthinsen, weil er in dieser Funktion gegen den neuen Chef der Sicherheitspolizei agitiert hatte. Bei der Entmachtung M.s spielte eine Rolle, daß er dem nationalnorwegischen Flügel der NS angehörte, der die Abhängigkeit Quislings vom deutschen Reichskommissar in Norwegen, Josef Terboven, kritisierte und sich für die Beachtung norwegischer Nationalinteressen einsetzte.

Nach der Befreiung Norwegens wurde M. zu zehn Jahren Zwangsarbeit verurteilt und mußte eine Entschädigung in Höhe von 150 000 Kronen leisten. Am 1.4.1950 wurde er vorzeitig aus dem Zuchthaus entlassen und nahm seinen Wohnsitz auf dem Familienhof in Elverum.

Literaturhinweise:
Nils Johan Ringdal: Mellom barken og veden, Oslo 1987
Nils Johan Ringdal: Gal mann til rett tid, Oslo 1989
Öystein Sorensen: Hitler eller Quisling, Cappelen 1989
Sverre Rodder: Min ære er troskap, Oslo 1990
Hans Fredrik Dahl: Vidkun Quisling – en förer blir til, Oslo 1991
Hans Fredrik Dahl: Vidkun Quisling – en förer for fall, Oslo 1992

Mussert, Anton Adriaan, geb. 11.5.1896 in Werkendam, hingerichtet 7.5.1946 in ’s-Gravenhage, Gründer und Führer der »Nationaal Socialistische Beweging« (NSB) in den Niederlanden 1931–1945

M. war der Sohn eines Schullehrers. Nach seinem Wehrdienst in einem Artillerieregiment, den er 1915 aus gesundheitlichen Gründen als Korporal beendete, studierte er Ingenieurwissenschaften an der Technischen Hochschule Delft. 1918 trat er in den Staatsdienst ein. In der Beamtenlaufbahn brachte er es bis zum Chefingenieur des Wasserbauwesens der Provinz Utrecht. An der Spitze einer Bürgerinitiative kämpfte er 1925–1927 erfolgreich gegen den von den Regierungen Belgiens und der Niederlande beschlossenen Bau eines Kanals zwischen Moerdijk und Antwerpen. 1933 wurde er wegen seiner politischen Tätigkeit aus dem Staatsdienst entlassen.

Obwohl es in den Niederlanden bereits mehrere faschistische Strömungen gab, gründete M. zusammen mit → Geelkerken und zehn anderen am 14.12.1931 in Utrecht die »Nationaal Socialistische Beweging« (NSB). Trotz des Namens handelte es sich weder formal noch inhaltlich um eine Nachahmung der deutschen NSDAP. Statt des Hakenkreuzes wählte M. den Löwen mit den Anfangsbuchstaben der Partei als Emblem. Später trat an seine Stelle ein Dreieck in den niederländischen Farben rot-weiß-blau als Symbol des Flußdeltas von Rhein, Schelde und Maas mit der Wolfsangel. Die Mitglieder trugen die schwarze Uniform der italienischen Faschisten. Parteigruß war der aus dem 17. Jahrhundert stammende Seemannsruf »Hou Zee« (Halt aus!). Das Parteiprogramm hatte vier Säulen: Gottvertrauen, Vaterlandsliebe, Arbeitsbereitschaft, Solidarität. Es postulierte folgende Zielsetzungen: Verwirklichung der Volksgemeinschaft in einem korporativen Staat; Kampf gegen den Marxismus und Liberalismus; Verwirklichung des Führerprinzips; Garantie des Privateigentums; Stärkung des niederländischen Nationalismus; Erhaltung des Kolonialreichs. Neben dem Parteiprogramm aus dem Jahre 1931 galt M.s Schrift »De Bronnen van het Nederlandse Nationaal-Socialisme« aus dem Jahr 1937 als Leitfaden der Partei: »Zum physischen und moralischen Wohlergehen benötigt ein Volk eine starke Regierung, Nationalstolz, Ordnung, die Solidarität aller Bevölkerungsschichten, den Vorrang der Nationalinteressen vor denen der Gruppen und den Vorrang der Gruppeninteressen vor denen der Individuen.« Die NSB orientierte sich mehr am Faschismus Mussolinis als am Nationalsozialismus Hitlers. Wie der Duce predigte M. einen christlichen Nationalstaat ohne Rassismus und Antisemitismus. Erst 1938 wurde Juden der Eintritt in die NSB untersagt. Die NSB finanzierte sich ohne Unterstützung aus Italien oder Deutschland durch Spenden aus dem Land. Zu den Geldgebern zählten bis 1938 auch Juden.

Die der deutschen SA entsprechenden Kampfgruppen der Partei waren zuerst die »Weerbaarheids Afdeelingen« und später die »Weer Afdeeling« (WA). Die WA erreichte einen Umfang von 15 000 Mann in 12 Brigaden. Ihr Organ war »De Zwart Soldat«. Das Kampflied »WA marscheerd« war eine Imitation des Horst-Wessel-Liedes. Die Jugendorganisation der NSB hieß »Nationale Jeugdstorm«. Das Parteiblatt hatte bis 1936 den Namen »Volk en Vaderland« und später »Het Nationaale Dagblad«. Der höchste Mitgliederstand vor dem Krieg be-

trug 80 000. Die Parteizentrale lag in Utrecht. Ihr unterstanden die Funktionäre von 17 Kreisen. Innerhalb der Kreise gab es Gruppen und in diesen Blöcke.
Bei den Provinzialwahlen im April 1935, den ersten Wahlen, an denen die NSB teilnahm, nützte M. die antidemokratische Stimmung im Land aus. 300 000 Niederländer wählten die NSB. Das waren acht Prozent aller Stimmen. Die Partei erhielt 44 der 535 Sitze in den elf Landtagen. Bei den Wahlen zur Zweiten Kammer im Mai 1937 fiel die Partei jedoch auf 4,2 Prozent zurück und stellte nur noch vier Abgeordnete. Die parlamentarische Mehrheit lag in der Zwschenkriegszeit unangefochten bei den drei Konfessionsparteien, d. h. der »Roomsch-Katholieke Staatspartij« (RKSP) und den beiden protestantischen Parteien »Anti-Revolutionaire Partij« (ARP) und »Christelijk-Historische Unie« (CHU), und bei der »Sociaal-Democratische Arbeiderspartij« (SDAP). Trotzdem wurde die NSB von der Regierung mit Verordnungen bekämpft, z. B. mit einem Uniformverbot in der Öffentlichkeit und mit einem Parteiverbot für Beamte und Soldaten. Die katholische Kirche drohte den führenden Funktionären der NSB mit dem Entzug der Sakramente, und die kalvinistische Kirche verbot ihren Gläubigen die Mitgliedschaft in der Partei. Als M. im Juni 1936 mit Mussolini zusammenkam, bat er ihn, über den Papst mäßigend auf die niederländischen Bischöfe einzuwirken. Auch bei der ersten halbstündigen Unterredung mit Hitler am 16.11.1936 brachte er die Kirchenfrage zur Sprache. Bei diesem Aufenthalt in Berlin informierte ihn Goebbels über die NS-Propagandamethoden, und Göring gab ihm die Zusicherung, daß Deutschland niemals auch nur »einen Quadratmeter niederländischen Bodens begehren« werde.
Angesichts des drohenden deutschen Einmarsches verhaftete die niederländische Polizei am 19.4.1940 21 führende NSB-Funktionäre, um die mutmaßliche Fünfte Kolonne auszuschalten. M. ging in den Untergrund. Bis zum 10.5.1940 waren fast 10 000 Niederländer inhaftiert, denen man nicht traute. 100 bis 200 Parteiangehörige, die in Deutschland lebten, beteiligten sich auf deutscher Seite an den Überraschungsaktionen der Wehrmacht. M. bezeichnete ihre Tat als »eine schwarze Seite in der Geschichte der Bewegung«, weil sie die Partei dem Verdacht des Landesverrats aussetzte und die Werbung im Land erschwerte. Am 15.5.1940 kapitulierten die niederländischen Streitkräfte. Die Königin floh mit der Regierung de → Geer nach London. Vorher beauftragte sie die Generalsekretäre in den Ministerien mit der Weiterführung der Geschäfte. Am 18.5.1940 übernahm der Wiener Gauleiter Seyß-Inquart als »Reichskommissar für die besetzten niederländischen Gebiete« die vollziehende Gewalt. Das Parlament in Den Haag wurde suspendiert.
M. erhielt wider Erwarten keine öffentliche Funktion. Aber er wurde am 23.9.1940 von Hitler in Berlin empfangen und konnte dem Führer seinen Plan einer Nordischen Föderation unter deutscher Führung (»Bond der Germaanse volkeren«) erläutern, in der alle Mitgliedstaaten ihre Souveränität behielten. Einer sollte das von ihm erstrebte »Großdietsche Reich« aus Niederländern, Flamen, Friesen und Nordostfranzosen sein. Hitler wollte über die Struktur des neuen Europa jedoch erst nach dem Krieg und über die Zukunft der Niederlande erst dann befinden, wenn es M. gelungen sei, seine Volksgenossen zu Nationalsozialisten umzuerziehen.

Als Instrumente der Umerziehung billigte Seyß-Inquart auf Anraten M.s die Gründung neuer Organisationen. Die mitgliederstärkste war die »Nederlandsch Arbeidsfront« (NAF), in der ab 1.5.1942 alle Arbeitergewerkschaften mit etwa 600 000 Mitgliedern nach deutschem Muster gleichgeschaltet waren. Im »Opbouwdienst« konnten entlassene Angehörige der niederländischen Streitkräfte Arbeit finden. Im Mai 1941 wurde er in »Nederlandsche Arbeidsdienst« (NAD) umbenannt, um entsprechend dem deutschen »Reichsarbeitsdienst« (RAD) Zwangseinberufungen zu ermöglichen. Das Emblem war das gleiche wie das des RAD mit dem Unterschied, daß statt des Hakenkreuzes das Motto »Ich dien« eingefügt wurde. Im NAD arbeiteten etwa 20 000 Niederländer, die meisten bei Befestigungsbauten für die Wehrmacht. Arbeitslose, die sich weigerten, Arbeit in Deutschland anzunehmen, verloren die Arbeitslosenunterstützung. Auf diese Weise wurden 277 000 Männer und Frauen zur Dienstleistung im Reich verpflichtet. Am Ende des Krieges arbeiteten etwa 350 000 Niederländer in Deutschland.

Bereits im Sommer 1940 wurden die ersten Freiwilligen aus den Niederlanden in die Waffen-SS eingestellt. Die Bewerber wollten am Kampf gegen England teilnehmen und waren stolz, zur rassischen und militärischen Elite Europas zu zählen. Himmler begrüßte sie am 21.8.1940 in der »SS-Standarte Westland« in München. Als Deutschland am 22.6.1941 die Sowjetunion angriff, rief M. die Jugend des Landes auf, sich an dem Kreuzzug gegen den Bolschewismus zu beteiligen. Er ging mit Generalleutnant → Seyffardt davon aus, daß die niederländischen Freiwilligen, deren erstes Kontingent von beiden am 26.7.1941 in Den Haag verabschiedet wurde, in einem eigenen Verband zusammengefaßt würden, und war konsterniert, daß sie wie die bisherigen Freiwilligen zur Waffen-SS kamen. Himmler lehnte die Aufstellung einer selbständigen niederländischen Legion ab. Die gemischtgermanischen Waffen-SS-Verbände wie die 11. SS-Freiwilligenpanzergrenadierdivision ›Nordland‹ und die 5. SS-Panzerdivision ›Wiking‹ betrachtete er als »Schmelztopf aller Germanen«. In einem Gespräch mit Himmler am 8.7.1943 erreichte M. lediglich, daß die niederländischen Freiwilligen die Wolfsangel und die Landesfarben orange-weiß-blau am Ärmel tragen durften. Bis zum Ende des Krieges dienten fast 30 000 Niederländer in der Waffen-SS, obwohl M. die Rekrutierungen eher behinderte als förderte. Rund 8000 Männer, die sich für die Waffen-SS meldeten, aber nicht die Tauglichkeitskriterien erfüllten, wurden in die Transporteinheiten des »Nationalsozialistischen Kraftfahrkorps« (NSKK) gedrängt. In die »Organisation Todt« (OT) traten etwa 14 000 Männer ein, viele in das sogenannte »Schutzkommando«.

Seyß-Inquart und M. wehrten sich gemeinsam gegen den wachsenden Einfluß Himmlers in den Niederlanden. Auf ihrer Seite stand der Generalkommissar für politische Angelegenheiten, Fritz Schmidt, der jedoch am 26.3.1943 die Niederlande verließ.

Am 30.6.1941 löste Seyß-Inquart alle Parteien des Landes außer der NSB auf, die von jetzt an als Staatspartei fungierte. Nachdem M. am 12.12.1941 in Berlin in Anwesenheit von Reichsleiter Bormann und Reichsminister Lammers den Treueeid an Hitler mit den Worten »Ik zweer U, Adolf Hitler, als Germaans leider trouw tot in de dood, zo waarlijk helpe mij God Almachtig« abgelegt hatte,

Verabschiedung niederländischer Freiwilliger der Waffen-SS in Amsterdam durch Mussert (zweiter von links) und Reichskommissar Seyß-Inquart (Mitte)

verkündete Seyß-Inquart zwei Tage danach bei den Feierlichkeiten zum 10. Jahrestag der Gründung der NSB, daß das Deutsche Reich die NSB als einzige Vertretung des niederländischen Volkes anerkenne. Er lobte M. als »Mahner und Rufer in dieser Wüste demokratischer Plattheiten und des bürgerlichen Konventionalismus« und bewunderte den »unbeirrbaren Instinkt eines um das Wohl seines Volkes besorgten Mannes und Nationalsozialisten«. Er bestätigte seine »unverbrüchliche Kameradschaft« zu ihm.

In Parallele zur deutschen Allgemeinen SS betrieb der Führer der Leibgarde M.s, Henk → Feldmeijer, ab September 1941 den Aufbau der »Nederlandsche SS«, die am 1.11.1942 in »Germaansche SS in Nederland« umbenannt wurde. Sie umfaßte schließlich sechs Regimenter (Standaarden). Ihr publizistisches Organ hieß »Storm SS«. M. weigerte sich lange Zeit, die »Nederlandsche SS« auf Hitler vereidigen zu lassen, weil er darin eine Gefährdung der Eigenstaatlichkeit der Niederlande sah. Der Eidesleistung auf »Hitler als germanischen Führer« wollte er nur unter der Bedingung zustimmen, daß die deutsche SS-Führung sich nicht in niederländische Staatsangelegenheiten einmischen werde, zu denen er auch die niederländische Polizei zählte. Der Generalkommissar für das Sicherheitswesen beim Reichskommissar, der Höhere SS- und Polizeiführer Hanns Albin Rauter, wollte gerade das Gegenteil. Er weigerte sich, die im Juni 1941 durchgeführte Auflösung des »Centrale Inlichtingen Dienst« der NSB und die Übertragung seiner Befugnisse auf den deutschen Sicherheitsdienst rückgängig zu machen. Durch die Einsetzung von linientreuen Polizeipräsidenten wie →

Kooymans in den Provinzen gelang es ihm, die niederländische Polizei ganz unter seinen Einfluß zu bringen. Trotz der Machteinbußen zeigte M. Kooperationsbereitschaft. Am 17.5.1942 verpflichtete er 600 Angehörige der »Nederlandsche SS« in Anwesenheit Himmlers mit folgender Eidesformel: »Ich schwöre dir, Adolf Hitler als germanischem Führer Treue und Tapferkeit. Ich gelobe dir und den von dir bestimmten Vorgesetzten Gehorsam bis in den Tod. So wahr mir Gott helfe!«

Am 20.6.1942 leisteten 3000 NSB-Funktionäre im Utrechter Stadion den Treueeid auf ihren »Leider«. Die Stellvertreter M.s in der NSB waren van → Geelkerken und → Rost van Tonningen. Stabschef der »Weer Afdeeling« war → Zondervan. Der Einfluß M.s ließ nach, als die NSB-Organisationen im Laufe des Krieges als Rekrutierungsreservoir für die Waffen-SS herhalten mußten und die Macht Rost van Tonningens stieg, der enge Verbindungen zur SS pflegte und M.s politische Pläne ablehnte.

Da die niederländische Exilregierung nach dem japanischen Überfall auf Pearl Harbor an Japan den Krieg erklärt hatte, eroberten die japanischen Streitkräfte bis zum 9.3.1942 ganz Niederländisch-Indien. Damit verlor M. eine Trumpfkarte für seine Verhandlungen mit Deutschland. Himmler schrieb an Rauter: »Die Niederländer hätten nur dann eine Zukunft, wenn sie bei aller Betrübnis um Vergangenes begreifen, daß der Verlust ihrer Kolonien die Rettung ihrer rassischen Substanz ist.« Sie sollten sich jetzt »mit aller Kraft und mit vollem Herzen Germanien, mit dem Kern Deutschland, von dem sie ein Teil sind und von dem sie sich einst gelöst haben«, zuwenden. M. hingegen hoffte, die Japaner würden zumindest einen Teil des besetzten Gebietes nach dem Krieg wieder an die Niederlande zurückgeben.

Bei Gesprächen mit Seyß-Inquart und Rauter hatte M. mehrmals die Vorteile aufgezeigt, die das Reich hätte, wenn ihm die volle Regierungsgewalt im Land übertragen würde. Aber erst bei seiner dritten Begegnung mit Hitler am 10.12.1942 im Führerhauptquartier wurde ihm vom Führer in Anwesenheit von Himmler, Bormann und Seyß-Inquart Teilhabe an der Regierungsveranwortung für die Niederlande angeboten. Alle Maßnahmen der Besatzungsmacht sollten »im Einvernehmen« mit ihm geschehen. Am 13.12.1942, bei der 11. Gründungsfeier der NSB, erfuhr die niederländische Öffentlichkeit aus dem Munde Seyß-Inquarts, daß M. von Hitler als »Führer des niederländischen Volkes« anerkannt, daß die NSB zum Repräsentanten des niederländischen Volkes und zum Träger der zukünftigen Entwicklung bestimmt war und daß die Niederländer »in voller Gleichberechtigung an allen Möglichkeiten, die dieses neue Europa gibt, Anteil haben, indem sie zugleich die Aufgaben und die Pflichten übernehmen, die ein Träger dieses neuen Europas zu übernehmen hat«. M. werde von Hitler an der Neuordnung Europas beteiligt werden. Weil die Regierung → Quisling in Norwegen bei dieser Aufgabe gescheitert war, sollte der Reichskommissar Seyß-Inquart jedoch Inhaber der Exekutive bleiben. M. war über das halbe Zugeständnis verärgert. Das war der Grund, warum er den Vorsitz in dem im Januar 1943 gegründeten Schattenkabinett aus neun niederländischen Staatssekretären ablehnte. Die Leitung übernahm der Präsident des Appellationsgerichtshofes Johann Hermann Carp. Aus seinem »Secretarie van Staat« sollte die niederländische Reichskanzlei werden.

1943 konzentrierte sich M. auf die Auseinandersetzungen mit seinem Rivalen Rost van Tonningen. Im Unterschied zu M. betrieb dieser die Germanisierung der Niederlande, die Einführung der deutschen Sprache anstelle der niederländischen und eine antisemitische und antiklerikale Politik. Er gewann schließlich die Oberhand, weil es M. nicht gelang, die niederländische Bevölkerung für den Nationalsozialismus zu gewinnen und die Widerstandsbewegung einzudämmen. Unter anderen wurden drei Mitglieder des Schattenkabinetts ermordet. Als im Mai 1943 zur Aufrechterhaltung der Ordnung im Land der »Landstorm Nederland« aus Angehörigen der NSB zwischen 17 und 50 Jahren gegründet wurde und anstelle von M. der Generalkommissar Rauter den Oberbefehl übernahm, schritt die Entmachtung M.s voran. Lediglich die »Nederlandsche Landwacht«, die ab November 1943 nur noch aus den 50- bis 55jährigen bestand und etwa 2800 Mann umfaßte, blieb der NSB unter dem Kommando Geelkerkens erhalten.
Obwohl M. kein Antisemit war, konnte er die Deportation der Juden aus den Niederlanden nicht verhindern. Er erreichte nicht einmal, daß die Juden, die bis 1938 der NSB angehört hatten, verschont blieben. Als der deutsche Militärbevollmächtigte in den Niederlanden, General der Flieger Friedrich Christiansen, am 29.3.1943 die Verbringung der nach der Kapitulation am 15.5.1940 freigelassenen niederländischen Kriegsgefangenen nach Deutschland durchsetzte, hatte M. das Wohlwollen des Volkes endgültig verspielt. Jeder merkte, wie machtlos er gegenüber den deutschen Besatzungsbehörden war. Rauter schrieb an Himmer: »Der Haß gegen M. im Volke ist ja abgrundtief.«
M.s politische Vorstellungen sind in zahlreichen Memoranden und Redetexten erhalten. Sein Traum war ein Staatenbund souveräner germanischer Staaten aus Deutschen, Dänen, Schweden, Norwegern und Niederländern mit einer gemeinsamen Wirtschaft und gemeinsamen Streitkräften unter deutscher Führung. Er sollte nach völkischen Prinzipien geordnet sein und die »Respektierung des Volkseigenen: des Nationalstolzes, der Sprache, der Sitten, der Religion und des eigenen kulturellen Lebens« garantieren. M. glaubte, daß nur durch einen Zusammenschluß der germanischen Länder die Gefahren gebannt werden könnten, die von den drei Weltmächten USA, Japan und UdSSR drohten. Europa werde zugrunde gehen, wenn es sich nicht zu einem Machtblock zusammenschließe, der stärker sei als jeder der drei Gegner. M. bedauerte, daß sich Großbritannien am Beginn des Zweiten Weltkrieges in die Arme der USA begeben habe, statt ein Bündnis mit Deutschland zu schließen und die Vereinigung Europas zu betreiben. Um zu einem berücksichtigenswerten Partner des Reiches zu werden, strebte M. eine Vergrößerung der Niederlande durch Flandern, Brabant und Nordwestfrankreich bis zur Mosel an, weil diese Gebiete unter den Habsburgern eine Einheit gewesen waren. Belgien und die Niederlande hätten sogar noch bis 1830 zusammengehört. Um die Lebensfähigkeit eines solchen Staates, dem er den Namen »Dietsches Reich« geben wollte, zu gewährleisten, meldete M. auch Ansprüche auf das Land der Buren in Südafrika und auf den Kongo an. Den Verlust des niederländischen Kolonialreichs an die Japaner wollte er nach dem Krieg kompensiert wissen. »In diesem gemeinsamen Lebensraum von Hammerfest im hohen Norden bis zum Brenner und von Dünkirchen bis weit in den Osten ... müssen die germanischen Völker zusammenhalten, den müssen sie zu-

sammen verteidigen, darin müssen sie zusammen bereitstehen, den müssen sie zusammen in Gleichberechtigung aufbauen, soweit das möglich ist. Gleichberechtigung für Menschen, die dasselbe leisten.« M. verlangte vom Reichminister für die besetzten Ostgebiete, Alfred Rosenberg, ein geschlossenes Siedlungsgebiet für die Niederländer in Rußland, damit sie ihre Kolonisationsleistungen mit anderen messen könnten. Für M. gab es keinen Grund, daß die »Dietschen« Deutsche werden sollten, wie das Rost van Tonningen anstrebte. Er respektierte lediglich die historische Schicksalsgemeinschaft der beiden Nachbarvölker. Immer wieder beklagte M., daß die deutsche Regierung gegen das Prinzip der Solidarität verstoße, auf das ein Staatenbund gleichberechtigter Völker beruhe: 1. Das Reich behandle die besiegten germanischen Länder wie andere besetzte Gebiete. 2. Das Reich behindere die freie Entfaltung der germanischen Völker. 3. Das Reich praktiziere die Solidarität zwischen den germanischen Völkern nur in der gemeinsamen Verteidigung gegen den Sowjetkommunismus.

Größter Widersacher der niederländischen Souveränität war Himmler. Die Träume M.s von einem »Dietschen Reich« hielt er für absurde Spekulationen. Am 30.7.1940 traf er zum erstenmal mit M., den er im Sommer 1938 flüchtig kennengelernt hatte, zu einem Gespräch zusammen, um ihn auf die gemeinsame Zukunft des Deutschen Reiches und der Niederlande in einem Großgermanischen Reich einzuschwören. Dieses Thema spielte bei allen weiteren Zusammenkünften die Hauptrolle. Die gegenseitige Abneigung wuchs, je rücksichtsloser die SS in die niederländische Politik eingriff und je größer der Widerstand M.s dagegen wurde. Am 6.12.1941 verbot der Chef des Reichssicherheitshauptamtes jegliche Propaganda der NSB im Reichsgebiet: »Die Idee verfolgt ... einen ausgesprochen großniederländischen Imperialismus und die Schaffung eines dem Deutschen Reich an der Kanal- und Nordseeküste vorgelagerten Zwischenstaates«, wie es die englische Politik seit jeher verfolge. Himmler bevorzugte M.s Stellvertreter in der Leitung der NSB, Rost van Tonningen, weil dieser die großgermanischen Ziele des Reichsführers-SS teilte. Im kleinen Kreis warf Himmler M. auch die Heirat mit einer um 18 Jahre älteren Tante als Blutschande vor.

Am 4.12.1943 traf M. das letzte Mal mit Hitler zusammen. Er wurde zwar freundlich empfangen, aber er erreichte keine Festlegungen über die Zukunft der Niederlande. Hitler lehnte M.s Plan von einer Föderation der germanischen Völker zwar nicht grundsätzlich ab, stellte aber die Frage bis nach dem Krieg zurück. Auch M.s Hinweis auf die bisherigen Blutopfer der Niederlande, nämlich 100 ermordete NSB-Mitglieder und 1200 gefallene Legionäre, fruchtete nicht. Obwohl er mit leeren Händen aus der Besprechung kam, verließ er das Führerhauptquartier »außerordentlich beeindruckt«. Die niederländische Bevölkerung, die konkrete Erleichterungen erwartet hatte, war von M. enttäuscht. Der Mißerfolg ließ sein Ansehen sogar bei seinen Anhängern sinken. Auch die Tatsache, daß er im Unterschied zu anderen Führern der NSB nie an der Ostfront gestanden hatte, tat seiner Reputation Abbruch. Schließlich entglitt ihm sogar die Einflußnahme auf die »Nederlandsche Landwacht«, weil sich ihr Kommandeur, Cornelis van Geelkerken, mit Rost van Tonningen verbündete.

Die Invasion der Westalliierten im Juni 1944 führte nicht zu der von vielen Niederländern erwarteten raschen Befreiung. Die Deutschen hielten die »Festung Holland« bis zum Kriegsende. Zur Heimatverteidigung entstand im Kessel die 34. SS-Freiwilligengrenadierdivision ›Landstorm Nederland‹ aus überlebenden SS-Angehörigen, Landstormangehörigen, Schulpersonal und neuen Freiwilligen. Aber M. war mit 30 000 NSB-Mitgliedern und ihren Familien bereits am 5.9.1944 nach Deutschland geflohen, als Radio BBC die Falschnachricht von der Eroberung Bredas verbreitete. Diese überstürzte Massenflucht beschleunigte den Niedergang der NSB und machte die ohnedies ungeliebte Partei in der Bevölkerung und bei den Deutschen lächerlich. In den Niederlanden sprach man vom »dolle Dinsdag« als dem Tag der Schande für die NSB.
Am 7.5.1945 wurde M. von holländischen Widerstandskämpfern in seinem Hauptquartier in Utrecht, wohin er zurückgekehrt war, gefangengenommen. Sein Vorhaben, als einfacher Munitionsfahrer des »Nationalsozialistischen Kraftfahrkorps« (NSKK), dem er sich angeschlossen hatte, zu fallen, setzte er nicht in die Tat um. Am 27.11.1945 begann im alten Ballsaal des Palais Kneuterdijk in Den Haag der Prozeß gegen ihn. Die Anklagepunkte lauteten: Auslieferung der Niederlande an das Deutsche Reich, Bruch der Staatsverfassung, Unterstützung der deutschen Besatzungsmacht, Mithilfe bei der Deportation der Juden. Seinen Glauben an Hitler verlor M. auch vor Gericht nicht. Er bekannte sich als nicht schuldig und stand zu dem, was er getan hatte. Als einzigen Fehler gab er zu, die »Auswüchse des deutschen Nationalsozialismus« ignoriert zu haben. Am 12.12.1945 verurteilte ihn das Gericht zum Tode. Am 20.3.1946 bestätigte das Revisionsgericht das Urteil. Es wurde von einem Erschießungspeloton vollstreckt. M. war einer von 138 Männern, die nach der abrupten Wiedereinführung der Todesstrafe in den Niederlanden als Kollaborateure zum Tode verurteilt wurden, und einer von 36, an denen das Urteil vollstreckt wurde.
Aus der Todeszelle im Strafgefängnis Scheveningen schrieb M. am 28.3.1946 zu Händen des niederländischen Ministerpräsidenten einen Abschiedsbrief an das holländische Volk. Darin dankte er dem Schicksal, daß er als Niederländer geboren wurde, und rechtfertigte die 28 Jahre seines Kampfes für die niederländische Volksgemeinschaft. Er beteuerte, daß alle, die die Ziele der NSB verfolgten, genauso gegen die deutsche Tyrannei kämpften wie die Mitglieder der Widerstandsbewegung im Untergrund. Sein Ziel sei die Rettung der Souveränität der Niederlande und die Verhinderung des Aufgehens des niederländischen Volkes im deutschen gewesen. Er habe auf Hitlers Unterstützung in diesem Kampf gebaut. M. setzte sein Schicksal in Parallele zu anderen Patrioten der niederländischen Geschichte, denen die Vaterlandsliebe den Tod brachte: Johan van Oldebarneveld, der 1629 wegen seiner politischen Überzeugung auf dem Schafott starb, und Johan de Wit, der 50 Jahre später ermordet wurde.
Die drei Rechenschaftsberichte, auf die M. in seinem Abschiedsbrief verwies, sind bisher der Öffentlichkeit nicht zugänglich.

Literaturhinweise:
Arthur Seyß-Inquart: Vier Jahre in den Niederlanden, Wien 1944
Louis de Long: Die Deutsche Fünfte Kolonne im zweiten Weltkrieg, Stuttgart 1959
Werner Warmbrunn: The Dutch under German Occupation, Stanford 1963

Werner Brockdorff: Kollaboration oder Widerstand, Wels 1968
Konrad Kwiet: Zur Geschichte der Mussertbewegung, in: VHZ 18/1970
David Littlejohn: The Patriotic Traitors. A History of Collaboration in German-Occupied Europe 1940-45, London 1972
Koos Groen: Landverraad: de berechting van collaborateurs in Nederland, Utrecht 1984
Gerhard Hirschfeld: Fremdherrschaft und Kollaboration. Die Niederlande unter deutscher Besatzung 1940–1945, Stuttgart 1984
Jan Meyers: Mussert, een politiek leven, Amsterdam 1984
Hans Werner Neulen: Europa und das Dritte Reich, München 1987

N

Nachenius, Jan Coenraad, geb. 12.8.1890 in Amsterdam, gest. 10.3.1987 in Garderen, Schulungsleiter der »Nationaal Socialistische Beweging« (NSB) und der »Germaansche SS in Nederland« 1943–1945

N. war Kunstmaler. In den Schriften von Houston Stewart Chamberlain lernte er die germanische Rassenlehre kennen. Sie prägten seinen Stolz, zur Rassenelite der Welt zu gehören. Im Laufe der Zeit wurde er zu einem belesenen, überzeugten und fanatischen Theoretiker des Nationalsozialismus.
1933 trat N. in die »Nationaal Socialistische Beweging« (NSB) → Musserts ein. 1936 schloß er sich dem »Raad voor Volksche Cultuur« (Gesellschaft für Volkskunde) an, den die Führung der NSB gegründet hatte , um gesinnungskonformes Publikations- und Schulungsmaterial über Fragen der niederländischen Kultur und des niederländischen Volkstums herzustellen und zu vertreiben. In der von der Gesellschaft herausgegebenen Zeitschrift »De Wolfsangel« veröffentlichte N. mehrere Leitartikel. Seine Bilder und Aufsätze wurden auch in deutschen Kultur- und Volkskundezeitschriften abgedruckt. Hans Ernst Schneider, Referent des »SS-Ahnenerbe« beim Generalkommissar für Sicherheitsfragen im Amt des Reichskommisssars für die besetzten niederländischen Gebiete, setzte sich mit Nachdruck dafür ein, N. ins deutsche Kunstleben zu integrieren: »Seine Gemälde und Stiche sind sehr beachtliche Kunstwerke, die es verdienen, einer größeren Öffentlichkeit bekannt zu werden.« Seyß-Inquart schickte Himmler 1942 ein Bild von N., um ihn für den Künstler zu interessieren.
N. sah den Platz der Niederländer nach Rasse und Volkstum im germanischen Raum. »... wie uit het volksche denken komt, ziet eerst naar bloed en bodem. Daardoor ziet het volksche denken de eenheid van heel dat kustgebied in N.W. Europa, dat door eenzelfde type van het Noordras is bewoond, waar bloed en boden zoo eender zijn, dat de volksche waarden nagenoeg gelijk zijn, en de staatsgrenzen slechts scheiden, wat volkschgezien bijeenhoort.« Mit diesen Gedanken füllte N. auch die Schulungshefte für die »Germaansche SS in Nederland«, der er als Untersturmführer angehörte, z. B. in den »SS-Vormingsbladen«. N. setzte sich dafür ein, daß entsprechend dem SS-Ahnenerbe in Deutschland in den Niederlanden die Stiftung »Der Vaderen Erfdeel« entstand, die später in die »Volksche Werkgemeenschap« umgewandelt wurde. Nach dem jahrhunderte-

langen romanischen Einfluß sollte die Rückbesinnung auf die germanischen Wurzeln den Niederländern zeigen, daß sie zur germanischen Völkerfamilie gehörten und damit integraler Bestandteil des Großgermanischen Reiches seien: »duits, met een niet of nauwelijks bespeurbaar bijmengseltje«.
Am 26.7.1943 übernahm N. zur Freude Himmlers zusätzlich zu seinem Amt als Schulungsleiter der »Germaansche SS in Nederland« die theoretische Schulung im NSB als Nachfolger von Robert van → Genechten, nachdem Mussert den gleichfalls für dieses Amt ins Gespräch gebrachten → Feldmeijer abgelehnt hatte. Die SS erhoffte sich mit N. größeren Einfluß auf die geistige Ausrichtung der NSB und auf lange Sicht die Annullierung der großdietschen Tendenzen Musserts. Himmler war voller Lob über N.s Arbeit. Mussert, der den Widerstand erkannte, löste N. deshalb im November 1943 von seinem Amt ab. Die theoretische Schulung des NSB wurde einem Gremium mehrerer Parteifunktionäre anvertraut.
Vom Januar 1945 bis April 1945 arbeitete N. in der Germanischen Leitstelle des SS-Hauptamts in Berlin, wo die Idee einer europäischen Armee aus allen verbündeten Streitkräften entwickelt wurde, die nach dem Sieg Wirklichkeit werden sollte.
Von einem niederländischen Sondergericht wurde N. zu acht Jahren Gefängnis verurteilt.

Literaturhinweise:
N. K. C. A. in't Veld (Hrsg.): De SS en Nederland. Documenten uit SS-Archieven 1935–1945, 2 Bände, 's-Gravenhage 1976

NEDIĆ, MILAN, geb. 20.8.1877 in Grecka, Selbstmord 4.2.1946 in Belgrad, jugoslawischer Armeegeneral, Ministerpräsident von Serbien 1941–1944

N. war seit 1908 k.u.k. Generalstabsoffizier und Lehrer für Strategie an der Militärakademie in Wiener Neustadt. Als Oberstleutnant nahm er an den Balkankriegen teil. Im Ersten Weltkrieg war er Brigadekommandeur an der Salonikifront auf serbischer Seite. Im Frühjahr 1919 unterdrückte er als Befehlshaber der 4. Serbischen Armee einen Aufstand der Kroaten in dem nach dem Zusammenbruch der österreichisch-ungarischen Doppelmonarchie entstehenden Staat Jugoslawien. Am 26.8.1939 übernahm er das Kriegsministerium. Obwohl die jugoslawische Armee von deutschen Waffenlieferungen abhängig war, unterstützte er die geheime Zusammenarbeit der Regierung Cvetkovic mit den Westmächten. Nach der Niederlage Frankreichs im Zweiten Weltkrieg machte er sich jedoch für eine stärkere militärische Kooperation mit der Wehrmacht stark. Eine Denkschrift, in der er dafür plädierte, führte im November 1940 zu seiner Absetzung. Als am 6.4.1941 der deutsche Angriff auf Jugoslawien begann, leitete er im Range eines Generalobersten die 3. Jugoslawische Heeresgruppe. Sie streckte im Rahmen der Gesamtkapitulation am 17.4.1941 die Waffen. Nach der Aufteilung des Landes zwischen Kroaten, Italienern, Bulgaren, Deutschen und Ungarn blieb ein Restgebiet mit der Hauptstadt Belgrad übrig, das unter deutsche Militärverwaltung gestellt wurde. Eine Kommissariatsregierung sorgte für die Aufrechterhaltung der Verwaltung. 100 000 serbische Kriegsgefangene und 50 000 serbi-

sche Arbeiter wurden als Arbeitskräfte ins Reichsgebiet verbracht, und 30 000 Serben arbeiteten in den Gruben und Verhüttungsbetrieben der »Mines de Bor S.A.«, die von den Deutschen übernommen wurden.
Die Ausweitung der Partisanentätigkeit nach dem Beginn des deutsch-sowjetischen Krieges ließ es den deutschen Dienststellen in Belgrad im August 1941 geraten erscheinen, die Zuständigkeit der serbischen Verwaltung zu erweitern und die serbischen Polizeikräfte zu bewaffnen. Nach dem Scheitern einer ersten »Kommissarischen Regierung« unter Acimović setzte die deutsche Militärverwaltung am 29.8.1941 N. als Chef einer »regulären serbischen Regierung« in Belgrad ein. N. war zu diesem Zeitpunkt überzeugt, daß England sein Land in den Krieg getrieben habe und den Bolschewisten ausliefern wolle. Um der jugoslawischen Exilregierung unter König Peter II. den Boden zu entziehen, übernahm er den Titel »Serbischer Ministerpräsident«. Obwohl den Weisungen des deutschen Militärbefehlshabers Süd-Ost, Generalfeldmarschall List, unterworfen, erhielt N. alle Kompetenzen zur Regelung der inneren Verwaltung. Die serbischen Nationalsymbole durften gezeigt werden. Es entstand eine »Serbische Staatswache« im Umfang von etwa 10 000 Mann für Polizeiaufgaben und zur Anlagensicherung, eine »Serbische Grenzwache« zum Schutz der Demarkationslinien und ein »Serbisches Freiwilligenkorps« aus fünf Bataillonen zur Bekämpfung der Partisanen im Land. Die Waffen kamen aus jugoslawischen Beutebeständen. In Zusammenarbeit mit den Freischaren der Zbor-Bewegung des Dimitri → Ljotić und mit einzelnen Kommandeuren der königstreuen Tschetniks gelang N. die Vertreibung der Tito-Partisanen aus Serbien. Eine Zusammenarbeit mit der kroatischen Regierung von Ante → Pavelić lehnte N. wegen der Serbenverfolgungen durch die Ustascha ab. Die deutsche Seite sagte zu, sich bei den Kroaten, Ungarn und Bulgaren für die Einstellung aller antiserbischen Maßnahmen stark zu machen. Im Herbst 1943 erreichte der deutsche »Sonderbevollmächtigte für den Südosten«, Gesandter Hermann Neubacher, ein Übereinkommen zwischen N. und dem früheren Oberst der jugoslawischen Armee, Draža Michailović, der die Tschetnikverbände in Montenegro und im Sandschak führte, zur Koordinierung ihres Kampfes gegen Tito. Beide Partner erhielten Geld und Waffen aus deutschen Beständen. Obwohl die serbischen Polizeieinheiten von den deutschen Dienststellen, insbesondere vom Militärbefehlshaber Serbien, General der Artillerie Bader, und vom Höheren SS- und Polizeiführer Meyszner, mißtrauisch überwacht wurden, erreichte N. in einer Unterredung mit Hitler in Berlin am 18.9.1943, daß die serbischen bewaffneten Kräfte auf 30 000 Mann aufgestockt werden durften. Da man ihrer Zuverlässigkeit nicht ganz sicher war, sollten sie jedoch nur gegen die kommunistischen Partisanen und nicht gegen die Rote Armee eingesetzt werden. Im Unterschied zu den deutschen Truppen durften sie keine Sühnemaßnahmen über die Bevölkerung verhängen. Die Deutschen muteten ihnen auch nicht zu, Landsleute, die von deutschen Gerichten zum Tode verurteilt wurden, zu exekutieren.
Die Erfolge der Regierung N. waren nicht zu übersehen. Von Anfang 1942 bis zum Spätsommer 1944 herrschte in Serbien relative Ruhe. Das Schwergewicht der Partisanenkämpfe lag außerhalb des Landes. Es entstanden neue Industriezweige, und die landwirtschaftliche Produktion wurde so verbessert, daß in Ser-

Begrüßung von Nedić durch Hitler im Führerhauptquartier Wolfschanze im Oktober 1943

bien niemand zu hungern brauchte. Vielen Bauern ging es während der Okkupation besser als je zuvor. Als Tito im Herbst 1944 Serbien besetzte, waren seine Truppen erstaunt über die Lebensmittelvorräte im Land.

N.s Verhalten während der Okkupation war von der Hoffnung geleitet, daß die Deutschen keine territorialen Forderungen an Serbien stellen und die deutschen und bulgarischen Truppen nach dem Krieg abziehen würden. Er sah in der Kollaboration den angemessenen Preis, um dem serbischen Volk annehmbare Lebensbedingungen zu erhalten und eine Staats- und Sozialordnung aufrechtzuerhalten. Mit Rücktrittsdrohungen erreichte er von den Deutschen zahlreiche Erleichterungen zugunsten seines Volkes. Im Oktober 1943 untersagte Hitler den deutschen Dienststellen das Hineinregieren in die inneren Angelegenheiten des Landes. Der Höhere SS- und Polizeiführer Meyszner wurde abgelöst. N. nützte den neuen Spielraum aus. Er erreichte die Verminderung der Hand- und Spanndienste für die Wehrmacht. Er protestierte erfolgreich gegen Übergriffe von Soldaten gegen die Zivilbevölkerung. Er erhielt zusätzliche Waffen für das »Serbische Freiwilligenkorps« zum Schutz der Dörfer. Im April 1944 stellten ihm die Deutschen die Föderation der Gebiete Serbien, Montenegro und Sandschak und die Auflockerung der Militärverwaltung auf wirtschaftlichem Gebiet in Aussicht.

Beim Herankommen der Roten Armee floh die Regierung N. aus Belgrad nach Wien. Der Befehlshaber der Armeeabteilung Serbien übernahm am 2.10.1944 die vollziehende Gewalt über das Land und den Oberbefehl über alle serbischen

Einheiten. Angesichts der ihnen drohenden Rache durch die Tito-Partisanen zogen sich die serbischen Einheiten mit den deutschen Verbänden ins Reichsgebiet zurück. Für sie entstand in den letzten Kriegswochen der Namen »Dinarische Division«. Diejenigen, die sich am 12.5.1945 in Unterbergen an der Drau den Briten ergaben, wurden an Tito ausgeliefert und in den Wäldern von Gottschee ermordet; diejenigen, die nach Italien gelangten, wurden nach Deutschland verbracht und im Juli 1947 in Munsterlager aus britischer Kriegsgefangenschaft entlassen.
N. wurde im September 1945 von den Westalliierten an Tito ausgeliefert. Vor dem Beginn des Prozesses kam er bei einem mysteriösen Fenstersturz ums Leben, der als Selbstmord deklariert wurde.

Literaturhinweise:
Johann Wuescht: Jugoslawien und das Dritte Reich. Eine dokumentierte Geschichte der deutsch-jugoslawischen Beziehungen von 1933 bis 1945, Stuttgart 1969
Dirk-Gerd Erpenbeck: Serbien 1941. Deutsche Militärverwaltung und Serbischer Widerstand, Osnabrück 1976
Karl-Heinz Schlarp: Wirtschaft und Besatzung in Serbien 1941–1944. Ein Beitrag zur nationalsozialistischen Wirtschaftspolitik in Südosteuropa, Stuttgart 1986
Die Okkupationspolitik des deutschen Faschismus in Jugoslawien, Griechenland, Albanien, Italien und Ungarn 1941–1945, hrsg. vom Bundesarchiv, Berlin u. a. 1992

NOORT, BARONESSE JULIA ADRIANA OP TEN, geb. 9.11.1910 in Amsterdam, 1995 in Fulda lebend, Stellvertretende Leiterin der »Nationaal-Socialistische Vrouwen Organisatie« (NSVO) in den Niederlanden 1940–1941, Vertraute des Reichsführers-SS Heinrich Himmler

Als aktives Mitglied der Oxfordbewegung, die neben der Katholisierung der Anglikanischen Kirche auch eine neue soziale Ordnung nach den Geboten Gottes anstrebte, machte N. Anfang der dreißiger Jahre zahlreiche Reisen ins Ausland. Im April 1934 lernte sie bei einem Empfang des SS-Oberabschnittführers von Schlesien, Udo von Woyrsch, den Reichsführer-SS Heinrich Himmler kennen. Himmler fand an ihr Gefallen und ließ sich über die parteipolitische Situation in den Niederlanden berichten. 1936 zog sich N. aus der aktiven Arbeit der Oxfordbewegung zurück, weil deren Vorsitzender Frank Buchman ihren Plan zur sozialen Unterstützung der Sudetendeutschen in der Tschechoslowakei mißbilligte. Auf Einladung Himmlers nahm sie im September 1936 am Nürnberger Reichsparteitag teil und stellte bei dieser Gelegenheit den stellvertretenden Leiter der »Nationaal Socialistische Beweging« (NSB) in den Niederlanden, → Rost van Tonningen, anläßlich eines Empfangs am 12.9.1936 Hitler persönlich vor. In den folgenden Jahren fungierte N. als Kurier zwischen Himmler und Rost van Tonningen, der auf ihre Freundschaft Wert legte, weil sie gute persönliche Beziehungen zu Himmler hatte. 1937 wurde N. Mitglied der NSB. 1938 war sie Sekretärin und stellvertretende Leiterin der »Nationaal-Socialistische Vrouwen Organisatie« (NSVO) in den Niederlanden. Wie 1936 wurde sie auch in den Jahren 1937 und 1938 als persönlicher Gast Himmlers zu den Reichsparteitagen in Nürnberg eingeladen.

Nach einer kurzen Internierung Anfang Mai 1940 als präsumptive Angehörige der Fünften Kolonne Deutschlands in den Niederlanden gehörte N. nach der Besetzung des Landes durch die Wehrmacht zu den begehrtesten Gesprächspartnern führender Männer der Besatzungsmacht, z. B. Arthur Seyß-Inquart, Reichskommissar für die besetzten niederländischen Gebiete, Fritz Schmidt, Generalkommissar für politische Angelegenheiten, Gottlob Berger, Chef des SS-Hauptamtes, Fritz Kranefuss, Abwehrbeauftragter des SS-Oberabschnitts Nordwest, und Richard Jungclauss, ab Mitte 1944 Militärbefehlshaber Belgien-Nordfrankreich. Besonders nah stand ihr der Generalkommissar für das Sicherheitswesen beim Reichskommissar für die besetzten niederländischen Gebiete, der Höhere SS- und Polizeiführer Hanns Albin Rauter. Er setzte sich bei Himmler dafür ein, daß N.s Bruder Adjutant beim Generalsekretär der Justiz, Jan Coenraad Tenkink, wurde und über die Interna der Behörde berichten konnte. Gegenüber allen Gesprächspartnern stellte N. ihre großgermanische Gesinnung in den Vordergrund. Wann immer möglich, nahm sie Partei für Rost van Tonningen und stellt sich gegen → Mussert, der anstelle der von Rost van Tonningen angestrebten Eingliederung der Niederlande in ein Großgermanisches Reich ein selbständiges »Großdietsches Reich« aus Holländern, Flamen Friesen und Nordostfranzosen wollte.
Ab 1.11.1940 übernahm N. den Aufbau der NSVO. Bis zum Februar 1941 gelang es ihr, zu den 1500 Mitgliedern 5000 hinzuzugewinnen. Als Mussert im Februar 1941 die Führung der NSVO auswechselte, verlor N. ihren Arbeitsplatz und verdingte sich im Sommer 1941 beim »Reichsarbeitsdienst der weiblichen Jugend« (RADwJ) in Deutschland. Es war vorgesehen, sie zur Leiterin der weiblichen Abteilung des »Nederlandsche Arbeidsdienst« aufzubauen, aber Mussert entschied anders. Seine Animosität gegen Rost van Tonningen wirkte sich zu ihren Ungunsten aus. Im September 1942 wurde N. mit der Leitung der Deutsch-Niederländischen Reichsschule für Mädel in Heijthuizen in Limburg beauftragt. Nach einjähriger Tätigkeit wurde sie am 1.10.1943 zur Kolonialschule nach Rendsburg in Holstein abgeordnet. Ihr offizieller Auftrag lautete, »volksdeutsche Kolonien in Rußland und im Generalgouvernement zu besuchen, um Erfahrungen für die Erziehung der Schülerinnen der Reichsschulen für den Ostgedanken zu sammeln«. In Wirklichkeit war N. schwanger und wollte ihr Kind in aller Heimlichkeit zur Welt bringen. Der Kindsvater war wohl der SS-Obergruppenführer und General der Polizei Hanns Albin Rauter, der als Höherer SS- und Polizeiführer beim Reichskommissar für die besetzten niederländischen Gebiete für das Sicherheitswesen zuständig war. Die Verfahrensweise war mit Himmler abgesprochen. N. erhielt einen falschen Paß, der sie als Ehefrau eines deutschen Landwirts ausgab, die in den Niederlanden geboren war. Das Kind wurde im Februar 1944 in einem Lebensbornheim geboren und erhielt den Vornamen Heinrich. Die standesamtliche Beurkundung erfolgte geheim. Nach ihrer Rückkehr zur Reichsschule für Mädel in Heijthuizen begann N. eine Korrespondenz mit Himmler, in der sie vorgab, ein Kind zur Erziehung annehmen zu wollen. Ihrem Antrag wurde stattgegeben. Auf diese Weise erhielt sie ihr eigenes Kind unter anderem Namen wieder zurück. Einen holländischen Freund, der sie umwarb, wies sie ab. Sie schrieb ihm, er möge »doch zu der Haltung wieder

zurückfinden, die man von einem germanischen Mann in Liebes- und Frauenangelegenheiten erwarten kann«. Als er nicht von ihr ließ und wegen ihres Kindes Gerüchte ausstreute, erteilte ihm der wirkliche Kindsvater Rauter eine sicherheitspolitische Verwarnung mit dem Zusatz, daß er, falls er noch einmal in irgendeiner Form unverantwortliche Verdächtigungen und Beschuldigungen wiederhole, auf unbestimmte Zeit in Schutzhaft genommen werde.
Vor der Besetzung der Niederlande durch die Westalliierten wurde die Reichsschule für Mädel von Heijthuizen auf die Insel Reichenau im Bodensee verlegt. Es folgten jedoch nur neun Schülerinnen, so daß der Lehrbetrieb gar nicht aufgenommen wurde. Deshalb wurde N. im Herbst 1944 bei der Amtsgruppe D des SS-Hauptamts in Berlin beschäftigt, wo sie für die »germanische Frauenarbeit« zuständig war. Von dort führte sie ihren Privatkrieg gegen → Mussert weiter. Am 18.12.1944 schickte sie Himmler einen Brief, der von Vorwürfen und Anschuldigungen strotzte und in dem sie die Reichsführung davor warnte, weiter auf ihn zu setzen. Aber Himmler hatte angesichts des niedergehenden Reiches andere Sorgen. Im März 1945 bat Himmler N., ihm für seine Bemühungen, Kontakt zu den Westalliierten zu bekommen, den ehemaligen Generalgouverneur von Niederländisch-Indien, B. C. de Jonge, ausfindig zu machen. Wegen der Gefechte in der südlichen Veluwe bekam sie jedoch keinen Kontakt zu ihm, so daß er als Vermittler zu den Westalliierten ausfiel.
In den letzten Kriegstagen arbeitete N. als Küchenhilfe in Süddeutschland, weil sie in der Nähe ihres Sohnes sein wollte. Nach dem Krieg heiratete sie einen Schildermaler vom Chiemsee. Als die Ehe geschieden wurde, zog sie nach Hofbieber in Hessen in die Nähe des Eisernen Vorhangs. 1990 kam sie in ein Altersheim nach Fulda.

Literaturhinweise:
L. de Jong: Het Koninkrijk der Nederlanden in de tweede Wereldoorlog 1939–1945, 14 Bände, 's-Gravenhage 1969 ff.
N. K. C. A. in't Veld (Hrsg.): De SS en Nederland. Documenten uit SS-Archieven 1935–1945, 2 Bände, 's-Gravenhage 1976

O

OEHLER, HANS, geb. 18.12.1888 in Arrau, gest. 7.1.1967 in Dielsdorf, Schriftleiter der »Schweizer Monatshefte« 1921–1934, Chefredakteur der »Nationalen Hefte« 1934–1945, Vorstandsmitglied der »Nationalen Front« (NF) 1933

Einer aus Deutschland eingewanderten Akademikerfamilie entstammend, studierte O. an der Universität Zürich Philologie. 1913 promovierte er zum Dr. phil. Im März 1921 gründete O. den »Volksbund für die Unabhängigkeit der Schweiz« und einen Monat später erschien unter seiner Leitung die erste Ausgabe der »Schweizer Monatshefte«. Mit beiden Neugründungen wollte er den Zusammenhalt des deutschen Kulturbereichs pflegen, die Schweizerdeutschen vor der

Überfremdung warnen, die Nichtigkeit des Völkerbunds beweisen und auf die Gefahren einer französischen Hegemonie in Europa hinweisen. Neben der nationalen Erziehung und der Pflege der schweizerischen Dichtung sollten der Heimatschutz, die Volkstumspflege, das Bauerntum und die Mundartförderung zentrale Themen sein. O. glaubte an den »innerlich erneuerten, europäischen Sozialismus« im »Kulturland Europa«, wie er im Gegensatz zum Marxismus von den italienischen Faschisten und deutschen Nationalsozialisten gepflegt wurde.
In Zürich existierte Ende der zwanziger Jahre der »Oehler Club«, in dem Intellektuelle über ihre politischen Anschauungen debattierten und politische Pläne entwarfen. Gleichgesinnte Studenten und Akademiker gründeten dort im Juli 1930 die »Neue Front«, der O. 1932 beitrat. Er bot den Propagandisten der »Neuen Front«, die kein eigenes Parteiorgan besaß, an, die »Schweizer Monatshefte« für Veröffentlichungen zu nutzen. Wenige Monate später galt die Zeitschrift als deren Sprachrohr, wo Robert → Tobler, Emil Sonderegger und Rolf → Henne ihre Ideen veröffentlichen konnten. Die Mitglieder der »Neuen Front« bekamen die Hefte zum halben Preis. Die neuen Herausgeber, die im Sommer 1932 die »Schweizer Monatshefte« übernommen hatten, waren mit diesem Kurs nicht einverstanden. Obwohl die Auflagenhöhe gewaltig anstieg, mußte O. 1934 die Redaktion verlassen.
Nach dem Zusammenschluß der »Neuen Front« mit der »Nationalen Front« (NF) im Mai 1933 gehörte O. der Provisorischen Landesleitung der NF an und führte zusammen mit Ernst Biedermann und Robert Tobler die Geschäfte. Ab August 1933 gab er die Zeitschrift »Die Front« heraus. Obwohl er zwei Monate später die Schriftleitung aufgab und nur noch für den Verlag und die Inseratenabteilung verantwortlich zeichnete, brachte er seine außen- und militärpolitischen Vorstellungen in mehreren Artikeln ein. Er äußerte sich über das frontistische Geschichtsbild und propagierte die historische Mission der Schweiz als Teil des ehemaligen Heiligen Römischen Reiches deutscher Nation und die Idee der »Volksfreiheit« als traditionellem schweizerischem Wert. Er hoffte auf die Entstehung eines »Europas freier Völker«, in das die Schweiz ihre Besonderheiten einbringen könne. 1934 verkündigte er das Programm auf dem Faschistischen Weltkongreß in Montreux.
Ein besonderes Ärgernis für O. war das von der Presse gestützte Parteiensystem der Schweiz, in dessen Würgegriff die Regierung lag und das eine Machtergreifung der Fronten unmöglich machte: »Verlassen auch von den eigenen Parteien und von ihren Zeitungsschreibern, überschüttet mit Rückenschüssen, unter schärfster marxistischer Drohung, ist die Staatsführung zum bloßen vollstreckenden Organ eines blinden Parteiegoismus und seiner internationalen Drahtzieher geworden. Und die Presse als vornehmstes Werkzeug bei dieser Zerstörung einer verantwortlichen Staatsführung, hat sich erneut als das erwiesen, was sie unter der Ordnung des Parteien-Systems und in ihrem heutigen Zustand ist: ein Landesunglück!« Im Vergleich zur Bedeutung der Landespresse im politischen Kampf schätzte er die Wirkung der frontistischen Zeitungen eher gering ein: »In der Presse der Erneuerungsbewegung kommt deutlich zum Ausdruck, daß das geschriebene Wort nur ein Mittel, nicht aber das Mittel zur Führung des Kampfes ist. Das gesprochene Wort vor allem, die unmittelbare Füh-

lungnahme von Mensch zu Mensch, schafft Kontakt, die Zeitung, das Flugblatt, die Kampfschrift ist mehr dazu da, erobertes Gebiet zu festigen, zu unterstützen, zusammenzuhalten.«

Um dem feindlichen Medienkartell entgegenzuwirken, gründete O. 1934 die »Nationalen Hefte« (NH) und bot sie den früheren Mitarbeitern der »Schweizer Monatshefte« als Publikationsorgan an. O. konnte große Anfangserfolge buchen. Aber obwohl die Zeitschrift keine organisatorische oder finanzielle Verbindung zur NF hatte, wurde sie in die Turbulenzen des Führungswechsels von Rolf Henne zu Robert Tobler im Januar 1938 hineingezogen. Die Kursänderung, die Tobler durchsetzte, machte eine Erklärung in den »Nationalen Heften« notwendig, daß sich die Redaktion nicht an die Richtlinien der NF gebunden fühle und selbständig über den politischen Kurs der Zeitschrift entscheide. O. verließ mit anderen führenden Mitgliedern zu Beginn des Jahres 1938 die Partei, weil er die Unterdrückung des nationalsozialistischen Gedankenguts ablehnte. Der Austritt O.s war nicht nur im Hinblick auf die Veröffentlichungsmöglichkeiten der NF-Mitglieder, sondern auch aus finanziellen Gründen ein herber Verlust für die Frontenbewegung. O. führte die »Nationalen Hefte« bis September 1945 ohne Parteibindung weiter.

In Konkurrenz zur NF gründete O. im März 1938 zusammen mit Alfred → Zander, Wolf Wirz und Benno Schaeppi, dem ehemaligen Landespropagandaleiter der NF, den »Bund treuer Eidgenossen nationalsozialistischer Weltanschauung« (BTE). Mit etwa 175 Mitgliedern war der BTE eine vergleichsweise kleine Vereinigung. Dennoch konnten für die Halbmonatsschrift »Schweizerdegen« 400 Abonnenten gewonnen werden. Die Auflage betrug 2000 Exemplare. Trotz der ideologischen Unterschiede blieben viele Kontakte zur NF bestehen.

Auf der Münchner Einigungskonferenz am 10.10.1940 vertrat O. bereits die »Nationale Bewegung der Schweiz« (NBS), die einen Monat zuvor von Franz → Burri, Benno Schaeppi und Alfred Zander für die Auslandsschweizer gegründet worden war. Das war der letzte Parteiwechsel O.s vor dem Kriegsende. 1947 wurde O. wegen der Teilnahme an dieser Veranstaltung zu zwei Jahren Gefängnis verurteilt.

Nach dem Ende des Zweiten Weltkriegs distanzierte sich O. von seinen prodeutschen Einstellungen. Er kritisierte nicht nur die deutsche Außenpolitik, sondern stellte auch einzelne Punkte der nationalsozialistischen Ideologie in Frage, z. B. die Anwendung von Gewalt und die Mißachtung des Volkswillens. Obwohl er gegen eine Rassengesetzgebung nichts einzuwenden hatte, fand er die Handhabung der Judenfrage verbrecherisch. Eine Verdammung des Faschismus in toto lag ihm jedoch fern. Die Vergehen des Nationalsozialismus führte er eher auf die krankhafte Psyche Hitlers zurück. Der Führer habe die habsburgische »Katastrophenpolitik«, unter der die Schweiz seit fünf Jahrhunderten litt, nur fortgeführt. Nach seiner Entlassung aus der Haft 1949 betätigte sich O. weiterhin in rechten Kreisen. Er war ein führendes Mitglied der »Volkspartei der Schweiz« und leitete das Schweizer Büro der Zeitschrift »Nation Europa«. Die Übersetzung des Buches »Nuremberg ou la terre promise« mit dem deutschen Titel »Nürnberg oder das gelobte Land« von Maurice → Bardèche stammte von ihm. Es legte die Manipulationen und Tendenzen der Siegermächte bei der Verurteilung der Hauptkriegsverbrecher des Dritten Reiches vor dem Internationalen Militärtribunal offen.

Literaturhinweise:
Beat Glaus: Die Nationale Front. Eine Schweizer faschistische Bewegung 1930–1940, Zürich u. a. 1969
Walter Wolf: Faschismus in der Schweiz. Die Geschichte der Frontenbewegungen in der deutschen Schweiz 1930–1945, Zürich 1969
Walter Rüthemann: Volksbund und SGAD. Nationalsozialistische Schweizerische Arbeiterpartei. Schweizerische Gesellschaft der Freunde einer autoritären Demokratie. Ein Beitrag zur Geschichte der politischen Erneuerungsbewegungen in der Schweiz 1933–1944, Diss. Zürich 1979

P

PAPADONGONAS, DIONYSIOS, geb. 1888 in Petalidi (Messinias), gest. im Dezember 1944 in Athen, Oberst, Kommandeur der griechischen Sicherheitsbataillone 1943–1944

Im Herbst 1941 gründeten etwa 200 nationalbewußte Offiziere des ehemaligen griechischen Heeres, meist niedere Dienstgrade, auf dem Peloponnes eine Organisation, die später unter dem Namen »Griechisches Heer« (ES) bekannt wurde. Einer der wenigen Generalstäbler unter ihnen war der Ex-Adjutant König Georgs II., Oberst P., der die Führung der Organisation übernahm. Ihr Ziel war die Bewahrung der griechischen Souveränität, sowohl gegenüber den Besatzungsbehörden wie später gegenüber den Alliierten. Die meisten ES-Offiziere waren Königsanhänger. Die ES verbreiterte ihre Basis in Konkurrenz zur ELAS, der kommunistischen Befreiungsbewegung Griechenlands. Beide Organisationen standen sich feindlich gegenüber. Als die Kommunisten Anfang Juli 1943 das 12. ELAS-Regiment aufstellten, versäumte die ES die Gelegenheit, die anfangs nur etwa 200 Mann zählende Einheit zu vernichten. Das bedauerte auch die italienische Besatzungsmacht im Peloponnes. Um das Versäumte nachzuholen, verpflichtetet sich P. gegenüber dem Kommandeur des 64. italienischen Infanterieregiments ehrenwörtlich, die Italiener zu schonen und mit ihnen gemeinsam die kommunistischen ELAS-Partisanen auszurotten, wenn er Waffen bekäme. Da die Italiener dazu nicht bereit waren, bat er die Wehrmacht um 2000 Gewehre. Als auch die Deutschen dieses Ansinnen ablehnten, hatten es die ELAS-Verbände leicht, sich auf dem Peloponnes auszubreiteten. Sie fanden nirgendwo Widerstand. Es gab sogar ES-Gruppen, die zu ihnen überliefen. Erst als die ELAS den Peloponnes fast völlig in der Hand hatten, merkten die Besatzungsmächte, daß sie einen Fehler gemacht hatten. P. machte ihnen klar, daß es sich bei der Ausbreitung der kommunistischen Partisanen nicht nur um ein militärisches Problem handle, sondern um eine politische Kardinalfrage. Angesichts der wachsenden Partisanenbewegung in Griechenland erlaubte Hitler am 9.11.1943 die Aufstellung kleinerer griechischer Formationen zur Partisanenbekämpfung, »um deutsches Blut zu sparen«. Die Heeresgruppe E durfte drei

Freikorps zu je 800 Mann rekrutieren, ausbilden und bewaffnen. P. wurde zum Kommandanten der peloponnesischen Sicherheitsbataillone ernannt. Seine Erfolge veranlaßten die Deutschen, auch die Efzonen-Bataillone auf dem Peloponnes seinem Kommando zu unterstellen. P. hatte sein Hauptquartier in Tripolis. Als die Stadt im Sommer 1944 von starken kommunistischen ELAS-Verbänden angegriffen wurde, kamen ihm deutsche Truppen zu Hilfe. Die Zusammenarbeit wurde in den folgenden Wochen weitergeführt. Während der überstürzten Räumung Griechenlands durch die Wehrmacht nach der rumänischen Kapitulation am 23.8.1944 schützten die Einheiten P.s die Flanken der deutschen Truppen. Die anderen politischen Gruppierungen Griechenlands bereiteten sich auf die zu erwartenden Auseinandersetzungen vor und ließen die Deutschen ungestört ziehen. Am 2.11.1944 verließ der letzte deutsche Festlandsverband griechischen Boden. Mit den deutschen Einheiten zogen die griechischen Kollaborateure ab, unter ihnen die Freiwilligenformationen unter P. Der Höhere SS- und Polizeiführer Hermann Franz war »von ihrer Treue und Kampfwillen positiv beeindruckt«, als sie den Rückzug durch Jugoslawien gegen die Tito-Partisanen erfolgreich deckten. Als Polizei-Freiwilligenbataillon traten sie im April 1945 in Bayern letztmals in Erscheinung. Nach der deutschen Kapitulation wurden die Überlebenden zusammen mit den griechischen Fremdarbeitern nach Hause geschickt. Dort waren sie eine willkommene Hilfe der Royalisten im Bürgerkrieg.
Bei den Nürnberger Prozessen charakterisierte Prof. Stadtmüller, der bei den Verhandlungen P.s mit den Deutschen als Dolmetscher fungiert hatte, den Oberst folgendermaßen: »P. war ein ganz eindeutiger Charakter. Er war der Typ des royalistischen konstantinischen Offiziers ... er war sehr englandfreundlich, und er machte auch in Gesprächen mit uns Deutschen daraus gar kein Hehl, wie er andererseits überzeugt war, daß der Kampf gegen den Kommunismus nach der Lage der Dinge nur noch in Anlehnung an Deutschland geführt werden konnte. Er haßte den Kommunismus bis aufs Blut und war bereit, in diesem Kampf mit Deutschland zusammenzugehen. Aber nur in diesem Punkt...«
Nach dem Ende des Zweiten Weltkriegs war die griechische Regierung bereit, den Mitgliedern der Sicherungsverbände ihre Kollaboration mit Deutschland zu vergeben, weil sie verhindert hatten, daß sich die kommunistischen Partisanen schon vor dem Kriegsende in Griechenland festsetzten, wie sie das in Jugoslawien getan hatten. Einige Offiziere wurden sogar mit Auszeichnungen und Beförderungen belohnt. P. wurde posthum sogar um zwei Rangstufen zum Generalmajor befördert. Erst als daraufhin ein öffentlicher Skandal ausbrach, wurde die Ehrung am 22.8.1945 zurückgenommen.

Literaturhinweise:

Heinz Richter: Griechenland zwischen Revolution und Konterrevolution 1936–1946, Frankfurt 1973
John Louis Hondors: Occupation and Resistance. The Greek Agony 1941-44, New York 1983
Christopher M. Woodhouse: Apple of Discord. A Survey of Recent Greek Politics in their International Setting, Reston 1985
Hagen Fleischer: Im Kreuzschatten der Mächte. Griechenland 1941–1944, Frankfurt u. a. 1986

Pavelić, Ante, geb. 14.7.1896 in Bradina (Herzegowina), gest. 28.12.1959 in Madrid, Regierungschef und Poglavnik des Unabhängigen Staates Kroatien 1941–1945

Nach der Reifeprüfung in Zagreb studierte P., Sohn eines Eisenbahnbeamten, Jura an der Universität Agram und wurde Wortführer der Studentenorganisation »Junges Kroatien«. Sein Vorbild war der 1896 verstorbene Publizist Starčević, der die kroatische Nationalbewegung geschaffen hatte. Nach der Promotion zum Dr. jur. 1915 wurde P., der in Agram ein Anwaltsbüro eröffnet hatte, Sekretär der »Kroatischen Staatsrechtspartei«, die nach der Gründung Jugoslawiens den kroatischen Separatismus betrieb und gute Kontakte zu den Emigranten in Wien und Budapest pflegte. 1922 wurde P. in den Stadtrat von Zagreb und 1928 in das jugoslawische Parlament in Belgrad gewählt. Dort trat er für die Freiheit Kroatiens ein. Er bildete eine bewaffnete Verschwörergruppe, nach deren ersten Attentaten gegen projugoslawische Landsleute er 1929 ins Ausland fliehen mußte. Er wurde von einem jugoslawischen Gericht in Abwesenheit zum Tode verurteilt. Von Mussolini unterstützt, gründete er in Italien die »Ustaša Hrvatska Revolucionarna Organizacija«, kurz »Ustascha« genannt, deren Führung er als »Poglavnik« übernahm. Ihr Ziel war die Befreiung Kroatiens »vom fremden Joch« und die Schaffung eines »völlig selbständigen Staates«, notfalls mit Terror und Gewalt. Der »Kanon heiliger Pflichten« aus dem Jahr 1932 verlangte von den Mitgliedern »bei dem allmächtigen Gott und allem, was mir heilig ist«, unbedingten Gehorsam gegenüber dem Poglavnik. Das Zeichen der Bewegung war der Buchstabe »U«. 1934 gelang der Ustascha die Ermordung des jugoslawischen Königs Alexander I. und des französischen Außenministers Barthou in Marseille. Der Königsmord veränderte die außenpolitischen Konstellationen in Mittel- und Südosteuropa und offenbarte den kriminellen Charakter der Organisation. P., der in Jugoslawien zum zweitenmal in Abwesenheit zum Tode verurteilt wurde, wurde zwar nicht ausgeliefert, aber in Siena, wo er mit seiner Familie wohnte, unter Hausarrest gestellt. Das »Kroatische Presse-Büro« in Berlin wurde geschlossen. 1936 versuchte P. vergebens, in einer Denkschrift an die deutsche Regierung die Affinitäten zwischen dem Nationalsozialismus und dem kroatischen Nationalismus herauszustellen. Hitler war jedoch zu dieser Zeit mehr an guten Beziehungen zu Jugoslawien interessiert.
Die Auflösung der Tschechoslowakei im Frühjahr 1939 gab der kroatischen Nationalbewegung wieder Auftrieb. Im Januar 1940 nahm Mussolini zu P. Kontakt auf, um einen kroatischen Aufstand in Jugoslawien zu ventilieren, der zur Bildung eines Königreichs Kroatien als italienischem Protektorat führen könnte. Der Plan wurde jedoch auf deutschen Einspruch hin ad acta gelegt. Erst der jugoslawische Staatsstreich am 27.3.1941 und Hitlers Planungen für den Jugoslawienfeldzug brachten für P. die große Stunde. In einem Gespräch mit Mussolini am 28.3.1941 wurde die Gründung eines kroatischen Staates mit engen Bindungen an Italien festgelegt, sobald Jugoslawien besiegt sei. Über die italienischen Frontlinien gelangte P. am 13.4.1941 nach Karlovac. Der ehemalige k.u.k. Oberst Slavko Kvaternik, der bereits am 10.4.1941 die staatliche Unabhängigkeit Kroatiens proklamiert hatte, ordnete sich ihm unter. Die diplomatische Anerkennung

Kroatiens durch Italien erreichte P. jedoch erst, als er versprach, »die italienischen Rechte in Dalmatien zu berücksichtigen«, d. h. die Küstengebiete den Italienern zu überlassen. Neben den kroatischen Siedlungsgebieten gehörten zum neuen Staat auch Syrmien, Bosnien und die Herzegowina. Am 15.4.1941 übernahm P. als Poglavnik die Führung des »Unabhängigen Staates Kroatien« (Nežavisna Država Hrvatska) mit der Hauptstadt Zagreb. Im ersten Kabinett vom 17.4.1941 hatte P. neben dem Vorsitz auch das Außenministerium inne. In den vier Jahren seiner Herrschaft gab es sieben Kabinettsumbildungen. Edmund Glaise von Horstenau, der schon in der k.u.k. Armee gedient hatte, wurde von Hitler zum »Bevollmächtigten deutschen General in Agram« ernannt, um Deutschlands militärische Interessen vor Ort wahrzunehmen. In Übereinstimmung mit früheren Absprachen überließ Hitler den Italienern in Kroatien jedoch die »politische Vorhand«. Gegenüber P. wurde die Gemeinsamkeit der Achsenpolitik herausgestrichen, um ihn von Intrigen abzuhalten. Deshalb konnte Mussolini am 7.5.1941 in den Verhandlungen von Monfalcone gegenüber P. durchsetzen, daß Dalmatien einschließlich Split an Italien fiel und der Herzog von Spoleto zum kroatischen König designiert wurde. Als Gegenleistung übernahm Italien im Vertrag von Rom am 18.5.1941 die Garantie für die Unabhängigkeit Kroatiens. Die Zugeständnisse P.s an Italien waren seinem Ansehen in Kroatien abträglich, weil sie 280 000 Kroaten der italienischer Oberhoheit auslieferten. Um seine Reputation aufzubessern, strebte P. engere Bindungen zu Deutschland an. Das Treffen mit Hitler am 7.6.1941 legte die wirtschaftliche und militärische Zusammenarbeit der beiden Länder fest. Die Ustascha bekam die Hilfestellung der SS, um ihre Funktionen als politisches Führungsinstrument des Poglavnik ausführen zu können.
Die autoritär-chauvinistischen Grundsätze der Ustascha als einziger Staatspartei sollten normativ die kroatische Gesetzgebung bestimmen. Alle Minister hatten den Ustascha-Eid zu leisten. Die Presse wurde gleichgeschaltet. Der Staat war polizeistaatlich organisiert. Der Aufsichtsdienst UNS (Ustaška nadžorna služba) hatte Kompetenzen wie der SD in Deutschland. Es gab 34 Sondergerichte zur Aburteilung politischer Straftaten. Die Todesstrafe durfte bereits drei Stunden nach der Urteilsverkündung vollzogen werden. In allen Landesteilen wurden Konzentrationslager für Serben und Juden eingerichtet. Die katholische Kirche stabilisierte die Regierungsgewalt des Poglavnik, weil Kroatien der einzige katholische Teilstaat Jugoslawiens war. Gegen erzwungene Konversionen Andersgläubiger hatte sie nichts einzuwenden.
Von den 6,5 Millionen Einwohnern des neuen Staates waren 3,4 Millionen Kroaten, 1,9 Millionen Serben, 700 000 Muslime und 150 000 Deutsche. Der kroatische Herrschaftsanspruch gegenüber der serbischen Minderheit wurde aufgrund einer angeblichen »historischen Priorität« der kroatischen Siedlungen brutal durchgesetzt. Alle Nichtkroaten wurden von den Staatsgeschäften ausgeschlossen. Während die bosnischen Muslime als Teil des kroatischen Volkes anerkannt wurden und die deutsche Minderheit mit besonderen Volkstumsrechten unter deutschem Schutz stand, konzentrierten sich die Strafaktionen, Verfolgungen und Repressalien auf die serbische Minderheit. Diese suchte Schutz bei den Partisanenarmeen der Tschetniks und der Kommunisten, die auf diese Weise ihren Machtbereich auf kroatisches Gebiet ausdehnen konnten. Bereits im

Ankunft von Pavelić im Führerhauptquartier am 29.9.1942 nach einem Frontbesuch bei den kroatischen Truppen

Frühjahr 1942 hatte P. die Regierungsgewalt in Süd- und Ostbosnien und in der Herzegowina verloren. Die Italiener unterstützten die Tschetnikverbände in ihrem Landesteil und boten Flüchtlingen aus den anderen kroatischen Landesteilen Zuflucht. Je unhaltbarer die Lage in Kroatien wurde, desto größer waren die Flüchtlingsströme. P.s Appelle, das Morden sein zu lassen, verhallten ungehört. Am Kriegsende war rund eine halbe Million Serben tot, unter ihnen 300 orthodoxe Priester und fünf Bischöfe.

Am Rußlandfeldzug beteiligte sich Kroatien mit zwei Regimentern. Im Zusammenhang mit einem seiner zahlreichen Besuche bei Hitler bekam P. im September 1942 Gelegenheit zu einem Frontbesuch. Im Dankschreiben an Hitler empfand er »ein Gefühl des Stolzes, daß kroatische Soldaten in diesem größten Kampf der Weltgeschichte Schulter an Schulter mit ihren unüberwindlichen deutschen Kameraden und denen der verbündeten Völker kämpfen« dürfen.

Am 6.10.1942 bildete P. die Regierung um, konnte die Krise aber nicht beseitigen. Die militärische Führung ging in deutsche Hände über. In weiten Teilen des Landes, die zum Operationsgebiet erklärt wurden, übernahm die Wehrmacht die vollziehende Gewalt. Sie gebot der Ustascha Einhalt bei ihren Versuchen, die pravoslawischen Bevölkerungsteile im Land abzuschlachten. Im Februar 1943 forderte der Oberbefehlshaber Südost die Ausschaltung P.s, die Auflösung der Ustascha und den Abbau des serbenfeindlichen Kurses der Regierung.

Der italienische Seitenwechsel im September 1943 brachte P. den letzten politischen Erfolg: die Erweiterung der kroatischen Souveränität bis an die Adria. Der

eigentliche Nutznießer waren die Tito-Partisanen, denen große Teile des italienischen Kriegsmaterials in die Hand fielen. Die Eroberung weiterer Landesteile Kroatiens durch sie, die Spannungen zwischen Kroaten und Bosniaken, die Abkehr der bäuerlichen Bevölkerung von Zagreb, die Kooperation deutscher militärischer Stellen mit den Tschetniks, die Verschickung von mehr als 100 000 Kroaten zur Zwangsarbeit nach Deutschland und die Requirierungen von Wirtschaftsgütern für deutsche Zwecke ließen in der Folgzeit die Macht des Poglavnik sinken. Deutsche Dienststellen übernahmen nach und nach die Exekutive auf den meisten Gebieten, obwohl bis zuletzt keine Militärverwaltung für Kroatien eingerichtet wurde.
Ende 1943 begann die SS mit der Werbung von bosnischen Freiwilligen für die 13. SS-Freiwilligengebirgsdivision ›Kroatien‹, die später den Namen ›Handschar‹ bekam. Es meldeten sich fast 25 000 Mann. Viele liefen aus der kroatischen Armee zur Waffen-SS über. Nach der Ausbildung wurde die Division im Februar 1944 in Bosnien gegen die Tito-Partisanen eingesetzt. Sie drängte auch die Ustascha aus dem Land. Immer häufiger griffen die Deutschen zu ähnlichen Repressalien wie die Ustascha, um des Terrors und Gegenterrors Herr zu werden.
Während seines letzten Besuchs bei Hitler am 18.9.1944 gelobte P. absolute Treue bis zum Ende. Als nach der Kapitulation Rumäniens am 23.8.1944 Kroatien von der Roten Armee unmittelbar bedroht wurde, kam seine Position ins Wanken. Nur mit Gewalt konnte er die Frondeure in den eigenen Reihen noch einmal ausschalten. Zusammen mit seinen Getreuen verließ P. die Hauptstadt Zagreb am 6.4.1945 in Richtung Österreich. Die Panzerkolonne, mit der er fuhr, geriet zwar in einen Hinterhalt der Partisanen, aber P. konnte entkommen.
Die britischen Truppen verweigerten allen kroatischen Verbänden den Übertritt ins Reichsgebiet. Über 100 000 Kroaten wurden nach dem Ende der Kampfhandlungen an Tito ausgeliefert. Die Massenexekutionen in Jugoslawien überschritten alle denkbaren Grausamkeiten. Allein in den Panzergräben bei Maribor fand man die Leichen von 10 000 Exekutierten. Auf ein noch größeres Massengrab stieß man im Berggebiet der Gottschee. Die Kommunisten nahmen Rache an allen Kollaborateuren. Gegen prominente Kroaten wurden Schauprozesse durchgeführt. Insgesamt verloren etwa 125 000 kroatische Kollaborateure nach dem Krieg ihr Leben.
P. entkam mit einer kleinen Gruppe von Ustaschaführern nach Italien. Er wurde in mehreren Franziskanerklöstern versteckt und auch im Vatikan beherbergt. Von dort entkam er nach Südamerika. 1948 war er Gast Peróns in Argentinien. Nach dessen Sturz ging er als Berater der Geheimpolizei nach Paraguay. Im April 1957 schlug ein Revolverattentat des jugoslawischen Geheimdienstes auf ihn fehl. Der argentinischen Polizei entschlüpfte er nach Spanien. Zwei Jahre später starb er im Deutschen Krankenhaus in Madrid. All die Jahre beanspruchte er für sich, Chef der kroatischen Exilregierung zu sein.

Literaturhinweise:

Ladislaus Hory und Martin Broszat: Der kroatische Ustascha-Staat 1941–1945, Stuttgart 1964
Gert Fricke: Kroatien 1941–1944, Freiburg 1972
Holm Sundhausen: Wirtschaftsgeschichte Kroatiens im nationalsozialistischen Großraum 1941–1945, Stuttgart 1983

PÉTAIN, HENRI PHILIPPE, geb. 24.4.1856 in Cauchy-la-Tour (Pas-de-Calais), gest. 23.7.1951 in Port Joinville (Yeu), Marschall von Frankreich, Mitglied der Académie Française, Staatschef Frankreichs 1940–1945

Als viertes Kind einer Bauernfamilie erhielt P. seine Schulbildung in der Jesuitenschule Saint-Bertin in Saint-Omer und in der Dominikanerschule in Arcueil. Mit 20 ging er an die Militärakademie von St. Cyr. Dort lernte er, die militärischen Tugenden zu respektieren, Politiker gering zu schätzen und die Linken zu hassen. Die Regelhaftigkeit des militärischen Lebens entsprach seinem Wesen. Er neigte auch im Gespräch zu festen Formeln und Redewendungen. Da er sich entschied, seine militärische Laufbahn in Frankreich und nicht in den Kolonien zu verfolgen, mußte er mit Karrierenachteilen rechnen. Nach mehreren Truppenverwendungen wurde er Dozent für Taktik an der Ecole Superieure de Guerre. Entgegen der Auffassung seiner Zeitgenossen betonte er die vorrangige Bedeutung der Artillerie bei Infanterieangriffen. Die Defensive hielt er für einen notwendigen Bestandteil der Kriegführung zur Schonung von menschlichen Kräften und Material. Den Angriff um jeden Preis lehnte er ab. Wegen seiner Kritik an der konventionellen Militärtheorie wurde P. abgelöst und an die Kavallerieschule nach Saumur versetzt. 1912 übernahm er das 33. Infanterieregiment in Arras. Sein Augenmerk legte er auf logistische Fragen und auf die Entwicklung von Verteidigungstechniken. Die Bewährungsprobe für seine militärische Fähigkeiten brachte der Beginn des Ersten Weltkriegs in der Schlacht von Guise. Dieser Erfolg verschaffte ihm mit der Beförderung zum Brigadegeneral das Kommando über die 6. Division. Nach der Marne-Schlacht wurde er in die Légion d'Honneur aufgenommen. Seine militärischen Fähigkeiten konnte er erneut unter Beweis stellen, als er als Kommandierender General des XXXIII. Armeekorps in der Nähe von Arras eine deutsche Offensive abzuwehren hatte. Er wurde Kommandeur der Ehrenlegion. Im Juni 1915 übernahm er den Oberbefehl über die 2. Armee, und im Februar 1916 wurde ihm die Verteidigung der Festung Verdun übertragen. Obwohl 350 000 französische Soldaten ihr Leben verloren, war P. Ende 1916 ein Nationalheld, als die Deutschen den Kampf aufgaben. Er galt als Retter der Nation. Die Ruhe und Gefaßtheit, die er ausstrahlte, und die Emotionslosigkeit, mit der er Entscheidungen fällte, machten P. trotz seiner unbedingten Forderung nach Disziplin als oberstem militärischem Prinzip zu einer Vaterfigur für seine Soldaten. Als er am 15.5.1917 den Oberbefehl über das französische Heer aus den Händen von General Nivelle übernahm, gelang es ihm in kurzer Zeit, die meuternde Armee zur Räson zu bringen. In der Schlacht von Malmaison im Oktober 1917 erntete er die Früchte seiner Arbeit. Dort konnte sich seine Truppe in der Defensive bewähren. P. wurde zur lebenden Legende. Er erfuhr eine ungeahnte Glorifizierung. Nach der deutschen Niederlage 1918 erhielt er als Krönung seiner militärischen Laufbahn mit einer feierlichen Zeremonie in Metz den Titel »Marschall von Frankreich«. Zu diesem Zeitpunkt war er 62 Jahre alt.

Am 23.2.1920 wurde P. zum Vizepräsidenten des »Conseil Supérieure de la Guerre« berufen. Mit diesem Amt, das er bis 1929 behielt, war P. der militärische Oberbefehlshaber der französischen Streitkräfte in Friedenszeiten. Zwei Jahre später übernahm er auch den Posten des Generalinspekteurs, der ihn in das von den Franzosen besetzte Ruhrgebiet und nach Marokko führte. 1929 wurde er als Nachfolger von Marschall Foch in die Académie Française gewählt. Als P. 1932 das 74. Lebensjahr vollendete, mußte er nach dem Gesetz aus Altersgründen seine Ämter abgeben und in Pension gehen. Da er sich jedoch 1934 in das »Conseil Supérieur de la Défense national« wählen ließ, blieb sein Einfluß auf die militärischen Angelegenheiten des Landes groß. Doch zeigte sich, daß er den militärtechnischen Neuerungen mit Unverständnis begegnete und sich neuen taktischen Ideen verschloß. Nachdem der Volksaufstand in Paris am 6.2.1934 gewaltsam niedergeschlagen worden war, übernahm P. in der Regierung Doumergue das Kriegsministerium. In der neunmonatigen Amtszeit beschäftigte er sich besonders mit der Beschaffung von Rüstungskrediten, mit dem Bau der Maginot-Linie sowie mit der Neuorganisation der militärischen Kommandoebenen. Im Jahr darauf veröffentlichte Gustave Hervé, Herausgeber der Zeitung »La Victoire«, eine Serie von Artikeln, in denen P. als Staatsoberhaupt angepriesen wurde, weil er eine unpolitische und überparteiliche nationale Identifikationsfigur sei.

Die Einstellung P.s zur Politik war in den 30er Jahren geprägt von einer tiefen Abneigung gegen Parlamentarismus und Parteienherrschaft. Er glaubte, daß das französische Regierungssystem nur durch die Zusammenlegung der Ämter des Staatspräsidenten und des Regierungschefs stabilisiert werden könne, weil ohne starke Staatsspitze keine effektive Staatslenkung möglich sei. Obwohl er sich bei Parlamentswahlen 1936 zu den rechtsstehenden Parteien bekannte, die gegen den internationalen Kommunismus zu Feld zogen, tat dies seinem Ansehen auch in den gemäßigten Linkskreisen keinen Abbruch. In den neun Jahren seiner politischen Tätigkeit veröffentlichte P. nie irgendwelche politischen Leitsätze. Er hielt nichts von programmatischen Festlegungen. Seine politische Haltung war von monarchistisch-katholischen Grundsätzen mit stark autoritären Zügen geprägt. Er fühlte sich als Nationalkonservativer und machte kein Hehl daraus, daß er die parlamentarische Demokratie geringschätzte. Von wesentlichem Einfluß auf seine Weltanschauung war Charles → Maurras, der Gründer der »Action française«. Wie Maurras hielt auch P. die Familie für die Grundeinheit des Staates, in der das französische Erbe in christlichem Geist bewahrt und die französische Kultur zum Wohle des Abendlands gepflegt werden sollte. Während der Rheinlandkrise 1936, des Münchner Abkommens 1938 und des Spanischen Bürgerkriegs 1936–1939 wurde P. verstärkt von den rechten Parteien vereinnahmt. Er distanzierte sich jedoch von allen Putschplänen gegen die Dritte Republik, die in diesen Kreisen gepflegt wurden. Eine Kandidatur für das Amt des Staatsoberhauptes lehnte er ab. Pierre → Laval, der bereits 1932 den Versuch unternommen hatte, P. zum Amt des Präsidenten der Republik zu verhelfen, scheiterte auch 1939. Unbeeindruckt von der Absage des mittlerweile als Botschafter in Spanien lebenden Marschalls ging Laval zusammen mit zwei anderen Politikern dazu über, eine Regierung P. zu planen. Im Oktober war dieses fiktive Kabinett fertiggestellt. Als P. nach dem deutschen Angriff auf Frankreich im Mai 1940 von Ministerpräsident Reynaud gebeten wurde, als stellvertretender Ministerpräsident in sein Kabinett einzutreten, folgte er dem Ruf, obwohl die militärische Situation der französischen Armee von Tag zu Tag schlechter wurde. Am 16.6.1940 übernahm er die Regierung und schloß den Waffenstillstand vom 22.6.1940, um einen aussichtlosen Krieg zu beenden. Die Flucht ins Exil oder nach Nordafrika lehnte er ab: »... c'est tuer l'âme de la France; c'est, par conséquent, rendre impossible sa renaissance. ... Je resterai parmi le peuple français pour partager ses peines et ses misères.« Als die Briten am 3.7.1940 die in Mers el-Kébir liegende abgerüstete französische Flotte angriffen und fast 2000 Marinesoldaten töteten, empfand die französische Nation das als Verrat am Bündnispartner. P. befahl die Verteidigung gegen jeden weiteren Übergriff der Engländer.

Auf Drängen von Laval war P. bereit, den französischen Rumpfstaat in der von den Deutschen nicht besetzten Zone südlich der Loire zu führen, wenn ihn die französische Nationalversammlung zum Staatschef wählen würde. Das geschah auf einer gemeinsamen Sitzung der Senatoren und Abgeordneten in Vichy am 10.7.1940. Der mit 569 zu 80 Stimmen bei 17 Enthaltungen Gewählte übernahm das Amt des »chef de l'Etat« mit den Vollmachten eines autoritären Staatsoberhaupts. Die Ämter des Staats- und Regierungschefs waren in einer Person vereinigt. Anstelle des Parlaments gab es den »Conseil national« als Beratungsgremium des Staatspräsidenten, dessen Mitglieder P. selbst auswählte. Die Minister, die er ernannte und entließ, fungierten als Berater. Die politischen Entscheidungen fällte er selbst. Einfluß auf ihn hatten nur wenige Menschen in seiner nächsten Umgebung. Der Führerkult blühte. In den Schulen lernten die Kinder das Lied: »Maréchal, nous voilà, Tu nous a redonné l'espérance, La Patrie renaîtra, C'est bien toi le Sauveur de la France...«

Gegenüber dem Deutschen Reich, das ganz Nordfrankreich mit der Hauptstadt Paris besetzt hielt und Elsaß-Lothringen quasi annektierte, verfolgte P. einen Doppelkurs von Kollaboration und Kollaborationsverweigerung. In Hitler sah er einen halbgebildeten Demagogen, der jedoch die Macht des Siegers auf seiner Seite hatte. Bei dem gemeinsamen Treffen am 24.10.1940 in Montoire gelang es P., sich einem weiteren Engagement am Krieg zu entziehen. Den Kontinentalpakt gegen Großbritannien, den Hitler vorschlug, lehnte P. mit der Begründung ab, daß dazu die Zustimmung des Parlaments erforderlich sei, das nicht mehr existiere. Im Prinzip sprach er sich für eine Zusammenarbeit beider Länder aus, wollte sich jedoch bezüglich der Modalitäten zunächst mit der Regierung beraten. Die Politik des Attentismus wurde deutlich: weder Krieg gegen die früheren Verbündeten noch Frieden mit den vormaligen Feinden. Ihm ging es darum, die Souveränität Frankreichs, seine Flotte und das Kolonialreich zu erhalten. Nach der Übernahme der Staatsgewalt berief P. Pierre Laval, den er zwar nicht leiden konnte, der jedoch ein routinierter Politiker war, zum Vizepräsidenten und Kabinettschef. P. hoffte, daß Laval seine Vorstellungen verwirklichen würde, mußte aber bald feststellen, daß er einen uneingeschränkten Kollaborationskurs einschlug.

Am 11.10.1940 kündete P. zur moralischen und geistigen Erneuerung Frankreichs eine »nationale Revolution« an, und im Januar 1941 veranlaßte er die Gründung eines »Rassemblement pour la Révolution Nationale« in der Hoffnung, daß sich daraus eine staatstragende nationale Einheitspartei entwickeln würde. Ihrem Programm lagen die Thesen von Charles Maurras zugrunde. Die katholische Kirche begrüßte es. Zu ihren Vertretern unterhielt P. enge Verbindungen. In seiner Entourage repräsentierten Paul Baudouin, Raphael Alibert und

Jacques Chevalier das katholische Element. Von 39 Bischöfen, die zwischen 1936 und 1939 eingesetzt worden waren, blickten 28 wie P. auf Weltkriegserfahrungen als Soldaten zurück. Persönliche Beziehungen zu P. pflegte der Primas von Gallien, Kardinal Gerlier aus Lyon. Die Kirche stützte den Staatschef, der ein vorbildlicher Christ war. Die Bischöfe forderten die Gläubigen zum Gehorsam und zur Achtung der Gesetze auf. P.s Reden zur »révolution nationale« wurden von den Geistlichen in den Sonntagspredigten erläutert. Auch die konservative Mittelschicht des Landes stand zu P. Sie begrüßte die politischen Prozesse gegen Léon Blum, Edouard Daladier, Paul Reynaud, George Mandel und Maurice Gamelin, weil diese Männer als Politiker der Dritten Republik den Krieg und die Niederlage Frankreichs zu verantworten hatten. Sie tolerierte die antisemitischen Maßnahmen und die Auslieferung von politischen Flüchtlingen an Deutschland. Mit der Devise der französischen Regierung in Vichy »Travail, famille, patrie« war sie einverstanden.

Am 13.12.1940 enthob P. Laval seiner Ämter und ließ ihn verhaften. Sein Nachfolger wurde Admiral Darlan. Das Außenministerium bekam Flandin. Die von den beiden mitgetragene Politik des Attentismus galt in erster Linie der Erhaltung des Empire français. Als im Mai 1941 Darlan der Wehrmacht die Zustimmung gab, zur Unterstützung des Irakaufstands Syrien als Aufmarschbasis zu benutzen, gab er jedoch den Briten die Möglichkeit, zusammen mit gaullistischen Einheiten die französischen Mandatsgebiete im Nahen Osten zu besetzen. Die Erhaltung des französischen Kolonialreichs war gegen den Willen der britischen Regierung nicht möglich.

Als nach dem Beginn des deutschen Rußlandfeldzugs im Juni 1941 die französischen Kollaborateure, vor allem → Doriot und → Deloncle, auf die Aufstellung einer französischen Freiwilligeneinheit zum Kampf gegen den Bolschewismus drängten, fand sich P. erst spät zu dem Eingeständnis bereit, daß die Angehörigen der »Légion des Volontaires Français contre le bolchevisme« (LVF) für Frankreich kämpften, obwohl sie deutsche Uniformen trugen: »Vous détenez une part de l'honneur militaire française.« Die Bestrebungen, die LVF durch eine »Légion tricolore« mit französischen Uniformen zu ersetzen, scheiterten am deutschen Widerstand.

Am 17.4.1942 mußte P. auf deutschen Druck Laval wieder in seine Ämter einsetzen. Die Reichsführung erwartete sich von ihm mehr Entgegenkommen bei ihren wirtschaftlichen und personalen Forderungen an das besiegte Frankreich. In der Folgezeit entwickelte sich Laval zum starken Mann, während P., auch altersbedingt, in den Hintergrund trat. Als die Wehrmacht nach der Landung der Amerikaner in Marokko am 11.11.1942 mit der Besetzung Südfrankreichs begann, veranlaßte der drohende Verlust der französischen Kolonien in Nordfrankreich P. dazu, Laval in seinen Funktionen als Regierungschef, als Außen-, Innen- und Verteidigungsminister am 26.11.1942 freie Hand zu lassen. Er selbst spielte fortan mehr oder weniger nur die Rolle des Staatsoberhaupts. Die Enttäuschungen für ihn häuften sich. Es kam keine nationale Einheitspartei zustande. Die von ihm propagierte nationale Revolution war gescheitert. Die deutschen Forderungen wurden größer und größer. Die Masse der Kriegsgefangenen blieb in Deutschland. Rund eine Million französische Arbeiter folgte der relève

und arbeitete in der deutschen Rüstungsindustrie. Die Widerstandsbewegung löste einen Bürgerkrieg aus, der nur mit Hilfe der »Milice française« zu bestehen war, die P. am 31.1.1943 unter der Leitung von Joseph → Darnand ins Leben rief. Für die Judendeportation wurde P. verantwortlich gemacht, obwohl er sie nicht verhindern konnte. Die freifranzösischen Verbände eroberten an der Seite der Westalliierten ganz Nordafrika. De Gaulle übernahm die Herrschaft in den französischen Kolonien. Um ihn auszuschalten, nahm P. Kontakte zum amerikanischen Präsidenten auf. Roosevelt empfahl ihm, sich aus der Politik zurückzuziehen und auf einem Loireschloß abseits der Öffenlichkeit das Kriegsende abzuwarten. P. war jedoch nicht bereit, seine Landsleute angesichts der wachsenden Not im Stich zu lassen. Als die politischen Attentate der Résistance gegen Kollaborateure besorgniserregend zunahmen und die Miliz zum Gegenterror ausholte, verstand sich P. zu einer Rundfunkansprache bereit, in der er den französischen Patriotismus und die Einheit der Nation beschwor.

Als die westallierte Invasion am 6.6.1944 in der Normandie begann, forderten P. und Laval gemeinsam die Bevölkerung auf, Ruhe und Ordnung zu bewahren, ganz im Widerspruch zur Résistance, die zum Volksaufstand aufrief. Am 10.7.1944 erhielt P. von den führenden Kollaborateuren die »Déclaration sur la situation politique«, die die Umbildung der Regierung, die Unterdrückung der Résistance, den verstärkten Einsatz auf der Seite der Deutschen und die Verlegung des Regierungssitzes nach Paris verlangte. Sie trug die Unterschriften von Abel → Bonnard, Marcel → Déat, Jean → Bichelonne, Jean → Luchaire, Jacques Doriot, Lucien → Rebatet und Alphonse de → Chateaubriant. Da der deutsche Botschafter in Paris, Otto Abetz, die Petition nicht unterstützte, blieb es P. erspart, zu dieser späten Stunde Entscheidungen zu treffen. Nach der Landung der Westalliiertenin Südfrankreich am 15.8.1944 wurde sein Land zum zweifachen Kriegsschauplatz.

Vom Reichsaußenminister angewiesen, erreichte der deutsche Vertreter in Vichy, Gesandter Renthe-Finck, am 20.8.1944 die Übersiedlung P.s nach Belfort, um seine Gefangennahme durch die Alliierten auszuschließen und die Kontinuität der französischen Exekutive zu erhalten. Für kurze Zeit wohnte P., isoliert von seiner Regierung, im Schloß Morvillars. Auf Befehl des Generals von Neubronn wurde er am 8.9.1944 nach Sigmaringen gebracht und ihm das Hohenzollernschloß als Residenz zugewiesen. Seit der Deportation aus Vichy ließ P. seine politischen Funktionen ruhen. Auch Laval machte nach seiner Verhaftung am 22.8.1944 von seinen Befugnissen keinen Gebrauch. Um die Machtübernahme durch eine neue Regierung zu verhindern, trat keiner von beiden offiziell von seinem Amt zurück. Am 5.4.1945 erfuhr P., daß ein französisches Gericht seine Verurteilung in Abwesenheit vorbereite. Seine Bitte an Hitler, ihn zur Rechtfertigung nach Frankreich reisen zu lassen, wurde abgelehnt. P. kam nach Wangen und schließlich nach Zell, damit er nicht in die Hände der Alliierten falle. Ende April stellte der Schweizer Konsul in Bregenz ein Transitvisum für P. und seine Frau aus. Darauf übergab ihn das deutsche Begleitkommando am 25.4.1945 den Schweizer Behörden. Als de Gaulle der Regierung in Bern erklärte, daß ihm an einer Überstellung P.s nichts gelegen sei, bot die Schweiz P. an, im Land zu bleiben. Der Marschall bestand jedoch hartnäckig auf seiner Auslieferung und stellte sich am 26.4.1945 freiwillig an der Schweizer Grenze den französischen Behörden. Bis zum Prozeßbeginn saß er im Gefängnis Montrouge ein. Am 23.7.1945 begannen die Verhandlungen. Die Geschworenen waren aus Parlamentsmitgliedern und Angehörigen der Résistance ausgesucht worden. Niemand vereidigte sie. P. wurde von drei Anwälten verteidigt, unter ihnen der Präsident der französischen Anwaltkammer Payen. Die Anklage warf P. vor, die parlamentarische Regierungsform beseitigt, die französische Republik zerstört, die Gewerkschaften und die politischen Parteien aufgelöst, Freimaurer und Juden verfolgt, die Gegner Deutschlands unterdrückt und mit dem Deutschen Reich gegen die Alliierten zusammengearbeitet zu haben. Die Verteidigung bestritt die Zuständigkeit des Gerichts, weil nur der Senat über ein französisches Staatsoberhaupt richten könne. Dann verlas der Angeklagte eine Erklärung, in der er zum Ausdruck brachte, daß der Dienst für sein Heimatland im Mittelpunkt seines Lebens gestanden habe. Sooft man ihn aufforderte, habe er seine Kräfte für Frankreich eingesetzt. Während seiner Amtszeit als chef de l'état in Vichy habe er sich besonders für den Schutz der Bevölkerung und die Erhaltung der französischen Souveränität eingesetzt. Im Widerspruch zu seiner persönlichen Einstellung sei er aufgrund der politischen Situation Frankreichs häufig gezwungen gewesen, manchem zuzustimmen, was er lieber abgelehnt hätte. Ihm hätten solche Entscheidungen ebensoviel Schmerz bereitet wie der französischen Bevölkerung. Niemals habe er jedoch an den Grundprinzipien Frankreichs gerüttelt. Es sei ihm gelungen, den Franzosen das Leben zu erhalten und ihnen ihr tägliches Brot zu sichern. Sein Handeln und Denken seien immer der Einheit und der Versöhnung der Franzosen verpflichtet gewesen. Da er seine Macht und seine Verantwortung von den Franzosen übertragen bekommen habe, wolle er sich vor diesen rechtfertigen und von ihnen verurteilt werden. Er zweifle jedoch, daß das Gericht, vor dem er sich zu verantworten habe, die Gesamtheit der Franzosen repräsentiere. Er habe dem Lande seine Person zum Geschenk gemacht und lege sein Schicksal in die Hände des Volkes. Sollte er verurteilt werden, dann werde ein Unschuldiger bestraft.

P. ermächtigte seine Anwälte, die Fragen des Gerichts zu beantworten. Er selbst hörte zu und schwieg. Das Gericht stand während der Verhandlungen unter dem Druck der Straße und der Presse. Am 15.8.1945 fällte es nach siebenstündiger

Beratung der Jury das Urteil. P. wurde des Hoch- und Landesverrates für schuldig befunden und mit 14 zu 13 Stimmen zum Tode verurteilt. Bereits bei der Urteilsverkündung wurde auf die Möglichkeit einer Begnadigung verwiesen. Für die Umwandlung der Todesstrafe in lebenslängliche Haft verwendeten sich 17 Mitglieder der gleichen Jury, die P. für schuldig befunden hatten. Drei Tage später wandelte de Gaulle, der im Vorfeld der richterlichen Entscheidung auf das Urteil Einfluß genommen hatte, die Todesstrafe in lebenslange Haft um. P., der zunächst im Gefängnis Portalet in Südfrankreich festgehalten wurde, wurde am 14.11.1945 auf Veranlassung de Gaulles auf die Insel Yeu verbracht. Nach neun Jahren eines fortschreitenden psychischen und physischen Verfalls starb P. dort im Alter von 95 Jahren. Sein Wunsch, im Fort Douaumont bei Verdun begraben zu werden, ließ sich bis heute nicht erfüllen.
Die Behandlung des greisen Marschalls spaltete die Franzosen. Die Meinungsskala reichte von frenetischer Zustimmung zum Todesurteil bis zur Forderung nach Begnadigung, wenn Frankreich nicht in Schande versinken solle. Der Verurteilte verharrte bis zum Tod in seinem rechthaberischen Schweigen.

Literaturhinweise:
Jean Plumyène: Pétain, Paris 1964
Jean Raymond Tournoux: Pétain und de Gaulle, Düsseldorf 1966
Robert Aron: Histoire de l'épuration. Des prisons clandestines aux tribunaux d'exception septembre 1944 – juin 1949, Paris 1969
Richard Griffiths: Marshal Pétain, London 1970
Jacques Isorni: Philippe Pétain, Paris 1973
Milton Dank: The French against the French. Collaboration and Resistance, Philadelphia u. a. 1974
Fred Kupfermann: Les Procès de Vichy: Pucheau, Pétain, Laval, Bruxelles 1980
Raymond Tournoux: Pétain et la France. La Seconde guerre mondiale, Paris 1980
Henry Rousso: Pétain et la fin de la collaboration. Sigmaringen 1944–1945, Paris 1984
François-Georges Dreyfus: Histoire de Vichy, Paris 1990
Paul Webster: Pétain's Crime. The Full Story of French Collaboration in the Holocaust, London 1990
Gerhard Hirschfeld und Patric Marsh (Hrsg.): Kollaboration in Frankreich. Politik, Wirtschaft und Kultur während der nationalsozialistischen Besatzung 1940–1944, Frankfurt 1991

POUND, EZRA, geb. 30.10.1885 in Hailey (Idaho), gest. 1.11.1972 in Venedig, amerikanischer Schriftsteller, Begründer der modernen Verskunst, Radiopropagandist des italienischen Faschismus 1941–1945

In der Westernstadt Hailey verwaltete P.s Vater das Grundbuchamt zur Eintragung von Schürfrechten. P. war stolz darauf, daß es unter seinen väterlichen Vorfahren eine Reihe von Pferdedieben gab. 1887 zog die Familie nach Wyncote bei Philadelphia. Zusammen mit seiner Mutter machte er mit 12 Jahren seine erste Europareise. 1902 immatrikulierte er sich an der Universität von Pennsylvanien als »special student«. Nach zwei Jahren am Hamilton College in Clinton, New York, wo ihn die Vorlesungen über provençalische Dichtung nachhaltig beeindruckten, kehrte er an die Universität von Pennsylvanien zurück, um Romanistik zu studieren. Sein schöngeistiges Wissen und seine literarische Begabung machten ihn in der materialistisch orientierten Studentenschaft zum Außenseiter. 1906 wurde er Master of arts. Für seine geplante Doktorarbeit über Lope de Vega hielt er sich sieben Monate in Europa auf. Als 1907 sein Stipendium gestrichen wurde, gab er seine Promotionsabsichten auf. Am College Crawfordsville, Indiana, übernahm er eine Dozentur für Französisch, Spanisch und Italienisch. Nach einem von ihm ausgelösten Sittenskandal in der Kleinstadt beendete er nach vier Monaten seine bürgerlich-akademische Karriere und entschloß sich, als Dichter zu leben. Seine Eltern unterstützten ihn. Als armer Mann reiste er von Gibraltar über Paris nach Venedig, wo er sich niederließ und seinen ersten Gedichtband »A lume spento« veröffentlichte.

1908 reiste P. nach London, das 12 Jahre seine Heimat blieb. 1914 heiratete er Dorothy Shakespear. Sie war vermögend und ertrug seine zahlreichen Affären mit englischer Wohlerzogenheit. Die Ehe hielt bis an P.s Lebensende. Eine spezielle Beziehung enwickelte P. zu William Butler Yeats, der den jungen Poeten unter seine Fittiche nahm. Als Mitarbeiter der Zeitschrift »Poetry« versuchte er den Amerikanern beizubringen, daß Dichtung eine Kunst ist. Mit der Vierteljahresschrift »Blast«, von der nur zwei Nummern erschienen, sagte er 1915 der viktorianischen Romantik, der Moral des fin de siècle und der pseudochristlichen Bourgoisie der Vorkriegszeit den Kampf an. Er entwarf neue Darstellungstechniken in der Kunst. »Minderwertige Kunst ist ungenaue Kunst«. In mehreren Essays gab P. Anweisungen für die literarische Avantgarde. Er förderte englischsprachige Dichter, u. a. James Joyce und T. S. Eliot. Der Niedergang des literarischen Lebens in London nach dem Ersten Weltkrieg veranlaßte P., 1920 nach Paris umzuziehen. Dort traf er Künstler aus aller Herren Länder, unter ihnen Hemmingway, Fitzgerald, Strawinski. Unter P.s Anleitung beendete Eliot 1921 »The Waste Land«, ein Schlüsselwerk der europäischen Moderne. In Paris arbeitete P. hektisch an seinem Lebenswerk, den »Cantos«, die über 800 Seiten lang werden sollten. Mit schwer nachvollziehbaren Sprechgesängen durchstreifte er darin alle Bereiche der menschlichen Kultur, des menschlichen Wissens und der menschlichen Geschichte und schlug von den Mythen der Urzeit den Bogen zur Weltdichtung, zu Wirtschaftstheorien und zur Tagespolitik. 1924 zog P. nach Rapallo, wo er die nächsten zwei Jahrzehnte verbrachte. Bis zum Beginn des Zweiten Weltkriegs war Rapallo die Pilgerstätte des schriftstellerischen Nachwuchses der USA. 1928 gründete P. die Literaturzeitschrift »The Exile«.

Dem Faschismus, der seit 1922 in Italien herrschte, gewann P. die sympathischen Seiten ab. In dieser Ideologie fand sein persönlicher Haß gegen Kapitalismus und Liberalismus und seine Sehnsucht nach nationaler Gemeinschaft und sozialer Gerechtigkeit umfassenden Ausdruck. In seinen wirtschaftstheoretischen Überlegungen, die in die Publikation »ABC of Economics« mündeten, stand der Begriff »Sozialkredit« im Mittelpunkt. Volkswirtschaftliche Hinweise gibt es auch in seinen Dichtungen. In den »Cantos« nennt er Wucherzinsen eine »Todsünde gegen die Freigebigkeit der Natur«. Sein Antikapitalismus mündete in einen rabiaten Antisemitismus. Er bezeichnete die Juden mit den Namen aller Ungezieferarten. Er behauptete, »the yidd influence has never been anything but a stinking curse to Europe from AD 1«. An die Stelle der von den Juden bevorzugten Goldwährungen müßte Geld treten, das ausschließlich durch

den natürlichen Reichtum des Landes gedeckt sei. Der Staat habe die Pflicht, die Finanzen zu ordnen und zu überwachen. Die Macht der Banken müsse zurückgedrängt werden. Sie seien für die Kriege der Neuzeit verantwortlich. 1928 forderte er die Carnegie Foundation auf, die Ursachen des Ersten Weltkriegs zu erforschen. Die Schuld an der Weltwirtschaftskrise sah er im amerikanischen Bankensystem. Je stärker seine Abneigung gegen die internationale Hochfinanz wurde, desto rückhaltloser bekannte sich P. zu Mussolinis korporativem Staat mit seinen sozialen Errungenschaften. Mussolini war für ihn die logische Antwort auf den Materialismus des Bürgertums und den Determinismus des Marxismus. Von der Demokratie hielt er nicht viel, weil die Menschen zu dumm seien, die richtigen Führer zu wählen, und weil sie sich von den Gewählten betrügen ließen. Vier bekannte amerikanische Präsidenten nannte er »four barrels of piss«. Im Unterschied zu den gewählten Staatsführern der USA und Großbritanniens handle Mussolini nach dem Motto »Liberty is a duty, not a right«. Er gehöre zur »Elite« der Menschheit. Ab 1931 gebrauchte P. auch im persönlichen Schriftverkehr den faschistischen Kalender mit dem Jahr 1922 als dem Jahr eins. Am 30.1.1933 wurde er zum ersten und einzigen Mal vom Duce im Palazzo Venezia in Rom empfangen. Von da an nannte P. ihn »Boss« oder »Muss«. Er verteidigte die italienische Eroberung von Äthiopien vor seinen Freunden. In seinen Artikeln für Mosleys »Fascist Quarterly« pries er Mussolinis wirtschaftliche Leistungen für sein Land und seine Vorbildfunktion für Europa. Die Achse Berlin-Rom nannte er die erste effektive Maßnahme gegen die Wucherwirtschaft (usurocracy) seit Abraham.

Obwohl P. wie Mussolini von Hitler in den ersten Monaten seiner Regierungszeit nichts hielt und ihn als einen »epileptischen Hinterwäldler« und einen »Hunnen« hinstellte, pflegte er zu vielen deutschen Schriftstellern herzliche Beziehungen: Gerhart Hauptmann, Emil Ludwig, Franz Werfel, Rudolf Borchardt und Fritz von Unruh. 1939 reiste er mit der Absicht in die USA, Roosevelt zu überzeugen, daß sich die USA aus dem Zweiten Weltkrieg heraushalten müßten. Der Präsident empfing ihn aber nicht einmal. Diese Brüskierung verstärkte seine Abneigung gegen die USA und seinen Haß auf die plutokratische Regierung des Roosevelt-Klans, der völlig in den Fängen der Juden sei. P.s Meinung über Hitler änderte sich während des Krieges. In dieser Zeit beendete er viele Briefe mit dem Gruß »Heil Hitler«, bevor er unterschrieb. Am Ende des Krieges bezeichnete P. Hitler sogar als einen Heiligen, der für Deutschland das sei, was Jeanne d'Arc für Frankreich war.

P.s Radioansprachen in der »amerikanischen Stunde« von Radio Rom begannen am 23.1.1941. Sie standen jeden dritten Tag auf dem Programm und dauerten zwischen 7 und 10 Minuten. Er pries den Faschismus und machte den amerikanischen way of life verächtlich. Überall sah er jüdische Drahtzieher. Nach dem Abbruch der diplomatischen Beziehungen zwischen den USA und Italien im Dezember 1941 verweigerte ihm die amerikanische Botschaft, sich dem Transport für das diplomatische Personal nach Lissabon anzuschließen. Sein Paß wurde nicht verlängert. Am 26.1.1942 erhielt er vom italienischen Commando Supremo eine unbeschränkte Aufenthaltsgenehmigung für Italien.
Von seinen Radioansprachen nahm in den USA niemand Notiz außer dem CIA, obwohl seine Stimme über Kurzwelle gehört werden konnte. Er wetterte gegen die Juden und die Kapitalisten in den USA und in Großbritannien. »The jew is a savage.« Gegen »Pogrome auf höchster Ebene« hatte er nichts einzuwenden. Er zweifelte am normalen Menschenverstand Roosevelts. Er beschwor die Amerikaner, seiner Lügenpropaganda keinen Glauben zu schenken. Er fürchtete um den Bestand der weißen Rasse. Am 5.5.1942 kommentierte er das Bündnis zwischen den Westalliierten und der Sowjetunion: »Die Schweine und das Erzböse, das sich in London versammelt, haben jetzt, wie die britische Regierung die Indianer aufhetzte, um die Siedler der amerikanischen Grenze hinzuschlachten, die Slawen, Mongolen und Tataren offen gegen Deutschland ... losgelassen, und im geheimen auch gegen alles, was anständig ist in Amerika, d. h. gegen die gesamte amerikanische Tradition...« Er bedauerte das amerikanische Volk, das sich zur Verteidigung der jüdischen Weltherrschaft durch seinen Präsidenten in den Krieg an der Seite der Kommunisten habe hineinziehen lassen.
Wegen seiner amerikafeindlichen Äußerungen wurde P. am 26.7.1943 in den USA vor dem Distriktgericht des Bundesstaats Columbia zusammen mit sieben amerikanischen Radiopropagandisten in Deutschland wegen Hochverrats angeklagt. Die Anklageschrift, die ihm zugestellt wurde, beantwortete er am 4.8. 1943. Er verteidigte sich mit dem Argument, daß die Kunst frei sei und er nie etwas sage, was gegen sein Gewissen oder seine Pflichten als amerikanischer Bürger verstoße. Er verteidige lediglich die amerikanische Verfassung gegen die Manipulationen des US-Präsidenten.
Nach der Entmachtung Mussolinis am 25.7.1943 und dem italienischen Waffenstillstand vom 3.9.1943 konzentrierte sich P. in Rapallo auf seine literarische Arbeit. Er fertigte auch Übersetzungen aus dem Englischen ins Italienische und umgekehrt an. Daneben lieferte er Propagandamaterial und Durchhalteparolen für die faschistischen Zeitungen und die Rundfunkanstalt der Salò-Republik. Das sinkende Niveau seiner politischen Aussagen, die Verworrenheit seiner wirtschaftlichen Theorien, die Nichtssagendheit seiner persönlichen Briefe und der das Unverständliche streifende Abstraktionsgrad seiner Dichtungen galten vielen Freunden und Bekannten als Zeichen beginnender geistiger Verwirrtheit. Ende April 1945 ergriffen ihn zwei italienischen Partisanen in seinem neuen Haus in Sant'Ambrogio. Ein paar Tage später wurde er in Genua den amerikanischen Truppen übergeben. Am 22.5.1945 kam er in das American Disciplinary Training Center in Pisa. Im Lager Coltano, in das P. gebracht wurde, befanden sich 3600 Gefangene. Für ihn wurde ein zehn Quadratmeter großer und sieben

Meter hoher Spezialkäfig gebaut, den er Gorillakäfig nannte. Er war die ganze Nacht beleuchtet und wurde rund um die Uhr bewacht. Als P. unter dieser Folter physisch und psychisch zusammbrach, wurde er in den medizinischen Bereich des Lagers überführt und durfte in einem Zelt schlafen. Dort fing P. wieder zu schreiben an. Es entstanden die »Pisan Cantos«, die von vielen Literaturkritikern für P.s Meisterwerk gehalten werden. Am 18.11.1945 wurde er nach Washington geflogen. Am 4.12.1945 kam er ins Gallinger Hospital, wo ihn vier Psychiater eingehend untersuchten und die Diagnose »krimineller Wahnsinn« stellten. Am 21.12.1945 lieferte man ihn ins Psychiatrische Hospiz St. Elisabeth, ein Krankenhaus für kriminelle Geisteskranke, ein. P. bezeichnete es als »hellhole«. Ein Gericht befand P. am 13.2.1946 für unzurechnungsfähig.

1948 begannen die Versuche, P. zu rehabilitieren. Einige seiner Radioansprachen wurden unter dem Titel »If this be Treason« veröffentlicht. 1949 bekam er für seine Cantos den Bollingen-Preis verliehen, was einen politischen und literarischen Aufruhr im Land auslöste. 1950 erschien sein Briefwechsel aus den Jahren 1907–1941. 1954 schrieb T. S. Eliot das Vorwort zu »The Literary Essays of Ezra Pound«. Ab 1955 stiegen die weltweiten Bemühungen um die Freilassung des Dichters. Aber erst am 18.4.1958 wurde die Anklage wegen Hochverrats fallengelassen. Nach der Freilassung kehrte P. mit seiner Frau und der Mutter seiner nichtehelichen Tochter nach Italien zurück und nahm seinen Wohnsitz auf Schloß Brunnenburg bei Meran. Die Stadt Triest machte ihn zum Ehrenbürger. Ab 1965 unternahm er mehrere Reisen nach London, Dublin, Paris, Zürich und New York. In den letzten Jahren versuchte er die Cantos fertigzustellen. Sie werden in der Literaturgeschichte als sein magnum opus gewürdigt. Nach seinem Tod wurde P. auf der Toteninsel San Michele in Venedig beigesetzt. Seine Frau starb ein Jahr nach ihm.

Literaturhinweise:
Peter Ackroyd: Ezra Pound, London 1980
E. Fuller Torrey: The Roots of Treason. Ezra Pound and the Secrets of St. Elizabeths, New York u. a. 1984
John Tytell: Ezra Pound. The Solitary Volcano, New York 1987
Wendy Stallard Flory: The American Ezra Pound, New Haven u. a. 1989
Christian Kirsch: Ezra Pound mit Selbstzeugnissen und Bilddokumenten, Reinbek 1992
Mary de Rachewitz: Diskretionen. Die Erinnerungen der Tochter Ezra Pounds, Innsbruck 1993

PRYTZ, ANTON FREDERIK WINTER JAKHELLN, geb. 14.2.1878 in Oslo, gest. 19.2.1945 ebenda, stellvertretender Führer der »Nasjonal Samling« (NS) 1933–1945, norwegischer Finanzminister 1942–1945

P. war der Sohn eines Pastors. Nach dem humanistischen Abitur an der Bergener Kathedralschule ging er 1897 zum Militär. 1899 wurde er Leutnant bei der Artillerie. 1905 begann er die Generalstabsausbildung an der Militärakademie. Nach seiner Beförderung zum Hauptmann 1913 schied er aus dem Heer aus.

In der privaten Wirtschaft arbeitete P. zuerst bei einer Schiffsmaklerfirma in Archangelsk, übernahm dann die Führung einer norwegischen Bauholzagentur am Ort und gründete 1913 unter dem Namen Prytz & Co. seine eigene Firma. Er

war sehr geschäftstüchtig. Im Frühjahr 1917 verkaufte er die Firma an die Russian Forest Industry Ltd., Kristiania, und wurde deren Geschäftsführer. Nach der russischen Revolution wurde P., der seit 1911 norwegischer Vizekonsul in Archangelsk war, der norwegischen Gesandtschaft in St. Petersburg als Handelsattaché zugeteilt. Dort lernte er → Quisling kennen, mit dem er bald freundschaftlich verbunden war. Da viele Staaten ihre diplomatischen Vertretungen aufgegeben hatten, wurde die norwegische Gesandtschaft mit der Wahrnehmung ihrer Geschäfte beauftragt. So kam P. in Vertretung des Gesandten in persönlichen Kontakt mit der kommunistischen Prominenz, auch mit den Mitgliedern des Obersten Sowjets.
Im Frühjahr 1920 wurden das Sägewerk und die in Privatbesitz befindlichen Bauholzlager in Archangelsk verstaatlicht. Zusammen mit zwei norwegischen Gesellschaften, die Sägewerke in Onega besaßen, gründete der Staat die Russo-Norwegian Onega Wood Company Ltd. Der 1923 mit dem Obersten Sowjet abgeschlossene Geschäftsvertrag diente als Muster für andere ausländische Zulassungen. P. wurde Geschäftsführer der Gesellschaft. Im Februar 1926 errichtete er eine Niederlassung in Moskau, deren Leitung Quisling mit Sitz in der britischen Botschaft übernahm. In Devisenspekulationen verwickelt, konnte P. im Frühjahr 1928 das Land gerade noch verlassen, bevor das Auslandskommissariat einschritt. Nach seiner Flucht aus der UdSSR gründete P. zwei Firmen in London. 1933 kaufte er den Hof Storfosen in Trondelag.
Während seines Prozesses 1945 lobte Quisling P. als seinen »ältesten Mitarbeiter und Freund«. Beide behaupteten, das Programm der »Nasjonal Samling« (NS) 1918 während des gemeinsamen Aufenthalts in St. Petersburg konzipiert zu haben. Im Gegensatz zu Quisling war P. schon damals von der Besonderheit des »nordischen Menschen« überzeugt. Da die nordrussische Industrie vor 1917 überwiegend in skandinavischen, niederländischen und deutsch-baltischen Händen war, sah er in der Oktoberrevolution nicht nur eine Kriegserklärung an die kapitalistische Ordnung, sondern auch gegen die nordische Prädominanz. Die Wiederbeschaffung der vorrevolutionären Privilegien blieb ein Ziel dieser Kreise, denen auch Alfred Rosenberg, der spätere Leiter des Außenpolitischen Amtes der NSDAP, angehörte.
Nach Nansens Tod 1930 bekam P. den dominierenden Einfluß auf Quisling. In dem Buch »Russland og vi«, das Quisling 1930 schrieb, ist das erkennbar. Wo Nansen gebremst hatte, spornte P. an. Er unterstützte ihn 1931 in der »Nordiske Folkereisning« und 1933 bei der Gründung der NS, deren erstes Mitglied P. war. Obwohl die Freundschaft nach der Wahlniederlage 1936 abkühlte, blieb P. in der Partei. Er nahm an der Ratssitzung der NS am 7.4.1940 in Oslo teil, ohne zu ahnen, daß die Besetzung Norwegens durch die Wehrmacht am 9.4.1940 beginnen sollte. Quislings Rundfunkansprache an das norwegische Volk und seine Ernennung zum Finanzminister am Nachmittag des 9.4.1940 kamen deshalb überraschend für ihn. Er war einer Zusammenarbeit mit den Deutschen nicht abgeneigt, wie ein abgehörtes Gespräch der deutschen Stellen in Trondheim mit der deutschen Gesandtschaft in Stockholm am 13.4.1940 beweist: »Diese Männer, → Skancke und Prytz, sind bereit, mitzuarbeiten, und wollen gerne nach Oslo kommen, um zu verhandeln.« Bevor P. in Oslo eintraf, war Quisling auf deutsches

Drängen wieder zurückgetreten. Nachdem der deutsche Reichskommissar in Norwegen, Josef Terboven, im Einvernehmen mit Quisling am 25.9.1940 alle Ministerposten in der geschäftsführenden Regierung (kommissarisk riksråd) vergeben hatte, blieb für P. nur die Gauleitung von Süd-Trondelag übrig. Am 10.10.1940 erhielt er seine Ernennung zum Fylkesmann. In dieser Funktion drückte er die neue Kommunalordnung durch und trug nach Kräften zur Nazifizierung der Verwaltung bei. Bei der Umbesetzung der Regierung nach der Bestallung Quislings als Ministerpräsident am 1.2.1942 bekam P. das Finanzministerium. In seiner neuen Stellung versuchte er, die divergierenden Meinungen Terbovens und Quislings in Übereinstimmung zu bringen und die Quislinggegner unter → Hagelin zu isolieren. Wegen der steigenden Staatsausgaben lag P. in dauerndem Streit mit den Ressortbeamten, die eine Senkung der Besatzungskosten anstrebten und kein Verständnis dafur hatten, daß die NS Steuergelder kassierte und Quisling, wie früher der König, von Steuern befreit sein sollte.

P. beschwor die Ministerkollegen im Reichsrat, an der Neuordnung Europas mitzuarbeiten und das Großgermanische Reich unter deutscher Führung zu bejahen. Die Rassenbrüderschaft mit den Deutschen garantiere den Norwegern eine gute Stellung, wenn sich die Norweger in großer Zahl als Freiwillige der Waffen-SS im Kampf gegen den Bolschewismus bewährten. Sein Aufruf auf dem 8. Reichstreffen der NS am 25.9.1942, das durch einen britischen Luftangriff gestört wurde, fand solche Zustimmung, daß Quisling einschreiten mußte, um den norwegischen Pangermanismus in Schranken zu halten und die Kontrolle über das Parteivolk nicht zu verlieren. Er bat P. um Zurückhaltung in dieser Frage. 1943 mehrten sich die Auseinandersetzungen mit seinem Intimfeind Hagelin, der P. wegen seiner »unnorwegischen Politik« aus der Parteiführung entfernen wollte. Im Gegensatz zu Hagelin hatte P. jedoch das Vertrauen Quislings.

Am 25.9.1944 richtete P. mit Unterstützung der anderen Ministerkollegen die Bitte an Quisling, in Verhandlungen mit Hitler einen Friedensschluß zwischen »dem Großdeutschen Reich und Norwegen, vertreten durch die nationale Regierung« herbeizuführen, und als Regent die Macht zu übernehmen. Gegenwärtig könne »die nationale Regierung nicht als Repräsentant einer norwegischen selbständigen Führung betrachtet werden, sondern nur als ein Verwaltungsorgan unter deutscher Führung«. Die Unterzeichner schätzten ihre Position so ein: »Das norwegische Volk besteht nur zu einem sehr geringen Teil aus aktiven Gegnern unseres Standpunktes und unserer politischen Linie. Die große Mehrzahl nimmt eine abwartende, neutrale Haltung ein«. P. ging davon aus, daß das norwegische Volk von der Londoner Exilregierung ablassen würde, wenn Norwegen ein neues Staatsoberhaupt hätte und die Regierung in Oslo alle Vollmachten von den Deutschen übertragen bekäme.

Ab September 1944 fiel P. wegen seiner Krebserkrankung immer häufiger aus. Er war der einzige Norweger, der von Quisling das Großkreuz des Sankt Olaf-Ordens überreicht bekam. Am 28.10.1944 brachte es Quisling persönlich ans Krankenbett.

P.s Tod wenige Wochen vor dem Kriegsende machte einen Prozeß gegen ihn nach dem Krieg überflüssig, der viele Einzelheiten seiner Tätigkeit ans Tageslicht gefördert hätte, die bis heute unklar sind. Als die Hauptlinie seines Wirkens tritt sein Eigennutz hervor. Jeder Machtzuwachs war willkommen, wenn er wirtschaftliche Vorteile verschaffte. Als alter Vertrauter und Freund Quislings konnte er es als einziger wagen, dem »Förer« Vorhaltungen zu machen und als Wortführer von Kritikern aufzutreten, wobei er keine Gelegenheit versäumte, Quisling als ein großes politisches Talent zu loben. Quisling wurde von ihm angespornt und fühlte sich gleichzeitig unsicher ihm gegenüber. P. war in St. Petersburg und in Moskau immerhin sein Vorgesetzter gewesen und konnte fließend die Gedanken zum Ausdruck bringen, deren Formulierung Quisling schwer fiel. Auch wenn Quisling das Gefühl hatte, von P. ausgenützt zu werden, konnte er sich nicht aus seinem Schatten befreien.

Literaturhinweise:
Sverre Hartmann: Forer uten folk, Oslo 1959
J. Andenaes, O. Riste und M. Skodvin : Norway and the Second World War, Oslo 1966
Hans-Dietrich Loock: Quisling, Rosenberg und Terboven, Stuttgart 1970
Svein Blindheim: Fronkjemperbevegelsen. Hovedoppgave i Historie, Oslo 1974
John Lyng: Forræderiets epoke, Oslo 1979
Peter Schmitt: Widerstand zwischen den Zeilen. Faschistische Okkupation und Presselenkung in Norwegen 1940 bis 1945, Köln 1985
Nils Johan Ringdal: Gal mann til rett tid, Oslo 1989
Öystein Sorensen: Hitler eller Quisling, Cappelen 1989
Hans Fredrik Dahl: Vidkun Quisling – en förer blir til, Oslo 1991
Hans Fredrik Dahl: Vidkun Quisling – en förer for fall, Oslo 1992

PUAUD, EDGAR, geb. 29.10. 1889 in Orléans, vermißt im April 1945 in Pommern, Kommandeur der »Légion des Volontaires Français contre le bolchevisme« (LVF) 1943–1944, Führer der »Brigade France« 1944, Chef des Stabes der 33. Waffengrenadierdivision der SS ›Charlemagne‹ 1945, Oberführer der Waffen-SS

Noch vor der Besetzung Indochinas durch die japanischen Streitkräfte kehrte P. im Mai 1941 nach Frankreich zurück. Als Kolonialoffizier wußte er die militärischen Leistungen der Deutschen im Feldzug gegen Frankreich zu würdigen. Um weiter als Soldat tätig sein zu können, schloß er sich der »Légion des Volontaires Français contre le bolchevisme« (LVF) an, die nach dem Beginn des deutschen Rußlandfeldzugs aus Freiwilligen der besetzten Zone Frankreichs aufgestellt wurde, um zu dokumentieren, daß die Franzosen die Niederringung des Bolschewismus unterstützten. P. war bereit, den vorgeschriebenen Eid auf Hitler zu leisten: »Devant Dieu, je prête le serment sacré d'observer dans la lutte contre le bolchevisme une obéissance absolue au commandant en chef des armées alliées Adolf Hitler et d'être prêt en vaillant soldat à donner à tout moment ma vie pour ce serment.« Er fühlte sich in Übereinstimmung mit → Pétain, obwohl dieser die Anerkennung der Truppe als französisches Expeditionskorps verweigerte, weil die Angehörigen deutsche Uniform trugen. P. interpretierte den Einsatz auf deutscher Seite als Beitrag Frankreichs zum Schutz des Abendlands und für den Aufbau eines neuen Europas. P., der nie gegen deutsche Soldaten gekämpft hatte, empfand die neue Waffenbrüderschaft im Gegensatz zu vielen anderen, die im Frankreichfeldzug deutschen Soldaten ge-

genübergestanden hatten, so, wie es ein Tagesbefehl des Generals von der Gablentz ausdrückte, der unter Berufung auf den französischen Staatschef bekannte: »... nous considérons toujours comme un honneur et comme la garantie des temps nouveaux d'avoir scellé notre fraternité d'armes en versant notre sang en commun sur les champs de bataille.«
In der Zeitschrift »L'Œuvre« empfahl Marcel → Déat am 8.7.1941, den elsässischen General Hassler zum Kommandeur der LVF zu ernennen. Als dieser ablehnte, weil er die Abtretung des Elsaß an das Deutsche Reich mißbilligte und weil Angehörige seiner Familie in deutscher Kriegsgefangenschaft festgehalten wurden, fiel die Wahl auf Oberst Roger Henri Labonne, einen Schreibtischoffizier, der zuletzt französischer Militärattaché in der Türkei gewesen war. Er war jedoch den Anforderungen eines Truppenführers nicht gewachsen und wurde bereits nach wenigen Monaten abgelöst. Im Juli 1943 übernahm deshalb P. das Kommando über die 5000 Freiwilligen, nachdem er im Auftrag → Lavals auf dem Truppenübungsplatz Guéret eine »Légion tricolore« aufzustellen bemüht gewesen war. Als das Unternehmen von den Deutschen verboten wurde, weil man keine Truppe in französischen Uniformen wünschte, stand P. zur Disposition. Zusammen mit dem Feldgeistlichen der LVF, Monsignore → Mayol de Lupé, gelang es ihm, das Vertrauen der Freiwilligen in die Führung wiederherzustellen, das bei den Kämpfen vor Moskau im Winter 1941 und im Partisaneneinsatz bei der Heeresgruppe Mitte verloren gegangen war. P. bewies binnen kurzem die Leistungsfähigkeit seiner Truppe. Nach dem »Unternehmen Marokko« gegen die russischen Partisanen im Februar 1944 wurde sie erstmals im OKW-Bericht erwähnt. Mitte 1944 erhielt sie den Namen »Sturmbrigade Frankreich«. Im November 1944 wurde sie in die 33. Waffengrenadierdivision der SS ›Charlemagne‹ einbezogen, die in Wildflecken aus Angehörigen der »Milice française«, die nach Deutschland geflüchtet waren, aus Angehörigen der »Organisation Todt« (OT) und des »Nationalsozialistischen Kraftfahrkorps« (NSKK) und aus freiwilligen französischen Kriegsgefangenen aufgestellt wurde. Im Range eines Oberführers der SS wurde er dem Stab des Divisonskommandeurs, SS-Gruppenführer Kruckenberg, zugeteilt. Die neue Division kam im Februar 1945 an der Oderfront zum Einsatz. Im März 1945 wurde P. bei den Kämpfen gegen die Rote Armee in Pommern vermißt. Nach der Vernichtung der Division bei Neustettin wurde er das letzte Mal in einer Gruppe von Versprengten in einem Wald bei Belgard gesehen. Um die Ehrlosigkeit des alten Offiziers zu unterstreichen, brachte die französische

Résistance nach dem Krieg das Gerücht auf, er sei zu den Russen desertiert. Am 12.10.1946 wurde er in Abwesenheit zum Tode verurteilt.

Literaturhinweise:
Jean Mabire: Les S.S. Français. La brigade Frankreich, Paris 1973
Pascal Ory: Les collaborateurs 1940–1945, Paris 1976

PUCHEU, PIERRE, geb. 27.6.1899 in Beaumont-sur-Oise, hingerichtet 20.3. 1944 in Algier, Industrieminister und Innenminister der französischen Regierung in Vichy 1941–1942

P. stammte aus einer Handwerkerfamilie. Als Absolvent des lycée Louis-le-Grand studierte er mit einer kurzen Unterbrechung gegen Ende des Ersten Weltkriegs mit Hilfe eines Stipendiums Geisteswissenschaften. Nach dem Examen arbeitete er 1919 einige Monate als Lehrer am Lycée Français in Mainz. Dann absolvierte er die Ecole Normale Supérieure in Paris und machte Karriere in der französischen Industrie, zuerst als Direktionsassistent der Société de Pont-à-Mousson, dann bei Aciéries de Micheville und schließlich bei der Worms-Gruppe, wo er bis 1939 die Japy-Werke leitete. Die Unfähigkeit der Dritten Republik, mit der Weltwirtschaftskrise am Ende der zwanziger Jahre fertig zu werden, ließ ihn am demokratischen System verzweifeln. Er persiflierte es als »democrassouille«. Seine Vorwürfe veröffentlichte er in »Travail et Nation« und im »Bulletin du Centre polytechnicien d'études économiques«. Seine Ansichten wurden von → Marion, → Suarez und → Drieu La Rochelle in der radikalsozialistischen Tageszeitung »La République« unterstützt. P. und seine Geistesgenossen nannte man bald »groupe Pucheu«. Sie forderten im Sinne der synarchistischen Schule eine neue Wirtschafts- und Sozialpolitik unter Berücksichtigung des technischen Fortschritts unter Führung einer Expertenelite und die Ablösung von Politikern ohne technische und wirtschaftliche Kenntnisse. Im Februar 1934 schloß sich P. der Organisation »Croix de Feu« des Obersten de La Rocque an, einer rechten Kampfgruppe zur Erneuerung Frankreichs, die beim Aufstand am 6.2.1934 vor der Deputiertenkammer eine führende Rolle gespielt hatte. Ihm gefielen die wirtschaftlichen und sozialen Forderungen der Organisation: Vereinfachung des Fiskalsystems, Reform des Gesellschaftsrechts, Kampf gegen Großkonzerne und Monopole, Unterstützung der Arbeiter in ihrem Kampf um mehr Rechte usw. Nach seinem Eintritt in die »Parti Populaire Français« (PPF) 1936 stellte P. die Verbindungen zwischen dem Chef der Partei → Doriot und der französischen Unternehmerschaft her, die bereit war, die PPF als Gegengewicht zur Volksfrontregierung zu fördern. Als Doriot jedoch die gewünschten Proteste gegen das Münchner Abkommen vom 30.9.1938 unterließ und die Auflösung der mit Frankreich verbündeten Tschechoslowakei tolerierte, verlor er das Wohlwollen der Großindustrie. Ihre Vertreter, die mit einem Krieg gegen Deutschland rechneten, waren gegen die Vergrößerung des deutschen Industriepotentials durch die Unternehmen in der Tschechoslowakei. P. verließ mit mehreren führenden Mitgliedern die Partei. Er fürchtete auch, daß die engen Beziehungen zwischen Doriot und Mussolini die nordafrikanischen Besitzungen Frankreichs gefährdeten.

Zu Beginn des Zweiten Weltkriegs wurde P. zwar einberufen, durfte aber auf Anforderung seiner Firma die Armee gleich wieder verlassen. Die Niederlage Frankreichs im Juni 1940 führte in Industriekreisen zu einem schnellen Umdenken. Man war an deutschen Aufträgen interessiert. Als einer ihrer Vertreter knüpfte er unmittelbar nach dem Waffenstillstand vom 22.6.1940 Kontakte zu deutschen Firmen und Regierungsstellen.

Dem Ende der Dritten Republik weinte P. keine Träne nach. Er unterstützte die Politik → Pétains zur Erhaltung der französischen Souveränität im nicht besetzten Teil Frankreichs und stellte sich im Februar 1941 zusammen mit → Barnaud der Vichy-Regierung zur Verfügung, um das synarchistische Programm einer technokratischen Ausrichtung der Wirtschaft in die Tat umzusetzen. Während seiner fünfmonatigen Tätigkeit als Industrieminister (secrétaire d'état à la production industrielle) vom Februar bis Juli 1941 im Kabinett Darlan bemühte er sich, gleichzeitig mit der Umgliederung des Ministeriums nach Sachgebieten, die französische Rüstungsindustrie zur Herstellung von Zivilgütern heranzuziehen und die Auftragsvergabe zu zentralisieren. Um den Handel mit Deutschland in geregelte Bahnen zu lenken und ein relatives Vertragsgleichgewicht zu gewährleisten, baute er das Gutscheinsystem der »Zentralauftragsstelle« (ZAST) aus. Trotzdem konnte er wegen der überbewerteten Reichsmark die sich auf der französischen Seite kumulierenden Verluste nicht ausgleichen. Auch mit Vorleistungen, z. B. die Aushändigung von 30 000 Tonnen Kupfer am 29.4.1941, vermochte er die Deutschen nicht zur Berücksichtung der französischen Wirtschaftsinteressen zu bewegen.

Zusammen mit Barnaud, → Bichelonne und Lehideux, dem Neffen von Louis → Renault, gehörte P. im April 1941 zu den Unterzeichnern des »Plan pour un ordre nouveaux en France«, der über den deutschen Botschafter in Paris deutschen Regierungsstellen zugeleitet wurde und dem Deutschen Reich die Zusammenarbeit Frankreichs beim Aufbau eines neuen Europas anbot. Aus der Niederlage Frankreichs leiteten die Unterzeichner die französische Mitverantwortung für die Zukunft des Kontinents ab: »Nous avons ainsi une responsabilité que nous acceptons en pleine connaisannace de cause, convaincus qu'il est notre devoir de faire découler de la défaite de France la victoire de l'Europe«. Sie baten Hitler, ihnen Vertrauen entgegenzubringen: »Nous prions le Führer de nous faire confiance.« Dieser ließ das Angebot verstreichen.

Im Juli 1941 wurde P. Innenminister. In dieser Funktion beschränkte er die Bewegungsfreiheit der Parteien im nicht besetzten Teil des Landes, um die Propagandaaktionen der Rechtsparteien gegen die Vichy-Regierung zu unterbinden. Die Verwaltung wurde dezentralisiert und die Rolle der Präfekten gestärkt, indem ihnen die Kontrolle über alle Angelegenheiten mit Ausnahme der Justiz in ihren Departments zugewiesen wurde. Das Beförderungssystem in der Verwaltung wurde geändert, weil Leistung vor Anciennität rangierte. Als es nach dem Beginn des Rußlandkrieges im Juni 1941 zu den ersten kommunistischen Attentaten gegen deutsche Soldaten kam und der deutsche Wehrmachtbefehlshaber zu ihrer Bekämpfung das System der Geiselnahme einführte, versuchte P. mit Verwaltungsmaßnahmen Ruhe zu schaffen und die französische Polizei in den besetzten Gebieten unter die Autorität von Vichy zu bringen. Die Ausdehnung der französische Regierungsgewalt über ganz Frankreich wurde jedoch von den Deutschen nicht geduldet. Auf seinen Antrag verabschiedete der Ministerrat mehrere Sondergesetze zur Bekämpfung des Terrorismus. Zur Herstellung von Ruhe und Ordnung war P. auch zu Maßnahmen bereit, die der französischen Rechtstradition widersprachen. Er beauftragte z. B. die Präfekten, die Benennung von Geiseln nicht den Deutschen zu überlassen, sondern ihrerseits Bürger zu bestimmen, die dafür in Frage kamen. Da die Résistance zu diesem Zeitpunkt überwiegend von Kommunisten betrieben wurde, empfahl er ihnen, Mitglieder der Kommunistischen Partei zu bevorzugen. Mit solchen den deutschen Wünschen entgegenkommenden Maßnahmen leitete P. die polizeiliche Zusammenarbeit mit den Besatzungsbehörden ein, die im Sommer 1942 von Polizeiminister René Bousquet ausgeweitet wurde und 1943 zur Kooperation der »Milice française« mit der Wehrmacht und dem deutschen SD bei der Bekämpfung der französischen Widerstandsbewegung führte.

Als die Vereinigten Staaten im Dezember 1941 in den Weltkrieg eintraten, verlor P. in Kenntnis des amerikansichen Industriepotentials den Glauben an den deutschen Sieg, den er nach dem Beginn des Rußlandfeldzugs noch für wahrscheinlich gehalten hatte. Er versuchte das Lager zu wechseln. Im Januar 1942 nahm er Kontakt auf mit Henri Frenay, einem der Gründer der armée secrète, und im Februar 1942 mit Oberst Groussard von der algerischen Widerstandsbewegung. Nach vergeblichen Versuchen, die Kollaboration mit Deutschland zu bremsen und die Regierungspolitik zugunsten der Alliierten zu modifizieren, gab er sein Ministeramt auf, als → Laval am 18.4.1942 an die Regierung zurückkehrte. Das Angebot, Wirtschaftsminister zu werden, lehnte er ab. Von da an stand er unter der Beobachtung durch die Gestapo und die politische Polizei der Vichy-Regierung. Im Februar 1943 gelang es ihm, über Spanien nach Marokko zu entkommen, wo er sich General Giraud zur Verfügung stellen wollte, der die französischen Interessen in Nordafrika vertrat. Obwohl er einen von ihm unterzeichneten Geleitbrief in der Tasche hatte, wurde er am 6.5.1943 unmittelbar nach der Ankunft in Casablanca verhaftet und in Ksar-es-Souk in Südmarokko unter Hausarrest gestellt, ohne daß Giraud zu seinen Gunsten einschritt. Als General de Gaulle in Algier sein Hauptquartier aufschlug, trat ein Militärtribunal zusammen, um über P. Gericht zu halten. Die Anklage lautete auf Hochverrat und Freiheitsberaubung. Gaullisten und Kommunisten forderten einmütig das Todesurteil. Sie wollten mit dem Verfahren die Amerikaner und Briten zwingen, die Illegalität der Regierung, der P. angehört hatte, zur Kenntnis zu nehmen. Für die Kommunisten bot der Prozeß darüber hinaus die Gelegenheit, ihre auf Vorschlag von P. als Geiseln erschossenen Genossen zu rächen. Verfahrensrechtlich war der Prozeß eine Farce. Als am 11.3.1944 das Todesurteil über P. ausgesprochen wurde, waren alle Vichygegner befriedigt. Um die Einheitsfront nicht zu stören, lehnte de Gaulle eine Begnadigung ab, obwohl er dem zum Tode Verurteilten seine Hochachtung für den Seitenwechsel aussprach. Im Gefängnis schrieb P. seine Memoiren, die 1948 mit dem Titel »Ma vie« veröffentlicht wurden.

P. war der erste Kollaborateur, der exekutiert wurde. Die Hinrichtung war ein Signal für die Art und Weise, mit der man nach dem Sieg die Säuberung in Frankreich durchzuführen gedachte. Sie war ein Akt der Abschreckung. Die Barrieren zwischen Pétainisten und Gaullisten waren nach diesem Urteil in Frankreich unüberwindbar.

Literaturhinweise:
Pierre Pucheu: Ma vie, Paris 1948
Gaston Schmitt: Toute la vérité sur le procès Pucheu, par un des juges, Paris 1963
Fred Kupfermann: Les procès de Vichy: Pucheu, Pétain, Laval, Bruxelles 1980
Jean-Baptiste Duroselle: L'abîme 1939–1945, Paris 1982
Robert O. Paxton: Vichy France. Old Guard and New Order 1940–1944, New York 1982
Herbert L. Lottman: The People's Anger. Justice and Revenge in Post-Liberation France, London 1986
François-Georges Dreyfus: Histoire de Vichy, Paris 1990

QU

QUISLING, VIDKUN, geb. 18.7.1887 in Fyresdal (Telemark), hingerichtet 24.10.1945 in Akershus, Führer der »Nasjonal Samling« (NS) 1933–1945, norwegischer Ministerpräsident 1942–1945

Als Sohn eines Pfarrers, der u. a. Bücher über die norwegische Sagenwelt schrieb, besuchte Qu. Schulen in Drammen und Skien, wo er 1905 das Abitur als Klassenprimus ablegte. Für seine Berufswahl machte er den nationalen Rausch verantwortlich, der Norwegen erfaßte, als es 1905 selbständig wurde. Er wollte Offizier werden. Auf der Kriegsschule und auf der Militärakademie verschaffte er sich durch sein hervorragendes Gedächtnis die Bewunderung der Vorgesetzten. Er erzielte das beste Prüfungsergebnis, das an diesen Anstalten je erreicht worden war. Ab 1911 arbeitete er im norwegischen Generalstab und bei der Feldartillerie. 1917 wurde er als Hauptmann, seinem Wunsche entsprechend – er war mit einer Russin verheiratet –, zum Militärattaché in St. Petersburg abgeordnet. Qu. trat seinen Dienst zu der Zeit an, in der sich das diplomatische Korps beim russischen Hof in Auflösung befand. Da nach der Oktoberrevolution auch die norwegische Regierung wie die meisten Länder ihre Gesandten abberief, blieb Qu. mit dem Handelsattaché → Prytz, der den Gesandten vertrat, in der russischen Hauptstadt allein zurück. Dem norwegischen Generalstab schickte er regelmäßig Dossiers, in denen er über die Lage im Lande und über den russischen Bürgerkrieg berichtete. Qu. erkannte als einer der ersten, daß die Rote Armee als Sieger hervorgehen werde. Zur Jahreswende 1919/20 wurde er Nachrichtenoffizier in der norwegischen Gesandtschaft in Helsinki. In dieser Funktion festigte sich seine positive Meinung über das revolutionäre Rußland. Er unterstützte norwegische Kommunisten, die über Finnland in die Sowjetunion einreisen wollten.
Ab Januar 1922 war Qu. mit Ausnahme einer halbjährigen Unterbrechung als Mitarbeiter Fridtjof Nansens im Russian Relief Committee in der Ukraine tätig. Angesichts der sowjetischen Greuel und dem Elend der Bevölkerung, mit dem er konfrontiert wurde, gewann Qu. Abstand vom Kommunismus und ent-

wickelte ein Gefühl der rassischen Überlegenheit im Vergleich zu den slawisch-asiatischen Völkern, die zu solchen Untaten fähig waren. Da ihn der norwegische Generalstab nur bis zum 23.7.1923 beurlaubt hatte und seine Bitte um Verlängerung ablehnte, wurde Qu., als er nicht heimkehrte, am 1.8.1923 aus dem Militärdienst entlassen. Dienstgrad und Pension eines Hauptmanns blieben ihm erhalten. Im Sommer 1925 reiste Qu. mit Nansen im Auftrage des Völkerbundes nach Armenien. Als die Tätigkeit dort zu Ende war, übernahm er die Leitung des Moskauer Büros der Russo-Norvegian Onega Wood Company Ltd., eines Holzhandelsunternehmens, das auch Schwarzmarktgeschäfte machte. Als der illegale Devisenverkehr im Frühjahr 1928 aufflog, mußte er das Land verlassen. Nach Norwegen zurückgekehrt, wurde Qu. als Major reaktiviert. Er veröffentlichte einige Presseartikel über die Zustände in der Sowjetunion und beschuldigte die sowjetische Regierung des Massenmords. Er verurteilte die kommunistische Ideologie und freundet sich mit den faschistischen Gedankengängen von Rasse, Elite, Gemeinschaft und Führertum an. In dem Buch »Russland og vi« faßte er 1930 sein abschätziges Urteil über die Sowjetunion zusammen. Allgemein bekannt wurde Qu. in Norwegen durch den Aufsatz »Politische Gedanken zu Fridtjof Nansens Tod«, der in der Zeitung »Tidens Tegn« vom 24.5.1930 erschien. Darin übernahm er das Vermächtnis des norwegischen Nationalhelden, »das Vaterland von Klassenkampf und Parteipolitik zu befreien und auf der Basis gesunder politischer und wirtschaftlicher Grundsätze eine nationale Einigung und Wiedererhebung zu erreichen«. Um »den nordischen Geist wieder zum Leben zu erwecken«, gründete Qu. 1931 mit seinem Freund Prytz eine »politisch-religiöse Bewegung« mit dem Namen »Nordiske Folkereisning« (Norwegisches Erwachen), die wie die NSDAP in Deutschland gleichzeitig nationale, soziale und rassische Ziele verfolgte. Ihr Motto lautete: Sowjets ohne Kommunismus. Als am 8.3.1931 in Oslo eine neue Regierung aus Mitgliedern der Bauernpartei, der Arbeiterpartei und einiger liberaler Dissidenten zusammengestellt wurde, schlug die Bauernpartei Qu. für das Amt des Kriegsministers vor. In dieser Funktion agierte er gegen alle »Linken« im Lande, auch gegen streikende Arbeiter. Am 7.4.1932 bezichtigte er sogar den Koalitionspartner, die Arbeiterpartei, des Landesverrats. Als im März 1933 das Kabinett zurücktrat und Qu. sein Amt verlor, verschmolz er am 17.5.1933 seine Bewegung mit dem Klub faschistisch gesinnter Kaufleute und zwei anderen rechten Gruppierungen zur »Nasjonal Samling« (NS) mit dem Ziel, »ein geeintes, neues Norwegen mit guten und gerechten Lebensbedingungen für alle zu schaffen«. Obwohl die neue Partei bei den Stortingwahlen im Oktober 1933 nur 27 847 Stimmen bekam und kein Mandat ereichte, ließ er sich nicht entmutigen. Das Parteiprogramm vom 15.2.1934 forderte: »Nationale Einheit ohne Klassengegensätze und Parteien, eine solidarische norwegische Volksgemeinschaft aufgebaut auf Berufsgruppen mit einer starken und festen Führung und einer fachlichen Staatslenkung«. Aus dem Parteiprogramm der NSDAP übernahm Qu. den Grundsatz, »daß Gemeinnutz über die Sonderinteressen von Einzelpersonen, Parteien und Landesteilen zu stellen ist« und daß »eigener Nutzen durch Gemeinnutz« entsteht. Andere Schlagworte hießen: Recht und Pflicht zur Arbeit, Verantwortlichkeit des einzelnen, Schutz von Familie und Heim, Schutz der Rasse und der Grundwerte des

Christentums, Unabhängigkeit der Regierung von Parteiinteressen, Zusammenfassung des Kultur- und Wirtschaftslebens in selbstverwaltete Berufsvertretungen usw. Die ideologischen Grundlagen lauteten: Nationalismus, Bauerntum, nordische Rasse, Antikommunismus, Antikapitalismus und Antisemitismus.
Die Partei war hierarchisch geordnet und baute auf den Prinzipien von Befehl und Gehorsam auf. Qu. nannte sich wie Hitler »Förer«. Das Parteiemblem war das goldene Olafskreuz auf rotem Grund. Es galt der faschistische Gruß. Die der deutschen SA entsprechenden Organisation hieß »Rikshird«. Die besonders aktiven Mitglieder wurden in der Kampforganisation »K.O.« zusammengefaßt. Die Parteizeitung nannte sich »Fritt Folk«. Verbindungsmann der Partei nach Deutschland war Viljam → Hagelin. Obwohl das Außenpolitische Amt der NSDAP unter der Leitung von Alfred Rosenberg die NS finanziell unterstützte und die 15 000 eingeschriebenen Mitglieder gegen das herrschende Parteienkartell ankämpften, erreichte Qu. auch bei den Stortingwahlen vom 19.10.1936 kein Mandat. Die Zahl der Stimmen sank auf 26 576. Qu. sah darin eine Verschwörung der demokratischen Parteien gegen ihn. Auch die Gemeinderatswahlen vom 18.10.1937 waren ein Fiasko. Trotzdem wurde seine Stimme in Norwegen gehört. 1938 und 1939 warnte Qu. davor, daß das Land in den drohenden Krieg verwickelte werde, wenn die Abhängigkeit der Regierungspolitik von Großbritannien nicht geändert werde. »Fort mit den Kriegspolitikern!« lautete ein Artikel in »Fritt Folk« nach dem Münchner Abkommen vom 30.9.1938. »Schafft den Juden einen eigenen Staat« forderte er am 19.11.1938 mit der Begründung: »Der jüdische Nationalismus ist in höherem Maße als jeder andere rassisch betont und ein religiöser Fanatismus, und er ist ein ausgeprägter Weltimperialismus. Mit Naturnotwendigkeit muß er früher oder später in einen tödlichen Konflikt mit der nationalen Selbstbehauptung und dem Artwillen anderer Völker geraten.« Er warnte die norwegische Regierung, sich dem britischen Druck zu beugen und die Neutralitätspolitik aufzugeben. Als der Krieg wegen der Danzigfrage am 1.9. 1939 ausgebrochen war, sandte Qu. am 11.10.1939 einen Friedensappell an den britischen Premierminister, weil er der einzige Staatsmann sei, »der im gegenwärtigen Zeitpunkt Europa zu Frieden und Vernunft zurückführen kann«.
Im Dezember 1939 reiste Qu. nach Berlin. Durch Vermittlung des Oberbefehlshabers der deutschen Kriegsmarine, Großadmiral Erich Raeder, der zur Sicherung der deutschen Erzimporte aus Schweden die Besetzung des Hafens Narwik für erforderlich hielt, bevor die Briten dort landeten, konnte er am 13. und 14.12.1939 mit Hitler konferieren. Bei dieser Gelegenheit legte Qu. seinen Plan dar, die norwegische Regierung zu stürzen und sich als Chef einer autoritären Regierung einzusetzen. Hitler riet ab, obwohl Qu. davor warnte, daß die gegenwärtige Regierung eine englische Landung in Norwegen tolerieren würde, wofür er konkrete Anhaltspunkte nannte. Über die deutschen Pläne wurde Qu. im unklaren gelassen, obwohl seine Partei um Landkarten und Lageskizzen gebeten wurde. Am 18.12.1939 kam er noch einmal mit Hitler zusammen. Ob bei diesem Gespräch über den Beitrag der NS bei einer deutschen Landung in Norwegen gesprochen wurde, ist unklar. Qu. machte seinen Gesprächspartner auf die antideutsche Haltung der Mehrheit des Volkes und des Königs aufmerksam und warnte nochmals vor einer britischen Landung in Norwegen.

Als die Wehrmacht am 9.4.1940 mit der Besetzung Norwegens begann, und in Oslo nach der Flucht des Königs und der Regierung nach Elverum ein politisches Machtvakuum entstand, erklärte sich Qu. ohne Fühlungnahme mit den Deutschen am Abend des 9.4.1940 zum Regierungschef und forderte das norwegische Volk in einer Rundfunkerklärung auf, Ruhe und Vernunft zu bewahren. »Mit gemeinsamen Kräften und getragen von dem guten Willen aller, werden wir Norwegen frei und unangetastet aus dieser schweren Krise führen.« Acht Minister des neuen Kabinetts waren Angehörige der NS, die bisher eine bloße Splitterpartei war. Die deutsche Gesandtschaft in Oslo und der Wehrmachtführungsstab waren mit der widerrechtlichen Aneignung der Regierungsgewalt nicht einverstanden. Nur Hitler setzte auf Qu. Da jedoch der norwegische König die Bestätigung ablehnte und mit der rechtmäßigen Regierung das Land verließ und sich außerdem die Beamten weigerten, unter Qu., der zusätzlich zur Ministerpräsidentschaft noch das Justiz-, Kriegs- und Außenministerium übernommen hatte, Dienst zu tun, wurde er am 15.4.1940 von den deutschen Behörden abgesetzt und als »Kommissar für die Demobilisierung« mit Abrüstungaufgaben beschäftigt. An die Stelle einer Regierung trat für drei Monate ein provisorischer Verwaltungsrat (administrasjonsradet). Die wirkliche Macht lag jedoch in den Händen des von Hitler berufenen Reichskommissars Josef Terboven, der am 24.4.1940 als »Wahrer der Reichsinteressen« die Amtsgeschäfte in Oslo übernahm. Der Storting kam am 18.6.1940 letztmals zusammen und setzte eine geschäftsführende Regierung (kommissarisk riksråd) zur Verwaltung des Landes ein, dessen Mitglieder der deutsche Reichskommissar am 25.9.1940 ernannte. Er vergab 9 von den 13 Sitzen an Mitglieder der NS. Qu. gehörte nicht dazu. Alle anderen Parteien außer der NS wurden verboten.
In der Folgezeit widmete sich Qu. der Parteiarbeit. »Es gibt nur zwei Möglichkeiten: Enweder schließt sich das Volk in der nationalen Bewegung zusammen, oder Norwegen geht als selbständiges Reich unter.« Er mußte sich gegen den Vorwurf verteidigen, die Deutschen ins Land geholt zu haben. Er beschuldigte die Exilregierung des Verrats am norwegischen Volk und warf Großbritannien vor, »zu einem Hemmschuh für die Entfaltung der germanischen Rasse« geworden zu sein. Er propagierte die »germanische Schicksalsgemeinschaft«, in der Norwegen einen Eckpfeiler darstelle. In historischen Abhandlungen versuchte Qu. zu zeigen, daß kein anderes Volk eine so enge Verquickung von Mythos, Dichtung und nationaler Entwicklung vorweisen könne wie die Norweger, die mit den Wikingern die germanischsten Ahnen besäßen und ihre Rasse und ihre urgermanischen Überlieferungen am reinsten bewahrt hätten.
Am 12.1.1941 warb Qu. im Rundfunk für die »SS-Freiwilligenstandarte Nordland«, die von Himmler für Norweger und Dänen gebildet worden war. Er forderte die Jugend auf, am »europäischen Freiheits- und Unabhängigkeitskrieg gegen den englischen Weltdespotismus« teilzunehmen, denn Deutschlands Sieg sei auch Norwegens Sieg. »Unweigerlich werden wir als Nation deklassiert, wenn wir nicht selbst mitmachen und mit der Waffe in der Hand etwas wagen, wenn Europas und Norwegens Schicksal unter dem Stahlhelm ausgekämpft wird.« Bei der feierlichen Verpflichtung der Freiwilligen in der Reithalle in Oslo-Vinderen am 30.1.1941 durch den Reichsführer-SS führte Qu. aus: »Wir

leben in einem Umbruch unseres Weltteils, und wenn Norwegen, unser Vaterland, wieder seinen Platz behaupten will, den Platz, der ihm zukommt nach Rasse und Volksgut, nach Geschichte und Tradition, dann müssen wir diesen Einsatz leisten.« Um die norwegische Bevölkerung zur Zusammenarbeit mit den Deutschen zu bewegen, gab Qu. am 8.4.1941 im Rundfunk bekannt, daß »ein künftiger Frieden Norwegen weder zu einem deutschen Protektorat noch zu einem Teil des Großdeutschen Reiches machen« werde.
Zu Beginn des Rußlandfeldzugs versuchte Qu. als Rußlandkenner den Reichsminister für die besetzten Ostgebiete, Alfred Rosenberg, zu überzeugen, daß die Deutschen als Befreier kommen müßten und nicht als Eroberer. Den unterdrückten Völkern sollte die Selbstverwaltung und den Bauern die Rückgabe ihrer Höfe in Aussicht gestellt werden. Da Qu. den Rußlandfeldzug als Auseinandersetzung zwischen jüdischem Bolschewismus und nordischem Nationalismus ansah, förderte er die Aufstellung der »Norwegischen Legion«, in der 2000 Norweger auf seiten der Wehrmacht an der Belagerung Leningrads teilnahmen. Aus den Überlebenden entstand im Mai 1943 das »SS-Panzergrenadierregiment Norwegen«. Bis zum Ende des Krieges kämpften 5000 Norweger an der deutschen Seite, 3500 als Soldaten der Waffen-SS.
Im April 1942 hatte die NS 40 000 Mitglieder. Sie waren in 19 Gaue (Fylke), in Krets (Kreise) und Lags (Ortsgruppen) gegliedert. Im Juli 1942 gründete Qu. zu seinem Schutz als Führerwache die »Germanske SS Norge«, die sowohl auf ihn wie auf Hitler vereidigt wurde. Die Kampforganisation umfaßte etwa 4000 Mann. Der Rikshird hatte eine Stärke von nahezu 5000 Mitgliedern. Die NS-Frauenorganisation wies 6200 Angehörige auf, und die Jugendorganisation NS-FU bestand aus 5300 Mitgliedern. Das Parteiorgan war nach wie vor die Tageszeitung »Fritt Folk« mit der Hirdbeilage »Hirdmannen«. Sie war die auflagenstärkste Zeitung Norwegens. Die monatlichen Zuwendungen des Reichskommissars Terboven an die NS schwankten bis zu 500 000 RM.
Trotz seiner geringen Anhängerschaft im Land setzten die Deutschen Qu. am 1.2.1942 als Ministerpräsidenten einer »Nationalen Regierung« ein. Beim Festakt waren hohe deutsche Würdenträger anwesend: Martin Bormann als Vertreter der NSDAP, Heinrich Müller als Chef der Gestapo und Admiral Böhm als Repräsendant der deutschen Wehrmacht. Die wirkliche Macht lag jedoch weiterhin in den Händen des deutschen Reichskommissars. Das Verhältnis zwischen Terboven und Qu. war schlecht. Terboven setzte auf den Polizeiminister Jonas → Lie, der zugleich Kommandeur der »Germanske SS Norge« war, als kommenden Regierungschef Norwegens. Solange Qu. das Wohlwollen Hitlers hatte, mißbrauchte er ihn als Galleonsfigur der norwegischen Scheinsouveränität. Als Hitler von den Streitigkeiten zwischen den beiden erfuhr, versprach er Qu., Terboven nach dem Krieg abzulösen.
Qu. verfaßte zwischen 1941 und 1944 Hunderte von Abhandlungen, von denen die meisten theoretischer Natur waren, z. B. über den Einfluß der Religionen auf die Geschichte oder über Rassenfragen. In den wenigen politischen Darstellungen skizzierte er den bäuerlichen Volksstaat als ideale Gesellschaftsform, in dem alle unter der Führung einer rassischen Elite solidarisch zum Wohle des Ganzen zusammenarbeiteten. International gelenkte Interessengruppen wie Juden und

Sozialisten, die dabei hinderlich waren, durften beseitigt werden. Qu. war überzeugt, daß die Souveränität Norwegens nach dem Krieg unangetastet bleiben würde, auch wenn ein neues Europa unter deutscher Führung entstünde. In den norwegischen Freiwilligen bei den deutschen Streitkräften sah er die Garanten dafür. Sie sollten nach dem Krieg den Kern der neuen Nationalarmee bilden. Ein gemeinsamer Markt zwischen den skandinavischen Ländern sollte die wirtschaftliche Position gegenüber dem Deutschen Reich verbessern.
In seiner praktischen Regierungstätigkeit machte Qu. einen Mißgriff nach dem anderen. Die Einführung einer nationalen Jugendorganisation nach dem Muster der Hitlerjugend stieß ebenso auf den Widerstand in der Bevölkerung wie die Gründung einer willfährigen Staatskirche, die Einberufung eines korporativen Reichstags oder die Verpflichtung von Arbeitern zum Dienst in Deutschland. Mit solchen Maßnahmen förderte Qu. die norwegische Widerstandsbewegung, die im Auftrag des Königs und der Exilregierung gegen die Besatzungsmacht und gegen die Anhänger Qu.s vorging. Repressalien und Brutalitäten von deutscher Seite konnten nicht ausbleiben. Die Eskalation der Gewalt war vorgezeichnet.
Das letzte Mal traf Qu. mit Hitler am 28.1.1945 zusammen. Er glaubte den Beteuerungen des Führers und Reichskanzlers, daß der Endsieg in greifbarer Nähe sei und daß die Freiheit und Unabhängigkeit Norwegens nicht angetastet würden. Als die militärische Situation für Deutschland aussichtslos wurde, klammerte sich Qu. an den Gedanken, Norwegen könnte mit den 300 000 deutschen Soldaten, die in Skandinavien stationiert waren, die letzte Verteidigungsbastion des Nationalsozialismus werden, bis das unnatürliche Bündnis zwischen den Westmächten und der Sowjetunion zerfallen sei. Nach der Kapitulation der deutschen Truppen in Dänemark am 4.5.1945 traf sich Qu. mit dem Reichskommissar Terboven und dem Wehrmachtbefehlshaber Admiral Böhme zu einer Beratung. Ihren Vorschlag, mit einem Flugzeug nach Spanien oder mit einem U-Boot nach Südamerika zu fliehen, lehnte Qu. ab. Er wollte sich vor dem norwegischen Volk rechtfertigen. Mit sechs Ministern zog er sich in seine Villa nach Bygdö zurück.
Am Tag nach der deutschen Kapitulation vom 8.5.1945 stellte sich Qu. der norwegischen Heimatfront. Am gleichen Tag wurden im ganzen Land 14 000 Kollaborateure verhaftet. Das Konzentrationslager Ilebu bei Oslo platzte aus den Nähten. Der Prozeß gegen Qu. vor dem Schwurgericht Oslo dauerte vom 20.8. bis 6.9.1945. Er fand in der Halle der Freimaurerzentrale statt. Die Anklage lautete auf Hoch- und Landesverrat und auf Mord und umfaßte auch kleinere Delikte wie Diebstahl, Trunkenheit und Ausschweifung. Sein Verteidiger und er kamen gegen die Voreingenommenheit der Richter, die unter dem Eindruck der Straße standen, nicht an. Ihr Ziel war, den Angeklagten vor den anwesenden Journalisten aus aller Welt zu einem würdelosen Wesen zu stempeln. Alle entlastenden Beweisanträge wurden abgelehnt. Aber die Staatsanwaltschaft ließ schließlich ein paar Anklagepunkte fallen, z. B. seine Beteiligung an der deutschen Invasion. Einige Male verlor Qu. angesichts der parteiischen Prozeßführung die Fassung. Im Schlußwort nahm er die Gelegenheit wahr, ohne Unterbrechung sprechen zu dürfen. Sein Plädoyer dauerte acht Stunden. Er sprach frei und ohne Notizen. Er schloß mit den Worten: »Für mich war die Politik nie eine Sache von Parteiinteressen, von Berufsfindung, von persönlichem Ehrgeiz oder Machtgier.

Quisling auf der Anklagebank

Politik ist für mich Selbstopfer und praktische Arbeit im Dienste der historischen Entwicklung, zum Nutzen des eigenen Landes und zur Verwirklichung des Gottesreiches auf Erden, das Jesus begonnen hat. Wenn mein Tun verräterisch gewesen sein soll, wie mir nachgesagt wird, dann will ich zu Gott beten, daß zum Nutzen Norwegens viele Söhne des Landes Verräter dieser Art werden und daß sie nicht ins Gefängnis geworfen werden wie ich.« Das Urteil vom 10.9.1945 lautete auf Tod durch Erschießen, obwohl die Todesstrafe seit 1902 in Norwegen abgeschafft war. Über die Berufung beschloß das Oberste Norwegische Gericht am 13.10.1945 unter dem Vorsitz des Führers der norwegischen Widerstandsbewegung Paal Berg. Sie wurde ebenso abgelehnt wie das Gnadengesuch der Ehefrau durch den König. Erst im Juni 1959 wurde die Urne mit seiner Asche freigegeben. Ihr exakter Beerdigungsplatz auf dem Friedhof in Gjerpen wird nicht bekanntgegeben, damit keine faschistische Kultstätte entstehen kann.

Literaturhinweise:

Vidkun Quisling: Ein Buch über Vidkun Quisling, Oslo 1941
Günther Thaer: Quisling ruft Norwegen! Reden und Aufsätze, München 1942
Johs. Andenaes, O. Riste und M. Skodvin: Norway and the Second World War, Oslo 1966
Harald Franklin Knudsen: I was Quisling's Secretary, London 1967
Hans-Dietrich Loock: Quisling, Rosenberg und Terboven, Stuttgart 1970
Richard Petrow: The Bitter Years. The Invasion and Occupation of Denmark and Norway April 1940–May 1945, London u. a. 1974
Werner Rings: Leben mit dem Feind, München 1975

Peter F. Schmitt: Widerstand zwischen den Zeilen. Faschistische Okkupation und Presselenkung in Norwegen 1940 bis 1945, Köln 1985
Oddvar Hoidal: Quisling. En studie i landssvik, Oslo 1988
David Littlejohn: The Patriotic Traitors. A History of Collaboration in German-Occupied Europe, London 1972
Öystein Sorensen: Hitler eller Quisling, Cappelen 1989
Hans Fredrik Dahl: Vidkun Quisling – en förer blir til, Oslo 1991
Hans Fredrik Dahl: Vidkun Quisling – en förer for fall, Oslo 1992

R

RALLIS, IOANNIS, geb. 1878 in Athen, gest. 26.10.1946 ebenda, griechischer Ministerpräsident 1943–1944

Als Sproß einer bekannten Familie, die sich seit den griechisch-türkischen Befreiungskriegen in der Politik des Landes hervorgetan hatte, studierte R. in Athen und in Deutschland und Frankreich Rechtswissenschaften, um Anwalt zu werden. 1906 wurde er im Wahlkreis Megara zum Abgeordneten für das griechische Parlament gewählt. 1910 vertrat er die Provinz Böotien. Wie sein Vater besaß R. im royalistisch-konservativen Flügel der Volkspartei hohes Ansehen, hatte aber auch gute Verbindungen zu republikanischen Kreisen. Er gehörte zur Opposition von Ministerpräsident Venizelos. Regierungsfunktionen übernahm R. erst nach dem Ersten Weltkrieg: 1920 das Marineministerium, 1921 das Finanzministerium und vorübergehend das Justizministerium, 1932 das Außenministerium, und nach den Wahlen vom 5.3.1933 das Innenministerium und das Luftwaffenministerium. Bei den Parlamentswahlen 1936 konnte er mit einer eigenen Partei acht Sitze erringen. Unter der Metaxas-Diktatur wurden die oligarchischen Privilegien seiner Familie eingeschränkt. Umso stärker betonte er seinen Royalismus.
Während der Okkupation des Landes durch die Deutschen und Italiener befürwortete er ein kooperatives Verhalten. Deshalb schlugen ihn die Deutschen im Herbst 1942 zum Ministerpräsidenten vor. Sie erwarteten, daß er den Staatsapparat, die Gendarmerie und die Polizei von achsenfeindlichen Elementen säubern, die kommunistischen Untergrundorganisationen rücksichtslos bekämpfen und die Außenpolitik in Anlehnung an die Achsenmächte ausrichten würde. Nach der Niederlage Rommels in der Schlacht bei El Alamein im Juli 1942 gehörte R. zu den wenigen angesehenen Persönlichkeiten des Landes, die das Amt angesichts des deutschen Mißerfolgs zu übernehmen bereit waren. Ende 1942 war das Einvernehmen mit den Italienern hergestellt. R. gab seine Einwilligung jedoch erst, nachdem er sich heimlich mit der griechischen Exilregierung unter König Georg II. in Kairo abgestimmt hatte. Die Amtseinführung erfolgte am 7.4.1943, nachdem er folgende Forderungen durchgesetzt hatte: freie Ministerwahl bei deutschem und italienischem Vetorecht, eine bewaffnete Palastwache aus Efzonen und das Recht auf regelmäßige Rundfunk- und Presseerklärungen. Der deutsche Gesandte Günther Altenburg, seit 1941 Bevollmächtigter des Reiches für Griechenland, war ihm bei der Durchsetzung seiner Petita behilflich.

Die Regierungszeit von R. war geprägt durch die Entstehung neuer Partisanenbewegungen im Land, von denen die kommunistische ELAS die wichtigste war. Sie wurde von Moskau finanziert und gesteuert. Ihre Überfälle auf Besatzungstruppen führten zu Repressalien gegen die Zivilbevölkerung. Im Mai 1943 versuchte R. mit einer Amnestie für alle Widerstandskämpfer, die sich den Behörden stellten, die Eskalation der Gewalt zu bremsen. Der Erfolg war gering. Aber bei der Bevölkerung fand der Versuch Anerkennung. Je größer die Brutalität der kommunistischen Partisanen wurde, desto mehr Griechen fanden sich bereit, gegen die Agenten und Söldner Moskaus mit der Waffe vorzugehen. Der Zustrom zu den Sicherheitsbataillonen (Tagmata Asfalias), die R. aufstellte, und den anderen Kollaborationsverbänden nahm zu. Das Engagement in den militärischen Einheiten wurde als patriotische Tat hingestellt. Die Bevölkerung wurde »rallisiert«, wie man unter Bezugnahme auf den Athener Premier sagte. Besonderer Förderung durch R. erfreuten sich die royalistischen Gruppierungen, die sich zur Kollaboration bereit erklärten. Sie sollten nach dem Krieg den Brückenkopf der Monarchie in Griechenland bilden. Für die nach dem Abzug der Besatzungsmächte zu erwartende Auseinandersetzung zwischen Royalisten und Republikanern über die künftige Staatsform Griechenlands stellte R. die ersten Weichen. Dabei fand er sogar die Unterstützung der Briten, in deren Obhut der griechische König lebte und zu deren Agenten die Tochter R.s in ständiger Verbindung stand. Scharfe Kritik gegen R. äußerten die deutschen Behörden, als bekannt wurde, daß die meisten seiner Kabinettsmitglieder Geschäfte in die eigene Tasche machten. Der Feldzug gegen Korruption und Spekulantentum, zu dem R. aufrief, wurde von den Regierungsmitgliedern boykottiert. Dem Innenminister wurden neben seiner homosexuellen Betätigung besonders üble Machenschaften vorgeworfen. Der Chef der Efzonen-Verbände war angeblich Bordellbesitzer. Trotz dieser für die Deutschen unfaßbaren Vorgänge sahen sie von der Entmachtung R.s und von der Einsetzung einer Militärverwaltung ab, weil sie die Unterstützung der griechischen Patrioten gegen die kommunistische Partisanenbewegung ELAS brauchten.

Den bedeutendsten Erfolg seiner Regierungszeit verdankte R. dem Finanzminister Tsironikos, der nach dem Weggang des Innennministers Gotsamanis als eine Art Superminister fünf der zwölf Ressorts im Kabinett leitete. Zur Bekämpfung der Inflation in Griechenland gewann er die Unterstützung des deutschen Sonderbeauftragten für den Südosten, Gesandter Hermann Neubacher. Mit Hilfe von 24 Millionen Reichsmark in Gold aus dem Sonderdevisenfonds des Vierjahresplanes legten die beiden den Drachmenspekulanten an der Börse im November 1943 das Handwerk. Die Erlöse wurden dem deutschen Intendanten überwiesen und deckten zeitweise 76% der griechischen Besatzungskosten.

In die Judenpolitik seines Innenministers mischte sich R. nicht ein. Bis zum 10.8.1943 wurden 42 000 Juden aus der deutschen Zone bei Saloniki in Konzentrationslager im deutschen Machtbereich deportiert. Die Regierung machte nur zaghafte Versuche, sie zu retten. Entschiedener waren die Proteste, die R. gegen die Geiselerschießungen durch die deutsche Wehrmacht einlegte. Am 19.12.1943 empörte er sich in einem Schreiben an den Wehrmachtbefehlshaber Südgriechenland, General der Flieger Speidel, über die Massenhinrichtungen in der Präfektur Achäa. Er tadelte auch die Zerstörung der Stadt Kalavrita und des

Klosters Haghia Lavra, die vom Wehrmachtkommandanten des Peloponnes befohlen worden war, weil sie als Partisanenstützpunkte ausgemacht waren.
Am 9.11.1943 billigte Hitler die Aufstellung griechischer Formationen zum Kampf gegen die Partisanen, um durch den Einsatz von Griechen »deutsches Blut zu sparen«. Bereits eine Woche später stellte die Heeresgruppe E drei griechische Freikorps zu je 800 Mann auf dem Peloponnes auf und unterstellte sie dem Kommando von Oberst → Papadongonas. Weitere Einheiten entstanden unter dem Namen »Freiwillige Gendarmeriesabteilungen«. Es gelang ihnen zwar nicht, die ELAS-Verbände zu vertreiben, aber sie stärkten das Vertrauen der Zivilbevölkerkung in die Besatzungsmacht. R. stand der Aufstellung bewaffneter griechischer Einheiten im Auftrag der Wehrmacht skeptisch gegenüber, weil er Schwierigkeiten bei der Rekrutiereung und Ausrüstung seiner Efzonenbataillone und Tagmata Asfalias befürchtete. Während die Italiener seinem Vorvorgänger → Tsolákoglou lediglich eine Ehrenwache für das Grabmal des unbekannten Soldaten zugebilligt hatten, wollte sich R. mit seinen Einheiten ein Stütze für seine Regierung schaffen, die ihm Sicherheit vor Partisanen und den Respekt der italienischen und deutschen Besatzungsmächte gewährleisten sollte. Mit dem Gesetz 260/43 ordnete er Mitte Juni 1943 die Aufstellung von fünf Efzonen-Bataillonen an. Er rekrutierte sie aus den seit 1935/36 dienstentlassenen, überwiegend republikanischen Offizieren. Auch die Voraussetzungen für allgemeine Reserveübungen wurden geschaffen. Im Endzustand umfaßten die fünf Efzonen-Bataillone 532 Offiziere, 656 Unteroffiziere und 4536 Soldaten. Sie waren mit italienischen Waffen ausgerüstet und auf dem Peloponnes stationiert. Wegen der Probleme, die die Wehrmacht zu dieser Zeit mit dem Seitenwechsel der Italiener hatte, blieb ihr Widerspruch aus.
Als der deutsche Oberbefehlshaber Südost, General der Flieger Löhr, im Februar 1944 die Auswirkungen des Gesetzes erkannte, erwog er die Absetzung von R. Er befürchtete, R. wolle hinter dem Rücken der Deutschen ein neues griechisches Heer aufstellen. Da der Oberbefehl über alle Polizeiverbände, zu denen auch die Efzonen gerechnet wurden, jedoch letztlich in den Händen des Höheren SS- und Polizeiführers Griechenland, Generalleutnant der Waffen-SS Walter Schimana, lag und die Einheiten sich im Kampf gegen die kommunistischen Partisanen bewährten, unternahm Löhr nichts. Er erlaubte R. sogar, vier weitere Efzonen-Bataillone in Zentral- und Südostgriechenland aufzustellen. Alle griechischen Einheiten, die gegen die Widerstandsbewegung eingesetzt waren, bekamen das Recht, Geiseln zu nehmen und eigene Opfer durch die Tötung von Sühnegefangenen mit hohen Quoten zu rächen. Das verschaffte ihnen den Respekt der Bevölkerung und den Haß der Kommunisten. Mit ihren den Kriegsbräuchen des Balkans angepaßten Methoden erreichten sie bei der Befragung von Gefangenen viel mehr als die Deutschen. Ihre Aktionen erbrachten bei kleinem Einsatz größere Erfolge als die der Deutschen. Die berüchtigste Einheit war das »Freiwilligenbataillon Saloniki«, das bereits im April 1943 von der Heeresgruppe E in Thrazien unter dem Kommando des Ortsgruppenleiters der griechischen Nationalsozialisten, Oberst Poulos, aufgestellt worden war. Wegen der Grausamkeiten, die es verübte, wurde der Kommandeur nach dem Krieg als Kollaborateur zum Tode verurteilt.

Mitte 1944 umfaßten die griechischen Einheiten insgesamt 16 625 Mann. Vom 1.9.1943 bis 1.9.1944 verzeichneten sie 637 Tote und 586 Vermißte. Die Widerstandsbewegung verlor im gleichen Zeitraum über 3000 Tote und 5000 Gefangene. Im September 1944 erhielten die nationalgriechischen Verbände von der Heeresgruppe E »als ein freundschaftliches Zugeständnis an das nationale Griechentum« die Genehmigung, auch im bulgarisch besetzten Teil Thraziens den Schutz der griechischen Bevölkerung gegen die kommunistischen Partisanen zu übernehmen. Beim Rückzug der deutschen Streitkräfte aus dem Peloponnes, der durch die rumänische Kapitulation am 23.8.1944 nötig geworden war, sicherten die griechischen Einheiten die Wege.
Die politische Absicht, die R. mit der Aufstellung und dem Einsatz der Sicherungseinheiten gegen die ELAS verband, war die Vereinigung der royalistischen und republikanischen Gruppen im Land zum Kampf gegen die Kommunisten und die Kontrolle der Republikaner durch die Königsanhänger. Die griechische Exilregierung, die in der von R. erfolgreich durchgeführten Spaltung der Widerstandsgruppen nur die Schwächung des gemeinsamen griechischen Widerstands gegen die Besatzungsmächte sah, veranlaßte in Unkenntnis der Hinterabsicht am 19.2.1944 Sprecher aller Widerstandsgruppen in Griechenland zu einer gemeinsamen Verurteilung des Regierungschefs als »Landesfeind« und forderte die Angehörigen der »Rallis-Einheiten« auf zu desertieren, weil sie sonst als Kriegsverbrecher behandelt würden. Der Aufruf hatte keine Wirkung. Nach dem Abzug der Deutschen wurde R. zusammen mit anderen führenden Kollaborateuren im Averof-Gefängnis inhaftiert. Vor allem auf ausländischen Druck wurde ihm im Februar 1945 der Prozeß wegen Hochverrats gemacht. R. verteidigte sich mit dem Argument, daß er sich als Patriot für seine Landsleute »gewissermaßen aufgeopfert« habe. Das Urteil lautete auf lebenslanges Gefängnis. R. starb ein Jahr später in der Haft.

Literaturhinweise:
Heinz Richter: Griechenland zwischen Revolution und Konterrevolution 1936–1946, Frankfurt 1973
John Louis Hondros: Occupation and Resistance. The Greek Agony 1941–44, New York 1983
Christopher M. Woodhouse: Apple of Discord. A Survey of Recent Greek Politics in their International Setting, Reston 1985
Hans Werner Neulen: An deutscher Seite. Internationale Freiwillige von Wehrmacht und Waffen-SS, München 1985
Hagen Fleischer: Im Kreuzschatten der Mächte. Griechenland 1941–1944. Frankfurt u. a. 1986
Die Okkupationspolitik des deutschen Faschismus in Jugoslawien, Griechenland, Albanien, Italien und Ungarn 1941–1945, hrsg. vom Bundesarchiv, Berlin u. a. 1992

RAPPARD, ERNST HERMAN RIDDER VAN, geb. 30.10.1899 in Bandjoemas (Java), gest. 11.1.1953 in Vught, Führer der »Nationaal-Socialistische Nederlandse Arbeiderspartij« (NSNAP) 1931–1941, Obersturmführer der Waffen-SS

Der Vater war Diplomingenieur im Dienst der niederländischen Regierung auf Java. R. studierte Staatswissenschaften an den Universitäten Leiden, Berlin, München und Wien. Er beendete das Studium als Diplomvolkswirt und Dr. rer.

pol. 1933 heiratete er eine deutsche Frau. 1931 gründete er zusammen mit Adalbert Smit die »Nationaal-Socialistische Nederlandse Arbeiderspartij« (NSNAP) und war als 1. Schriftführer maßgeblich an der Formulierung des Programms beteiligt, das wie das der NSDAP 25 Punkte umfaßte. Es verpflichtete die Mitglieder zu Antisemitismus, Antikapitalismus, Antiparlamentarismus und Antibolschewismus. Punkt 1 forderte den Zusammenschluß aller Niederländer in einem großniederländischen (großdietschen) Reich aufgrund des Selbstbestimmungsrechts der Völker. Punkt 2 verlangte die Förderung germanischen Fühlens und Denkens im niederländischen Volk und die Zusammenarbeit mit den Brudervölkern der Deutschen, Schweizer und Skandinavier als Träger einer erneuerten Kultur in einem föderativen Verband zum Schutz vor den Einflüssen anderer Großmächte. Punkt 11 lehnte den allgemeinen Freihandel ab und sprach sich für einen regionalen Freihandel mit den kontinental-germanischen Völkern aus. 80 % der Mitglieder der NSNAP waren Arbeiter, die vom Sozialprogramm der Partei beeindruckt waren. Die NSNAP wollte mit dem »Verbond van Dietsche Nationaal Solidaristen« (VERDINASO) des Joris van → Severen eng zusammenarbeiten. Der »Nationaal-Socialistische Beweging« → Musserts standen beide Parteien reserviert gegenüber.
Als die niederländische Regierung im Juni 1939 die NSNAP, die etwa 1000 Mitglieder hatte, auflöste, übersiedelte R. nach Deutschland und arbeitete für die Auslandsabwehr der Wehrmacht in einer Behörde, die als Volkskundeinstitut getarnt war. Nach der Besetzung der Niederlande durch deutsche Truppen im Mai 1940 kam er nach Hause zurück und widmete sich der Arbeit in seiner wiedergegründeten Partei. Er steigerte die Zahl der Mitglieder der NSNAP von 1000 auf 15 000. Die Kampfgruppe der Partei nannte er »SA«. Sie stand in Konkurrenz zur »Weer Afdeeling« (WA) der NSB. Die Mitglieder trugen braune Uniformen, ähnlich denen der NSDAP-Funktionäre in Deutschland.
Am 10.3.1941 wurde R. als Oberscharführer in die »Nederlandsche SS« übernommen, weil die antijüdischen Aktionen der SA dem Generalkommissar für das Sicherheitswesen beim Reichskommissar für die besetzten niederländischen Gebiete, Hanns Albin Rauter, gefielen. In der Leibstandarte Adolf Hitler durfte er im April und Mai 1941 am Griechenlandfeldzug der Wehrmacht teilnehmen.
Da es nach dem Parteienverbot des Reichskommissars für die besetzten niederländischen Gebiete, Arthur Seyß-Inquart, vom 30.6.1941 nur noch die NSB als niederländische Staatspartei geben sollte, überführte R. im Dezember 1941 die NSNAP in die NSB. Der Übertritt der neuen Mitglieder verstärkte den großgermanischen Flügel in der NSB, der im Gegensatz zur Politik des Leiders die Vereinigung von Deutschland und den Niederlanden zu einem Staat anstrebte. R. wurde zum Konkurrenten Musserts, der die Selbständigkeit der Niederlande in dem von den Deutschen geplanten neuen Europa verfocht, während R. den Niederländern das Bewußtsein der deutschen Volkszugehörigkeit vermitteln und die Vereinigung des Landes mit Deutschland schmackhaft machen wollte. Sobald eine ausreichende Anschlußbereitschaft im Volk vorhanden war, sollte die Eingliederung der Niederlande ins Reich vollzogen werden. R. verfolgte dieses Ziel so »starr und unzugänglich«, daß sich im niederländischen Volk die Antipathie gegen ihn steigerte. Die letzten Äußerungen der NSNAP konnten man an

den Hauswänden in niederländischen Städten lesen: »Tot 1648 nederduits, 1940 wederduits«. Der Zusammenschluß von NSNAP und NSB bewirkte auch eine Verstärkung der »Nederlandsche SS« → Feldmeijers, die im Verbund der Germanischen SS die Zusammenführung aller germanischen Völker betrieb. Zahlreiche Mitglieder der NSNAP, die mit der NSB nichts zu tun haben wollten, gingen zur SS. Sie wurden auch ohne NSB-Parteibuch willkommen geheißen.
Beim Ausbruch des Rußlandfeldzugs gelang es R., eine Reihe von Mitgliedern der ehemaligen NSNAP für die Waffen-SS zum Kampf gegen den Bolschewismus zu werben. Zur großen Erleichterung Musserts entschloß sich R. selbst zu diesem Schritt. Vom 15.4.1942 bis 6.1.1943 diente er im Regiment Germania. Vom Juli bis Oktober 1942 erhielt er eine Ausbildung an der SS-Unterführerschule Radolfzell. Nach seiner Verwundung an der Ostfront arbeitete R. ab 1.3.1943 als Leiter der niederländischen Verbindungsstelle in der Germanischen Leitstelle des SS-Hauptamtes unter dem SS-Obersturmbannführer → Riedweg. Von Oktober 1943 bis März 1944 besuchte er die SS-Junkerschule Tölz und wurde am 9.11.1944 zum SS-Obersturmführer der Reserve ernannt. Das letzte halbe Jahr des Krieges war er Offizier im »Landstorm Nederlande«.
Nach dem Krieg wurde R. in erster Instanz zum Tod verurteilt. In der Berufung erhielt er eine lebenslange Gefängnisstrafe.

Literaturhinweise:

L. de Jong: Het Koninkrijk der Nederlanden in de tweede Wereldoorlog 1939–1845, 14 Bände, 's-Gravenhage 1969 ff.
N. K. C. A. in't Veld (Hrsg.): De SS en Nederland. Documenten uit SS-Archieven 1935–1945, 's-Gravenhage 1976

REBANE, ALFONS, geb. 24.6.1908 in Walk (Estland), gest. 8.3.1976 in Augsburg, stellvertretender Kommandeur der 20. Waffengrenadierdivision der SS (estn. Nr. 1), SS-Standartenführer

Nach dem Besuch des Gymnasiums in Narwa trat R. am 1.9.1926 als Offiziersanwärter in die Kriegsschule des estnischen Heeres ein, die er am 29.8.1929 mit dem Diplom 1. Klasse absolvierte. Am estnischen Staatsfeiertag, dem 24.2.1933, erfolgte seine Beförderung zum Oberleutnant im 1. Panzerregiment. Im September 1935 wurde R. Instruktor des Schutzkorps-Regiments Fellin. Ab Dezember 1939 arbeitete er im Stab des Verteidigungsministers. Nach der Einverleibung Estlands in die UdSSR im August 1940 wurde R. als »politisch unzuverlässig« entlassen. Die Übernahme in die Rote Armee kam nicht in Frage. R. verdingte sich als Bauarbeiter in Reval und flüchtete vor dem Beginn des deutschen Angriffs auf die Sowjetunion in den Untergrund, wo er eine Partisanengruppe aufstellte, mit der er im Landkreis Wierland Attentate und Sabotageakte gegen die sowjetische Besatzungsmacht unternahm.
Nach der Besetzung Estlands durch die Wehrmacht stellte sich R. den Deutschen zur Verfügung. Am 1.9.1941 wurde er übernommen und durfte im Winter 1941/42 eine estnische Ski-Kompanie für Sicherungsaufgaben aufstellen. Im September 1942 bekam er nach der Beförderung zum Major das Kommando über das estnische Bataillon 658. Wegen eines auf selbständigem Entschluß er-

folgreich durchgeführten Einsatzes am Wolchow erhielt R. als erster Este am 23.2.1944 das Ritterkreuz des Eisernen Kreuzes verliehen. Auf Befehl Himmlers wurde R. im Sommer 1944 in die 20. Waffengrenadierdivision der SS (estn. Nr. 1) überführt, in der er das Kommando über das 48. Regiment übernahm. Im Verband des III. (germanischen) SS-Panzerkorps unter dem SS-Gruppenführer Felix Steiner überstand er die Kämpfe an der Narwa-Front, obwohl die estnische Division übermäßig hohe Verluste hatte. Auf dem Truppenübungsplatz Neuhammer bei Breslau wurden die überlebenden Esten zur »Wiederbefreiung der Heimat« neu zusammengestellt und die 20. Waffengrenadierdivision der SS (estn. Nr. 1) mit Wehrpflichtigen aufgefüllt, die das estnische Direktorium unter Hjalmar → Mäe ausgehoben hatte. Da das Baltikum inzwischen bis auf den Kurlandkessel, in dem die 16. und 18. Armee mehrere Abwehrschlachten schlug, von der Roten Armee besetzt war, wurde die Division Mitte Januar 1945 in Schlesien eingesetzt. Beim Ausbruch aus dem Kessel im Raum Falkenberg übernahm R. im März 1945 nach dem Tod des Divisionskommandeurs die Führung des Verbandes und führte in zwei Nächten 80 Prozent der eingeschlossenen Truppen nach Westen. Für diese Leistung wurde er zum Waffen-Standartenführer ernannt und als 875. Soldat mit dem Eichenlaub zum Ritterkreuz des Eisernen Kreuzes ausgezeichnet. Kurz vor der deutschen Kapitualtion am 8.5.1945 gelang es R., mit einem Teil der Division die westlichen Linien zu erreichen und gegenüber den Amerikanern zu kapitulieren. Da sich die Westalliierten weigerten, die Soldaten auszuliefern, deren Länder zu Kriegsbeginn nicht zur UdSSR gehörten, konnten die estnischen Soldaten nach ihrer Entlassung im Westen bleiben und bürgerliche Existenzen beginnen. Die in sowjetische Gefangenschaft geratenen Esten endeten in Zwangsarbeitslagern. Nach dem Krieg lebte R. ein Jahrzehnt in England. 1955 ließ er sich in der Bundesrepublik nieder.
R. gehörte zu den 20 000 Esten, die als Soldaten der Waffen-SS ihr Land gegen die Rote Armee verteidigten. Von allen in der Waffen-SS kämpfenden Nationalitäten erhielten die Esten und die Letten die meisten und höchsten Kriegsauszeichnungen.

Literaturhinweise:
François Duprat: Les campagnes de la Waffen-SS, Paris 1973
Hans Werner Neulen: An deutscher Seite. Internationale Freiwillige von Wehrmacht und Waffen-SS, München 1985

Rebatet, Lucien, geb. 15.11.1903 in Morras-en-Valloire (Drôme), gest. 24.8.1972 in Paris, französischer Journalist und Schriftsteller

Als Sohn eines Rechtsanwalts in katholischen Schulen erzogen, studierte R. Philosophie an der Pariser Sorbonne. Während des Studiums wurde er zum Agnostiker. Wagner und Nietzsche prägten seine Weltanschauung. Nach dem Examen arbeitete R. als Journalist. Ab 1929 war er Mitarbeiter der »Action française« und schrieb Artikel für die Zeitschriften »La Revue Universelle«, »Le Jour«, »Candide« und »Radio Magazine«. 1932 wurde er Redaktionsmitglied von »Je suis partout«, wo er seine Theaterkritiken unter dem Pseudonym François Vinneuil veröffentlichte. Sein erster politischer Artikel erschien 1935 unter der

Überschrift »L'Invasion«. Er strotzte vor rassistischen und antisemitischen Schlagwörtern. Die Parlamentswahlen 1936, die zur Bildung der Volksfrontregierung führten, waren für ihn eine nationale Katastrophe. Sie förderten seine Neigungen für die Rechte. Im gleichen Jahr lernte er bei einem Filmfestival in Rom die Schauseite des faschistischen Staates kennen. Reisen nach Deutschland machten ihn mit der nationalsozialistischen Herrschaft bekannt. In Köln beeindruckte ihn die Begeisterung der Hitlerjugend, und bei einer Wanderung 1938 staunte er über die Einsatzfreude der Deutschen für ihren Staat. Die deutsche Judenpoltik fand seine Zustimmung. Seinen persönlichen Antisemitismus drückte er in den Artikeln »Les Juifs dans le monde« und »Les Juifs et la France« in »Je suis partout« aus. Das Münchner Abkommen vom 30.9.1938 zur Übernahme der sudetendeutschen Gebiete durch das Reich würdigte er als Erfolg der Friedenspolitik Hitlers. Noch bevor der Zweite Weltkrieg ausbrach, hatte sich R. von den antideutschen Rudimenten aus der Zeit der Action française befreit. Er glaubte an die Ausbreitung der faschistischen Ideologie über ganz Europa und an eine faschistische Zukunft für Frankreich.
Nach der militärischen Niederlage Frankreichs im Juni 1940 setzte sich R. bei Radio-Vichy für die »nationale Revolution« ein, die → Pétain zur moralischen und politischen Gesundung Frankreichs proklamierte. Er identifizierte sich mit den konservativen Werten, die die Regierung in Vichy vertrat, und bejahte die autokratischen Herrschaftselemente des Vichy-Staates, weil ihm der autoritäre Nationalstaat nach deutschem Muster zum Vorbild diente. Bevor er sich ab Juli 1941 in der wieder zugelassenen Zeitschrift »Je suis partout« engagierte, war er eine Zeit lang in der Redaktion des »Petit Parisien« zuständig für Politik. Seine Abhandlung »Les Décombres«, die 1942 bei Grasset erschien, wurde mit fast 100 000 verkauften Exemplaren ein Bestseller der Okkupationszeit. Sie hatte den Untertitel »Mémoirs d'un Fasciste«. Auf 500 Seiten ließ R. seiner Abneigung gegen die Politiker der Dritten Republik und die Juden freien Lauf. Er machte beide für die beschämende Niederlage Frankreichs verantwortlich. Die militärischen Erfolge der Deutschen bewunderte er: »C'est bien là qu'est la force et l'esprit. Comment pourrait-on s'empêcher d'admirer ces Siegfrieds?« Aber auch Mitglieder der Regierung Pétain wurden von ihm angegriffen, weil sie sich zu wenig für die Kollaboration mit den Deutschen einsetzten. Mit Hochachtung äußerte er sich über das Engagement des Propagandaleiters → Henriot, mit dem ihn die Begeisterung für das neue Europa verband, das unter deutscher Führung im Entstehen war. Die Polemiken in »Les Décombres« verschafften R. bei der französischen Rechten hohes Ansehen. Die Zahl seiner Freunde in diesen Kreisen vermehrte sich.
R. gehörte zu den vielen Künstlern und Schriftstellern, die für die französische Kulturblüte während der Besatzungszeit verantwortlich waren. Er verkehrte in den Pariser Kunstkreisen mit Jacques Becker, René Clair, Marcel Carné, Marcel → Aymé, Gen Paul, Ralph Soupault und Georges Blond. Er förderte die großen Kunstaustellungen in der Galerie Charpentier, schwärmte von den Berliner Gastspielen in der Pariser Oper und achtete als Mitglied der Jury für den großen Filmpreis darauf, daß nur erstklassige Filme prämiert wurden, z. B. »Les Visiteurs du soir« und »Les Anges du péché«. Er begleitete Arthur Honegger und

Florent Schmitt auf ihren Konzertreisen und traf in Deutschland mit Strauß und Lehar zusammen. Er jubilierte über die Mozart-, Beethoven-, Wagner- und Richard-Strauß-Festspiele in Paris und würdigte die Arno-Breker-Ausstellung von Mai bis Juli 1942 als großes Kunstereignis. Die Comédie Française unter dem neuen Intendanten Alain Laubreaux blühte mit ihrem Star Jean-Louis Barrault in der Besatzungszeit erst richtig auf.

Der Abfall Italiens von der Achse im September 1943 machte den Redaktionsmitgliedern von »Je suis partout« erstmals bewußt, daß es wohl mit Deutschland bergab ging, wenn sogar der Achsenpartner abtrünnig wurde. Einige Mitarbeiter verließen die Redaktion, unter ihnen Robert → Brasillach. R. führte die Arbeit weiter. Er litt darunter, daß sich immer mehr Freunde von ihm abwandten, die das sinkende Schiff vor dem Untergang verlassen wollten.

Im August 1944 ging R. mit der Redaktion »Je suis partout« nach Deutschland. Als die Westalliierten Sigmaringen besetzten, floh er nach Österreich, wo er festgenommen und an Frankreich ausgeliefert wurde. In Fresnes inhaftiert, wurde er nach einem kurzen Prozeß am 23.11.1946 zum Tode verurteilt. Aufgrund von Interventionen französischer Schriftsteller, unter ihnen Henri Jeanson, wurde das Urteil in lebenslange Zwangsarbeit umgewandelt. Im Mai 1947 kam er in das Arbeitslager Clairvaux. Das Manuskript »Les deux étendards«, das er in Sigmaringen begonnen hatte, stellte er im September 1951 fertig. Das Buch erschien im Februar 1952 und beschleunigte seine Amnestie am 16.7.1952 nach mehr als sieben Jahren Haft. In Freiheit schrieb R. einen weiteren Roman mit dem Titel »Les épis mûrs«. Er arbeitete in den Redaktionen von »Rivarol« und »Ecrits de Paris«. Seine Theaterkritiken erschienen in der Zeitschrift »Spectacle du monde«. 1969 kam seine »Histoire de la Musique« auf den Markt. In allen Publikationen stand R. zu seinem Engagement zugunsten der Kollaboration im Zweiten Weltkrieg. Auch in seinen Memoiren, die 1976 erschienen, behielt er diese Position bei: »J étais une vedette de premier plan.«

Literaturhinweise:
Paul Sérant: Le Romanticisme fasciste, Paris 1960
Paul Vandromme: Rebatet, Paris 1968
Lucien Rebatet: Les Mémoires d'un fasciste, Paris 1976
Pascal Ory: Les collaborateurs 1940–1945, Paris 1976
Gérard Loiseaux: La littérature de la défaite et de la collaboration, Paris 1984

Renault, Louis, geb. 12.2.1877 in Paris, gest. 24.10.1944 in Fresnes, französischer Industrieller

Als jüngstes von fünf Kindern entwickelte R. bereits in seiner Jugend eine Vorliebe für mechanische Konstruktionen. Im Garten des elterlichen Hauses in Billancourt baute er sich die erste Werkstatt. Daraus entstand im Laufe der Jahre die hundert Hektar große Automobilfirma. Statt die Ecole Centrale zu besuchen, für die er sich vorbereitete, widmete er sich der Konstruktion eines vergleichsweise preiswerten Autos, das leicht war und trotzdem die Vibrationen des Motors aushalten konnte. Nach seinem Militärdienst schloß er den Bau ab. 1898 bekam er dafür sein erstes Patent. Der Zweisitzer wog 550 Pfund und fuhr 30 Stundenki-

lometer. Beim Autosalon 1899 wurden 60 Stück bestellt. Ende 1900 hatte er 200 Fahrzeuge verkauft. Mehrere internationale Autorennen machten sein Fahrzeug publik. Nachdem er den Vermögensanteil seiner beiden Brüder übernommen hatte, war er Alleininhaber der Firma. 1913 betrug der Jahresgewinn drei Millionen Goldfranken. Nach einem Besuch in den Fordwerken in Detroit entschloß sich R. zur Massenproduktion. Daran hinderte ihn jedoch der Erste Weltkrieg. Statt Autos produzierten die Renaultwerke Militärgerät, beispielsweise Maschinengewehrwagen,Lastwagen, Flugzeuge, Granaten. Der erste Renault-Tank wurde am 22.2. 1917 erprobt. Von den 3500 Tanks des folgenden Regierungsauftrags wurden 1850 in den Renaultwerken hergestellt, die anderen anderswo auf Lizenzbasis. Für seine Kriegsverdienste wurde R. zum Offizier der Ehrenlegion ernannt. Die Kriegsgewinne ermöglichten R. nach dem Krieg die Umwandlung der Firma in einen Konzern mit allen Zulieferbetrieben, die er brauchte, um den Einfluß der Banken zurückdrängen und von staatlichen Eingriffen unabhängig zu werden: Stahlwerke, Werkzeugmaschinenfabriken, Elektrizitätswerke, Baumwoll- und Lederfabriken. Als das Elsaß 1919 an Frankreich kam, übernahm er die Firmen, die in sein Imperium paßten. Er eiferte dem amerikanischen Vorbild nach. Zwanzig Prozent der Renaultprodukte hatten nichts mit dem Auto zu tun. R. baute Schiffs- und Flugzeugmotoren, Pumpen und vieles andere. 98 Prozent der Aktien, die auf dem Markt waren, waren in seiner Hand. In der Auseinandersetzung mit dem Hauptkonkurrenten Citroën gewann er in seinem Neffen François Lehideux einen geschickten Geschäftsführer und weitblickenden Industriepolitiker. In den zwanziger Jahren wurden die Usines Renault zum größten Panzerproduzenten der Welt. Erst ab 1933, nachdem die Genfer Abrüstungskonferenz Panzer als Aggressivwaffen klassifiziert hatte, ging die Produktion zurück. Trotz dieser finanziellen Einbußen sah R. die größte Gefahr für Frankreich im moskaugesteuerten Kommunismus und nicht in der Aufrüstung Deutschlands. In den dreißiger Jahren nahm R. den Kampf gegen die sozialistischen Gewerkschaften auf. Im Mai 1936 besetzten 25 000 streikende Arbeiter die Renaultwerke in Billancourt. Das Matignon-Abkommen zwischen der Confédération Générale du Patronat und der Confédération Générale du Travail, das den Arbeitern die Vierzigstunden-Woche und bezahlte Ferien bescherte, empfand R. als persönliche Niederlage. Zwischen 1936 und 1938 waren Streiks an der Tagesordnung. Die Entlassung von zweieinhalbtausend kommunistischen Arbeitern sicherte ihm die Feindschaft der Kommunistischen Partei Frankreichs bis an das Lebensende.

Während des Automobilsalons in Berlin traf R. im Februar 1938 den deutschen Führer und Reichskanzler persönlich. Ihm gefiel die Idee eines Volkswagens, die Hitler propagierte, und er bewunderte die Autobahnen, die Fritz Todt baute. Er wollte die Idee des Volkswagens für die Renaultwerke übernehmen. Der Haß gegen die Kommunisten, den er mit Hitler teilte, die Achtung vor der industriellen Leistungsfähigkeit der Deutschen und die Freundschaft seiner Frau mit → Drieu La Rochelle waren die Gründe dafür, daß R. ins nationalistische rechte Lager geriet. Er stellte sich vor, daß Frankreich und Deutschland zusammen der Autokonkurrenz aus den USA Herr werden könnten.
In den Wochen vor dem Beginn des Zweiten Weltkriegs beschimpfte R. die französische Regierung wegen ihrer Untätigkeit auf dem Rüstungssektor und verfeindete sich mit dem Kriegsminister Raoul Dautry. Erst als der Krieg ausgebrochen war, wurde R. aufgefordert, seinen Konzern auf Kriegsproduktion umzustellen. Da gleichzeitig die Hälfte seiner 325 000 Arbeiter einberufen wurde, dauerte die Umstellung länger, als erwartet. R. wehrte sich gegen die Einflußnahme der Regierung auf seine unternehmerischen Pläne. Seine Vorliebe galt dem leichten Auto Juvastella 40. Deshalb mußte die Regierung am 18.11.1939 R. mit einem Erlaß zur Übernahme von Staatsaufträgen zwingen. Als Frankreich am 22.6.1940 kapitulierte, befand sich R. auf einer Geschäftsreise in den USA. Er führte Gespräche mit Morgenthau und Roosevelt über die amerikanischen Produktions- und Finanzierungsbedingungen für Kriegsgerät, insbesondere die Lieferung von Panzern. Nach seiner Rückkehr in die nicht besetzte Zone Frankreichs erkannte er wie viele andere französische Unternehmer, daß die Industrieproduktion des Landes nur in Übereinstimmung mit dem Sieger aufrechterhalten werden konnte. Das Verbot der Gewerkschaften nahm er mit Befriedigung zur Kenntnis. Die paternalistische Regierungsweise des französischen Staatschefs → Pétain sagte ihm ebenso zu wie das korporative System, das die Regierung in Vichy befürwortete. Über die Comités d'organisation erhielten die französischen Unternehmer ein Mitspracherecht in Wirtschaftsfragen. Als sich die Deutschen bereiterklärten, für einen Teil der 400 Millionen frs, die Frankreich täglich als Kriegsentschädigung zu bezahlen hatte, Aufträge in Frankreich zu plazieren, zögerte R. nicht, zuzugreifen, zumal die Sieger drohten, die Leitung der französischen Konzerne selbst zu übernehmen, wenn sie sich den deutschen Wünschen verschlossen. Einer der ersten Aufträge für die Renaultwerke betraf die Reparatur von französischem Militärgerät, das während des Feldzugs in deutsche Hände gefallen war. Um seine Arbeiter weiter beschäftigen zu können und ihre Abwanderung nach Deutschland zu unterbinden, fand sich R. bereit, auch Waffen für die Deutschen zu produzieren. Er überließ ihnen die Fabrik in Le Mans zur beliebigen Auslastung, wenn ihm dafür die Produktion von Privatkraftwagen genehmigt würde. Der deutsche Generalbevollmächtigte für das Kraftfahrwesen lehnte diese Vorstellungen jedoch ab. Den Usines Renault wurde der Prinz von Urach als Generalbevollmächtigter beigegeben, der die Produktion für deutsche Zwecke zu überwachen hatte. Obwohl R. zu diesem Gentleman gute persönliche Beziehungen entwickelte, fühlte er sich seiner unternehmerischen Freiheit beraubt. Während des Krieges produzierten die Usines Renault 34 232 Militärfahrzeuge für die Besatzungsmacht. Der Firmenumsatz betrug 6 Milliarden frs.

Im Juni 1941 übernahm Lehideux den Platz von Pierre → Pucheu in der französischen Regierung in Vichy. Ganz im Sinne R.s wollte er zusammen mit Oberst Thönissen, dem Vertreter der deutschen Automobilindustrie, in dem zu erwartenden neuen Europa die deutsche, italienische und französische Autoindustrie zu einem Weltkonzern vereinigen, der in der Lage sein würde, die USA vom Weltmarkt zu verdrängen. Ein Zehn-Jahres-Plan legte die einzelnen Schritte fest.
1942 hatte R. in Vichy seine erste persönliche Begegnung mit Pétain. Mentale Störungen, die sich auf das sprachliche Ausdrucksvermögen auswirkten, hatten zur Folge, daß R. am 27.8.1942 die Firmenführung bis auf den Konstruktions- und Produktionsbereich an ein Direktorium abgeben mußte.
Am 3.3.1942 wurden die Renaultwerke in Boulogne erstmals von der Royal Air Force bombardiert. 400 Arbeiter wurden getötet und 1200 verletzt. Die Wiederaufbauarbeiten nutzte R. zur Modernisierung der Anlagen aus. Nach neun Monaten lief die Produktion wieder auf vollen Touren. Bei den folgenden Luftangriffen verfuhr R. ähnlich, so daß sich der Gesamtschaden am Kriegsende im Rahmen hielt.
Unmittelbar nach der Befreiung von Paris durch die Westalliierten begannen die Angriffe gegen R. in der kommunistischen Zeitung »L'Humanité«. Bald forderte die ganze Linkspresse die Verhaftung des kriminellsten Kollaborateurs des Landes, dessen Kriegsgerät in den Händen der Deutschen tausenden alliierten Soldaten das Leben gekostet habe. In der ersten Septemberwoche 1944 versteckte sich R. bei Bekannten. Als de Gaulle gezwungen wurde, den Kommunisten Marcelle Willart als Justizminister in seine Regierung aufzunehmen, wurde die Suche nach R. intensiviert. R. lehnte den Rat seiner Freunde ab, in die Schweiz oder nach Spanien zu fliehen, und stellte sich am 22.9.1944 den Behörden. Bereits nach der ersten Vernehmung wurde er im Gefängnis Fresnes festgesetzt. Dort wurde er offensichtlich von den Wärtern fürchterlich mißhandelt. Nach einigen Tagen im Gefängnisspital in Ville-Evrard wurde er als Todkranker am 17.10.1944 in das Krankenhaus Saint-Jean-de-Dieu eingeliefert. Der Totenschein nannte Urämie als Todesursache. Heimliche Röntgenaufnahmen, die durch den Sargdeckel gemacht wurden, erwiesen angeblich, daß R. an einer Fraktur des obersten Halswirbels gestorben war. Ihm sei das Genick gebrochen worden. Die Exhumierung der Leiche, die im Rahmen des Wiedergutmachungsverfahrens seiner Familie im Februar 1956 veranlaßt wurde, konnte diesen Befund jedoch nicht bestätigen.
Am 4.10.1944 wurden die Renaultwerke unter Regierungssequester gestellt. Damit wurde die Enteignung der Familie R. und die Nationalisierung der Usines Renault eingeleitet. Mit einem Dekret de Gaulles wurden sie im Januar 1945 Staatseigentum.

Literaturhinweise:
Jean Boulogne: La vie de Louis Renault. Les maîtres de l'heure, Paris 1931
Anthony Rhodes: Louis Renault. A Biography, New York 1970
Robert O. Paxton: Vichy France. Old Guard and New Order 1940–1944, New York 1982
Herbert R. Lottman: The People's Anger. Justice and Revenge in Post-Liberation France, London u. a. 1986
Saint Loup (Pseud. für Marc Augier): Renault de Billancourt, Paris 1987

RIEDWEG, FRANZ, geb. 10.4.1907 in Luzern, 1995 in München lebend, Schweizer Arzt, Stabschef der Germanischen Freiwilligen-Leitstelle im SS-Hauptamt, SS-Obersturmbannführer

R. entstammte einer konservativen katholischen Bürgerfamilie in Luzern. Nach dem Besuch des humanistischen Gymnnasiums absolvierte R. 1927 die Reifeprüfung und studierte in Bern, Berlin und Rostock Medizin. Seine Dissertation schrieb er an der Frauenklinik in Berlin. Seine Frau Sybille war die Tochter des Generalfeldmarschalls von Blomberg, Reichskriegsminister 1933–1938.
Seit seinem 22. Lebensjahr kämpfte R. gegen den Marxismus-Leninismus. Er gründete mit dem Alt-Bundespräsidenten Musy die »Action suisse contre le communisme«, weil in der Schweiz nach französischem Vorbild eine Volksfront aus Kommunisten und Sozialdemokraten drohte. Seine Aktivitäten führten in einzelnen Teilen des Landes zum Verbot der Kommunistischen Partei. R. schrieb das Drehbuch für den anti-kommunistischen Dokumentarfilm »Die Rote Pest«. Als die Uraufführung in La Chaux de Fonds Unruhen auslöste, verbot die Regierung weitere öffentliche Aufführungen. In Deutschland war R. Mitarbeiter der »Contra-Komintern«. Bei einem Empfang Musys und R.s in Berlin forderte Himmler R. auf, für eine Zeitlang Dienst in der der SS-Verfügungstruppe zu tun, wenn er die SS kennenlernen wolle. 1938 stellte R. den Aufnahmeantrag in die SS und gleichzeitig einen Antrag auf Einbürgerung, so daß er zwei Staatsbürgerschaften besaß. Ab 1.7.1938 tat R. Dienst als Arzt in der »SS-Standarte Deutschland« der Verfügungstruppe in München. Von Mai bis Juni 1940 nahm er mit seiner Einheit als Stabsarzt am Frankreichfeldzug teil.
Mitte 1940 zeigte sich, daß viele junge Männer aus den besetzten Gebieten Norwegen, Dänemark, Niederlande und Belgien in der Waffen-SS dienen wollten. Zur Koordinierung der Bewerbungen schlug R. vor, eine Zentralstelle zu schaffen, die sich um die Musterung und Eingliederung der ausländischen Freiwilligen für die Waffen-SS kümmern sollte. So entstand im August 1940 die »Germanische Freiwilligen-Leitstelle« (GFL) im SS-Hauptamt. Stabschef des neuen Amtes wurde R. mit dem Rang eines SS-Sturmbannführers. Er besetzte seine Dienststelle vorwiegend mit Akademikern. Anfang 1942 arbeiteten etwa 130 Personen in der GFL, darunter Graphiker für Werbeschriften und Plakate, Dolmetscher und Schriftsteller. Die »Germanischen Leithefte« wurden vom Leiter der Gruppe Weltanschauung, SS-Standartenführer Jacobsen, erstellt. R. gab die Schriftenreihe »Soldat und Staatsmann« heraus, die alle zwei Monate mit einem Umfang von 50 Seiten erschien. Die Heftreihe »Germanische Gemeinschaft« projizierte die Waffenbrüderschaft der ausländischen Angehörigen der Waffen-SS mit den deutschen vor dem gemeinsamen geschichtlichen Hintergrund der abendländischen Kultur. R. war Mitarbeiter der Zeitschrift »Aktion« und schrieb das Buch »Aufbruch zur Freiheit 1813–1814–1815. Friedrich der Große«.
Um die Attraktiviät der Waffen-SS für religionsgebundene Bewerber zu erhöhen, genehmigte Himmler auf Anregung von R. Militärgeistliche in den Waffen-SS-Einheiten mit ausländischen Freiwilligen. Als sich nach dem Beginn des Rußlandfeldzugs im Juni 1941 viele Christen zum Kampf gegen den atheisti-

schen Bolschewismus bereit erklärten, war ihre religiöse Betreuung nicht nur in der Wehrmacht, sondern auch in der Waffen-SS gesichert.
Im Laufe des Jahres 1941 entstanden in allen besetzten west- und nordeuropäischen Gebieten neben den Ergänzungsstellen der Waffen-SS Außenstellen der GFL. Die Dienstaufsicht führten die örtlich zuständigen Höheren SS- und Polizeiführer. Die GFL-Außenstellen kümmerten sich um die Nachwuchswerbung für die Waffen-SS. Da Himmler in den besetzten Gebieten die alleinige Zuständigkeit für alle »germanischen Belange« hatte, wurde Mitte 1943 die Bezeichnung GFL in »Germanische Leitstelle« (GL) abgeändert. In ihren Dienststellen in Berlin und anderswo erarbeiteten nicht-deutsche Offiziere eine gesamteuropäische Konzeption für die ausländischen Freiwilligen in der Waffen-SS, die die Zukunft ihrer Länder nach dem Krieg betraf. R. vertrat mit seinem Kollegen → Büeler eine föderalistische Ordnung Europas anstelle der großdeutschen oder großergermanischen Europaidee, die Himmler in Anlehnung an die mittelalterliche Reichsidee pflegte. Die »organische Lösung« sahen sie in der »Neuordnung Europas als Eidgenossenschaft germanischer Stämme, mit den germanischen Randstaaten in bündischem Verhältnis zum Reich, ohne politische Abhängigkeit«. Beide interpretierten die Waffen-SS als Keimzelle der europäischen Streitkräfte und als europäische Elite. Obwohl dieses Gedankengut nie zum offiziellen Leitbild der SS wurde, fand es Eingang in die Kreise, die ein realistisches Europabild avisierten. An den Junkerschulen Tölz, Braunschweig, Klagenfurt und Prag, an denen der militärische Führungsnachwuchs der Waffen-SS ausgebildet wurde, wurde lebhaft darüber diskutiert. Als R. in Tölz vor Führeranwärtern in einer Rede im Zusammenhang mit einer Vortragsreihe über den abendländischen Laien-Orden die gemeinsame Zukunft Europas beschwor und von einem europäischen Staatenbund souveräner Staaten mit gemeinsamer Außenpolitik sprach, versetzte ihn Himmler auf Forderung des Chefs der Parteikanzlei Martin Bormann, der in diesem Konzept einen Eingriff in die Nachkriegsplanungen Hitlers sah, an die Ostfront. Sein Nachfolger im Amt wurde der SS-Obersturmbannführer Erich Spaarmann.
Im September 1942 hielt sich R. bei der 5. SS-Panzerdivision ›Wiking‹ auf, die überwiegend aus europäischen Freiwilligen bestand. Im Einvernehmen mit dem Kommandeur, SS-Gruppenführer Felix Steiner, schlug er die Bildung eines SS-Panzerkorps vor, in dem alle europäischen SS-Freiwilligen zusammengefaßt werden könnten. Es wurde im März 1943 unter dem Namen III. (germanisches) SS-Panzerkorps Wirklichkeit. R. hätte einen umfassenderen Namen bevorzugt, weil auch Finnen, Esten, Letten und Wallonen dort dienten. Mit der Bezeichnung »germanisch« wurde der Idee des Pangermanismus, die von Himmler vertreten wurde, Vorschub geleistet. Die Kollaborationsparteien in den besetzten germanischen Ländern wurden zu erhöhten Werbemaßnahmen veranlaßt, weil der jeweilige nationale Anteil am III. (germanischen) SS-Panzerkorps Maßstab für ihren Anteil an der germanischen Nachkriegsarmee und für die Stellung ihres Landes in dem neuen Nachkriegseuropa sein würde.
Am 21.6.1943 wurde R. zum SS-Obersturmbannführer ernannt. Mit diesem Dienstgrad gehörte er ab 7.1.1944 zum Generalkommando des Panzerkorps, obwohl er noch zur Amtsgruppe D des SS-Hauptamtes zählte. In Estland leitete R. ein Lazarett. Ab Juli 1944 war er Adjutant des Kommandierenden Generals.

Am 8.11.1944 entzog das Eidgenössische Justizdepartement R. und seiner Familie das Schweizer Bürgerrecht. Nach der deutschen Kapitulation am 8.5.1945 verbrachte er drei Jahre in englischer Kriegsgefangenschaft, davon drei Monate in Nenndorf und ein Jahr in Nürnberg, wo ihm der Prozeß vor dem Internationalen Militärtribunal gemacht werden sollte. 1947 verurteilte ihn ein Schweizer Gericht in contumaciam wegen »Vorschubleistens fremden Kriegsdienstes« zu 16 Jahren Gefängnis. Nach seiner Entlassung aus der Kriegsgefangenschaft im Juni 1948 arbeitete R. als Arzt in der Bundesrepublik Deutschland. Er engagierte sich angesichts der gesellschaftlichen Veränderungen im Westen des geteilten Deutschlands und des zunehmenden Werteverfalls für die abendländische Idee gegen Liberalismus und Marxismus und gründete 1968 zusammen mit Mitgliedern des höheren deutschen Klerus die »Liga Europa« für ein vereintes Europa auf christlich-ökumenischer Basis. Nach dem Zerfall des sozialistischen Ostblocks plädierte er 1993 mit seinem Buch »Aut deus aut nihil« für ein neues gemeinschaftsbewußtes Menschenbild, geprägt von Christentum und Toleranz.

Literaturhinweise:

Franz Riedweg: Aut deus aut nihil, München 1993
Linus Reichlin: Kriegsverbrecher Wipf, Eugen. Schweizer in der Waffen-SS, in deutschen Fabriken und an den Schreibtischen des Dritten Reichs, Zürich 1994

RIISNÆS, SVERRE PARELIUS, geb. 6.11.1897 in Vik in Sogn, gest. 21.6.1988 in Oslo, norwegischer Justizminister 1940–1944, SS-Standartenführer

R.s Mutter war eine strikte Abstinenzlerin und lag während der ganzen Ehe im Kampf mit seinem Vater, dem Polizeichef von Sogn, wegen dessen Alkoholismus. Die Familie pflegte eine ausgesprochen nationalpatriotische Einstellung. R. erhielt eine »großgermanische Erziehung« im nordischen Geist. Ihm wurde beigebracht, daß »die Verhältnisse in Europa ... zu einer Sammlung der germanischen Völker mit Deutschland als das größte und kräftigste an der Spitze führen« müßten. »Demokratismus und Parlament« lernte er abzulehnen. Er war fasziniert von den großen politischen Persönlichkeiten der deutschen Geschichte. Seine besondere Verehrung galt Kaiser Wilhelm II. Formale Gründe verhinderten, daß R. am Ersten Weltkrieg auf deutscher Seite teilnahm, wie es sein Wunsch war. Mit einem Onkel, der in der k.u.k. Armee diente, diskutierte er ausführlich über die politische Situation in Europa.
Nach dem Abitur im Jahr 1915 studierte er Jura an der Frederiks-Universität in Oslo. 1919 machte er das Staatsexamen. Während des Studiums wurde er zum Sozialisten. Seinen politischen Standpunkt sah er »zur Linken der Linken«. In der Ortsgruppe der Arbeiterpartei brachte er es schnell bis zum Bezirkssekretär. Auf Anraten seines Vaters ließ er nach dem Studium von seiner politischen Betätigung ab. Als er nach seinem Wehrdienst 1921 eine Stelle als Polizeibevollmächtigter in Kristiansund antrat, legte er seine politischen Ämter nieder. Während der Prohibition 1922 machte er sich als Vorkämpfer des Antialkoholismus einen Namen, weil er in seinem Gerichtsbezirk 133 Verhaftungen durchführte und 187 Anklagen einleitete. 1925 trat er in den Polizeidienst in Oslo ein und beschäftigte sich ab 1927 mit der Durchsetzung des staatlichen Alkoholmonopols. 1929 arbeitete

er an einem Brandregister für die Norwegische Brandversicherung. 1928 bis 1930 war er Mitglied der ministeriellen Polizeireformkommission. Während einer achtmonatigen Studienreise nach Wien beschäftigte er sich mit kriminaltechnischen Themen, Rechtspsychiatrie, Kriminologie und Brandursachenforschung. Er verfaßte einige kriminaltechnische Artikel in mehreren Zeitschriften und Zeitungen. 1931 wurde R. Polizeiadjutant an der Osloer Polizeikammer und Staatsanwalt in Telemark. Im gleichen Jahr schloß er sich der neu gegründeten Bewegung »Nordiske Folkereisning« (Norwegisches Erwachen) von Vidkun → Quisling an, aus der zwei Jahre später die »Nasjonal Samling« (NS) hervorging. Bevor er 1934 Oberstaatsanwalt in den Fylken Buskerud und Opland wurde, lernte er bei einem Studienaufenthalt 1933 in Berlin das nationalsozialistische Deutschland kennen. Nach den Morden an Ernst Röhm und Gregor Strasser im Juni 1934 distanzierte sich R. jedoch von Hitler. Erst ab 1938 zählte er wieder zu seinen Bewunderern. 1938 berief ihn die norwegische Regierung in den Ausschuß zur Bekämpfung der illegalen kommunistischen Tätigkeit in der Handelsmarine. 1940 war er Mitarbeiter in einem Komitee zur Änderung des Militärstrafgesetzes. Als er feststellte, daß Leute mit deutschen Kontakten überwacht wurden, brach er aus Angst vor Karriereschäden von heute auf morgen jeglichen Verbindung zu seinen deutschen Freunden ab. Ein Prozeß gegen Mitglieder der NS, in dem er als Staatsanwalt fungierte, brachte ihm die Feindschaft der Quislinganhänger ein.

Nach der Besetzung Oslos durch deutsche Truppen am 10.4.1940 bekam es R. mit der Angst zu tun und war froh, daß die Regierung Quisling von den Deutschen nach wenigen Tagen abgesetzt wurde. Danach nahm er seine deutschen Kontakte wieder auf. Nach einem langen Gespräch mit einem alten Freund, dem Polizeigeneral Paul Riege, entschied sich R. für die Kollaboration. Er versöhnte sich mit Quisling und übernahm am 25.9.1940 das Justizministerium im neugebildeten Staatsrat (kommissarisk riksråd), der die Regierungsgeschäfte nach den Weisungen des deutschen Reichskommissars für Norwegen, Josef Terboven, führte. Er engagierte sich im Rikshird und wurde Vorsitzender des Parteigerichts der NS. Zwei Monate nach seiner Ernennung zum Justizminister ließ er sich von Terboven das Recht zusprechen, alle Richter entlassen zu können, die nicht im Sinne der neuen Zeit urteilten, und ein in der Verfassung nicht vorgesehenes Sondergericht für politische Delikte einzurichten. Als die Mitglieder des Obersten Gerichtes dagegen protestierten, sprach ihnen Terboven am 3.12.1940 das Recht ab, seine Weisungen in Frage zu stellen. Darauf hin traten alle Richter des Obersten Gerichts einvernehmlich zurück. Das ermöglichte R., das Gremium mit kollaborationswilligen Männern zu besetzen und zu demonstrieren, daß die NS imstande und gewillt war, aus eigener Kraft im Sinne der deutsch-norwegischen Kollaboration zu agieren. Bis Ende 1942 gelang R. eine weitgehende Nazifizierung der norwegischen Gerichte, die mit politischen Fällen zu tun hatten, insbesondere des Volksgerichtshofes und des Obersten Gerichts. R. bemühte sich um eine gute Zusammenarbeit mit dem von ihm bewunderten Polizeiminister Jonas → Lie und half ihm bei der Nazifizierung der Polizei, indem er Klagen gegen Entlassungen von nicht kollaborationswilligen Polizisten abweisen ließ. Gegen Terboven, dem er Amt und Würde zu verdanken hatte, hegte er tiefe Abneigung, weil er die Regierungsübernahme durch die NS auch hintertrieb, als Quisling zum Ministerpräsidenten ernannt worden war. Mit der Pseudofunktion eines Kriegsberichterstatters bei der Leibstandarte Adolf Hitler nahm R. vom 1.4. bis 12.5.1941 am Balkanfeldzug der Wehrmacht in Jugoslawien und Griechenland teil. Für seine angeblichen Verdienste wurde er am 21.5.1941 mit dem Kriegsverdienstkreuz 2. Klasse mit Schwertern ausgezeichnet. R. gehörte zu den Befürwortern der Aufstellung einer norwegischen Freiwilligeneinheit an deutscher Seite. Er erleichterte den Weg, indem er verordnete, daß Jugendliche keine Einwilligung ihrer Eltern für die Meldung zur Waffen-SS benötigten, daß eine gute Beurteilung durch die militärischen Vorgesetzten sich positiv auf den höheren Schulabschluß auswirken könne und daß die Freiwilligen nach ihrer Rückkehr Anspruch auf ihren alten Arbeitsplatz hätten. Als der Rußlandfeldzug im Juni 1941 begann, engagierte sich R. auch in seiner Funktion als Reichsredner der NS in der Freiwilligenwerbung für den Kreuzzug der Völker des Abendlands gegen den Bolschewismus. Im Stab der »Germanske SS Norge« war er vom 20.4.1942 bis 1.3.1943 für die ideologische Schulung der Angehörigen der Allgemeinen SS in Norwegen zuständig und benutzte seinen Einfluß zur Werbung von Freiwilligen für die 5. SS-Panzerdivision ›Wiking‹, die aus Freiwilligen aller germanischen Länder zusammengesetzt war und in der die meisten Norweger dienten. Für die SS-Männer, die von der Front zurückkamen, hegte R. große Bewunderung. Er förderte sie, wo er konnte.

R. bewunderte Hitler als einen germanischen Nationalhelden. In einer Rede verglich er ihn mit König Harald Hårfagr, der die Stämme Norwegens einigte, und nannte ihn einen Nachfolger des norwegischen Helden bei der Zusammenführung der germanischen Völker. An der Überlegenheit der germanischen Rasse ließ er keinen Zweifel zu: »Menschen von unserem Blut sollen sich nicht schämen und sich als ›dirty foreigners‹ fühlen müssen.« R. blieb ein überzeugter Kollaborateur bis zur letzten Stunde. Am 9.11.1944 zum SS-Standartenführer befördert, beteuerte er Himmler in einem Schreiben vom 8.12.1944, er werde alle seine »Fähigkeiten und Kräfte in dem fortdauernden Kampf für das Leben und die Zukunft unseres Blutes einsetzen«. Am 11.5.1945 ergab sich R. auf dem Hof Skallum, wo er sich mit Lie und Rogstad verschanzt hatte, den norwegischen Heimattruppen. Er kam wankend heraus und teilte den Belagerern mit, daß Lie und Rogstad Selbstmord begangen hätten. Er selbst wolle die Konsequenzen seines Handelns tragen. Um R. seine Schandtaten vor Augen zu führen, mußte er nach seiner Inhaftierung zusammen mit Quisling und → Stang am 28.6.1945 der Aushebung eines Massengrabes beiwohnen. Während des Prozesses erwies er sich als geistig nicht zurechnungsfähig. Im Volk sagte man, er habe seine Krankheit vorgetäuscht. R. starb in einer psychiatrischen Klinik.

Literaturhinweise:
Nils Johan Ringdal: Mellom barken og veden, Oslo 1987
Nils Johan Ringdal: Gal mann til rett tid, Oslo 1989
Öystein Sorensen: Hitler eller Quisling, Cappelen 1989
Sverre Rodder: Min ære er troskap, Oslo 1990
Hans Fredrik Dahl: Vidkun Quisling – en förer for fall, Oslo 1992

RINNAN, HENRY OLIVER, geb. 14.5.1915 in Levanger, hingerichtet 1.2.1947 in Trondheim, norwegischer Nachrichtenagent in deutschen Diensten

R. war das älteste von neun Kindern eines Schuhmachers und wuchs unter schwierigen wirtschaftlichen Verhältnissen auf. Abgesehen von der Volksschule hatte er keine Ausbildung. Vor dem Zweiten Weltkrieg arbeitete er als Chauffeur und Autohändler.
Nach der Besetzung Norwegens durch die Deutschen verpflichtete sich R. im Juni 1940 als Agent der deutschen Spionageabwehr. Er wurde zum wertvollsten einheimischen Mitarbeiter des SD. Ab 1941 baute er eine selbständige Nachrichtenabteilung mit 60 bis 70 weiblichen und männlichen Provokateuren, Aktionsleuten und Folterern auf. Sie gab sich die Bezeichnung »Sonderabteilung Lola«. Im Volk wurde sie »Rinnanbande« genannt. Sie war die erfolgreichste Waffe der Deutschen im Kampf gegen die norwegische Widerstandsbewegung. Obwohl sie hauptsächlich in Möre, Tröndelag und Nordnorwegen operierte, war sie im ganzen Land gefürchtet. Eines der bekanntesten Mitglieder war Torill Grande. Sie spionierte als freiwilliger Häftling unter den Norwegerinnen im KZ Ravensbrück, um etwas über die Heimatfront zu Hause zu erfahren. Nach dem Krieg brachte sie sich in Schweden in Sicherheit.
R. wurde als der Erfinder der raffinierten und erfolgreichen Provokationstechnik »Spiel auf dem negativen Sektor« bekannt. Andere Fachausdrücke dafür sind »negative Kontakte«, »negative Gruppen« und »Infiltration«. Seine Mitarbeiter gaben sich auf ihren zahlreichen Reisen als aktive Vertreter der norwegischen Heimatfront aus, suchten Kontakt mit braven Norwegern und verleiteten diese »negativen Kontaktpersonen« in dem Glauben, es handle sich um Angehörige der Widerstandsbewegung, dazu, für sie zu arbeiten. Es gelang R., »negative Gruppen« in allen strategisch wichtigen Gebieten aufzubauen. Sie arbeiteten eng mit R.s Provokateuren zusammen und führten ihre Aufträge gutgläubig aus. Brave Norweger verfingen sich so im Netz des Nachrichtendienstes und verschafften R. Informationen über alles, was in ihren Gebieten geschah. Es handelte sich um etwa 1500 bis 2000 Personen, die auf diese Weise unwissentlich für R. und seine deutschen Auftraggeber arbeiteten. Mit ihrer Hilfe konnten die Deutschen die norwegische Widerstandsbewegung kontrollieren.
Diese Provokationstechnik führte zu beachtlichen Ergebnissen. Einer von R.s wichtigen Aufträgen war es beispielsweise, den alliierten Nachrichtendienst in den Küstengegenden von Trondelag und Nordland zu neutralisieren, besonders

in der Zeit, als die deutsche Hochseeflotte ihren Hauptstützpunkt im Trondheimsfjord hatte. Es gelang R., diese Gebiete mit so vielen »negativen Gruppen« zu besetzen, daß die gesamte Widerstandsbewegung lahmgelegt war.
R. lieferte den Deutschen über tausend Norweger aus, von denen etwa hundert getötet wurden. Er deckte zahlreiche geheime Radiostationen auf. Obwohl die Angehörigen seiner Abwehrgruppe keine polizeilichen Befugnisse hatten, halfen sie den Deutschen bei der Erpressung von Geständnissen. Peinliche Verhöre gehörten zu den normalen Arbeitstechniken. Eine Reihe Gefangener wurde zu Tode gefoltert.
R. kombinierte seine starke Intelligenz und seine praktische Veranlagung zum Wohl der Deutschen gegen die eigenen Landsleute. Die psychiatrischen Sachverständigen charakterisierten ihn als »eine brutale, rücksichtslose, ehrgeizige und willensstarke Person mit großem Selbstvertrauen und mit gut entwickelter Intelligenz«. R.s deutscher Vorgesetzte, Oberregierungsrat Gerhard Flesch, schrieb folgendes über ihn: »Rinnans vorherrschende Eigenschaften sind sein enormer Ehrgeiz und sein rücksichtsloses Draufgängertum, die Ziele, die er sich gesetzt hat, zu erreichen. Diese Kombination aus Machtgier und rücksichtsloser Zielstrebigkeit führte ihn manches Mal auf Wege, die kein normaler Mensch je fassen oder verstehen kann.« Über seine Mitarbeiter übte R. eine beinahe unerklärliche Macht aus. Er achtete auf strenge Disziplin. Schwäche oder Abtrünnigkeit wurden brutal bestraft. Sechs Mitarbeiter ließ er exekutieren, weil er ihnen nicht länger vertrauen zu können glaubte.
R. und die meisten seiner Leute wurden gleich nach der Befreiung verhaftet und 1946 vom Oberlandesgericht Frosta in Trondelag in einer Reihe von Prozessen abgeurteilt. Der Hauptprozeß gegen ihn und 29 seiner engsten Mitarbeiter war das größte Verfahren im Rahmen der Säuberung. Die Anklageschrift umfaßte etwa tausend Punkte. Es dauerte über fünf Monate, sie zusammenzustellen. R. selbst wurde u. a. des dreizehnfachen Mordes angeklagt. Das Urteil wurde am 20. und 21.9.1946 gefällt. R. und neun andere Angeklagte wurden zum Tode verurteilt; die übrigen bekamen lange Haftstrafen. Die Urteilsbegründung für R. besagte u. a.: »Es ist wohl nicht zuviel behauptet, daß er das beste Werkzeug der Sicherheitspolizei hierzulande gewesen ist.« R.s Berufung gegen das Urteil wurde vom Obersten Gericht am 23. 12.1946 zurückgewiesen. Sein Gnadengesuch lehnte der norwegische König am 31.1.1947 ab.

Literaturhinweise:

J. Andenæs, O. Riste, M. Skodvin: Norway and the Second World War, Oslo 1966
John Lyng: Forræderiets epoke, Oslo 1979
Nils Johan Ringdal: Mellom barken og veden, Oslo 1987

ROSKAM, EVERT JAN, geb. 22.1.1892 in Barneveld, Führer der »Boerenfront« (»Agrarisch Front«) in der »National Socialistische Beweging« (NSB) der Niederlande 1938–1945, »Boerenleider« des »Nederlandsche Landstand« 1941–1943

R. entstammte einer veluwischen Bauernfamilie in der Provinz Gelderland und besucht eine christliche Volksschule. Ohne weitere Ausbildung übernahm er den

Lebensmittelbetrieb seines Vaters, den er in der Weltwirtschaftskrise in den Konkurs führte.
1933 wurde R. Mitglied der »Nationaal Socialistische Beweging« (NSB) → Musserts und vertrat dort die Interessen des gewerblichen Mittelstands und der Bauern. 1937 redigierte er eine Zeitlang das Parteiblatt »Het Nationale Dagblad« und verbreitete den nationalsozialistischen Blut-und-Boden-Kult, lange bevor → Rost van Tonningen das Thema aufgriff. Auch in der NSB-Monatsschrift »Nieuw Nederland« verkündete R. die völkische Orientierung auf den reinrassigen Bauernstand als Inbegriff des Germanentums. 1938 gründete er die NSB-Organisation »Boerenfront« (Bauernfront), die später in »Agrarisch Front« umbenannt wurde. Gleichzeitig leitete er in der NSB-Verwaltung die für das Agrarwesen zuständige Abteilung VII. Mit seinen beiden Funktionen gehörte R. zum Vorstand der NSB und war einer der engsten Mitarbeiter Musserts. Im Oktober 1941 wurde er vom Reichskommissar für die besetzten niederländischen Gebiete, Arthur Seyß-Inquart, zum Führer des »Nederlandsche Landstand« mit dem Titel »Boerenleider« ernannt. Insgesamt unterstanden ihm etwa 50 000 Bauern. 1943 gab er das Amt auf.
In seinen Ansprachen an die Bauern behandelte R. immer wieder die gleichen Themen: Germanentum, Rassenreinheit, Bauernstolz, Treue und Ehre, Blut und Boden, Kampfbereitschaft zur Verteidigung der völkischen Belange. »Op het boerendom moet onze staat rusten als op een onwankelbaar fundament, omdat de kracht van een volk niet zit in de cultuur der stad, maar in de wilskracht – in de taaie wilskracht van het land.« R. gab Anregungen für die Volkskunst und förderte die niederländische Volkskunde, soweit sie der Erforschung des bäuerlichen Lebens in Gegenwart und Vergangenheit diente. Er setzte sich für die Ahnenforschung ein, betrieb die Anlage von Dörfern nach alten Mustern und organisierte das Dorfleben auf bäuerlicher Grundlage. Die Sitten und Gebräuche des Sachsenstammes stellte R. so eindringlich als vorbildlich hin, daß man über seine »Sachsomanie« in der NSB lächelte.
Im Juli 1941 schloß sich R. der »Nederlandsche SS« an und entwickelte zum Mißvergnügen Musserts eine enge Zusammenarbeit zwischen Bauernschaft und germanischer SS. In der SS fand seine auf das Bauerntum gegründete völkische Weltanschauung eine Heimat. Er veranlaßte, daß die Zeitungen der Agrarfront, auch die Zeitung der Bauernjugend, Aufsätze über die SS und ihr weltanschauliches Programm veröffentlichten. Damit förderte er bei der Landjugend die Bereitschaft zum Beitritt in die »SS-Standarte Westland«. Die Hinwendung R.s zur SS führte zu Spannungen mit Mussert, der die großgermanischen Pläne, die die SS vertrat, ablehnte. Auf der anderen Seite wehrte sich R. gegen Musserts Kolonialpolitik. Er glaubte, daß aus den Kolonien dunkle Finanzmächte zum Schaden der Bauern Einfluß auf die Staatsführung nehmen könnten. Im März 1942 beschwerte sich Mussert ausgerechnet beim Generalkommissar für das Sicherheitswesen in den Niederlanden, den Höheren SS- und Polizeiführer Hanns Albin Rauter, über R., obwohl er wissen mußte, daß dieser hinter R. stand. Mussert mißfiel, daß R. die Richtlinien der Partei vernachlässigte und seine Weisungen mißachtete.
Im darauf folgenden Jahr wandelte sich die politische Einstellung R.s zu fast al-

len Fragen, die die Niederlande betrafen. Er fing an, national zu denken, und distanzierte sich immer stärker von den großgermanischen Plänen der SS und ihren Machenschaften im Land. Schließlich vertrat er eine so »oppositionelle, nationalistische und separatistische Rolle«, wie Seyß-Inquart am 29.5.1943 an Himmler schrieb, daß er im September 1943 alle Ämter in der NSB verlor.

Literaturhinweise:

L. De Jong: Het Koninkrijk der Nederlanden in de tweede Wereldoorlog 1939–1945, 14 Bände, 's-Gravenhage 1969 ff.
N. K. C. A. in't Veld (Hrsg.): De SS en Nederland. Documenten uit SS-Archieven 1935–1945, 2 Bände, 's-Gravenhage 1976
Gerhard Hirschfeld: Fremdherrschaft und Kollaboration. Die Niederlande unter deutscher Besatzung 1940–1946, Stuttgart 1984

ROST VAN TONNINGEN, MEINOUD MARINUS, geb. 19.2.1894 in Surabaja (Java), Selbstmord 6.6.1945 in Scheveningen, niederländischer Stillhaltekommissar 1940–1941, stellvertetender Führer der »Nationaal Socialistische Beweging« (NSB) 1940–1944, Präsident der Niederländischen Nationalbank 1941–1944, Leiter der »Economisch Front« 1941–1944, Sturmführer der Waffen-SS

R. war der Sohn eines Kolonialoffiziers in Niederländisch-Indien. 1914–1921 diente er in der Armee. Dann studierte er Jura an der Universität Leiden. Nach einem Volontariat in der Rechtsabteilung des Völkerbundes in Genf kontrollierte er im Auftrag des Finanzkomitees des Völkerbundsrates 1923–1926 und 1931–1936 in Wien die Staatsfinanzen der Republik Österreich. Dort lernte er den Nationalsozialismus kennen und knüpfte Kontakt zu Franz von Papen, der ab 1934 deutscher Botschafter in Wien war. 1928–1930 leitete R. die Forschungsabteilung des Amsterdamer Bankhauses Hope & Co.
Im August 1936 trat R. in die »Nationaal Socialistische Beweging« (NSB) → Musserts ein. Dort übernahm er die Leitung der Abteilung »Ausländische Angelegenheiten«. Er baute die Kontakte zur NSDAP aus, die bisher nur auf kommunaler Ebene bestanden hatten. Seine guten Beziehungen zu Herrn von Papen trugen insofern Früchte, als daß er drei Monate vor Mussert mit Hitler sprechen konnte, als er am 20.8.1936 eine Privataudienz auf dem Obersalzberg erhielt. Beim Nürnberger Reichsparteitag lernte er durch Vermittlung von Baronesse up ten → Noort am 12.9.1936 Himmler kennen. Nachdem er im November 1936 die Schriftleitung des Parteiorgans »Het Nationale Dagblad« übernommen hatte, konnte er den völkisch-annektionistischen Flügel der NSB, der den Anschluß an Deutschland betrieb, unterstützen und die Zeitung zum Sprachrohr dieser Politik machen. Himmler, der ihn ab April 1937 zu seinem persönlichen Bekanntenkreis zählte und zu Großveranstaltungen und Jagdausflügen einlud, bestärkte ihn. Unter seinem Einfluß setzte R. in der NSB den Antisemitismus und den Antiklerikalismus durch, der bisher nicht gepflegt worden war. Ab 1938 durften Juden nicht mehr Mitglieder in der NSB werden. Nach der Reichskristallnacht in Deutschland am 9.11.1938 entwickelte R. den Plan, in den holländischen, britischen und französischen Besitzungen in Guyana ein jüdisches Reservat einzu-

richten, in das die Juden Europas ausgesiedelt werden könnten. Auch die deutsche Blut-und-Boden-Lehre fand durch R. Eingang in die NSB. Sie war bisher nur von → Roskam vertreten worden und erwies sich als sehr werbewirksam in bäuerlichen Kreisen.
Die Radikalisierung der NSB im Sinne der rassischen und völkischen Gemeinschaft mit Deutschland schwächte das Ansehen der Partei in der niederländischen Öffentlichkeit. Hatte die NSB 1937 bei den allgemeinen Wahlen mit 4,2% der Stimmen vier Sitze im Parlament erhalten, von denen einer R. gehörte, so sank der Stimmenanteil bei den Provinzialwahlen 1939 auf 3,8 %. Innerparteiliche Rivalitäten trugen das Ihre zum Niedergang bei.
Zwei Tage vor dem Einmarsch der Wehrmacht in den Niederlanden am 10.5.1940 wurde R. als präsumptives Mitglied der Fünften Kolonne auf Anweisung der Regierung interniert und den Franzosen übergeben. In Calais wurde er von den deutschen Truppen befreit. Der gute Ruf, den R. in Deutschland besaß, zeigte sich bei der Einsetzung des Wiener Gauleiters, Arthur Seyß-Inquart, als Reichskommissar für die besetzten niederländischen Gebiete, den Hitler am 25.5.1940 anwies, die niederländischen Nationalsozialisten nicht zu vergessen, besonders nicht R. Schon am Abend des 2.6.1940, an dem R. in die Niederlande zurückkam, traf er mit Seyß-Inquart und Himmler heimlich in Den Haag zusammen. Himmler setzte auf R., um die Niederlande »heim ins Reich« zu führen. Dem Leider der NSB, Adriaan Mussert, traute er dies nicht zu, weil dieser großdietsche Gedanken vertrat. Bei den Gesprächen wurde R. auch für den Plan gewonnen, neben einer SS-Formation nach dem Muster der Allgemeinen SS eine »SS-Standarte Westland« für die Waffen-SS aufzustellen. R. informierte den Vorsitzenden der NSB nur rudimentär über die Absprachen, die er mit Himmler und Seyß-Inquart getroffen hatte. Der Widerstand Musserts gegen die Aufstellung niederländischer SS-Einheiten verstärkte bei Himmler die Gewißheit, in R. den richtigen Partner zu haben. Er betrachtete ihn als Kuckuck in Musserts Nest.
Am 20.7.1940 wurde R. von Seyß-Inquart zum »Kommissar für die marxistischen Parteien« und zum »Stillhaltekommissar« ernannt, mit dem Auftrag, die sozialistischen Parteien gleichzuschalten. Während die beiden kommunistischen Parteien sofort verboten wurden, hoffte Seyß-Inquart, mit dem Apparat der »Sociaal-Democratische Arbeiderpartij« (SDAP) auch deren Mitglieder für die neue Ordnung gewinnen zu können: »Wenn es gelingt, die in den freien Gewerkschaften und den SDAP-Organisationen zusammengefaßten Menschen zu halten, ...werden ein Viertel bis ein Drittel der Niederländer in gut organisierter

Form für einen mit dem Reich gemeinsamen Weg einzusetzen sein gegenüber der Zersplitterung und Unentschlossenheit der anderen Gruppen«. Um die Arbeiterschaft vom Marxismus in den »neuen Sozialismus« zu führen, mußte R. als erstes die Linkspresse in die Hand bekomen. Am 20.7.1940 übernahm er den Amsterdamer Verlag »De Arbeiderspers«, in dem acht Tages- und Wochenzeitungen erschienen. Als das NSB-Mitglied Goedhuys als Vertrauensmann R.s in die Redaktion einzog, verweigerten mehrere Redakteure die weitere Mitarbeit. Der Direktor des Verlags beging Selbstmord. Das Vorhaben, mit den alten Namen alte Zeitungen mit neuem Geist zu veröffentlichen, war damit gescheitert.
Am 20.7.1940 wurde der Vorstand der SDAP abgesetzt. Am gleichen Tag forderte R. die Parteimitglieder über alle niederländischen Rundfunkanstalten zur Mitarbeit auf: »Auch die niederländischen Arbeiter befinden sich heute plötzlich in einer tiefen Umwälzung der sozialistischen Weltanschauung. Wie ein Sturmwind ist die neue Zeit durch Europa gebraust ... Es ist ein zwingendes Gebot für die niederländische Volksgemeinschaft, den Arbeitern ... die Gelegenheit zu verschaffen, aus der Kraft ihrer eigenen Persönlichkeit den Weg ins neue Europa einzuschlagen. Nur Charakterlose können erwarten, daß ein Sozialist sein sozialistisches Ideal preisgeben könne. Wenn also heute die niederländische Volksgemeinschaft vielleicht überrascht worden ist durch den Entschluß, daß die Führung der SDAP abgesetzt wird, so liegt ausschließlich die Absicht vor, aus den Reihen der Arbeiter selbst eine neue Führung auferstehen zu lassen.« Am 23.7.1940 forderte R. den bisherigen Vorsitzenden der SDAP, Koos Vorrink, auf, am Wiederaufbau einer neuen Arbeiterbewegung mitzuarbeiten. Vorrink stellte unerfüllbare Bedingungen, z. B. Vereinigungs- und Versammlungsfreiheit, Pressefreiheit und Gewissensfreiheit. Da diese Forderungen illegal vervielfältigt und öffentlich verteilt wurden, verweigerten auch die örtlichen Parteifunktionäre die Zusammenarbeit mit R. Die SDAP zog die Liquidierung der Partei der Führung durch einen nationalsozialistischen »Stillhaltekommissar« vor. Die Funktionäre wurden aufgerufen, die Mitgliedslisten zu vernichten, das Kassieren der Beiträge einzustellen und die Zeitungsabonnements zu stornieren. Ende August 1940 war der Versuch, die niederländische Arbeiterschaft gleichzuschalten, gescheitert. Als der Reichskommissar im Juli 1941 die Auflösung aller politischen Parteien außer der NSB anordnete, war R.s Aufgabe als Stillhaltekommissar zu Ende. Die »Nederlandsche Socialistische Werkgemeenschap« als Auffangorganisation für die heimatlosen Arbeiter war ein totgeborenes Kind.
Am 4.9.1940 gab Mussert seine Zustimmung zur Ernennung R.s zum zweiten stellvertretenden Parteiführer der NSB. Auf deutschem Wunsch leitete er ein halbes Jahr lang das Schulungswesen der Partei. Zusammen mit dem ersten Stellvertreter → Geelkerken begleitete er Mussert am 23.9.1940 zu einem zweistündigen Gespräch mit Hitler nach Berlin. Hauptthema war das dem Führer in Form einer Denkschrift zugegangene »Politische Glaubensbekenntnis« Musserts vom 27.8.1940. Hitler behandelte die darin aufgeworfenen Fragen nach dem Status der Niederlande im neuen Europa dilatorisch, aber er versicherte den Parteiführern der NSB, »daß der Reichskommissar in den Niederlanden die Aufgabe habe, den Weg für eine Machtübernahme Musserts zu ebnen«. Voraussetzung sei, daß die NSB die Niederländer zu Nationalsozialisten mache.

Im März 1941 wurde R. als Generalsekretär für Finanzen und für besondere wirtschaftliche Angelegenheiten Mitglied der niederländischen Verwaltungsexekutive, die unter der Aufsicht des deutschen Reichskommissars die Regierungsgeschäfte führte. Gleichzeitig ernannte ihn Seyß-Inquart zum Präsidenten der Niederländischen Bank. Im April 1941 übernahm R. die Führung der »Economisch Front« der NSB, die alle niederländischen Arbeitgeber erfaßte. Nach dem Vorbild der deutschen Reichswirtschaftskammer richtete R. den »Raad vor het Bedrijfsleven« ein, der als Dachverband der gewerblichen Wirtschaft und der regionalen Industrie- und Handelskammern diente. R. sorgte dafür, daß die Mehrzahl der Posten an seine Anhänger im NSB vergeben wurden.
Am 1.7.1942 übernahm R. das Präsidium der »Nederlandsche Oost Compagnie« (NOC), die auf Veranlassung des Reichsministers für die besetzten Ostgebiete, Alfred Rosenberg, gegründet wurde, um die niederländische Wirtschaft für den Aufbau im besetzten Rußland zu mobilisieren und Arbeiter und Siedler für den Osten zu gewinnen. Mit der Rückendeckung dieser finanzkräftigen Organisation hoffte R., eines Tages von Hitler zum Wirtschaftsminister des neuen Europa ernannt zu werden.
Neben seinen wirtschaftlichen Funktionen baute R. seine Position in der »Nederlandsche SS« aus, die ab 1.11.1942 »Germaansche SS in Nederland« hieß und die er zusammen mit → Feldmeijer leitete. Die Hoffnung, daß die jungen Bauern und die Studenten in Scharen dazu strömen würden, ging nicht in Erfüllung. Am 22.9.1942 machte R. in einem Schreiben an Himmler die falsche Politik des Generalkommissars für politische Angelegenheiten beim Reichskommissar für die besetzten niederländischen Gebiete, Fritz Schmidt, dafür verantwortlich. Dessen Zusammenarbeit mit katholischen Kreisen fördere eher die großdietsche Idee Musserts oder die burgundischen Staatsvorstellungen der Wallonen als seine Bestrebungen, die Niederlande mit dem Deutschen Reich zu vereinigen. Der stellvertretende Leiter der Hauptabteilung Ernährung und Landwirtschaft beim Reichskommissar für die besetzten niederländischen Gebiete, J. C. G. von der Wense, sei »ein kleindeutsch denkender Beamter« und arbeite mit dem größten »Lumpen« der Systemzeit, dem Generaldirektor für Ernährung (directeur-generaal van de voedselvoorziening) Stephanus Louwes, zusammen. Dem Bauernverband mit den wechselnden Namen »Boerenfront«, »Agrarisch Front« und »Nederlandsche Landstand« unter → Roskam, der ein Motor für die deutsch-niederländische Zusammenarbeit sein könnte, fehle der ideologische Schwung.
In dem Schattenkabinett, das Mussert im Januar 1943 als beratendes Gremium für den Reichskommissar für die besetzten niederländischen Gebiete zusammenstellen durfte, übernahm R. mit dem Titel »Bevollmächtigter« das Finanzressort und einen Teil der wirtschaftlichen Zuständigkeiten. Mit der Zeit verschlechterte sich sein Verhältnis zu Mussert so sehr, daß er kurz vor dem Kriegsende aus der NSB ausgeschlossen wurde.
Nach der Landung der Westalliierten in Nordfrankreich trat R. im Juni 1944 in den »Landstorm Nederland« ein, der aus der »Nederlandsche Landwacht« unter → Schrieke entstanden war und im Unterschied zu dieser auch formal der SS unterstand. Um Kommandofunktionen übernehmen zu können, benötigte R. eine Führerausbildung an der SS-Junkerschule in Tölz. Dort wurde er am 22.7.1944

zum SS-Untersturmführer ernannt. Nach seiner Beförderung zum SS-Obersturmführer am 14.3.1945 übernahm er an der niederländischen Front das Kommando über eine Einheit des »Landstorm Nederland«. Am Kriegsende geriet er in kanadische Gefangenschaft. Vor seinem Prozeß als Kriegsverbrecher verübte er im Untersuchungsgefängnis Scheveningen Selbstmord.

Literaturhinweise:
Werner Warmbrunn: The Dutch under German Occupation 1940–1945, Oxford 1963
Konrad Kwiet: Reichskommissariat Niederlande, Stuttgart 1968
A. de Jonge: Het Nationaal-Socialisme in Nederland, Den Haag 1979
Gerhard Hirschfeld: Fremdherrschaft und Kollaboration. Die Niederlande unter deutscher Besatzung 1940–1945, Stuttgart 1984
Koos Groen: Landverraad: de berechting van collaborateurs in Nederland, Utrecht 1984

RUSSELL, SEAN, verunglückt 14.8.1940 in der Nordsee, Stabschef der »Irish Republican Army« (I.R.A.) 1936–1940

Nach der Machtergreifung Hitlers am 30.1.1933 gab es unterhalb der diplomatischen Ebene zahlreiche persönliche Kontakte, die die Beziehungen zwischen Deutschland und Irland vor dem Hintergrund der irisch-englischen Spannungen interpretierten. Da Hitler ohne britische Zustimmung keine erfolgreiche Revisionspolitik durchführen konnte, kam für die offizielle deutsche Politik ein Engagement zugunsten Irlands in dieser Zeit nicht in Frage. In Irland war man sich über den Weg zur endgültigen Lösung von Großbritannien nicht einig. Während Staatspräsident de Valera das Ziel mit friedlichen Mitteln verfolgte, ging die »Irish Republican Army« (I.R.A.) mit Gewalt gegen alles Britische vor. Der Exponent der »physical force«-Politik der I.R.A. war R. Um die Einigung Irlands voranzutreiben oder gar zu erreichen, hoffte R. auf einen Krieg, der die Aufmerksamkeit der britischen Regierung für längere Zeit von der grünen Insel ablenken würde. In einem Interview mit dem »Daily Mirror« erklärte er am 15.8.1936, daß die I.R.A. eine militärische Auseinandersetzung zwischen Deutschland und England für ihre Zwecke nutzen würde.
Am 16.1.1939 forderte die I.R.A. die britische Regierung auf, sich aus Irland zurückzuziehen. Das Ultimatum war auf vier Tage befristet. Darauf schwappte eine Terrorwelle über Nordirland. Sie richtete sich vor allem gegen die britischen Garnisonen. Die irische Regierung verhaftete führende Funktionäre. Bis zum Ende des Zweiten Weltkriegs wurden sechs I.R.A.-Angehörige hingerichtet und 500 ohne Gerichtsverfahren und 600 mit Gerichtsverfahren eingesperrt. Drei starben im Hungerstreik.
In der I.R.A. hatte R. die Funktion eines »quartermaster general«. Andere nannten ihn den »Stabschef« der I.R.A. Er verwaltete die Finanzen und war für die Ausrüstung der Untergrundbewegung zuständig. Nach der Entlassung aus dem Gefängnis, in das er wegen der Teilnahme an den Februarattentaten gekommen war, machte er Anfang Juni 1939 eine Reise in die USA, um die irischen Einwanderer zu Opfern für die Befreiung ihrer Heimat zu bewegen und sie zu Protesten gegen die Unterstützung der Briten durch Präsident Roosevelt zu mobilisieren. Er legte sich den Titel »Special Envoy of Ireland to the United States«

zu. In dieser Funktion protestierte er auch gegen die Landeverweigerung für deutsche Flugzeuge durch die Regierung in Dublin.
Einen verständnisvollen Partner hatte R. in dem Irlandkorrespondenten des Deutschen Nachrichtenbüros in Dublin, dem Schriftsteller Carl Heinz Petersen, der zu Beginn des Jahres 1939 nach Irland kam. Da er in der »Frankfurter Zeitung« die I.R.A. in die Tradition irischer Freiheitskämpfer stellte, mußte das Auswärtige Amt, um etwaigen Spekulationen über deutsche Beteiligungen an I.R.A.-Terrorakten zu begegnen und um die Revisionspolitik des Reiches nach dem Münchner Abkommen vom 30.9.1938 nicht zu gefährden, die Gemeinsamkeiten zwischen England und Irland herausstellen. Erst nach der unerwarteten englischen Garantieerklärung für Polen vom 30.4.1939 berichteten deutsche Zeitungen hämisch über die vergeblichen Bemühungen der englischen Polizei, der irischen »Patrioten« habhaft zu werden.
Die offiziösen Kontakte zwischen den aufständischen Iren und dem Deutschen Reich pflegte der vom Reichsministerium für Volksaufklärung und Propaganda gesteuerte »Fichte-Bund«, der die Iren von der Notwendigkeit der Revision des Versailler Friedensvertrages überzeugen sollte und gleichzeitig der Revision des britisch-irischen Vertrages vom 6.12.1921, mit dem die »Republik Irland« ohne Ulster den Dominionstatus erhalten hatte, das Wort redete. Die besten Verbindungen zur I.R.A. pflegte jedoch die deutsche Abwehr. Während sich R.in den USA aufhielt, reiste James O'Donovan dreimal nach Berlin und Hamburg, um Geld und Waffensendungen für die I.R.A. beizubringen und für den Kriegsfall die Einrichtung eines Funkdienstes anzubieten. Als drei Tage nach dem Abschluß des Ribbentrop-Molotow-Paktes vom 23.8.1939 die irische Regierung ihre Neutralität in dem aufziehenden Konflikt festlegte, erklärte sich Ribbentrop bereit, die Souveränität und Integrität der Republik Irland zu garantieren. Die offizielle irische Neutralitätserklärung folgte am 2.9.1939. Irland war das einzige britische Dominion, das nicht am Krieg teilnahm, da es zum einen im Bereich der deutschen Luftwaffe lag und zum anderen das irische Volk nach den Erfahrungen mit der britischen Herrschaft vor 1921 nicht bereit war, Seite an Seite mit den ehemaligen Unterdrückern zu kämpfen. Zur Verteidigung der Neutralität rüstete die irische Armee auf 300 000 Mann auf.
Als im Dezember 1939 in England zwei I.R.A.-Attentäter hingerichtet wurden, erhielten die deutschfreundlichen Kreise in Irland Aufschwung. In der deutschen Presse wurde R. bereits als Nachfolger de Valeras gehandelt. Am 24.1.1940 bat R. auf seiner Rückreise von den USA das deutsche Generalkonsulat in Genua, ihn nach Irland zu bringen, damit er die irische Untergrundorganisation wieder zu ihrer eigentlichen Aufgabe, den Kampf gegen England, führen könne. Während sich die deutsche Abwehr für R. einsetzte, plädierte der deutsche Vertreter in Dublin, der Gesandte Hempel, dagegen, weil solche Aktionen von den englischen Streitkräften als Vorwand zum Eingreifen gegen Irland genommen werden könnten. Die Hoffnungen, die in Deutschland auf R. gesetzt wurden, hielt er für überzogen. Auch Unterstaatssekretär Ernst Woermann, der Leiter der politischen Abteilung des Auswärtigen Amts, warnte Ribbentrop vor voreiligen Schritten. Er glaubte, daß ein Bündnis mit der I.R.A. erst Erfolg haben könne, wenn Großbritannien in großen Schwierigkeiten sei. Daraufhin

wies Ribbentrop den Sonderbeauftragten Edmund Veesenmayer an, R. während seines Aufenthalts in Deutschland zu betreuen, aber keinerlei Versprechungen zu machen. Ohne das Auswärtige Amt zu informieren, beauftragte das Amt Ausland/Abwehr der Wehrmacht jedoch den Hauptmann Dr. Goertz, mit R. die Einsatzmöglichkeiten der I.R.A. im Fall einer deutschen Landung in Irland zu besprechen. R. bekam eine Ausbildung in den Sabotagetechniken. Im Fall einer Besetzung Irlands durch britische Truppen sollte die I.R.A. mit der irischen Armee zusammenarbeiten. Mitte August 1940 wollte R. nach Irland zurückkehren. Auf der Überfahrt kam er um. Es gab zahlreiche Spekulationen um seinen Tod.
Um die Befürchtungen der irischen Regierung über eine deutsche Invasion zu zerstreuen, erhielt der deutsche Gesandte vom Reichsaußenminister die Ermächtigung, in persönlichen Gesprächen kundzutun, daß Deutschland an keinerlei Aktionen denke, solange Irland neutral bleibe. Es gebe keine deutsche Fünfte Kolonne in Irland.
Als Hitler am 27.11.1940 die Seekriegsleitung und die Luftwaffe anwies, die operativen Möglichkeiten der Entsendung eines militärischen Expeditionskorps zur Unterstützung der Iren bei einer britischen Besetzung Irlands zu überprüfen und der deutsche Gesandte in Dublin das irische Interesse an deutscher Hilfe ausloten sollte, holte sich Hempel eine eindeutige Absage der irischen Regierung ein. Damit erlosch das Interesse Hitlers an einer solchen Aktion. Er wußte, daß ohne irische Zustimmung kein Landungsunternehmen Aussicht auf Erfolg hatte.
1942 wollte Hitler auf Anregung seines Außenministers eine »englische Division« zum Kampf gegen den europäischen Feind aus dem Osten aufstellen. Den größten Erfolg hatten die Werber der SS in den Kriegsgefangenenlagern bei den Iren aus Ulster. 1200 Mann kamen in ein Sonderlager nach Buchenwald. Da das Auswärtige Amt negative Auswirkungen auf das Verhältnis zu Irland befürchteten, wenn die Division ausschließlich aus Iren bestand, wurden sie »in den Arbeitsprozeß eingegliedert«.
Als nach dem Kriegsende im Oktober 1945 englischen Besatzungstruppen in Deutschland eine militärische Landkarte von Irland aus dem Jahr 1940 in die Hände fiel, kam es im britischen Unterhaus und in der irischen Öffentlichkeit zu gereizten Reaktionen. Planten die Deutschen doch eine Invasion in Irland?

Literaturhinweise:
Vincent Paul Hogan: The Neutrality of Irleland in World War II, Diss. Notre Dame University, Indiana, 1948
Horst Dickel: Die deutsche Außenpolitik und die irische Frage von 1932 bis 1944, Wiesbaden 1983
Dermoth Keogh: Ireland and Europe 1919–1948, Dublin u. a. 1988

RYS-ROZSÉVAC, JAN, geb. 1.11.1901 in Bílsko, hingerichtet 27.6.1946 in Prag, tschechischer Publizist, Führer der »Vlajka« 1930–1940

Am 7.3.1930 gründeten tschechische Studenten unter Anleitung des Philosophieprofessors Maresch in Prag die nationalfaschistische Weltanschauungsorganisation »Vlajka« (Fahne). Unter dem gleichen Namen gaben sie eine politischerzieherische Revue heraus. Das Programm aus dem Jahre 1932 deklarierte das tschechische Volk als höchstes Organ, dem sich nicht nur der einzelne, sondern alle Stände unterordnen müssen, auch wenn sie als autonome Organe anerkannt werden. Im Vordergund der Vlajka stand der Kampf gegen das internationale Judentum, gegen Parteikorruption und Freimaurertum, die Krebsschäden der seit einem Jahrzehnt existierenden Tschechoslowakischen Republik. Führer der Vlajka war seit dem Gründungsjahr der Publizist R., der nach seinem Medizinstudium zur Politik gegangen war. Ab 1935 arbeitete er mit dem Führer der Sudetendeutschen Partei, Konrad Henlein, zusammen. Anfangs glaubten beide an eine Umgestaltung der Tschechoslowakei von innen. Nach der Abtretung der sudetendeutschen Gebiete aufgrund des Münchner Abkommens vom 30.9.1938 stand R. allein. Die geschwächte Prager Regierung empfand die nationalistischen Aktionen der Vlajka so störend, daß sie die Organisation am 11.11.1938 verbot und ihre Führer verhaftete. Nach seiner Entlassung aus dem Gefängnis setzte R. seinen Kampf gegen den tschechischen Reststaat fort. Bei einem geheimen Treffen in Prag schmiedete er am 13.3.1939 mit anderen Verschwörern Staatsstreichpläne in der Hoffnung, Hitler werde eine faschistische Tschechoslowakei nicht angreifen. Bei den Demonstrationen am darauf folgenden Tag forderte die mit der Vlajka konkurrierende »Nationale Faschistengemeinde« die Machtübernahme ihres Führers Radola → Gajda, zumindest aber die Beteiligung an der Regierung. Während der Abwesenheit Hachas in Berlin am 14.3.1939 bat Gajda die deutsche Gesandtschaft in Prag um die Zustimmung zur Machtübernahme und forderte die deutsche Studentenschaft in Prag auf, sich ihm anzuschließen. Die Revolution unterblieb nicht nur, weil von deutscher Seite angesichts der laufenden Gespräche in Berlin keine Zustimmung zu erwarten war, sondern auch deshalb, weil die Vlajka die Rückkehr Hachas abwarten wollte.

Nach der Besetzung der Rest-Tschechei durch deutsche Truppen am 15.3.1939 wurden alle politischen Häftlinge entlassen, die nationalfaschistischen Richtungen angehörten, unter ihnen viele Vlajka-Anhänger. Im Mai 1939 organisierte R. antisemitische Krawalle in Prag und in Brünn und forderte die Einführung der Nürnberger Gesetze im Protektorat Böhmen und Mähren. Am 21.6.1939 erschien die »Vlajka« erstmals als Tageszeitung. Da alle Einzelaktionen und publizistischen Ausfälle gegen die tschechische Regierung ohne Wirkung blieben, schlossen sich im Oktober 1939 die verschiedenen regionalen faschistischen Gruppen und die »Nationale Arische Kultureinheit« (SAKJ) auf Anregung von R. mit der Vlajka in einem »Tschechischen Nationalsozialistischen Lager« (Český národne sociální tábor) zusammen, in dessen Zentralleitung jede Organisation sieben Vertreter entsandte. In der Öffentlichkeit agitierte die neue Organisation unter dem Namen »Vlajka«. Obwohl der stellvertretende Reichsprotektor, Karl Hermann Frank, den Zusammenschluß begrüßte, war er nicht bereit, ihr größeren Einfluß auf die Politik des Protektorats einzuräumen. Deshalb verfaßte R. Anfang 1940 eine Denkschrift an die Berliner Dienststellen, die der ehemalige deutsche Botschafter in Moskau, Graf von der Schulenburg, unter Umgehung des Reichsprotektors weiterleitete. Darin kritisierte R. die Eindeutschungspolitik, forderte die Befreiung des tschechischen Staatspräsidenten Hacha aus den Händen der Freimaurer und regte anstelle der Protektoratsregie-

rung die Bildung eines Staatsrates mit einer starken Beteiligung der Vlajka an. Frank, der über den Inhalt des Papiers nachträglich unterrichtet wurde, tadelte die Vlajka-Führer wegen dieses Schrittes. Die Anregungen wies er zurück. Da die Organisation gerade ihre Blütezeit erlebte, etwa 13 000 Mitglieder hatte, ihre gut besuchten Versammlungen zur Beruhigung der Bevölkerung beitrugen und die Propaganda der Bewegung in wesentlichen Punkten den deutschen Zielen entsprach – in einer Großveranstaltung in Prag forderte R. z. B. am 9.1.1940 den »Einfluß und die Vorherrschaft des Judentums in der tschechischen Politik« zu beseitigen –, ließ man R. gewähren. Am Programm der Vlajka war nichts auszusetzen: Lösung der jüdischen Frage auf rassischer Grundlage, Kampf gegen Freimaurertum, Ersetzung von Liberalismus, Kapitalismus und Marxismus durch Volksgemeinschaft, soziale Gerechtigkeit, christliche Moral und kameradschaftliche Zusammenarbeit mit den arischen Völkern. Auch der Organisationsrahmen war tadelsfrei: Die Vlajka gliederte sich in die »Tschechische Arbeitsfront« (Česká prácovní fronta), die SA-ähnliche »Svatopluk-Garde« zum Schutz- und Ordnungsdienst und die Jugendorganisation MČNST. Nur die nationaltschechische Komponente störte, denn die Vlajka wandte sich an die »aufrechten und überzeugten Tschechen«.
Die Schwäche der Vlajka zeigte sich erstmals, als R. Ende Januar 1940 den Führer der Svatopluk-Garden seines Postens enthob und daraufhin mehrere Grüppchen aus der Vlajka austraten. Widerstandskreise verbreiteten die Anschuldigung, die Vlajka verrate tschechische Bürger an die Gestapo. Auch die Tatsache, daß sich die Vlajka für eine Wehrpflicht der Tschechen einsetzte, tat ihr Abbruch. Ihr Einfluß ging nicht zuletzt zurück, weil sich ein hoher Prozentsatz der Mitglieder zum Deutschtum bekannte oder ins Reich auswanderte. Im Frühjahr 1940 zerfiel die Vlajka schließlich in verschiedene Richtungen, die sich über eine Zusammenarbeit nicht einigen konnten. Die tschechische Regierung trug ihren Teil dazu bei, die lästige Opposition wegzubekommen, indem sie einzelne Führer mit finanziellen Zahlungen korrumpierte. Ein Verbot der Vlajka konnte Hacha jedoch beim Reichsprotektor nicht durchsetzen, obwohl diesem bekannt war, daß die meisten Funktionäre eine anrüchige Vergangenheit hatten oder bestechlich waren. Den dahin gehenden Antrag lehnte Neurath am 10.2. 1940 ab. Frank empfahl, die antijüdischen, antimarxistischen, nationaltschechischen und rechtsoppositionellen Gruppen bestehen zu lassen, da man sie wieder brauchen könne. In der Tat erwies sich die Vlajka öfters als nützlich. Bei der Suche nach einem Mitglied der Obrana Národa, das auf der Flucht deutsche Polizisten erschossen hatte und auf dessen Ergreifung eine Belohnung von 100 000 Kronen ausgesetzt war, veranstaltete sie mehrere Kundgebungen, in denen sie zur Ergreifung des Täters aufforderte und die Bevölkerung vor der Unterstützung von politischen Kriminellen warnte. Die Rundfunkrede, die R. zu diesem Zweck am 17.4.1940 an die Protektoratsbevölkerung richten wollte, durfte jedoch nicht ausgestrahlt werden. An Hitlers Geburtstag führte die Vlajka eine Metallsammlung durch, deren Ergebnis alle Erwartungen übertraf. Einen Monat später ergriff sie die Initiative zur einer Sammlung für das Deutsche Rote Kreuz. Ihr Vorschlag, alle Masaryk-Denkmäler im Land einzuschmelzen, wurde von der Protektoratsregierung später wieder aufgegriffen. Während des Frankreich-

feldzugs stellte sie am 6.6.1940 die Bitte, tschechische Freiwillige an der Seite der deutschen Wehrmacht gegen Großbritannien kämpfen zu lassen, weil dort die tschechische Exilregierung ihren Sitz habe.
Die Protektoratsregierung unter dem Ministerpräsidenten Alois Elias sah solche kollaborationistischen Anbiederungen mit Rücksicht auf die Exilregierung in London, zu der man gute Drähte hatte, nicht gerne. Sie wünschte keine direkte Unterstützung der Deutschen durch tschechische Organisationen. Vor allem lehnte sie einen tschechischen Wehrbeitrag ab. Sie agitierte gegen die Vlajka in der Protektoratspresse, bis Frank am 19.4.1940 die Hetze untersagte und jede Zensur der Vlajka-Zeitung durch tschechische Dienststellen verbot.
Nach dem Sieg der Wehrmacht über Frankreich nahm im Protektorat die Angst vor der Germanisierung zu. R. beruhigte die tschechische Bevölkerung mit dem Argument, daß eine deutschfreundliche Haltung und die Mitarbeit in der Vlajka die beste Garantie gegen Bestrebungen dieser Art seien. Er versprach eine gleichberechtigte Partnerschaft von Tschechen und Deutschen für den Fall, daß ihm die Regierung im Protektorat übertragen würde. Darauf beschimpfte der Londoner Rundfunk die Vlajka als einen Schrittmacher der Germanisierungspolitik. Am 8. und 9.8.1940 organisierte die Vlajka einen Überfall auf den Prager Sitz des Národní souručenstvi (NS), einer Art tschechischer parlamentarischer Vertretung beim Staatspräsidenten Hacha. Obwohl eine SS-Einheit die Vlajka unterstützte, nahm die tschechische Regierung den Akt zum Anlaß, massiv gegen die Vlajka vorzugehen: Die tschechische Staatspolizei verhaftete 250 Mitglieder und durchsuchte das Zentralbüro. Ein planmäßiger Boykott der Tschechen gegen Werkstätten und Geschäfte von Vlajka-Mitgliedern führte binnen kurzem zu deren wirtschaftlichen Ruin. In einigen Prager Betrieben kam es zu Proteststreiks gegen die Aktivitäten der Vlajka. Es bedurfte mehrerer Verhaftungen durch die Gestapo, um die Arbeiter zur Wiederaufnahme ihrer Tätigkeit zu bewegen. Der tschechische Innenminister erließ ein Uniformverbot für Vlajka-Anhänger und verbot ihnen das Zeigen der Hakenkreuzfahne. Die gleichnamige Zeitung der Vlajka mußte am 1.9.1940 ihr Erscheinen einstellen. Ohne deutsche Unterstützung wäre die Vlajka 1940 aus dem politischen Leben verschwunden. Mit deutscher Genehmigung durfte ihre Zeitung ab 9.9.1940 wieder erscheinen. Der »Prager Abend« veröffentlichte einen Artikel, in dem die Vlajka lobend mit der Eisernen Garde des Horia → Sima in Rumänien verglichen wurde. Am Untergang der Vlajka hatte die deutsche Führung kein Interesse. Eine engere Zusammenarbeit lehnte sie jedoch ab, da die Vlajka als nationaltschechische Organisation die Erhaltung des Tschechentums betrieb.
Wegen der von den Deutschen angeordneten Verkleinerung des tschechischen Beamtenapparates durch die Entlassung der Legionäre des Ersten Weltkriegs kam es im Januar 1941 zu einer Regierungskrise in Prag. Um zu verhindern, daß die Vlajka an die Regierung käme, verlangte Benesch von London aus, die Regierung des Ministerpräsidenten Alois Elias sollte nachgeben. In Wirklichkeit war zu dieser Zeit der Einfluß der Vlajka gering. Sie verfügte nur noch über 5000 Mitglieder und hatte 1,3 Millionen Kronen Schulden. Zu den Maßnahmen, die Heydrich nach seinem Amtsantritt als stellvertretender Reichsprotektor im September 1941 zur Sympathiewerbung bei der tschechischen Arbeiterschaft vor-

hatte, gehörte auch das Verbot der ungeliebten Vlajka. Wenn diese kollaborationistische Organisation verschwunden sei, erhoffte er sich ein verstärktes Engagement der Tschechen für die militärischen Vorhaben der Deutschen, insbesondere höhere Arbeitsleistungen in der Industrie.
1942 wurde R. wegen »politischer Intrigen« von der deutschen Sicherheitspolizei verhaftet und ins KZ Dachau gebracht, wo er den Krieg überlebte. Die Vlajka wurde im Juni 1943 aufgelöst und das Vermögen dem Roten Kreuz übergeben.
Nach dem Krieg wurde R. von den Amerikanern an die Tschechen ausgeliefert. Im Oktober 1945 stand er vor Gericht. Das Urteil lautete auf Todesstrafe.

Literaturhinweise:
Gotthold. Rhode: Das deutsch-tschechische Verhältnis seit 1918, Stuttgart 1969
Vojtech Mastny: The Czechs under Nazi Rule. The Failure of National Resistance, 1939–1942, New York u. a. 1971
Detlef Brandes: Die Tschechen unter deutschem Protektorat, 2 Bände, München u. a. 1969 und 1975

RYTI, RISTO HEIKKI, geb. 3.2.1889 in Huittinen (Turku-Pori), gest. 25.10.1956 in Helsinki, finnischer Staatspräsident 1940–1944

Aus einer Bauernfamilie stammend, studierte R. Jura und schloß sich als Rechtsanwalt der Freisinnigen Partei an. 1919–1924 und 1927–1929 vertrat er die Partei im Reichstag. 1921–1924 war er Finanzminister. Als Präsident der Bank von Finnland 1923–1940 entwickelte er eine besondere Vorliebe für England, obwohl er die Erfolge des Präsidenten der deutschen Reichsbank, Hjalmar Schacht, bewunderte. Im Russisch-finnischen Winterkrieg trat er am 1.12.1939 an die Spitze einer alle nationalen Kräfte zusammenfassenden Regierung. Nach 103 Tagen sah er sich zum Friedensschluß mit dem Aggressor genötigt. Obwohl das Deutsche Reich im Ribbentrop-Molotow-Pakt Finnland als sowjetisches Intereressengebiet anerkannt hatte, gelang R. bereits im Sommer 1940 die Annäherung an Deutschland, weil dieses zur Versorgung der in Nordnorwegen stehenden Besatzungsarmee die finnischen Bahnlinien und für seine Rüstung die finnischen Nickelvorkommen benötigte. Im August 1940 erhielt Finnland die deutsche Zusage für Waffenlieferungen zum Wiederaufbau der finnischen Streitkräfte. Ein Militärbündnis mit dem Deutschen Reich lehnte die finnische Regierung ab.
Am 19.12.1940 übernahm R. anstelle des erkrankten Präsidenten Kallio das Amt des finnischen Staatspräsidenten, in das er am 15.2.1943 wiedergewählt wurde. In seiner Antrittsrede versprach er, die vertrauensvollen nachbarlichen Beziehungen mit der Sowjetunion weiterzuentwickeln, die alte Freundschaft mit Schweden zu pflegen und die freundschaftlichen Beziehungen zu Deutschland zu vertiefen. Zum Ministerpräsidenten ließ er seinen Parteifreund Rangell wählen. In der Regierung waren alle Parteien vertreten, neben den Konservativen und Sozialdemokaten auch die faschistische »Patriotische Volksbewegung«. Zur Sicherung des Landes gegen Pressionen der Sowjetunion, die Finnland als ihr Interessengebiet betrachtete, und zum Dank für die Unterstützung bei den Verhandlungen um die Übertragung der Nickelgruben von Petsamo an die UdSSR erlaubte

die Regierung Deutschland die Stationierung von 100 000 Soldaten auf ihrem Territorium. Eine 1500 Mann starke Militärmission hatte ihren Sitz in Helsinki. Der Anwerbung finnischer Freiwilliger für die Waffen-SS stimmte die Regierung zu. Ende 1941 standen rund 1200 Mann in der 5. SS-Panzerdivision ›Wiking‹.
In Erinnerung an die Waffenbrüderschaft im Ersten Weltkrieg trat Finnland am 28.6.1941, eine Woche nach der deutschen Offensive, an der Seite Deutschlands in den Krieg gegen die Sowjetunion ein, um die ein Jahr zuvor verlorenen Gebiete zurückzuerobern. Nach dem siegreichen Feldzug erfolgte die offizielle Rückgliederung am 7.12.1941. Feldmarschall Mannerheim und R. waren sich einig, daß die territorialen Kriegsziele zwar auch Ostkarelien und die Halbinsel Kola umfaßten, aber mit Rücksicht auf die USA und die Sozialistische Partei im Lande durfte die Frage nicht öffentlich behandelt werden. In Regierungskreisen galt R. als Wortführer der »großfinnischen Gruppe«, die Leningrad als Großstadt verschwinden lassen und den Bolschewismus ein für allemal vernichten wollte. R. hätte am liebsten gehabt, wenn sich Deutschland die dünn besiedelten Gebiete östlich der künftigen finnischen Ostgrenze aneignen würde, damit das Land den russischen Nachbarn los hätte.
Obwohl Finnland am 25.11.1941 dem Antikominternpakt beigetreten war, achtete R. auf die außenpolitische Handlungsfreiheit des Landes. Er lehnte den deutschen Wunsch ab, die Beziehungen zur norwegischen Exilregierung abzubrechen. An der Belagerung Leningrads beteiligte sich die finnische Armee entgegen den deutschen Wünschen nicht. Durch den Entzug des finnischen Korps

Staatspräsident Ryti (Mitte) während des Besuchs Hitlers bei Marschall Mannerheim am 9.6.1942

vom deutschen Oberbefehl scheiterte die Eroberung der Halbinsel Kola und die Unterbrechung der Murmanskbahn. Eine deutsche Beteiligung an den Petsamo-Nickelgruben lehnte R. ab. Das Prinzip der Nichteinmischung in die inneren Angelegenheiten, das R. in einer Rede im Februar 1942 formulierte, wurde von den Deutschen respektiert. Der Besuch Hitlers am 4.6.1942 zum 75. Geburtstag Marschall Mannerheims wurde als Zeichen der finnischen Souveränität interpretiert, weil Hitler niemals einen Satellitenstaat besucht hätte.
Der Nationalsozialismus fand keinen Eingang in Finnland. Unter Hinweis auf das herrschende parlamentarische System und die Gepflogenheiten der Demokratie konnte R. auch der Presse einen Freiraum bewahren, obwohl dort die kritischen Stimmen gegenüber Deutschland die Oberhand hatten und das harmonische Verhältnis zwischen den Waffenbrüdern störten. Bei der Eröffnung des Parlaments am 3.2.1942 führte R. aus: »Unser politisches und soziales System ist das Ergebnis der historischen Entwicklung des Landes. Es basiert auf der jahrhundertealten gesellschaftlich einzigartigen Freiheit des Bauerntums ... So wie wir erwarten, daß sich keiner in unsere inneren Angelegenheiten einmischt und versucht, dieses System zu verändern, das wir für uns entwickelt haben und das wir frei weiterentwickeln werden, so werden wir verantwortungsvoll die politischen Systeme der anderen Länder anerkennen, die diese angenommen und für gut befunden haben.« Die Juden in Finnland hatten nicht die geringsten Probleme. In einem persönlichen Brief, der R. am 14.10.1943 von Generalmajor Alfred Jodl, Chef des Wehrmachtführungsstabes, ausgehändigt wurde, tadelte Hitler den Eindruck von Schwäche und Kriegsmüdigkeit, der in der finnischen Presse erweckt werde. Dort war z. B. der Belagerungszustand, den die deutschen Besatzungsbehörden am 31.8.1943 in Dänemark verhängten, heftig kritisiert worden. Trotz des Tadels verweigerte R. die von ihm verlangte Anerkennung des faschistischen Regimes, das Mussolini nach seiner Entmachtung in Norditalien errichtet hatte, mit dem Hinweis, daß das italienische Volk dazu noch nicht seine Stimme abgegeben habe.
Den Europaplänen Hitlers gegenüber blieb R. mißtrauisch, obwohl er einen Zusammenschluß der europäischen Staaten auf freiwilliger Basis als Gegengewicht zum amerikanischen und asiatischen Großraum befürwortete. Auf keinen Fall wollte R., daß Finnland zu einem Agrar- und Rohstofflieferanten der Achsenmächte degradiert werde. Die Ausführungen, die der Reichsminister für Volksaufklärung und Propaganda, Joseph Goebbels, im März 1943 gegenüber der dänischen Zeitung »Berlinske Tidende« machte, fanden seine Zustimmung. Danach sollte bei einem Zusammenschluß Europas das individuelle Gepräge der europäischen Nationen nicht angetastet werden. Reichsaußenminister Ribbentrop distanzierte sich jedoch von Goebbels und bat den deutschen Gesandten in Helsinki, der finnischen Regierung mitzuteilen, daß es sich um nichtamtliche Äußerungen handle. Erörterungen des Themas solle er aus dem Weg gehen.
Im Februar 1944 nahm R. Verbindung mit der UdSSR zu Verhandlungen über einen Friedenschluß auf. Sie endeten ergebnislos. Trotzdem stoppte Deutschland die Waffenlieferungen, so daß die Rote Armee im Juni auf der Karelischen Landenge die Mannerheim-Linie durchbrechen konnte. Am 22.6.1944 stellte Ribbentrop bei einem Besuch in Helsiniki weitere Militärhilfe nur dann in Aus-

sicht, wenn Finnland die bisherige Waffenbrüderschaft durch ein offizielles Bündnis mit dem Reich ersetzen würde. Da ein solcher Vertrag nicht vom Parlament gebilligt werden würde, erklärte R. am 28.6.1944 in einem persönlichen Brief an Hitler, daß Finnland den Krieg gegen die Sowjetunion nicht ohne vorherige Verständigung mit Deutschland beenden und er als Staatspräsident keine Waffenstillstandsverhandlungen oder Friedensgespräche »ohne Einvernehmen mit der deutschen Reichsregierung« zulassen werde. Darauf brachen die USA die diplomatischen Beziehungen zu Finnland ab. Wegen der drohenden Kriegserklärung trat R. am 1.8.1944 von seinem Amt zurück. Das gab dem Land die Handlungsfreiheit zurück und der Regierung die Möglichkeit, unter Abweichung von den Verpflichtungen des Staatspräsidenten R. Kontakte zur UdSSR zu suchen. Das drohende Ausscheren Finnlands aus dem deutschen Bündnissystem konnte auch ein Besuch des Feldmarschalls Wilhelm Keitel, Chef des Oberkommandos der Wehrmacht, beim neuen Staatspräsidenten Mannerheim nicht verhindern, der am 5.8.1944 vom Reichstag zum Nachfolger R.s gewählt worden war. Am 2.9.1944 verlangten die Finnen den Abzug aller deutschen Soldaten aus Finnland. Den Waffenstillstand mit der Sowjetunion unterzeichnete die finnische Delegation am 19.9.1944. Am 3.3.1945 erklärte Finnland auf sowjetischen Druck den Krieg an Deutschland.
R. wurde im Herbst 1945 als ranghöchster von acht Finnen wegen der Zusammenarbeit mit Deutschland vor einem Sondergericht angeklagt, das ohne gesetzliche Grundlage von den regierenden Parteien der Demokratischen Volksfront mit Unterstützung der Sowjetunion zu diesem Zweck errichtet worden war. Er erhielt eine Zuchthausstrafe von zehn Jahren. Verstöße gegen bestehende Gesetze konnten ihm und den anderen Angeklagten nicht nachgewiesen werden. 1949 kam er frei.

Literaturhinweise:
Leonard C. Lundin: Finland in the Second World War, Bloomington 1957
Dieter Aspelmeier: Deutschland und Finnland während der beiden Weltkriege, Hamburg 1967
Waldemar Erfurth: Der finnische Krieg 1941–1944, München 1978
Gerd R. Ueberschär: Hitler und Finnland 1939–1941. Die deutsch-finnischen Beziehungen während des Hitler-Stalin-Paktes, Wiesbaden 1978
John H. Wuorinen: Finland and World War II 1939–1945, Westport 1983

S

SCAPINI, GEORGE, geb. 4.10.1893 in Paris, gest. 25.3.1976 in Cannes, französischer Botschafter, Leiter des »Service diplomatique des prisonniers de guerre« 1940–1945

Im November 1915 wurde S. im Ersten Weltkrieg so schwer verwundet, daß er sein Augenlicht fast ganz verlor. Nach dem Krieg gründete er den Verband der französischen Kriegsblinden und studierte trotz seiner Behinderung Jura. In Paris ließ er sich als Rechtsanwalt nieder. 1928–1940 war er Abgeordneter der Stadt Paris und Präsident der parlamentarischen Gruppe der Frontkämpfer. Er stand auch an der Spitze der »Organisation der Kriegsblinden« und der »Deutsch-Französischen Gesellschaft« (Comité France-Allemagne), zu deren Gründungsmitgliedern er gehörte. Bei Aufenthalten in Berlin im April 1934 und Dezember 1937 stellte ihn die nationalsozialistische Führung als Vertreter der versöhnungswilligen Franzosen heraus. Hitler empfing ihn zu einem Gespräch. Zu vielen Mitgliedern der Deutsch-Französischen Gesellschaft hatte S. ein freundschaftliches Verhältnis, ein besonders herzliches zu de → Brinon. Mit dem Marschall → Pétain verband ihn nicht nur das Erlebnis von Verdun. Pétain und S. hatten die gleichen politischen Ansichten über das französische Parteienwesen, über den britischen Imperialismus und über den Werteverlust während der Dritten Republik. Nach dem deutschen Sieg im Juni 1940 teilten sie die Sorge um die zwei Millionen französischen Soldaten in deutscher Kriegsgefangenschaft, die die Sieger nicht entlassen wollten. S. verhandelte über diese Frage in Berlin ohne Erfolg. Auf seine Anregung machte Pétain bei seinem Treffen mit Hitler in Montoire am 24.10.1940 die Entlassung der Kriegsgefangenen zu einem zentralen Besprechungspunkt. Als Hitler unter Hinweis auf die französische Behandlung der deutschen Kriegsgefangenen im Ersten Weltkrieg seine Zustimmung verweigerte, lehnte Pétain jedes militärische Engagement Frankreichs auf deutscher Seite ab.

Am 16.11.1940 legte die deutsch-französische Waffenstillstandskommission in Wiesbaden auf französischen Wunsch fest, daß für die Betreuung aller französischen Kriegsgefangenen im deutschen Gewahrsam Frankreich zuständig sein sollte und nicht wie üblich ein neutraler Staat. → Laval überzeugte die Deutschen, daß die eigenen Landsleute für diese Aufgabe am besten geeignet seien. In einem Protokoll wurde der »Service diplomatique des prisonniers de guerre« ins Leben gerufen. Die Leitung übernahm S. Er bekam den Rang eines Botschafters. Alle die Kriegsgefangenen betreffenden Verhandlungen fielen in seine Kompetenz. Seine Dienststellen lagen in Paris und Berlin. Einer seiner Mitarbeiter war der spätere französische Staatspräsident François Mitterand. Von Berlin aus betreute S. die Offizierslager (Oflags) und Stammlager (Stalags), in denen die 1,5 Millionen nach Deutschland verbrachten französischen Kriegsgefangenen lebten. Das Verbindungspersonal richtete sich nach der Zahl der Arbeitskommandos in jedem Lager. Insgesamt gab es rund 82 000 Arbeitskommandos in Deutschland. Jedes Arbeitskommando wählte einen Vertrauensmann, der mit den anderen Vertrauensmännern des Lagers Kontakt hielt und für gleiche Arbeitsbedingungen sorgte. Viele Beschwerden konnten auf diese Weise bereits im Lager behoben werden. Bei den regelmäßigen und nicht angekündigten Lagerbesuchen wandten sich die Vertreter der Dienststelle S. ausschließlich an die Vertrauensmänner. Die Verbindung zwischen den Lagern lief über ihn.

S. setzte durch, daß die Offiziersräte, die in den Oflags gebildet wurden, sich frei im Wehrkreis bewegen und der Mission nach Berlin berichten durften. S. wünschte, daß sie sich soweit wie möglich auch um die Unteroffiziere und Soldaten kümmerten, die in der gleichen Region untergebracht waren. So entstand ein Informationsnetzwerk, das die Gleichbehandlung aller französischen Kriegs-

gefangenen in Übereinstimmung mit der Genfer Konvention sicherstellte. Das Nachrichten-, Kontroll- und Kontaktnetz funktionierte bis zum August 1944.
Neben dieser offiziellen Organisation des Kriegsgefangenenwesens gab es in allen Arbeitskommandos, Lagern und Wehrkreisen sogenannte »Cercles Pétain«. Diese Gesprächskreise dienten der Vichy-Regierung als Propagandaforen und sollten die Kriegsgefangenen vor der deutschen Beeinflussung beschützen und ihr nationales Engagement für Frankreich erhalten. Das Arbeits- und Propagadamaterial für die patriotische Erziehung lieferte S. von seiner Dienststelle in Berlin. Er schmeichelte sich, am Ende des Krieges die französischen Kriegsgefangenen als eine intakte Armee heimführen zu können.
Im Laufe des Krieges durften einzelne Gruppen von Kriegsgefangenen nach Frankreich zurückkehren: die Angehörigen bestimmter Berufe, Väter und älteste Söhne kinderreicher Familien, und im Austausch gegen Zivilarbeiter der Relève andere Gefangene im Verhältnis 1 : 3. 250 000 Soldaten nahmen den Status von Zivilarbeitern an, weil sie ihre Frauen nachkommen lassen wollten und mehr Geld bekamen.
Als die französische Botschaft in Berlin, in der die Dienststelle von S. untergebracht war, von Bomben getroffen wurde, zog S. in das Schloß Kunersdorf bei Wriezen. Dort erfuhr er von de Brinon auf dessen Rückfahrt vom Führerhauptquartier am 1.9.1944, daß Pétain seit seiner Verbringung nach Sigmaringen die Amtsgeschäfte ruhen ließ. Von da an weigerte sich S., Weisungen aus Sigmaringen zu befolgen. Die »Commission française pour la défense des intérêts nationaux«, die unter der Leitung von de Brinon als Schattenkabinett fungierte, erkannte S. nicht an. Er führte seine Mission zum Schutz der Kriegsgefangenen in eigener Zuständigkeit weiter. Er hoffte auf die legale Machtübertragung von Pétain an de Gaulle. Am 5.10.1944 begab sich S. nach Sigmaringen. Er wollte Pétain dazu bewegen, der Schweiz die Schutzmachtfunktion für die Kriegsgefangenen zu übertragen. Der Marschall empfing ihn jedoch nicht. Er teilte S. lediglich mit, er solle seine Aufgaben wie bisher weiterführen. Als der General Bridoux, der von der Regierungskommission die Verantwortung für Militärfragen übertragen bekommen hatte, die Weisungsbefugnis über S. beanspruchte, demissionierte S. am 28.10.1944. Zum Nachfolger ernannte Bridoux im Einvernehmen mit dem deutschen Botschafter bei der französischen Regierung in Sigmaringen, Otto Abetz, den General Didelet. Als sich die Lagerführungen weigerten, mit ihm zusammenzuarbeiten, und die Wiedereinsetzung von S. verlangten, wurde S. von der Gestapo festgenommen und nach Niederschlesien verbracht.
Nach dem Kriegsende lieferten die Russen, die Ostdeutschland besetzt hatten, S. an die französische Regierung aus. Am 18.5.1945 wurde er nach Paris gebracht. Sein Wunsch, als Experte bei der Rückführung der französischen Kriegsgefangenen aus den besetzten Gebieten beteiligt zu werden, blieb unbeachtet.
Als im Herbst 1949 ein Ermittlungsverfahren wegen Kollaboration mit dem Feind gegen ihn eröffnet wurde, floh S. in die Schweiz. Am 20.12.1949 wurde er in Abwesenheit zu fünf Jahren Zwangsarbeit, Entzug der bürgerlichen Ehrenrechte und Beschlagnahme seines Vermögens verurteilt. Ende Juni 1952 kehrte S. aus der Schweiz zurück und stellte sich den französischen Behörden. Das Militärgericht in Cherche-Midi sprach ihn frei.

Literaturhinweise:
Georges Scapini: Mission sans gloire, Paris 1966
Hans Umbreit: Der Militärbefehlshaber in Frankreich 1940–1944, Boppard am Rhein 1968
Robert O. Paxton: Vichy France. Old Guard and New Order 1940–1944, New York 1982

SCAVENIUS, ERIK, geb. 13.6.1877 in Klintholm, gest. 29.11.1962 in Hellerup (Kopenhagen), dänischer Außenminister 1940–1943, dänischer Ministerpräsident 1942–1943

S. war der Sohn eines königlichen Kammerherrn. 1897 legte er das Abitur ab und 1901 das juristische Staatsexamen. Er trat in den diplomatischen Dienst ein, wo er schnell Karriere machte. 1906–1908 war er Legationssekretär an der dänischen Gesandtschaft in Berlin. 1909 wurde er mit 32 Jahren für die Dauer eines Jahres dänischer Außenminister. Nach Aufenthalten an den Gesandtschaften in Wien und Rom war er 1913–1920 erneut Außenminister. Im Ersten Weltkrieg versuchte S., die dänische Neutralität mit einer wohlwollenden Haltung zu Deutschland, von dem das Land wirtschaftlich abhängig war, zu verbinden. Nach dem Krieg setzte er sich für die Zurückhaltung der Siegermächte gegenüber dem Reich ein. Unter der sozialdemokratischen Regierung Thorwald Stauning wurde S. 1924 zum dänischen Gesandten in Stockholm ernannt. Dieses Amt hatte er bis 1932 inne. Danach arbeitete er als engster Mitarbeiter des Außenministers P. Munch im Außenministerium und wurde mit mehreren Sonderaufträgen betraut.
Noch vor der deutschen Besetzung Dänemarks am 9.4.1940 berief der dänische König S. zum Außenminister. Auch der »Regierung der nationalen Sammlung« vom 2.7.1940, an der alle Parteien außer der »Danmarks National Socialistiske Arbejder Parti« (DNSAP), die von Frits → Clausen geführt wurde, teilhatten, gehörte S. als Außenminister an. Die Regierungserklärung vom 8.7.1940 gab der deutschen Führung zu verstehen, daß die Dänen zu einer Zusammenarbeit bereit waren, wenn die Souveränität des Landes unangetastet und die parlamentarischen Einrichtungen und die Monarchie aufrecht erhalten blieben. Am 8.7.1940 gab S. eine Loyalitätserklärung für Deutschland heraus: »Die Regierung drückt den Wunsch und den Willen Dänemarks aus, aufs positivste und loyalste an der Errichtung des von Deutschland geleiteten Europas mitzuarbeiten, dessen Fundamente durch die politischen Ereignisse der letzten zehn Monate gelegt worden sind.« Um die kurzfristigen Vorteile einer Wirtschaftsunion zwischen Dänemark und Deutschland nicht zu gefährden, stellte Hitler alle Nachkriegsüberlegungen zurück. Die dänischen Befürchtungen über die Zukunft ihres Landes wurden in den deutsch-dänischen Verhandlungen ignoriert. Trotz der Opposition des dänischen Handelsministers Christmas Möller, der als ausgesprochener Deutschenfeind bereits 1936 die Olympiade in Berlin boykottieren wollte, kam im August 1940 der angestrebte Wirtschaftsvertrag zustande. Ohne die dänischen Lebensmittellieferungen wäre die deutsche Ernährungswirtschaft zusammengebrochen.
Die dänische Außenpolitik paßte sich den deutschen Wünschen weitgehend an. Nach der Abberufung des dänischen Gesandten aus Moskau am 24.5.1940 schloß sich Dänemark auf deutsches Drängen am 25.11.1940 dem Antikomin-

ternpakt an. Als die Wehrmacht am 22.6.1941 den Ostfeldzug gegen die UdSSR begann, brach die dänische Regierung am 24.6.1941 die diplomatischen Beziehungen zur Sowjetunion ab. S. bezeichnete sie als eine Macht, »die seit vielen Jahren eine Bedrohung für Wohlfahrt und Gedeihen der nordischen Staaten« dargestellt habe. Die Kommunisten im Lande wurden im Konzentrationslager Horserod eingesperrt. Am 13.4.1941 protestierte S. gegen die Besetzung Grönlands durch die USA. Am 20.11.1941 begannen die Gespräche zwischen S. und dem deutschen Gesandten Renthe-Fink über den Beitritt Dänemarks zum Antikominternpakt. Als die Dänen zögerten, drohten die Deutschen mit Sanktionen. Am 23.11.1941 stimmte der Staatsrat unter Vorsitz des Königs zu, so daß S. am 25.11.1941 den Vertrag während eines feierlichen Staatsaktes in Berlin unterzeichnen konnte. Am darauffolgenden Tag sprach S. eine halbe Stunde mit Hitler, der sich allgemein über das Neue Europa und den Kampf gegen den Bolschewismus ausließ. S. erklärte die dänische Bereitschaft, mit Lieferungen kriegswichtiger Güter und mit der Entsendung von dänischen Arbeitern ins »Ostland« den Deutschen zu helfen. Sein Aufenthalt in Berlin glich dem eines Regierungschefs eines verbündeten Staates. Dänemark anerkannte alle mit Deutschland verbündeten Staaten, auch die neu gegründeten Satelliten Kroatien und Slowakei, diplomatisch an.

S. unterstützte die Werbung dänischer Arbeiter für die deutsche Rüstungsindustrie, von denen jährlich etwa 40 000 auf freiwilliger Basis ins Reich gingen, und legte der Anwerbung von dänischen Freiwilligen für die Wehrmacht und später für die Waffen-SS nichts in den Weg. Am Ende des Kriegs kämpften etwa 6000 Dänen auf deutscher Seite. 30 000 Dänen waren an den Befestigungsbauten an der Küste eingesetzt, mit denen einer eventuellen westalliierten Invasion begegnet werden sollte.

Als der Sozialdemokrat Vilhelm Buhl nach dem Tod Staunings am 3.5.1942 das Amt des dänischen Ministerpräsidenten übernahm, machte die deutsche Reichsregierung Vorhaltungen, daß zu viele Juden in dänischen Schlüsselstellungen seien. Die Personaldebatte verschärfte sich durch die »Telegramm-Affäre«, nach der der dänische König Christian X. die Geburtstagsgratulation Hitlers nicht angemessen zu würdigen wußte. Um die Besetzung Dänemarks durch die Deutschen zu vermeiden, wurde die Regierung im deutschen Sinn umgestaltet. S. übernahm auf Drängen Ribbentrops neben dem Außenministerium auch das Amt des Ministerpräsidenten und Staatsministers. Obwohl er am 2.11.1942 im Reichsaußenministerium aufgefordert wurde, vier Mitglieder der DNSAP, drei der Gewerkschaften und zwei neutrale Fachminister ins Kabinett aufzunehmen, konnte er unter Einschaltung des neuen Reichsbevollmächtigten für Dänemark, Werner Best, durchsetzen, daß nur ein Ressort neu besetzt wurde und sieben Minister der früheren Regierung ihr Amt behielten. Am 7.11.1942 stimmte der König der neuen Regierung zu. Auf deutschen Druck wurde am 11.11.1942 ein »Ermächtigungsgesetz« erlassen, das die Rechte des Parlaments einschränkte. Bei den Neuwahlen am 23.3.1943 erhielten die Sozialdemokraten bei einer Wahlbeteiligung von 90 Prozent 66 Mandate von insgesamt 149. Das war ein eindeutiges Vertrauensvotum für S.

Die deutsche Reichsregierung war mit S.zufrieden. Am 5.5.1943 berichtete Best

nach Berlin: »Die Regierung hat sich in der Zusammenarbeit mit dem Reichsbevollmächtigten stets als loyal und fügsam erwiesen, was der Überzeugung aller Minister entspringt, daß nur diese Politik realistisch und im Interesse Dänemarks gelegen sei.« Nur in der Judenfrage blieb die dänische Regierung auf Weisung des Königs unnachgiebig. Den meisten Juden gelang die Flucht nach Schweden, bevor die Deutschen am 23.8.1943 die vollziehende Gewalt übernahmen.
1943 kam in Dänemark eine Untergrundbewegung gegen die Deutschen auf. Während in den ersten drei Besatzungsjahren kein einziger Anschlag auf einen Deutschen ausgeübt wurde, häuften sich jetzt die Überfälle. S. fürchtete bei einer Zunahme der Attentate deutsche Repressalien gegen die Zivilbevölkerung und ermutigte die Deutschen zu harten Strafen. Am 23.8.1943 verkündete der Befehlshaber der deutschen Truppen in Dänemark, General Hermann von Hanneken, den militärischen Ausnahmezustand über das Land und forderte die dänische Regierung auf, ein Streikverbot zu erlassen, Versammlungen von mehr als fünf Personen zu verbieten, das nächtliche Ausgehverbot zu überwachen, die Pressezensur streng zu handhaben und Schnellgerichte mit der Befugnis zur Verhängung der Todesstrafe bei Sabotage einzurichten. Angesichts dieser Forderungen trat S. von seinem Amt als Ministerpräsident zurück. Die Minister folgten seinem Beispiel. Der dänische König ließ seine Ämter ruhen. Unter deutscher Kontrolle führten die Staatssekretäre die Regierungsgeschäfte weiter.
S. zog sich aus der Politik zurück. Erst in den letzten Kriegswochen schaltete er sich wieder ein. Er vermittelte zwischen dem Reichsbevollmächtigten Best und dem dänischen König die Abzugsmodalitäten der deutschen Wehrmacht und die Aufenthaltsbedingungen für die deutschen Flüchtlinge, die von der Kriegsmarine aus Ostdeutschland an Land gebracht wurden. Am 4.5.1945 kapitulierte die deutsche Besatzungsmacht. Bei der Abschlußaudienz am darauf folgenden Tag äußerte der König seine Zufriedenheit: »Wir haben erreicht, daß Kopenhagen nicht bombardiert und das Land nicht verwüstet worden ist«.
Nach dem Krieg wurde S. vorgeworfen, er habe den deutschen Forderungen nicht genügend Widerstand entgegengesetzt und der Besatzungsmacht bei der Unterdrückung der dänischen Widerstandsbewegung geholfen. Nur weil sich der König vor S. stellte, wurde von einer Anklage gegen ihn abgesehen.

Literaturhinweise:
Werner Warmbrunn: The Dutch under German Occupation 1940–1945, London 1963
Henning Poulsen: Besaettelsesmagten og de danske Nazister, Kopenhagen 1970
Erich Thomsen: Deutsche Besatzungspolitik in Dänemark 1940–1945, Düsseldorf 1971
Dansk Biografisk Leksikon, Band 12, Kopenhagen 1982
Werner Best: Dänemark in Hitlers Hand, Husum 1988
Jacques Semelin: Ohne Waffen gegen Hitler. Eine Studie zum zivilen Widerstand in Europa, Frankfurt 1995

SCHAFFNER, JAKOB, geb. 14.11.1875 in Basel, gest. 25.9.1944 in Straßburg, Schweizer Schriftsteller

Das Kind eines Schweizer Vaters, der starb, als Sch. acht Jahre alt war, und einer deutschen Mutter, die nach Amerika auswanderte, wuchs als Frühwaise bei den

Großeltern in Whylen und in der pietistischen Armenanstalt Beuggen im Breisgau auf. 1891–1893 machte er eine Schuhmacherlehre. Danach wanderte er als Geselle sechs Jahre durch Europa und lernte Deutschland, Frankreich, Belgien und die Niederlande kennen. Als er anschließend als Fabrikarbeiter in einem Eisenwerk arbeitete, machte er seine ersten schriftstellerischen Versuche. 1905–1907 ging er auf Reisen. Dann ließ er sich in Berlin nieder. In seinen Romanen erwies sich Sch. als realistischer Erzähler mit starken autobiographischen Bezügen, der das Schweizer Bauerntum und Kleinbürgertum darstellte und die Welt der Handwerksburschen auf der Walz schilderte. Sein erster großer Erfolg war »Die Erlhöferin« (1908), dem 1910 »Konrad Pilater« folgte. Nach dem Ersten Weltkrieg gehörte Sch. zu den bekanntesten deutschsprachigen Romanciers. »Die Glücksfischer« (1925) und der vierbändige Johanneszyklus, der 1922 mit »Johannes. Roman einer Jugend« begann, wurden von der Literaturkritik als große Würfe gelobt. 1913–1922 lebte er in Berlin und 1924–1934 in Weimar. Sch., der jahrelang Sympathien für den Kommunismus entwickelt hatte, wurde dort zu einem Anhänger des Nationalsozialismus. Sein Bekenntnis legte er erstmals in seinem 1936 erschienenen Buch »Volk zu Schiff« ab. Darin gestand er, daß er »die Grundzüge des Nationalsozialismus als maßgebend betrachte für den Neuaufbau Europas«. »Seitdem es in Mitteleuropa ein Land gibt, in welchem Ernst gemacht wird mit der Volksgemeinschaft, seitdem atmet es sich leichter.« Aufgrund dieser Schrift wurde Sch. 1936 mit offenen Armen in die »Nationale Front« (NF) aufgenommen, die Robert → Tobler, Hans → Oehler und andere 1930 in der Schweiz gegründet hatten. Mit seiner Forderung nach einem klaren und uneingechränkten Bekenntnis zum Nationalsozialismus sprengte er jedoch bald den Rahmen dieser Bewegung, so daß er geistig eigentlich eher dem »Volksbund« Ernst → Leonhardts zuzuordnen war, der sich auch »Nationalsozialitische Schweizerische Arbeiterpartei« (NSSAP) nannte. Als Propagandaredner reiste Sch. 1936 drei Monate durch die Schweiz. Der Erfolg war so groß, daß die Basler und Solothurner Kantonsregierungen seine Auftritte verboten.

Von der Führung der NF verlangte Sch. die Abgrenzung vom kapitalistischen Schweizer Bürgertum zugunsten eines nationalen Sozialismus nach deutschem Vorbild. Er stellte selbst die eidgenössischen Grundwerte Demokratie, Unabhängigkeit und Freiheit in Frage. Auch den Individualegoismus der Schweizerbürger wußte er zu geißeln. »Sittliche Taten« gebe es nur, »wenn der Mensch im Hinblick auf die Gemeinschaft handelt«. In der Gemeinschaftserziehung sah

Sch. die Gewähr für eine Persönlichkeitsbidlung, die den einzelnen über sich selbst hinaus zum Wirken für das Ganze führt. Das Wesen der Gemeinschaft erkennt er in »blut- und rassenmäßigen Bindungen«, die in der Familie aufgebaut werden. Obwohl er an der Schweizer Souveränität nicht rüttelte, machte seine prodeutsche Einstellung der Partei Kummer. Trotzdem verschaffte sie ihm in der Schweiz die Popularität, die er als Schriftseller in Deutschland seit langem hatte. Um sein Werk unters Volk zu bringen, bot ihm Hans Oehler an, seine Gedichte in den »Nationalen Heften« abzudrucken. Die Parteibuchhandlungen vertrieben seine Bücher. Als in Deutschland lebender Schweizer war Sch. für die NF das Musterbeispiel für die von ihr vertretene Kulturverbundenheit zwischen Deutschland und der Schweiz. Sch. war der Mittelpunkt der deutsch-schweizerischen Kulturtage und engagierte sich im Kulturprogramm der »Deutschen Arbeitsfront«. In der festen Überzeugung, daß dem Nationalsozialismus die Zukunft gehören werde, wollte er den Schweizern den richtigen Weg weisen und ihnen die Vorzüge eines autoritären Staates vermitteln.
Bei den Einigungsverhandlungen zwischen »Volksbund« (VB) und »Nationaler Front« (NF), die 1937 ergebnislos verliefen, fungierte Sch. als Vermittler. Er glaubte, daß die nationalsozialistische Idee beide Bewegungen zusammenführen könne. Als die Gespräche gescheitert waren, machte er aus seiner Verbitterung über die »Unfähigkeit der Erneuerungsbewegungen zur Einigkeit« kein Hehl. 1938 verließ er die NF, weil ihm die von Tobler herbeigeführte Umorientierung mißfiel. Gegenüber Hans Bossard äußtere er sich abträglich über Tobler und dessen Mitarbeiter: »Das sind Menschen, die persönlich eine Rolle spielen wollen; sie haben zwar die Lehren des Nationalsozialismus aufgenommen, sind aber volksfremd und nicht geeignet, als Propagandaträger zu wirken.«
1939 veröffentlichte Sch. einen Vortrag unter dem Titel »Die schweizerische Eidgenossenschaft und das Dritte Reich«, in dem er zeigen wollte, daß die völkische Bewegung in beiden Ländern den Staat stärke und garantiere, daß bei der »Wiederaufrichtung Europas« der jeweilige Volkscharakter erhalten bleibe. Der »Reichsmythos« sei Bestandteil der Tradition beider Völker. Im Gegensatz dazu seien Kommunismus und Liberalismus fremde Einflüsse. Sie müßten ferngehalten werden, wenn beide Völker ihre historische Aufgabe lösen wollten: »Im Haus Europa sind viele Wohnungen, und in jeder wird ein eigener Haushalt geführt. Aber ob dies Haus verwahrlost oder zerstört wird ...: das ist die Frage der Schicksalsgemeinschaft«, in der Deutschland und die Schweiz zusammenarbeiten. 1940 und 1941 griff er das Thema immer wieder auf. Die vom Reichsminister für Volksaufklärung und Propaganda herausgegebene Wochenzeitung »Das Reich« veröffentlichte seine Ansichten: Die Schweiz, »die einen geschichtlichen und moralischen Anspruch auf Eigenständigkeit besitzt«, werde den Weg »zur Einfügung in das neue Europa in Würde und Freiwilligkeit« beschreiten, sobald die Volkskräfte das verlangten und sobald die Schweiz ihre Neutralität – »Neutralismus ist der Tod« – aufgegeben haben werde. Die jahrhundertelange Entfremdung vom Reich mache den Schritt schwer. Aber wenn die Zeit reif sei, werde die Schweiz zum Großdeutschen Reich hinzustoßen und ihr wirtschaftliches Potential in das neue Europa einbringen.
Als am 10.9.1940 der Bundespräsident Pilet-Golaz die Führer der »Nationalen

Bewegung der Schweiz« (NBS) zu sich lud, gehörte Sch. mit → Hofmann und → Keller zur Delegation. Möglicherweise hatte er das Treffen sogar vorbreitet, weil er im August 1940 während eines Kuraufenthalts in Baden-Baden Pilet-Golaz kennengelernt hatte. Während der Bundespräsident vom Bundesrat und von den Medien getadelt wurde, einer Bewegung sein Ohr zu leihen, die die Demokratie verdamme, fühlte sich der NBS aufgewertet und erhoffte sich von der Regierung weitere Schritte zur Anerkennung der Fronten. Als in der schweizerischen Bundesversammlung die Frontisten als Männer bezeichnet wurden, die »in hochverräterischer Beziehung zum Reich« stünden, entschloß sich Sch., Hitler persönlich über die innenpolitische Situation der Schweiz zu berichten und ihm Vorschläge für die Regelung der deutsch-schweizerischen Beziehungen zu unterbreiten, die »das Verhältnis aus dem Stellungskrieg herauszubringen und in den offenen politischen Kampf um die Hauptfrage überzuleiten« in der Lage seien. Der Staatssekretär im Auswärtigen Amt, Ernst von Weizsäcker, verhinderte die Begegnung, weil Hitlers Stellvertreter Rudolf Heß am 11.10.1940 mit Max Leo Keller über das Thema gesprochen hatte.

Nach dem Beginn des Rußlandfeldzugs im Juni 1941 predigte Sch. die Preisgabe der schweizerischen Neutralität, die er vor 1939 für unantastbar gehalten hatte. In einer Artikelfolge in der deutschen Zeitschrift »Das Reich« beschwor er die Bundesregierung, vom »stierköpfigen Beharren« und von der »sturen und wilden Eigenständigkeit« abzulassen und sich am europäischen Schicksalskampf zu beteiligen.

Bei einem Bombenangriff auf Straßburg kam Sch. im Herbst 1944 ums Leben.

Literaturhinweise:

Heinz Bänziger: Heimat und Fremde. Ein Kapitel ›Tragische Literaturgeschichte‹ in der Schweiz: Jakob Schaffner, Robert Walser, Albin Zollinger, Bern 1958

Annemarie Wettstein: Die Wertewelt des Dichters Jakob Schaffner dargestellt an seinem Werk und Leben, Würzburg-Aumühle 1968

Beat Glaus: Die Nationale Front. Eine Schweizer faschistische Bewegung 1930–1940, Zürich u. a. 1969

Walter Wolf: Faschismus in der Schweiz. Die Geschichte der Frontenbewegungen in der deutschen Schweiz 1930–1945, Zürich 1969

Walter Rüthemann: Volksbund und SGAD. Nationalsozialistische Schweizerische Arbeiterpartei. Schweizerische Gesellschaft der Freunde einer autoritären Demokratie. Ein Beitrag zur Geschichte der politischen Erneuerungsbewegungen in der Schweiz 1933–1944, Diss. Zürich 1979

SCHALBURG, CHRISTIAN FREDERIK VON, geb. 15.4.1906 in Zmeinogorsk (Ukraine), gefallen 2.6.1942 bei Demjansk, Kommandeur des »Frikorps Danmark« 1942, SS-Sturmbannführer

Als Sohn einer russischen Mutter und eines dänischen Vaters griechisch-orthodoxen Glaubens geboren, trat Sch. mit elf Jahren in das zaristische Kadettenkorps ein. Als wenige Monate später die Oktoberrevolution ausbrach, mußte die Familie nach Dänemark fliehen. Dieses Ereignis machte ihn zu einem lebenslangen Kommunistenhasser. Die Umstellung in seiner neuen Heimat fiel ihm leicht. Er besuchte die höhere Schule und trat in das dänische Heer ein. 1929 war

er Sekondeleutnant in der königlich-dänischen Leibgarde. 1936 erreichte er den Dienstgrad Kapitänleutnant. Seine politische Heimat fand er in der »Danmarks National Socialistiske Arbejder Parti« (DNSAP), die Frits → Clausen seit 1933 führte, weil diese Partei im Vergleich zu allen anderen am eindeutigsten den Kommunismus bekämpfte. Er baute die Jugendorganisation »National Socialistisk Ungdom« (NSU) der DNSAP auf und leitete sie. Im November 1939 bat er um Beurlaubung aus dem Militär, um sich als Freiwilliger zum Kampf gegen die Bolschewisten im Russisch-finnischen Winterkrieg zu melden.

Als Sch. nach Dänemark zurückkehrte, war das Land von den Deutschen besetzt. Nach einer kurzen Dienstzeit in der königlich-dänischen Leibgarde meldete er sich freiwillig zur Waffen-SS. Er kam in das SS-Regiment Germania, in dem die norwegischen, dänischen und niederländischen Freiwilligen zusammengefaßt wurden. Am 1.1.1941 wurde das Regiment in die 5. SS-Panzerdivision ›Wiking‹ einbezogen. Zu Beginn des Rußlandfeldzugs am 22.6. 1941 kam Sch. wegen seiner russischen Sprachkenntnisse als Ordonnanzoffizier in den Divisionsstab. In dieser Funktion erwarb er sich am 6.8.1941 das Eiserne Kreuz I. Klasse. Am 9.11.1941 wurde Sch. zum SS-Sturmbannführer befördert. Wegen seiner nationalsozialistischen Überzeugung wollte ihn Himmler anstelle von Oberstleutnant → Kryssing zum Chef des »Frikorps Danmark« machen, das am 3.7.1941 in Kopenhagen aufgestellt worden war. Von Sch. versprach er sich die Verbesserung der wehrgeistigen Erziehung der Freiwilligen im Sinne des Nationalsozialismus. Der Führer der DNSAP Frits Clausen versuchte das Vorhaben Himmlers zu durchkreuzen, weil er mit Sch. einen innerparteilichen Konkurrenten bekam, der die Rückendeckung Himmlers besaß. Auch der deutsche Geschäftsträger in Dänemark, Cecil von Renthe-Fink, war dagegen, weil er fürchtete, daß sich unter der Führung Sch.s das Freikorps von der DNSAP wegentwickeln könnte. In der Tat bestand im Freikorps eine große Kluft zwischen den Angehörigen der DNSAP und den anderen Freiwilligen.

Als überzeugter Nationalsozialist schätzte sich Sch. glücklich, Zeuge des Anbruchs einer neuen historischen Epoche zu sein, in der die nordische Rasse das Ende von Kapitalismus, Kommunismus und Demokratie herbeiführen werde. Der nationalen Sozialismus werde die Arbeiterschaft aus den Fängen des Marxismus befreien und zu Wohlstand führen. Das Spekulantentum werde ausgerottet werden, und die parlamentarischen Quatschbuden würden verschwinden. Sch. hatte keinen Zweifel, auf der richtigen Seite zu stehen. In einem Lebens-

lauf schrieb er: »Dank der Führung Adolf Hitlers besteht jetzt die Möglichkeit, daß sämtliche Germanen sich unter seiner Führung zum Aufbau eines großnordischen Raumes vereinigen und sich nach dem Zerschlagen des Judentums eine neue Welt schaffen.«
Nachdem ihn Himmler dem Führer vorgestellt hatte, übernahm Sch. im März 1942 das Kommando über das »Frikorps Danmark«. Als Teil der 11. SS-Freiwilligenpanzergrenadierdivision ›Nordland‹ geriet es unmittelbar nach der Ankunft an der Ostfront in den Kessel von Demjansk. Dort fiel Sch. bei einem Stoßtruppunternehmen. Er wurde tödlich verwundet, als er auf eine Mine trat. Sein Nachfolger im Kommando war der SS-Hauptsturmführer → Martinsen. Sch.s Tod diente Himmler dazu, den germanischen Aspekt der Waffen-SS herauszustellen und die Truppe als Kampfgemeinschaft zum Schutz Europas vor dem Bolschewismus zu preisen. In Kopenhagen fand ein Staatsakt zu Ehren des Toten und als Ausdruck »der Heldenehrung der Heimat für den gefallenen Kämpfer Germaniens« statt. Sch. wurde posthum zum SS-Obersturmbannführer befördert. Himmler, der in Schalburg einen »dänischen Heydrich« sah, bemühte sich noch kurz vor Kriegsende 1945 um eine adäquate Entschädigung für die Familie des Gefallenen in Form eines Reichshofs.
Am 2.2.1943 wurde in Dänemark zu Ehren des Toten eine Polizeitruppe mit dem Namen »Schalburg-Korps« gegründet. Sie stand allen aus der Waffen-SS ausgeschiedenen Frontkämpfern offen, deren Zeitvertrag abgelaufen war. Zum Führer wurde Sch.s Nachfolger als Kommandant des »Frikorps Danmark«, SS-Sturmbannführer Martinsen, bestimmt.

Literaturhinweise:
Jørgen Haestrup: Besaettelsens HVEM-HVAD-HVOR, Kopenhagen 1965
Henning Poulsen: Besaettelsesmagten og de danske Nazister, Kopenhagen 1970
David Littlejohn: The Patriotic Traitors. A History of Collaboration in German-Occupied Europe 1940–1945, London 1972
David Littlejohn: Foreign Legions of the Third Reich, Band 1, San José 1979
Dansk Biografisk Leksikon, Band 13, Kopenhagen 1983
Werner Best: Dänemark in Hitlers Hand, Husum 1988

SCHANDRUK, PAWLO, geb. 28.2.1889 in Borsuky, Krs. Kremjenez (Wolhynien), gest. 15.2.1979 in Trenton (USA), Generalleutnant, Vorsitzender des Ukrainischen Nationalkomitees 1945, Oberbefehlshaber der Ukrainischen Nationalarmee 1945

In Wolhynien geboren, besuchte Sch. bis 1913 die Militärschule in Moskau. 1917 erlebte er in der Garnisonsstadt Tver als zaristischer Offizier die Anfänge der Revolution. Es gelang ihm, zu seinem Regiment an die Front bei Dvinsk zu kommen. Dort lernte er im April 1917 Kerenski bei einem Frontbesuch kennen. Nach dem Scheitern der Brussilowoffensive bildete Sch. ein Bataillon, das nur aus Ukrainern bestand, und stellte es der ukrainischen Rada in Kiew zur Verfügung. Er selbst übernahm das Kommando über eine Panzerwagenabteilung und kämpfte an zahlreichen Orten gegen die Roten und die Weißen, die beide von einer selbständigen Ukraine nichts wissen wollten. Nach der ukrainisch-polnischen

Militärkonvention vom 22.4.1920 führte er ein ukrainisches Detachement der 35. Polnischen Brigade. Nach dem Waffenstillstand im Polnisch-russischen Krieg, der am 18.3. 1921 zum Frieden von Riga führte, wurde Sch. in der Nähe von Kalisch interniert. Im März 1927 bildete sich mit Wissen der Polen in Warschau ein geheimer ukrainischer Generalstab zur Wiedereroberung der sowjetischen Ukraine, in dem Sch. die Funktion des Chefs des Stabes übernahm. Das Angebot der sowjetischen Regierung, statt dessen im Rang eines Generals der Roten Armee das Kommando über die 23. Sowjetische Ukrainische Division in Charkow zu übernehmen, lehnte Sch. ab. Im Sommer 1936 nahm Sch. mit dem Dienstgrad Major an den polnischen Sommermanövern teil. Nach der Teilnahme am Generalstabslehrgang von November 1936 bis September 1938 wurde er als Vertragsoffizier im Rang eines Oberstleutnants in die polnische Armee übernommen. Als der Zweite Weltkrieg begann, stand sein Regiment bei Posen. Bevor die Verteidigung der Stadt zusammenbrach, wurde Sch. nach Warschau befohlen. Nachdem die deutsche Wehrmacht die Stadt eingenommen hatte, organisierte er die Verteidigung von Kransnobrod. Die Kämpfe dauerten zwei Tage, dann war Polen besiegt. Zusammen mit anderen Offizieren wurde Sch. ins Kriegsgefangenenlager Kielce gebracht, wo seine Verwundung ärztlich behandelt wurde. Am 17.1.1940 verhörte ihn die Gestapo in Warschau. Die Fürsprache ukrainischer Offiziere, die bei der deutschen Abwehr arbeiteten, bewirkte seine Entlassung nach Breslau. In Skierniewice fand er eine Beschäftigung als Filmvorführer in einem Kino. Zu Beginn des deutschen Rußlandfeldzugs am 22.6.1941 wurde Sch. der Armeegruppe Ritter von Schobert, die von Rumänien aus in die Ukraine vorstieß, als landeskundiger Berater zugeteilt. Da keine Probleme auftauchten, wurde Sch. schon nach wenigen Tagen entlassen und kehrte nach Skierniewice zurück, wo er seine frühere Tätigkeit wieder aufnahm.

Nach dem Warschauer Aufstand vom August 1944 trat Sch. mit dem Vorsitzenden des »Ukrainischen Zentralkomitees« (UCC) im Generalgouvernement, Professor → Kubijovytsch, und mit Kost Lewitzki, der 1918/19 ein paar Monate lang Ministerpräsident der Ukraine gewesen war und nach der Ermordung Petljuras die Führung seiner Anhängerschaft übernommen hatte, in Verbindung, um sich über die Verteidigung Galiziens gegen die Rote Armee zu informieren. Ende November 1944 bat ihn Lewitzki, nach Berlin zu kommen. Dort traf er Oberst Wolff und SS-Obersturmbannführer Dr. Arlt von der Freiwilligen-Leitstelle im SS-Hauptamt, die ein Pendant zur Wlassow-Armee schaffen wollten und ihn aufforderten, an die Spitze des Ukrainischen Nationalkomitees zu treten. Sch. erklärte sich nach einigem Zögern unter folgenden Bedingungen zur Mitarbeit bereit: Entlassung aller ukrainischen Nationalisten aus den Konzentrationslagern, Bildung einer vorläufigen ukrainischen Regierung, Verzicht Deutschlands auf die Annexion der Ukraine, Unterstellung der 14. Waffengrenadierdivision der SS (galiz. Nr. 1) unter ukrainischen Befehl.

Als Vorsitzender des Ukrainischen Nationalkomitees, das der Reichsminister für die besetzten Ostgebiete, Alfred Rosenberg, und der Chef des SS-Hauptamtes, SS-Obergruppenfüher Gottlob Berger, im Herbst 1944 aufstellen wollten, waren mehrere Personen in der Diskussion, bis schließlich Sch. zur Jahreswende 1944/45 das Amt angeboten bekam. → Bandera, mit dem Berger am 5.10.1944 gesprochen hatte, lehnte man als »zähen und verschlagenen Kerl« ab. Lewitzki war Rosenberg als Demokrat verdächtig. → Skoropadsky schien beiden zu unpopulär, und → Melnik hatte zu viele Feinde unter den Ukrainern. Als ostukrainischer Nationalist schien Sch. am annehmbarsten, stand er doch schon 1941 für kurze Zeit in deutschem Dienst. Rosenberg begrüßte die Aufstellung einer ukrainischen Nationalarmee unter eigener politischen Führung, weil dadurch → Wlassow auf die Vertretung russischer Interessen zurückgedrängt wurde. Am 30.1.1945 traf Sch. mit Wlassow in Dabendorf zusammen. Beide kamen überein, ihre militärischen Pläne zur Niederringung des Bolschewismus zu koordinieren. Die Eingliederung in das KONR lehnte Sch. jedoch entschieden ab. Im Februar 1945 stellte er das Ukrainische Nationalkomitee zusammen. Es bestand aus fünf Mitgliedern. Am 12.3.1945 übernahm er offiziell den Vorsitz. Sein Vertreter war Kubijovytsch. Am 15.3.1945 wurde das Ukrainische Nationalkomitee in einer offiziellen Zeremonie vom Deutschen Auswärtigen Amt als einzige Vertretung aller Ukrainer anerkannt. Als Oberbefehlshaber der Ukrainischen Nationalarmee betrieb Sch. zu dieser Zeit die Aufstellung und Ausbildung einer Division in Nimek, die als 2. Division der Nationalarmee eingegliedert werden sollte. Im April 1945 suchte Sch. die 14. Waffengrenadierdievision der SS (galiz. Nr. 1) an der Front bei Glücksburg auf, um sie als Ukrainische Befreiungsarmee (Ukrains'ke Vyzol'ne Vysko) unabhängig von der Russischen Befreiungsarmee des Generals Wlassow zu übernehmen. Der Verband erhielt den neuen Namen »1. Division der Ukrainischen Nationalarmee«, und die Angehörigen bekamen neue Kokarden mit dem ukrainischen Dreizack. Sie wurden auf die Ukraine vereidigt. Es gelang Sch. und dem deutschen Divisionskommandeur General Freitag, die Einheiten kämpfend vom Feind zu lösen und nach Westen auszubrechen. Noch vor der deutschen Kapitulation führten sie die Soldaten in Gewaltmärschen über Graz und Judenburg nach Radstatt und Spittal. Als Sammelpunkt war Völkermarkt vorgesehen, wo die Briten standen. Obwohl die Division zu großen Teilen aus Ostukrainern und sogar aus Russen bestand, gelang es Sch., die Engländer davon zu überzeugen, seine Truppen als Polen aus Galizien anzusehen, die nie sowjetische Staatsbürger gewesen seien. Nach einigem Zögern wurde die ganze Division bei Rimini interniert. Ihre Angehörigen blieben im Unterschied zu den Kosaken und den anderen ostvölkischen Verbänden der Wehrmacht und der Waffen-SS von der Auslieferung an die UdSSR verschont, weil sich Papst Pius XII. auf Drängen des galizischen Bischofs Bucko für den Verbleib im Westen einsetzte.

Sch. blieb in Deutschland. Um den Nachforschungen der Sowjets zu entgehen, trug er Zivilkleidung. Mit Lewitzki sorgte er dafür, daß möglichst viele Ukrainer aus den Kriegsgefangenenlagern entlassen wurden, bevor die Sowjets von ihrer Existenz erfuhren. Anfang Februar 1947 erlebte er die Gründung des »Ukrainischen Nationalrats« zur Vertretung der ukrainischen Interessen in der Welt. 1950 übersiedelte er in die USA. Er verdiente sich seinen Lebensunterhalt als Arbeiter. 1959 gab er seine Erinnerungen unter dem Titel »Arms of Valor« heraus.

Literaturhinweise:

Jürgen Thorwald: Wen sie verderben wollen, Stuttgart 1952
Pavlo Shandruk: Arms of Valor, New York 1959
Wolf-Dieter Heike: ›Sie wollten die Freiheit‹. Die Geschichte der Ukrainischen Division von 1943–1945, Dorheim 1974

SCHEPTYCKI, ANDREAS GRAF,

geb. 29.7.1865 in Prylbytschi (Galizien), gest. 1.11.1944 in Lemberg, Erzbischof der griechisch-katholischen Kirche

Die Familie Sch. zählte zur polnischen Nobilität in der k.u.k. Monarchie. Er selbst fühlte sich als Ukrainer. Er war bereits Kavallierieoffizier, als er sich dem geistlichen Stand zuwandte. Nach dem Theologiestudium in Wien und Lemberg wirkte er als Geistlicher der griechisch-katholischen Kirche. Nachdem er sich als Bischof von Stanysdlaviv bewährt hatte, übernahm er 1900 als Nachfolger von Julijan Sas-Kujilofskyi das Metropolitenamt in Lemberg. In seinem Sprengel lebten 3,4 Millionen Gläubige der unierten, mit Rom verbundenen Kirche des slawisch-byzantinischen Ritus. Sch. träumte von einer Missionierung Rußlands durch seine Kirche, deren Spielraum er durch das Zarentum und die Moskauer Orthodoxie eingeschränkt sah. Zu diesem Zweck schickte er auf eigene Kosten Priester zum Studium nach Rom und Wien. Als Metropolit brachte Sch. das kulturelle Lebens in Galizien zur Blüte, indem er z. B. in Lemberg das »Akademische Haus« und das »Ukrainische Nationalmuseum« gründete, das bald das größte ukrainische Ausstellungsgebäude war. Nach der Eroberung von Lemberg durch die zaristischen Truppen in den ersten Wochen des Ersten Weltkriegs wurde Sch. am 19.9.1914 verhaftet und ins Klostergefängnis Suzdal gebracht, wo er bis zur Oktoberrevolution 1917 eingeschlossen blieb. Bei seiner Rückkehr wurde er von den Ukrainern in Petrograd und Kiew begeistert empfangen. Von da an war er das nationale Hoffnungssymbol des ukrainischen

Volkes für die politische Freiheit des Landes. Die Oktoberrevolution der Kommunisten machte Sch. hoffen, daß nun die Zeit der Missionierung Rußlands gekommen sei und er eines Tages Metropolit von Moskau werden würde.
Nachdem am 22.1.1918 die Unabhängigkeit der Ukraine ausgerufen worden war, stellte sich Sch. hinter die ukrainische Nationalbewegung. Am 18.10.1918 nahm er an der Wahl des Ukrainischen Nationalrats teil, der als politische Repräsentation der Ukrainer zur Bildung eines »großukrainischen« Staates gedacht war. Als im Januar 1919 die einjährige Unabhängigkeit der Ukraine mit der Gründung der Ukrainischen Sozialistischen Sowjetrepublik endete, ermunterte Sch. die ukrainische Befreiungsbewegung im Untergrund. Als nach dem Russisch-polnischen Krieg im Frieden von Riga 1921 Galizien und Wolhynien dem polnischen Staat zugeschlagen wurden, verteidigte er das ukrainische Volkstum gegen die massiven Polonisierungsbestrebungen der Warschauer Regierung. Von der Idee eines ukrainischen Nationalstaats ließ er trotz der Aufteilung der Ukrainer auf vier Staaten nicht ab. Die religiösen Freiheiten, die die unierte Kirche im katholischen Polen genoß, erleichterten ihm seine politischen Aktivitäten bis zum Beginn des Zweiten Weltkriegs. Nach der Einverleibung Lembergs in die Sowjetunion als Folge der polnischen Niederlage gegenüber Deutschland im September 1939 griff er das missionarische Ziel, die Bekehrung Rußlands, wieder auf. Am 10.10.1939 teilte er dem Vatikan mit, daß er vier apostolische Exarchen eingesetzt habe, und zwar den Bischof Czarneckyi für den wolhynischen und podolischen Teil der Ukraine, den Pater Klement Scheptycki, seinen Bruder, für »Großrußland und Sibirien«, den Jesuiten Antonin Niemancewycz für Weißrußland und den Rektor des Priesterseminars in Lemberg, Josyf Slipyj, für die »Großukraine«, verbunden mit dem Recht auf seine Nachfolge. Er tadelte die chaotischen Zustände nach der Einverleibung Ostpolens in die Sowjetunion. Antikirchliche Schikanen und willkürliche Verhaftungen seien an der Tagesordnung. Lemberg sei ein Sammelplatz für polnische Juden geworden, die von den Sowjets geschont und begünstigt würden.
Obwohl die Kommunisten in den eineinhalb Jahren der Zugehörigkeit Lembergs zur Sowjetunion die unierte Kirche unbehelligt ließen, war Sch. über den Einmarsch der deutschen Truppen in die Stadt am 29.6.1941 glücklich. Er erhoffte sich nicht nur Religionsfreiheit, sondern auch die Gründung eines souveränen ukrainischen Staates. Die Unabhängigkeitserklärung der ukrainischen Nationalbewegung unter → Stetzko am 30.6.1941 fand seine Zustimmung. Er beteiligte sich an der Gründung eines Vorparlaments und einer Nationalregierung. Am 7.7.1941 forderte er → Melnik im Namen der ukrainischen Öffentlichkeit schriftlich auf, dem Bruderzwist in der »Organisation Ukrainischer Nationalisten« (OUN) ein Ende zu machen. Auch als die Deutschen die an der Ausrufung der ukrainischen Unabhängigkeit Beteiligten verhafteten und die Unabhängigkeitserklärung für null und nichtig erklärten, erhoffte sich Sch., der selbst unangefochten blieb, von den Deutschen auf lange Sicht die Ausdehnung der unierten Kirche. Im August 1941 teilte er dem Papst mit, daß »wir die deutsche Armee, die uns vom bolschewistischen Regime befreite, unterstützen werden, bis diese den Krieg zu einem guten Ende führt, das – Gott gebe es – ein für allemal den atheistischen und militanten Kommunismus überwindet«. Die Angliederung

Galiziens an das Generalgouvernement Polen, die Unterstellung der Bukowina und der Südwestukraine unter rumänische Verwaltung, die Ausbeutungspolitik des Reichskommissars Koch, der nicht von Kiew aus regierte, sondern in der wolhynischen Kleinstadt Rivne (Rowno) residierte, und die Belassung der Ostukraine um Charkow unter deutscher Militärverwaltung machten ihm erst nach und nach klar, daß die Deutschen nicht an der staatlichen Einheit der Ukraine interessiert waren, auch wenn sie die Religionsausübung in den besetzten Gebieten nicht behinderten und die Lossagung der orthodoxen Kirche der Ukraine vom Moskauer Patriarchat begrüßten. Trotzdem mitunterzeichnete Sch. am 17.1.1942 ein Memorandum Melniks an Hitler, in der die wirtschaftliche und kulturelle Eigenentwicklung des Landes, auch zum Nutzen Deutschlands, verlangt und das Angebot, auf deutscher Seite gegen den Bolschewismus zu kämpfen, erneuert wurde. Die Eingabe wurde jedoch von der Polizei abgefangen und erreichte den Adressaten nicht. Als Folge der Eingabe wurde der Ukrainische Nationalrat aufgelöst, dem Sch. vorstand. Die endgültige Abwendung Sch.s von Deutschland wurde durch die brutalen Judenmorde und die Unterdrückungsmaßnahmen gegenüber dem ukrainischen Volk bewirkt. In einem Brief vom 31.8.1942 schrieb Sch. an den Papst: »Heute ist sich das ganze Land einig, daß das deutsche Regime in einem vielleicht höheren Grade als das bolschewistische Übel fast teuflisch ist. Seit einem halben Jahr ist kein Tag vergangen, an dem nicht die scheußlichsten Verbrechen begangen werden. Die Juden sind die ersten Opfer ... Man setzt das bolschewistische Regime fort, verbreitert und vertieft es ... Die Dorfbewohner werden wie Kolonialneger behandelt ... Es ist einfach so, als ob eine Bande von Wahnsinnigen oder tollwütigen Wölfen sich auf das arme Volk stürzen würde ... Man braucht viel freiwillig geopfertes Blut, um das durch diese Verbrechen vergossene zu sühnen. Eure Heiligkeit hat mir vor drei Jahren die Gnade eines apostolischen Segens verweigert, durch den Sie mich für den Tod zum Heil meiner Diözese weihen sollten ... Diese drei Jahre haben mich gelehrt, daß ich eines solchen Todes nicht würdig bin.« In seinen Predigten geißelte er das Vorgehen der Einsatzgruppen. Er versteckte Hunderte von Juden in den Klöstern. Er segnete die Ukrainer, die nach Deutschland zwangsverschleppt wurden oder in die Wälder flohen. Aber trotz allen Hasses gegen die Deutschen, wie sie sich in der Person des Reichskommissars Erich Koch darstellten, schien ihm der Kommunismus wegen seines militanten Atheismus das größere Übel. Er fürchtete die Wiederkehr des stalinistischen Systems. Deshalb setzte er sich 1943 für die Aufstellung einer Division aus ukrainischen Freiwilligen zum Kampf gegen Stalin ein. Er segnete die 14. Waffengrenadierdivision der SS (galiz. Nr. 1) vor ihrem Abmarsch an die Front und gab ihr Prof. Laba und Prof. Hrynioch als Feldgeistliche mit, um die religiöse Ausrichtung der Offiziere und Soldaten zu gewährleisten und den Männern religiösen Beistand zu leisten. Mit Schrecken sah er das Näherkommen der Roten Armee. Er fürchtete, Stalin werde die Treue der russisch-orthodoxen Kirche belohnen, indem er ihr die griechisch-katholische Kirche eingliederte. Vor der Synode erklärte er im Sommer 1944, kurz vor dem sowjetischen Einmarsch in Lemberg, daß der Erzdiözese die größte Katastrophe der Geschichte bevorstehe. Nach der Rückeroberung Lembergs durch die Rote Armee stellte er zu seiner Überraschung fest, daß weder er noch die Kirche irgend-

welchen Repressalien ausgesetzt waren. Deshalb versuchte er, sich mit dem neuen Machthaber zu arrangieren. Am 14.10.1944 schrieb er an Stalin: »Die ganze Welt neigt ihr Haupt vor Ihnen ... Nach dem siegreichen Vormarsch von der Wolga zum San haben Sie von neuem die westukrainischen Gebiete mit der Großukraine vereint ... Dieses leuchtende Ereignis weckt auch in unserer Kirche wie im ganzen Volk die Hoffnung, daß sie in der UdSSR unter Ihrer Führung volle Freiheit in ihrer Arbeit und Entwicklung haben werde.«.
Bevor er die Zerschlagung der griechisch-katholischen Kirche nach dem Krieg miterleben mußte, starb Sch. Er wurde in einer feierlichen Zeremonie in Lemberg beigesetzt. Seinem Sarg folgten neben den Bischöfen der griechisch-katholischen und der russisch-orthodoxen Kirchen mehr als 150 Priester, 200 Theologiestudenten und zehntausende Gläubige. Auch die Vertreter der Sowjetbehörden waren dabei, an ihrer Spitze der spätere Vorsitzende des Politbüros der KPdSU, Nikita Chruschtschow.

Literaturhinweise:
Oleh Martovych: Ukrainian Liberation Movement in Modern Times, Edinburg 1951
Roman Ilnytzkyj: Deutschland und die Ukraine 1934–1945. Tatsachen europäischer Ostpolitik, München 1956
Gregor Prokoptschuk: Der Metropolit, München 1967
Hansjakob Stehle: Die Ostpolitik des Vatikans, Bergisch Gladbach 1983
Hansjakob Stehle: Der Lemberger Metropolit Šeptycky und und die nationalsozialistische Politik in der Ukraine, in VHZ 3/1986
Natalija Vasylenko-Polonska: Geschichte der Ukraine, München 1988

SCHRIEKE, JACOBUS JOHANNES, geb. 19.10.1884 in Pijnacker, gest. 15.4.1976 ebenda, Generalsekretär für das niederländische Justizwesen 1941–1944, Generaldirektor der Polizei 1942–1944

Nach dem Abitur am Gymnasium Kampen studierte Sch. in Leiden Rechtswissenschaften und promovierte 1909 zum Dr. jur. Danach begann er eine Laufbahn als Kolonialbeamter in Niederländisch-Indien, wo er mit einigen Unterbrechungen bis 1934 blieb. Vor seiner Rückkehr in die Niederlande war er dort Justizdirektor. 1934 vertrat er die niederländische Regierung bei der Internationalen Arbeitskonferenz in Genf. 1934–1941 war er Dozent für niederländisch-indisches Staatsrecht an der Universität Leiden. Er behauptete, daß die Niederlande und ihre Kolonien am besten im deutsch-europäischen Rahmen aufgehoben seien und nicht im bolschewistischen oder anglo-amerikanischen Machtbereich. Obwohl er nicht der »Nationaal Socialistische Beweging« (NSB) → Musserts beitrat, weil er seinen Posten nicht verlieren wollte, vertrat er die politischen Positionen der NSB. Deshalb wurde er vor dem Einmarsch der deutschen Truppen in die Niederlande als Sympathisant des Dritten Reiches interniert.
Nachdem Sch. unmittelbar nach seiner Befreiung in die NSB eingetreten war, ernannte ihn der Reichskommissar für die besetzten niederländischen Gebiete, Arthur Seyß-Inquart, am 1.7.1941 zum Generalsekretär für das Justizwesen anstelle des im April 1941 zurückgetretenen Jan Coenraad Tenkink. In dieser Funktion leitete er bis zum Kriegsende das Kollegium der Generalsekretäre, welches nach der Flucht des Kabinetts nach England an der Spitze der nieder-

ländischen Verwaltung stand. Bei den Mitgliedern des Kollegiums handelte es sich mit Ausnahme Sch.s um Verwaltungsbeamte ohne politische Ambitionen. Sie hatten die Aufgabe, die Landesverwaltung aufrecht zu erhalten, die Versorgung der Bevölkerung zu bewerkstelligen und die Weisungen der Besatzungsmacht unter Berücksichtigung der geltenden Bestimmungen durchzuführen. Auf Drängen des deutschen Generalkommissars für das Sicherheitswesen, des Höheren SS- und Polizeiführers Hanns Albin Rauter, veröffentlichte Sch. am 28.10.1941 einen von den Generalsekretären Hirschfeld (Wirtschaft) und Frederiks (Inneres) mitunterzeichneten Aufruf an die niederländische Bevölkerung, sich von allen Sabotageakten gegen die Besatzungsmacht zu distanzieren, um nicht selbst zu Schaden zu kommen und den niederländischen Interessen zuwiderzuhandeln. Saboteure und Agenten sollten bei den Polizeidienststellen gemeldet werden: »Helpt mee, opdat ons volk niet benadeelt wordt door de daden van onbezonnen en misdadige elementen. ... De Overheid maakt aanspraak op uw aller medewerking.« Während sein Vorgänger Verfahren gegen NSB-Mitglieder gelegentlich niedergeschlagen hatte, konnten straffällige Parteiangehörige bei Sch. nicht mit Nachsicht rechnen.
Als Mitglied des Kollegiums der Generalsekretäre von Rauters Gnaden bekam Sch. bald in Konflikt mit Mussert, der von ihm mehr Unabhängigkeit von den Deutschen forderte. Als Sch. den üblichen Eid der NSB-Funktionäre auf den Leider verweigerte, kam es zum offenen Konflikt. Mussert hatte ihm viel vorzuwerfen. Die politische Propaganda in der niederländischen Justizverwaltung wurde minimiert. Sch. vertrat öffentlich die großgermanische Idee anstelle der offiziellen NSB-Ausrichtung auf ein »großdietsches Reich«. Den deutschen Wünschen in der Organisation der niederländischen Rechtsprechung kam Sch. recht willfährig nach. Der Forderung der Besatzungsmacht, von allen Prozessen gegen Juden informiert zu werden, setzte Sch. keinen Widerstand entgegen.
Am 1.8.1941 verfügte Sch. in Anpassung an das deutsche Polizei- und Strafprozeßrecht, daß politische Verbrechen wie Sabotage und Widersetzlichkeit gegen die Besatzungsmacht an eine »Rijksrecherchecentrale« weiterzuleiten seien, wo die Fälle von der deutschen Sicherheitspolizei übernommen wurden. Zur Bekämpfung der Wirtschaftskriminalität im Rahmen der niederländischen Rechtsordnung ergänzte Sch. im August 1942 die Revisionsinstanzen mit einer Kammer für Wirtschaftsstrafsachen, weil die Berufungsfälle überhand nahmen. Schmuggel, Schwarzhandel und Schwarzschlachten standen in Blüte. 1942 wurden insgesamt 22 000 Verstöße dieser Art aufgedeckt. Die Dunkelziffer lag wohl doppelt so hoch.
Um Mussert und dem für die Innenverwaltung beim Reichskommissar zuständigen Generalkommissar, Fritz Schmidt, die Verfügung über die Polizei zu entziehen, machte Rauter Sch. im März 1943 auch zum Generaldirektor der niederländischen Polizei. Sch. verwaltete das Amt in Personalunion mit seiner Funktion als Generalsekretär für das Justizdepartment. Die Aufgaben des Generalinspekteurs der Polizei, die seit Mai 1941 Oberst H. W. B. Croiset van Uchelen wahrnahm, wurde auf die notwendigsten Funktionen beschränkt. Als Inspekteure fungierten ab November 1943 → Feldmeijer und → Zondervan. Mit der Ernennung Sch.s hoffte Rauter, Sch. werde die niederländische Polizei mehr für politische

Aufgaben einsetzen als sein Vorgänger, aber auch Sch. ging es in erster Linie darum, Sicherheit und Ordnung für die Bevölkerung zu gewährleisten. Da Rauter die Heranziehung von Angehörigen der »Weer Afdeeling« (WA) der NSB als Hilfspolizisten ablehnte, weil diese unter dem Befehl Musserts und → Geelkerkens standen, stellte er die »Nederlandsche Landwacht« aus »germanisch denkenden Niederländern« auf, die auf Hitler »als germanischem Führer« vereidigt wurden. Sie sollte die Ordnungspolizei ergänzen und sich um die Bewachung von kriegswichtigen Betrieben und öffentlichen Einrichtungen und die Verfolgung von Saboteuren und Widerstandskämpfern kümmern. Nominell unterstand die Landwacht dem niederländischen Polizeichef Sch., aber in der Wirklichkeit legte Rauter die Hand auf sie. Der Anspruch des stellvertretenden Führers der NSB, Cornelius van Geelkerken, bei allen Entscheidungen über die Landwacht ein Mitspracherecht zu haben, da die meisten Mitglieder aus der NSB kämen, wurde zurückgedrängt. Der Umfang der »Nederlandsche Landwacht« stieg auf 1300 »Beroepslandwachters« und 9000 »Hulplandwachters«. Als Stabschef der Landwacht fungierte → Jansonius. Auch er konnte die Zügellosigkeit der Landwacht bei ihren Einsätzen nicht bremsen, weil sie sich im Schutz der SS wähnten.
Im Einverständnis mit Rauter zentralisierte Sch. das niederländische Polizeiwesen. Mit der »Polizeiorganisationsverordnung« vom 1.1.1943 erlosch die Befehlsgewalt der Bürgermeister über die örtliche Polizei und der Polizeipräsidenten über die regionale Polizei. Sch. war nominell der Herr des gesamten Polizeiapparats. Aber das letzte Wort behielt sich Rauter vor. Für ihn war Sch. ein Werkzeug im politischen Kräftespiel für die Interessen der SS gegen Mussert und den Reichskommissar. In einem Brief an Himmler lobte Rauter am 28.6.1943 die Mitarbeit Sch.s. Obwohl er schwerhörig und mit einer Malayin verheiratet sei, habe er sich große Verdienste um die Besatzungsmacht erworben. Er pries ihn als einen Mann, der »absolut großgermanisch im Sinne der Reichsidee ausgerichtet und ein treuer und verläßlicher Anhänger des Führers« sei. Er nahm ihn gegen alle Intrigen Musserts in Schutz, der die Polizei in die Hände des NSB bringen wollte. Im Oktober 1944 vermittelte er Sch. das Kriegsverdienstkreuz 1. Klasse.
Der Konflikt mit Mussert steigerte sich, als Sch. die »Nederlandsche Stichting van het Nationaal-Socialisme« gründete und an der Universität Leiden zwei einschlägige Lehrstühle einrichtete. Einen von ihnen nahm er selbst wahr. Bei den wenigen Auftritten propagierte er zum Ärger Musserts, der großdietsch dachte, die großgermanische Idee.
Nach dem Zweiten Weltkrieg hatte sich Sch. vor dem Bijzonder Gerechtshof in Amsterdam zu verantworten. Er verteidigte sich damit, daß ihm Mussert das Amt des Generalsekretärs für das Polizeiwesen aufgedrängt habe. Er habe es angenommen, um einen Bürgerkrieg in den Niederlanden zu verhindern und Repressalien der Besatzungsmacht zu vermeiden. Mit seiner 1944 in Amsterdam herausgegebenen Abhandlung »Bezet Nederland en het Haagsche Landoorlogsreglement van 1907« wollte er die deutsche Besatzungsmacht auf ihre völkerrechtlichen Pflichten hinweisen. Die Londoner Regierung – »zelf buiten schot blijvend« – habe Weisungen erteilt, die den Tod derer bedeuteten, die danach handelten. Sch. wurde in erster Instanz am 2.4.1946 zum Tode verurteilt. Das Berufungsgericht wandelte die Todesstrafe wegen seiner Verdienste für den nie-

derländischen Staat vor dem Krieg in zwanzig Jahre Gefängnis um. Sein Besitz verfiel dem Staat. Aus gesundheitlichen Gründen wurde Sch. am 15.10.1955 auf Bewährung freigelassen.

Literaturhinweise:
N. K. C. A. in't Veld (Hrsg.): De SS en Nederland. Documenten uit SS-Archieven 1935–1945, 's-Gravenhage 1976
Biografisch Woordenboek van Nederland, Band 3, 's-Gravenhage 1989
Gerhard Hirschfeld: Fremdherrschaft und Kollaboration. Die Niederlande unter deutscher Besatzung 1940–1945, Stuttgart 1984
Koos Groen: Landverraad: de berechting van collaborateurs in Nederland, Amsterdam 1984

SEVEREN, GEORGES EDMOND EDOUARD VAN, genannt Joris, geb. 19.7. 1884 in Wakken, ermordet 20.5.1940 in Abbeville, flämischer Nationalist, Führer des »Verbond van Dietsche Nationaalsolidaristen« (VERDINASO) 1931–1940

Als Sohn eines Rechtsanwalts in einem westflämischen Dorf geboren, erhielt S. eine französische Erziehung durch die Jesuiten. Er unterbrach das Jurastudium in Gent, um am Ersten Weltkrieg teilzunehmen. Als Angehöriger der belgischen Frontpropaganda, zuletzt im Rang eines Unterleutnants, bedauerte er die Zurücksetzung der flämischen Soldaten gegenüber den wallonischen an der Yser-Front und schloß sich der flämischen »Frontbeweging« an, die von Frans → Daels, Hendrik → Borginon, Filip de Pilleceyn, Adiel Debeuckelaere und Victor Vangramberen geleitet wurde. Als sie sich nach dem Krieg zur nationalflämischen »Frontpartij« entwickelte, war S. 1921–1929 einer ihrer fünf Vertreter im Parlament. Nach dem Krieg setzte S. sein Studium in Gent fort. Er ließ er sich zum Vorsitzenden des Flämischen Studentenbundes wählen und gab die Zeitschrift »Ter Waarheit« heraus, in der er für die Politik der »Frontpartij« warb. Als Nahziel nannte er die Gleichstellung von Flamen und Wallonen und die Anerkennung des Flämischen als zweiter Staatssprache.
Als Abgeordneter der »Frontpartij« agitierte S. gegen den belgischen Staat unter zwei Perspektiven. Die naheliegende war die Sezession Flanderns. Sollte sich ein selbständiges Flandern nicht verwirklichen lassen, dann wollte er das ganze Belgien wie vor 1830 wieder mit den Niederlanden vereinigt wissen, damit die Wallonen gegenüber den vereinigten Dietschen in die Minderheit kämen. An der Aufrechterhaltung Belgiens in der gegenwärtigen Form war er nicht interessiert. Er haßte den Staat, in dem er lebte. Sein deutlichster Zwischenruf im Parlament lautete: »La Belgique? Qu'elle crève!«
Bereits 1923 gab sich S. als Verehrer Mussolinis und der faschistischen Bewegung zu erkennen. Ihre Ordnungsprinzipien machte er sich zu eigen, als er 1927 mit seinem Fraktionskollegen → Borginon die Gründung des »Algemeen Vlaamsch Nationaal Verbond »(AVNV) betrieb, der die Einheitspartei Flanderns werden sollte. 1928 war die Organisation in Gaue, Arrondissements und Gemeinden vollzogen. Das Leitungsgremium setzte sich aus den fünf Gauleitern zusammen; einer von ihnen war S. Das politische Ziel war die Vereinigung

Flanderns mit den Niederlanden. Die »Frontpartij«, deren Abgeordneter S. war, wehrte sich gegen die neue Konkurrenzpartei und war nicht zu einer Fusion bereit. Als S. am 29.11.1928 eine flammende antibelgische Rede im Parlament vortrug, deren Inhalt nicht von der Fraktionsspitze gebilligt war und die in ihrer Radikalität alles bis dahin Bekannte übertraf, mußte er die Partei verlassen. Obgleich er 1929 bei den nächsten Wahlen mehr Stimmen erhielt als 1925, verhinderte die katholische Opposition in geschickter Auslegung des komplizierten belgischen Wahlsystems, daß S. ein Mandat erhielt. Die Flamen zogen ohne S. mit acht Abgeordneten in die Kammer ein.

Nach dieser Enttäuschung gründete S. als erstes zur Eindämmung der flamenfeindlichen sozialistischen Kampfgruppen im September 1930 die »Vlaamsch-Nationale Militie«, die sich später »Dinaso-Militie« oder »Militanten Orden« nannte, eine Art von paramilitärischem Kader, dessen Motto »Zucht, Ordnung, Bereitschaft« lautete. Die 800 Mitglieder rekrutierten sich vorwiegend aus S.s westflandrischer Anhängerschaft und aus Studenten der Universitäten Gent und Löwen. Am 6.10.1931 gab S. die Gründung des »Verbond van Dietsche Nationaalsolidaristen« (VERDINASO) bekannt, der bald mehrere tausend Mitglieder zählte. Es handelte sich nicht um eine politische Partei, sondern um eine politische Reformbewegung mit dem Ziel, den Flamen einen Nationalstolz zu vermitteln und sie für den Zusammenschluß mit den Niederländern zu gewinnen, mit denen sie durch Sprache und Kultur von altersher verbunden waren. S. war der uneingeschränkte Führer, der die Politik der Bewegung bestimmte. Die »Dinasos«, wie sich die Mitglieder des neuen »Ordens« nannten, waren straff organisiert. Die Milizionäre trugen grüne Uniformen. Ihre orange-blau-weißen Standarten hatten die Aufschrift »Dietsland en Ordre«. Sie grüßten nach faschistischer Art mit erhobenem rechten Arm und den Worten »Heil t'Dinaso«. Das Parteiemblem bestand aus einem Pflug als Symbol für das Bauerntum und einem Zahnrad als Symbol des Industriearbeiters mit einem darübergelegten Schwert als Zeichen der Autorität. Der Kreis darumherum sollte die Gemeinschaft des Ordens und die flämische Volksgemeinschaft symbolisieren. Das Zentrum der Bewegung lag in Westflandern. Brügge, wo sich bereits in den Wahlen von 1921 bis 1929 eine konstante Anhängerschaft S.s. herausgebildet hatte, war die Hochburg. In Gent befand sich in Anlehnung an das »Braune Haus« der NSDAP das »Grüne Haus« des VERDINASO. Die jährlichen »Landtage«, die den Reichsparteitagen der NSDAP entsprechen sollten, wurden in Antwerpen abgehalten. 1932 kam es dort zu Straßenschlachten mit den Sozialisten, die als »blutiger Triumph« einen festen Platz im Zeremoniell der Bewegung bekamen. Es gab zunächst zwei Presseorgane, nämlich »De West Vlaming«, die von S. redigiert wurde, und »De Vlag«, die der Abgeordnete Wies → Moens herausgab. Später wurden beide Zeitungen zu »Hier Dinaso« vereinigt, die die Lehre vom »neuen dietschen Menschen« propagierte.

Die Ideologie des VERDINASO bezog S. von der Action française des Charles → Maurras und vom italienischen Faschismus des Benito Mussolini. Da Demokratie und Parlamentarismus eine verantwortungsvolle Politik für das Gemeinwesen unmöglich machten, seien sie abzulehnen. Das Fundament des neuen Staates sollte die »nationale Solidarität« unter autoritärer Führerschaft sein, die sich in der fruchtbaren Mitwirkung der Stände zu bewähren hatte. Der korporative Staatsgedanke zog vorübergehend auch Arbeiter an, bis sie durch den Führerkult der Bewegung abgestoßen wurden und in die demokratisch orientierten Arbeiterverbände zurückkehrten. Zu den konstitutiven Elementen des VERDINASO gehörten ein ausgeprägter Antiklerikalismus und ein radikaler Antisemitismus.

Bei der Darstellung des VERDINASO in der Öffentlichkeit orientierte sich S. in der Anfangszeit am Nationalsozialismus. Es gab Appelle, Aufmärsche, Versammlungen und Feiern von militärähnlichem Gepräge. Angesichts der unberechenbaren Außenpolitik Hitlers löste er sich jedoch von den deutschen Mustern und suchte eigene Propagandaformen.

Mit dem Ziel der Errichtung eines »Dietschland«, in dem sich alle niederländisch sprechenden Bevölkerungsgruppen Hollands und Belgiens vereinigen sollten, bedrohte VERDINASO den belgischen Staat in seiner Existenz. Auch die flämischen und niederländischen Auswanderer in Südafrika und Südamerika wurden für den Gedanken mobilisiert. Die belgische Regierung bekämpfte VERDINASO vor allem mit Verwaltungsmaßnahmen. Dazu gehörten das Verbot der Milizuniform in der Öffentlichkeit, die Verweigerung von Arbeitslosenunterstützung für VERDINASO-Angehörige und das Verbot für Staatsbeamte, sich der staatsfeindlichen Bewegung anzuschließen. Da sich VERDINASO wegen seiner Ablehnung demokratischer und parlamentarischer Formen nicht als übliche Partei betrachtete und an keinen Wahlen teilnahm, blockierte sich S. den Weg zur politischen Macht. Er lehnte auch die Annahme eines öffentlichen Amtes als Verrat an seiner Idee ab. Die Volksrevolution, auf die er wartete, kam nicht. Um den staatlichen Pressionen zu entgehen, deutete S. am 14.7.1934 in einer Ansprache in Kemzeke einen konzeptionellen Wandel seiner Politik an, der 1936 in die Tat umgesetzt werden konnte, als das verhaßte französisch-belgische Militärbündnis aus dem Jahr 1920, das die Solidarität aller Französischsprechenden unterstrichen hatte, annulliert wurde. S. gab die bisherige Dietschland-Idee einer Verschmelzung von Flandern und den Niederlanden auf und machte die Öffentlichkeit mit dem neuen Ziel bekannt: das »Dietse Rijk« in der Form eines dietschen Volksstaats. Danach sollten Belgien, Luxemburg und einige nordostfranzösische Provinzen eine politische und militärische Union mit den Niederlanden eingehen, um die Pays-Bas des 16. Jahrhunderts mit ihren 17 Provinzen wiederherzustellen und den historischen Traum vom großburgundischen Reich zu realisieren. Den Wallonen, die 1936 als »Schicksalsgenossen« der Dietschen anerkannt und 1938 sogar als »romanisierte« Dietsche bezeichnet wurden, sollte eine regionale Autonomie gewährt werden. Mit diesem Konzept näherte sich S. der großbelgisch-burgundischen Idee, die von den Rexisten vertreten wurde. Da die neue Zielsetzung den Bestand Belgiens nicht mehr gefährdete, hoffte S. auf die Zurücknahme der staatlichen Unterdrückungsmaßnahmen.

Einige Mitglieder des VERDINASO, unter ihnen Wies Moens, machten diese Kursänderung nicht mit und traten empört aus der Vereinigung aus, als die VERDINASO-Gruppen bei öffentlichen Kundgebungen neben der Parteifahne die belgische Flagge hißten und die belgische Nationalhymne sangen. Das belgische Königshaus, vormals Symbol der aufgezwungenen Staatlichkeit Belgiens, wurde in dem Maße bejaht wie der Sprachenstreit abflaute. Anderen Mitgliedern, die VERDINASO verließen, fiel der Verzicht auf die faschistischen und nationalsozialistischen Komponenten, zum Beispiel den Antisemitismus, schwer. Die Idee der »burgundischen Solidarität« reichte ihnen als politisches Programm nicht aus.

Da VERDINASO kein von den Mitgliedern verabschiedetes politisches Programm besaß, konnte S. alle programmatischen Kursänderungen als jeweils »nieuwe marsrichting« aufgrund seiner Führungsfunktion verordnen. Obwohl 1936 viele der alten Grundideen preisgegeben wurden, hielt sich die Zahl der Austritte im Rahmen. Der Mitgliederstand lag vor dem Zweiten Weltkrieg bei etwa 15 000. Unter ihnen waren 5000 Grünhemden als Aktivisten. Die Zahl der Sympathisanten war sowohl in Belgien als auch in den Niederlanden sehr groß. Die Faszination der Bewegung lag nicht im politischen Programm, sondern im Korpsgeist der Mitglieder. Ihre Disziplin zeigte sich bei den Aufmärschen und den paramilitärischen Übungen. Sie fühlten sich als nationaldietsche Elite, die berufen war, eine neue Ordnung in einem neuen Staat zu schaffen.

Der größte Widerstand gegen VERDINASO kam nach dem Kurswechsel aus den Niederlanden. Die überwiegend kalvinistischen Niederländer hatten kein Interesse daran, nach der Vereinigung mit den Belgiern unter die Herrschaft einer katholischen Mehrheit zu kommen und ihren Reichtum mit den armen Belgiern zu teilen. Aber auch die im »Vlaaamsch Nationaal Verbond« (VNV) des Staf de → Clercq organisierten Flamen lehnten die langfristigen VERDINASO-Ziele ab und konzentrierten sich auf die kurzfristige Verbesserung ihrer Situation im belgischen Staat. Die französischsprechenden Bürger des anvisierten burgundischen Staates mißtrauten den Autonomievesprechungen.

Von deutscher Seite wurde die Entwicklung des VERDINASO zwar mit Interesse verfolgt, aber niemand glaubte an seine Machtergreifung. Die Berichterstattung in der deutschen Presse war sachlich-informativ. Über interne Vorgänge war die Führung des Dritten Reiches durch V-Leute des »Volksbunds für das Deutschtum im Ausland« informiert. Aus ihren Berichten wurde deutlich, daß S. keine Unterstützung aus Deutschland wünschte. Er erklärte sogar, er werde Einladungen ins Reich keine Folge leisten.

Ab 1936 unterstützte S. die Politik der Neutralität und Unabhängigkeit, die die niederländische und die belgische Regierung am Vorabend des Zweiten Weltkriegs betrieben. Trotzdem wurde er nach Kriegsbeginn als Faschist verleumdet. Die Zeitung »La dernière Heure« bezeichnete ihn Anfang April 1940 als Verräter und zukünftigen → Quisling Belgiens. Als die Wehrmacht am 10.5. 1940 in Belgien einmarschierte, rief S. seine Anhänger zur Vaterlandsverteidigung auf. Die belgische Regierung ließ jedoch alle mutmaßlichen Angehörigen der Fünften Kolonne, d. h. alle Aktivisten aus der Zeit des Ersten Weltkrieges und alle Sympathisanten der Hitlerregierung, nach vorgefertigten Listen verhaften. Auch S. gehörte dazu. Mit einem Gefangenentransport kam er über die belgisch-französische Grenze nach Abbeville. Dort wurden 21 Männer aus der Gruppe ohne gerichtliches Verfahren und ohne Angabe von Gründen von französischen Soldaten massakriert. S. war unter ihnen. Sein Nachfolger versuchte eine Fusion des VERDINASO mit der »Légion nationale« des Paul Hoornaert, um ein Gegengewicht zu Rex und den VNV zu schaffen, aber das Projekt scheiterte. VERDINASO zerfiel in belgizistische Widerstandsgruppen und in kollaborationistische Zirkel. Lediglich die Zeitschrift »Hier Dinaso« überlebte, ab 15.6.1941 unter dem neuen Namen »De Nationaal-Socialist«, mit dem Herausgeber Jef → François.

Literaturhinweise:
Luc Delafortrie: Joris van Severen en de Nederlanden, Zulte 1963
Rachel Baes: Joris van Severen. Une âme, Zulte 1965
Luc Schepens: Joris van Severen: een raadsel, in: Ons Erfdeel 18, 1975
Ronald Henry Chertok: Belgian Fascism, Diss. Washington University 1975

SEYFFARDT, HENDRIK ALEXANDER, geb. 1.11.1872 in Breda, ermordet 6.2.1943 in 's-Gravenhage, Chef des Generalstabs der niederländischen Armee, Kommandeur der niederländischen Freiwilligenlegion 1941–1943, Generalsekretär für Militärfragen 1943

Der Sohn des Kriegsministers im Kabinett Tienhoven kam mit 15 Jahren als Kadett an die Koninklijke Militaire Academie nach Breda, um Berufsoffizier zu werden. 1929 erreichte er die einflußreichste Stellung im Heer. Im Range eines Generalmajors wurde er zum Chef des Generalstabes der Niederländischen Armee ernannt. 1930 erhielt er die Beförderung zum Generalleutnant. 1934 trat er in den Ruhestand. 1933–1937 war er aktives Mitglied des »Verbandes der nationalen Wiederherstellung« (Verbond van Nationaal Herstel) in der Absicht, mit dieser politischen Rückendeckung das niederländische Verteidigungsbudget zur Modernisierung der Armee zu erhöhen. Als Pensionär veröffentlichte er mehrere Artikel in der Zeitung »Volk en Vaderland«, die von der »Nationaal Socialistische Beweging« (NSB) → Musserts herausgegeben wurde. 1937 war er ein halbes Jahr Mitglied der Partei.
Die niederländische Kapitulation am 15.5.1940 begründete S. damit, daß man seine Vorschläge zur Militärreorganisation abgelehnt hatte. Er bewunderte die Effizienz der deutschen Wehrmacht und fand anerkennende Worte für den »genialen Führer«. Er unterstützte Musserts Kollaborationskurs und wurde 1941 wieder »sympathisierendes Mitglied« der NSB und zugleich förderndes Mitglied der »Nederlandsche SS«. Als Deutschland den Rußlandfeldzug begann, bewog ihn seine antikommunistische Haltung zusammen mit seinem Ehrgeiz, auch in hohem Alter noch eine militärische Rolle zu spielen, dazu, auf Drängen der deutschen Besatzungsmacht, insbesondere des Reichskommissars für die besetzten niederländischen Gebiete, Arthur Seyß-Inquart, und im Einverständnis mit Mussert das Kommando über die »Freiwilligenlegion Nederland« zu übernehmen, die für den Ostfeldzug aufgestellt werden sollte. Seine Bemühungen, Offiziere der niederländischen Armee zur Mitarbeit zu bewegen, schlugen jedoch fehl. Bis auf wenige Ausnahmen blieben sie ihrem Eid gegenüber der emigrierten Königin treu. Die Hoffnungen der Deutschen, S. werde eine Welle von gedienten Freiwilligen auf die deutsche Seite führen, erfüllten sich nicht. Trotzdem wurde S. das »Paradepferd« der militärischen Kollaboration in den Niederlanden. Nach einem Gespräch mit Seyß-Inquart am 8.7.1941 unterstützte S. mit seinem Namen

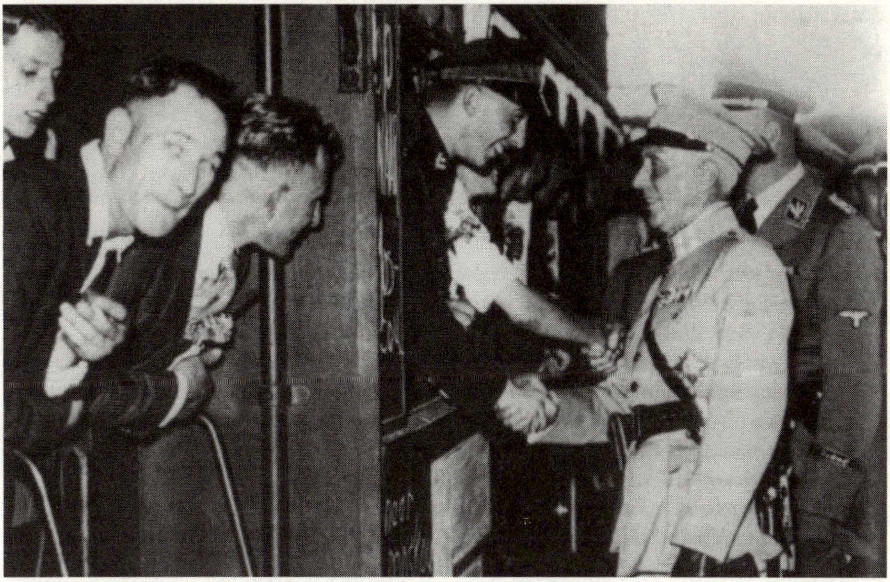

Verabschiedung niederländischer Freiwilliger für die Waffen-SS durch Seyffardt

die Werbung für eine niederländische Freiwilligenlegion, die in den folgenden Tagen in der Presse und auf Plakaten begann. In der Koninginnegracht in Den Haag bezog er sein Hauptquartier als Befehlshaber der Legion. S. ging davon aus, daß die Freiwilligen in einer geschlossenen Einheit im Verband des Heeres unter einem niederländischen Truppenkommandeur zusammengefaßt werden und unter der niederländischen Flagge kämpfen würden. Auch die gesamten Fürsorgemaßnahmen wollte er in seinem Hauptquartier zentralisieren. Am 26.7.1941 verabschiedete er mit Mussert das erste Kontingent von 650 Mann in Den Haag. Mussert hoffte, eine ganze niederländische Division aufstellen zu können und verstärkte die Werbung in den Reihen der NSB und ihrer »Weer Afdeeling«. Die politische Ausrichtung der Freiwilligenwerbung im Sinne der NSB entsprach ebensowenig den Vorstellungen S.s wie die Eingliederung der Männer unter dem Namen »Standarte Westland« in die Waffen-SS. Bei der Verabschiedung des Zweiten Kontingents von Freiwilligen am 11.10.1941 spielte S. neben Mussert nur noch eine Nebenrolle. Wegen seiner kritischer werdenden Haltung wurde ihm als Adjutant der Leiter des Rasse- und Sittenamtes der NSB, Rudolf Klüger, beigeordnet. Der Generalkommissar für das Sicherheitswesen beim Reichskommissar für die besetzten niederländischen Gebiete, der Höhere SS- und Polizeiführer Hanns Albin Rauter, machte Himmler auf die zwiespältige Haltung S.s aufmerksam. Seyß-Inquart beschwor Himmler am 21.11.1941, an S. als nominellen Befehlshaber der niederländischen Freiwilligenlegion festzuhalten, zumal für alle praktischen Fragen sein Adjutant zuständig sei. Für die Werbung könne man sich keinen besseren Mann vorstellen als S. Mussert und Himmler waren anderer Meinung. Als Rauter die Betreuungs- und Fürsorgemaßnahmen in der Freiwilligenlegion der Kompetenz S.s entziehen und dem SS-Hauptsturmführer Hennicke übertragen wollte, trat S. im März 1942 freiwillig vom Kommando zurück. Er erklärte sich jedoch bereit, die Leitung eines Sonderstabes für Werbungsfragen im Land zu übernehmen, vorausgesetzt, er werde von Mussert persönlich ehrenvoll aus der Kommandoposition verabschiedet und dürfe seinen Sohn bei sich beschäftigen. Rauter lehnte den zweiten Wunsch mit der Himmler am 7.3.1942 mitgeteilten Begründung ab, daß S.s Sohn Bezugsscheine für Textilien an »verschiedene Frauenzimmer« verschenkt habe und unter Anklage gestellt werden könnte. Um die internen Streitigkeiten nicht in die Öffentlichkeit dringen zu lassen und um S.s Mitarbeit zu erhalten, schlug Mussert am 1.2.1943 vor, den General als Generalsekretär für Militärfragen in die landeseigene Verwaltung zu berufen und ihn in diesem Schattenkabinett mit der Zuständigkeit für die Freiwilligenlegion zu beauftragen. Mit seiner Zustimmung zog sich S. die Verachtung und den Haß der niederländischen Freiheitsbewegung zu. Bisher hatte man sein Engagement für die deutsche Sache mit Spottgedichten lächerlich gemacht, die im Volk kreisten: »Generaal, o generaal, eed- en plicht- en eervergeten. Om uit Hitlers hand te eten, wilt g'aan't hakenkruis nu slaan, Holland, voor wat zilverlingen, 't Judasloon kunt gij bedingen, maar de doden klagen U aan!« Am 5.2.1943 wurde auf S. ein Mordanschlag ausgeführt. Zwei junge Männer schossen ihm, als er die Haustür öffnete, in die Brust. Er starb einen Tag später. An der Beerdigung, die mit allen militärischen Ehrungen erfolgte, nahmen nur Offizielle der NSB und führende Vertreter der Besatzungsmacht teil. Die Bevölkerung war von den Feierlichkeiten ausgeschlossen. Die 1. Kompanie der Niederländischen Freiwilligenlegion erhielt den Namen und Ärmelstreifen »General Seyffardt«

Dem Mord an S. folgte eine harte Vergeltungsaktion der deutschen Besatzungsmacht nach den Weisungen Rauters. Mit seiner Forderung, 50 Geiseln zu erschießen, konnte er sich zwar nicht durchsetzen, aber er erreichte, daß 5000 »Plutokratensöhne«, die von den Bürgermeistern listenmäßig festzulegen waren, zu Straßenarbeiten nach Deutschland verbracht wurden. An den Universitäten Amsterdam, Utrecht, Delft und Wageningen wurden mehrere hundert Studenten verhaftet und als Geiseln in das Internierungslager Vught eingeliefert. Alle aktiven Unteroffiziere der niederländischen Armee, die nicht in Kriegsgefangenschaft waren, wurden interniert. Die führenden Nationalsozialisten und NSB-Mitglieder erhielten Personenschutz. Die 18- bis 50jährigen NSB-Männer wurden als Hilfspolizisten registriert oder in die »Nederlandsche Landwacht« eingezogen, die unter dem Kommando → Schriekes für den Schutz kriegswichtiger ziviler Einrichtungen und öffentlicher Gebäude zuständig war.

Einer der Mörder S.s wurde am 8.1.1944 von einem Polizeistandgericht zum Tode verurteilt und erschossen.

Literaturhinweise:

L. De Jong: Het Koninkrijk der Nederlanden in de tweede Wereldoorlog 1939–1945, 14 Bände, 's-Gravenhage 1969 ff.

N. K. C. A. in't Veld (Hrsg.): De SS en Nederland. Documenten uit SS-Archieven 1935–1945, 2 Bände, 's-Gravenhage 1976

Gerhard Hirschfeld: Fremdherrschaft und Kollaboration. Die Niederlande unter deutscher Besatzung 1940–1945, Stuttgart 1984

Koos Groen: Landverraad: de berechting van collaborateurs in Nederland, Amsterdam 1984

SILGAILIS, ARTURS, geb. 13.11.1895 in Grenzhof (Mitau), gest. in Kanada, Abteilungsleiter in der landeseigenen lettischen Verwaltung 1942, Generalinspektor der lettischen SS-Freiwilligenlegion 1943, Sonderführer der Waffen-SS

Nach Absolvierung der Rigaer Stadt-Realschule 1912, machte S. eine Lehre als Speditionskaufmann und trat 1915 freiwillig in die Wilnauer Infanterie-Kriegsschule der zaristischen Armee ein. Als die Oktoberrevolution ausbrach, befand er sich mit seinem Regiment in Helsingfors, Finnland. Mit dem Dienstgrad eines Oberleutnants im März 1918 aus dem aktiven Dienst entlassen, beteiligte er sich konspirativ und aktiv an der Befreiung Finnlands. Als die Bolschewiki im Dezember 1918 nach dem Rückzug der deutschen Truppen ins Reich in Lettland eindrangen, trat er freiwillig der »Eisernen Division« des deutschen Freikorps im Baltikum unter den Generälen von der Goltz und Eberhardt bei. Ab April 1919 diente er bei der Freiwilligenabteilung des Fürsten Lieven in der baltischen Landwehr. Im Dezember 1919 wurde S. in die lettische Armee übernommen und beteiligte sich in mehreren Kämpfen gegen die Rote Armee an der Befreiung Lettlands. Nach dem Friedensschluß mit der Sowjetunion am 11.8.1920 blieb er im aktiven Dienst bis zur Einverleibung Lettlands in die UdSSR 1940. Seine letzte Funktion war Oberst und Chef des Stabes der lettischen Infanteriedivision in Dünaburg. Als politisch unzuverlässig, wurde ihm die Übernahme in die Rote Armee verweigert. Im Zuge der Baltenumsiedlungen 1941 zog er mit seiner Familie ins Reich.
Als der Krieg gegen die Sowjetunion am 22.6.1941 ausbrach, wurde S. durch die Abwehrstelle im Wehrkreis I bei der Propagandakompanie 621 der 18. Armee der Heeresgruppe Nord als Sonderführer eingesetzt. Er beteiligte sich an der Eroberung des Baltikums und an der Belagerung von Leningrad. Zum Aufbau einer landeseigenen lettischen Verwaltung wurde er im März 1942 aus dem Dienst der deutschen Wehrmacht entlassen. In Riga übernahm er die Personalabteilung des Direktoriums des Innern, eines der fünf Ressorts, die unter dem Generaldirektor Rudolfis → Bangerskis die lettische Selbstverwaltung aufbauten. Die wirkliche Macht im Land übte der deutsche Generalkommissar für Lettland, der ehemalige Lübecker Bürgermeister Otto Drechsler, aus. Von seinen Funktionen unbefriedigt, engagierte sich S. bei der Aufstellung der »Lettischen SS-Freiwilligenlegion«, die Himmler am 12.1.1943 gegen den Willen der lettische Landesverwaltung befohlen hatte, die dafür Kompetenzerweiterungen verlangte. Am 1.3.1943 trat S. als Standartenführer in die Legion ein. Als die 15. Waffengrenadierdivision der SS im Rahmen der Legion aus lettischen Wehrpflichtigen zur Verteidigung des Landes gegen die Rote Armee aufgestellt wurde, übte er die Funktion eines Generalinspektors aus, der im Auftrag von Bangerskis dafür zu sorgen hatte, daß die Rekruten angemessen ausgerüstet und ausgebildet wurden, bevor sie eingesetzt werden durften, und daß auch Führungspositionen mit Letten besetzt wurden. Bei den Rückzügen im Februar 1944, die von Partisanen gestört wurden, bewahrte er die Division vor übermäßigen Verlusten. Im März 1944 wurde er für seine Verdienste bei den Kämpfen am Fluß Weljikaja und bei Sapronowo vom Oberbefehlshaber der 18. Armee mit einem Dankschreiben ausgezeichnet. Ab 21.5.1944 nahm er die Funktion des Infanterieführers (SS-Sonderführers) der Division

wahr. Nach dem Urteil des Divisionskommandeurs überragte er das gesamte lettische Führerkorps des Verbandes. Sein Bemühen galt dem Ansehen der lettischen Führer und Soldaten in der Öffentlichkeit. Mitte 1944 dienten immerhin 87 550 Letten in der Lettischen Legion, wie die Sammelbezeichnung aller in deutschen Diensten stehenden lettischen Soldaten hieß. Die Zahl der Hilfswilligen, die in den verschiedensten deutschen Einheiten verstreut waren, betrug weitere 23 000 Mann. Keine europäische Nation stellte einen höheren Anteil bei der militärischen Kollaboration mit dem Dritten Reich als die Letten.
Nach fünfjährigem Dienst in den Wacheinheiten der britischen Rheinarmee emigrierte S. 1953 nach Kanada. Er arbeitete als Buchhalter in Ontario und bemühte sich um die Betreuung der Angehörigen der Lettischen Legion, die in westalliierte Kriegsgefangenschaft geraten waren und nicht an die UdSSR ausgeliefert wurden, weil Lettland zu Beginn des Zweiten Weltkriegs nicht zur Sowjetunion gehörte.

Literaturhinweise:
Seppo Myllyniemi: Die Neuordnung der baltischen Länder 1941–1944. Zum nationalsozialistischen Inhalt der deutschen Besatzungspolitik, Helsinki 1973
Visvaldis Mangulis: Latvia. In the Wars of the 20th Century, New York 1983

SIMA, HORIA, geb. 3.7.1906 in Fugaras (Transsylvanien), gest. in Madrid, Kapitan der »Eisernen Garde« 1938–1945, rumänischer Ministerpräsident 1944–1945

Nach dem Studium der Literaturgeschichte und Philologie wirkte S. als Gymnasiallehrer in seiner Heimatstadt Bukarest und später in Lugoy in Siebenbürgen. Schon als Schüler hatte er sich 1927 der rechtsradikalen »Legion des Erzengels Michael« angeschlossen. Diese militärisch organisierte, militante Organisation, die sich 1933 zur »Eisernen Garde« erweiterte, fühlte sich als nationale Elite mit dem Auftrag, die rumänischen Traditionen zu wahren und den rumänischen Staat im christlichen Geist zu erneuern. Den großen Feind sah die Eiserne Garde in den Juden, die mit der Verfassung von 1923 die Gleichberechtigung erlangt hatten und seitdem zahlreiche Schlüsselpositionen in Gewerbe und Handel besetzt hielten. Bis 1938 wurde die Organisation von ihrem Gründer → Codreanu geführt. Er war der »Kapitan« der Bewegung. Der strenge und rituelle Führerkult gab ihr die Geschlossenheit einer verschworenen Gemeinschaft. Alle Mitglieder trugen grüne Hemden. Das »weiße Kreuz« war das verbindende Zeichen. 1933 zählte sie 3495 Ortsgruppen, die als »Nester« bezeichnet wurden. Vier Jahre später waren es bereits 34 000. Erst nach dreijähriger Mitgliedschaft oder aufgrund besonderer Leistungen konnte man Vollmitglied der »Legion des Erzengels Michael« werden. Die höchste Ehrung war der Titel »Kommandant der Verkündigung«. Die Eliteformation in der Legion war das Legionärskorps »Mota-Marin«, dessen Mitglieder sich nach den Statuten durch ihre Bereitschaft auszeichneten, den Tod für ihre heilige Sache auf sich zu nehmen. Den Namen hatte sie von dem im Spanischen Bürgerkrieg gefallenen Aktivisten Ion Mota.
Die rumänischen Parlamentswahlen vom 20.12.1937 endeten mit einem überraschenden Erfolg der Eisernen Garde, die 16 Prozent der Stimmen erreichte und mit 66 Sitzen zweitstärkste Fraktion wurde. Als König Carol II. im Februar 1938

Sima (rechts) und Antonescu (links) mit Vertretern ausländischer Missionen bei einer Legionärsparade 1940

mit einem Staatsstreich die Diktatur errichtete und damit den Wahlsieg der Eisernen Garde zunichte machte, rief Codreanu zum offenen Widerstand auf. Daraufhin ließ Carol II. am 16.4.1938 schlagartig das gesamte Führerkorps der Garde verhaften. Auch Codreanu wurde gefangen genommen. Um die Bewegung im Untergrund zu organisieren, wählten vier führende Mitglieder, die entkommen waren, am 30.4.1938 in einer geheimen Sitzung S. zum »Beauftragten der Eisernen Garde«. Aufgrund der Beziehungen, über die er in der Region Banat verfügte, traute man ihm zu, die Verbindungen zwischen den einzelnen Bezirken neu zu knüpfen, obwohl er bisher nicht zur engeren Führungsgruppe gezählt hatte. Deshalb stand er auch nicht unter Polizeiaufsicht.

Bewegt von einem wilden Aktionismus und einer unstillbaren Revolutionssehnsucht, plante S. in den folgenden Monaten einen Terrorakt nach dem anderen. Auch König Carol wurde bedroht. Angesichts der steigenden Zahl von Attentaten ließ der Innenminister Calinescu am 30.11.1938 Codreanu und andere Mitglieder des »Leitenden Komitees« der Eisernen Garde in der Haft ermorden. Nach dem Tod Codreanus übernahm S. offiziell die Führung der Garde als neuer »Kapitan«. Als im Januar 1939 ein groß angelegter Putschversuch in Bukarest scheiterte, setzte sich S. zusammen mit seinen engeren Mitarbeitern und anderen bekannten Mitgliedern vor der Verfolgung durch die Polizei nach Deutschland ab. Damit schien die faschistische Bewegung in Rumänien tot zu sein. Aber bereits im September 1939 gab es die nächsten Attentate. Am 21.9.1939 wurde der zum Ministerpräsidenten aufgerückte Calinescu in seinem Wagen erschossen. Mehr als 250 Anhänger der Eisernen Garde bezahlten diese Tat mit dem Tod, darunter viele Führungspersönlichkeiten, die nicht ins Ausland geflohen waren. Zahlreiche andere wurden inhaftiert. Die meisten von ihnen wurden im März 1940 wieder entlassen, als der König den Richtungswandel in der Außenpolitik zugunsten des Deutschen Reiches durch Taten in der Innenpolitik unterstreichen wollte. Am 8.3.1940 erklärte sich König Carol zur Zusammenarbeit mit der Eisernen Garde bereit, wenn diese ein Treuebekenntnis zur Monarchie ablege. Ende April erließ er eine Amnestie für politische Straftaten. Am 19.5.1940 wurden S. und seine Begleiter beim illegalen Grenzübertritt nach Rumänien festgenommen. Da man davon ausging, daß er der einzige war, der ein Bündnis der Monarchie mit der Garde zustande bringen könne, wurde er am 18.6.1940 vom König empfangen. Als Preis für das Bündnis forderte S. die Orientierung der rumänischen Außenpolitik an der der Achsenmächte, die Freilassung aller inhaftierten Mitglieder der Eisernen Garde und die Gründung einer neuen nationalen Partei unter Einbeziehung der Garde. König Carol nahm die Bedingungen an. Im Einvernehmen mit S. gründete er die »Partei der Nation« als eine totalitäre Einheitspartei nach dem Vorbild der NSDAP. Er stellte sich selber an ihre Spitze, um zu verhindern, daß S. die Führung übernahm. Alle Staatsbediensteten wurden verpflichtet, der neuen Partei beizutreten und die Parteiuniform zu tragen, damit ihre Königstreue gewährleistet war. S. merkte zu spät, daß die Garde ausmanövriert war. Seine Forderung, ihn zum Ministerpräsidenten einer neuen Regierung zu ernennen, lehnte der König ab. Auch sein Versuch, nach dem Zweiten Wiener Schiedsspruch vom 30.8.1940, der Rumänien zu großen Landabtretungen verpflichtete, die Emotionen der Bevölkerung zu einem Putsch auszunutzen, scheiterte. Es kam nicht zur erwarteten Massenbewegung. Die Sicherheitskräfte blieben Herr der Lage. Bei der am folgenden Tag durchgeführten Regierungsumbildung berief der König den General → Antonescu zum Ministerpräsidenten, der sich auf die Armee stützen konnte.

Nachdem Antonescu die Abdankung des Königs zugunsten seines Sohnes Michael durchgesetzt hatte, gab er dem Drängen der Eisernen Garde zur Macht nach und ernannte vier Legionäre zu Ministern und S. zum stellvertretenden Ministerpräsidenten. S. feierte die Gründung des »Nationallegionären Staates« am 14.9.1940 als einen historischen Akt. In den folgenden Wochen wurden die entscheidenden Weichen für eine Zusammenarbeit mit dem Deutschen Reich gestellt: der Beitritt zum Dreimächtepakt am 23.11.1940 und die Einrichtung einer deutschen Heeresmission in Rumänien. Trotz dieser außenpolitischen Erfolge erkannte S. jedoch bald die innenpolitische Gefahr, daß die Garde in einer Massenpartei, zu der Antonescu aufrief, ihr politisches Profil verlieren würde. S. versuchte, durch eindrucksvolle Demonstrationen auf der Straße die Eigenständigkeit der Garde zu beweisen. Viele Straßenumzüge und Heldengedenkakte galten den Kameraden, die der Königsdiktatur zum Opfer gefallen waren. Andere richteten sich gegen die Juden im Lande. Es wurde die »Romanisierung« ihres Besitzes gefordert. Mit Drohungen, Erpressungen und Folter brachten sich die Legionäre in den Besitz jüdischer Industriebetriebe und Handelsunternehmungen. Da der Innenminister aus der Garde kam und fast alle Präfekturen und Polizeiämter mit Legionären besetzt waren, blieben die Ausschreitungen ungeahndet. Zur Unterstützung der regulären Polizei gründete S. eine »legionäre Polizei«,

welche dank der Beratung durch den deutschen Sicherheitsdienst rasch an Wirkung gewann. Die vielen Racheakte an früheren Gegnern der Garde schädigten jedoch das Ansehen der Organisation in der Öffentlichkeit. Eine Statistik berichtet von 450 mißhandelten Personen, 323 Verhaftungen ohne gesetzliche Grundlage und 9 Morden. Die Eigentumsdelikte gingen in die Tausende. Immer größere Bevölkerungskreise lebten in Angst und Schrecken vor der Garde. In der Armee beobachtete man die Aktionen der Garde mit Furcht. Bis zum 6.9.1940 war die bewaffnete Macht die einzige Säule des rumänischen Staates gewesen, und jetzt gab sich die Eiserne Garde als staatstragende Kraft aus. Mit Verachtung blickte das Offizierskorps auf die Emporkömmlinge aus den Reihen der Legion, deren Habgier jegliche Ordnung zu zerstören drohte. Ende November 1940 schritt Antonescu gegen die Übergriffe ein. Ein neues Dekret bedrohte alle, die sich gegen die öffentliche Ordnung oder gegen das Staatsinteresse vergingen, mit der Todesstrafe. Schließlich ließen auch die deutschen Stellen von der Unterstützung der Garde ab, an deren Aufstieg sie so großen Anteil hatten. Dazu trug der Widerstand der Garde gegen die Sonderrechte der Volksdeutschen in Rumänien ebenso bei wie ihre Kompromißlosigkeit in Fragen der Wirtschaftspolitik, an der das Deutsche Reich primäres Interesse hatte. Die Garde war nicht bereit, dem Ausverkauf der rumänischen Wirtschaft an Deutschland tatenlos zuzusehen.
Mitte Januar 1941 waren der rumänische Staatsführer Antonescu und S. zu einem gemeinsamen Besuch bei Hitler eingeladen. S. lehnte ab, da er nicht im Schatten des Conducator stehen wollte. Das Vieraugengespräch mit Hitler am 14.1.1941 benutzte Antonescu, um auf die negativen Auswirkungen der revolutionären Aktionen der Garde auf die deutsch-rumänischen Beziehungen hinzuweisen. Hitler, der S.s Ablehnung auf die Einladung als persönlichen Affront empfand, empfahl Antonescu, die Legionärsführung an sich zu ziehen. Er war der Meinung, daß die deutsch-rumänische Zusammenarbeit nicht von der Existenz einer Organisation abhänge, sondern von der »Kraft der Persönlichkeit«. Nach seiner Rückkehr vom Obersalzberg löste Antonescu am 18.1.1941 die Romanisierungskommissionen auf, die für die Raub- und Plünderungsaktionen der Eisernen Garde verantwortlich waren, weil sie den wirtschaftlichen Verfall des Landes förderten. Am Tag darauf veranstaltete die Garde Protestkundgebungen im ganzen Land. In dem Glauben, die Deutsche Heeresmission und der SD stünden hinter ihr, verstärkte die Garde am folgenden Tag den Druck auf Antonescu. S. forderte die Besetzung aller Ministerien mit Gardisten. Es kam zu Gewalttaten. Antonescu antwortete mit der Entlassung aller Präfekten, die er durch Offiziere ersetzte. Am 21.1.1941 forderte S. ultimativ den Rückzug Antonescus aus allen Regierungsfunktionen und seine Beschränkung auf Repräsentationspflichten. Als Antonescu ablehnte, kam es am 22.1.1941 zu blutigen Auseinandersetzungen und zu Plünderungen. Ribbentrop gab Antonescu den Rat, es so zu machen wie Hitler beim Röhm-Putsch: die aufsässigen Führer zu beseitigen und sich an die Spitze der Garde zu stellen. Als S. erfuhr, daß er von deutscher Seite keine Unterstützung zu erwarten habe, kapitulierte er am Morgen des 23.1.1941. Vor der drohenden Verhaftung flüchteten zahlreiche Legionäre, oft mit Unterstützung der deutschen Dienststellen in Rumänien, nach Deutschland. Ende 1941 lebten 310 Legionäre im deutschen Exil unter der Aufsicht der Sicherheitspolizei. Einer von ihnen war S. im

Lager Berkenbrück bei Fürstenwalde. Zu Hause wurde er in contumaciam zum Tode verurteilt. In Denkschriften an Himmler versuchte S. die Reichsregierung davon zu überzeugen, daß sie mit ihrer Wahl zugunsten von Antonescu auf das falsche Pferd gesetzt habe. Antonescu sei ein freimaurerischer Freund Großbritanniens. Die relative Freiheit der Internierten belastete das deutsch-rumänische Verhältnis, weil Antonescu ihre Rückkehr befürchten mußte. Als S. erkannte, daß es aussichtslos war, Hitler durch Himmler umstimmen zu lassen, wollte er Mussolini für den Wiederaufbau der Garde gewinnen. Trotz seiner ehrenwörtlichen Verpflichtung, sich jeder politisch schädlichen Handlung zu enthalten, flüchtete er am 16.12.1942 aus dem Internierungslager und reiste unter falschem Namen nach Rom, um mit Mussolini ins Gespräch zu kommen. Elf Tage nach seiner Ankunft in Rom wurde S. festgenommen und nach Deutschland zurückgeführt. Im KZ Sachsenhausen blieb er bis zum August 1944 inhaftiert.

Nach der Kriegserklärung Rumäniens an Deutschland vom 25.8.1944 wurde S. auf freien Fuß gesetzt und von Ribbentrop in einer Audienz empfangen. Wenig später wurden auch die übrigen Legionäre aus den Lagern entlassen und nach Wien gebracht. In Rundfunkansprachen wandte sich S. von dort an die rumänische Bevölkerung und forderte die Soldaten auf, sich den deutschen Truppen anzuschließen und den Kampf gegen den Bolschewismus weiterzuführen. Um eine prodeutsche Widerstandsbewegung im Land aufzubauen, sprangen Legionäre mit Fallschirmen über ihrer Heimat ab. Eine nationalrumänische Exilregierung brachte S. erst im Dezember 1944 zustande. Es fand sich außerhalb der Garde niemand für ein Ministeramt. Schließlich gelang es wenigstens, mit dem von den deutschen Truppen gefangengesetzten General Platon Chirnoaga das Kriegsministerium mit einem Nicht-Gardisten zu besetzen. Am 10.12.1944 erkannte Deutschland das Kabinett S. als legale Regierung Rumäniens an. Ihr Sitz war zunächst Wien, dann Alt-Aussee in der Steiermark. Aus 7000 in Deutschland festgehaltenen rumänischen Kriegsgefangenen wurde eine »Nationalrumänische Armee« rekrutiert, die nach kurzer Ausbildungszeit in Döllersheim als 1. rumänisches Infanterieregiment tatsächlich noch gegen die Rote Armee zum Einsatz kam. Bei der Besetzung der Steiermark durch britische Truppen tauchte S. in Kärnten unter. 1946 wurde er in Bukarest zum zweitenmal in Abwesenheit zum Tode verurteilt, diesmal von den Kommunisten. In den sechziger Jahre tauchte S. als Führer einer »Rumänischen Legionären Bewegung« in Madrid auf. 1967 schloß er in Brasilien den ersten Band der Geschichte der Eisernen Garde ab, in dem er seine Sicht der Ereignisse bis zum Jahr 1937 darstellte. Ein zweiter Band erschien nicht mehr.

Literaturhinweise:

Andreas Hillgruber: Hitler, König Carol und Marschall Antonescu, Köln 1965

Hans Rogger und Eugen Weber: The European Right. A Historical Profile, Berkeley u. a. 1965

Horia Sima: Histoire du mouvement légionnaire, Rio de Janeiro 1968

Nicholas M. Nagy-Talavera: The Green Shirts and the Others. A History of Fascism in Hungary and Rumania, Stanford 1970

Armin Heinen: Die Legion ›Erzengel Michael‹ in Rumänien. Soziale Bewegung und politische Organisation. Ein Beitrag zum Problem des internationalen Faschismus, München 1986

SKANCKE, RAGNAR SIGVALD, geb. 9.11.1890 in Ås, hingerichtet 28.8.1948 in Oslo, norwegischer Kirchen- und Unterrichtsminister 1940–1945

Als Sohn des Bankdirektors Johan Skancke studierte S. nach dem Abitur 1908 Elektrotechnik an der Technischen Hochschule Karlsruhe, wo er 1913 seine Diplomprüfung »mit Auszeichnung« bestand. Nach einem Studienaufenthalt in Deutschland vor dem Ausbruch des Ersten Weltkriegs erhielt er eine Anstellung als Assistent an der Norwegischen Technischen Hochschule in Oslo und stieg 1914 zum Dozenten für die Grundlagen der Elektrotechnik und Schwachstromtechnik und 1917 für Elektrotechnik unter besonderer Berücksichtigung der Schwachstromtechnik und Radiotelegraphie auf. Um sich die notwendige industrielle Praxis anzueignen, ging S. 1918 als Abteilungsingenieur und später Oberingenieur zur Firma A/S Elektrisk Bureau in Kristiania. 1921 wurde er zum Professor für Schwachstromtechnik an die Technische Hochschule in Trondheim berufen. Es gab wenige Fachgebiete, die sich nach dem Ersten Weltkrieg so rasant entwickelten wie seines. In wissenschaftlichen Kreisen wurde er durch seine Arbeiten über Wechselstrommaschinen bekannt, mit denen er die Forschungen von Professor O. S. Bragstad fortführte, dessen Bücher er 1932 ins Deutsche übersetzte.
1933 trat S. der »Nasjonal Samling« (NS) bei, die → Quisling in diesem Jahr gegründet hatte. Er erklärte sich bereit, die Führung des Gaus Süd-Trondelag zu übernehmen, obwohl er keine politischen Erfahrungen hatte. Er setzte sich eifrig für die Ideen Quislings ein, aber auf den politischen Diskussionsabenden der Studenten in Trondheim zog er öfters den kürzeren gegenüber den geschulten Gesprächsteilnehmern der Linken. 1936 wurde S. Mitglied in der Kampforganisation »K.O.« der NS.
Für die Veröffentlichung »Das Buch über Vidkun Quisling«, das im Herbst 1940 erschien, schrieb S. ein Vorwort, aus dem seine starke persönliche Bindung an Quisling hervorgeht. Seine Artikel und Reden vor und während der Besatzungszeit zeigten eine für einen Wissenschaftler überraschend unkritische Einstellung zu den Ansichten des Parteiführers und zur Schlagwortpropaganda der NS.
Als Quisling am 9.4.1940, am Tag der deutschen Invasion, in Norwegen eine »nationale Regierung« ausrief, bestimmte er S. zum Arbeitsminister. S. war nicht gefragt worden. Da die Deutschen das Kabinett ablehnten, blieb die Berufung ohne Folgen. Am 25.9.1940 ließ er sich vom deutschen Reichskommissar für Norwegen, Josef Terboven, zum Minister für das Kirchen- und Unterrichtsministerium im Staatsrat (kommissarisk riksråd) ernennen, weil er in dieser Funktion das norwegische Bildungswesen fördern zu können glaubte. Am 1.2.1942 wurde er Mitglied von Quislings nationaler Regierung mit den gleichen Funktionen. Die Rolle, die er bei der Nazifierung von Schule, Kirche und Universität spielte, stand im Widerspruch zu seinen Bemühungen um die wissenschaftliche Forschung an den Universitäten während der Besatzungszeit. Ihm mißlang die Einführung eines politischen Unterrichts in den Schulen nach den Prinzipien der NS, weil die Lehrer streikten, aber er widersetzte sich ihrer Deportation nach Nordnorwegen, die Quisling forderte. Er erreichte zwar die Auflösung der Studentenverbände, aber die Studenten weigerten sich, der Studentenorganisation der NS beizutreten. Er

säuberte die Bibliotheken von jüdischer Literatur und behielt sich die Neubesetzung von Lehrstühlen mit Personen seiner Gunst vor, was sein Ansehen bei den Wissenschaftlern ruinierte, denen er sich zugehörig fühlte. Das Universitätsleben, das er eigentlich fördern wollte, kam bereits 1941 zum Erliegen. Auch die Kirche verweigerte die Kollaboration. Am 15.1.1941 protestierten die sieben Bischöfe gegen den neuen Katechismus, den er einführen wollte, und einen Monat später verboten sie allen kirchlichen Würdenträgern, an Veranstaltungen der NS teilzunehmen. Für → Hagelin Partei ergreifend, trat S. im Herbst 1943 zurück.
Nach der Befreiung Norwegens kam der Fall S. am 7.3.1946 beim Oberlandesgericht in Eidsiva zur Verhandlung. S. war der letzte Kollaborateur, dessen Todesurteil vollstreckt wurde.

Literaturhinweise:
Dietrich Loock: Quisling, Rosenberg und Terboven, Stuttgart 1970
Odd Melsom: Fra kirke- og kulturkampen under okkupasjonen, Oslo 1980
Knut Heidar: Norske politiske fakta, Oslo u. a. 1983
Öystein Sorensen: Hitler eller Quisling, Cappelen 1989
Hans Fredrik Dahl: Vidkun Quisling – en förer blir til, Oslo 1991
Hans Fredrik Dahl: Vidkun Quisling – en förer for fall, Oslo 1992

SKOROPADSKI, PAUL, geb. 3.5.1873 in Wiesbaden, gest. 26.4.1945 in Plattling, ukrainischer Regierungschef und Hetman 1918, Interessenvertreter der ukrainischen Emigranten in Berlin 1919–1945

Aus einer alten ukrainischen Hetmanfamilie stammend, wurde S. Offizier der zaristischen Armee. Zu Beginn des Ersten Weltkriegs übernahm er das Kommando über das XXXIV. Armeekorps. Im August 1917 erhielt er die Erlaubnis, seinen Verband in »I. Ukrainisches Korps« umzubenennen und aus Ukrainern zu rekrutieren.
Nach der russischen Revolution wurde für den 16. und 17.10.1917 ein Kongreß des Freien Kosakentums nach Tschyhyryn einberufen, an dem 2000 Delegierte teilnahmen. Sie vertraten 60 000 Kosaken. Der Kongreß wählte einen Generalrat und machte S. zum Ehrenatamanen. Alle waren sich einig, daß die Geburtsstunde eines ukrainischen Nationalstaats vor der Tür stand.
Nach dem Ausbruch der russischen Oktoberrevolution bedrohten Ende November 1917 die Soldaten des 2. Garde-Korps unter der Führung der Bolschewikin Jevgenija Bos die Stadt Kiew. Es gelang S., sie zu entwaffnen und am 22.1.1918 in Kiew entsprechend den Friedensbedingungen von Brest-Litowsk die Proklamation der ukrainischen Unabhängigkeit durchzuführen. Wegen seiner Erfolge zog Mißtrauen gegen ihn in die »Rada«, den ukrainische Generalrat, ein. Man verdächtigte S. diktatorischer Bestrebungen. Nach dem Friedensschluß mit dem Deutschen Reich am 9.2.1918 begünstigten die Mittelmächte in der Tat eine autoritäre Regierung in der Ukraine zur Sicherung ihrer Ansprüche. Sie waren mit S. einverstanden. Nachdem die deutschen Truppen fast das ganze Land besetzt hatten, wurde die Rada am 28.4.1918 aufgelöst.
Am 29.4.1918 tagte in Kiew der Kongreß der Landwirte mit 6432 Vertretern aus acht ukrainischen Rayons, die das Recht auf privaten Landbesitz und die Schaf-

fung einer starken Regierungsgewalt in einer souveränen Ukraine forderten. Sie bestätigten S. als Hetman. Bischof Nikodym spendete ihm in der Sophienkathedrale die Firmung. Unter Rückbesinnung auf die mittelalterliche Hetman-Regierung errichtete S. in Kiew ein autoritäres Regime. Das Deutsche Reich stand hinter ihm. S. schloß Friedensverträge mit Bulgarien und der Türkei, nicht jedoch mit Österreich-Ungarn, weil die Grenzfrage nicht geklärt werden konnte. Es gelang ihm, ein ukrainisches Bildungswesen zu initiieren und die wirtschaftliche Stabilität herbeizuführen, die die im Frieden von Brest-Litowsk festgelegten Ablieferungen großer Mengen Getreide, Fleisch und Zucker an Österreich-Ungarn und Deutschland ermöglichte. Kaiser Wilhelm II. empfing S. am 6.9.1918. Vier Tage später unterzeichnete S. ein Wirtschaftsabkommen mit Deutschland, das dem Reich große Handelsvergünstigungen einräumte.

Bereits im Oktober 1918 war die Herrschaft S.s von inneren Unruhen bedroht. Den Aufständischen waren seine Truppen nicht gewachsen. Am 14.12.1918 erklärte S. seinen Rücktritt, so daß die Ukraine bis zu ihrem Untergang im April 1919 für kurze Zeit eine nationale Republik war, bevor sie, nachdem die Bolschewiken Kiew und Odessa erobert hatten, in eine Sowjetrepublik umgewandelt wurde.

S. floh in einem Krankenwagen nach Deutschland. Dort sammelte er seine Anhänger unter den Emigranten und gründete die »Ukrainische Gemeinde« (Ukrainska Hromada) UH, auch Hetman-Bewegung genannt, deren Mitglieder über ganz Europa und Südamerika verstreut waren. Sie stellte in den ersten Nachkriegsjahren die größte ukrainische Exilbewegung dar. Für sie gab S. die Zeitschrift »Ukrainska Dijsnist« (Ukrainische Realität) heraus.

In den zwanziger Jahren pflegte S. Beziehungen zu mehreren Offizieren der Kaiserzeit und zu adeligen Familien. Der deutsche Reichspräsident Hindenburg wies ihm ein Haus in Wannsee zu. In dieser Zeit vertiefte er auch seine Bekanntschaft mit Alfred Rosenberg, den er noch aus der Zarenzeit kannte und der seit 1921 als Chefideologe der NSDAP den »Völkischen Beobachter« redigierte. Beide hatten ähnliche Ansichten über die Zukunft Osteuropas: Beseitigung der Herrschaft des Bolschewismus über die nichtrussischen Völkerschaften der Sowjetunion; Gründung mehrerer souveräner Staaten, mit denen Deutschland zusammenarbeiten würde; Errichtung einer selbständigen Ukraine als Schutzwall zwischen dem Reich und Rußland. Das deutsche Auswärtige Amt griff S. finanziell unter die Arme. Nur mit seiner Hilfe konnte S. 1924 und 1927 die Liquidierung der UH vermeiden. 1923 machte Rosenberg S. in München mit Hitler bekannt, der nach der Machtergreifung die Weiterzahlung eines »Ehrensolds« an S. befahl.

S. war den Machtstaatsvorstellungen des 19. Jahrhunderts verhaftet, wie sie Bismarck praktizierte. Er sah in Deutschland die natürliche Hegemonialmacht in Europa. Das Deutsche Reich und die Ukraine hielt er für Opfer der Politik der Westmächte. Dem ukrainischen Nationalismus, der eine »Großukraine« unter Einbeziehung aller ukrainischen Minderheiten an der Wolga und auf der Krim forderte, stand er skeptisch gegenüber. Als ukrainischer Hetmann hatte er nach dem Ersten Weltkrieg noch eine russische Föderation unter Einbeziehung der Ukraine für möglich gehalten, wie seinem 450 Seiten langen Rechenschaftsbericht über seine siebenmonatige Regierungszeit vom Februar bis Oktober 1918

zu entnehmen ist. Hitler hielt nichts von den politischen Ambitionen des alten Emigranten, wie ein überliefertes Gespräch zwischen Rosenberg und Hitler bestätigt. Hitler: »Rosenberg, was versprechen sie sich von diesem Mann?« Rosenberg: »Ja, er organisiert die Revolution.« Hitler: »Da müßte er in Rußland sein. Die Leute, die eine Revolution machen, müssen in dem Staat sein.«
1936 proklamierte sich S. zum »Fürsten von Halyc« mit dem Recht der Erbfolge. Zum Nachfolger wurde sein Sohn Danylo bestimmt, der als Angestellter der Firma Siemens & Halske Kontakte nach Großbritannien und den USA pflegte, die den deutschen Behörden eine weltumspannende Hetman-Bewegung vorgaukelten. Während des Zweiten Weltkriegs kam der Verdacht auf, Danylo S. sei ein anglo-amerikanischer Spion. Die Gestapo verweigerte ihm die Rückkehr nach Deutschland.
Unmittelbar nach dem Beginn der Kriegshandlungen gegen die Sowjetunion im Juni 1941 machte S. den deutschen Führungsstellen das Angebot, für die Autonomie seiner Heimat zwei Millionen Mann zu mobilisieren. Er hatte zu diesem Zweck sogar einen Generalstab aus ehemaligen zaristischen Offizieren zusammengestellt. Sein Einfluß in der Ukraine und bei den Deutschen war jedoch zu dieser Zeit gegenüber dem von → Melnik, → Stetzko oder → Bandera so gesunken, daß ihn niemand ernst nahm. Hitler wünschte, die Emigranten der Zarenzeit aus der Politik herauszuhalten, weil sie in alten Denkkategorien befangen waren. Es trug nicht zu seinem Ansehen im ukrainischen Lager bei, daß S. nach der Errichtung der ukrainischen Regierung in Lemberg am 30.6.1941 dem neu ernannten Regierungschef Stetzko die Unterstützung verweigerte.
S. wurde kurz vor dem Kriegsende Opfer eines amerikanischen Fliegerangriffs.

Literaturhinweise:
Jürgen Thorwald: Wen sie verderben wollen, Stuttgart 1952
Fritz Fischer: Griff nach der Weltmacht, Düsseldorf 1961
Natalija Polenska-Vasylenko: Geschichte der Ukraine, München 1988
Frank Golczewski: Geschichte der Ukraine, Göttingen 1993

STANG, AXEL HEIBERG, geb. 21.2.1904 in Kristiania, gest. 11.10.1974 in Römskrog, norwegischer Minister für Arbeitsdienst und Sport 1940–1945

Der Sohn des Gutsbesitzers Ole Andreas Stang machte nach dem Abitur in Frogn 1922 eine Landwirtschaftsausbildung. Nach einem Englandaufenthalt und einer handelswirtschaftlichen Ausbildung lebte er ab 1929 auf Gut Mårud im südlichen Odal.
In der Politik spielte S. vor der Besetzung Norwegens durch die Deutschen keine Rolle. Er war zwar seit 1933 Mitglied der »Nasjonal Samling« (NS) und einige Zeit lang Kreisleiter in Glåmdal, aber er hatte kein politisches Profil.
Während der Staatsratsverhandlungen mit → Quisling im Juni 1940 erwähnte der deutsche Vertreter Dellbrügge, daß aus deutscher Sicht S. als Leiter eines neu einzurichtenden Ministeriums für Arbeitsdienst und Sport denkbar sei. Obwohl Quisling vom Leiter des Außenpolitischen Amtes der NSDAP, Alfred Rosenberg, gewarnt wurde, S. könne sich mit der SS liieren, griffen die Norweger den Vorschlag auf, als sie am 29.6.1940 davon in Kenntnis gesetzt wurden, daß Quis-

ling zu einem Gespräch bei Hitler eingeladen werden würde. Am 25.9.1940 wurde S. vom deutschen Reichskommissar für Norwegen, Josef Terboven, zum Minister für Arbeitsdienst und Sport ernannt, als der »Kommissarische Reichsrat« eingerichtet wurde, der unter der Aufsicht Terbovens die Regierungsgeschäfte führen sollte. S. geriet sofort in Konflikt mit den Sportorganisationen, die sich der Gleichschaltung widersetzten, die am 13.9.1940 von Terboven verfügt worden war. Der »Landesverband für Sport« und der »Sportverband der Arbeiter« verweigerten die Mitarbeit. Am 4.11.1940 verbot S. alle Kreis- und Verbandsversammlungen, um den Widerstand zu brechen, und am 22.11.1940 setzte er die Führungsgremien ab und stellte den Sportverband unter die Leitung des Staates. Mit diesen Gleichschaltungsbestimmungen hörte das Sportleben in Norwegen praktisch auf.
Im Unterschied zu seinen Mißerfolgen im Sportbereich gelang S. die Nazifizierung des Arbeitsdienstes, der für alle norwegischen jungen Männer und Frauen aufgrund des »Gesetzes über die Pflicht zum allgemeinen nationalen Arbeitseinsatz« vom 22.2.1943 verbindlich war. Der »Arbeidstjeneste« der männlichen Jugend entpuppte sich als Reservoir für die Werbung zur Waffen-SS. Das bescherte S. die Sympathie Himmlers. Auch den Reichsminister für die besetzten Ostgebiete, Alfred Rosenberg, stellte er zufrieden, als er den »Germanischen Landdienst« für einen Arbeitseinsatz in Rußland aufstellte. Vor der Entscheidung, in Rußland oder in Deutschland zu arbeiten, entschieden sich die meisten jedoch eher für letzteres.
Anfang 1941 diente S. eine Zeit lang im SS-Regiment Nordland an der Ostfront und auf dem Balkan, um sich militärische Sporen zu verdienen und bei den norwegischen SS-Freiwilligen glaubhaft zu sein. Dabei erwarb er das Eiserne Kreuz II. Klasse. Nach seiner Rückkehr setzte er sich mit aller Kraft für die Werbung zum Dienst in der Waffen-SS ein. An der Zahl von etwa 5000 Mann, die am Ende des Weltkriegs in den deutschen Streitkräften dienten, hatte S. einen erheblichen Anteil.
Am 5.2.1942 führte das »Gesetz über den Jugenddienst« die Organisationspflicht für die gesamte norwegische Jugend in der Jugendphalanx »Ungdomsfylking« der NS ein. Das Vorhaben löste sofort heftige Proteste der Elternschaft aus, die ihr Recht auf die Erziehung ihrer Kinder beeinträchtigt sahen. In mehreren Fällen wurden Eltern verhaftet, weil sie ihre Kinder nicht an den Veranstaltungen teilnehmen ließen. Es gelang bis 1945 nicht, den Widerstand zu brechen und den Jugenddienst in der vorgesehenen Form durchzuführen.

Nach der deutschen Kapitulation am 8.5.1945 wurde S. vor dem Oberlandesgericht des Bezirks Eidsiva unter Anklage gestellt. Ihm wurden Vergehen gegen die §§ 86 (Hilfe für den Feind) und 89 (Mitwirkung bei einer Änderung der Staatsverfassung mit ungesetzlichen Mitteln) des Strafgesetzbuches zur Last gelegt. Am 24.11.1945 wurde S. zu Zwangsarbeit auf Lebenszeit, zu einer Entschädigung von 1,5 Millionen Norwegischen Kronen und zur Beschlagnahme von 147 000 Kronen aus seinem Vermögen verurteilt. Das Gericht hielt ihm zugute, daß er sich für die Entlassung norwegischer Kriegsgefangener eingesetzt habe, warf ihm aber auf der anderen Seite vor, für den Dienst in der Waffen-SS geworben zu haben. In der Urteilsbegündung hieß es unter anderem: »Das Gericht hat die Vergehen des Angeklagten für so schwerwiegend befunden, daß es im Zweifel war, ob nicht das gesetzliche Strafmaß voll ausgeschöpft werden müsse. Wenn das Gericht es trotzdem bei einer Freiheitsstrafe bewenden ließ, so geschah dies vor allem deswegen, weil der Angeklagte im großen und ganzen gesehen seinen Landsleuten gegenüber nicht kriminell gewesen ist... Der Angeklagte ist zweifellos keine bösartige Person. Das Motiv für sein Auftreten war ein wildes Idealbild, und er hatte nicht die Fähigkeit, die volle Reichweite seiner Handlungen zu überblicken.«
Der Staatsanwalt legte Berufung am Obersten Gericht ein und beantragte die Todesstrafe und die Erhöhung der Entschädigungssumme auf 2 Millionen Kronen. Das Plenum des Obersten Gerichts bestätigte das ergangene Zuchthausurteil, erhöhte aber die Entschädigung auf die geforderte Summe. 1956 wurde S. aus der Haft entlassen und ließ sich auf dem Familienhof Flaten in Romskrog nieder.

Literaturhinweise:
Hans-Dietrich Loock: Quisling, Rosenberg und Terboven, Stuttgart 1970
Odd Melsom: Fra kirke- og kulturkampen under okkupasjonen, Oslo 1980
Knut Heidar: Norske politiske fakta, Oslo u. a. 1983
Sverre Rodder: Min ære er troskap, Oslo 1990
Hans Fredrik Dahl: Vidkun Quisling – en förer blir til, Oslo 1991
Hans Fredrik Dahl: Vidkun Quisling – en förer for fall, Oslo 1992

STETZKO, JAROSLAW, geb. 19.1.1912 in Ternopil, gest. 5.7.1986 in München, führendes Mitglied der »Organisation ukrainischer Nationalisten« (OUN) 1940–1985, ukrainischer Ministerpräsident 1941

Als Sohn eines Priesters der unierten Kirche studierte S. an den Universitäten Krakau und Lemberg Rechtswissenschaften und Philosophie. Er schloß sich schon in jungen Jahren der ukrainischen Untergrundbewegung an, die das auf vier Länder verteilte ukrainische Volk zur nationalen Einheit führen wollte und gegen die Unterdrückungsmaßnahmen der Russen, Polen, Rumänen und Tschechen vorging. Ab 1932 war er Mitglied der polnischen Landesexekutive der »Organisation Ukrainischer Nationalisten« (OUN) und wurde für Propagandaaufgaben eingesetzt. Als Redakteur einer Untergrundzeitschrift der OUN kämpfte er gegen zwei Fronten. Einerseits decouvrierte er in seinen Leitartikeln den kommunistischen Imperialismus, dem die Ukraine zum Opfer gefallen war, anderer-

seits kämpfte er gegen die Polonisierungsbestrebungen der Warschauer Regierung in der Westukraine an. S. wurde mehrmals von der polnischen Polizei festgenommen und mit gerichtlichen Haftstrafen belegt. Die vorübergehende Autonomie der Karpatho-Ukraine im tschechoslowakischen Staatsverband im Winter 1938/39 interpretierte er als ersten Schritt zur Souveränität. Vom sowjetischen Territorium hielt er sich fern. Er erhoffte sich die Befreiung der Ukraine am ehesten durch das antibolschewistische Deutschland. Als Hitler durch seinen Außenminister am 23.8.1939 den Ribbentrop-Molotow-Pakt abschließen ließ, der nach dem Sieg über Polen im September 1939 die Abtretung der ukrainischen Gebiete Ostpolens einschließlich Lemberg an die UdSSR zur Folge hatte, war er seine Illusionen los. Immerhin setzte die Öffnung der polnischen Konzentrationslager und Gefängnisse tausende Ukrainer frei, die bereit waren, für die ukrainische Sache mit der Waffe zu kämpfen. Unter ihnen war → Bandera.
S. gehörte ursprünglich dem konservativen Flügel der OUN unter Andrij → Melnik an, der die Unabhängigkeit der Ukraine auf friedlichem Weg mit internationaler Unterstützung erreichen wollte. Er identifizierte sich mit den diesbezüglichen Beschlüssen des 2. Kongresses der OUN im August 1939 in Rom, den er organisiert hatte. Als die Deutschen nach der Niederwerfung Polens große Teile der Westukraine mit Lemberg den Sowjets auslieferten, schloß sich S. dem radikalen OUN-Flügel unter Bandera an. Er unterstützte Bandera bei der Trennung von Melnik, die am 10.2.1940 in Krakau auf dem OUN-Kongreß beschlossen wurde. Als am 22.6.1941 der deutsche Feldzug gegen die UdSSR begann, schloß sich S. den ukrainischen Kampfgruppen an, die für die deutsche Abwehr arbeiteten. Nach der Eroberung Lembergs durch die Wehrmacht ließ er sich am 30.6.1941 bei der Siegesfeier von einer improvisierten ukrainischen Nationalversammlung in der »Prosvita«, wo am 22.1.1918 die erste Nationalversammlung der Ukraine zusammengetreten war, zum Ministerpräsidenten wählen und mit der Regierungsbildung beauftragen. Am gleichen Tag proklamierte er den unabhängigen Staat Ukraine. Zur Vorbereitung allgemeiner Wahlen berief er die Mitglieder eines Vorparlaments unter dem Ehrenvorsitz des griechisch-katholischen Metropoliten → Scheptycki nach Kiew, das von dem ehemaligen Ministerpäsidenten der Ukraine 1918/19, Kost Lewitzki, geleitet wurde und dem auch der Abgesandte des Metropoliten, Bischof Jossyf Slipyi, angehörte. S. stellte die Regierung aus den Vertretern der verschiedenen Richtungen der ukrainischen Nationalbewegung zusammen. Mit dem im Bürgerkrieg 1918–1920 bekanntgewordenen General Wsewolod Petriw wurde z.B ein Sozialrevolutionär Kriegsminister. Die politische Koordinierung übernahm der Landesleiter der OUN-B, Iwan Klymiw-Legenda. In einer Rundfunkrede anläßlich der Wiederherstellung des ukrainischen Staates machte S. der Bevölkerung große Zusagen. Er garantierte Recht und Ordnung und versprach die Befriedigung ihrer Bedürfnisse in dem geeinten ukrainischen Staat. Scheptycki erließ am 1.7.1941 einen Hirtenbrief, in dem er sich hinter die neue Regierung stellte, von der er eine gerechte Führung unabhängig von Glaubenszugehörigkeit, Nationalität und gesellschaftlicher Stellung erwartete. Dem Ministerpräsidenten S. gab er seinen Segen. Der »Ukrainische Hauptausschuß« in Krakau erklärte sich bereit, die Regierung zu unterstützten, sobald sie von den Deutschen anerkannt worden sei. Die Exil-

ukrainer unter Paul → Skoropadski verweigerten dagegen die erbetene Solidaritätserklärung. Auch die OUN-M, der Melnik-Flügel der »Organisation Ukrainischer Nationalisten«, lehnte es ab, die neue Regierung anzuerkennen, weil sie über die beabsichtigte Staatsgründung nicht informiert worden war.

Die Deutschen waren von dem Coup S.s völlig überrascht worden. Bis sie ihre Gegenmaßnahmen abgestimmt hatten, vergingen einige Tage, in denen sich die ukrainische Regierung in Sicherheit wiegte. Erst am 12.7.1941 schritten sie ein. S. wurde verhaftet und nach Deutschland deportiert, als er den Staatsgründungsakt nicht widerrief. Im OKW tadelte ihn Oberst Erwin Stoltze: »Sie haben durch Ihre Politik unsere Lage im Osten sehr kompliziert. Sie haben unsere Karten aufgedeckt, so daß wir mit einer fanatischen Verteidigung der russischen Soldaten rechnen müssen.« Am 15.9.1941 wurde S. wie Stefan Bandera unter Polizeiaufsicht gestellt und später im Konzentrationslager Sachsenhausen als privilegierter Sonderhäftling interniert. Der Protest der Angehörigen des ukrainischen Bataillons Nachtigall, das die deutsche Abwehr aufgestellt hatte, wurde als Meuterei ausgelegt. Die Einheit wurde am 2.12.1941 aufgelöst und die Mitglieder ebenso wie die des Bataillons Roland, das die Abwehr ebenfalls aus Ukrainern rekrutiert hatte, als Schutzpolizisten in Weißrußland verwendet.

In der besetzten Ukraine arbeitete die Militärverwaltung nur auf örtlicher Ebene mit den Vertretern der OUN zusammen. Sie wurden bei der Verteilung öffentlicher Funktionen bevorzugt, weil sie die Gewähr boten, keine Kommunisten zu sein. Sie durften in den Kriegsgefangenenlagern nach Landsleuten suchen, die zur Mitarbeit mit den Deutschen bereit waren. In Kiew durften sie einen Stadtrat aufstellen und den Bürgermeister vorschlagen. Die Polizei in Kiew, Winniza und Dnjepropetrowsk stand unter dem Kommando von OUN-Funktionären. Das alles wurde anders, als der Gauleiter Erich Koch als Reichskommissar die Zivilverwaltung der Ukraine übernahm. Die OUN zog sich in den Untergrund zurück und begann den bewaffneten Kampf gegen die Besatzungsmacht.

Als sich die Rote Armee nach den deutschen Niederlagen im Frühjahr 1944 der Ukraine näherte, wurden vielen Führungskräften des Dritten Reiches die Fehler deutlich, die man in der Behandlung der Ukrainer gemacht hatte. Nur die Waffen-SS hatte bereits ein Jahr zuvor erkannt, welches Kampfpotential gegen den Kommunismus bei den Ukrainern lag und am 28.4.1943 mit der Werbung von Freiwilligen für eine ukrainische Division begonnen. Es meldeten sich 80 000. Aus ihnen wurde die 14. Waffengrenadierdivision der SS (galiz. Nr. 1) aufgestellt. Um Versäumtes nachzuholen, wurde S. 1944 aus dem KZ entlassen, damit er die Ukrainer zum Kampf gegen den Bolschewismus auf deutscher Seite motivieren könne. Der Vormarsch der Roten Armee ging jedoch viel zu schnell, als daß er etwas zuwege bringen konnte. Im Dezember 1944 setzte er sich nach Preßburg ab und gelangte von dort über Wien und Prag nach München, das von den Amerikanern besetzt war.

1945 wählte die exilukrainische OUN eine neue Führungsspitze. Neben Bandera als Vorsitzenden und Roman Schuchewytsch als Oberbefehlshaber der »Ukrainischen Aufständischen-Armee« (UPA) wurde S. in das oberste Führungsgremium delegiert. 1946 wurde er Präsident des »Antibolschewistischen Blocks der Nationen« (ABN), in dem 16 Völkerschaften der UdSSR vertreten waren.

Unter seiner Führung entwickelte sich der ABN zu einer Organisation mit großem politischen und diplomatischen Einfluß während des Kalten Krieges. Als 1967 der »Europäische Freiheitsrat« gegründet wurde, gehörte S. zum Präsidium. 1968 wurde er zum Vorsitzenden der OUN gewählt. Außerdem war er Mitglied der Exekutive der »Antikommunistischen Weltliga«. Im Rahmen seiner vielfältigen Funktionärstätigkeit hielt S. Verbindung zu den über die ganze Welt verstreuten Exilukrainern. Auf allen internationalen Tagungen außerhalb des Ostblocks und bei den Kongressen antikommunistischer Verbände galt er als Vertreter des ukrainischen Volkes. Seine publizistische und schriftstellerische Arbeit war vom Freiheitskampf der Ukrainer und von einer Neuordnung Osteuropas bestimmt. Deshalb konzentrierte sich der Haß des sowjetischen KGB auf seine Person. Verschiedene Mordanschläge scheiterten. Beim Prozeß gegen Staschynski, den Attentäter Banderas, vor dem Bundesgerichtshof im Jahre 1962 erfuhr die Öffentlichkeit, welchen Wert die sowjetische Führung auf die Ausschaltung S.s legte. Staschynski selbst hatte den Auftrag, S. vor seiner Wohnung in der Münchner Ohmstraße, wo er unter dem Decknamen Dankiv lebte, aufzulauern und auf die gleiche Weise wie Bandera umzubringen.
Anläßlich des 20. Jahrestages der Ermordung Banderas veröffentlichte S. am 14.10.1979 eine Presseerklärung mit dem Titel »Wir klagen Moskau an und ermahnen die Freie Welt!«, in der für die OUN der gleiche rechtliche Status bei den Vereinten Nationen verlangte wurde, den die »Palästinensische Befreiungsorganisation« (PLO) innehatte.

Literaturhinweise:
John A. Armstrong: Ukrainian Nationalism, New York 1955
Roman Jlnytzkij: Deutschland und die Ukraine, München 1955
Jaroslaw Stetzko: Die Weltgefahr unserer Zeit, München 1980
Frank Golczewski: Geschichte der Ukraine, Göttingen 1993

SUAREZ, GEORGES, geb. 8.11.1890 in Paris, hingerichtet 9.11.1944 in Fort Montrouge (Arcueil), französischer Journalist, Chefredakteur der Zeitschrift »Aujourd'hui« 1940–1945

S. war Jurist. Nach dem Ersten Weltkrieg, in dem er vier Jahre als Soldat gedient hatte, wurde er Korrespondent der Presseagentur Havas in Wien. S. war ein fruchtbarer Schriftsteller. Er schrieb für »L'Echo de Paris«, »L'Echo national« und »Le Temps«. Ab 1924 veröffentlichte er ein Buch nach dem anderen. Alle behandelten Themen der französischen Politik. Zu den Politikern, über die er Biographien schrieb, gehörten Georges Clémenceau und Aristide Briand. S. war ein Anhänger der »Action française« von Charles → Maurras und arbeitete gleichzeitig mit André Tardieu zusammen, der als Linksrepublikaner und außenpolitischer Redakteur der Zeitung »Le Temps« zwischen den Weltkriegen einer der maßgeblichen Politiker der Mitte war. Bereits 1934, als er von einer Tagung aus Essen zurückkehrte, beschrieb er mit Hochachtung die Veränderungen, die Hitler in Deutschland bewirkt hatte. Um sein Werk fortsetzen zu können, brauche Hitler den Frieden, meinte er, aber die Engländer und Franzosen verweigerten ihm eine ruhige Entwicklung und dächten an Krieg. Mit Bertrand de Jouvenel betrieb er den »Cercle du grand pavois« und das »Comité des conférences Rive gauche«, in denen ähnlich wie in der »Deutsch-Französischen Gesellschaft« (Comité France-Allemagne) unter Fernand de → Brinon die deutsch-französische Freundschaft gepflegt wurde und die Beziehungen zu Deutschland verdichtet wurden. Im Juli 1935 gehörte S. zusammen mit → Drieu La Rochelle und → Marion zur »groupe→ Pucheu«, die die Ohnmacht der französischen Regierung bei der Behebung der Weltwirtschaftskrise zum Anlaß nahm, eine wirtschaftliche Revolution und technische Erneuerung des Landes im Sinne der Synarchisten unter Absage an kapitalistische Wirtschaftsformen anzustreben. Ihre Hoffnung setzte sie auf die französischen Rechtsparteien. Als → Doriot 1936 die »Parti Populaire Français« (PPF) gründete, wurde S. eines der frühen Mitglieder.

Zu Beginn des Zweiten Weltkriegs brachen bei S. die patriotischen Gefühle durch. In der Zeit des sogenannten »Sitzkrieges« schloß er sich der nationalen Propaganda an. Zwischen dem Waffenstillstand vom 22.6.1940 und dem Treffen Hitlers mit → Pétain in Montoire am 24.10.1940 wartete er ab, in welche Richtung sich die französische Politik bewegen würde. Als der Staatschef am 30.10.1940 in einer öffentlichen Ansprache den Weg der Kollaboration freigab, folgte ihm S. Er unterstützte den Aufruf zur »nationalen Revolution«, mit der Pétain die politische und moralische Erneuerung Frankreichs nach den Erfahrungen der Dritten Republik und des verlorenen Krieges bezweckte. Er bejahte die autoritäre Herrschaft, die der Staatschef im nicht besetzten Teil Frankreichs errichtete. Die Volksgemeinschaft, die sich um den Nationalhelden Pétain entwickelte, gab ihm das Gefühl, auf der richtigen Seite zu stehen. Im Dezember 1940 wurde S. aufgrund der Intervention des deutschen Botschafters in Paris, Otto Abetz, Generaldirektor der Pariser Wochenzeitung »Aujourd'hui«, die bis zum Ende der Besatzungszeit ein Spachrohr der Kollaborationsbewegung blieb. In dieser Funktion und vom Juli 1943 bis August 1944 als Herausgeber der Zeitschrift »Libération« behandelte er die aktuellen Themen im deutschen Sinn. In seinem Aufsatz »Pétain ou la démocratie, il faut choisir« verurteilte er die Demokratiepraxis der Vorkriegszeit, kritisierte aber auch den Attentismus des Staatschefs und forderte ein stärkeres Engagement der Vichy-Regierung für die deutsche Sache. Er mißtraute → Laval, weil er ein Politiker der Dritten Republik gewesen war, die er für die französische Niederlage 1940 verantwortlich machte. Die Korruptheit der Parteien der Dritten Republik, besonders der Volksfrontregierung ab Juni 1936, habe das demokratische System ruiniert. Im Juni 1940 habe Frankreich mit der Niederlage dafür büßen müssen. Auch das Scheitern des Völkerbunds führte S. auf das demokratische Parteiensystem der hauptverantwortlichen Staaten zurück. Im Vergleich zu ihrer Morbidität zeigten die totalitären Staaten nationale Würde. Nur die Faschisten bewährten sich als Garanten der hergebrachten Werte Gemeinschaft, Arbeit, Familie, Soldatentum. Hitler hielt S. für eine der großen Gestalten des 20. Jahrhunderts. »Hitler n'est pas un conquérant mais un apôtre«, schrieb er am 22.4.1941 in »Aujourd'hui«. Von Pétain erhoffte er sich viel, vor allem, daß er das französische Volk zur Besinnung auf seine großen Taditionen und zur Einigkeit führen werde: »l'unité fondé sur l'autorité«. De Gaulle wurde von S. als eine negative Kontrastfigur gezeichnet, als Ehrgeizling, der bereit sei, Frankreich für seinen Ruhm an England zu verkaufen, »un vulgaire mercenaire à la solde des Anglais«. Der Gaullismus war für S. »le plus puissant instrument du désordre, de la discorde et de la division des composantes de la nation«. Da de Gaulle für die französische Justiz unerreichbar war, forderte er wenigstens die Bestrafung der Führer der Dritten Republik, die nicht wie er die Flucht ergriffen hatten. Die Prozesse in Riom fanden seine volle Zustimmung. Er billigte die Repressalien gegen Résistance-Angehörige einschließlich der Geiselnahme und das Vorgehen der Regierung gegen die Juden. Die Engländer und Amerikaner bezeichnete er als Kriegsverbrecher, weil sie mit ihren Bombenangriffen europäische Kulturstätten in Schutt und Asche legten und die Zivilbevölkerung mordeten. »La peau de nos paysans et de nos ouvriers vaut bien la leur.«

In der Zusammenarbeit Deutschlands und Frankreichs glaubte S. eine große Chance für beide Länder zu erkennen. Der französische Individualismus und der deutsche Gemeinschaftssinn, der französische Instinkt für Unabhängigkeit und der deutsche Ordnungssinn, der französische kritische Geist und die deutsche Emotionalität, kurz Kartesianismus und Hegelianismus, würden eine gute gemeinsame Zukunft garantieren. Unter dem Einfluß der deutschen Propaganda legte sich S. so in seinen Hoffnungen auf Deutschland fest, daß er auch nach der Invasion der Alliierten in der Normandie im Juni 1944 noch an den deutschen Sieg glaubte.

Der Cour de Justice in Paris, vor dem er sich im Dezember 1944 wegen Landesverrats zu verantworten hatte, warf ihm vor, aus Opportunismus zur Kollaboration gestoßen zu sein. Wegen seines Einflusses auf die Moral der Franzosen verdiene er das Todesurteil. Das Argument der Verteidigung, nach dem deutsch-französischen Waffenstillstand vom 22.6.1940 könne kein Franzose Landesverrat begangen haben, der mit Deutschland kollaborierte, weil Deutschland kein Feind mehr gewesen sei, wurde mit der Begründung zurückgewiesen, daß ein Waffenstillstand Auseinandersetzungen nicht beende, sondern nur verschiebe. Als besonders verdammenswürdig sah es das Gericht an, daß S. nach der alliierten Landung in der Normandie geschrieben hatte, Frankreich werde von den Deutschen »verteidigt«, und daß er die Geiselnahme von Amerikanern gegen die Bombenangriffe auf zivile Wohngebiete in Frankreich befürwortet hatte. Am 9.11.1945 wurde S. als erster französischer Journalist zum Tod verurteilt. Als ihm die Hinrichtung angekündigt wurde, äußerte er: »Si vous croyez que ma mort puisse servir mon pays, c'est avec joie que je l'accepte.« Da er nach zwei Salven des Erschießungspelotons noch nicht tot war, befreiten ihn zwei Gnadenschüsse aus der Nähe von den Qualen.

Literaturhinweise:
Robert Aron: Histoire de l épuration. De l'indulgence aux massacres. Novembre 1942 – septembre 1944, Paris 1967
Gérard Loiseaux: La littérature de la défaite et de la collaboration, Paris 1984
Herbert R. Lottman: The People's Anger. Justice and Revenge in Post-Liberation France, London 1986

SZÁLASI, FERENC, geb. 6.1.1897 in Kassa, hingerichtet 12.3.1946 in Budapest, Gründer der Pfeilkreuzlerbewegung, 1930, Gründer der »Partei des Nationalen Willens« (NAP) 1935, Führer der »Ungarischen Nationalsozialistischen Partei« (Hungaristenbewegung) 1935–1939, Vorsitzender der Pfeilkreuzlerpartei 1940–1945, ungarischer Ministerpräsident und Staatsoberhaupt 1944–1945

Von armenischer Abstammung (Salsian), entschloß sich S. für die militärische Laufbahn. Er besuchte die Militärakademie in Wiener Neustadt, als der Erste Weltkrieg zu Ende ging. 1921 trat er in das ungarische Heer ein. 1923–1925 besuchte er die Kriegsschule. Nach einigen Truppenkommandos arbeitete er ab 1930 im Nachrichtenbüro des ungarischen Generalstabs. 1930 schloß sich S. rechtsgerichteten militärischen Kreisen an und gründete zur Verwirklichung seiner nationalistischen und rassistischen Ambitionen die »Pfeilkreuzlerbewegung«, eine faschistische Organisation nach dem Vorbild der deutschen SA. Zu ihren Mitgliedern zählten vorwiegend Offiziere, Angehörige des Landadels und Beamte. Das Hauptziel der Bewegung bestand im Kampf für das Magyarentum gegen Fremdvölkische, Juden und Marxisten. Nachdem die politische Polizei auf ihn aufmerksam geworden war, wurde S. im August 1931 von Kriegsminister → Gömbös verwarnt. 1933 veröffentlichte S. ohne Erlaubnis seiner Vorgesetzten einen »Plan zum Aufbau des ungarischen Staates«, in dem er die Abschaffung des parlamentarischen Systems und eine autoritäre Führung für das Land forderte. Daraufhin wurde S. aus dem Generalstab entfernt und im Range eines Majors als Regimentsadjutant zum Infanterieregiment 14 versetzt. 1934 bat er um die Entlassung aus dem Militärdienst, weil er sich ganz der Politik widmen wollte. Das Angebot des Ministerpräsidenten Gömbös, sich an der Neuorganisation der regierenden »Einigkeitspartei« zu beteiligen und ein Parlamentsmandat zu übernehmen, schlug S. aus. Er wolle lieber »praktischer Idealist« bleiben, statt zum »theoretischen Realisten« zu werden. Außerdem trug er sich mit dem Gedanken, eine neue Bewegung zu initiieren, »um die Nation zu retten«.
Anfang März 1935 gründete S. zusammen mit seinem Freund Sándor Csia die »Partei des Nationalen Willens« (NAP), deren Programm sich in seinen rassistischen, antisemitischen und antimarxistischen Aussagen mit dem der Pfeilkreuzler deckte. Das Motto »Gott, Bauer, Bürger, Soldat« verpflichtete die Mitglieder zur nationalen Solidarität über alle Standesgrenzen hinweg. Hauptziel war die Revision des Vertrags von Trianon und die Wiederherstellung des ungarischen Großreichs. 1936 machte S. zwei Studienreisen nach Deutschland, um die Organisation und Propaganda der NSDAP kennenzulernen. Wegen seiner Forderungen nach einer Landreform und seiner Agitation für eine Sozialpolitik nach deutschem Muster erschien S. als eine Gefahr für die konservativen Kreise im Land. Da kam die Verleumdung, er habe im März 1937 einen Putsch geplant, gerade recht, um ihn und 72 Parteifunktionäre einzusperren und die NAP zu verbieten. Unter der Führung von Kálmán → Hubay schlossen sich die Mitglieder zur »Ungarischen Nationalsozialistischen Partei« zusammen, die sich auch »Hungaristenbewegung« nannte. Nach seiner Freilassung war S. einer der drei Männer des Exekutivkomitees der neuen Partei. Eine Gruppe junger Parteiangehöriger rief bei einem Treffen in Debreczen Ungarn zum Königreich und → Horthy zum Kö-

nig aus. Obwohl S. nichts davon wußte, gelang es, dem Reichsverweser einzuflüstern, daß S. dafür verantwortlich sei. Die lebenslange Abneigung Horthys gegen S. hatte hier ihren Ursprung.
Die ab 13.5.1938 amtierende Regierung → Imrédy intensivierte die Beziehungen zum Deutschen Reich, um von der bevorstehenden Zerschlagung der Tschechoslowakei zu profitieren. Um im Innern Ruhe zu haben, wurden die extremistischen Parteien verfolgt. Als Kopf der Hungaristen erhielt S. im Juni 1938 zwei Monate Gefängnis wegen hochverräterischer Flugblattpropaganda. Das Revisionsgericht erhöhte die Strafe am 6.7.1938 auf drei Jahre. Nach dem Münchner Abkommen vom 30.9.1938 verstärkte sich jedoch der Druck der Rechtsparteien auf Imrédy, so daß der Ministerpräsident bereit war, mit den Hungaristen zusammenzuarbeiten.
Die »Ungarische Nationalsozialistische Partei« (Hungaristenbewegung) zählte 1939 rund 250 000 Mitglieder. Unter den Führern waren viele demobilisierte Offiziere, die die Kontakte zu ihren Kameraden weiterpflegten, so daß das Programm auch im Militär bekannt war. In den Industriestädten gehörten zahlreiche Arbeiter zur Partei. Das christlich-chauvinistische Element zog auch den Landadel an. Von den Mitgliedern wurde das Bekenntnis zu drei Prinzipien verlangt: Gottesglauben und Christusliebe, Vaterlandsliebe und Volksgemeinschaft, nationale Disziplin und nationaler Sozialismus. Gegenüber den deutschen Nationalsozialisten stellte man sich einerseits als radikale Massenbewegung dar, die einen Umsturz zustandebringen könne, und andererseits als eine Gruppierung, die Regierungsverantwortung übernehmen und für Ruhe und Ordnung sorgen könne. Ende 1938 und Anfang 1939 uferten die Demonstrationen gegen die Regierung in blutige Ausschreitungen aus. Deshalb entschloß sich die seit 15.2.1939 amtierende Regierung → Teleki, die Partei am 24.2.1939 aufzulösen. Bereits 14 Tage später wurde die Ersatzpartei unter dem Namen »Pfeilkreuzlerpartei« gegründet. Ihr Führer, Kálmán Hubay, versprach, revolutionäre Aktionen zu meiden. Das neue Parteiprogramm gab keinen Anlaß zu Beanstandungen. Obwohl das Wahlalter auf 26 Jahre hinaufgesetzt war, um radikale Jungwähler auszuschließen, bekam die Pfeilkreuzlerpartei bei den Parlamentswahlen Ende Mai 1939 31 Sitze anstelle der zwei, die die Hungaristen innehatten. Sie war damit die zweitstärkste Fraktion. Zusammen mit den anderen Rechtsparteien – der offizielle Zusammenschluß erfolgte am 1.10.1940 – verfügte sie über 49 Abgeordnete. S. wurde aus der Haft entlassen. Vom Parteisekretär Jenö Ruszkay bei Teleki eingeführt, machte S. auf den Ministerpräsidenten einen so verworrenen Eindruck, daß eine Mitverantwortung der Pfeilkreuzler an der Regierungsverantwortung nicht in Frage kam. In den folgenden Wochen verstärkte S. den Druck auf die Regierung. Der Minenarbeiterstreik, den er organisierte, war der gewaltigste Aufstand in der ungarischen Geschichte. Trotzdem blieb Teleki bei seiner ablehnenden Haltung. Zu seiner Genugtuung erfuhr er während der Beitrittszeremonien zum Dreimächtepakt am 20.11.1940 in Wien, daß die deutsche Reichsregierung die Machtübernahme durch die Pfeilkreuzler nicht unterstützen werde und weiter mit ihm zusammenarbeiten wollte. Sie hatte aus den Vorgängen um die Eiserne Garde des Horia → Sima in Rumänien die Lehre gezogen, daß revolutionäre Parteien unbere-

Machtübernahme durch Szálasi mit deutscher Hilfe im Oktober 1944

chenbar waren. Ende 1940 gründete Imrédy eine neue Partei, deren Programm dem der Pfeilkreuzler ähnelte. Die »Partei der ungarischen Wiedergeburt« grub S. das Wasser ab. Als er ein Bündnisangebot der Partei Imrédys ablehnte, weil er seinen Führungsanspruch nicht aufgeben wollte, begann der Niedergang. Es kam zu Abspaltungen und parteiinternen Querelen. Die Parteiorganisation zerfiel. Die Mobilisierung der Massen mißlang. Verärgert von den Mißerfolgen, verließen immer mehr Bauern und Arbeiter die Partei.

Je befriedigender die Zusammenarbeit zwischen den deutschen und ungarischen Regierungsstellen verlief, desto uninteressanter wurde S. für die Deutschen. Seine imperialistischen Träume von einem »ungarischen Großreich« stießen auf Ablehnung, weil sie das Gleichgewicht auf dem Balkan stören mußten. Auch der »Deutsche Volksbund in Ungarn« sprach sich gegen S. aus. Er bevorzugte Imrédy und Teleki als Verhandlungspartner.

Zum letztenmal lebten S. und die Pfeilkreuzler auf, als die deutschen Truppen am 19.3.1944 das Land besetzten. Von der neuen Regierung → Sztójay erwartete die deutsche Seite, daß sie nicht wie das Kabinett Kállay »auf Verrat sinne«. Nachdem die Vorbehalte gegen die »Spießbürgerregierung« Sztójay durch die ersten Maßnahmen abgebaut waren, entschloß sich die Parteiführung der Pfeilkreuzler, sie zu unterstützen, obwohl kein Pfeilkreuzler in der Regierungsmannschaft war. Bei der Gleichschaltung aller Verbände und Organisationen im Land, bei der Durchführung des totalen Krieges und bei der Verfolgung von Kommunisten und Juden arbeiteten die Pfeilkreuzler uneingeschränkt mit. Als 500 000 Mann zur Verteidiung des Landes mobilisiert wurden, begründeten die

Pfeilkreuzler die Notwendigkeit. Obwohl die Wehrmacht zur Unterstützung der ungarischen Streitkräfte 30 000 Soldaten entsandte, war die Lage hoffnungslos, als Rumänien am 23.6.1944 kapitulierte und die ungarische Südflanke für die Rote Armee öffnete. Im Oktober 1944 brach der Verteidigungswillen der Ungarn zusammen. Als der von Horthy zum Nachfolger von Sztójay ernannte Generaloberst Lakatos die Kapitulation vorbereitete, schlossen sich die zur Weiterführung des Krieges entschlossenen Rechtsparteien zu einem »Nationalverband« zusammen. Gemeinsam mit der SS machten sie den Waffenstillstand, den Horthy am 15.10.1944 verkünden wollte, zunichte. Horthy wurde nach der Besetzung der Budapester Burg zur Demission gezwungen. S. übernahm am 16.10.1944 die Regierungsgeschäfte und fungierte ab 4.11.1944 auch als provisorisches Staatsoberhaupt mit dem Titel »Führer der Nation«. Obwohl er gegenüber der deutschen Besatzung machtlos war, zeichnete er für das Chaos und die Greuel der letzten Kriegswochen verantwortlich, unter anderem für die Deportation der Juden in die Arbeits- und Vernichtungslager.

Am 4.12.1944 traf S. mit Hitler zusammen. Das Kommuniqué sprach von der »festen Entschlossenheit des deutschen und des unter der Hungaristenbewegung geeinten ungarischen Volkes, den Verteidigungskampf mit allen Mitteln und im Geiste der alten traditionellen und bewährten Waffenbrüderschaft und Freundschaft der beiden Völker fortzuführen«. Als die Rote Armee am 13.2.1945 Budapest einnahm, floh S. mit der ungarischen Regierung nach Wien. Seine Hauptbeschäftigung bestand in der Abfassung seiner Memoiren und in spiritualistischen Sitzungen. Nach der Gefangennahme durch die Amerikaner wurde er zusammen mit 390 prominenten Flüchtlingen im Oktober 1945 an Ungarn ausgeliefert. Das Budapester Volksgericht verurteilte S. nach einem dreiwöchigen Massenprozeß am 1.3.1946 zum Tode. Insgesamt wurden in solchen Prozessen fünf Ministerpräsidenten, zehn Minister und zwei Staatssekretäre als Volksfeinde mit der Todesstrafe belegt. Alle wurden gehängt. Die Zahl der Pfeilkreuzler, die vor Gericht gestellt wurden, betrug 1180. Von den 322 Todesurteilen der Volksgerichte wurden 146 vollstreckt.

Der von S. gemaßregelte Generaloberst Ruszkay charakterisierte S. folgendermaßen: »Szálasi ist durch Machthunger beherrscht, ein Phantast mit weit überdimensionierten Ideen, denen er bedenkenlos und ohne jede Rücksicht auf ihre praktische Durchführbarkeit Ausdruck gibt. In der großen Politik wegen der egozentrischen Einstellung total unzuverlässig.«

Literaturhinweise:

Carlile A. Macartney: October Fifteenth. A History of Modern Hungary 1929–1945, 2 Bände, Edinburg 1956 und 1957

Miklós Lackó: Arrow-cross Men, National Socialists 1935–1944, Budapest 1969

Nicholas M. Nagy-Talavera: The Green Shirts and the Others. A History of Fascism in Hungary and Rumania, Stanford 1970

Peter Gosztony: Miklós von Horthy. Admiral und Reichsverweser, Göttingen u. a. 1973

Margit Szöllösi-Janze: Die Pfeilkreuzlerbewegung in Ungarn. Historischer Kontext, Entwicklung und Herrschaft, München 1989

SZTÓJAY, DÖME, geb. 5.1.1883 in Werschetz, hingerichtet 22.8. 1946 in Budapest, ungarischer Gesandter in Berlin 1935–1944, ungarischer Ministerpräsident und Außenminister 1944

Teleki (li.) und Gesandter Sztójay (re.) mit Reichsminister Darré am 19.8.1940

Als Nachrichtenoffizier der k.u.k. Armee organisierte S. im Range eines Majors i. G. nach dem Sturz der ungarischen Rätediktatur im August 1919 den militärischen Nachrichtendienst für die ungarischen Streitkräfte. Im Rang eines Generals wurde er 1927 Militärattaché in Berlin. Ab 1933 leitete er die Präsidial-abteilung des Kriegsministeriums. 1935 sandte ihn → Horthy als bevollmächtigten Minister und ungarischen Gesandten nach Berlin. Neun Jahre lang spielte er im diplomatischen Korps des Dritten Reiches eine große Rolle. Beeindruckt von den Aufbauleistungen des Nationalsozialismus, wurde er zu einem überzeugten Anhänger Hitlers. Nach seiner Meinung war die Zukunft Ungarns mit der Deutschlands verbunden, weil beide Staaten die Revision der Pariser Vorortverträge anstrebten und weil sie ein elitäres Rassenbewußtsein pflegten. S. verstand es, den Deutschen die ungarischen Wünsche verständlich zu machen, so daß die Regierungen in Budapest in der Hitler-Regierung einen berechenbaren Partner hatten. S. ließ das Außenministerium nicht im Unklaren, daß er ein Anhänger der großdeutschen Politik Hitlers war. In Verhandlungen und Gesprächen mit den führenden Männern des Dritten Reiches, insbesondere mit Göring und Ribbentrop, vertrat er die ungarischen Interessen so geschickt, daß Ungarn in der deutschen Einschätzung zum verläßlichsten Bündnispartner auf dem Balkan wurde, auch wenn die Ungarn in der steten Angst lebten, von den Rumänen ausgestochen zu werden. Erst als die Deutschen 1943 von den Friedensfühlern der Regierung Kállay zu den Westalliierten erfuhren, hatte S. einen schweren Stand. Als am 19.3.1944 deutsche Truppen Ungarn besetzten und vom Reichsverweser die Einsetzung einer rechtsextremen Regierung verlangten, entschied sichHorthy für S., der in Berlin große Sympathien genoß.

Als Ministerpräsident und Außenminister Ungarns trug S., der den Dienstgrad eines Feldmarschalleutnants hatte, vom 22.3.1944 bis 29.8.1944 die Verantwortung für alle militärischen und wirtschaftlichen Entscheidungen, die im besetzten Land auf deutschen Wunsch zu treffen waren. Im Frühjahr 1944 machte er sich zum Fürsprecher der nationalsozialistischen Forderungen nach Ausrottung der Juden. Er versprach den Deutschen je 50 000 jüdische Arbeitskräfte für die

Monate April und Mai. 600 000 Juden sollten in Ghettos deportiert werden. Horthy gelang es nur, die Judenverfolgung in Budapest zu stoppen.
Am 2.6.1944 verpflichtete sich die Regierung S., die ungarische Wirtschaft »vorbehaltlos« in die gesamteuropäischen Wirtschaftsplanung zur Kriegführung einzubringen. Dem Deutschen Reich wurde ein weiterer Clearingkredit zum Einkauf ungarischer Waren gewährt.
Am 7.6.1944 beklagte S. während eines Besuchs bei Hitler die Einschränkungen der ungarischen Souveränität nach dem Einmarsch der Wehrmacht. Im Widerspruch zu den Zusagen hätten sich die deutschen Truppen, die am 19.3.1944 ins Land gekommen seien, nicht zurückgezogen. Die Gestapo führe eigenmächtige Verhaftungen durch und zahlreiche ungarische Firmen seien in deutsches Eigentum überführt worden. Als Hitler den Rückzug der ungarischen Truppen zur Verteidigung der ungarischen Landesgrenze ablehnte, nahm S. die Kapitulation Rumäniens am 23.8.1944 zum Anlaß zurückzutreten. Mit seiner Demission wollte er Horthy die Möglichkeit geben, eine unbelastete Regierung einzusetzen, die mit der UdSSR Waffenstillstandsverhandlungen aufnehmen könnte. Eine schwere Erkrankung machte S. den Abschied vom Amt leicht. Sein Nachfolger als Ministerpräsident wurde Generaloberst Lakatos, der am 16.10. 1944 die Regierungsgeschäfte an → Szálasi abgab.
Nach dem Krieg wurde S. von einem ungarischen Volksgerichtshof als Hauptkriegsverbrecher zum Tode verurteilt.

Literaturhinweise:
Carlile A. Macartney: October Fifteenth. A History of Modern Hungary 1929–1945, 2 Bände, Edinburg 1956 und 1957
Mario D. Fenyo: Hitler, Horthy, and Hungary. German-Hungarian Relations, 1941–1944, New Haven u. a. 1972

T

TANNER, VÄINÖ, geb. 12.3.1881 in Helsinki, gest. 19.4.1966 ebenda, finnischer Außenminister 1940–1941 und 1943–1944

1907, als Finnland noch zum Zarenreich gehörte, trat der Rechtsanwalt T. der Sozialdemokratischen Partei bei. Während des Unabhängigkeitskriegs 1918 bekämpfte er die Allianz seiner Partei mit den Kommunisten. 1919 wurde er Vorsitzender und führte die Partei bis 1926 auf einen reformistischen und parlamentarisch-demokratischen Kurs. Mit 80 von 200 Abgeordneten war sie 1919 die stärkste Fraktion im finnischen Reichstag. 1926 wurde T. vorübergehend Ministerpräsident. Zum Finanzminister wurde er in der Zwischenkriegszeit mehrmals berufen. Am 11.8.1938 begründete er als Außenminister die Ablehnung des sowjetrussischen Stützpunktbegehrens, das zum Russisch-finnischen Winterkrieg führte. Er gehörte der finnischen Delegation an, die im Oktober 1939 in Moskau die drohende Aggression der Russen abzuwenden trachtete. Nach dem Friedensvertrag vom 12.3.1940 verlangte die UdSSR die Abberufung T.s als Außenminister. T. wurde Industrie- und Handelsminister und erwarb sich große Verdienste um die Eingliederung der aus Karelien ausgesiedelten Finnen. Am 15.8.1940 schied er auf sowjetischem Druck aus dem Kabinett aus. Selbst in der eigenen Partei galt er als Haupthindernis für die Verbesserung der nachbarschaftlichen Beziehungen zur Sowjetunion. Vom Vorsitzenden des Obersten Kriegsrates, Marschall Freiherr von Mannerheim, am 9.6.1941 über den bevorstehenden deutschen Angriff auf die Sowjetunion informiert, plädierte T. für die Teilnahme Finnlands zur Befreiung der von den Russen besetzten finnischen Gebiete. Er wollte jedoch vermeiden, daß der finnische Kriegseintritt am 26.6.1941 als Unterstützung des deutschen Angriffs gesehen würde. Er interpretierte das finnische Vorgehen als »eigenen und separaten Krieg«. Finnland habe keine expansionistischen Ziele. Es erstrebe die Rückgewinnung der im Winterkrieg verlorenen Gebiete mit sicheren Grenzen. Da die Finnen keinen Krieg gegen Großbritannien führten, wehrte er sich auch gegen die von den Deutschen geforderte Schließung der britischen Gesandtschaft in Helsinki. Dem Kabinett Linkomies, das am 5.3.1943 von Staatspräsident → Ryti ernannt wurde, gehörte T. als Außenminister an. Obwohl er ein unversöhnlicher Gegner der Sowjetunion war, akzeptierte er im August 1943 unter dem Druck seiner Partei Friedensfühler nach Moskau. Am 12.4.1944 lehnte der Reichstag jedoch die Bedingungen der UdSSR ab. Obwohl T. vertragliche Bindungen an das Deutsche Reich, die über den am 25.11.1941 unterzeichneten Antikominternpakt hinausgingen, ablehnte, blieb er auch nach dem von Staatspräsident Ryti mit dem deutschen Außenminister am 28.6. 1944 vereinbarten Bündnis, in dem sich dieser Hitler gegenüber persönlich verpflichtete, ohne Einvernehmen mit Deutschland nicht aus dem Krieg auszuscheiden, im Kabinett. Die Partei stimmte mit 36 gegen 26 Stimmen dem Verhalten zu, um in dieser schweren Situation eine Regierungskrise zu vermeiden. Dem am 8.8.1944 von Rytis Nachfolger Mannerheim gebildeten Kabinett Hackzell gehörte T. jedoch nicht mehr an. Damit war der Weg frei für Verhandlungen mit der Sowjetunion über einen Waffenstillstand, der am 19.9.1944 zustande kam.

Im Herbst 1945 wurde T. auf sowjetischen Druck zusammen mit sieben anderen finnischen Politikern wegen der Zusammenarbeit mit dem Deutschen Reich als Kriegshetzer vor ein ohne Rechtsgrundlagen zusammengestelltes Sondergericht zitiert und zu fünfeinhalb Jahren Gefängnis verurteilt. Als er am 21.11.1948 vorzeitig entlassen wurde, nahm er seine parteipolitische Tätigkeit wieder auf. 1951–1954 gehörte er erneut dem Reichstag an. 1957 übernahm er für sechs Jahre den Vorsitz der Sozialdemokratischen Partei. Seine Wahl führte zur Abspaltung des linkssozialistischen Flügels.

Sein Rechenschaftsbericht über die Zeit als Außenminister mit dem Titel »Finlands väg 1939–1949« erschien 1950. Zwei Jahre später veröffentlichte er das Buch »Vägen till fred 1943–1944«.

Literaturhinweise:

Gerd R. Ueberschär: Hitler und Finnland 1939–1941. Die deutsch-finnischen Beziehungen während des Hitler-Stalin-Paktes, Wiesbaden 1978

John H. Wuorinen: Finland and World War II 1939–1944, Westport 1983

TELEKI DE SZÉK, PÁL, geb. 1.11.1879 in Budapest, Selbstmord 3.4.1941 ebenda, ungarischer Ministerpräsident 1939–1941

Als Sohn eines gräflichen Großgrundbesitzers studierte er 1897–1901 Jura an der Universität Budapest. Sein Interesse an naturwissenschaftlichen Erkenntnissen, besonders der Geographie, machte ihn schon als Student zu einem Anhänger des Sozialdarwinismus und zu einem Gegner sozialistischer Befreiungstheorien. Nach mehreren Bildungsreisen durch Europa engagierte er sich in der Ungarischen Geographischen Gesellschaft und beschäftigte sich mit der Karthographierung des Landes. Er schrieb eine Reihe wissenschaftlicher Veröffentlichungen, die ihm die Anerkennung der ausländischen Fachwelt eintrugen. Sein Militärdienst während des Ersten Weltkriegs wurde durch wissenschaftliche Aufträge und politische Funktionen unterbrochen. Seit 1915 kümmerte er sich als Abgeordneter von Keszthely vor allem um Sozialfragen. Ab 1917 stand er an der Spitze des Landesamtes für Kriegsopferfürsorge. Als Vizepräsident der Ungarischen Geographischen Gesellschaft seit 1913 wurde er 1919 in die Ungarische Akademie der Wissenschaften aufgenommen. Von April 1920 bis April 1921 hatte er als Mitglied der Regierung Károlyi in Szeged Anteil an der Zerschlagung des Räteregimes von Béla Kun. In Paris war er Mitglied der ungarischen Verhandlungsdelegation bei den Friedensverhandlungen. Als er am 4.6.1920 seine Unterschrift unter den Friedensvertrag von Trianon setzte, nannte er dessen Revision das höchste ungarische Nationalanliegen. Als Mitglied der »Vereinigten Christlichen Liga« (Egyesült Kresztény Liga) beteiligte sich T. am Kampf gegen Liberale, Juden, Freimaurer und Kommunisten. Am 20.7.1920 bildete er eine eigene Regierung. Er setzte die Ratifikation des Friedensvertrags im Parlament durch und erreichte die Entwaffnung der »Weißen«, die mit ihrem Terror das Ansehen des Landes im Ausland geschädigt hatten. Seine sozialreformerischen Pläne scheiterten am Widerstand der konservativen Kreise, obwohl er in ihrem Sinne die ersten antijüdischen Gesetze in der ungarischen Geschichte erließ. Nach einer zweiten Amtszeit als Ministerpräsident vom Dezember 1920 bis April 1921 übernahm er aus den Händen seines Nachfolgers Bethlen die Leitung des »Nationalen Flüchtlingsbüros«, der »Vereinigung der Sozialverbände« und der »Christlichen Nationalliga« und kümmerte sich in diesen Funktionen um die ungarischen Rückwanderer aus den abgetretenen Landesteilen in Rumänien, Jugoslawien und Tschechoslowakei und um die Flüchtlinge aus der Sowjetunion. An der Universität Budapest übernahm er 1924 einen Lehrstuhl für Geographie und wurde Kurator der ungarischen Eliteschule Eötvös. Als geographischer Berater reiste er 1925 im Auftrag des Völkerbunds zur Klärung der Mossulfrage in das türkisch-irakische Grenzgebiet.

T. stand an der Spitze der revisionistischen Kreise seines Landes und kämpfte gegen den wachsenden jüdischen Einfluß im Land. Seit 1919 Mitglied des Oberhauses, wurde er 1926 vorübergehend Ministerpräsident und Außenminister. 1927 gründete er die »Liga ungarischer Revisionisten« (Magyar Reviziós Liga). 1929 wurde er oberster Pfadfinder in Ungarn, eine Funktion, die ihm den Kontakt zur Jugend garantierte. Bei einer Vortragsreihe in Deutschland 1933 sah er die Veränderungen, die die Nationalsozialisten bewirkt hatten. Insbesondere beeindruckten ihn vor dem Hintergrund der nationalen Solidarität das neue Ethos der Arbeit und die sozialen Leistungen des Winterhilfswerks. In der nationalen Erneuerung der Deutschen sah er ein Vorbild für sein Land. Er ermunterte den Ministerpräsidenten → Gömbös zu einem Deutschlandbesuch. Als das Deutsche Reich nach dem Anschluß Österreichs unmittelbarer Nachbar Ungarns wurde, übernahm T. nach 16 Jahren wieder ein Ministeramt. Als Erziehungsminister glaubte er zur nationalen Erneuerung der Jugend in christlichem Geist am meisten beitragen zu können. Er verbot jede Parteipolitik in den Schulen und rechtfertigte den numerus clausus für jüdische Studenten. Im Oktober 1938 leitete er die ungarische Delegation, die gemäß dem Münchner Abkommen vom 30.9.1938 mit der tschechoslowakischen Regierung über die Abtretung der ungarischen Landesteile verhandelte. Am 2.11.1938 brachte der Erste Wiener Schiedsspruch den ersten Erfolg der ungarischen Revisionspolitik: Komárom (Südslowakei) kam zu Ungarn.

Seit 16.2.1939 Ministerpräsident als Nachfolger von → Imrédy, mit dem die deutsche Regierung nicht verhandeln wollte, weil er jüdische Vorfahren hatte, versuchte T. die ungarische Revisionspolitik in Verbindung mit der deutschen Vormacht weiterzuführen. Am 24.2.1939 trat er dem Antikominternpakt bei, um die deutsche Unterstützung bei kommenden Ereignissen zu behalten. Den Abbruch der diplomatischen Beziehungen zur Sowjetunion nahm er in Kauf. Er tolerierte die von Deutschland protegierte Pfeilkreuzlerbewegung von Ferenc → Szálasi wegen ihrer nationalistischen Ziele. Das Wohlverhalten zahlte sich aus. Als im März 1939 die Slowakische Republik unter dem Ministerpräsidenten → Tiso gegründet wurde, konnte sich Ungarn die Karpatho-Ukraine einverleiben. Um sich den Achsenmächten anzudienen, trat Ungarn am 11.4.1939 aus dem Völkerbund aus. Ein neues Judengesetz mit Berufsquotenfestlegungen und Arbeitsregelungen passierte im Schnellverfahren beide Kammern des Parlaments. Während seines Aufenthalts in Berlin versprach T. dem deutschen Außenminister am 30.4.1939, den »Deutschen Volksbund in Ungarn«, die Vertretung der deutschen Minderheit, zu unterstützen und ihm einige Sitze im Parlament zu reservieren. Er sagte zu, die marxistischen Parteien aus dem politischen Leben Ungarns auszuschalten. Als bei den Pfingstwahlen Ende Mai 1939 die »Ungarische Lebenspartei« (Magyar Elet Pártja) die absolute Mehrheit im Parlament erreichte, versuchte er eine Einigung mit den radikalen Pfeilkreuzlern, die die zweitstärkste Fraktion stellten, zur Förderung des nationalen Magyarentums gegen die fremden Einflüsse im Land.

Als T. zu Beginn des Zweiten Weltkriegs von deutscher Seite für eine aktive Beteiligung an der Niederringung Polens Gebiete in den nördlichen Karpaten in Aussicht gestellt wurden, verwies T. in Briefen an Hitler und Mussolini auf die ungarisch-polnische Freundschaft und lehnte ab, deutschen Truppen den Durchmarsch an die polnische Südgrenze zu gewähren. Damit verscherzte er sich die deutsche Freundschaft. Deutschland setzte die Lieferung von Rüstungsgütern aus. Das Auswärtige Amt drohte, Ungarn bei weiteren Grenzrevisionen unberücksichtigt zu lassen, wenn es angesichts der britischen und französischen Kriegserklärung an Deutschland am 3.9.1939 offiziell seine Neutralität erklären würde, wie T. beabsichtigte. Angesichts der ungarischen Minderheiten in Rumänien, die auf ihre Rückkehr nach Ungarn drängten, ließ T. davon ab. Obwohl die UdSSR auf deutschen Wunsch die diplomatischen Beziehungen zu Ungarn wiederaufnahm, als sie nach der Einverleibung Ostpolens eine 150 km lange Grenze zu Ungarn bekam, ließ sich T. nicht von der »roten Gefahr« ablenken. Er versuchte die Achsenmächte darauf aufmerksam zu machen, daß der Feind nicht im Westen, sondern im Osten stehe. Um das deutsche Waffenembargo loszuwerden, das die ungarischen Militärs angesichts zu erwartender Konfrontationen mit Rumänien in die Opposition zu T. getrieben hatte, unterzeichnete er den von den Deutschen vorgeschlagenen Wirtschaftspakt.

Trotz der vielfältigen Verpflichtungen gegenüber dem Deutschen Reich hielt T. die Verbindungen zu den Westmächten aufrecht. Um einseitigen Bindungen zu Deutschland zu entgehen und Ungarn aus dem Krieg heraushalten zu können, stützte sich T. im Frühjahr 1940 auf Italien, das zu diesem Zeitpunkt noch nicht in den Krieg eingetreten war. Ende März 1940 sprach er während eines Privatbesuchs in Rom mit Mussolini und seinem Außenminister Graf Ciano. In der Hoffnung, Sympathien zu erwerben, machte T. eine Reihe antideutscher Äußerungen. Er warnte Italien vor der deutschen Hegemonie in Europa nach einem gewonnen Krieg. Für Ungarn und Italien wäre ein Sieg der Kriegsgegner nützlicher.

Ende Juni 1940 erhob die Sowjetunion Anspruch auf die rumänischen Landesteile Bessarabien und Nordbukowina. Das nahm T. zum Anlaß, die ungarischen Forderungen auf Transsylvanien (Siebenbürgen) vorzubringen. Hitler gelang es, bei einem Treffen in München am 10.7.1940 die Ungarn von einseitigen militärischen Operationen abzuhalten. Der Zweite Wiener Schiedsspruch vom 30.8.1940 gab den Ungarn den größten Teil der beanspruchten Gebiete, erfüllte aber nicht alle Wünsche. Die deutsch-italienische Besitzstandsgarantie für Rumänien löschte weitere Revisionswünsche Ungarns aus. Gleichzeitig mußte Ungarn der deutschen Volksgruppe volle Autonomie und die öffentliche Propagierung der nationalsozialistischen Weltanschauung zugestehen. Von ähnlichen Zugeständnissen an andere Minderheiten wurde T. von den ungarischen Militärs und den Pfeilkreuzlern abgehalten.

Für seine Verdienste um die Revision des Friedensvertrages von Trianon bekam T. vom ungarischen Staatsoberhaupt, Reichsverweser → Horthy, das Großkreuz des St. Stephan-Ordens verliehen.

Als General Ion → Antonescu zusammen mit der Eisernen Garde am 14.9.1940 den »Nationallegionären Staat« als faschistische Diktatur errichtete, beanspruchten auch die Pfeilkreuzler Teilhabe an der Macht in Ungarn. Ihrer Forderung nach einer Judengesetzgebung auf Rassenbasis wie in Deutschland gab T. als erstes nach. Unter dem Druck der Militärs erlaubte er den Transport deutscher Truppen durch ungarisches Gebiet nach Rumänien. Am 20.11.1940 trat er dem Dreimächtepakt bei. Obwohl er dabei Besitzansprüche auf jugoslawisches Gebiet geltend machte, schloß er am 12.12.1940 mit Jugoslawien einen Freundschaftspakt, um es zu neutralisieren, wenn er die restlichen Gebietsansprüche in Rumänien militärisch durchsetzen würde. Die Befreiung der ungarischen Bevölkerungsteile in Rumänien war das vorrangige politische Ziel für T., für die Pfeilkreuzler und für das Offizierkorps. Nach dem Staatsstreich in Belgrad am 27.3.1941 war der jugoslawisch-ungarische Freundschaftsvertrag das große Hindernis, sich dem deutschen Einmarsch in Jugoslawien anzuschließen und statt der rumänischen Irredenta jugoslawisches Gebiet zu erobern. Als die Deutschen die Ungarn aufforderten, die von Ungarn bewohnten Landesteile Jugoslawiens zu besetzen, war der Druck der öffentlichen Meinung, des Militärs und der Pfeilkreuzler so groß, daß T. mit seiner Vertragstreue allein stand. Auch das Argument, daß der Einmarsch in Jugoslawien die britische Kriegserklärung zur Folge haben würde, machte auf niemanden Eindruck. Horthy, der mit Deutschland durch dick und dünn gehen wollte, wies alle Warnungen des Ministerpräsidenten zurück. In einem Schreiben an Hitler hatte er sich bereits am 28.3.1941 zur Teilnahme Ungarns am Jugoslawienfeldzug bekannt. Von den Absprachen des deutschen und ungarischen Generalstabs über den Einsatz der ungarischen Truppen erfuhr T. am 1.4.1941 im Nationalen Verteidigungsrat. Seinen Vorschlag, den bevorstehenden Krieg als einen Angriffskrieg Deutschlands gegen Ungarn zu tarnen, lehnte das Kabinett als unglaubhaft ab. Als er am 3.4.1941 hörte, daß ohne seine Zustimmung der Durchmarsch deutscher Truppen gegen Jugoslawien durch Ungarn in die Wege geleitet wurde, beging er Selbstmord. In einem Abschiedsbrief an Horthy gab er als den Grund dafür den Vertragsbruch gegenüber Jugoslawien an. »Wir sind eine verachtenswerte Nation geworden«, schrieb er. Die Öffentlichkeit erfuhr, daß T. an Herzversagen gestorben sei. Die westliche Presse nannte ihn ein Opfer des deutschen Imperialismus.

Literaturhinweise:

Jörg K. Hoensch: Der ungarische Revisionismus und die Zerschlagung der Tschechoslowakei, Tübingen 1967

Nicholas M. Nagy-Talavera: The Green Shirts and the Others. A History of Fascism in Hungary and Rumania, Stanford 1970

L. Tilkovszky: Pál Teleki (1879–1941). A biographical Sketch, in: Studia historica academiae scientiarum Hungaricae Nr. 86, Budapest 1974

TIMMERMANS, JOHANNES MARTINUS PETRUS, genannt Jan, geb. 15.10. 1901 in Antwerpen, gest. 5.4.1962 in Etterbeek, Gauleiter des »Vlaamsch Nationaal Verbond« (VNV) in Antwerpen 1940, Landesvorsitzender der »Vlaamsche Concentratie« 1940, Bürgermeister von Antwerpen 1944

T. war Mitglied des katholischen Kulturvereins »Thomasgenootschap« und setzte sich nach dem Ersten Weltkrieg bereits als Gymnasiast in Antwerpen für die flämischen Belange ein. Im Namen seiner Mitschüler hielt er die Grabrede für Herman van den Reeck, der am 12.7.1920 mit 19 Jahren bei einer Demonstration von der Polizei erschossen wurde. Unter dem Pseudonym Jan Handers veröffentlichte er Artikel in der Schülerzeitschrift »Goedendag«, die er selbst redigierte. Nach dem Abitur studierte T. ein Jahr an der Sorbonne in Paris und ein Jahr an der Humboldt-Universität in Berlin. Anschließend nahm er das Studium der Rechtswissenschaften an der Freien Universität Brüssel auf. Nach dem Examen kehrte er in seinen Geburtsort zurück und gründete als Anwalt 1928 zusammen mit Karel Peeters die »Volks- en Filmuniversiteit ›Herman van den Reeck‹«, die unter der Leitung beider bis 1940 die flämische Sprache in Buch und Film pflegte.

T. war Provinzratsmitglied und wurde 1932 in den Gemeinderat von Antwerpen gewählt. 1933 übernahm er den Vorsitz der »Frontpartij« in der Stadt. 1934 schloß er sich dem »Vlaamsch Nationaal Verbond« (VNV) an, den Staf de → Clercq 1931 gegründet hatte. Um T. politisch auszuschalten, zettelten französische Anwälte in Antwerpen gegen ihn ein gerichtliches Verfahren an, weil er sich angeblich mit Kriegsdienstverweigerern solidarisiert hatte. Das Verfahren wurde eingestellt, als sich der Vorwurf als unbegründet erwies. Im Oktober 1935 durfte T. die Eröffnungsrede auf dem ersten Kongreß der »Vlaamsche Concentratie« halten, in der alle katholischen Gruppierungen Flanderns zur Schaffung einer christlichen Gesellschaftsordnung zusammenarbeiteten. Ihre Wochenzeitung hieß »Nieuw Vlaanderen«. 1939 kandidierte T. für die Kammerwahlen auf der Liste des »Vlaamsch Nationaal Blok« und wurde für Antwerpen ins Parlament gewählt. Ungeachtet seiner parlamentarischen Immunität verhaftete man ihn am 10.5.1940 beim Einmarsch der Wehrmacht in Belgien und deportierte ihn in das französische Lager Le Vernet d'Ariège, weil er als Vertreter der flämischen Interessen im Verdacht stand, der deutschen Fünften Kolonne anzugehören. Nach seiner Befreiung durch die Wehrmacht nahm er seine Tätigkeit im VNV wieder auf. Er wurde Mitglied im Rat der Leitung und Gauleiter der Provinz Antwerpen. 1940 wählte ihn die »Vlaamsche Concentratie« zu ihrem Landesvorsitzenden. Seit 1941 Direktor des Antwerpener Hafens, wurde er im Juli 1944 zum Bürgermeister von Groß-Antwerpen ernannt, da sein Vorgänger am 27.1.1944 aus Protest gegen die Eingriffe der SS zurückgetreten war. Wenige Wochen später besetzten die Alliierten die Stadt.

Am 19.9.1945 wurde T. von einem Kriegsgericht als Kollaborateur zum Tode verurteilt. Da das Urteil in lebenslanges Gefängnis umgewandelt wurde, konnte er einige Jahre später wegen seines schlechten Gesundheitszustandes vorzeitig unter der Bedingung aus der Haft entlassen werden, sich nicht in Antwerpen niederzulassen.

Literaturhinweise:
Arie Wolter Willemsen: Het Vlaams-nationalisme. De geschiedenis van de jaren 1914–1940, Utrecht 1969
Hendrik Elias: Vijfentwintig jaar Vlaamse Beweging 1914–1939, Antwerpen 1969
Encyclopedie van de Vlaamse Beweging, Band 2, Amsterdam 1975

TISO, JOZEF GASPAR, geb. 13.10.1887 in Vel'ka Bytča (Trentschin), hingerichtet 18.4.1947 in Preßburg, katholischer Prälat, Vorsitzender der »Slowakischen Volkspartei« (SVP) 1938–1945, slowakischer Ministerpräsident 1938–1939, Staatspräsident der Slowakei 1939–1945

T. war das zweite von sieben Kindern eines Kleinbauern und Fleischhauers. Er besuchte das Gymnasium in Zilina und Nitra und begann das Studium der Theologie in Wien als Zögling des Pazmaneums, an dem er als einer der Besten abschloß. Hier wurde das konservative Staatsverständnis T.s von seinem Lehrer Ignaz Seipel grundgelegt. Am 14.7.1910 erhielt T. die Priesterweihe. Im darauffolgenden Jahr promovierte er und trat dann eine Stelle als Kaplan in Oscadnica an. Zwei weitere Verwendungen als Gemeindeseelsorger folgten.

Zu Beginn des Ersten Weltkriegs wurde T. als Feldkaplan in die k.u.k. Armee einberufen. Doch schon ein Jahr später holte ihn der Bischof von Nitra als Spiritual in sein Priesterseminar. T. gab Religionsunterricht in den Schulen am Ort und lehrte als Professor der Moraltheologie am bischöflichen Seminar. Nach sechs Jahren gab er seinen Lehrstuhl auf und übernahm die Pfarrei Bánovec, die er bis zum Ende seines Lebens behielt, ab 1922 mit dem Titel Monsignore.

Nach dem Ersten Weltkrieg ergriffen die Slowaken die Chance, in einem Bündnis mit dem tschechischen Brudervolk in dem neuen Staat »Tschechoslowakische Republik« ihre nationale Identität auszubauen und sich der Herrschaft der Habsburger und der Ungarn zu entledigen. Die Spannungen zu den Tschechen ließen jedoch nicht lange auf sich warten. Das tschechische Ideengut schöpfte aus revolutionär-fortschrittlichen, traditions- und kirchenfeindlichen Quellen der westeuropäischen Geistesströmungen, während die Slowaken ein konservatives, traditions- und kirchengebundes Volk waren. Unterschiede gab es auch in den Eliten. Die tschechischen Staatsgründer waren »positivistisch geschulte Freidenker«, und die slowakische Führung setzte sich aus katholischen und evangelischen Priestern zusammen. Die Slowaken fühlten sich übervorteilt: Tschechische Beamte drangen ins Land und setzten die tschechische Sprache als Amtssprache durch. Aus ihrer Gegnerschaft zur katholischen Kirche machten sie kein Hehl. Für die wirtschaftliche und soziale Not des slowakischen Landvolks hatten sei kein Ohr. Die Korruption war groß.

Die am 19.12.1918 gegründete »Slowakische Volkspartei« (SVP), die sich ab 1925 auch nach dem Namen ihres Gründers, Prälat Andrej Hlinka, »Hlinkapartei« nannte, war der politische Träger der nationalen Unzufriedenheit. T. wurde zu einem ihrer Wortführer. 1923 wurde er wegen Volkshetze zu zwei Wochen Gefängnis verurteilt. 1925 formulierte er das Grundsatzprogramm der Partei im Sinne seines Gesellschaftsverständnisses, das sich aus den Lehren des Naturrechts und des Christentums zusammensetzte. Seine Staatslehre wird häufig als »kommunitarischer Personalismus« bezeichnet. Die Grundthese war: Der Mensch ist von Natur aus sozial. Er bildet als Ergebnis seiner naturbedingten, geschichtlichen Entwicklung eine biologisch-geistige Gemeinschaft, die Familie, und über diese hinaus eine ethnisch-kulturelle Gemeinschaft, die Nation. Die autoritär-korporativen Staatsvorstellungen des österreichischen Philosophen Othmar Spann blieben nicht ohne Einfluß auf T.

Ab 1920 war T. Abgeordneter der SVP im tschechoslowakischen Parlament in Prag für den Wahlkreis Tyrnau. 1927 erwirkte er den Eintritt der SVP in die Regierung und übernahm für zwei Jahre das Amt des Gesundheitsministers. Ab 1929 setzte die Partei ihren Kampf um Autonomierechte wieder aus der Opposition fort. Die Zielsetzungen stammten von T.: slowakischer Landtag, slowakische Landesregierung, slowakische Amtssprache.

Nach Hlinkas Tod übernahm T. 1938 den Vorsitz der SVP und die Führung der Hlinka-Garde, der paramilitärischen Parteitruppe, und der Hlinka-Jugend, in der die Zehn- bis Achtzehnjährigen in slowakischem Geist erzogen wurden.

Das Münchner Abkommen vom 30.9.1938, mit dem die sudetendeutschen Gebiete an das Deutsche Reich abgegeben wurden, führte zu einer Schwächung der tschechoslowakischen Regierung in Prag, die von den Slowaken als Chance er-

kannt wurde. Am 6.10.1938 einigten sich alle slowakischen Parteien im Silleiner Manifest, die Autonomie der Slowakei duchzusetzen. Der am 15.11.1938 gewählte slowakische Landtag ernannte T. zum Ministerpräsidenten. Vier Tage später bestätigte ein Volksentscheid mit 97,5 Prozent der abgegebenen Stimmen den Autonomiebeschluß. Die Prager Zentralregierung anerkannte die Autonomie der Slowakei ebenso wie die der Karpatho-Ukraine im Verband der ČSR durch die Verabschiedung des Verfassungsgesetzes Nr. 229 vom 22.11.1938.
Hitler nutzte die Streitigkeiten zwischen den Regierungen in Preßburg und Prag, um den Auflösungsprozeß der Tschechoslowakei zu beschleunigen. Er ermunterte die Politiker des rechten Flügels der SVP, die einen souveränen slowakischen Staat anstrebten. Am 12.2.1939 empfing er Professor → Tuka. Minister → Durčanský wurde zu Wirtschaftsverhandlungen eingeladen, um den Slowaken die Angst vor den Folgen einer Selbständigkeitserklärung zu nehmen. Der Erste Wiener Schiedsspruch vom 29.10.1938, bei dem die Slowakei zur Abtretung südslowakischer Gebiete an Ungarn genötigt worden war, diente der Erpressung, weil mit weiteren ungarischen Ansprüchen gedroht wurde. Das Gerücht, daß die Ungarn einen Angriff planten, um weitere Gebiete der Slowakei zu besetzen, stieß auf Glauben. Am 21.2.1939 sprach sich T. in einer Regierungserklärung erstmals für die Selbständigkeit der Slowakei aus. Um den Gesamtstaat zu erhalten, lud der seit 3.12.1938 amtierende Ministerpräsident der ČSR, Rudolf Beran, alle slowakischen Minister zu einem Gespräch nach Prag. Am 4.3.1939 erörterte die slowakische Landesregierung die Ergebnisse der Prager Verhandlungen und der Gespräche Tukas und Durčanskýs in Berlin vom 28.2.1939. Es wurden keine Entscheidungen getroffen, aber die von der Prager Regierung geforderte Loyalitätserklärung wurde abgelehnt. In dem Glauben, Deutschlands Zustimmung zu haben, enthob der tschechoslowakische Staatspräsident Hacha am 9.3.1939 die slowakische Regierung ihres Amtes und ließ die meisten Minister und die führenden Politiker der SVP und der Hlinka-Garde verhaften und in den tschechischen Teil des Landes bringen. T. wurde in einem Kloster unter Hausarrest gestellt. Er lehnte den Hilferuf, den Hitler erwartete, ab. In einem am 10.3.1939 aus Preßburg abgesandten Telegramm berichtete der deutsche Generalkonsul von Druffel: »Tiso könne diesen Schritt nicht tun, ohne sich gegenüber Prag ins Unrecht zu setzen ... In Tisos Umgebung Besorgnis, daß Deutsche, wenn einmal gerufen, nicht wieder weggehen.«
Am 10.3.1939 wurde unter Karol Sidor eine neue Regierung in Preßburg gebildet. Als Sidor die von Staatssekretär Keppler am gleichen Tag überreichte persönliche Einladung Hitlers ablehnte, wurde T. nach Berlin gebeten, obwohl ihn der SD als Führer des deutschfeindlichen, reaktionären, klerikalen Flügels der SVP charakterisierte. T. reiste mit dem Auftrag, Hitlers Ausführungen entgegenzunehmen, keine verbindlichen Erklärungen abzugeben und über die Gespräche zu berichten. In Berlin erfuhr er, daß Hitler den Ungarn beim Zerfall der ČSR die Annexion der Karpatho-Ukraine zugesagt habe, die die Slowaken gerne selbst gehabt hätten.
Nach seiner Rückkehr beantragte T. am 14.3.1939 im slowakischen Landtag, die Unabhängigkeit der Slowakei zu beschließen. Die 57 Abgeordneten folgten seinem Vorschlag ohne Gegenstimme. Ministerpräsident Sidor erklärte seinen

Rücktritt, und T. nahm seinen Platz ein. Am 16.3.1939 erbat er Deutschlands Schutz gegen die Ungarn. Im Schutzvertrag vom 23.3.1939 übernahm das Deutsche Reich für 25 Jahre die »Garantie für die politische Unabhängigkeit der Slowakei«, wenn seine Außenpolitik »im engen Einvernehmen mit der deutschen Regierung« geführt werde. Die Karpatho-Ukraine kam zwar an Ungarn, aber die territoriale Integrität der Slowakei war gesichert. Der erste Staat, der die Slowakei diplomatisch anerkannte, war der Vatikan, dessen Farben die gleichen waren wie die der Slowakei. Die neue Staatsverfassung der »Slowakischen Republik« auf der Basis des Gottesglaubens und der Volksgemeinschaft wurde am 21.7.1939 vom Parlament ratifiziert. Sie war weder demokatisch noch autoritär, sondern beruhte auf dem Ständegedanken. Es gab sechs Stände: Landwirtschaft, Industrie, Handel und Gewerbe, Geld- und Versicherungswesen, freie Berufe, öffentliche Bedienstete und Kulturschaffende, die zusammen 80 Abgeordnete in den »Landtag« schickten. Die SVP war die Staatspartei. Sie zählte 1941 etwa 350 000 Mitglieder. Ihr Vorsitzender war T.

Am 26.10.1939 wurde T. zum Staatsoberhaupt gewählt. Er führte den Titel »Staatspräsident der Slowakei«. Das Amt des Ministerpräsidenten, das er bisher innehatte, übernahm Vojtech Tuka. Ab 22.10.1942 galt auch in der Slowakei das Führerprinzip: eine Nation, eine Partei, ein Führer. T. sah in seinem Amt die Verpflichtung, ein »stets getreuer Dolmetsch des Willens und der Gesinnung der Nation« zu sein.

In zahlreichen öffentlichen Reden bekannte sich T. zum politischen Katholizismus. In geistiger Beziehung forderte er volle Autarkie für die Slowakei. Vor der katholischen Studentenschaft erklärte er am 30.6.1940: »Ohne die katholische Sittenlehre gäbe es keine Kultur ... Wir sind volkstreue und in der Politik aggressive Slowaken, weil wir Katholiken sind.« Die Stellung der katholischen Kirche im Land wurde durch mehrere Gesetze verbessert. Im Vordergrund seiner Bemühungen stand das soziale Programm für das slowakische Volk. Vor den Parteisekretären führte T. am 20.1.1941 aus: »Zum ersten Mal in der Geschichte haben wir, die wir das christliche Programm verkünden, die Macht in den Händen, und jetzt ist es an uns, diese Macht nicht zu mißbrauchen, ... sondern das zu verwirklichen, was das Leben fordert: die soziale Reform.« Um seine Ziele durchzusetzen, billigte T. die Einschränkung der Grundrechte, die Ausschaltung der Oppositionsparteien, den Aufbau einer Sicherheitspolizei und die Einrichtung von Konzentrationslagern. Liberal-kapitalistische Ideen wurden ebenso bekämpft wie kommunistische. Unter Bezug auf die Traditionen der slowakischen Rasse versprach der slowakische Nationalsozialismus der Bevölkerung die Erlösung von den Ausbeutungen der Vergangenheit durch die Ungarn und Tschechen und die Entwicklung der nationalen Wirtschaft zum Nutzen aller.

Außenpolitisch war die Slowakei 1939–1945 ein Vasallenstaat des Deutschen Reiches. Die slowakische Außenpolitik wurde in Berlin gemacht. Die Slowakei beteiligte sich am Feldzug gegen Polen und erhielt dafür die nach 1918 an Polen abgetretenen Grenzgebiete. Obwohl durch den Ersten Wiener Schiedsspruch vom 29.10.1938 400 000 Slowaken an Ungarn gekommen waren, blieb es bei der Grenzziehung im Süden. Am 25.9.1941 trat die Slowakei dem Antikominternpakt und am 24.11.1941 dem Dreimächtepakt bei. Im Ostfeldzug gegen die

Ankunft Tisos im Führerhauptquartier Wolfschanze

Sowjetunion stellte das Land zwei Divisionen. Während des Krieges mußte die Slowakei hohe Lieferquoten von landwirtschaftlichen Erzeugnissen und Eisenerzen erfüllen. Der Einschränkung der Rechte für Juden setzte T. keinen Widerstand entgegen. Obwohl er die entsprechenden Verordnungen nicht unterzeichnete, hielt er eine den Nürnberger Gesetzen entsprechende Judengesetzgebung für angemessen. Die im März 1942 beginnenden Deportationen in die Vernichtungslager ließ er jedoch auf Einspruch des Vatikans im August 1942 stoppen. Für die slowakischen Juden wurden Arbeitslager im Land eingerichtet. Erst am Ende des Krieges überließ die slowakische Regierung die Handhabung der Judenfrage der SS.

Die Niederwerfung des slowakischen Aufstands durch vier deutsche Divisionen im September 1944 feierte T. in Banska-Bystrica mit einem Tedeum. Von da an verfiel sein Regime. Die Staatsverwaltung funktionierte nicht mehr. Die Gendarmerie lief auseinander. Unter der zersetzenden Flüsterpropaganda ließ sich die slowakische Bevölkerung von den Ereignissen treiben. T. lehnte es bis zum Schluß ab, sich auf die andere Seite zu schlagen. Die drohende sowjetische Invasion seines Landes fürchtete er ebenso wie die Wiedervereinigung der Tschechen und Slowaken in einem Staat.

Am 5.4.1945 verließ T. die Hauptstadt und floh nach dem Westen. Im Benediktinerkloster Kremsmünster fand er Unterschlupf. Bei dem Versuch, zu Kardinal Faulhaber nach München zu gelangen, nahm ihn die amerikanische Militärpolizei fest. Der aus dem Exil zurückgekehrte Staatspräsident Eduard Benesch forderte die Auslieferung an die Tschechoslowakei: »Tiso muß hängen!«. Am

25.10.1945 entsprachen die Amerikaner der Forderung. Ab Dezember 1946 stand T. wegen folgender Anklagepunkte in Preßburg vor dem slowakischen Nationalgericht: Zusammenarbeit mit den Nazis, Zerstörung des tschechoslowakischen Staates, Judendeportation.

Am 17. und 18.3.1947 hielt T. seine Verteidigungsrede. Obwohl er wußte, daß das Todesurteil für ihn bereits feststand, erläuterte er seine politischen Ziele als Ministerpräsident und als Staatspräsident der Slowakei. Im Vordergrund standen für ihn die staatliche Souveränität des Landes und die wirtschaftliche Wohlfahrt der Bevölkerung. »Deshalb haben Krieg und Sieg in meiner geistlichen Welt niemals eine Rolle gespielt. Das Volk steht über dem Staat.« Die Zusammenarbeit mit Deutschland begründete er als eine geographische Notwendigkeit. Ohne den Schutz des Reiches habe es keine Sicherheit gegen die ungarischen Territorialansprüche gegeben. Mit dem Gleichnis vom kleinen Frosch im Rachen des großen Löwen wollte er klarmachen, daß es seine Pflicht gewesen sei, die Deutschen bei guter Laune zu halten. Als er am 6.10.1939 ein Staatssekretariat für die Karpathendeutschen einrichtete, um ihre kulturelle Selbständigkeit zu unterstreichen, habe er dem NS-Regime jeden Grund für eine militärische Intervention nehmen wollen. Dem gleichen Ziel habe die Auflösung der kommunistischen Partei und die Erledigung der Judenfrage »auf unsere Art« gedient. Von dem Beschluß der Regierung zur Errichtung von Konzentrations- und Arbeitslagern für Juden habe er nichts gewußt.

T. verwies auf seine Reden, um zu beweisen, daß er sich für die Umwandlung des Generalgouvernements Polen in einen selbständigen Staat und für die Aufrechterhaltung der Souveränität aller Staaten in einem Europa unter deutscher Führung eingesetzt habe. Er erklärte auch, daß er während der gesamten Zeit eine Grenzverschiebung zwischen der Slowakei und Ungarn angestrebt habe, um das »alte Unrecht« vom 29.10.1938 zu revidieren. Die Teilnahme der Slowakei am Krieg habe er nicht verhindern können, da andernfalls die Ungarn, die sich gleichfalls am Rußlandfeldzug beteiligten, Gebietsansprüche gegen die Slowakei erhoben hätten.

Den Vorwurf, das faschistische Führerprinzip auf die Slowakei übertragen zu haben, wies er zurück. Sein Amtstitel habe »Führer und Präsident« gelautet. Er habe weder das Parlament aufgelöst noch die Verfasssung außer Kraft gesetzt. Niemand könne ihm einen Verfassungsverstoß oder einen Gesetzesbruch nachweisen. Er habe gezeigt, daß eine selbständige Slowakei lebensfähig sei.

Das Urteil darüber, ob er schuldig sei, wollte T. der Geschichte überlassen. Dem Gericht sprach er das Recht ab, über ihn ein Urteil zu fällen, da seine Taten nur nach dem Recht zu beurteilen seien, das zur Tatzeit galt.

Am 15.4.1947 wurde T. zum Tode durch den Strang verurteilt. Der Vatikan intervenierte nur schwach. Das Gnadengesuch lehnte Benesch im Widerspruch zu früheren Zusagen ab. Drei Tage später wurde das Urteil vollstreckt. In Preßburg läuteten die Kirchenglocken. Wenige Stunden vor seinem Tod legte T. ein letztes Bekenntnis ab: »Für Gott und die Nation. Dafür setzte ich mich ein Leben lang ein und aus diesem Grunde sehe ich mich als Märtyrer in der Verteidigung des Christentums gegenüber dem Bolschewismus, für die sich unsere Nation wappnen muß, nicht nur im Auftrag ihres christlichen Charakters, sondern auch,

um ihr Überleben zu sichern.« Der Leichnam des Exekutierten wurde an einen unbekannten Ort verbracht.
Neben T. wurden drei Minister und vier Abgeordnete zum Tod und 12 Minister und 38 Abgeordnete zu Kerkerstrafen verurteilt.
Seit der Gründung der Slowakei als selbständiger Staat mit der Hauptstadt Preßburg im Jahr 1993 regen sich Bestrebungen, T. zu rehabilitieren.

Literaturhinweise:
Josef Tiso: Die Wahrheit über die Slowakei, o. O. 1948
Milan S. Durica: Dr. Joseph Tiso and the Jewish problem in Slovakia, Padua 1964
František Vnuk: Dr. Josef Tiso, President of the Slovak Republic, Sydney 1967
Milan S. Durica: Die slowakische Politik 1938/39 im Lichte der Staatslehre Tisos, Bonn 1967
František Vnuk: This is Dr. Tiso, Cambridge 1977
Karin Schmid: Die Slowakische Republik 1939–1945. Eine staats- und völkerrechtliche Betrachtung, 2 Bände, Berlin 1982

Tobler, Robert, geb. 23.12.1901 in Zürich, gest. 17.6.1962 ebenda, Mitbegründer der »Neuen Front« 1930, Landesleiter der »Nationalen Front« (NF) 1938–1940, Führer der »Eidgenössischen Sammlung« 1940–1943

Der spätere Musiklehrer und Rechtsanwalt T. trat erstmals in der politischen Öffentlichkeit auf, als er während seiner Studienzeit 1929 im »Zürcher Student«, einer von Hans Vonwyl redigierten Zeitschrift, die Politik der Schweiz kritisierte und die Reizthemen Nationalismus, Demokratie und Antisemitismus zur Diskussion stellte.
Im Juli 1930 gründete T. mit Hans Vonwyl, Rolf → Henne und anderen Studenten der Universität Zürich die »Neue Front«. Als Geschäftsführer der Vereinigung, die sich zu einer homogenen, national gesinnten, politischen Gruppierung entwickelte und deren Mitglieder sich als akademische Elite fühlten, bestimmte er den Weg. Statt akademischer Diskussionen forderte er von den Mitgliedern eine realpolitische Betätigung vor Ort. In dem Staat, den sie als Ideal anstrebten, sollte ein zur Gefolgschaft bereites Volk mit unabhängigen Führern dem Volkswohl dienen; die gesellschaftlichen Gruppen sollten in korporativen Berufsvertretungen ihre politische Stimme abgeben und nicht über Parteimandate; das Wahlrecht sollte nach Leistungskriterien gestaltet werden.
Die Statuten der »Neuen Front« vom 29.4.1931 verlangten die geistige und politische Erneuerung der Schweiz unter Beibehaltung der schweizerischen Souveränität. Das Leitungsgremium, »Frontleitung« genannt, bestand aus drei bis fünf Personen und war jederzeit abberufbar. Alle Mitglieder waren in Arbeitsgruppen mit verantwortlichen Gruppenführern eingeteilt. Sie waren an der Festlegung der politischen und ideologischen Ausrichtung, an der Änderung der Statuten und der Zusammensetzung der Frontleitung beteiligt, aber im Einsatz wurde von ihnen Unterordnung und Disziplin verlangt. Die Mitgliedschaft in anderen Gruppierungen, Vereinen und Parteien war erlaubt.
1931–1933 leitete T. als Nachfolger Vonwyls die Zeitschrift »Zürcher Student«. Im Einvernehmen mit den Herausgebern machte er sie zum Organ der »Neuen Front«. Er verlangte von der studentischen Generation ein vorbildliches natio-

nales Verhalten. Um den weit verbreiteten liberalen Individualismus auszurotten, befürwortete er einen nationalen Arbeitsdienst für alle zur Vorbereitung auf die Gemeinschaftspflichten. Da T. keinen Militärdienst geleistet hatte, erkannte er erst spät die gemeinschaftsbildenen Funktionen des Wehrdienstes.

Ab 1932 trat die »Neue Front« verstärkt an die Öffentlichkeit. Sie agitierte entsprechend der »Programmpunkte«, die T. in diesem Jahr veröffentlichte. Er griff die bestehende staatliche Ordnung an und forderte statt der »verantwortungslosen Parteienherrschaft« eine organisch gewachsene Volksgemeinschaft, die den politischen, kulturellen, völkischen und berufsständischen Lebensgemeinschaften Rechnung zu tragen habe. Im Rahmen ihrer Zuständigkeit sollten alle Volksgenossen an den Aufgaben des Staates teilhaben können. T. sprach sich für eine Neuordnung der Schweizer Wirtschaft »unter nationalwirtschaftlichen Gesichtspunkten« aus. Die Außenpolitik sollte sich an der Verteidigung des Landes orientieren, weil die Schweiz erhalten werden müsse, solange keine europäische Überorganisation geschaffen sei, die die Sicherheit der Bevölkerung gewährleiste. An der Neuordnung Europas sollte die Schweizer Regierung mitwirken, sobald die Frage aktuell werde.

Im Frühjahr 1932 trat Hans → Oehler, Schriftleiter der »Schweizer Monatshefte«, der »Neuen Front« bei und brachte mit der zusätzlichen Publikationsmöglichkeit auch einen liberalkonservativen und deutschnationalen Geist in die »Neue Front«. Wehrpolitische Fragen rückten in den Vordergrund. Der Kampf gegen das Parteiensystem wurde verstärkt. In seinem Essay »Vom Ständestaat der Gegenwart«, der im Mai 1932 in den »Schweizer Monatsheften« erschien, plädierte T. für eine den Schweizer Landesverhältnissen angepaßte korporative Staatsverfassung. Alle nicht wesenhaft staatlichen Aufgaben sollten »an die betreffenden Stände zur autonomen Erledigung« delegiert werden.

Das steigende öffentliche Interesse für die »Neue Front«, besonders bei den Deutschschweizern, war ein Zeichen für den Wunsch nach einer Erneuerung. Im Frontenfrühling 1933 erlebte die »Neue Front« ebenso wie die »Nationale Front« (NF) einen unerwarteten Aufschwung. Den Anstoß für die wachsende Bereitschaft der schweizerischen Bevölkerung, sich frontistischem Gedankengut zuzuwenden, gaben die Machtübernahme Hitlers in Deutschland und die dramatische Wirtschaftslage der Schweiz. Die politische Stimmung nutzend, schlossen sich die »Neue Front« und die »Nationale Front« (NF) am 13.5.1933 zu einem Kampfbund zusammen. Gemeinsam glaubte man, die absolute Mehrheit im Lande gewinnen und die Staatsführung übernehmen zu können. Entsprechend dem politischen Klima in Europa hieß der neue Name »Nationale Front« (NF). Lediglich die Ortsgruppen der »Neuen Front« in Schaffhausen behielten den alten Namen. Zusammen mit Hans Oehler und Ernst Biedermann gehörte T. bis Oktober 1933 zur Landesleitung der NF. Dann wurde Biedermann alleiniger Landesleiter. Aus seinen Händen übernahm Rolf → Henne am 4.2.1934 die Landesleitung.

T. wurde Führer des Gaus Zürich. Er vertrat die NF als gewählter Gemeinderat 1933–1938 und als Kantonsrat 1933–1943. Als Gauführer bestimmte er die NF-Politik in der Judenfrage, die damals aktuell wurde. Es ging ihm weniger um rassische Gesichtspunkte als um die wirtschaftliche, politische und geistige »Überfremdung« der Schweiz durch die Juden.

Seit dem Frühjahr 1933 trat die NF offen als faschistische Partei im Gefolge Mussolinis und Hitlers auf. Sie betrieb eine offensive Propaganda in der Presse, mit Flugblättern und in Kundgebungen und Versammlungen. Es entstanden viele neue Ortsgruppen, weil der Mitgliederstand bis 1935 auf etwa 10 000 stieg. 1936 existierten etwa 200 Ortsgruppen und Stützpunkte der NF in der Schweiz. Zur Enttäuschung der NF-Führung war T. bei den Nationalratswahlen vom Oktober 1935 der einzige NF-Kandidat, der einen Parlamentssitz gewann, weil auf die Partei nur 3,7% der Stimmen entfielen. Als Abgeordneter machte sich T. zum »Anwalt des kleinen Mannes«.

Zwischen 1935 und 1938 stagnierte die Mitgliederzahl in der NF. Dann ging sie zurück. Im Juni 1936 verließ Ernst → Hofmann die Partei und gründete die »Eidgenössische Soziale Arbeiter-Partei« (ESAP). Im Februar 1937 zog sich die NF aus der Westschweiz und im März 1937 aus dem Tessin zugunsten anderer völkischer Organisationen zurück. Bis 1939 sank die Zahl der Ortsgruppen auf etwa 100.

Am 23.1.1938 übernahm T. die Landesleitung der NF als Nachfolger von Rolf Henne. Er versuchte, der Partei eine neue ideologische Linie zu geben. Als erstes distanzierte er sich von der von Henne proklamierten Anlehnung an den deutschen Nationalsozialismus. Der zweite Schritt bestand in der Rückbesinnung auf die frontistischen Zielsetzungen von 1933. Er wollte die NF zu einer »absoluten Qualitätsbewegung auf rein schweizerischer Grundlage« machen. T. »zähmte« die Bewegung und verurteilte Zusammenstöße mit der Polizei, weil er erkannte, daß das Schicksal der NF vom Wohlwollen der Behörden abhing. In Wirklichkeit waren der scheinbare Gesinnungswandel und das öffentliche Bekenntnis T.s zur Demokratie eher taktische Maßnahmen, um die Partei zu erhalten. Die Kontakte zur NSDAP wurden nicht nur im geheimen weitergeführt. Unter den Teilnehmern von NS-Veranstaltungen und Kraft-durch-Freude-Reisen befanden sich auch NF-Mitglieder.

T. bezeichnete den Faschismus und den Nationalsozialismus als italienische bzw. deutsche Spielart nationaler Erneuerungsbewegungen. Die schweizerische Volksgemeinschaft sollte ohne Hilfe und ohne Abhängigkeit vom Ausland verwirklicht werden. Zwar war das nationalsozialistische Deutschland die »gewaltigste organisierte Staatsmacht« in Europa, mit der die Schweiz im Rahmen der faschistischen Solidarität an der Neuordnung Europas zusammenzuarbeiten habe, aber die Unabhängigkeit der Schweiz stand außer Frage. Auch im Kampf gegen das internationale Judentum erklärte sich T. mit dem Nationalsozialismus solidarisch. Die im Frühjahr 1938 von ihm angeregte Unterschriftensammlung für eine Verfassungsinitiative »zur Regelung der Judenfrage in der Schweiz« kam zwar nicht zustande, aber am 24.4.1938 richtete T. einen »Aufruf an das Schweizervolk«, in dem er die NF als Sammelbecken für alle guten und aufbauwilligen Kräfte der Schweiz anpries, die den jüdisch-freimaurerischen Einfluß auf Politik, Wirtschaft und Kultur ausschalten wollten. Er nannte die NF einen Garanten für den Aufbau einer schweizerischen Volksgemeinschaft, die auf Leistung, Verantwortung und Opferfreudigkeit basiert.

Der neue nationalschweizerische Kurs T.s führte zu zahlreichen Parteiaustritten, z. B. von Hans Oehler, Alfred → Zander, Benno Schaeppi und Hans Jenny, deren

»Bund treuer Eidgenossen Nationalsozialistischer Weltanschauung« ab März 1938 zum Konkurrenten der NF wurde. Da die finanzielle Unterstützung von Oehler und Henne wegfiel, mußte T. auf regelmäßige Mitgliedsbeiträge achten. Im Herbst 1938 verschärfte die Schweizer Regierung die Maßnahmen gegen demokratiefeindliche Organisationen. Sie erreichte einen Stimmungsumschwung. Die NF-Kundgebungen und die NF-Presse wurde boykottiert. Um staatlichen Maßregelungen zu entgehen, distanzierte sich T. im Namen der NF öffentlich von den Parteiangehörigen, die mit Deutschland kollaborierten. Die Kulturkontakte zu Deutschland wurden eingeschränkt. An die Stelle der vor 1938 propagierten »Lebens- und Schicksalsgemeinschaft mit dem deutschen Volk« trat nun die Idee einer staatlich zu organisierenden europäischen Gemeinschaft.
Wie intensiv die Kontakte T.s zu deutschen Dienststellen blieben, ist ebenso ungeklärt wie die Abhängigkeiten, die sich daraus ergaben. Vom Reichsministerium für Volksaufklärung und Propaganda und vom Auswärtigen Amt bekam T. Geld für die NF-Blätter »Die Front« und »Der Grenzbote« in Höhe von 10 600 Franken.
Am 22.1.1939 veröffentlichte T. das letzte Manifest der NF mit einem Sofortprogramm zur »nationalen Konzentration« und mit Vorschlägen für eine neue Außenpolitik der Schweiz zur Sicherung der Neutralität. Es war der letzte Versuch, die bürgerlichen Parteien für eine Rechtskoalition zu gewinnen.
Im Februar 1940 wurde T. wegen Spionageverdachts verhaftet. Um dem drohenden Verbot zuvorzukommen, beschloß die Landesleitung der NF am 3.3.1940 die Selbstliquidation der Partei. Kaum war die Auflösung der Partei rechtskräftig, wurde T. wieder freigelassen. Das Verfahren gegen ihn wurde mangels Tatverdacht eingestellt. Nach seiner Haftentlassung forderte T. die letzten 1500 Mitglieder der ehemaligen NF zum Durchhalten und zur Treue gegenüber den Ideen der Partei auf. Bereits im Sommer 1940 standen die Nachfolgeorganisationen bereit: die »Eidgenössische Sammlung« für das gesamte Gebiet der Schweiz mit Ausnahme von Schaffhausen und St. Gallen, die »Nationale Gemeinschaft« im Kanton Schaffhausen und die »Nationale Opposition« im Kanton St. Gallen. T. leitete die »Eigenössische Sammlung«. Sie organisierte Veranstaltungen und verbreitete Propagandamaterial mit den Inhalten der NF. Polizeiliche Kontrollen schränkten die Aktivitäten ein, bis der Zürcher Regierungsrat am 5.11.1940 der »Tobler-Gruppe« verbot, weitere öffentliche Versammlungen abzuhalten. Ab 17.4.1942 waren nur noch Mitgliederversammlungen in geschlossenen Räumen erlaubt. T. wurde aufgefordert, das Programm der »Eidgenössischen Sammlung« vorzulegen. Als das am 19.4.1942 geschah, waren die Parallelen zur NF der Gründerzeit unverkennbar. Die Identifizierung mit der NS-Ideologie, besonders in bezug auf Rassegedanken und Antisemitismus, und die Absicht, die Eidgenossenschaft zum »freien Reichsglied« in Hitlers Neuem Europa zu machen,führten am 7.10.1943 zum Verbot durch den Bundesrat. Die Gründung von Nachfolgeorganisationen wurde untersagt.
Nach dem Zweiten Weltkrieg setzte sich T. entsprechend der veränderten politischen Lage in Europa für ein nationalschweizerisches Engagement im Sinne des »Volksbundes für die Unabhängigkeit der Schweiz« ein. Angesichts der chaotischen Verhältnisse in den Nachbarländern wollte er von einer Europäisierung

der Schweiz nichts mehr wissen. Seine frühere Arbeit in der NF rechtfertigte er damit, daß sie die »schweizerische Formulierung einer Idee« gewesen sei, um die damals in allen Ländern gerungen wurde.

Literaturhinweise:

Alice Meyer: Anpassung oder Widerstand. Die Schweiz zur Zeit des deutschen Nationalsozialismus, Frauenfeld 1966

Beat Glaus: Die Nationale Front. Eine Schweizer faschistische Bewegung 1930–1940, Köln 1969

Walter Wolf: Faschismus in der Schweiz. Die Geschichte der Frontenbewegungen in der deutschen Schweiz 1930–1945, Zürich 1969

Gerhart Waeger: Die Sündenböcke der Schweiz. Die Zweihundert im Urteil der geschichtlichen Dokumente 1940-46, Freiburg 1971

Werner Rings: Schweiz im Krieg 1933–1945. Ein Bericht, Zürich 1974

Walter Rüthemann: Volksbund und SGAD. Nationalsozialistische Schweizerische Arbeiterpartei. Schweizerische Gesellschaft der Freunde einer autoritären Demokratie. Ein Beitrag zur Geschichte der politischen Erneuerungsbewegungen in der Schweiz 1933–1944, Diss. Zürich 1979

TOLLENAERE, REIMOND, geb. 29.6.1909 in Oostakker, gefallen 22.1.1942 in Kopry bei Nowgorod, Propagandaleiter des »Vlaamsch Nationaal Verbond« (VNV) 1933–1941, Führer der »Dietsche Militie-Zwarte Brigade« 1941, Untersturmführer der Waffen-SS

Der Sohn eines Bauunternehmers wollte eigentlich Priester werden. Da er sich im Seminar in Roselaere 1927–1928 zu sehr für die flämische Sache engagierte, wurde er exmatrikuliert. Deshalb studierte er 1928–1933 Rechtswissenschaften an der Universität Gent. Er war Mitglied des »Algemeen Katholiek Vlaamsch Studentenverbond« (AKVS), Präses des »Algemeen Vlaamsch Hoogstudentenverbond« (AVHV) und Vorstandsmitglied des »Dietsch Studentenverbond«, der die Verbindungen zu den niederländischen Studentenorganisationen pflegte. Er trat für die sofortige Umwandlung der Universität Gent in eine flämische Hochschule mit flämischer Sprache ein und versprach sich langfristig eine Lösung der flämischen Frage nur durch die Vereinigung mit den Niederlanden. Nach dem Abschluß des Jurastudiums studierte er in Kiel und Marburg Soziologie. Als junger Anwalt in Malines trat er 1933 in den von Staf de → Clercq neu gegründeten »Vlaamsch Nationaal Verbond« (VNV) ein und übernahm als Kreisvorsitzender von Mechelen die Leitung der Parteipropaganda. T. war der Chef der »Zwarte Brigade«, die sich als Stoßtrupp der Partei im Sinne der deutschen SA empfand.
T. bewunderte Hitler. Das autoritäre Regime im Deutschen Reich erschien ihm vorbildlich für die staatliche Ordnung in einem »Großdietschen Reich«, das zusammen mit den Niederländern gegründet werden sollte, damit die Flamen der Unterdrückung durch die Wallonen im belgischen Staat entkämen. Ab 1936 war T. Abgeordneter des »Vlaamsch Blok« im Parlament. Im Wahlkreis Roeselaere-Tielt besiegte er den Minister Gustaaf Sap von der Katholischen Volkspartei. Die Fraktion wurde von → Borginon geleitet, der 1938 die Flamen von ihren separatistischen Bestrebungen zur Schaffung eines großdietschen Reiches zusam-

men mit den Niederländern abbringen und zur Bejahung eines zweisprachigen Belgiens zurückführen wollte. Zum Ärger von T. vollzog die Parteizeitung des VNV »Volk en Staat« den Kurswechsel mit, obwohl sie aus Deutschland finanziell unterstützt wurde. T. behielt die »dietsche« Linie bei. Von einer Angliederung Flanderns an das Deutsche Reich wie die Ostmark oder das Sudetenland wollte er nichts wissen. Er rechtfertigte aber im März 1939 die Besetzung der Resttschechei durch die Deutschen in seinem Pamphlet »Komt er Oorlog«.
Beim Beginn der deutschen Kampfhandlungen gegen Belgien am 10.5.1940 wurde T. trotz seiner Immunität als Parlamentarier im Auftrag der belgischen Regierung inhaftiert und als potentielles Mitglied der deutschen Fünften Kolonne nach Frankreich verschleppt, wo ihn die Wehrmacht am 21.6.1940 befreite. Von den deutschen Dienststellen wurde der VNV nach der Besetzung Belgiens im Mai 1940 nicht sofort zur Kollaboration herangezogen. Die einen hielten ihn für eine separatistische Organisation radikaler Flamen mit großdietscher Tendenz und die anderen für eine staatserhaltende belgische Partei. Erst die Kollaborationszusage Staf de → Clercqs brachte dem VNV das Wohlwollen der Besatzungsmacht ein. Auch T. bemühte sich, durch Hinweise auf den gemeinsamen germanischen Ursprung und durch Treuebekenntnisse zu Hitler, wie in der Großkundgebung in Brüssel am 17.3.1941, die Deutschen zur Unterstützung des VNV zu bewegen. Er propagierte die flämisch-niederländische Volksgemeinschaft und erweiterte den Lebensraum des dietschen Volkes aufgrund der Geschichte bis zur Mosel und bis zur Somme. Er bedauerte, daß die Franzosen in diesen landwirtschaftlich nutzbaren Gebieten Großindustrie angesiedelt und ausländisches Proletariat ins Land geholt hätten. Trotzdem glaubte er an die Wiederherstellung des alten Burgund des 15. Jahrhunderts, das in einer Gemeinschaft mit dem Deutschen Reich das Neue Europa mitgestalten würde.
Um den VNV in den Augen der Deutschen aufzuwerten, gab T. ein neues Parteiblatt mit dem Namen »De Nationaalsocialist« heraus und setzte sich für die Aufstellung einer flämischen Freiwilligenlegion im Rahmen der Waffen-SS ein, als im Juni 1941 der Rußlandfeldzug begann. Als Kommandant der 1941 nach der Verschmelzung des »Militanten Orde« der DINASO und der »Zwarte Brigade« des VNV gebildeten »Zwarte Brigade-Dietsche Militie« meldete er sich selbst als einer der ersten Freiwilligen. Sein Nachfolger im Amt wurde Joris van Steenlandt.
Das erste Kontingent von Freiwilligen für die »Legioen Vlaanderen« wurde am 6.8.1941 in Brüssel verabschiedet. Es wurde der Waffen-SS zugeordnet und nicht der Wehrmacht. Auf den Kragenspiegeln der Uniformen trugen seine Angehörigen jedoch nicht die SS-Runen, sondern das Sonnenrad. Die militärische Ausbildung fand in Radom im besetzten Polen statt. T. wurde zusammen mit sieben anderen Freiwilligen am 1.9.1941 zum SS-Untersturmführer ernannt und als Sonderführer mit Schulungsaufgaben betraut. In einem Schreiben an den Führer des VNV beklagte er sich bitter über die Repressionen, denen sie zur Verleugnung ihres Volkstums ausgesetzt waren, und über die Diskriminierungen durch das deutsche Rahmenpersonal. Er gab zu, daß die politischen Streitigkeiten zwischen den Anhängern der verschiedenen Kollaborationsrichtungen dem Ansehen der Legion abträglich waren. Die Proteste de Clercqs bei der SS-Füh-

rung blieben ohne Resonanz. Dort verfolgte man die Eindeutschung der Legionsangehörigen während ihrer Dienstzeit. Die »Legioen Vlaanderen« nahm nach dem Abschluß der Ausbildung als Sturmabteilung der 18. Armee am Vormarsch gegen Leningrad teil. Bei der Belagerung der Stadt gab es große Verluste. Unter den Toten war T. Er wurde zusammen mit zwei anderen flämischen Freiwilligen auf dem Kirchhof Podberesje bei Nowgorod begraben. In Flandern entstand ein Heldenkult um seine Person. Der VNV veranstaltete Versammlungen und Totenehrungen. Die größte Demonstration war der »marche Tollenaere« von 10 000 Menschen durch die Straßen Brüssels am 12.7.1942. 1943 wurde die »Legioen Vlaanderen« der Waffen-SS in »Sturmbrigade Langemark« umbenannt. Der Ruhm T.s reichte nicht aus, ihr seinen Namen zu geben.

Literaturhinweise:

David Littlejohn: The Patriotic Traitors. A History of Collaboration in German-Occupied Europe 1940–1945, London 1972
A. Bruyne: Tollenaere 1909–1942, in: Trouw 1973, S. 127 ff.
Wilfried Wagner: Belgien in der deutschen Politik während des Zweiten Weltkrieges, Boppard am Rhein 1974
Encyclopedie van de Vlaamse Beweging, Band 2, Amsterdam 1975

TSOLÁKOGLOU, GEORGIOS, geb. im April 1887 in Redina Agrafa, gest. 22.5.1948 in Athen, General, griechischer Ministerpräsident 1941–1942

Als der General T., vor dem Waffenstillstand Komandeur des III. griechischen Armeekorps im Nordwesten des Landes, den Deutschen drei Tage nach der Gesamtkapitulation vom 23.4. 1941 seine Dienste anbot, verfolgte er drei Ziele: die sofortige Entlassung der griechischen Kriegsgefangenen aus dem deutschen und italienischen Gewahrsam, die Kontinuität der griechischen Regierungsgewalt nach der Flucht des Kabinetts Tsouderós mit König Georg II. nach Kreta und später nach Alexandrien und vor allem die Garantie, daß Griechenland kein italienisches Protektorat würde. Am 27.4.1941 stimmte Mussolini dem deutschen Vorschlag zu, T. zum neuen Regierungschef in Athen zu ernennen. T. unterbreitete den deutschen Stellen eine Kabinettsliste, die fast nur aus hohen Militärs der albanischen Front bestand. Der deutschen Mahnung, auch geeignete Zivilisten von Format in das Kabinett aufzunehmen, konnte der designierte Premier nur bedingt entsprechen, da alle zivilen Kandidaten Garantien für die territoriale Integrität Griechenlands verlangten, die von den deutschen Verantwortlichen abgelehnt werden mußte, da sie dem Friedensvertrag nicht vorgreifen durften. Die vier Zivilisten, die schließlich mitmachten, blieben eine Minderheit im Kabinett, obwohl sie Fachleute auf ihrem Gebiet waren. Unter ihnen war der Gynäkologieprofessor → Logothetópoulos als Minister für Soziales. Die kraftvollste Persönlichkeit an T.s Seite war General Bakos als »Minister für nationale Verteidigung«, dessen Titel ein bemerkenswertes Zugeständnis an ein okkupiertes Land war. Die meisten griechischen Politiker erkannten das Kabinett T. als »Regierung der nationalen Notwendigkeit« an. Die einflußreichste griechische Persönlichkeit im Hintergrund während der ganzen Besatzungszeit war der Erzbischof von Athen, Dimitrios Damaskinos, der, weil er von der Regierung Metaxas nicht bestätigt worden war, sein Amt erst unter T. 1941 antrat. Am 29.4.1941 konstituierte sich die Regierung T. Sie verpflichtete sich zur Abwicklung der Kapitulationsbedingungen und zu einer »Politik im engsten Einvernehmen mit den Achsenmächten«. Eine ihrer ersten Amtshandlungen war der Protest gegen den Einmarsch der Italiener. Es demütigte die Griechen, die ihre militärische Überlegenheit gegen die italienischen Truppen in Albanien unter Beweis gestellt hatten, daß mit ihnen nicht nur ein besonderer Waffenstillstand abgeschlossen werden mußte, sondern daß sie als Besiegte weite Landstriche in Besitz nehmen durften. Die Überlassung der mazedonischen Getreidegebiete an die Bulgaren, zu denen kein Kriegszustand bestanden hatte, empfand man als ungerechtes Zugeständnis an den griechischen Erbfeind. Sie erwies sich bereits im Winter 1941/42 als katastrophaler Fehler, weil in Griechenland eine Hungersnot ausbrach.

In der Folgezeit protestierte T. bei den deutschen Dienststellen wiederholt gegen bulgarische und italienische Übergriffe. Da es T. mit Hilfe der Deutschen immer wieder gelang, Souveränitätsverletzungen durch die Bulgaren und Italiener zu unterbinden, wurde sein Kabinett von der Bevölkerung im großen und ganzen akzeptiert. Da Griechenland jedoch zum italienischen Lebensraum zählte und den deutschen Dienststellen in der Führerweisung Nr. 29 jede vermittelnde Tätigkeit untersagt wurde, dehnten die italienischen und bulgarischen Besatzungstruppen ihre Machtbefugnisse von Monat zu Monat aus.

Im Juli 1941 bot T. den Deutschen die Aufstellung einer griechischen Freiwilligenformation zum Kampf gegen den Bolschewismus an. Auf Wunsch Mussolinis mußte der Vorschlag abgelehnt werden, obwohl die Reichsregierung dem Vorhaben positiv gegenüberstand.

Mit wachsender Resignation kämpfte T. um das Ansehen seiner Regierung. Als T. am 12.11.1942 dem deutschen Gesandten Günther Altenburg, der vom Frühjahr 1941 bis zum Herbst 1943 in Athen als »Bevollmächtigter des Reiches für Griechenland« die deutschen Interessen im Land vertrat, das Ultimatum stellte, die Willkürmaßnahmen der Besatzungsmächte abzustellen, wurde er untragbar. T. gab sich nicht damit zufrieden, daß der »Wehrmachtbefehlshaber Südost« den Auftrag bekam, alle Maßnahmen zur Verteidigung Griechenlands zu treffen, was indirekt die Unterstellung der Italiener unter seinen Befehl implizierte, und daß seit August 1942 der griechenfreundliche General der Flieger Alexander Löhr das Amt innehatte. T. sah mit Recht, daß der Einfluß der deutschen militärischen Dienststellen auf die Italiener beschränkt war. Im Hintergrund des

Rücktritts von T. standen auch die Kabinettsquerelen mit Gotsamanis, der als Protegé der Italiener die Ressorts für Wirtschaft, Ernährung, Arbeit und Landwirtschaft innehatte und der die Versuche des Ministerpräsidenten konterkarierte, die territoriale Integrität Griechenlands gegenüber den von den Bulgaren und Italienern unterstützten Separatisten aufrechtzuerhalten.
Die wirtschaftlichen und finanziellen Probleme des Landes ließen sich ohne die Hilfe der Besatzungsmächte nicht meistern: Besatzungskosten, Inflation, Schwarzhandel, Niedergang der Wirtschaft. Besonders drückend war die Hungersnot. Um die Totenrate niedrig zu halten, mußten in allen Städten öffentliche Suppenküchen eingerichtet werden. Neutrale Schiffe brachten kanadisches und amerikanisches Getreide als Spende der Greek War Relief Association der USA ins Land. Die Getreidespekulation blühte. Vom 17.9.–2.10.1942 verhandelte T. in Berlin über eine Verminderung der Besatzungslasten und begab sich anschließend nach Rom. Er erreichte eine Zweiteilung der Besatzungskosten; ein Teil wurde in Drachmen bezahlt und der andere mit Sachwerten. Aus Berlin konnte die griechische Delegation auch die Zusage zur Linderung der Hungersnot und zur Sanierung der griechischen Währung mitnehmen. In Zusammenarbeit mit dem deutschen »Sonderbeauftragten für wirtschaftliche und finanzielle Fragen in Griechenland«, Hermann Neubacher, gelang es T. im Oktober 1942, den Zusammenbruch des griechischen Wirtschaftslebens zu vermeiden, indem er durch die Einrichtung eines freien Marktes anstelle der Zentralwirtschaft den Währungsspekulanten und den Schwarzhändlern das Handwerk legte. Eine »Deutsch-Griechische Warenausgleichs-Gesellschaft« (Degriges) überwachte den Außenhandel. Lebensmittelimporte aus Deutschland und dem besetzten Jugoslawien sorgten dafür, daß die Verpflegung der Bevölkerung wenigstens für kurze Zeit gewährleistet und der Kurs der Drachme vorübergehend stabilisiert wurde. In Griechenland sprach man damals vom »Oktoberwunder«.
Mit Energie wandte sich T. gegen die deutsche Judenpolitik. Er erklärte öffentlich: »In Griechenland gibt es keine Judenfrage.« Er schlug vor, das Schicksal der Juden nach dem Krieg im Rahmen der Neuordnung Europas zu klären.
Als die Briten nach dem Ende des Zweiten Weltkriegs Athen besetzten, wurde T. ebenso wie → Rallis als Kollaborateur vor ein Kriegsgericht gestellt. Er wurde zum Tode verurteilt, aber begnadigt. Kollaboration war für die Nachkriegsregierung Voulgaris ein geringeres Vergehen, als Kommunist zu sein.
Nach dem Zweiten Weltkrieg war T. als der »griechische → Quisling« verrufen. Er habe nicht nur die Kapitulation gegen die Deutschen und Italiener unterzeichnet, sondern als Premier einer Schattenregierung auch mit den Besatzungsmächten kollaboriert. Erst als Griechenland zur Republik erklärt wurde, war ihm die Zustimmung weiter Bevölkerungskreise wieder sicher.

Literaturhinweise:
Heinz Richter: Griechenland zwischen Revolution und Konterrevolution 1936–1946, Frankfurt 1973
John Louis Hondros: Occupation and Resistance. The Greek Agony 1941-44, New York 1983
Christopher M. Woodhouse: Apple of Discord. A Survey of Recent Greek Politics in their International Setting, Reston 1985

Hagen Fleischer: Im Kreuzschatten der Mächte. Griechenland 1941–1944, Frankfurt u. a. 1986
Rainer Eckert: Vom ›Fall Marita‹ zur ›wirtschaftlichen Sonderaktion‹. Die deutsche Besatzungspolitik in Griechenland vom 6.4.1941 bis zur Kriegswende im Februar/März 1943, Frankfurt u. a. 1992

TUKA, VOIJTECH, geb. 4.7.1880 in Piarg (Hont), hingerichtet 20.8.1946 in Preßburg, Generalsekretär der »Slowakischen Volkspartei« (SVP) 1922–1943, Ministerpräsident der Slowakei 1939–1944

Als Sohn eines Lehrers studierte T. nach dem Besuch des Gymnasiums in Schemnitz und Lewentz Jura und Staatswissenschaften in Berlin, Paris und Budapest, wo er 1901 promovierte. Nach seiner Habilitation 1907 nahm er einen Lehrauftrag in Fünfkirchen wahr, bis er 1914 den Lehrstuhl für Rechtsphilosophie und Internationales Recht an der Ungarischen Universität in Preßburg bekam. Nach der Gründung der Tschechoslowakischen Republik im Anschluß an den Ersten Weltkrieg wurde die Ungarische Universität in Preßburg geschlossen und T. 1921 unter Aberkennung seiner Versorgungsansprüche aus dem Staatsdienst entlassen. In den Wirren der Nachkriegszeit entdeckte T. seine »slowakische Volkszugehörigkeit« im Gegensatz zum staatlich dominierenden Tschechentum. Er verstand es, eine Schar junger Studenten für sich und seine nationalen Ideen zu gewinnen, die sogenannten Nastupisten. Der Vorsitzende der »Slowakischen Volkspartei« (SVP), Andrej Hlinka, bot ihm 1921 die Mitarbeit am Parteiorgan »Slovak« an und beauftragte ihn mit dem Entwurf einer Gesetzesvorlage zur Umwandlung der ČSR in einen Bundesstaat, in dem die Slowakei autonom sein würde. Mit → Tiso entwarf T. das neue Grundsatzprogramm der SVP, das den Besonderheiten des slowakischen Nationalcharakters Rechnung trug. Mit seinen dezidierten antitschechischen Ansichten machte sich T. zum Sprecher des rechten Flügels der SVP, der für die Lösung der slowakischen Landesteile von der ČSR und für die Bildung eines souveränen slowakischen Nationalstaats eintrat. Als Vorbild diente ihm das faschistische Italien, wo 1922 Mussolini die Regierung übernommen hatte. Mit diesen Vorstellungen setzte sich T. von der Mehrheit der SVP ab, die sich mit einer Autonomie der Slowakei im tschechoslowakischen Gesamtstaat begnügte. Obwohl er nur eine Minderheit vertrat, gelang T. der Sprung zum Chefredakteur des »Slovak«. In dieser Funktion konnte er seinen Einfluß in der Gesamtpartei ausweiten. 1922 wurde er Parteisekretär und 1923 stellvertretender Vorsitzender. 1923–1926 gab er in Wien die »Correspondence slovaque« heraus, die für die Selbständigkeit der Slowakei eintrat. 1923 gründete T. die Parteimiliz »Rodobrana«, deren Angehörige nach italienischem Vorbild Schwarzhemden trugen, mit dem faschistischen Gruß grüßten und auf T. persönlich vereidigt waren. 1927 aufgelöst, dienten sie als Vorbild für die Hlinka-Garde, die als paramilitärische Parteitruppe die Ideale des Parteigründers aggressiv verfocht.
1925 erhielt die SVP bei den Parlamentswahlen 23 der 56 slowakischen Sitze in Prag. T. hatte erheblichen Anteil am Wahlerfolg. Er selbst bekam ein Mandat. Als erfolgreicher Funktionär förderte T. die Anhänger seiner politischen Linie, z. B. → Durčanský und → Mach.

Tuka (links) im Gespräch mit einer Ukrainerin in den von kroatischen Einheiten besetzten Gebieten

1928 löste T. mit dem Artikel »Vacuum iuris« in der Neujahrsausgabe des »Slovak« eine Staatskrise in der ČSR aus. Er argumentierte, daß aufgrund einer Geheimklausel des Pittsburger Vertrags vom 30.10.1918 die Abmachungen zwischen den Tschechen und Slowaken nach zehn Jahren ausliefen, wenn bis dahin die slowakische Autonomie nicht verwirklicht sei. Er forderte die sofortige Bildung eines von Prag unabhängigen slowakischen Staates und erklärte die Gesetze der Tschechoslowakei ab 30.10.1938 als unverbindlich für alle Slowaken. Alle slowakischen Soldaten und Beamte seien ihres Eides von diesem Zeitpunkt an entbunden. Wegen Hochverrats vor Gericht gestellt, warf ihm die Staatsanwaltschaft auch vor, Kontakte zum deutschen Generalstab zu unterhalten. Das Urteil lautete auf 15 Jahre Kerker. Als der Slowakei im Anschluß an das Münchner Abkommen am 6.10.1938 die Autonomie gewährt wurde, gehörte es zu den ersten Maßnahmen der neuen Landesregierung, die Freilassung T.s durchzusetzen. Obwohl dieser in der Gefangenschaft fast erblindet war, griff er sofort wieder in das politische Geschehen ein. Er redigierte den »Slovak«. Er wurde Ehrenkommandeur der Hlinka-Garde, die er zu seiner Machtbasis ausbaute. Er nahm an allen für die Slowakei wichtigen außenpolitischen Konferenzen teil, z. B. an den Verhandlungen zum Ersten Wiener Schiedsspruch vom 29.10.1938, an der Unterredung mit Reichsmarschall Göring über den Verbleib von Theben bei der Slowakei und den Versuchen, die Karpatho-Ukraine an die Slowakei anzuschließen.

Der gemäßigte Parteiflügel der SVP und ihr Vorsitzender Tiso boten ihren ganzen Einfluß auf, um T. von der politischen Bühne wegzubringen und ihn auf einen

Lehrstuhl der Preßburger Universität abzuschieben. Es gelang ihnen zwar, seine Kandidatur für den Landtag zu verhindern, aber die beherrschende Stellung über das slowakische Zeitungswesen und den Einfluß auf die Hlinka-Garde konnten sie ihm nicht streitig machen. Das Wohlwollen Hitlers sicherte er sich durch die am 30.1.1939 zusammen mit Durčanský und Mach gegründete »Deutsch-Slowakische Gesellschaft«. Am 12.2.1939 empfing ihn Hitler in Berlin. Obwohl er kein führendes politisches Amt innehatte, nahm T. für sich in Anspruch, im Namen des slowakischen Volkes zu sprechen: »Ich lege das Schicksal des Volkes in ihre Hände, mein Führer. Mein Volk erwartet seine volle Befreiung von ihnen.« Diese Bevorzugung seitens Hitler stärkte den radikalen Flügel der SVP, der den slowakischen Ministerpräsidenten Tiso und seinen Stellvertreter Sidor, der zu Polen neigte, zwang, die Auflösung der Tschechoslowakei zu betreiben. Tiso war nicht in der Lage, die Radikalen einzudämmen. Sie hatten die Mehrheit in der Hlinka-Garde, und Mach war Chef des slowakischen Propagandaamtes.

Am 7.3.1939 war T. bei Göring, der ihn zur Ausrufung der slowakischen Selbständigkeit drängte. Als zwei Tage später die slowakische Landesregierung von der Prager Zentralregierung amtsenthoben und der Ausnahmezustand über das Land verhängt wurde, wurde T. zusammen mit drei weiteren Ministern und den Führern der Hlinka-Garde verhaftet und in den tschechischen Landesteil deportiert. Er kam frei, als am 15.3.1939 die selbständige Slowakei ausgerufen wurde. Im neuen Kabinett Tisos wurde er stellvertretender Ministerpräsident.

T. war einer der Väter der slowakischen Verfassung, die am 21.7.1939 vom Preßburger Parlament beschlossen wurde. Der Staat, der weder demokratisch noch autoritär war, beruhte auf der Ständeidee. Sechs Stände bildeten die Grundlage: Landwirtschaft, Industrie, Handel und Gewerbe, Geld- und Versicherungswesen, freie Berufe, öffentliche Bedienstete und Kulturschaffende. Jeder Staatsbürger mußte einem dieser Stände angehören. Die 80 Abgeordneten des Landtags wurden von den Ständen gewählt.

Als Tiso am 29.10.1939 Staatspräsident wurde, wurde T. Ministerpräsident. Seine guten Beziehungen zu führenden Persönlichkeiten des Dritten Reiches erleichterten ihm die Amtsführung. Er verkehrte persönlich mit Göring und dem Wiener Gauleiter, Arthur Seyß-Inquart, und pflegte die Verbindungen zum Sicherheitsdienst der SS. Seinen Freund Durčanský, den er zum Außenminister gemacht hatte, ließ T. fallen, als dessen Geheimverhandlungen mit London in Berlin bekannt wurden. Von der Unterredung mit Hitler auf dem Obersalzberg am 28.7.1940, an der neben T. auch Tiso und Mach teilnahmen, war Durčanský bereits ausgeschlossen. In den Verhandlungen schloß sich die Slowakei dem Deutschen Reich im Kampf gegen den Kommunismus an. T.: »Wenn die Russen ihr Heil im Kommunismus sehen, so sehen wir es im Nationalsozialismus, und wir werden niemals in der Sphäre Rußlands, sondern unter dem Schutz des deutschen Nationalsozialismus stehen. Das ist endgültig.« Nach der Rückkehr nach Preßburg übernahm T. auch das Außenministerium. In der Funktion des Regierungschefs und Außenministers machte er die Slowakei in der Folgezeit zu einem Vasallenstaat des Deutschen Reiches. Meinungsverschiedenheiten mit Staatspräsident Tiso prägten seine Amtszeit. T. beschwerte sich häufig beim deutschen Gesandten über Tisos mangelnde nationalsozialistische Einstellung und dessen

Bemühen, »die nationalsozialistische Revolution« in der Slowakei zu verhindern. Als die slowakische Regierung am 14.6.1941 über den bevorstehenden Feldzug gegen die UdSSR informiert wurde, mußte T. den Staatspräsidenten drängen, am Feldzug teilzunehmen, damit territoriale Ansprüche Ungarns gegenüber der Slowakei vermieden würden. Unter Hinweis auf deren wirtschaftliche Bedeutung verhinderte Tiso die von T. gebilligte Abschiebung der 50 000 Juden aus der Slowakei. Im Gegensatz zu Tiso, der in der SVP lediglich »Öl für den Motor« sah, wollte T. die Einheitspartei ähnlich der NSDAP zu einer Massenpartei und zur ideologischen Schule der Nation machen. Sie erreichte 1941 einen Umfang von 350 000 Mitgliedern.
Nach dem deutschen Sieg über Polen konnte T. die 1920, 1924 und 1938 abgetretenen Gebiete der Nordslowakei wiedergewinnen. Nach dem Beitritt zum Dreimächtepakt am 24.11.1940 beteiligte sich die Slowakei wie Finnland, Rumänien und Ungarn wenige Tage nach dem deutschen Angriff gegen die Sowjetunion am Feldzug und entsandte zwei Divisionen als Besatzungstruppen in die Ukraine. Erst während des slowakischen Aufstands gelang es Tiso am 5.9.1944 mit der Rückendeckung des deutschen Gesandten Ludin und des mit der Niederschlagung des Aufstands beauftragten SS-Obergruppenführer Berger, T. aus seinen Ämtern zu entfernen. Neuer Ministerpräsident der Slowakei wurde der Präsident des Obersten Gerichts der Slowakei, Stefan Tiso. T. zog sich aus dem öffentlichen Leben zurück, behielt jedoch das Rektorat der Slowakischen Universität Preßburg, das er am 14.1.1940 übernommen hatte. Sein wissenschaftliches Hauptwerk »Die Rechtssysteme, Grundriß einer Rechtsphilosophie« war 1941 in deutscher Sprache erschienen.
Nach der Wiedererrichtung der Tschechoslowakei am Kriegsende wurde T. verhaftet, von einem Volksgericht zum Tode verurteilt und gehängt.

Literaturhinweise:
F. Rössler: Die Slowakei zwischen gestern und heute, Dresden 1943
Jozef Lettrich: History of Modern Slovakia, New York 1955
Jörg K. Hoensch: Die Slowakei und Hitlers Ostpolitik. Hlinkas Slowakische Volkspartei zwischen Autonomie und Separation 1938/39, Köln u. a. 1965
Peter F. Sugar (Hrsg.): Native Fascism in the Successor States 1918–1945, Santa Barbara 1971
Hans Dress: Slowakei und faschistische Neuordnung Europas, Berlin 1972

V

VERSCHAEVE, CYRIEL, geb. 30.4.1874 in Aroodie, gest. 8.11.1949 in Solbad Hall (Tirol), katholischer Geistlicher, flämischer Dichter, Vorsitzender des »Vlaamsche Kultuurraad« 1940–1945

V. war das jüngste von drei Kindern eines Blaufärbers. Nach der Grundschule in Aroodie besuchte er zwischen 1886 und 1893 das Kleine Seminar in Roselaere, wo er den Reichtum der flämischen Sprache kennenlernte und erstmals mit der flämischen Kunst in Berührung kam. Ab 1893 studierte er Theologie am Großen Seminar in Brügge. Dort schloß er Freundschaft mit Robrecht de Smet, dessen großdietsche Ideen ihn beeindruckten. Während seines Studiums schrieb V. seine ersten Dichtungen. Die Bekenntnislyrik veröffentlichte er unter dem Pseudonym Zeemeeuwe in »De Vlaamsche Vlagge«. 1896 wurde V. Lehrer am Josephskolleg in Tielt, wo er zunächst Lateinisch, später Literatur unterrichtete. 1897 verbrachte er ein Semester in Jena bei Rudolf Eucken, dessen philosophische und kulturhistorische Anschauungen für V. eine Offenbarung bedeuteten. Im gleichen Jahr wurde er zum Priester geweiht. 1901 nahm V. an einem Ferienkurs des Neukantianers Paul Natorp in Marburg teil. Die Lektüre seiner Schriften und dessen menschliche Betrachtungen machten V. zu einem tiefen Bewunderer der deutschen Kultur und des deutschen Volkes. Deutschland, in dem er das geistige Erbe Griechenlands zu finden glaubte, zog ihn mehr an als jedes andere Land. Zwischen 1908 und 1914 erschienen einige Elogen auf große Kunstwerke sowie sein Drama »Jakob en Filips en Artevelde« in »Jong Dietschland«, diesmal unter dem Pseudonym I. Oorda. 1920 erhielt V. den belgischen Staatspreis für sein Drama »Judas«.

1909 schloß V. eine lebenslange Freundschaft mit Maria und Josef Lootens aus Oostrozebeke, die 1934–1940 und 1954–1967 seine Gesammelten Werke herausgaben. Sie beschafften ab 1970 auch die Mittel für die Veröffentlichung der »Verschaeviania«.

Als Kaplan von Alverringen wurde V. ab 1911 eine einflußreiche Persönlichkeit in der katholischen Jugend Flanderns. Zusammen mit seinem Freund de Smet bemühte er sich, eine Missionskongregation für Südafrika zu gründen, die auswanderungswilligen Flamen die Niederlassung erleichtern sollte.

Während des Ersten Weltkrieges setzte sich V. für die flämischen Soldaten ein, die in der von wallonischen Offizieren beherrschten belgischen Armee ein Hundeleben führten. Obwohl er nicht zur sogenannten »Frontbeweging« gehörte, unterstützte er die Hilfsmaßnahmen für sie. 1916 beteiligte er sich an der Gründung des »Sekretariats für katholische und flämische Studenten«, das die Solidarisierung mit den Frontsoldaten förderte. Ein von V. gedichtetes Gebet für Flandern gelangte sogar in das Gebetbuch der flämischen Soldaten. 1918 verfaßte er den anonym publizierten »Katechismus der flämischen Bewegung«, in dem er aufrief, die günstige Gelegenheit zu nutzen, die der Krieg für die Erzwingung der Selbstverwaltung bot. Umso größer war seine Enttäuschung, als die flämischen Soldaten der Frontbewegung die Chance zum Umsturz verstreichen ließen. Nach dem Kriegsende veröffentlichte V. unter dem Pseudonym Willem van Saeftinge seine bereits 1908 verfaßten Gedanken zur flämischen Bewegung, in denen er unter Bezug auf die katholische Soziallehre auch die Anwendung von Gewalt zur Durchsetzung der flämischen Belange für Rechtens erachtete. In der ersten Nachkriegsausgabe der »Vlaamsche Vlagge« und in zahlreichen Vorträgen forderte er den Zusammenschluß aller Flamen zur Durchsetzung der Selbstverwaltung. Er verurteilte die Verfolgung der flämischen Aktivisten durch die belgischen Behörden und sagte vor Gericht für den Angeklagten August → Borms aus. 1919 nahm er an der Wiedererrichtung des Standbildes von Albrecht Rodenbach teil, der im 19. Jahrhundert als Studentenführer in Löwen die flämische Nationalbewegung

geschaffen hatte, und sprach beim großniederländischen Studentenkongreß in Löwen 1920 über die deutsche Kulturgemeinschaft. Dabei gab V. seine Definition von Verrat bekannt: »Verrat ist das Verkaufen einer höheren Liebe für ein niedriges Ziel.«

Ab 1920 gab V. seiner literarischen Tätigkeit eine neue Wendung. Er verfaßte vor allem politische Studien und Essays, die unter anderem in den Zeitschriften »Ter Waarheid«, »De Pelgrim« und »Dietbrand« veröffentlicht wurden. Ab 1926 wurde er zu einem der wichtigsten Mitarbeiter des radikalen antibelgischen Wochenblatts »Jong Dietschland«. Als sowohl von seiten der Regierung als auch von seiten des Episkopats versucht wurde, die aufkommenden nationalistischen Strömungen im Land zu unterbinden, entschloß sich V, um der Freiheit Flanderns willen die Zerstörung Belgiens zu betreiben: »Los van België!« Seinem Freund Dirk Vansina schrieb er, er werde dafür Sorge tragen, daß ihn dieses Land nach seinem Tode verabscheuen werde. Den ersten Schritt zur Zerschlagung Belgiens sah er im Kampf gegen das Militärbündnis mit Frankreich aus dem Jahr 1920, weil es die französische Vorherrschaft in Belgien zementierte: »Los van Frankrijk!« V. schloß sich dem »Verbond van Dietsche Nationaalsolidaristen« (VERDINASO) an, den van → Severen 1931 gegründet hatte, um die französische Vorherrschaft im Lande zu beseitigen und Flandern und die Niederlande zusammenzuführen.

Seinen 60. Geburtstag feierte V. 1934 in Aachen. Dort hielt er eine Rede über die flämische Mystik, um den Beitrag der Flamen zur europäischen Kultur aufzuzeigen und die Bedeutung des flämischen Katholizismus für das Land zu unterstreichen. Im folgenden Jahr stellte man ihm zu Ehren am Ysermonument eine Gedenktafel auf. 1936 verlieh ihm die Universität Hamburg den Rembrandtpreis und 1937 die Universität Löwen die Ehrendoktorwürde. 1938 erhielt er für sein Bühnenwerk den belgischen Staatspreis.

Nach der Besetzung Belgiens durch die Wehrmacht und der Niederlage Frankreichs im Juni 1940 sprach V. den Deutschen öffentlich sein Vertrauen aus und forderte die Flamen auf, die Sache des Dritten Reiches zu unterstützen. Belgien sei »een onnatuurlijk ding«, »Delenda Belgica! is de enige leus des levens«, schrieb er einem Freund. Er glaubte, daß jetzt die Stunde für das flämische Selbstbestimmungsrecht geschlagen habe. Als am 7.11.1940 der »Vlaamsche Cultuurraad« unter seiner Präsidentschaft gegründet wurde, sprach er sich in seinem Festvortrag für ein christliches Flandern an der Seite Deutschlands aus. Deutschland sei kulturell so reich, daß er keine Veranlassung habe, diesem Land zu mißtrauen. Er forderte seine flämischen Landsleute auf, den Deutschen die

Hand zu reichen. »Es ist die Aufgabe des Kulturrats, eine Brücke zwischen Flandern und Deutschland zu bauen, über die sich die Herzen und Geister begegnen können. Denn wir sind Germanen und keine Lateiner.« Diese Rede wurde über das Radio ausgestrahlt und von der Presse des »Vlaamsch Nationaal Verbond« (VNV) verbreitet, mit dem Staf de → Clercq die flämische Einheitspolitik betrieb. Im Oktober 1941 wurde das Mandat des Flämischen Kulturrats von der deutschen Militärverwaltung bis Kriegsende verlängert, während der gleichzeitig gegründete »Französische Kulturrat« seine Arbeit einstellen mußte, weil er zur »collaboration culturelle avec l'Allemagne« nichts beigetragen habe.

Mit der großdietschen Idee → Musserts oder der burgundischen Utopie → Degrelles konnte sich V. nicht befreunden. Er glaubte, daß sich die Flamen an die Nation anlehnen müßten, die das Germanentum am besten verteidige, nämlich an Deutschland.

Solange die Besatzungsmacht die flämische Selbstbestimmung nicht in Zweifel zog, arbeitete V. mit den deutschen Dienststellen zusammen, auch mit der SS. Er anerkannte die »Neue Ordnung« in Belgien und unterstützte die nationalsozialistische Rassenideologie, was ihm wie seine politische Betätigung überhaupt die Mißbilligung der Kirchenleitung eintrug. In Deutschland, wo er sich mehrmals zu Vortragsreisen aufhielt, galt V. als geistlicher Führer seines Volkes. Alle Hoffnung setzte er auf die Versöhnung zwischen Staat und Kirche, zwischen Nationalsozialismus und Katholizismus.

Bereits vor dem Ausbruch des Rußlandkriegs im Juni 1941 erklärte V. seine Bewunderung für jene Flamen, die sich freiwillig zum Dienst in den deutschen Streitkräften meldeten. Wer für Deutschland kämpfe und sterbe, diene Flandern. Als die deutschen Truppen in die Sowjetunion einmarschierten, beteiligte er sich leidenschaftlich an der Werbung Freiwilliger für die »Legioen Vlaanderen«. Sein Antibolschewismus war eine Mischung aus religiösen Kreuzzugsmotiven, abendländischer Verantwortung und rassischem Selbstbewußtsein. Vom deutschen Sieg erhoffte er sich eine Periode der Ordnung und des Fortschritts. Für die Flamen sei es eine unerläßliche Pflicht, an der Seite der Deutschen zu kämpfen. In Mechelen hielt er seine bekannteste Rede: »Daarom hangt dood en uitroeiing over Europa, over dat schoon Europa dat onze vaderen als werkers met des Scheppers macht en bezielden met des Verlossers goedheid bouwden, en dat we't onze noemen met dat magische woord: onze cultuur. Zij zal heel met wortel en stronk uitgeroeid worden.«

1943 rechnete er fest mit dem deutschen Sieg. Im Juni erklärte er, Satan halte Rußland in den Händen. Als der Krieg andauerte, beschwor er im Februar 1944 seine Volksgenossen, im Kampf gegen das »rote Gespenst« nicht müde zu werden. Als ihm im August 1944 die Universitäten Jena und Köln zu seinem 70. Geburtstag weitere Ehrendoktorwürden überreichten, verließ V. Belgien und lebte bis zum Kriegsende an verschiedenen Orten in Deutschland. Viele Freunde wandten sich von ihm ab, weil sie seinen Einsatz für die deutschen Belange mißbilligten. Sie verstanden seinen Fanatismus nicht, und er verstand ihren Defätismus nicht. Als 1945 die deutsche Niederlage besiegelt war, richtete V. einen letzten Gruß an die Soldaten im Osten. Nach tagelangen Streifzügen fand er Ende April Unterschlupf beim Pfarrer der Gemeinde Solbad Hall in Tirol.

V. wurde am 11.12.1946 von einem Kriegsgericht in Brügge wegen Landesverrats und Volksverhetzung in Abwesenheit zum Tode verurteilt. Die Rückkehr nach Belgien war ihm versperrt. Sein Wunsch, in Südafrika, im Land der Buren, eine neue Heimat zu finden, ließ sich nicht verwirklichen. Der letzte Aufsatz, den er schrieb, hatte den Titel »Voortrekkersmonument« und war ein Gruß an seine Landsleute dort. Bevor er starb, richtete er eine letzte Botschaft an sein Volk zu Hause: »Vaar wél! Dat gij mijn énig Vlaanderen zijt, is mijn énige schuld. Ik beroep mij op de Ene, die de éne liefde in ons uitstraalde en tot levenswet maakte: ik kan niet anders dan één en énig zijn in mijn liefde. Mijn voor God énig Vlaanderen, vaarwel!«
1973 wurde sein Leichnam im Friedhof von Solbad Hall von seinen Anhängern exhumiert und heimlich nach Flandern überführt, wo er in einer Gruft in Alveringem beigesetzt wurde. Um zu verhindern, daß der Sarg von seinen Gegnern ausgegraben und weggeführt werden könnte, wurde das Grab mit einer Betondecke versehen.

Literaturhinweise:
Antoon Vander Plaetse: Cyriel Verschaeve zoals ik hem heb gekend, Deerlijk 1964
Encyclopedie van de Vlaamse Beweging, Band 2, Amsterdam 1975
Jos Finks: Nationalismus in Flandern. Geschichte und Idee, Vaterstetten 1978

W

WEISS, WOLDEMARS, geb. 7.11.1899 in Riga, gest. 17.4.1944 ebenda, Kommandeur der Lettischen SS-Freiwilligen-Brigade 1943–1944, SS-Standartenführer,

W. war der Sohn eines Bauunternehmers. Als 19jähriger Student kämpfte er 1918 unter Koltschak in einem Freiwilligenbataillon gegen den Bolschewismus für die Errichtung des freien Staates Lettland. Nach der Staatsgründung trat er in die lettische Armee ein. 1932–1935 besuchte er die Kriegsakademie in Riga und arbeitete dann im Generalstab des lettischen Heeres. Er brachte es bis zum Oberstleutnant. Als Lettland im Sommer 1940 von der Sowjetunion annektiert wurde, vertrat er gerade sein Land als Militärattaché in Finnland und Estland. Im August 1940 wurde er als »ungeeignet« von den Russen aus dem Militärdienst entlassen. Um der Überwachung zu entgehen, fristete er sein Leben als Holzfäller in den lettischen Wäldern. 16 Mitglieder seiner Familie wurden ausgerottet. Nach der Befreiung Lettlands von der sowjetischen Okkupation durch die deutschen Truppen im Sommer 1940 stellte er sich den Deutschen als Führer der lettischen Schutzmannschaften in Riga zur Verfügung. Ihre Organisation war sein Werk. Im Einvernehmen mit den deutschen Stellen führte er die »Säuberungsaktionen« in der Stadt zu Ende. Anschließend standen die in lettischen Uniformen gekleideten und in fünf Bataillone gegliederten Hilfspolizisten als Rekrutierungsreserve für den Partisaneneinsatz zur Verfügung. In Würdigung seines Organisationstalents machte die vom Reichsministerium für die besetz-

ten Ostgebiete eingesetzte »Landeseigene Verwaltung« unter Rudolfs → Bangerskis W. zum stellvertretenden Generaldirektor des Innern und zum Hauptdirektor für Sicherheit. Im Dezember 1942 unterschrieb er das Memorandum des lettischen Generaldirektoriums an Himmler, mit dem die staatliche Unabhängigkeit Lettlands angemahnt wurde.

Mit einem Freiwilligenbataillon, das aus Schutzmannschaften gebildet worden war, zog W. im Frühjahr 1943 zur Unterstützung der Wehrmacht an die Leningrader Front. Da sich die Einheit unter seiner Führung uneingeschränkt bewährte, erhielt W. vom Reichsführer-SS den Befehl zur Aufstellung der 2. Lettischen SS-Freiwilligenbrigade. Sie wurde ebenfalls im wesentlichen aus Angehörigen der Schutzmannschaften zusammengestellt. Nach seiner Ernennung zum SS-Obersturmbannführer am 1.4.1943 übernahm er am 11.6.1943 das Kommando des neuen lettischen Freiwilligenregiments. In dieser Funktion wurde er am 1.8.1943 zum SS-Standartenführer ernannt. Im Herbst 1943 kämpfte sein Regiment am Wolchow. Der Wolchow-Brückenkopf versperrte der Roten Armee den Zugang zum Sumpfgebiet zwischen Peipus-, Ilmen- und Ladogasee. W. wurde mit dem Eisernen Kreuz I. Klasse ausgezeichnet, weil sein Regiment innerhalb von neun Tagen 18 Angriffe der Roten Armee abwehrte. 150 weitere Eiserne Kreuze erhielten die Soldaten seiner Einheit. Als Mitte Januar 1944 die sowjetischen Massenangriffe nördlich Nowgorod begannen, bildete W. eine ei-gene Kampfgruppe. Er hatte den Auftrag der Armeeführung, die Absetzbewegungen der Nachbardivisionen zu decken, bevor er sich selbst zurückziehen durfte. Das Unternehmen gelang in vier Tagen bei vertretbaren Verlusten. Durch Sumpf, Schnee und Morast gelang seiner Kampfgruppe unter dem wachsenden Druck der Roten Armee der Rückzug über 50 km bis zur Pantherstellung an der Rollbahn Leningrad-Plesgau innerhalb von 30 Stunden. Am mangelhaften Ausbau der Pantherstellung übte er scharfe Kritik. Sie zog ihm die Feindschaft des Reichskommissars für das Ostland, Gauleiter Lohse, zu. Am 9.2.1944 wurde W. mit dem Ritterkreuz ausgezeichnet. Sein Antrag auf Übernahme in das aktive Dienstverhältnis der Waffen-SS mußte vom SS-Führungshauptamt abgelehnt werden, da er nicht nachweisen konnte, volksdeutscher Abstammung zu sein. Nachdem W. am 17.4.1944 an einer Verwundung gestorben war, bewilligte Hitler persönlich der Ehefrau und der Mutter des Gefallenen je 1000 Reichsmark, bis über die Hinterbliebenenunterstützung entschieden sein würde.

Seit seinem Einsatz an der Leningrader Front ab 20.4.1943 war W. bei seinen Soldaten und bei der lettischen Jugend eine legendäre Gestalt. Man nannte ihn den »Wolchow-Chef«.

Literaturhinweise:

Hans Werner Neulen: An deutscher Seite. Internationale Freiwillige von Wehrmacht und Waffen-SS, München 1985

WIELE, FREDEGANDUS JACOBUS JOSEPHUS VAN DE, genannt Jef, geb. 20.7.1903 in Deurne (Antwerpen), gest. 4.9.1979 in Brügge, Leiter der »Duitsch-Vlaamsche Arbeidsgemeenschap« (DEVLAG) 1935–1944, Landsleider Vlaanderen 1944–1945, SS-Obersturmbannführer

W. studierte in Antwerpen und Gent deutsche Philologie und wurde als Deutschlehrer in den belgischen Schuldienst übernommen. 1936 promovierte er an der Universität Löwen mit einer literaturwissenschaftlichen Arbeit. Als Deutschlehrer an einem Gymnasium gründete er 1933 die Vereinigung »Germania«, aus der 1935 die »Duitsch-Vlaamsche Arbeidsgemeenschap« (DEVLAG) entstand. In Deutschland hieß sie »Deutsch-Flämische Arbeitsgemeinschaft« (DEFLAG). Offizielles Ziel dieser Vereinigung war der Austausch von Studenten und Professoren sowie die Organisation von gemeinsamen Kulturtagen und von Theater- und Konzertreisen. Die Monatszeitschrift »De Vlag«, in der die Wallonen mehr zu Wort kamen als die Flamen, war das Organ sowohl der deutschen wie der belgischen Sektion. 1936–1943 war W. ihr Chefredakteur. Der deutsche Vertreter in der Redaktion war Rolf Wilkening. Die Kulturpolitik trat bald in den Hintergrund. »De Vlag« entwickelte sich zum Organ eines offenen Kollaborationskurses mit dem nationalsozialistischen Deutschland. W. beschwor die völkischen Gemeinsamkeiten der Flamen und der Deutschen. Er identifizierte sich mit der 1937 von Robert Paul Oszwald, Historiker am Reichsarchiv in Potsdam, herausgegebenen Aufsatzsammlung »Deutsch-niederländische Symphonie«, in der die Blut- und Rassengemeinschaft der Flamen mit den Deutschen vor der bisher betonten sprachlichen Gemeinschaft rangierte. Als Redaktionssekretär des Wochenblattes »Nieuw Vlaanderen« verfolgte W. 1936–1940 die gleiche politische Linie.
Nach der Besetzung Belgiens durch deutsche Truppen im Mai 1940 durfte sowohl die DEVLAG-Organisation mit ihren rund 50 000 Mitgliedern in 130 Ortsgruppen als auch die Zeitung »De Vlag« weiterbestehen. Schwergewicht der Tätigkeit war jetzt die weltanschauliche Ausrichtung im Sinne des Nationalsozialismus nach Weisung des Reichsministeriums für Volksaufklärung und Propaganda. Einen großen Einfluß auf die Meinungsbildung in Flandern übte W. auch als Sekretär des »Vlaamsche Kultuurraad« aus, der im November 1940 unter dem Vorsitz von → Verschaeve gegründet wurde.
Im Unterschied zum »Vlaamsch National Verbond« (VNV) des Staf de → Clercq betrieb die DEVLAG offen die Auflösung Belgiens und die Angliederung Flanderns und der Niederlande an das Deutsche Reich. In seiner Schrift »Op zoek naar een Vaderland« sah W. die Zukunft seines Volkes im »Großgermanischen Reich«: »Es komt geen Dietsche staat, omdat hij er niet kommen mag. ... Ook zal er geen Duitsche staat meer zijn, naar samen mit de Duitschers, Nederlanders en

de Vlamingen zullen wij deel uitmaken van het Groote Rijk van de Germaansche volkerengemeenschap«. Angeblich hatte Hitler ihm zugesichert, daß er nach dem Krieg der erste Gauleiter des neuen Reichsgaus Flandern sein werde. Mit seiner prodeutschen Politik geriet W. in Konflikt mit de Clercq, der als Führer des VNV die Eingliederung der niederländischen Sprachgebiete in das Deutsche Reich ablehnte und ihre Vereinigung in einem souveränen »Großniederländischen Reich« anstrebte. Bei der Aufstellung der »Legioen Vlaanderen« arbeiteten sie jedoch zusammen, jeder in der Hoffnung, daß das Unternehmen zugunsten seiner politischen Vorstellungen ausgehen werde. W. war überzeugt, daß die Zuordnung der flämischen Waffen-SS-Angehörigen zu einem großgermanischen Verband in seinem Sinne erzieherisch wirken werde. De Clercq pochte auf die Erhaltung der flämischen Eigenart bei den Freiwilligen. Als am 6.8.1941 das erste Kontingent der Legion zur Ausbildung nach Radom im besetzten Polen verabschiedet wurde, versuchten beide, die Zeremonie zu ihrer Angelegenheit zu machen. Wegen der SS-förderlichen Einstellung W.s hatte die DEVLAG das Wohlwollen Himmlers. SS-Gruppenführer Gottlob Berger, der als Chef des SS-Hauptamts die Werbung von Ausländern für die Waffen-SS leitete, übernahm 1942 die Präsidentschaft der deutschen Sektion und erwirkte die Zulassung der DEVLAG in ganz Deutschland zur Betreuung der flämischen Arbeiter im Rahmen der »Deutschen Arbeitsfront« (DAF). Kontaktstelle war das »Volkspolitische Amt« der DAF. Wegen der antibelgischen und prodeutschen Politik W.s schmolz der Mitgliederstand der DEVLAG im Laufe des Krieges auf 17 000. Die »Algemeene SS Vlaanderen«, die überwiegend aus DEVLAG-Mitgliedern bestand, war etwa 1500 Mann stark. Aus ihren Angehörigen wurde 1943 der »Inlichtings Dienst« zur Bekämpfung der belgischen Widerstandsbewegung und zur Abwehr von Attentaten auf Mitglieder und Einrichtungen der DEVLAG rekrutiert.

Im März 1943 schlossen Rex und DEVLAG ein Übereinkommen über die gemeinsamen Ziele hinsichtlich der Zukunft Belgiens: Die DEVLAG, der es vor allem um die Zerschlagung Belgiens ging, freundete sich mit der REX-Idee eines großburgundischen Reiches als Teil des Großgermanischen Reiches an. Im Mai 1943 wurden W. und → Degrelle von Himmler empfangen. Er verlangte von den beiden die bedingungslose Unterstützung der Waffen-SS bei der Rekrutierung von Freiwilligen. In einer gemeinsamen Veranstaltung in Brüssel am 27.6.1943 stellten sie ihren guten Willen unter Beweis. W. begleitete Degrelle auch bei zahlreichen öffentlichen Auftritten in Deutschland und im wallonischen Landesteil, um mit ihm gemeinsam für die europäische Idee zu werben, die man später als »Euronazismus« bezeichnete. Er rief die flämische Jugend zur Mobilisierung aller Kräfte auf. Im November 1943, als der Jugendleiter des VNV demissionierte, verschmolz die DEVLAG ihre Jugendsektion mit der des VNV zur »Hitlerjeugd Vlaanderen« . Die Jugendlichen wurden angehalten, sich für den Dienst in der Waffen-SS zu melden. Wer nicht SS-tauglich war, wurde in das Schutzkommando der »Organisation Todt« (OT) gedrängt, das die ausländischen Arbeiter zu bewachen hatte. Neue Mitglieder der DEVLAG wurden ab September 1943 mit folgendem Gelöbnis verpflichtet: »In der Überzeugung, daß das Reich meinem Volk Stärke und Größe wiedergeben wird, verspreche ich unabdingbare Treue meinem Führer Adolf Hitler und dem Reich, das er gründete.«

Am 27.2.1944 ließ Himmler die Führer von VNV und DEVLAG in seinen Sonderzug kommen, um sich ihre politischen Ziele anzuhören. Er bevorzugte die Konzeption W.s und drohte, den VNV aufzulösen, wenn er sich nicht zu einem klaren Bekenntnis für das Neue Europa unter deutscher Führung bereit fände. W. war Mitglied der »Algemeene SS Vlaanderen«, die nach deutschem Vorbild einflußreiche Männer des Landes zu vereinnahmen wußte. Sie erfreute sich der besonderen Förderung Himmlers. Im Range eines Hauptsturmführers übernahm W. am 1.3.1944 die Leitung des SS-Abschnitts Flandern der Germanischen SS. Am 20.4.1944 wurde er zum SS-Sturmbannführer befördert. Im September 1944 floh W. mit anderen belgischen Kollaborateuren vor den anrückenden Alliierten über den Rhein nach Deutschland. Vorübergehend ließ er sich in Schloß Waldeck-Pyrmont nieder, wo er mit dem Titel »Landsleider van Vlaanderen« aus seinen Mitarbeitern den »Volksraad Vlaanderen« als flämische Landesregierung zusammenstellte. Der deutsche Außenminister erkannte W. offiziell als Chef des »Vlaamsch Bevrijdingscomité« an. Am 9.11.1944 ernannte ihn Himmler zum SS-Obersturmbannführer und beauftragte ihn mit der Führung der Sturmbrigade Langemark, die in Wahn bei Köln neu aufgestellt wurde. Sie wuchs auf nahezu tausend Mann. Alle tauglichen Amtsträger der DEVLAG wurden zum Dienst in der Waffen-SS befohlen. Mit ihrer Hilfe wollte W. nach der erfolgreichen Ardennenoffensive vor Léon Degrelle in Brüssel sein, der von Hitler beauftragt war, »Volksführer« in Wallonien zu werden. Als das Unternehmen gescheitert war, wurde der Verband als 27. SS-Division Langemark in das III. (germanische) SS-Panzerkorps eingegliedert und nahm an den Kämpfen um Pommern teil.
Nachdem W. nach der deutschen Kapitulation aufgespürt worden war, wurde er in Antwerpen vor Gericht gestellt. Er verteidigte seine Anschlußpolitik an das Reich als rein taktische Maßnahme. Das Urteil im November 1946 lautete auf Todesstrafe, aber es wurde gnadenhalber in lebenslängliche Haft umgewandelt. Nach 17 Jahren aus dem Gefängnis entlassen, ließ sich W. in der Bundesrepublik Deutschland nieder. Er beschäftigte sich bis zu seinem Tod mit der Geschichte der Germanen, um zu beweisen, daß Flandern ein deutsches Land sei.

Literaturhinweise:
David Littlejohn: The Patriotic Traitors. A History of Collaboration in German-Occupied Europe 1940–1945, London 1972
Wilfried Wagner: Belgien in der deutschen Politik während des Zweiten Weltkrieges, Boppard am Rhein 1974
Hans Werner Neulen: Eurofaschismus und der Zweite Weltkrieg. Europas verratene Söhne, München 1980
Peter Klefisch: Das Dritte Reich und Belgien 1933–1939, Frankfurt u. a. 1988

WLASSOW, ANDREJ ANDREJEWITSCH, geb. 1.9.1900 in Lomakino bei Nischni-Nowgorod, hingerichtet 2.8.1946 in Moskau, Generalleutnant der Roten Armee, Vorsitzender des »Komitees zur Befreiung der russischen Völker« (KONR) und Oberbefehlshaber der »Russischen Befreiungsarmee« (ROA) 1944–1945

Von den Eltern zum Priester bestimmt, kehrte W. 1917 dem Seminar den Rücken und trat mit anderen revolutionären Studenten freiwillig zur »Roten Garde«

über, um gegen die reaktionären Gutsbesitzer ins Feld zu ziehen. In einer raschen militärischen Karriere erreichte er bald den Dienstgrad Oberst. 1938–1939 lernte er als militärischer Berater im Stabe des Generalissimus Tschiang Kai-schek die alte chinesische Kultur kennen und sammelte politische Erfahrungen bei der Beobachtung des chinesisch-japanischen Konflikts. Seit 1930 Mitglied der Kommunistischen Partei, wurde W. 1939 Kommandeur der 99. Schützendivision der Roten Armee und im Januar 1941 Kommandierender General des IV. Mechanisierten Korps, mit dem er im Juni 1941 bei Lemberg gegen die deutschen Angreifer kämpfte. Als Oberbefehlshaber der 37. Armee verteidigte er im September 1941 Kiew und übernahm im November 1941 die Führung der 20. Armee zur Verteidigung Moskaus. Im März 1942 wurde W. als Oberbefehlshaber der 2. Stoßarmee in den Wolchow-Kessel eingeflogen, wo er am 12.7.1942 in deutsche Kriegsgefangenschaft geriet. Im Kriegsgefangenenlager Winniza begegnete W. den Generalen Truchin und Malyschkin. Alle drei erklärten sich bereit, bei der Niederwerfung des Stalinismus mitzuwirken. Am 10.9.1942 unterzeichnete W. ein Flugblatt, das sowjetische Soldaten zum Überlaufen aufforderte, und gründete am 27.12.1942 das »Smolensker Komitee«, das den Neuaufbau Rußlands nach folgenden Gesichtspunkten plante: Vernichtung des Bolschewismus, Stalins und seiner Clique; Herbeiführung eines ehrenvollen Friedens mit Deutschland; Zusammenarbeit mit den Völkern Europas; Grundrechte und Privateigentum für die Bürger; Autonomie für die Völkerschaften der UdSSR.

Als Sprecher der Russen beim Propagandaamt des Oberkommandos der Wehrmacht (Amt OKW/WPr) in der Berliner Viktoriastraße Nr. 10 konnte W. die Auseinandersetzungen zwischen den deutschen Dienststellen über eine politische Kriegführung mit Hilfe der Völker der Sowjetunion beobachten. Er sammelte einen Mitarbeiterstab um sich, der vom Haß auf Stalin geeint war: den Schriftleiter M. A. Sykow und die Generale F. J. Malyschkin, G. N. Schilenkow, R. F. Blagoweschtschenski und F. I. Truchin. Als Vertreter der exilrussischen Organisationen gehörte N. S. Kasanzew vom »Nacionalno Trudowoi Sojus« (NTS) dazu. Im November 1942 genehmigte der Chef des Amtes Wehrmachtpropaganda die Einrichtung eines »Schulungslagers für russische Freiwillige« unter der amtlichen Bezeichnung »Ostpropagandabteilung zbV« im Barackenlager Dabendorf im Süden von Berlin. Unter geschickter Ausnutzung sich überschneidender Kompetenzen konnte der mit der Organisation beauftragte Hauptmann Wilfried Strik-Strikfeldt für das russische Personal 8 Generals-, 60 Stabsoffizier- und mehrere hundert Subalternoffizierstellen erwirken, insgesamt 3600 Dienstposten. Die hierfür ausgewählten Russen wurden offiziell aus der Kriegsgefangenschaft entlassen. Entsprechend dem Auftrag wurden in Dabendorf zuerst Propagandisten zur Werbung in den Kriegsgefangenenlagern ausgebildet und ein Redaktionsstab für russische Zeitungen und Flugzettel zusammengestellt. Die deutschen Niederlagen zu Beginn des Jahres 1943 bestärkten W. in dem Glauben, daß ihn die deutsche Führung bald mit der Aufstellung militärischer Einheiten zum Kampf gegen die Rote Armee beauftragen werde. Der Reichsminister für die besetzten Ostgebiete, Alfred Rosenberg, der aufgrund eines einmütigen Votums bei einer Konferenz mit hohen Offizieren der Wehrmacht am

Wlassow bei der Gründungsfeier des Befreiungskomitees der Völker Rußlands am 14.11. 1944 in Prag

18.12.1942 wagte, Hitler während eines Immediatvortrages die Einbeziehung der Russen in den Kampf gegen Stalin zu befürworteten, bekam jedoch eine Abfuhr. Der Chef des Oberkommandos der Wehrmacht, Generalfeldmarschall Wilhelm Keitel, erhielt den Auftrag, allen Wehrmachtangehörigen jede politische Betätigung zu verbieten. Ab Januar 1943 durften deshalb die von W. unterzeichneten Flugblätter nur noch im Frontgebiet abgeworfen und nicht mehr an die Bevölkerung der besetzten russischen Gebiete verteilt werden. Die in Dabendorf redigierten Zeitungen »Dobrowolez« (Der Freiwillige) für die russischen Hilfswilligen und »Zarja« (Die Morgenröte) für die russischen Kriegsgefangenen, die zweimal wöchentlich erschienen, durften keine politischen Versprechungen enthalten. Mit Rücksicht auf die nationalen Minderheiten sollten alle großrussischen Ambitionen unterdrückt werden. W.s stereotype Parole »Rossija Nascha« (Rußland ist unser!) war in der Tat mißverständlich.
Um das Personal für die Aufstellung einer russischen Befreiungsarmee zu sammeln, drängte W. auf die Herauslösung der Ostlegionen und der russischen Hilfswilligen aus den deutschen Heeresverbänden. Der Kommandeur der Osttruppen, General Hellmich, konnte jedoch keine Zusagen geben, weil die politische Genehmigung fehlte. Auch die Zuführung neuer Überläufer aus der Roten Armee zu W. überschritt seine Kompetenzen. Während eines Besuchs beim Oberbefehlshaber der Heeresgruppe Mitte, General von Schenckendorff, erlebte W. zwar die Bereitwilligkeit der in Bataillonsstärke kämpfenden Legionäre zum Zusammenschluß in einem Großverband, aber ohne Zustimmung Hitlers

durfte damit nicht begonnen werden. Im März 1943 versuchte W. mit einem weit gestreuten offenen Brief unter der Überschrift »Weshalb habe ich den Kampf gegen den Bolschewismus aufgenommen?« eine Entscheidung zu provozieren. Darin schrieb er: »Das russische Volk muß sich ein neues, glückliches Vaterland aufbauen, in der Familie der gleichberechtigten Völker Europas. Ich rufe mein Volk auf zum Kampf für eine hellere Zukunft, zur Verwirklichung einer nationalen Revolution, zur Errichtung eines neuen Rußlands – der Heimat unseres großen Volkes. Ich rufe es auf zur Brüderlichkeit und Einigung mit den Völkern Europas und vor allen Dingen zur Zusammenarbeit und ewigen Freundschaft mit dem großen deutschen Volk ... Weder Stalin noch die Bolschewisten kämpfen für Rußland. Nur aus den Reihen der anti-bolschewistischen Bewegung entsteht wirklich unsere Heimat. Es ist Sache der Russen, es ist ihre Pflicht, gegen Stalin, für den Frieden und für ein neues Rußland zu kämpfen.« Mit Einwilligung des Reichsministers für die besetzten Ostgebiete, Alfred Rosenberg, durfte der Brief in den besetzten Gebieten und in den Kriegsgefangenenlagern verbreitet werden.

Im März 1943 folgte W. der Einladung des Oberbefehlshabers der Heeresgruppe Nord, Generalfeldmarschall von Küchler, zu einer 14tägigen Reise in seinem Bereich. Er wurde bei der Bevölkerung und bei den in den Heereseinheiten integrierten Russen triumphal gefeiert. Als Keitel davon erfuhr, verbot er am 18.4.1943 W. jegliche politische Aktivität. Auch von der Mitwirkung an der »Aktion Silberstreif«, einem deutschen Propagandaunternehmen zur Werbung von Überläufern, wurde W. ausgeschlossen. Mehrere von sowjetischer Seite ausgehende Attentatsversuche auf W. zeigten jedoch, für wie gefährlich man dort die Absichten des Generals hielt.

Am 8.6.1943 lehnte Hitler in einer Besprechung mit Keitel und dem Chef des Generalstabs des Heeres, General Kurt Zeitzler, die Aufstellung einer russischen Befreiungsarmee unter dem Oberbefehl W.s mit Hinweis auf die negativen Ergebnisse bei der Aufstellung einer polnischen Legion im Ersten Weltkrieg rundweg ab. Gegen den Einsatz W.s für Propagandazwecke hatte er keine Einwände. W. war entmutigt. In Dabendorf entstand angesichts der sich verschlechternden Kriegslage für Deutschland das Wort von der uneinsichtigen »Selbstmörderrunde« in der Wehrmachtführung. In Erwartung einer Haltungsänderung benutzte W. die folgenden Wochen, um bei Rundreisen in Deutschland mitteleuropäische Kulturdenkmäler zu sehen und die Arbeitsbedingungen der Ostarbeiter kennenzulernen. Seine Bitte an den Leiter der Deutschen Arbeitsfront, Wilhelm Ley, die Lebensumstände der Ostarbeiter wenigstens aus Gründen der Produktivitätssteigerung zu verbessern, blieb fruchtlos.

Neue Entmutigungen kamen hinzu. Mißtrauen gegen seine Bestrebungen zur Aufstellung einer russischen Befreiungsarmee bemerkte W. bei den Altemigranten der Jahre 1917–1920. Sie hielten ihn für ein trojanisches Pferd Stalins. Die Vertreter der nichtrussischen Völkerschaften der UdSSR glaubten seinen Autonomieversprechungen nicht und fürchteten sich vor einem neuen russischen Zentralstaat. Auch die SS war W. nicht gewogen. Sie wollte verhindern, daß mit der Aufwertung der Russen die rassische Aufwertung der Slawen Hand in Hand ginge. Auch die Reibungen mit dem Stab des Generals der Osttruppen,

Heinz Hellmich, nahmen zu, weil dieser alle Einflußnahmen W.s bei den Legionären untersagte. Als Keitel und Himmler die Schuld für verschiedene Einbrüche an der Ostfront den in diesen Bereichen eingesetzten Osttruppen in die Schuhe schoben, ordnete Hitler die Verlegung der Ostbataillone nach Frankreich zur Verteidigung des Atlantikwalls an. W. bezeichnete diese Maßnahme als Verrat an seiner Sache.

Trotz aller Rückschläge beherrschte die Idee einer europäischen Völkerfamilie, die im Kampf gegen Stalin zusammenwachsen sollte, die Stabsangehörigen in Dabendorf. Es wurde als ein gutes Zeichen angesehen, daß W. die Witwe eines Führers der Waffen-SS heiratete, die er im Juli 1943 während eines Erholungsurlaubes in Ruhpolding kennengelernt hatte.

Nach der Ablösung Hellmichs durch den General der Kavallerie und ehemaligen Militärattaché in Moskau, Ernst Köstring, am 1.1.1944 wurde die bis dahin geltende Amtsbezeichnung »General der Osttruppen« durch die Bezeichnung »General der Freiwilligenverbände« ersetzt. Obwohl Köstring ein hohes Ansehen bei den Russen in Dabendorf hatte, ging er einer persönlichen Begegnung mit W. aus dem Weg, weil er ihm, ohne seine Kompetenzen zu überschreiten, nichts anbieten konnte.

Im Mai 1944 beteiligte sich der Stab Ws. am Propagandaunternehmen »Skorpion-Ost«, das die SS-Standarte Kurt Eggers im Bereich der Heeresgruppe Nordukraine durchführte. Es gab eine unerwartet große Zahl von Überläufern. Aufgrund dieses Erfolges regte SS-Obergruppenführer Gottlob Berger, der Chef des SS Hauptamtes, in einem persönlichen Gespräch mit W. die Zusammenarbeit mit der SS an. In Kenntnis der Machtfülle des Reichsführers-SS stimmte W. zu, um seine Pläne zu retten. Am 16.9.1944 fuhr er zu Himmler in das Führerhauptquartier bei Rastenburg. In einer Unterredung unter vier Augen genehmigte Himmler ohne Rücksprache mit Hitler die Aufstellung einer »Russischen Befreiungsarmee« (ROA) im Umfang von 10 Divisionen. Ein von W. zusammenzustellendes »Komitee zur Befreiung der Völker Rußlands« (KONR) sollte allen nichtrussischen Nationalkomitees übergeordnet werden. Es bedurfte jedoch der Pressionen des Reichssicherheitshauptamtes, bis sich die nichtrussischen Nationalvertretungen nach tagelangen Diskussionen zur Mitarbeit mit W. entschlossen. Am 14.11.1944 konnte W. in einer Festveranstaltung auf dem Prager Hradschin in Anwesenheit von General Köstring das »Prager Manifest« verkünden, das Vertreter aller Völkerschaften der UdSSR unterschrieben hatten. Es nannte drei Ziele. 1. »Sturz der Tyrannei Stalins«, 2. »Beendigung des Krieges und Abschluß eines ehrenvollen Friedens«, 3. »Errichtung einer neuen, freien, nationalen Staatlichkeit ohne Bolschewismus und Ausbeuter«. Dieser Zielsetzung folgten 14 Leitsätze für die Organisation des neuen Rußland, z. B. die Abschaffung der Kolchosen und der Zwangsarbeit, die Überleitung von Grund und Boden in Privateigentum, die Rückgängigmachung der Zwangsumsiedlungen und Massendeportationen und die Befreiung aller politischen Häftlinge. Im Präsidium des KONR, das aus 49 Mitgliedern bestand, führte W. den Vorsitz. Die erste und letzte Sitzung fand am 27.2.1945 in Karlsbad statt.

Unmittelbar nach der Begegnung W.s mit Himmler am 16.9.1944 begannen die Vorbereitungen zur Aufstellung der ROA. Auf dem Truppenübungsplatz Münsingen wurde die 1. Division unter General → Buniatschenko und auf dem Truppenübungsplatz Heuberg die 2. Division unter General Swerjew ausgebildet. Die Soldaten erhielten Beutewaffen unterschiedlicher Provenienz. Sie trugen russische Uniformen mit dem Zeichen der ROA auf dem Ärmel. Am 10.2.1945 wurde die 1. Division mit einer Parade vor W. in Dienst gestellt. Am 2.3.1945 bekam sie den Befehl, den sowjetischen Brückenkopf Erlenhof bei Frankfurt an der Oder einzudrücken. Als zwei Angriffsversuche scheiterten, verweigerte der Divisionskommandeur Buniatschenko weitere Befehle und marschierte mit seinem Verband nach Prag, wo sich seine Soldaten mit den aufständischen Tschechen verbrüderten. Die 2. Division der ROA erhielt am 10.4.1945 den Befehl zur Verlegung in den Raum Linz/Donau. Als das Deutsche Reich am 8.5.1945 bedingungslos kapitulierte, standen beide Divisionen zwischen den sowjetischen und den amerikanischen Linien: die 1. Division im Raum Suchomast und die 2. Division bei Budweis. Beide Verbände konnten sich zu den US-Linien durchschlagen. Nach ihrer Entwaffnung wurden sie jedoch entsprechend den Abmachungen der Konferenz in Jalta an die Rote Armee ausgeliefert. W. begab sich in Pilsen in die Hände der US-Armee. Gelegenheiten zur Flucht lehnte er ab. Am 12.5.1945 geriet er unter mysteriösen Umständen in die Fänge der Sowjets, als sein Konvoi auf dem Weg zur Besprechung mit einem amerikanischen General angehalten wurde. Zusammen mit neun seiner Generale wurde er in Moskau von einem Militärgericht zum Tode verurteilt und gehängt.

Literaturhinweise:
Wilfried Strik-Strikfeldt: Gegen Stalin und Hitler. General Wlassow und die russische Freiheitsbewegung, Mainz 1970
Jürgen Thorwald: Wen sie verderben wollen. Bericht des großen Verrats, Stuttgart 1952
Joachim Hoffmann: Die Geschichte der Wlassow-Armee, Freiburg 1984
Catherine Andreyev: Vlasov and the Russian Liberation Movement. Soviet reality and émigré theories, Cambridge u. a. 1987
Sergej Fröhlich: General Wlassow. Russen und Deutsche zwischen Hitler und Stalin, Köln 1987

WOUDENBERG, HENDRIK VAN, geb. 19.9.1891 in Amsterdam, gest. 4.7.1967 ebenda, »Stillhaltekommissar« für die niederländischen Gewerkschaften 1940–1942, Leiter der »Nederlandsch Arbeidsfront« (NAF) 1942–1944

Der Sohn eines Viehzüchters begann seine berufliche Laufbahn in einem Fischgeschäft in Ymuiden als Laufjunge. Er arbeitete sich bis zum Direktor einer großen Seefischhandlung hoch. 1933 wurde er Mitglied der »Nationaal-Socialistische Beweging« (NSB) → Musserts und übernahm dort die Vertretung der Arbeiterinteressen. Sein Bruder Cornelius, genannt »Kees«, war zur gleichen Zeit Schatzmeister der »Sociaal Democratische Arbeiders Partij« (SDAP). Beide Brüder sprachen jedoch seit 1923 nicht mehr miteinander, was die politische Entfremdung verständlicher macht. 1935 übernahm W. die Führung der von der NSB gegründeten Arbeiterorganisation »Nationale Werknemersvereeniging«. Von einem Deutschlandaufenthalt kehrte er voller Begeisterung für die »Deutsche Arbeitsfront« zurück, die er sich zum Vorbild nahm. 1937 wurde er als Abgeordneter der NSB in die 2. Kammer des Parlaments gewählt.

Noch bevor → Rost van Tonningen am 20.7.1940 vom Reichskommissar für die besetzten niederländischen Gebiete, Arthur Seyß-Inquart, mit der Gleichschaltung der marxistischen Parteien beauftragt wurde, bekam W. die Anweisung, die niederländischen Gewerkschaften gleichzuschalten. Am 16.7.1940 entband er E. Kupers, den Vorsitzenden der sozialdemokratischen Gewerkschaft »Nederlandsch Verbond van Vakvereenigingen« (NVV), in dem über 300 000 Arbeiter organisiert waren, und seinen Stellvertreter S. de la Bella, von ihren Funktionen. Die anderen Vorstandsmitglieder blieben im Amt und boten W. ihre Mitarbeit an, nicht zuletzt wegen des dringlichen Appells von Kupers, der seinen Apparat nicht zerstört sehen wollte. Kupers war der Ansicht, daß eine in ihren Möglichkeiten eingeschränkte Arbeitnehmervertretung besser war als gar keine. Am 20.7.1940 kamen auch die Bezirksleiter überein, »vorläufig weiterzuarbeiten«. Die im NVV zusammengefaßten 49 Einzelgewerkschaften entsprachen dem Wunsch von W., ihm in Zukunft alle Vorhaben und Planungen zur Billigung vorzulegen. Dazu gehörten auch alle wichtigen Personalentscheidungen. Auf diese Weise erreichte W., daß die Eigenverantwortung der Einzelgewerkschaften zugunsten des Dachverbandes reduziert wurde. Mitte August wurde ihm die »Nederlandsche Vakcentrale« mit 50 000 Beamten und Angestellten und zum 1.10.1940 die Nachfolgeorganisation der »Nationale Werknemervereeniging« (NWV) der NSB mit 8000 Mitgliedern angeschlossen. Einen Monat später trat auch die neu gegründete Organisation »Vreugde en Arbeid«, eine Parallele zur deutschen »Kraft durch Freude«, zum erstenmal mit einer Veranstaltung des Concertgebouw-Orchesters unter Anwesenheit von Seyß-Inquart an die Öffentlichkeit.

Im Juli 1941 übernahm W. die Gleichschaltung der konfessionellen Gewerkschaften »Christelijk Nationaal Vakverbond« (CNV), der 121 000 Mitglieder hatte, und »Rooms Katholiek Werkliedenverbond« (RKWV), der 187 000 Mitglieder zählte. Beide Gewerkschaften hatten bis dahin den Forderungen des »Stillhaltekommissars« entsprochen. Die beiden Vorsitzenden A. C. de Bruijn vom RKWV und A. Stapelkamp vom CNV sprachen sich nach einem gemeinsamen Deutschlandbesuch und nach Gesprächen mit der Führung der Deutschen Arbeitsfront in Berlin für normale, gesunde und freundschaftliche Beziehungen zwischen Deutschland und den Niederlanden aus und waren um Konfliktvermeidung bemüht. Trotzdem ließ W. am 25.7.1941 die Zentrale des RKWV besetzen. Der Vorsitzende protestierte gegen diese Aktion und veranlaßte den Vorstand zum Rücktritt. 90% der Mitglieder verließen die Gewerkschaft, als die Bischöfe in einem Hirtenbrief dazu aufforderten. Auch aus dem CNV trat die Mehrheit der Mitglieder aus. Die Einheitsgewerkschaft, die in Parallele zur »Deutschen Arbeitsfront« mit den Namen »Nederlandsch Arbeidsfront« (NAF) am 1.5.1942 gegründet wurde, faßte alle Gewerkschaftsmitglieder zusammen und schloß die Gleichschaltung der niederländischen Arbeiterbewegung ab. W. hatte seinen Auftrag erfüllt. Er übernahm die Leitung der Organisation. Obwohl er mit den »Verbindungskommissaren« zu den Einzelgewerkschaften (gemachtigden van de arbeid) in der folgenden Zeit viele Konflikte auszufechten hatte, weil sie sich öfters unmittelbar an die beiden deutschen Kontrolleure wandten, die W. zur Seite standen, gelang es ihm, bei den organisierten Arbeitern ein hohes Maß an Kollaboration zu erreichen. Zwar wurde de la Bella, der Vertreter des

ehemaligen NVV-Vorsitzenden Kupers, am 20.7.1940 verhaftet, weil er Jude war, aber die im Amt gebliebenen Funktionäre arbeiteten im Sinne W.s bis zum Kriegsende.
Seyß-Inquart berichtete Hitler, daß die Gleichschaltung der Gewerkschaften problemlos vonstatten gegangen sei und daß die meisten bisherigen Gewerkschaftsfunktionäre hinter W. stünden. Er charakterisierte W. als »Typus eines Gewerkschaftsmannes ohne besondere Initiative, aber mit Hausverstand und vertrauenserweckender Einfachheit«. Die Erfolge W.s überraschten insbesondere Rost van Tonningen, der bei der Gleichschaltung der »Sociaal Democratische Arbeiders Partij« (SDAP) und ihrer Nebenorganisationen weniger Erfolg hatte. Er sorgte in Zukunft dafür, daß W. keine neue Chance zur Selbstdarstellung bekam. Als W. in seiner Eigenschaft als Stillhaltekommissar bei der niederländischen Arbeiterschaft im Auftrage Himmlers für die Waffen-SS werben sollte, verhinderte er zusammen mit Mussert, daß W. einen SS-Ehrenrang erhielt, obwohl er unter den 20 000 Mitgliedern der »Nederlandsche SS«, die seit 1.11.1942 den Namen »Germaansche SS in Nederland« trug, zu den engagiertesten Förderern gehörte. W. wurde auch wegen seines hohen Einkommens beneidet. Er erhielt 1943 ein Gehalt von 22 500 fl. und 1944 von 27 500 fl. Das war mehr als das Doppelte, was ein niederländischer Minister vor dem Krieg verdiente.
Im Oktober 1942 wurde W. von Mussert in das »Secretarie van Staat« berufen, das als Schattenkabinett des NSB-Führers der Beratung des Reichskommissars diente. Er war dort für Arbeit und Soziales zuständig. Außer ihm gehörten dem Gremium van → Geelkerken für Inneres und Polizei, Rost van Tonningen für die Finanzen, Reydon für Volksaufklärung und Propaganda und General → Seyffardt für Militärfragen, d. h. die Niederländische Legion, an.
Nach dem Zweiten Weltkrieg wurde W. vom Bijzonder Gerechtshof in Amsterdam zu einer lebenslangen Gefängnisstrafe verurteilt. In letzter Instanz bekam er im Dezember 1948 20 Jahre Gefängnis. 1956 wurde er freigelassen.

Literaturhinweise:
Konrad Kwiet: Reichskommissariat Niederlande, Stuttgart 1968
L. de Jong: Het Koninkrijk der Nederlanden in de tweede Wereldoorlog 1939–1945, 14 Bände, 's-Gravenhage 1969 ff.
Gerhard Hirschfeld: Fremdherrschaft und Kollaboration. Die Niederlande unter deutscher Besatzung 1940–1945, Stuttgart 1984
Koos Groen: Landverraad: de berechting van collaborateurs in Nederland, Amsterdam 1984

Z

ZANDER, ALFRED, geb. 2.4.1905 in Brunnen, 1995 in Baden-Baden lebend, Gründer und Führer des »Bundes Treuer Eidgenossen« (BTE) 1938–1940, Mitglied des Führungsrates der »Nationalen Bewegung der Schweiz« (NBS) 1940–1945, Reichsredner des »Bundes der Schweizer in Großdeutschland« (BSG) 1940–1945

Vermutlich hatte der Primarlehrer Z. bereits seit 1932 Kontakte zu SA-Mitgliedern in Deutschland und besuchte deren Veranstaltungen. In diesem Jahr trat er in die »Nationale Front« (NF) ein, die zwei Jahre vorher von Hans Vonwyl, Ernst → Leonhardt, Robert → Tobler und anderen gegründet worden war, und übernahm aus den Händen von Hans Vonwyl die Leitung der Zeitschrift »Eiserner Besen«, deren Untertitel »Kampfblatt der Nationalen Front« er austauschte in »Kampfblatt für nationale und soziale Politik«. Als Chefredakteur entwickelte sich Z. in der Folgezeit zum Chefideologen der Bewegung. Das früher zentrale Thema des Antisemitismus rückte bald auf den zweiten Platz. Z. wollte nicht mehr »hinter jedem Baum und Pfosten einen Juden« sehen. Zwar wurde die Spaltung der Welt in »Weltjudentum« und »antisemitische Weltbewegung« weiterhin thematisiert, wenn auch mit dem Versuch einer rationaleren Argumentation, aber die Frage des »nationalen Sozialismus« schob sich in den Vordergrund. Zu seiner Verwirklichung forderte er die »kameradschaftliche Zusammenarbeit aller Stände im Staat«, Vaterlandsliebe, eine »religiöse Gefühlswelt« und eine »heroische geistige Lebensauffassung«. Z. schrieb: »Das zwanzigste Jahrhundert gehört dem Faschismus, das heißt dem Bunde von Sozialismus und Patriotismus. Faschismus bedeutet eine gewisse innere und äußere Haltung, eine Einstellung zum Leben und zur Volksgemeinschaft, die von echtestem Sozialismus und Patriotismus getragen wird. In diesem Sinne bekennen sich Tausende von jungen und junggebliebenen Schweizern zum Faschismus.« Z. glaubte, daß jedes Land seinen eigenen Faschismus entwickeln müsse. Im Unterschied zum deutschen Nationalsozialismus und zum italienischen Faschismus lehnte er das »Führerprinzip« und die »Gleichschaltung« zugunsten des republikanischen Ständegedankens ab. Das Milizsystem der Schweizerarmee hielt er für landestypisch. Von Deutschland übernahm Z. den Blut-und-Boden-Begriff, aber neben dem Bauernstand verherrlichte er das Handwerk, weil beide das alteidgenössische Lebensideal repräsentierten. Über die Bauern schrieb Z. im »Eisernen Besen«: »Der Bauernstand verwaltet das gesunde Bluterbe des Schweizervolkes. Darum muß er unbedingt und mit allen Mitteln erhalten bleiben. Sein Untergang wäre der Untergang unseres Volkes! Seine Kraft ist die Kraft unseres Volkes. Die Zukunft unseres Volkes zu sichern aber ist unsere höchste Aufgabe! Derselben sind alle andern Dinge, und seien es Staat oder Wirtschaft, untergeordnet!« Seine Ansichten zur Rassenlehre veröffentlichte Z. im »Grenzboten«:

»Gesunde Völker sind immer antisemitisch gesinnt und verteidigen mit aller Kraft ihr eigenes Volkstum gegen jede Form der Zersetzung und Verbastardierung.«
Die Machtergreifung der Nationalsozialisten in Deutschland 1933 interpretierte Z. als den zweiten Schritt zur Ausbreitung des faschistischen Gedankenguts. Er schrieb: »Die nationale und soziale Wiedergeburt der europäischen Staaten ist nicht aufzuhalten. Gestern erfolgte der Sieg des Faschismus. Heute erleben wir den Sieg des Nationalsozialismus. Morgen wird die Nationale Front den Sieg erringen.«
Die Pestalozzifeiern 1933 nahm Z. zum Anlaß, um über den Zustand der Schweiz zu klagen: »Der Geist der Zeit hat uns entschweizert. Wir sind aus einem traulichen, aber kraftvollen Bürger- und Bergvolk, das wir allgemein waren, ein physisch und geistig geschwächtes Geschlecht, anmaßungsvolle, ehrgeizige Hoffarts- und Geldmenschen geworden, in deren Mitte selbstsüchtige, intrigante Politiker und kalte, unvaterländische Weltbürger einen Grad von Ehre und Achtung erhalten, die sie bei unseren Vätern umsonst suchten.«
Bevor Rolf → Henne die Leitung der NF übernahm, gehörte Z. 1933–1934 zusammen mit Rüesegger und Biedermann zur Landesleitung der Organisation. In dieser Funktion hatte er eine Auseinandersetzung mit Leonhardt über die Zusammenarbeit der NF mit den bürgerlichen Parteien. Als sich Leonhardt nicht durchsetzen konnte, trat er aus der NF aus und gründete den »Volksbund«.
1934 wurde Z. aus der NF ausgeschlossen, 1935 jedoch von Henne wieder für die Bewegung zurückgewonnen. In der Zwischenzeit befaßte er sich mit dem »bündischen Mythos« der Schweiz. Unter dem Pseudonym Arnold Ambrunnen veröffentlichte er die Broschüre »Der ›Ewige Bund‹, die freie ›Eid-Genossenschaft‹. Das Urbild der Schweiz«. Die Hauptthese war, daß jedes staatsschöpferische Volk einen Mythos besitzt. Für die Schweiz sei es der »bündische Gedanke«. Der »Ewige Bund der innerschweizerischen Genossenschaften«, ursprünglich ein »Bund der Bauern«, habe sich im Laufe der Jahrhunderte zu einem »Bund der Bauern und Bürger« erweitert. Jetzt sei es an der Zeit, auch die Arbeiterschaft in diesen Bund zu integrieren, die ihren Teil zur Kraft und Größe der Eidgenossenschaft beitrage.
Mitte der dreißiger Jahre verschärfte Z. die Auseinandersetzung der Frontisten mit den Juden und Freimaurern. Den frontistischen Antisemitismus begründete er in seinen 1935 veröffentlichten »Dokumenten zur Judenfrage in der Schweiz« mit der »altschweizerischen Judenfeindschaft« im Mittelalter. Seine Attacken gegen die Juden waren so überspitzt, daß man von »Radauantisemitismus« sprach. 1936 war Z. in den Berner Prozeß um die sogenannten »Protokolle der Weisen von Zion« verwickelt, von denen schon 1933 einige hundert Exemplare bei Z. beschlagnahmt worden waren. Über den Prozeß, der mit einem Vergleich endete, äußerte sich Z. folgendermaßen: »Unnütze Prozesse können durch Vergleich enden, aber die Judenfrage wird nicht durch Vergleich aus der Welt geschafft, unser Volk wird sie dereinst durch klare, eindeutige Gesetze lösen. Bereits jetzt warten mehrere Staaten auf die Zeit, da eine radikale europäische Lösung der Judenfrage möglich sein wird. Wir Schweizer wollen unseren Stolz daran setzen, in jenem Zeitpunkt ebenfalls bereit zu sein.«

In seiner Studie »Freimaurerei in der Schweiz« zählte Z. die Agitationen der Freimaurer gegen den Schweizerstaat auf, um in der Bevölkerung eine freimaurerfeindliche Stimmung zu schaffen. Er hoffte, damit einem Verbot der Freimaurerorden in der Schweiz den Boden zu bereiten.
Wegen Toblers Kurswechsel in der »Nationalen Front« gegen den deutschen Nationalsozialismus verließ Z. 1938 die Organisation, der er mit einer kurzen Unterbrechung sechs Jahre angehört hatte, und gründete am 22.3.1938 den »Bund Treuer Eidgenossen« (BTE). Zum Führungskreis des neuen Verbandes gehörten Hans → Oehler, der Schriftleiter der »Nationalen Hefte«, Wolf Wirz und Benno Schaeppi, der ehemalige Landespropagandaleiter der NF. Mit etwa 175 Mitgliedern war der BTE eine vergleichsweise kleine Vereinigung. Dennoch konnten für die in einer Auflage von 2000 Stück gedruckte Halbmonatsschrift »Schweizerdegen« 400 Abonnenten gewonnen werden. In dieser Schrift veröffentlichte Z. seine politischen Kommentare, Wünsche und Ideen. Als die Deutschen kurz vor Ostern 1938 Österreich besetzten, sagte er: »Auch für uns wird Ostern kommen.« Über die politischen Emigranten aus den Deutschen Reich meinte er: »Was heute aus Deutschland flieht, ist Abfall.« Die Vertreibung der Juden verteidigte er: »Der Kampf um die nationalen und rassischen Ideen ist die größten Opfer wert. Die Rettung Europas vor dem jüdischen Bolschewismus rechtfertigt den Heldentod von Tausenden.«
Im November 1938 ordnete der Schweizer Bundesrat wegen des Verdachts der illegalen Betätigung gegen die Schweiz die Verhaftung Z.s und seiner engsten Mitarbeiter an. Dabei stellte sich heraus, daß Z. bereits seit 1934 Kontakte zu deutschen Amts- und Parteistellen unterhielt und seit Herbst 1937 nachrichtendienstlich für Deutschland arbeitete. Allerdings gelang es Z., das Archiv vor dem Zugriff der Schweizer Behörden nach Deutschland zu retten. Im Juli 1939 wurde Z. zu vierzehn Monaten Haft verurteilt. Der BTE wurde zwar nicht verboten, aber er löste sich am 22.10.1940 nach der Konferenz, die Klaus Hügel am 10.10.1940 in München mit den Frontenführern abhielt, auf. Die meisten Mitglieder traten wie Z. der »Nationalen Bewegung der Schweiz« (NBS) bei. Z. gehörte zum dreiköpfigen Führungsgremium. Er war für die weltanschauliche Schulung zuständig.
Neben Franz → Burri und Benno Schaeppi war Z. auch Führungsmitglied in dem im Juli 1940 gegründeten »Bund der Schweizer in Großdeutschland« (BSG), einem Verein von Auslandsschweizern nationalsozialistischer Ausrichtung. Er war als »Reichsredner« für die Propaganda zuständig und zeichnete als solcher für den Wahlspruch des BSG: »Mit Adolf Hitler für eine ehrenvolle Zukunft unserer geliebten Heimat in einem neuen Europa«. Wie alle führenden Mitglieder des BSG leitete Z. einen Treueid auf den »von der Vorsehung ausersehenen Retter des Abendlandes, Schöpfer einer neueuropäischen Ordnung und Führer aller Germanen«. Die Finanzierung erfolgte durch das SS-Hauptamt, das die Bundesleitung übernahm. Neben Hitlers »Mein Kampf« und Oehlers »Nationalen Heften« war Z.s Schrift »Eidgenossenschaft und Reich« (1942) die ideologische Grundlage der Vereinigung. Außerdem erschien jeweils vierzehntägig ein »Rundschreiben«, das von der Gestapo vorzensiert wurde. Das fand Z. überflüssig. Die Einstellung der Schweizer zum nationalsozialistischen

Deutschland sei von Natur aus positiv: »Der Schweizer kann gar nicht ›objektiv‹ gegenüber Deutschland sein, weil er eben selbst Deutscher ist ... Für das wahre Schweizertum bedeutet der Nationalsozialismus keine Bedrohung, sondern eine Erweckung echt-eidgenössischer Lebensart. Echtes Eidgenossentum ist aufs innigste mit dem Nationalsozialismus verwandt.«
Für den Fall eines Anschlusses der Schweiz an das Reich sollte der BSG eine Art Polizeidienst leisten. Vorsorglich erstellte man intern auch eine Liste der zukünftigen Minister, die dann der Reichsregierung vorgeschlagen werden sollten. Z. gehörte zu ihnen. Da lediglich knapp 10% der in Deutschland lebenden Schweizer in nationalsozialistischen Bünden organisiert waren, muß die Wirksamkeit der Ausagen Z.s jedoch eher gering veranschlagt werden.
Zwei Monate nach dem Beginn des deutsch-sowjetischen Krieges bat Z. im August 1941 den schweizerischen Bundesrat in einem Flugblatt, ebenso wie die Franzosen die »Freiwilligen-Werbung für den europäischen Freiheitskampf gegen den Bolschewismus« zu erlauben. Die Schweiz dürfe sich dem »Erwachen« der kontinentalen Völker nicht entziehen und sich nicht »halsstarrig außerhalb der deutschen Schicksalsgemeinschaft stellen«. Er selbst stellte sich der SS zur Verfügung und wurde zur weltanschaulichen Schulung der Waffen-SS-Freiwilligen eingesetzt. Sein Vorgesetzer beurteilte ihn als »zuverlässigen Mann«.
Als der schweizerische Bundesrat am 13.5.1943 einen auf vier Jahre befristeten Beschluß zur Ausbürgerung von Schweizerbürgern faßte, die der Schweiz schadeten, verlor Z. die Schweizer Staatsbürgerschaft. Z. beantragte und bekam die deutsche Staatsangehörigkeit. Trotzdem wurde er nach dem Zweiten Weltkrieg von einem Schweizer Gericht in Abwesenheit zu elf Jahren Freiheitsstrafe verurteilt.

Literaturhinweise:
Günter Lachmann: Der Nationalsozialismus in der Schweiz 1931-45. Ein Beitrag zur Geschichte der Auslandsorganisationen der NSDAP, Berlin 1962
Alice Meyer: Anpassung oder Widerstand. Die Schweiz zur Zeit des deutschen Nationalsozialismus, Frauenfeld 1966
Beat Glaus: Die Nationale Front. Eine Schweizer faschistische Bewegung 1930–1940, Zürich u. a. 1969
Walter Wolf: Faschismus in der Schweiz. Die Geschichte der Frontenbewegungen in der deutschen Schweiz 1930–1945, Zürich 1969
Walter Rüthemann: Volksbund und SGAD. Nationalsozialistische Schweizerische Arbeiterpartei. Schweizerische Gesellschaft der Freunde einer autoritären Demokratie. Ein Beitrag zur Geschichte der politischen Erneuerungsbewegungen in der Schweiz 1933–1944, Diss. Zürich 1979

ZONDERVAN, ARIE JOHAN, geb. 1.10.1910 in Berlin, Führer der »Weer-Afdeeling« (WA) der »Nationaal Socialistische Beweging« (NSB) in den Niederlanden 1940–1942, Inspekteur der »Nederlandsche Landwacht« 1943–1945

In Deutschland geboren, wuchs Z. in den Niederlanden auf und studierte bis 1938 an der Universität Leiden Indisches Recht. Er wollte Marineoffizier werden, brachte es aber nur zum Unteroffizier in der Niederländischen Armee. 1933 trat Z. in die »Nationaal Socialistische Beweging« (NSB) → Musserts ein und kümmerte sich um die Aufstellung und Organisation der »Weer-Afdeeling« (WA), der niederländischen Version der deutschen SA. 1939 wurde Z. erster Adjutant Musserts und einer seiner engsten Vertrauten. Als die Niederlande angesichts des drohenden deutschen Einmarsches mobilmachte, wurde er zum Militär einberufen. Nach der niederländischen Kapitulation am 15.5.1940 aus der Armee entlassen, kümmerte er sich um die Vergrößerung, Ausbildung und Erziehung der WA. Am 3.6.1940 ernannte ihn Mussert zum Kommandanten der etwa 8000 Mann umfassenden Truppe, in der alle männlichen NSB-Mitglieder zwischen 18 und 40 Jahren zusammengefaßt waren. Etwa 800 von ihnen meldeten sich 1940 freiwillig zur Waffen-SS. Am 20. und 21.1.1941 gehörte er zusammen mit → Rost van Tonningen, → Feldmeijer und van → Geelkerken zur Begleitung Musserts, als dieser einer Einladung Himmlers nach Bayern folgte. Die Delegation besuchte das Konzentrationslager Dachau und besichtigte in München die »Standarte Westland« der Waffen-SS, in der die niederländischen Freiwilligen dienten.

Während Geelkerken und Z. die Führungsstellung Musserts in der Partei anerkannten, versuchten Feldmeijer und Rost van Tonningen mit der Rückendeckung der SS Konkurrenzpositionen aufzubauen. Um ein Gegengewicht gegen die einseitigen Berichte Rosts van Tonningen über die niederländischen Freiwilligen in der Waffen-SS zu überprüfen, hielt sich Z. vom Dezember 1941 bis August 1942 an der Ostfront auf. Mit dem Dienstgrad eines Legionsuntersturmführers bemühte er sich beim Regimentsstab, die offenen Konflikte zwischen dem deutschen Rahmenpersonal und den niederländischen Legionären zu vermindern. Er war dabei so erfolgreich, daß er bereits nach sechs Wochen mit dem Eisernen Kreuz II. Klasse ausgezeichnet wurde, obwohl er an keiner Kampfhandlung teilgenommen hatte. Während seines Urlaubs im März 1942 berichtete er Mussert von den großen Verlusten der Niederländer und der schlechten Behandlung der Legionäre durch die Deutschen, was Mussert am 31.3.1942 zu einer Denkschrift an den Reichskommissar für die besetzten niederländischen Gebiete, Arthur Seyß-Inquart, veranlaßte, in der er die Fürsorge und Ergänzung der Freiwilligen in eigene Hände zu übernehmen beabsichtigte, weil es sich um eine niederländische Truppe handle. Er drohte, die Niederländer zurückzurufen, sobald er sie nach seiner Machtübernahme zum Aufbau einer nationalen Armee benötige. Angesichts der kritischen Einstellung Z.s zur Waffen-SS waren der Generalkommissar für das Sicherheitswesen beim Reichskommissar, Hanns Albin Rauter, und der Chef des für die Werbung ausländischer Freiwilliger zuständigen SS-Hauptamtes, SS-Obergruppenführer Gottlob Berger, mit der raschen Auszeichnung Z.s ganz und gar nicht einverstanden, zumal viele schwerverwundete niederländische Legionäre überhaupt keine Ehrung erhalten hätten.

Vom November 1943 bis Ende März 1945 war Z. zusammen mit Feldmeijer als »Inspekteur« für die »Nederlandsche Landwacht« verantwortlich, die seit Frühjahr 1943 aus Mitgliedern der »Weer Afdeeling« der NSB aufgestellt wurde, um Selbstschutzaufgaben für die Partei und die Bewachung kriegswichtiger Objekte zu übernehmen. Wegen ihrer hilfspolizeilichen Funktionen geriet sie in den Sog der Ordnungspolizei unter → Schrieke und in den Einflußbereich von SD

und Gestapo, die sie bald für ihre Zwecke mißbrauchten. Z. hatte von Mussert den besonderen Auftrag, zu verhüten, daß sie von Feldmeijer zu einem Instrument des deutschen SD wurde. Seine Möglichkeiten waren gering. Er wurde weder von den Angehörigen der Landwacht noch von den deutschen Dienststellen ernstgenommen. Er konnte weder die Unterstellung der Landwacht unter die Ordnungspolizei verhindern noch ein Jahr später ihre Überführung in den »Landstorm Nederland«. In dem Streit zwischen Feldmeijer und Geelkerken über die Unterstellung der Landwacht unter die SS wurde er nicht einmal gehört. Selbst Mussert war bereit, Z. fallen zu lassen, als die NSB auf die Verliererseite geriet. Am 28.12.1944 schrieb der Generalkommissar für Sicherheitsfragen, Hanns Albin Rauter, der den Beitritt aller NSB-Männer zum »Landstorm Nederland« betrieb, an Himmler, daß die NSB mit Männern wie Z. nicht als Sammelbewegung für die niederländischen Nationalsozialisten geeignet sei und daß nach dem Krieg eine neue Parteiorganisation geschaffen werden müsse.
Im Januar 1949 stand Z. vor Gericht. Er galt vier Jahre nach dem Krieg als die letzte prominente Persönlichkeit der NSB, die noch nicht abgeurteilt war. Neben Landesverrat wurde ihm Anstiftung zum Landes- und Hochverrat vorgeworfen, weil er die Angehörigen der Weer Afdeeling und der Landwacht zum Eintritt in die Waffen-SS angestiftet habe. Der Staatsanwalt forderte die Todesstrafe. Das Gericht verurteilte ihn zu 20 Jahren Gefängnis. Z. legte Berufung ein. 1951 wurde er freigelassen.

Literaturhinweise:

N. K. C. A. in't Veld (Hrsg.): De SS en Nederland. Documenten uit SS-archieven 1935–1945, 2 Bände, 's-Gravenhage 1976

Gerhard Hirschfeld: Fremdherrschaft und Kollaboration. Die Niederlande unter deutscher Besatzung 1940–1945, Stuttgart 1984

Koos Groen: Landverraad: de berechting van collaborateurs in Nederland, Amsterdam 1984

Anhang

Alphabetische Namenliste

Amery, John (Großbritannien)
Antonescu, Ion (Rumänien)
Astrouski, Radaslav (Rußland)
Aymé, Marcel (Frankreich)
Bandera, Stefan (Ukraine)
Bangerskis, Rudolfs (Lettland)
Bardèche, Maurice (Frankreich)
Bárdossy, László (Ungarn)
Barnaud, Jacques (Frankreich)
Bassompierre, Jean (Frankreich)
Baudrillart, Henri-Marie Alfred (Frankreich)
Benoist-Méchin, Jacques (Frankreich)
Bichelonne, Jean (Frankreich)
Blokzijl, Max (Niederlande)
Bonnard, Abel (Frankreich)
Borginon, Hendrik (Belgien)
Borms, August (Belgien)
Bose, Subhas Chandra (Indien)
Bout de l'An, Francis (Frankreich)
Brasillach, Robert (Frankreich)
Brinon, Fernand de (Frankreich)
Bruneton, Gaston (Frankreich)
Bucard, Marcel (Frankreich)
Budak, Mile (Kroatien)
Büeler, Heinrich (Schweiz)
Buniatschenko, Sergej Kusmitsch (Rußland)
Burri, Franz (Schweiz)
Callewaert, Jules Laurentius (Belgien)
Cankov, Aleksandur (Bulgarien)
Céline, Pseud. für Destouches, Louis Ferdinand Auguste (Frankreich)
Chack, Paul André (Frankreich)
Chateaubriant, Alphonse de (Frankreich)
Chomutow, Georgij Efimowitsch (Rußland)
Clausen, Frits (Dänemark)
Clercq, Staf de (Belgien)
Codreanu, Corneliu Zelea (Rumänien)
Costantini, Pierre (Frankreich)
Daels, Frans (Belgien)
Dankers, Oskars (Lettland)
Darnand, Aimé Joseph Auguste (Frankreich)
Déat, Marcel (Frankreich)
Degrelle, Léon Marie Ignace (Belgien)
Deloncle, Eugène (Frankreich)
Delvo, Edgard (Belgien)
Doriot, Jacques (Frankreich)
Drieu La Rochelle, Pierre-Eugène (Frankreich)
Durčanský, Ferdinand (Slowakei)
Elias, Hendrik (Belgien)
Fauzi, al-Kauki (Libanon)
Faÿ, Bernard, (Frankreich)
Feldmeijer, Henk (Niederlande)
Feyter, Karel de (Belgien)
Filov, Bogdan Dimitrov (Bulgarien)
Fischer, Theodor (Schweiz)
Fontenoy, Jean (Frankreich)
François, Jef (Belgien)
Frasheri, Mehdi Bey (Albanien)
Fuglesang, Rolf Jörgen (Norwegen)
el-Gailani, Raschid Ali (Irak)
Gajda, Radola (Tschechei)
Geelkerken, Cornelis van (Niederlande)
Geer, Jonkheer Dirk Jan de (Niederlande)
Genechten, Robert van (Niederlande)
Goedewaagen, Tobie (Niederlande)
Gömbös, Gyula (Ungarn)
Hagelin, Albert Viljam (Norwegen)

Rost van Tonningen, Meinoud Marinus (Niederlande)
Russell, Sean (Irland)
Rys-Rozsévac, Jan (Tschechei)
Ryti, Risto Heikki (Finnland)
Scapini, Georges (Frankreich)
Scavenius, Erik (Dänemark)
Schaffner, Jakob (Schweiz)
Schalburg, Christian Frederik von (Dänemark)
Schandruk, Pawlo (Rußland)
Scheptycky, Andreas Graf (Ukraine)
Schrieke, Jacobus Johannes (Niederlande)
Severen, Joris van (Belgien)
Seyffardt, Hendrik Alexander (Niederlande)
Silgailis, Arturs (Lettland)
Sima, Horia (Rumänien)
Skancke, Ragnar Sigvald (Norwegen)
Skoropadski, Paul (Ukraine)
Stang, Axel Heiberg (Norwegen)
Stetzko, Jaroslaw (Ukraine)
Suarez, Georges (Frankreich)
Szálasi, Ferenc (Ungarn)
Sztójay, Döme (Ungarn)
Tanner, Väinö (Finland)
Teleki de Szék, Pál (Ungarn)
Timmermans, Jan (Belgien)
Tiso, Jozef Gaspar (Slowakei)
Tobler, Robert (Schweiz)
Tollenaere, Reimond (Belgien)
Tsolákoglou, Georgios (Griechenland)
Tuka, Voijtech (Slowakei)
Verschaeve, Cyriel (Belgien)
Weiss, Woldemars (Lettland)
Wiele, Jef van de (Belgien)
Wlassow, Andrej Andrejewitsch (Rußland)
Woudenberg, Hendrik van (Niederlande)
Zander, Alfred (Schweiz)
Zondervan, Arie Johan (Niederlande)

Namenliste nach Nationalitäten

Albaner
Frasheri, Mehdi Bey

Amerikaner
Pound, Ezra

Araber
Fauzi, al-Kauki
el-Gailani, Raschid Ali
el-Husseini, Mohammed Amin
al-Misri, Aziz Ali

Belgier
Borginon, Hendrik
Borms, August
Callewaert, Jules Laurentius
Clercq, Staf de
Daels, Frans
Degrelle, Léon Marie Ignace
Delvo, Edgard
Elias, Hendrik Jozef
Feyter, Karel de
François, Jef
Hermans, Ward
Lagrou, René
Leopold III. von Sachsen-Coburg-Gotha
Man, Hendrik de
Maréchal-Van den Berghe, Maria Odile
Moens, Wies
Severen, Joris van
Timmermans, Jan
Tollenaere, Reimond
Verschaeve, Cyriel
Wiele, Jef van de

Briten
Amery, John
Joyce, William

Bulgaren
Cankov, Aleksandur
Filov, Bogdan Dimitrov

Dänen
Clausen, Frits
Kryssing, Christian Poul
Larsen, Gunnar
Martinsen, Knut Børge
Scavenius, Erik
Schalburg, Christian Frederik von

Esten
Mäe, Hjalmar
Rebane, Alfons

Finnen
Ryti, Risto Heikki
Tanner, Väinö

Franzosen
Aymé, Marcel
Bardèche, Maurice
Barnaud, Jacques
Bassompierre, Jean
Baudrillart, Henri-Marie Alfred
Benoist-Méchin, Jacques
Bichelonne, Jean
Bonnard, Abel
Bout de l'An, Francis
Brasillach, Robert
Brinon, Fernand de
Bruneton, Gaston
Bucard, Marcel
Céline, Pseud. für Destouches, Louis-Ferdinand Auguste
Chack, Paul André
Chateaubriant, Alphonse de
Costantini, Pierre
Darnand, Aimé Joseph Auguste

Déat, Marcel
Deloncle, Eugène
Doriot, Jacques
Drieu La Rochelle, Pierre-Eugène
Faÿ, Bernard,
Fontenoy, Jean
Henriot, Philippe
Hérold-Paquis, Jean
Laval, Pierre
Luchaire, Jean
Marion, Paul Jules André
Maurras, Charles Marie Photius
Mayol de Lupé, Jean Comte de
Pétain, Henri Philippe
Puaud, Edgar
Pucheu, Pierre
Rebatet, Lucien
Renault, Louis
Scapini, Georges
Suarez, Georges

Griechen
Logothetópoulos, Konstantinos
Papadongonas, Dionysios
Rallis, Ioannis
Tsolákoglou, Georgios

Inder
Bose, Subhas Chandra

Iren
Russell, Sean

Kroaten
Budak, Mile
Pavelić, Ante

Letten
Bangerskis, Rudolfs
Dankers, Oskars
Silgailis, Artur
Weiss, Woldemars

Luxemburger
Kratzenberg, Damian

Niederländer
Blokzijl, Max
Feldmeijer, Henk
Geelkerken, Cornelis van
Geer, Jonkheer Dirk Jan de
Genechten, Robert van
Goedewaagen, Tobie
Jansonius, Jan Louis
Kooymans, Petrus Johannes
Mussert, Anton Adriaan
Nachenius, Jan Coenraad
Noort, Julia Adriana op ten
Rappard, Ernst Herman Ridder van
Roskam, Evert Jan
Rost van Tonningen, Meinoud Marinus
Schrieke, Jacobus Johannes
Seyffardt, Hendrik Alexander
Woudenberg, Hendrik van
Zondervan, Arie Johan

Norweger
Fuglesang, Rolf Jörgen
Hagelin, Albert Viljam
Hamsun, Knut
Hvoslef, Ragnvald
Lie, Jonas
Lunde, Gulbrand Oscar Johan
Marthinsen, Karl Alfred
Möystad, Oliver
Prytz, Anton Frederik Winter Jakheln
Quisling, Vidkun
Riisnæs, Sverre Parelius
Rinnan, Henry Oliver
Skancke, Ragnar Sigvald
Stang, Axel Heiberg

Rumänen
Antonescu, Ion
Codreanu, Corneliu Zelea
Sima, Horia

Russen
Astrouski, Radaslav
Buniatschenko, Sergej Kusmitsch
Chomutow, Georgij Efimowitsch

Kajum Khan, Weli
Kaminski, Bronislaw Wladislawowitsch
Kedia, Michael
Kononow, Iwan Nikititsch
Krasnow, Pjotr Nikolajewitsch
Schandruk, Pawlo
Wlassow, Andrej Andrejewitsch

Schweden
Hedin, Sven
Lindholm, Sven Olof

Schweizer
Büeler, Heinrich
Burri, Franz
Fischer, Theodor
Henne, Rolf
Hofmann, Ernst
Keller, Max Leo
Leonhardt, Ernst
Meyer, Karl
Oehler, Hans
Riedweg, Franz
Schaffner, Jakob
Tobler, Robert
Zander, Alfred

Serben
Ljotić, Dimitri
Nedić, Milan

Slowaken
Durčanský, Ferdinand
Mach, Alexander
Tiso, Jozef Gaspar
Tuka, Voijtech

Tschechen
Gajda, Radola
Krejčí, Jaroslav
Moravec, Emanuel
Rys-Rozsévac, Jan

Türken
Menemencioglu, Numan Rifat

Ukrainer
Bandera, Stefan
Kubijovytsch, Wolodymir
Melnik, Andrij
Scheptycky, Andreas Graf
Skoropadski, Paul
Stetzko, Jaroslaw

Ungarn
Bárdossy, László
Gömbös, Gyula
Horthy, Miklós von
Hubay, Kálmán
Imrédy, Béla
Szálasi, Ferenc
Sztójay, Döme
Teleki de Szék, Pál

Namenliste nach Berufsgruppen

Journalisten
Amery, John (Großbritannien)
Benoist-Méchin, Jacques (Frankreich)
Blokzijl, Max (Niederlande)
Burri, Franz (Schweiz)
Fontenoy, Jean (Frankreich)
Hérold-Paquis, Jean (Frankreich)
Hubay, Kálmán (Ungarn)
Joyce, William (Großbritannien)
Luchaire, Jean (Frankreich)
Mach, Alexander (Slowakei)
Marion, Paul Jules André (Frankreich)
Maurras, Charles Marie Photius (Frankreich)
Moens, Wies (Belgien)
Nachenius, Jan Coenraad (Niederlande)
Oehler, Hans (Schweiz)
Rebatet, Lucien (Frankreich)
Suarez, Georges (Frankreich)

Ärzte
Céline, Pseud. für Destouches, Louis Ferdinand Auguste (Frankreich)
Clausen, Frits (Dänemark)
Daels, Frans (Belgien)
Logothetópoulos, Konstantinos (Griechenland)
Riedweg, Franz (Schweiz)

Pädagogen
Astrouski, Radaslav (Rußland)
Borms, August (Belgien)
Clercq, Staf de (Belgien)
Déat, Marcel (Frankreich)
Elias, Hendrik Jozef (Belgien)
Henriot, Philippe (Frankreich)
Kratzenberg, Damian (Luxemburg)
Mäe, Hjalmar (Estland)
Meyer, Karl (Schweiz)
Pucheu, Pierre (Frankreich)
Sima, Horia (Rumänien)
Wiele, Jef van de (Belgien)
Zander, Alfred (Schweiz)

Juristen, Rechtsanwälte
Büeler, Heinrich (Schweiz)
Durčanský, Ferdinand (Slowakei)
el-Gailani, Raschid Ali (Irak)
Genechten, Robert van (Niederlande)
Henne, Rolf (Schweiz)
Lagrou, René (Belgien)
Lie, Jonas (Norwegen)
Ljotić, Dimitri (Serbien)
Menemencioglu, Numan Rifat (Türkei)
Pavelić, Ante (Kroatien)
Riisnæs, Sverre Parelius (Norwegen)
Rost van Tonningen, Meinoud Marinus (Niederlande)
Ryti, Risto Heikki (Finnland)
Tanner, Väinö (Finnland)
Timmermans, Jan (Belgien)
Zondervan, Arie Johan (Niederlande)

Dichter, Schriftsteller
Aymé, Marcel (Frankreich)
Bonnard, Abel (Frankreich)
Brasillach, Robert (Frankreich)
Brinon, Fernand de (Frankreich)
Budak, Mile (Kroatien)
Callewaert, Jules Laurentius (Belgien)
Céline, Pseud. für Destouches, Louis Ferdinand Auguste (Frankreich)

Chateaubriant, Alphonse de (Frankreich)
Drieu La Rochelle, Pierre-Eugène (Frankreich)
Hamsun, Knut (Norwegen)
Hermans, Ward (Belgien
Maurras, Charles Marie Photius (Frankreich)
Pound, Ezra (USA)
Schaffner, Jakob (Schweiz)

Ingenieure, Naturwissenschaftler
Bandera, Stefan (Ukraine)
Bichelonne, Jean (Frankreich)
Deloncle, Eugène (Frankreich)
Fischer, Theodor (Schweiz)
Hagelin, Albert Viljam (Norwegen)
Hedin, Sven (Schweden)
Kajum Khan, Weli (Rußland)
Kaminski, Bronislaw Wladislawowitsch (Rußland)
Keller, Max Leo (Schweiz)
Larsen, Gunnar (Dänemark)
Lunde, Gulbrand Oscar Johan (Norwegen)
Mäe, Hjalmar (Estland)
Melnik, Andrij (Urkraine)
Möystad, Oliver (Norwegen)
Mussert, Anton Adriaan (Niederlande)
Skancke, Ragnar Sigvald (Norwegen)
Teleki de Szék, Pál (Ungarn)

Universitätsprofessoren, Wissenschaftler
Bardèche, Maurice (Frankreich)
Bichelonne, Jean (Frankreich)
Bout de l'An, Francis (Frankreich)
Cankov, Aleksandur (Bulgarien)
Faÿ, Bernard (Frankreich)
Genechten, Robert van (Niederlande)
Goedewaagen, Tobie (Niederlande)
Kubijovytsch, Wolodymir (Ukraine)
Logothetópoulos, Konstantinos (Griechenland)
Lunde, Gulbrand Oscar Johan (Norwegen)
Man, Hendrik de (Belgien)
Skancke, Ragnar Sigvald (Norwegen)
Tuka, Voijtech (Slowakei)

Beamte
Bardossy, László (Ungarn)
Bose, Subhas Chandra (Indien)
Frasheri, Mehdi Bey (Albanien)
Geelkerken, Cornelis van (Niederlande)
Kooymans, Petrus Johannes (Niederlande)
Krejčí, Jaroslav (Tschechei)
Lie, Jonas (Norwegen)
Menemencioglu, Numan Rifat (Türkei)
Mussert, Anton Adriaan (Niederlande)
Riisnæs, Sverre (Norwegen)
Scavenius, Erik (Dänemark)
Schrieke, Jacobus Johannes (Niederlande)

Freiberuflich Tätige, Unternehmer
Barnaud, Jacques (Frankreich)
Bruneton, Gaston (Frankreich)
Darnand, Aimé Joseph Auguste (Frankreich)
Filov, Bogdan Dimitrov (Bulgarien)
Hagelin, Albert Viljam (Norwegen)
Hamsun, Knut (Norwegen)
Imrédy, Béla (Ungarn)
Jansonius, Jan Louis (Niederlande)
Leonhardt, Ernst (Schweiz)
Lunde, Gulbrand Oscar Johan (Norwegen)
Prytz, Anton Frederik Winter Jakheln (Norwegen)
Pucheu, Pierre (Frankreich)
Renault, Louis (Frankreich)
Roskam, Evert Jan (Niederlande)

Stang, Axel Heiberg (Norwegen)
Woudenberg, Hendrik van (Niederlande)

Theologen, Geistliche
Baudrillart, Henri-Marie Alfred (Frankreich)
Callewaert, Jules Laurentius (Belgien)
el-Husseini, Mohammed Amin (Palästina)
Mayol de Lupé, Jean Comte de (Frankreich)
Scheptycky, Andreas Graf (Ukraine)
Tiso, Jozef Gaspar (Slowakei)
Verschaeve, Cyriel (Belgien)

Militärs
Antonescu, Ion (Rumänien)
Bangerskis, Rudolfs (Lettland)
Bucard, Marcel (Frankreich)
Buniatschenko, Sergej Kusmitsch (Rußland)
Chack, Paul André (Frankreich)
Chomutow, Georgij Efimowitsch (Rußland)
Costantini, Pierre (Frankreich)
Dankers, Oskars (Lettland)
Fauzi, al-Kauki (Libanon)
Gajda, Radola (Tschechei)
Gömbös, Gyula (Ungarn)
Horthy, Miklós von (Ungarn)
Hvoslef, Ragnvald (Norwegen)
Kononow, Iwan Nikititsch (Rußland)
Krasnow, Pjotr Nikolajewitsch (Rußland)
Kryssing, Christian Poul (Dänemark)
Lindholm, Sven Olof (Schweden)
Marthinsen, Karl Alfred (Norwegen)
Martinsen, Knut Børge (Dänemark)
Melnik, Andrij (Ukraine)
al-Misri, Aziz Ali (Ägypten)
Moravec, Emanuel (Tschechei)
Nedić, Milan (Serbien)
Papadongonas, Dionysios (Griechenland)
Pétain, Henri Philippe (Frankreich)
Prytz, Amton Frederik Winter Jakheln (Norwegen)
Puaud, Edgar (Frankreich)
Quisling, Vidkun (Norwegen)
Rebane, Alfons (Estland)
Scapini, Georges (Frankreich)
Schalburg, Christian Frederik von (Dänemark)
Schandruk, Pawlo (Rußland)
Seyffardt, Hendrik Alexander (Niederlande)
Silgailis, Arturs (Lettland)
Skoropadski, Paul (Ukraine)
Szálasi, Ferenc (Ungarn)
Sztójay, Döme (Ungarn)
Tsolákoglou, Georgios (Griechenland)
Weiss, Woldemars (Lettland)
Wlassow, Andrej Andrejewitsch (Rußland)
Zondervan, Arie Johan (Niederlande)

*Politiker**
Bassompierre, Jean (Frankreich)
Borginon, Hendrik (Belgien)
Budak, Mile (Kroatien)
Codreanu, Corneliu Zelea (Rumänien)
Degrelle, Léon Marie Ignace (Belgien)
Delvo, Edgard (Belgien)
Doriot, Jacques (Frankreich)
Feldmeijer, Henk (Niederlande)
Feyter, Karel de (Belgien)
François, Jef (Belgien)
Fuglesang, Rolf Jörgen (Norwegen)

Geer, Jonkheer Dirk de (Niederlande)
Hofmann, Ernst (Schweiz)
Kedia, Michael (Rußland)
Laval, Pierre (Frankreich)
Maréchal-Van den Berghe, Maria Odile (Belgien)
Rallis, Ioannis (Griechenland)
Rappard, Ernst Herman Ridder van (Niederlande)
Rys-Rozsévac, Jan (Tschechei)
Severen, Joris van (Belgien)
Stetzko, Jaroslaw (Ukraine)
Tobler, Robert (Schweiz)
Tollenaere, Raimond (Belgien)

* Personen, die bereits während der Berufsausbildung oder unmittelbar danach in die Politik gingen

Mein Dank

gilt allen, die an diesem Buch mitgearbeitet haben. Hervorheben möchte ich Frau Barbara Weissörtel, die das Manuskript nach Tonbändern anfertigte und auch fremdsprachliche Texte souverän umsetzte. Die umfangreichen bibliographischen Arbeiten lagen in den Händen von Herrn Florian Ring und Frau Birgit Krapf. Auf der Suche nach fehlenden biographischen Daten war Herr Dr. Peter Burde unübertrefflich. Mein Sohn, stud. rer. nat. Stefan Seidler, hat mir bei der Anfertigung computergerechter Druckvorlagen geholfen. In den in- und ausländischen Bibliotheken, Instituten, Stiftungen, Archiven und Forschungseinrichtungen, die um Auskünfte oder um Bildmaterial gebeten wurden, fand ich mit wenigen Ausnahmen großes Entgegenkommen.

angegliederte Gebiete
besetzte Gebiete
neutrale Staaten
verbündete Staaten
NL = Niederlande
BE = Belgien
SL = Slowakei
M = Montenegro
AL = Albanien
Europa im November 1942
Nordsee
GROSSBRITANNIEN
DÄNEMAR
IRLAND
Dublin
Atlantischer
Ozean
London
NL
DEUT
RE
BE
Paris
FRANKREICH
Vichy
SCHWEIZ
ITALIEN
PORTUGAL
Lissabon
Madrid
SPANIEN
KORSIKA
SARD
Casablanca
Algier
Tunis
TUNESI
MAROKKO
ALGERIEN